19세기 후반 한중관계사론

천조상국과 속국자주의 딜레마

서울대학교 아시아연구소총서 기초연구시리즈 26

19세기 후반 한중관계사론

천조상국과 속국자주의 딜레마

초판 1쇄 발행 2024년 8월 30일

지은이 김형종

펴낸곳 서울대학교출판문화원
주소 08826 서울 관악구 관악로 1
도서주문 02-889-4424, 02-880-7995
홈페이지 www.snupress.com
페이스북 @snupress1947
인스타그램 @snupress
이메일 snubook@snu.ac.kr
출판등록 제15-3호

ISBN 978-89-521-3138-6 94910
978-89-521-1475-4 (세트)

이 책은 서울대학교 아시아연구소의 아시아기초연구 2018년 저술지원사업의 지원을
받아 이루어진 성과다.

서울대학교 아시아연구소총서
기초연구시리즈 26

19세기 후반 한중관계사론

천조상국과
속국자주의 딜레마

김형종 지음

서울대학교출판문화원

The History of Korea-China Relations in the Late 19th Century

Conflict between the Heavenly Dynasty and Tribute State

Kim, Hyoung-chong

Seoul National University Press

머리말

이 책은 지난 몇 년 동안 15~19세기에 걸친 명·청대 한·중 관계사의 통론을 집필하는 공동작업에 참여하여 19세기 한·중 관계사를 개괄적으로 분석하는 역할을 맡은 데서 시작되었다. 이 공동작업은 이미 완료되었고, 그 결과는 이미 필자가 그 기초적인 윤곽을 개괄적인 통론으로 정리한 논문에서 대략 제시한 바 있다. 하지만 이 작업을 마치면서 여전히 미진함을 깨닫고, 위 논문을 기초적인 틀로 잡되, 그 내용을 따로 크게 확충하여 단행본 형식의 통사 또는 개설서를 집필할 계획을 세우게 되었다. 이미 정리한 논문이 학회지에 싣기에는 분량이 상당하였던데다가, 각 시기나 분야·주제에 관한 연구 성과의 개괄과 정리, 그리고 이에 기초한 새로운 이해나 해석을 시도하는 데 상당히 부족함을 느꼈기 때문이었다. 따라서 이 분야의 연구를 다음 단계로 진전시키기 위해 각 시기와 분야·주제별로 간단하게 그것을 정리·종합하되, 거기서 한 걸음 더 나아간 깊이 있는 분석을 갖춘 개설서의 발판을 마련할 필요가 있다고 생각하게 되었다.

특히 19세기 후반 조선-청의 정치·외교적 관계와 그 변화를 종합적으로 정리·분석·서술하는 것이 기본 목표가 되었다. 최근 이러한 내용을 지닌 한·중 관계사 연구서의 출간이 국내외에서 그다지 많지 않았던 것도 필자의 욕심을 자극하였다. 따라서 이 책은 본래 연구서라기보다는 개설서를 목표로 삼아 출발하였지만, 작업의 진행 과정에서 양자의 성격이 복잡하게 뒤엉키는 잡동사니가 되었다는 점도 우선 고백해 둘 필요가 있다. 개설서와 같은 서술과 이해를 목표로 삼다 보니 기존 연구를 종합한 서술도 필요하였지만, 독자가 가능한 한 실제 번역된 사료를 스스로 읽어 나가면서 당시 사람들의 사고나 사상, 당시의 역사적 사실이나 개념·관념·사고방식 등에 대해 더욱 생생한 느낌을 얻을 수 있도록 기회를 제공하는 것이 상당히 유익한 역사학적 서술의 방안이라고 생각하였기 때문이다. 역사 연구의 기본은 사료에 대한 정확한 이해에서 출발하는 것이 물론이지만, 기존의 다양한 한·중 관계사 연구 가운데 눈에 띄는 단점 가운데 하나가 관련 사료에 대한 정확한 이해의 결여에서 나오는 부적절한 서술이나 분석·해석이 의외로 많다는 점도 여기에 크게 작용하였다. 이러한 자세로 서술을 진행하다 보니, 개설서로서의 성격을 충실히 그대로 지키기는 어려워졌다. 그리고 이러한 필요성에 기초한 작업 계획에 따라, 특히 기왕에 많은 연구가 이루어진 부분에 대해서는 기본적으로 거기에 의존하여 서술하기로 하고, 이에 비해 비교적 연구가 소략한 부분은 필자 나름으로 집중적으로 보완하려고 노력하였다. 이왕의 한·중 관계사 연구가 한국 또는 한국인·한국사 연구자의 시점에서 바라보는 경향이 있으므로, 본업이 중국 근대사 연구자인 필자로서는 청조(淸朝. 이하 청으로 약칭)의 입장이나 조선 정책을 보다 집중적으로 분석하여 독자에게 제시하는 것이 이런 치우침을 조금이라도 보완할 수 있는 나름대로의 기여라고 생각하였다.

따라서 이 책의 최종 목표는 앞서 지적한 기존 연구의 공백을 메꾸면서 청의 조선 정책이 특히 1870년대까지의 전통적 조공질서(朝貢秩序) 유지에서 이후 어떤 식으로, 어떠한 계기에 의해 어떠한 변화 양상을 보이며, 그것이 어떠한 성과나 결과로 이어지는가, 그리고 그에 대한 조선의 반응은 도대체 어떤 것이었는가를 집중적으로 검토하는 것이 되었다. 또한 그 시기는 19세기 전체가 아니라 주로 후반기의 1880

년대·1890년대에 집중할 수밖에 없었다. 이 시기야말로 전통적 양국 관계가 점차 근대적 관계로 전환하는 심각하고도 급격한 진통을 겪게 되고, 이러한 상황 탓에 그 이전과는 전혀 다른 시대적 특징·양상을 보여 주게 되기 때문이다. 사실 청에 대한 조선의 외교정책이나 태도는 한국사 학계나 외교사 학계의 기존 연구로 이미 상당히 정리되어 있다. 반면 이 시기 청의 조선 정책 연구는 최근에는 급격하게 그 수가 늘어나고 있지만, 여전히 상대적으로 제한되어 있어 보완의 여지가 적지 않다. 물론 이에 대한 선행연구는 적지 않은 분량이 축적되어 있다. 그렇지만, 대부분 한국(조선) 측의 자료에 기초한 한국사 연구의 영역에 머무르는 것이 많고, 중국 측의 자료와 최근 새로 발굴된 국내 자료를 이용한 연구는 그 수가 제한적이다. 이 점에 대한 보완을 통해 19세기 한·중 관계사 연구의 새로운 이해와 진전에 새로운 실마리를 찾아보려는 것이다.

이러한 구상을 지닌 이 책의 내용은 1880년을 전후한 시기 청의 조선 정책이 왜, 어떠한 양상으로 변화하였는가를 무엇보다도 청 내부의 상황을 좀 더 염두에 두면서 고찰하는 데 우선 출발하였다. 이러한 목표는 여전히 아직 저만큼 먼 거리에 머물고 있음을 자인할 수밖에 없지만, 그것은 기존의 연구에서 이 시기 양국 관계는 유길준(兪吉濬)의 '양절체제(兩截體制)', 권혁수(權赫秀)의 '하나의 외교, 두 가지 체제'(근대적 조약관계·체제의 일부 형식과 내용을 도입하여 전통적 조공 관계·체제를 한층 더 강화하려는 대외정책)라는 식으로 그 복잡성을 설명하거나, 사대·교린 체제와 만국공법 체제의 병존과 대립으로 설명하거나, 또는 청의 조선 정책을 '더블 스탠더드(Double Standard)에 의한 케이스 바이 케이스(Case by Case)'로 설명하면서, 아울러 조선의 근대 외교를 근대적 국제관계 속에서 전개되는 것을 '외교'라 하고, 동아시아의 질서 속에서 전개된 '사대교린' 등을 '대외관계'로 구분하여 설명하려는 시도가 있을 정도로 애매모호한 부분이 많기 때문이기도 하다. 이를테면 청의 조선 정책이 기존 양국 관계의 변용 또는 재편인가, 아니면 근대적 식민지나 속국으로의 개편 시도인가에 대해서는 수많은 연구자의 의견이 아주 다양한 편차로 드러나고 있다.

사실상 구체적이고 깊이 있는 분석을 통해 신중한 결론을 내리기보다는 표면적인 현상을 더듬다가 성급한 결론을 내림으로써 설득력 있는 양국 관계의 역사상을 구현하는 데에는 여전히 거리가 있는 부분도 많다. 필자는 기본적으로 중국근대사 연구자로서 출발하였기 때문에, 거기서 나오는 장점을 최대한 살리면서 이 시기 한·중 관계사의 본질을 이해하는 데 조금이라도 도움을 제공하고자 한다.

차례

표 차례

그림 차례

제1장

서론

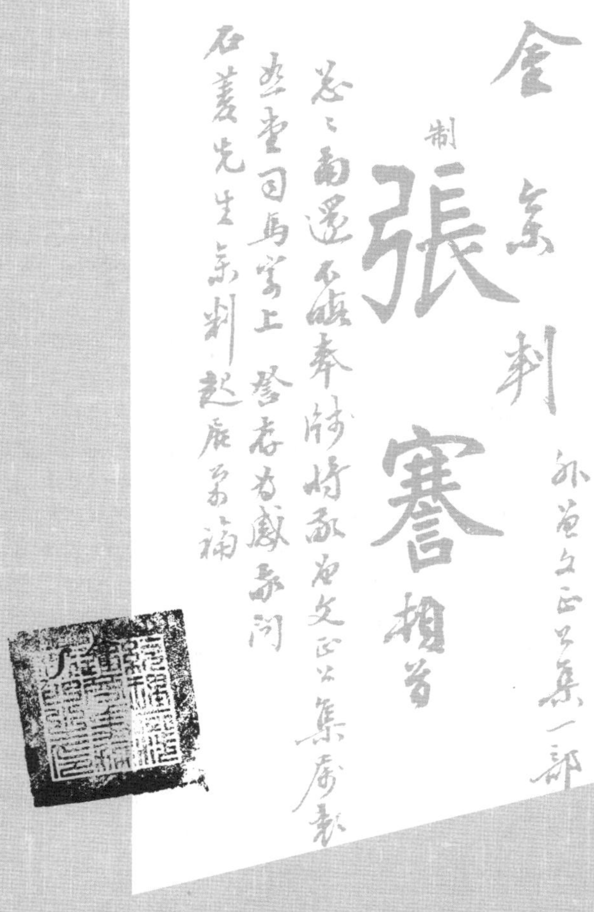

1. 집필의 목표

이 책에서는 다음과 같은 세 가지 점에 주의하면서 서술·분석을 진행하고자 노력하였다. 첫째, 종래 한국·중국과 대만 등지에서 공개한 기존 자료·연구의 철저한 분석과 더불어 엄청나게 늘어난 새로운 사료의 이용을 통해 종래 이루어진 연구의 보완을 모색하였다.[1] 기존의 연구

1 全海宗, 1966, 『韓國近世對外關係文獻備要』는 사료를 다루는 연구자로서의 출발점에서 반드시 들추어 보아야 하는 필독서다. 김용구·하영선 공편, 1996도 이 점에서는 마찬가지다. 한편 丘凡眞, 2013, 『조선시대 외교문서: 명·청과 주고받은 문서의 구조분석』은 조선시대나 명·청대 외교문서와 공문자료(檔案)을 읽기 위한 '훈련'을 제공해 주는 가장 훌륭한 안내서다. 중국에서 출간된 張我德 等, 1996, 『清代文書』와 裴燕生 等 編著, 2009, 『歷史文書』(第二版) 역시 마찬가지다. 한편 近代韓國外交文書편찬위원회 편, 2009-2015의 『近代韓國外交文書』 제1-13권은 제너럴셔먼호 사건·병인양요·오페르트 사건·신미양요·조일수호조규·조미수호통상조약·조영수호통상조약·임오군란·갑신정변·거문도사건을 다룬 종합적 외교 사료집으로서 앞으로 많은 이용이 기대된다. 그리고 최덕수 등, 2010, 『조약으로 본 한국 근대사』는 1876년 「조·일수호조규」에서 1910년 「병합조약」에 이르기까지 한국 근대사의 분수령이 된 조약의 원문과 이에 대한 분석을 총정리한 것으로 매우 유용한 자료집이다. 임경석·김영수·이항준 공편, 2012, 『한국근대외교사전』 역시 1876년부터 1910년까지 근대 한국외교사의 주요 사건·조약·인물·조직·기구 등을 정리한 외교 사전으로 유용하다.

는 대체로 『청광서조중일교섭사료(清光緖朝中日交涉史料)』나 『청계중일한관계사료(清季中日韓關係史料)』, 『구한국외교문서(舊韓國外交文書) 청안(清案)』 등 1970년대에 공개된 자료에 의존하는 경우가 많았다. 하지만 이후 이러한 자료들은 공개된 뒤 상당한 시간이 지났을 뿐 아니라, 독특한 중국의 외교문서의 형식을 갖춘 중국의 당안(檔案)에[2] 대한 활용도 불충분하여 기존 연구에 이용된 자료의 답습 이외에는 새로운 자료의 탐색과 활용이 그다지 활발하지 않았던 것도 사실이다.[3]

나아가 최근 특히 중국 등지에서 새롭게 공개되는 방대한 분량의 자료 역시 중요한 과제다.[4] 이를테면 이 시기 한·중 관계의 연구에 필수적인 이홍장(李鴻章)이나 원세개(袁世凱) 등 주요 당사자·관련자들의

2 당안은 清代에 주로 사용된 용어로 보통 官府에 의해 만들어지고 보존된 公文書 記錄物을 가리킨다.

3 이를테면 趙中孚·張存武·胡春惠 編, 1987, 『近代中韓關係史資料彙編』 12冊은 마찬가지로 한중관계사에 관련된 각종 자료를 수집하여 정리해 놓은 것으로(이를테면 『籌辦夷務始末』 朝鮮史料 등) 이용하기에 따라 상당한 편리함을 제공해 주지만, 보급이 잘 되지 않고 절판되어서인지 그동안 거의 학계에서 이용하지 않았다. 한편 權赫秀 編, 2008, 『近代中韓關係史料選編』은 근대 한중관계사의 기초 자료인 각종 조약과 장정·협정·협동 등 문건과 기타 文牘을 모아놓은 것으로 각종 판본을 대조를 통한 교열까지 포함하여 가장 정확한 판본을 찾을 경우, 반드시 이용해야 할 참고자료다. 또한 李毓澍 編, 1977, 『清季中日韓關係資料三十種綜合分類目錄』은 청 말 中·日·韓 관계 자료를 주제별·시간순으로 분류·배열하여 지금도 여전히 이용에 편리한 참고서다.

4 이를테면 吳晗, 1980, 『朝鮮李朝實錄中的中國史料』 1-12冊; 王其矩 編, 1987, 『清實錄 鄰國朝鮮篇』; 李澍田 編, 1991, 『清實錄朝鮮史料摘編』; 吉林師範大學古籍硏究所 編, 1995, 『二十六史中朝關係史料選編』; 劉子敏 主編, 1996, 『中國正史中的朝鮮史料』 1·2; 朴興鎭 等, 2007, 『東亞三國關係史料全輯: 中國廿六史及明清實錄』 全五冊 등이다. 중국에서는 이미 24史나 明·清實錄과 기타 고전에서 관련된 사료를 모두 종합하여 정리해 놓은 셈이다. 특히 근대에 관해서는 王其矩 編, 1987이 『清實錄』과 『光緖朝東華錄』, 『清光緖朝中日交涉史料』에서 양국 관계에 관한 것만 뽑아 놓아 이용하기 편리하다. 물론 '摘編'이나 '選錄'이라는 점을 감안하여 이용할 필요가 있다.

문집이 모두 최근에 다시 정리된 수십 권 분량의 전집 형태로 출간되었다(참고문헌 참조). 이전보다 완비된 내용을 갖춘 이러한 자료를 통한 기존 사료 이용의 점검과 새로운 자료의 활용은 한중관계사 연구의 진전을 위해 반드시 이루어져야 할 작업이다. 대만에서는 2005년 이루어진 '주[조선]한사관 당안(駐[朝鮮]韓使館檔案)'의 공개를 통해, 19세기 후반 조선에 주재하였던 청의 상무·외교 관원의 문서라는 새로운 자료의 내원을 제공하기도 하였다.[5]

또한 규장각을 비롯하여 지금까지 국내에 소장되어 있지만 제대로 이용되지 않은 자료를 더욱 광범위하게 수집하고 분석하는 작업 역시 수반되어야 한다. 동양사학계 제1세대의 학자들에 의해 활발하게 이용되었던 자료들은 이후 오랫동안 연구자들의 시야 밖에 놓여 있었다. 그뿐만 아니라, 근래에는 근대한국외교문서편찬위원회에 의해 『근대한국외교문서(近代韓國外交文書)』 제1-13권 등이 공간되어 19세기 한중관계사의 서술을 위한 필수적인 자료집으로 자리를 잡게 되었지만, 이를 이용한 연구는 현재까지 거의 이루어지고 있지 않았다. 국사편찬위원회에서 발간한 『(사료)고종시대사』(1863.12.-1894.6., 20책, 2015-2019)도 이 점에서는 마찬가지다. 또 이은연 외, 2017, 『근대동아시아 외교문서 해제』 27책도 출간되어 19세기 중반에서 20세기 초에 걸친 러시아·중국·일본의 동아시아 관련 외교문서를 소개하면서 선정된 사료의 번역문을 제공하여 일정한 편리를 제공한다.[6] 이 밖에도 현대 중국에

5 최근 많은 연구자가 이용하고 있는 이 자료에 대한 소개는 金希信, 2011; 박정현 등, 2013 참조.

6 이 책의 구성은 1-3책 러시아편(1860-1894년), 4-6책 중국편(1876-1893년), 7-9책 일본편(1876-1894년), 10-12책 러시아편(1895-1903년), 13-15책 중국편(1894-1903년), 16-18책 일본편(1894-1904년), 19-21책 러시아편(1903-1905년), 22-24책 중국편(1904-1910년), 25-27책 일본편(1904-

서 공개하는 자료의 분량은 도저히 따라잡을 수 없을 정도로 폭증하고 있는 만큼, 이러한 자료의 수집과 분석을 통해 새로운 사료에서 새로운 사실과 시각을 가능한 한 최대로 찾고자 하는 것이 기본적인 출발점이다.[7] 이 책이 개설서를 목표로 집필되었으면서도 동시에 연구서로서의 성격을 어느 정도 첨가할 수밖에 없었던 것은 이러한 점 때문이다.

둘째, 지금까지의 근대 한중관계사 연구가 대체로 한국(조선) 근대사, 동아시아 외교사(국제관계사), 그리고 한중·관계사라는 전혀 다른 세 분야의 학계에서 주로 이루어져 왔다는 점은 이 방면의 연구를 검토해 보면 곧바로 알아차릴 수 있는 특징이다(참고문헌 참조. 물론 여기에

1910년)이다. 내용이 방대하고 사료의 번역문을 제공하는 등 장점이 크지만 사료의 선발이 역자의 선택에 맡겨져 있고, 번역문만 있어 원문 이용과 대조에 약간 불편함이 있다. 이 밖에도 이 책에서 미처 참고하지 못하였지만, 한림대학교 아시아문화연구소 편, 2000, 『주한미국공사관·영사관기록: 1882-1905』 20책, 고려대학교 독일어권문화연구소 편, 2019-2021, 『독일외교문서 한국편』 15책 등의 자료도 있다.

7 이러한 자료 문제나 소개에 대해서는 金衡鍾, 2009, 2016b, 2018의 「서론」 등에서 상세하게 다룬 바 있다. 또한 台灣 文海出版社에서 1966년부터 1987년까지 沈雲龍教授를 主編으로 하여 출판한 『近代中國史料叢刊』 正編·續編·三編(正·續編 各 100輯. 三編 85輯. 每輯 10冊)은 明·淸·民國시대 각종 奏疏, 政書, 年譜, 필기, 일기, 시문집 및 經世文編, 碑傳集, 雜誌, 각종 자료집 등을 총망라하여 자료집으로 가치가 아주 크다. 또한 南開大學古籍與文化研究所 編, 2010, 『淸文海』(全106冊)나 淸代詩文集彙編編纂委員會 編, 2010, 『淸代詩文集彙編』(全800冊. 4026種 詩文)도 이전에 이용이 쉽지 않았던 다양한 청대 인물의 문집을 거의 망라하여 편리한 참고자료다. 또 趙中孚·張存武·胡春惠 編, 1987, 『近代中韓關係史資料彙編』; 吳豊培·董盼霞·杜曉明 編, 1991, 『淸同光間外交史料拾遺』 全18冊; 中國第一歷史檔案館 編, 1996a·1998, 『淸代中朝關係檔案史料匯編』 및 『淸代中朝關係檔案史料匯編 續編』; 中國第一歷史檔案館 編, 1996b, 『光緒朝硃批奏摺』, 全120輯; 孫學雷·劉家平 主編, 2003, 『國家圖書館藏 淸代孤本外交檔案』 全52冊; 經莉 編, 2005, 『國家圖書館藏 淸代孤本外交檔案續編』 全20冊; 中國邊疆史地研究中心 等 編, 2006, 『琿春副都統衙門檔』 全238冊; 權赫秀 編, 2008 등 역시 주목할 만한 사료집이다.

개념사나 사상사, 과학사 분야 등 분야의 연구도 첨가된다.).[8] 따라서 이러한 기존의 분산된 국내 연구 성과를 종합하여 가능하면 동아시아사의 시각에서 일관성 있는 갖춘 통사로서 정리해 보는 것 또한 이 책의 중요한 필요한 과제다. 이것은 필자의 제한된 역량으로 보자면 정말 제 분수를 모르는 목표였고, 실제로 집필 과정에서 여러 차례 후회를 거듭할 수밖에 없었던 무모한 과제 설정이었다.[9] 물론 이것을 위해서는 국내 학계

8 이 가운데 외교사 방면의 연구를 최근까지 주도한 것은 김용구 서울대 명예교수다. 그는 이를테면 2006년 초판이 나온 『세계외교사』에서 근대 서구의 '외교'라는 것이 어떻게 전개되었는가를 잘 보여 준다. 『세계외교사』는 역사가 여러 문명권의 충돌이라는 시각에서 출발하여, 유럽 문명권의 세계 팽창, 유럽과 이슬람의 대립, 유럽과 동아시아 사대질서와의 충돌 등을 다루는 개설서이지만, 특히 조선과 세계외교사의 접목을 시도하여 당시 한·중 관계사를 이해할 때도 반드시 참고해야 할 표준이다. 이 외에도 김용구·하영선 공편, 1996, 『한국외교사연구: 기본사료·문헌해제』로 이 분야의 기초 작업을 선도하였으며, 김용구, 2001, 2004, 2008a, 2008b, 2013, 2018 등 다수의 저작으로 한국의 근대 외교사를 정리하였다. 또한 朴日根, 1982, 1983, 1985a, 1985b, 1987, 1989, 1990, 1995 역시 조선의 외교정책과 영국·미국·프랑스와 청·일의 조선 외교를 폭넓게 다루고 있어 좋은 참고가 된다. 특히 그는 영국과의 외교에 가장 먼저 주목한 것 같다. 또 朴日根 編, 1982, 1984 역시 영·미와 조선·청의 외교관계를 다루는 자료집으로 편리함을 제공한다. 한편 아극돈 지음, 은몽하·우호 엮음, 金翰圭 옮김, 2012, 『사조선록 역주: 청사의 조선 사행록』 5도 특히 조선을 방문한 청 칙사의 사조선록을 역주한 것으로써 자료적 가치가 높다(근대 조선-청 관계에서 중요한 역할을 한 馬建忠의 『東行三錄』도 여기 포함되어 있다.).

9 최근 동북아재단에 의해 한국의 대외정책과 외교사를 다룬 여러 권의 연구총서로 동북아역사재단 한국외교사편찬위원회 편, 2018a-c, 『한국의 대외관계와 외교사』 고대편·고려편·조선편·근대편 4권이 출간되었다. 한국사, 중국사, 일본사 연구자뿐만 아니라 정치사, 외교사 등 각 분야별 전문가가 쓴 주제별 개론/통론을 모아 놓은 것이라 논문집의 형태를 취하고 있지만, 지금 한국에서의 연구 성과를 가장 잘 반영해 주는 개설서이자 안내서의 역할을 할 수 있을 것으로 기대한다. 한편 하영선·손열 엮음, 2012, 『근대한국의 사회과학개념형성사 2』; 하영선·이헌미 등, 2016, 『사행의 국제정치: 16~19세기 조천 연행록』; 하영선·손열 엮음, 2018, 『한국 사회과학 개념사: 조공에서

에서의 방대한 기존 연구를 종합하고 그것을 정리하는 과정이 필요한데, 논문 수집 등의 경우 데이터베이스의 활용 등 과거에 비해서는 다른 분야의 연구에 접근하는 것이 훨씬 손쉬워진 점에서 큰 도움을 받았다. 과거라면 거의 불가능한 일이 이제는 얼마간의 노력과 시간만 기울이면 해 볼 만한 것으로 바뀐 것이다. 이 밖에도 국외 학계 이외의 연구에도 주목해야 할 필요가 있지만, 그것은 그다음의 과제다.[10]

그리고 무엇보다도 근대 한·중 관계사 분야는 조금만 폭을 넓혀 보면 이미 너무나 많은 연구 성과가 계속 축적되고 있다는 점도 쉽사

정보화까지』 등은 사회과학(국제정치와 외교사)의 관점에서 한·중 관계사와 밀접한 관련이 있는 외교·국가·조공(사대)질서·속국자주와 자주독립 등의 개념에 대한 다양한 개념사적 분석을 시도하여 훌륭한 참고가 된다.

10 이를테면 최근 일본에서의 연구 성과를 알기에 가장 좋은 것은 岡本隆司·箱田惠子, 2019, 『ハンドブック近代中國外交史: 明清交替から滿洲事變まで』다. 다수의 전문 연구자가 각 시대나 제도, 관계, 사건, 전쟁, 조약 등에 대해 간명하게 정리하고 있어 외교사적 기초 지식의 확보에도 상당히 큰 도움이 될 것이다. 岡本隆司는 2004년 『屬國と自主のあいだ: 近代清韓関係と東アジアの命運』을 내놓은 이래 청대 이래의 근대 동아시아에 대한 다수의 외교사·관계사와 연구서·교양서적을 내놓아(2008, 2011a, 2014, 2015, 2017a, 2017b. 2019) 이 분야의 연구를 주도하고 있다. 한편 茂木敏夫의 일련의 연구(1992, 1993a, 1993b, 1995, 1997, 2000a, 2000b, 2001, 2002, 2003, 2014, 2015a, 2015b, 2016, 2017)는 중화세계의 구조와 질서 및 근대적 재편에 관한 연구 동향을 대표하는 것으로 역시 한·중 관계사의 입장에서 반드시 참고해야 할 것이다. 또한 서구 중심적인 '조공체제론'에 대항하여 아시아의 '朝貢貿易體制論'으로 전통적 아시아 국제질서에 대한 독자적인 전망을 제시한 濱下武志, 1990, 1997(서광덕·권기수 옮김, 2018); 濱下武志·川勝平太 編, 1991; Giovanni Arrighi, Takeshi Hamashita, and Mark Selden, 2003, *The Resurgence of East Asia–500, 150 and 50 Year Perspectives*; Hamashita Takesh, 2008, *China, East Asia and the Global Economy: Regional and Historical Perspectives* 등은 지금까지 관련 학계에 큰 영향력을 미치고 있다(이에 대한 국내의 소개는 하세봉, 2019 참조). 또 川島眞, 2004나 가와시마 신(川島眞)·모리 가즈코(毛利和子) 지음, 이용빈 옮김, 2012 역시 주로 20세기에 비중을 두고 있지만, 중국 외교사의 개관과 연구 입문을 제공한다.

리 확인할 수 있다. 특히 21세기에 그것이 현저한 특징으로 드러나지만(아마 중국의 '동북공정' 이후 학계의 관심이 급증한 탓일 것이다.), 특히 근대조선과 청의 관계를 다루는 연구는 양국 모두 강력한 '내셔널리즘' 역사학의 근본적인 영향 아래서 벗어나지 못하고 있는 것도 솔직히 인정할 필요가 있다. 따라서 가능한 한 이러한 사전 선입견이나 편견의 그늘에서 벗어나, 사료의 분석과 이용에 기초한 보다 객관적인 역사상의 재구축을 시도하는 것도 지금 시점에서 꼭 필요한 작업이라고 할 것이다. 특히 당시의 역사적 상황과 자료에 따라 판단하지 않고 오늘날의 시각이나 관점에서 곧장 성급하게 과거를 바라보고 해석하려는 연구 시각을 도입하는 데는 조금 신중한 자세가 필요하다.

더불어 일국사(一國史)나 자국사(自國史)의 관점에 사로잡히지 않고 동아시아를 범위로 하는 시야와 그에 따른 '관계사', 즉 동아시아 국제관계사라는 연구 방법의 모색도 마찬가지다. 이를 통해 역사학 본연의 입장에서 냉정하게 과거의 역사적 현실을 직시하면서, 그것을 사료의 치밀한 분석과 냉정한 판단으로 뒷받침하는 것이 한·중 관계사의 재구축이며, 나아가 양국 관계의 과거와 현재를 제대로 이해하는 지름길이 될 수 있을 것이다.

셋째, 지금까지 근대 한·중 관계사에 대한 통론을 시도한 전저(專著)는 아주 희소하다. 물론 국내에서는 전 시대에 걸친 통사의 일부로 다루거나,[11] 아니면 동아시아 외교사(한·중·일 포함)의 일부로서 이 시

11 金翰圭, 1999, 『한중관계사』 1·2나 김기혁, 1980, 2007 등. 또한 조선·청의 관계를 이해할 때의 필독서인 고전적 연구로 Chun Hae-jong, 1968; 全海宗, 1970(全善姬 譯, 1997, 『中韓關係史論集』)을 들 수 있다. 원래 영어로 쓰였지만 최근 번역된 김기혁 지음, 김범 옮김, 2022(←Key-Hiuk Kim, 1980, *The Last Phase of the East Asian World Order: Korea, Japan, and the Chinese Empire, 1860-1882*)나 다보하시 기요시(田保橋潔) 지음, 김종학 옮김, 2013·2016[이

기를 다루거나, 일정한 시기나 주제를 다룬 연구서나 논문집이 있지만, 근대 한·중 관계사만을 전문으로 한 연구서나 개설서는 최근에는 사실상 별로 많지 않다.[12] 중국에서는 몇 권의 연구서나 개설서가 나와 있고 일부는 우리말로도 번역이 되어 참고할 만하지만, 중국 중심의 시야라는 한계에서 벗어나지 못하는 통사류의 책이거나, 사료의 분석과 서술이라는 면에서 그다지 장점이 보이지 않는다.[13] 그 수가 많지는 않지만, 그래도 꾸준히 공개된 영어권의 연구나 영문으로 출판된 한국인의 연구 역시 충분히 참조할 만한 가치가 있다.[14]

물론 21세기 들어 특히 국내의 한·중 관계사 연구는 종전과는 달

하 이 책의 인용은 모두 번역판에 따른다.]도 근대 조선·청 관계를 이해할 때 빼놓을 수 없는 일본과의 관계 문제를 다루어 반드시 참고해야 할 통사 가운데 하나다.

12 한·중 관계사를 다룬 연구논문집으로는 우선 하정식·유장근 엮음, 2002나 김준엽 선생 기념서 편찬위원회 지음, 2010을 들 수 있다. 유용태 엮음, 2013은 근현대에 초점을 맞추어 근대 외교의 양상과 상호인식을 다루었다.

13 장팅푸(蔣廷黻) 지음, 金基周·金元洙 옮김, 1991; 劉爲, 2002; 徐萬民 지음, 전홍석 등 옮김, 1996, 2014; 王明星, 1998; 宋慧娟, 2007; 蔡建, 2008; 張禮恒, 2012a. 張禮恒, 2012는 이 가운데 가장 연구서로서 높이 평가받을 수 있을 것이다. 근대사가 아닌 통사로는 楊昭全·韓俊光, 1992; 楊昭全·河彤梅, 2001; 楊軍·王秋彬, 2006; 付百臣, 2008 등이 있다. 한편 청 말과 중화민국 시기 중국의 외교 사료 편찬과 외교사 연구에 대해서는 朱海光, 2008(2012) 참조.

14 Francis Clifford Jones F. C., 1935; Frederick Foo Chien, 1967; Ching Young Choe, 1972; Martina Deuchler, 1977; Key-Hiuk Kim, 1980; Robert R. Swartout, 1980; James B. Palais(이훈상 옮김), 1993; Yur-bok Lee, 1988; Andre Schmid(정여울 옮김), 2007: Kirk W. Larsen, 2008(→커크 W. 라슨 지음, 양휘웅 옮김, 2021); Seonmin Kim, 2017; Stephen A. Royle, 2017; Yuanchong Wang, 2018; Nianshen Song, 2018; Odd Arne Westad, 2021(2022) 등. 한편 서구 학계의 19세기 청의 대외관계나 대외 관념·정책 전반에 대한 개괄적인 이해는 존 K. 페어뱅크 편, 2007c에 실린 임마누엘 쉬, 2007, 「청 말의 대외관계(1866-1905년)」 등 여러 논문을 참조할 수 있다(대부분 중국계 미국학자의 연구다.).

리 많은 다양한 전공의 연구자가 관심을 쏟는 분야로 등장하였다. 이에 따라 그야말로 따라잡기 힘들 정도로 많은 연구 성과가 축적되면서, 새로운 방법과 자료, 관점을 제시해 주는 유익한 연구도 적지 않게 나타나고 있다. 따라서 이러한 국내의 성과를 제대로 집약하는 기초 위에서 이 책이 쓰일 수 있다면, 조금이라도 학계의 연구가 좀 더 진전되는 데 얼마간 도움이 될 수 있겠지만, 이것도 마찬가지로 어디까지나 필자의 희망 사항이다.

이 때문에 이 책에서는 기존 한·중 관계사의 한계를 조금이나마 넘어 좀 더 나은 역사상을 정립하기 위해 가능하면 구체적인 사료의 정확한 해석과 이용을 함께 수행하는 것이 필수적이라는 데 특히 주의를 기울였다. 그래서 가능하면 당시의 상황을 일목요연하게 파악할 수 있게 해 주는 핵심 사료를 다수 번역하여 제시하면서, 독자가 그것을 통해 필자가 전하려는 의도를 가능하면 정확히 파악할 수 있도록 하였다. 앞서 지적하였듯이 이 책이 개설서이면서도 연구서 또는 연구입문서/안내서로서의 성격이 가미된 것은 바로 이 때문이다. 사실 조선 측의 자료뿐만 아니라 중국 측 외교문서까지 정확하게 해석·이용하는 일은 몹시 힘들고 많은 시간이 소요된다. 하지만 필요한 사료라면 그 내용을 가능한 한 최대의 분량으로 번역·인용함으로써 독자가 실제 사료를 통해 당시의 역사적 현실에 접근할 수 있게 하는 것이 오히려 보다 적절한 역사적 이해를 도울 수 있다는 생각이 과감하게 이러한 시도를 할 수 있게 해 주었다.

두말할 것도 없이 진정한 역사 연구와 이해는 사료에 대한 접근에서 출발한다. 기왕의 연구나 남의 연구를 종합한 서술만으로는 어디까지나 남의 시각에서 역사를 바라볼 수밖에 없게 하고, 그와는 다른 이해나 해석의 가능성은 크게 제한되기 때문이다. 역사가의 궁극적인 목표가 이론과 사실의 결합, 즉 '사(史)'와 '론(論)'의 결합이라 할 수 있다면, 여기서는 그것을 최저한의 수준에 맞추어 보려고 노력한 셈이 될 것이다. 중국 외교문서나 공문서(당안)에 대해 그나마 약간의 경험을 축적해 온 필자가 그것을 풍부하게 활용할 수 있는 장점을 살릴 수 있다면, 한국인이지만 중국사 전공자라는 특성을 나름 활용하였다는 평가를 얻을 수 있을지도 모른다.

2. 이 책의 구성

이상에서 설명한 동기와 목표에 따라서 이루어진 이 책의 구성을 간단하게 소개하고자 한다. 개괄적인 흐름을 파악하면 전체 내용을 좀 더 쉽게 이해할 수 있기 때문이다.

제2장 「1870년대 중후반까지의 조선-청 관계」에서는 기존 사대질서(필자는 天朝體制라는 용어를 선호하였다.)의 존속과 조선·청의 '인신무외교(人臣無外交)' 및 '속국자주(屬國自主)'의 견지라는 입장에서 19세기 전반·중반의 국제적 정세 변화에 대한 양국의 대응 자세를 집중적으로 검토하였다. 사실상 이 시기 양국 관계는 '서세동점(西勢東漸)'이라는 전례가 없는 새로운 상황을 맞이하면서도, 기본적으로 기존의 사대-자소 관계에 기초한 전통질서를 그대로 고수하고 있었다는 데 중요한 특징이 있었다. 서구의 도전이 가져온 '조약체제(條約體制)'(또는 開港場體制) 자체는 아직 기존의 천조체제나 조선-청 관계에 직접적인 변화를 가져오는 파급력을 가지고 있지 않았기 때문이다. 이러한 상황에서 양국은 새로운 시대적 변화에의 적극적인 변화나 대응을 시도하기보다는, "남의 신하가 된 자(즉 여기서는 천자의 제후에 해당하는 조선을 가리킨다.)는 외교의 권한이 없다."라는 '인신무외교(人臣無外交. 또는 藩臣無外交)'라는 전통적 관념이나 서구의 진출 시도(통상과 조약, 선교의 요구 등)라는 시대적

상황에 맞추어, "조선은 중국의 속국이지만 그 내정·외교는 자주(自主)를 한다."라는 '속국자주(屬國自主)'라는 새로운 '명분' 또는 규범을 내세우면서 서로 책임과 부담을 상대방에 떠넘기는 데 급급하였다. 그렇지만 1860년대 들어 서구의 동아시아 진출의 시도가 현저해지면서, 이러한 안이한 대응만으로는 점차 문제를 해결해 나갈 수 없게 되었다. 청은 조약국과의 외교를 담당하기 위해 새롭게 만든 관청인 총리각국사무아문(總理各國事務衙門. 이하 '총리아문'으로 약칭)을 통해 이러한 조약체제에 대응하고자 시도하였고, 그 결과 '조선' 문제에도 점차 총리아문이 간여하게 되면서, 기존의 조선 정책을 재검토하지 않을 수 없는 상황에 놓이게 된다.

특히 1870년대 일본의 급부상에 따른 동아시아 정세의 변화는 「청·일수호조규」와 「조·일수호조규」의 체결로 이어지게 되는데, 이 두 조규의 체결은 전통적 동아시아 질서에 분명한 균열을 가져오는 전기가 되었다. 여기서 일본은 국제법 질서에의 적응을 무기로 기존 질서에의 강력한 도전자로서 등장하게 된다. 이러한 변화 외에 청의 조선 정책에 가장 뚜렷한 변화를 초래하는 계기가 된 것은 1879년 일본의 류큐 병합 및 러시아와 청 간 이리(伊犁. Ili) 분쟁이었는데, 이러한 분쟁에 따른 청의 대외정책의 변화 양상을 여기서 상세히 추적하였다. 주변의 옛 번속[屬國. 屬邦]이 모두 사라지는 위기에 처하여 천조체제가 무너지는 조짐을 보이자, 청은 우선 조선 정책을 적극화하여 "오랑캐를 이용하여 오랑캐를 제압한다."라는 전통적인 '이이제이(以夷制夷)'의 전략으로 조선에 문호개방으로의 전환을 권고하면서 「조·미수호통상조약(朝美修好通商條約)」(이하 「조·미조약」으로 약칭)의 체결을 이끌어 냈다.

제3장 「1880년대의 조선과 청: '속국자주'론의 딜레마」에서는 1880년대의 조선과 청의 관계에서 기존의 '속국(속방)자주'론과 청이 새롭게 채택하게 되는 '속국(체제)'론의 길항(拮抗) 관계를 통해 1880년

대 전반의 양국 관계를 정리하고자 하였다. 앞서 언급했듯이 1880년대 들어 청이 '이이제이'의 전략으로 조선의 「조·미수호통상조약」 체결을 이끌어 낸 부분은 특히 한국 학계에서 집중적으로 연구되었는데, 그 체계적인 정리가 오히려 가장 중요한 과제가 되었다. 조선의 독립지향과 근대적 의미의 '속국'으로의 개편을 원하는 청 사이의 관계 변화에 관한 정리가 꼭 필요한 부분이었기 때문이다. 따라서 가장 먼저 1882년의 「조·미수호통상조약」 체결과 그 의미를 선행연구 검토를 통해 정리해 보면서, 이에 대한 청의 의도나 정책이 무엇인가를 분석하였다.

그다음으로는 1880년대 청의 대(對)조선 정책에 결정적인 전환점을 가져오는 임오군란과 갑신정변에 대한 청의 개입 및 그 이후 청의 조선 정책 및 군사전략의 변화를 집중적으로 분석하였다. 청의 조선 정책에 과연 어떠한 변화가 나타나며, 그것은 어떠한 의미를 지니고 어떠한 결과로 이어지는지를 분석해 보는 데는 이 시기가 가장 중심이 되는데, 사실상 종전의 간접적 권유와 불간섭정책에서 점차 조선에 대한 직접적 통제와 '속국화(屬國化. 보호국화)'로 전환을 시도하는 계기는 바로 이 1880년대 초반 조선의 정세와 아주 밀접한 관련을 지니고 있기 때문이다. 임오군란과 갑신정변에 대해서는 국내 학계의 기존 연구가 적지 않지만, 청이 이 문제에 대해 어떠한 정책적 입장을 선택하게 되었는가를 상세하게 분석한 연구는 많지 않아, 이 점에 중점을 둔 분석과 서술을 시도한 것이 이 책만의 중요한 특징이다. 특히 청이 북양해군과 육군을 정비하면서 근대적인 군사력을 통해 중국 북부와 조선의 전략적 방어전략을 형성하는 과정을 조선 정책의 변화와 연결하여 설명하고자 하였다. 갑신정변 이후 「천진조약」에 따른 국제적인 정세 변화에 관련된 청의 조선 정책의 성패 역시 재검토의 대상이 되었다.

이와 동시에 1882년 광서제(光緒帝. 재위 1875-1908)가 반포한 「중국·조선상민수륙무역장정」(이하 「무역장정」으로 약칭)이 또 다른 집중적 분석의 대상이 되었다. 그 분석에 따르면 이 「무역장정」은 사실상 '조약'이 아닌 '조약'으로, 기존의 양국 사이의 상국(上國)-속방(屬邦) 관계를 국제법을 통해 '종주국(宗主國)-속국(屬國/보호국)' 관계로 치환하려는 청의 새로운 정책적 지향의 출발점이나 마찬가지였다. 따라서 「무역장정」은 사실상 '무역'·통상만이 아닌 조선과의 정치·경제·외교 관계 전반을 규정하는 불평등조약으로서 작용하였다는 점을 여기서 특별히 강조하였다. 이렇게 보면 청의 조선 정책은 1882년을 전후하여 분명하게 달라질 수밖에 없었다고 해도 좋다. 이른바 유길준의 '양절체제'론이나 권혁수가 제기한 '하나의 외교, 두 가지 체제'라는 분석의 틀이 본격적으로 적용되는 시기가 되는 것이다.

하지만 이 당시 청과 조선의 관계는 전통적 상국-속방 관계도 아니고, 그렇다고 근대적 종주국과 속국(보호국)의 관계가 아닌 애매모호한 상태에 머물러 있었던 데다가, 이것은 만국공법이나 조약을 통해 새로운 시대변화에 맞춘 관계로 전환하려는 노력도 제대로 이루어지지 않았다. 이 때문에 청 말 수많은 관료·사대부들이 조선의 외교나 정치를 "청이 대신해서 [조선의 정치를] 주지하는('代爲主持')" 방안으로 조선에 대한 직접적인 개입과 통제(內地化나 州縣化, 監國大臣의 파견이나 保護國化 등)를 제안하였지만, 실질적으로 청의 조선 정책을 책임진 직예총독 겸 북양대신 이홍장은 시종일관 청이 뒤에서 "몰래 유지하고 보호하는 것(密爲維持保護)"을 선호하는 태도를 고집하였다. 그는 조선에 대한 통제권 강화에는 기본적으로 동조하면서도 고위 관료나 감국을 파견하게 되면 사사건건 열강에 대해 중국이 그 책임을 지게 될 뿐만 아니라 중국이 지금까지 간여하지 않았던 조선의 국내 정치에 개입하면 이러한 갑작스러운 정책 변경('속국자주'론에서의 이탈)은 조선의 강력한 반발을 살 것이라는 우려를 내세워 이를 줄곧 반대하였다. 이것은 시종일관 견지되는 이홍장이나 청 조정의 조선에 대한 거의 일관된 정책이었다.

전통적인 사대-자소 관계의 그림자는 이홍장이나 청 조정의 외교정책에 여전히 짙은 힘을 발휘하고 있었다.

그렇지만 이 책에서는 동시에 조선과 청 사이의 이러한 '어정쩡한' 관계를 틈타 청이 「무역장정」을 사실상의 불평등조약으로 바꿔치기하면서 제국주의의 방법을 '차용'하여 청의 이익을 일방적으로 관철하고, 조선을 근대적 의미의 '속국'으로 만들어 나가려는 실행과정에서 조선의 저항을 피하고자 다양한 '편법'을 동원하였다는 점을 지적하였다. 양국 관계의 재설정이나 종전의 '속국' 또는 '속국자주'론에 대한 검토나 재정립, 또는 공동의 합의적 인식이나 명문화(明文化)가 없는 상태에서 상국의 권위를 내세워 일방적으로 자국의 국방·이익을 우선시한 청의 조선 정책은 이런 측면에서 이른바 '편법외교'의 특징을 뚜렷하게 드러내게 된다. 천조체제와 조약체제 사이의 틈을 이용한 이러한 '편법외교'의 일방성 때문에 양국이 전통적인 사대-자소의 관계에서 도출될 수 있는 '동병상련'의 우의를 잃게 된 결과, 이것이 결국 '순망치한'의 우려에 있었던 관계를 '양패구상'의 실패로 이어지게 하였다는 것이 필자의 주장이다. 물론 이 과정에서 서구 열강이나 일본 등의 조선 정책 및 동향, 이에 대한 조선의 저항도 물론 큰 영향을 미쳤다.

제4장 「1880년대 조선·청의 영토분쟁과 국경회담」은 지금까지 한·중 관계사 연구에서는 그다지 주목받지 못하였던 1880년대 조선·청의 영토분쟁과 국경회담에 대해 집중적으로 다루었다. 이 문제는 사실 양국 사이에서 객관적으로 분석·이해되지 않고 '국경' 문제를 둘러싼 영토욕과 내셔널리즘 담론 때문에 오랫동안 그 역사적 실체도 가려져 온 만큼, 반드시 제대로 다루어 볼 필요가 있다. 먼저 제1절에서는 1880년대에 속방 조선이 상국인 청에 국경 문제에 대한 이의를 제기하여, 결국 국경 공동조사와 회담에까지 이르는 과정을 분석하였다. 이 문제는 '영토'를 둘러싼 싸움이라기보다는, 사실상 1880년대 초반 두만

강 북쪽으로 대규모로 월간(越墾)을 감행한 이후(이른바 '庚辰開拓'이라고 한다.), 이들 조선 백성을 누가 계속해서 장악하느냐가 실질적인 갈등의 관건이었다. 두 차례의 국경 공동조사와 국경회담은 결국 양국의 주장이 팽팽하게 맞서는 가운데 최종적인 합의를 얻지 못하였지만, 이 조선 월간민의 안치 문제는 이후에도 여전히 양국 사이의 경쟁과 긴장을 불러일으키는 도화선으로 남았다.

그리고 제2절에서 다룬 이 국경 분쟁으로 야기된 두 차례의 공동 국경조사나 그 결과 이루어진 국경회담의 내용에 대한 분석·서술은 사실 이 시기의 양국 관계가 어떻게 전개되었는가를 보여 주는 하나의 시금석이기도 하다. 주목할 만한 점은 '만국공법'의 국제질서가 이미 오래전에 작동하기 시작한 현실 속에서, 양국이 국경회담에서 보여 주는 태도에는 여전히 그것보다는 전통적인 사대-자소 관계의 그림자가 짙게 드리워져 있었다는 것, 아울러 이 분쟁이 마무리되지 않고 이후 시기로 넘겨지면서 점차 근대 국민국가와 만국공법의 논리가 본격적으로 작동되기 시작하였다는 것이다. 다만 그 이전에는 여전히 전통적인 천조상국과 속방, 사대와 자소의 관계가 양국 관계의 기본 틀로서 작동하였기 때문에, 두 차례의 공동 국경조사에 대해 청의 황제가 '결론'을 내렸지만, 조선이 이를 거부하고 외면하는 자세를 보였다. 그럼에도 불구하고 청이 그에 대해 위압적인 해결의 태도나 압력을 시행하지 않았다는 사실은 여전히 전통적인 사대-자소 관계의 논리가 양국 관계를 규정하고 있었다는 점을 보여 준다. 사실상 청의 멸망까지 이 점은 크게 달라지지 않았다.

제5장 「청·일전쟁 전후 조선-청 관계의 재편」에서는 먼저 1880년대 중반 이후 청·일전쟁 직전까지 원세개(袁世凱. 위안스카이)의 조선 주재 시기(1885-1894)에 대해 집중적으로 다루었다. 1885년 후반 조선에 부임한 원세개는 잘 알려져 있다시피 '속국' 조선의 조정 위에 군림하

면서, 상관 이홍장의 지시와 후원 아래 누구보다도 강경하게 조선을 감시·억압하고 그 이익을 훼손하면서 청의 국익을 일방적으로 앞세우는 정책을 실행하였다. 또한 조선이 국제법적으로 사실상 청의 속국임을 끊임없이 확인하여 조선의 자주·독립 의지를 꺾고자 하였다. 그 때문에 원세개의 내정간섭이나 주미 공사 파견을 즈음한 '속국체제'의 강요 등이 이 장에서 분석의 중심이 되었다. 다만 기존 연구는 대부분 원세개의 조선에서의 활동에 초점을 맞추지만, 그의 활동이 청 정부의 정책 구상을 어느 정도 실현하고 있었는가에 대해서는 그다지 주목하지 않았기에 이 점이 서술에서 우선 고려의 대상이 되었다.

이런 점에서 청·일전쟁 이전 1890년 전후의 조선-청 관계에도 주목하여 새로운 사료를 발굴하면서 당시 청 조정의 조선 정책은 도대체 어떤 방식으로 구현되고 있었는가를 따져 보았다. 이에 따르면 청의 조선 정책은 원세개를 통한 내정간섭이라는 통제의 틀 외에는 전혀 변화나 적극적인 방안의 모색을 보여 주지 못하는 무기력한 상태에 빠져 있었다. 자희태후(慈禧太后. 보통 西太后라는 명칭으로 잘 알려져 있다.)가 이끄는 청 왕조 자체가 나태와 부패, 무능력을 벗어나지 못하고 있었던 것이지만, 이 점에 대해서는 과거에 거의 주목하지 않았다. 그렇다고 이에 저항하는 조선의 자주·독립지향이 큰 성공을 거둔 것도 아니었다는 점 역시 염두에 둘 필요가 있다. 갑신정변 이후 개혁파 세력이 제거된 조선은 민씨 척족 정권의 무능과 부패로 인해 1880년대 중반 이후 10년의 '기회'를 놓치고 있었기 때문이다.

한편, 그다음으로 청·일전쟁에서 청이 패배하면서 조선이 기존의 사대질서에서 벗어나 '독립'을 이룬 이후 조선-청 관계가 어떻게 재편되는가를 다루었다. 청·일전쟁에서는 조선이 먼저 그 희생양이 되었기 때문에 조선을 둘러싼 청-일 양국의 대립과 전쟁으로의 진행 과정을 분석하는 것이 첫 번째 과제였고, 이어 '청·일전쟁'의 결과 나타난 '독립' 이후 조선(이후 대한제국)과 청의 관계가 어떤 변화를 겪게 되었는가를 다루었다. 이 과정은 조선이 일본의 더욱 직접적인 영향 아래 들어가게 됨을 의미하였으나, 동시에 조선은 러시아를 끌어들이면서 그에 대항하려 시도하는 것이 주요한 특색으로 나타난다.

물론 독립을 얻은 조선은 이후 청에 대한 관계의 재정립 시도를 멈추지 않았다. 국제법상 대등한 '독립국'으로서의 지위를 인정받고자 하는 조선의 조약체결 요청에 청은 「시모노세키조약」에서 그 독립을 인정하기는 하였지만, 오랜 속국 조선에 대한 대등한 외교관계의 성립을 꺼리는 반응을 보여 천조체제와 천하관념에 대한 집착이 전혀 바뀌지 않았다는 점을 분명하게 보여 주었다. 그렇지만 결국 1899년 양국 관계 전환의 분기점이 될 수도 있었던 「한·청통상조약」이 체결되는데, 그 체결과정과 그 조약의 역사적 의미에 주목하였다. 「한·청통상조약」 체결로 역사상 최초의 평등한 관계라는 새로운 단계를 맞이할 수 있었지만, 양국 내부의 사정이나 국제정세의 변화와 맞물려 양국 관계의 실질적인 변화나 결실을 얻는 단계에 이르지 못한 상태에서 19세기가 끝나게 된다. 이 책의 서술이 여기에서 멈추는 것도 이 때문이다.

마지막으로 제6장 맺음말에서는 이상과 같은 서술과 분석을 종합하는데, 19세기 후반의 조선-청 관계는 한 마디로 사실상 천조체제의 붕괴과정과 이에 대한 조선의 대응이라고 요약해도 좋을 것이다. 천조상국의 위엄에 집착하는 청은 사대-자소 관계의 전통에 얽매이면서도 국방전략의 측면에서는 조선에 대한 '속국화'(보호국화)를 시도하였고, 이에 대해 왕권과 왕실의 위기를 느낀 조선이 속국의 '자주'를 내세워 독립의 지향을 포기하지 않았던 과정에서 수많은 갈등과 마찰로 점철되는 딜레마가 존재하였다. 무엇보다도 1880년대 청의 조선 정책 실패는 청·일전쟁의 패배로 분명해지지만, 이것은 동시에 청과 조선이 이후 십수 년 안에 거의 동시에 '멸망'의 운명을 피하지 못하는 것과 직접 연관이 있다고 할 수 있다. '순망치한'의 관계였던 양국의 운명을 바꿔 놓고자 하였던 1880년대 이후 청의 조선 정책이 사실상 무산되면서 양국은 '양패구상'의 상처를 함께 떠안게 되었다. 그런 점에서 청의 조선 정책 실패는 사실상 청의 멸망에 가장 중요한 원인 가운데 하나가 되었다고 해도 지나치지 않다. 전통적 상국-속방 관계에서 근대 국민국가 체제(만국공법의 세계질서)로의 전환을 제대로 이루지 못하고, 다양한 '편법외교'를 통한 강압적 수단으로 조선을 통제·방어하면서 기존 '천조체제'의 허상·외형을 지키는 데 집착하였던 '시대착오적'인 청의 시도는 결국 비극적인 결과로 끝났다. 청·일전쟁 이후 조선의 '독립'에 의한 '천조체제'와 '천하관념'의 붕괴는 결국 그 중심인 천조 황제(천자)의 몰락, 즉 청의 멸망을 예고하게 되었다.

3. 몇 가지 개념의 사전 정리

1) 종번·종속관계와 종주국·종주권

여기서는 잠깐 19세기 한·중관계사에서 특히 관심의 초점이 되는 1870년대 이후 시기에 관한 종래의 연구 동향을 간단히 돌이켜 보면서, 거기에 사용되었던 다양한 개념과 용어의 문제를 살펴보고자 한다. 우선 기존의 연구 동향을 간단히 정리하면, 그것은 보통 전통과 근대, 아니면 동아시아의 전통적 천하질서(이를테면 책봉-조공체제)와 서구적·근대적 국제법 질서의 충돌·갈등·공존이라는 시각을 적용한 것이 대부분이다. 특히 종래의 소극적인 불간섭정책과는 달리, 1880년대 이후 직접적인 개입과 간섭을 통해 조선 문제에 강력한 통제력을 행사하려고 시도하였던 청의 조선 정책과 이에 대한 조선의 대응을 파악하는 시도가 중점을 이루고 있다.

그런데 이러한 연구에서 전통과 근대가 뒤얽히는 대단히 복잡한 시대적·지역적 상황과 맞물려 연구자마다 사용하는 용어나 개념·분석의 틀에 상당히 많은 편차가 있기 때문에, 그것들을 정리해서 파악하는 것조차 결코 쉬운 일이 아니다. 하지만 가장 최근까지의 동향을 간명하게 정리한 성과를 빌려 보자면[15] 크게 나누어 두 가지 흐름이 있다. 하나는 보통 19세기 후반 청의 조선 정책을 '종주권(宗主權)의 강화'나 또는 '종번 관계(宗藩關係. 또는 宗藩秩序나 宗屬關係로 표현되기도 한다.)'의 '강화·변용', 즉 청의 전통 체제를 지키기 위한 정책 의도나 '종번 관계'의 '변통'에 의한 전통적 '종주권'의 유지·연장 또는 강화로 보려는 시각으로 설명할 수 있다. 특히 중국에서의 연구에서 주류를 이룬다.[16]

반면 한국이나 미국·일본 등의 학계에서는 대체로 이와는 다른 흐름을 보인다. 즉 대개 청의 조선 정책을 근대적 종속(從屬) 관계, 즉 일종의 제국주의 체제 내지는 식민지로의 개편·전환(속국화 또는 속방화)을 시도한 것으로 파악하는 것이다. 다만 청의 정책을 '속국화(屬國化. 또는 屬邦化)' 정책, '아류 제국주의(secondary imperialism)', '근대적 재편', '식민주의', '청국식(淸國式) 제국주의(帝國主義)', '다국적(multilateral)이고 비공식적인 제국주의(Informal Imperialism)' 등으로 설명하는 것 역시 용

15 李東旭, 2018b, pp.2-3 참조. 또 최근 근대 한중관계사 연구 동향에 대해서는 戚其章, 2001a; 陳尙勝, 2008a, 2009; 權赫秀, 2007b, 2010; 具仙姬, 2009; 金衡鍾, 2009, 2016b; 박상수, 2009; 鄭惠仲, 2009; 동북아역사재단 편, 2009b; 金宣旼, 2010; 林亨芬, 2011; 문유미, 2016; 孫成旭, 2017; 于晨, 2019b 등 참조.

16 일단 고찰의 범위를 19세기 전체를 다룬 한·중 관계사 연구서에만 한정하여 이러한 분류에 따르면, 林明德, 1970; 張存武, 1978, 1987; 曹谷憲一, 1992, 1999; 宋慧娟, 2007; 李兆祥, 2008; 蔡建, 2008; 曹雯, 2010; 김성근, 2010; 張禮恒, 2012a; 柳岳武, 2016; Yuanchong Wang, 2018; Nianshen Song. 2018 등을 들 수 있다.

어나 강조점에서 편차가 다양하다. 다만 여기서 청의 조선에 대한 적극적 개입을 굳이 '긍정적'으로 바라보려는 관점은 그다지 나타나지 않으며, 대부분은 '속방화'나 '속국화'의 시도로, 즉 서양의 그것을 모방한 '근대적' 제국주의(나 그 아류) 또는 식민주의 정책으로 이해하면서 이것은 전통적 양국 관계와는 본질적으로 다른 것이라고 이해하려는 시각이다.[17]

이렇게 다양한 용어/개념과 분석 틀이 가져오는 편차와 오해를 가능한 한 줄이기 위해 본론에 들어가기에 앞서 미리 이 점을 정리해 보고자 한다. 먼저, 이 책에서는 지금까지 기존의 연구서나 논문에서 수없이 언급되고 있는 종번 관계(宗藩關係), 또는 종속 관계(宗屬關係)라는 용어를 의도적으로 피하고자 하였다. 기왕의 여러 관련 연구 문헌에서 수없이 부딪히게 되는 이러한 표현은 유감스럽게도 조선·청 관계를 다루는 가장 전문적인 연구의 경우에도 쉽사리 마주치게 되는 것이 현실이다. 필자가 이런 용어를 굳이 피하고자 하는 이유를 간단히 말하자면, 우선 용어가 적어도 전통적인 조선과 청의 관계에는 간단히 적용될 수 있는 것이 아니며, 오히려 그것을 정확하게 이해하는 데 도리어 방해가 된다고 생각하기 때문이다.

17 이를테면 Key-Hiuk Kim(김기혁), 1980(2022), 2007; 宋炳基, 1985; 朴日根, 1985a; 權錫奉, 1986; 金容九, 1997; Yur-bok Lee, 1988; 具仙姬, 1999, 2005; 茂木敏夫, 1997, 2002; Robert R. Swartout, 1980; Louis T. Sigel, 1975a, 1976b, 1980, 1992a, 1992b; Kirk Larsen, 2008, 2018 등의 연구가 그것이다. 이러한 지나치게 단순한 두 종류의 분류를 그대로 적용하기는 곤란하지만, 이동욱은 權赫秀, 2000, 2013은 전자에, 岡本隆司, 2004, 2014, 2017a, 2017b는 후자에 가까운 편이라고 분류한다. 한편 金正起(1994, pp.13-14)는 '종주권 강화'론에 반대하여 '제국주의'로 본 김기혁의 논의를 비판하면서 '제국주의'가 아니라 '자본주의'이며, 차라리 '세력권 형성'으로 보아야 한다고 주장을 제기하였다. '다변적 비공식제국주의'론을 내놓은 Kirk Larsen(2008)의 주장과도 일맥상통한다고 볼 수 있을 것이다.

필자의 이해에 따르면, '종주권'이니 '종번 관계' 개념을 아무런 검토 없이 안이하게 적용하는 연구는 비록 그 변통 과정에서 나타나는 근대적 요소에 주목하더라도 그것은 전통적으로 청이 누려 왔던 권리, 즉 종주권을 행사한 것이라 간주하여 청의 조선 정책을 정당화·합리화하려는 경향이 주를 이루는 것으로 보인다. 즉 청이 '속국'의 '자주'를 인정하던 자세에서 일방적인 강력한 개입과 통제의 정책, 즉 속국화(속방화) 정책으로 전환한 것 역시 '당연'한 종주국의 의무나 권한으로 받아들이고, '속국의 자주'를 당연한 전제로 받아들이고 있던 조선의 입장은 아예 고려하지 않는 해석으로 치우칠 가능성이 크다. 청이 자신을 보호하려는 기본적인 목표 아래 천조체제와 천하관념에 의지하면서도 근대적 외교 체제와 관념을 빌려 조선을 근대적 속국으로 치환(置換)하고자 시도하였으므로 '제국주의'(모방·차용)론도 전혀 근거가 없는 것은 아니다. 그렇지만 일부의 주장처럼 청이 굳이 조선을 식민지로 개편하려는 시도를 한 것은 아니었다. 아니 청은 당시의 환경에서 그것을 실제로 실현할 능력이나 동력을 갖추지 못했다고 보는 것이 더욱 타당한 관점이라고 생각한다. 청이 조선을 각국이 개항장 체제의 특권과 이익을 균점하는 '다국적 제국주의'에 편입시켰으며, 동시에 거기에서 자국의 특권을 확보하기 위해 앞장서는 역할을 하였다고 지적하는 연구와 비슷한 시각일 것이다.[18]

그래서 이를테면 우선 가장 빈번하게 사용되는 '종번' 또는 '종번 관계', '종번 체제' 등의 용어를 살펴보도록 하자. 이 용어는 원래의 개

18 청이 각국이 개항장 체제의 특권과 이익을 균점하는 다국적 제국주의(Multilateral Imperialism)를 조선에 편입시켰으며, 동시에 거기서 자국의 특권을 확보하기 위해 앞장서는 역할을 하였다고 지적하는 Kirk Larsen, 2008, 2013의 연구와도 비슷한 시각일 것이다.

념에서 볼 때 전통적인 의미에서 중국 국내의 황제와 번왕(藩王. 諸侯) 사이를 규정하는 용어다. '종번'이라는 용어는 전통적으로 황가(皇家)의 종실(宗室)이 제왕(諸王)으로 분봉(分封)을 받는 것을 가리켰지, 결코 주변 국가나 지역에 사용되지 않았다. 역대 왕조의 정사(正史), 즉 24사에서 종번이란 용어는 모두 67회 등장하지만, 모두 황실의 자손을 가리킬 뿐 변경 민족이나 외국과는 관계가 없었고, 『청실록(淸實錄)』에서 사용한 종번이란 용어 역시 모두 황실 자손을 의미하였다는 연구는 그 점을 잘 확인해 준다.[19] 때문에 '종번' 또는 '종번 관계'라는 개념은 결코 중국과 주변 국가의 전통적 외교관계나 중국의 대외질서를 설명하는 데 적절한 용어가 되지 못한다. '종번'이나 '종번 관계'는 동아시아에서 전통적 대외관계를 표현하는 용어로서는 실제 역사적으로 사용된 적도 없고, 사료상으로도 그런 용례를 찾아볼 수도 없다. 따라서 청의 대외관계를 반영하거나 설명하는 특징을 가진 적절한 용어로 보기 어렵다. 필자는 이러한 용어들이 지금까지도 너무도 쉽게 사용되는 것을 볼 때마다 항상 불편함을 느꼈는데, 이렇게 역사적으로 보아도 중국의 전통적 대외관계를 설명하는 데 그리 적절한 용어가 아니라는 점은 이미 중국의 일부 연구자들도 분명 지적하고 있는 바다.[20]

19 張雙智, 2010. 또한 '종번'이나 다음에 나오는 '외번' 등 개념에 대한 소개와 분석은 金宣旼, 2012 참조.

20 劉志揚·李大龍, 2006; 陳尚勝, 2008, 2015; 張雙智, 2010; 劉淸濤, 2017 등. 張啓雄, 2009, 2012, 2016, 2017 등의 경우는 宗藩體制와 宗屬體制라는 개념으로 '中華世界秩序原理'에 대한 이론화를 모색하지만, 종주권이나 종번 관계에 대한 개념 적용이나 용어 사용도 정확성이 부족하고, 청대의 번부와 속국(조공국)을 함께 다루는 등 오히려 혼란을 가중하는 느낌을 준다. 더구나 '중화세계질서원리'라는 '理念型'에 지나치게 집착하여, 중국 고전에 나오는 천하'관념'과 실제의 역사적 현실의 '차이'를 간과하는 것처럼 보여, 동아시아 주변 국가·민족의 시각에서 재검토가 필요할 것 같다. 유용태, 2009, 2015와 이영옥, 2011, 2012도 이러한 점을 지적한다. 張禮恒, 2018a는 이러한 한계

한편, 오늘날 사용되는 '종번 관계'는 1933년 소순정(邵循正)의 『중법월남교섭시말(中法越南交涉始末)』(清華大學研究院 畢業論文叢刊)에서 처음 사용되었다고 한다. 이것은 20세기 서방의 종주권이나 종주국이라는 용어 및 개념의 영향을 받은 다음, 그것을 소급하여 전통적인 '번속'이란 용어와 합성하여 만든 용어다. 그런데 이전에 청 주변 국가는 일반적으로 번속이나 속국·속방으로 불리고 청은 '상국'으로 불렸을 뿐, 쌍방의 관계를 이렇게 표현하는 용어는 사용된 적이 없었다.[21] 따라서 오히려 이렇게 이후 시기의 관념이나 의식에 기초하여 나중에 만들어지거나 조합된 용어·개념을 전통적인 조선-청 관계나, 또는 19세기 후반 조선-청 관계 분석에 사용하는 것은 그 역사적 실상을 이해하는 데 도움이 되지 않고 오히려 방해가 되며, 부적절한 추론과 인상, 이해나 해석을 유인하는 원인이 될 뿐이다.

한편, 현실적인 국제관계에서 '약육강식'을 의미하는 권력정치(Power Politics)라는 시각으로 보면 기본적으로 양자 간의 비대칭적 역학관계는 대체로 불균등성을 전제로 한 양자 사이의 평화 공존을 위한 체제 — 이를테면 청과 조선의 사대(事大)-자소(字小) 관계 — 로 작동해 왔다는 것도 역사적 사실이다. 실제로 병자호란 이후 청 중심의 국제질서에 포섭된 조선은 이른바 '사대질서(事大秩序)'로 표현되는 이러

에도 불구하고 종번 체제라는 용어를 계속 사용하고자 한다. 서구중심주의로부터의 탈피라는 출발점은 납득할 수 있지만, 국제공법 질서와 대비되는 동방의 국제표준으로서 '종번 체제'의 정당성을 옹호한다거나 '종번 체제'의 역사적 합리성을 강조한다는 점에서 매우 난폭한 중국 중심적, 아니 천조체제의 화이론적 논리로 복귀하고 있는 것으로 보인다. 최근 나온 연구 성과인 Yuanchong Wang, 2018, 2019나 Nianshen Song(쑹녠션), 2018도 마찬가지로 '종번 관계'라는 용어를 고집하고 있지만, 그 의미에 대한 이해가 동일한 것은 아니다.

21 劉清濤, 2017, p.2.

한 상하 관계를 받아들여 대체로 1870년대까지는 안정적인 상태로 '속국의 자주'(후술)를 유지할 수 있었다. 조선과 청(또는 명)의 관계는 다음과 같은 설명으로 이해될 수 있을 것이다.

> 구체적으로 중원과 한반도의 관계에 대해 말하자면, 양자의 규모·실력 면에서 비대칭성과 지정학적인 접근이 상호관계의 기본관계를 구성한다. 만약 우리가 현실주의적 국제관계 이론의 기본 판단을 믿는다면, 일국이 유독 강대한 권력구조 속에서 약소국의 이상적 선택은 대국과 맹약을 맺고 기존 권력 구도 아래 자신의 안전을 보장받으면서 최대 이익을 모색하는 것이다. 큰 구도가 바뀔 때, 예를 들어 대국이 내부 분열하거나 새로운 강한 권력이 부상하여 유일한 강대국의 구도에 도전할 때, 약소국도 자연히 자신의 연맹 책략과 대상을 바꿀 수 있다. …… 이러한 권력 관계는 결코 일방적으로 강화되지 않으며, 쌍방이 함께 구축한 것이라는 관점을 강조할 필요가 있다. 일강(一強)이 홀로 큰 구도 속에서 상대적으로 약소한 쪽은 흔히 대국보다 더 질서의 안정성에 의존하며, 또한 도의적 책임을 더 강조하여 대국의 권력을 제한한다. 이는 바로 원래부터 존재해 온 자주 의식의 체현이다. 구체적인 이익의 각축 속에서 대국은 더욱더 제한적인 실리의 양도를 통해 정치적 승인을 바꾸는 쪽으로 더 기울게 된다.[22]

다시 말해 사대-자소 관계는 한쪽이 일방적으로 강요한 것이라기보다는 상호연관적·상호규정적 구조를 형성하면서 서로 책임과 의무를 갖는 쌍무적(雙務的) 관계로 이해해야만 하는 것이다.[23] 사대-자소

22 쑹녠션(Nianshen Song) 지음, 김승욱 옮김, 2020, pp.108-109.

23 Nianshen Song, 2018, p.46.

관계라는 것을 해석함에 있어 쌍방이 함께 쌓아 올린 것이라는 상호규정성을 전제로 하지 않는다면 오로지 힘의 논리만을 강조하는 권력정치의 이론을 일방적으로 적용하는 위험에 빠지게 된다.

그렇다고 해서 이것이 현실정치 속에서 국내외적 정세의 변화에 따라 상국의 선택으로 얼마든지 자의적으로 '속국'에 대한 기존 정책을 포기하고 이전과는 전혀 다른 정책·방향을 선택하는 것이 불가능함을 의미하지는 않는다. 실제로 종전의 방임정책에서 강력한 개입·간섭 또는 무력 행사의 방향으로 전환하였던 1880년대 청의 조선 정책은 그러한 선택의 대표적인 사례다. 이러한 전환을 전통적 '종번 체제'의 변통이나 연장으로 합리화하는 시각 역시 이런 데서 비롯된다. 하지만 이러한 전환을 두고 '종번 체제'론이나 역사적 선례에 기초한 청의 조선 정책의 변용·변통도 당연한 것으로 합리화할 수 있다면,[24] 마찬가지로

24 Yuanchong Wang, 2018, 2019는 청이 '영토적 제국'의 범위를 넘어선 '정치-문화적 제국'으로서 위상을 확립하는 데 가장 먼저 '종번 관계'를 맺은 조선의 사례가 이후 주변 지역과의 천조체제를 구성하는 데 결정적 역할을 하였으며, 이러한 조선의 역할은 청이 근대적 국민국가로 전환하는 데 있어 마찬가지로 중요하였다고 본다. 이 지적은 상당히 시사성이 풍부하지만, 다만 종번 관계란 용어를 쓰기 위해 누차 천조체제에서 擬制的 家族關係의 성향을 상당히 강조하고 있다. 이러한 그의 입장에 대해서는 孫成旭, 2019b에서 상세하게 설득력 있는 비판을 하고 있다. 그가 '종주권'·'종주국' 개념을 전혀 사용하지 않거나, 천하관념에 대한 청과 주변국의 상호의존성을 지적하여 19세기 후반 조선에 대한 청의 정책이 식민주의/제국주의가 아니라고 지적하는 것은 분명 일리가 있다(孫成旭, 2018, pp.170-175 및 2019). 그러나 1882년의 「中國·朝鮮商民水陸貿易章程」에서 청이 확보한 여러 가지 불평등조약의 특권이나 인천·부산·원산에 설치한 租界 같은 경우는 결코 '종번 관계'의 선례로 합리화될 수 없다. 서구가 강요한 불평등조약의 경험을 그대로 앞장서서 조선에 이식한 것에 지나지 않기 때문이다. 사실상 "이미 약화된 동아시아 국제사회의 구심력으로서의 권위와 위상을 회복하기 위해 제국주의적 방법을 차용하였다."라는 설명(金翰圭, 2011, p.504)이 아마 더욱 적절한 해석이 아닐까 생각된다.

'힘의 논리'에 기초한 근대 서구의 국제법 질서나 19세기 후반 열강의 제국주의·식민주의 정책 역시 역사적인 정당성을 가진 것으로 변호하거나 긍정할 수밖에 없게 된다. 이 경우 남는 것은 오로지 약육강식, 적자생존, 우승열패의 원리만 관철되는 '진화론적' 역사관, 승자와 강자의 입장만을 대변하는 일방적 해석뿐이거나, 아니면 전통적 천하관념으로의 복귀 또는 부활뿐이다.

2) 종속과 종속 관계

한편, 종속(宗屬)이나 종속 관계(宗屬關係)란 용어도 이 점은 마찬가지다. 이것은 용어의 뜻으로 보면 종주국과 속국·속방 관계를 약칭한 것으로 볼 수밖에 없다. 주권(主權)보다 위에 존재하는 상위 개념으로서의 종주권(宗主權. Suzerainty)·종주국(宗主國. Suzerain)이라는 것은 넓은 의미에서 서구 또는 유럽 세계의 독특한 역사적 경험에서 기원한 국제법에 기초한 개념이다. 따라서 전통적 중화질서의 중심에 있던 중국 왕조의 위상이나 그 주변 지역과의 관계를 설명하는 용어는 아니었다. 실제 이 용어 역시 동아시아권에서 역사적으로 그렇게 사용된 선례도 없었다.[25]

그렇지만 한·중 관계사 서술에서도 이 개념들은 아무런 고려 없이 무차별적으로 사용되고 있는 것이 현실이다. 그러나 '종주권'은 '주권'보다 '상위'에 존재하는 개념이므로, 이것이 쓰이려면 먼저 '주권' 개념의 확립이라는 전제가 있어야만 한다. 전통적인 한·중 관계에서 이러

25 이 문제에 대해 가장 주목한 것은 金正起의 연구(1994, pp.9-13)로 보인다. 여기서 그는 '종주권 강화'라는 학술용어를 정착시킨 사람은 일본의 田保橋潔(다보하시 기요시)라 지적하면서, 이 용어는 華夷觀에 기초한 屬國의 再生을 의미하지만, 조선과 청의 관계에 적용하는 것은 부적합하며, 또한 양국 관계의 史實에 전혀 부적합한 개념이 아니라고 지적하였다.

한 개념이나 이해는 실제 존재하지 않았고, 양국 사이에는 상국과 속국(조공국)의 상하 위계질서가 존재하였지만, 그렇다고 이것이 근대적 종주권과 동등한 것이라고 설명될 수 있는 것은 아니다.

간단히 말하자면 '종주국'은 근대에 아시아·아프리카 등지에서 식민 통치를 시행하던 일부 서양 국가에 대한 칭호이고, 이 국가들은 자국이 식민 통치를 시행하는 국가에 대해 정치적으로 통치권을 누린다고 선포하면서 이러한 권력을 '종주권'이라고 불렀다.[26] 또 '종주권', '종주국' 등의 한자는 일본의 법학자들이 'Suzerainty', 'Suzerain State'를 번역한 데서 나온 용어였다(조선을 보호국으로 만들 때도 이 개념이 사용되었다.). 그런데 일반적으로 국제법 전문 연구자들의 의견에 따르면, 중국에서도 주권 개념이나 원칙에 대한 보편적 도입·수용·이해는 20세기에 들어와서야 가능하였다고 일컫는다(여기에는 일본에 유학한 중국 학생에 의한 대량의 국제법 서적 번역과 지식의 보급이 큰 작용을 하였다.). 따라서 그 이전인 19세기에 주권이나 그 상위 개념인 '종주권' 개념을 조선-청 관계에 아무런 주저 없이 사용하는 것은 상당한 문제가 있다. 이것은 19세기나 그 이전의 상황을 분석하는 데 이용할 수 있는 적절한 개념 틀이 되기 어렵기 때문이다.[27]

또한 우리가 주목해야 할 것은 이러한 종주국·종주권이라는 용어는 서구에서도 사실상 그 개념이나 내용에 대한 명확한 국제법적 합의나 공통의 이해가 존재하지 않았다는 점, 그리고 현실적으로도 동아시아에서는 20세기에 들어와서 비교적 본격적으로 사용되기 시작하였다

26 陳尙勝, 2015, p.10.

27 이 점에 대해서는 張用心, 2004; 劉清濤, 2009; 岡本隆司, 2014, 導論(pp.1-19) 및 pp.90-118, 2017a, pp.353-409; 古結諒子, 2014; 유바다, 2013, 2016a, 2016b, 2017a, 2017c, 2017d; 李動旭, 2018a, 2018b, 2019; 윤영실, 2019 등 여러 연구에서 주목하고 있다.

는 점이다.[28] 마찬가지로 주권이라는 개념 역시 19세기 말에 가서야 추상적이고 작위적인 권위로서의 개념이 확고히 자리를 잡았을 정도이며, 국제법의 중요 개념 가운데 '주권' 못지않게 중요한 것 가운데 하나인 '문명'이란 개념 역시 마찬가지였다. 사실상 국제법은 19세기에 여전히 '형성 중'이었다는 점에 유의할 필요가 있다.[29]

더구나 이것이 동아시아에서 어느 국가도 거부하지 않는 공인된 확고한 규범이나 국제관계의 관행으로 받아들였던 상황도 아니었으므로, 19세기 말이나 20세기에 와서야 형성된 국제법의 기준이나 이미지를 가지고 그 이전 시대에 곧장 소급하여 적용하는 것은 일단 문제가 있다고 해야 할 것이다. 이를테면 19세기 이후에나 형성된 지식인(인텔리겐차)의 개념을 가지고 조선시대의 양반 또는 명·청대의 신사(紳士)나 독서인(讀書人)을 분석하려는 시도와 마찬가지다. 양자에게는 '지식'의 장악이나 사회적 지위라는 점에서는 상당한 유사성·공통성이 있지만 그 내실이나 역사적 위상·역할은 그만큼 차이도 크다는 점은 누구나 쉽게 미루어 짐작할 수 있다.

따라서 '종주권'이나 '주권' 개념을 가지고 습관적으로 19세기나

28 티베트의 장악을 시도하던 영국도 1898년에 가서야 '종주권'이라는 모호한 개념을 제시하여, 청이 티베트에 대해 명목상의 '종주권'을 가진 것으로 주장하면서 중국의 티베트에 대한 '주권'을 부정하려 하였다. 하지만 이에 대한 명확한 합의나 공통적인 이해는 영국·청(중화민국)·티베트 사이에서 이루어지기 쉽지 않았다(岡本隆司, 2014, pp.1-19; 小林亮個, 2014; 張皓, 2014 등 참조). 한편 「조·미수호통상조약」 체결에서 미국이 중국이 요구한 '속방조항'을 거부하여 결국 조약 조문 내에 그것이 실리지 않고, 조선에서 따로 미국에 조회를 취하는 결과로 이어졌던 것도 청의 '종주권' 주장이 국제적으로, 또는 국제법의 공인을 받은 것이 아니라는 점을 알려 준다. 岡本隆司(2004, p.374)의 표현을 빌리자면 "서양 각국은 이러한 조선·청 각각의 이른바 '속국자주'를 최후까지 이해할 수 없었다."

29 안종철, 2016; Sixiang Wang, 2016.

그 이전의 전통적 중화질서·사대질서를 설명·해석하는 일은 가능한 한 조심스럽게 피할 필요가 있다. 어떤 의미에서는 시대착오적인 적용이라 할 수 있기 때문이다. 더구나 종번(宗藩)의 '종(宗)'과 마찬가지로 종주국의 '종(宗)'은 쉽사리 서구적 종주국·종주권의 개념으로 연결될 가능성이 크기 때문에, 그만큼 더 오해를 낳기 쉽다. 그러므로 종주권이나 종주국 모두 근대의 국제법에서 나온 개념이고, 그것도 19세기까지는 명확한 개념 규정이나 이해가 제대로 이루어지지 않았다는 점, 그리고 결코 전통적 동아시아 질서 속에서 사용되던 개념이나 용어가 아니었다는 점을 유념할 필요가 있다.[30] 대부분의 연구서나 연구논문에서 "청이 조선에 대해 종주권을 가지고 있었다."라고 하거나 양국 관계를 '종속관계(宗屬關係)'로 표현하는 서술은 그래서 정말로 '위험한' 논리가 된다. 이러한 설명·해석은 양국 관계에 대한 진지하고도 비판적인 학술적 검토 없이 이 용어를 사용하는 것처럼 비칠 가능성이 크기 때문에, 이후의 서술이 지닌 설득력과 신빙성을 크게 떨어뜨리고 연구의 전문성이 부족하다는 인상을 줄 수밖에 없다.

또 청이 사실상 1880년대 중반 이후 조선에 대해 '상국'의 지위를 내세우면서(실질적으로 종주국이란 용어를 사용한 것은 아니다.), 조선에 대한 '종주권'(청은 이런 권리에 대해 국제적인 묵인을 받았다고 보았지만, 실제 어느 국가도 그것을 공식적으로 인정한 바는 없다.)과 같은 권리를 주장하고, 그것을 더욱 강화하려 시도한 것은 분명한 사실이었다. 하지만 이러한 '속

30 원래 조공체제는 책임·권리와 의무 관계를 구성하지 않았기 때문에, "번속을 보호한다."거나 "내정에 간섭하지 않는다."라는 담론(話語)은 단지 이왕의 역사적 사실에 대한 追認에 지나지 않으며 역사상의 법리적 근거는 없다는 지적을 염두에 둘 필요가 있다(李雲泉, 2014, p.4). 따라서 상국이 속국에 대해 가진 책임이나 권한, 의무 등을 '종주권'과 같은 용어로 표현할 수는 있겠지만, 거기에 대해서는 뚜렷한 규정이나 정의, 또는 합의가 있을 리 없었다.

국화'의 시도가 실제 제대로 성공한 것도 아니었고, 물론 서구 각국에 의해 국제적인 공인을 받은 것도 아니었다. 근대적 국제법 질서를 상징하는 조약에 의해 명문으로 규정된 적도 없었다.[31] 따라서 청의 조선 정책이 '지향'하였다는 바로써 '종주국-속국' 관계를 이야기할 수는 있어도, 그것이 역사적인 또는 현실적 관계나 상황을 그대로 반영한 것이었다고 이해할 수는 없다. 따라서 '종주권'·'종주국'·'종번'·'종속(宗屬)'이라는 비역사적 또는 현대적 개념·용어는 그 당시 조선-청 관계의 실질을 정확하게 설명·이해하는 데에는 도움을 주기보다 오히려 그것을 방해하기 쉽다고 할 수밖에 없다. 물론 그것을 대체하는 공인된 관념이나 용어를 찾기 어려운 것도 사실인 만큼, 어쩔 수 없이 이런 용어를 사용하더라도 그 용도나 범위는 조심스럽게 제한되어야 한다.

31 청의 멸망 이후 1928년에 출간된 『清史稿』에서는 조선을 이전의 모든 正史에서 '외국'으로 다루었던 것과는 달리 「屬國列傳」에 포함하고 있다. 이것은 19세기 말 20세기 초 당시 중국의 조선에 대한 인식을 반영한 것이다. 다시 말해 전통적인 조선에 대한 인식이 아니라 근대에 와서 변형된 조선, 또는 '속국'이라는 개념에 대한 20세기 초 중국인의 인식을 그대로 드러내는 것이다. 이 문제에 대해서는 고병익, 1970a; 金翰圭, 2005, pp.333-334; 鄭惠仲, 2007; 金衡鍾, 2008; 유용태, 2009, 2015; 丘凡眞, 2010; 金宣旼, 2012; 홍성화, 2018; 鄭東然, 2018b 참조. 홍성화·鄭東然은 조선, 류큐, 베트남 등 '속국'에 대한 서술에서는 속국의 지위에 걸맞지 않은 내용, 이를테면 1899년의 「한·청조약」과 그 이후의 한·청 관계 등은 철저히 배제하였음을 지적하고 있다. 그렇게 되면 '속국' 개념과 배치되는 내용이 되기 때문이다. 金宣旼은 『명사』(청대 중반 완성)와 『청사고』(민국 초기 완성)의 조선에 대한 용례를 검토하여 두 경우 모두 속국, 외국, 외번이라는 용어를 사용하였지만 『명사』에서는 명과 분리된 '외국'이라는 측면이 강조되었던 반면, 『청사고』에서는 청의 일부분이었다가 독립하였다고 서술하여 그 종속성을 강조하는 '속국'으로 묘사하는 차이가 있다고 지적하고 있다. 金宣旼, 2012, pp.77-83.

3) 번부·번속·속번·외번

그리고 이러한 '종번'이나 '종주국'·'종주권' 개념이 사실상 20세기에 도입되어 이후 널리 사용되면서 혼란을 피할 수 없었던 것이라 한다면, 그 이전부터 전통적으로 사용되던 개념이 서구와의 접촉 이후 다른 의미가 부여되거나 해석되는 사례로 적지 않게 나타났다. 이러한 용어는 19세기 후반 청의 '조공국(朝貢國)'이나 '속국(屬國)'/'속방(屬邦)'·'번속(藩屬)'/'번복(藩服)' 또는 '속번(屬藩)'에 대한 정책을 논의·분석할 때 반드시 사용되는 용어이므로, 이 역시 그 정확한 개념의 이해와 적용이 필수적이다.[32]

이를테면 '번속'·'속번'과 같은 개념은 좁은 의미에서는 18세기 중반까지 활발한 정복 전쟁을 벌여 그 지배영역으로 확보한 청의 판도(版圖)[33]에 포함된 몽골·티베트·신강 등의 '번부(藩部)'를 가리킨다. 이 지역은 청대에는 제도적으로 대부분 예부(禮部)가 아닌 이번원(理藩院)의 관할 범위에 속하였다. 그리고 좀 더 넓은 의미에서는 청 황제의 지배영역, 즉 강역(疆域. 또는 판도) 밖에 있는 조선·류큐·베트남 등의 조공국(속국·속방으로도 표현된다. 이들은 천조체제 아래에서 당연히 예부가 직접 관리하는 지역이었다.)까지 포함하는 뜻으로도 사용되었다.[34] 따라서 '번속'

32 이에 관한 국내의 연구로는 각 시대의 번속 개념을 분석한 이석현 등, 2010이 중요한 참고가 된다.

33 판도는 호적과 지도를 말하지만, 나아가 전통적인 왕조의 지배영역을 가리킨다. 版籍이라고도 한다.

34 김용구(2018, pp.258-259)의 설명에 의하면 1814-1815년 빈회의에서 국제사회의 행위자 사이의 경계는 '線'으로 획정하였으며, 이러한 국경 개념이 동북아시아에 전파된 것은 1880년대였다고 한다. 그 이전의 경계는 선이 아니라 '공간'이었으며, 판도(版圖)는 '선'으로 그어지는 근대적 '영토'와는 달리 전통적 지배영역을 가리킬 때 쓰이는 개념이다.

또는 '속번'은 관용적 용법으로 보면 청이 직할 통치를 하는 내지(內地)의 직성(直省) 이외의 지역, 그리고 청에 신속(臣屬)하여 그 '울타리(藩屛. 또는 屛藩, 藩籬)' 역할을 하는 것으로 보는 판도 너머의 지역이나 정치집단을 가리키는 표현으로 쓰였다고 할 수 있다.

하지만 번부와 번속은 분명히 다르다. 전자는 청의 판도, 또는 강역 안에 속하지만, 후자는 번부뿐만 아니라 청 황제의 지배영역, 즉 판도 밖에 있으나 청이 그 '울타리'로 간주하는 주변의 조공국 모두를 포함하는 넓은 개념이다. 양자의 경우를 함부로 뒤섞거나 혼동해서는 안 되는데, 중국에서는 이것을 마구잡이로 혼용하는 연구도 적지 않다.

그리고 번속이나 속번과 함께 사용되는 '외번(外藩)'이란 개념도 마찬가지다. 이 개념의 역사적 변화를 추구한 연구에 따르면, 24사에 나오는 '외번'은 『사기(史記)』에서 가장 먼저 출현하며 이후 105종의 문헌에서 사용되었다. 그것은 대체로 1) 경사(京師) 외부에 분봉(分封)된 종실(宗室), 2) 경사 밖의 주현(州縣)이나 중진(重鎭), 즉 경사의 울타리가 되는 주현이나 번진(藩鎭), 3) 신속(臣屬)한 변강 민족이나 외국(조공국)이란 뜻을 지녔다. 이 경우 모두 '외번'은 밖에 있는 울타리를 의미하는 것이었다. 청대에도 '외번'이란 용어는 『청실록』에 1,458회나 등장하는데, 청의 판도 내에 있는 몽골 제부(諸部) 또는 회부(回部. 新疆)나 티베트(西藏) 등[즉 내속 외번(內屬外藩)]을 가리키기도 하고,[35] 또한 경외(境外)의 각국[경외 외번(境外外藩)]을 가리키기도 한다. 후자에는 조선, 베트남(越南), 버마(緬甸. 미얀마), 라오스(南掌), 샴(暹羅. 타일랜드), 류큐(琉球), 술루(蘇祿) 등의 조공국 외에 러시아, 네덜란드, 영국 등도 포함된다. 또한

35 청대의 경우 외번이라는 말은 원래 '바깥 지방(外路/外地)의 몽고'라는 만주어에서 기원하여 漢語 '外藩'으로 고착되었다. 이 청대 '외번' 몽골의 형성과정에 대해서는 이선애, 2014, 2015, 2017, 2018, 2019 참조.

외번은 번국이나 속국, 번복, 번부의 뜻을 포함하기도 하였다.

이 때문에 조선이나 베트남은 외번으로 불리기도 하고, 속국으로 불리기도 하였지만, 러시아·영국·일본 등은 '신복(臣服)'의 의미가 담긴 번부·번속·속국이라는 용어를 피하여 외번으로 칭하였다. 즉 청대의 경우 외번은 그 응용 범위가 점차 넓게 확장되어 황제가 내지 이외의 민족 지구나 외국을 가리킬 때 쓰는 정치·지리적 개념이었다.

따라서 '내속 외번'과 '경외 외번'을 구분하지 않고 뒤섞어서 사용하면 상당한 혼란을 낳게 된다. 청대의 경우 '내속 외번'에 대해서는 변강 민족의 상층 수령이 정해진 순서·연도에 따라 번갈아 북경에 와 조근(朝覲)하는 조근년반(朝覲年班)의 제도가 실행되었고, '경외 외번'에 대해서는 조공제도가 실행되는 뚜렷한 차이가 나타났기 때문이다(그림 1 참조).[36]

4) 속방·속국과 그 확장·치환

속방·속국이란 개념 역시 비슷한 경우에 속한다.[44] 오늘날의 이 개념은 식민지(植民地)나 종속국(從屬國. 被保護國)으로 쉽사리 연결된다. 하

36 張雙智, 2010, pp.106-113. 이에 따르면 朝覲은 '朝見天子', 즉 입조하여 천자를 알현하는 것이고, 朝貢도 비슷하지만, 반드시 '朝見天子'를 포괄하는 것은 아니다. 양자는 비슷하지만 조공이 좀 더 넓은 범위를 지닌 것이다. 또 청과 경외 외번 사이의 조공 관계는 주로 명의상 대국과 소국의 정치적 尊卑와 무역 관계를 뜻하는 것이지, 정치적 예속관계는 아니라는 점도 지적하고 있다. 물론 건륭 후반기에는 그 '盛世'를 과시하기 위해 원래 외번에만 한정되었던 宴禮에 조공국까지 포함하는 변화가 나타나기도 하였으므로, 외번과 조공국(외국)을 대하는 태도나 원칙은 어디까지나 청 황제의 판단에 따라 달라질 수도 있었다. 이 점에 대해서는 丘凡眞, 2017, 2018, 2021 참조.

37 이 용어는 청대 이후의 그것과는 의미가 다르지만, 이미 秦漢帝國에서도 사용하고 있었다. 이때 속국은 속방과 혼용되는 용어로, 이민족에 의한 자치가

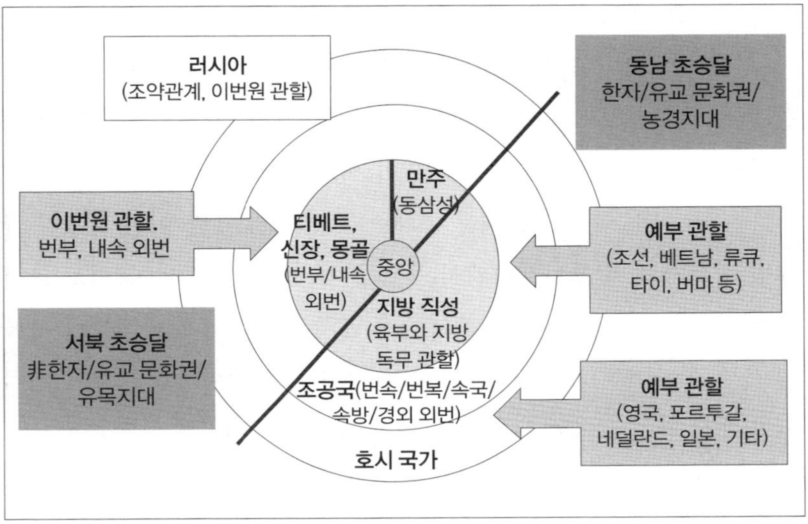

그림 1. 청대의 통치체제와 국제(천하)질서

출처: 이에 관한 기존의 연구(Mancall, 1968이나 茂木敏夫, 1997, 2003 등을 참조하여 필자가 다시 정리한 것이다.

지만, 천조체제의 관념 아래서 '속방'/'속국'은 이념적으로 천자의 관할 범위에 들어가지만, 실제 판도라는 측면에서는 분명히 청 황제의 직접 지배 밖에 있는 '조공국'을 가리키는 개념이었다.[38] 또 전통적으로 속

허용되는 지역(또는 그 長官)을 가리키는 것이었다. 즉 진한제국의 영역 안으로 복속해 온 敵國의 來降者를 지배하기 위해 설치된 것으로 시기에 따라 그 성격이 달라진다. 秦代에는 郡과는 별개인 동급의 행정단위이자 治民 機關이지만, 秦律에 이미 '屬邦律'이 있어 중앙정부로부터 율령을 통해 지배되었음을 알 수 있다. 이 속국의 長官으로 '속국' 외에 군사 업무를 담당하는 屬國都尉가 설치되었는데, 적어도 後漢 安帝시기까지는 治民官이 아니라 군사 업무를 담당한 조직이었다. 한편 漢武帝 이후 속국은 郡의 하급 기관으로 변경되어 거기에 소속되는 縣級 기관으로 바뀐다. 요컨대 속국은 제국 내에 위치한 '외국'이 아니라, 군현에 의해 행정적으로, 군사적으로 지배되는 곳이었다. 김병준, 2013 참조.

38 이 점에 대해서는 최근 많은 연구에서 주목하고 있어 좋은 참고가 된다. 姜東

방과 속국은 서로 별다른 차별 없이 혼용되었다.[39]

그렇지만 19세기 후반 이후의 문헌에서 빈번하게 사용되는 이러한 번속·속번·속국·속방 개념을 그 이전 시기에 사용된 용어와 같은 의미로 이해하거나 혼용하는 것은 이 시기 동아시아의 국제관계를 파악하는 데 아주 심각한 문제를 초래한다. 19세기 후반 이후 서구의 국제법 질서가 점차 동아시아에서 우위를 차지하게 되면서, 그리고 그러한 국제법의 원리에 기초한 개념들이 번역되는 과정에 이전부터 사용해 오던 한자(漢字) 용어를 빌려 쓰게 되면서, 중층적이고 모호한 번역과 이해로 이후 심각한 오해·혼용의 상황이 두드러지게 나타났다.

이 점에 대해 근래에 상세하고 체계적인 분석을 시도한 이동욱(李動旭)의 연구는 아주 좋은 참고가 되므로,[40] 이를 통해 이러한 개념과

局, 2004; 이영옥, 2011; 김현철, 2012; 金宣旼, 2012; 岡本隆司, 2014; 유바다, 2016, 2017a, 2019; 이동욱, 2018a, 2018b, 2019; 鄭東然, 2018a, 2018b; 홍성화, 2018; 김봉진, 2019 등. 姜東局, 2004는 이 가운데 속방과 속국, 독립과 자주의 개념에 대해 정치사상사적 각도에서 정밀한 분석과 정리를 하였으며, 金宣旼, 2012는 『명사』와 『청사고』에 나타나는 外國·外藩·屬邦(屬國)의 함의를 분석하면서 청대에 쓰인 『明史』에서는 조선이 외국이라는 측면을, 민국시대에 쓰인 『청사고』는 속국이라는 측면을 강조한다고 지적한다.

39 앞서 인용한 李動旭의 연구는 기존의 일부 연구에서는 '속방'과 '속국'을 '전통적 속방'과 '근대적 속국'으로 구분하여 의미를 부여해 왔지만, 中國基本古籍庫, 四部叢刊 등의 데이터베이스를 이용해 검색해 보면 근대 이전 청의 문서에서는 '속국'이 '속방'보다 더 자주 사용되었고, 아편전쟁 이후 '속방'의 사용 빈도가 증가하는 경향을 확인할 수 있으며, 청대 다섯 차례 편찬된 『大清會典』에서도 속국이라는 용어는 다수 검색되지만, 속방은 검색되지 않으며, 양자는 큰 의미의 구별 없이 뒤섞여 사용되었다고 지적한다. 이 책에서도 속방이나 속국은 사실상 같은 뜻으로 사용한다.

40 李動旭, 2018a, 2018b, 2019. 이동욱은 만국공법의 '번역'과 용어 문제를 다룬 이근관, 2002; 姜東局, 2004; 岡本隆司, 2014; 리디아 류(Lydia H. Liu), 2016, pp.189-237 등의 기존 연구를 기초로 하여 한 걸음 더 나아간 분석을 하였다. 윤영실, 2019도 'Nation' 용어 등 만국공법 번역상의 문제(원저와 역서의

그 이해를 간단히 정리해 보고자 한다. 그는 청 말의 서구 국제질서 개념 수용 과정을 분석하여 청·일전쟁 이전 외국어 교육기관인 동문관(同文館)에서 간행한 한역(漢譯) 국제법 서적 『만국공법(萬國公法)』·『공법편람(公法便覽)』·『공법회통(公法會通)』이나 19세기 중후반에 출판된 각종 영중(英中)·중영(中英) 자선(字典)에서 사용되는 '번속' 개념 및 이와 관련된 어휘들과 영어 또는 프랑스어 저본의 원문을 대조하는 의미 있는 작업을 행하였다. 이를 통해 원래 서로 이질적인 의미를 지녔던 중국의 '번속'/'속국(속방)'과 서양의 '종속국(Dependent State)'/'식민지(Colony)' 등의 개념 사이에 일대다(一對多), 다대일(多對一), 다대다(多對多) 등 다중적이고 복합적인 '가상적 등가관계(假想的等價關係, hypothetical equivalences)', 즉 가상적 동의어 관계가 형성되어 있었음을 밝혔다. 이러한 결과가 나온 것은 여러 명의 번역자'가 이런 서적의 번역에 참여한 것이나, 번역 과정에서 '주권'이나 '권리' 등 일부 신조어들을 제외한 상당 부분의 개념을 중국 고유의 법률과 제도에서 사용되는 어휘에 의존하였기 때문에, 다시 말해 동아시아 전통질서의 개념을 사용하여 서양의 국제질서 관련 용어를 번역한 것에서 비롯된다.[41]

차이 등)를 이해하는 데 도움이 된다.

41 가장 먼저 번역된 『만국공법』의 사례를 보아도 원래의 영어 개념을 기준으로 다시 정리하면 다음과 같은 번역 결과가 나온다. 1) Dependent State/Dependency: 屬國, 屬邦, 半主之國. 2) Vassal/Vassal State/Feudal Dependence: 藩邦, 藩屬, 屏藩. 3) Colony: 屬國, 屬邦, 屏藩, 屬部, 省部. 4) Province: 屬國, 屬邦, 屬邦, 省部. 5) Possession/Domain/Territory: 屬地. 6) Semi-sovereign State: 半主之國. 7) Protected State: 屬國, 半主之國. 8) Tributary State: 進貢之國. 이상의 번역 용례를 보면 대부분 전통적 개념을 그대로 활용하여 서양의 여러 개념을 번역하였고, 복수의 중국어 개념과 복수의 서양 개념 사이에 '가상적' 동의 관계가 형성되는 현상이 뚜렷하다. 다시 말해, 만국공법의 번역 과정에서 번역자들은 종종 하나의 중국어 개념으로 복수의 이질적인 서구 개념을 번역하거나 하나의 서구 개념을 복수의 이질적인 중국어 개념으로 번역

따라서 이에 따르면, '속국'/'속방'/'번병(藩屛, 屛藩)' 등 원래 중국의 번속 개념을 표현하던 어휘들은 19세기 후반 서구적 국제질서 개념의 번역과 수용을 통해 본래의 것보다 훨씬 다양한 의미를 지니게 되었다. 즉 중국에 원래 존재하며 천하관념의 일부를 구성하던 개념들과 서양의 종속 관계 또는 식민모국-식민지 관계를 뜻하는 개념들 사이에 번역 과정에서 다중적인 가상적 등가 관계가 형성되면서, 원래 서로 다른 차원의 개념들이었던 중국의 '번속'/'속국'/'속방'과 서양의 'Dependent State' 및 'Colony'는 '동의어' 또는 '유의어'가 되어 버리는 것이다.

요컨대, 이런 개념들은 (1) 중국적 맥락에서의 '속국(속방)' 및 '번병(병번)', (2) 서구식 종속국(Dependent State), (3) 서구식 식민지(Colony)라는 세 가지 차원의 의미를 함께 뜻하는 것이 되어 버렸다. 이것은 청 말 중국의 관료·사대부들이 서구의 종속국이나 식민지를 중화질서 속의 번속 또는 속국과 같거나 아주 유사한 개념으로 인식하게 만들었으며, 그 결과 19세기 후반의 청에서 인식하고 사용하는 '속국' 개념은 '조공국'만을 의미하던 종전의 경우와는 다른 중층적이고 모호한 성격을 띠게 되었음을 시사한다. 속국은 중국에 '신속'을 표명한 나라를 가리켰지만, 때로는 '외국(外國)'을 포함하여 청의 실제 주권이 미치거나, 관할권이 미치는 대상을 가리키기도 하는 식으로 범위가 넓어지는 것이다.[42]

그리고 이러한 개념의 확장은 점차 청의 '번속' 체제에 대한 청 조야(朝野) 인사들의 관념에 그대로 반영되어, 그들이 '번속' 또는 '속국'의 문제를 고민할 때 중국적 천하관념 속의 '속국' 개념과 서방의 '종

하였고, 그 결과는 청 말 중국인들의 서양 국제질서에 대한 모호한 이해였다.

42 李動旭, 2021b 참조.

속국'/'식민지'를 연결/혼용하여 확장하면서, 대부분 그것을 서로 같은 것으로 간주하는 결과를 낳았다. 청 말 중국의 관료·사대부들이 서구의 국제질서와 그 관념·개념을 수용하면서 그 영향을 받아 전통적인 '천조상국-속국' 개념을 확장·변용하여 속국에 대한 '종주권' 강화 정책을 추진하는 사상적 자원으로 삼았던 것도 이 때문이었다.

이를테면 1883년 8월 30일(光緒9年 7月 28日) 상해의 신문 『신보(申報)』에 실린 「중국의 번속과 서양 각국의 속국이 다른 점을 따진다[論中國藩屬與泰西各國不同]」라는 사설은 아주 흥미 있는 결론을 도출해 낸다.[43] 즉 이 논설은 서양 각국의 '속국'을 대하는 방법과 중국이 '속국'을 대하는 방법을 비교하면서 그 차이점을 설명하는데, 이 글은 결국 "중국의 속국이…… 비록 서양의 소위 속국이라는 것과 다른 면이 있지만, 속국이 아니라 말할 수는 없다."라고 결론을 내린다. 실제 이 논설을 읽어 보면 청불전쟁을 전후하여 프랑스가 '속국' 베트남(越南)을 침략하면서 "이것을 자주지국(自主之國)이라 할 수 있지, 번속이라 할 수 없다."라는 논리를 편 것에 반발하여, 청은 베트남은 '자주'이지만 중국의 책봉을 받는 '속국'이라는 관념으로 이에 대항하는 논리를 폈다.

필자는 여기서 "비록 서양의 소위 속국이라는 것과 다른 면이 있지만, 속국이 아니라 말할 수는 없다."라는 표현이 19세기 후반 당시 중국인들이 당시 '기대'하거나 품고 있던 '속국' 관념을 그야말로 간결하게 보여 주는 사례가 아닐까 생각한다.[44] 이것은 아마 종래 그 내정과

43 李動旭, 2018b, p.8에서 인용. 이 『신보』의 기사는 김성남 편집·해제, 2004, 「五. 『申報』 중의 임오군란 시기 조선 관련자료」, p.801에도 실려 있다.

44 1880년대 청의 李鴻章이 근대 세계의 주권이나 종주권과는 다른 上國의 조공국에 대한 권리로서 종주권을 내세우면서 여전히 전통적인 틀에 의존하는 노선을 유지하였다는 지적(茂木敏夫, 2002, pp.31-32, pp.41-42)도 아마 이

외교를 자주적으로 처리하고 청이 일반적으로 전혀 간여하지 않았던 (속국자주) '번속'은 국제법적으로 보면 관원을 파견하여 직접 지배하고 군대를 주둔시키고 식민 정책을 취하는 서양식 속국과 같은 것이 아니지만, 천하관념이란 시각에서 보면 여하튼 중국의 속국이니, 이것을 서양식 속국, 즉 보호국이나 식민지로 바꾸어 생각해도 좋다는 인식이었다. 아니 당연히 그래야만 한다는, 약간은 애매한 점이 있지만, 굳이 그것을 스스로에 이로운 방향으로 바꿔치기하거나 견강부회하려는 해석·인식이었을 것이다.

이를테면 이보다 앞서 1883년 5월 내각학사(內閣學士) 주덕윤(周德潤)은 프랑스의 침범에 대해 베트남을 무력으로 보호해야 한다면서, 이렇게 주장하였다.

> 첫째, 명의(名義)를 일찍 확정해야 합니다. 중국에서 말하는 이른바 속국은 즉 외국에서 말하는 보호국입니다. 이유 없이 남의 나라를 침범하거나 화호(和好)를 유지하던 속국을 침범하는 것은 모두 만국공법에서 반드시 금지하는 일입니다. 조사컨대 프랑스와 베트남의 화약은 프랑스는 분명하게 베트남이 자주권을 가지고 있으며, 어떤 나라에도 준복(遵服)하지 않음을 알고 있으며, 만약 비도(匪徒)나 외국이 침범하면 프랑스는 응당 도와야 한다고 규정하고 있습니다. 이것은 분명히 베트남은 중국의 속국이 아니라고 말하면서 스스로 도움을 허락한다고 하여 보호를 가탁(假託)함으로써 마치 일본이 류큐를 멸망시키던 옛 지혜처럼 그 잠식의 음모를 편하게 하려는 것입니다. 그러므로 중국이 베트남을 다투려면 응당 반드시 속국의 명의를 다투어야 하며, 속국을 존속시키려면 반드시

런 점을 가리킬 것이다.

보호의 실질을 존속시켜야 합니다. 프랑스의 속국이 아닌데도 프랑스가 베트남을 도모한다면 분쟁의 실마리를 프랑스가 여는 것이며, 본래 우리 속국인데 프랑스가 공격하면 전쟁의 실마리는 우리가 푸는 것이 아니므로, 프랑스는 이치에서 밀리고 우리가 떳떳하니, 말로서 다툴 수 없는 것을 무력으로 도우면 시종일관 보호의 명분을 유지할 수 있습니다.[45]

주덕윤은 중국에서 말하는 속국을 외국에서 말하는 보호국으로 '치환'하기 위해 보호의 실질을 존속시켜야 한다고 주장하고 있다. 이것은 그리고 앞서 인용한 『신보』의 사설이 실린 바로 그다음 날 나온 논설 「강번본무설(強藩本務說)」에서 "현재로서는 번속을 대하는 옛 법도(舊例)를 지킬 수 없으므로, 응당 소국(小國)을 위해 (청이) 대신 그 사무를 다스려야 한다.[爲小國代治其事]"고 서술한 것과 일맥상통한다고 하겠다. 옛 번속 즉 속국은 이제 국제법상의 보호국으로 간주해야 한다는 생각을 좀 더 솔직하게 표현하는 것이다.[46] 후술하겠지만, 여기에는 아마 그 전해인 1882년 조선의 임오군란에 대한 청의 성공적인 개입과 '보호'의 경험이 작용하고 있었을 것이다.

또한 마찬가지로 이후 자세히 살펴보겠지만, 19세기 후반 조선 정책을 제안하는 수많은 청의 관료·사대부들 대부분이 조선에 대한 고위 관료나 감국(監國)의 파견을 통한 직접적인 통제나 내지화(內地化)·군현화(郡縣化)를 통한 병합을 아무런 거리낌 없이 과제로 내세우는 것은 바

45 「內閣學士周德潤請用兵保護越南摺」(光緒9年 4月 7日), 『淸光緒朝中法交涉史料』 卷4, 5a-8a(pp.257-264). 김종학, 2021, p.190의 주에서 재인용. 김종학은 이것이 전통적 의미의 속국을 서양 국제법의 피보호국으로 재해석할 것을 주장한 최초의 사례 가운데 하나라고 지적한다.

46 『申報』 1883年 9月 1日(光緒9年 8月 1日), 「強藩本務說」; 김성남 편집·해제. 2004, 「五. 『申報』 중의 임오군란시기 조선 관련자료」, p.805.

로 이러한 발상이 널리 퍼져 있었기 때문일 것이다. 서구열강의 도전 앞에 흔들리던 천조상국의 식자(識者)들이 자기 보호의 입장에서 전략적인 고려를 할 경우, 속방 조선을 그 방패나 울타리로 이용하고 희생시키려는 방안을 선택하는 것은 어쩌면 당연한 일이었다.[47] 울타리인 속방의 '보호'도 중요하지만 그보다 더 중요한 것은 중국 본토 자체의 안전이었고, 그것이 위태로워진다고 생각할 경우 당연히 울타리 보호를 강화하기 위한 시도를 하든지 아니면 아예 단념하는 수밖에 없었기 때문이다. 광서 연간 들어 공문서에서는 청의 조선에 대한 호칭이 점차 '번봉'이라는 용어 대신 거의 서양의 '보호국'에 가까운 '속국'이나 '속방'으로 바뀌어 갔다는 발견을 통해, 이러한 호칭 변화가 서양의 '조약체제하의 국제질서관'을 이용하여 '번봉체제하의 중화세계질서 상태'를 유지·보호하려는 것이었다고 보는 지적은[48] 이러한 이해를 뒷받침한다. 이렇기 때문에 1891년 청 초기부터 1874년까지 대외정책 관련 자료를 편집하여 20권 본의 『국조유원기(國朝柔遠記)』를 펴낸 왕지춘(王之春)과 같은 경우는 아예 조선이 원래 "중국의 땅[本中國地]"이며, 조선을 포함한 다른 조공국들, 즉 "번복의 땅은 내지와 같다.[藩服之地與內地同]"는 주장을 내세울 수도 있었던 것이다.[49]

47 또한 이러한 인식은 그대로 民國時代에 계승되어, '四夷藩屬'이 모두 '중화영토'로 '想像'되었고, 나아가 孫文의 영토관에 영향을 받은 중화민국 남경정부 시기에는 아예 번속·조공국의 상실이 중국 영토의 상실로 서술되는 논리적 조작이 이루어졌다. 이에 대해서는 유용태, 2009, 2015 참조.

48 曹雯, 2010, pp.275-276. 曹雯은 나아가 이에 기초한 새로운 대외관계 이념·모델의 형성을 지적하면서, '중·외' 관념도 전통적 중화세계질서 속의 '중국'[중]과 중국 주변을 둘러싼 번봉국[외]이 합쳐져 확장된 개념으로서의 '중'이 되고(이를 위해서는 종주권의 확장이 필요하다.), 그 밖에 전통적 '敵國(互市國)'이 새로운 '외'로 등장하는 중외외(中外外) 모델을 제시하고 있다.

49 Yuanchong Wang, 2019, p.168. 王之春(1842-1906)은 자가 爵棠, 호가 椒生으로 湖南 清泉縣 출신이다. 曾國藩·李鴻章·彭玉麟 등의 휘하에서 태평천국

그렇지만 1880년대 이후 청 또는 이홍장의 조선 정책은 전통적 속방정책의 견지도 아니고, 그렇다고 청의 내지로 병합을 시도하거나 근대적 보호국·식민지화로 방향을 확정한 것도 아니었다. 이러한 여러 대안 사이에서 이른바 '종주권'의 확보와 강화나 '속국화'라는 애매모호한 특성을 드러낼 수밖에 없었던 것도 아마 이런 데서 비롯되었을 것이다. 중국의 연구자 장례항(張禮恒)은 청의 조선 정책을 주지한 이홍장이 1881년 「조·미조약」 체결 즈음에 제시한 그 태도를 "붙은 것도 아니고 떨어진 것도 아닌[不黏不脫]" 원칙이라 규정하였다.[50] 그리고 이러한 애매모호함, 또는 엉거주춤함이라고 표현할 수밖에 없는 난처함·곤경이 사실상 이후 청의 조선 정책에서 두드러지게 드러나는 특징이다. 속방의 자주를 인정하여 내정·외교에 대한 간섭을 꺼렸던 기왕의 정책을 계속 고집하자니 허약하여 자립이 불가능하다고 여겨지는 조선을 제대로 지켜 내거나 통제할 수 없고, 그렇다고 만국공법의 국제질서를 그대로 받아들이면 조선의 자주·독립을 허용하여 스스로 울타리를 허무는 격이 되니 이것도 받아들이기 곤란한 상태였기 때문이다. 이 양자 사이에서 청은 조선 외교에서의 '곤경'을 피하고자 천조상국의 '우위'를 빌려 다양한 편법을 동원하면서 그것을 분식(粉飾)하거나, 아니면 제국주의의 방법을 학습·차용하여 조선에 일방통행적인 정책의 수용을 강요하게 된다. 이 시기 청의 조선 정책을 '편법외교(便法外交)'라고 특징지을 수 있는 것은 여기에서 비롯된다.

여하튼 앞의 분석을 따른다면, 19세기 이전이나 이후의 조선-청

군의 진압에 참여하여 山西巡撫·安徽巡撫·廣西巡撫 등을 지냈다. 일본·러시아·독일·프랑스를 방문하였고, 이후 정부에 自強新政을 요청하기도 하였다.

50 張禮恒, 2017a. 張禮恒은 이것을 이홍장의 절묘하고도 탁월한 선택으로 성공적인 것이었다고 평가하지만, 필자에게는 '진퇴양난'의 곤경에서 궁여지책으로 선택한 것으로 보인다.

관계를 설명할 때 종(宗)·종번·종속·종주권·종주국이라는 용어를 비판적 검토 없이 관행적으로 사용하는 것은 그 양국 관계의 역사적 실상을 이해하는 데 전혀 도움이 되지 못한다. 필자가 이러한 용어의 사용을 피하려는 것은 이런 이유 때문이다.

5) 천조(天朝)와 천조(천하)관념

전통적 중화제국은 황제가 현실적으로는 비록 국경을 설정하고 그에 대해 엄격히 통제하였지만, 이념적으로는 천자(天子)를 대일통(大一統)의 화이세계(華夷世界) 즉, '중국'과 '사방의 오랑캐[四夷]' 전체를 통치하는 존재로 간주하였다. 천명(天命)은 오직 한 사람에게만 수여될 수 있는 것으로 주장되었기 때문에, 그것을 받은 천자가 당위적으로 통치하는 범위는 당연히 천하 전체였고, 따라서 이러한 천하관념 아래서는 '국경'이라는 관념이 들어갈 수 없었다. "천자에게는 바깥이 없다[天子無外]."는 표현처럼, 천하는 모두 천자가 통치해야 마땅한 공간이었다. 그 안에 속하는 '사방의 오랑캐'는 천자에 귀순·복종해야 할 존재였고, 중국, 즉 중원 왕조와 대등한 독립적 존재가 아니라 마땅히 지배되어야 할 대상일 수밖에 없었다. 중화제국과 주변 국가의 외교적 관계는 천자에 의한 천하 내의 이민족 지배, 화이질서라는 틀로 바뀌어 버리는 것이다(한편, 천조와 천조체제에서는 제1장 첫 부분에서 다시 설명한다.).[51]

51 천하관념에 기초한 조공 관계 전반의 역사에 대한 국내 연구는 金翰奎, 1982, 2000, 2005; 全海宗 外, 1988; 李成珪, 1992(1995), 2005, 2010, 2015, pp.1670-1682; 李春植, 1997, 1998, 2016, 2020; 방향숙 등, 2005; 동북아역사재단 편, 2009b; 김병준, 2013 등 아주 방대한 성과가 축적되어 있다. 특히 金翰奎, 2005는 商·周 이래 청대까지의 '중국적 세계질서'에 대한 통론이고, 李成珪, 1992(1995), 2010, 2015는 중화질서·천하질서와 조공체제에 대한

또한 “천자가 도를 갖추면 그 지키는 범위는 사이(四夷)를 포함한다.[天子有道, 守在四夷]”는 표현도 이와 같은 관념의 연장선 위에 있다.[52] 따라서 “사이를 지키지 않고 변경(邊境)을 지킨다면 이미 늦습니다. 변경을 지키지 않으면서 복지(腹地)를 지킨다는 것은 더욱 늦습니다.”라는 지적처럼 주변의 속방을 국방의 외선(外線)으로 삼아 대신 중국의 문호를 지키게 하자는 것은 당연한 선택이 될 수밖에 없었다. 이런 주장이 단순한 전통적 관념의 표현으로만 머무르지 않는다는 점은 이를테면 1880년 양강총독(兩江總督) 유곤일(劉坤一)의 다음과 같은 지적에서 잘 드러난다.

> 외번(外藩)이라는 것은 바깥 담벼락[屛翰]이라는 뜻입니다. 이를테면 조선이나 베트남, 버마 등은 우리와 연결되어 있어 서로 입술과 이의 관계에 있으니, 이른바 천자가 도가 갖추면, 그 지키는 범위는 사이(四夷)를 포함한다고 하는 것입니다. 조선은 배도(陪都. 즉 盛京을 말한다.)에 가까워 특히 가장 중요한 울타리[藩籬]입니다.[53]

다음 해에 한림원시강학사(翰林院侍講學士) 주덕윤 역시 다음과 같

탁월한 분석이다.

52 이 구절의 전거는 『左傳』 昭公二十三年條의 “古者, 天子守在四夷; 天子卑, 守在諸侯. 諸侯守在四鄰;諸侯卑, 守在四竟.”이나 漢 賈誼의 『新書』 「春秋」 “故曰: 天子有道, 守在四夷; 諸侯有道, 守在四隣.” 또는 『淮南子』 「泰族訓」의 “天子得道, 守在四夷; 天子失道, 守在諸侯; 諸侯得道, 守在四鄰; 諸侯失道, 守在四境.” 등이다. ‘守在四夷’는 天子의 守衛는 四夷에게 있다. 즉 천하를 지키려면 천자는 우선 四夷를 지켜야 한다는 뜻으로 해석되지만, 천자를 위해 四夷가 천하를 지켜 준다는 뜻도 포함하는 것으로 보인다.

53 「兩江總督劉坤一覆奏球案宜妥速議結倭約宜愼重圖維摺」(光緖6年 11月 5日), 故宮博物院 編, 1932, 『淸光緖朝中日交涉史料』(이하 『光緖中日』로 약칭) 卷2, 19a.

은 주장을 하였다.

> 고래로 적국의 외환은 잠복해 있으면 매우 미미하지만, 그것을 쌓아 온 것은 아주 일찍부터 이루어진 일입니다. 사이를 지키지 않고 변경을 지키고자 한다면 이미 늦습니다. 변경을 지키지 않으면서 복지를 지킨다면 이것은 더더욱 늦습니다.[54]

양자 모두 "천자가 도를 얻으면 그 지키는 범위는 사이를 포함한다."라는 전통적 관념에 의지하여 속방정책을 구상하면서, 속방을 국방의 외선(外線)으로 삼아 대신 중국의 문호를 지키자는 뜻을 보였다. 이때 산서순무(山西巡撫)로 출임(出任)하였던 청류파(淸流派. 이에 대해서는 후술)의 대표적 존재 장지동(張之洞) 역시 "사경(四鏡)을 지키는 것은 사이를 지키는 것만 못하다.(守四鏡不與守四夷)"고 지적하면서, 베트남을 완전히 중국의 통제 아래 두어 중국 국방의 일선을 베트남 경내로 확장하여 베트남을 노리는 프랑스와 일전(一戰)을 불사하자는 논리를 폈다.[55]

이런 논리에 따르면 천조 내지의 군현(郡縣)뿐만 아니라 내번(藩部. 내속 외번)과 외번(경외 외번, 또는 번속, 속국) 모두 천조의 강역(疆域) 안에 들어간다. "천조에는 이웃 나라가 없다.(天朝無隣國)"는 표현은 바로 이 점을 가리킨다.[56] 1921년에 완성된 『청조속문헌통고(淸朝續文獻通考)』는

54 蔣廷黻, 1987(1938), p.87.

55 李國祁, 1984, pp.52-68. 李國祁는 張之洞의 제안은 조선에 군대를 파견하여 임오군란을 파견한 張樹聲의 정책과 유사한 것처럼 보이지만(이에 대해서는 후술), 이홍장(장수성)의 조선 정책은 문호개방과 열강의 세력균형을 이용하여 중국의 '종주권'을 지키자는 것으로 베트남에 대한 曾紀澤의 주장과 유사하며, 장지동의 제안과는 분명히 다르다고 지적한다.

56 劉曉原, 2016, p.9. 何新華(2013, pp.9-17)는 중국의 전통적 儒家外交思想을 大一統思想으로 설명하면서, 이것은 道統一元과 時間과 空間의 一元, 즉 天命

권 337에서 기존의 『청조통고(淸朝通考)』(皇朝通考)에 없던 「외교고(外交考)」라는 항목을 창설하면서 그 연유를 이렇게 설명하고 있다.

> 『황조통고(皇朝通考)』는 건륭 50년까지의 일을 다루었는데, 우리는 상국(上國)이고, 다른 모든 땅의 나라는 신하였으므로, 이른바 외교(外交)라는 것이 없었다. 단지 번속을 다스리는 일[理藩]뿐이었다. 각국이 이를 흠모하여 경축하면서 접근한 것에 대해 각기 조공하게 하거나, 대략 호시(互市)를 허용하였으므로 외교라는 항목을 둘 필요가 없었다. 이후 중외의 정세는 이전과는 아주 달라졌다. 지금은 도광(道光) 연간 이래 처리한 자취와 득실의 이유를 「교제(交際)」·「계무(界務)」·「전교(傳敎)」·「조약(條約)」 네 종류로 나누어 외교를 연구하는 사람이 그 대략을 얻게 하였다. …… (「교제」에서는) 생각건대 국조(國朝)는 일찍이 칙사를 파견하여 조선·류큐·베트남 등을 책봉하였다. 이것은 그 번속을 어루고 달래는 것[撫綏]이었지 외교는 아니었다.[57]

과 時間·空間을 一元化하는 것이므로, 이러한 초국가주의 또는 세계주의적 대일통사상이 지배하는 대외관계에서는 천하에 군림하는 일원적 세계질서만 존재하고, 중국이 天地의 중심에서 만방의 속국을 통제하므로, 당연히 국가 간의 외교는 있을 수 없고, 중국과 평행하고 다원적인 국가 관념도 존재하지 않았다고 설명한다. 중국뿐만 아니라 주변 속국의 영토 역시 이론적으로 천조에 속하였다는 것도 물론이다. 물론 이러한 대일통사상론은 어디까지나 중국 왕조 측의 일방적 觀念이자 想像이었다는 점을 결코 잊어서는 안 된다. "결론적으로 말해 피책봉국[또는 그 영역]은 결코 중화제국의 일부가 아니었다."(李成珪, 2005, p.118)는 논증을 참고해 볼 필요가 있다.

57 劉錦藻, 1936(1965), 『淸朝續文獻通考』 卷337 「外交一」, p.10781; 李雲泉, 2015, p.34 참조. 청 말의 관료 출신 유금조는 건륭 연간 편찬된 『皇朝通考』(즉 『淸朝文獻通考』)의 뒤를 이어 건륭 50년 이후 청 말까지의 典章制度를 보충하기 위해 이 책을 지었다. 하지만 19세기의 새로운 상황에 맞추어 새롭게 창설된 여러 항목 가운데 하나인 「외교고」 항목에도 조선은 여전히 포함되지 않았다(日本은 포함). 조선은 여전히 이전의 『皇朝通考』처럼 「四裔考 一 朝鮮

따라서 여기서 강조하는 것처럼 천자의 운명적 책무는 '외교'나 '교제'가 아니라 '번속을 다스리는 일[理藩]'뿐이었다. 그리고 이러한 사방의 오랑캐를 귀순·복종하게 하는 방법으로는 도덕적 감화('教')나 무력('力')에 의한 제압보다는 실제적인 이익('利'), 즉 무역으로 회유하는 방법이 가장 효율적이었던 만큼, 역대 중국 왕조가 가장 많이 동원하는 방법이 바로 책봉-조공체제와 그에 따른 조공무역과 호시(互市)였다. 그리고 앞의 사례에서 보이듯이 19세기에도 이러한 천하관념이 여전히 작동하였다고 한다면, 주변 지역을 바라보는 중국의 시각은 항상 천자에 의한 통치·지배가 당연할 수밖에 없었다. 거기에 근대적 의미에서의 '국경'은 아직 자리를 잡을 공간이 없었다.

하지만 근대적 국제법 질서에서 나오는 종번·종속·종주권이란 개념은 천하가 아닌 국경을 가진 유럽의 국민국가(Nation State)끼리의 경쟁체제를 기반으로 만들어진 개념이다. 이 차이를 우리는 기억할 필요가 있다. 요컨대 서구적 '속국' 개념으로 동아시아의 '조공국'을 해석하는 것은 각기 다른 문화와 '외교'에 관련된 다양한 개념·원리의 '충돌'

琉球」(卷331)에서 다루었다. 光緖 25年의 기술에는 "출사대신 徐壽鵬을 한국에 주재하게 하고 통상조약 15조를 정하였다."(p.10708)고 서술할 뿐, 조약 내용은 전혀 언급하지 않았다. 「外交考」의 조약·장정은 대부분 그 내용을 간략하게나마 수록된 것과는 다르다. 이때에도 여전히 조선과의 '외교'란 관념은 받아들이기 어려웠던 것이라 볼 수 있지만, 光緖29(1903)年의 序文이 있는 『皇朝政典類纂』(全500卷)에서는 卷472 「外交 八 訂約」에 '朝鮮約'이란 항목을 설정하고 있어 차이를 보인다(pp.11186-11187). 여기서는 「中國·朝鮮商民水陸貿易章程」(1882)과 「韓·淸通商條約」(1899)을 간략히 소개하였다. 또한 청 말 대부분 광서 연간에 편찬된 열 종류의 이상의 『經世文編』에서도 洋務나 禮政 항목의 交涉이라는 소항목은 있어도 '邦交'나 '外交'라는 대항목을 설정한 것은 葛士浚의 『皇朝經世文續編』(洋務 邦交)과 邵之棠의 『皇朝經世文統編』(外交部) 두 종류뿐이었다. 臺灣 中央研究院의 漢籍電子文獻 「近代史數位資料庫」(http://mhdb.mh.sinica.edu.tw) 검색 또는 近代中國研究委員會, 1956 참조.

을 낳게 된다. 전자는 종주국의 감독과 보호를 받고 외교권이 없고 그 주권이 제한되는 존재로 간주하는 반면, 후자는 단지 조공을 할 뿐 그 내정·외교는 자주(自主)한다는 것이 일반적인 이해였기 때문이다.[58]

더불어 전통적인 책봉-조공체제라는 것은 사실 간단히 말하면 황제와 국왕 사이의 개인적인 군신 관계나 상하 관계를 설정하는 것으로 일종의 'Court to Court System', 즉 '황실(황제)과 왕실(국왕) 사이의 인신(人身)/인속(人屬) 관계'였다는 점도 주목할 필요가 있다. 따라서 국왕·왕비·세자의 책봉이라는 주기적인 갱신이 필요하였고, 매 차례 조공에 의한 관계 재확인이라는 의례가 필요하였다. 하지만 이에 관한 양국의 명문에 의한 규정이나 합의는 존재하지 않았으며, 조공국은 상국이 내린 인장(印章)을 국내에서나 다른 국가와의 관계에서 거의 사용하지도 않았다. 군주의 사절을 제외한 양국 신민의 왕래나 교류 역시 허락되지 않았다. 그리고 조공국의 내정(과 외교)에는 기본적으로 간섭하지 않았으므로(속국자주), "지배와 피지배 또는 억압과 피억압의 권력적 관계가 관철하는 것은 아니었다."[59]

반면 근대적 국제관계는 오히려 'State to State System', 즉 '국가(정권)와 국가(정권) 사이의 관계'다. 책봉-조공체제와는 달리 양국의 합의와 국내적 승인이란 절차를 거친 조약(條約)이라는 명문 규정이 있으며, 원칙적·표면적으로 서로를 독립적인 주권국가로 간주하는 양국은

58 청이 조선과의 관계를 두고 이야기하는 '屬國自主'의 '自主'는 분명히 『만국공법』에 나온 '自主'와는 다르다는 점도 기억할 필요가 있다. 후자의 '자주'는 主權(『만국공법』의 번역 과정에서 만들어진 것인데, '自主之權'이란 뜻으로도 사용되었다.)과 獨立을 의미하는 것이지만, 전자의 '자주'는 조선이 내정·외교를 스스로 처리한다는 뜻이고, 청과의 상국-속방 관계, 즉 사대질서를 부인하는 '독립'을 의미하지는 않는다. 공교롭게도 오늘날 자주나 독립을 영어로 번역하면 둘 다 'independence'가 될 수 있어 오히려 더 '혼란'을 늘린다.

59 茂木敏夫, 1993a, p.270; 2009, p.42.

기본적으로 대등한 입장에서 그것을 준수하지 않으면 안 된다. 물론 조약도 갱신이 필요할 때가 있다. 그렇지만, 그것은 조약 내에 이미 규정된 내용이 있거나 양자가 합의한 경우에만 필수적이다. 양국 국민의 왕래나 교류는 기본적으로 서로 보장하는 것이 원칙이다.[60] 따라서 전통적인 왕조 국가 사이의 책봉-조공 관계와 근대국가 사이의 조약 관계는 분명히 차원이 다른 관계로의 전환이라는 것을 의미하므로, 양자의 '외교적' 관계를 같은 차원의 것으로 놓고 다루게 되면 그 정확한 의미를 파악하기 쉽지 않게 된다. 전통적인 의미에서의 '속방' 관념(조공국)과 서구식 '속방' 관념(식민지·종속국)을 혼동·혼용하는 것은 이러한 미묘한 차이를 간과하였기 때문일 것이다.

물론 1880년대에 들어와 청은 조선을 '종주국'의 입장에서 '속국(속방)'으로 설정하고 이것을 만국공법의 국제질서 속에서 인정받으려고 시도하였다. 그렇지만, '자주'와 '독립'을 모색하는 '속국/속방'으로서의 조선이 만국공법상의 지위에서 속국(屬國. Dependent State), 반주지국(半主之國. Semi-sovereign State), 진공국(進貢國. Tributary State), 번속(蕃屬, 封臣國. Vassal State) 가운데 어느 하나의 범주에 속하는지 판단하기는 쉽지 않았다.[61] 일부 연구자들은 조·청 관계는 만국공법에서의 종주국

60 'Court to Court System', 'State to State System'이란 용어는 Yuanchong Wang, 2018, pp.144-145에서 빌려 왔다.

61 만국공법 자체에 대해서는 김용구, 2008a라는 전론이 있다. 佐藤愼一, 1996; Rune Svarverud, 2007이나 王爾敏, 1969, 1977, 2008; 張用心, 2004; 王中江, 2008, pp.10-176; 林學忠, 2009는 근대중국에서의 만국공법의 번역·수용과 그 담론을 다루고 있다. 張衛明, 2016은 대만사건·청불전쟁에서 러·일전쟁 시기까지 구체적인 사안을 들어 청 말의 국제법 운용 실태를 분석한 보기 드문 연구다. 佐藤愼一, 1996은 근대중국에서의 만국공법의 수용을 文明論과 결합하여 아주 간결하고 요령 있게 정리하고 있으며, Rune Svarverud, 2007의 부록에는 중국에서 번역된 만국공법 관련 서적 사항이 정리되어 있다. 한국의 만국공법 수용에 대해서는 이광린, 1982가 그 전래를 파고들었고, 김용

(Suzerain)과 봉신(Vassal) 관계와 가장 유사한 상하 관계의 성질을 지녀, 근대적 속국과 전통적 속방의 구분, 중화질서와 국제법 질서의 구분은 무의미하고, 이것은 청이 조선에 국제법적인 주권을 부여하면서도 종주권 유지를 하려고 한 배경이었다고 설명한다. 나아가 「조·미조약」 등 일련의 조약과 '속방조회'를 들어 진공국(進貢國. 朝貢國) 내지 속번(屬藩. 藩屬)으로서(만국공법에 따르면 이들도 주권을 가질 수 있고, 조약체결이나 사신 파견도 가능하다.) 조선의 위치와 청의 종주권이 국제적으로 공인되었다고 강조한다.[62]

하지만 이런 주장이 설득력을 얻으려면 앞서 든 책봉-조공 관계와 조약 관계의 차이를 제쳐 놓는다고 하더라도, 만국공법의 이해를 청과 조선, 서구 각국·일본이 모두 동의·공인하였다는 것이 무엇보다도 우선 전제가 되어야 한다. 하지만 '조약'을 통해 독립 주권국가로 인정받은 조선이 '속방조회'를 보냈다고 해서 국제법상 진공국·번속으로 공인되었다고 보기는 어렵다. 조약과 조회의 국제법상 효력의 차이만을 따져 보아도 수긍하기 어렵다. 서구 각국·일본이나 주조선 외국사절도 이 문제를 '공인'한 것이 아니며, 자신들의 기준으로 보아서는 도무지

구, 1999는 이와 동시에 전반적인 개괄을 시도하였다. 閔會修, 2015는 규장각 소장본을 통해 국제법 서적 수입·간행 및 수용 상황을 정리하였다. 한편 崔蘭英(2002, p.84)도 "청은 식민지 체제의 종주권(suzerainty)을 가지고 있지 않았고, 그리고 '속국'으로서의 조선도 지금 말하는 vassal state와도 달랐기 때문이다."라고 하여 청·조선 관계도 '종속(宗屬)관계'라는 한 마디로 규정할 수 없다고 지적하고 있다. 또 姜東局(2004, pp.34-40)은 다른 국제질서관을 가진 청·일본의 조선 지위 문제에 대한 논쟁은 국제질서관의 차이나 언어의 차이로 문제의 소재를 정확하게 파악하기 어려웠다고 지적한다. 유용태, 2009, 2015 역시 속국(조공국)과 식민지, 주권과 종주권의 혼용이 지닌 문제점을 잘 지적하였다.

62 이를테면 유바다, 2013, 2016a, 2016b, 2017a, 2017b, 2017c, 2017d, 2017e, 2019 참조.

이해하기 어려운 '동양'의 수수께끼이지만, 자국의 이해관계에 불리한 영향을 끼치지 않는 한 그저 '현실'로서 묵인한 것뿐이라는 시각을 참고할 필요가 있다.[63]

또 만약 앞의 주장이 적절하다면 동아시아에서 만국공법을 가장 먼저 받아들인 일본이 조선은 중국의 '속국'임을 가장 먼저 인정하였을 것이다. 그렇지만, 모두가 알고 있듯이 그런 일은 결코 없었다. 일본 정부가 청·일전쟁에 이르기까지 여전히 조선의 '독립'을 주장하면서 계속하여 청의 조선에 대한 '종주권' 주장에 도전하였다는 점은 본문에서도 다루겠지만, 이미 너무도 잘 알려진 사실이기 때문이다. 이 점만을 보아도 조선-청의 관계가 만국공법에 따라 규정·공인되었다고 보는 것은 조금 성급한 판단이라고 할 수 있다.

다시 말해 천조상국과 번속·속국의 관계는 종주국(宗主國)과 부용국(附庸國), 보호국(保護國)과 피보호국(被保護國)이라는 서구 세계의 근대적 경험에서 비롯된 상하 관계로 쉽사리 '치환'될 수 있는 것이 아니었다.[64] 또한 기본적으로 근대적 국제질서, 나라의 크기에 상관이 없는

63 이를테면 Kirk Larsen, 2008, 2013, 2018 참조. 이를테면 「조·불조약」을 체결한 프랑스도 조선의 중국에 대한 종속을 인정하면서도 이것은 조선과 프랑스 간에 평등하게 교섭해야 하는 관계와는 무관하다고 보았으며, 중국에 조공하는 조선은 다른 국가에 대해서는 독립적이라고 파악하기도 하였다. 具仙姬, 2005, p.160 참조.

64 何新華(2013, pp.42-44)는 중국과 속국과의 관계는 '禮'의 원리에 기초하여 진행되었지만, 서양 각국과 속국의 관계는 '力'의 원리에 기초하여 진행된 것이며, 청 말에 이 두 가지 다른 속국개념이 충돌하였지만, 서양 국가는 중국의 '속국'은 순전히 명의상의 것으로 보아 중국의 전통 속국에 대한 권력은 결코 서양의 국제질서에 승인받지 못하였으며, 청이 이 '속국'문제를 놓고 서양 국가와 항쟁하면서 속국의 독립을 보호하여 서양 국가의 위협을 받지 않게 하려 하였으나 그것은 당시 거의 "호랑이에게서 가죽을 벗기려는 것[與虎謀皮]"이나 마찬가지의 무모한 행위였다고 지적한다.

대등하고 독립한 주권국가 사이의 교섭이라는 원칙을 수용하는 것 자체가 중국과 주변 국가의 위계질서를 전제로 한 천조체제를 바탕으로 삼는 청 왕조의 정통성·정당성을 부인하는 것이나 마찬가지였다. 따라서 이러한 '치환'의 희망은 여전히 근대적 국제질서의 전면적인 수용을 거부하면서 무너져 가는 천조체제와 천하관념을 억지로 지탱하려는 집착을 버리지 못한 청의 일방적 '상상'과 '희망'에 지나지 않았다고 보아야 할 것이다. 청·일전쟁에서의 청의 패배와 이후의 사태 전개에 보이는 국제법, 나아가 힘의 논리를 기반으로 하는 제국주의의 전성기라는 현실 세계의 정치적 전개는 이러한 상상과 희망의 실현을 결코 용납하지 않았다.

제2장

1870년대 중후반까지의 조선-청 관계

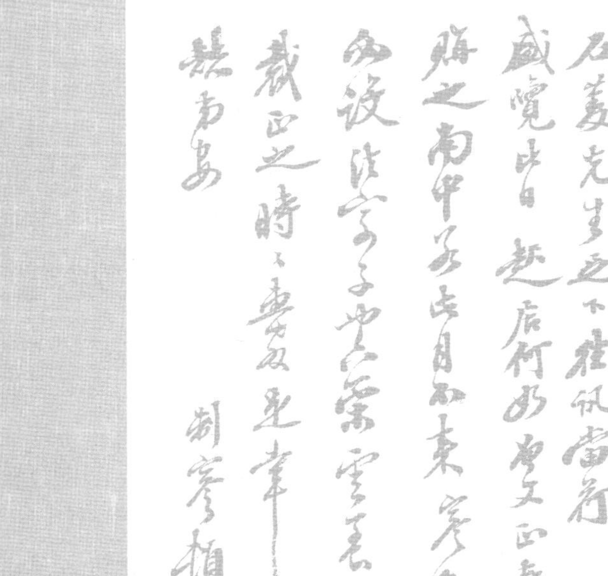

1. 천조체제와 '속국자주'

1) 천조체제

1637년 1월(음력 1636년 12월)[1] 시작된 병자호란으로 조선을 속방으로 예속시킨 다음 청(淸)은 조선과 책봉과 조공, 그리고 변경의 호시(互市)를 중심으로 한 상호관계를 건립하였다. 그리고 이를 전후하여 16-17세기 동아시아를 뒤흔들었던 격변은 기왕의 명(明) 왕조 중심의 국제질서 대신 청(淸)을 중심으로 한 새로운 동아시아 국제질서의 성립으로 마무리되었다.[2]

1 이하 특별한 표기가 없는 한 모두 양력이다. 음력인 경우 조선이나 중국의 연호가 함께 병기된다. 음력과 양력의 차이 때문에 연도 표기에 오류가 생길 수 있으므로 주의해야 한다는 점은 丘凡眞, 2005 참조. 이를테면 병자호란은 보통 1636년 12월 9일 시작된 것으로 일컬어지지만, 청군이 압록강을 건넌 날짜는 양력으로 따지면 1637년의 1월 4일이므로, 병자호란은 양력으로 표시하면 1637년의 사건이 된다.

2 이에 대해서는 Chun Hae-jong, 1968; 全海宗, 1970; 張存武, 1978; Key-Hiuk Kim, 1980(2022), 2007a; 曹谷憲一, 1992; 黃枝連, 1994; 최소자, 1997, 2005; 張禮恒, 2012a; 王元周, 2013; 김창수, 2015; Lim Jongtae, 2016; 김영식, 2018; 동북아역사재단 북방사연구소 편, 2018; 동북아역사재단 한국외교사편찬위원회 편, 2018b; 동북아역사재단 한국외교사편찬위원회 편, 2018c; 백

전통 시대 동아시아, 특히 조선-중국 관계에서 가장 잘 두드러지게 표현된 이러한 질서·관계·체제·체계는 보통 '중국적 세계질서(Chinese World Order)'나[3] 중화질서(中華秩序)·화이질서(華夷秩序)·화하질서(華夏秩序)·화이체제(華夷體制)나 책봉체제(冊封體制)·조공체제(朝貢體制. 또는 朝貢制度나 朝貢體系나 보다 의미를 확대한 朝貢關係)·천하체계(天下體系)·종번질서(宗藩秩序)나 종번관계(宗藩關係), 또는 천조체제(天朝體制) 등 다양한 명칭으로도 불리고 있다. 천하의 중심에 있는 천자가 사방의 모든 오랑캐를 차별하지 않고 동등하게 덕을 베풀고(一視同仁), "먼 곳에서 온 사람을 회유한다.(懷柔遠人)"는 이념에 기초한 이러한 체제를 '천조예치체계(天朝禮治體系. Pax Sinica)'라고도 부르기도 한다.[4] 그리고

영서·정상기 엮음, 2019; Odd Arne Westad, 2021(오드 베스타 지음, 옥창준 옮김, 2022) 등 참조. 동북아역사재단 북방사연구소 편, 2018은 15-19세기에 걸친 한·중 관계사를 한국사·중국사 연구자의 공동작업을 통해 정리한 최신 성과이며, 동북아역사재단 한국외교사편찬위원회 편, 2018b·c는 한국사·중국사 연구자 외에 정치학자·외교사학자 등이 총망라된 논문집 형식의 고려·조선시대 대외관계사 개설이다. 백영서·정상기 엮음, 2019 역시 한국사 연구자가 중심이 되어 고대에서 현대까지 서술한 논문집 형식의 개설서다. Odd Arne Westad, 2021(2022)은 임진왜란 시기 'Nation'의 형성, '정의로운 국가' 조선 등의 새로운 관점으로 현대까지의 조선과 중국 600년의 역사를 개괄하고 있다.

3 이 용어는 유명한 J. K. Fairbank(ed.), 1968, *The Chinese World Order: Traditional China's Foreign Relations*에서 비롯된 학술용어로, 그가 제출한 '조공체제(Tribute System)'론, '조약체제(Treaty System)'론과 더불어 가장 대표적인 개념으로 자리 잡았다. 이 고전적인 논문집은 이후 관련된 수많은 관련 연구의 출발점이 되다시피 하였다. 이를 둘러싼 수많은 논의에서 가장 최근의 것만을 든다면, 일단 윤영인(피터 윤), 2002, 2015a, 2015b, 2018; 김성규, 2009; 민병희, 2014; 金宣旼, 2016b; Wang Sixiang, 2016; 홍면기, 2018; 崔熙在, 2018; 王泉偉, 2017; 郭嘉輝, 2021 등을 참고할 수 있다. 조공체제론에 관한 연구는 뒤에서도 좀 더 추가적인 서술이 이루어진다.

4 黃枝連, 1992-1994(1995), 上·中·下. 상책은 『亞洲的華夏秩序: 中國與亞洲國家關係形態論』(1992)으로 중국과 조선·류큐·일본 사이의 관계형태론을 다

이른바 '조공체제'론이나 '책봉체제'론이 중국과 조공국의 쌍방 관계를 제대로 표현할 수 없으므로 '책봉(冊封)·조공(朝貢)체제(또는 줄여서 封貢體制 또는 封貢體系)'라고 불러야 한다는 의견도 충분한 설득력이 있다.[5]

그렇지만 여기서 필자는 서술의 편의상 다양한 명칭으로 불리는 이 체제·제도·질서·관계를 '천조체제'로 통일해 사용하고자 한다.[6] '천조'(天命을 받아 천하를 통치하는 유덕한 천자의 조정)라는 용어는 한대(漢代) 이후 오랫동안 사용되어 온 데다가, 당대(唐代)에 처음 완성된 천조체제 역시 다양한 측면을 지닌 중국의 대외관계를 표현하는 데도 적절한 용어로 생각되기 때문이다. 건륭제도 즐겨 사용한[7] 이 천조체제는 좁혀서 보면 '천조의 대외체제'라고 볼 수도 있는데, 청대에는 보통 줄여서 '체제(體制)'라는 용어를 사용하였다.[8]

루었고, 중책 『東亞的禮義世界: 中國封建王朝與朝鮮半島關係形態論』(1994)은 천조 예치체제와 조선 반도의 관계를 명대까지 다루었다. 하책 『朝鮮的儒化情境構造: 朝鮮王朝與滿淸王朝的關係形態論』(1994)은 乾隆帝 시기에 이르기까지 滿洲政權과 조선 사이의 천조 예치체제에 대한 분석이다.

5 陳尚勝, 2007, 2007a, 2009, 2010, 2013, 2015 등 참조. 한편 '冊封體制'論은 1960년대 일본의 니시지마 사다오(西島定生)가 제창한 이래 漢代에서 隋·唐代에 이르는 '동아시아 세계'나 '동아시아 문화권'을 설명하는 개념으로 정착되었다는 점은 잘 알려져 있다. 이에 대한 소개와 비판에 대해서는 김성규, 2009; 김창석, 2009 등 참조. 또한 일본에서의 이에 관한 기존 연구사의 정리는 川島眞, 2004, pp.21-44 참조.

6 천조체제는 천하체제·중화질서·화이질서 등 다양한 용어로 대체될 수도 있고, 그것을 뒷받침하는 이념·관념·사상도 천조이념·천조관념·천하관념·중화사상·화이사상 등 다양한 용어로 표현될 수 있는데, 여기서는 서술의 편의상 가능한 한 천조체제와 천하관념이라는 용어로 통일해서 사용하고자 한다.

7 이를테면 건륭제는 "무릇 遠人에 대해서 조정을 높여 서술[頌述]할 때는 天朝라고 칭하거나 아니면 中國이라고 칭하는 것이 하나로 정해진 도리다.(夫對遠人頌述朝廷, 或稱天朝, 或稱中國, 乃一定之理)"라고 지적하여 천조가 대외적으로 청을 높여 부르는 용어임을 확인하였다. 『高宗實錄』 卷784, 乾隆32年 5月 庚午. 何新華, 2013, p.32에서 인용.

8 천조나 천조체제(또는 '天下시스템')에 대한 자세한 설명은 檀上寬, 2013,

물론 천조체제란 용어가 아직 확정된 개념이 아니고, '조공체제'론이나 '호시체제'론처럼 과도한 단순화의 위험이 있다고 지적하는 의견도 있다.[9] 그리고 '천조체제'란 용어는 건륭(乾隆. 재위 1735-1795)에서 함풍(咸豐. 재위 1851-1861) 연간까지만 쓰였고 그 의미도 제도와 권위 등의 의미를 지니고 있어, 중국 전통사회의 대외관계 모델을 표현하는 데 합당하지 않다고 지적하는 의견도 있다.[10] 또 건륭 연간 이후 함풍 연간까지 천조가 '중국(中國)'이나 '중화(中華)'보다 빈번하게 사용되었으나 그 빈도가 완만하게 줄어들다가 동치(同治. 재위 1862-1874)·광서(光緖. 재위 1875-1908) 연간에는 거의 쓰이지 않고 '중국'·'청국(淸國)'이란 명칭으로 대체되었다는 것이 지적되기도 한다.[11] 이런 지적들이 시

2016 참조. 岩井茂樹(2007, p.390)도 '천조체제' 또는 '중화제국체제'라는 제안을 내놓기도 하였다. 하지만 실제로 이 용어를 사용하게 된 것은 茅海建, 1995a(2014), 『天朝的崩壞: 鴉片戰爭再研究』(→Mao Haijian, 2016, *The Qing Empire and the Opium War: The Collapse of the Heavenly Dynasty*)와 茅海建, 1998(2011. 2014修訂版), 『近代的尺度: 兩次鴉片戰爭軍事與外交』를 읽으면서 얻은 영감에 힘입은 바가 가장 크다. 茅海建 교수는 기본적으로 아편전쟁에서의 청의 패배를 당시 중국의 天朝體制와 그것을 뒷받침하는 天朝(또는 天下)觀念에 따른 서구에의 對應에서 비롯된 것으로 설명하는데, 이것은 아주 탁월한 설득력을 가진 해석으로 보인다. 賈小葉, 2008 역시 '천조체제'나 '천조(천하)관념'이란 용어를 중요한 분석 틀로 사용하고 있으며(특히 pp.83-85, pp.118-124), 또한 션즈화(沈志華) 지음, 김동길 등 옮김, 2017, 『최후의 천조(天朝): 모택동·김일성 시대의 중국과 북한』에서 모택동 시대의 중화인민공화국의 북한에 대한 정책 역시 '최후의 천조'로 설명될 수 있다고 주장한 것은 역대 중국과 조선(한국)의 관계를 이해하는 데 시사하는 바가 크다. 이런 여러 학자들의 선례가 '천조체제'나 '천조관념'이란 용어를 사용하는 것이 충분한 합리성이 있다는 믿음을 제공해 주었다.

9 廖敏淑, 2013, pp.148-149.

10 陳尚勝, 2014, 2015. 여기서는 앞서 나온 檀上寬의 논의를 비판하면서 이런 논의를 전개한다.

11 川島眞, 2003.

사하는 바는 크다. 동치·광서 연간 이후 사실상 청이 천조체제를 대외적으로 자부하거나 과시하기 어려워졌다는 점을 분명하게 드러내 주기 때문이다.

그러나 필자는 책봉·조공 관계나 조공무역과 호시 등 아주 다양한 면모를 지닌 청의 대외체제를 포괄적으로 표현하기 위한 용어('동유라시아'를 포괄하는 '대청제국의 질서'라고도 할 수 있다.)로 천조체제를 규정하여 쓴다면 상당한 장점이 있기 때문에 오히려 큰 무리가 없을 것으로 생각한다. 이른바 탈(脫)영역적·초종족적 문명원리로서 스스로 천조의 정제(定制)[12]라 할 수 있는 이 천조체제와 천하관념(또는 天朝觀念. 天朝心態나 大國心理나 중화사상·화이관념으로 불리기도 하는데, 여기서는 마찬가지로 가능한 한 천하관념으로 통일하고자 한다.)은 이미 대(對) 서구 관계에서는 붕괴의 조짐이 분명하게 드러나고 있었음에도 청이 특히 조선-청 관계에 관해서는 여전히 강력한 집착을 보였던 점이 두드러진 특색으로 드러나기 때문이다.

이 천조체제는 굳이 조선 측의 시각에서 이를 표현하자면 보통 '사대질서(事大秩序)'라는 용어가 가장 흔히 쓰인다. 물론 이것은 유교적 예(禮)와 덕(德)의 관념에 바탕을 두고 예로 큰 나라를 섬긴다는 사대[事大以禮]와 큰 나라가 덕으로 작은 나라를 보살핀다는 자소[字小以德]의 관념과 의무라는 상호규정의 원리로 구성된 것이었다.[13] 또한 유

12 村田雄二郎, 1994, p.43.

13 事大와 字小의 의미에 대해서는 姜東局, 2004, pp.9-12 참조. 전재성, 2012는 사대 개념에 대한 다양한 이해와 한반도에서의 그것에 대한 역사적인 변천, 즉 동아시아 지역 질서의 원리와 그 질서의 변천을 다루고 있다. 다만 '사대 개념'이란 용어에 대해서는 좀 더 검토가 필요한 것으로 보인다. In-sung Jang, 2014 역시 고려·조선의 사대를 그 개념과 제도, 권력의 상호관계 속에서 파악해야 한다고 지적하면서, 사대를 통한 자주, 또는 사대와 자주의 관계에 대해 깊이 있는 분석을 시도하였다. 한편 지금까지 조선인의 '부정적' 기

가적 예치질서(禮治秩序)에서 '주변'의 원인(遠人)과 제후(諸侯)를 대하는 원칙에 관해 유가 경전인 『중용(中庸)』은 다음과 같이 간결히 표현하고 있다.

> 오고 가는 것을 맞이하고 보내며, 좋은 점을 칭찬하고 하지 못하는 점을 안타깝게 여기는 것이 먼 곳에서 온 사람[遠人]을 품는 방법이다. 끊어진 세계(世系)를 이어 주고, 망한 나라를 되살려 주며, 내란이 있으면 토벌해 주고 위약하면 지탱해 준다. 때에 맞추어 조빙(朝聘)하게 하고, 두텁게 보내되 엷게 받는 것이 제후(諸侯)를 품는 방법이다.[14]

이렇게 전통적·유가적인 천하(화이)관념에 기초하여 화·이, 내·외, 상·하, 존·비의 등급(위계)과 차별을 강조하는 이 중화질서에서 특히 책봉-조공제도(체제/질서/관계)는 다음과 같이 설명될 수 있다.

> 책봉-조공제도의 기본 전제는 이적(夷狄)의 군왕은 '사대(事大. 대국을 섬

질을 표현하기 위해 흔히 사용되어 왔던 '사대주의'라는 용어를 만들어 낸 것이 후쿠자와 유키치(福澤諭吉)라는 점에 대한 논란은 姜東局, 2004, pp.88-98 및 室井康成, 2019, pp.11-44 참조. 事大와 字小의 개념은 원래 다양한 유가 경전에서 유래했다. 이를테면 『孟子』「梁惠王」, "齊宣王問曰: '交鄰國有道乎?' 孟子對曰: '有'. 惟仁者爲能以大事小, 是故湯事葛, 文王事昆夷. 惟智者爲能以小事大, 故大王事獯鬻, 句踐事吳. 以大事小者, 樂天者也; 以小事大者, 畏天者也. 樂天者保天下, 畏天者保其國."나 『周禮』「夏官 司馬」, "比小事大, 以和邦國"(鄭玄注: '比猶親. 使大國親小國, 小國事大國, 相合和也.'); 『春秋左氏傳』哀公七年條, "子服景伯曰: '小所以事大, 信也; 大所以保小, 仁也.'", 昭公三十年條, "對曰: 諸侯所以歸晉君, 禮也, 禮也者, 小事大, 大字小之謂, 事大在共其時命, 字小在卹其所無." 등 참조.

14 李學勤 主編, 1999, 『十三經注疏 禮記正義』, 「中庸」第三十一, p.1444. "送往迎來, 嘉善而矜不能, 所以柔遠人也; 繼絕世, 擧廢國, 治亂持危. 朝聘以時, 厚往而薄來, 所以懷諸侯也."

기는)'를, 중화 천자는 '자소(字小. 소국을 자식처럼 기르는)'의 의무를 각각 실천하는 것이었다. 이적은 자신의 약소한 처지를 자각하여 겸손하게 대국을 섬기고, 중화도 자신의 강대함을 믿고 소국에게 비례를 범하거나 침릉(侵陵)하지 않고 천도(天道)를 체현(體現)하여, 이적을 마치 어린 자식을 기르듯이 어루만지면, 이적과 중화가 서로 편안하고 평화로운 관계가 될 수 있다는 것이다. 이적은 사대의 표현으로 중화가 요구하는 신하의 예를 갖추어 정기적으로 조공하고 천자가 사용하는 칭호·복식·의례를 일절 사용하지 않으며, 천자의 연호와 달력을 사용함으로써 천자가 만든 우주의 시간에 맞추어 자신의 국가를 통치하고 조공사를 파견할 뿐, 국왕이 입조하지 않는 것이 관례였다. 이에 상응하여 천자는 '자소'의 표현으로 이적의 군왕에게 관작(官爵)을 수여함으로써 그 군왕의 지위를 보증하는 한편, 회사(回賜. 조공에 대한 답례품) 및 이적이 원하는 문물(서적 등)을 특별히 하사하고, 일정한 범위 안에서 무역을 허락한다. 이적 군왕에 대한 책봉은 이미 군현 지배체제 안에서 그 명목만 남은 봉건제를 외경(外境) 밖에서 부활시킨 것인데, 이로써 이적 군왕은 천자의 신하가 되고 그 신하들은 천자의 배신(陪臣. 신하의 신하로서 천자가 직접 처분하지 않음)이 되었지만, 중국 안의 신하(內臣)와는 다른 외신(外臣)의 지위로 인정하였기 때문에, 천자는 원칙적으로 조공국의 내정에 간섭하지 않았다. 왕비와 세자도 책립을 통하여 그 공식 지위가 인정되었지만, 상례에 어긋한 경우가 아닌 한 조공국의 요구를 그대로 승인하였다.[15]

15 李成珪, 2015, p.1675. 또한 John K. Fairbank, 1968a나 같은 책에 실린 Wang Gungwu, 1968, 그리고 김용구, 1997, pp.83-85, 金翰奎, 2000의 설명도 좋은 참고가 된다. 한편 조공제도 전반의 역사를 이해하는 데에는 李雲泉, 2004(2014); 付百臣, 2008; 莫翔, 2017 등 많은 연구가 있는데, 특히 李雲泉의 정리는 간결하고 유용하다. 조공체제론에 대한 비판과 연구사에 대한 정리도 대단히 많지만, 여기서는 陳尙勝, 2007a; 김성규, 2009; 권선홍, 2010, 2017; 孫衛國, 2013; 김영진, 2016; 王泉偉, 2017; 崔熙在, 2018 등을 들고자

이렇게 간결하게 역사적으로 정리될 수 있는 책봉-조공체제를 청대의 경우로 한정하여 설명한 것은 이운천(李雲泉)의 연구가 참고할 만하다. 이에 따르면, '조공체제'란 용어는 서양 학자의 발명으로 청대 문헌에는 이런 명칭이 없이 보통 '체제'로 묘사되었으며, 가끔 '천조체제'란 용어가 사용되었다. 그리고 이 체제의 내용은

1) 표문(表文)과 방물(方物)로 구체화된 조공 조건과 조공 관계의 체결
2) 조공국에 대한 책봉(冊封)과 상사(賞賜)
3) 조공과 책봉 의례(禮儀: 迎送, 進表, 朝覲, 賜宴, 頒賞 등)
4) 조공무역
5) 예부(禮部)의 주객사(主客司) 및 회동관(會同館), 이번원(理藩院: 몽골 담당)과 병부(兵部: 土司 담당)로 구성된 관리기구

로 요약된다. 청대 조공체제의 성격은 대부분 이러한 요소로 설명될 수 있는 것이다. 여기서 그는 다시 청대의 '조공 관계'를 세 종류로 나누어,

1) 전형적 조공 관계(조선, 류큐, 베트남)
2) 일반적 조공 관계(라오스, 샴[시암], 술루, 버마[미얀마])
3) 명의상 조공 관계(네덜란드, 포르투갈, 스페인 등)

로 분류하면서, 이 때문에 '책봉-조공 관계(약칭 封貢關係)'라는 용어를 쓰면 그것은 청과 동아시아 국가 간 관계에 한정되므로 3)의 명의상 조

한다. 한편 劉仁善, 1987, 2009, 2012, 2018; 정용화, 2006; 계승범, 2009는 중심이 아닌 주변의 시각에서 명·청과의 조공 관계에 대한 인식과 활용의 문제를 다루었다.

공 관계를 포함하지는 못한다고 지적한다. 또 그는 이것을 실질성 조공 관계와 상징성 조공 관계로 나누기도 한다.[16]

이러한 책봉-조공체제로 대표되는 천조체제는 천하의 중심을 자처하는 중국(중원) 왕조, 즉 천조의 천자가 천하공주(天下共主)로서, 주변 민족·국가의 군장(君長)과 개별적으로 군신 관계를 맺고 — 천자와 군장 사이의 '개인적인' 관계 — 그 위에 군림하면서 교화(敎化)와 덕(德)을 뽐낸다고 가정하였다는 점에 특히 주의할 필요가 있다. 천조체제는 기본적으로 평등 '외교'라는 관념이 없이, 단지 상·하 간의 위계·등급 질서에 기초한 '이번(理藩)'이나 '방교(邦交)'만 인정하는 천하관념에 기초하고 있었기 때문이다.[17] 따라서 천명을 받은 천자가 '중국을 안으로 삼고, 오랑캐를 밖으로 삼는(內中國而外夷狄)' 화이질서로 이루어진 '대일통(大一統)'의 천하를 다스리는 것을 핵심으로 하는 천하관념(천조의식)에 기초한 조공체제(천조체제)는 이와 충돌하는 대등한 국가관계를 절대로 인정할 수 없었으므로 불평등을 핵심으로 하는 책봉-조공 관계가 유일하게 상상할 수 있는 외교관계였다. 특히 송대 이후에는 상대방을 대등한 존재로 인정하는 것으로 연결되는 '화담(和談)'을

16 李雲泉, 2004, pp.71-72; 2011, pp.93-94; 2014, p.4; 2017 등 참조. 李雲泉은 물론 조공제도의 이념(華夏中心意識과 大一統理念을 핵심으로 하는 天朝心態)과 의례나 中西 關係에 대해서도 상당한 분량의 서술을 하였다. 또 何新華, 2013은 기존의 조공체제 연구가 각국과의 관계만 주목하는데, 조공제도는 내정의 연속으로 외교 직능이 국내 정치로부터 분화된 적이 없으므로 내부 제도 자체에 대한 구체적 분석이 없이는 조공제도의 실질을 이해할 수 없다는 시각에서, 조공 관리기구와 儀禮·文書·伴送·貢使宿所·官印·禦匾·樂舞제도 및 廣州體制와 恰克圖體制의 통상제도에 이르기까지 청대 조공의 다양한 측면을 분석하여 큰 도움이 된다.

17 조공체제나 조공체계 대신 '조공 관계'라는 용어를 사용하여 거기에 보다 신축적이고 다양한 측면이 포함되어 있음을 강조하려는 시도도 주목할 필요가 있다. 이를테면 Cha Hyewon, 2011 참조.

가장 기피하는 외교적 선택으로 여기게 되었다는 지적은 청 말 상황의 이해에 상당한 도움이 된다. 중국 왕조의 지배 이데올로기에 정착한 이러한 천조의식은 상대방이 자신과 대등한 문명국가라는 것, 나아가 자신이 상대방보다 낙후되었다는 것을 인정하기 어렵기 만들어, 청이 천조체제를 포기하고 조약체제를 받아들일 수 없게 하였다는 것이다.[18]

이 점을 조선-청 관계의 경우로 보면 다음과 같은 사례를 들 수 있다. 동치11(1872)년 4월 예부(禮部)에서 영고탑부도통(寧古塔副都統)이 두만강 북쪽 만주 지역으로 범월(犯越)을 한 수백 명의 조선 유민(流民)을 되찾아 가라고 조선에 조회를 보내, 이에 대한 조선 국왕의 답장 자문(咨文)을[19] 받았다고 비밀리에 상주하였다. 동치제는 이때 조선에 보

18 王泉偉, 2017. 王泉偉, 2017은 明과 淸이 스스로를 천조, 즉 天下共主로 간주하여 자기와 대등한 세력의 존재를 절대 인정하지 않고, 천조의 體面을 유지하는 것을 조공체제의 하한선[底線]으로 삼았는데, 명·청대의 중국은 이러한 天朝意識(自我想像)을 포기하는 것을 거절하였으므로, 대등한 외교를 받아들이는 것이 곤란하였다고 지적한다. 천조의식의 기초는 이른바 '大一統'의식에서 출발하는데, 대등한 국가관계는 이 '대일통' 이론과 근본적으로 충돌하기 때문이라는 것이다. 특히 송대 이후의 중국은 상대방을 대등한 존재로 인정하는 것으로 연결되는 '和談'을 가장 기피하는 외교적 선택[最低下限線]으로 여기게 되었다고 하면서, 이에 대한 사례로서 명대의 알탄 칸과의 관계(隆慶和議), 만주족의 홍타이지와의 타협 거부, 제2차 아편전쟁 때의 公使駐京과 覲見 문제를 들어 상당히 흥미 있는 논리를 전개하고 있다. 王賡武 역시 일찍이 조공체제의 핵심은 우월성(superiority)과 안전 두 방면에 대한 종합적인 고려이지만 그 가운데 '우월감'이 사실 핵심이라 지적한 바 있다. Wang Gungwu, 1968, pp.34-62 참조.

19 咨文(Official Communication. 正式照會)은 전통 시대 공문의 일종으로 대부분 高位級 官衙에서 同級 官署나 官階, 즉 平行機關 사이에 쓰던 平行文(공문에는 위로 올리는 上行文, 아래로 내려보내는 下行文, 그리고 平行文이란 구분이 있다.)이다. 咨는 상의한다거나 물어본다는 뜻으로 송대부터 쓰기 시작하였으며, 주로 중앙의 평행 부서 사이에서 주고받는 문서 가운데 하나다. 청대의 경우 중앙에서는 六部나 都察院, 理藩院, 內務府, 各旗 都統, 步軍統領 등, 지방에서는 總督과 巡撫, 提督, 摠兵, 司道 등 주로 2품 이상의 기관끼

낸 조회에서 "비로소 양국의 우호를 위한 길이 될 것이다.(方爲兩國和好之道)"라고 쓴 구절을 문제로 삼았다. 그는 조선은 본래 '속국'이기 때문에 청-조선 사이의 관계에 대해 '양국(兩國)'이란 용어[措辭]를 쓰는 것은 특별히 부당[殊爲失當]하다고 지적하면서, 앞으로 이런 용어를 사용하지 않음으로써 정제(定制)를 지켜야 한다는 유지를 내렸던 것이다.[20] 오늘날의 입장에서 보면 전혀 문제가 없는 이 '양국'이란 용어가 천조체제에서는 그 원칙을 위배하는 위험스런 용어로 간주되었다.

또한 1890년대에 들어와서도 함경북도 종성부사(鍾城府使) 윤병관(尹秉寬)이 길림의 화룡욕(和龍峪) 상무총국(商務總局)의 독리(督理)에게 보낸 조회(照會)문서나 그것을 담은 봉투에 '대청(大淸)'·'대청국(大淸國)'·'대청방(大淸邦)'이란 문자가 들어갔을 뿐만 아니라, 청 측을 위로 올려 쓰는 공문의 대두법(擡頭法) 양식도 어겼다고 해서, 이에 분노한 청의 지방 당국이 "천조와 속번의 위치를 뒤바꾼 것은 300년 이래 없었던 일로 절대 그냥 지나칠 수 없다."라고 항의하였던 사례도 있다. 이러한 청 지방관의 강력한 항의에 대해 윤병관은 부하의 실수를 사과하고 양보하면서 원래의 조회문서를 돌려받고 파기하는 우여곡절을 겪기도 하였다.[21]

이런 사례를 통해 우리는 청이 천조상국 청과 속방 조선을 이렇게

리 주고받을 때 사용하였으며, 禮部에서 藩屬國(의 국왕)에 보낼 때도 마찬가지였다. 某某衙門이 "자문을 보냅니다(爲咨行事)"로 시작하여, "이상입니다(須至咨者)"로 끝난다. 中國第一歷史檔案館 編著, 2004, p.170; 何新華, 2013, pp.241-243. 한편 조공체제에서 사용되는 다양한 上行·下行·平行文書의 성격과 내용에 대해서는 何新華, 2013, pp.211-249에서 상세하게 설명하고 있으며, 조선의 자문 전달 및 使行과 齎咨官에 대해서는 김경록, 2006, 2007, 2008, 2009b, 2015b, 2016, 2019 및 嶽陽, 2010을 참조.

20 『穆宗實錄』 卷308, 同治10年 4月 庚申.

21 金衡鍾, 2020b, pp.396-400.

'양국'이라고 칭하는 것이나, 조선이 공식적으로 청을 '대청'이나 '대청국'으로 호칭하는 것조차도 매우 불편한 일로 여겨 절대 받아들일 수 없다는 태도를 견지하였음을 알 수 있다. 천조(또는 천하)관념은 이러한 엄격한 상·하 간 위계질서와 등급을 분명하게 강조하는 기초 위에 자리를 잡고 있었다. 따라서 외국은 반드시 천조의 번속이나 조공국으로 스스로 위계질서를 설정하지 않으면, 중국과 접촉하거나 무역을 하는 것을 인정받지 못하였다.

이러한 천조상국과 속방의 상하, 또는 군신·주종 관계로 구성된 위계질서는 청이 대륙에서 명을 대신하는 안정적인 지위를 확보하고 중국 본토뿐만 아니라 주변 지역에 대한 정복과 지배체제의 성립을 마무리하면서 점차 일상적인 관계로 전환하기 시작하였고, 18세기 들어 완전하게 고정되었다. 이후 비록 그것이 점차 뒤흔들리게 되지만 1870년대까지는 대체로 안정적으로 그 상태가 유지될 수 있었다.

2) '조공체제'론의 허와 실

한편 페어뱅크(J. K. Fairbank) 교수의 『중국적 세계질서(*The Chinese World Order: Traditional China's Foreign Relations*. 이하 『중국적 세계질서』로 약칭)라는 유명한 연구논문집에서[22] '중국적 세계질서'의 핵심으로 설정하였던 '조공체제'가 과연 동아시아(또는 내륙아시아까지 포함하는 동유라시아) 세계를 포괄적으로 설명할 수 있는가에 대해서는 '조공체제'론의 대원칙이 지닌 그 설득력에도 불구하고 상당한 논란이 지속되었고, 이것이 지금까지도 여전히 연구상의 쟁점으로 남아 있다.

먼저 '조공체제론'이 적용될 수 있는 지리적 공간의 문제부터 살

22 J. K. Fairbank (ed.), 1968(→費正淸 編, 杜繼東 譯. 2010).

펴보자. 실제 이 점은 『중국적 세계질서』에서 이미 분명하게 드러났는데, 이 책의 실린 논문들도 첫 번째 권역인 한자문화권(조선, 류큐, 베트남 등)에 관한 연구의 경우 대체로 '조공체제'론의 기본적인 입장에 부합되는 것으로 볼 수 있지만, 두 번째 권역인 내륙아시아권에 관한 논문들은 오히려 '조공체제'론을 보편적 기초로 보기 어렵다거나 실제적인 역사적 상황은 '조공체제'론과 큰 차이가 있어 사실상 '조공체제'는 일종의 '신화'라는 지적까지 나올 정도였기 때문이다. 그 때문에 이 부분의 필자 가운데 한 사람인 마크 맨콜(Mark Mancall)은 사실상 유목민족을 중국의 조공체제에 끌어넣는 것은 대단히 곤란하다고 주장하였고, 양자 관계를 조공 관계라기보다는 일종의 대항성 관계로 보면서, 청의 '조공체제'는 정주 농경사회로서 유교나 한자와 같은 중국 문화의 영향을 받은 '동남의 초승달[弦月]' 지대(Southeastern Crescent. 禮部의 관할)와 비(非)한자 문화권이자 대개 초원 유목사회로 중국 문화의 영향이 적었던 '서북의 초승달' 지대(Northwestern Crescent. 理藩院의 관할)라는 이원구조(二元構造)로 묘사하기도 하였다.[23]

따라서 한자·유교문화권인 동아시아(또는 동남아시아 일부)에는 '조공체제'론이 나름 설득력을 지닐 수 있지만, 북방 유목민족이 주류를 이루는 비한자·비유교 문화권인 내륙아시아 세계와의 교섭에서 중원 왕조는 '조공체제'를 적용하는 데 어려움을 겪을 수밖에 없었다는 것이 일반적인 이해다. 그래서 이렇게 중국 중심적인 시각에서 제기된 '조공체제론'보다는 도리어 북방 유목민족의 시각에서 접근한 토머스 바필드(Thomas Barfield)와 같은 경우는 상호의존하는 유목제국(초원제국)

23 Mark Mancall, 1968, 1984. 이에 대한 소개는 김성규, 2009, pp.166-169 참조. Mancall의 시각을 받아들인 茂木敏夫, 1997(2018), pp.14-19, 2003, pp.246-264 등에도 이러한 개념을 설명하는 지도와 도표가 포함되어 있다.

과 중원 왕조라는 양강이 대항적 관계로 공존하거나 그 흥망성쇠를 같이하는 양극 모델론을 제기하기도 하였다(여기서는 중원 왕조가 피동적인 존재로 역전된다.). 그에 따르면 통일적 중원 왕조가 일어나면 그 풍부한 물자를 추구하는 유목제국이 형성되어 전쟁과 화담을 통해 중원 물자를 흡수하여 강대해지거나, 아니면 군사적 지원을 제공하여 그것을 획득하는 책략을 사용하였으며, 이것은 사실상 중원 왕조의 유목제국에 대한 조공이라 할 수 있거나 아니면 중원 왕조가 기껏해야 유명무실한 조공의 허명만 얻었을 뿐이라고 평가하는 것이다.[24]

그리고 이러한 '공간적 문제'는 동시에 대표적으로 중원 제국의 힘이 주변을 압도하지 못하였기 때문에 실질적으로 '조공체제'가 원활하게 작동하기 어려웠던 10-14세기의 경우라는 '시간적 문제'와도 그대로 연결된다. 주지하듯이 송·요·금·원·서하·고려 등이 다양한 관계로 얽매이다가 결국 몽골의 중국 통일로 이어지는 이 시기에는 송의 허약한 국력에서 잘 나타나듯이 '조공체제'론에서 상정하는 천하의 중심으로서의 일원적 권위를 자랑하는 중원 왕조는 존재하지 않았다. 따라서 중원 왕조와 주변 국가가 '조공체제'의 원칙에 따른 군신·상하 관계로 맺어지는 위계적 질서는 결코 관철될 수 없었다. 이 점에 대해 가장 집중적으로 논의한 것은 1983년 모리스 로사비(Morris Rossabi)가 편집한 『대등한 국가들 사이의 중국: 10-14세기 중국과 그 이웃나라(*China*

24 Thomas J. Barfield, 1989(→윤영인 옮김, 2009). 하지만 인류학자 출신으로 한문을 읽지 못하고 이차 번역에 의존한 토머스 바필드의 연구는 유목제국의 농산물 수요에 대한 기초적인 오해, 유목민족 자체 내부 발전 구조의 중요성에 대한 무시, 흉노와 한의 관계에 기초한 분석을 전 시대적으로 확장하여 적용한 데서 나타나는 문제 등 대담한 가설 제기에도 불구하고 실증성에 많은 한계를 가지고 있다는 지적을 피하지 못한다. 이 점에 대해서는 孫衛國, 2013의 상세한 소개와 비판 참조.

Among Equals: The Middle Kingdom and Its Neighbors, 10th-14th Centuries)』[25]라는 것은 이미 잘 알려진 사실이다. 중국 사상사 연구자로 잘 알려진 거자오광(葛兆光) 교수가 중국 왕조 중심의 국제질서가 흔들려 "오랑캐의 임금이 천자와 맞서는" 상황 속에서 송대 천조관념이 붕괴하고 민족과 국경 의식이 출현하면서, 이민족의 침략에 대항하고 그것을 경계하는 와중에 이민족·이단 문명의 침투에 대한 거부와 더불어 '중국'다움과 '정통'에 대한 관념이 출현·형성되었다고 지적한 것은 그 점을 잘 보여준다.[26]

이 점에 대해서는 또한 이미 국내에서도 많은 연구가 있는 만큼 더 이상 상세한 설명은 필요 없지만,[27] 10세기 이후 동아시아 국가 간의 상호교류를 검토한 이성규(李成珪) 교수는 이민족이 중국을 정복하는 정복왕조의 시대가 계속되면서 중국과 주변국 간 화이(華夷)의 위상이 전도되고, 각국이 스스로 중화질서를 모방하여 소중화를 자처하였기 때문에 선린외교가 사실상 실종되어 국가 간 교류가 축소·회피되고, 한반도와 일본, 중국 사이에는 사실상 공식 국교가 없는 시기가 대부분이었으며, 고려·조선과 중국의 조공체제를 통한 문화교류도 극히 한정적이었음을 지적하고 있다. 일본의 경우 실제 조공질서에 참여한 것은 불과 130년 남짓이어서 이와 무관하였다고 해도 과언이 아니므로, 만주와 한반도를 넘어서지 못한 동아시아의 국제질서를 중국 중

25 Morris Rossabi(ed.), 1983.

26 거자오광(葛兆光) 지음, 이원석 옮김, 2012, 제1부 제1장 「송대'중국'의식의 출현」, pp.53-78.

27 최근 국내의 연구를 든다면 방향숙 등, 2005; 동북아역사재단 편, 2009b; 이익주 등, 2010; 동북아역사재단 한국외교사편찬위원회 편, 2018a·b·c; 백영서·정상기 엮음, 2019; 김성규, 2020 등이 있다. 또한 이 문제는 윤영인(피터 윤)의 2002, 2015a, 2015b, 2018이 집중적으로 다루고 있는 것이기도 하다.

심의 조공-책봉 질서로 이해하는 것이 잘못된 '상식'이라는 것이다. 마찬가지로 중원 왕조의 분열 내지는 약체의 시기 한반도의 왕조가 아주 다양한 형태로 중원 국가와 책봉·조공 관계를 형성하였던 것도 다시 강조할 필요가 없는 사실이다.[28]

이렇게 '조공체제'론은 그 공간적·시대적 적용에 있어 상당한 문제점을 지니고 있지만(이 때문에 필자는 보다 포괄적이면서도 융통성이 있는 천조체제라는 용어를 사용하는 것이다.), '조공체제' 자체가 지닌 기능과 특성에 대해서도 또한 많은 논란이 지속되고 있다. 앞서 언급한 '조공체제' 연구의 전문가 이운천과 같은 경우는 그 기능적 특성을,

1) 유가의 덕치 관념에서 비롯된 평화주의적 성질
2) 중국을 주체로 한 쌍방향 교섭제도로서의 호혜성(互惠性)
3) 불평등성
4) 폐관자수성(閉關自守性)

으로 평가한다.[29] 이러한 결론이 '조공체제'가 지닌 기능의 한 측면을 반영하는 것은 분명하지만, 반론 역시 만만치 않다. 여러 연구자의 경우 '조공체제'의 개념은 동아시아의 다양하고 역동적인 국제질서를 포괄하기 어렵다는 점을 강조하면서, 유교적 규범에 따른 사대-자소의 원칙에 의한 안정·평화유지의 기능과 비침략성, 조공무역과 그에 따른 국가 간 상업적 교역의 제한이 가져온 수익성(이러한 제한이 없었을 경우에 보이는 기회비용의 문제), 그리고 주변 조공국가와 중원 왕조 사이의 긴밀한 상호협조를 가져오는 내적 통합성(응집력)에 관한 다양한 논의를

28 李成珪, 1992(1995), 2011.
29 李雲泉, 2004, pp.314-322.

정리하면서, 대체로 그것들을 비판하거나 '낙관적'으로 평가하기 어렵다는 결론을 내리는 경우도 적지 않기 때문이다.[30]

그렇지만 동시에 '조공체제'론에 관한 연구사적 정리는 '조공체제(천조체제)'가 중원 왕조의 변강 안정과 속국의 안보에도 중요한 현실적 기능을 하는 상호 간의 정치·군사적 이익에 기초하고 있었음을 잘 알려 준다(이 점은 앞서 든 『중국적 세계질서』에 투고한 여러 학자도 인정하는 바다.). 실제 명이나 청의 경우 조선과의 책봉-조공 관계를 설립하던 초기 단계에는 상호 마찰도 적지 않았으므로, 양국 관계가 안정화의 단계로

30 이를테면 민병희, 2014는 국제정치학(안보학)의 관점에서 송·명·청대 조공체제와 유교 문화, 평화의 문제를 다룬 Johnston, Alastair Iain, 1995; David C. Kang, 2010; Wang Yuan-Kang, 2011을 소개하면서, 이들이 모두 '조공체제'의 작동 여부에 대해 각기 다른 판단을 보이지만 동시에 모두 유교는 평화주의적인 성향을 지녔다는 전제 자체에 대한 의문을 제기하지 않는 문제점을 지녔다고 지적한다. 魏志江, 2017은 동아시아의 國際安全의 構造[체계]라는 시각에서 이 문제에 접근하며, 王泉偉, 2017도 조공체제를 안보와 관련하여 해석하는 여러 학자의 논의를 소개한다. 청대 조공제도의 다양한 내부 제도를 분석한 何新華(2013, p.7)는 또 이렇게 설명한다. "실제상 조공체제는 그 성질로 말하자면 비록 일종의 등급적 세계질서이지만, 중심국이 되는 중국은 주변 속국에 대해 약탈·침범·통제의 의도를 갖지 않았으며, 중국은 단지 유연성을 지닌 책봉의 수단으로 정치와 문화 방면의 종주 지위를 획득할 뿐이었고, 속국 역시 조공체제로부터 국내 정치의 합법성과 조공무역의 이익을 얻었다. 따라서 그 기능으로 보자면 조공제도는 순순하게 일종의 자아 방위제도이며, 그것은 주변에서 순복하는 속국을 건립함으로써 중국 내부에서 안정적인 통치 질서를 확립하려는 이 최종의 목표를 실현하였다. 본질적으로 보면 조공제도는 내향적이며, 그 지향은 국내의 목표를 향한 것으로, 조공제도를 주변의 속국에서 패권체제를 건립하려는 것으로 보는 것은 순전한 오해에 속한다." 한편 중국이 전통적으로 도덕적·문화주의적이며 평화지향적인 특수한 제국이었다는 주장은 역사적인 현실과는 거리가 있으며, '관용의 제국'이란 이미지는 허상일 뿐, 실상은 전통 중국도 정치·군사적인 힘의 우위를 배경으로 주변에 군림하는 폭력과 억압의 帝國性을 견지하고 있었다는 지적(최희재, 2018, p.151)도 있다.

접어들 때까지 서로 면밀하게 상대방의 동향을 감시하면서 대응하였으며, 조공사절의 행동에도 큰 제약이 가해졌다. 이것은 이미 잘 알려진 사실이지만, 바로 여기에는 이러한 '현상 유지'라는 국방과 안보의 관심이 크게 작용하고 있었다고 할 수 있다. 화이론과 유가적 덕치와 인정(仁政)에 관한 유교 경전의 용어들을 빌린 관념적인 분식(粉飾)과 기록에도 불구하고, 오히려 바로 이러한 현실적 기능이 사실 조공체제의 기본적인 출발점이었다고 설명하는 것이 보다 본질적인 접근·설명일 수도 있다.[31] 전해종(全海宗) 교수가 그 논문의 마지막 단락에서, "조

31 이를테면 2013년 *Journal of East Asian Studies*, 13-2의 Special Issue: International Relations and East Asian History: Impact, Meaning, and Conceptualization에 실린 David C. Kang, James A. Anderson, Ji-Young Lee, Kenneth R. Robinson, Kirk W. Larsen, Seo-Hyun Park, Yuan-kang Wang 등의 논문 참조. 또한 서구의 진출 이전 500년 동안의 장기적 평화를 가져왔다고 평가하는 David C. Kang, 2010(康燦雄, 2018)의 조공체제 탄성론·성공론을 둘러싼 Joshua Van Lieu, Hendrik Spruyt, Saeyoung Park, Sankaran Krishna 등의 논평 및 David C. Kang의 반론과 Prasenjit Duara의 정리를 담은 2017년 *Harvard Journal of Asiatic Studies*, 77-1 특집호 역시 마찬가지다. 이런 작업에서는 또한 과거로서의 '조공체제'뿐만 아니라, 미래 세계질서의 대안으로서의 '조공체제'의 위상에 대한 다양한 접근이 이루어지고 있다. 이 점에서 Wang Ban(ed.), 2017이나 Wang Ban, 2022는 주목할 만한 성과다. 최근 중국학계에서는 이와 관련된 다양한 논의·주장이 있지만(대표적으로 Zhao Tingyang, 2006; Zhang Feng, 2009; 자오팅양 저, 노승현 역, 2010; 張鋒, 2010; 何新華, 2013; Zhao Suisheng, 2015; 王泉偉, 2017; 徐波, 2017; 魏志江, 2017 등), 이런 논의를 한데 모아 놓은 것으로는 王元周 主編, 2017을 참조할 수 있다. 국내 역사학계에서의 연구는 강정인·이상익, 2015; 전인갑, 2016; 김영진, 2016; 최희재, 2018 등 참조. 전인갑은 21세기 중국이 과거 중화제국의 유산을 근대적 변용과 재구성을 거쳐 제국화의 자산으로 활용하면서 중화의 재보편화와 담론 패권을 확립하려 시도한다고 해석한다. 사실 '조공체제'나 그 역사적·현대적 의미에 관련된 분석은 역사학이나 외교사·국제정치학 방면에서, 그리고 시대별로 아니면 통시적으로, 주제별로 다룬 것들이 너무 많아 여기서 참고한 것은 명·청대나 19세기에 관련된 아주 제한된 일부라는 점을 미리 밝혀 둔다.

선의 지배자나 상층 계급에게 중국과의 조공 관계는 그들의 지위와 권력을 유지하는 데 도움이 되었다. 이러한 관계는 한반도의 여러 왕조가 비교적 긴 존속 기간을 누렸던 원인 가운데 하나인 것처럼 보인다. 다른 말로 하자면, 다른 요소들 가운데서 조공체제는 중국뿐만 아니라 조선의 통치자들에게도 정치적으로 받아들일 수 있는 것이었다."[32]라고 단정한 것은 바로 이 점을 가리킨다.

실제 '조공체제'라는 것은 그 성질상 중국 측의 자기중심적 사고에서 비롯된 일종의 '이상(理想)'을 크게 벗어나지 못해, 중국 왕조의 힘이 강하면 그것을 억지로나마 주변에 강요하고, 주변 국가는 그것을 받아들이는 척 할 수 있었지만, 그렇지 않으면 제 기능을 발휘하기 어려웠던 것도 분명한 사실이었다. 이 때문에 그 관념·이념·이상·원망·신화와 실제의 역사적 현실·사실 사이의 격차가 상당하여 이러한 체제·질서가 사실상 '허구'나 '신화'에 가깝다는 '표리부동(表裏不同)'의 성격 역시 대부분 연구자가 지적하고 공감하는 바다.

이렇게 천하관념에 따른 천하에 대한 보편적 통치가 실제적으로 불가능한 상황에서 천조체제(조공체제)는 그러한 현실을 은폐하거나 분식(粉飾)하는 것으로 이해되기도 한다. 심한 경우 중국 왕조(남북조)에서 이민족 군주에게 관작을 내리는 것은 실질적인 내신화(內臣化)가 아니라 분해된 제국을 허위 명호(虛號)로 재건하려던 관념 유희였다는 지적도 가능하고,[33] 이민족 군주가 받은 관작은 국내에서는 사실상 유명무실하였으며, 가장 공순한 조공국으로 인식되는 조선도 잘 알려져 있다시피 강렬한 반청의식(反淸意識) 아래 국내에서 청의 연호를 사용하지 않고 명의 마지막 황제인 숭정(崇禎) 연호를 (심지어 민간에서는 20세기 초

32 Chun Hae-jong, 1968, p.110.

33 李成珪, 1996, pp.268-273.

까지) 사용하는 등 청을 사실상 상국으로 인정하지 않는 자세를 오랫동안 견지하였던 것은 책봉·조공 관계의 이면을 보여 주는 사례기도 하다.[34]

그리고 1870년대 샴(Siam)의 외교문서를 분석한 연구도 샴 왕국이 '조공체제'에 반응하기는 하였지만, 중국적 세계질서를 그대로 받아들인 것은 아니며, 중국에 보낸 외교문서는 조공 통로인 광주(廣州)에서의 번역 과정에서 중국적 양식에 맞추어졌으며, 중국에서 내린 문서 역시 샴어로 번역될 때 평등한 관계의 것으로 바뀌었다고 지적하는 것은[35] 이러한 천하관념의 '허구성'을 잘 보여 준다. 마찬가지로 건륭 시대 청과 샴의 관계를 분석한 연구 역시 샴의 청에 대한 "조공[進貢]은 통치자가 중국에서 유래된 책봉 의식을 빌려 그 권력을 장식하는 것이었지, 국왕을 중국 조공체제 정치질서 아래에 두는 것이 아니었으며, 정치·외교적 의미보다 문화적 의미가 컸다."라고 지적한다.[36]

또한 책봉·조공체제는 중국과 여타 주변국과의 관계를 규정하지만, 여타 주변국끼리의 상호관계에는 그다지 영향을 미치지 못한다는 점도 기억할 필요가 있다. 이를테면 교린(交隣) 관계였던 조선과 일본은 중국에서 받은 '조선 국왕'이나 '일본 국왕'이라는 인장을 사용하지 않고 각기 '위정이덕(爲政以德)'과 '덕유린(德有隣)'이라는 명목의 사인(私印)을 찍은 국서(國書)를 주고받았다. 또 조선은 청의 등장 이후 청의 연호 대신 간지(幹支)를 사용하기도 하는 등 청과 조선의 책봉-조공 관계로 일본과의 관계를 규정하기 어려웠다.[37] 일본의 저명한 외교사 연구

34 구범진, 2010, pp.304-319.
35 普拉賓 馬若馬威博, 2017; 崔熙在, 2018, p.146.
36 許文堂, 2013, p.37.
37 鄭成一, 2019.

자 반노 마사다카(阪野正高, 1973, p.76)가 조공 관계는 "중국과 개개의 조공국 사이에 보이는 복수의 1: 1 관계의 묶음"이라고 설명한 것은 이 점을 잘 지적한 것이다.

그런데도 이러한 조공체제에 기초한 동아시아의 국제질서가 비교적 장기간 안정적으로 존속할 수 있었던 것은 "왕자(王者)는 오랑캐를 다스리지 않는다.(王者不治夷狄)"는 전통적 관념에 기초하여,[38] 대부분의 조공국에 대해 조공 시기나 횟수 등에 강제성을 부과하지 않고, 그 자원(自願)에 맡겨 조공하지 않는다고 해서 조공국을 처벌하는 경우는 거의 없었던 데다가, 아울러 주변 조공국의 내정과 외교의 자주를 보장하였기 때문이었던 것이라 설명되기도 한다. 그렇지 않다면 다수의 이웃나라가 여기에 참여할 이유가 없었다. 청은 이러한 내정과 외교의 자주를 바탕으로 하여 천조체제를 시행하였고, 조선·일본·베트남이 자국의 "대중심질서"(대중화질서)를 위협하지 않는 한 그것을 묵인하였다.[39] 나아가 이러한 중국 중심의 세계관을 내면화하여 주변 국가나 민족이 스스로 중화나 소중화를 자처하면서 자기가 세계의 중심임을 내세웠

38 '王者不治夷狄'이란 구절은 원래『春秋公羊傳注疏』隱公卷 第二에 나온다. "王者不治夷狄, 錄戎者, 來者勿拒, 去者勿追, 東方曰夷, 南方曰蠻, 西方曰戎, 北方曰狄." 李學勤 主編, 1999, 隱公卷 第二, p.29 참조. 송대의 유명한 학자·문장가 蘇軾은 이 문제를 이렇게 설명한다. "이적은 중국을 다스리는 방법으로 다스릴 수 없다. 비유하자면 금수와 같은 존재이므로 이들에게 大治를 바란다면 반드시 大亂에 이르게 된다. 先王은 이런 연고를 알고 그 때문에 다스리지 않는 방법으로 이를 다스렸다. 다스리지 않는 것으로 다스리는 것이 바로 깊이 다스리는 바이다.[論曰: 夷狄不可以中國之治治也. 譬若禽獸然, 求其大治, 必至於大亂. 先王知其然, 是故以不治治之. 治之以不治者, 乃所以深治之也]" 蘇軾,「王者不治夷狄論」, 張志烈 等 主編, 2010,『蘇軾全集校注』, 第11冊 文集1 卷2「論」, pp.184-188.

39 閔斗基, 2001, pp.40-47. 또 백영서, 2005, pp.13-16; 李成珪, 2015; 유용태, 2015, p.199; 홍성화, 2019a, pp.250-278 등 참조.

던 경우도 아주 빈번하였다는 점은 조공체제의 역사를 들춰 보면 쉽사리 발견하게 된다.[40]

이런 점에서 저명한 중국사가 퍼듀(Peter C. Perdue) 교수의 지적은 굉장히 시사하는 바가 크다.

> 최근 일부 중국 대외관계 연구자들은 조공체제가 중화제국의 이웃 국가와의 관계를 묘사하는 유용한 관념이며, 그것은 동아시아 미래 국제관계의 모델이 될 수 있다고 주장한다. 하지만 중국 대외관계의 역사적 실천을 검토해 보면 체계적인 조공체제라는 것은 없었고, 대신 다양한 무역, 군사력, 외교와 의례로 이루어진 복수의 관계가 있었을 뿐이다. 나아가 중국의 이웃 국가들은 제국의 중심에서 규정하는 계층적 질서와 복종의 규정을 받아들이지 않았으며, 자신들의 방법대로 의례적 관계를 해석하였다. …… 오늘날의 조공체제 신화는 역사적 현실을 무시할 뿐 아니라 동아시아와 세계에서의 중국의 진정한 지위에 대한 오해를 낳는다.[41]

즉 여기서 지적하는 '조공체제'론의 가장 큰 문제는 그것을 무의식

40 이 점에서 李成珪 교수의 다음과 같은 중화사상에 대한 묘사는 그 다면적 본질에 대한 탁월한 해석이다. "강자에게는 관용의 미덕과 문명보급의 의무란 명분으로 지배의 논리를, 힘의 한계를 인식한 자에게는 절제의 논리를, 약자에게는 보편적인 문명 가치에 대한 참여와 그 수호란 이름으로 복종의 논리를, 단절과 고립을 원하는 자에게는 外·他·異를 夷狄=禽獸로 여기며 배척 또는 저항할 수 있는 논리를, 정복과 팽창을 원하는 자에게는 무한한 統合의 원리를 모두 제공하지만, 국가와 민족 심지어는 개인 간의 평화적 대등 관계를 인정하는 논리는 결여된 중화사상. 제 민족의 통합과 평등한 평화공존, 그리고 민족구성원 모두의 평등과 자유를 지향하는 고상한 '민족주의'의 이상에 비하면 중화사상은 너무나 저급한 '狀況의 正當化體系'에 불과한 것인지도 모른다." 李成珪, 1992(1995), p.66.

41 Peter C. Perdue, 2015, p.1002.

적으로 전 시대를 관통하는 통일적 원리·규범·관념으로 받아들여 역사적 현실(나아가 미래의 동아시아나 세계의 국제질서)의 이해에 무조건 적용하려는 위험성이다.

그렇지만 이것은 동시에 천조체제(또는 책봉-조공체제)가 그만큼 각 행위자(중국 왕조 또는 조공국의 군주)나 시기·지역 등에 따라 얼마든지 역사적으로 신축성(伸縮性)·가변성(可變性)·동태성(動態性) 있는 모습을 제공해 줄 수 있었다는 점을 반증한다.[42] 그렇기 때문에 천조상국은 당면한 국내외적 상황에 따라 명분과 실리 사이에서 언제든지 선택적인 활용과 정책 설정·변경을 운용하면서 천조체제를 유지할 수 있었다. 사실 '조공체제'의 역사적 기능(단순한 의례냐 아니면 실제적인 구속력을 지닌 질서·관계냐)이나 평화성(무력 침공과 침략의 배제, 또는 호전성), 유교적 문화·가치의 기여 등에 대한 다양한 논란을 이해할 때 중요한 것은 천조상국의 황제(천자)가 시대적·정치적 상황에 따라 언제든지 각기 다른 결정을 내릴 수 있음을 간과해서는 안 된다는 점이다. 따라서 이것을 모든 시대·지역을 관통하면서 예외 없이 적용되는 하나의 정해진 원칙·원리나 제도·규범으로 간주하고 그러한 시각을 통해 역사를 이해하려는 접근은 반드시 경계해야만 한다. 그것은 풍부한 역사적 현실의 다양성을 제대로 파악할 수 없게 만들 뿐만 아니라, '천조의 정제'는 천조상국, 즉 천자의 의도·성향에 따라 얼마든지 실제적인 판단과 적용에서 가변성을 지니고 있었다는 점을 무시하게 되기 때문이다.

일례로 1820년 베트남 국왕의 '사자(嗣子)'가 표문(表文)을 올려 부

42 중화제국의 변경 지대에서 제국의 안과 밖에 관한 규정이 명확하지 않고 모호하였던 것이 도리어 불필요한 충돌을 피하게 하였다는 지적도 이런 점에서 흥미롭다. 등급 질서를 존중하면서도 올바르게 행동하는 것을 중시하는 유교적 배경 속에서 일정한 정도의 변두리(변강)는 쌍방의 이익에 도움이 되었다는 것이다. Odd Arne Westad, 2021, pp.11-13 참조.

친의 사망을 통보[告哀]함과 동시에 따로 숙질(叔姪) 사이에 후계자 문제를 둘러싼 다툼이 있다고 알려 오자, 청의 도광제(道光帝. 재위 1821-1850)는 이렇게 지시하였다.

> 외번의 일은 그 스스로 처리하도록 해야 한다. 천조는 모두 이것을 보지도 듣지도 않은 것으로 여겨 왔다. 해당 독무는 응당 변관(邊關)의 문·무 각 관원에게 지시하여 아무런 소리나 표정을 보이지 말고 몰래 정탐하면서 변경을 조용하게 지키면 될 뿐이다.[43]

이렇게 청이 '외번'의 일에 대해 보지도 듣지도 않는 것으로 여긴다는 태도를 고른 것은 흔한 일이었지만, 사실 간여 여부는 어디까지나 청 자체의 판단에 따라 얼마든지 달라질 수 있었다.[44] 이 사례는 강희(康熙)35년(조선 肅宗22, 1696) 조선이 폐위된 희빈 장씨의 아들을 왕세자로 삼아 책봉을 주청하였을 때, 이례적으로 굳이 『대명회전(大明會典)』에 언급된 종번(宗藩)의 왕세자 책봉 규정을 끌어다 이를 거부하였던 사례와 대비가 되기 때문이다. 조선은 이에 대해 '종번'과 '외국'이 다르다는 점을 명분으로 삼아 책봉의 필요성을 간청하였는데, 결국 우여곡절 끝에 강희제는 조선의 상황을 고려하여 책봉을 윤허하였다. 하지만 이것이 전례가 되어 강희60년(景宗원년, 1721) 연잉군(延礽君)의 왕

43 『宣宗實錄』 卷2, 嘉慶25年 8月 乙未.

44 이를테면 何新華(2013, pp.33-42)에 의하면 청대의 외교정책은 1) 타국의 내정에 간섭하지 않는다(속국의 국내 정책이나 속국 내부의 동란에 간여하지 않는다). 2) 주변국 사이의 분쟁에 개입하지 않는다. 3) 망한 나라를 되살려 주고, 끊어진 세계(世系)를 이어 준다[興滅繼絶]. 4) 은혜로 구휼하고 두텁게 부양해 준다[恩恤厚養]는 것으로 정리된다. 1)과 2)에 따르면 속국의 내정과 동란에 개입하지 않는 것이 원칙이지만, 3)을 따르면 그 원칙은 언제든지 무시되고, 청의 개입과 간섭이 가능해진다는 점을 보여 준다.

세제 책봉 과정에서도 예부가 불허의 의견을 냈지만, 비공식 통로를 통해 황제에게 책봉의 당위성을 알려 가까스로 책봉이 이루어질 수 있었다.[45] 이렇게 역사적으로도 중국 왕조 자체의 국력이나 실제적인 국내외의 상황 변화, 황제의 결정에 따라 '명분'을 선택하거나 아니면, 그에 대한 융통성을 발휘하거나 아예 이것을 포기하고 '실리'를 선택할 수 있었다. 어느 하나의 원칙이나 원리·성향으로 그 작동을 판단하기는 곤란한 것이다.

사실상 조선 다음으로 중요하였던 조공국인 베트남의 사례에서도 이 점은 잘 나타난다. 당(唐) 말 무렵 중국의 직접 지배로부터 독립한 이후 양국 사이에 마찰이 잦아 중국 왕조의 빈번한 침입과 베트남의 저항·승리라는 패턴이 반복되었다. 그런데도 베트남 왕조가 여전히 꾸준히 조공 관계를 유지하였던 것은 기본적으로 인구나 면적에서 비교가 되지 않는 중국과의 무력 대결을 피하고 친선을 도모함으로써 강역의 보전과 군주권 유지, 즉 왕조의 안전을 지키고자 하였기 때문이다.[46] 물론 조공 관계의 유지는 베트남 국내에서의 권위 확립에도 여전히 중요한 의미를 지녔지만, 베트남이 추구한 것은 조공사절을 통한 정보 수집, 국경 분쟁 해결, 주변국의 침공에 대한 원조나 중재, 조공무역이나 변경의 호시를 통한 물자의 구매, 중국 서적 수입 등의 '실리'였다.

결국 '조공체제'는 베트남에는 형식상의 의미밖에 없어 실리를 추구하기 위한 수단에 지나지 않았으며, 조공 관계에도 불구하고 베트남은 줄곧 중국을 자국과 대등한 국가로 여겨, 역대 왕조가 예외 없이 황제의 칭호를 사용하면서 그에 따른 의례의 채택이나 독자적인 연호를

45 孫成旭, 2019a.

46 이하 베트남과 조공 관계에 대해서는 劉仁善, 1987, 2009, 2012; 최병욱, 2006, pp.286-291의 분석을 참조하였다.

고집해 왔으며, 중국과의 교섭에서 황제가 칭신(稱臣)을 피하려고 태상황(太上皇) 제도를 도입하거나 가명(假名)을 사용하기도 하였다. 그리고 주변 국가·민족에 조공을 요구하거나 조공이란 용어 대신 '방교(邦交)'라는 용어를 사용함으로써 사실상 조공 관계를 통한 중국과의 상하 질서 형성을 부정하였고, 중국의 무력 침략에 대해서는 굴복하지 않고 끝까지 저항하였다. 중국이 베트남을 '속국'으로 생각하여 그 위에 군림하려 하였던 것과는 많은 차이가 있으며, 요컨대 조공 관계와 대등 의식의 유지라는 양면성이 전통적 양국 관계의 특성이었다. 송 이후의 중국 왕조도 베트남의 칭제(稱帝)와 독자적인 연호 사용을 알고 있었지만, 대부분 실패로 끝난 출병(出兵) 이외에 이를 저지할 방법은 마땅치 않았다.

실제로 '종번 관계'를 중심으로 청과 베트남의 관계 전반을 검토한 또 다른 연구도 1644-1885년의 중·월 관계에서 쌍방의 통치자 모두 '종번 관계'의 유지를 위해 노력하였는데, 이러한 양국 군주 간의 '허설적(虛設的)·허의적(虛擬的)' 불평등한 등급 관계는 양국 사이 외교적 의례에만 국한된 불평등으로, 결코 그들 사이의 의존관계를 의미하지는 않았다고 지적한다. 즉 이 등급 관계는 문화적 허의형식(虛擬型式)으로 양국 사이 국제관계의 성질을 바꾸지 않았으며, 베트남의 통치자는 '천하공주'를 자처하는 천조의 은덕을 극단적으로 칭송하면서 아주 '공순'한 자세를 보였지만, 역시 국내적으로 '천하공주'를 자처하여 결코 자신을 청 황제의 부용(附庸)으로 보지 않았고, 청 역시 "천조체제는 각국 사이의 사사로운 일에 종래 특별하게 간여를 한 바 없다."라는 원칙을 내세워 결코 베트남의 내정과 외교 사무에 간여하지 않았다는 것이다. 다시 말해 중국 군주와의 '허의적' 군신 관계는 쌍방의 상호 이익에 기초한 것으로, 결코 베트남 영토의 완정성, 주권 독립과 국가의 이익을 훼손하지 않았으며 단지 표면상의 '천하공주'와 허의적 '번속' 사이의 번잡한 의례와 규범을 늘렸을 뿐이라는 것이다.[47] 이 점에서는 사실상 마찬가지로 국경을 접하고 있는 조선(한반도) 역시 지정학적인 접근성에 따른 차이가 나타나기는 하지만 본질상 크게 다르지 않았다.

그리고 마지막으로 같은 천조체제라고 일컬어도 명대와 청대의 그것은 상당한 차이가 있었다는 점도 유의할 필요가 있다. 명대의 그것은 기본적으로 조공무역과 해금(海禁) 정책을 결합하여 원칙상 조공하는 경우에만 무역을 허용하였다.[48] 그렇지만 대체로 만리장성 남쪽의 중국 본토(China Proper)에 그 판도가 한정되었던 명대의 '대명질서'와는 달리, 청대의 경우는 그 지배자인 만주족이 만주(東三省으로 불리기도 한다.)뿐만 아니라 몽골, 티베트, 신강(新疆) 등 훨씬 광범위한 판도를 장악하여, 동아시아의 범위를 넘어 내륙아시아(또는 동유라시아)까지 포함하는 그야말로 화이일가(華夷一家) 또는 중외일가(中外一家)의 '대청질서'를 건립하였기 때문이다.[49] 이 때문에 청의 '조공체제'는 정주 농경

47 孫宏年, 2006, pp.383-394 참조.

48 檀上寬, 2013은 이것을 '朝貢=海禁시스템'이라 부르고, 廖敏淑, 2013은 '貢舶互市'라고도 표현한다. 한편 여기서 상세하게 논의할 여지는 없지만, 차혜원은 중국과 류큐·베트남·조선과의 '조공 관계'의 '실상'을 설명하면서, 명대의 동아시아적 질서 역시 그 다양성 때문에 '조공체제'나 '조공시스템론'(濱下武志)만으로 설명하기는 곤란하다는 점을 류큐 등 여러 국가의 사례를 들어 설득력 있게 지적하고 있다. 차혜원, 2007; Cha Hyewon, 2011 참조.

49 '대명질서'와 '대청질서'에 대해서는 동북아역사재단 북방사연구소 편, 2018 및 2020에 실린 차혜원·조영헌·홍성구·정혜중·한명기·계승범·김형종 등의 논문에서 다양한 측면으로 분석하였다. 명·청대 조공제도와 그 차이에 대한 간명한 설명으로는 李雲泉, 2004, 2011, 2014a; 祁美琴, 2006; 계승범, 2009; 丘凡眞, 2010, pp.319-327; 陳尚勝, 2010, 2015; 홍성구, 2018이 좋은 참고가 된다. 지면상 여기서 자세히 소개하기는 곤란하지만, '朝貢貿易體制論'으로 독특한 이론을 제시한 濱下武志의 일련의 연구 외에 茂木敏夫, 1993a, 1998(2018), 2000b, 2002, 2014, 2015a, 2015b, 2016; 岡本隆司, 2009b; 丘凡眞, 2010; 秋月望, 2010; 李雲泉, 2014a, 2015, 2016, 2017; 陳尚勝, 2015; 홍성화, 2019a; 于晨, 2019a, 2019b 등 많은 연구자가 명·청대 동아시아 질서(華

사회로 유교와 한자 같은 중국 문화의 영향을 받은 '동남의 초승달' 지대와 비(非)한자 문화권이자 대개 초원 유목사회로 중국 문화의 영향이 적었던 '서북의 초승달' 지대라는 이원구조로 설명되기도 한다는 점은 앞서 서술한 바 있다.

이렇게 그 구조나 성격에서 명과 크게 달랐던 청의 경우 '조공체제'나 '책봉-조공체제'(또는 약칭 '봉공체제')라는 개념으로는 확실히 그 대외질서를 포괄할 수 없게 된다. 앞서 설명한 '조공체제'론이 지니는 다양한 한계 때문뿐 아니라, 청의 경우 그 판도가 동아시아의 범위를 넘어 중앙 유라시아의 일부까지 포함하여 '동유라시아 국제질서'로 표현할 수 있다고 설명되기 때문이다. 이렇게 확대된 청의 국제질서는 당시 생성되고 있던 '몽골-티베트 세계'를 포괄하고, 나아가 시베리아에 진출한 러시아와도 조약체제를 형성하는 등 복수의 '세계질서'를 재편하여, 18세기 후반에 새로운 국제질서를 완성하였다. 즉 18세기 후반에 청 주도의 새로운 국제질서를 완성하면서, 조공체제와 호시체제, 조약체제(러시아와의 관계), 번부체제(몽골·티베트·신강 등 藩部와의 관계) 등 네 가지 하위체제로 구성되는 다중체제로 구성되었다는 설명이 더욱 적절해 보인다.[50] 그리고 이렇게 청이 주도한 '대청질서'가 조공체제 외

夷秩序)와 그 변용을 정리하고 있어, 천조체제론을 비롯하여 청의 대외관계의 다양한 측면을 이해하는 데 참고가 된다.

50 丘凡眞, 2008, 2010, 2012a, 2012b. 金宣旼, 2016b 또한 청 제국의 지배이념·체제에 관한 기존 연구를 종합하면서 청 제국의 특성을 명확하게 설명해 주고 있다. 이러한 조공체제론과 이에 대항하는 다중체제론을 중심으로 한 학계의 논의를 정리한 것으로는 김영진, 2016이나 崔熙在, 2018이 좋은 참고가 된다. 한편 이른바 '신청사(New Qing History)' 학파의 영향을 받은 최근 학계의 연구 동향에 대해서는 윤영인(피터 윤), 2005, 2006; 유장근, 2009; 金宣旼, 2010, 2011b, 2013c, 2014, 2016b; 윤욱, 2015; 金衡鍾, 2016b; 박민수, 2021 등이 상세하게 소개하였다. '신청사'와 관련된 국내외 학계의 연구 동향 전반에 대해서는 동북아역사재단에서 펴낸 『중국의 청사공정연구』

에 아주 다양한 방법을 동원하는 다원성·다양성을 지니고 있다는 점은 이제 학계의 상식이 되어 가고 있다. '천조체제'라는 용어를 '조공체제' 대신 사용할 수 있다고 생각하는 이유는 바로 여기에 있다.

그렇지만 시야를 좁혀 조선과 청의 관계에만 한정하여 살펴본다면 문제는 다시 달라진다. 청이 무력을 동원하여 직접 획득하면서 '대청' 중심의 동아시아 국제질서에 편입한 조선의 경우는, '대명질서'의 유산을 계승한 류큐·베트남 등 다른 조공국과는 그 위상이 달랐다는 지적 역시 눈여겨볼 만하다. 이들과는 달리 '동유라시아'를 포괄하는 '대청(제국)의 질서' 속에서 조선만은 서북의 번부 지역과 마찬가지로 한인(漢人)의 참여가 배제되는 독특한 양상이 드러났기 때문이다. 이 점은 특히 칙사의 파견에서 한인 관료가 파견되었던 베트남이나 류큐와는 달리 조선에는 청대 내내 종실·기인(旗人)만이 선정된 점에서 두드러지게 나타난다.[51] 그리고 이것은 명대와는 전혀 다르게 청대에는 18세기 중반까지 조선인이 (조선에 사신으로 오는) 한인 사대부와 접촉할 기회를 거의 얻지 못하는 결과로 이어졌다.[52] 이 때문에 명·청 교체 이

(2008), 『중국역사학계의 청사연구동향』(2009), 『중국의 청사편찬과 청사연구』(2010)라는 세 권의 논문집에서 대체로 정리·소개한 바 있다. 이훈, 2018은 이렇게 만주의 눈으로 청의 역사를 새로 읽으려는 시도가 돋보이는 개설이다.

51 丘凡眞의 위의 연구 참조.

52 물론 조공사절로 중국에 간 조선인은 이들과 접촉할 수 있었지만, 이들의 문화적 교류가 활발해진 것은 일반적으로 18세기 중반 이후로 알려져 있다. 이 점에 대해서는 다양한 학문 분야에서 아주 많은 연구가 이루어졌다. 여기서는 최근 나온 孫成旭, 2020이 이 점을 가장 잘 묘사하고 있다는 것만을 소개하고자 한다. 또한 청의 칙사로 조선에 파견된 인사들이 여행기를 남기거나 조선의 관료·사대부와 詩文으로 唱和하는 경우가 전혀 없던 것은 아니라는 점은 구범진, 2004나 金翰圭, 2011, pp.441-499에 나오는 청대의 使朝鮮錄 소개를 참조할 수 있다(물론 명대의 전통과 비교하면 그것은 크게 쇠퇴하였다.). 한편. 조선과 청의 조공 관련 사절 왕래에 대해서는 劉爲, 2002가 개괄

후 한인 관료·사대부가 조선에 와서 조선의 관료·사대부와 접촉을 할 수 있게 된 것은 임오군란 때 파견된 회군(淮軍) 장령(將領) 오장경(吳長慶)의 부대를 따라온 한인 막료들이 도착한 후가 되어서였다(이에 대해서는 후술하겠다.).[53]

3) 사대와 자소

한편 이러한 조선과 청 관계는 천조체제, 즉 중국적 세계질서 속에서 보통 거의 유일한 책봉·조공체제(관계)의 '모범적'·'전형적'인 사례로 여겨져 왔다.[54] 한반도의 왕조는 오랫동안 중원 왕조와 다른 어떤 조공국들과도 대비되는 관계를 유지하면서 명확한 존재감을 보였기 때문이다. 그런데 최근 국내 학계의 여러 연구자들은 책봉·조공 체제의

적인 정리를 하였고, 金翰圭, 2019는 동아시아 각국 모두를 대상으로 한 唱和外交를 소개하였다.

53 이때 接伴官으로 吳長慶·袁世凱·張謇 등과 접촉하면서 많은 교류의 기록을 남긴 金昌熙의 자료가 최근 한국과 중국에서 공개되었다. 최우길·김규선 공역, 2016 및 丁小明, 2014 참조(이에 대해서는 후술). 18세기 이래 조선-청 사대부의 교류와 인식의 변화에 대해서는 王元周, 2013; 하영선·이헌미 등, 2016 등에서 상세히 다룬다. 王元周, 2013에 대해서는 필자가 간단한 서평을 통해 그 내용을 소개한 바 있다(金衡鍾, 2016a). 한편 중국 측의 경우 이를테면 이때 吳長慶의 막료로 활동하면서 조선 관료나 사대부와의 唱和詩를 남긴 朱銘盤의 『桂之華軒遺集』(沈雲龍 主編, 1966, 正編 第01輯 0002 所收)이나, 周家祿의 『壽愷堂集』(沈雲龍 主編, 1967, 正編 第09輯 0083)과 『奧簃朝鮮三種』(沈雲龍 主編, 1969, 正編 第42輯 0418) 등이 있으며, 이렇게 오장경을 따라온 막료 3인이 쓴 조선 견문록에 대해서는 金成甫, 2011이 자세히 소개하였다.

54 Chun Hae-jong, 1968, p.104의 다음과 같은 서술 참조. "조선은 모범적 조공국이었으며, 청대의 공식적인 조선-청 관계에서 주로 조공사절과 무역품을 주고받는 행위에 관련된 한 중국과 주변 국가 사이에 기대되거나 희망되는 관계의 사례를 제공하였다.

다양한 양상을 고려할 때 오히려 이를 가장 '예외적'인 사례로 간주하는 것이 더욱 적절하다고 지적하고 있다.[55] 사실 역사적으로 보면 오로지 조선만이 중국이 상상·가정하는 '이념형'적 사례에 들어맞기 때문이다. 이 '조선 사례'의 특수성·예외성을 점검하기 위해, 이를테면 만약 동아시아 질서나 책봉·조공체제에서 조선 사례를 제거해 버린다면 그것이 과연 명·청의 대외관계(천조체제)를 설명하는 데 얼마나 큰 효용성을 지닐 수 있는가 하는 질문을 던질 수 있다. 19세기 수많은 중국 관료·사대부가 지적한 것처럼 청의 안보란 측면에서 만주와 인접한 조선의 지정학적 위치는 다른 조공국과는 비교할 수 없을 정도로 중요하였다. 한편 류큐, 베트남이나 샴 등 기타 동남아시아 국가와의 국제관계가 과연 이만한 비중을 확보하고 있었는가 하면 그렇다고 보기 어렵다. 사실상 명·청은 이러한 국가들과 '명목적'인 조공 관계, '만국이 찾아와서 조공을 바치는[萬邦來朝]' 천조체제라는 외관을 유지하는 데 오히려 무게를 두었으며, 반면 이들 '조공국'은 조공을 빌미로 한 실질적인 무역이익의 확보에 중점을 두고 있었던 것이 오히려 실상에 가까웠다. 조선 다음가는 조공국으로 높이 평가받았던 류큐 왕국이 일본(사쓰마藩)의 침략을 맞아 구원을 요청하였을 때 실제 명이나 청 모두 그것

55 계승범, 2009, pp.144-146; 丘凡眞, 2010, pp.315-319; Cha Hyewon, 2011; Kirk W. Larsen, 2013; 김창수, 2015(p.40의 지적 및 각주 82 참조), 2019; Lim Jongtae, 2016 등. 한편 James L. Hevia, 1995(→何偉亞[鄧常春 譯], 2002, p.52)와 같은 경우도 "조선은 이러한 보편규칙 가운데서 하나의 예외"라고 지적하고 있다. 필자도 여기에 적극적으로 동의한다. 한편 Yuanchong Wang, 2018은 '朝鮮事例'를 전형적인 것이 아니라 오히려 청대 '종번 관계의' 원형(prototype)이라 주장하며(이를테면 pp.59-60 등) '조선 사례'의 중요성을 강조하고는 있지만, '모범'이나 '전형'으로 보는 견해와 차이는 없는 것 같다. Yuanchong Wang, 2018의 이러한 논의가 지닌 문제에 대해서는 孫成旭, 2019b에서 설득력 있게 분석·비판하고 있다.

을 '외면'하고 개입을 회피할 수밖에 없었던 사실(이에 대해서는 후술)은 조공국 또는 속국의 의미가 무엇인지를 다시 한번 음미하게 한다.

또한 실제 조공체제 관련 연구에서는 이 점을 인식하고 규정된 조공 횟수·인원을 넘겨 조공사절을 파견하는 조공국의 시도나 그것이 가져오는 부담·문제 때문에 중국 왕조가 그 횟수나 인원을 제한하려 한 조치도 흔히 지적된다. 이 경우 '조공체제론'이 가정하는 천자의 덕의(德意)나 왕화(王化)와 '후왕박래(厚往薄來)'의 관념, 그것을 표현하는 조공 의례는 사실상 거의 무의미한 형식·허명에 지나지 않게 된다. 여기서 '후왕박래'란 『예기(禮記)』「중용(中庸)」에 나오는 용어에서 비롯된 것으로, 원래는 천자와 제후 사이의 조빙(朝聘) 제도에서 (제후의) 공물(貢物)은 가볍고 (천자의) 상사(賞賜)는 무겁게 하여[貢輕賞重]" 제후를 귀복(歸服)시킨다는 것을 뜻하며, 조공체제를 설명할 때 자주 사용되는 용어다. 이념적으로는 중국이 조공으로 받은 물품보다 훨씬 더 많은 하사품을 내려줌으로써[回賜], "먼 곳에서 온 사람을 회유한다[懷柔遠人]"는 천자의 관대함을 보여 준다는 것이다. 하지만 전해종 교수의 선구적 연구가 확인해 주었듯이 가장 '대표적'인 조공국인 조선의 경우, 청대의 조공은 전혀 그런 것과는 관계가 없었고, 도리어 조공사절의 유지가 조선에 엄청난 부담을 가져다주었다. 이 점은 조선이 책봉-조공체제의 모델·모범이 아니라 예외적인 존재였다는 점, 그리고 조공체제의 이념이나 '후왕박래' 관념이 지닌 '허구성'의 측면을 잘 드러낸다.

따라서 부마 스스무(夫馬進)가 명·청대 500년에 걸친 '연행사(燕行使)'와 '연행록(燕行錄)'을 세계외교사에서 극히 특이한 존재라고 한 것은 시사하는 바가 크다.[56] 그리고 19세기 초반 청 황제의 조선에 대한

56 夫馬進, 2008, pp.288-290.

태도 역시 그 점을 잘 보여 준다. 이를테면 가경제(嘉慶帝)는 1805년 조선 국왕에게 '예교가 잘 이루어진 편안한 번국[禮敎綏藩]'이라는 어서편액(御書扁額)을 내려 주었다. 1820년에는 "조선국은 오랫동안 번봉(藩封)의 지위에 있으면서 가장 공순하였다. 천조는 후왕박래로서 매번 굽혀서 체휼해 주었다."라고 평가하였다.[57] 이런 관점은 이전에 강희제가 조선 국왕에 대해 "모든 일에 대해 극히 공경하고 삼가며, 그 나라 사람들 역시 모두 감격하여 받든다."라고 하면서, "특히 평가할 만한 것은 명의 말년에 시종일관 청을 배신한 적이 없으니 특히 예의를 중시하는 나라[重禮義之邦]이다."라고 본 것과 거의 다르지 않았다.[58] 건륭제 또한 1778년 조릉(祖陵)에 참배하기 위해 심양(瀋陽)에 행차하면서, 사전에 조선에서 조하(朝賀) 사절을 보내지 말라고 통보하였음에도 불구하고 정조(正祖)가 문안사를 보내자, "동번은 더욱 나아질 것이다[東藩濟美]."라는 어서편액을 내려 주기도 하였다.[59] 1783년 비슷한 경우를 맞이하였을 때 건륭제는 다시 정조에게 어제시(御製詩) 1장(章)을 내려 주었다. "물어보니 나라에 풍년이 들었다고 하여, 특별히 해외에서 현명한 번속을 얻었음을 알겠다. 경사(經史)·지리(地理)의 학문을 익히면서 두 마음을 품지 않으며, 예의를 지키는 나라로써 그 교화는 근원이 있다. 신중하게 봉강(封疆)을 지키면서 뭇 백성을 어루만지니, 만년이 지나도록 영원히 황조(皇朝)의 은혜를 받을 것이다."라는 내용이었다.[60]

57 『仁宗實錄』 卷149. 嘉慶10年 8月 丙午; 『宣宗實錄』 卷3, 嘉慶25年 8月 己酉.

58 『聖朝實錄』 卷226, 康熙45年 10月 丁未. 청대의 御書扁額 제도에 관해서는 何新華, 2013, pp.358-372 참조. 이에 따르면 어서편액은 강희 21년 류큐에 내린 것이 첫 번째이고, 동치 4년 류큐와 조선에 내린 것이 마지막이었다. 류큐는 모두 합해 9회, 조선은 7회(최초의 것은 乾隆8年) 편액을 받았으며 샴과 베트남은 4회, 버마 2회, 라오스 1회, 서양 선교사는 6회의 편액을 받았다.

59 黃枝連, 1995(下), p.460; 『高宗實錄』 卷1065, 乾隆43年 8月 壬午.

60 『高宗實錄』 卷1189, 乾隆48年 9月 癸巳. 御製詩의 전문은 다음과 같다. "御制

그 뒤의 여러 황제 역시 매번 조선을 언급할 때는 비슷한 평가를 거듭하였던 것은 물론이다. 사대-자소로 상징되는 양국 사이의 원만한 관계에 청의 황제는 여전히 만족하고 있었다. 특히 조선이 정조 때 전례 없는 별사(別使)를 파견하여 사대의 성의를 보여 준 '진하외교(進賀外交)'는 건륭제의 높은 평가를 받아, 조선 사신에 대한 특별대우(이를테면 종래 조공사절의 참여가 허용되지 않았던 外藩 宴禮에의 참여 등)를 가져왔다. 이러한 관행과 조선-청의 우호 관계는 19세기 중반까지 지속되었다.[61]

그런데 보통 조선과 청의 관계를 생각하면 '사대질서'의 '사대'에만 주목하는 경우가 대부분이고, 청이 조선에 보여 주었던 작은 나라를 보살펴 주는 '자소'의 의미에 대해서는 소홀히 여기거나, 아예 어디까지나 천자의 덕을 과시하는 관행적이고 형식적인 표현으로만 보는 경우가 많았다. 따라서 이 '자소'라는 것이 과연 어떻게 표현되었는가 좀 더 주목해 볼 필요가 있다. 이 점에 대해 두 가지 사례를 들어 보고자 한다. 앞서도 지적하였듯이 '사대'와 '자소'라는 상호규정적·호혜적 관계가 19세기 전체를 통하여 양국 관계를 규정하는 중요한 의미를 지니고 있으므로, 항상 그것을 염두에 두고 살펴야 하기 때문이다.[62]

賜朝鮮國王李算詩曰: 迎鑾祝壽陪臣價, 按轡蹕途賜謁溫. 問悉國中逢稔歲, 夙知海外得賢藩. 習經史地心無貳, 遵禮義邦教有源. 愼守封疆撫黎庶, 萬斯年永受朝恩."

61 黃枝連, 1994(下), pp.451-461; 차혜원, 2007; 연갑수, 2012, pp.19-56; 丘凡眞, 2013, 2014, 2017, 2018, 2021, pp.161-187; 김창수, 2013, 2015, pp.92-100; 孫成旭, 2018a. 차혜원도 건륭제 치하 새로운 '세계'의 출현을 지적하지만, 특히 丘凡眞, 2021은 기왕의 연구를 정리하여 1780년 정조가 건륭제의 칠순을 축하하는 사절을 보낸 것을 계기로 조선 사신에 대한 청나라의 접대에 큰 변화가 나타났고, 이러한 변화는 건륭제가 청 제국 경영 및 대외 관계 운영에서 도입한 변화의 일부였다는 점을 박지원의 『열하일기』의 탄생 비화와 함께 묶어 흥미롭고 설득력 있게 전달하고 있다.

62 19세기 이전 양국 관계에서 보이는 '자소'의 측면에 대해서는, 丘凡眞, 2009

첫 번째 사례는 근대 한중관계사를 연구할 때 가장 먼저 들추어 보아야 할 사료인 『청계중일한관계사료(清季中日韓關係史料)』에서 쉽게 찾아볼 수 있다.[63] 왜냐하면 시간 순서가 아니라 주제별로 구분할 때 가장 먼저 나오는 문서군(文書群)인 「월경벌목(越境伐木)」의 첫 번째 문서에서부터 이것을 쉽사리 확인할 수 있기 때문이다.[64] 필자는 이 부분을 보면서 기묘하다는 느낌을 피할 수 없었다. 이 문서에 나오는 사안의 경과를 요약하자면, 문제는 동치3(1864)년 8월 조선 함경북도 경원(慶源)의 지방관 신명희(申明羲) 등이 교역을 위한 관방(官房) 설치 때문에 국경을 넘어와서 벌목하기를 간절하게 두 차례나 요청하였다고 길

나 金宣旼, 2011a, 2013a, 2013b, 2016, 2017 등 양국의 국경 관계에 대한 일련의 연구 참조. 특히 金宣旼, 2011a, 2016, 2017은 18세기 중반 莽牛哨 초소 사건으로 미루어 볼 때 18세기의 청 황제들은 공손한 조공국에 보다 관대한 처우를 내리는 여유를 가질 수 있었다고 지적한다. 盛京 일대의 지방관들은 조선인의 범월을 방지하고 국경을 방어하기 위해서는 강력한 조치가 필요하다는 것을 역설했지만, 雍正帝와 乾隆帝는 조선의 편을 들어 이들의 요구를 물리쳤으며, 이는 제국의 황제가 세계를 아우르는 '普遍君主'로 자신을 자리매김하고 있었던 18세기 당시 청의 지배 이데올로기와 관련지어 이해할 필요가 있다는 것이다. 바로 이러한 점이 바로 청의 조선에 대한 '자소'의 사례라고 하겠다. 특히 Kim, Seonmin(金宣旼), 2017은 인삼을 매개로 하고 변경(Frontier)·국경지대(Borderland)·국경(Border)이란 개념을 통해 청과 조선 사이의 영토·국경 문제를 다루면서 사대-자소의 문제에도 초점을 맞추고 있다. Nianshen Song(2018, pp.46-53) 역시 '종번 관계'의 틀과 그 변용이라는 관점에서 양국 관계를 보면서 그것은 일방적으로 강요된 것이라기보다는 雙務的 關係 속에서 구성되었다고 주장하면서 한국학자들이 사대의 측면만을 강조한다고 지적한다.

63 中央研究院近代史研究所 編, 1972.

64 『清季中日韓關係史料』(이하 『中日韓』으로 약칭)의 일부는 金衡鍾 등 공역, 2012·2013·2016·2018·2020, 『국역『清季中日韓關係史料』』(이하 『국역中日韓』으로 약칭) 1·2·3·4·5로 번역되었다. 여기서 다룰 문서는 제1권 첫 부분 「월경벌목(越境伐木)」(pp.21-104)에 모두 번역되어 있다. 번거로움을 덜기 위해 여기서는 따로 출전을 인용하지는 않았다.

림장군(吉林將軍)[65] 등이 조정에 보고한 데서 비롯된다. 길림장군은 전례가 없던 이 사안을 총리아문과 예부에 알렸다. 그리고 이에 대한 황제의 허가가 떨어져서 청은 조선 측이 요청한 목록에 따라 벌목을 하고, 이를 조선에 넘겨 운반해 가도록 하는 은혜를 베풀었다.

그런데 사실상 이 사안에 대해 예부에서는 "무릇 변경 근처의 나라들은 국경을 넘어와 어로나 채렵을 할 수 없다."라는 변관(邊關)의 정례(定例)에 들어맞지 않는다는 판단을 내렸다. 이에 관한 금령을 어기는 것은 몹시 엄격한 범죄가 된다는 뜻이었다. 그런데도, 이전의 청 황제처럼 속국에 자소의 은혜를 베풀고자 하는 동치제는 조선 국왕의 표현에 따르면 '해괴한 범죄'인 조선 지방관의 요청에 대해 목재를 상으로 내려 주어 조선에서 수령해 가도록 허락하였다(물론 1856년생인 동치제는 당시 열 살에 불과했으니 그 개인의 뜻이 아님은 분명하다.). 이 점은 천자의 덕을 과시하려는 청의 조선에 대한 '자소'가 어떤 것인가를 보여 주는 아주 흥미로운 사례 가운데 하나다.[66]

신명희의 행동은 조선의 판단에 의하면, 조정의 사전 허락도 받지 않고 "하찮은 지방관이 대담하게도 감히 제멋대로 공문을 보내" 저지른, 국경 밖의 상국에 건너가 벌목해 오겠다는 '무엄하고 거리낌 없는' '망령'이었다. 따라서 당시 아직 국왕으로서 정식 책봉을 받지도 못해

65 吉林將軍은 청대 길림지구의 최고 軍政長官이다. 원래는 寧古塔將軍이었으나 길림으로 이동하고(1676), 乾隆 연간에 들어 길림장군으로 개칭되었다(1759). 길림에 駐防하는 八旗 旗營 및 지방 軍民事務를 관장하고 문·무 관원을 이끌면서 封疆을 鎮守하는 역할을 맡았다. 1907년 吉林省이 설치되면서 吉林巡撫로 바뀌었다.

66 이 사안을 주목한 Joshua Van Lieu, 2018은 그 경과를 상세히 분석하여 조공체제 '담론'에 대한 새로운 접근을 시도하고 있다. 李動旭, 2021a도 이 '越境伐木'案 등을 다루면서 이를 통해 총리아문이 조선 문제에 개입하게 되는 과정을 추적하였다.

청에 대해 "임시로 조선 국사를 맡고 있다.[朝鮮權署國事]"고 자칭해야 했던 고종은 동치제의 은혜에 대해 감사 자문을 보내면서도, 지방관 신명희를 처벌하겠다고 사과하지 않을 수 없었다. 그런데 더 당황스러운 일은 길림 측에서 큰 재목 약 400여 그루를 벌목하여 넘겼고, 의사소통의 문제로 우여곡절 끝에 겨울이 되어서야 나머지 서까래나 들보에 쓸 작은 목재도 확보하여 빨리 받아 가라고 요청하였는데, 조선 측에서는 이미 공사가 끝나 작은 재목은 달리 사용할 곳이 없다고 버텼다는 점이다. 마침내 길림 측이 그 전달을 포기하는 것으로 일은 마무리되었다.

조선 국왕은 이 사안에 대해 사은표(謝恩表)를[67] 올려 "황상께서 소국을 아껴 주시고 먼 지역까지 감싸 주시는 은덕이 옛 시대를 훨씬 뛰어넘는다는 것을 송축(頌祝)"하였다. 이에 대해 동치제는 조선 국왕에게 "기자(箕子)의 땅에서 교화가 퍼져 나간다.[敎敷箕壤]"는 어서편액을 내려 여전히 조선에 대한 긍정과 회유의 뜻을 보여 주었다.[68] 마침내 이렇게 청 황제가 조선 지방관의 '해괴한 범죄'를 눈감아 주고, 조선의 작은 목재 수령 거부 행위도 황제의 승인으로 허락해 주는 것으로 사태가 마무리된 것은 양국의 전통적 관계가 아직 원만한 상태로 지속되

67 表 또는 表文은 고위 관원이 황제에게 올리는 上行文書로, 주로 陳謝나 慶賀의 경우 사용하는 章奏文書(황제에게 올리는 문서)의 일종이다. 청대의 경우 황제나 황태후의 생신이나 慶典이 있을 때 신하가 上書하여 축하하는 문서다. 表文은 翰林院에서 초안을 잡고 內閣大學士가 奏定하는데, 四六騈儷體의 문장을 사용하고 中外에 頒行한다. 표문을 갖추는 관원은 문관은 按察使 이상, 무관은 副將 이상의 자격이 있어야 한다. 번속국의 국왕이 황제·황태후의 생신 등 三大節이나 조공할 때 황제에게 올리는 공문 역시 表라고 한다. 表箋이라고도 하는데, 表는 皇帝와 皇太后, 箋은 皇后에게 사용된다. 中國第一歷史檔案館 編著, 2004, pp.158-160; 朱金甫 等 編, 2011, p.348.

68 『穆宗實錄』 卷126, 同治4年 1月 丙午. 이에 대해 조선은 다시 謝賜筆表를 올려 事大의 성의를 표현하였다(國史編纂委員會 編, 1978, 同文彙考』 4 「錫賚」, 43a-44a). 이에 대해 Joshua Van Lieu, 2018, pp.336-350 참조.

었기 때문에 가능하였을 것이다. 물론 정기적으로 시행되는 경원개시(慶源開市)가 무산될 위기를 넘기고자 하는 경제적 동기가 여기에 작용하였던 것을 부정할 수는 없다.[69]

그런데 수십 년 후인 1891년에도 비슷한 상황이 발생하였다. 함경북도 회령부사(會寧府使) 홍시형(洪時衡)이 관서(官署)의 건물이 무너져 개축하고 관(棺)을 만들 목재가 필요하다고 해서 두만강 상류 지역인 무산(茂山)에서 500편(片)의 목재를 벌목해 뗏목을 만들어 배로 내려보내겠다고 요청한 것이다. 그리고 이에 대해 혼춘부도통(琿春副都統)으로부터[70] 보고받은 길림장군은 다음과 같은 지시를 내렸다.

> 토문강[土們江. 두만강]은 길림과 조선이 공유하는 강이다. 조선의 회령부사가 말하길 재해를 입어 벌목이 필요한 건축 자재와 관재(棺材)가 무산에 있다고 하고 또 5백 편으로 한정하겠다고 했으니, 마땅히 헤아려서 체휼(體恤)해 줌으로써 소국을 아껴 주는 우리 왕조의 뜻을 보여 주어야 할 것이다. 응당 해당 부사가 이번 목재를 뗏목으로 만들어 강을 내려올 때를 기다려 미리 해당[和龍峪商務] 총국(總局)에 조회(照會)를 보내 알리면, 해당 총국에서 확인한 다음 통과시키도록 해야 할 것이다. 해당 총국에서는 확실히 조사하되 조금이라도 소홀하게 처리하여 말썽을 피우는 폐단이 일어나지 않도록 하라.[71]

69 Joshua Van Lieu, 2018, pp.330-331.

70 혼춘부도통은 治所가 琿春城에 있으면서 6개의 佐領을 통할하던 正二品의 관직으로 그 전신은 琿春協領이었다. 1881-1909년 사이 오늘날 연변 지역에 설치되었던 행정기구로 두만강 북쪽의 安圖·汪清·琿春·圖們·和龍 등의 지역을 관할하다가, 1909년 吉林東南兵備道로 바뀌었다.

71 이 사안에 대해서는 「吉林將軍長順文」(光緒17年 5月 24日), 『中日韓』 卷3, pp.2894-2895; 『국역中日韓』 1, pp.65-68 참조. 『국역中日韓』 1·2에 수록된 자료는 대부분 조선 백성의 월경·월간 및 청의 이에 대한 대책과 관련된 문

이 시점에서도 여전히 소국을 체휼하는 '자소지의(字小之義)'가 길림장군의 조치를 관통하고 있음을 알 수 있다. 하지만 이것이 어느 경우에나 적용되는 것이 아니었음은 그보다 이전인 광서14(1888)년 함경북도 안무사가 조선 백성들이 두만강을 건너가 땔감을 마련하게 해달라고 요청하는 조회를 보냈을 때, 길림장군이 이와는 다른 반응을 보였던 점에서 잘 드러난다.

> 조선 백성이 몰래 국경을 넘어오는 것을 금지하는 법률이 아주 엄격하였다. 작년에 사설 나루터를 파괴하고, 몰래 넘어와 개간하는 것을 금지한 것은 모두 금령을 명확히 다시 밝히려는 것이었다. 그런데 지금 해당 안무사가 개간은 금지하되 땔감 베는 것은 허락해 달라고 요청하였다. 시도 때도 없이 불법적으로 땔나무를 베어 가게 되면 반드시 그다음은 다리를 만들고 넘어와서 개간하여 여전히 과거의 잘못을 되풀이할 터이니, 일이 더 커지기 전에 미리 단속해야 한다. 이런 일은 결단코 다시 실마리를 열어 주어 변금(邊禁)을 해이하게 만들어서는 안 된다. 해당 총국은 속히 금지하되 소홀히 해서는 안 된다.[72]

이 시기는 또한 1885년과 1887년의 두 차례 공동 국경조사와 국경회담이 아무런 합의도 얻지 못하고 무산된 다음이었고, 길림 당국이 두만강 북쪽 조선 백성에 대한 편입·동화 정책을 시행하면서 동시에 조선 백성이 계속 월간(越墾)하지 못하도록 단속을 강화하던 때였다.[73]

제들이다.

72 위와 같음.

73 여기에 대해서는 제3장에서도 다루겠지만, 金衡鍾, 2018a에서 상세하게 분석한 바 있다.

따라서 월간한 조선 백성의 안치(安置) 및 그들을 둘러싼 양국의 관할 경쟁이 첨예해진 시기였으므로, 길림 당국은 "몰래 월경하여 우리 쪽 영역으로 깊숙이 들어와 수목을 도벌(盜伐)하고, 뗏목으로 만들어 물길을 따라 공개적으로 내려가, 마침내 출경하여 조선의 경원 지역에서 내다 파는 것"을 용납할 수 없어 금지한다는 결정을 내렸다. 사실 이미 이전에 조선 정부도 변민이 몰래 월경하여 벌목하는 것을 금지하도록 지시한 바 있었다.[74] 따라서 함경북도 안무사의 요구는 조정의 지시를 무시하고 지방 백성의 입장만을 앞세운 무리한 요구인 셈이었고, 거절당해도 당연한 일이었다.

아마 관·민의 차이나 시대적 상황의 변화라는 점이 여기 작용하였겠지만, 청(길림 당국)의 태도가 무조건적인 관용만은 아니었음을 여기서 알 수 있다. 두만강 국경뿐만 아니라 월간 조선인의 안치를 둘러싼 경쟁이나 거기에서 비롯된 수많은 마찰·충돌이 결국 '자소의 의리'로만 조선을 대할 수 없는 상황을 낳고 있었기 때문이다. 그런데도 1880년대의 두만강 국경 공동 조사와 그에 관련된 회담에서 주권이나 국민·국경에 관한 '만국공법'의 원칙은 전혀 드러나지 않았고, 도리어 양측 모두 사대와 자소의 논리에 기초하여 이 문제를 처리하려는 시각을 견지하였던 것은[75] 여전히 이 논리가 양국 관계에 강력한 그림자를 드리우고 있었음을 알려 준다.

그리고 두 번째 사례가 바로 이 문제와 직접 연결된다. '근대'의 조선-청 관계가 본격적인 변화를 보이기 시작하던 1875년에 즉위한 광서제의 조선 월간민에 대한 태도에서 이 점은 잘 드러난다. 1880년대

74 「北洋大臣李鴻章文」(光緒14年 8月 8日), 『中日韓』 卷5, p.2516; 『국역中日韓』 1, pp.81-82.

75 金衡鍾, 2018a; Nianshen Song, 2018 참조.

초반 혼춘 당국은 조선 빈민이 대규모로 두만강 북쪽으로 건너가 월경한 다음, 불법으로 황무지를 개척하여 정착한 것을 발견하였다(이 문제는 제3장에서 상술한다.). 결국 이 문제가 조정에까지 보고되자 광서제는 광서8년 정월 다음과 같은 친필 주비(硃批)를[76] 남겼다.

> 조선 빈민이 길림 황무지를 점거·경작한 일은 지방관의 시각에서 보면 본래 피차 서로 나눠지는 바[의 경계]가 있지만, 조정의 시각에서 보면 처음부터 중외(中外)의 구별이 없다. 적절하게 이들을 안삽(安插)하되, 불필요하게 규정을 많이 만들지는 말라. 양민이 분수에 맞게 개간·경작하는 일은 원래 관대히 용납할 수 있는 일이지만, 만약 이 일을 빌려 변강(邊疆)을 잠식하려 한다면 응당 구축(驅逐)해야 할 것이다. 적절하고 신중하게 처리하라.[77]

76 硃批 또는 朱批는 황제에게 올린 章奏文書에 황제가 직접, 또는 대학사가 대신 붉은색의 먹(朱墨)으로 쓴 결재·지시, 즉 上諭를 말한다. 批는 旨, 批旨, 批紅이라고도 한다. 上諭는 황제의 詔令文書의 하나로, 황제가 일상적으로 軍政事務를 처리할 때 발포하는 명령·지시의 통칭이다. 諭는 윗사람이 아랫사람에게 내리는 지시로 君臣 모두 사용할 수 있는데, 청대에는 황제의 지시는 모두 상유로 칭하여 황제의 專用文書가 되었다. 황제가 각 아문에 내리는 上諭는 또한 朱諭라고도 하는데, 황제가 직접, 또는 大學士가 대신 신하들이 올린 장주문서에 붉은색의 먹으로 쓰기 때문에 硃批諭旨(朱批諭旨)라고도 한다. 中國第一歷史檔案館 編著, 2004,『清代文書檔案圖鑑』, pp.61-62 참조. 또 諭와 旨를 구분하여 諭는 황제가 내린 것이나 大臣의 奏請에 따라 中外에 宣示하는 것을, 旨는 대신의 奏請에 따라 내린 것을 가리키기도 한다.

77 中國第一歷史檔案館 編, 1996b,『光緒朝硃批奏摺』第112輯 外交「中·朝」, p.243. 1871년생인 광서제는 이 무렵 겨우 열 살을 넘겼기 때문에, 이것은 아마 스승(나중에 나오는 유명한 청류파의 수령 翁同龢)이나 기타 고위 관료의 도움을 받아 직접 쓴 내용일 것으로 짐작된다. 다시 말해 이것은 광서제 개인의 의견이 아니라 당시 청 지배층이 조선-청 관계를 보는 시각, 또는 가장 공식화된 '이념'은 어떤 것이었는가를 보여 주는 것이라 받아들여도 무방할 것이다.

광서제는 역시 '불법적'인 월경과 개간을 도모한 조선 빈민에 대해 천자로서 자소의 태도로 차별 없이 포용할 뜻을 보여 주었다. 하지만 동시에 혹시라도 이것을 빌미로 조선이 변강을 잠식할 가능성이 있는 경우에는 응당 그들을 구축해야 한다고 지시하였다. 앞서 길림장군이 목재와 땔감의 문제에 각기 다른 반응을 보였던 것과 아주 유사한 상황이다. 당연한 일이지만, 아무리 소국에 '자소지의'를 베푼다고 할지라도 그것이 '변강 침식'이란 심각한 문제와 직결되는 경우라면 전혀 용납할 수 없다고 확실한 경계를 그은 것이다. 그렇지만 이러한 황제의 지시가 내려지기 이전 이미 조선에서는 다음과 같은 태도를 보였다.

> 스스로 경계를 넘어와 경작하고 있음을 알고 있지만, 특별히 중국에서 각별한 은혜를 베풀어 이들을 구휼해 주시기 바랍니다.[78]

이것은 조선 백성들이 비록 불법적인 월경·월간이란 중대 범죄(死刑 및 梟首刑에 해당한다.)를 저질렀으나 의도적으로 청의 변강을 잠식하려는 것이 아니었으니, 전통적인 '사대'-'자소' 관계를 지탱하던 황제의 덕을 빌려, 즉 길림 당국의 양해와 시혜를 통해 이 문제가 적당하게 해결되기를 요청·기대하고 있었던 것이라 볼 수 있다. 이에 대한 길림 당국의 반응 역시 비슷하였다.

> 황상의 성은은 하늘이 포용하지 않는 것이 없는 것과 같고 땅이 받쳐주지 않는 것이 없는 것과 같이 넓고 두텁습니다. 조선 백성은 본래 매우 공손하고, 황상의 덕과 위엄을 따르고 두려워하니, 앞으로 감격하여 눈물

78 이하 관련된 서술은 金衡鍾, 2018의 제2장 제2절 참조.

을 흘릴 것이며, 반드시 법 규정을 따라 받들면서 영원토록 다른 뜻을 보이지 않을 것입니다.[79]

길림 당국 역시 이 무렵에는 월간민과 변강 경계 문제가 단순한 '자소'라는 '시혜'만으로 처리될 수 있다고 상당히 낙관하고 있었음을 여기서 알 수 있다. 아마도 이것이 당시 청과 조선 간 사대-자소 관계의 양상을 가장 잘 보여 주는 한 단면이지 않을까?

비록 근대 국민국가처럼 국경선 내부 영토에 대한 일원적·배타적 지배와 주권 확보를 꾀하는 것은 아니었더라도, 전통적인 왕조 국가 역시 그 판도와 국경, 신민(臣民)의 범위에 대해 이미 일정한 기준을 가지고 있었다는 점을 우리는 기억할 필요가 있다. 앞서 든 광서제의 입장은 길림 당국과 마찬가지로 자소의 은혜에 의해 이 문제를 처리하겠다는 의사를 분명하게 보여 준다. 실제 이후의 국경 분쟁에도 불구하고 청 정부 주도에 의한 월간민 강제 '구축'이 시도되지 않았다는 점은 '자소'의 존재를 다시 확인해 준다(물론 중앙의 허가를 거치지 않은 지방 당국에 의한 무력 시도가 있었던 것은 사실이지만, 조선 정부가 청 정부에 호소·항의하자 중단되었다.). 그러나 동시에 "이 일을 빌려 변강을 잠식하려 한다면 응당 구축해야 할 것이다."라고 한 광서제의 지적은 변계 문제의 해결이 월간민 안치 문제보다는 훨씬 더 어려운 과제가 될 것임을 예고하는

79 「吉林將軍銘安等劄飭」(光緖8年 2月 20日), 承文院 編, 「啓下咨文冊」 12, 고구려재단 편, 2005, 『朝·淸國境會談資料集』(이하 『朝·淸會談』으로 약칭), pp.46-48; 吉林省檔案館·中國邊疆史地研究中心 合編, 2000, 『吉林省檔案館藏淸代中朝關係史料選輯』, pp.23-24; 楊昭全·孫玉梅, 1994, 『中朝邊界沿革及界務交涉史料彙編』(上·下), pp.1144-1145. 여기에 인용된 「軍機處寄禮部等上諭」(光緖8年 2月 6日)는 『德宗實錄』 卷143, 光緖8年 2月 壬戌; 『光緖中日』 卷3, 8a-8b에도 실려 있다.

것이었다. 실제 1880년대 후반 이후에는 청 정부의 태도가 분명히 달라져서, 양국 간의 갈등이 변강 경계 문제로 번지자 더 이상 이러한 청의 '자소'의 '시혜'만으로는 해결할 수 없는 지경으로 치닫게 되었다(이에 대해서는 제3장 참조).

그렇지만 동시에 이러한 사대-자소 관계의 전통이나 관념이 여전히 청의 조선에 대한 정책을 규정하는 힘으로 계속 작동하고 있었다는 점은 반드시 기억해 둘 필요가 있다. 후술하듯이 청이 조선에 대한 적극적인 '속국화' 정책으로 나가고, 이에 따라 청의 이익과 국방을 위해 조선을 아예 내지의 군현으로 흡수하자는 '제국주의적' 발상이 조야에서 크게 대두되었지만, 청 조정이나 조선 정책의 담당자인 이홍장이나 총리아문[80](총리아문에 대해서는 나중에 따로 서술)이 끝내 그것을 공식적인 정부 정책으로 삼지 않았던 것은 바로 이러한 전통과 관념이 여전히 그들의 뇌리에 깊게 자리를 잡고 있었기 때문이다.

4) 천조체제의 이완

여하튼 19세기 중반으로 접어들어 동아시아에 이양선(異樣船) 출몰로

80 總理各國事務衙門은 보통 줄여서 총리아문, 總署나 譯署라고도 불렸는데 청대 후기 자강운동기에 설립한 외교 담당 기관이다. 정규적인 정부의 아문은 아니고 군기처에서 파생된 임시기구였지만 점차 편제를 갖추면서 親王 1인의 주지 아래 10명 내외의 고위 관료가 대신을 겸임하고 15명 내외의 4·5품 관리가 章京으로 문서를 담당하는 체제를 갖추게 되었다. 종래에는 전통적 중화사상에 의해 중국과의 평등한 외교 관계라는 것을 인정하지 않았으므로 禮部가 조공국 관계 사무를, 理藩院이 藩部 관련 사무를 맡아서 처리해 왔는데, 점차 서구 국가와의 외교사무에 중점이 옮겨지자 1861년 총리아문을 설치하여 조약국과의 외교 사무를 전담하게 되었다. 1901년 外交部가 설치되면서 폐지된다.

상징되는 서양의 진출과 통상·수교·선교의 요구가 거세지는 상황에서도 조선과 청의 관계에는 거의 변화가 없었다. 도광12(1832)년 충남 보령 해안에 나타나 교역을 요구하는 영국 상선(Amherst호)에 대해 조선은 "번신에게는 외교가 없다는 원칙[藩臣無外交之義]을 알려 주어 정언(正言)으로 거절하였다."라는 자문(咨文)을 청에 보냈다.[81] 이것이 서양으로부터 최초의 통상 요구에 대한 조선의 반응이었다. 이에 대해 청의 도광제는 다음과 같은 상유를 내렸다.

> 살펴보건대, 영국 상선이 조선과 교역하고자 원하는 모양인데, 조선 국왕은 삼가 법도를 지켜 정언으로 거절했다고 한다. 조선국은 본조에 신복(臣服)하여 평소 공순하다고 일컬어지며, 지금 영국 상선이 고대도(古代島) 바다에 들어가 조선의 육지와 교역을 하고자 하는데, 조선 지방관이 번신에게는 외교가 없다는 원칙으로 왕복하며 권도하자 십여 일을 버티다가 비로소 배를 움직여 떠났다고 한다. 조선 국왕이 삼가 번봉을 지키면서 대의에 아주 밝아, 경전에 의거하여 법도를 받들면서 시종일관 흔들리지 않은 점은 진실로 훌륭한 일이므로, 이에 대해 응당 특별한 하사품을 주어야 한다. 조선 국왕에게 망단(蟒緞) 2필(匹), 섬단(閃緞) 2필, 금단(錦緞) 2필, 소단(素緞) 4필, 수자단(壽字緞) 20필을 내려 장려의 뜻을 보이고, 즉시 조선국의 자문전달관[齎咨官]에게 넘겨, 가지고 돌아갈 수

81 이에 대한 관련 기사는 『純祖實錄』 32卷, 純祖32年 7月 21日 乙丑 네 번째 기사 「홍희근이 홍주의 고대도 뒷바다에 정박한 영길리국의 배에 대해 보고하다」, 다섯 번째 기사 「영길리국 선박의 교역 요청에 대해서 자문을 보내오다」, 純祖 32年 12月 25日 丁卯 두 번째 기사 「비국에서 사신행차 때 재자관을 따로 정하여 북경에 들여보내기를 청하다」 참조. 자문은 7月 21日 다섯 번째 기사에 실려 있는데, '보내오다'가 아니라 '보내다(보냈다)'로 번역해야 한다. 19세기 전반 異樣船의 출몰로 상징되는 서양의 진출과 통상·선교 요구에 대해서는 金泰雄, 2022, pp.40-45에 간결하게 정리하고 있다.

있게 하라.(밑줄은 인용자. 이하 동일)[82]

조선이 천조체제 내 번봉의 의무를 지켜 법도에 따라 영국 상선과의 교역을 거부하면서 흔들리지 않은 것에 도광제는 큰 만족감을 드러내었다. 그리고 청이 영국에 패배하여 「남경조약」을 맺은 다음인 1844년에도 여전히 상황은 비슷하였다. 이때 조선 국왕은 자문을 보내 영국 군함(Samarang호)이 누차 경내(제주도·거문도)에 들어와 산수를 측량하는데 정황을 파악하기 어렵고, 또한 교역을 요구한다는 이야기도 있다면서 예부에서 받아서 대신 황제에게 전달하는 주(이것을 轉奏라고 한다)를 올려 이를 금지하도록 지시해 달라고 요청하였다.[83] 이에 대해 도광제는 아편전쟁 이후 서양과의 교섭을 전담하게 된 양광총독(兩廣總督)에게[84] 다음과 같은 상유를 내렸다.

> 조선은 천조에 신속(臣屬)하여 번복으로서의 입장을 삼가 준수하고 있으며 다른 나라들과 함께 비교할 바가 아니다. 영국 오랑캐들은 조약체결 이래 모든 장정을 응당 준수해야 할 것이다. 어찌 다시 천조의 속국에 직접 이르러서 또 다른 말썽을 일으킨다는 말인가? 즉 무역하기 위해서라지만, 조선은 영토가 크지 않고 백성은 가난하고 땅은 척박하여 또한 꾀할 이익도 없다. 기영(耆英)은 이런 사항을 영국 사신에게 물어보되……

82 『宣宗實錄』 卷222, 道光12年 潤9月 壬寅. 자문전달관[齎咨官]은 국왕의 咨文을 청의 예부에 전달하는 사절로 司譯院에 소속된 중인 신분의 譯官이 담당하였다.

83 『憲宗實錄』 12卷, 憲宗11年 7月 5日 甲子 두 번째 기사. 「이양선 문제와 칙행 때 통관을 한두 사람 더 정하도록 예부에 이자하다」.

84 양광총독은 기본적으로 廣東省과 廣西省 두 성을 관할하는 것이 주업무인 지방장관이었다.

반드시 완곡하게 권고하여 앞으로는 조약을 준수하여 피차 서로 안정을 누리고, 임의로 군함을 다시 조선에 파견하여 돌아다니게 하여 놀라움과 근심을 낳지 않도록 함으로써 천조가 번봉을 지원하고 보살피는 뜻을 밝힐 수 있게 하라.[85]

청은 이미 아편전쟁과 「남경조약」을 통해 그 천조상국의 존엄에 심각한 타격을 입었다. 그렇지만 이것이 천조체제의 전반적인 파괴라고 받아들이지는 않았다. 이전부터의 조공 역시 여전히 계속되었다. 여기서도 언급되지만, 「남경조약」은 중국의 주변 속국이나 중국·속국의 관계에는 아무런 상관도 없다고 여겨졌다. 이후 1847년 프랑스의 피에르(Lapierre)가 양광총독 기영의 거듭된 권고에도 불구하고 조선에 대한 접촉을 시도하자, 도광제가 여전히 잘 위무(慰撫)하여 사단(事端)을 만들지 않도록 하라면서 다시 힘써 저지하라고 지시한 것을 보면, 서양열강의 조선에 대한 접촉을 차단하는 것은 도광제의 일관된 입장이었다.[86]

1846·1847년 두 차례나 조선에 선박을 보내 프랑스인 피살사건을 따지려 한 프랑스의 행동을 조선 국왕이 자문으로 알리자, 도광제가 "이렇게 임의로 소동을 벌이고 말을 꾸며 협박하는데 만약 확실하게 조사하여 금지하지 않는다면 어찌 오랑캐의 기운을 제어하여 번복을 평안하게 할 수 있겠는가?[似此任意滋擾, 飭詞恫喝, 若不確查禁止, 何以斂夷氣而綏藩服]"라는 반응을 보인 것은[87] 이 점을 잘 보여 준다. 도광제의 이런 태도는 1843년 이후 류큐에 조약체결과 통상을 요구하는 영국과 프

85 『宣宗實錄』 卷421, 道光25年 9月 丁亥.

86 辛勝夏, 1973, pp.120-121; 李動旭, 2020, pp.11-12.

87 『宣宗實錄』 卷47, 道光27年 9月 乙巳.

랑스의 시도에도 그대로 적용되었다. "오랑캐의 기운을 제어하여 번복을 평안하게" 한다는 것이 서구 각국과 조선(또는 류큐 등 조공국과)의 관계에 대한 청의 방침으로 굳어진 것이다.[88]

그리고 비록 전쟁에서 패배하여 영국과 「남경조약」을 맺고 5개 항구의 개방을 강요당하였지만, 이런 것들은 천조가 서방의 오랑캐에 회유와 은혜를 베푼 것이나 마찬가지였다. 이것을 천조체제와 천하관념 내에 존재하던 오랑캐에 대한 기미(羈靡)의 일환으로 받아들인다면 아무런 문제가 없었다.[89] 원래 서구 국가와의 통상은 천조체제에 포함되

88 李動旭, 2020, 2021d. 李動旭의 연구는 지금까지 주목하지 않았던 1840년대부터 1860년대까지 청의 조선 정책을 분석하면서 1870년대 이후 '속국자주'론의 출현과 연결하는 참신한 의미가 있다. 다만, 청이 속국을 조약에 의해 개방되지 않은 항구의 범위에 포함한 것은 국제법적으로 조선이 청의 일부이며, 조선에 대한 청의 종주권이 실질적인 관할권의 성격을 가진 것으로 볼 수 있다고 해석하는데(2020, pp.4-13), 국제법을 거의 의식하지 않았던 청이 그러한 의도/인식을 품었다고 보기는 어려울 것이다. 조선이나 류큐의 '庇護' 요청에 대해 청이 속국을 편안하게 함으로써 천조의 위엄을 세우려 한 '의무감'을 국제법상의 종주권이나 실질적인 관할권으로 직결하기는 곤란하다. 만약 그런 것이 가능했다면 청의 주변부 속번에 대한 서구 열강의 침략은 일어날 수 없었겠지만, 李動旭 자신이 인정하듯이 영국과의 교섭에서 류큐가 청의 속국이라는 주장 자체도 받아들여지지 않았다.

89 柳岳武, 2016, p.139. 이적에 대한 羈縻의 원칙을 가장 잘 표현한 것은『漢書』卷94 列傳64「匈奴傳」의 마지막 부분 班固의 贊에 나온다. "이적들은 탐욕스럽고 이익을 좋아하며, 머리를 풀어 헤치고, 옷깃을 좌로 여미고, 人面獸心이다. 중국과 복식이 다르고, 습속이 다르며, 음식이 같지 않고 언어도 통하지 않는다. …… 山谷으로 격절되었고, 沙漠으로 막혀 있으니, 천지가 내와 외를 끊어 놓은 것이다. 그러므로 聖王은 그들을 금수로 대하고, 더불어 誓約을 하지 않고, 攻伐도 하지 않는 것이다. 서약을 하면 물자만 소모하여 속게 되고, 공벌을 하면 군사를 수고롭게 하고 도적을 불러들이는 결과가 된다. 그 땅은 경작하여 먹을 수 없고, 그 백성들은 신하로 기를 수 없다. 그러므로 그들을 외로 내치고 안으로 들이지 않고, 멀리하고 가까이 하지 않으며, 政敎를 夷狄의 人에게 베풀지 않고, 正朔을 그 나라에 가하지 않은 것이다. (이적이 침공해) 오면 응징하여 물리치고, 떠나면 수비할 뿐이다. 이적이 慕義하여 貢獻하

어 있던 책봉-조공 관계가 없었던 나라와의 접촉 방식이었던 호시(互市) 부분, 즉 통상(通商) 부분이 종전보다 좀 더 확대된 것으로 간주할 수 있었다.[90] 아니 군사력으로는 이미 서양 열강을 저지할 수 없었던 청으로서는 그렇게 제한하려는 것이 아마 유일한 선택일 수밖에 없었다.

다만 여전히 '조약체제'는 여전히 '천조체제'를 대신하는 차원의 것으로 여겨지지 않았다. 훨씬 후의 일이지만 광서 연간(1899)에 마지막으로 편찬된 『대청회전(大清會典)』 권39에서는 이미 조공체제가 완전히 무너진 다음이었는데도 예부가 관할하는 조공국에 조선, 류큐, 베트남, 라오스, 샴, 술루, 버마를 싣고 있었다. 대신 종전에 포함되었던 서양이나 네덜란드(和蘭)는 여기서 삭제되었으며, 앞서 든 나라 외에 "나머지는 모두 호시를 통(通)한다."라는 것으로 바뀌었다.[91] 여기서도 여

면, 禮讓으로 대접하고, 羈縻하고 끊지 않으며, (관계가 악화되는) 잘못을 그들에게 있게 하는 것이 성왕이 蠻夷를 제어하는 常道다."(李成珪, 2015에서 인용. "이적이 침공해"부터 마지막 문단은 필자가 추가)

90 '호시체제'는 조공국의 대열에 들어가고자 하지 않으나 중국과의 무역 왕래를 원하는 나라들의 존재를 '인정'하여 그 무역을 허용하는 것이었지만, 사실상 이것은 이러한 '실질적인' 대등한 관계의 正式化를 최대한 피하려는 노력의 소산이기도 하였다(광동무역체제를 통한 '一口通商'이 그 상징이다.). 다만 조약체제에서 '五口通商'을 허용하였지만, 여전히 서구와의 외교 임무를 양광총독에게 맡긴 것은 러시아와의 외교를 理藩院에 맡긴 것과 같은 맥락이었고, 이런 점에서 초기의 '조약체제'가 기존의 '호시체제'를 완전히 돌파한 것은 아니었다고 할 수 있다. 이 점에 대해서는 何新華·王小紅, 2003; 王泉偉, 2017; 李動旭, 2020 등 참조.

91 John. K. Fairbank, 1941(→John. K. Fairbank and S. Y. Teng, 1960), p.146; 張世明, 2004, p.30. 호시는 보통 변경의 관문 주변에서 이루어지는 關市, 항구에서 이루어지는 海舶, 그리고 경사의 會同館 등지에서 이루어지는 在館交易(정확하게는 조공무역이 아닌 사절단무역)을 가리킨다. 한편 非조공국인 러시아와의 호시는 '與國과의 互市'로 간주되었다. '與國'은 '敵國'과 마찬가지로 그 지위가 대등하거나 동등한 국가라는 뜻이다. 물론 적국은 오늘날 다른

전한 천조체제에의 '미련'을 엿볼 수 있다.

또한 이상과 같은 태도는 1793년 유명한 영국의 매카트니 사절단이 청을 방문하여[92] 영국 국왕의 '표문(表文)'을 통해 북경까지 포함한 무역 장소의 확장과 외교사절의 주재를 요청하였을 때 건륭제가 '천조체제'를 설명하면서 보인 반응을 보면 충분히 미루어 짐작할 수 있다. 실제 영국 국왕에게 '내린' 칙유는 다음과 같은 내용이었다.

> 너희 영국 국왕(爾國王)은[93] 멀리 몇 겹의 바다를 사이에 두고 있으면서도, 교화(敎化)에 마음이 기울어 특별히 사신을 보내 공손하게 표문을 올렸다. 항해하여 조정에 이른 다음, 짐의 만수(萬壽)를 엎드려 축복하면서 아울러 온갖 방물을 바침으로써 그 정성을 다하였다. 짐이 표문을 열어 보니 용어가 정성스럽고 간절하여 모두 영국 국왕의 공순한 성의를 알

의미로 사용된다.

92 매카트니 사절단의 방문에 대한 새로운 시각으로 주목받은 James L. Hevia, 1995[→何偉亞(鄧常春 譯), 2002]는 매카트니 사절단에 대한 기존 연구가 '문화적 오해나 충돌'이나 자본주의의 확장, 또는 근대화의 기회를 놓친 청의 閉關自守의 한계라는 분석의 틀, 즉 크게 보면 전통과 근대의 충돌이란 흐름 속에서 이해되어 왔으나, 사실 이것은 대체로 서로 용납할 수 없는 두 제국의 自己想像[Imagining of Empire. 또는 帝國構建(Imperial Formation)]의 충돌, 또는 주권평등(Sovereign Equality)의 외교관과 '차등적 포용[差序包容. Hierarchical Inclusion]'의 天下觀의 충돌이라고 해석하였다. 즉 서로 타협할 수 없는 양국의 세계질서에 대한 인식의 차이가 충돌의 원인이라는 것이다. 또 그에 따르면 淸의 자기상상(세계관)은 '조공체제'가 아니라 '청 황실을 최고군주로 하는 多主制(Multitude of Lords)'라는 것이다. 또 천조는 그 실제적 '統治'에 대해서도 분명한 인식을 가졌으며, 즉 '徼外'의 諸國에 대해서는 다만 상징적인 '統'을 추구할 뿐 실제적인 '治'를 기대하지는 않는다[즉 Including without Ruling]고 지적한다(또는 "臣而不治"라는 표현도 있다.). 何偉亞(鄧常春 譯), 2002에 실린 羅志田의 「譯序」(pp.1-31)를 함께 참조.

93 여기서 영국 국왕은 모두 너희 국왕(爾國王)이라고 표기되어 있지만, 번역할 때는 가능한 한 너희 영국 국왕이라 표현하였다.

수 있겠다. 영국 국왕의 표문 안에 너희 나라 사람을 한 명 파견하여 천조에 거주하면서 너희 나라의 무역을 감독하겠다는 구절이 있다. 이것은 천조체제와 맞지 않으니 결코 허용할 수 없다. 향래 서양 각국은 천조에 와서 일을 맡기를 원하는 사람이 있으면 본래 북경에 오는 것을 허용하였다. 단 북경에 온 다음에는 천조의 복색(服色)을 삼가 따르게 하고 집 안에 안치하여 영원히 본국으로 돌아가는 것을 허락하지 않았다. 이것이 천조의 정제(定制)다. 생각건대 영국 국왕 역시 알고 있을 것이다.

지금 네가 너희 나라 사람 한 명을 파견하여 경성에 거주하게 하겠다고 원하는 것은 북경에 와서 일을 맡고 거주하는 서양인이 본국에 돌아가지 않는 것과 같을 수 없다. 또 왕래하면서 항상 소식을 소통하게 하는 것 역시 허용할 수 없다. 실로 무익한 일이다. 또 천조가 관할하는 지방은 아주 넓고 방대하다. 무릇 외번의 사신이 북경에 도착하면, 역관(譯館)에서 숙식을 제공하며, 오가거나 출입하는 것 역시 모두 일정한 체제가 있어 종래 스스로 편하게 움직이도록 한 사례가 없었다. 지금 너희 나라 사람이 북경에 머물게 되면 언어가 통하지 않고 복식이나 장식에 그 제도가 달라 어느 곳에도 안치할 수 없다. 만약 북경에 와서 일을 맡은 서양인처럼 일률적으로 복장과 장식을 반드시 바꾸게 해야 한다면, 천조는 역시 남이 곤란하게 여기는 바를 억지로 강요하고자 하지 않는다. 설사 천조에서 사람을 파견하여 너희 나라에 상주하게 하더라도 역시 어찌 너희 나라가 능히 따를 수 있겠는가? 하물며 서양 각국은 아주 많아 너희 나라만이 아니다. 만약 모두 너희 나라처럼 사람을 파견하여 북경에 머물겠다고 한다면, 어찌 하나하나 들어주어 허락하겠는가? 이런 일은 단연코 들어주기 어렵다. 어찌 영국 국왕 한 명의 요청으로 천조 백여 년 이래의 법도를 바꿀 수 있겠는가? 만약 영국 국왕이 무역을 감독하기 위해서라고 한다면, 너희 나라 사람이 마카오에서 무역한 것이 하루 이틀에 그치지 않으니, 원래 은혜로 베풀어 줄 수 없는 일은 아니다. …… 외국이 또 하필이면 사람을 북경에 머물게 하겠는가? 이 때문에 전례를 넘어서서 단연코 들어줄 수 없는 요청이다. 하물며 사람을 북경에 남겨 둔다고 하지만, 너희가 무역하는 마카오와는 거의 만 리나 떨어져 있으니, 그가 어찌 능히 감독할 수 있겠는가?

만약 천조를 앙모(仰慕)하여 그 교화를 보고 익히겠다면, 천조는 스스로 천조의 예법이 있어 너희 나라와 각기 다르다. 너희 나라에서 남겨 둔 사람이 능히 배울 수 있더라도, 너희 나라는 자연히 고유의 풍속 제도가 있을 터이니 역시 단연코 중국을 따라 배울 수 없으며, 배우더라도 아무런 쓸모도 없다. 천조는 사해(四海)에 군림하며 다스리는 데, 오로지 정신을 떨쳐 통치에 힘써 정무(政務)를 처리할 뿐 기이한 보물[奇珍異寶]은 결코 귀중하게 여기지 않는다. 너희 영국 국왕이 이번에 보내 온 각종 물건은 진심을 가지고 멀리서 바쳤다는 점을 염두에 두어 특별히 관련 아문에서 수납(收納)하도록 지시하였다. 기실 천조의 은덕과 위엄은 멀리까지 퍼져 만국이 내왕하므로, 갖가지 귀중한 물자가 사다리와 배[즉 육지와 바다]를 통해 몰려와 없는 것이 없을 정도이며, 이는 너의 사절들이 모두 친히 목격한 바이기도 하다. 그렇지만 종래 기교(奇巧)를 귀중하게 여기지 않았으며, 결코 너희 나라에서 만든 물건을 필요로 하는 일도 없을 것이다. 따라서 영국 국왕이 요청한 바, 한 사람을 파견하여 북경에 머물게 하는 일은 천조체제와 들어맞지 않으며, 너희 나라에도 특히 아무런 이익도 없을 것이다. 이 때문에 상세하고 분명하게 밝히는 바다.[94]

94 『高宗實錄』 卷1434, 乾隆58年 8月 己卯; 王中江, 2008, pp.39-42. 인용문 마지막의 밑줄 친 부분은 건륭제나 청이 서양의 선진 과학기술을 거부하는 의도를 보여 주는 것으로 오랫동안 간주되어 왔다. James L. Hevia는 이것을 天文儀나 時計(自鳴鐘), 大砲 등 영국의 '禮物을 생산한 기술이나 지식'(유럽 과학과 예술의 진보) 자체에 대한 거부가 아니라(당시 서양의 선진적이고 우월한 과학기술이나 무기는 아직 형성과정이었을 뿐이었다.) 단지 예물 또는 이

18세기 이후의 중서(中西) 관계를 이해하려는 학자들에게 너무나도 잘 알려진 이 칙유에서[95] 건륭제가 상세하게 묘사하고 있는 '천조체제'하에 외국 사신의 북경 주재는 허용되지 않았지만, 통상무역은 당연한 천조의 은혜로서 베풀어지고 있었다. 따라서 아편전쟁 이후 통상무역[互市]의 확대는 무역 장소의 확장 등에서 분명히 달라졌지만 외교사절의 북경 주재는 여전히 허용되지 않았으므로, 청의 시각에서 보면 천조체제의 원칙에서 그다지 달라진 바 없는 그 연장선 위에 있었다. 그래서 청은 전통적인 '기미(羈縻)' 정책과 마찬가지로 비록 전쟁에 의한 강요를 통해서이지만, '일시동인(一視同仁)'의 은사(恩賜)를 베풀어 통상무역의 혜택을 확대하여 주었다고 여기면 되었다.[96]

그리고 이러한 '기미' 업무를 가능한 한 경사와는 멀리 떨어진 광동성(廣東省)·광서성(廣西省)을 관장하는 양광총독에게 '외교'의 권한으로 떠넘기고, "천조체제에서는 대황제가 외이(外夷)를 접견하지 않았다.[天朝體制, 大皇帝從不接見外夷]"는 원칙을 내세워,[97] 서양인이 이와 관

에 대한 매카트니의 오만와 과장에 대한 거부(나아가서는 이 예물을 통해 요구하는 주권국가 사이의 상호 교류와 互惠에 대한 거부)라고 새롭게 해석하였다[何偉亞(鄧常春 譯), 2002, pp.188-191]. 이 예물은 당시 건륭제가 머물던 승덕이 아니라 북경의 圓明園으로 옮겨졌다.

95 James L. Hevia, 1995[→何偉亞(鄧常春 譯), 2002, p.243]는 실제로는 이것이 19세기 영국 외교관에게는 아예 잊혀졌고, 백 년 후인 1896년에 가서야 영어로 번역되고 20세기에 와서야 널리 알려지게 되었다는 사실을 전한다. 李雲泉(2004, p.206)에 의하면 이 칙유는 매카트니 사절단이 북경에 도착하기 전 군기처가 작성하여, 그들이 귀국하기 전에 頒給한 것이라 한다.

96 홍성화(2019a, pp.290-291)는 호시를 바라보는 청의 시각은 여전히 화이질서를 내세워 상대자를 상하 위계질서로 파악하여 통제하려는 속성을 지녔으며, 조선의 경우도 "역대 호시의 법은 다만 이적을 견제하기 위한 계책일 뿐, 그들에게서 이익을 취하려 한 것은 아니었다."라고 지적한다. 청의 '호시'도 마찬가지 입장이었다고 한다면, 호시의 확대는 거기에 상당 부분 접근한 것이지만, 근대적 통상무역의 확대로 그냥 연결되는 것은 아니라고 하겠다.

련된 사무를 구실로 삼아 경사에 접근하지 못하도록 가능한 한 막는다는 것이 청의 입장이었다.[98] 수도 북경에 조공을 바치러 오는 외국사절이 조공규칙·의례를 준수하는 것이 천조체제의 유지에서 핵심적인 사안이었으므로, 그 규범을 받아들이지 않는 서구 각국 외교사절(공사)의 북경 방문이나 주재는 천하관념 아래서는 결코 용납하기 어려운 일이었기 때문이다.

제2차 아편전쟁(1856-1860)에서 다시 패배한 다음 총리아문을 설립하여 조약국 관련 외교를 전담하게 할 때까지 비록 강경·온건의 편차가 있었으나 청의 서구에 대한 태도나 외교가 거의 변함이 없었던 것은 바로 이 때문이었다. 서구 외교사절의 북상(北上)을 저지하기 위해, 아편전쟁 이후 상당히 오랫동안 서구와의 관계 사무를 전담하게 된 양광총독에게 도광제는 이 문제를 전담하도록 흠차대신(欽差大臣)의 직인[關防]을 내리면서 '「통상향세장정(通商餉稅章程)」을 처리'하라는 지시를 내렸다.[99] 아울러 다음 해에도 아예 이를 재확인하기 위해 다음과

97 『宣宗實錄』 卷409, 道光24年 9月 壬午.

98 茅海建, 1998(2011); 李兆祥, 2008, pp.23-110. 조공체제에서의 '의례'는 일종의 '表演'(공연)으로, 그 관중인 官民이 함께 목격할 수 있는 수도 북경에서는 (아무도 보지 않는 邊境에서와는 달리) 반드시 엄격하게 유지·수행되는 것이 필수였다는 지적을 염두에 둘 필요가 있다. 王偉泉, 2017, pp.105-106.

99 「耆英奏樸鼎查欲來江浙面定稅餉章程已飛諭禁阻摺」(道光23年 3月 庚戌), 『籌辦夷務始末(道光朝)』 卷66, pp.2604-2605('樸鼎查'의 이름은 모두 앞에 오랑캐를 뜻하는 '입 구(口)'부수가 들어 있으나, 여기서는 해당 한자를 표기할 수 없어 생략하였다. 이하 『籌辦夷務始末』은 1930년대 原版이 주로 이용되어 왔는데, 여기서는 보다 잘 정리되어 이용이 편리한 中華書局版[道光朝(1964), 咸豐朝(1997), 同治朝(2008)]에 따른다. 欽差는 官制의 명칭으로 황제가 廷臣에게 임시로 특별한 임무를 주어 그것을 집행하게 하는 것이다. 따라서 양광총독의 통상사무 처리는 어디까지나 임시적인 겸무였다. 흠차대신은 특히 지방에 중대한 사건이 발생하였을 때 파견하고 직인을 주어 사무를 처리하게 하는데 그 권한은 아주 컸다. 이후의 정식 駐外使節의 경우에도 '欽差出使某

같은 상유를 내렸다.

> 각 성(省)의 통상과 관련된 사후 처리 문제[通商善後事宜]는 모두 양광총독에게 넘겨 처리하게 하며, 또한 흠차대신의 직인을 지급하여, 각 성 항구에서 통상과 관련된 문서를 발송해야 하는 사건을 만나면, 그것을 사용할 수 있도록 허락하여 신중함을 밝히도록 한다.[100]

이 상유는 이후 양광총독이 각국(조약국)과의 통상사무를 전담하는 흠차대신(五口通商大臣)을 역임하는 계기가 됨으로써, 청의 대외 교섭체제에 중대한 변화를 가져왔다고 평가된다. 양광총독에게 '관리각국통상사무(管理各國通商事務)'란 직함을 부여함으로써 원래 임시로 파견되는 흠차대신에게 부여된 직무가 사실상 영구적인 것으로 바뀐 것이다. 물론 이것은 여전히 오랑캐와의 직접적인 교섭을 꺼리는 천하관념의 영향 아래 이루어진 조치였다.

다만 이후 제2차 아편전쟁의 패배로 설치될 총리아문에도 원래 '통상(通商)'이란 글자가 들어갈 예정이었던 것은 청이 서구와의 외교를 통상과 같은 일, 즉 상업적 이익을 탐하는 데 혈안이 된 오랑캐와의 '통상' 사무가 중심이라고 간주하는 경향이 짙었다는 점을 보여 준다(이에 대해서는 후술). 빈번하게 천자가 머무는 북경으로 찾아오겠다고

國大臣'의 명칭이 붙어 品級·官位에 상관없이 특별한 존중을 받았다. 雍正 연간부터 삼품 이상의 흠차가 북경을 떠나면 연도의 지방관은 교외의 임시숙소 앞에서 무릎을 꿇고 문안 인사를 해야 할 정도였다.

100 「上諭(耆英調兩廣總督, 仍頒給欽差大臣關防)」(道光24年 3月 壬申), 『籌辦夷務始末(道光朝)』 卷71, pp.2815-2816; 『宣宗實錄』 卷403, 道光24年 3月 壬申; 錢實甫, 1959, pp.61-72; 茅海建, 1995a, p.522(김승일·이택산 옮김, 2018, p.698); 李兆祥, 2008, p.61.

하면서 번잡한 요구를 제기하는 이 서양 오랑캐와의 '외교'는 역사적 전례도 없으며, 아직은 청 황제의 위엄을 손상하는 것으로 결코 받아들일 수 없는 달갑지 않은 일이었다. 소극적 배외(排外)와 외부 세계와의 소통을 거부하는 청의 태도는 결코 쉽사리 바뀌지 않았다.[101] J. K. 페어뱅크 교수 역시 일찍이 초기의 조약 단계에 대해 "조약과 중국적 전통의 연속성(Treaties' Continuity with Chinese Tradition)"이라 표현하면서 이렇게 설명한 바 있다.

> 중국은 그 제국적 전통을 포기하지 않고 19세기 중반의 문제에 대응하기 위해 그것을 조정함으로써 근대 세계에 진입하였다. 이러한 조정은 초기 단계에서 '조약체제'가 조공체제'의 부산품이 되게 하였다. …… 따라서 조약체제는 그 초기 단계(1840년대에서 1880년대)에서는 단지 서구가 중국을 서구 세계로 이끄는 서구적 수단에 지나지 않았던 것만은 아니다. 그것은 또한 마찬가지로 청이 서구에 적응하고, 중국적 세계질서 속에서 서구에 그 위치를 마련해 주는 수단으로 여겨질 수 있었다. 중국의 전통적인 관점에서 보면 조약이란 강력한 해상 '오랑캐'를 '기미'하는 도구였으며, 1880년대까지의 초기 조약 시기는 단지 '오랑캐 사무(夷務)'를 처리[籌辦]하는 전통 속의 마지막 국면으로 볼 수 있다. 19세기 중반의 새로운 시작은 전통적 질서가 연속되는 과정에서 하나의 작은 촉매가 되었

101 鄒小站, 2006, pp.298-302. 鄒小站에 따르면 원래 총리아문은 禮部에 公所를 설치하여 모든 것을 처리하려다 종래 번속국의 사무를 처리하던 예부의 체제와 맞지 않고 예부의 大堂에서 서양인 오랑캐를 접견하는 것도 마땅치 않아 조공사절을 맞이하는 會同四譯館의 사례를 빌려 따로 설치하게 되었다. 총리아문 설치 이후에도 총리아문의 대신들은 외국 사절들과 접견하는 것을 꺼렸고, 고위 관원들도 서양 각국에 외교사절로 파견되는 것을 극히 꺼리는 등 '排外'의 기풍은 쉽게 사라지지 않았다.

다. 조약이 점차 우세를 차지하게 되자 조공체제는 느릿하게 소멸해 갔다.[102]

또한 1842년의 「남경조약」 이후 제2차 아편전쟁을 거친 다음의 1860년 「북경조약」에 이르기까지 약 20년 동안을 분석하여, 청 정부의 외교 체제는 여전히 전통적 '조공체제'에 속하며 중외 관계 역시 중국의 전통적 조공 관계 안에 갇혀 있었다는 주장도 바로 이런 점을 가리키는 것으로 보인다. 이 주장을 간단히 정리하면, 이 시기의 중국 외교는 각기 조공체제 I·II·III의 유형에 속하였던 국가와의 세 가지 관계로 구분된다.

당시 중국과 서양의 외교 관념, 서양 국가의 외교 기구(영사) 설치, 청의 구체적인 정책실시를 보면 여전히 오랑캐를 '기미'하는 조공체제의 특수한 변체(變體)에 지나지 않았다. 당시 서구와의 관계를 기록한 『주판이무시말(籌辦夷務始末)』에 천하관념을 반영하는 무수한 단어가 넘치고, 청이 역대 '통상대신'에게 흠차대신으로서 '외교'의 임무를 부여한 것은 서양과의 관계를 여전히 일종의 '일시적인' '호시 관계'로 보았다는 증거이며, 중국이 서구 국가에 외교관 파견을 전혀 고려하지 않았던 것도 마찬가지 해석의 근거가 된다.[103]

따라서 이러한 신·구 혼합의 외교 관계에서는 전통적 색채가 훨씬 주도적 지위를 차지하였고, '중외 관계'는 여전히 전통적 조공 관계 속에 갇혀 있었다고 할 수 있다. 지금까지의 관찰을 보아도 이렇게 '천조체제의 지속'이라 바꾸어 볼 수 있는 해석은 상당한 일리가 있다. "조

102 John K. Fairbank, 1968b, "The Early Treaty System in The Chinese World Order," J. K. Fairbank(ed.), 1968 所收, pp.256-257.

103 何新華·王小紅, 2003.

공이념은 조약을 그 내부에 편입"하였다거나, "조공이념·화이이념을 상위 이념으로 삼아 그 아래에 조약 관계를 위치하게 한 것"이라는 설명,[104] 또는 "조약 관계라는 것은 어디까지나 구래의 관계의 연장선 위에 있었고, 요컨대 난폭한 외국을 온순하게 만들고 목전의 곤란한 시국을 수습하려는 방편에 지나지 않는다. 그것이 청조의 입장이다. 그래서 '외이조종(外夷操縱)'이라는 '이무(夷務)'에 대한 인식 역시 구태의연하였다."라는 지적도 마찬가지다.[105]

다만 아무리 이렇게 천조체제의 '우위'가 지켜지고 있었고, 청이 이를 포기하려 하지 않았다고 하더라도, 청은 결국 압도적인 무력을 보유한 서구와의 '조약체제'를 제대로 지켜내지 않으면 국가적 이익에 엄중한 손해를 입게 된다는 것을 점차 받아들여야 했다. 대략 도광·함풍(1861년까지) 연간에는 "은근히 조약을 위배하던 태도[陰違條約]"에서, 동치·광서 연간에는 "조약을 착실하게 지키는 태도[信守條約]"로 바뀌는 고통스러운 경험이 필요하였던 것이다.

물론 실제 과정은 이러한 개념적 설명보다 훨씬 복잡하고 시행착오에 가득찬 일이었으며, 그 변화에도 상당한 시간이 걸렸다. 청은 우선 천조체제를 고수하고, 열강이 중국에서 획득하는 권리를 조약 범위 안에 제한하기 위해 처음에는 일단 조약을 '울타리'로 삼아 상대방에게 조약을 지키는 것[守約. 信守]을 요구하는 데서 시작하여, 5개 항구 이외의 통상을 금지하고, 선교사의 내지 활동을 금지하고, 나아가 번속국에 가서 활동하는 것을 금지하려 하였다. 열강 세력의 확산을 막고 최대한 천조체제를 유지하는 데 우선적인 목표를 두어, 청 자체가 조약을 준수하는 것보다는 오히려 서구 열강이 기존 조약의 틀을 벗어난 무리한

104 濱下武志, 1994, p.275.
105 岡本隆司, 2009b, p.22.

요구를 하지 못하게 막는 데 중점을 두었다.

하지만 계속되는 열강과의 접촉·충돌 속에서 청은 점차 스스로 조약을 준수하여 서양 열강에 "신의를 보인다.[示之以信]"는 방침으로 넘어가지 않을 수 없었다. 상대방에게 조약 준수를 요구하면서 전통적 국체(國體), 즉 천조체제를 유지하기 위해 상대방에게 조약 준수를 요구하던 태도에서, 이제는 점차 스스로 조약의 준수를 강조하고 지방관에게도 그 점의 관철을 계속 강조하면서 모든 것을 '조약에 따라 처리'하여 충돌과 말썽의 구실을 없애고 서구 열강의 신뢰를 얻는 것이 훨씬 더 '국익'에 도움이 된다는 태도로 바뀌게 되었던 것이다.[106]

그렇지만 「남경조약」과 그 이후의 잇따른 불평등조약으로 기존의 '광동무역체제(廣東貿易體制. Canton Trade System)'가[107] 해체되는 것을 받아들인 상황에서도, 청은 여전히 이러한 변동을 기존 천조의 정제, 천조체제를 부분적으로 '변통'하는 것으로 해석할 수 있었다.[108] 천조체

106 이 점에 대한 상세한 분석은 李育民, 2004(2006) 참조.

107 이것은 보통 '廣東貿易體制'로 번역되는 경우가 대부분이다. 하지만 원래 Canton은 廣東省이 아니라 廣州市를 가리키는 서양인들의 용어였고, 따라서 '광주무역체제'로 번역하는 것이 정확할 수도 있다. 다만, 서양인의 무역이나 그것을 관장하던 粵海關의 관할 범위가 엄격히 따지자면 광주시에만 한정된 것은 아니고 광주 주변 여러 항구와 그 이외의 지역도 포함되므로(주형준, 2021, pp.18-32), 어원이 아니라 그 지역적 범위를 가지고 이야기한다면 '광동무역체제'라고 해도 상관이 없다. 광동무역체제에 대한 국내 연구는 朴基水, 1998, 2011, 2012, 2015a, 2015b, 2017 등 참조.

108 보통 '광동무역체제'는 건륭22(1757)년 이후 중국의 해로 대외무역을 廣州港에만 제한하고 公行을 통해 대외무역을 독점·관리하여 외국인을 통제한 것이라고 일컬어지지만, 정확히 말하자면 역사적 사실과 부합되지 않는다고 한다. 영국 상선 외에 청은 결코 다른 외국 상선의 출입을 광주로만 제한한 적이 없었다. 영국 상선을 광주로만 제한한 것은 그 이전에 영국 동인도공사의 洪任輝(洪仁輝. James Flint)가 浙江省 寧波에서의 무역권을 확보하기 위해 天津까지 찾아온 사건 때문이었다. 또한 청이 寧波 등지의 무역을 막은 것은 많지도 않은 외국 상선이 다른 곳으로까지 진출하면 粵海關의 定額稅收에 차

제 내에서 상국은 '천하공주'로서 속방과 책봉·조공 관계를 맺고 '속방'의 이익과 안전을 책임졌지만, 단지 무역 관계[互市]만 있는 서양 국가에 대해서는 독무·지방관이 직접 관리하는 것을 꺼려 광동에 그 책임을 맡기고, 나아가 엄격한 행상(行商·保商) 제도를 설립하여 그들이 정부 관원 대신 직접 서양 상인을 관리·통제하는 임무를 맡겼던 것이 이른바 청대의 유명한 '광동무역체제'였다. 즉 이 무역체제의 주요 특징은 '일구통상(一口通商)'과 행상 제도이며, 중화사상에 입각한 '회유원인'의 대외정책이 그대로 반영된 것이었다.[109] 아편전쟁 이후 이 천하 관념에 기초한 '광동무역체제'가 해체되기 시작하여 청의 대외무역체제가 지방 관원이 직접 서양 상인·국가를 관리해야만 하는 '개항장 체제(Treaty Port System)'로 점차 바뀌게 되었지만, 그것은 여전히 기존 '호시'제도의 개편이나 천조체제의 부분적 변통으로 간주할 수 있었다.

사실 아편전쟁에서의 패배나 그 이후 서구 각국과 맺은 불평등조

질이 생기고, 다른 항구의 경우 외국 상선을 맞이할 여력(해관 설치나 운영)이 없었기 때문이었다. 廈門·寧波 등지의 항구에는 이후에도 여전히 스페인·샴·자바·술루 등의 상선이 와서 무역할 수 있었다. 廖敏淑, 2013, pp.97-101; 何新華, 2013, pp.400-439 등 참조. 한편 何新華(2013, pp.440-469)는 남쪽 '광동체제'와 대칭을 이루는 것으로서 북쪽 러시아와의 '카흐타무역체제(恰克圖體制)'를 주목하여, 양자 모두 朝貢의 틀 아래 이루어진 통상체제이지만, '카흐타무역체제'는 러시아와의 국경조약을 기초로 형성된 것이라 조약체제하 통상제도의 '先聲'으로 간주할 수 있다고 설명한다.

109 주형준, 2021은 광동무역체제하 粵海關의 조직과 특성 및 세수 행정과 운영을 다루고 있는데, 그 가장 중요한 특징으로 지목된 관세의 대리 징수 구조 역시 기본적으로 천조체제의 원칙에 따라 천조 관리가 외국 상인과 직접 교섭하는 것을 피하고, 아울러 행정 편의와 복잡한 징세 업무에 대한 책임을 회피하려는 목적으로 중간에 징세 청부업자인 행상(보상)을 끼워 넣어 무역과 관세 과세 및 징수를 위탁한 데서 비롯되었다는 점을 지적한다. 특히 월해관에 과세와 징세를 위한 행정부서가 존재하지 않았다(p.31)는 점은 이러한 특성을 잘 보여 준다.

약에서 청이 큰 좌절을 맛보게 된 것은 기본적으로 천조체제·천하관념에 바탕을 둔 대응으로 일관하였기 때문이었다. 이러한 관념에 따르면 조약에 의한 통상항구의 개방은 회유원인(懷柔遠人)과 무어사해(撫禦四海), 일시동인(一視同仁)이라는 '오랑캐' 각국에 대한 천자의 공평한 대우와 은덕이라는 혜택으로 간주하면 그만이었다. 홍콩의 할양은 '상으로 빌려주는 것(賞借)', 배상금은 '진실한 신의를 보여 주는 것[以示誠信]', 통상항구의 개방은 황제가 '각별하게 은혜를 베푼 것[格外施恩]'이었으며, '최혜국대우' 역시 황제가 '모두를 차별하지 않고 동등하게 은덕을 베풀어 준 것'으로 간주할 수 있었다. 불평등조약의 또 다른 대표적 조항인 치외법권(治外法權)과 영사재판권(領事裁判權) 역시 판도 내에 거주하는 오랑캐의 문제는 오랑캐 스스로 처리하게 하던 전통적인 속인주의적(屬人主義的) 관행이나 전례(前例)의 연장으로 해석될 수 있었고, 관세율 5%와 협정관세(協定關稅)도 기존 세율보다 높았던 새로운 세율과 관세자주권 및 국가 주권에 대한 무지에서 나온 결과였다. 이런 것들은 서구 국가의 강요에 의한 것이라기보다는 사실상 조약 협상 과정에서 '속아서' 넘겨준 것이나 마찬가지였다. 이런 것들은 「남경조약」에 의한 것이 아니라, 조약체결 후 도광제의 지시로 '영구히 후환을 단절하기 위해' 다시 벌인 협상을 통해 체결된 일련의 후속 조약 등에 의한 것이다.[110] 천조체제의 존엄과 유지를 앞세우는 관념이 청의 대응 과정을 지배하였던 것이 이러한 결과를 낳은 근본 원인이었다.

이 때문에 청 말 양무파의 사상가로 유명한 설복성(薛福成) 같은 경우는 1885년에 서문을 쓴 『주양추의(籌洋芻議)』에서 "중국이 처음 조약을 맺었을 때 평범한 것처럼 보였지만 무궁한 후환을 남긴 것으로는

110 이에 대해서는 茅海建, 1995(2014), 제7장, pp.482-556(김승일·이택산 옮김, 2018, pp.634-736); 賈小葉, 2008, pp.118-124 참조.

대략 두 가지가 있는데, 하나는 한 나라가 이익을 얻었을 때 다른 나라들이 이를 고루 누리게 한 것[一體均霑]이고,…… 다른 하나는 서양인이 중국에 거주할 때 중국 관원의 관리를 받지 않게 한 것이다[治外法權].” 라고 지적하면서, 힘써 이를 만회해야 한다는 주장을 내놓기도 하였다.[111] 이러한 특권을 사실상 자발적으로 내준 것이나 마찬가지였던 청이 실제 서구 중심적 불평등 조약체제에 내포된 문제점을 파악하는 데는 적어도 수십 년이라는 상당한 시간이 필요하였다. 물론 그것을 만회하는 데는 훨씬 더 긴 시간이 들었다.

하지만 주권 평등의 원칙 위에서 국가 간 체결된 조약에 따라 운영되는 국제질서인 ‘조약체제’(또는 ‘개항장 체제’)의 도입에도 불구하고,[112] 기존의 동아시아 각국과의 관계나 질서, 즉 천조체제는 이와 관련 없이 당분간 그대로 유지될 수 있었다. 조선의 경우 청에 1894년까지 줄곧 조공사절을 파견하였고, 베트남 역시 프랑스의 식민지화가 진행되던 1880년까지 조공사절을 파견하였다.[113]

111 薛福成, 『籌洋芻議』 「約章」(丁風麟·王欣之 編, 1987, pp.527-529). 鄒小站, 2006, p.312 참조. 薛福成(1838-1894)은 자가 叔耘, 호가 庸盦으로 江蘇 無錫 추신의 外交家이자 자강운동의 주요한 사상적 배경을 제공한 이론가 가운데 한 사람이다. 1865년부터 曾國藩, 1875년부터 李鴻章의 막료로 일하였으며, 1884년 浙江의 寧紹臺道로 지방관에 출임하고, 뒤이어 1889년에는 出使英法意比大臣으로 부임하여 임기를 마치고 귀국하다 上海에서 사망하였다. 『庸庵文編』四卷(『續編』 二卷, 『外編』 四卷, 『庸庵海外文編』), 『籌洋芻議』 十四卷, 『出使四國日記』 六卷, 『庸庵筆記』 등 여러 저서를 남겼다.

112 조약체제에 포괄적인 정리는 J. K. 페어뱅크, 「조약체제의 성립」, 존 K. 페어뱅크 편, 2007a, pp.359-443, 조약체제라는 개념에 대한 간결한 정리는 丘凡眞, 「조약체제」, 서울대학교역사연구소 편, 2015, pp.1602-1604 참조. 근대중국이 각국과 맺은 조약에 대한 포괄적 소개는 李育民 等, 2011 참조. 또한 전통적 조공체제의 몰락, ‘기나긴 황혼’에 대해서는 John K. Fairbank, 1968b, pp.263-269에서 상세하게 서술하고 있다.

113 베트남은 태평천국의 반란으로 인한 조공 통로의 폐지로 1853년에서 1869

따라서 청은 일시적 방편으로 받아들인 '조약체제' 역시 천조체제의 테두리 내에서 통상 부분을 확대하는 것만으로 운영할 수 있다고 여겼지만, 앞서 도광제의 경우처럼 이러한 변화가 조선 등에 파급되어 기존의 양국 관계를 동요시키는 데는 상당한 우려를 표시하였다. 다만 서구의 적극적인 진출에 대항할 수 있는 수단이나 자세를 갖추고 있지 못하였던 만큼, 청의 기본적 목표도 현상 유지에 두어져 있었다. 따라서 조선과 서구 각국의 관계는 어쩔 수 없이 받아들인 '조약체제'에 포함되지 않는 문제, 천조체제 내부의 문제라고 간주함으로써, 청은 그 문제에 대한 서구 열강의 개입이나 요구를 거부하고 조선 문제에 개입하는 것을 원치 않는 자세를 보였다. 앞서 조약을 '울타리'로 삼아 서양 각국이 번속국에 가서 활동하지 못하게 막으려 하였다고 한 서술은 바로 이런 점을 가리킨다.

이것은 또한 청의 전통적인 속국 정책에 대해 『청사고(淸史稿)』의 머리 부분에 간단히 정리하고 있는 것과 거의 같은 맥락이었다. 즉 "베트남과 조선의 정치가 어지럽고 반란이 일어났으나 국가[淸]는 평소 속

년 사이에는 조공 왕래를 중단하였다. 다만 베트남은 1862년, 1867년, 1873년 프랑스의 침공에도 불구하고 청에 원조를 요청하기는커녕 알리지도 않았다(북부의 '匪徒' 소탕에 대한 지원 요청만 있었다.). 이것은 청에 대한 조공이 '형식'에 지나지 않았다는 점, 베트남 측이 청의 '종주권'에 대해 큰 의미를 부여하지 않고 원심적·자립적 경향을 보였음을 알려 주는 것으로 해석되기도 한다. 劉仁善, 2009, pp.409-410; 崔熙在, 2010; 劉仁善, 2012, pp.255-281, 2018, 251-279; 홍성화, 2019b 참조. 孫宏年, 2006, pp.42-56, p.389의 해석은 약간 달라, 프랑스가 통상·전교만을 요구할 뿐 영토적 욕심은 없을 것이라는 판단과 청의 구원 능력이나 자신의 저항 능력에 대한 베트남의 회의 때문에 그런 것이고, 1880년대에는 청과의 전통 관계 회복을 통해 적극적인 대항에 나선다고 평가한다. 또 관련 정보가 부족하였던 청이 이에 대해 '過問'하지 않은 것도 그것을 원치 않아서가 아니라 베트남의 외교 사무에 간여하지 않았던 종래의 원칙을 지켰기 때문이라고 보기도 한다.

국을 기미하는 방책을 지켜 내정에 간여하지 않았고, 흥쇠치란(興衰致亂)에 대해서도 수수방관하였다."[114] 이것은 "상국은 오랑캐를 다스리지 않는다.[上國不治夷狄]"거나 "천조는 오랑캐를 다스리지 않는다.[天朝不治夷狄]"는 관념으로 표현되기도 한다.[115] 이것은 아마 앞서 나온 "왕자(王者)는 오랑캐를 다스리지 않는다."라는 전통적 관념에서 비롯되었을 것이다.

그리고 조선도 마찬가지로 천조상국의 보호 아래, 청의 이러한 태도나 불개입 정책을 이용하면서 기독교의 전래를 엄격하게 탄압하거나 서구와의 접촉이나 교역·조약을 거부하여 기존의 질서를 유지하는 데에는 뜻을 같이하였다. 서구 세력의 위협이 청의 군사적 무력함을 보여 주었지만, 동시에 이러한 위협이 청의 보호를 원하는 조선의 기대 때문에 양국을 갈라놓기보다는 도리어 서로 접근하게 만들었다고 하는 지적이 가능한 것도 이 때문이다.[116] 1844년 청의 칙사에게 정례를 따른 접대[饋送] 외에 따로 은 5천 냥을 제공하려 시도하고, 이 뜻을 이루지 못하자 심지어는 청의 칙사가 국경을 나설 무렵 받아 주지 않으면 국왕에게 중죄로 처벌받는다고 무릎 꿇고 간청하는 일까지 벌어졌던 사례는 몹시 극진한 '사대의 성의'라는 관행을 보이려는 조선의 태도를 여실히 드러낸다.[117] 그렇지만 외교나 통상, 기독교의 전래를 계

114 趙爾巽 撰, 1977, 『清史稿』 卷526 列傳 313 「屬國 一 朝鮮·琉球」, p.14567.

115 李兆祥, 2008, p.46, p.99.

116 Odd Arne Westad, 2021, pp.68-70.

117 『宣宗實錄』 卷404, 道光24年 4月 庚子. 憲宗9년(道光23年) 조선의 孝顯王后金氏가 승하하자 諭祭使로 조선에 파견된 正使 栢葰은 副使 恒興과 함께 조선을 다녀간 뒤 『奉使朝鮮驛程日記』와 使行詩 등을 남겼는데(이에 대해서는 구범진, 2004; 金翰圭, 2011, pp.441-476 등에서 소개하고 있다.), 이때 바로 이런 사례가 발생하였다. 건륭제 이후 계속 이러한 조선 측의 定例 外 饋送을 금지하는 상유가 내려졌음에도 불구하고 清의 勅使에게 여전히 정례 이외의

속 거부하더라도, 서양 선박의 출현, 표류나 이에 대한 구제 등의 문제는 과거에는 전례가 별로 없는 상황이었다. 그런 만큼 이제 조선과 청 사이에 서양 각국이 끼어들고, 아무리 양국이 이것과 관련된 번거로움을 피하려고 노력하더라도 이것이 '외교' 차원으로 번지는 것은 결국 시간문제가 될 수밖에 없었다.

아편전쟁에서 패배한 청의 위신 추락이나 제2차 아편전쟁(애로호 전쟁)에서 함풍제의 승덕(承德. '熱河')으로의 피신[蒙塵], 그리고 이와 더불어 모든 조공국의 조공이 중단된 것은 이러한 흐름을 확인해 준다.[118] 다만 이때도 조선은 예외적으로 열하로까지 '열하문안사(熱河問安使)'를 파견하였다. 『철종실록(哲宗實錄)』 13권에는 다음과 같은 기록이 보인다.

> 회환(回還)한 열하사를 소견하고, 임금이 말하기를, "중국의 사세(事勢)는 어떠한가?" 하니, 조휘림(趙徽林)이 말하기를 …… "이번의 별행(別行)에 격외의 은상(恩賞)이 있었던 것으로 보아, 황제가 특별히 우례(優禮)하는 뜻을 보인 것을 헤아릴 수 있습니다. 또 조사(朝士)가 전하는 바를 들으

'예단'(栢葰의 경우 銀 5千兩)을 제공하려는 조선의 시도로(丘凡眞, 2015, pp. 137-142 및 金翰圭, 2011, pp.460-469 참조), 결국 간청을 이기지 못한 栢葰은 이것을 받아 북경에 도착한 다음 예부에 자신 신고하고 사정을 상주하였다. 그는 심지어 사행 도중 조선 측의 물품공급조차 대부분 모두 거절하여 '청렴함'을 내세울 수 있었지만, 조선 측은 이 무렵 淸使 스스로 인정하지 않을 수 없게 할 정도로 극진하게 접대하려는 성의를 마다하지 않았다.

118 술루(Sulu)는 건륭 중기에 진공을 멈추었고, 샴(Siam)은 1852년이 마지막 진공이었으며(이후 여러 차례 시도하나 조공노선의 문제로 실패하였다.). 라오스 역시 1853년에 마지막으로 조공하였다. 제2차 아편전쟁 이후 중앙아시아 국가들도 더 이상 조공하지 않았다. 柳岳武, 2016, pp.175-176, pp.192-204. 베트남은 태평천국의 봉기 때문에 조공을 중단하였다가 1869년 다시 조공을 시작하였고, 1880년이 마지막 조공의 해가 되었다.

그림 2. 북경 원명원(圓明園) 유적지에 세워졌던 무망국치의 벽

근대 중국이 맺은 모든 불평등조약을 새긴 철판을 연결하여 만든 벽이었으나, 현재 보이지 않는다. 아마 2008년 북경 올림픽을 계기로 철거된 것으로 보인다.(2005년 필자 촬영)

면 '이번 사행은 곧 열국(列國)에서는 없었던 것이 조선에서만 유독 있었으니, 한결같은 마음으로 사대하는 정성은 깊이 흠탄(欽歎)할 만하다. 참으로 예의의 나라다.'라고 하였다고 하였습니다." 하니, 임금이 말하기를, "이 어렵고 위험한 때를 당하여, 사대하는 도리에 있어 어찌 한 번쯤 문안하는 예가 없을 수 있겠는가?" 하였다.[119]

이 기록은 조선의 위치가 천조체제에서 '모범'이라기보다는 오히

119 『哲宗實錄』 13卷, 哲宗12年 6月 19日 丙子 첫 번째 기사. 「회환한 열하사를 소견하고 중국의 사세를 묻다」.

려 '예외'임을 보여 주는 또 하나의 증거처럼 보인다. 하지만 서구 열강의 침략 외에도 1851년부터 시작된 태평천국(太平天國)·염군(捻軍)의 반란 및 주변부 각지 이슬람교도, 묘족(苗族) 등 소수민족의 저항으로 청은 사실상 거의 붕괴 직전의 위기까지 몰리기도 하였다. 태평천국은 수도인 북경 부근까지 북벌군(北伐軍)을 보내 청을 풍전등화의 위기에 몰아넣기도 하였다. 1850년대에서 1860년대 초반에 걸친 이러한 내우외환에 직면한 청의 쇠락은 기존의 동아시아 질서와 조선의 사대 관념에 상당한 동요를 초래하였다.

이러한 소식을 전해 들은 조선에서 청의 위신이 추락하는 것은 그야말로 시간문제일 뿐이었다. 일본 또한 미 해군 제독 페리(Mathew C. Perry)가 이끈 흑선(黑船) 함대의 압력을 받아 1854년 「미·일화친조약」을 맺었고, 1858년에는 「미·일통상조약」에 조인하였다. 뒤이어 서구 각국과 일련의 불평등조약을 체결한 일본은 종래의 '쇄국[海禁]'을 해체하고 조약체제에 편입되었다.

5) 총리아문의 설립과 외교사절의 북경 주재

결국 청은 제2차 아편전쟁에서의 패배 이후 기존의 천조체제에 대한 전반적인 '수정'을 피할 수 없었다. 1858년 영국과 맺게 된 「천진조약(天津條約)」 제2조에서는 양국이 화호(和好)의 상규(常規)를 따르고 또한 임의로 병권대원(秉權大員)을 각기 상대방의 수도에 파견할 수 있다고 규정하였다. 제3조에서는 영국의 외교사절과 권속(眷屬)이 북경에 오래 머무르거나 수시로 왕래하는 것은 본국의 지시에 따라 실행할 수 있다고 규정하면서, 아울러 "영국은 자주지방(自主之邦. Independent Nation)으로 중국과 평등하다."라고 선언하였다. 또 제51조에서는 영국 측의 요구로, "앞으로 각종 양식의 공문에서 북경이든 지방이든 막론하고 대영국의 관민(官民)을 언급할 때는 당연히 오랑캐[夷]라는 글자를 쓸 수 없다."라고 규정하였다.[120] 이와 동시에 프랑스·영국·미국 등과 맺은 「천진조약」에 의해 청은 이제 서양 각국을 '평등'한 국가로 인정해야만 할 뿐 아니라, 외교사절의 북경 주재를 허용하고, 서양인을 이제는 '오랑캐[蠻夷]'로 부를 수도 없게 되었다. 따라서 종전의 오랑캐와 관련된 교섭 사무를 가리키던 '이무(夷務)'도 이후에는 '양무(洋務)'로 교체되었다.[121]

아울러 이러한 새로운 상황에 대처하기 위해 1861년 1월 20일 종래 군국사무(軍國事務)를 주관하던 군기처(軍機處)와[122] 대외사무를 담당하던 예부·이번원 외에 따로 총리아문을 설치하여 서구 각국과의 외교·통상 문제를 전담하게 하였다.[123] '조약체제'의 전면적인 등장을 알

120 海關總署『中外舊約章大全』編纂委員會 編, 2004, 『中外舊約章大全』 上冊, p.310. 사실상 이 '夷'라는 표현에 대해 거의 60년 동안 특히 여러 영국 관원·상인들이 당국에 항의를 거듭했고, 그 결과가 「천진조약」에서 마무리된다는 점에 대해서는 王爾敏, 1960(2008a) 참조.

121 이에 따라 청 정부에서 '夷務'와 관련된 당안을 모아 정리하였던 『籌辦夷務始末』도 道光·咸豐·同治 연간의 것만 1929년 이후 공개되었지만, 실제로는 『光緒朝籌辦夷務始末』도 편찬되었다(臺北의 故宮博物院에 보존되어 있다.). 그 뒤를 이어 광서조 이후 청의 외교사료를 정리한 것으로 알려진 王彥成 纂輯, 王亮 編, 『清季外交史料』가 사실은 이 『光緒朝籌辦夷務始末』을 베껴서 정리·편찬한 '표절'이라는 점은 馮明珠, 1987, 1988; 金奉俊, 2021 참조.

122 軍機處는 雍正 7(1729)년 西北지방에서의 用兵 때문에 세워졌다. 군사기밀의 누설을 막기 위해 隆宗門 안에 軍機房을 설치하여 황제의 정무를 보좌하도록 하였는데, 軍機大臣과 軍機章京 등을 두었으며, 1911년 책임내각제가 실행되어 폐지될 때까지 존속하였다. 군기처는 軍政大權을 總攬하는 기관으로 황제가 직접 장악하는 비서실 역할을 하면서 국가 최고기관으로서의 위치를 차지하였다.

123 총리아문이나 남·북 통상대신의 설치, 근대중국 외교 제도 전반의 변화과정과 주변 지역과의 관계에 대해서는 錢實甫, 1959, pp.136-291; 王爾敏, 1960(2008b); 坂野正高, 1973; 王曾才, 1987; 董守義, 1989; 吳福環, 1995;

리는 이 총리아문의 설립과정에서 주의를 끄는 것은 원래 그 설립을 요청한 공친왕(恭親王) 혁흔(奕訢)과 대학사(大學士) 계량(桂良), 군기대신(軍機大臣) 문상(文祥)의 상주나 이에 대한 군기대신 등의 검토의견[議覆]에는 '통상'이란 글자가 들어 있지 않았지만, 함풍제가 이에 대해 내린 상유에서 '총리각국통상사무아문(總理各國通商事務衙門)'이란 명칭을 쓰면서, 동시에 각국의 조회 및 모든 통상사무는 중앙은 물론이고 지방 독무·장군도 예부에 먼저 자문으로 알리고 예부에서 총리아문에 자문을 전달하라는 내용을 포함하였다는 점이다. 하지만 공친왕 등이 다시 '통상'이란 명칭이 들어가면 각국이 모든 외교·통상사무를 총리아문에 가져올 것이며, 통상 문제의 경우 천진·상해 등의 지방 고위 관료가 전담하여 멀리서 통제하기 어렵다는 이유로 '통상'이란 명칭을 제거하자고 요청하여 결국 함풍제가 이를 받아들였다.

함풍제의 지시는 단지 외교와 통상을 나누지 않던 습관에서 나온 것일 뿐이라는 해석도 존재한다.[124] 그렇지만 '통상' 용어의 첨가는 외교 사무의 최종 결정권은 황제에게 있으므로 총리아문이 외교보다는 통상에 비중을 두게 하려는 의도에서 나온 것으로 볼 수도 있는데, 다른 한편으로는 계속 승덕(承德. 熱河)에 피신하여 있으면서 북경에 남겨둔 공친왕에게 열강과 교섭하는 과제를 떠넘긴 함풍제(도광제의 四子)

樊百川, 2003(2009), pp.529-697; 吉正芬, 2006; 中國社會科學院近代史研究所 編, 2006, 『中國近代通史』 第3卷, pp.2-74; 李兆祥, 2008; Jennifer M. Rudolph, 2008; 曹雯, 2010; 段昌國, 2010; 廖敏淑, 2013; 柳岳武, 2016; 李文傑, 2017; 岡本隆司·箱田惠子, 2019 참조. 한편 외교 제도의 변화에 따른 외교관 집단의 형성에 대해서는 李文傑, 2017(여기에는 총리아문에 대한 연구사가 잘 정리되어 있다. 아울러 譚淑雅, 2017 참조) 참조. 한편 종래 러시아 관계 외교 업무를 담당하던 이번원의 직무도 총리아문의 성립과 더불어 종료되었다.

124 吳福環, 1995, p.17.

가 이전에 황위(皇位) 계승의 경쟁자였던 공친왕(도광제의 六子로 함풍제보다 한 살 어리다.)을 견제하려는 의도를 보인 것이라는 해석도 있다.[125] 여하튼 총리아문이 군기처를 모방하여 조직되면서 황제만이 독자적으로 누리는 결정권·권력을 분산시킬 가능성을 가지고 있어 총리아문의 권한·지위를 제한하려고 했다는 시각이[126] 아마도 보다 적절한 해석으로 보인다(총리아문은 군기처에서 파생하여 통상과 외교 사무를 전담하는 기구로 군기처에 예속하지도 않았으므로, 군기처와 대치하면서 대권을 분장하는 것으로 여겨질 수 있었다.).

함풍제가 상유에서 (서구 각국도 '번속'이나 마찬가지이니 종래 번속 사무를 담당하던) 예부를 중간에 끼워 넣고 여전히 예부를 총리아문 위에 놓음으로써 총리아문의 권한을 견제하려 했던 것도 아마 이 때문이었을 것이다. 공친왕이 총리아문의 설치를 주청할 때 남·북 통상대신을 분설(分設)하여 지방 각 성에서도 외국 사건을 처리하겠다고 하였으므로[127] 총리아문을 청의 외교를 총괄하는 것이 아니라 외무 기구 가운데

125 袁野, 2014, pp.150-157.

126 樊百川, 2003(2009), pp.529-546; 段昌國, 2010, pp.31-44. 총리아문은 수도에서 외국인과 교섭하는 국면이 계속되었기 때문에 임시였던 그 교섭 인원을 상설기구화한 것에 지나지 않으며, 개항장에 직속하는 하급 관원도 갖지 않고 재력이나 무력의 뒷받침도 없었던 총리아문의 판단력, 실행력은 제도적으로 처음부터 허약한 것이었다는 지적도 이를 뒷받침한다. 岡本隆司, 2009b, p.24. 실제 후술할 남·북양 통상대신과 같은 경우는 총리아문의 직접 지휘를 받지도 않았고 제도적으로 예속된 관계도 아니었다.

127 새로 개방된 天津·牛莊·登州의 통상사무를 설치하기 위해 三口通商大臣이 설치되었는데 이전의 五口通商大臣과는 달리 총독이 겸직하지도 않았고 欽差의 關防도 주어지지 않았다가, 나중에 북양통상대신으로 명칭이 바뀌고 직예총독이 겸직하게 되었다. 그리고 오구통상대신은 양광총독이 겸직하던 것에서 兩江總督(江蘇·安徽·江西省을 관할한다.)에게 예속하는 것으로 바뀌어 江蘇巡撫가 겸직하다가 이후 南洋通商大臣으로 통합되자 양강총독이 겸직하게 되었다. 錢實甫, 1959, pp.173-193 참조.

하나에 지나지 않았던 것으로 설정한 점이나, 공친왕이 총리아문을 행정체제 속에 집어넣어 군기처와 평행하게 하고 군기대신의 권위를 빌려 그 참여와 겸임을 규정하였지만 어디까지나 "군무(軍務)가 숙청(肅淸)되어 외국 사무가 비교적 간단해지면 즉시 재철(裁撤)하고 다시 군기처에서 처리하게 하겠다."라는 단서를 붙인 것도 모두 이러한 상황을 반영한다.

또한 총리아문이 설립된 계기의 하나로는 러시아가 군기처에 직접 긴요한 공문을 예부를 통해 보내겠다고 요구해 왔는데, 군기처가 직접 열강·서양인과 교섭하는 것은 '체제'를 중시하는 황제나 군기처가 도저히 받아들일 생각이 없었기 때문에, 총리아문을 열강과 군기처 사이의 완충구로 삼고자 한 것이었다는 지적도 흥미롭다.[128] 군기처 조직을 모방한 총리아문을 설치하여 조약국과의 교섭을 맡기면서도, 청 조정은 여전히 천조체제의 존엄에 집착하고 있었다는 점을 여기서 엿볼 수 있기 때문이다.

여하튼 성립 이후 총리아문은 원래의 의도와는 다르게 — 앞서 언급했듯이 긴급한 문제가 해결되면 해체되는 임시기구로 예정되어 있었다. — 점차 사실상 청의 외교·통상 문제뿐만 아니라 군사·교통·재정·상공업·교육 등 거의 모든 군국(軍國)의 대사를 떠맡는 최고의 실권을 가진 기구로 발전하게 되었다. 또한 이와 더불어 새로 개방된 북방 지역의 통상사무를 관장하기 위해 삼구통상대신(三口通商大臣)으로 숭후(崇厚)가 임명되었다. 삼구통상대신의 직위는 원래 창설 이후 만주인 관료의 전결(專缺)이나 마찬가지였으나, 그 직위가 낮고 독립적인 정부 기구가 아니라 부분적인 통상·외교 업무만 담당하며 지방 사무에

128 李兆祥, 2008, p.114.

대한 감독 권한이 없어 책임만 있고 권한은 없는 직책이라 지방관의 협조를 받아 내기도 어려웠다. 이 자리를 맡은 숭후는 천진에서 자강운동의 일환으로 양창대(洋槍隊)의 훈련이나 총포 등 무기 제조 등에 임하였으나, 그 성과는 증국번이나 이홍장의 그것에 비하면 형편없는 수준에 지나지 않았다. 결국 1870년 천진교안(天津教案)이[129] 발생하였을 때 그 처리에 참여한 모창희(毛昶熙)의 제안으로 직예총독(直隸總督)이[130] 그 업무를 겸관하게 되고 명칭도 북양통상대신(北洋通商大臣. 이하 북양대신으로 약칭)으로 바뀌었다.[131]

북양대신은 직예총독의 겸직으로 바뀌면서 흠차대신의 관방을 받아 좀 더 지위가 높아졌는데, 이 북양대신(총리아문에 예속한다.)의 자리

129 천진교안은 同治9(1870)년 천진 백성들이 천주교가 프랑스의 무력 비호 아래 선교활동에 종사하는 것에 자극받아 천주교회와 신도들을 공격한 사건이다. 서구 각국의 항의와 군함 시위로 청 정부는 수십 명을 사형과 유배형에 처하고 숭후를 프랑스에 파견하여 사죄하며 50여 만 냥의 배상금을 물었는데, 이 처리를 맡은 직예총독 曾國藩은 이러한 타협이 굴욕적이라는 비난을 받아 그 명성이 크게 훼손되었다.

130 각 성 총독 가운데 수석의 위치를 차지하는 직예총독의 정식 명칭은 "總督直隸等處地方提督軍務糧餉管理河道兼巡撫事"로 직예 등의 지방 행정을 총괄하고 군사 업무 및 군사 비용을 감독하며 아울러 여러 河道의 治水를 관리하고 巡撫의 역할을 겸임한다는 뜻이다. 또 원래 保定에 있던 總督署를 天津으로 옮겨 여름과 가을에는 천진에서, 얼음이 얼어 강이 얼어붙는 겨울과 봄에는 보정에서 지내게 된다. 직예총독의 직무와 역임 총독에 대해서는 衡志義 主編, 1999에서 포괄적으로 다루고 있다. 이홍장의 경우 同治9년에서 光緒8년, 光緒9년에서 21년(중간은 丁憂 기간)까지, 즉 1870년부터 1895년까지 25년 동안 직예총독을 맡았다. 역대 직예총독의 경우 5-6년의 임기를 가진 경우가 서너 사람밖에 없고, 대부분 1년 내외 미만이거나 署理였던 경우를 생각하면 이홍장은 청대 역사상 압도적으로 최장기의 임기를 누렸음을 알 수 있다. 衡志義 主編, 1999b, pp.1-42 참조.

131 이후 북양의 洋務의 興辦, 海防의 籌辦, 通商交涉을 주된 업무로 삼게 된 북양대신의 성립과 역할에 대해서는 錢實甫, 1959, pp.149-151, 182-187; 王爾敏, 1960(2008a); 吉正芬, 2006; 張禮恒, 2015; 荻恵裏子, 2016 등 참조.

를 최초로 맡은 사람이 바로 천진교안 처리로 큰 비난을 받아 물러난 증국번을 대신한 이홍장이었다.[132] 이를 통해 이홍장은 청의 외교 사무 전반에 참여할 수 있게 되었으며, 이후 이것은 일본이나 조선 정책에 대한 간여로 연결되었다.[133] 이홍장이 직예총독 겸 북양대신의 직위를 차지하고 이후 25년 가까이 이를 독점하게 된 것은 그가 지닌 정치적 실력과 비중을 잘 알려 주지만, 다른 한편으로는 총리아문의 설치 등

132 岡本隆司, 2011a 참조.

133 이홍장(李鴻章, 1823-1901)은 청 말의 고위 관료로 자는 소전(少筌), 호는 의수(儀叟)로 1847년 진사 출신이다. 시호는 문충(文忠)이며, 당시 흔히 '李中堂'이나 '李傅相'으로 불렸다. 1850년에 일어난 태평천국운동을 진압하는 데 크게 기여하여 內閣大學士의 직함과 더불어 청대의 경우 漢人으로서는 보기 드물게 一等肅毅伯(이후 一等肅毅侯)의 작위를 받기도 하였으며[한인으로 작위를 받은 경우는 曾國藩(一等毅勇侯), 左宗棠(一等恪靖伯), 劉銘傳(一等男爵) 등 정도다.], 스스로 조직한 군대인 淮軍을 통솔하면서 군정대권을 장악한 실권자로 떠올랐다. 曾國藩·張之洞·左宗棠과 함께 '中興의 四大名臣'으로 불리기도 하였다. 1870년 내각대학사로 임명됨과 동시에 지방관으로서는 서열 제1위인 직예총독에 임명되어 이 직책을 25년간 맡은 것으로 유명하다. 이 시기에 자강운동으로 일컬어지는 군대와 공업 근대화 계획을 주도적으로 추진했고, 江南制造局·金陵機器局·天津機器局 등 중요 군용기업을 창설·확대하여 "練兵은 制器를 우선으로 삼는다."라는 사상을 실천하였다. 이어서 輪船招商局·開平鑛務局·上海機器織佈局 등 대표적 민용기업을 창설하고 鐵路와 電信을 도입하는 일도 모두 그가 선구적으로 주도하였다. 또한 해상으로부터의 위협에 대비하기 위해 1875년부터 해군 건설을 주도하여 1879년 창설한 北洋水師를 1888년의 北洋海軍으로 키웠다. 1894년 청·일전쟁 무렵 북양해군은 25척의 함정에 4,000명의 수군을 거느린 아시아 최강의 해군이었다. 또한 북양통상대신으로 장강(長江) 이북의 무역사무를 관리하게 되면서 오랜 기간에 걸쳐 사실상 서구 열강을 상대로 외교 문제를 전담하였고, 10여 개 이상의 조약체결에 관여하였다. 특히 1880년 이후가 되면 동시에 조선과의 관련 사무도 본격적으로 떠맡아 조선에 대한 통제 강화의 정책의 추진을 시도하였으나, 1894-1895년 청·일전쟁에서의 패배로 그러한 시도는 성공을 거두지 못하였고, 본인의 명성도 함께 추락하였다. 1901년 의화단 운동의 패배 이후 마지막으로 辛丑條約 체결 조인에 참여한 다음 병사하였다.

을 통해 만주족 지배층이 계속 직접 외교 사무를 관장하고 일부 지방의 권리를 회수하려던 계획이 다시 '실패'하였고, 비록 여전히 만주 지배층에 충성을 다하지만 한인 관료의 실권이 전보다 훨씬 더 강해졌음을 상징하는 사례가 된다.[134] 그리고 이를 통해 청의 대외관계나 외교 사무에 대한 한인 독무나 관료의 의견이나 발언권은 종래와 비교할 수 없을 정도가 되었다(이후 직예총독과 양강총독, 남·북양 통상대신의 직을 대부분 한인이 계속 장악하게 되었다.).

그리고 '차법자강(借法自強)', 즉 서구의 방식을 빌린 자강을 본격적으로 추진하게 된 총리아문의 설립을 출발점으로 하여 전통적으로 평등한 국가의 존재와 '외교'의 필요성을 인정하지 않았던 천조체제와 천조관념은 이제 그 근본적인 전제가 흔들리게 되었다. 앞서 천조체제란 용어가 함풍 연간까지만 쓰였고, 그 이후에는 그것이 거의 쓰이지 않고 대신 '중국'이나 '청국'이란 명칭으로 대체되었다는 점을 언급한 바 있다. 이것은 결국 1860년 총리아문의 설립 이후 청의 대외정책이나 인식에 상당히 중요한 변화가 나타났음을 입증하는 것이기도 하다. 서구 열강의 강력한 무력이라는 '세(勢)' 앞에서 더 이상 천조체제의 원칙과 규범('理')을 지켜 낼 수 없게 된 청은 서구 열강에 대해 이제 '천조'의 위엄을 과시하는 허영을 누릴 수 없었을 뿐만 아니라, 그 대신 '조약체제'에 부응하는 외교정책과 관념·규범을 받아들여야 하는 현실을 직면하게 되었기 때문이다.

이것은 총리아문을 설립을 주도한 공친왕 혁흔과 계량, 문상 등이

134 錢實甫, 1959, p.187. 錢實甫는 총리아문의 개설과 관련 기구의 조직에서 가장 중심적으로 고려된 것은 바로 '만주귀족'이 全權을 장악하는 것이었다는 점을 강조하고 있다. 이를테면 외교 인재를 양성하기 위해 총리아문과 더불어 설립된 同文館 같은 경우에도 원래 학생은 八旗 가운데서 총명하고 어린 학생을 선발하는 것으로 한정되어 있었다.

"조약에 비추어 조금이라도 그것을 벗어나 침범하는 일이 없게 하며, 밖으로는 신뢰와 공손함을 돈독히 하여 은밀하게 기미의 뜻을 보여 준다.[按照條約, 不使稍有侵越, 外敦信睦, 而隱示羈縻]"라는 것을 외교의 기본방침으로 내세우고 관철하였던 데서 가장 잘 드러난다. 동치 연간의 외교가 '수세외교(守勢外交)'라고 불리는 것은 바로 이런 점을 가리킨다. 물론 이것은 전통적인 '기미(羈縻)' 사상의 연장선 위에 있는 것이기도 하였지만,[135] 지방에서 서구 열강과의 접촉 실무나 외교 사무를 맡게 된 지방 독무(督撫)들 역시 점차 종전의 천조관념에서 벗어나서 조약체제에 대응·협력하는 방식으로 차츰 그 관념과 태도를 바꾸어 나가지 않을 수 없었다.

천조체제는 화이관념과 상하·존비의 질서에 기초하여 '천하공주'의 입장에서 유아독존을 과시하면서, 아울러 '화(和)'를 주로 하되 은덕과 위엄을 병용하고['恩威竝用'], 토벌과 회유를 같이 베푸는 방법['剿撫兼施']으로 외이(外夷)를 통제하던 전통적 방식을 토대로 삼고 있었다. 하지만 이것은 두 차례나 청에 큰 패배를 맛보게 한 서구열강에 대해서는 이미 그 효용성을 상실하였다. 따라서 실제 외교 실무를 떠맡은 지방 독무들도 기존 관념과 방식에서 벗어나기 시작하여 열강 앞에 선 중국의 약세를 인정하면서 평화를 유지하고 '약육강식'의 국제질서 속에서 미래를 도모하기 위해서는 "밖으로는 반드시 평화적 관계를 유지하면서, 안으로는 자강을 통해 실력을 키워야 한다.[外須和戎, 內要自強]"는 원칙을 따르는 교섭 방식으로 넘어가지 않을 수 없었다. 이것은 '체

135 「奕訢桂良文祥奏統計全局酌擬章程六條呈覽請議遵行摺」(咸豐10年 11月 3日), 『籌辦夷務始末(咸豐朝)』 卷71, pp.2674-2680; 董守義, 1989, pp.117-143, pp.209-212; 吳福環, 1995, pp.147-186; 袁野, 2014, pp.207-216 등 참조. '수세외교'라는 표현은 袁野가 쓴 것이고, 吳福環 역시 이것을 '기미'라는 전통사상에서 비롯된 '수정화약(守定和約)'의 원칙이라고 설명한다.

제'를 존중하고 '이권'을 경시하던 종전의 대외교섭 방식에서 벗어나 열강에 맞서 청의 주권과 이권을 다투고 확보하는 데 초점을 두게 되는 점차적인 변화를 수반하기도 하였다.[136] 물론 앞서도 지적하였지만, 이러한 서구에 대한 태도나 외교 관념의 변화에 따른 천하관념의 '포기'가 청의 주변 조공국 문제에 대한 기존 태도나 방식의 변경을 수반하는 것은 아니었다. 이후에도 살펴보겠지만, 그 점에서 천조체제와 천하관념은 이후에도 상당한 동안 여전히 짙은 그림자를 드리우고 있었다.

여하튼 총리아문의 설립으로 상징되는 천조체제의 변화는 나아가 청 황제가 그렇게 꺼리던 외국 사신(公使)의 북경 주재까지 허용하게 하였다. 사실상 천자에게 그 권위를 상실하게 하는 것으로 여겨졌던 오랑캐, 즉 외국 사신의 북경 주재는 천조체제로 상징되던 동아시아의 국제질서에 근본적인 변화가 나타났음을 상징하는 사건이었다. 따라서 제2차 아편전쟁 전, 종래 "중국이 외국과의 왕래는 항상 변계에서 이루어졌으며, 오로지 속국만이 비로소 북경에 와서 조공을 할 수 있지만, 또한 흠차대신이 북경에 주재하는 일도 없다."라고 버티었던[137] 함풍제는 이제 더 이상 종전의 태도를 고집할 수 없었다.

사실 그 이전 영국이 매카트니 등의 사절을 보냈을 때도 첨예한 대립을 이룬 것은 무엇보다도 황제를 근견(覲見)하는 의례(儀禮)의 문제였다.[138] 예치(禮治)를 강조하는 유교 국가 청에 있어 영국 사신이 청의

136 賈小葉, 2008, 第3·4章, pp.83-140 참조. 19세기 후반 중국 士大夫의 서구와 中西關係에 대한 태도의 전반적인 변화에 대해서는 王爾敏, 1977의 第1章 「十九世紀中國士大夫對中西關係之理解及衍生之新觀念」, pp.1-79에서 개관하고 있다.

137 「軍機大臣擬答法國各條」(咸豐8年 3月), 『籌辦夷務始末(咸豐朝)』 卷21, pp.747-749. 茅海建, 1998(2011), p.182에서 인용.

유일한 조례(朝禮)인 삼궤구고(三跪九叩)의 인사를 거부하는 것은[139] 청 황제와 청의 예제(禮制)에 대한 도전이었으므로, 이것은 절대 받아들일 수 없는 일이었다. 제2차 아편전쟁 당시 함풍제 역시 공사의 북경 주재는 사실상 상대방이 보내 온 감국(監國)이고, 그에 따라 외국 오랑캐에 감수(監守)를 받게 되는데, 자고이래 이런 체제가 없으니 절대로 받아들일 수 없다는 태도를 보였다. 심지어는 「천진조약」(1858)으로 '공사의 북경 주재[公使駐京]'을 인정한 다음에도, 그는 중국의 관세를 전액 면제한다는 조건으로 이것을 취소하려는 발상까지 드러냈으며(그러나 오로지 이익만을 챙긴다고 간주하였던 이 오랑캐들은 의외로 이것을 받아들이지 않았다.), 실제 영국·프랑스 공사의 북경 주재가 시작되자 함풍제는 이들과 만나 친히 국서를 전달받는 것을 피하고자 당시 피신해 있던 승덕에서 북경으로 돌아오는 것을 일정을 계속 늦추다가 결국 여기에서 병사하였다.

청이 제2차 아편전쟁에서 패해 「천진조약」을 체결하였지만, 이 조약의 비준을 위한 사절단의 북경 진입을 막기 위해 다시 전쟁을 벌였다가 대패를 맛본 이후 어쩔 수 없이 「북경조약」(1860)을 체결하게 된 것도 이러한 '공사주경'과 국서 전달이 핵심 쟁점이 되었기 때문이다.[140] 이후 외국과의 조약체결 이후 외교사절의 수도 주재를 꺼리고 완강하게 거부한 것은 일본이나 조선도 마찬가지였다는 점은 이 시기

138 매카트니 사절단과 관련된 의례의 충돌 문제에 대해서는 何偉亞(鄧常春 譯), 2002 참조.

139 명대에는 五跪三拜였던 것이 청대에는 三跪九叩의 예로 바뀌었다. 세 번 무릎을 꿇고, 그때마다 각기 세 번씩 이마를 땅에 닿도록 조아리는 것이다.

140 이렇게 아편전쟁 이후 서구 각국이 公使駐京을 위해 노력하고, 청이 그것을 거절해 온 기나긴 경과에 대해서는 茅海建, 1995, 1998(2011)b; 王開璽, 1999, pp.232-274; 李雲泉, 2004, pp.295-313; 曹雯, 2010, pp.210-274에서 상세히 다루고 있다.

의 역사를 검토해 보면 쉽사리 알 수 있다.[141] 이렇게 전통적 천하질서에서 근대적 국제(조약)질서로 이행하는 과정에서 외교사절의 수도 주재가 가장 큰 마찰과 저항의 초점 가운데 하나였으므로, 서구 외교사절이 북경에 주재하게 된 것은 그야말로 천조체제, 즉 전통적 중화질서가 궁극적으로 붕괴하기 시작하는 것을 의미하였다.[142]

이러한 서구적 국제(조약)질서·체제는 주지하듯이 1648년 30년

141 이를테면 일본의 경우 제1·2차 도젠지(東禪寺) 사건(도젠지에 설치된 영국 공사관이 습격당한 사건으로, 1861년과 1862년 두 차례 발생하였다.)이 그것을 잘 보여 준다. 1차 사건은 1861년 7월 5일 尊王攘夷派 무사 14명이 영국 공사 러더퍼드 앨콕(Sir Rutherford Alcock) 등을 습격한 사건이다. 앨콕이 육로로 에도로 여행한 행동에 대해 오랑캐에 의해 神州日本이 더럽혀졌다고 분개하여 습격을 감행한 것이다. 제2차 사건은 1862년 5월 29일, 도젠지의 경비무사가 영국 병사 2명을 斬殺한 사건이다. 사건 후, 앨콕은 에도막부에 엄중하게 항의하였고, 영국 수병의 공사관 주둔의 승인, 일본 측 경비병들의 철수, 배상금 1만 달러 지불이라는 조건으로 사건은 해결을 보았다. 하지만 이듬해 12월에 다카스키 신사쿠(高杉晉作) 등이 이 교섭에 따라 건설 중이었던 공사관에 放火하였다(영국 공사관 방화 사건). 한편 「조·일수호조규」 이후 공사의 주재가 조선·일본 사이에서도 한참 동안 논란의 대상이 되었다. 조선 측은 조규의 제2조에서 "사신 체류의 길고 짧음은 시의에 맡긴다."라는 구절을 이유로 공사의 상시주재를 거부하였기 때문에, 하나부사 요시모토(花房義質)가 변리공사로 임명되어 국서를 가져오고 이것을 조선 측이 받아들이기로 하여 한성주재 일본공사관이 처음 설치되는 것은 1880년 12월에야 가능하였다.

142 이에 대해서는 김용구, 2006, 제4-6장 참조. 19세기 중엽까지의 동아시아 국제정세는 Key-Hiuk Kim, 1980(→김기혁 지음, 김범 옮김, 2022. 이하 김기혁, 1980(2022)로 통일하여 인용한다.); 김기혁, 2007a나 존 K. 페어뱅크 편, 2007c에 실린 임마누엘 쉬, 2007 등의 여러 논문에 잘 정리되어 있다. 이 외에 동아시아 3국의 개항과 이후의 국제관계에 대해서는 姜抮亞, 2016; 김영수, 2016a, 2016b; 김재호, 2016; 김현철, 2016; 김종학, 2016b; 문유미, 2016; 우철구, 2016 등 『현대사광장』(대한민국역사박물관) 7-8호에 실린 특집 논문들이 다양한 각도에서 간결히 정리하고 있다. 구대열, 2018a 역시 서구의 진출 이래 한국·외교사, 동아시아 외교사의 국제적 배경에 대해 요령 있는 소개를 하고 있다.

전쟁을 종식하기 위해 유럽 대부분 국가가 참여하여 조인된 서양 최초의 국제조약인 「베스트팔렌 조약」 이후 형성되었다. 따라서 보통 베스트팔렌 국제체제(Westphalian International System)로도 불린다. 또한 이 조약이 체결된 베스트팔렌 회의는 '국제법의 출발점'으로 일컬어지며, 국가 주권의 개념에 기반을 둔 새로운 질서를 유럽에 만들어 냈다. 이 조약을 통해 종교의 자유가 허용되었고, 프로이센이 왕국으로 등장하고, 네덜란드와 스위스가 독립을 인정받았다. 「베스트팔렌 조약」은 서양 근대 국민국가(민족국가)의 출발점으로, 주권국가 간 평등 원칙, 전쟁에 따른 영토 변경은 이루어지지만 기존 국가를 멸망시키지 않고 존속시킨다는 주권국가의 공존, 내정간섭 금지, 외교공관의 상설, 그리고 세력균형의 개념 등이 이후 유럽 국제관계의 기초가 되었다.[143]

그리고 이러한 전통적 천하질서에서 근대적 국제(조약)질서로 이행 과정에서 '상이한 문명과 그 세계관의 충돌', 또는 '국가 간 관계의 패러다임 전환'이라는 현상이 이 시기 동아시아의 국제환경을 특징짓게 된다.[144] 이것은 또는 동·서 국제질서원리(國際秩序原理)의 충돌이라거나 각기 서구나 동아시아라는 지역을 기반으로 형성된 국제공법(國際公法)과 종번체제(宗藩體制)의 갈등으로 묘사되기도 한다.[145] 오늘

143 구대열, 2018a, p.21.

144 김용구, 2001, 2006, 2008, 2013; 何文賢, 2006; 강상규, 2007, 2008, 2013. 김기혁, 1980(2022)는 「조·미조약」 체결과 임오군란으로 청의 조선 정책이 기존의 전통에서 벗어나는 1882년의 시기를 기준으로 동아시아 세계질서의 종막이라 표현하였다. 또한 하영선, 2019의 제1부 「한국 근대 국제정치론 연구」에서는 19세기 말 20세기 초 조선에서 출현한 이에 관한 담론을 海防論, 援用附會論, 兩節體制論, 自強均勢論, 國權回復論의 순서로 정리하여, 이러한 패러다임의 변화를 이해하는 데 아주 유익한 참고가 된다. 반면 金泰雄(2022, pp.57-137)은 수구와 개화라는 이항 대립 틀에서 벗어나기 위해 전통적 時務改革論, 內修自強論, 文明開化論, 變法自疆論이라는 흐름을 재검토한다.

145 張啓雄이나 張禮恒의 일련의 연구, 張衛明, 2011 등 참조.

날 우리가 쓰는 '외교'라는 개념도 전통적 의미에서 벗어나, 서구적 국제관계에 기초하여 대등한 주권을 지닌 단위의 대표(행위자)가 담판의 방식으로 국가의 이익을 도모하는 수단이나 그 결과를 가리키게 되었다.[146]

한편 청은 공사의 북경 주재를 허용하면서도 동치제가 성년이 될 때까지 황제의 접견을 거부하다가 17세의 그가 친정(親政)을 하게 된 1873년에 가서야 종래 조공국의 사신을 접견하던 자금성(紫禁城)의 자광각(紫光閣)에서 마지못해 그 접견을 허용하였다.[147] 종래 천조체제하 상국·번속의 질서를 과시하면서 외국 사신에게 요구하던 삼궤구고의 배례(拜禮)도 면제되었다. 그렇지만 이러한 소극적인 대응이 천조체제의 쇠락을 막아 내지는 못하였다. 앞서도 언급하였지만, 이보다 앞서 1865년 동치제는 조선 국왕에게 "기자(箕子)의 땅에서 교화가 베풀어진다."라는 어서편액을 내려 조선에 대한 긍정과 회유의 뜻을 분명하게 재확인하였다.[148] 그는 동시에 외번 조공사절에 대한 공응(供應)과 의례조차 제대로 정례에 따라 이루어지지 않는 점을 지적하면서, 조선의 조공사절에 대한 공응을 정례에 따라 신중하게 처리하라고 지시하였

146 다만 천조체제 아래 禮部의 외교는 천하가 禮制를 둘러싸고 건립된 하나의 등급 질서라고 인식하며, 현대 외교는 '國際'를 주권국가가 공법의 원칙에 따라 구성한 평등 체계라 인식하지만, 이 "두 가지 구상은 모두 단지 이상적인 상태를 묘사할 뿐, 현실 속의 권력관계와는 완전히 부합하지 않는다."라는 지적(쑹넨셴 지음, 김승욱 옮김, 2020, p.112)을 염두에 둘 필요가 있다. 천조체제나 국제법 체계의 관념·이념형과 현실정치 사이에는 분명한 간격이 있어, 반드시 현실적인 정치적 역학관계의 개입을 함께 고려·인정해야 한다는 것이다.

147 曹雯, 2010, pp.210-274. 가장 먼저 사신 접견을 한 것은 일본이었다.

148 『穆宗實錄』 卷126, 同治4年 1月 丙午. 이것은 앞서 다룬 慶源 地方官 申明義의 벌목 요구 사건의 처리에 대해 조선 국왕이 謝恩表를 올리기 위해 보낸 조공사절에게 同治帝가 내려 준 扁額이었다.

다.[149]

청의 쇠락에 따른 이러한 사대질서의 이완은 이후 점차 두드러질 수밖에 없었다. 1860년 조선에서 파견된 사신에 대한 최초·최후의 접대형식인 상마연(上馬宴)과 하마연(下馬宴)의 경우, 조선 사신 일행이 젓가락을 들기도 전에 일단의 무리가 쳐들어와 음식을 가로채 버림으로써 그들이 예부 관원과 작별의 예만을 취하고 물러날 수밖에 없었던 사례는 그 점을 잘 보여 준다.[150] 1874년에는 조선의 조공사절이 귀국하던 도중 봉황성(鳳凰城) 밖에서 무기를 든 비적들에게 행장(行裝)을 약탈당하는 '실로 체통을 잃는 말도 안 되는 일'이 벌어졌다.[151] 또 다음 해 조선의 진공(進貢)을 넘겨받아 운송하던 성경장군(盛京將軍) 휘하 관원이 물품을 받은 다음 한 달이 지나서야 출발하고 멋대로 길을 바꾸다가 공물을 제때 북경에 옮기지 못하는 중대한 과실을 범한 사건도 일어났다.[152] 그리고 1881년 조선 사절이 북경으로 향하던 연도에서 다시 비적에게 겁략을 당하고 통관(通官)이 자상(刺傷)을 입는 일이 벌어진 것은[153] 그러한 양상이 단순한 일회성 사건이 아니었음을 잘 보여

149 『穆宗實錄』 卷126, 同治4年 1月 壬寅.

150 王元周, 2011; 2013, pp.127-136. 사실 上馬宴·下馬宴의 사례만 가지고 사대질서의 '이완'을 논하기는 곤란하다. 청대의 상마연·하마연은 시간의 경과와 더불어 사신을 환영하고 송별하는 의례로서의 의미가 점차 퇴색하여 인사치레만 하거나 음식만 보내와 사신 일행끼리 연회를 벌이는 정도로 17세기 후반 康熙 연간에 이미 본래의 의미를 상실하는 퇴화 과정을 겪었다고 하기 때문이다(구범진, 2021, pp.74-82). 다만 책봉-조공체제에서 가장 중요한 의미를 지닌 의례가 이렇게 일찌감치 '형식화'되었다는 것은 분명히 '책봉-조공체제' 자체의 의미를 되살펴 보게 한다. 조공사절의 숙소 및 연회 제도에 대해서는 何新華, 2013, pp.299-320 참조.

151 『穆宗實錄』 卷372, 同治13年 10月 丙戌.

152 『德宗實錄』 卷16, 光緖元年 8月 壬午.

153 『德宗實錄』 卷132, 光緖7年 7月 庚戌.

준다.

19세기 이래 이른바 특정 노론(老論) 가문에 권력이 집중된 '세도정치' 아래 있었던 조선은 19세기 후반으로 접어들면서 서양과의 접촉이나 그에 대한 인식에 얼마간의 변화가 나타났다. 청에서 일어난 태평천국의 반란이나 동치중흥(同治中興),[154] 총리아문의 설립과 자강운동(양무운동) 등에 대해서도 관심을 보여 일정한 정보를 확보하였다. 그 이전 태평천국의 반란이 진행된 1850·60년대에도 조선 정부의 대응은 청의 상황을 일정한 정도로 파악하면서도 정보의 통제를 시도하여 국내의 현상 유지와 기존 조-청 관계의 유지에만 관심을 보이는 수준에 머무르고 있었다. 아편이나 기독교의 전파 가능성을 염려하면서, 서구와의 외교에 관한 문제는 기존 전통을 근거로 청 황제의 승인을 받은 것이라는 구실을 대면서 모두 청에 그 부담을 떠넘기고, 대외 문제에 대한 적극적인 대응보다는 '자수(自修)'를 강조하는 식의 소극적인 대응으로 일관하였다.

이를테면 제2차 아편전쟁과 조약체결의 소식을 들은 철종(哲宗)은 이러한 반응을 보였다.

며칠 전 자문전달관의 보고[手本]을 보니 중국 일은 진실로 정말 걱정스

154 1864년 태평천국의 반란을 진압하고 이후 自強運動(洋務運動)이 본격적으로 추진되어 청의 지배가 다시 안정을 되찾은 것을 이른바 同治中興이라고 한다. 동치중흥에 대해서는 Mary C. Wright, 1957(→芮瑪麗 著, 房德鄰 等 譯, 2002)이란 고전적 연구가 있으며, 여기서 중·외 관계에서의 합작과 충돌, 즉 청의 條約 修改 노력과 그 실패를 다루었다. 何文賢, 2006은 이 시기 중외 관계의 재건 문제만을 집중적으로 다루었다. 한편 자강운동이 광서 연간에도 지속되므로 동광신정(同光新政)이라고 부르기도 한다. 동치중흥과 자강운동에 대한 상세한 서술은 또한 류광징, 「청조의 중흥」 및 궈팅이·류광징, 「자강운동: 서양 기술의 도입」, 존 K. 페어뱅크 편, 2007b, pp.705-904 참조.

렵다. 무릇 저 큰 천하로도 적을 저지할 수 없으니, 그 날카로운 공세의 매섭고 사나움은 미루어 알 수 있다. 다만 생각건대 연경(燕京)은 우리와 입술과 이에 비유할 수 있는 관계에 있으니, 만약 연경이 위험하다면 우리나라가 어찌 편안할 수 있겠는가? 또한 듣기에 그들의 강화(講和)라고 하는 것은 단지 교역을 위한 계책만은 아니며, 그 윤상(倫常)을 무너뜨리는 술책을 사해에 전염시키기를 바라는 것이라고 한다. 그런즉 우리나라 역시 그 폐해를 면하기 어렵고, 하물며 그들 선박의 날램은 일순간에 천리를 간다고 하지 않는가? 정말 그렇다면 어떻게 해야 한다는 말인가? 이를 대비하는 방책을 불가불 마련하지 않을 수 없다. 경(卿)의 의견은 어떤가?[155]

이에 대해 좌의정(左議政) 조두순(趙斗淳)은 이렇게 답하였다.

지당하신 말씀입니다. 신이 연래 우려하는 것도 과연 이 일입니다. 그것을 대비하는 방책은 따로 있는 것이 아니고, 반드시 우선 내부를 다스리고 그런 다음에 외부의 침략을 막는 것[必先內修, 然後可以外禦]인데, 내부를 다스리는 방법은 첫째는 재력이고, 두 번째는 병력입니다. 이것은 하루아침, 하룻저녁에 할 수 있는 일이 아니고, 한 해 두 해 점차 하나하나씩 처리하면 자연스럽게 견실해질 수 있을 것입니다.[156]

155 『承政院日記』 2635冊 哲宗11年 12月 10日. Zhang Baoyun, 2016, p.6 참조(여기서는 12월 9일로 출전이 잘못 표기되어 있다.). 한편 장보운, 2017은 제1차 아편전쟁은 조선 사회에 큰 영향을 주지 못하고 무덤덤한 반응을 얻었을 뿐인데, 제2차 아편전쟁의 경우는 큰 충격과 혼란을 가져다 주었지만, 서구의 위협과 청의 약화에 대해서는 다양한 인식의 편차에서 비롯되는 반응이 나타났다고 지적한다.

156 장보운 2016, 2017.

그렇지만 이러한 '순망한치'의 우려와 '내수외어'의 필요라는 상황 인식의 변화가 국가의 정책의 실질적 변경으로 옮겨지지는 않았다.[157] 일부에 의한 '개국부강(開國富強)'론의 제기가 있었고, 민간에는 상당한 위기의식이 전파되어 『정감록(鄭鑑錄)』의 유포나 동학(東學)사상의 발생 등 상당한 변화가 있었지만 1860년대 대외정책의 주류는 여전히 '내수양이(內修攘夷)'론이었던 것이다.[158] 정부의 주전론적(主戰論的) 대외정책에 기초하여 표류한 이양선(異樣船)에 대한 인도적인 조치 외에는 조약체결과 통상무역, 기독교 선교를 요구하는 서구 각국의 간헐적인 요구를 아주 위험한 것으로 보아 모두 완강하게 거부하는 흐름은 바뀌지 않았다.[159]

따라서 19세기 중반 이후 청의 쇠퇴와 그에 따른 사대질서의 이완 조짐에 대해서 조선이 효과적인 대응책을 마련하기는 쉽지 않았다. 더구나 청의 예부를 통한 접촉만으로 조선이 서구 각국의 동향을 포함한 국제정세를 제대로 파악하기는 쉽지 않았다. 1873년의 시점에서도 영의정 이유원(李裕元)은 이렇게 지적하였다.

근래 서양 무리가 왜놈들을 끼고 날뛰는 기밀 사항은 당국자 외에는 그 누구도 알 수가 없으며, 한인(漢人)들은 비록 품계가 높다고 하더라도 그

157 김기혁, 1980(2022), pp.71-111; 노대환, 1994, 1996, 1997, 2003, 2016, 2018a; 원세연, 2003; 조광, 2010; 김영수, 2016a; Zhang Baoyun, 2016; 장보운, 2017 등 참조. 이 밖에도 1·2차 아편전쟁에 대한 조선의 대응에 대해서는 三好千春, 1990; 李永春, 2007 등의 연구가 있으나 참고하지는 못하였다.

158 閔斗基, 1986; 박현모, 2004; 노대환, 2010, 2018; 金泰雄, 2022, pp.46-54. 박현모는 정조 대까지 계속되어 온 '유연한 쇄국주의' 정책을 버리고 국내정치적 목적을 위해 '경직된 쇄국주의'를 채택하여 일시적인 국내적 평온을 이룰 수 있었다고 평가한다.

159 우철구, 2003a, pp.73-86.

러한 내용을 알 수가 없습니다. 우리 사람들이 접촉하는 것은 오직 한인들뿐이니, 내막 사정을 모르기야 서로 마찬가지입니다. 또 언어에 신중한 것은 한인만한 경우가 없습니다. 설혹 맥락이 있는 미세한 설명이 있더라도 단지 그 꺼풀만을 이야기할 뿐입니다. 따라서 그 책을 보건 서신을 읽든 간에 실마리를 찾아볼 수 없습니다. 이것은 그 말의 내용이 빈약하기 때문입니다.[160]

이렇듯 국제정세에 대한 정보가 부족하였던 탓에 당시 조선은 여전히 보수적인 분위기에서 벗어나지 못하고 있었다. 조선 후기의 대표적인 성리학자로 후일 위정척사론자로 유명해지는 최익현(崔益鉉)·김평묵(金平默) 등의 스승이었던 이항로(李恒老, 1792-1868)가 「용하변이설(用夏變夷說)」에서 제시한 다음과 같은 주장은 그 점을 잘 보여 준다.

중화가 이적을 교화하고, 이적이 중화를 흠모하고 기쁘게 따르는 것은 역시 본연(本然)의 천리(天理), 당연한 인심에서 나오는 것이다. 이것은 마치 뿌리가 가지와 이파리를 번성하게 만들고, 손과 발이 배와 가슴을 지키는 것과 같이, 멈출 수 없는 일이다. …… 또한 서양으로 말하자면 중국과 아주 멀리 떨어져 있으니, 그 풍속이 전혀 다른 것도 당연하다. 그렇지만 중국의 육경 등 경전 문자를 학습하려고 해도 …… 마치 농가 자제가 유가 문자를 배울 때 비록 백배의 힘을 쓰더라도 누대에 걸쳐 학문을 닦아 온 사람처럼 그 체세(體勢)나 격례(格例)를 제대로 깨우칠 수는 없는 것과 같다. 하물며 아주 다른 풍습과 언어의 땅에서 태어났음에야! 비록 아주 영리하고 기만하여 다른 사람보다 탁월한 능력이 있더라도 진

160 李裕元, 『嘉梧稿略』 冊11 「書」「與年貢使鄭樨仲書」. 權赫秀, 2000, p.43, 2007, p.87에서 인용하면서 뒷부분을 보충하였다.

심으로 학습하지 않으면 어찌 이것을 이룰 수 있겠는가? 안타깝게도 서양은 중국과 너무 멀리 떨어져 있어, 중국과 서로 왕래한 것은 나아가서는 진시황 시절 이전이고, 물러나서도 정자(程子)·주자(朱子)가 강학하던 시절에도 미치지 못해, 불행하게도 대도(大道)의 핵심을 들어보지 못했으며, 불행하게도 덕화(德化)의 혜택을 받아보지도 못했다. …… 그렇지만 그 기량이나 기계는 도리어 중국인이 미치지 못하는 교묘함을 가지고 있어, 아주 확고한 자신감을 가지는데, 마침내 그 주장으로 천하를 바꾸려고 생각하니, 이 얼마나 생각이 부족한 것인가![161]

이 글의 제목인 「용하변이설」은 『맹자(孟子)』 「등문공(滕文公)」 상(上)에 나오는 "나는 중화로 이적을 변화시킨다는 말은 들어 보았지만, 이적이 중화를 변화시킨다는 말은 들어 보지 못했다.[吾聞用夏變夷者, 未聞變於夷者]"는 구절에서 비롯된 것이다. 중원의 문화가 주변 오랑캐의 문화에 영향을 끼칠 수는 있어도, 그 반대의 경우는 도저히 상상할 수 없다는 전형적인 '중화사상'을 표현하는 구절로 서세동점과 서학에 대한 거부감을 분명하게 보여 주는 이 주장은 아마 당시 조선의 분위기를 대표하는 것이었다고 해도 과언이 아닐 것이다. 실제 외부 세계나 국제정세의 변화에 무지하면서도 조선만이 서양 열강에 꿋꿋이 맞서고 있다는 믿음은 조선에 민족적 자부심과 사명감을 주었다. 병인양요 때 이항로가 국왕에게 올린 상소에서 "이른바 양적(洋賊)을 치자는 것은 나라 입장에 선 사람이고, 양적과 화친하자고 하는 것은 적의 입장에 선 사람들입니다. 앞의 주장을 따르면 나라 안 오랜 전통의 문물제

161 李恒老, 『華西集』 華西先生文集卷之二十五 「雜著」 「闢邪錄辨 用夏變夷說」(한국고전종합DB). Odd Arne Westad, 2021, pp.76-77에서 인용한 것을 원문을 참조하여 다시 번역하였다.

도를 보전할 수 있고, 뒤의 주장을 따르면 사람들을 짐승의 구역에 밀어 넣게 됩니다."라고 주장한 것은 이런 분위기를 잘 보여 준다.[162]

그래서 이 시기를 다룬 연구서는 "철종조의 세도 정권은 『철종실록』에서 '위기의 14년'을 '아무 일도 일어나지 않았던 태평의 시간'으로 꾸며 놓았다. 스스로 '천하대란'으로 시국을 진단하였지만, 허물어져 내리는 구질서 속에서 안주하려 할 뿐, 쓸 만한 처방은 내지 못했다. 은감(殷鑑)은 지척에 있었지만 이를 감계(鑑戒)로 활용하려는 의지도 없었고, 노력도 없었다. 폭풍우는 이미 시야에 들어왔지만, 이를 애써 먼 산 소나기로 여기고자 하였다."라고 묘사하고 있다.[163]

6) 번신무외교(藩臣無外交)

한편 1863년 고종(高宗)의 즉위로 시작된 이른바 '대원군 시기'의 외교 정책 면에서도 별다른 변화는 감지되지 않았다. 이 시기 조선 조정은 여전히 '번신에게는 외교의 권한이 없다.[藩臣無外交]'는 원칙을 고집하고 '쇄국정책'을 유지하면서 태평천국 이후 안정을 되찾아 가는 청에 의존하여 사대·교린 질서를 그대로 유지하고자 하였다.[164] 즉, 조선은

162 김기혁, 1980(2022), pp.98-100. 『高宗實錄』 3卷, 高宗3年 9月 12日 戊辰 여덟 번째 기사. 「동부승지 이항로가 외적과 화친하지 말고 항전해야 한다고 상소를 올리다」.

163 하정식, 2008, p.330. 또한 하정식, 2001은 아편전쟁의 소식·정보를 접한 조선과 일본의 서로 다른 양상을 비교하고 있다. 은감(殷鑑)은 『시경(詩經)』 「대아(大雅) 탕지십(蕩之什) 탕(蕩)」에 나오는 "은나라의 거울 먼 곳에 있지 않으니, 바로 하나라였다네.[殷鑑不遠, 在夏後之世]"라는 구절에서 유래하여, 앞 시대의 실패를 오늘날의 귀감·경계로 삼는다는 뜻이다.

164 朴日根, 1976; 연갑수, 2000, 2006, 2008; 金源模, 2003, pp.17-66, 2003a; 趙宰坤, 2003a; 김영수, 2003, 2005; 金炳佑, 2006; 김혜승, 2006; 강상규, 2007b; 노대환, 2010, pp.155-159, 2016, 2018a, 2018b; 김종학, 2017b; 王元

1830년대부터 1870년대까지 여전히 "우리나라는 오랫동안 중국에 예속되었지만 정령(政令)은 모두 스스로 처리하는 데 귀속되었으며, 중국에 속한다는 점은 본래 천하가 모두 아는 바이나, 자주지국이라는 점 역시 천하가 모두 아는 바이다."라는[165] 입장을 고집하였다(이하 이러한 입장을 '속국자주'론이라[166] 약칭한다.). 그리고 아울러 "인신에게는 외교가 없다.[人臣無外交. 또는 藩臣無外交라고도 한다.]"라는 전통적 관념을 방패로 삼아 서양의 진출과 관련된 외교 문제를 모두 청에 떠넘기는 방법으로 계속 대응하고 있었다.

주지하다시피 '인신무외교'란 신하가 된 사람은 다른 나라의 군주를 조근(朝覲)할 때 따로 개인적으로 그 군주나 신하를 만나거나 공품(貢品)을 바쳐서는 안 된다는 뜻이다. 이것은 유가 경전인 『예기(禮記)』「교특생(郊特牲)」에 나오는 구절에서 비롯되었다.

> [제후가 다른 나라에] 조근하러 갈 때 [따라가는] 대부(大夫)가 개인적으로 다른 나라의 제후를 만나는 것은 예가 아니다. [그렇지 않고] 대부가 홀[命圭]을 받아들고 다른 나라에 사신으로 나가는 것은 믿음을 펼치기 위한 것이다. 따라서 (자기 군주를 따라갔을 때 다른 나라의 제후를) 개인적으로 만나지 않는 것은 자기 군주를 존중하기 위해서다. 그러므로 [마치 제후처럼] 궁정 마당에 선물을 세워 놓고 개인적으로 제후를 만나는

周, 2017; 박준형, 2018 등의 연구 참조. 대원군의 집권이나 그 성격에 관한 연구는 많지만, 그 쇄국정책이나 외교정책에 집중한 연구는 의외로 많지 않다.

165 『通文館志』卷11 紀年續編, 今上十五年 戊寅.

166 이 '속국자주'론에 대한 설명은 이미 오래전부터 주목받았지만, 그 形成·動態·認識을 둘러싼 논의를 한중관계사·동아시아사 연구에서 뚜렷한 주제로 부상시킨 것은 岡本隆司, 2004의 선구적 연구에 힘입은 바가 크다.

일을 어찌 남의 나라 제후의 궁정에서 할 수 있겠는가? 남의 신하가 된 사람은 외교를 해서는 안 되니, 이것은 감히 자기 군주에게 두 마음을 품어서는 안 되기 때문이다.[167]

이것은 군주의 신하가 된 사람이 허락 없이 다른 제후국과 개인적인 왕래를 해서는 안 되며, 다른 나라에 파견된 사절이 공식적인 업무 외에 개인적인 접촉을 위해 그 나라의 군주나 대신과 왕래해서는 안 된다는 것을 의미하였다. 그 경우 유력한 신하가 군주 몰래[반의(叛意)를 품고] 다른 나라와 통하는 개인적인 만남, 즉 '사적(私覿)' 또는 '외교(外交)'는 자기 군주의 뜻을 위배하면서 개인적인 목적·이익을 취하는 것으로 간주하여 금기시되었기 때문이다.[168] 더구나 원래 '외교'는 '인신

167 李學勤 主編, 1999, 『十三經注疏 禮記正義』, 卷二十五 「郊特牲」, p.780. "朝覲, 大夫之私覿, 非禮也. 大夫執圭而使, 所以申信也. 不敢私覿, 所以致敬也. 而庭實私覿, 何爲乎諸侯之庭? 爲人臣者無外交, 不敢貳君也." 본문의 번역은 여기에서의 주석에 따랐다.

168 동아시아의 전통적 국제질서와 '人臣無外交'의 개념, 서구와의 관계에 대해서는 김수암, 2000, pp.17-23, pp.36-42; 김용구, 2011, pp.9-10; 李雲泉, 2015 참조. 한편 김창수, 2015, pp.39-45, 2019에서는 '인신무외교'의 규정이 있지만, 시급한 문제를 해결하기 위해 사신의 '외교' 활동을 이용한 숙종·영조 때의 사례를 지적하여, 그것을 현실적으로 '무시'하는 전례가 없었던 것은 아니라는 점을 밝혔다. 근대중국에서 '인신무외교'의 사상체제가 '人臣辦外交'·'親王外交'로 바뀌는 점에 대해서는 王開璽, 2009; 王元周, 2017; 李育民, 2019가 주목하였다. 한국에서의 외교 개념 사용·활용에 대해서는 김수암, 2012; 閔會修, 2018에서 다룬다. 특히 후자는 연구사적 정리를 포함하여 유용한데, 일본에서는 '외무성의 창설과 동시에 '外國交際'의 약자로 '외교'가 사용되기 시작하였으며, 조선시대 이래의 '외교' 용어 사용을 검토하여 '인신무외교'의 영향에서 벗어나 근대적 'diplomacy' 용어에 해당하는 '외교'라는 용어는 1880년대에 출현한다고 지적한다. 가장 구체적인 사례는 「조·미조약」 체결 시 사용된 '속방조회'에 나오는 "조선은 원래 중국의 속방이나 內治와 外交는 줄곧 조선 국왕이 自主하였다."라는 구절이다. 李雲泉, 2015 역시

무외교'가 전제로 삼고 있듯이 천자인 청 황제 고유의 권한이었으므로(조공국에 파견된 천자의 사신 가운데 측근 비서나 환관이 많았던 것도 이러한 고유 권한의 표현이었다.), 천자의 '외신(外臣)'인 '번속(藩屬)' 조선의 국왕은 서구 각국과의 개별적인 접촉인 '외교'에 대해서는 스스로 간여해서는 안 된다는 이 관념을 이용하여, 서구 각국의 통상·전교를 위한 접근을 차단하고, 그 '책임'을 청에 떠넘겨 버릴 수 있었다. 심지어 조선의 지방관은 바다나 국경을 통해 접근한 외국인과 접촉하거나 그들이 전달하는 문서를 조정에 '전달'하는 것조차 금지당하고 있었다(물론 상황 보고는 가능하였다.).[169]

이러한 외국인과의 접촉 거부의 전통 때문에 1860년 「북경조약」에서 확정된 청과 러시아의 국경 설정 작업(국경비[界牌]의 설치)이 청과 러시아 사이에서 얼렁뚱땅 처리되어 버리는 과정에서 과거 '조선 땅[朝鮮界]'으로 '공인'되었으나 언제부터인지 모래의 퇴적으로 이미 연해주 쪽 땅에 붙어 있던 녹둔도(鹿屯島)가 조선 측의 의사와 무관하게 러시아 측에 귀속되어 버리는 결과를 낳기도 하였다.[170] 따라서 개별적인 접촉을 시도하는 방식으로 조선에 접근한 외국인은 대부분 간접적으로만 그 '거절' 의사를 확인할 수밖에 없었다. 앞서 서술한 대로 "오랑캐

중국과 조선에서의 '외교' 용어의 사용에 대해 분석하면서 조선·청 관계에서 '외교'라는 용어가 가장 먼저 쓰인 것은 이홍장이 1875년 말 이유원에게 보낸 답신이었고, 조선에서 가장 먼저 쓰인 것은 1879년 이유원이 각국과의 통상 개방을 거절하면서 이홍장에게 보낸 서신이었으며, 조선의 관문서에 처음 나타나는 것은 앞서 나온 '속방조회'라고 지적하였다(pp.38-40).

169 물론 예외는 있다, 1866년 러시아인이 경흥부에 와서 교역을 요구하자 경흥부사 윤협은 대원의 지시에 따라 직접 답서를 써 주었고, 제너럴셔먼호 사건과 관련하여서도 지방관 차원의 '비공식적' 외교가 이루어진 적이 있기 때문이다. 박준형, 2018, pp.8-85.

170 金衡鍾. 2013.

의 기운을 제어하여 번복을 평안하게" 한다는 것이 서구 각국과 조선의 관계에 대한 청의 방침이었으므로, 조선 정부와의 직접적인 교섭이나 '외교'는 사실 불가능하였기 때문이다.

또한 사실 전통적으로 청이 조선 사안에 간섭하지 않는 정책은 병자호란 이후 청에 대한 반감이 오랫동안 지속되었던 조선과의 조화로운 관계를 보장하는 기본 조건 가운데 하나였다고도 할 수 있으므로,[171] 이러한 기존의 방침을 따르는 한, 청 역시 종래의 천조체제를 기초로 삼아 서구 각국이 제기한 조선에 대한 조약체결·통상·선교의 요구를 거듭된 권고로 저지하는 것 이상의 대책을 취할 수 없었다.[172] 이를테면 조선에서 선교사와 교인 박해로 인해 병인양요(丙寅洋擾)를 일으키기 직전, 당시 주중국 프랑스 임시대리공사 벨로네(Claude M. Henrí de Bellonet)는 1866년 7월 13일 총리아문에 다음과 같은 조회를 보냈다.

> 듣기에 올해 3월 고려(高麗) 국왕은 갑자기 명령을 내려 조선에 있던 프랑스 주교 2명 및 선교사 9명과 더불어 현지의 선교사 7명, 천주교를 믿는 무수한 남녀노소를 모두 살해하였다고 합니다. 이러한 폭거는 스스로 패망을 자초한 것입니다. 조선은 중국에 속하여 조공을 바치는 나라이기 때문에, 본국에서는 명령을 내려 장차 군사를 일으켜 그 범죄를 토벌하게 되었으므로, 응당 귀 친왕(親王)께 알려드리려고 합니다. 또한 이러한 망령된 행위가 있었으니 본국은 당연히 피살된 교민들과 함께 그 죄를 밝히고 징벌해야 하므로, 조선이 잔살(殘殺)을 저지른 날은 실로 그 나라가 망하는 날이기도 하다는 것은 필연의 이치입니다. 따라서 특별히 명언하니, 프랑스의 모든 각지 군함은 머지않아 조선에 모여들어 잠시 그

171 김기혁, 1980(2022), pp.104-106.

172 申基碩, 1967, pp.44-51; 辛勝夏, 1973; 李動旭, 2020, 2021d 참조.

나라를 점령하고, 나중에 누구를 그 왕으로 삼아 이 나라를 지킬 것인가는 여전히 본국의 지시를 받아 시행할 것입니다. 첨부합니다. 본 대신은 일찍이 여러 차례 귀 총리아문에 선교사가 조선에 갈 수 있도록 여행증명서[路照]를 발급해 달라고 요청하였지만, 모두 책임을 미루며 거절당한 바 있습니다. 그 근거는 듣기에 고려는 비록 중국에 조공을 바치지만, 모든 국사(國事)는 그들이 자주(自主)하므로, 따라서 「천진조약」에도 기입되지 않았다고 하였습니다. 따라서 지금 프랑스가 고려와 전쟁을 치르고자 하는데, 중국은 당연히 이에 대해 참견할 수 없습니다. 이것은 원래 중국이 조선과 원래 서로 간여하지 않기 때문입니다.[173]

여기에 나타난 벨로네의 주장(실은 高麗는 비록 中國에 朝貢을 바치지만, 모든 國事는 그들이 自主한다는 총리아문의 주장을 그대로 인용한 것이다.)이 '속국자주'론을 최초의 문서화된 형태로 제기한 것으로 보는 연구도 있지만,[174] 이에 대해 총리아문을 주지하던 공친왕은 다음과 같은 답장을 보냈다.

조선국은 바다 모퉁이 외진 곳에 있으면서 평소에 삼가 지키는 것을 알

173 「法署使伯洛內照會」(同治5年 6月 3日), 『籌辦夷務始末(同治朝)』 卷42, p.1778; 「同治五年六月初五日法國照會」, 『中日韓』 卷2, pp.27-28; 近代韓國外交文書 편찬위원회 편, 2009, 『近代韓國外交文書』(이하 『外交文書』로 약칭) 제1권 제너럴셔먼호사건·병인양요, pp.193-195. 벨로네가 보낸 이 조회의 한문본과 프랑스어본이 서로 다르다는 점과 그것이 뜻하는 바에 대해서는 김용구, 2004, pp.86-87, p.93; 權赫秀, 2007, p.25; 李東旭, 2018, pp.55-68에서 다루고 있다.

174 李動旭, 2020, pp.13-19. 岡本隆司, 2004, pp.18-25 역시 '속국자주'의 문제를 다루지만, 그는 도리어 신미양요가 아닌 병인양요 때 미국 공사 로(F. F. Low)와 총리아문, 조선의 태도를 집중적으로 분석하였다.

고 있습니다. 현재 무슨 연고로 교민을 살해한 일이 벌어졌는지 알지 못합니다. 지금 귀 대신이 귀국의 출병 이유를 본 대신에게 통보하였으니, 우의를 돈목(敦睦)하게 하려는 귀 대신의 뜻을 잘 보여 줍니다. 다만 양국이 교전하는 것은 백성의 목숨과 관련된 일이라, 본 대신은 이 일을 알았으니 당연히 가운데서 중재[從中排解]하지 않을 수 없습니다. 조선이 만약 교민들을 살해한 일이 있다면 우선 이치에 따라 도대체 무슨 연고인지를 조사·탐문해야지, 반드시 갑작스레 전쟁을 일으킬 필요는 없을 것입니다.[175]

이때 청이 그나마 프랑스의 조선 침략에 대해 제삼자의 위치에서 중재하겠다는 태도를 보인 것은 그나마 전쟁 차원의 문제로 번질 가능성이 있었기 때문이었을 것이다. 실제 총리아문은 예부를 통해 프랑스가 침공할 것임을 조선에 알려 주게 되었지만, 이에 대한 조선의 반응은 다음과 같았다.

소방(小邦)은 홀로 성조(聖朝)의 하늘과 땅을 뒤덮는 것과 같은 은혜를 입어 도무지 보답할 수 없어 북쪽을 바라보며 찬송할 뿐입니다. 또한 여러 대인(大人)께서 작은 나라를 보살펴 주시는 황상의 덕을 우러러 받들어 아래로 조선의 사대(事大) 성의를 굽어살펴 주시는 뜻이 총리아문에서 중간에 중재하여 주신다는 데 감돌고 있습니다. 귀 예부에서 문서를 보내 알려 주시는 것에 대해서는 감격하여 눈물을 흘리면서 어찌 감사할 줄 모르겠습니다. …… 생각건대, 조선은 프랑스와 아주 큰 바다를 사이

175 「給法署使伯洛內照會」(同治5年 6月 7日), 『籌辦夷務始末(同治朝)』 卷42, pp.1778-1779; 「禮部知會因法國敎士殺害等情排解搆兵仍行查照咨」, 『同文彙考』 3 「洋泊情形」, pp.2467-2468; 『外交文書』 제1권, p.216.

에 두고 있고, 서계(書契)도 통하지 않는데, 도대체 무슨 옛 원한이나 불만이 있어 [선교사들을] 모두 돌아가게 할 방도는 생각하지 않고 차마 이렇게 살생을 하겠다는 행동으로 나왔겠습니까? 번신에게는 권한이 없고, 변경 관문(關門)의 시장에서는 다른 언어를 살필 뿐이라고 하는 것은 특히 나라를 지키는 법전으로, 조선에서는 대략 그 원칙과 명분을 알고 삼가 제후의 법도를 지키고자 합니다. 그런데 지금 프랑스가 집요하게 구실을 만들어 흠을 찾으려는 것은 진실로 저희 계획이나 생각에서 미치지 못하는 바입니다. 조선은 편벽한 먼 곳에 자리 잡아 기회(機會)에 전혀 어두운데, 다행스럽게 여러 대인께서 중간에 중재해 주시고 알려 주시면서 만전의 계책을 깊이 생각할 수 있게 해 주시는 혜택을 입었습니다. 이것은 진실로 각별하게 돌보아 주시는 크나큰 덕의(德意)입니다. 이렇게 커다란 보호를 빌려 영원히 동쪽 나라를 편안하게 안정시킬 수 있기를 기대합니다.[176]

176 「回咨」, 國史編纂委員會 編, 1978, 『同文彙考』 3 「洋泊情形」, p.2468; 『外交文書』 제1권, p.217. 변경 關門의 시장에서는 다른 언어를 살필 뿐이라고 하는 것은 원래 『禮記』 「王制」篇에 나오는 구절이다. “凡執禁以齊眾, 不赦過. 有圭璧金璋, 不粥於市; 命服命車, 不粥於市; 宗廟之器, 不粥於市; 犧牲不粥於市; 戎器不粥於市. …… 衣服飲食, 不粥於市. 五穀不時, 果實未熟, 不粥於市. 木不中伐, 不粥於市. 禽獸魚鱉不中殺, 不粥於市. 關執禁以譏, 禁異服, 識異言.” 마지막의 “關執禁以譏, 禁異服, 識異言.”은 관문에서 門禁을 관장하는 사람은 稽察을 책임지며, 기이한 복장을 금지하고 다른 언어를 식별한다는 뜻인데, 『孟子』 「公孫丑」 上에서는 이 뜻을 받아 “關譏而不征, 則天下之旅皆悅而願出於其路矣.”라고 풀이하였다. 즉 옛적에 관문을 설치하였을 때는 단지 기이한 복장이나 다른 언어를 식별하였을 뿐, 출입하는 사람들에게 세금을 거두지 않아 천하의 모든 여객은 이 관문의 길로 나가기를 원하였다는 것으로 왕제(王制)·왕도(王道)를 설명한 것이다. “孟子曰: ‘尊賢使能, 俊傑在位, 則天下之士皆悅而願立於其朝矣. 市廛而不征, 法而不廛, 則天下之商皆悅而願藏於其市矣. 關譏而不征, 則天下之旅皆悅而願出於其路矣. 耕者助而不稅, 則天下之農皆悅而願耕於其野矣. 廛無夫裏之布, 則天下之民皆悅而願爲之氓矣.’” 하지만 여기서는 변경의 관문에서는 기이한 복장이나 언어를 사찰·통제해야 한다는 뜻으로 쓴 것

요컨대 청의 자소 덕분에 나라를 편안하게 안정시킬 방도를 통보받아 대단히 감사를 드린다는 것과, 번신은 원래 외교를 할 수 없으니 중국에서 대신 조정·선처하여 주기를 바란다는 내용이었다.[177]

여기서 청은 전통적인 상국-속국 관계를 근거로 속국의 내정과 외교에 종래 관여해 오지 않았다는 태도를 보였으나, 벨로네가 "「천진조약」에도 기입되지 않았다."라고 하여 청의 조선에 대한 권리('종주권')를 부인하고 있다는 점을 주목할 필요가 있다. 이것은 「천진조약」에 의해 내지 여행·통상·전교의 권리가 인정되면서 서양인들이 이것을 근거로 조선을 여행하겠다고 허가증[執照]을 청에 신청하자, 청이 조약 적용 범위에서 속국을 제외하는 방침을 세운 데서 비롯되었지만, 이것은 서구인의 시각이나 국제법적으로 보아 청의 조선에 대한 '상국으로서의 권한'이 유명무실하다는 근거가 될 수 있었기 때문이다. 이 때문에 청은 국제법의 '속국'과 '자주' 프레임에 빠져들면서 이와 관련된 논쟁에서 수동적인 위치로 빠지게 되었고, 전통적인 천조상국의 위엄을 지키는 것이 그리 쉽지 않은 문제로 등장하게 되었다.[178] '속국자주'론을 통해, 특히 조선에 대한 간섭 여부를 둘러싸고, 중국과 서양의 서로 다른 체제, 즉 '천조체제'와 '조약체제'가 이후로도 오랫동안 계속될 '충돌'을 이제 본격적으로 시작하는 것이다.

사실 청과 조선의 관계에 서양 국가가 직접 개입하는 것은 선례가

같다.

177 「朝鮮國王給禮部咨文(答來咨法國事)」(同治5年 8月 21日), 『籌辦夷務始末(同治朝)』 卷44, pp.1846-1847; 김용구, 2001, pp.96-99; 김용구, 2013, pp.59-69; 「禮部知會因法國敎士殺害等情排解搆兵仍行査照咨」, 『同文彙考』 3 「洋泊情形」, pp.2467-2468; 『外交文書』 제1권, p.217.

178 李動旭, 2020, pp.13-19. 李動旭이 여기서 천진조약이 '속국자주'론 출현의 배경이라고 지적한 것은 종래 없었던 해석이라고 할 것이다.

거의 없었다. 더구나 서양 국가와의 전쟁에서 패배하여 열세에 몰린 청이 조선과 서양 국가와의 관계에 끼어든다는 것은 당시 형세로서는 결코 만만한 일이 아니었다. 만약 조선이 청의 군사적 지원이나 개입을 요청하였다면, 청으로서는 받아들이기 어려운 형편이었음이 틀림없다. 그렇기 때문에 '속국자주' 개념 자체의 애매함에 착안하여 조선-청 관계를 분석하면서 그 느슨한 개념에 기초한 관계 속에 조선의 '자주' 영역이 있음을 지적한 오카모토 다카시(岡本隆司)는 '속국자주'론의 공식적인 출현은 서양인들의 요구를 저지하기 위해 "총리아문이 굳이 구래의 관행을 이용하여 이때 처음으로 조선과의 관계를 '속국'이면서 '자주'한다고 성문화하고, 정례로서 주장했다는 것이 진상에 가깝다."라고 해석하였다.[179] 바꾸어 말하면 '속국자주'론은 서구 국가의 압력에 대응하기 위한 청의 임기응변에서 나온 일종의 '편법(便法)'이자 '명분'이었다. 전통적 조선-청 관계에서는 청이 속국인 조선의 국정에 간섭하지 않는 전통을 지켜 왔지만, 서구적 국제법의 시각에서는 이해하기 어려운 이러한 상국-속방 관계의 '특수성'을 여하튼 납득하게 만들고자 고안해 낸 일종의 대응 방안이었던 셈이다.

당시 청의 내밀한 의도는 조선의 조공사절과 직접 은밀한 교섭을 가졌던 한인(漢人) 예부상서(禮部尙書) 만청려(萬青藜)의 태도에서 잘 나타난다. 그는 조선 조공사절과의 개인적인 만남에서 프랑스의 침공 계획을 알려주면서, 절대로 이와 싸우지 말고, 만약 강화(講和)할 수 없다면 중국에 와서 군사를 요청해서는 안 된다, 이미 너무 멀어 일에 도움이 안 되고, 또 군사를 징발할 수도 없다고 다짐하였다.[180] 실제로 청이 프랑스의 조선 침략을 저지할 역량을 갖추지 못하였고, 따라서 간섭을

179 岡本隆司, 2004, p.23.

180 「萬尙書抵右合短劄」, 『外交文書』 제1권, p.536.

포기할 수밖에 없었던 점은 분명하였다. 만약 그렇지 않았다면 상국의 속국에 대한 '자소'의 의무를 쉽사리 포기할 리는 없었기 때문이다. 실제 이러한 청의 태도를 접한 조선도 '상국'을 바라보는 종전의 시각에 일정한 변화가 없을 수 없었다.

이를테면 고종3년 8월 부호군(副護軍) 기정진(奇正鎭)이 북경에서 보낸 자문에 대해 "그 자문의 내용은 매우 수상하여 반은 공갈인 듯하고, 반은 조정(調停)해 보려는 뜻인 듯합니다.[其辭意殊常, 半涉虛喝, 半涉調停]"라고 하여, 상국의 책임을 회피하려는 것으로 보이는 청의 미지근한 태도나 '무능'에 대한 불신을 보였던 사례에서 나타나듯이,[181] 실제 조선에서는 이후 청의 태도나 통보, 중재 시도를 의심하여 민족적 자존감과 주체 의식을 드러내는 등 청에 대한 '사대' 관념의 동요가 시작하는 흐름도 나타났다. 이를테면 이른바 '협력 외교(협력정책)'로 서양과의 화의를 주도한 공친왕이 청의 외교정책을 도덕적으로 타락시켜 불신하게 만들었다고 본 조선에서는 서양 국가와의 관계 수립에서 청의 지도를 따를 의향이 전혀 없었다. 외교의 권한이 없고 외교 기술을 모른다고 하면서 청에 의지하고 그 지도·보호를 요청해 왔지만, 사실 조선은 줄곧 서양에 굴복하여 조약과 선교를 허용한 청과는 다른 경로를 추구하기로 결심하고 있었다.[182] 이렇게 보면 '인신무외교'와 '속국자주'론은 조선 시각에서 보면 바로 홀로 종래의 유교 문명을 지켜 내고 있다는 도덕적 우월감을 바탕으로 '자주'적 외교 노선을 계속 고집하겠다는 뜻이나 마찬가지였다고 하겠다.

그리고 또 하나 주목할 점은 종래 조선과의 관련 사무를 다룬 적

181 『高宗實錄』 3卷, 高宗3年 8月 16日 壬寅 여섯 번째 기사. Zhang Baoyun, 2016; 장보운, 2017 참조.

182 김기혁, 1980(2022), pp.100-103; Zhang Baoyun, 2016; 장보운, 2017 참조.

이 없던 총리아문이 임시적이나마 거기에 끌려들 수밖에 없었다는 점이다. 이것은 조선 관련 사무를 전담해 왔던 예부가 기본적으로 서양 각국과의 외교나 기타 관련 사무를 처리할 권한이 전혀 없었기 때문이다. 하지만 이런 상황은 적어도 청의 전통적인 외교 제도의 운용에 약간의 균열이 생겼다는 점을 알려 준다. 물론 총리아문은 직접 조선 사무에 관련할 수 없었으므로 반드시 예부를 거쳐 문제를 처리해야만 하였다. 따라서 총리아문은 어쩔 수 없이 개입하더라도 기본적으로 서구 각국과의 관계를 훼손하는 것을 피하는 현상 유지의 입장에서, 서구 각국과 조선의 갈등이 불필요한 개입이나 그에 따른 책임이 청에 돌아오지 않도록 하는 소극적인 태도로 일관할 수밖에 없었다.[183]

그렇기 때문에 당시 청은 상국으로서의 '의무' 같은 것은 사실 엄두도 내지 못하는 형편이었다. '수세'에 몰린 청의 입장에서는 1830년에 이미 도광제가 예언하였던 것처럼, "결국 반드시 적절하게 준비하고 처리하여, 외이(外夷)를 회유하는 가운데 여전히 천조체제를 잃지 않아야만, 비로소 가장 나은 대처방안이 될 것이다.[總須酌籌妥辦, 於懷柔外夷之中, 仍不失天朝體制, 方爲至善]"라는 원칙을 지켜야만 하였다.[184] 또한 앞서 서술한 대로 도광제가 "오랑캐의 기운을 제어하여 번복을 평안하게 한다."라고 하였던 것처럼 번속·속국을 편안하게 하려던 전략이 이후에도 일관되게 관철되었고, "조약에 비추어 조금이라도 그것을 벗어나 침범하는 일이 없게 하며, 밖으로는 신뢰와 공손함을 돈독히 하여 은밀하게 기미의 뜻을 보여 준다."라는 것이 총리아문의 설립을 주도한 공

183 李動旭, 2020, 2021d.

184 『宣宗實錄』 卷178, 道光10年 10月 戊申. 石元蒙, 2015는 여기 나오는 外夷의 회유와 천조체제를 잃지 않는 것을 조공체제의 가장 중요한 '실천'으로 파악하고 있다.

친왕 등이 외교의 기본방침으로 내세웠다는 점은 앞서 서술한 바 있다. 결국 1860년대 이후의 '속국자주'론에 나타나는 청의 기본적인 태도는 최대한 분쟁에 말려드는 것을 회피하는 태도, 즉 조선을 편들기보다도 '분쟁을 마무리하여 사람들을 편안하게 하는 것[息事寧人]'을 추구했다.[185]

그래서 조선이 '인신무외교'의 정책으로 서구와의 접촉·마찰로 생겨난 부담을 청에 떠넘기면, 청이 '속국자주'론을 내세워 자신에게는 그러할 권한이나 능력이 없다는 식으로 책임을 회피하는 태도를 1870년대 전반까지 유지한 것은 바로 이 때문이었다. 이런 점에서 보면 '속국자주'론은 물론 '인신무외교'라는 전통적 근거에서 파생한 것이라고 할 수 있겠지만, 그것이 19세기 후반의 상황에서 새롭게 다시 정의되어 제시된 일종의 새로운 '명분' 또는 '편법'이었다고 보아도 좋을 것이다. 천조체제라는 것은 원래 중국 중심적이어서, 중국과 다른 국가·민족·왕조와의 관계만을 고려할 뿐이었다. 따라서 다른 국가·민족·왕조들 사이의 관계(人臣 또는 藩臣끼리의 外交)에 대해서는 그것이 청의 국익이나 안보에 심각한 위협이 예상되는 게 아니라면 주요한 관심 대상으로 삼지 않았다.[186] 하지만 서구의 진출과 주변 번속에 대한 진출·압박

185 李動旭, 2020, 2021d.

186 李雲泉(2015, pp.35-36)은 '인신무외교'는 청대에 사실상 일종의 관념으로서만 존재하였을 뿐 실천의 측면에서는 사실상 찾아볼 사례가 거의 없다고 지적한다. 1840년대까지 『清實錄』이나 『上諭檔』·『宮中檔奏摺』을 검색해 보아도, 건륭·도광 연간에 각기 한 사례만 검색이 된다는 것이다. 둘 다 人臣이 외국과 '私交'했을 경우이지만 전자는 처벌받지 않았고 후자는 처벌받는데, 그것은 당시의 상황과 상대방 국가와의 우호 관계에 따라 황제가 다른 반응을 보였기 때문이라는 것이다. 그렇지만 유가 사상의 영향이 깊었던 조선의 경우는 '藩臣之禮'를 삼가 지키는 데 훨씬 신중하였다. 조선 어민이 류큐로 표류하였다가 송환된 것을 청에 알리자는 주장에 대해 '藩服끼리 서로 通書하여 外交의 戒를 어긴 것'에 대한 질책을 두려워하여 그것을 받아들이지 않는

은 이제 청과 번속 사이에 제3자가 끼어드는 것을 의미하였고, 이 복잡한 삼자·다자 관계의 규정·처리에 새로운 대응의 방법이 필요할 수밖에 없었다.

또한 '속국'과 '자주'라는 용어가 과연 어떠한 관계를 의미하는가에 대해서 사실상 양국 사이에 좀 더 합치된 이해가 필요하였고, 여기에 관련된 청의 조선 정책도 이제는 청과 조선을 둘러싼 서구나 일본·러시아 등 다양한 국가와의 외교 관계 속에서 재검토되어야만 하였다. 이 때문에 근대 조선-청 관계의 변용은 "결코 근대 일변도가 아니라 조선에 대해서는 전통적인 종속 관계(宗屬關係)를 상위에 두면서 근대적인 요소도 아울러 사용한다는 더블 스탠더드에 의한 케이스 바이 케이스였다."[187]라는 설명이 나오게 되는 것이다. 그런데 문제는 천조가 이러한 새로운 과제들을 효과적으로 처리할 충분한 역량을 갖추고 있지 못한 데 있었다. 따라서 청으로서는 최대한 체면을 손상하지 않으면서, 주변의 번속에 대한 책임과 의무를 '회피'하는 방안을 모색하는 것이 필요하였다. 그러한 상황과 시대적 필요에서 새롭게 '정의'된 것이 바로 '속국자주'론이었다.

그런 점에서 '속국자주'론이 19세기 후반의 동아시아에서 새롭게 구축된 '경계유지장치(境界維持裝置)'였다는 지적은 충분히 수긍할 만하다.[188] 뒤에서도 다시 살펴보겠지만, '속국자주'론이 서구 각국이나 일본을 향해 제시된 사례는 그것을 입증한다. 그것은 천조상국이 가지고 있는 주도권을 스스로 제약하는 것(또는 포기·부인하는 것)으로 간주될

肅宗 때의 사례나 앞서 본문에서 든 도광·동치 연간의 사례 등이 그 근거로 제시되고 있다.

187 森萬佑子, 2017, p.23.

188 茂木敏夫, 2014, p.55.

위험성을 담고 있었으므로, 청은 굳이 조선에 대해 그러한 자세를 강조할 이유가 없었다. 또 중국과 한반도 사이의 오랜 책봉·조공 질서의 역사에 익숙하였던 만큼, 이것은 아마 서로 간에 자명한 전제로 여겨졌을 것이다.[189]

하지만 앞서도 다루었듯이 '속국'에 대한 이해는 시기·주체·의도에 따라 전통적인 이해이든지, 아니면 국제법적인 해석이든지 얼마든지 그 함의가 달라질 수밖에 없었던 것이 역사적 현실이었다. 그것은 동시에 이 '속국'의 의미·함의에 대한 양측(또는 그 이상의 행위자)의 합의나 공통된 인식, 또는 명문화된 규정이 사실상 존재하지 않았다는 점을 뜻한다. 이 책의 머리말에서 지적한 '개념'의 중층성과 오해·혼용에서 비롯된 '속국' 함의에 대한 합의나 공통된 인식의 부재가 결국 이후 모든 갈등과 오해, 충돌의 근저에 자리 잡게 되는 셈이다.

여하튼 이러한 상황에 대처하기 위해 조약국과의 외교, 즉 서구에 대한 외교를 담당하기 위해 창설된 총리아문이 개입해야만 하였다. 그러나 청이 조선 문제에 더욱 적극적으로 개입하려면, 기존의 천조체제 아래 예부가 전담해 왔던 전통적 제도와 방침 면에서 먼저 변동이 이루어져야만 하였다. 조선 사무가 단순한 책봉·조공의 사안을 넘어 서

189 岡本隆司, 2004, 2008은 청과 조선 양국이 이 '속국자주'론을 각기 편의적으로 해석해서 자국의 필요에 따라 '속국'의 측면과 '자주'의 측면을 탄력적으로 강조하면서 이용하는 경향을 보인다고 설명한다. 李動旭, 2020 역시 '속국자주'론은 동시에 청조가 자국이 처한 상황이나 국제정세에 따라 조공국들의 '屬'의 측면을 강조하기도 하고, '自主'의 측면을 강조하기도 했다고 하여 이에 동조한다. 즉 「남경조약」 체결 이후에는 '속'의 강조로, 「천진조약」 체결 이후, 특히 조선에 대해서는 '자주'의 강조가 지속적인 경향으로 나타났으나, 1870년대 「청·일수호조규」 이후 청은 다시 '속'의 측면을 강조하기 시작하였다는 것이다. 결국 '속국자주'론의 이해·강조에서 핵심은 '속(국)'의 의미를 누가 어떻게 해석하는가에 따라 달라질 수밖에 없다.

구 각국(나아가 러시아와 일본)과의 접촉·통상·선교·국경 문제나 전쟁으로 확산하는 경우, 이러한 새로운 상황 전개에 대응할 수 있는 자격이나 권한이 예부에는 전혀 없었고, 따라서 총리아문이 거기에 끌려 들어갈 수밖에 없었기 때문이다. 이러한 변동은 서구 각국의 조선에 대한 진출의 모색이 활발해지는 1860년대 이후가 되면 점차 필수적인 것이 되었으나, 실제 그러한 제도적 변통이 이루어지는 것은 후술하듯이 1881년에 가서야 비로소 가능하였으므로, 여기서 청의 지지부진한 대처 능력의 '한계'를 엿볼 수도 있다.[190]

그리고 이에 따라 사실상 '사대질서'에 기초한 조선의 대청 외교에도 점차 조금씩 변화가 나타나기 시작하였다. 18세기 중반 이후 조선의 대청 인식이 점차 바뀌어 가면서, 사절단을 따라 북경에 간 문인들과 중국 관원·학자들의 개인적 교류가 확대되기 시작하였음은 이미 잘 알려진 사실이다. 조선 사신에 대한 청의 통제[門禁]도 역시 마찬가지였다. 19세기 들어 여기에는 사절단의 사신들까지 적극적으로 참여하게 되었다. 이것은 양국 문인끼리의 집단적 교류나 네트워크의 형성이라는 양상으로도 나타났다. 19세기 중반까지는 이러한 문인 교류가 '인신무외교'의 금기를 쉽사리 뛰어넘을 수는 없었지만, 서구 열강의 조선 진출이 본격화되는 1860년대가 되어, 그 침략이나 전쟁·전교 등이 상당한 위기의식을 불러오면서 이에 대한 정보 수집이나 자문 요청에 직접 관련되는 양상이 뚜렷하게 출현한다.

190 다만 청이 병인·신미양요 등에서 적극적인 개입을 하지 못한 또는 하지 않은 것은 부분적으로는 청 자신의 경험을 통해 서양 각국이 영토 확대가 아니라 무역과 선교에만 관심을 가지고 있다는 점을 체득하게 되었으므로, 서양 각국의 접근이 조선의 국가적 생존을 즉각 위협하지 않을 것임을 알고 있었던 것 때문이라는 지적은 충분히 경청할 만하다. 김기혁, 1980(2022), pp.106-111 참조.

최근 병인양요 시기의 연구에서 자주 언급되는 조선 사절단이 청 예부상서 만청려(萬青藜)와 직접 교섭을 시도하였던 사례는 그 대표적인 경우다.[191] 북경에서 조선에 대한 프랑스의 선전포고를 들은 조선 사신들은 파견 목적과 관계없이 사태 파악을 위해 독자적인 교섭 활동을 전개하여 기존 '인신무외교'의 관행을 벗어나 만청려와의 접촉을 시도하였고, 그도 호응하였다. 물론 이 경우에도 필담을 나눈 다음, 그 기록을 모두 파기하거나 하는 조심성을 보였던 것은 기존 금기를 의식한 행위였다. 하지만 양측 모두 이를 조정에 보고하고 그 허락을 받았으며, 양쪽 조정 모두 이를 당연한 듯 받아들였다.[192] 심지어 조선에서는 공식적인 외교 통로가 아닌 사적인 네트워크를 통한 정보 교환을 적극적으로 활용하였을 뿐만 아니라, 마침 조선을 방문한 청의 사신에게까지 외교 사안을 부탁하는 등 모든 방법을 동원하는 적극성을 보였다.

이것은 '전쟁'이라는 비상 상황과 위기를 맞이한 탓에 허용된 것으로 볼 수도 있다. 후술하듯이 1875년부터 약 5년간 지속된 조선 영의정 이유원과 청의 북양통상대신 이홍장의 서신 교환 역시 마찬가지였다. 이 경우 역시 사실상 이홍장이 일본 문제에 간여할 수 없는 예부를 거치지 않고 조선과의 직접적인 교섭의 통로를 확보하기 위하여 모색한 방법이었을 가능성이 크다. 여하튼 기존 외교 체제와 제도적 관행, 그리고 그 금기를 벗어난 시도가 점차 허용될 수밖에 없을 정도로 시대 상황이 급변하였다는 점은 분명하다.[193]

191 田保橋潔, 1940(2013), pp.515-524; 權赫秀, 2007a; 노대환, 2014; 姜博, 2016, 2017; 김창수, 2015, 2016, 2017; 박준형, 2018; 孫衛國, 2018; 孫成旭, 2018b; 이동욱, 2020, 2021d 등의 연구 참조. 중국학자의 연구로는 王元周, 2013, 2018이나 孫衛國, 2018에서 여러 18세기 후반 이후의 다양한 사례를 검토하고 있다.

192 『外交文書』 제1권, pp.21-23, p.217.

양국 조정은 이러한 서신 교환을 통한 소통이 전통적인 '인신무외교'의 원칙을 범하였음에도 불구하고 특별히 문제로 삼지 않았다. 그렇다고 해서 양쪽 모두 이 무렵 기존 공식적인 외교 제도의 변경·변통을 적극적으로 고려하고 있었던 것은 아니라는 점도 분명하다.[194] 병인양요 시기에도 여전히 조선의 조공사절은 두 차례나 청을 방문하였고, 그 동안 주고받은 13건의 자문에서 프랑스 함대의 조선 침략에 공동으로 대응하기 위한 실질적인 논의나 협상은 전혀 없었다.[195]

7) '속국자주'의 견지

한편 신미양요(辛未洋擾) 직전인 1871년 3월 이번에는 로(F. F. Low) 중국주재 미국 공사가 제너럴셔먼호 사건 등에 대해 문의하기 위해 군함을 타고 조선에 가서 교섭하겠다는 뜻을 비치면서 총리아문에 서신을 대신 전달해 달라고 누차 요청하는 일이 발생하였다. 이에 대해 총리아문은 그 곤란한 입장을 다음과 같이 설명하였다.

> 미국은 속국이라는 두 글자를 빌려 중국이 조선을 기세로 압박하게 하

193 물론 공식적으로 지적당하면 당연히 탄핵의 대상이 되는 것은 여전하였다. 이유원도 나중에 이 '인신무외교'가 폭로되었을 때 공격당하는 것을 피할 수 없었다. 『高宗實錄』 卷18, 高宗18年 潤7月 6日 丙申 다섯 번째 기사. 「신섭 등이 상소를 올려 척사를 주장하다」, 8日 戊戌 두 번째 기사. 「이유원이 상소를 올려 신섭의 죄를 다스릴 것을 청하다」, 14日 甲辰 첫 번째 기사. 「양사에서 이유원을 죄 줄 것을 청하다」, 세 번째 기사 「이유원을 정배할 것을 명하다」 등 참조.

194 병인·신미양요와 대원군 시기의 외교정책에 대한 가장 최근의 정리는 김기혁, 1980(2022), pp.71-111; 金源模, 2003, pp.17-66, 2003a; 權赫秀, 2007c; 김종학, 2017b, 2021; 박준형, 2018 참조.

195 權赫秀, 2003, pp.268-271.

여 그 계책을 달성하고자 합니다. 조선 역시 속국이라는 두 글자를 빌려 중국이 미국을 힘으로 제압하기를 청하여 비호받고자 합니다. 두 나라의 숨겨진 마음은 대체로 여기에서 벗어나지 않습니다. 신 등(臣等)은 시세를 헤아려 전력으로 적절하게 검토해 보고자 합니다. 조선은 비록 중국의 속국이지만 그 정교·금령에 대해 중국은 종래 스스로 주지하도록 해왔습니다. 지금 미국과 다투는 사안은 만약 실로 잘못이 조선 쪽에 있다면, 중국은 당연히 이치에 근거하여 개도(開導)하여 마음속으로 분명히 깨닫게 하고 스스로 좋은 방책을 도모하게 해도 무방합니다. 그런데 현재 미국과 조선이 다투는 일에서 조선이 따르지 않는 것은 결코 모두 이치의 옳고 그름에 속하는 문제가 아니니, 어찌 중국이 명분으로 압박하여 그것이 반드시 실행되도록 강요할 수 있겠습니까? 하물며 조선은 중국에 올리는 문건에 대해서는 느닷없이 스스로 베껴서 미국에 전달하면서 전혀 감추거나 피하지 않으니, 그 마음가짐에서 이른바 중국의 보호를 구한다는 것은 결코 진정한 성의에서 나온 것이 아니며, 단지 중국을 빌려서 어깨의 짐을 떠넘기는 것에 지나지 않습니다. 따라서 두 나라가 다투는 일에서 중국은 단지 가운데서 중재[從中排解]하여 미국이 반드시 조선에 갈 필요가 없게 하는 것 외에는 달리 대신 마련해 줄 방책이 없습니다.[196]

조선의 태도가 "결코 진정한 성의에서 나온 것이 아니라, 단지 중국을 빌려서 어깨의 짐을 떠넘기는 것에 지나지 않음"을 알면서도, 총리아문은 예부를 통해 이 문서를 조선에 전달하게 하였다. 총리아문은

196 「總理衙門奏」(同治10年 11月 13日), 『中日韓』 卷2 p.246; 「奕訢等奏分析美國朝鮮爭執案及借中國爲詞片」(同治10年 11月), 『籌辦夷務始末(同治朝)』 卷84, p.3396.

이때, "조선은 비록 중국에 신복(臣服)하고 있지만, 그 국내에서의 모든 정교·금령은 모두 그 스스로 전주(專主)하였고, 중국은 종래 이에 간여하지 않았다."라는 종전의 '속국자주'론을 다시 확인하면서, "만약 서신을 대신 전달해 주지 않으면 도리어 일을 그르치게 되어 특별히 속국에 큰 관심을 기울이는 방법이 아니라," 이번 한 차례만 미국의 요구대로 대신 전달하는 특별한 배려를 하였다고 밝혔다.[197] 다만 예부는 그에 앞서 이러한 문제와 관련하여 기존의 권한을 지키고자 이렇게 상주하였다.

> 예부는 조공하는 각 나라에 대해서는 종래 모두 정례에 따라 자문을 보냈고, 서함 따위를 보낸 일은 전혀 없었습니다. 진실로 체통(體統)에 관련되는 것이기에 부득불 옛 법도를 삼가 지키지 않을 수 없습니다. 이번 미국의 봉인 서함 일은 총리아문에서 상주하여 재가받은 다음 예부에서 조선에 전달하게 하였습니다만, 당연히 이것은 임시방편입니다. 따라서 예부는 감히 옛 정례에 구애받지 않았습니다만, 다만 각 외국이 분분히 이 사례를 끌어다가 신청하게 된다면, 장래 반드시 그대로 하기 어려운 문제가 발생할 것이므로, 응당 사후에도 각국의 서함이 있다면 예부에서는 여전히 옛 정례에 따라 대신 전달하지 않음으로써 체제(體制)를 보전하고자 합니다.[198]

서구에 대해서는 이미 천조체제를 내세울 수 없게 되었지만, 속국

197 「奕訢等奏美使鏤斐迪求爲致信朝鮮摺」(同治10年 1月 22日), 『籌辦夷務始末(同治朝)』 卷80, pp.3236-3237; 김용구, 2001, pp.138-139, 2013, p.115; 『外交文書』, 2009, p.71.

198 「禮部又奏代遞美信一時權宜以後仍遵舊例片」(同治10年 2月 2日), 『籌辦夷務始末(同治朝)』 卷80, p.3243; 『外交文書』 제2권, p.72.

과의 조공 사무를 관장하는 예부는 여전히 기존 옛 법도와 그것이 기초한 천조체제의 체통을 지키고자 하였다. 이러한 청의 태도는 이후에도 서구·일본과의 조약 관계에 기초한 근대적 외교 방식과 계속 충돌을 일으켰었다. 하지만 조선과의 관계는 바로 천조의 체통·체제와 관련되는 일이었으므로, 그것 자체를 건드리는 일은 청의 권위를 무너뜨리는 균열을 가져올 위험성이 컸다.

여하튼 이 해 말인 1871년 12월 23일에도 총리아문은 미국 공사에 다음과 같은 조회를 보냈다.

> 귀국은 이미 중국의 우방이 되었으니, 중국의 속국에 대해서도 역시 당연히 그들이 자주할 수 있도록 해야지, 그 나라에서 원하지 않는 일을 억지로 강요하여 반드시 따르게 할 필요는 없습니다. …… 조선은 비록 중국의 속국이지만 그 정교(政敎)·호령(號令)은 그 자주에 맡겨 왔으며 중국은 종래 멀리서 통제하는 일을 하지 않았습니다. 만약 귀국의 뜻을 가지고 권한다고 하더라도, 중국은 아마 강제로 그들이 따르게 할 수는 없을 것입니다. 만약 조선이 못 들은 척한다면, 말해 보았자 더욱 무익할 것입니다."[199]

총리아문의 뜻이 이렇게 확고하였으므로, 미국 측은 이렇다면 비록 조선이 속국이라고 하지만 그 명분은 유명무실한 것이 아니냐고 반문할 수밖에 없었다. 결국 청과 조선은 기존의 사대질서를 교묘하게 이용하면서, 근대적 국제질서의 적용을 통해 문제에 접근하는 방식을 거부하는 관성에 이미 익숙해져 있었다고 할 것이다. 조선에서도 역시

199 『外交文書』 제2권, pp.311-314; 劉憶江, 2015, p.141.

'대저 남의 신하가 된 사람은 원래 외교가 없는 것'이라는 기왕의 입장을 되풀이하면서 박규수가 작성한 자문을 통해 통상교섭을 완강히 거부하였던 것은 이 점을 잘 보여 준다.[200]

그렇지만 사대질서가 성립된 이후 관행화되었던 양국 관계를 포함한 동아시아의 국제질서는 이제 점차 변화의 국면을 피할 수 없었다. 청 내부에서도 1860년대 이후 자강운동(自強運動. 洋務運動)이 본격적으로 추진되고 청의 지배체제가 다시 안정을 되찾으면서('同治中興'), 종래 실권을 장악하였던 만인(滿人) 또는 기인(旗人)[201] 관료 대신 태평천국의 진압에 크게 공을 세웠던 한인 관료(漢人官僚). 특히 지방 총독과 순무, 즉 독무(督撫)나 양무관료(洋務官僚) 및 지방 신사층(紳士層)의[202] 영

200 김용구, 2001, pp.138-141, 2013, pp.115-116. 다만 박규수의 경우 1861년 청에 다녀온 후 천하가 한 집을 이루고 사해에서 모여 어우러지는 시대에 '인신무외교'라는 것은 이미 가소로운 것이라 비판하면서 '도덕적 국제질서관'에서 '현실적 국제질서관'으로 전환하기 시작하였다는 점을 주목할 필요는 있을 것이다. 정용화, 2004, p.104.

201 旗人은 清代 滿洲族의 군대조직이자 戶口編制 제도로 여덟 가지 색상의 깃발을 기준으로 한 팔기(正黃·正白·正紅·正藍·鑲黃·鑲白·鑲紅·鑲藍)로 구분되었다. 팔기제도는 만주족뿐만 아니라 몽골족과 漢軍(청의 입관 이전 투항한 漢人) 팔기로 구성되었으므로, '민족(혈통)'이란 시각에서 보면 '다민족'으로 구성되었지만, 청의 중국 정복 이후 더 이상 충원되지 않는 특권계층으로 고정되었으며 관직에서도 그들에게만 할당되는 몫(旗缺)이 따로 있어 특별한 배려를 받는 '지배계층'이 되었다. 그 중심은 滿洲族이었고, 旗人이라고 하면 보통 그들을 가리키나, 엄격히 말한다면 반드시 그들로만 한정되지는 않는다.

202 명·청대 중국 사회의 지배층을 보통 紳士라고 부른다. 신사는 전직 관료나 관료예비군 등의 학위소지자(과거시험의 여러 단계에서 획득하는 生員, 擧人, 進士 등의 학위)를 가리킨다. 이 점에서 같은 讀書人 출신의 현직 관료와는 대비되는 존재다. 紳은 원래 관복의 허리띠를 가리키는데, 나아가 관직 경험자나 관직 보유가 가능한 거인이나 진사 등의 상층 학위를 가진 사람들을 가리키며, 士는 관료가 되기 위해 준비하는 다양한 하층 학위의 소지자다. 이들 하층 신사는 상층에 비해서 그 수가 당연히 훨씬 많다. 실제로 그들이 자

향력이 크게 확장되고, 전에는 거의 소외되었던 '외교' 방면에서도 그들의 진출과 실제적인 주도권 장악이 두드러진 현상으로 나타났다. 태평천국의 반란을 거치면서 청조 중앙권력의 위신이 크게 하락·쇠퇴하고, 이전 시대와는 전혀 다르게 태평천국 진압과정에서 군공을 세운 상군(湘軍. 曾國藩 휘하)·회군(淮軍. 李鴻章 휘하) 출신으로 지방 독무가 채워지고,[203] 이들이 종전과 비교해 군사·인사·재정 면에서 훨씬 더 자율적인 권력을 확보하면서 양무파(洋務派) 집단을 형성하게 되었기 때문이다.[204]

리 잡을 수 있는 관직의 수보다 그것을 위해 경쟁하는 사람의 수가 훨씬 더 많았으므로 하층 신사 대부분은 이후 관직에 나갈 기회가 거의 없고, 주로 향촌에 거주하면서 개인적 이익과 영향력을 추구하거나 사회적 특권과 기능을 통해 官民의 매개자로 자리 잡는 경우가 많다(19세기 중국의 신사층은 100-150만 명 정도의 규모였지만, 황제가 임명하는 관직의 수는 겨우 2-3만 개 정도에 지나지 않았다.). 물론 향촌에 돌아와 거주하는 상층 신사는 그 경력 때문에 지역사회 여론의 주도자로서 그 사회적 영향이 훨씬 크다.

203 劉偉(2003, pp.50-91)에 따르면 동치·광서 연간의 총독·순무의 경우 旗人이 아닌 漢人이 모두 70% 이상을 차지하게 되며(청 초의 경우 모두 40% 이하를 차지하였다.), 軍功을 세운 湘軍과 淮軍將領 및 幕僚 출신의 비중도 크게 늘어난 데다가 비교적 장기적 임기를 지닌 한인 독무의 출현도 두드러진 현상으로 나타났다. 이런 경향에 대해서는 李帆·邱濤, 2015의 제3편 제1장, pp.281-337에서도 다루고 있다. 다만 여기서는 동시에 청 중앙의 인사·재정권 통제를 통한 '반격'이라는 구조를 동시에 고찰하고 있다.

204 淸末의 자강운동(양무운동)에 대한 전반적 설명은 樊百川, 2003(2009); 中國社會科學院近代史硏究所 編, 2006, 『中國近代通史』 第3卷, pp.1-340; 류광징, 「청조의 중흥」 및 궈팅이·류광징, 「자강 운동: 서양 기술의 도입」, 존 K. 페어뱅크 편, 2007b, pp.705-904 참조. 또한 자강운동의 역사적 의미와 한계에 대한 논의는 曺秉漢, 2009가 아주 포괄적이고 참신한 시각을 제공한다. 한편 동치·광서 초기 양무파 관료의 對朝鮮觀에 대해서는 權錫奉, 1986, pp.47-78 참조. 또한 광서 연간 청 관료의 '내지화'론에 대한 분석은 Yuanchong Wang, 2019, pp.164-177 참조. 1870년대 중반까지 이들은 일부는 적극 지원론을 주장하였지만, 대체로 청 자체 국력의 한계를 이유로 정치적 불간섭주의와 조선의 閉關自守 때문에 적극적인 조선 정책을 구상할 수 없었다고 지적한

이 양무파는 제2차 아편전쟁 이후 특히 태평천국의 반란을 진압하는 과정에서 점차 형성된 정치적 파벌로, 흔히 '중체서용(中體西用)'의 원칙을 바탕으로 서구의 군사와 기술을 배워 자강을 꾀하는 것을 종지로 삼았다고 일컬어진다. 양무는 원래 서구와 관련된 외교적 사무를 가리키는 용어였으나, 이후 자강운동의 추진에 따라 그 포괄하는 범위가 더욱 확대되었고, 오늘날 사용되는 '양무운동'이란 용어는 나중에 붙여진 명칭이다(洋務新政이나 自強新政으로 불리기도 한다.). 중앙에서는 공친왕 혁흔과 문상 등 만주 귀족이 대표적인 인물이고, 지방에서는 태평천국 진압과정에서 큰 공을 세워 실력을 키운 증국번과 이홍장, 좌종당(左宗棠), 그리고 뒤이어 정일창(丁日昌), 심보정(沈葆楨), 장지동(張之洞) 등의 한인 독무가 그 대표적인 인물이었다.[205]

이들이 주도하는 자강운동은 1860년대부터 1890년대에 활발하게 추진되었는데, 점차 그 목표가 초기의 군사적 강화['求強']에서 경제 건설['求富']로 바뀌어, 근대적 군사공업의 건설과 서양식 군대의 편성·훈련, 해군의 확장에서 수많은 민간공업·기업의 창설이나 외국어학당의 건립, 유학생 파견 등으로 확대되어 중국의 근대적 발전에 크게 공헌하였다. 하지만 1895년 청·일전쟁에서의 패배는 이 운동의 '한계'를 여실히 드러내는 계기가 되었다. 거의 같은 시기 일본이 추진한 근대화 정책의 성과와 비교하면 압도적인 격차가 드러났기 때문이다. 양무파의 기본 정치적 관점은 총리아문을 설립할 때 제시된 "밖으로는 반드

다. 또한 동치중흥을 잇는 광서 연간 초기 청의 체제 정비에 대해서는 崔熙在, 1997에서 포괄적으로 다룬 바 있다.

205 양무파의 범위를 좀 더 확대하면 물론 이들을 보좌한 다수의 관료나 막료, 자강운동을 적극적으로 지지하거나 거기 참여한 일부 사대부·상인도 여기에 포함된다. 이를테면 이홍장의 막료로 잘 알려진 薛福成·馬建忠, 그리고 馮桂芬·鄭觀應·王韜 등이 대표적이다.

시 평화를 유지하고, 안으로는 반드시 개혁을 추진해야 한다."는 것으로, 조약을 맺은 열강과의 평화적 관계를 유지하면서 그에 맞서는 실력을 키우기 위한 자강을 추진하는 것이었다. 그렇지만 자강에 필요한 내부적 정치·사회·경제적 개혁은 거의 추진되지 않았으므로, 그 성과에 한계가 있을 수밖에 없었다. 서구식 방향의 개혁을 반대하는 보수파나 서구식 변화를 반대하지는 않으나 대외적으로 주전론(主戰論)을 앞세워 양무파를 견제한 청류파(淸流派)의 존재 또한 자강운동이 중앙 또는 조정의 집중적인 추진·후원 아래 전국적인 범위로 확대되어 가는 것을 가로막았기 때문이다.[206]

그렇지만 1870년대에 이르기까지 사실상 조선-청 사이의 사대질서가 크게 동요되지 않았던 것은 "약탈제국주의"(김용구 교수의 표현)의 '조약체제'가 자신의 이익 추구에 직접적인 방해가 되지 않는 한, 이러한 기존 질서 자체를 곧바로 부정하거나 공격하려 시도하지는 않았기 때문이었다. 서구의 진출과 불평등 조약체제의 형성이 곧바로 전통적 천조체제를 무너뜨린 것은 아니었다는 점은 앞서도 지적한 바 있다.

즉, 사실상 조약체제의 형성은 차라리 천조체제의 일부분이었던 '호시' 부분의 확대, 또는 '호시' 관계의 재편에 지나지 않는 성격이 강하였다고 보는 시각도 이러한 점을 뒷받침한다.[207] 즉 조약체제는 서구 각국과 청의 외교·통상을 보장하는 것이었지, 청과 주변 각국(外藩) 사

206 淸流派(淸流黨)는 청대 후기 동치·광서 연간의 정치 파벌 가운데 하나로, 당시 지방관으로서 실권을 장악한 이홍장 등이 주도하는 자강운동에 매우 비판적이었으며(단 자강운동 전체를 거부하는 보수파와는 달리 일부는 자강운동의 추진에 호의적이었다.), 특히 대외적으로는 주변 번부·속국의 유지를 주장하면서 외국 침략에 대해 타협을 거부하고 강경하게 저항·대처할 것을 주장하는 특징을 보였다.

207 최근 학계에 널리 받아들여지는 互市貿易과 그 확대에 관한 논의는 岩井茂樹, 2004, 2007, 2010; 岡本隆司, 2007, 2010; 廖敏淑, 2009, 2013 등 참조.

이의 관계, 즉 천조의 동아시아에 대한 대외체제 자체를 문제로 삼지는 않았다. 또 천조체제는 청과 주변 각국의 관계를 규정하는 것이었지, 주변 각국 사이의 상호관계나 주변 각국과 서구 국가와의 관계를 포괄하던 것도 아니었다. 서구 열강은 기본적으로는 19세기 후반 이른바 제국주의시대에 강력한 영토·식민지 확장 경쟁이 불타오르기 이전까지는 동아시아에서 영토 침략과 정복·식민지화에 그다지 적극적이지 않았고, 대체로는 중국과의 통상 관계(즉 '호시')를 확대하고 유지하는 데 무게의 중심을 두고 있었다.

이를테면 서구 열강을 대표하는 존재였던 영국만 하더라도 19세기 내내 중국과의 외교에서 중점을 둔 것은 영국의 최대 이익을 보장해 주는 자유무역의 유지였지, 중국 영토의 침략이나 주변부 국가의 침략·점령은 아니었다.[208] 앞서 인용한 바 있지만, 19세기 영국의 청에 대한 통제를 '비공식 제국'이라고 표현한 것은 바로 이런 점을 가리킨다.[209] 따라서 서구 열강은 만국공법 중심의 '조약체제'에 직접적인 장애가 되지 않는 한 기존 질서·관계를 굳이 부정할 필요가 없었다. 오히

208 L. K. Young, 1970(一劉存寬 等 譯, 1991), pp.1-20; 陳偉芳 지음, 權赫秀 옮김, 1999, pp.43-44. 陳偉芳은 영국의 대조선 정책에 대해 "가능하면 중국과 조선과의 종번 관계가 유지되는 전제하에서 조선을 하나의 완충지대로 삼으려고 하였으며, 만일 이러한 전통질서가 무너지더라도 일본이 조선을 장악하게 하면 하였지 절대로 러시아가 장악하지 못하도록 하려는 것"이었다고 지적한다.

209 비공식 제국(informal empire)은 John Gallagher와 Ronald Robinson이 19세기 영국의 중국에 대한 통제를 설명하면서 자주 사용한 용어다. Odd Arne Westad, 2021, p.16과 각주 19) 참조. 여기서 Westad는 청 제국의 동아시아에서의 패권을 이 '비공식적 제국'에 비유하지만, 영국과 다른 점은 청 제국의 수단은 기본적으로 경제적인 것이 아니라, 군사력의 위협과 더불어 문화적이고 이데올로기적인 강제에 있다고 설명한다. 또한 구대열, 2018a, pp.26-29, 38-39 참조.

려 자신들의 이익 추구에 도움이 되는 한 기존 질서를 이용하거나 거기에 편승하는 것이 보통이었다. 영국은 특히 러시아의 한반도 진출이 중국에서의 이익에 차질을 가져오는 것을 우려하여, 러시아가 개입하는 빌미를 제공하지 않는 한 한반도 문제에 관여하지 않는 것이 1882년까지의 기본노선이었다(이는 러시아도 마찬가지였다.). 영국의 대청 정책에서 주된 관심은 비록 청과의 동맹이 이루어지지는 않았지만, 기본적으로 러시아에 대항하는 데 중국이 도움이 되는가에 있었다.

대양으로 진출할 수 있는 출구·항구를 찾아 전 세계적 차원에서 영국과 대립하면서 이른바 '그레이트 게임(Great Game)'을 벌였던 19세기의 러시아 역시 동아시아에 대해서는 우선 '기다리는 정책'을 고수하였다.[210] 1890년 이전 러시아의 동아시아 진출은 긴 운송로 때문에 정착 실패와 식량부족으로 경제적 이익을 얻지 못하였고, 이후 이민 개방 등을 통해 이를 보완하려 하였으나 모국에서 분리된 식민지나 마찬가지의 상황을 벗어나지 못하였다. 이러한 실질적 역량의 결여 때문에 러시아는 동아시아에 대한 뚜렷한 성취도 없고, 이렇다 할 외교정책을 채택하지도 못하고 방치하였으며, 조선에 대해서도 무관심으로 일관할 수 밖에 없었다.[211] 이를테면 러시아의 경우 청에 대해 영토 확장의 시도를 성공시키기는 하였지만, 1881년의 이리 문제를 둘러싼 분쟁과 조약 개정에서, 그리고 1885년의 거문도사건이나 두만강 하구의 국경 설정(이른바 土字碑 설립 위치의 변경과 黑頂子 지역의 반환)에서는 체면을 잃지 않는 상태에서 양보를 통해 청과 타협하는 방향을 선택하였다. 이것은 무엇보다도 수도에서 아주 멀리 떨어진 중국과의 접경 지역에서 대규

210 E. V. G. Kiernan, 1970(1939), pp.300-315; 김용구, 2006, pp.397-399.

211 이를테면 앤드류 말로제모프(Andrew Malozemoff) 지음, 석화정 옮김, 2002, pp.19-49 참조.

모 군사력을 동원할 수 있는 여건이 부족하였던 데다가, 영국과의 대립을 둘러싼 국제적 환경과 외교적 고립, 국내 정치 상황의 불안정 등이 강경한 정책을 취할 여지를 주지 않았기 때문이었다.[212]

따라서 만국공법의 '조약체제'는 '[책봉·]조공체제'를 곧바로 무너뜨리지는 않았고 상당 기간 공존할 수 있었다. 아편전쟁 전후로 반세기 가까운 세월 동안 이 천조[조공]체제는 그 내용이 점차 변용되면서도 기본적으로 유지되었으며, 호시의 연장선상에서 맺어진 서양과의 조약체제와 공존하면서 충돌·타협·조정하는 관계가 상당히 오랫동안 지속되었다. 이후의 동아시아 외교사, 특히 근대조선과 청의 관계사는 이 두 체제의 충돌을 중심으로 전개된다고 해도 지나친 말은 아니다.

하지만 1860년대 이후의 상황은 궁극적으로는 중화사상·천하관념을 바탕으로 한 천조체제가 무너지는 조짐을 분명히 드러냈다. 청도 억지로나마 이러한 새로운 국제질서를 점차 '수용'하는 방향으로 나가지 않을 수 없었다. 이후에도 여전히 상당한 기간 쇄국 의사를 굳건히 하였던 조선과는 달리, 총리아문은 1860년대 후반에 들어서면 청과 마찬가지로 조선도 조약체제(와 기독교 선교)를 인정하는 쪽으로 나아가지 않을 수 없다고 설득·충고하는 방향으로 움직이고 있었다. 그러나 이러한 시도는 청에 충성을 표시하지만, 기본적으로 멀리 떨어져서 자율성을 유지한다고 하는 냉담한 관계를 유지해 왔던 조선의 완강한 거부에 부딪혀 실패로 끝나고 말았다.[213]

212 이에 대해서는 후술하는 내용 또는 李恩涵, 1966이나 金衡鍾, 2013 등 참조.

213 Mary C. Wright, 1958; 權錫奉, 1986, pp.47-78; 姜博, 2016, 2017. 다만 姜博은 병인양요·신미양요 당시 청의 조선 정책이 '소극적인 불간섭정책'이었다는 점에 반론을 제기하여 제한된 범위 내에서 '적극적'인 중재자 역할을 하였다고 지적하는데, 이동욱, 2021d는 그러한 변화가 일시적이고 이후 더욱 소극적인 정책으로 돌아갔다고 평가한다(pp.15-16).

조금 후의 일이지만, 총리아문에서 일본이 대만에 뒤이어 조선에 군대를 파견할지도 모른다는 소문을 자문으로 알려 오자 조선의 영의정 이유원이, "총리아문에서 우리나라에 알리고 싶은 일이 있으면 그저 그 일만 말하는 것으로 그치면 될 뿐입니다. 무엇 때문에 통상 등의 얘기를 하면서 마치 공갈로 놀라게 하여 [우리를] 유인하듯이 한단 말입니까? 중국 일은 알 수 없지만, 우리나라가 무기를 갖추고 변경을 굳게 지키는 일을 어떻게 조금인들 늦출 수 있겠습니까? 준비하였다가 결국 쓰는 일이 없으면 오히려 더욱 다행일 것입니다."[214]라는 반응을 보인 것은 그러한 조선의 분위기를 알려 준다. 더구나 당시 앞서 살핀 대로 청은 국내외적 상황이 조선에 대해 강력한 힘을 발휘할 만한 처지가 아니었고, 실제 그럴 만한 군사적 역량도 갖추고 있지 못했기 때문에, 열강의 개입을 두려워하면서 기본적으로는 현상 유지 정책과 정치적 불간섭주의에 안주할 수밖에 없었다.

마찬가지로 사대질서에 안주하면서 전통적 화이관(華夷觀)을 바탕으로 양이(洋夷)와의 조약·통상을 거부하고 만약 그들이 침입해 오면 실력으로 물리친다는 태도를 고집하던 조선도 그러한 대세의 변화 밖에 놓여 있는 것만은 아니었다. 이른바 '쇄국정책'으로 유명한 대원군은 1860년의 「(청·러)북경조약」 이후 국경을 접하게 된 러시아에 대응하기 위해 천주교 선교사들과 비밀리에 접촉하였다가, 기밀이 누설되어 정치적 위기에 놓이자 오히려 대대적인 천주교 박해사건인 1866년의 '병인박해(丙寅迫害)'를 강행하는 승부수를 던졌다.[215] 그 결과 프랑

214 『高宗實錄』 11卷, 高宗11年 6月 25日 丙申 두 번째 기사. 「일본이 서양 나라들과 통교하고 있다는 소식을 북경으로부터 전해 듣다」.

215 연갑수, 2000; 金源模, 2003, pp.21-31; 김영수, 2005; 강상규, 2007; 김종학, 2021, pp.80-90.

스군이 프랑스인 신부와 천주교도 박해에 대한 보복으로 군함 7척과 총병력 약 1천 명을 이끌고 강화도를 공격·점령하는 1866년의 병인양요가 발생하였다. 주지하듯이 대원군은 이에 대해 단호한 저항의 의사를 표시하였다.

> 양적(洋賊)이 열국(列國)을 침범하는 것 또한 자고로 있었던 일이다. 그러나 지금까지 몇백 년 동안 이 도적이 뜻을 이루지 못했는데, 몇 해 전 중국이 화친을 허락한 후로 도량(跳踉)하려는 마음이 한층 더 헤아리기 어렵게 되었다. 도처에서 악행을 저질러서 모두가 그 독을 받고 있으나, 유독 우리나라에만 행하지 못한 것은 실로 기자(箕子) 성인이 하늘에서 조용히 정해 주셨기 때문이다. 이러한 지경에 이르러 믿을 것은 예의이며, 아는 것은 백성들의 마음이 단결하면 성처럼 깨뜨릴 수 없다는 것뿐이다. 금일 상하가 만약 의구심을 품거나 겁을 먹으면 만사가 와해되고 국사를 그르칠 것이다.[216]

그는 서양 오랑캐가 침범함에 전쟁이 아니면 화친인데, 고통이나 독을 참지 못하고 화친을 주장하거나 교역을 허락하는 것은 나라를 팔아먹는 것이라는 강경한 방침으로 독려하면서 타협을 거부하였다. 서양 세력과의 첫 번째 무력 충돌인 병인양요는 조선이 승리하였지만, 뒤늦게 벨로네와 로즈(Pierre Gustave Roze) 제독의 독단적 조치를 파악한 프랑스 정부는 이들의 조치를 무효화하였다가, 이후 조선 침략을 성공한 원정으로 선전하기 시작하였다. 따라서 병인양요는 조선과 프랑스 양국 모두가 승리한, 패자 없는 전쟁이 되어 버렸다.[217] 하지만 프랑스

216 흥선대원군, 「정부 당상에게 보낸 글」, 장인성·김현철·김종학 엮음, 2012, 『근대한국 국제정치관 자료집』 제1권 개항·대한제국기, pp.3-4 참조.

함대의 습격, 즉 병인양요는 대원군이 권력을 공고히 하는 결정적 계기가 되었으며, 이후 그는 서양 세력의 위협을 자신의 전제권력을 정당화하고 강화하는 구실로 활용하였다.[218]

뒤이어 1871년에는 미국이 제너럴셔먼호 사건(1866)에 대한 보복으로 군함 5척 총병력 약 1,200명, 함포 85문으로 강화도를 공격·점령하는 신미양요(辛未洋擾)가 발생하였다. 미국이 조선과의 조약체결을 위해 일본의 개국이라는 선례를 따라 '포함외교'를 단행하였기 때문이다. 신미양요에서 사상자의 수로 보았을 때 전투의 승패는 분명하였지만, 조약체결이란 애초의 목적을 달성하지 못한 채 귀환한 미국 역시 승리를 단정하기는 어려웠다. 양자 모두 '승자'였던 병인양요와는 달리 신미양요는 누구도 승리를 확언할 수 없는 승자 없는 전쟁으로 끝났다.[219] 사실상 청 정부의 불간섭정책이 결과적으로 이러한 잇따른 서구의 무력도발을 초래한 중요한 객관적 원인이라고 할 수도 있겠지만,[220] 여하튼 서구 열강은 병인양요와 신미양요로 조선을 개방시키는 데 성공하지는 못하였다. 결국 조선 정부는 이러한 침략을 물리친 다음 척화비(斥和碑)를 세워 문호개방을 거부하는 방침을 당분간 유지하였다.[221] 아울러 대원군은 서양 오랑캐의 재침을 막기 위한 국방력 강화 정책을 추진하면서 군사권과 재정권을 한 손에 장악하였으므로, 외부의 위협이 대원군의 권력 강화를 가져오는 한 외부 세계에 대한 적대 정책이 강화되는 악순환을 피할 수 없었다. 그런 점에서 대원군 체제가 유지되

217 박준형, 2018, p.77.

218 김종학, 2021, p.99.

219 박준형, 2018, p.93.

220 權赫秀, 2007c(權赫秀, 2007, p.57).

221 田保橋潔(1940, 2013), pp.90-130; 우철구, 1999; 김용구, 2001, 2013; 김원모, 2003, pp.19-113, 2003a; 노대환, 2010, 2018.

는 한 조선의 문호개방은 기대하기 어려웠다.[222]

2. 일본의 도전과 조선·청의 대응

1) 「청·일수호조규」의 체결

제1·2차 아편전쟁의 패배로 조약체제에 강제 편입된 이후에도 서구열강·일본 등으로부터 조선에 대한 개입·입장을 요청받으면 청은 1870년대까지 줄곧 '속방자주'론을 견지하면서, 상국-속방 관계에 직접 도전하지 않는 이상 비밀리에 충고·권고하는 일은 있어도 적극적으로 조선을 개방으로 이끄는 정책을 취하지는 않았다. 청이 이러한 기회주의적 관망의 곤경에서 벗어나지 못하였던 것은,[223] 앞서 '소극외교'라고 표현한 것처럼, 이 시기 청 자체가 왕조 존속과 체제 유지 자체에 급급한 형편이라 가능한 한 서구 국가와의 마찰을 피하고자 하였으므로 대외 문제에 적극적으로 나서거나 조선 문제에 개입하여 그 안전을 보장할 역량을 전혀 갖추고 있지 못하였던 점이 크게 작용하였다.

하지만 보다 근본적인 시각에서 보면 사실은 이 문제가 사대질서와 만국공법 질서 사이에서 '양자택일'을 요구하는 아주 곤란한 문제였던 데서 비롯되었다고 할 것이다. 설립 이후 조약국과의 외교를 담당하게 된 총리아문에서는 미국인 선교사 윌리엄 마틴(W. Martin)이 번역한 『만국공법(萬國公法)』(1865)을 출간하고,[224] 북경에 각종 외국어를 익히

222 김종학, 2021, pp.99-118.
223 張禮恒, 2012a, pp.127-145.
224 원저는 H. Wheaton이 필라델피아에서 1836년 처음 출간한 *Elements of*

게 하는 학교인 동문관(同文館)을 설치하는 등 '조약체제'의 이해나 '수용'을 위한 노력을 시작하였다. 헨리 휘튼(Henry Wheaton)의 원저는 세계적으로도 널리 보급되었을 뿐 아니라, 이 『만국공법』이 가장 먼저 한역(漢譯)된 국제법에 관한 대표적인 저작이 되었다. 물론 조선·일본에도 소개되면서 동아시아에서 국제법의 표준으로 기능하게 되었음은 아주 잘 알려진 사실이다. 이것은 동시에 동아시아 세계의 일에 대해 전혀 언급하지 않는 저술을 스스로의 기준으로 삼아, 동아시아가 다른 세계(유럽 세계나 오스만제국)의 사례 관례로 스스로를 다스리게 되는 것을 의미하였다.[225]

하지만 기독교 문명권의 평등한 주권국가 사이의 질서를 전제로 한 만국공법의 원리를 받아들여 그것을 새로운 기준으로 삼는다는 것은 화이관념을 바탕으로 한 천조체제의 부정·해체를 이끄는 것이나 마찬가지였다. 따라서 오랫동안 전통적 천하관념의 영향 아래 있었던 중국이 당시로서는(그리고 이후로도 오랫동안) 만국공법을 전면적으로 수용하는 것은 사실상 불가능하였다. 『만국공법』의 번역과 간행에 찬성한 총리아문의 수뇌부는 서양 각국이 자주 중국의 법률을 원용하여 중국측을 논파하는 데 맞서 만국공법을 이용하려는 목적을 지니고 있었다. 이렇게 '천조의 정제'라는 근거가 아니라 '만국공법'에 의해 상대방을 논파하려는 자세의 변화는 『만국공법』 간행 직전 1864년 2월 중국주재

*International Law*다. 『萬國公法』 漢文本은 최근 우리말로 번역되었지만(헨리 휘튼 지음, 윌리엄 마틴 한역, 김현주 옮김, 2021, 『만국공법』, 인간사랑, 이하 "헨리 휘튼 지음, 김현주 옮김, 2021, 『만국공법』"으로 인용), 유감스럽게도 한문 번역이 어색하고 적지 않은 오류가 있어 본문 원래의 뜻을 제대로 파악하기 쉽지 않으므로 한문본 원본을 참조해야 하는 불편이 있다.

225 岡本隆司, 2014, p.92. 한편 '종주권(Suzerainty)'이라는 용어 자체가 초판(1836. 재판은 1855로 아마 이것이 번역판본일 것이다.)에는 존재하지 않았다는 점도 岡本隆司는 지적하고 있다(p.93).

프러시아 공사에 의한 덴마크 함선 나포 사건에 대해 총리아문이 만국공법에 따라 이것이 중국의 권리를 침해하는 것이라 항의하여 그 시도를 규제하는 데 성공한 사례에서 잘 드러나는데, 그렇다고 해서 청이 만국공법을 준수한다는 의무를 받아들인 것은 아니었다. 어디까지나 서양 각국을 논파하기 위해 유효한 수단·무기라는 측면에서 그것을 이용한 것이지, 중국이 '만국공법 내의 국가'라는 것을 받아들인 것은 결코 아니었다. 그런 점에서 중국은 여전히 스스로를 '만국공법 밖의 국가'로 여기고 있었다.[226]

이 점은 쉽게 바뀌지 않았다. 이를테면 광서8(1882)년 임오군란 때 파견된 회군장령(淮軍將領) 오장경(吳長慶)을 수행하여 조선에 왔던 막료 장건(張謇)은 귀국 후 조선에 관련된 만국공법의 여러 조항을 모아 오장경에게 보내면서 다음과 같은 의견을 표명하였다.

> 거기서 주장하는 바는 단지 권리만을 논의할 뿐이지만 또한 이치에 어긋나지 않는 점도 있습니다. [그러나] 중국인이 만약 이를 실행한다면 대부분 그 주장을 끼고 모든 것을 어리석게 망칠 것입니다. 심지어 위에서는 이것으로 사람들을 몰아 오랑캐로 만들 것이고, 아래에서는 이것으로 오랑캐에 아첨하여 그 이익을 노릴 것이니 정말 개·돼지 같은 꼴이 됩니다.[227]

그는 만국공법을 긍정하기보다는 오히려 그 부정적인 측면을 강조하면서 그에 대한 강한 거부감을 표시하고 있다. 여기에서 우리는 당시 일반 관료·사대부의 만국공법에 대한 부정적인 인식의 한 사례를

226 佐藤愼一, 1996, pp.43-95 참조.

227 李明勛·龍世璋 主編, 2012, 『張謇全集』 8 「柳西草堂日記」, p.182.

볼 수 있다. 따라서 청 말의 중국에서 만국공법의 효용성을 인정하였더라도, 오히려 열강의 요구를 견제하면서 천조체제를 유지하기 위한 도구나 '현상유지책'으로서 받아들이고 이용하는 성격이 뚜렷하였다고 설명하는 편이 오히려 적절할 것이다.[228] 실제 만국공법의 '주권' 개념이 일부 소수 개혁파의 범위를 벗어나 널리 대중적 관심을 끌게 되는 것은 청·일전쟁 이후, 특히 20세기 들어 중국 민족주의가 급속하게 발전하던 시기가 돼서야 비로소 가능하였다는 점은 기존 연구에서 공통으로 지적하는 바다.[229]

그런데 조약체제의 형성 이후에도 여전히 변함없이 유지되었던 (또는 조약체제를 그 안에 '包攝'하고 있었던) 천조체제라는 구질서에 강력한 도전을 시도한 것은 서구와의 접촉 이후 '개국(開國)'을 강요당한 일본이었다. 태평양 항로와 중국 시장 진출을 위해 페리 제독의 함대를 파견한 미국에 의해 도쿠가와 막부(幕府)는 1854년 「미·일화친조약」을 맺고, 뒤이어 1858년에는 미국을 비롯하여 영국·러시아·네덜란드·프랑스 등 5개국과 통상조약을 체결하였다. 중국과 마찬가지로 일본도 일방적인 의무를 부가한 불평등 조약체제 내에 편입된 것이다.

그러나 이 조약을 막부가 천황의 칙허 없이 처리했다는 점은 이에 반발한 존왕양이파(尊王攘夷派) 등 반대 세력에게 빌미를 주어 막부 자체의 위기를 초래하였다. 결국 막부는 이들과의 전쟁에서 패배하여 무너지고, 1867년에는 대정봉환(大政奉還)과 왕정복고(王政復古)가 이루어졌다(明治維新). 메이지유신 이후 성립된 일본 정부의 태도는 조약체제

228 이러한 중국에서의 만국공법 수용에 대해서는 佐藤愼一, 1996, pp.43-228; 강상규, 2007; 김용구, 2008; 박상섭, 2008; 王中江, 2008, pp.10-176; 林學忠, 2009, pp.190-241; 川島眞(가와시마 신), 2016 등 참조.

229 林學忠, 2009, pp.199-201 참조.

에 편입된 다음의 청이나 이후의 조선과는 달리 외교상으로는 막부가 체결한 불평등조약을 개정하는 것을 급선무로 여기면서도, 만국공법을 국책으로 선택하여 적극적으로 수용하는 것이었다. 그리고 이를 통해 유럽의 식민주의·팽창주의를 모방함으로써 서양 열강과 대등한 외교적·상업적 지위를 확보하는 것을 외교적 목표로 삼은 일본 정부는 이를 바탕으로 동아시아의 기존 질서, 그리고 조선과의 기존 '교린' 관계를 새롭게 재편하려는 움직임에 나섰다.

사실 그보다 이전인 1859년 영국과 러시아 군함의 대마도 점거를 둘러싼 대치가 낳은 '대마도' 위기는 19세기를 관통하는 동아시아에서의 영국·러시아 대립을 공개적으로 드러냈다. 이것은 위기의식을 느낀 일본의 '정한론(征韓論)'을 촉발하면서 전통적인 대조선 외교를 크게 조정하려는 막부의 적극적인 움직임을 낳았다.[230] 메이지 정부도 이러한 흐름을 이어받았지만, 조선과의 사전 양해나 접촉 없이 일방적이었던 일본 정부의 시도는 쇄국체제 아래 있던 조선의 완강한 거부에 부딪혔다.[231]

기존에 조선과 맺었던 이른바 교린(交隣) 관계는 조선 입장으로 보면 조선-대마도-막부로 연결되어 있었다. 대마도는 이 과정에서 조선이 수여한 인장, 즉 도서(圖書)를 반드시 이용해야 하였으므로, 조선-대마도의 관계는 일종의 상하 위계질서를 구성하고 있었다. 하지만 메이지 정부는 폐번치현(廢藩置縣)의 중앙집권화 정책을 취하면서, 대마도의 쓰시마번을 폐지하고 그 외교권을 회수함으로써 외교권 일원화를

230 田保橋潔, 1940(2013), pp.133-156; 김기혁, 1980(2022), pp.111-149; 王明星, 1998; 金興秀, 2009, pp.25-93.

231 이하 일본의 조선 외교에 대해서는 田保橋潔, 1940(2013), pp.160-388; 김기혁, 1980(2022), pp.115-256 및 403-427(결론)나 김기혁, 2007b; 김용구, 2001, pp.148-209 참조.

지향하는 동시에 조선과의 관계 재편에 착수하였다. 이때 일본 정부는 새로운 양국 관계에서 조선을 한 단계 낮은 차등(次等)의 국가로 취급하려는 정책을 취하였다. 이러한 시도는 당연히 기존 교린 관계의 규범을 일방적으로 변경하는 것이었다. 따라서 두 질서 사이의 충돌·갈등은 피할 수 없었다.[232]

한편, 조선에서는 '왜(倭)와 양(洋)은 일체'라고 간주하면서 서구화 정책을 추진한 메이지유신 이후의 일본에 대해 전통적 유교 문화와 질서를 어그러뜨리는 것으로 여기는 분위기가 팽배하였다. 이후 일본이 일관하여 조선에 대한 의도를 노골적으로 드러내면서 만국공법을 이용하여 조선-청의 사대질서에 이의를 제기하자, 이러한 일본과의 대립과 충돌은 점차 동아시아 국제질서 전반을 뒤흔들어 놓게 되었다.[233] 1868년 5월 일본 정부는 왕정복고에 의한 새로운 정부 수립을 조선에 알리되, 종전에 대마도에서 사용하던 도서의 사용을 중지하고 새로운 도장을 만들어 사용하며, 국서의 양식도 변경하고 '천황'이라는 명칭을 사용하여 조선 국왕의 지위를 다소 낮춘다는 결정을 내렸다. 이러한 입장을 지닌 일본의 외교사절이 조선을 방문하여 제출한 서계(書契)는 '황(皇)'이나 '봉칙(奉勅)' 등 조선에서 보면 중국 황제에게만 허용되었던 문자를 사용하면서 기존의 도서까지 부정하였던 만큼, 수백 년 동안 지속된 양국 간의 교린 관계를 일방적으로 부정하고 무너뜨리는 것이

232 김기혁, 1980(2022), pp.115-200, 2007b; 石川寬, 1999; 김용구, 2001; 김흥수, 2009, 2009b, 2017a, 2018 등 참조. 청의 조선 속방론에 대한 일본의 시각을 이해하려면, 청·일전쟁 당시 일본의 外相으로 유명한 陸奥宗光(무쓰 무네미쓰)가 남긴 『蹇蹇錄』이 좋은 참고가 된다. 무쓰 무네미쓰(陸奥宗光) 지음, 김승일 옮김, 1993.

233 田保橋潔, 1940(2013·2016); 최덕수, 2003, 2004, 2010; 김흥수, 2009, 2018a; 조경달, 2015.

었다.[234]

따라서 이것을 기존의 교린 관계 및 조선과 청의 사대질서에 대한 도전으로 받아들인 조선 정부로서는 쉽사리 용납할 수 없었다. 사신의 접견조차 거부한 조선 정부가 이러한 시도를 결코 수락할 수 없다는 뜻을 전달하면서, '서계'의 격식 문제는 이후 상당한 시기 동안 갈등 요소로 떠올라 양국 관계의 새로운 형성을 가로막았다. 이에 따라 일본에서는 무력 사용을 배제하지 않는 방법으로 이 문제를 해결하자는 정한론이 출현하여 논란을 불러일으켰다. 메이지유신을 거치면서 '왕정복고'라는 대의명분과 관련하여 '정한론'적 방향이 점차 양성되고 있었던 상황 때문에, 일본에서는 황국(皇國) 이데올로기에 의해 이제 천황의 통치로 복귀하였으므로 조선을 거기에 복속시켜야 한다는 대조선 우월의식이 자리를 잡고 있었던 사정이 여기에 크게 작용하였다. 조선이 대마도를 통해 막부의 쇼군(將軍)과 교린 관계를 맺고 천황에게 조공을 게을리하였던 것을 '무례'로 여기는 오만한 태도였다. 이러한 과정에서 일본 정부는 조선이 아닌 청과 먼저 조약을 체결하면 청의 조공국인 조선은 한 등급 낮게 취급할 수 있다는 데 착안하여, 우선 청과의 조약을 맺는 방향으로 전환하였다.[235]

이를 통해 일본은 조선에 대한 등급상의 우위를 확보하고 나아가 청의 개입을 차단함으로써 청-조선 간의 사대질서를 부정하고자 하였다. 이러한 의도를 지닌 일본의 교섭 요청에 대해 청의 총리아문은 본래 이를 거절할 작정이었다. 비록 어쩔 수 없이 서구와의 조약체제를 받아들이기는 하였지만, 동아시아 각국과의 사이에는 기존 천조체제를

234 書契 문제와 그 외교 제도에서의 함의에 대해서는 김수암, 2000, pp.25-35에서 잘 정리하고 있다.

235 나미하라 쓰네오(波平恒男) 지음, 윤경원·박해순 옮김, 2019, pp.237-242.

그대로 견지하고 있었기 때문에 오랫동안 사실상 그 질서 밖에 있었던 일본과 대등한 조약을 맺는 것이나, 주변 각국이 비슷한 요구를 해 올 것을 우려한 반대 여론이 근거였다. 하지만 당시 지방 실력자로 남양통상대신이었던 증국번과 북양통상대신 이홍장이 '호시(互市)' 국가와 조약을 맺는 것이라 조선·베트남 같은 속방이 아니므로 기존 질서에 어긋나지 않으며, 차라리 그것을 잘 이용하는 편이 낫다는 의견을 내놓아 조약교섭 회담이 이루어지게 되었다.[236] 이때 이홍장은 일본을 이렇게 평가하였다.

> 지금 서양 각국을 보면 이미 중국과 조약을 체결하여 통상하고 있는데, 일본도 이미 서양 각국과 조약을 체결하여 통상하고 있으니, 이것을 원용하여 일본이 접근할 것이라는 점은 아마도 정리(情理)상 당연한 일입니다. 일본은 종래 중토(中土)의 속국이 아니었고, 원래 조선·류큐·베트남처럼 신복(臣服)하였던 나라와는 다르니, 만약 너무 심하게 거절하면 반드시 서양 각국의 소개를 통해 완고하게 요청할 것이고, 그때 가서 다시 조약체결을 허락하고 그들이 무리를 지어 지원하면 우리에게는 실책이 될 수밖에 없습니다. 당연히 저들이 먼저 요청을 해 왔을 때를 이용하여 성의를 가지고 상대하여 조약체결을 허용해 줌으로써 기미(羈縻)의 뜻을 보여야 할 것입니다. …… 제 어리석은 견해로 보면 중외가 이미 화약을 맺었으니 응당 모두 각기 관원을 파견하여 그 나라에 가서 주재하게 함으로써 소식을 쉽게 통하게 하고 세력이 균형을 갖추게 해야 할 것

236 辛勝夏(1973, pp.120-127)는 총리아문은 될 수 있는 한 다른 나라가 조선에 직접 가서 교섭하는 것 자체를 막으려 하였고, 예부는 될 수 있는 한 외교 문제를 가지고 조선에 개입하지 않으려 하였으나, 비교적 대외적 교섭이 많았던 남·북양대신 曾國藩과 李鴻章은 '立約通商'을 긍정적으로 받아들이고, 그렇지 않으면 전쟁이 발생할 것이라는 의견을 제시하였다고 정리하였다.

같습니다. …… 일본은 팔꿈치나 겨드랑이처럼 가까이에 있어 영원히 중토의 근심거리인데…… 결국 중국과는 거리가 가깝고 서양과는 거리가 머니, 농락하면 우리에게 이용될 수 있을지 모르지만 거절하면 반드시 우리의 원수가 될 것입니다.[237]

기존의 책봉-조공체제에 포섭되어 있던 속국과는 달리, 청대에 일본은 거기서 벗어나 있었다. 따라서 서양 각국과 이미 조약을 맺은 일본과의 조약을 거절하면 도리에 청에 불리한 상황이 되므로, 차라리 중국의 영원한 근심거리인 일본을 끌어들이기 위해 조약을 맺는 게 좋다는 것이 그의 판단이었다. 일본이 서양 각국과 연합하여 중국에 행동을 취하지 못하도록 예방하고, 나아가 일본과 연합하여 서양 각국과 교섭하는 데 힘을 늘리자는 것이 그 목표였다.[238] 나아가 이홍장은 스스로 이 조약의 초고를 만들었는데, 이것은 중국인으로서 처음 조약의 초고를 창의(創議)한 최초의 선례가 되었다. 그 체례(體例)와 내용 역시 독자적인 구도를 갖추었는데 이것은 역대 중국이 외국과 맺은 조약 가운데 찾아볼 수 없는 경우였다. 더불어 청이나 일본 모두 처음으로 만국공법의 원칙에 따르면서 아울러 자주독립의 지위에 서서 불평등조약의 폐해를 배제한 우호·통상의 조약을 체결한 셈이었다.[239]

결국 1871년 9월 천진에서 일본은 다테 무네나리(伊達宗城), 청은

237 「李鴻章又奏議覆英翰日本通商後患片」(同治9年 12月 癸亥), 『籌辦夷務始末(同治朝)』 卷79, pp.3213-3214; 「遵議一本通商事宜片」(同治9年 12月 1日), 『李鴻章全集』 4 奏議 4, pp.216-217.

238 田保橋潔, 1940(2013), pp.490-524; 김기혁, 1980(2022), pp.153-200, 2007c, pp.132-135; 王璽, 1981; 蔣廷黻(장팅푸) 지음, 金基周·金元洙 옮김, 1991, pp.19-33; 金基赫, 1995, pp.177-197; 陳偉芳 지음, 權赫秀 옮김, 1999, pp.26-29; 權赫秀, 2000, pp.12-24; 森田吉彦, 2009; 曹雯, 2010, pp.249-274.

239 王璽, 1981, pp.193-196.

이홍장이 대표가 되어 「청·일수호조규(淸·日修好條規)」를 체결하였다. 청은 신속한 서구화의 추진을 통해 군사적 위협으로 대두되는 일본이 서구와 결탁하여 중국을 견제하는 것을 막고, 아울러 일본의 조선에 대한 침략의 야욕을 견제하려는 의도가 있었다.[240] 그런데 이 조약은 서구 국가를 제외한다면 전통적 천하관념과 화이사상에 기초하여 대등한 국가·민족의 존재를 인정하지 않던 중국이 역사상 처음으로 동아시아 주변 국가와 대등한 입장에서 맺은 최초의 조약이기도 하였다.[241] 따라서 이것은 전통적 동아시아 질서 속에서 중심과 주변의 역할을 맡았던 두 나라가 이제는 만국공법에 따르는 평등·호혜의 관계로 전환하게 됨을 의미하였다.[242]

기본적으로는 일본이 '호시' 국가로서 오랫동안 책봉·조공체제 밖에 머물러 있었던 것이 이러한 관계 재편을 순조로운 것으로 만들었을 것이란 점은 앞서 이홍장의 지적에서도 확인할 수 있다. 물론 일본

240 權錫奉, 1986, pp.6-25; 崔熙在, 1986, pp.276-280; 曺秉漢, 2004; 李細珠, 2013.

241 물론 러시아와 청이 「네르친스크조약」 등 대등한 입장에서 조약을 맺었던 것을 염두에 둔다면 최초라 할 수 없다. 다만 러시아의 경우는 전통적 동아시아 국가·왕조의 범주에 들지 않았다. 「청·일수호조규」와 이후의 「조·일수호조규」에 모두 '조규'라는 용어가 들어간 것에 착안하여, 1871-1894년의 동아시아 국제질서를 청이 중국 중심의 '조규체제'를 가지고 조약체제를 조공체제로 흡수함으로써 일본과 조선을 포섭한 것으로 보는 흥미로운 지적도 있다(金旼奎, 2002). 조공체제와 조약체제로 양분하는 단순 논리를 벗어난 점은 주목할 필요가 있을 것이지만, 조선-청 사이의 조규는 체결되지 않았다는 점도 기억해야 할 것이다.

242 중국 학계에서는 「청·일수호조규」를 서구 국가와의 조약에 비교하면 평등한 조약이라고 보는 시각과 일본이 조선에 대해 청과 비견할 수 있는 대등한 지위를 확보함으로써 일본이 조선을 침략하는 발판을 제공한 대일 교섭 실패의 개시이자, 일본에 대해 중국의 문호를 연 것이라는 부정적 시각이 존재한다. 李玉 等 主編, 2000, pp.114-115,

이 조규 체결 이후 곧 대만사건(臺灣事件)의 도발, (후술) 조선 침략, 류큐 병합의 행동에 나서, '천지와 더불어 무궁할' '화의를 돈독히' 하자는 조약 제1조의 취지를 무색하게 만들었던 것은 이러한 조약체결이 우호 관계의 설립보다는 청 정부의 허실을 탐지하기 위한 일종의 모략이자 수단이었음을 보여 준다. 반면 오랫동안 천조체제 내의 '속방'이었던 조선의 경우는 일본과는 달리 청과의 관계, 즉 사대질서를 만국공법에 기초한 근대적이고 평등한 양국 관계로 재편하는 데 훨씬 더 커다란 장애가 있었다. 이러한 관계 재편은 결국 번리(藩籬), 즉 청의 동쪽 울타리로서 가장 중요한 의미를 지니는 속국 조선의 '이탈'을 가져와 천조체제, 아니 그것이 상징하는 청의 운명을 위협하는 파괴적인 것으로 여겨질 수밖에 없었기 때문이다.

이 「청·일수호조규」(18조 및 통상장정 33조)를 통해 외교사절의 교환 및 수도 주재와 영사(領事) 파견을 승인하는(제4조 및 8조) 대등한 외교 관계가 성립되고, 상인의 왕래와 무역이 허용되었다. 여기서 주목할 것은 제1조에서 다음과 같이 규정하였다는 점이다.

> 대청국과 대일본국은 더욱 화의를 돈독히 하여 천지와 더불어 무궁할 것이다. 또한 양국의 소속 방토(所屬邦土) 또한 각기 예로써 상대하면서 조금이라도 침월(侵越)하지 않음으로써 영구히 안전을 획득할 수 있게 한다.[243]

이홍장이나 총리아문은 여기에서 말하는 '소속 방토'가 바로 '속방['邦']'과 청의 '내지['土']'를 의미하는 것으로 보아, 이 조항에 따르면 청

243 海關總署『中外舊約章大全』編纂委員會 編, 2007, p.845.

의 본토뿐만 아니라 조선을 비롯한 속방까지 포함하여 불가침의 대상으로 삼아야 한다는 뜻으로 해석하여 일본의 야심을 견제하려 하였다. 즉 일본의 의심을 피하고자 '방토'라는 개괄적인 표현을 사용하였지만, 실상은 조선을 지키기 위해 이 조항을 설치하였다는 것이 청의 입장·해석이었다. 그러나 조선을 청의 속방으로부터 이탈시키려는 의도를 지녔던 일본은 이러한 해석에 동의하지 않았다. 일본 측은 "방토(邦土)라는 두 글자는 따로 번속토(藩屬土)라는 명칭을 가리키는 것이 아니다."라고 받아들였으므로,[244] 이후 이러한 해석의 차이는 이후 오랫동안 심각한 마찰을 낳게 되었다.

이 조규의 제2조는 "양국이 이미 통호(通好)하였으니 반드시 서로 절실히 관심을 가지고, 만약 타국이 불공정하거나 경시하는 행동을 할 때는, 그에 대한 통보를 받는 대로 반드시 서로 돕거나 아니면 가운데서 잘 조정하여 우의(友誼)를 돈독하게 해야 한다."라는 '거중조정(居中調整, Good Offices)'의 규정이었다. 하지만 제1조의 충돌처럼 이 제2조 역시 도덕적인 약속일 뿐 아무런 구속력이 없었고, 실제 역사적으로 그런 취지가 관철된 적도 없었다(이후의 「조·미조약」에서도 마찬가지인데, 이때 이홍장이 이 조항을 집어넣었다고 하므로, 「조·일수호조규」에 삽입된 것도 아마 그의 영향일 것이다.). 이러한 「조·일수호조규」의 조항에 대한 국제법적 해석의 불일치는 기존 연구에서 항상 언급하는 사항이다. 이후 일본의 대만 출병이나 류큐 병합에서도 청은 일본이 이 조항을 위배하였다고 비판하게 된다.

사실 일본은 다음 해 「청·일수호조규」의 비준을 위한 교섭 과정에서도 청과 조선 관계의 특성에 대해 계속 이의를 드러냈다(일본에서의

244 「淸國トノ條約本日調印ヲアセル旨等報告ノ件　附屬書」, 外務省 等 纂, 1938, 『日本外交文書』 明治時期 第4卷, p.223.

청의 영사재판권 취소를 요구하고 제2조에서 상호원조를 규정한 조항을 고치자고 재교섭을 원하였으나 청은 이를 거절하였다.). 결국 1873년에 가서 태도를 바꾼 일본이 이 조규의 비준을 위해 중국을 방문한 외무경 소에지마 다네오미(副島種臣) 일행을 통해 조선은 속방이지만 그 내교(內敎)·정령(政令)에 대해서는 관여하지 않는다는 점을 확인하려 한 것은 그 대표적인 사례다.

이에 대해 기존의 '속국자주'론에 안주하고 있던 총리아문의 대신은, "속국이라 함은 과거의 정례를 준수하고 책봉(冊封)·공헌(貢獻)의 전례가 있음을 말하는 것으로, 내정과 외교에 대해서는 간여하지 않는다."라고 하면서 화전권(和戰權)에도 간여하지 않는다고 설명하였다. 이를 통해 일본은 청의 조선 내정·외교에 대한 불간섭 원칙을 확인할 수 있었다.[245] 하지만 만국공법을 개국 방침으로 삼은 일본은 '종주국'은 속국의 내정과 외교에 간여할 권리와 의무가 있는 만큼, 중국이 책임을 피하는 것은 사실상 '종주국'으로서의 권리를 포기하는 것이라 간주하였다. 청의 시각에서 보면 이것은 '속국자주'론이 내포하고 있는 일종의 '약점'이었다. 기본적으로 '상국'으로서의 '의무'를 포기하는 것은 실제적 역량의 부재 때문이었지만, 이것은 천조체제 또는 그 체면·체통을 암암리에 훼손하는 것이었기 때문이다.

2) 운요호사건의 도발

그리고 이러한 확인을 거친 다음 일본은 1875년 조선에 이른바 운요호(雲揚號)사건을 도발하였다. 이 사건은 일본 국내의 정치적 이유와 목

245 申基碩, 1967, pp.46-48.

적, 즉 오쿠보 도시미치(大久保利通) 정권, 그 가운데 특히 이토 히로부미(伊藤博文)가 일본 국내 정치에서의 곤경을 벗어나기 위해 계획·주도한 고의적 도발 사건으로 알려져 있다. 2002년에는 사건 직후 일본 정부에 의해 공식 보고서가 조작된 것임을 알려 주는 자료가 공개되어, 사건의 경위 및 일본의 불법적이고 계획적인 도발 행위가 새롭게 밝혀지기도 하였다. 이를 통해 이토 히로부미가 사전 기획에서 사후 처리까지 주도하였음이 확인되었다. 하지만 운요호사건은 당시 오히려 조선 측의 폭거로 역선전되어 일본 국내에서 광범위한 정한론의 열기를 불러일으켰다.[246]

그리고 다음 해 1월 주중국 일본 공사로 북경에 파견된 모리 아리노리(森有禮)는 또다시 "조선이 중국의 속국이라는 것은 헛된 빈 이름(空名)"이라고 문제를 제기하였다. 이에 대해 총리아문은 "조선은 비록 중국에 신복하고 있지만, 그 국내에서의 모든 정교·금령은 그 스스로 자주권을 행할 수 있었고, 중국은 종래 이에 간여하지 않았다. 지금 일본이 조선과 수호 관계를 맺으려는 것 역시 당연히 조선이 스스로 주지해야 하며, 중국은 종래 간여하지 않았다."라는 기존의 방침을 되풀이하였다. 나아가 "조선은 종래 중국의 번복이었으므로 일본은 응당 조규를 준수하여 그 방토를 점거하려 해서는 안 된다.", "조선은 비록 속국이라고는 하지만 원래 중국에 예속되지 않았으므로, 중국은 일찍이 내정에 간여한 적이 없고, 외국과의 교섭 역시 그 나라에서 자주를 해와 서로 강요할 수 없다."라고 답변하였다. "조선은 나라가 생긴 이래

246 이태진, 2002, 2005; 鈴木淳, 2002; 김기혁, 2007b; 金興秀, 2009b, 2017a, 2018a, 2022; 김종학, 2016a, 2017a, pp.90-130. 田保橋潔, 1940(2013), pp.390-674에서는 운요호사건에서 「강화도조약」의 체결 이후까지 상세하게 다루고 있다. 기초적인 연구사의 정리는 김수암, 1996 참조. 김흥수, 2022는 운요호 사건과 「강화도조약」을 다룬 개설서다.

근근이 스스로 지켜 왔고, 우리 중국은 그들이 스스로 다스리도록 맡겨 왔으며, 화인(華人)을 그곳으로 파견하여 교섭하게 하지 않았는데, 이 역시 조선의 뜻이 직분을 지키는 데 있음을 믿기 때문으로 억지로 강권하지 않았다."라는 '속국자주'론의 태도를 줄곧 반복한 것이다.[247]

또 직예총독의 아문이 있는 보정(保定)으로 이홍장을 방문한 모리 아리노리는 "고려는 단지 조공하고 책봉을 받는 것에 지나지 않아, 중국이 그 전량(錢糧)을 거두지 않고 기타 정사(政事)도 관할하지 않으니 속국으로 간주할 수 없다."라고 다시 문제를 제기하였다. 북양대신을 겸하고 있었지만, 당시 공식적으로 조선 문제에 개입한 적이 없던 이홍장은 다음과 같이 답변하였다.

> 고려가 수천 년 동안 속국이었다는 것을 누가 모르겠는가? 화약(和約)에서 말하는 '소속 방토'라는 문구에서 '토' 자는 중국의 각 직성(直省)을 가리키니, 이것은 바로 내지가 내속(內屬)으로 전량을 거두고 정사를 관할한다는 뜻이다. '방'자는 고려 등의 국가를 가리키는데, 이것은 외번(外藩)은 외속(外屬)으로, 전량이나 정사는 종래 본국이 다루는 바라는 뜻이다. 역대 이래로 이렇게 해 온 것이지 청에서부터 시작된 것이 아니니, 어찌 속국이라 할 수 없다고 할 수 있겠는가?[248]

247 「總理各國事務衙門奏日本欲與朝鮮修好摺」(光緒元年 12月 21日), 『光緒中日』 卷1, 1a-b; 『外交文書』 제3권, pp.286-287, pp.319-320. 모리 아리노리와 총리아문, 이홍장과의 회담에 대해서는 田保橋潔, 1940(2013), pp.490-514 참조. 모리와 이홍장의 발언은 각기 입장에 따라 발언을 달리 기록한 지점이 존재하기도 하므로, 양쪽 문서의 비교검토가 필요하다는 지적도 있다. 朴漢珸, 2017b 참조.

248 「總理各國事務衙門奏日本欲與朝鮮修好摺」 附件8 「李鴻章與森有禮問答節略」(光緒2年 1月 30日), 『光緒中日』 卷1, 7a-9b; 『外交文書』 제3권, pp.294-297, pp.303-312; 『李鴻章全集』 31 信函 3, pp.339-342.

총리아문 또한 1876년 2월 12일 모리에게 보낸 조회에서 재차 일본에 경고하면서, 그 입장을 다시 확인하였다.

> 조사해 보건대, 조선이 중국 소속지방(所屬之邦)이라는 것은 중국 소속지토(所屬之土)와는 다르지만, 수호조규에서 양국 소속 방토를 침월(侵越)해서는 안 된다는 조항과는 들어맞는 점에서는 동일합니다. 생각건대 공헌(貢獻)을 바치고, 우리의 정삭(正朔)을 받드는 것은 조선이 중국에 대해 응당 다해야 할 직분입니다. 그 전량(錢糧)을 거두고, 그 정령(政令)을 가지런하게 하는 것이 조선이 스스로 할 일입니다. 이것이 속방의 실질입니다. 그 어려움을 덜어 주고, 그 분쟁을 풀어 주며, 그 안전을 꾀하는 것은 중국이 조선에 대해 자임(自任)하는 일입니다. 이것이 속방을 대하는 실질입니다. 어려워하는 것을 억지로 강요하지 않고, 차마 그 다급함을 보지 못한 체하지 못하는 것은 오늘날의 중국이 이와 같지만, 자고이래로 속국을 대함이 모두 이와 같았습니다.[249]

여기서 "조선은 비록 속국이라고는 하지만 원래 중국에 예속되지 않았으므로, 중국은 일찍이 내정에 간여한 적이 없고, 외국과의 교섭 역시 그 나라에서 자주를 해 와 서로 강요할 수 없다."라는 총리아문의 주장과, 나중에 다시 "그 어려움을 덜어 주고, 그 분쟁을 풀어 주며, 그 안전을 꾀하는 것은 중국이 조선에 대해 자임하는 일입니다. 이것이 속방을 대하는 실질입니다."라는 총리아문의 주장은 미묘한 차이가 있다는 점에 주목할 필요가 있다. 전자는 조선 사무에 대한 간여의 가능성을 최소화하고 있지만, 후자는 안전을 위해서나 어려움이 있을 때는 분

249 「覆日本國照會」(光緒2年 1月 18日), 『光緒中日』 卷1, 6ab; 『中日韓』 卷2, p.295; 『外交文書』 제3권, p.316 등.

쟁을 풀어 주는 것, 즉 '잠재적인' 간여의 가능성을 시인하고 있기 때문이다. 이것은 청이 언제든지 상황논리에 따라 '속국자주'론의 '실질'을 바꿀 수 있다는 가능성을 보여 준다. 앞서도 언급하였지만, 어디까지나 속국의 문제에 대한 간여 여부는 천조상국의 '판단'에 달려 있으며, 그것은 전통적인 관행으로서 존중하지만, 그렇다고 해서 반드시 지켜야 할 절대적인 원칙으로 간주되는 것은 아니라는 점을 시사하기 때문이다. 이후의 역사에서 드러나듯이 청은 전통적인 조선 정책을 포기하고, 전례없는 방식으로 그것을 주도적으로 변경하면서 바로 이러한 상황논리를 구실로 내세우게 된다.

여하튼 기존 사대질서를 부정하고 만국공법에 의해 조선이 중국의 '속방'임을 부정하려는 일본에 대해, 이 당시 청이 '속방자주'론을 견지하면서 일본에 경고하기는 하였지만, 조선과 일본 사이의 문제에 더 이상 적극적으로 개입하려는 의사를 갖추고 있지 않았던 점은 기존 연구에서도 분명하게 확인된다.[250] 물론 당연히 청이 일본의 의도나 관련 정보를 사전에 조선에 알려 그에 대비하게 하거나, 나아가 조·일의

250 蔣廷黻(장팅푸) 지음, 金基周·金元洙 옮김, 1991, pp.77-97; 金鍾圓, 1999, p.371; 權赫秀, 2000, pp.24-31; 張禮恒, 2018c. 중국학계에서는 「조·일수호조규」 체결 이전 청 정부의 사전 권고가 있었는가를 둘러싸고 權赫秀와 王如繪 사이에 논쟁이 있었지만(孫成旭, 2017 참조), 張禮恒은 양자의 논의를 정리하고 후자의 편을 들어 사전 권고가 없었다는 결론을 내리고 있다. 權赫秀의 주장은 신속한 자문 전달 방식 등으로 반대하지 않는다는 것을 '암시'했다고 하므로, 사실 확실한 '논증'은 어려운 문제다. 물론 청은 이렇게 일본과 주고받은 속국자주론에 대한 교섭내용을 모두 예부를 통해 조선에 자문으로 보내 통보하였고, 조선국왕도 이러한 교섭내용을 알려주어서 고맙다는 답장 자문을 보냈다. 이에 대해서는 『清季外交史料』 卷4에는 이와 관련된 문서가 5건(光緒 元年 12月)이 실려 있고, 卷5에는 총리아문에서 예부를 통해 조선에 이 교섭내용을 알리겠다는 상주문과 자문을 받은 조선 국왕의 답장 자문(光緒 2年 2月 19日)이 실려 있다.

‘수호(修好)’에 상당한 관심을 가졌고, 또 거기에 반대하지 않는다는 의사를 전달하는 등,[251] 일정한 역할을 포기한 것은 아니었다. 그렇지만, 이러한 조선 정세의 변화에 대해서 청의 ‘적극적’인 개입은 없었다고 하는 판단하는 편이 훨씬 정확할 것이다. 일본 역시 본래 청이 조선과의 교섭에 간섭하지 못하게 만드는 것이 속셈이었으므로, 그 소기의 목적은 일단 달성한 셈이 되었다.

청이 이 당시 서구 각국에 대한 조선의 개방을 공식적으로 권유하지도 않았던 점 역시 마찬가지다. 이를테면 모리가 보정을 방문하기 전 이홍장은 총리아문에 보낸 서한에서 조선 문제에 대해 상세하게 논의하였다.

> 일본이 사신을 파견하고 군함을 이끌고 가서 문죄하고 조선은 최근 포대를 공격받은 치욕을 겪어 평화적으로 접대하지 않을 것이라는 점은 모두 예상하는 바입니다. 양측이 서로 원한과 분노를 품어 말썽의 실마리가 이미 만들어졌으니, 전쟁의 실마리도 쉽사리 열릴 것입니다. 헤아리건대 조선은 빈약하여 그 세력은 일본을 대적하기 어려우니 장래 조선이 혹은 전명(前明)의 고사를 끌어다 중국에 구원을 요청한다면 우리는 어떻게 대응해야 하겠습니까? 비록 「(청·일수호)조규」를 들어 일본이 속국을 침월해서는 안 된다고 책망하더라도, 일본은 이미 [모리를 파견하여] 사전에 이야기해 두었고, 중국은 책임을 미루며 관여하지 않았으니 또한 그 침월을 탓하기 어려울 것이라 또한 이를 어찌할 제압할 수 있겠습니

251 權赫秀, 2013, pp.38-53. 노대환, 2018b 또한 1870년대 중국 使行에서 조선의 관심은 이전과는 달리 서양 세력이 아니라 일본의 동향에 초점을 두게 되었고, 이를 통해 일본의 강성함을 알고 일본과의 대결을 피해야 한다는 의식이 생겨났으며, 「강화도조약」의 체결이 이러한 흐름의 연장선상에서 이루어진 것으로 볼 수 있다고 지적한다.

까? …… 나아가 조선이 일본에 강요당하거나 침범당한다면, 동삼성(東三省) 근본 중지가 울타리[藩蔽]를 잃게 되어 순망치한(脣亡齒寒)의 근심이 있게 되니 후환은 더욱 이루 말할 수 없을 것입니다. 이 때문에 불가불 미리 대책을 마련하지 않을 수 없습니다. …… 바로 저들의 계책을 우리의 계책으로 삼아 비록 명백하게 [모리가 요구하는 조선에의] 조회나 서신을 보내기 불편하다고 거절하더라도, 응당 총리아문에서 신속하게 방법을 마련하여 조선 정부에 비밀 서한을 보내 자그마한 분노를 참고 예로써 일본을 접대하도록 권해야 할 것 같습니다. 혹은 더 나아가 조선이 일본에 답방 사신을 보내 선박을 포격한 경위를 설명하게 하여 의심과 분노를 풀게 하는 것이 분쟁을 마무리하여 사람들을 편안하게 하는[息事寧人] 계책이 될 것입니다. 조선이 일본과의 통상 왕래를 원하는가의 가부에 대해서는 그 스스로 자주(自主)하도록 해야 하며, 본래 중국이 능히 간여할 수 있는 바가 아닙니다. 이런 식으로 뜻을 전달하면 아마 실례가 되지 않을 것입니다. …… 만약 나중에 조선이 혹은 다시 구원을 요청하거나 일본이 허물을 탓하며 무시하더라도 우리 역시 스스로 받아들일 수 있는 말이 있게 됩니다. 조선이 중국에 대해 공순해 온 것은 실로 지극한 정성에서 나왔으니 만약 총리아문에서 기꺼이 스스로 굽혀 미리 조치한다면 진실로 그 지시를 받들지 않을 리 없습니다.[252]

여기에서 이홍장은 "중국은 책임을 미루며 관여하지 않았다."라는 점을 분명히 인정하면서도, 조선이 일본과 충돌하여 전쟁을 치르거나 중국에 구원을 요청하는 것, 나아가 일본의 침범을 받아 동삼성이 울타

252 「北洋通商大臣李鴻章函」(光緒元年 12月 26日), 『中日韓』 卷2, pp.276-277; 「致總署論倭派使入朝鮮」(光緒元年 12月 23日), 國家淸史編纂委員會 編, 2007, 『李鴻章全集』 卷31 信函 3, pp.336-337; 『外交文書』 제3권, p.291.

리를 잃게 되는 것을 극도로 경계하여 중국이 개입될 여지가 없게 만들고자 조바심을 내고 있다. "분쟁을 마무리하여 사람들을 편안하게 하는" 계책을 통해 조선 문제가 청의 부담이 되지 않도록 하는 것이 그 기본적인 목표였던 것이다. 나아가 "조선이 일본과의 통상 왕래를 원하는가의 가부에 대해서는 그 스스로 자주하도록 해야 하며, 본래 중국이 능히 간여할 수 있는 바가 아닙니다."라는 지적도 종래의 '속국자주'론을 그대로 따른 것이었다. 이 때문에 "조선의 이익을 희생하더라도 상국으로서의 체면을 유지하며 외국과의 분쟁도 회피하려는 것이 당시 청 정부 통치자들의 대표적인 태도였다."라는 지적이 나오는 것이다.[253]

따라서 종래의 불간섭·불개입 정책에서 그다지 바뀐 것이 없지만, 그래도 이홍장은 "응당 총리아문에서 신속하게 방법을 마련하여 조선 정부에 비밀 서한을 보내 자그마한 분노를 참고 예로써 일본을 접대하도록 권해야 할 것 같습니다."라고 제안하였다. 이것은 예부가 아닌 총리아문이 이제 조선 사무에 보다 더 적극적으로 개입해야 한다는 방향을 제안한 것으로, 이 점은 분명히 종전과는 다른 자세였다.

이렇게 일본과 청 사이 조선의 위상을 둘러싼 해석의 차이와 갈등은 사대질서와 국제법 질서의 충돌의 대표적인 사례로서,[254] 이제 동아시아의 전통적 질서, 나아가 청과 조선의 사대질서에 본격적인 변화를

253 陳偉芳 지음, 權赫秀 옮김, 1999, p.52.

254 김용구, 2001, p.190. 한편 베트남의 지위를 둘러싼 청과 프랑스의 논전에서도 비슷한 상황이 재현되었다. "베트남은 본래 중국의 속국이다."라는 중국 측 주장이 '과거의 외번(昔之外藩)'으로 번역되어, 청이 "프랑스는 베트남 국왕이 自主之權을 누린다는 것을 승인한다."라고 규정한 프랑스와 베트남 사이의 「제2차 사이공 조약」을 '묵인'한 것으로 받아들여지면서, 이후 마찬가지로 지루한 논쟁이 거듭된다. 李雲泉, 2010 참조.

끌어내면서 이후 동아시아 국제정세에서 심각한 위기와 모순의 초점으로 등장하게 되었다. 청의 조선 정책 역시 이전과는 분명하게 다르게 양국 관계뿐만 아니라 일본이나 러시아 등의 조선 정책 변화와 연계될 수밖에 없었다. 이에 따라 예부 대신 총리아문이 더욱 주도적인 역할을 하는 것이 당연한 추세가 되었다. 이를테면 1874년 6월 24일 총리아문이 대만에 출병한 일본이 조선을 침략할지 모르고, 프랑스나 미국이 동조할 수 있다고 하면서 이 기회에 서양과 통상조약을 맺으라는 비밀자문을 보낸 것은 그러한 점을 보여 주는 사례의 하나다. 이 당시 조선에서는 전례 없는 내정간섭이라 이에 반발하면서도 일본과의 외교 관계를 중앙정부 차원에서 공식으로 재검토하기 시작하였다.[255]

운요호사건으로 야기된 조선과 일본의 수교는 그러한 변화의 본격적인 출발점이었다. 청의 조선 문제에 대한 불간섭 의사를 확인한 일본은 '서계' 문제로 인해 진전이 없던 조선과의 수교 문제에 훨씬 적극적으로 나서게 되었다.[256] 그리고 1873년 12월 조선의 폐쇄적 대외정책을 견지하던 대원군이 정치 일선에서 물러났다. 대신 친정을 하게 된 고종이 박규수 등에 의한 일본과의 관계 개선 주장에 동조하여, 기존의 대일 정책을 폐지하고 보다 긍정적인 자세로 전환함으로써 양국 사이의 교섭이 다시 시작될 수 있었다.[257]

255 연갑수, 2008, pp.74-75. 『高宗實錄』 11卷, 高宗11年 6月 25日 丙申 두 번째 기사. 「일본이 서양 나라들과 통교하고 있다는 소식을 북경으로부터 전해 듣다」.

256 최덕수, 2003, 2004; 伊原澤周(彭澤周), 2008; 金興秀, 2009; 다보하시 기요시(田保橋潔) 지음, 김종학 옮김, 2013 참조.

257 고종 친정 초기의 대외정책이나 박규수의 역할에 대해서는 안외순, 1994, 1996; 안종철, 1998; 김형수, 2001; 정용화, 2004; 宋炳基, 2005, pp.96-137; 장영숙, 2010, pp.65-185; 具仙姬, 2011; 김종학, 2021, pp.149-158; 이민원, 2021, pp.79-140 등 참조.

그러나 대마도를 거치지 않고 일본 외무성이 직접 서계를 전달하면서 오만한 태도로 기존 관례를 무시한 것은 결국 조선 정부가 다시 일본의 서계를 거부하는 결과로 이어졌다. 그리고 이 때문에 일본이 군사행동을 취할 것이라는 박규수의 우려대로, 교섭이 오랜 난항에 부딪힌 일본이 결국 무력으로 호소하여 조선의 '개국'을 강요하게 된 것이 바로 운요호사건이었다. 대화나 조정에 의해 해결되지 않으면 곧바로 무력에 의지하려 시도하고, '정한론'의 경우처럼 국내 문제의 연장선에서 조선 문제에 대응하는 근대 일본의 '모험주의적' 조선 정책에서 보면 사실상 사전에 계획된 음모였다. 일본과의 수교 이전 '불개입' 입장과도 약간은 차이가 있지만, 청은 운요호사건에 대해서도 의심하였다. 즉 일본의 계획적인 음모가 조선인을 분격시켜 낳은 사건이고, 서구 열강이 조선과의 조약을 체결하는 데 실패하자 일본을 교사하여 일으킨 것, 혹은 일본의 국내정세를 진정시킬 힘이 없자 일본 국민이 조선을 정복하기를 원하는 데 정부가 끌려 들어간 것이 아닌가 우려하였던 것이다. 이홍장은 모리 아리노리와의 대담에서도 만국공법에 근거하여 일본의 도발을 비판한 바 있었다.

하지만 속방 문제에 대한 총리아문의 방침에 동의할 수밖에 없었던 이홍장은 영국이나 프랑스와의 분쟁 상태(1875년 영국 영사관 소속 A.R. Margary가 운남(雲南)에서 피살된 사건과 프랑스의 베트남 침략 문제)였던 터라, 일본과 조선의 전쟁으로 번지는 것을 우려하여 조선에 대해 일본의 요구를 수락하도록 권고해야 한다는 결론을 내릴 수밖에 없었다.[258] 그렇더라도 이것은 이때까지 조선 문제에 대해 지켜 왔던 청의 기회주의적 관망 정책의 '파산'을 의미하는 것이기도 하였다.[259]

258 김용구, 2001, pp.182-192, 2006, pp.430-432.
259 張禮恒, 2012a, p.143.

3) 「조·일수호조규」의 체결

대만 출병에서의 '승세'로 자신감을 얻어 서구식 '포함외교'라는 모험주의적 도발로 전환한 일본은 운요호사건의 평화적 해결, 통상수호조약의 체결이란 구실로 1876년 1월 구로다 기요타카(黑田淸隆)를 전권대사, 이노우에 가오루(井上馨)를 부사(副使)로 임명하고 군함 6척과 3백명의 병력을 강화도로 파견하였다. 조선 정부는 결국 대책을 토의한 다음 어영대장(禦營大將) 신헌(申櫶)을 접견대관으로 임명하여 이들을 접견하게 하였다. 1876년 2월 초순 강화도에서 열린 정식 회담에서 일본 측은 조선 정부의 예측과는 달리 대규모 병력의 출병을 예고하는 등 온갖 협박과 위협으로 운요호사건 문제를 해결하기 위한 조약체결과 '개관통상(開館通商)'을 요구하였다.

운요호사건에 대한 사과·배상에 초점을 맞추었던 조선에서는 — 실제 조약에도 운요호사건의 책임이나 배상 문제는 전혀 다루어지지 않았다. — 이러한 일본의 갑작스러운 개국·통상 요구에 대해 대원군 일파와 보수 세력의 강력한 반대가 들끓었다. 하지만 세계 대세를 내다본 우의정 박규수나 역관 오경석 등의 주장과 앞서 언급한 이홍장의 권고, 그리고 척화론에 따른 대원군의 득세를 우려한 고종과 민씨 척족의 적극적인 결단으로 조선은 일본 측의 초안을 접한 지 사흘 만에 수정안을 제시하여 신속하게 조약체결을 받아들였다. 이 점은 매우 중요한 시사성을 가지고 있다.

일본 측의 초안 13조에 대해 조선 측의 주장이 상당히 반영된 수정안은 청이 각국과 체결한 조약이나 『만국공법』을 검토하여 작성된 것으로 평가되기도 하지만,[260] 여하튼 1876년 2월 27일 강화도 연무대

260 金興秀, 2009, pp.449-450.

에서 체결된 「조·일수호조규(朝日修好條規)」(또는 江華島條約, 丙子修好條約으로 불리기도 한다.)를 통해 조선과 일본은 새로운 관계를 열게 되었다.[261] 1868년 이래 분쟁의 원인이 되었던 '서계' 문제도 조약에서 군주의 위격(位格)을 거론하지 않고 양국 '정부'가 대등한 자격으로 교제한다는 원칙에 합의하는 타협이 이루어져, 일본 측이 제시한 조약문 초안에서 언급된 '대일본국 황제폐하'나 '조선국 국왕전하' 대신 '대조선국'과 '대일본국'으로 표기하고, 아울러 일본이 조선에 파견할 공사의 등급도 삼등공사로 정하여 천황의 신임장을 조선 국왕에게 제출하게 되면 발생할 국격 문제의 우려를 제거하였다. 삼등공사[辨理公使]의 경우 국서를 지참하지 않고 직접 '외무장관'에게 신임장을 제출하면 되기 때문이다.[262]

그렇지만 양국이 맺은 이 조약은 사실상 서구가 일본에 강요한 불평등조약을 그대로 모방한 것이었다. 물론 「조·일수호조규」의 제1조는 "조선은 자주국[自主之邦]으로서 일본과 평등한 권리를 보유한다. 앞으로 양국이 화친의 성의를 보이고자 할 때 피차 서로 동등한 예의(禮儀)로써 상대하며, 추호도 침월(侵越)이나 시혐(猜嫌)이 있어서는 안 된

261 이 조규 및 부록과 통상장정은 최덕수, 2004, pp.52-61, 최덕수 등, 2010, pp.33-42; 申櫶, 2010, pp.265-271; 『外交文書』 제3권, pp.724-731 참조. 최덕수 등, 2010, pp.19-62는 조약 성립 배경에서 조약 본문과 그 분석까지 담고 있다(최덕수 집필). 김흥수, 2009, 2017b, 2017c, 2018a, 2018b, 2022; 朴漢珉, 2013, 2017a, 2017b, 2019a, 2019b; 酒井裕美, 2016, pp.197-215 등은 조규 체결 이전·이후의 문제에 주목하여 1894년까지 그 제도적 정비 과정과 운영, 「朝·日通商章程」 및 거류민 단속 체제의 성립과 운영 등을 분석하고 있다. 또 『역사비평』 114. 2016년 봄호에 실린 김종학, 2016a; 박준형, 2016; 石川亮太(이시카와 료타), 2016b; 안종철, 2016; 한승훈, 2016 등의 논문도 이 조규의 역사적 의미에 관한 새롭고 다양한 시각을 제공하여 좋은 참고가 된다.

262 申櫶, 2010, pp.192-196; 김종학, 2021, p.158. 여기에는 조선의 국격을 일본보다 낮게 해서는 안 된다는 대원군의 의견이 반영되었다 한다.

다."라고 규정하였다.[263] 하지만 이것은 기존의 천조체제·사대질서를 부정하기 위해 특별히 일본이 삽입한 구절이었다.[264] 조선은 '속국자주'론에 근거하여 '자주국'이라는 것은 사대질서 안에서 외번·속국으로서 내정·외교의 자주권을 누린다고 간주하였으므로, '자주국'이라는 조항이 바로 청으로부터의 '독립'을 의미한다고 보지는 않았고, 따라서 사대질서에 아무런 영향도 미치지 않는다고 파악하였다. 1878년 일본에 보낸 서신에서 '상국(上國)의 지휘(指揮)'를 언급하면서 상국에 대해 줄을 바꾸고 두 칸 위에 올려놓는 대두법(擡頭法)을 쓴 것에 일본 대리공사가 자주독립이라면서 어찌 이런 존비의 구별을 하느냐고 항의하자, 조선 정부는 조선이 중국의 속국이라는 것은 천하 각국이 모두 아는 바이고, '자주지방'이란 것은 일본이 조약에 쓴 것이지 조선이 자칭(自稱)한 것은 아니라는 답변을 보냈던 점은 그러한 시각을 잘 보여 준다.[265]

반면 일본은 '자주국'은 바로 '독립'을 의미하며, 따라서 조선은 만국공법상으로, 즉 서구적 기준으로 보아 독립적 주권국가라고 해석하

263 당시 동아시아의 국제질서관이란 관점에서 접근하여 동아시아 각국의 조약 사이에 내용 및 형식·용어상 빈번하게 보이는 연속성과 상호 연관관계를 지적한 이근관, 2004는 「청·일수호조규」와 「조·일수호조규」를 비교하여 '자주지방'이라는 표현은 1858년의 「중·영천진조약」 제3조와 「청·일수호조규」의 제3조에도 등장하는 표현임을 지적하였다(김흥수, 2018a, p.120 역시 이 유사성을 보아 이의 없이 수용하였다고 지적한다.). 또 그는 1871·1876 두 조규의 전문에 나오는 "素敦友誼, 歷有年所"가 똑같은 시작 문구이며, "歷有年所"는 『書經』에 나오는 구절이라는 흥미 있는 지적을 하고 있다. 한편 김종학(2016b, pp.36-37)은 또한 이 조규의 원문뿐만 아니라 문구 역시 사절단에 의해 임의로 만들어졌을 가능성이 크다고 지적한다.

264 최덕수(2010, p.44)는 이것이 1874년 「제2차 사이공조약」에서 프랑스가 베트남을 독립 국가로 승인하여 중국의 '종주권'을 부인한 것을 모방하여 중국 중심의 국제질서에 도전한 것으로 간주한다.

265 曹谷憲一, 1992, pp.235-236.

였다. 심지어 일본 외무성은 이 조약의 영문판에서 자주(自主)를 '독립(Independence)'으로, '자주지방'을 '독립국(Independent State)'으로 번역하고, '권리(right)'를 '주권(sovereign right)'으로, '동등한 예의'를 '평등(equality)'과 '예의(courtesy)'로 번역하여 서구의 외교사절에게 배포하는 교묘한 선택을 하였다.[266] 이렇게 일본이 조선을 독립적 주권국가로 인정한 이상, 장래 일본과 조선 사이에 분쟁이 발생하였을 때 일본은 국제법에 근거하여 청의 개입을 반대할 수 있는 권리를 확보하게 되었다고 간주할 수 있었다.

이러한 노력을 통해 조선에 대한 청의 개입 '근거'를 부정하여 청의 권리를 위협하면서 종래의 사대·교린 질서에 도전하는 일본의 시도는, '자주국'에 대한 인식·해석을 둘러싸고 이후 청·조선과 계속 분쟁·충돌을 거듭하였다. 다보하시 기요시(田保橋潔)의 지적처럼 "조선의 자주는 이처럼 극히 미묘한 의의를 가졌던 바, 그 해석은 당시의 국제 정세에 따라 좌우되어 이후 20년간 조선, 청국과 제3국 사이에 여러 차례 분쟁을 일으켰고, 일청전역(日淸戰役. 즉 청·일전쟁)의 한 원인이 되었다."라고 할 수 있는 것이다.[267] 19세기 후반 동아시아의 국제관계를 특징지었던 사대질서와 국제법 질서의 충돌·공존은 이 점에서 가장 잘 드러난다. 그것은 또한 '속국자주'에서 '속국'에 중점을 둔 해석을 하느냐, 아니면 '자주'에 보다 중점을 둔 해석을 하느냐라는 이해의 편차로

266 Yuanchong Wang, 2018, pp.142-143. 더구나 일본은 공사의 수도 주재 문제가 사실 임시 체류로 해석될 여지가 있었는데도, 구미 사회에는 상주 사절 제도를 실행한다는 식으로 소개하였다(안종철, 2016, pp.128-129 참조). 한편 유바다, 2017d는 일본이 청의 종주권을 국제법적으로 완전하게 부정할 수 없었기 때문에, 井上毅나 伊藤博文 등 일부 정계 인사는 조선을 半主之國이나 半屬國, 또는 屬國으로 보아 조선을 완전한 자주독립국으로 인정하지 않았다고 지적하고 있다.

267 田保橋潔, 1940(2013), p.460.

점차 모습을 드러내게 된다.[268]

또 "종전에 교정(交情)을 가로막는 화근이었던 모든 예규(例規)를 혁제(革除)한다."라는 같은 제1조에 대해서도 조선과 일본의 인식은 어긋났다. 조약체결을 기존 교린 관계의 연장으로 간주한 조선의 입장은 회담 대표인 신헌이 일본 측에 "300년 동안의 옛 우호를 왜 지금 다시 찾는가?", "300년 동안 통상하지 않았던 적이 있었는가? 그런데 지금 갑자기 따로 요청하는 것은 실로 이해할 수 없다."라는 태도를 보인 것에서도 잘 드러난다. 그는 또한 "귀 국에 있어선 300년 동안 형제의 우의가 있었다. 그러므로 지금 다시 수호하는 것이니, 어찌 별도로 타국과의 통호(通好)를 허락할 리 있겠는가?" 하면서 타국과의 조약 가능성을 부정하여, 초안에 있던 최혜국대우 조항의 삭제를 요구하였다.[269]

이 점은 고종이 조약체결 이틀 후 "이번 일은 구호(舊好)를 닦은 것에 지나지 않을 뿐"이라고 언급한 것이나,[270] 몇 년 후인 1882년 임오군란 이후 척사비를 제거하라는 전교를 내리면서 이렇게 설명하였던 점에서도 분명히 드러난다.

> 이런 상황에서 우리나라도 병자년 봄에 거듭 일본과 수호조약을 맺어 세 곳의 항구를 개항하였고, 이번에 또 미국, 영국, 독일 등과 새로이 화약(和約)을 조인하였다. 이는 처음 있는 일이니만큼 너희 사민(士民)들이 의아해 하며 비방하는 것도 이상할 게 없다. 그러나 교린의 예는 평등을 원칙으로 하니 의리로 따져 볼 때 문제될 것이 없고, 군대를 주둔시킨 의도는 본래 상업을 보호하는 데 있으니 사세(事勢)를 참작한다면 그 역시

268 岡本隆司, 2004, 2009, 2017a; 김현철, 2012.

269 申櫶, 2010, p.111, p.127, p.199.

270 『承政院日記』 高宗13年 2月 5日.

우려할 것이 없다. 교린의 방도가 있다는 것은 경전에 게시되어 있는데, 오활하고 꽉 막힌 유자(儒者)들은 송나라 조정이 화약을 맺었다가 나라를 그르친 것만 보고 제멋대로 끌어다 비유하면서 걸핏하면 척화론(斥和論)을 들먹이고 있다.[271]

위와 같이 고종의 전교는 일본과의 '조약'은 여전히 교린 관계의 회복이라고 강조하였다. 이렇게 개항 반대파의 반발을 회피하는 명분으로 제시하기 위해서도 '구호(舊好)의 회복(回復)', 즉 전통적 교린 관계의 복구(또는 재편)에 무게를 두었던[272] 조선이 만국공법의 국제질서를 제대로 이해하거나 수용하지 못하는 태도를 보인 것과는 달리, 일본 측은 조약체결을 새로운 만국공법의 질서를 적용한 것으로 간주하였다.[273]

그렇지만 이것은 일본 측의 일방적인 해석에 가까웠다. 만약 조선이 만약 제1조를 새로운 국제질서의 적극적인 수용으로 해석하였다면, 중국·일본의 선례처럼 곧바로 다른 서구 국가와의 조약체결에 나섰어야 하지만, 실제 그런 일은 나타나지 않았다.[274] 조선이 이후 일본과의 국서 교환, 공사 주재, 원산·인천 등의 개항을 두고 오랫동안 실랑이를 거듭하면서 전면적인 '근대적' 외교 관계의 설립에 나서지 않았던 것은 이러한 자세를 분명하게 확인해 준다. 실제 조선이 본격적인 문호개방에 나서서 서구 국가와 조약을 체결하게 되는 것은 1882년 「조·미조약」에서였다. 이 경우에도 국내의 강력한 반대 속에 비밀 교섭과 청의

271 『承政院日記』 高宗19年 8月 5日. 또 具仙姬, 2011 참조.

272 연갑수, 2008, p.23, p.29. 연갑수는 이것을 아예 국내 여론을 호도하기 위한 기만책으로 보고 있다.

273 曹谷憲一, 1992; 최덕수, 2003a; 이근관, 2004.

274 최덕수, 2003a; 具仙姬, 2011.

적극적인 개입을 통해서야 가까스로 조약체결이 이루어졌다는 것은 잘 알려진 사실이다. 이런 점에서 조선이 '교린 관계의 회복'이라는 이해를 보인 것에 주목하여 「조·일수호조규」의 제1조에 나오는 '자주'는 청으로부터의 독립 선언이 아니라 기존의 '속국자주'의 '지속'이라는 표현으로 이해될 수 있으므로(이후 1882년까지 조공 의례에도 변화가 없었고, 다른 국가와의 조약도 체결되지 않았다.), 「조·일수호조규」가 최초의 근대적 조약으로 조선이 새로운 국제질서로 들어가는 중요한 발걸음이라는 것은 과대평가이며, 조선을 독립으로 이끌어 가거나, '국제대가정(國際大家庭. Family of Nations)'에서의 완전한 자격을 부여해 주지도 않았다고 보는 커크 라슨(Kirk Larsen)의 평가도 상당한 설득력을 지닌다.[275]

일본 측은 "일본국 정부는 지금부터 15개월 후에 수시로 사신을 조선국 경성(京城)에 파견하여 예조판서와 직접 접촉하여 교제의 사무를 상의할 수 있다. 이 사신의 주류기간의 길고 짧음은 모두 시의(時宜)에 따른다."라는 제2조의 조항으로 근대적인 외교사절의 주재·상주권이 마련된 것이라고 해석하였다. 하지만 조선에서는 이를 전통적인 통신사의 교류와 같은 교린 관계의 연장으로 간주하여 공사의 상주권을 인정한 것으로 받아들이지 않았으므로, 앞서 말한 대로 이 문제 역시 이후 몇 년간 양국 간의 현안이 되었다.[276] 결국 4년 후인 1880년에야 가까스로 일본이 한성(漢城)에 공사관을 열 수 있었지만, 조선은 이에 상응하여 곧바로 공사관을 도쿄(東京)에 개설하지도 않았다.

275 Kirk Larsen, 2018. 森萬佑子, 2017 역시 「조·일수호조규」로 일본은 조선이 조약체제에 편입되었다고 간주한 반면, 조선은 이를 '사대교린'의 재편으로 해석하여 이것을 통해 조약체제에 편입된 것으로 생각하지는 않았다고 지적한다(pp.4-5).

276 田保橋潔, 1940(2013), pp.575-594; 김기혁, 1980(2022), pp.319-338; 김용구, 2001, pp.182-236; 이근관, 2004; 연갑수, 2008, p.23; 하원호, 2009 등.

제4·5조에 부산을 포함한 세 항구의 개방을 언급하면서도 '관세' 문제를 언급하지 않아 '무관세' 무역이 이루어지게 된 것도 이전 '교린 관계'에서 개방되었던 왜관(倭館)의 연장이라고 보았기 때문일 것이다.[277] 당시 조선 대표 신헌이 이해하기로는, 전통적인 한일관계에서 대마도를 매개로 한 무역체제는 오히려 일본에 막대한 이익을 가져다 주고 있었는데, 새로운 조약은 이를 부정하는 것이었으므로 일본에 경제적 관점에서 그리 중요한 조약이 아니었다는 지적도 있다. 즉 조선 후기 영남권 재정은 왜관에 공여하는 비중이 엄청났는데 새로운 조약은 장기적으로 영남권 재정에 큰 도움이 될 수도 있었다.[278]

이 밖에도 통상항구의 개방(제4·5조), 표류민 구제(제6조), 해안 측량권(제7조), 양국 인민의 무역 자유와 영사재판권(제8·9·10조) 등을 획득하였으나, 일본 측이 얻은 것은 대부분 기존의 교린 관계나 그에 기초한 대마도의 기득권에 편승한 것이었다. 또한 「조·일수호조규」의 체결 이후에도 개항장 선정(인천의 경우 조규 체결 이후 5년 만에 결정되었다), 공사의 상주, 관세 징수 문제 등을 둘러싼 교섭이 난항을 거듭하였던 점은 양국이 조약체결 이전에 사실상 충분한 준비를 하지 않았던 점을 알려 준다. 일본에 가장 필요한 것은 조선을 강압하여 조약을 체결하였다는 외형적 성과였고, 상당수 조항은 강화도 현지에서 급조된 것이었다는 지적은 특히 경청할 만하다.[279]

277 연갑수, 2008, p.23; 朴漢珉, 2011; 신명호, 2014, p.207. 한편 김흥수, 2017b, 2018b는 조선 정부가 관세에 무지해서 무관세를 허용하였다고 보기보다는 무역을 촉진하기 위해 수출세를 거두지 않기로 하는 등 무역이익에 관심을 가졌기 때문이라 해석하고 있다. 李穗枝, 2016, pp.23-89, pp.145-188은 이후 1883년까지 조선 정부가 뒤늦게 관세수입을 '만회'하기 위해 일본과 벌인 교섭과 그 '성과'를 다루고 있다.

278 申櫶, 2010, p.332; 안종철, 2016, p.126.

279 김종학, 2016, 2017a.

또한 일본 정부의 목적은 조약체결을 통해 일본이 동아시아에서 유럽의 만국공법 체제를 실현하고 있음을 해외에 과시하는 것이었다는 지적도 마찬가지다. 메이지유신 이후 사족들의 불만과 신정부의 불안정한 위상을 안정시키기 위해 국외로 시선을 돌릴 필요가 있었으므로, 조약체결은 일본 정부 입장에서 보면 큰 성공이었다.[280] 즉 「조·일수호조규」는 "서양에 대한 열등감을 조선에 대한 우월감으로 상쇄하고, 메이지 정부의 국시인 구화주의(歐化主義)가 이룩한 빛나는 성취로 선전되어 반정부 여론을 열광의 환성으로 바꾼" '쇼(show)'였던 것이다.[281]

청이 「조·일수호조규」의 체결 소식을 처음 접한 것은 3월 12일 주중국 일본 공사 모리가 본국 외무대신의 (3월 2일) 도쿄발 전보를 받아 2월 27일 조선과 조약을 체결하였다는 것을 알려 주어서였다.[282] 이틀 후 주청 영국 공사 웨이드(Sir Thomas Francis Wade)가 조회를 통해 일본이 조선과 조약을 맺고, 사신을 파견하여 주재시키며, 3개 항구를 개항하기로 했다고 총리아문에 통보하였다.[283] 정작 조선 국왕의 이에 관한 자문이 청에 전달된 것은 3월 24일이었다.[284] 이것은 이해 초 총리아문·북양대신과 일본 측의 회담 관련 자료를 자문으로 보내 준 것에 감사의 뜻을 표시하는 내용이 대부분이었고, 조약체결과 내용에 대해서는 언급이 없었다. 3월 29일 조선 국왕의 자문 역시 예부에 대한 답장 자문으로 일본 사절이 강화도에 도착하여 조약을 협상할 예정이라

280 김홍수, 2009a, 2017a.

281 김종학, 2016a, 2016b.

282 「日本公使森有禮函」(光緖2年 2月 17日), 『中日韓』 卷2, p.303.

283 「英國威妥瑪函」(光緖2年 2月 19日), 『中日韓』 卷2, p.304.

284 「朝鮮國王咨禮部謝與日本國使臣交涉事實文」(光緖2年 2月 29日), 王彦成 纂輯, 王亮 編, 1987, 『淸季外交史料』 卷5, 14a-15a.

는 내용뿐이었다.[285] 이는 조선이 여전히 「조·일수호조규」를 전통적인 사대·교린 관계와 '속국자주'의 연장선상에서 파악하고 있었기 때문에 가능한 것이었다.

그리고 4월 10일에 총리아문은 독일 공사 브란트(Maximilian August Scipio von Brandt)로부터 조약 전문을, 12일에는 그 영어본을 한문으로 번역한 판본을 전달받았다.[286] 일본 공사 모리로부터 조약 전문을 전달받은 것도 4월 17일이었는데, 정작 조선 국왕으로부터 예부가 조약체결을 통보받아 상주한 것은 4월 20일이었다. 여기에도 조약 전문은 첨부되지 않았다. 단지 다음과 같은 설명만 있었다.

> 대소사는 오로지 양국 신료가 평등하게 통신하며, 호시교역은 지금 처음 실행하는 것이 아니므로 항구통상을 허용하되 그 범위를 설정하여 주객을 모두 안정시키고, 서로 뒤섞여 구별이 없으면 쉽사리 말썽을 낳으므로, 다른 나라의 상인을 데리고 오는 것과 기기음교(奇技淫巧)의 물사(物事)를 허용하지 않습니다. 그 강목(綱目)은 대략 이와 같습니다.[287]

그리고 "조선이 이미 일본과 오래된 우호 관계[宿好]를 되찾았으므로, 응당 교빙(交聘)에 해당하는 것이라 특별히 조신사(條信使)를 파견"한다는 내용이 첨부되었다. 여기서도 조선이 조약체결을 전통적인 교린 관계의 회복 정도로 이해하고 있었다는 점이 확실하게 드러나지만, 흥미로운 점은 청도 조선이 조약 전문을 알려 오지 않은 것을 분명히

285 「禮部文」(光緒2年 3月 16日, 18日), 『中日韓』 卷2, p.309, p.311.
286 「德國公使巴蘭德函」(光緒2年 3月 16日), 『中日韓』 卷2, p.307.
287 「禮部奏錄呈朝鮮咨文摺」(光緒2年 3月 26日), 『光緒中日』 卷1, 9b-13a; 『外交文書』 제3권, pp.196-197.

확인하면서도 이에 대해 특별한 반응을 보이지 않았다는 것이다. 4월 29일 총리아문에서 정식으로 조선이 일본과 조약을 체결하였다고 상주하면서도, "비록 조약 조문을 베껴서 보내 오지 않았으나 조약을 체결하였다고 하면서 현재 군사적 충돌을 멈추고 수호를 하였다는 점은 대략 역시 [영국·독일·일본 등이 알려 온 바와] 같은 내용입니다."라고 언급할 뿐이었다. 이에 대한 황제의 유지는 "알았다[知道了]."는 간단한 내용이었다.[288]

조선이 조약 원문을 통보하지 않았어도 청이 별다른 반응을 보이지 않은 것은, 이미 여러 경로를 통해 그 내용을 알고 있었던 점도 작용하였을 것이다. 다른 한편으로 일단 전쟁의 위험이 사라지고 청이 거기에 말려들 가능성이 사라졌기 때문에, 더 이상 이에 대해 큰 관심을 두지 않았다고 보아도 좋을 것이다. 당연히 일본이 조선이 중국의 속방임을 거부하는 근거로 삼게 되는, 조선이 '자주지방'이라는 조약 제1조가 지닌 의미에 대해서도 청은 주목하지 않았다. 아마 종래의 '속방자주', 조선의 '사대·교린' 외교의 연장이라는 의미로 받아들였을 가능성도 크다. 즉 당시로서는 이러한 조약 내용에 대해서 청이 그 잠재적인 위험성을 간파하지 못하였던 것이라 해석할 수 있는데, 물론 나중에는 이것을 방치한 점을 후회하였다. 이를테면 1882년 이홍장은 나중에 이렇게 주장하였다.

> 다만 서양의 통례에서 모든 속국은 정치를 자주(自主)할 수 없으며, 따라서 다른 나라와 조약을 체결하는 일은 대부분 그것을 통할하는 나라에서 주정(主政)합니다. 즉 반주지국(半主之國)은 스스로 조약을 체결할 수 있

288 「總理各國事務衙門奏日本已與朝鮮換約摺」(光緒2年 4月 6日), 『光緒中日』 卷1, 11a-11b; 『外交文書』 제3권, p.199.

지만, 역시 단지 통상(조약)을 논의할 수 있을 뿐 수호(조약)은 이와 상관이 없습니다. 지금 조선이 일본과 조약을 체결한 지 이미 7년이 지났습니다. 당시 조약 조항에는 마침내 조선을 자주지국(自主之國)으로 인정하였는데, 조선은 공례(公例)에 어두웠으니 어찌 깊이 책망할 수 있겠습니까만, 조선이 (황상께) 전주(轉奏)해 달라고 자문으로 예부에 통보하였을 때도 (예부는) 결코 이에 대해 조금도 반박하지 않았습니다. 올해 미국, 영국, 독일 세 나라와 조약을 체결하게 되면서야 비로소 중국의 속방이라는 문구를 밝히게 되었으니, 일본은 바야흐로 이에 대해 불평을 털어놓게 되었고, 각국도 아직은 의심을 풀지 않고 있으니, 장래 조약을 비준할 때 아마도 좀 더 많은 설명을 해야 할 것입니다. 만약 흠차대신을 파견하여 조선에 주둔하면서 그 외교를 처리하게 된다면, 반드시 일본과 미국·영국과의 조약을 획일적으로 처리하는 게 특히 쉽지 않을 것입니다. 만약 획일적으로 처리하지 않는다면 또한 이것은 제대로 된 정치 원칙[政體]이 아닐 것입니다. 이것이 눈앞의 곤란함입니다,

조선은 동삼성의 울타리로 조선이 위망(危亡)에 처하게 되면 중국의 상황은 더욱 다급해집니다. 지금 아무 일이 없는 때를 틈타 대신을 파견하여 주재시키고 통상을 주지한다는 명분을 빌려 조선 정부와 모든 것을 협상하여 정리함으로써 조선을 보호하면 우리 울타리가 튼튼해질 것이고, 또한 서양의 속국 사례와도 서로 일치합니다. 다만 그 국내 정치에 대해 중국에서는 종래 간섭하지 않았는데, 일단 은근히 조선의 권력을 통제하게 되면 풍토가 다르고 인재도 부족하여 완급을 조절하면서 조치하는 일을 모두 다 우리 뜻대로 하기는 어려울 것입니다. 만약 겉으로는 받들면서 속으로는 거스르도록 방치하거나, 아니면 다른 나라의 도발을 받아 우리와 틈이 생기게 되면 조정은 또 이를 어찌 처리할 수 있겠습니까? 이것은 후일의 곤란입니다.[289]

이것은 후술하겠지만, 임오군란 이후 조선에 대한 강경한 개입과 통제의 정책을 실행하자고 주장하는 의견에 반론하면서, 이홍장이 '속국' 조선과의 관계에 대해 명확한 설정을 하지 못한 결과 조선을 뜻대로 통제하는 데 어려움을 겪게 되었다는 점을 인정하는 부분이다. 여기서는 우선 「조·일수호조규」에서 조선이 '자주국'의 지위를 확보하도록 방치한 것이 이후 서양의 속국처럼 조선을 다루고자 하게 된 청의 정책 집행에 심각한 장애로 등장하였음을 솔직하게 인정하였다는 점을 주목할 수 있다. 이 점은 1870년대 중반 청의 조선 정책이 이후의 그것과는 분명히 달랐다는 점을 다시 확인해 주는 것이기도 하다. "조선은 나라가 생긴 이래 근근이 스스로 지켜 왔고, 우리 중국은 그들이 스스로 다스리도록 맡겨 왔으며, 화인(華人)을 그곳으로 파견하여 교섭하게 하지 않았는데, 이 역시 조선의 뜻이 직분을 지키는 데 있음을 믿기 때문으로 억지로 강권하지 않았다."라고 하였던[290] 종래 '속국자주'론의 태도와는 전혀 달라진 태도였기 때문이다.

또 그다음으로 주목할 것은 실제 1880년대 이후 청에서 속방 조선에 대한 '속국화' 정책을 추진하자는 의견이 강력하게 대두되지만, 이홍장은 그것이 서구나 일본의 간섭을 제외하더라도 조선 자체의 강력한 저항을 만날 것이고, 결코 청의 능력으로는 해결할 수 없는 난제가 될 것임을 예상하였다는 점이다. 실제로 이러한 이홍장의 우려는 현실로 나타나게 된다. 따라서 「조·일수호조규」의 체결 당시 청이 이를 방관하면서 조선이 '속국'이나 '반주지국'이 아닌 '자주지국'의 지위를

289 「議覆張佩綸條陳六事摺」(光緒8年 10月 5日), 『李鴻章全集』 10 奏議 10, pp.110-113.

290 「總理各國事務衙門奏日本欲與朝鮮修好摺」(光緒元年 12月 21日), 『光緒中日』 卷1, 1a-b; 『外交文書』 제3권, 2012, pp.286-287, pp.319-320.

'확보'하도록 방치한 것은 사소한 실책으로 보이지만 이후 청이 조선 정책을 추진하는 데 심각한 어려움을 겪게 만드는 아킬레스건으로 작용하게 되었다. 후술하겠지만 이 때문에 「조·미수호통상조약」에서 '속방조회'라는 '편법'도 등장하게 되었다고 보아야 할 것이다.

한편 서구 국가로부터 강요받은 불평등조약을 그대로 조선에 강요함으로써,[291] 일본의 조선 진출은 이후 본격적인 궤도에 오르게 되었다. 부산·원산·인천의 개항과 개항장 무역을 통해 일본은 이후 청이 조선에 대한 적극적인 진출 정책으로 전환하고, 조선이 서구 열강과 불평등조약을 체결하여 '다국적 제국주의(Multilateral Imperialism)'의 국면이 형성될 때까지 잠시 조선에서 독점적인 우위를 누릴 수 있었다. 이것이 당시 조선 사회의 경제적 변동을 크게 촉발하였던 것은 물론이다.[292] 청은 이러한 정세의 변화에 따라 점차 조선에 대한 기존 정책의 재검토에 나서지 않을 수 없었고, 서구 각국 역시 쇄국을 고집하였던 조선의 변화에 따라 조약체결과 통상·개방의 요구를 다그치게 되었다. 서구 열강은 일본이 조선과 조약체결을 한 것을 크게 환영하였다. 그들이 이전부터 갈망해 오던 조선의 문호개방 요구에 일본이 선도자 역할을 대신해 주었기 때문이다.

291 이를테면 「조·일수호조규」의 제10조는 1858년의 「영·일수호통상조약」 제4조·제5조와 거의 동일한 내용이었다. 그것은 일본 영토 내에 거주하는 영국 인민 상호 간의 재산이나 신분상의 권리에 대해 발생하는 일체의 사건은 영국 관헌의 관할에 속하며(제4조), 영국과 일본 인민 사이의 분쟁은 모두 영국 영사관의 조정에 일임한다는 것(제5조)으로 영사재판권을 규정한 내용이었다. 야마베 겐타로우(山邊建太郞), 유달영·유영식 옮김, 2005, pp.62-63.

292 이에 대한 간결하고 요령 있는 설명은 김석원, 2022를 참조.

4) 류큐 병합과 이리 분쟁

이렇게 「청·일수호조규」(1871)와 「조·일수호조규」(1876)가 체결된 1870년대 후반이 되면, 청의 태도는 더욱 적극적으로 이러한 시대변화에 적응하고자 하는 태도로 바뀌지 않을 수 없었다. 하지만 사실상 1870년대의 이러한 변화에서 특별히 중요한 계기의 하나가 된 것은 1876년의 「조·일수호조규」보다는 1879년 일본이 종래 청의 조공국이기도 하였던 류큐(琉球)를 병합한 사건이었다. 기존의 천조체제가 서구 각국의 진출로 곧장 직접적인 도전을 맞이하지는 않았지만, 일본의 야심에 찬 적극적인 해외 팽창은 천조체제를 구성하는 번봉(藩封)과 변경[藩部]에 대한 직접적인 위협, 즉 강역과 국경의 문제를 직접 건드리는 민감한 문제로 등장하였기 때문이었다. 다시 말해 이것은 청의 주권과 영토 문제에 대한 일종의 도전이었다. 이 점은 당시 상해에서 발행되고 있던 『신보(申報)』에 실린 사설(「議厚屛藩以固根本」)에 그대로 반영되어 있다.

> 류큐가 일본에 병합되어도 중국은 절대로 듣거나 묻고자 하지 않으니 일본인의 기염은 더욱 거세지고, 그 간담은 더욱 커져서 이미 동쪽을 봉하는가 하면 다시 서쪽을 돌아보니, 구구한 조선은 무난히 쓸어서 주머니 안에 담을 수 있을 것이다. 이때가 되면 요심[遼審. 즉 遼陽과 瀋陽, 즉 만주나 그 남부를 가리킨다.] 각 도(各島)에서는 어찌 베개를 높이 베고 아무런 걱정 없이 지낼 수 있겠는가?[293]

293 『申報』 1879年 5月 28日(李兆祥, 2008, p.103).

심지어는 신속히 '번방'을 포기하고, 대신 그 '번방'을 경략(經略)해야 한다는 주장(「中國自棄藩邦論」)도 나타났다.

> 동아시아의 고려, 류큐, 동남아시아의 샴, 버마 등은 모두 신하를 칭하며 입공(入貢)하게 하여 울타리로 삼음으로써 신주[神州. 중국]의 호위[翎衛]로 삼아 왔다. 응당 사신을 골라 파견하여 외국에 주재하게 하는 것 외에, 대신을 위임하되 현명하고 능력 있는 사람을 신중하게 골라 번방에 가서 그 형세를 살피고, 그 국왕과 통상을 할 방법을 깊이 준비하게 하여 널리 상인을 불러모아 이익을 일으켜야 할 것이다. 만약 그 나라가 가난하여 자급하기 어렵다면, 대신 자금을 마련하여 그들이 일을 일으킬 수 있도록 하고, 다시 남은 힘으로 요새를 수리하고 무비를 강구하게 하되, 매년 그 세금을 헤아려 자금을 상환할 수 있게 해야 한다. 일찍이 각국에 항구가 건설되어 있다면 중국 상인이 모이는 곳에 영사(領事)를 파견하여 이들을 진무(鎮撫)하게 하고, 그들 가운데 노련한 사람을 골라 보좌하게 하면…… 즉 변고가 있어 흔들리는 우리 변강이 이미 울타리가 튼튼해졌으니 어찌 이 나라들을 넘어 중국을 공격해 올 수 있겠는가?[294]

여기에는 종래 판도의 울타리로 간주해 온 번속이 무너져 가는 위기를 느끼자, 식민주의나 제국주의를 연상케 하는 방법을 빌려서라도 이 울타리를 굳게 함으로써 중국을 다른 열강이 넘보지 못하게 해야 한다는 위기의식이 민간 여론에서도 절박하게 드러난다. 류큐 병합은 청에 그만큼 큰 충격을 가져다주었다.

류큐는 잘 알려져 있듯이 17세기 이래 중국과 일본(사쓰마藩) 모두

294 『申報』 1879年 11月 20日(李兆祥, 2008, pp.103-104).

에 조공하는 이른바 '양속(兩屬) 관계'를 유지해 왔다. 메이지유신 이후 일본은 폐번치현(廢藩置縣)의 개혁으로 이 지역을 병합하려는 의도를 품고 있었는데, 1871년에 발생한 대만사건은 그 좋은 기회를 제공하였다. 대만에 표류한 류큐인들이 원주민에게 살해된 사건이 일어났을 때, 청의 총리아문에서는 류큐나 타이완은 모두 중국의 판도에 속하므로 그들 사이의 분쟁은 중국 관할에 속하지만, 대만의 원주민 생번(生蕃)은 화외지민(化外之民)으로 국내 법률을 적용하기 어렵다는 모호한 답장을 하였다. 이것이 일본에 류큐인을 자국인으로 간주하고 대만 출병을 감행하는 좋은 구실을 만들어 주었다.[295]

이렇게 사실상 주권을 침해하는 일본의 출병에도 불구하고 해군력 부족으로 전쟁이 불리하다고 여긴 청은 주중국 영국 공사 토머스 웨이드의 중재로 일본과 조약을 체결하고 배상금을 지급하는 것으로 타협하였다(「臺事專條」 또는 淸日「北京專約」이라 한다.). 그렇지만 이를 통해 일본의 대만 침략을 "백성을 보호하는 의로운 행동[保民義擧]"으로 인정해 준 것이며, 류큐는 일본의 영토임을 승인한 것이라 간주한 일본은 청의 반대에도 불구하고 당시 러시아와의 분쟁으로 청이 효과적으로 대응하지 못한 틈을 타서 1879년 류큐번을 오키나와(沖繩)현으로 개편·병합하여 버렸다.[296]

295 崔熙在, 1986, pp.285-305; 蔣廷黻(장팅푸) 지음, 金基周·金元洙 옮김, 1991, pp.35-54. 사실 1609년 사쓰마의 침입으로 류큐 왕국이 멸망의 위기에 처했을 때 明朝에 구원을 요청하였으나, 심각한 내외적 위기를 맞고 있던 明은 이를 외면하였다. 명은 이후 표면적인 조공 관계만 유지하는 것으로 명과 일본에 대한 '兩屬'을 묵인하였다. 천조상국의 속국 보호라는 것은 대의명분의 차원일 뿐 현실적으로는 냉정한 국제관계의 역학이 작용하였던 사례가 되는데, 청 말에 이런 사태가 다시 되풀이된 것이다. 차혜원, 2007, pp.115-118 참조.

296 蔣廷黻(장팅푸) 지음, 金基周·金元洙 옮김, 1991, pp.55-76; 崔熙在, 1997, pp.232-256; 김용구, 2006, pp.306-307; 나미히라 쓰네오 지음, 윤경원·박해

조선보다 먼저 미국(1854)·프랑스(1855)·네덜란드(1859)와 조약을 맺어 국제법 체제에 편입된 바 있었던 류큐가 일본에 의해 병합된 것은 천조체제에 심각한 균열을 가져왔으며, 청이 종래의 조선 정책을 적극적으로 재검토하는 중요한 계기가 되었다는 점은 많은 연구에서 지적하는 바다. 조공국 가운데 가장 중요한 비중을 차지하고, 흔히 '순치상의(脣齒相依)'·'순망치한(脣亡齒寒)'의 관계에 있다고 일컬어지던 조선이 분명히 다음 차례가 될 것으로 누구나 예상할 수 있었기 때문이다. 그렇게 되면 청은 바로 만주(滿洲), 나아가서는 북경 지역이 위태롭게 될 것을 염려하지 않을 수 없었다.[297]

또한 조선에서도 류큐 병합에 청이 아무런 실효적인 조치를 하지 못하는 것을 보고 청의 국력에 심각한 의심을 품기 시작하였다. 고종은 "류큐 국왕이 일본에 잡혀갔는데 이홍장과 예부에 구원을 요청하였음에도 불구하고 결국 구해 내지 못하는 것을 보니, 대국이 유약함을 역시 알 수 있겠다."라는 우려를 표시하였다. 이러한 청의 무력함에 대한 인식은 이후 조선이 사대질서로부터 이탈을 모색하는 움직임을 추

순 옮김, 2019. 청과 류큐·일본의 관계사에 대해서는 西里喜行, 2005가 가장 대표적인 연구인데, 최근 번역된 나미히라 쓰네오 지음, 윤경원·박해순 옮김, 2019는 중화 세계질서에서 식민지제국 일본이라는 부제에서 보이는 것처럼 근대 동아시아 역사 속의 류큐 병합의 상세한 과정과 그 의미를 종합적으로 분석하고 있다.

297 최희재, 1997, pp.232-256, 2004, 2010; 茂木敏夫, 2003; 유장근, 2004; 강상규, 2007a, 2008, pp.211-247; 岡本隆司(오카모토 다카시), 2011b. 최희재는 류큐 문제뿐만 아니라 프랑스의 베트남 침략에 따른 청의 베트남 정책의 조정까지 시야에 넣고 있다. 한편, 유장근(2004, p.358)은 중국을 중심으로 전개된 조공 관계의 해체는 「남경조약」 이후가 아니라, 일본이 강제로 류큐를 합병한 때로부터 시작하였다고 평가하였다. 茂木敏夫, 1993, 2003에서는 일본의 도전 등으로 위기를 느낀 청이 기존의 판도 통치를 재검토하여 변강 지역에 대한 적극적인 권력 행사로 그곳을 내지화·중국화하는 정책으로 나가면서 이른바 '중국'의 강역을 확립하게 된다고 설명하고 있다.

진하는 원인이 되었다.[298] 조선이 근대적 국제질서 속에서 독립국가로 살아남는 것을 도와줄 능력을 청이 실제 갖추지 못하고 있다고 여기게 되었기 때문이다.

더구나 이와 같은 무렵에 청은 신강(新疆) 지역의 혼란과 야쿠브 벡(Yaqub Beg)의 반란을 틈탄 러시아의 이리(伊犁) 점령(1871)으로 야기된 국경 분쟁에 말려들어 있었다.[299] 청은 좌종당(左宗棠)을 파견하여 오랜 전쟁 끝에 신강의 반란을 진압하고, 러시아군의 이리 지역 철수 문제를 해결하기 위해 출사아국대신(出仕俄國大臣) 숭후(崇厚)를 전권을 지닌 흠차대신으로 파견하였다. 그러나 그가 체결한 「리바디아 조약(Treaty of Livadia)」(1879)은 변계(邊界)의 수정이 러시아 측에 크게 유리하고, 또 통상과 면세의 특권을 부여하는 등 미흡한 결과를 낳았다. 결국 청은 이를 비준하기 어렵다는 결론을 내리고 다시 증기택(曾紀澤. 曾國藩의 次子로 후작 작위를 세습하였다.)을 파견하여 조약 개정을 논의하게 하였다.[300]

하지만 이미 체결된 조약을 다시 논의하자는 청의 무리한 요구 때문에 양국 사이에 군사적 긴장이 크게 고조되었고, 러시아는 동아시아에서 군사력을 동원하여 무력 시위를 강행하였다. 마침내 이리 분쟁은 증기택이 1881년 「상트페테르부르크 조약(Treaty of St. Petersburg)」을 체결함으로써 해결되었다. 그러나 청은 류큐 병합과 이리 사건을 거치면서 점차 만국공법에서 제기하는 국경과 주권의 개념에 의존하여 러시

298 연갑수, 2008, p.82. 고종의 발언은 『承政院日記』 高宗 16年 11月 7日의 기사에서 확인할 수 있다. 연갑수는 나아가 청의 국력에 회의하게 된 조선은 청과 일본 사이에서 균형을 찾으면서 어느 한쪽에 일방적으로 의존하지 않고 독자적인 노선을 추구하려 하였다고 누차 강조한다(이를테면, p.91).

299 야쿠브 벡의 반란에 대해서는 김호동(Kim, Hodong), 1999, 2004 참조.

300 이에 대해서는 李恩涵, 1966, pp.61-163에서 상세하게 다루고 있다.

아의 위험을 방지해야 한다는 점을 정확하게 인식하지 않을 수 없었다.[301] 청은 러시아의 침입에 대비하여 신강과 만주의 러시아 접경 지역에 대한 변방(邊防) 강화를 도모하면서, 이 지역에 한인의 임용을 거의 배제하던 전통과는 달리 유능한 한인 고위 지방관을 선발·파견하는 뚜렷한 정책적 변화를 시도하였다. 내지와 번부를 분리하여 "풍습에 따라 각기 다른 방법으로 통치[因俗而治]"하던 방식에서 번부에도 행성(行省)을 설치하여 내지와 같은 직접적인 통치체제를 확장하는 이러한 정책은 이를테면 만주에서 오대징(吳大澂)의 활약이 보여 주는 것처럼 상당한 성과를 거두기도 하였다. 이를 통해 내지가 아닌 번부나 만주 지역의 한화(漢化) 또는 내지화(內地化)가 본격적으로 시작되었다.[302] 또한 천조의 울타리를 이루는 주변 조공국 조선·류큐·베트남·버마에 대해서도 서구의 침략에 대응하면서 기존 관계를 '재편'하여 여하튼 천조체제의 체통을 유지하려는 움직임도 뚜렷해졌다.[303]

이렇게 국내 통합을 강화하려는 행정제도의 개편과정은 19세기 전반까지 각 종족 간의 분리 정책에 기초한 청의 제국 통치의 원리와는 모순된 '한화(漢化)' 정책의 심화 과정이었으며, 이러한 제국의 변질에 따른 국내외 권력구조의 변화 속에서 만·한 지배층 사이의 협력·갈등 관계도 새로운 차원으로 전환되면서 한족 지배층이 근대 국민국가와 민족주의의 주체로 등장하게 된다.[304] 즉 1880년대 본격화된 변

301 김용구, 2006, pp.308-311.

302 이에 대해서는 茂木敏夫, 1993; 崔熙在, 2004; 金衡鍾, 2013; Nianshen Song, 2018, pp.97-101 참조. 오대징은 琿春勘界와 嚴杵河會議(1886)를 통해 러시아가 점령하고 있던 두만강 하구 위쪽의 黑頂子 지역을 회수하고 「북경조약」에 따라 획정된 국경의 확보(土字碑의 위치 변경)를 얻어 내는 성공을 거두었다.

303 茂木敏夫, 1993, 2009 등 참조.

304 茂木敏夫, 2002, pp.27-28; 曺秉漢, 2009.

경 지역의 내지화·한화 정책은 태평천국 이후 뚜렷해진 한인 독무의 실력·발언권 강화 및 1870년대 이후 외교 면에서 한인의 본격적인 진출(이홍장 외 증기택이나 오대징 등의 활약) 등과 맞물려 청 정권의 성격을 종전과는 다른 '만·한 연합'정권으로 바꾸어 놓은 것이다. 그 중심축은 사실상 바로 자희태후(慈禧太后. 西太后)와 이홍장이었다고 할 수 있으므로, 요컨대 이것은 '자희태후-이홍장'체제라고 부를 수 있는 것이다. 이후 '자희태후-이홍장'체제의 붕괴는 사실상 청 왕조의 붕괴로 연결되므로, 19세기 후반의 청조를 이해하는 데 이 체제는 매우 중요한 의미를 지닌다. 이것은 중앙의 군림과 지방의 통치, 중앙의 수렴청정과 지방 독무의 증대된 권한[重權]의 결합이라 할 수 있었다.[305]

이전까지 청은 서구가 내세우는 국제질서를 의식하면서도 만국공법에 대한 관심은 기본적으로는 서구와의 협상에서 그들의 무리한 요구를 거절하는 방안 찾기에 주안점이 있었다. 동시에 조선과의 관계에서는 전통적 사대질서를 유지하면서 "번속을 보호하여 변경을 안정시킨다.(保藩安邊)"는 방책을 채택하여, 조선을 울타리로 삼아 보호하면서 그것을 통해 청의 '근본'중지인 만주를 방어하려는 전략을 취하였다. 하지만 이제 러시아·일본의 위협으로부터 조선을 방어하기 위해서는 보다 적극적으로 개입하여, 조선이 각국과 조약을 맺어 통상관계를 시작하도록 권유하는 방향으로 전환하지 않을 수 없었다.

김기혁 교수가 "조약체제 정책"이라 명명한 이 정책은 여전히 전통적인 이이제이(以夷制夷)의 전략에서 서구 국가를 활용하기 위해 만국공법을 활용하는 것이면서도, 아울러 조선과의 사대-자소 질서를 유지하는 방향이기도 하였다.[306] 동시에 이것은 이홍장이 청의 지위를 안

305 岡本隆司, 2009b, p.20.

306 Park Il-Keun, 1981; 權錫奉, 1986; 張禮恒, 2012a, pp.145-168 등 참조.

정시키는 데에는 조약을 체결한 유럽 열강의 복합적인 이해관계가 중요하다는 점, 즉 '세력균형(勢力均衡. Balance of Power. 均勢論)이라는 만국공법의 기본 정신에 주목한 덕분이기도 하였다. 그는 대규모의 근대적 해군이나 만주를 거쳐 조선 국경에 이르는 철도를 건설하는 데 충분한 자원을 확보할 수 없었던 당시로서는 주로 이 세력균형이라는 외교에 의존할 수밖에 없었다.[307]

이런 점에서 제1·2차 아편전쟁에 의한 영국·프랑스의 침략으로 청이 근대자본주의적 국제질서에 편입된 것을 제1단계로 볼 수 있다면, 일본의 류큐 병합과 러시아의 신강 잠식은 서구권이 아니고 중국에 인접한 일본·러시아의 외압이 청 중심의 조공체제와 대일통제체(大一統體制)에 도전하면서 청의 제국적 질서를 해체하는 제2단계를 시작하게 했다는 해석이 가능해진다.[308] 다시 말해 이것이 이미 해체되고 있던 천조체제의 본격적 붕괴를 낳는 조짐이 되었다고 할 수 있다. 이 때문에 청은 안전보장상의 관심에서 구래의 속국과의 상하 관계를 실체화하여 본국을 지키는 방벽으로 삼고자 하게 되었으며, 이른바 조공국의 완충국화·보호국화를 지향하게 되었다. '완충국 벨트'라는 개념은 이때 비로소 내실을 가지게 되는 것이다.[309]

그리하여 이후 청의 조선 문제에 대한 개입과 그 강도는 상당한 변천을 거치면서 1880년대에 본격적으로 변화된 모습을 보여 주게 된다. 여기에는 국내의 모든 반란이 진압됨에 따라 체제 정비의 노력이 활발하게 이루어지고 중흥의식(中興意識)이 확산하는 한편, 대외강경책

307 김기혁, 1980(2022), pp.338-363, p.417.

308 조병한, 2004, p.140.

309 岡本隆司, 2009b, p.29. 이 점은 천조와 천조관념을 다룬 머리말 부분에서도 언급된 바 있듯이 "천자가 도를 얻으면 그 지키는 범위는 사이를 포함한다"던 전통관념의 연장선상에 있는 것이기도 하였다.

을 주장하는 청류파의 활동이 강화되어[310] 국권주의적(國權主義的) 외교가 출현하게 되는 1870년대 후반 이후 청의 국내 상황이 그대로 반영되고 있었다.[311] 앞서 인용한 것처럼 이홍장이 「조·일수호조규」의 체결 직전 일본의 조선에 대한 군함 파견 위협에 대해, "조선은 빈약하여 그 세력은 일본을 대적하기 어려우니, 장래 조선이 혹은 전명의 고사를 끌어다 중국에 구원을 요청한다면 우리는 어떻게 대응해야 하겠습니까?"라고[312] 하였던 소극적인 불간섭의 자세는 이제 더 이상 찾아볼 수 없게 되었다. 청이 조선 다음가는 조공국으로 이미 오래전부터 프랑스의 침략을 견뎌 내고 있었던 베트남에 대해 심각하게 대책을 고려하기 시작한 것도 1881년 무렵이었던 것을 보면,[313] 이 무렵을 전후하여 청

310 淸流派에 대해서는 閔斗基, 1971(1985); 寶成關, 1980, pp.294-315; 최희재, 1986, 1995, 1996, 1997, pp.34-80; 樊百川, 2003(2009), 上, pp.465-528; 楊國強, 2008, pp.146-214; 王維江, 2009 등의 연구 및 邱志紅, 2014, pp.264-269의 연구 동향 정리 참조. 樊百川, 2003(2009), 上에서는 청류파와 양무파의 갈등에 대해서 상세히 다루고 있다. 청류파는 특히 대외적으로는 외국의 침략에 대해 타협을 거부하고 강경하게 저항·대처할 것을 주장하는 특징을 보였다(楊國強의 경우 '尊王'과 '攘夷'를 청류파의 특성으로 설명하기도 한다.). 물론 자희태후가 군기대신 공친왕이나 이홍장, 또는 그들의 대외정책을 견제하는 權術을 이용하는 데도 아주 중요한 역할을 하였다. 조선 문제에 대해서도 직접적인 內地化·郡縣化나 監國의 파견을 주장하는 경우가 대부분이었다. 曺秉漢, 2010도 뒤에 서술하게 될 張佩綸 등 청류파의 강경한 대외정책을 청의 베트남 정책을 중심으로 다루어, 조선과의 유용한 비교 사례를 제공한다.

311 鈴木智夫, 1992; 崔熙在, 1997.

312 「北洋通商大臣李鴻章函」(光緒元年 12月 26日), 『中日韓』 卷2, pp.276-277; 「致總署論倭派使入朝鮮」(光緒元年 12月 23日), 『李鴻章全集』 31 信函 3, pp.336-337; 『外交文書』, p.291.

313 홍성화, 2019b, pp.476-487. 홍성화는 이 논문에서 당시 청의 입장에서 '속국'은 그에 대한 직접 지배나 경제적 이윤을 추구하는 것이 아니라 기존 책봉-조공체제가 유지되고 자신의 국경 지역이 안전하다면 굳이 더 이상의 개입을 할 필요를 느끼지 않았다고 설명하고 있다. 지정학적 인접성이란 요소

도 자체 판도를 위협하게 될 가능성을 안고 있는 기존의 '속국'에 대한 방임정책을 바꾸어야 할 필요성을 절박하게 확인하게 되었음을 알 수 있다.

5) 설복성과 정일창의 적극보호론 제기

한편 1870년대 이후 특히 일본의 모험주의적인 무모한 대외 팽창과 러시아의 동아시아 진출[南進政策]에 대한 각국의 우려를 배경으로 조선 내부에서도, 그리고 청 내부에서도 점차 국제질서의 변화에 대한 새로운 대책을 모색하게 되었다.[314] 우선 서술의 편의상 여기서는 청의 정책적 변화를 먼저 살펴보고, 그다음 조선의 변화에 대해 살펴보겠다.

청에서는 일찍이 1874년 복주선정국(福州船政局) 감독인 프랑스인 지켈(Prosper Marie Giquel)이 일본의 침략 위험에 대비하여 조선에 미국, 프랑스와 조약체결을 하도록 제안하자 이를 조선에 권유한 바 있으나 쇄국을 고집하던 대원군 정권에 거부당한 적도 있었고(이를 총리아문이 전달했지만 당시 이홍장은 그 제안을 받아들이지 않았다.),[315] 나중에 이홍장도 1876·1878년 조선의 이유원에게 서양 각국과의 조약체결이 바람직하다는 의견을 제시한 바 있었지만, 아직은 이러한 방안이 청의 공식정책으로 채택된 것은 아니었다. 하지만 일본의 류큐 병합과 이리 사건을

를 제외하고 본다면 당연히 조선의 경우도 이와 다를 바 없었다.

314 이하의 서술에 대해서는 宋炳基, 1985, 2003a, 2003b, 2005; 權錫奉, 1986; 崔熙在, 1997, 2010; 具仙姬, 1999, 2005; 陳偉芳 지음, 權赫秀 옮김, 1999, pp.52-68; 權赫秀, 2000; 김용구, 2001; 김용구, 2006; 岡本隆司, 2004, 2008, 2009a, 2011a, 2014, 2015, 2017a, 2017b; Kirk Larsen, 2008 등 수많은 연구가 있다. 따라서 특별한 경우가 아니면 개별적인 언급은 피하도록 하겠다.

315 김기혁, 1980(2022), pp.338-363; Park Il-Keun, 1981; 權錫奉, 1986, pp.32-84; 張禮恒, 2012a, pp.145-168.

거치면서 "외번이 모두 잘려 나간다.[外藩盡削]"는 위기의식이 깊어지자, 조선에 대한 불개입 정책을 재검토하여 적극적인 방향으로 전환해야 한다는 의견이 점차 강해지기 시작하였다.

이러한 상황에서 청은 주변 조공국에 대한 정책도 점차 재검토할 수밖에 없었는데, 그 경우 주목할 만한 방향 전환의 대책을 내놓은 것은 앞서도 나온 이홍장의 막료 설복성이었다.[316] 설복성이 1879년에 펴낸 『주양추의(籌洋芻議)』의 서문을 보면 그 문제의식의 출발점이 잘 나타난다.

> 광서5(1879)년 일본의 군함이 류큐에 들어가서 그 왕을 제압하고 마침내 류큐를 멸망시켰다. 이때 일본의 기세가 크게 확장되고, 서양 독일 등 각국이 바야흐로 [중국과] 조약 수정 문제를 논의하고 있었는데, 오랫동안 합의가 이루어지지 않았다. 그리고 러시아가 우리 이리를 장악하고 거액의 보상[重賂]을 요구하자, 이에 대한 논의가 더욱 흉흉(洶洶)해졌다. 나는 이에 대한 대응이 제대로 된 길을 찾으면, 적이 비록 강하더라도 염려할 것이 없으며, 그 길을 찾지 못하면 아무 일이 없던 것도 말썽이 생기고 후환은 또한 더 말할 것도 없다고 생각하였다. 이에 스스로 역량을 헤아리지 못하고 견문을 망라하여 가슴속에 있는 뜻을 대략 풀어 글로 써서 『주양추의』 14편을 얻었다. 원고를 쓴 다음 북양대신 이홍장에게 올렸더니, 크게 옳다고 여겨 총리아문에 올려 채택되기를 기다리게 하였다.[317]

316 崔熙在, 2010, pp.184-192 참조. 설복성의 이러한 주장에 가장 먼저 주목한 것은 아마 이 최희재의 연구로 보인다.

317 薛福成, 『籌洋芻議』「序」(1885), 丁鳳麟·王欣之 編, 1987, p.526.

이 서문은 『주양추의』가 서양 각국과의 조약 수정 문제 및 일본과 러시아의 위협이 대두되는 상황에 대한 직접적인 대응으로 쓰인 것이고, 이홍장도 여기에 적극적으로 찬성하여 총리아문에 채택을 요청하였다는 점을 알려 준다. 실제 『주양추의』의 첫 번째 글 「약장(略章)」은 최혜국대우 및 치외법권의 문제점과 그에 대한 대처 방안(조약 수정)을 논의한 다음, 두 번째 글 「변방(邊防)」에서는 "러시아의 근심은 중국에 은밀하면서도 무거운 것"이라 하면서, 동삼성·신강·내외 몽골에 대한 러시아의 진출을 막기 위한 '자강'의 필요성을 특히 강조하고 있다. 그리고, 세 번째 글 「인교(鄰交)」에서는 일본의 야심이 조선이나 류큐에만 한정된 것이 아님을 지적하면서, 중국의 거동을 보면서 나아가고 멈추는 일본의 궤휼(詭譎)에 대한 대비를 강조하였고, 네 번째의 「이기(利器)」에서는 다시 일본의 해군력에 대비하기 위한 철갑선 획득의 필요성을 논의하고 있다. 그리고 그다음 편 「적정(敵情)」에서는 다시 일본의 발호를 돕는 서구 국가의 존재를 지적하면서 서구의 협조를 얻기 위한 중국의 자강을 다시 강조하였다.[318]

이렇게 보면 『주양추의』는 당시의 시점에서 청의 국방에 심각한 위협으로 떠오른 러시아와 일본에 대한 경계 의식을 드러내면서, 거기에 대응하기 위한 자강 및 부국강병, 그리고 그것을 위한 '변법(變法)'의 필요성을 강조하려는 목적의 저술이었다는 점이 분명하다.[319] 여기서

318 薛福成, 『籌洋芻議』 「略章」·「邊防」·「鄰交」·「利器」·「敵情」, 丁鳳麟·王欣之 編, 1987, pp.527-538.

319 『籌洋芻議』의 나머지 뒷부분은 「商政」·「船政」·「鑛政」·「利權 一~四」·「變法」으로 구성되는데, 부국강병을 위한 자강과 그것을 위한 '變法'을 제창하는 내용이다. 여기서 설복성이 말하는 '변법'은 "지금 진정으로 西人의 器數之學을 받아들여 우리의 堯·舜·禹·湯·文·武·周·孔之道를 지킴으로써 西人이 감히 中華를 멸시하지 못하도록 하자."는 전형적인 中體西用論을 뜻하는 것이다. 薛福成, 『籌洋芻議』, 丁鳳麟·王欣之 編, 1987, pp.540-557.

조선과 관련하여 주목할 것은 여섯 번째 글 「번방(藩邦)」이다. 그는 다음과 같은 주장을 내놓는다.

> 중국에 조공하는 나라 가운데 정기적으로 하는 경우는 여섯으로, 조선·류큐·베트남·버마·샴·라오스다. 조선과 류큐는 가장 공순하고, 베트남이 그다음 가며, 나머지 세 나라는 단지 기미가 끊이지 않게 하는 것(羈縻勿絶)뿐이다. …… 이 나머지 세 나라는 중국이 이미 힘으로 이를 지킬 수 없고, 또는 위세로 복종시킬 수도 없으니 응당 치지도외하여 그 조공 사절을 멈추게 하고, 그 나라에 급한 어려움이 있더라도 또한 간여하지 않고, 단지 우리 변방의 방어만 엄격히 다듬으면 될 뿐이다. 그런데 조선 같은 경우는 옷깃과 허리띠처럼 바다를 사이에 끼고 있는 형세로 중원의 울타리가 되어 있어, 조선이 없으면 요수(遼水)의 동서는 모두 위험에 노출된다. 베트남은 양광 지방에 인접하는데, 이미 아주 허약하여 누차 침략하는 도적의 소요에 노출되어 있어 주력군 옆에서 도와주는 작전 부대의 지원이 없으면 우리의 변경 방어를 굳힐 수 없다. 류큐는 일본에 의해 병합되어 중국이 비록 이와 다투더라도 이익이 없지만, 그렇다고 묵묵히 받아들일 수만은 없다. 이 세 나라에 대해서는 각기 대응할 방법이 있어야 한다.[320]

설복성은 이미 일본이 병합한 류큐나 버마·샴·라오스 등 동남아 국가는 청이 힘으로 보호하거나 권위로 굴복시킬 수도 없으니 마땅히 치지도외(置之度外)하여 조공도 중단시키고 위기에도 관여하지 않고 중국의 변방 방어만을 강화해야 한다고 주장하여, 기존 조공국 정책을 전

320 薛福成, 『籌洋芻議』 「藩邦」, 丁鳳麟·王欣之 編, 1987, pp.538-539.

면적으로 재편해야 한다는 현실주의적인 방안을 제시하였다. 실제 이 국가들은 이미 사실상 조공을 중단하여 천조체제의 밖으로 떨어져 나가 있었지만, 현실적인 안보 이익과 관련하여 조공국의 전략적 가치를 재평가하면서 직접적으로 일부 조공국을 포기해야 한다는 대담한 제안을 한 경우는 아마 다른 사례를 찾아보기 힘들 것이다(이홍장도 이에 비슷하게 현실 문제를 고려하자면 류큐나 베트남, 또는 신강을 포기할 수도 있다는 '현실주의적' 태도를 드러낸 적이 있었다.).[321]

설복성은 베트남의 경우에는 만주 지방이나 양광·운남(雲南)의 방어와 관련하여 더욱 적극적으로 보호 대책을 마련해야 한다고 강조하였다. 즉 그는 베트남에 대해서는 자소의 허명을 위해서가 아니라 양광·운남 지방 방어를 강화하기 위해 원조·보호를 해야 하며, 이미 여기에 진출한 프랑스의 영향력을 고려하여 프랑스가 청의 전통적인 종주권을 인정하도록 압박하는 군사적인 대처를 실행함으로써 사실상 공동보호의 형세를 만들어 내자는 의견이었다.[322] 또 조선에 대한 대책으로서 그는 다음과 같은 의견을 내놓았다.

> 그런데 조선은 국토의 너비는 일본과 맞먹기 부족한 데다가, 동쪽 바다에 치우쳐 있어 오로지 스스로 지킬 뿐으로 날로 빈약해지고 있으며, 러시아가 그 북쪽을 둘러싸고 일본이 그 남쪽으로 핍박하면서 아울러 틈을 보아 움직이려고 생각하니 반드시 이를 막을 수 없을 것이다. 이 문제를 논의하는 사람들은 모두 응당 조선이 서양 각국과 조약을 체결하고 통상하도록 권해야 한다고 주장하며, 러시아와 일본이 조선에서 일을 벌이면 서양 사람들은 조선이 병탄되는 것을 꺼리고 또 그 상무에 방해되므

321 茂木敏夫, 1993a, pp.273-275.
322 위와 같음.

로 반드시 일어나서 도울 것이라고 한다. 이것은 진실로 러시아와 일본을 견제하는 훌륭한 방법이다.[323]

설복성은 이렇게 조선이 서양 각국과 조약체결을 하는 것이 러시아와 일본의 야욕을 견제할 수 있는 좋은 방책이라고 확인하면서, 그것을 위해서는 조선의 풍기가 열려 있지 않으므로 후환을 막기 위해서는 동문관(同文館)에 유학생을 파견하여 양학(洋學)을 익히게 하고 귀국한 다음 등용하는 방안을 제시하면서, 아울러 조약 및 만국공법이나 양학에 관련된 서적을 배포하여 견문을 확대함으로써 조선을 고립의 형세에서 벗어나게 하는 것이 또한 점차 나라를 지키는 방략이라면서, 이런 방안이 우원(迂遠)하지만 실제로는 근본을 다스리는 계획이라 주장하였다.[324]

이렇게 러시아와 일본의 야욕에 대비하여 자강과 변법 및 주변 국가와의 관계 재정비의 필요성을 지적하면서 조선의 서양 각국과 조약체결을 하도록 요청하는 설복성의 주장과 때를 같이하여, 앞서 다룬 것처럼 류큐의 다음 차례가 될지도 모르는 조선은 지정학적으로 청의 근본인 만주(동북), 나아가서는 수도(북경) 방어에 핵심적 위치를 차지하는 만큼, 러시아·일본의 위협으로부터 조선을 보호하기 위해서는 보다 적극적인 개입으로 나아가야 한다는 의견이 청의 여러 관료들(특히 洋務派 관료나 外交官)로부터 제기되기 시작하였다. 그러나 이 가운데 적극적인 지원론을 주장하는 양무파 관료 정일창(丁日昌)·요문동(姚文棟) 등의 의견과는 달리, 당시 정책 결정의 핵심인 총리아문과 이홍장의 입장은 후술하겠지만 여전히 신중론으로 기울어져 있었다.[325]

323 위와 같음.

324 위와 같음.

그렇지만 청의 정책이 점차 적극적 보호론으로 바뀌는 것은 단지 시간문제일 뿐이었다. 특히 이러한 방향 전환에서 가장 주목되는 것은 일본의 류큐 병합(1879년 4월)에[326] 자극받은 양무파 관료 정일창의 상주였다. 그는 우선 조선이 일본과 조약체결을 하는 것은 서양 각국과 모두 조약을 체결하는 것만 못하다고 지적하였다. 일본이 조선 병탄의 야심을 가지고 있지만, 서양에는 남의 나라를 멸절(滅絶)하는 사례가 없으므로, 장차 조선·일본이 전쟁을 벌이더라도 조약 각국이 모두 들고 일어나 그 잘못을 따지면 일본도 꺼리지 않을 수 없기 때문이라는 것이다. 따라서 그는 서양 각국이 여전히 조선과의 통상을 원한다면 사신을 보내 은근히 그 요청을 따르도록 권장하고, 아울러 조선에서 조약 각국에 사절을 파견하도록 권유하여 서구와의 왕래 및 중국의 비밀스러운 군사적 원조로 조선이 충분히 자위를 도모할 수 있게 해야 한다고 제안하였다. 그 이유는 조선이 (조약국에 사신을 보내 상주시키지 않았기 때문에 조약이 효과를 발휘하지 못하였던) 류큐의 뒤를 따르지 않게 해야 하는데, 조선이 망하면 일본과 러시아가 중국의 동삼성에 바싹 접근하므로, 얻거나 잃거나 득실과 큰 관계없는 팔꿈치나 겨드랑이의 문제['肘腋之患']인 류큐의 경우와는 비교할 수 없을 정도로 심각한 가슴과 배의 문제['心腹之疾']가 된다는 것 때문이었다.[327]

325 宋炳基, 1985; 權錫奉, 1986; 權赫秀, 2000; 李細珠, 2013.

326 보통 이것을 '제2차 류큐 처분'이라고도 하지만, 波平恒男(윤경원·박해순 옮김), 2019는 이 용어의 부적절함을 지적하며, 이를 '류큐 병합'으로 바꾸어 부르고 있다(pp.23-35 참조).

327 丁日昌, 「辭會辦南洋海防疎 附淸單」(光緖5年 4月 25日), 『丁日昌集』 上, 卷12, pp.208-213; 權錫奉, 1986, pp.89-93. 이홍장도 8월 31일 상주에서 동의하였다(茂木敏夫, 1987, p.100). 양무에 능통한 정일창은 이홍장에 의해 발탁되어 자강운동의 추진이나 회군의 발전에 기여하면서 강소순무·복건순무 등으로 승진한 대표적인 양무파 관료였다.

이러한 정일창의 주장은 앞서 든 설복성의 주장과 거의 같은 맥락에 있지만, 그는 이보다 훨씬 앞선 동치6(1867)년 12월에도 일본의 동향에 주목하여 그에 대한 적극적인 대비를 다음처럼 주장한 바 있다. 따라서 이런 제안이 결코 갑작스러운 것이 아니었다는 점을 주목할 필요가 있다.

> 오늘날의 일본은 명나라 때의 왜구로, 음유(陰柔)하고 멀리 내다보는 계책을 가지고 있습니다. 우리에게도 아침에 떠나면 저녁에 도착할 수 있으니, …… 응당 비밀리에 적당한 관원을 보내 협상하는 척하면서 그 거동을 엿보든지, 아니면 연해의 고위 지방관이 함께 연락하도록 해야 할 것입니다. 겉으로는 우호를 추구하면서 속으로는 미리 대비하는 것입니다. 고려나 샴·베트남·버마와 같은 나라에 대해서도 역시 관원을 파견하여 무집(撫輯)함으로써 현재의 향화지심(向化之心)을 굳게 만들어야 합니다."[328]

이미 오래전부터 정일창(廣東의 候補知縣이었던 그를 上海로 발탁한 바 있던 이홍장이 이것을 대신 올린 것은 거기에 동의했다고 보아도 좋을 것이다.)은 일본에 대한 경계심에서 미리 조약체결 등의 준비를 하자고 제안하면서, 아울러 주변의 번속에도 직접 관원을 파견하여 중국과의 관계를 돈독하게 하자는 적극적인 대응을 주장하였음을 여기서 알 수 있다. 주목할 것은 '칙사'가 아닌 '관원'의 파견이라는 점이다. 이것은 아마

328 「李鴻章附呈藩司丁日昌條款」(同治6年 12月 乙酉), 『籌辦夷務始末(同治朝)』 卷55, pp.2263-2270; 趙中孚·張存武·胡春惠 編, 1987, 『近代中韓關係史資料彙編』 第10冊, pp.454-455; 「密陳丁日昌擬議修約編. 附丁日昌條陳」(同治6年 12月 4日), 『李鴻章全集』 3 奏議 3, pp.170-176.

도 청의 관원이 주변의 번속에 '직접 관원을 파견하여 무집(撫輯)'하자는 제안을 한 최초의 사례가 될 수 있을 것이다. 이른바 '속국화'(보호국화) 정책 추진의 시발점이라 할 수 있는 것이다. 이렇게 기존의 소극적인 불간섭·불개입 정책에서 번속에 대한 '적극적' 개입과 통제, 나아가 '속국화'(보호국화)를 요구하는 대외정책은 이즈음부터 서서히 그 싹을 키워 가고 있었던 셈이다.

여하튼 이 무렵 주중국 영국 공사 웨이드나[329] 주영국 중국 공사 증기택도 주일본 영국 공사 파크스(Sir Harry Smith Parkes)의 조언을 듣고 역시 중국이 개입하여 조선의 각국과의 조약체결을 권고해야 한다는 의견을 제시하였다.[330] 그러자 총리아문도 정일창의 의견에 동조하여 다음과 같은 위기의식을 표명하였다.

> 올해 류큐가 폐지되면서 일본은 더욱 기세를 올리고 있어, 신 등이 대세를 추측해 보건대 장래 반드시 조선에 그 못된 뜻을 드러내는 일이 있을 것이고, 그렇게 되면 서양 각국 역시 반드시 무리를 지어 일어나 조선을 도모하는 날이 있게 될 것이니, 중국이 장차 가서 도와주려 해도 힘이 미치지 못할 것이고, 가만히 앉아서 보고 있자고 해도 그것 역시 대세로 보아 불가능합니다. 신 등은 조선을 위해서라도, 그리고 나아가 더욱더 중

329 E. V. G. Kiernan, 1970(1939), pp.75-79; 「致英國公使威妥瑪函」(光緒7年 1月 12日), 『中日韓』 卷2, p.454.

330 黃小用, 2013, pp.86-88. 19세기 후반 중국의 대서구·러시아 외교를 전담한 것이나 마찬가지인 증기택은 조선 문제에 대해 청과의 '종속관계'를 강화해야 한다는 주장을 줄곧 견지하였다. 나아가 중국이 조선을 대신하여 그 외교를 주지하고 그 옛 제도를 변경하거나 중국의 직접적인 지배 아래 놓아야 하며, 심지어는 조선이 중국에 종속됨을 세계에 공개적으로 宣示하여 각국의 엿보는 마음을 누그러뜨려야 한다고 주장하는 등 강경한 조선 정책의 대표자 가운데 하나였다. 李恩涵, 1966, pp.258-262 참조.

국을 위해서라도 염려하지 않을 수 없습니다. …… 조선은 중국의 속방으로 정교·금령은 비록 스스로 하도록 해 왔기에 원하지 않는 바를 억지로 강요하기에는 불편합니다. 하지만 대국이 관련된 바라 역시 알면서도 말을 하지 않을 수는 없습니다.[331]

그리고 이에 기초하여 이홍장이 조선에 서양과의 조약체결을 권고하게 하도록 주청(奏請)하였다. 이에 대해 다음과 같은 상유가 내려졌다.

각국이 조선과 통상을 하고자 하니, 만약 이를 빌려 우호 관계를 맺고 조약을 체결하게 한다면, 아마도 문제를 없앨 수 있어 의외의 걱정을 덜 수 있을 것이다. 다만 조선의 정교·금령에 대해 역시 원하지 않는 것을 강제할 수 없다. 조정에서는 이런 뜻을 조선에 명백하게 보이기 어렵다. 그러나 번봉을 돌아보아 염려하지만, 또한 모르는 척할 수도 없다. 총리아문의 주에 따르면 이홍장은 조선 사신 이유원과 일찍이 서신을 주고받은 바도 있어 대략 교린의 방법에 대해 언급하였다고 하니, 당연히 기회를 틈타 완곡하게 권고하라. 이홍장은 쉽사리 번복의 사신과 소식을 주고받고자 하지 않겠지만 대국에 관련되는 바이니, 역시 응당 경중을 헤아려야 할 것이다. 이홍장은 올해 5월 정일창이 조진(條陳)한 각 사항을 자신의 의견으로 만들어 조선에 전달함으로써, 사전에 대비하여 외환을 은근히 막을 수 있게 하라.[332]

331 「總理各國事務衙門奏擬勸朝鮮交聘各國片」(光緒5年 7月 4日), 『光緒中日』 卷1, 31b-32b; 『外交文書』 제4권, 2012, p.278.

332 『德宗實錄』 卷98, 光緒5年 7月 癸酉.

이렇게 청 조정은 '인신무외교'의 금기를 무너뜨리면서 그리고 종전의 '속국자주'론을 무시하면서, 정일창의 의견에 따라 서양 각국과 조선의 조약체결을 권하겠다는 확실한 결정을 내렸다. "조선의 정교·금령에 대해 역시 원하지 않는 것을 강제할 수 없다. 조정에서는 이런 뜻을 조선에 명백하게 보이기 어렵다."라고 하던 종전의 태도를 이제는 더 이상 고집하지 않겠다는 태도를 분명하게 내비치면서, 더욱 적극적인 개입 자세로 전환한 것이다.

이에 따라, 이홍장은 광서5(1879)년 8월 정일창의 주장을 조선에 전달하면서 일본(과 러시아)에 대한 대비책으로 영국·독일·프랑스·미국 등 열국(列國)과의 '입약통상(立約通商)', 즉 조약체결과 무역 개방을 추진하라고 권고하는 비밀서한(「列國立約通商勸告密函」으로 일컬어지기도 한다.)을 이유원에게 보냈다(앞서 나온 '조약체제 정책'을 말한다. 이것은 기존의 '조공체제'에서는 전례가 없는 일이었다.). 광서제의 상유에서 인정하듯이 강제로 조약체결을 권고할 수는 없지만, 조선을 돌보아야 할 의무가 있는 만큼 방관할 수도 없기에 총리아문은 이러한 '비공식적'인 방법을 선택하여 이홍장에게 요청하였던 것이다.[333] 이 역시 이후 자주 나타나는 '편법외교'의 일종이지만, 이때 처음으로 직접적인 접촉을

333 「總署發北洋大臣李鴻章函」(光緒5年 7月 5日), 『中日韓』 卷2, pp.363-369; 金衡鍾 등 옮김, 2016, 『국역中日韓』 3, pp.21-43. 이홍장과 이유원의 교환 서신은 『外交文書』 제3·4권에 정리되어 있다(李裕元의 문집인 『嘉梧槁略』 제11책의 「書」 부분에도 실려 있다). 이 서신 교환에 대해서는 宋炳基, 1985, pp.12-50; 權錫奉, 1986, pp.79-116; 權赫秀, 2000, pp.38-51 등에서 상세히 다루었다. 孫成旭, 2018, pp.551-561에서는 이때 李裕元이 李鴻章을 교섭상대로 선택한 것은 일본 문제가 禮部의 관할 사항이 아니었기 때문에 예부나 기존의 인적 네트워크에 기댈 수 없었고, 사실은 조선을 위협하는 존재인 일본에 관심을 가진 이홍장이 주도적으로 접근하였을 가능성도 크다고 지적하고 있다.

하게 되면서 이후 조선과의 외교 문제에서 주도적인 역할을 맡게 된 이홍장은[334] 다음과 같이 제안하였다.

> 귀국은 이미 어쩔 수 없이 일본과 조약을 맺었으니 통상의 일은 이미 그 단초가 열렸고 각국은 반드시 그 때문에 욕심을 낼 것이지만 일본은 도리어 귀국과의 통상을 마치 독점물처럼 여기고 있습니다. 그러므로 현재의 계책으로는 독(毒)으로 독을 공격하고 적(敵)으로 적을 제압하는 방책을 써서, 기회를 틈타 서양 각국과도 조약을 맺고 이를 통해 일본을 견제하는 편이 좋을 것 같습니다. …… 일본이 두려워하고 복종하는 것은 서양입니다. 조선이 일본을 제압하는 것은 혹시 힘이 부족할까 하는 염려가 있지만, 서양 각국 모두와의 통상을 통해 일본을 제압하는 것은 그 힘이 넉넉하고도 남음이 있습니다. …… 우리 총리아문 역시 오랫동안 이러한 뜻을 전달하고자 했는데, 각자 논의가 마무리되는 것을 기다려서

334 이홍장의 조선 정책을 다루는 연구서나 연구논문은 너무 많아 여기에서 일일이 거론할 수 없을 정도다. 가장 대표적인 이홍장의 전기나 연구서를 든다면 雷祿慶, 1983; 李守孔, 1985; 苑書義, 1994(2004); 成曉軍, 1995; 林明德, 1995; 金基赫, 1995; 王承仁·劉鐵君, 1998: 權赫秀, 2000 등이 있고, 외교 부분에만 한정한 연구로서는 鄭潔·劉文鵬, 2002 등을 들 수 있다. 청·일전쟁의 패배 이후 오랫동안 그 타협적인 외교정책('避戰求和')으로 비난의 대상이 되어 왔던 이홍장에 대한 시시비비를 간명하게 정리하면서 그 재평가를 시도한 袁偉時, 1992의 第9章 「李鴻章的是是非非」, pp.257-365는 아주 좋은 참고가 된다. 또 기왕의 이홍장 연구의 동향을 간결히 정리한 것은 리시주(李細珠), 2011(2013, 2017); 盛海生·歐陽躍峰, 2017 참조. T. C. Lin, 1935, pp.232-233과 같은 경우는 1870-1885년간 이홍장의 조선 정책에 대해 1870-1875년은 예고(Forecast), 1875-1879년은 주저와 오산(Hesitancy and Miscalculation), 1879-1884년은 지원과 주장(Assistance and Assertion), 그리고 1884-1885년은 충돌과 후퇴(Conflict and Retreat)라는 시기 구분을 시도하였는데, 이홍장의 조선 정책을 시간에 따른 변화로 파악하는 점에서 여전히 참고할 만한 가치가 있다.

기회를 보아 말을 만들어 서서히 중재의 뜻을 보이겠습니다.[335]

하지만 이유원의 답장은 다음과 같았다.

조선은 한 모퉁이에 치우쳐 있고 삼가 옛 법도를 지키면서 문약함에 안주해서, 스스로 나라 안을 다스릴 뿐 외교(外交)를 돌볼 여유는 없습니다. 더구나 서양 학문은 우리 도(道)와 달라서 실로 백성의 성정과 어긋나니, 일찍이 뜨거운 불처럼 두려워하고 독화살처럼 피하며 귀신을 보듯 경원하였습니다. …… 어찌 조선과 같이 문약한 나라가 옛날을 본받을 수 있겠습니까? 실로 하지 못하는 것이지 하지 않는 것이 아닙니다. …… 지금 적을 제압하려고 해도 내가 먼저 적의 공격을 받을 것이고 독을 공격하려고 해도 내가 먼저 해를 입을 것이니, 진실로 한 번 독을 먹고 다시 일어나지 못할까 두려운데 어찌 적을 제압할 겨를이 있겠습니까? …… 그러므로 만약 조선이 계획을 바꾸어 널리 항구를 설치하고 멀고 가까운 곳과 통하고 기교(技巧)를 모두 배우더라도, 반드시 띠로 만든 광주리로 받쳐 모시면서 응대하다 보면 곧바로 가득했던 주머니가 텅 비는 것을 보게 될 것이니, 어찌 창고가 비고 채무가 쌓이는 일본의 전철을 따르겠습니까? 더구나 조선의 산물이 보잘것없고 화물(貨物)이 조악한 것은 사방이 익히 알고 있습니다. 각국이 멀리에서 와서 교역하면 아마도 조그만 시장이 천금을 가진 상인을 수용하기 어려울 것처럼, 또한 주인과 손님 모두 의지할 데가 없지 않겠습니까? 그 스스로 떨쳐 일어나기 어려움이 실제로 이와 같습니다. 앉은뱅이가 먼 길을 가려고 생각하는 것보다는 차라리 방에 앉아서 지키는 것이 이익이 아니겠습니까?[336]

335 「總署收北洋大臣李鴻章函」(光緒5年 7月 13日), 『中日韓』 卷2, pp.363-369; 『국역中日韓』 3, pp.28-30, pp.37-41; 『外交文書』 제4권, 2009, pp.279-280.

당시 조선 측은 통상에 반대하는 여론이 아주 강하였다. 더구나 이유원은 이미 은퇴한 데다가 스스로 보수적 태도를 고집하였으므로, 이홍장의 서한에 대해 조선이 통상할 생각이 없고 그럴 형편도 아니라는 뜻을 밝힌 것이다.[337] 따라서 이홍장의 서한이 곧바로 직접적인 효과를 거두어 조선의 개방을 끌어낼 수는 없었다.[338]

그렇지만, 여기서는 비록 이홍장의 중개를 통해서지만 종래 조선 관련 사무에 개입하는 일이 없었던 총리아문이 직접 그것을 중재하겠다는 의사('從中排解')를 보였다는 점에 주목할 필요가 있다. 일본과 러시아의 야심을 견제하기 위해 조선이 "독으로 독을 공격하고 적으로 적을 제압하는 방책을 써서, 기회를 틈타 서양 각국과도 조약을 맺고 이를 통해 일본을 견제하는 편이 좋을 것" 같다고 권장하면서, "자연히 부득불 (중국에서) 대신 대책을 마련해 도와주지 않으면 안 될 것['借箸

336 『中日韓』 卷2, pp.397-401; 『外交文書』 제4권, pp.283-284; 「朝鮮原任太師李裕元致北洋大臣李鴻章文」(光緖6年 2月 9日), 『국역中日韓』 3, pp.59-63; 장인성·김현철·김종학 엮음, 2012, 『근대한국 국제정치관 자료집』 제1권, pp.47-57. 앞서도 나왔지만, 여기서 이유원이 첫 문장에서 '외교'를 언급한 것은 처음으로 근대적 의미에서의 '외교'를 조선 측에서 언급한 사례로 간주된다. 森萬佑子, 2017 같은 경우 근대적 국제관계 속에서 전개되는 것을 '외교'라 하고, 동아시아의 질서구조 속에서 전개된 '사대교린' 등을 '대외관계'로 구분하여 조선의 근대 외교를 설명하고자 한다. 조선 근대 외교의 실상과 위치를 당시의 문맥 속에서 정확하게 파악하려는 시도에는 공감하지만, 구체적인 외교의 현장 속에서 그것이 얼마나 구분이 가능한 것인가는 또 다른 문제가 될 것이다. 이를테면 조선 관원이 청에 파견되어 북양대신이나 총리아문과 접촉하는 것은 '외교'가 되지만, 그가 나아가 예부와 접촉하여 자문을 전달하는 것은 '대외교섭'으로 구분해야 하는데, 이 경우 이렇게 구분하는 것이 어떤 의미가 있을까 하는 의문이 발생한다. '외교'와 '대외교섭'의 공존·혼재가 오히려 청과 조선 사이 외교 관계의 실상을 더욱 잘 보여 주는 것은 아닐까?

337 이유원의 대외 인식과 대응에 대해서는 김기혁, 1980(2022), pp.338-356; 김성은, 2012; 金泰雄, 2017, 2022, pp.167-206 참조.

338 權錫奉, 1986, pp.97-112.

代籌']"이라고,[339] 그 태도를 바꾼 청의 중요한 정책 전환이 여기 나타나기 때문이다. 조선에 대한 '속국자주'론의 원칙이 종래 '자주'에 무게를 두었던 것에 비해, 이제는 분명히 '속국' 쪽으로 무게중심이 옮겨지는 것을 여기서 엿볼 수 있다.[340] 따라서 이러한 청의 태도 변화가 지닌 의미를 결코 과소평가해서는 안 된다. 다음에 서술하듯이 종전과는 다른 이른바 '속국론'의 출현이 불가피해진 것이다.

앞서도 서술하였지만, 이러한 청의 정책 전환은 전통적인 이이제이의 책략에 근대적 만국공법의 세력균형론을 덧붙인 성격을 띠고 있었다. 동시에 이러한 정책·태도의 변화는 청이 그전에 고집하였던 '속국자주'론이라는 것이 원래 책봉-조공 관계를 근본적으로 규정하는 불변의 원리·원칙이 아니라, 단지 시대적 상황에 따라 임시방편으로 채택하였던 일시적인 대응책이었을 뿐이라는 점을 다시 확인해 준다.

사실 '속국자주'론이 그 이전부터 조공국의 법도를 지키고 정삭(正朔)을 받드는 의례를 지키는 한 거의 속국의 내정에 간섭하지 않았던 전통의 연장에 있었던 것은 분명하다. 하지만 그 새로운 특색은 그것을 서구 각국과 일본을 향해 공식적으로 거듭 표명하였다는 점에 있었다. 즉 19세기 중후반의 상황에 맞추어 청이 새롭게 규정하여 공포한 것으로 일종의 임시방편 내지는 '편법'이나 다름이 없었다. 서구의 진출 이전의 천조체제 아래서는 사실 그러한 관행이 오랫동안 존재해 온 이상

339 「總署收北洋大臣李鴻章函」(光緖5年 7月 13日), 『中日韓』 卷2 p.363; 『국역中日韓』 3, pp.31-32.

340 茂木敏夫, 1987, p.100에서는 이것을 "속국자주의 원칙을 실질적으로 전환시키는 제일보"로 평가하고 있다. 또한 岡本隆司, 2004의 결론 부분에서는 이 점에 대해 상세한 논의를 전개하고 있다. 김현철, 2012 역시 청이 조·청관계에서 '자주속방'의 자주를 무시하고, '속방'을 서구 근대국제질서하의 '속국'으로 변형시키려는 태도를 보였고, 이에 대한 반발로 임오군란·갑신정변 이후 자주와 독립이 결합된 상태로 이해된다고 분석하였다.

균이 일부러 대외적으로 표방할 이유가 없었기 때문이다. 하지만 천조 상국은 시대적 상황의 변화에 따라 얼마든지 속국과의 관계나 그에 대한 정책을 변경할 수 있는 잠재적인 주도권을 가지고 있었고, 그것을 실제적인 운용으로 옮길 수도 있었다. 이 시기 청의 정책 변화는 바로 이 점을 반영한다.

6) 하여장의 「주지조선외교의」

물론 앞서 보았듯이 당시 중국 조야(朝野)의 논의는 신중론으로만 제한되었던 것은 아니다. 그 가운데 이후 청의 정책 전환과 관련하여 가장 중요한 역할을 한 것은 한림원(翰林院) 출신이면서 양무에 대해서도 나름 독자적인 견식을 확보하고 있었던 하여장(何如璋)이었다.[341] 이홍장에게 이 점을 높이 평가받아 그는 초대 일본주재 공사로 파견되면서[342] 급변하는 동아시아의 외교적 정세를 그나마 가장 잘 파악할 수 있게 되었다. 하여장은 1880년 전반 총리아문에 보낸 (비밀)서한에서 다음과

341 何如璋(1838-1891)은 자가 子峨로 廣東省 潮州府 大埔縣 출신이다. 함풍 11(1861)년 擧人에 합격하여 동치4(1865)년 五品銜 知縣으로 임용되었고, 3년 후에 進士 학위를 획득하여, 翰林院庶吉士, 翰林院編修를 지냈다. 광서 2(1876)년 일본에 出使하여 첫 번째 주일 공사를 지냈으며, 橫濱·神戶·長崎에 영사관을 설치하였다. 이 동안 『使東述略』을 써서 메이지유신을 본받아 부국강병책을 도모할 것을 주장하였다. 광서8년 6월 귀국하여 侍講學士·侍讀學士를 지내고 나중에는 福建船政大臣에 임명되어 馬尾造船廠과 學堂을 감독하였다. 이때 청불전쟁으로 프랑스군이 마미조선창을 공격하여 파괴하자, 그 책임으로 張家口軍台에서 3년간 充軍刑을 받기도 하였다. 이후 양광총독의 초빙으로 韓山書院에서 일하다 사망하였다.

342 이후 해외에 파견되는 駐外使臣은 대부분 이홍장과 각기 다른 정도의 관계를 갖게 되었을 정도로 이홍장은 강력한 영향력을 행사하였다. 戴東陽, 2004 참조.

같은 의견을 제시하였다고 전해진다.

> 서양 각국의 통례를 보면 두 나라가 전쟁할 때 국외의 나라는 한쪽을 편들지 못하는데, 다만 속국(屬國)은 이런 사례에 속하지 않습니다. 또 속국이 남과 조약을 맺고자 하면 대부분 그 주국(主國)의 명을 받듭니다. 따라서 오늘날의 조선은 우리가 만약 그 토지를 우리 군현으로 삼아 그 정치를 밝게 닦을 수 있다면, 이것이 상책입니다. 몽골이나 서장에 판사대신(辦事大臣)을 둔 것을 모방하여 그 내정과 외교를 주지하는 것은 중책입니다. 두 가지 모두 통하지 않으면 오로지 영국·미국·독일·프랑스 각국과 통상하게 하고 대신을 골라 파견하여 조약 사무를 주지하게 하면서, 조약에서 "조선은 대청국 정부의 명을 받아 귀국과 조약을 체결하기를 바란다"고 밝히면 됩니다. …… 그렇지 않으면 조선이 폐관정책을 계속하게 놔두어 외국의 침략을 부르고, 자기들 스스로 조약을 맺게 함으로써 각국이 모두 조선을 자주국가로 인정하게 됩니다.[343]

여기서 하여장은 조선을 직접 중국에 병합하여 내지화(內地化. 郡縣化)하는 것이 상책이고, 대신을 파견하여 조선의 내정과 외교를 대신 주지하게 하는 것이 중책이며, 조선이 서양 각국과 조약을 맺게 하는 것이 하책이라는 것을 총리아문에 제안하였다. 이 점은 기왕의 연구에서 모두 언급하고 있을 정도로 널리 알려진 사실이다.

그리고 그의 주장은 1880년 11월 고종이 비밀리에 일본에 파견한 이동인(李東仁) 등을 통해 조선의 국시(國是)가 일변(一變)하였음을 확인하게 되자, 총리아문에 보고한 「주지조선외교의(主持朝鮮外交議)」라는

343 吳道鎔, 「何詹事家傳」, 吳振淸 等 整理, 2010, 『何如璋集』, pp.378-379.

글에서 다음과 같이 새롭게 바뀌었다.

> 조선이 위태로우면 중국의 정세는 날로 급해지므로 중국의 오늘날 형세를 논한다면, 조선에 주찰판사대신(駐紮辦事大臣)을 둘 수 있다면 몽골과 서장의 사례에 비추어 그 국내 정치 및 외국과의 조약은 모두 중국이 나서서 주지함으로써 외국인들이 감히 엿볼 수 없게 할 수 있으니, 이것이 상책입니다. 하지만 지금 바야흐로 일이 많고 도저히 힘이 미치지 않아 이 방책을 곧바로 시행할 수는 없습니다. 부득이하게 그다음 방책을 생각한다면 러시아 일국이 차지하려는 형세를 거두어들여 천하만국에 넘겨줌으로써 서로 균세를 이루면서 유지하게 하는 방책보다 나은 것이 없으므로 조선에 미국·독일·영국·프랑스 등과 통상하도록 지시하는 방법이 좋습니다. …… 그렇지만 조선이 스스로 남과 조약을 맺게 놔두면 다른 나라들은 모두 자주(自主)로 간주하여, 중국의 속국이란 이름을 곧장 잃게 됩니다. 일시적 위기를 구하자고 장래에 화근을 남기는 것이니, 불가불 미리 이를 위해 계책을 세우지 않을 수 없습니다. 또 제가 만국공법을 두루 조사해 보니 독일의 연방은 종래 각기 조약을 체결할 권리를 가지고 있으므로, 지금 중국이 조선에 조약을 맺으라고 허락·지시하는 것이 원래 불가능한 일도 아닙니다. …… 그렇게 되면 속국의 분수는 더욱 분명해지고 다른 날 혹은 외부에서 엿보는 일이 있더라도 우리가 조종하면서 북양의 문호를 단단히 걸어 잠가 지키는 데 충분할 것입니다. 혹시 그러지 못한다면 응당 총리아문에서 유지(諭旨)를 주청하도록 요청하여 조선 국왕에게 다른 나라와 조약을 맺으라고 지시함과 더불어, 조약의 서두에 "지금 조선국은 중국 정부의 명을 받들어 모모 나라와 조약을 체결하기를 원한다."라는 것을 밝히게 하면, 대의가 분명해지고 울타리는 자연스레 튼튼해질 것입니다. …… 요컨대, 오늘날 시대가 달라지고 사물이 바뀌고 있으니, 중국이 조선을 대할 때 역시 살짝 옛 법도[舊章]를 바

꾸어야만 비로소 보구(補救)할 수 있을 것입니다.[344]

여기서 하여장은 앞서 든 내지화의 방안을 제외하였다. 그리고 대신을 파견하여 내·외정을 대신 주지하는 방안도 상책이지만 곧바로 시행할 수는 없으니, 조선이 서양과 조약을 맺게 하여 균세(均勢)를 유지하게 하는 방안을 채택해야 한다고 선택의 우선성을 바꾸었다. 나아가 "조선을 대할 때 역시 살짝 옛 법도를 바꾸어" 조선의 외교를 '대신 주지[代爲主持]'(총리아문이 하여장의 電函을 인용하면서 쓴 표현이다.)해야 한다는 적극성을 보인 것도 전의 정책제안과는 달라진 것이다.

하지만 여기서 주목할 것은 그가 조선이 서양 각국과 '통상조약'을 맺도록 지시해야 한다고 주장하면서도, 동시에 조약체결 이후 조선이 '자주' 국가로 간주되어 서양이 조선을 중국의 속국으로 보지 않게 되는 점을 크게 우려하였다는 점이다. 이러한 그의 입장은 전통적인 사대질서를 근대적 국제관계로 재편하면서, 동시에 조선을 만국공법에 따른 중국의 '속국'으로 위치시키려는 의도가 분명한 만큼, '국권주의적(國權主義的) 외교론'이라 할 수 있는 것이었다.[345] 따라서 이렇게 1880년대 들어와 청이 새로운 '속국론'을 제기하는 것은 중국적 세계질서에서의 상국-속방 관계를 서양 근대의 국제질서라는 맥락에서 '바꿔 읽기' 한 결과였고, 두 가지 질서관을 정합적으로 융합할 수는 없었지만

344 何如璋, 「主持朝鮮外交議」, 吳振淸 等整理, 2010, pp.92-94; 「主持朝鮮外交議」, 『中日韓』 卷2, pp.439-442. 鄭海麟(2006, pp.39-42)은 이 글이 黃遵憲이 何如璋을 대신하여 총리아문에 올린 것으로 보면서, 사실상 『朝鮮策略』에 대한 보완이라고 보고 있다. 사실 『조선책략』은 하여장이 황준헌에게 쓰도록 부탁한 것이므로, 「주지조선외교의」 역시 마찬가지로 황준헌이 대신 작성하였다고 해도 이상한 일은 아니다. 다만 이 두 글에 담긴 '사상'이 누구의 것인가를 판단하기는 쉽지 않은 것 같다.

345 鈴木智夫, 1974; 宋炳基, 1985, pp.51-90; 王明星, 1998.

다양한 정책적 수단을 동원하여 두 논리의 충돌을 피하는 데 성공하면서 조선 정책의 변경을 정당화하는 성과를 올렸다는 해석이 상당한 설득력을 지닌다.[346]

이 점은 또한 "종주국-속국의 계층적 구조가 본래 포함하는 바의 다양한 의미가 상의하달(上意下達)의 권력적 지배구조로 일원화되면서 조화·공존의 이념이 형해화(形骸化)되는 것", 또는 "전통적 중화세계의 조화·공존의 이념이 점차 형해화되어 버리고, 상하의 계층적 틀만 남아서 그 틀에 의거한 권력적 지배·경제적 착취의 구조, 즉 근대 세계의 지배구조로 나아갔던 것"이라고 설명되기도 한다.[347] 필자도 이렇게 청이 두 가지 논리의 충돌을 피하고자 다양한 정책적 수단을 동원한 것이 바로 '편법외교'의 특징이라고 생각한다. 즉 이 '편법외교'에서 가장 두드러진 것은 종전 사대질서 속의 상국-속방 관계를 만국공법에 근거한 종주국-속국 관계로 바꿔치기하려는 의도가 분명하게 드러난다는 점이다.[348]

346 姜東局, 2004, pp.41-73. 필자도 이에 동의하지만, 청이 두 논리의 충돌을 피하고자 다양한 정책적 수단을 동원한 것이 바로 '편법외교'라고 생각한다.

347 茂木敏夫, 1993b, p.280.

348 유바다, 2016a, 2016b, 2017a, 2018, 2019는 종주국이 속국·반주지국에게 조약체결과 사신 파견을 허용하면서도 그 행동을 주지하는 것은 만국공법에서 보장된 사항이었다면서, 하여장의 입장은 총리아문에 보고되어 청이 조선과 미국의 조약체결을 주지하는 원동력이 되었다고까지 파악한다. 나아가 중화적 질서의 전통적 속방도 만국공법에 따르면 진공국(tributary state) 내지 번속(vassal state)으로 속국·반주지국에 속할 수 있는 존재였으므로, 「조·미조약」 체결의 시점에서 근대적 속국과 전통적 속방의 구분, 중화적 질서와 국제법 질서의 구분은 무의미한 것이었다고 주장한다. 이동욱, 2018b, 2019는 이에 대해 하여장의 주장이 지닌 역할에 대한 좀 더 검토가 필요하며, 「조·미조약」에서의 '속국조항' 추가로 나타나는 종주권 강화의 시도는 오히려 전통적 '상국'을 서양의 여러 가지 종속 질서에서 상위를 차지하는 국가로 확장한 데서 나왔다고 본다. 즉 필요에 따라 서양이 속방을 대하는 사례를 발

그리고 이러한 시도·의도는 사실상 1880년대 이후 종전에는 조선에 대한 외교에서 배제되었던 한인 관료들이 조선 정책을 주도하는 집단으로 등장하게 되면서 청의 조선 정책의 기조로 자리 잡게 되었다는 점 또한 주목할 필요가 있다. 이홍장이 그 선두에 서 있는 양무파 관료나 해외 사절로 파견된 외교관 등, 그리고 이홍장을 공동의 적으로 삼아 강경한 외교정책을 주장하였던 청류파까지 이들 모두가 청의 정책 결정·수행에 압도적인 영향력을 발휘하게 되는 것이다. 19세기 후반 '책봉-조공 질서'가 속국화의 이데올로기로 변질하는 계기를 전통적 중화질서 내에서의 차별적 등급화 관념과 근대적 제국주의의 차별적 문명론이 접합된 데서 찾을 수 있다는 조병한(曺秉漢) 교수의 지적은[349] 이런 점에서 상당히 시사하는 바가 크다고 할 것이다.

나아가 여기서 또 하나 눈에 띄는 것은 이후 청의 조선 정책은 사실상 이때 하여장이 제시한 세 가지 방안 가운데 우선 하책이 부분적으로 채택되었다가 나중에는 중책, 즉 대신을 파견하여 내정·외교를 대신 주지하게 하는 정책 방향으로 점차 나아가게 된다는 점이다(즉 후

견하여 그 전거로 사용하면서 상국-속국의 개념을 확장한 것이 '종주권' 강화를 책동하는 사상적 자원이 되었다고 반론을 가하고 있다. 양자는 청이 만국공법을 어떻게 받아들였는가를 이해하는 데 차이가 있다. 유바다는 그 전반적 수용을 전제로 논지를 전개하고, 이동욱은 청의 입장은 자기 필요에 따라 그것을 편의적으로 해석·이용하였다고 이해한다. 다만 이홍장 자신이 "중국이 속국을 대하는 것은 종래 그 정사에 간여하지 않아 서양의 속방과는 상황이 크게 다르니, 서구의 사례를 끌어다 서로 기준으로 삼게 하기는 어려울 것 같습니다", "서양의 속국체제를 모르는 것은 아니지만 중국의 방법은 종래 이와 달랐으니, 만약 우리가 느닷없이 이를 변경하면 시작할 수는 있으나 거둘 수는 없으니 그 허물은 장차 누구에게 돌아가겠습니까?"라고 자인한 것을 보면(「復總署議朝鮮遣使聘毆」(光緖14年 4月 30日), 『李鴻章全集』 34 信函 6, pp.367-368), 후자의 입장이 좀 더 설득력 있는 것으로 보인다.

349 曺秉漢, 2010, p.327.

술하게 될 袁世凱의 파견으로 구체화된다.). "서구 각국과의 조약에서 '조선은 대청국 정부의 명을 받아 귀국과 조약을 체결하기를 바란다'고 밝히면 된다."라고 한 그의 제안 역시 이후 실제로 조선의 각국과의 조약에서 이른바 '속방조회'(이에 대해서는 후술)로 실행에 옮겨졌다. 이러한 점을 고려하면 이후 청의 조선 정책은 대체로 하여장이 제한한 범위 내에서 그가 제시한 방향대로(즉 하책에서 중책으로) 움직였다고 볼 수도 있다. 류큐 문제가 조선에 미칠 영향을 우려하면서 일본에 타협하지 않는 강경한 외교 자세를 주장하였던 하여장이나 우서자(右庶子) 진보침(陳寶琛)의 태도와는 달리 류큐 문제에 대해 보다 실용적인 정책을 취하기도 하였던[350] 이홍장은 이러한 조선 정책에 처음부터 적극적으로 동조하지는 않았다. 그렇지만 그는 이후 사실상 점차 하여장이 제시해 놓은 방향으로 움직이지 않을 수 없었다(그렇다고 완전히 하여장의 제안대로 움직인 것은 아니다.).

이렇게 "조선을 대할 때 역시 살짝 옛 법도를 바꾸어" 조선을 대신하여 적극적인 외교적 개입('代爲主持')을 하자는 제안을 총리아문을 통해 전달받았을 때 이홍장은 이에 찬성하지 않았다.

> 지금 조선 조정의 논의가 가까스로 확실하게 바꾸어 나가겠다는 뜻을 갖게 되었는데, 그 회의(會議) 요약을 살펴보면 스스로 먼저 나아가서 통하려는 것이 아니라 [외국이] 배를 보내서 문서를 전달하면 좋은 말로 답장하겠다, 바다를 건너다 곤란한 일을 만나면 두루 돌보아 접대하겠다는 것입니다. 이것은 그때가 되면 상황을 보아서 조절하겠다는 것으로 그 가운데는 여전히 임기응변의 태도가 보입니다. 만약 우리가 갑작스레 주청하여 다른 나라와 조약을 맺으라고 황상이 지시하게 되면, 조선은 도

350 김기혁, 1980(2022), pp.344-349.

리어 의심·염려를 품고 우리 말을 모두 다 듣고 따르지는 않을 것입니다. 각국이 만약 이것을 점차 들어 알게 되면, 반드시 모두가 오로지 우리에게만 책임을 따질 것이니, 이것은 진실로 총리아문에서 염려하는 바와 같습니다. 또한 조선이 전에 일본과 조약을 체결할 때 중국은 단지 옆에서 완곡하게 권할 뿐이었고, 결코 관원을 그곳에 파견하여 주지하지 않았으며, 그 조약 내에도 역시 중국 정부의 명령을 받았다는 내용은 없었습니다. 지금 서양 국가와 조약을 체결할 때 반드시 우리 정부의 명령을 받는다고 말하면 조선은 수긍하고 따를지 몰라도 서양 국가들은 아마 받아들이지 않을 것입니다. 하물며 우리가 서양과 조약을 맺은 것은 협박에 의해서 이루어진 것이고, 각 조항은 대부분 만국 통례를 어기는 것이라 점차 이를 되돌릴 생각을 하고 있습니다. 조선이 아무 일이 없을 때 조약을 맺게 되면 응당 방법을 마련하여 폐단을 막아야 하는데, 일단 중국 관원이 협상에 참여하면 서양인들은 반드시 중국과의 조약을 끌어다 기준으로 삼으려 할 것이니, 이 또한 조선에 불리합니다. 그렇지만 조선이 능히 외교로 연락하여 스스로 울타리를 튼튼히 하게 되면 봉천·길림·직예가 모두 담장을 얻는 이익을 받게 되며, 우리 청에 공순한 예절도 아마 서양 국가와 조약을 체결해도 변경하지는 않을 것입니다. 중국이 내부를 정비하여 외국의 도발을 물리치면서 군대를 훈련하고 바다를 막고 날마다 자강을 도모한다면 약소한 조선은 감히 우리를 무시하지 못할 것이고 서양 대국 역시 존경하여 두려워할 것입니다. 만약 자강의 방책을 도모하지 않는다면 결국 아마 자립도 불가능할 것이니, 또한 속방이 우리를 따르건 말건 무슨 상관이 있겠습니까? 재삼 생각해 보아도 아마 총리아문의 지시처럼 "몰래 유지하고 보호하는 것[密爲維持保護]"만 가능할 것입니다.[351]

351 「覆總署論維持朝鮮」(光緒6年 11月 21日), 『李鴻章全集』 32 信函 4, p.639. 茂

이홍장은 관원을 파견하여 대신 주지하거나 황제의 명으로 조선이 다른 나라와 조약을 체결하게 하는 것은 도리어 조선과 서양의 반발을 살 것이고, 청이 조약 협상에 가담하게 되면 서양과 맺은 불평등 조약이 기준이 되어 도리어 조선에 불리해지므로, 조선에 대해서는 오로지 "몰래 유지하고 보호하는 것뿐"이라는 의견이었다. 이홍장의 입장에서는 오히려 "내부를 정비하여 외국의 도발을 물리치면서 군대를 훈련하고 바다를 막고 날마다 자강을 도모"하는 것이 더 중요하고 현실적인 방안이지, 섣불리 조선과 서양의 반발을 부를 적극적인 개입이나 통제를 시도해서는 안 된다는 것이었다. 사실상 천조체제의 체통 유지보다는 자강을 통한 대응을 강조하는 실용주의적 사고방식을 내비치는 이홍장의 이러한 의견은 조선에 대한 개입의 적극성에 변화가 생긴 이후에도 여전히 그의 기본적 외교정책의 기반을 이루고 있었다. 이 점은 특히 주목할 만하다.

흥미로운 것은 1881년 12월 15일 주영·프 공사 증기택이 프랑스의 베트남 침략에 대항하기 위해 총리아문에 7개 조 의견을 제시하여 하여장과 비슷한 대책을 제안하였다는 점이다. 그것은

1) 베트남이 종래대로 조공사절을 보내게 하되, 한문에 정통하고 실무에 밝은 고위 관원을 북경에 파견하여 청의 지시를 받고 베트남에 전달하게 한다.
2) 베트남은 중국의 속국이므로 다른 나라에 멋대로 외교사절을 파견하게 해서는 안 된다. 다만 한문에 정통하고 실무에 밝은 고위 관원을

木敏夫, 1987, 1997, pp.71-74. 이홍장의 반응에 대해 하여장은 전보로 보내온 이홍장의 의견을 삼가 따르겠다는 뜻을 표명하였다. 戴東陽, 2012, pp.79-80.

서양에 보내 서양 소식을 탐문하여 본국에 알리게 한다.

3) 프랑스가 조약을 갱신하려는데, 베트남이 새로 조약을 맺게 해서는 안 된다.

4) 홍하(紅河)에 통상항구를 열어 서양 각국과 무역을 하게 한다는 것 등 강·온책을 함께 구사해야 한다.[352]

는 것 등이었다. 그러나 이홍장과 총리아문은 역시 이에 대해 신중하게 관망하는 태도를 택해야지 쉽사리 서양 국가와의 대결을 염두에 두어서는 안 된다는 의견을 고집하였다. 이홍장은 상국의 체면을 보전하면서 베트남과 프랑스의 분쟁에 말려드는 것을 피하자는 태도였고, 양강총독 유곤일(劉坤一)이나 양광총독 장수성(張樹聲), 운귀총독(雲貴總督) 유장우(劉長佑) 등 유력 독무들도 그에 동조하였다. 여기서 우리는 이홍장과 총리아문 등, 즉 청 조정은 외국에 나가 있는 외교사절보다도 훨씬 신중한 자세를 보여, 조선이나 베트남 등 번속국 문제에 직접적으로 개입하여 열강과의 분쟁에 말려드는 것을 회피하는 자세를 줄곧 견지하였음을 확인할 수 있다.[353]

그리고 실제 베트남 문제에 대해 프랑스와 교섭하면서 청이 가장 관심을 기울인 것은 무엇보다도 천조상국의 체통을 유지하는 것이었다는 점 역시 흥미롭다. 청불전쟁의 제1단계를 마무리하는 1884년 5월

352 「巴黎致總署籌辦越事七條」(光緖7年 10月 24日), 喩嶽衡 點校, 2008, 『曾紀澤集』 文集 卷4, pp.182-183. 또한 증기택·이홍장의 베트남 문제 개입에 대해서는 茂木敏夫, 1993a, pp.281-288 참조.

353 이상의 내용 및 1860-1880년대 청의 베트남 정책에 대해서는 中國社會科學院近代史硏究所 編, 2006, 『中國近代通史』 第3卷, pp.277-292; 崔熙在, 2010; 黃小用, 2013, pp.50-60 등 참조. 이홍장의 입장을 간략하게 알 수 있는 자료는 「總理衙門奏法越兵端已起亟宜通籌邊備摺」, 『李鴻章全集』 10 奏議 10, p.71인데, 光緖8年 4-6月 동안 이홍장은 丁憂 기간이라 上奏가 없다.

이홍장과 푸르니에(F. E. Fournier. 프랑스 해군 제독)가 천진에서 체결한 '이홍장-푸르니에'협정 제4조에서 "프랑스는 베트남과 조약을 체결할 때 결코 중국의 위망·체면을 손상하는 문자를 출현시켜서는 안 된다." 라는 조항이 들어간 것이나, 제3단계 정전과 조약체결(1885년 6월. 이때의 조약을 「越南條款」·「中法新約」·「中法會訂越南條約」·「이홍장-파트노트르조약」이라고도 한다.)에서 이홍장이 청을 대표하여 주중국 프랑스 공사 파트노트르(J. Patenôtre)와 협상을 한 초점도 바로 여기에 있었다는 지적은[354] 실제 속국을 잃게 되더라도 여전히 천조상국의 위상을 유지하고자 애쓰는 청의 집착을 잘 보여 준다. 이 조약으로 청은 프랑스가 베트남을 보호국, 즉 사실상의 식민지로 삼는 것을 인정하였기 때문이다.

다시 말해 그 내실이 어떻든 간에 이미 무너지고 있던 천조체제의 외형·체통을 유지하는 것이 청 당국자의 입장에서 무엇보다도 중요한 관심사였다는 점은 19세기 후반 청의 외교 전반을 이해할 때 항상 유념해야 할 사항이다. 천조체제가 무너지는 것은 천하를 다스리는 천자의 위엄을 근본적으로 훼손하는 것으로, 잠재적으로 청 왕조의 정통성 자체를 무너뜨릴 위험성을 수반하였으므로 청은 이에 대한 집착을 결코 포기할 수 없었기 때문이다.

7) 총리아문과 북양대신의 개입

한편 총리아문도 역시 하여장에 대한 이홍장의 의견에 동조하여 적극적으로 조선 외교를 '대신 주지하는 것'보다는 여전히 '몰래 유지하고 보호하는 것', 또는 은밀하게 '권도'한다는 방안을 유지하기로 하였다.

354 中國社會科學院近代史硏究所 編, 2006, 『中國近代通史』 第3卷, pp.277-292; 孫宏年, 2006, pp.38-56 참조.

그리고 이러한 청의 정책적 결정은 동시에 직예총독 겸 북양대신 이홍장에게 조선 정책에 대한 전권을 부여하는 계기로도 작용하였다.[355] 이것은 각국과의 조약체결을 요청한 청의 권고는 거부하였지만, 조선이 무비학습(武備學習), 즉 군사력 강화의 방안을 수용하겠다는 태도로 이홍장에게 접근한 데서 비롯되었다(무비학습에 대해서는 후술). 1880년 11월 이홍장은 이에 대해 조선의 요청을 처리하기 위한 장정(章程)을 마련하면서 다음과 같은 의견을 청 조정에 전달하였다.

> 외번이 중국에 와서 무비를 학습하는 일은 본래 최초의 일로서 당연히 임시변통으로 처리해야 합니다. …… 하지만 연병, 학예, 제 기구 등의 구입은 모두 조금도 늦추어서는 안 되는 일로 만약 사사건건 [조선에서 보낸 자문을] 예부에서 검토한 다음 [제게] 전달하게 한다면, 예부에 아주 번거로운 일을 불려 줄 뿐만 아니라 아울러 적절한 시기를 놓칠 우려가 있으니, 지금부터는 예부 및 신(臣) 아문에 각기 나누어 [조선에] 자문을 보내도록 하여 빙 돌아 굽어 가는 일을 피해 신속한 일 처리가 가능하게 하되, 여전히 신이 수시로 주명(奏明)하여 처리하게 해 주십시오.[356]

355 吉正芬, 2006; 荻恵裏子, 2016. 이홍장이 북양대신의 직책을 25년 가까이 지킨 결과 외교와 양무의 중심은 사실 천진으로 이동하게 되었으며, 외국인들은 합의제 기구인 총리아문의 지리멸렬한 처리 과정보다 단독으로 결단을 내릴 수 있는 북양대신 이홍장을 선호하게 되어, "중국 외교는 북경에서 토론하고, 천진에서 결정한다."라고까지 보게 되었다고 한다. 吉正芬은 사실 반드시 북경의 동의를 거쳐야 했으므로, 양자는 서로 보완하고 또 서로 견제하는 관계이지만, 결국 최종 결정권은 황제에게 있었다고 지적한다. 이홍장과 총리아문의 관계에 대해, 荻恵裏子는 보통 총리아문은 감독, 이홍장은 실행으로 역할을 분담한 것으로 여겨졌지만 이 점은 좀 더 분석이 필요하다고 지적한다.

356 「擬議朝鮮來學章程片」(光緒6年 9月 27日), 『李鴻章全集』 9 奏議 9, p.189. 하지만 여기서는 이홍장이 제안한 것일 뿐 崔蘭英(2002, pp.84-85)의 주장처

이것은 종래 조선 정부의 자문을 받는 사무를 독점해 왔던 예부의 권한을 나누어, 전통적인 조공 관련 사무가 아닌 새로운 업무에 대해서는 북양대신이 직접 조선에서 자문을 받고 처리하되, 그 결과를 상주하여 밝히겠다는 의사의 표시였다. 따라서 그의 주청은 종래의 전통·관례와는 다른 공문서의 전달 및 업무 분담을 제안하는 것이었다. 조선의 '무비강구(武備講究)'에 대한 청의 지원 자체가 사실상 기존 양국 관계의 관행을 깨뜨리는 것이었지만,[357] 이 업무를 맡게 된 것을 기회로 삼아 이홍장은 전과는 달리 조선 사무에 직접 개입할 수 있는 통로와 권한을 확보할 필요를 느꼈던 것이다. 이홍장의 이 제안은 종래 거의 주목된 적이 없었지만,[358] 결국 총리아문이 1881년 2월 23일 다음과 같은 상주를 올림으로써 이 제안에 대한 청 조정의 동의를 받아 내었다.

> 총리아문에서 주를 올립니다. …… 신 등이 재삼 헤아려 생각해 보건대, 조선이 과연 서양 각국과 통상을 원하는지는 본래 중국이 능히 강요할 수 있는 일이 아닙니다. 다만 가장 중요한 일의 고비에 관련된 바라 당연히 성의를 가지고 깨우쳐 주어야만 그 성견(成見)을 깨부술 수 있을 것입

럼, "조선으로부터의 자문은 1880년 11월부터 이미 예부와 총리아문 양쪽에 보내게 되었다."라는 증거는 되지 못한다. 그리고 총리아문에 보낸다는 것도 아마 오해인 것 같은데, 총리아문이 아니라 북양대신이라고 해야 할 것이다.

357 Yuanchong Wang, 2018, pp.146-147. 이 일은 1644년 이후 최초로 조선인이 청의 도시에 거주하게 된 사례였다. 이들에 대해 중국의 규칙을 지키라고 요구하면서, 이를 위반하면 조선인 감독관에게 넘겨 처벌하겠다고 한 조치를 Yuanchong Wang은 조계의 서양인에게 부여된 영사재판권과 유사한 권리라고 지적하고 있다.

358 이를테면 이 점에 대해 지적하고 있는 것은 盛利. 2009, p.48; 張禮恒, 2015, p.226 정도뿐이다. 이렇게 최소한 조선의 '武備講究' 문제에 대해 북양대신이 예부와 동등한 지위에 서게 되었던 것은 청의 외교 교섭 체제 변혁에 하나의 돌파구를 찾은 것이라고 盛利는 지적한다.

니다. 조사해 보건대 속번에 관련된 정제(定制)에서 공독(公牘)의 왕래는 그 직무가 예부에 있습니다만, [이런 문제를 가령 예부에서 다룰 경우] 시간이 많이 들 뿐만 아니라 일의 기밀 또한 쉽사리 누설됩니다. 앞으로는 양무(洋務)와 관련된 긴요한 사안에 대해서는 북양대신, 출사일본대신(出使日本大臣. 즉 駐日公使)과 조선이 직접 문서를 주고받도록 하여 기회를 보면서 개도(開導)하되, 다만 수시로 그 협상 상황을 총리아문에 통보함으로써 일 처리가 분산되는 것을 줄이고자 합니다. 그리하여 작은 나라 조선에 대한 마음이 외교를 빌려 연락하게 될 수 있게 되어, 조선이 안정되면 바로 동삼성의 울타리가 튼튼해지는 것이니, 관련된 바가 진실로 옅고 적은 것이 아닙니다. 이것은 옛 제도를 변통하는 일에 관한 것인 만큼 신 등이 감히 멋대로 변경할 수 없으니, 신 아문 등이 북양대신과 출사일본대신에게 알리고 상유에 따라 처리하고자 합니다. ……

광서7년 1월 25일 군기대신은 "의논한 대로 하라."는 유지를 받았다.[359]

이렇게 해서 앞서 이홍장의 제안이 '승인'을 받았던 점에 대해서는 학계에서 이미 오래전부터 지적해 왔다. 다만 중요성에 비해 그 의미가 크게 강조되지는 않았던 만큼, 이 점은 좀 더 주목해 볼 필요가 있다.[360] 이렇게 조선 관련 업무에 서양 각국이나 일본과의 외교적 관계

359 「總理各國事務衙門奏朝鮮宜聯絡外交變通舊制摺」(光緖7年 1月 25日), 『光緖中日』 卷2, 31a-32a; 『德宗實錄』 卷126, 光緖7年 1月 戊子의 기록은 앞의 자료보다 훨씬 간략하지만 역시 "從之."라는 구절이 첨가되어 있어, 황제의 재가를 받았음을 보여 준다. 「總署奏朝鮮宜聯絡外交變通舊制摺」, 『淸季外交史料』 卷25 1a-3a도 "光緖7年 1月 25日 '의논한 대로 하라'는 유지를 받았다."라고 기록하고 있다.

360 이를테면 王信忠, 1937, p.129(이 점에 대한 지적은 盛利, 2009a, p.4 참조).

를 조정하는 일이 추가되면서 이것을 북양대신·총리아문·주일 공사가 직접 처리할 수 있는 통로가 마련되자, 종전에 오랫동안 사대-자소 관계에 기초한 조선과의 전통적 사무를 전담해 왔던 예부의 역할은 그만큼 줄어들 수밖에 없었기 때문이다.[361]

이후 광서8(1882)년 4월에도 "앞으로 해당 국가(조선)의 무역사무는 응당 총리아문에서 처리해야 한다. 조공이나 진주(陳奏)는 기존 정례에 따라 예부에서 처리하여 기존 제도에 부응해야 할 것이다."라는 상유가 내려졌다.[362] 하지만 이후 예부는 "조선의 문건 및 사신이 북경에 도착하면 응당 예부에서 검토한 다음 전달해야지, 직접 총리아문에 전달하지 못하게 하여 정제(定制)에 부응하게 해야 한다."라고 주장하였다.[363] 광서11(1885)년 7월에도 조선에 관련된 사무에서 무역 안건은 총리아문에서 처리하는 것 외에, 진주 등의 사무는 조선이 번봉에 속하여 서구나 일본과는 전혀 다른데, 예부는 전속(典屬) 관련 직무를 맡고 있으므로 관련된 모든 사무는 반드시 예부에 알린 다음 시행하게 해야 한다고 주장하여 그 전통적 직무를 지키려는 노력을 멈추지 않았다.[364] 이렇게 조선 관련 사무에서 점차 소외되는 것에 대해 예부가 불만을 표시하였지만, "다만 조선은 변란 이래 내외가 서로 어지러워 정세가 전혀 옛날에 비할 바가 아니다. 또 각국과 통상을 하면서 북양대신이나 총리아문과 관련된 사건이 십중팔구이니 단연코 기존의 정례에 구애

361 한편 주일 공사의 조선 정책에 관련된 역할에 대해서는 盛利, 2009b 참조. 何如璋과 그 뒤를 이은 黎庶昌은 외부 세계와의 접촉으로 조선에 대한 적극 조치를 주장하는 경향이 강하였지만, 이후 陳樹棠·袁世凱 등의 부임으로 그 역할은 점차 축소된다고 지적한다.

362 『德宗實錄』 卷145, 光緒8年 4月 戊申.

363 『德宗實錄』 卷160, 光緒9年 2月 庚午.

364 「禮部奏嗣後朝鮮奏咨事宜請飭仍照向例由部辨理摺」(光緒11年 7月 20日), 『光緒中日』 卷8, 36a-37b.

되기 어렵다."라고 하는 상유가 내려져 그 시도는 결국 좌절되었다.[365]

이것은 사실상 조선의 서구 각국과의 조약체결을 유인하기 위해 청이 옛 제도를 변동하면서까지 북양대신 이홍장에게 청의 조선 정책을 전담시키게 된 출발점이 되었음을 뜻한다. 앞서 언급한 총리아문과 이홍장의 견해에 다시 반론을 제기한 하여장의 외교적 역할에 대한 긍정적인 평가도 여기에 작용하였다.[366] 실제 이홍장은 양무와 관련된 긴요한 사안에 북양대신의 개입이 허락되자, 직후인 2월 2일에는 조선 외교를 개도(開導)하기를 주청하면서 아울러 조선을 대신하여 (막료 馬建忠에게 지시하여) 「통상약장절략(通商約章節略)」 9조를 마련하여 조선이 외국과의 조약에서 참고하도록 하겠다고 상주하였다.[367] 이후 이홍장은 사실상 조선 정책의 결정 구조에서 주도적 위치와 역할을 보장받게 되었다. 나중에 서술할 1882년의 「중국·조선상민수륙무역장정(中國·朝鮮商民水陸貿易章程)」의 의정(議定)·반포와 더불어, 이것은 사실상 이후 추진될 청의 조선 정책의 새로운 출발점이기도 하다.

그리고 아울러 "조선이 안정되면 바로 동삼성의 울타리가 튼튼해지는 것이니, 관련된 바가 진실로 옅고 적은 것이 아닙니다."라고 한 총리아문의 주장 역시 주목할 필요가 있다. 청의 조선 정책은 항상 동삼성 울타리(나아가 북경)를 튼튼하게 하는 것이 최우선이었다. 이것은 조선에 관한 정책을 청에서 논의할 때 이전에도, 그리고 이후에도 누구나

365 『德宗實錄』 卷212, 光緒11年 7月 丙辰. 이상 예부의 시도와 좌절에 대해서는 盛利, 2009a, pp.48-51을 참조하였다.

366 宋炳基, 1985, pp.103-118; 權赫秀, 2000, pp.59-61.

367 「北洋大臣李鴻章函」(光緒7年 2月 3日), 『中日韓』 卷2, pp.461-480; 「覆總署論朝鮮外交片」(光緒7年 2月 2日), 『李鴻章全集』 33 信函 5, pp.19-10; 「代擬朝鮮與各國通商約章節略」(光緒7年 2月), 權赫秀 編, 2008, pp.181-183; 劉憶江, 2015, p.267.

항상 지적하는 바였다. 여기에서 우리는 사실 청의 조선 정책은 번속 조선 자체의 유지가 아니라(물론 번속을 포함하는 천조체제의 체통 유지에 줄곧 미련을 두고 있었던 것은 사실이지만), 보다 근본적으로 청 왕조 자체의 안전과 국방·안보라는 관점에서 현상 유지를 최우선 목표로 삼고 있었다는 점을 다시 상기할 필요가 있다.[368]

이 점을 소홀히 한다면, 이 시기 청의 조선 정책 자체를 이해하는 데 상당한 오해를 낳을 수도 있다. 이를테면, 청 말의 관료·사대부 대부분이 내세웠던 조선의 내지화 내지 군현화라는 것도 마찬가지로, "국토가 척박하고 백성이 가난하다."라고 그들이 상투적으로 표현하였던 조선 자체의 '병합'은 그 근본 목표가 아니었다. 아니 그것은 오히려 청 왕조 자체의 안보·국방(일본이나 러시아의 침략에 대한 대비)을 위해 우선 울타리를 튼튼히 해서 본토를 더 쉽게 지키자는 발상에서 비롯된 것이었다. 이를테면 매판 상인 출신으로 청 말 자강운동기의 대표적인 개혁 사상가인 정관응(鄭觀應)은 「방변(防邊) 중(中) 보조선(保朝鮮)」이란 글에서 다음과 같이 간결하게 지적하고 있다.

> 변경 방어에서 요책은 원래 동삼성보다 급한 것이 없다! 동삼성과 서로 땅이 서로 이어지고 서로 안위가 뒤엉킨 것은 특히 조선에 있다. 조선은

368 陳尙勝, 2010, 2015와 같은 경우는 조공제도는 본래 자신의 안전과 변강의 안정을 추구하는 의도가 현저하며, 청대의 경우는 명대 초기 '天下共主'의 이상을 내세우던 것과는 달리 주변성과 변강 방어체제로서의 특징이 두드러진다고 지적하고 있다. 청의 조선 정책 역시 이에 영향을 받았으며, 아울러 청의 국력이 크게 쇠퇴하였음을 고려하면 그것을 곧장 '식민지화'론이나 '제국주의'론으로 연결하는 단순 논리에서 벗어날 수 있을 것이다. 홍성화, 2018 역시 속국 조선에 대한 종주권을 강화하려 한 경우는 매우 예외적으로, 『청사고』에 기재된 '속국'들은 어디까지나 조공국이지 식민지로 간주된 것은 아니라고 지적하고 있다.

대대로 중국의 번봉 자리를 지키면서 침범하지도 반란을 일으키지 않았으며, 우리 중국 역시 몹시 두텁게 대처하고 특히 후대하였다. …… 동북의 변방을 튼튼히 하려면 실로 조선을 보호하는 것이 제일의 방책이다. …… 조선이 튼튼해지면 동삼성 역시 튼튼해진다. 따라서 우리가 조선을 보호하는 것은 단순히 변강을 스스로 보호하는 것에만 그치는 것이 아니다.[369]

정관응의 주장은 청의 조선 정책이 기본적으로 자기 보호에서 출발하고 있었다는 점을 분명하게 보여 준다.

8) 『조선책략』의 영향

한편 이에 앞서 하여장은 1880년 8월 일본을 방문한 제2차 수신사(修信使) 김홍집(金弘集)에게 참찬관(參贊官) 황준헌(黃遵憲)이 대신 작성한

369 鄭觀應, 「邊防 二」(1894년의 5卷本에서는 「防邊 中 保朝鮮」이란 제목이었다.), 『盛世危言』, 夏東元 編, 1982, pp.777-780(『盛世危言』은 1894년의 5권 본, 1895년의 14권 본, 1900년의 8권 본이 있다.). 정관응은 여기서 조선을 보호하는 방책으로 영국과 연맹하여 일본과 러시아를 견제하는 방책을 제시하고 있는데, 그 이전의 저작에서는 속국인 조선·베트남에 사절을 파견하여 대신 정돈함으로써 鎮撫에 도움이 되게 해야 한다고 주장한 바 있다. 즉 大臣을 선발·파견해서 그 나라의 利弊를 검토하고 그 形勢를 살피게 하며, 통상이나 광산 개발 등 부강에 도움이 되는 것은 그 나라에서 차례대로 시행하게 한다, 만약 거액의 자금을 마련하기 어려우면 중국이 먼저 자금을 빌려주어 해마다 상환하도록 한다, 이미 통상항구가 있으면 영사를 파견하고 水師를 훈련하여 보호에 도움이 되게 한다는 등의 내용이다. 鄭觀應, 「論邊防」, 『易言』 36篇本(1875年序), 夏東元 編, 1982, pp.115-116. 이런 점을 보면 정관응의 조선론은 이 시기 중국 개항장 상인층뿐만 아니라 朝野 官紳의 그것을 전형적으로 대변하는 것이라 하겠다. 정관응의 『盛世危言』 87편 가운데 16편은 이화승 옮김, 2013으로 번역되어 있다.

『사의조선책략(私擬朝鮮策略)』(이하 『조선책략』으로 약칭)을 기증함으로써 조선의 미국과의 조약체결을 촉진하는 역할을 떠맡았다.[370] '개인적으로 마련한(私擬)' 것이라고는 하지만, 『조선책략』은 사실상 당시 청의 조선 정책(그리고 하여장 자신이 쓴 「주지조선외교의」)을 반영하는 것이나 마찬가지라고 받아들여졌다. 널리 알려져 있다시피, 『조선책략』은 "지구 위에 더할 수 없이 큰 나라가 있으니, '러시아'라고 한다."라는 구절로 시작한다. 요컨대 단도직입적으로 "오늘날 조선의 급무를 획책하자면, 러시아를 막는 일보다 더 급한 것이 없다. 러시아를 막는 책략은 어떠한가? 중국과 가깝게 지내고, 일본과 단결하고, 미국과 연합함으로써 자강을 도모할 따름이다.[策今日之急務, 莫急於防俄. 防俄之策, 如之何? 曰親中國, 結日本, 聯美國, 以圖自強而已]"라는 결론을 앞부분에서 미리 제시하였다.[371]

그 나머지 내용의 상당 부분은 일본·미국이 연맹의 대상이 되어야 한다고 조선을 설득하는 내용으로 채워졌다. 우선 일본과 단결한다('結日本')는 점에 대해서는 두 나라는 "수레의 덧방나무[수레 양쪽 가장자리

370 金弘集과 黃遵憲의 만남(및 『조선책략』)에 대해서는 김기혁, 1980(2022), pp.356-368; 伊原澤周, 2007에서 특히 상세한 서술을 하고 있다.

371 趙一文, 1977, pp.21-52(『조선책략』 번역본은 황수헌 옮김, 2001; 최익현 외 지음, 이주명 편역, 2014, pp.23-43, 김승일 옮김, 2008·2016; 윤현숙 옮김, 2019 등 여러 판본이 있다.); 『外交文書』 제4권, pp.484-490. 權錫奉, 1986, pp.117-146에서는 『조선책략』에 나타나는 청의 의도를 상세히 분석하였다. 한편 木村幹(2017, p.144)은 이홍장이 이유원에게 보낸 밀서에서는 일본을 최대의 가상적국으로 설정하였던 것과는 달리 『조선책략』은 러시아를 주요한 가상적국으로 설정하는 차이가 있어, 청 내부에서 조선에 대한 기본적인 정책조정이 없었음을 의미한다고 지적한다. 그보다 이전 朴日根(1985a, p.200)은 하여장과 황준헌의 '親中·結日·聯美'를 중심으로 한 정책(고종의 외교 노선도 結日은 반대하였다.)과 이홍장의 '反俄抗日'정책은 일본을 친구나 원수로 규정하는 데 있어 근본적으로 상충하였다고 지적하였다.

에 덧대는 나무]와 바퀴가 서로 떠날 수 없는 것[輔車相依]"과 같은 형세에 놓여 있어, 러시아라는 위협에 공동으로 대응하기 위해 일본과의 단결에 의구심을 품어서는 안 된다는 점을 강조하면서, "조선으로서는 작은 거리낌을 버리고 큰 계획을 도모하여야 한다."라고 하여 조선의 불신을 풀고자 시도하였다. 일본의 대외 진출에 극도의 위협을 느끼고 있던 조선 시각에서 보면 이것은 사실 아주 황당한 주장이었다.[372] 위정척사파의 공격이 이 점에 집중된 것도 이상한 일은 아니었다.

또 미국과의 연합('聯美國')에 대해서도, "남의 토지를 탐내지 않고 남의 인민을 탐내지 않음은 천하만국이 함께 믿는 바"이자, "스스로 신의를 가지고 있는 나라"라는 호의적인 평가를 내세우면서, "연이어 사신을 보내어 조선과의 연결을 유지하려는 의사가 있는" 그들과 더불어 수호(修好)해야 한다고 권장하였다. 이러한 『조선책략』의 권유가 이후 조선의 외교정책으로 전개되었다는 점은 주지의 사실이다. 사실 이 '미국과의 연합'론이 『조선책략』에서 가장 핵심적인 제안이었다.

하지만 사실 더욱 주목해야 할 점은 당시 문호개방에 찬성하든 반대하든 아무도 이의를 제기하지 않았던 "중국과 가깝게 지내는 것[親中國]"의 문제에 대한 내용이다.

372 伊原澤周, 2007, p.395. 伊原澤周는 동시에 황준헌이 '結日本'을 내세운 것은 그 이전 張之洞이 러시아의 위협에 대처하기 위해 '聯日以制俄'論을 주창하여 큰 반향을 일으킨 것과 때마침 東京에서 興亞會가 창설된 것이 관련이 있을 것이라 지적한다. 한편 최덕규(2018, pp.510-520)는 일본이 '恐露意識'을 부추기는 것은 조선을 위한 것이 아니라 청이나 일본을 위한 것임을 파악하고 있었다(『高宗實錄』 17卷, 高宗17年 9月 8日. 「수신사 김홍집이 일본에서 『조선책략』 1책을 증정하므로 가지고 귀국하다」)고 지적하면서, 황준헌의 러시아 인식을 분석하여 러시아가 조선을 침략할 경우 청이 구해 줄 능력이 없음을 확인한 것이 이후 러시아에 대한 접근의 배경이었다고 설명한다.

종래 조선에서 일이 생겼을 때 중국은 어김없이 천하의 군비를 다 쓰고 천하의 인력을 다하여 싸웠다. 서양의 통례에 따르면 두 나라가 전쟁할 때는 국외의 나라가 거기에서 중립을 지키면서 어느 한편을 돕지 않는다. 다만 속국은 예외로 한다. 오늘날 조선은 중국 섬기기를 마땅히 예전보다 더 힘써서 천하의 사람들이 조선과 우리는 정의(情誼)가 한집안 같음을 훤히 알도록 해야 한다.[373]

일본과 맺는 데에는 조규(條規)를 빨리 수정하고, 미국과 이어지는 데에는 좋은 맹약(盟約)을 급히 체결해야 할 것이다. 그리고는 곧 황제에게 주청하여 배신(陪臣)을 북경에 항상 주재시켜 품달(稟達)하게 하고, 또 사신을 보내어 도쿄에 주재시키거나 워싱턴에 보내어 소식을 통하게 한다. 그다음에는 주청(奏請)하여 봉황청(鳳凰廳) 무역을 넓혀서 중국 상인이 배로 부산·원산·인천 등 각 항구에 와서 통상하게 함으로써, 일본 상인의 독점을 막고 또 한국민이 나가사키·요코하마에 가서 무역을 익히게 한다. 그리고 주청하여 해·육군이 중국의 용기(龍旗)를 사용하여 이를 전국의 휘장으로 삼는다. 또 학생을 보내어 경사 동문관에서 서양어를 익히고, 직예에 가서 회군으로부터 군사훈련을 받고, 상해의 제조국에 가서 기계 만드는 것을 배우고, 복주(福州)의 선정국(船政局)에 가서 배 만드는 것을 배우게 한다.[374]

인용한 부분에서 나오는 용기(龍旗)의 사용 제안, 청 상인의 부산·

373 조일문, 1977, p.24; 『外交文書』 제4권, p.484; 吳振淸 等 整理, 2003, 『黃遵憲集』 下, pp.393-404; 陳錚 編, 2005, 『黃遵憲全集』 上, pp.251-258; 權赫秀 編, 2008, 「文牘篇」, pp.133-165(각종 판본의 대조와 교감을 거친 것이라 가장 신뢰성이 높다.).

374 조일문, 1977, pp.40-41; 『外交文書』 제4권, p.488.

원산 진출, 조선 학생의 동문관과 제조국·선정국에서의 무기·함선 제조 학습 및 군사훈련 등은 앞서 하여장이 「주지조선외교의」에서 제시한 내용과 거의 유사하므로 분명 그것을 참고한 것으로 보인다. 다만 이 『조선책략』에는 '친중국'의 의미에 대한 더 이상의 자세한 언급이 없어 이 점에 대해 주목하기는 쉽지 않다. 조선에 권하는 내용이니 청의 의도를 그대로 드러내 놓기는 어려웠던 것이겠지만, 여기에서는 조약체결로 만국공법 질서에 편입된 이후에도 조선은 청의 '속국'으로서의 지위를 재확인해야 한다는 점이 강조되며, 동시에 이후 자강운동에 대한 학습을 통해 조선은 군사적·경제적·외교적으로 좀 더 청에 의존할 필요가 있다는 관점도 두드러진다. 결국 '친중국'론은 "조선을 대할 때 역시 살짝 옛 법도[舊章]를 바꾼" 청이 조선에 대한 통제·후원을 강화할 것이지만, 동시에 조선 역시 장차 선택할 외교 노선에서 청의 지휘를 받아야 한다는 것을 암시하고 있었다. 이것은 종전의 사대질서를 지탱하던 '속방자주'론과는 달리 양국 관계를 만국공법상의 '종주국-속국' 관계로 점차 재편하려는 의도를 띤 것이라고 보아도[375] 큰 무리는 없다. 이것은 동시에 조선이 그 '자주'를 포기하도록 설득·강요하는 방향으로 치닫지 않을 수 없다는 점도 유념해야 한다.

청의 이러한 의향은 당연히 1880년대 이후 그것을 공개적으로 표명할 수는 없었으나. 점차 천조상국의 속방에서 벗어나 만국공법상의 독립적 주권국가로 변신을 모색하던 조선 측의 완강한 저항과 반발을 초래하였다. 그리고 이러한 청의 정책과 선택은 양국 관계의 재편과정

375 權錫奉, 1986, pp.143-146; 김용구, 2001, pp.283-289, 2006, pp.449-456. 또 김용구, 2018은 러시아의 위험에 대처한다는 防俄論의 실제 목적은 그것을 빌미 삼아 사대질서 속의 '속방' 조선을 유럽 공법(만국공법)에서 말하는 '속국'으로 변경하려는 청의 새로운 조선 정책이 반영된 것이라 지적한다(pp.116-117).

에서 주요한 마찰·갈등의 초점으로 부상하게 되었다. 조선이 문호개방 정책을 취하던 초기에 청의 협조를 간절하게 원하였던 것과는 달리, 1880년대에 들어와 청의 개입이 본격화되어 조선의 왕권과 국정에 심각한 잠재적인 위협으로 등장하자, 도리어 조선 측의 반발이 강력한 움직임으로 나타나게 된 것은 앞으로 살펴볼 양국 관계에서 가장 두드러진 특색으로 드러나기 때문이다. 이 시기는 양국 관계가 가장 밀접하면서도 동시에 조선의 반발이 가장 강하였던 갈등과 마찰의 시기로, 수백년에 걸친 양국 관계에서는 오히려 예외적이었던 시기였다고 해야 할 것이다.

제3장

1880년대의 조선과 청: ‘속국자주’론의 딜레마

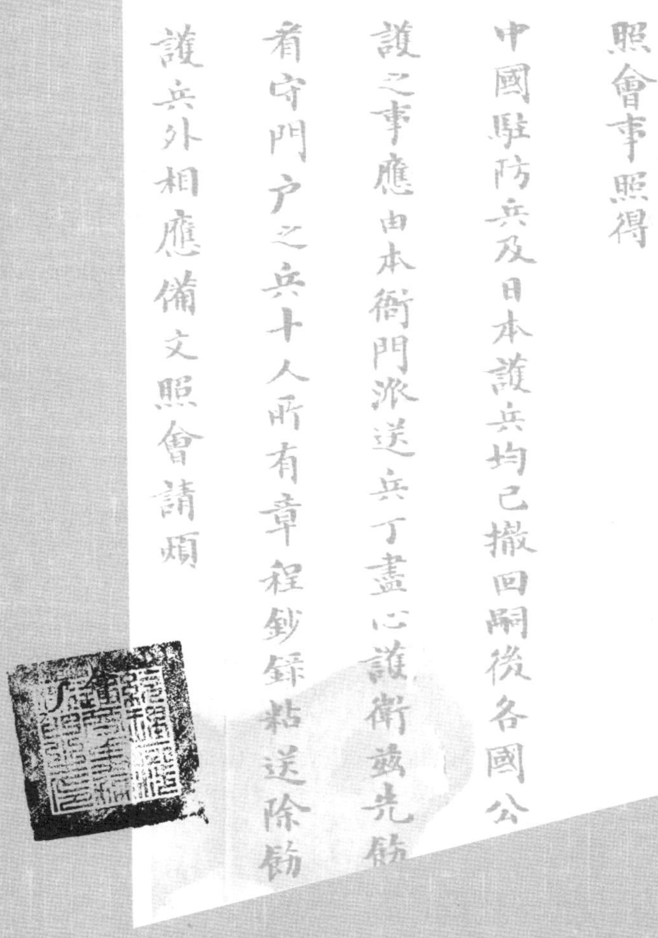

照會事照得
中國駐防兵及日本護兵均已撤回嗣後各國公
護之事應由本衙門派送兵丁盡心護衛茲先飭
看守門户之兵十人所有章程鈔録粘送除飭
護兵外相應備文照會請煩

1. 조선의 문호개방과 「조·미수호통상조약」*

1) 조선의 문호개방 정책

청이 뚜렷하게 그 정책적 지향을 변경한 것과 거의 비슷한 시기인 1870년대 후반에 들어오면 조선에서도 마찬가지로 점차 변화의 조짐이 나타나기 시작하였다.[1] 여기에는 무엇보다도 대원군이 하야하고 1873년 11월 고종이 친정하기 시작한 것이 중요한 계기가 되었다. 성년이 된 고종에게 통치권을 돌려주기는커녕 더욱 강화된 권력 독점을 꾀한 대원군의 태도는 고종에게 심각한 위협으로 다가왔고, 이것이 결국 고종의 친정 선포로 이어졌다.[2] 친정 이후 고종이나 친정에 협력하

* 이 제3장의 연구는 서울대학교 미래기초학문분야 기반조성사업으로 지원되는 연구비(과제번호 100-20180027. 1880년대 청의 조선 정책 변화에 대한 연구) 지원에 의하여 수행되었음을 밝힌다.

1 연갑수, 2001, pp.127-146, 2008, pp.11-30, pp.54-59, 2012, pp.161-187에서는 문호개방 이전에도 조선이 '쇄국정책'에도 불구하고 러시아나 미국과 '사실상의 관계'들이 축적되어 있었다는 점을 지적하고 있다(이 점은 김혜승, 2006도 지적하고 있다.). 이에 따라 자본주의 세계체제의 형성에 맞서 싸우면서 조선 사회의 내부도 근본적으로 변화하기 시작하였으며, 이것이 '문호개방'의 밑거름이 되었다는 점을 주목해야 한다는 것이다.

던 민씨 척족은 대원군 시기의 모든 정책을 뒤엎어 그의 세력 기반을 무너뜨리는 데 전력을 기울였으며, 대원군이 고집하였던 일본과의 국교 중단 사태를 바람직하게 여기지 않아 기존의 일본 정책을 수정하고자 하였다. 물론 이를 통해 전통적 교린 관계를 회복하려는 것이었지, 통상조약의 체결까지 고려한 것은 아니었다.

그러나 일본은 이러한 상황 변화를 틈타 포함외교로 도발함으로써 「조·일수호조규」를 체결하였다. 물론 척화론(斥和論)에 근거한 반대 여론도 여전히 아주 강하였지만, 앞서 서술하였듯이 문호개방에 적극적이었던 박규수의 건의나 스스로 서구 열강에 시달리고 있는 처지였으므로 분규가 더욱 확대되어 일본의 침략으로 이어지는 것을 원하지 않았던 이홍장의 권유도 영향을 미쳤다.

더구나 앞서도 서술하였지만, 조선의 이유원은 중국 방문을 계기로 1875년 말부터 이홍장과의 비밀 서신 교환을 통해 청의 의사를 탐색하기 시작하였다. 본래 '인신무외교'의 원칙에 따른다면 절대적으로 금기가 되어야 할 — 사실은 이전부터 점차 이러한 금기가 해체되고 있었다. — 이러한 서신 교환은 1875년 말부터 시작되어 1881년까지 모두 17건에 이르렀다. 실제로는 각기 청 황제와 고종의 양해 아래 진행되었던 것인 만큼, 비공식적이지만 이것은 양국 사이의 정책적 모색을 위한 비공식적인 통로로 작동할 수 있었다. 이를 통해 이홍장은 조선을 '조약체제' 속에 편입시켜 러시아와 일본의 침략을 억제하고 아울

2 김성혜, 2013, 제3장 참조. 대원군 시기의 정책이나 하야의 배경에 대해서는 연갑수, 2001, 2008; 金炳佑, 2006; 장영숙, 2010; 김종학, 2021, pp.21-148 등의 여러 연구서를 참조할 수 있다. 특히 연갑수, 2008, pp.64-136에서는 개항부터 청·일전쟁까지 조선 권력 집단의 정세 인식과 정책에 대해 간결히 정리하고 있으며. 김종학, 2021도 특히 일본 측의 자료를 아울러 활용하면서 매우 유용한 정리를 보여 준다.

러 조선을 안정시키고 전통적인 조공 관계를 유지하고자 시도하였다. 조선도 국내 여론의 반발을 억누르기 위해 청의 지원을 확보하고, 일본과의 수교 교섭을 위해 일본과 서구 각국에 대한 지식과 정보를 얻을 필요가 있었다.[3]

앞서 살펴보았지만, 1879년 이유원에게 보낸 열 번째 서신에서 이홍장은 청의 새로운 정책 결정에 따라 조선에 서구 각국과의 조약체결을 권유하였으나 조선은 이러한 수교 권고를 거부하였다. '번방무외교'의 원칙을 지켜야 하며, 이독제독의 방안은 문약한 조선에서 실행할 수 없으며, 만국공법에 의한 강대국과 약소국의 상호 유지(세력균형)도 류큐의 사례를 보아 조선에서는 불가능하며, 구미 각국과 통상을 할 생산물이 없어 전혀 이익이 없다는 것이 그 이유였다. 서양의 학문, 기독교 선교, 그리고 아편 판매 역시 거절의 구실로 사용되었다.[4] 아마 일본이나 러시아의 침략 위험에 대한 조선 당국의 평가가 청의 그것처럼 절박한 것으로 보지 않았던 이유도 있을 것이다.

하지만 수교 권고를 거부하기는 하였지만, 조선은 그 이전부터 군사력 강화 방안[武備密修策]을 수용하겠다는 태도로 청과 교섭하기 시작하는 등 종전과 다른 태도 변화를 보였다. 이것은 일본과의 조약체결을 통해, 그리고 이후 다양한 사안을 둘러싼 일본과의 교섭 과정을 통해 단순한 교린 관계 회복만으로 문제를 해결할 수 없다는 것을 인식하게 되면서, 점차 근대적 국제질서로의 편입에 대해 본격적으로 고민하기 시작하였기 때문이었다.

고종은 그보다 앞서 1876년 10월 사역원(司譯院) 부사직(副司直) 이

3 宋炳基, 1985, pp.12-23; 權赫秀, 2000, pp.13-51.

4 「朝鮮原任太師李裕元來函」(光緒5年 11月 12日), 『中日韓』 卷2, pp.399-401; 『국역中日韓』 3, pp.59-63; 『外交文書』 제4권, pp.283-284.

용숙(李容肅)을 파견하여 근대식 무기를 제조하겠다는 의향을 청에 전달하였고, 이홍장도 이에 대해 당연히 호의적인 반응을 보였다. 하지만 이 일은 1880년에 들어가서야 본격적으로 추진될 수 있었다. 이때만 하더라도 조선은 서양 각국과의 통상에 대해서는 아직 유보적이었으나, 다른 한편으로는 유학생을 파견하여 근대식 무기 제조 방법을 배우겠다고 하여 청의 권유를 선택적으로 수용하면서 독자적인 방향을 모색하기 시작하였다. 그리고 1879년 11월 자문전달관[齎咨官] 이용숙이 이홍장을 방문하여 이유원의 서한을 전달하는 구실로 조선의 '기계 제조와 군사훈련(製器·練軍)'을 청이 도와줄 수 있는지 문의하였다. 이홍장은 이에 대해 적극적으로 호응하여 조선의 '무비강구'는 실로 더 이상 늦추기 어려우니 요청한 바는 아마도 가능할 것이라고 답변하면서, 조선의 공식 자문이 도착하면 예부의 상주와 총리아문으로의 자문 전달을 통해 이를 처리해야 할 것이라고 답변하였다.[5]

그리하여 1880년 7월 고종은 청의 지원을 공식 요청하도록 지시하고, 유학생 파견을 준비하도록 하였다. 이에 따라 역관 변원규(卞元圭)가 파견되어 「청강구무비자(請講究武備咨)」라는 내용의 자문을 전달하자, 이홍장은 조선의 '무비자강책'에 대한 지원을 결정하고 천진으로 유학생을 파견하는 방법을 제안하였다. 이홍장은 이때 변원규에게 조선이 러시아의 남하에 대비하기 위해서는 서양 각국과의 수교가 부득이하다는 점을 강조하고 그 조속한 실현을 촉구하였다. 변원규의 귀국 뒤 조선은 1881년 2월 하순 중추부지사(中樞府知事) 이용숙을 파견하여 무비학습(武備學習)의 문제를 협의하게 하였다(일본의 하여장에게 개화승 이동인이 파견된 것도 같은 때였다.).[6] 이때 이용숙은 대외관계에 대한 「청

5 「北洋大臣李鴻章函」(光緒5年 11月 15日), 『中日韓』 卷2, pp.394-396; 『국역中日韓』 3, pp.49-54; 『外交文書』 제4권, p.281.

시절략(請示節略)」을 제시하여 통상 개방이나 세관(稅關) 설치, 관세(關稅) 징수, 무비자강에 대해 청의 도움을 받아 의문을 해소하고자 하였다.[7] 이용숙은 아울러 서양과 조약체결을 할 뜻이 있다는 국왕의 의사를 이홍장에게 전달하였다. 이홍장과 이용숙이 주고받은 문답 가운데 다음과 같은 내용이 있었다.

> (이홍장)질문: 황참찬(黃參贊. 즉 黃遵憲)의 『책략(策略)』은 김홍집에게 주어, 가지고 돌아가도록 한 것입니다. 이후에 또한 어떤 사람이 일본에 가서 귀국 조정의 논의가 점차 깨우치고 있다는 대략을 알렸는데, 귀하는 그 사람을 압니까?
>
> (이용숙)답변: 김홍집이 돌아온 후, 하공사(何公使)께 서신을 보내었는데 거기서 저희 조정의 논의에 대해 대략 언급했습니다. 그 후에 다시 사람이나 서신을 보낸 적은 없습니다. 그렇지만 제가 출발한 이후의 일은 아직 들어 알지 못하기 때문에, 감히 그 유무를 대답할 수가 없습니다."
>
> 질문: 귀하가 보기에 이후 만일 서양 각국에서 사신을 조선에 파견하여 조약체결을 논의하려고 한다면 거절할 것인지 어떤지? 나는 단연코 서양인들을 위한 중매자가 될 생각은 아닙니다. 다만 귀국이 여러 차례 거부한다면 혹 말썽이 생길까 우려합니다.

6 이 '무비학습'에 대한 중국의 도움 요청은 전례가 없는 일이며 조선의 재력과 준비가 부족하다는 구실로 領中樞府事 李裕元, 領敦寧府事 洪淳穆, 判中樞府事 韓啓源, 領議政 李最應, 判中樞府事 金炳國 등 정부의 모든 대신이 모두 반대하였는데, 고종은 이를 물리치고 추진할 정도로 확고한 방침을 세운 것으로 보인다. 『高宗實錄』 17卷, 高宗17年 4月 30日 丁卯 첫 번째 기사 「사역원에서 중국에 자문을 띄우는 문제를 아뢰다」 및 5月 25日 壬辰 첫 번째 기사. 「이최응이 세곡 문제에 대하여 아뢰다」 참조.

7 「北洋大臣李鴻函」(光緖7年 2月 3日), 『中日韓』 卷2, pp.461-480; 『국역中日韓』 3, pp.133-170; 『外交文書』 제4권, pp.310-320; 具仙姬, 2011.

답변: 저희 임금의 뜻이 이미 여기에 있고, 조정 신료 가운데도 또한 깨우친 사람이 있으니, 만일 미국에서 뜻을 품고 다시 찾아와 요청한다면 아마도 이전처럼 완강히 거부하지는 않을 것입니다.[8]

여기에서는 황준헌의 『조선책략』이 조선 정부의 문호개방론에 영향을 준 점이 잘 나타난다. 그리고 "저희 임금의 뜻이 이미 여기에 있고, 조정 신료 가운데도 또한 깨우친 사람이 있으니 만일 미국에서 뜻을 품고 다시 찾아와 요청한다면, 아마도 이전처럼 완강히 거부하지는 않을 것"이라는 이용숙의 발언은 사실상 대미 문호개방의 방침을 청에 분명하게 확인해 준 것이나 마찬가지였다. 앞서 서술하였듯이 조선은 수신사 김홍집의 귀국 보고 이후 곧 중신 회의를 열어 대미개국 방침을 정식으로 결정하였다. 그리고 고종이 일본에 밀파한 이동인에 의해 이러한 방침이 하여장을 거쳐 이홍장에게 전달된 바 있었다.[9] 이러한 사전 통보가 있었는데, 1881년 2월에는 조선 유학생 파견과 관련하여 천진을 방문한 이용숙이 다시 조선 정부의 개방 방침을 정식으로 이홍장에게 전달한 것이다. 흥미로운 것은 이홍장이 이용숙과 회담을 가진 다음 2월 23일, 앞서 서술한 것처럼 총리아문이 조선과의 문서 교환에 대한 기존 제도의 변경을 요청하여 그날로 재가를 받았다는 점이다.

이후 1881년 11월 무비자강책의 실행을 위해 중국에 가는 유학

8 「與朝鮮委員李容肅問答節略」(光緒7年 2月 3日), 『中日韓』 卷2, pp.467-468; 『국역中日韓』 3, pp.156-157; 『外交文書』 제4권, p.316.

9 김홍집의 파견 이후 고종의 비밀외교, 특히 이동인의 활동과 개화파의 초기 聯英論에 대해서는 朴日根, 1982, pp.149-178, 1985, pp.194-205, 1989, pp.129-132에서 가장 상세하게 다루고 있다. 박일근은 이동인의 피살을 통리기무아문의 통리 李最應에 의한 정치적 암살로 추정한다. 한편 고종의 각국과의 외교활동 전반에 대해서는 玄光浩, 2011을 참조할 수 있다.

생을 인솔하고자 조선 정부가 파견한 영선사(領選使) 김윤식(金允植)이 1882년 1월부터 임오군란으로 급거 귀국하기 전까지 이홍장과 잇따라 7차에 걸친 회담을 하면서 개방정책의 추진은 한 걸음 더 내딛게 되었다. 김윤식의 회담 내용은 조약에 관한 일이 10 중 8·9이고, 기기를 배우는 일은 10 중 1·2에 불과하였다는 그 자신의 기술처럼, 무비자강책에 관한 것이라기보다는 대부분 미국과의 조약체결에 관한 것이었으므로, 그의 주요 임무는 원래 여기에 있었다.[10]

그런데 김윤식은 조약체결 사무에 대해 "대신 주지해 달라."고 요청하는 국왕의 밀서를 가져왔으므로(개화승 이동인의 초고도 가져왔다.),[11] 이를 통해 중국은 중개 이상의 역할을 맡아 직접 조약체결에 개입하게 되었다. 하여장의 제안을 거부하였던 이홍장의 태도 변화가 여기에서 분명히 나타난다. 그리고 무비자강책의 일환으로 같은 해 3월 말부터 28명의 조선 유학생이 천진에서 무비 및 관련 과목 학습을 개시하였다. 하지만 임오군란을 계기로 김윤식이 1882년 9월 14일 청군을 안내하면서 귀국하자, 유학생의 학습도 중단되었다. 이후 유학생 대부분이 조기 철수하면서, 이 사업은 일단 목표로 하였던 애초의 성과를 거두지는 못한 채 중단될 수밖에 없었다.[12]

10 劉順利, 2006은 김윤식이 영선사 임무를 맡아 천진을 왕래하면서 지은 『陰晴史』를 읽으면서 상세한 주석과 더불어 수많은 명칭이나 오식 등을 바로잡는 수고를 하였다. 『음청사』를 읽으려면 꼭 참고해야 한다. 김윤식이 이때의 견문을 정리한 「天津談草」 등에 나오는 김윤식과 중국 측 인사와의 대담에 대해서는 孫衛國, 2018의 제14장 「領選使金允植天津之行與朝鮮近代洋務活動之展開」에서 상세하게 분석하였다.

11 茂木敏夫, 1987, p.103.

12 權錫奉, 1986, pp.147-188; 金正起, 1994, pp.30-38; 具仙姬, 1999, pp.25-64; 權赫秀, 2000, pp.52-65; 김용구, 2001, pp.310-321. 다만 영선사 파견의 결과 이루어진 무비자강책의 성과에 대해서는 최근 김연희, 2007, 2016이 새로운 평가를 시도하여 경청할 만한 지적을 하고 있다.

이러한 개방정책의 추진과 동시에 조선은 수교 이후 일본과의 현안이었던 국서 수리, 공사의 주재, 인천의 개항, 관세 설정 등의 문제를 타결하기 위해 일본과의 관계에 대해서도 종전과는 다른 태도를 보이기 시작하였다. 일본의 상황에 관한 관심의 증가로 1880년 제2차 수신사 김홍집을 파견한 것도 이러한 변화의 또 다른 측면이었다(물론 김홍집의 주 임무는 관세 문제 해결이었다.). 일본에 건너간 김홍집은 1개월 정도 도쿄에 머무르면서 하여장·황준헌 등과 몇 차례 접촉하여 러시아의 남하 등이 초래하는 급박한 정세에 대응하기 위해 미국에 대한 문호개방이 불가피하다는 인식을 얻게 되었다.[13] 그리고 김홍집이 귀국하여 복명(復命)하면서 제출한 『조선책략』은 조선 정부가 미국과의 수교가 불가피하다는 결정을 내리게 하는 데, 즉 개화 정책으로의 전환에 일정한 역할을 하였다.[14]

한편, 조선 역시 대미 개국 방침을 정식으로 결정하고, 뒤이어 대원군 시기에 설치한 삼군부(三軍府)를 해체하고 무비자강책을 실행하기 위한 정부 기구로 1881년 1월 통리기무아문(統理機務衙門)을 설치하고, 그 아래에는 사대(事大)·교린(交隣)·군무(軍務) 등 12사(司)를 두었다. 이 점은 양국의 정책적 전환과 그것을 뒷받침하는 제도적 변경이 거의 비슷한 시기에 이루어졌음을 보여 준다.[15] 이 가운데 전에 없었던 병기 제조를 위한 군물사(軍物司), 각종 기계 제조를 위한 기계사(機械司), 경

13 宋炳基, 1985, pp.51-90.

14 연갑수(2008, p.16, p.25)는 『조선책략』의 의미는 조선 정부가 이것에 의해 설득되어 미국과 조약을 체결하였다기보다는, 이미 암암리에 그것이 불가피하다고 생각하던 조선의 집권 세력에게 그 논의를 공식화할 수 있는 계기를 제공했다는 의미로 제한해야 한다고 지적한다.

15 다만 전통적인 업무를 처리하는 議政府를 여전히 남겨 둔 채로 근대적 외교 사무를 처리하는 이원적 정부 체제로 전환한 것은 이러한 변경 자체에 내포된 한계와 비효율성이나 기존 세력의 저항을 드러낸다.

외 각종 선박 제조를 담당하는 홍함사(紅艦司)가 설치된 것은 조선이 새로운 병기와 기계 제조에 주목하게 되었음을 알려 준다.[16]

이후 통리기무아문의 12사가 7사로 개편되면서 사대·교린 2사가 동문사(同文司)로 통합되었다. 이것은 청의 압력 때문에 공개적으로 폐지하지는 못하지만, 실질적으로 종전의 사대·교린 외교를 유명무실하게 만든 것이나 마찬가지였다.[17] 통리기무아문은 이후 임오군란으로 폐지되고, 기무처(機務處)를 거쳐 통리아문(統理衙門)과 통리내무아문(統理內務衙門)으로 바뀌었다가, 다시 통리군국사무아문(統理軍國事務衙門)과 통리교섭통상사무아문(統理交涉通商事務衙門)으로 변경되었다(1882-1884). 후자의 경우 역시 그 담당하는 외교 업무를 '조약 내'의 것으로 규정하면서 종래의 '사대' 업무에서 벗어나는 모습을 보여 주었으며, 갑오개혁에 이르기까지 조선 정부의 외교 사무를 전담하여 처리하였다.[18] 갑신정변 이후 통리군국사무아문은 다시 내무부(內務府. 1885-1894)로 바뀌었다. 이러한 정권 핵심기구의 잦은 교체는 이 시기 조선 정국의 복잡성과 격변을 그대로 반영하지만, 동시에 청의 직접적 간섭에서 벗어나고자 하는 조선의 고민을 잘 보여 주는 것이기도 하다.[19]

16 崔蘭英, 2002. p.99.

17 王明星, 1998.

18 掌交司·征傕司·富交司·郵程司·同文學의 4사 1학으로 외교와 자강 업무까지 관장하였으며, 1887년에는 다시 總務司·通商司·交涉司·繙譯司·記錄司·會計司 6사로 개편되면서 보다 전문화된 기구로 바뀌고, 자강 업무는 분리되었다. 통리교섭통상사무아문은 1894년의 갑오개혁으로 대신 外部衙門이 창설되고, 1895년에는 外部로 개편되었다.

19 이상의 변화에 대해서는 全海宗, 1962; 이광린, 1989; 전미란, 1989; 김수암, 2000, pp.71-132, 2018; 崔蘭英, 2002; 연갑수, 2008, pp.64-136; 한철호, 2009; 酒井裕美, 2016, pp.13-97; 森萬佑子, 2017 등 많은 연구에서 다루었다. 특히 김수암, 2000, 2018은 통리기무아문에서 통리교섭통상아문에 이르기까지의 전반적 상황을 상세하게 다루었고, 酒井裕美, 2016은 이 아문 초기 단계

2) 조약체결 준비 과정

미국에 대해 문호개방의 뜻을 굳힌 고종은 하여장에게 미국과 수교할 뜻을 알리고, 이에 따른 문제를 협의하기 위해 비밀리에 이동인을 파견하는 등 기존 정책의 수정과 전환에 착수하였다. 하지만 국왕이 주도하는 국정 운영과 문호개방 정책에 대한 반대 여론이 강하게 나타나고 있었기 때문에, 고종은 조정 대신의 회의를 열어 『조선책략』에 대한 대응을 논의하고 의견을 수렴하는 형식을 취하였다. 이에 대해 영의정 이최응(李最應)은 '연미(聯美)'의 방침을 지지하였고, 시·원임 대신들의 회합도 점진적으로 추진해야 하지만 연미에 찬성한다는 의견으로 기울어졌다.[20] 여기서 기존의 양이(洋夷)와의 강화는 매국이요, 망국이라는 논리는 이제 더 찾아볼 수 없었다. 이리하여 1880년대에 들어서서는 "조신(朝臣) 가운데 외교를 원하는 사람이 이미 10분의 7을 (헤아리게) 되었다."라고 할 정도의 분위기가 형성되었다.

하지만 당시로서는 여전히 문호개방이나 개화 정책에 대한 여론의 반대가 거셌다. 일부 관원과 지방(영남) 유생들의 『조선책략』과 그 핵심인 연미론(聯美論)에 대한 반대 상소, 각 도 유생들의 개화 정책 및

의 다양한 측면을, 森萬佑子, 2017, pp.80-115는 1887·1892년 전후 실무체제의 변화를 집중적으로 분석하였다. 崔蘭英은 특히 조선이 청과의 '조공 관계' 아래서도 주권을 행사하여 주동적으로 외교권을 행사하여 '조약 관계'를 구축하였음을 강조한다. 필요하다면 '조공 관계'와 '조약 관계'가 서로 모순되지 않는 것으로 간주하면서, 국익을 위해 국내외 상황에 따라 유연한 대응을 하였다는 것이다. 다시 말해 조선의 주동성을 강조하여 속국이면서도 자주국으로 행동하였다는 것인데, 앞서 나온 연갑수의 주장처럼 경청할 만한 것이다.

20 「제대신헌의(諸大臣獻議)」, 장인성 등 엮음, 2012, pp.59-61; 최익현 외 지음, 이주명 편역, 2014, pp.44-46.

일본과의 외교 관계에 대한 반대 시위(伏閤)와 상소 등으로 특징지어지는 신사척사운동(辛巳斥邪運動. 1881)이 일어났다. 그뿐만 아니라 척사·척왜의 분위기를 이용한 대원군의 음모(대원군의 庶長子 李載先을 국왕으로 추대하려다 실패한 사건)가 드러나기도 하였다.[21] 이러한 국내 정치 사정 때문에 고종은 조약체결을 위한 교섭을 비밀리에 추진하면서, 동시에 청의 권위를 빌리고자 하였다.[22]

여하튼 조선 측의 정책 전환을 파악한 이홍장은 미국 측과 다시 연락을 취하여 종전에 조선과의 조약 문제로 방문하였던 슈펠트(Robert Wilson Shufeldt)를 재차 1881년 7월 천진으로 불러, 정식으로 조선과의 조약체결을 논의하게 되었다.[23] 또한 조사시찰단(朝士視察團. 과거에는 보통 紳士遊覽團으로 불렸다.)의[24] 일원으로 1881년 6월부터 일본을 방문한

21 辛巳斥邪運動에 대해서는 宋炳基, 1990; 김종학, 2021, pp.168-175 참조. 위정척사운동에 대한 연구사의 기초적 정리는 이재홍, 1996 참조.

22 朴日根 編, 1982, pp.174-194; 김원모, 1994; 宋炳基, 2005, pp.176-214. 한편 李穗枝, 2016은 조선의 대일 외교에서 청의 영향력을 전략적으로 활용하려 하였다는 점을 강조하면서 이를 '전략적인 사대주의 정책'으로 설명하고 있다. 즉 이것은 김윤식·김홍집·어윤중 등 온건개화파가 지향한 "청국과의 宗屬 관계의 틀을 유지하고, 양무파와의 제휴를 바탕으로 개혁을 추진"하는 구상, "적극적으로 청과의 제휴를 강화함으로써 외압에 대항하려는" 조선의 현실주의적 외교 노선을 가리킨다(pp.10-11). 한편 酒井裕美, 2016 역시 1882-1884년 시기에 한정하였지만, 이에 못지않게 시기 조선의 '전략적 외교'에 주목하였다.

23 슈펠트와 「조·미조약」의 체결에 대해 가장 먼저 주목한 것은 Charles Oscar Paullin, 1910이며, 그다음은 Francis Clifford Jones, 1935에서 상세하게 다루었다. 한편, 슈펠트가 천진을 방문하기 이전까지 19세기 후반 미국의 조선 정책에 대해서는 朴日根 編, 1982, pp.9-149에서 아주 상세하게 다루어 좋은 참고가 된다. 金源模, 2003, pp.67-113; 나가타 아키후미(長田彰文), 2016 역시 유익하고 간략한 개괄을 보여 준다. 李穗枝(2016, pp.91-144)는 「조·미조약」 체결에 이르는 과정에서 드러난 청의 권위를 활용한 조선의 전략적 사대주의 외교의 측면을 지적한다.

어윤중(魚允中)이[25] 11월에 천진을 방문하여, 이홍장 및 천진해관도(天津海關道) 주복(周馥)[26] 등과 회담하면서 대미 개방과 조·청 통상 문제에 대한 중국의 의견을 타진하였다.

24 조사시찰단의 파견은 민영익이 고종과 민비에게 건의하여 이루어졌을 가능성이 크다고 한다. 노대환, 2002, p.471.

25 魚允中(1848-1896)은 字는 聖執, 호는 一齋로 高宗6(1869)년 문과에 급제한 후 양산군수, 홍문관교리를 거쳐 전라우도암행어사에 임명된 뒤, 만 9개월 동안 전라도 일대를 돌아보고 12개 조에 걸친 개혁안을 제시했다. 1881년 조정에서 조사시찰단 60명을 일본으로 파견할 때 朴定陽·洪英植 등과 함께 반장인 朝士로 선발되었는데, 그가 맡은 부문은 재정·경제 부문이었다. 일본의 도쿄에 도착한 그는 약 3개월에 걸쳐 메이지유신의 시설·문물·제도 등을 상세히 시찰하고 많은 참고자료를 수집했으며, 당시 중국에 가 있던 영선사 김윤식과 합류하여 북양대신 이홍장, 해관감독 주복 등과 회담한 뒤 이해 12월에 귀국했다. 이후 1882년 「조·미수호조약」, 「중국·조선상민수륙무역장정」의 의정에 관여하였으며 1883년 西北經略使에 임명되어 「中江貿易章程」·「會寧通商章程」을 협정하고, 또한 두만강의 국경지대를 조사했다. 1884년에 서북경략사와 병조참판을 겸임했으며, 뒤에는 호조참판을 겸임했다. 1884년 갑신정변 이후 중용되지 못하다가 1894년 갑오개혁 내각이 수립되자 탁지부대신이 되어 재정·경제 부분의 대개혁을 단행했다. 1896년 2월 아관파천으로 갑오개혁 내각이 붕괴하자 고향인 보은으로 피하다가 원한을 품고 있었던 鄕班의 습격으로 1896년 2월 17일 피살되었다. 저서로는 『從政年表』 등이 있다. 어윤중에 대한 연구로는 金泰雄, 2018, 2022, pp.207-240 참조.

26 천진해관도는 동치 9년 삼구통상대신이 폐지되고 북양대신이 그것을 겸임하게 되면서 따로 설치된 것으로, 직예성의 중·외 교섭 사무, 海關·海防 사무까지 아울러 관할하면서 북양대신과 같은 곳에 근무하였기 때문에 사실상 항상 북양대신의 아문에 출입하는 막료 가운데 핵심 직책이었다. 주복(1837-1921)은 자가 玉山이고 호가 蘭溪인데, 安徽省 至德 출신이다. 1862년 이홍장이 회군을 건립할 때 응모하여 文案으로 일하게 되면서, 이후 縣丞·知縣·直隸知州 등으로 승진하고, 1870년에는 道員 신분으로 직예에서 일하면서 北洋海軍의 건립과 중국 최초의 武備學堂인 天津武備學堂 건립 등에 간여하는 등 이홍장 곁에서 자강운동을 30년 가까이 도운 막료로 활동하였다. 1881년에는 天津海關道, 뒤이어 天津兵備道를 겸하였고, 1888년에는 直隸按察使가 되었다. 청·일전쟁 이후 은퇴하였다가 다시 복귀하여 1906년에는 양광총독을 지냈다.

뒤이어 조약교섭을 대행할 고위 관원을 파견해 달라는 이홍장의 밀서에 의한 요구에 따라, 1882년 1월에는 사실상 대미조약 교섭을 주된 임무로 부여받은 영선사 김윤식이 보정을 방문하여 이홍장에게 사실상 그 교섭을 대신 주지해 주도록('代爲主持') 정식으로 요청하였다. 김윤식은 북양대신 이홍장에게 다음과 같은 편지를 올렸다.

> 엎드려 생각건대, 우리나라는 바다로 둘러싸인 곳에 자리 잡아 만국의 밖에 홀로 서서, 오랫동안 여러 나라의 손가락질을 당했습니다. 그 성패(成敗)를 보면 북쪽에서는 러시아가, 동쪽에서는 일본이 핍박하는 형세이니, 불난 집의 제비와 참새도 오히려 그 위급함을 비유하기에 부족합니다. 종전에는 매번 급한 일이 있을 때마다 모두 상국에 우러러 아뢰었는데, …… 중당(中堂. 李鴻章을 가리킨다.)께서[27] 여러 번 깨우쳐 주시고 반복하여 일에 앞서 준비하도록 한 것은 '동쪽을 염려하는 근심'을 풀려는 것이었습니다.
>
> 그렇지만 우리나라는 허약함이 누적되어 위급한 어려움에 스스로 떨치고자 비록 통상과 연병을 꾀하였지만, 짧은 시간에 효과를 볼 수 있는 것이 아니었습니다. 오늘을 위한 방법은 우방을 선택하여 좋은 관계를 맺어 신뢰를 강구하고 화목하게 지내면서, 소홀하여 잃은 것을 미봉(彌縫)하여 비상시에 대비하는 것이 눈앞의 급한 일이 될 것입니다. 그런데 서양의 여러 나라 중에 미국은 부국강병의 나라로 마음은 공정하고 성품

27 '中堂'은 관청 정중앙의 청당(廳堂. 사무실)을 뜻하는데, 唐·宋代 재상이 中書省의 政事堂에서 업무를 처리하였기 때문에 이들의 별칭으로 쓰게 되면서 명·청대에는 內閣大學士의 별칭으로 이용되었다. 이홍장은 文華殿大學士·一等肅毅伯의 직함·봉작도 얻었으므로 보통 '이중당(李中堂)' 또는 '이부상(李傅相. 傅相은 황제나 제후왕을 輔導하거나 佐理·侍奉하는 관료, 즉 재상을 가리킨다.)'으로 불렸다.

은 평화롭다고 오랫동안 들어 왔습니다. 나라가 부유하면 탐욕이 적고, 병력이 강하면 의지할 만하며, 마음이 공정하면 일 처리가 공평하고, 성품이 평화로우면 예절을 행하는 것이 공손할 것입니다. …… 먼저 미국과 통상을 하여 공평하게 조약을 맺고 이후 조약에 따라 한결같이 준행하여 법식을 만들면 우리의 자주권에 해가 없을 것이니, 이것이 가장 먼저 처리해야 할 급무입니다. 무릇 이 몇 가지 계획은 모두 중당의 계획에서 나온 것이 아니겠습니까? 애써 부지런히 어리석음을 깨우쳐 주시면서 스스로의 아픔처럼 여겨 우리나라의 임금과 신하가 다행히도 한두 가지 깨달음을 얻을 수 있게 하셨으니, 이것은 중당께서 주신 것입니다.

그렇지만 우리나라 사람들이 가장 싫어하는 자는 서양인이므로, 우리 임금께서는 거듭 여론을 거스를 수 없어 잠시 서양과 통상하자는 말을 드러내 놓고 하시지 못하고 있습니다. …… 우리나라 사람들이 이 낌새를 알게 되면 반드시 시끄럽게 들고 일어날 것이니, 일을 쉽게 성취하기 어려울 것입니다. 이 일은 신속하게 처리하고 지체하지 말아야 할 것이며, 치밀하게 처리하여 소홀함이 없어야 할 것입니다. 사안이 중대하니 나라 사람들의 마음을 꾸짖어 눌러버리고, 명분을 바르게 하고 순리대로 말해서 교활한 이웃의 음모를 없애야만 할 것입니다. 오직 황상께서 분명하게 조칙을 내리시어 먼저 효유(曉諭)해 주시기를 기약하여, 내년 봄 연공사(年貢使)가 돌아올 때 사람을 파견하여 미국과 협약을 논의한다면, 우리 임금께서 황제께 의지함을 얻으셔서 마땅하게 처리하실 수 있을 것입니다. 동양(東洋)을 보존하여 화합하고 번방(藩邦)을 영원히 튼튼하게 하는 방도가 여기에 있을 것입니다.[28]

28 「上北洋大臣李鴻章書」(辛巳年冬. 高宗18(光緒7)年 11月 29日(1882.1.18.)), 『雲養集』 卷11 書牘上(번역문은 한국고전종합DB http://db.itkc.or.kr 또는 金允植 지음, 구지현 등 옮김, 2013, 『雲養集』 5, pp.405-418 참조).; 韓國學文

여기에는 국내의 반대를 무릅쓰고 미국과의 수교를 통해 개방을 추진하고 난국을 돌파하려는 조선 측의 의도가 잘 드러나 있다. 이것을 위해 가능하다면 황제의 유지를 통해 지시해 주면 좋을 것 같다는 조선 측의 요청은 받아들여지지 않았지만, 이를 통해 이홍장은 조선의 조약교섭과 체결에 적극적으로 개입하게 되었다. 하지만 조선에서의 교섭을 희망한 김윤식은 이홍장이 천진에서의 교섭을 고집하자, 앞서 토로한 것과 같은 부정적인 국내의 여론을 고려하여 결국 이에 동의하였다. 이렇게 김윤식이 조약체결에 대한 반대 여론을 억누르기 위해 청 황제의 조서(詔書)를 요청하였던 사실이나, 국왕 역시도 미국 사절을 국내로 불러들였다는 비난을 감당할 수 없어 천진에서의 협상에 찬성하였다는 사실은 여전히 문호개방에 부정적이었던 국내 여론의 거대한 압박을 느끼게 한다.

훨씬 후이지만 슈펠트와의 회담에 참여하였던 이홍장의 막료 주복은 20세기 초에 이렇게 회고하였다.

> 광서7년 미국 대통령은 총병(總兵) 슈펠트를 보내 조선과 통상조약의 체결을 논의하게 하였는데, 조선이 중국의 속방이라 먼저 중국에 도움을 요청하기 위해 천진에 와서 몇 달 동안 머무르면서 이문충공[李文忠公. 文忠은 이홍장의 諡號]에게 이렇게 알렸다.
>
> 조선과의 조약체결은 응당 중국이 정한 다음 조선에 통보하여 따라

獻硏究所 編, 1979, 『金允植全集』 2, pp.296-301; 『外交文書』 제4권, pp.327-329; 「密議朝鮮外交摺」(光緖7年 12月 2日) 附件 「朝鮮陪臣金允植密書」, 『李鴻章全集』 9 奏議 9, pp.540-542; 權赫秀 編, 2008, 文牘篇, pp.183-187. 이 글은 朱壽朋 編, 1958, 『光緖朝東華錄』, 光緖7年 12月 庚申, pp.1244-1248에도 실려 있다.

서 처리하게 하면 되는데, 이것은 각국 속번의 통례입니다. 그렇지 않다면 우리가 조선과 조약을 체결하는 데 중국은 간여할 수 없습니다.

이에 대해 이문충공은 이렇게 답했다.

조선은 번속임을 칭하면서 신중하게 조공을 받들어 왔을 뿐입니다. 그 내정에는 과거에 간여하지 않았습니다. 동방의 선례는 구미와는 크게 다릅니다. 지금 외국과 통상조약을 체결하려는데 중국이 독자적으로 주지한다면 조선 군민의 마음이 복종하지 않을까 두렵고, 또한 통상 이후 교섭 사건에서 의견이 맞지 않으면 중국이 조선 때문에 연루되고 미국이 중국에 대해 책망하는 일이 크게 늘 것이니 편하고 오래 가는 방법은 아닙니다.[29]

여기서 슈펠트가 "중국이 정한 다음 조선에 통보하여 따라서 처리하게 하면 되는데, 이것은 각국 속번의 통례입니다."라고 하여 청의 주지를 요청했다는 서술은 그대로 받아들이기 곤란하지만(이 인용문 뒤에 바로 슈펠트와의 속방 조항논의 및 그에 대한 슈펠트의 강력한 반대가 서술되어 있기 때문이다.), 주목할 것은 이홍장이 "조선은 번속임을 칭하면서 신중하게 조공을 받들어 왔을 뿐입니다. 그 내정에는 과거 간여하지 않았습니다. 동방의 선례는 구미와는 크게 다릅니다."라고 하여, 만국공법의 서구식 속국의 사례에 따라 '속국' 조선의 조약을 대신 결정하는 것을 거부하였다는 점이다. 그가 분명히 동·서양 '속국' 관념의 미묘한 차이를 인식하고 있었다는 점은 반드시 주목할 필요가 있다. 뒤에서도 확인

29 「署朝鮮約章後」, 『玉山文集』, 淸代詩文集彙編編纂委員會 編, 2010, 『淸代詩文集彙編』 第736冊 所收, p.658.

하겠지만, 이후에도 이홍장의 이런 인식은 거의 변하지 않았다.

또 그는 "통상 이후 교섭 사건에서 의견이 맞지 않으면 중국이 조선 때문에 연루되고 미국이 중국에 대해 책망하는 일이 크게 늘 것이니 편하고 오래 가는 방법은 아닙니다."라고 하여 중국이 조선 때문에 서구 각국과의 마찰에 말려들어 피해를 보는 것을 꺼리는 종래의 의견을 다시 확인하였다. 다만 이 시점에서는 그 전해의 논의에서 거부했던 총리아문의 "대신 주지하는" 방침을 따르는 것으로 바뀐 것은 분명하였지만, 이홍장은 가능하면 여전히 "몰래 유지하고 보호하는" 방안을 선호하고 있었음을 짐작할 수 있다. 이 점 역시 이후에도 일관된 이홍장의 정책 방침 가운데 하나였다.

여하튼 이렇게 조약체결을 위임받아 협상의 주역이 된 이홍장은 이를 이용하여 조선 정책에서 주도권을 장악하면서 자신의 의도를 관철할 수 있었다. 후술하듯이 조선 내정에 개입할 수 있는 근거를 만들어 내는 '속방조회(屬邦照會)'의 내용을 원래는 조약 본문에 삽입하고자 시도하였던 것은 그 대표적인 사례다(따라서 조약문에 들어가지 못한 내용을 '속방조회'를 통해 공표한 것은 일종의 편법이었다.).[30] 이것은 앞서 하여장이 "조선이 스스로 남과 조약을 맺게 놔두면 다른 나라는 모두 자주(自主)로 간주하여 중국의 속국이란 이름을 곧장 잃게 된다."라고 우려하면서 제안하였던 바를 그대로 반영한 것이기도 하다.

물론 이홍장에게는 이 조약에서 불등평성을 가능한 한 배제함으로써 불이익을 최소한으로 줄이고, 장차 이것을 토대로 청이 서양 각국

30 張衛明(2016, p.99)은 속방조회와 후술할 「무역장정」 등을 통해 조선은 즉 종번 관계 내에서는 중국의 속국이면서 종번 관계 밖의 외면 세계에서는 주권독립국이라는 이원적 국제신분이 주어졌다고 지적하면서, "그 직분 내에서 응당 시행해야 할 모든 사항은" 외국과 "조금도 관련이 없다."는 표현은 이에 대한 질문·반박에 대항하는 청 정부의 '독특한 창조'였다고 해석한다.

과 체결한 불평등조약을 개정하는 기반으로 삼으려는 의도가 있었다. 또한 조선에 분쟁이 생겼을 때 공평하고 신의가 있는 미국의 중재와 원조를 기대하는 조항(이른바 '거중조정(Good Offices)'을 삽입했다는 점도 이러한 의도를 반영한 것이었다.[31] 나중에 「조·영조약」(파크스조약. 이에 대해서는 후술)의 조인 과정에서 무산되기는 하지만, 관세 면에서도 다른 동아시아 국가보다 훨씬 높은 세율(일용품 10%, 사치품 30%. 제5조)이 확보된 것도 그 덕분이었다.

3) 「조·미수호통상조약」과 '속방조회'

이홍장과 김윤식은 여러 차례 회담을 통해 그간 마련된 여러 가지 조약 초안(黃遵憲·李東仁·馬建忠 등이 작성)을[32] 검토하여 차후 슈펠트와의 회담에서 제시할 초안을 마련하였다(영사재판권의 잠정적 인정, 서구 공례에 의한 관세 규칙의 제정). 그때 초고에서 가장 큰 논란의 대상이 된 것은 황준헌이 마련한 조약 초고 제1조에서 "조선이 중국의 명을 받들어 조

31 이후 조선은 거문도사건이나 청·일전쟁, 러·일전쟁 때 이것을 이용하여 미국의 중재를 요청하였지만, 실효는 없었다. 사실 이 거중조정은 선의의 주선 이상으로 적극적인 중재를 의미하는 것은 아니었다. 김기혁, 1980(2022), p.386; 宋炳基, 1985, pp.232-233; Yur-bok Lee. 1999; 金源模, 2003, pp.114-172, pp.303-374; 宋炳基, 2005, pp.216-260 참조. 한승훈(2018a, pp.188-189)은 조약에 신미양요에 대한 언급이 없다는 것과, 이홍장이 거중조정 조항을 삽입한 것은 러시아나 일본의 조선 침략 때 외교적으로 이용하려는 의도였다고 지적한다.

32 김기혁(1980(2022), pp.379-388)은 마건충이 마련한 조약 초안은 중국이 국제법을 점차 깊이 이해하고 국제법과 조약체제를 이용해서 조선에서의 전통적 영향력과 위상을 강화하려는 의도를 보여 준다고 평가하면서, 이 초안에는 조약체결국 사이에서 외교 대표단을 교환한다는 조항은 들어 있지 않았는데, 본 조약에는 이 조항이 제2조로 들어갔다고 지적한다.

약을 체결한다."라고 명시한 것에 대해(하여장의 주장을 반영한 것이다.), 김윤식이 그러한 초안은 미국이 승인하지 않을 뿐만 아니라 조선의 주권에도 흠을 남긴다는 이유로 반대를 표명한 점이었다. 이에 결국 이홍장이 "조선은 오래전부터 중국의 속방이지만, 외교나 내정은 응당 모두 자주할 수 있으며, 다른 나라는 이에 대해 참견할 수 없다고 해야 한다."라고 천명하기로 수정 제의를 하였다. 그 결과, 김윤식도 "조선은 중국에 대해서는 속국이고 각국에 대해서는 자주인 것은 그 명분이 바르고 말이 순리에 맞아서 일과 이치 두 가지 모두 편한 것[事理兩便]이다."라고 평가하면서 이에 동의하여, 마침내 교섭을 위한 초안이 확정되었다.[33] 이미 황준헌의 『조선책략』에 대한 논의과정에서 "2백 년 이래 우리 조선의 사대 성의는 한 푼이라도 해이해진 적이 없고, 중국 역시 내복(內服)과 같이 대하면서 여전히 애써 비호해 주려고 하고 있으니 어째서 따로 가깝게 지내라고 요구할 수 있다는 것인지 잘 모르겠다."라는 반응이 있었던 점은 김윤식의 이러한 '양편론'이 결코 그 혼자만의 생각은 아니었음을 보여 준다고 할 것이다.[34] 김윤식은 이 문제를 국왕에게 보고할 때도 다음과 같은 생각을 밝혔다.

> 이미 각국에 밝혔고, 조약에도 대서(大書)하였는데 다른 날 중국이 우리나라에 일이 있을 때 힘써 도와주지 않으면 모름지기 천하의 웃음거리가 될 것이며, …… 또 그 아래에서 모두 자주할 수 있다는 내용을 넣는다면, 각국과 서로 교제하는 데 해가 없을 뿐 아니라 평등권도 쓸 수 있습니다.

33 金允植, 「天津談草」(光緒7年 12月 26日 督署談草), 林基中 編, 2001, 『燕行錄全集』 卷93, pp.240-241. 또한 김윤식의 속방론·속방조항에 대한 이해는 김성배, 2009, pp.174-183 참조.

34 國史編纂委員會 編, 1985, 『修信使記錄』(韓國史料叢書 제9집), 「修信使日記」 卷二 「諸大臣獻議」, p.190.

권리를 상실할 염려도 없고, 사대의 의리도 배반하지 않으니 양득(兩得)이라 할 수 있습니다.[35]

따라서 김윤식은 아마도 이 '속방조항'을 기존 사대질서 속 '속방자주'론의 연장선에 있는 것으로 간주하면서, 청과 조선의 공동이익을 위한 선택이라고 받아들인 것으로 보인다. 다만 만국공법의 조약체제 내에서 그것을 굳이 명문화하려는 청의 의도는 분명히 김윤식의 이해와는 차이가 있었다고 해야 할 것이다. 그러나 '속방'의 위상이나 '속국자주'론에 대해 양자는 분명한 합의를 한 바 없었기 때문에, 양자는 각기 자기 편한 대로 '속방'과 '속방자주'의 의미를 해석하였을 뿐, 서로 다른 견해·해석의 차이를 가지고 있음을 확인해 보지는 않았던 점은 꼭 기억해 둘 필요가 있다.

그리고 사실상 청의 입장은 전통적인 '상국'의 '속방'에 대한 '자소'와 보호로도 간주하기 쉽지 않다. 조선의 독립·자주적 지위를 박탈·부정하려는 이러한 시도는 천조체제나 천하관념에 집착하는 청의

35 國史編纂委員會 編, 1971a, 『從政年表·陰晴史』의 「陰晴史」 上, pp.57-58. 김윤식으로 대표되는 온건개화파의 현실 인식·외교에 대해서는 原田環, 1997 등이 주목한 바 있으며, 김윤식의 '兩便論'에 대해서는 김수암, 2000, pp.55-59; 김성배, 2009, pp.178-183, 2015에서 상세하게 분석하였으며, 정용화, 2003은 김윤식의 '양득론'과 유길준의 '양절론'을 비교 평가하였다. 金鳳珍, 1994, 2019는 유길준의 '양절론'을 다루는데 속방론 탓에 변질된 조공체제와 조약체제가 양절된, 즉 둘로 나뉜, 엇갈린 채 서로 모순되는 현상을 비판한 것이기 때문에 정확하게는 '양절 비판론'이라고 해야 한다고 지적한다(2019, p.129). 또 김성배, 2009는 김윤식의 생애와 유교적 세계관, 근대 국제정치와의 관계를 전문으로 다룬 연구서다. 김윤식의 외교 사상과 중국 인식에 대해서는 李相一, 1990, 2000; 황재문, 2013; 백승철, 2014; 이지양, 2014; 王奕斐, 2018 등의 연구도 있다. 王奕斐는 김윤식의 '속국자주'의 외교활동을 분석하여 '속국'의 측면은 많이 보이지만, 진정한 '자주'는 실현하기 어려웠음을 지적한다.

자아도취적 '허영심'이나 국제적 위신의 유지에는 얼마간 도움이 되었을지도 모른다. 하지만 근대적 국제관계 속에서 조선을 보호한다는 명분이나 실제는 서구 각국이나 일본으로부터 실질적인 또는 국제법적인 양해를 받아 내기 어려웠고, 청이 실질적으로 그럴 만한 국가적·외교적 역량도 확보하고 있지 않았던 만큼, 그런 효과와는 거리가 먼 것이었기 때문이다. 이홍장은 '속방조회'를 굳이 조약에 삽입하려던 의도를 총리아문에 보낸 서신에서 이렇게 표명하였다.

> 제가 두 가지 원고[조선의 조약 원고와 슈펠트의 조약 초안]를 비교해 보니 차이가 아주 큽니다. 또한 중국의 속방이라는 구절은 모두 언급하지 않고 있으므로, 저희 쪽에서 그 일에 참여하기 곤란합니다. 장래 각국이 이를 본받는다면, 오래될 경우 조선이 우리 속토(屬土)라는 것을 모르게 될 것이니 후환이 더욱 커집니다. 그런데 만국공법에서는 무릇 부용소국(附庸小國)으로 자주(自主)할 수 없는 경우는 또한 각 큰 나라와 조약을 체결하기 곤란하니, 좌우에서 모두 시비를 걸 것입니다. 저는 도대(道臺) 주복에게 지시하여 넌지시 이런 뜻을 슈펠트에게 비치게 하였습니다. 즉 조약 내에서 반드시 중국의 속방임을 명시하되, 정치는 여전히 자주할 수 있다는 내용을 넣어야 하는데, 이것은 붙은 것 같기도 하고 떨어진 것 같기도 하게[不黏不脫] 만들려는 뜻입니다.[36]

36 「致總署籌議朝鮮與美訂約」(光緖8年 2月 9日), 『李鴻章全集』 33 信函 5, pp.124-125. 앞서 언급하였듯이 張禮恒, 2017a는 이것을 절묘하고도 탁월한 이홍장의 선택으로 그의 조선 정책을 관철하는 성공적 원칙이었다고 평가한다. 하지만 필자가 보기에 그것은 성공이 아닌 실패인 듯하다. 이홍장의 목표는 천조체제 아래 전통적 속국이었던 조선을 만국공법을 빌려 억지로 근대적 속국으로 바꿔치기하려는 것이었으므로 결국 속국 조선의 자주를 결코 보장하는 방향으로 작동하지 못하였다. 따라서 이홍장은 조선의 자강을 도와 청의 국방을 강화하는 목표를 내세우거나 거기에 충실하지 못하였고(물론 조

이것을 통해 우리는 이홍장이 만국공법에 나오는 부용국(附庸國)의 위상을 빌려 속토 조선의 위치를 설정하려 하였음을 알 수 있다. 하지만 실제 「조·미수호통상조약」은 단순한 '통상조약'이 아니라 '수호통상조약'으로 체결되었으므로, 이러한 시도가 그대로 실현되기는 곤란하였다. 만국공법의 시각에서 수호조약을 체결한다는 것은 완전한 주권을 보유한 자주국만 가능한 일이었기 때문이다. 따라서 만국공법상의 개념을 이용하여 "붙은 것 같기도 하고 떨어진 것 같기도" 한 애매모호한 방식으로 조선을 '부용국'으로 간주하려던 이홍장의 시도가 서구 각국이나 만국공법 또는 조약에 의해 공인받기는 쉽지 않았다. 이 점에 대해 이홍장은 나중에 다음과 같이 인정할 수밖에 없었다.

> 대체로 서양의 속방은 이른바 반주지국(半主之國)이라는 것이 있어 통상세칙(通商稅則)은 스스로 체결할 수 있습니다. 그리고 조선은 스스로 영국·독일·미국 등과 세칙을 상정(商訂)하였고, 항구 개설 등의 문제도 수시로 변통하고 있으므로, 생각해 보면 서양 사례의 반주속방(半主屬邦)에 여전히 들어맞지 않는 것은 아닙니다. 만약 반드시 중화속국(中華屬國)이라는 것을 조약의 제1조에 두고자 한다면, 조선은 아마 따를 것입니다. 그렇지만 미국은 합중연방이라 결코 승낙하지 않을 것이고, 영국·독일도

선 측도 문제가 없었던 것은 아니다.), 결국은 청의 국익을 앞세워 조선의 이익을 희생시키는 방향으로 나갈 수밖에 없었기 때문이다. 더구나 청·일전쟁의 패배로 이홍장의 조선 정책은 그 실패가 분명하게 입증되었다. 그것은 또한 기존의 사대-자소 질서를 파괴하는 것이자, 천조상국으로서 조선을 보호한다는 원칙에 충실한 것도 되지 못하였다. 이홍장의 '부점불리' 원칙은 사실 만국공법의 국제질서를 어쩔 수 없이 수용하면서도 여전히 천조체제의 외형에 집착하였던 청의 애매모호하고도 엉거주춤한 태도를 상징하는 것이나 마찬가지였다. 이러한 태도에서 청의 조선 정책을 특징짓는 '편법외교'가 출현할 수 있었다(이 점에 대해서는 후술).

스스로 큰 나라로 여기니 더욱 따라 줄 리 없습니다. 그들과 중국·조선은 모두 평행하는 조약을 체결하였고, 만약 조선과의 조약 내에 중속(中屬)임을 분명하게 기입한다면, 체면에 장애가 된다고 느낄 터이고, 우리 역시 강제로 바꾸도록 하기 곤란합니다. 하지만 이미 조회로 따로 밝혀 이것이 조약을 담당하는 부서[盟府]의 기록에 올라 있으니, 앞으로 각국이 방법을 강구하여 조선을 침릉(侵陵)하거나 혹은 조선이 배반할 경우, 중국은 의리를 명분으로 책망할 수 있어, 마침내 프랑스·베트남과 같은 전철을 밟게 되지는 않을 것입니다.[37]

이홍장은 여기서 여전히 조선을 서양 사례의 '반주속방'으로 간주하려 노력하고 있다. 동시에 조선과 조약을 맺은 서양 각국이 중국의 이러한 '속방론'을 받아들이려 하지 않을 것임을 인정하면서도, 베트남이 프랑스의 보호국이 된 전철을 밟지 않기 위한 일종의 대비책으로 그것을 고집할 수밖에 없다는 점을 내세우고 있다.

하지만 그가 간과한 것은 이미 자주국으로 각국과 수호조약을 체결한 조선을 '속방조회'를 추가하는 것만으로 '반주속국'이나 '부용국'으로 '강등'시킬 수는 없었다는 점이었다. 조약과 조회는 국제법상으로도 그 효력이 결코 동일한 것이 아니었다. 조선 정부가 따로 '속방조회'를 갖추어 조·중 사이의 '종속 관계'를 밝혔지만, 이 '종속 관계'는 단지 청과 조선 사이의 관계에 한정된 것일 뿐, 제3국에는 통용되지 않는다는 것을 의미하기도 하였다.[38] '속방조회'에서는 "대조선국이 중국의 속방이라고 하였지만, 그 직분 내에서 응당 시행해야 할 모든 사항은

37 「致總署籌論朝鮮新約附有照會」(光緖9年 12月 13日), 『李鴻章全集』 33 信函 5, pp.334-345.

38 伊原澤周, 2007, p.394.

모두 대미국(大美國)과 조금도 관련이 없습니다."라고 분명히 표명하고 있기 때문이다(후술). 사실 나중에 '속방조회'를 받은 미국은 그 존재와 의미를 철저히 무시하였을 뿐만 아니라, 조선 정부 자체도 미국과의 외교적 교섭에서 이것을 중시하지 않았다.[39]

이런 점에서 '속방조회'라는 방식은 만국공법의 국제질서와 천조체제 사이의 간극을 이용한 일종의 '편법'이라는 점에서, 어쩌면 '속국자주'론과 거의 비슷한 맥락에 있었다고 할 것이다. 하지만 이러한 청의 '편법외교'에 대해 서구 각국의 외교관들 역시 이해할 수 없는 청과 조선의 이러한 태도를 자신의 국익에 직접 관계되지 않는 이상 묵인하였을 뿐, 그것을 분명하게 이해하거나 공인한 것도 아니었다. 만약 만국공법에 따라 공식적으로 조선을 독립자주국이 아니라 수호조약의 체결권이 없는 '반주속국'이나 '부용국'으로 간주한다면, 서양 각국이 조선과 맺은 조약은 모두 '폐기' 대상이 되어야 했겠지만, 실제 그런 일은 일어나지 않았다. 그렇다고 '속방조회'의 통보만으로 그것이 '수호조약'의 내용을 대신하는 권위를 지닌 것으로 받아들였다면, 이 '속방조회'에 대한 답변으로 그것을 밝혔을 터이지만, 그런 일도 나타나지 않았다. '속방조회'를 둘러싼 조선-청의 관계를 도무지 이해할 수 없기에 그대로 '속방조회'를 받고 '무시'하거나 현상을 '묵인'하였다고 보아야 할 것이다.

그렇지만 이후 이렇게 조선을 '부용국'이나 '반주속국'으로 간주하려는 이홍장의 정책은 독립·자주를 지향하는 조선의 지향과 부딪혀 이후 지속적인 갈등을 낳게 되었다. 실제 전통적 상국-속방 관계를 조약에서 명문화함으로써 조선을 만국공법상의 '속국'으로 치환하려는 의

39 Yur-bok Lee, 1988, p.28.

도는 미국 측과의 협상에서도 상당한 난관에 부딪혔다. 1882년 3월부터 4월 중순까지 5차에 걸친 이홍장-슈펠트 회담에서 조선이 자주국임을 인정한 「조·일수호조규」를 저본으로 하였던 미국 측은 국제관계상 그러한 애매한 '속방조항'을 인정할 수 없다고 완강하게 거부하였기 때문이다. 이홍장은 그 조항을 인정하지 않으면 중국 관원과 군함을 대동하지도 않을 것이고, 협상에 관여하거나 동행하지 않을 것이라고 위협하였다. 그런데도 효과가 없자 그는 4월 10일경 열린 3차 회담에서 조약체결 이후 이 조항을 미국 국무부에 조회하는 데 동의한다면 조약 본문에서 삭제하겠다고 제안하였다. 그리하여 결국 상호 양보 아래 전문 15조의 조약 초안이 마련될 수 있었다(제1조는 비워 두고 미국 정부의 최종 결정을 기다려 추후 삽입 여부를 결정하기로 하였다.).

양자의 회담 과정에서 전권대신의 자격이 없어 참여가 배제된 김윤식은 초안 타결 이후 그에 대해 이렇게 동의하였다. "조선은 교제 사무에 익숙하지 않고 또한 양문(洋文)·양어(洋語)를 해독할 수 있는 사람이 없어, 만약 중국에서 관원을 파견하여 같이 가지 않는다면 아마 많은 지장이 있을 것이니, 감히 번거롭지만 요청하지 않을 수 없습니다." 그가 이홍장에게 조약의 정식 조인을 위한 도움을 요청한 것은[40] 국제정세와 교섭에 어두운 당시의 조선으로서는 당연한 것으로 받아들이고 기대하였기 때문일 것이다.

이후 이홍장의 지시에 따라 프랑스에 유학하여 만국공법에도 해박하였던 도원(道員)[41] 마건충(馬建忠)과[42] 북양수사(北洋水師)의 제독 정

40 「北洋大臣李鴻章與朝鮮陪臣金允植筆談節略」(光緒8年 3月 7日), 『中日韓』 卷2, pp.571-574; 『국역中日韓』 3, pp.264-266, pp.272-276; 『外交文書』 제4권, pp.358-364.

41 道員은 道臺를 말하는데, 총독·순무와 知府 사이의 지방 장관으로 원칙적으로 사품함이다.

여창(丁汝昌)이[43] 조선을 방문하여 슈펠트와 회담하고, 공란으로 남겨 둔 제1조를 삭제하고 대신 '속방조회'로 대체하기로 합의하였다.[44] 조

42 馬建忠(1845-1900)은 江蘇省 丹徒 출신으로 자는 眉叔이다. 1876년 이홍장에 의해 유학생으로 프랑스에 파견되어 변호사 등의 자격을 얻어 귀국하였다. 이홍장의 지휘 아래 인도와 조선에서 외교 교섭에 종사하였고, 1882년 임오군란 때에는 대원군을 중국에 연행하는 일 등을 맡았다. 조선이 미국·영국·프랑스·독일 등과 조약을 맺는 일에도 관여하였으나, 관직은 道臺에 그쳤다. 저서에 『適可齋記言記行』, 『東行三錄』, 『馬氏文通』 등이 있다. 「조·미조약」 체결과정에 개입한 마건충의 역할, 그리고 임오군란과 마건충의 조선 정책에 대해서는 岡本隆司, 2004, pp.17-134에서 집중적으로 다루었다. 한편 마건충이 「조·미조약」 체결을 위해 조선에 와서 올린 보고 및 기록과 조선 관원과의 필담 등은 『국역中日韓』 4, pp.17-132에 수록·번역되어 있다.

43 丁汝昌(1836-1895)은 자가 禹亭, 호는 次章으로 安徽省 廬江縣 출신이다. 그는 일찍이 태평천국군에 가담하였으나 부대를 따라 귀순하고, 머지않아 이홍장의 淮軍에 배속되어 태평천국과 염군의 반란을 진압하는 데 참여하면서 공을 세워 記名提督의 지위에 올랐다. 광서5(1879)년 이홍장에 의해 북양수사로 배치되었고, 광서7(1881)년에는 200명의 북양수사 官兵을 이끌고 영국에 가서 超勇·揚威號 巡洋艦을 접수하여 귀국하였다. 1888년 북양해군이 건립되자 海軍提督으로 이를 이끌게 되었다. 1894년의 청·일전쟁에서 일본과의 海戰에 패배하고 북양해군의 근거지인 威海衛가 함락당하자 투항 요구를 뿌리치고 자살로 생을 마감하였다.

44 盛利(2009a, pp.61-70)는 마건충의 파견은 청의 조선 정책 변화에 따라 이전의 전통적인 청-조선 외교 체제를 돌파·조정하여 새로운 충격을 주었다고 평가한다. 마건충의 파견이 전통적인 칙사와 다른 점은 비록 청 조정의 승인을 받기는 하였지만, 직접적인 권한 부여는 북양대신 이홍장에게서 나온 것이었으므로 전통적 칙사 파견과는 달랐고, 그 직책도 청이 전에 간여하지 않았던 조선의 외교 범위에 개입하는 것이었으며, 또한 그 인원 구성이나 출사 행로, 활동 지역(인천과 한성)과 일정도 다를 수밖에 없었다는 것이다. 盛利는 마건충이 조선의 대외 개방과 통상을 촉진하여 외국과의 평등한 관계를 건립하고 경제발전과 부강을 추구할 수 있도록 노력하였지만, 다른 한편으로는 곳곳에서 '上國' 사신의 위엄을 과시하여 전통적인 불평등한 '종번 관계'를 유지·보호하려 하였음을 지적하였다. 이 점에서 마건충의 행동은 이 시기 청의 조선에 대한 정책·입장이나 조선-청 관계의 현실을 그대로 반영하는 것이라 하겠다.

선-청 관계의 역사에서 마건충·정여창 등 만주족이 아닌 한족 출신 관원이 파견된 것은 '전통을 완전히 파괴한' 행동이었다는 지적은[45] 새삼스럽지만, 종래 조선 외교(칙사나 사신 파견)에서 한족이 전혀 배제되어 왔던 과거의 역사를 돌이켜보면 양국 관계가 정말로 새로운 국면에 돌입하였음을 보여 주는 것이기도 하다. 조선에 도착한 마건충은 의약대관(議約大官) 신헌(申櫶), 부관 김홍집을 비롯한 조선 관원들과의 회담에서 조약의 조속한 비준과 전권위임장의 발급을 독촉하는 한편, 자신이 마련한 '속방조회'를 받아들이도록 계속 요구하였다.[46]

그때 마건충이 초안을 작성하고 조선이 미국에 보낸 '속방조회'의 내용은 다음과 같았다.

> 대조선국 군주가 조회를 보냅니다.
>
> 삼가 생각건대 조선은 본래 중국의 속방이지만, 내치와 외교는 예전부터 모두 대조선국 군주가 자주해 왔습니다. 현재 대조선국과 대미국이 피차 조약을 체결하는데, 모두 동등하게 서로를 대해야 합니다. 대조선국 군주는 조약 내 각 조항을 반드시 자주공례(自主公例)에 따라서 성실하게 그대로 시행할 것임을 밝힙니다. 대조선국이 중국의 속방이라고 하였지만, 그 직분 내에서 응당 시행해야 할 모든 사항은 모두 대미국과 조금도 관련이 없습니다. 관원을 파견하여 조약을 맺는 외에, [이 점을] 마땅히 문서를 갖추어 조회를 보내야 할 것입니다. 이상입니다.
>
> 미국 대통령에게 조회를 보냅니다.
>
> 대조선국 개국 491년, 즉 광서8년 3월 28일.[47]

45 김기혁, 1980(2022), p.385.

46 '속방조회'에 대한 슈펠트와 미국 정부의 대응, 마건충과 어윤중의 입장에 대해서는 朴日根 編, 1982, pp.194-219에서 상세하게 분석하였다.

이 '속방조회'는 연호도 조선의 개국 연호와 청의 광서(光緖) 연호를 병용한 데다가, 날짜도 조약체결 이전으로 작성하여 청의 속방임을 미국에 먼저 통고한 다음 조약을 체결한다는 사실을 재확인하는 것이었다.[48] 신헌과 김홍집은 미곡 수출 규정과 관련된 부분적인 수정을 제의한 것 외에 나머지 대부분 내용을 승인하였다. 결국 5월 22일 제물포 연안에서 양측 대표들이 한문과 영문으로 된 각 3통의 조약문에 조인하여 「조·미수호통상조약」을 체결하였다. 이어 신헌과 김홍집은 '속방조회'를 슈펠트에게 전달하였다.[49] 한편, 조약의 전문(前文)은 다음과 같았다.

47 '속방조회'의 원문(과 번역문)은 『中日韓』 卷2, pp.617-618; 『外交文書』 제4권, p.420[여기에는 "分內一切應行各節"이라는 구절에서 '內'자가 누락되어 있다.]; 『국역中日韓』 4, p.27, pp.74-75(번역문) 참조. 당시 오장경의 막료로서 조선에 왔던 王伯恭은 이 조회에 나오는 '대조선국 군주'(王은 '大朝鮮國大皇帝'로 이해하였다.)라는 명칭을 보고 놀랍고 의아해서 조선 관료 趙寧夏에게 이것이 어찌 藩屬이 사용할 수 있는 용어냐고 물었더니, 조영하는 이홍장의 뜻에 따른 것으로, '너희는 중국 속방이지만 서양에 대해서는 당연히 이렇게 할 수 있다.'고 하였다는 대답이었다. 王은 몰래 의아해하면서도 감히 따질 수 없었지만, 조약체결에 참여한 마건충 역시 언젠가는 반드시 그 잘못을 입게 될 것이라고 말하였다고 증언하였다. 王伯恭, 1985, 「光緖甲申朝鮮政變始末」, 『蜷廬隨筆』(沈雲龍 主編, 『近代中國史料叢刊』 正編 第24四集 0235), p.14. 따라서 이 '대조선국 군주'라는 용어는 이홍장의 '속방'에 대한 이해의 일면을 보여 주지만, 여타 청의 官員은 이 용어의 사용이 가져올 위험성을 상당히 우려하였다는 점도 알 수 있다.

48 申基碩, 1967, p.63. 청의 연호를 사용하였다는 것을 지적하여 '속방'의 의미를 강조하는 일부 연구자도 있지만, 그 앞에 조선의 연도 표기법이 먼저 들어가 있다는 점도 당연히 주목할 필요가 있다. 청의 '속방'임을 강조하기 위해서라면 아예 청의 연호만 표기하면 되었을 것이기 때문이다.

49 이상 「조·미조약」의 체결과정에 대해서는 아주 많은 연구가 있다. 朴日根, 1971, 1977a, 1977b, 1979, 1982; 宋炳基, 1985, pp.219-222; 宋炳基, 2003b, pp.283-302; 權赫秀, 2000, pp.66-91; 김용구, 2001, pp.306-321, pp.336-369, 2006, pp.458-467; 伊原澤周, 2008, pp.157-226; 한승훈, 2018a 등 참조.

대조선국과 대미국은 화호(和好)를 두터이 하고, 피차의 상민(商民)을 은혜로써 보살피기를 간절히 바란다. 이에 대조선국 군주는 전권대관(全權大官) 경리통리기무아문사(經理統理機務衙門事) 신헌, 전권부관(全權副官) 경리통리기무아문사(經理統理機務衙門事) 김홍집을 특별히 파견하고, 대미국 대통령은 전권대신 해군 준장 슈펠트를 특별히 파견하여, 각기 [본국에서] 받은 전권위임장을 서로 확인해 보니 모두 적절하여, 조약을 맺고 다음과 같이 열거한다.[50]

그리고 조약의 제1조는 "앞으로 대조선국과 대미국은 각기 영원토록 평화롭고 우애 있게 지낸다. 만약 다른 나라가 불공정하거나 모욕하는 일이 있어 이를 일단 알리면, 반드시 서로 돕고 중간에서 잘 조정하여 우의가 두터움을 보여야 한다."라는 것이었다. 이 조항은 1858년 청과 미국 사이의 「천진조약」 제1조에서 유래하여 그 원문도 같은 것으로, 이른바 '거중조정'에 관한 규정이었다. 이것은 일본과 러시아의 조선에 대한 계획을 견제하기 위해 이홍장이 삽입한 것으로 여겨진다.

제2조는 상주 외교사절의 파견에 관한 규정이었고, 제3조는 난파된 미국 선박과 선원 구조, 제4조는 조선 거주 미국인에 대한 치외법권 적용을 다루었다. 제5조는 수출입 관세(일반 수입품 10%, 사치품 30% 이하)를 규정하였지만, 청과 일본의 조약에서 각기 적용된 7.5%(수입 관세 5%와 부가관세 2.5%), 5%와 달랐고, 청과 일본에 부여되지 않은 관세자주권도 조선에 있음이 명문화되었다. 이 때문에 이 조항은 청·일본

50 「조·미조약」은 『外交文書』 제4권, pp.480-483(원문) 및 최덕수 등, 2010, pp.80-85; 『국역中日韓』 4, pp.23-26, pp.69-73(번역문) 참조. 이 조약 전문에 「남경조약」이나 「천진조약」, 「조·일수호조규」처럼 그 이전의 전쟁(여기서는 신미양요)에 대한 언급이 없는 것은 「조·미조약」이 신미양요의 직접적 결과로 나온 것이 아니었기 때문이다(최덕수 등, 2010, p.86. 한승훈 집필).

의 불평등조약 개정에 중요한 도움이 될 가능성을 열어 두었다.[51] 이하 제6조·9조·10조·11조는 무역 통상을 위한 양국 인민의 거주, 무기 수입 금지, 현지인 고용, 유학생 파견 등을 규정하였다. 그리고 제14조에서는 최혜국대우를 규정하였다.[52] 다만 제7조에서는 아편 무역의 금지, 제8조에서는 미곡 수출 금지가 규정되었는데, 이것은 조선 측의 강력한 의지가 반영된 것이라 할 수 있었다.

따라서 「조·미조약」은 대체로 그때까지 동아시아 각국이 서구 각국과 맺은 조약 가운데 가장 불평등성이 줄어든 조약이었다. 이것은 상대적으로 동아시아와 조선에서의 상업적 이해관계가 비교적 적었던 미국이기 때문에 가능하였다. 이 조약에서의 규정으로 말미암아 조선은 「조·일수호조규」에서 규정된 일본의 무관세 조항을 개정하여 일반 상품에 대한 수입 관세율을 8-10%로 확보하는 데 도움을 받을 수 있었고, 또한 미곡 수출이 자유로웠던 「조·일수호조규」의 내용을 「조·미조약」의 규정에 따라 고쳐서 「조·일통상장정」에 흉년의 경우와 인천항에서의 미곡 수출을 금지하는 조항을 집어넣을 수 있었다.[53]

그렇지만, 이후 이러한 성과는 영국·독일과의 조약체결·조인 과정에서 사실상 물거품으로 돌아갔다. 「조·미조약」의 체결 뒤 곧바로 영국(1882년 6월 6일)과 독일(1882년 6월 30일)도 대체로 이 조약의 기본 내용에 따라 조선 정부와 수호통상조약을 체결하였다. 그러나 동아시

51 최덕수 등, 2010, pp.93-94(한승훈 집필) 참조.

52 다만, 여기에는 타국이 조선과 상호보답하는 특별조항에 관하여 미국이 균점할 수 없도록 규정하여 이를 제한함으로써, 청이 조선에서 얻을 수 있는 특권을 미국이 균점하는 행위를 미연에 차단하고자 하였다. 한승훈, 2018a, pp.190-191. 「조·미조약」과 그 이후 조약에서의 최혜국대우 조항에 대한 전론은 酒井裕美, 2016, pp.216-259 참조.

53 曹谷憲一, 1999, p.177.

아에 주재하던 영국의 외교관이나 상인들은 이것이 동아시아에서 영국의 이익에 크게 장애가 된다고 보아, 이후 「조·미조약」에 기초한 「조·영조약」(이른바 「윌리스조약」)에 반대 의사를 밝혔다.[54] 그 결과 영국 정부에 의한 비준이 보류되었으므로, 다시 영국의 요구에 따라 불평등성이 강화된, 따라서 협정관세를 명문화하는 등 종전보다 조선에 훨씬 불리해진 조약(조약 개정을 주도한 주일 영국 공사 Sir Harry Smith Parkes의 이름을 따서 이른바 「파크스조약」이라고 한다.)으로 개정된 다음에야 「조·영조약」은 1884년 5월 1일 영국의 비준을 받을 수 있었다. 이후 서술할 「중국·조선상민수륙무역장정」에서 청이 획득한 특권의 균점(均霑)으로 수입품 관세율 5%(결국은 7.5%로 타협), 개항장 간 무역 및 내지 통상 허가 등으로 영국이 청·일본과 맺은 불평등조약 수준으로 수정하겠다는 것이 영국의 의도였다.[55]

조약 개정에 협조한 독일의 사례도 이와 같았다. 러시아도 1884년 7월 7일에 가서야 조약의 체결이 이루어졌으며, 프랑스 역시 1882년 마건충의 도움을 받아 조선과 조약을 꾀하였으니 실제 조약은 베트남 문제가 해결된 1886년 6월에 가서야 체결되었다.[56] 이 조약들은 모

54 Admiral George O. J. Willes는 1882년 전권으로 임명되어 조선에 파견되어 전권대신 조영하와 4월 21일 인천에서 조·영 회담을 개시하였고, 6월 6일 마건충·정여창 등의 임석하에 조약을 체결하였다.

55 이러한 영국의 조선 외교에 대해서는 朴日根, 1983, 1989, 1990이 집중적으로 다루고 있다. 「조·영조약」에 대해서는 E. V. G. Kiernan, 1970(1939), pp.101-112; 최덕수 등, 2010, pp.169-261(한승훈 집필); 酒井裕美, 2016, pp.241-259 외에 조약 개정을 주도한 영국 외교관 해리 S. 파크스에 대한 김현수, 2011의 연구와 한승훈, 2015, 2016, 2018b를 참조할 수 있다. 한승훈, 2015, 2018a, 2018b는 「조·미조약」과 그 이후 조선의 관세자주권 수호 실패를 특히 강조하고 있다.

56 우철구, 1999, pp.51-118, 2003b, pp.303-317; 김용구, 2001, pp.370-433; 2006, pp.474-489. 서양 각국과의 개국조약에 대한 기초적 정리는 박말희,

두 「조·미조약」이 아니라 개정된 「조·영조약」의 복사판이었다. 조선은 1882년 맺은 「조·미조약」의 성과를 누리기도 전에, 사실상 청이나 일본과 같은 수준의 불평등조약을 다시 체결해야 하는 운명을 피하지 못하였다. 이리하여 조선에서도 청의 소개에 의해 '조약체제'가 도입되고, 중국의 경우와 마찬가지로 이른바 '불평등 조약체제'가 형성되었다. 서구인들에게 「조·미조약」의 체결은 "지구상 국가 가운데 마지막 미지의 땅(Terra Incognita)이 마침내 불가피하고 거스를 수 없는 인류의 진보 행진에 굴복한 것이다."라는 평가를 받았다.[57] 김용구 교수의 표현에 따르면 조선은 바로 이 조약을 통해 바로 세계 외교의 변경, 또는 '오지(奧地)'에서 벗어날 계기를 얻게 된 것이다. 아울러 이 조약은 일본 측의 일국적·독점적 제국주의(Monopolistic Imperialism)의 추구라는 국면에서 이른바 청과 일본 외에 서구 열강이 끼어드는 '다국적 제국주의(Multilateral Imperialism)'의 국면으로 바뀌면서 기존의 사대·교린 질서가 무너지는 출발점이 되기도 하였다.[58]

당시 모친상을 당해 본적에 돌아간 이홍장을 잠시 대리하였던 서리(署理) 북양대신(北洋大臣) 장수성(張樹聲)은 「조·미조약」을 이렇게 평가하였다.

모두 서양의 통례에 따라 짐작하고 모방하여 처리하였으며, 이익을 취하

1996; 최덕수, 2010, pp.63-108, pp. 169-261(한승훈 집필) 참조.

57 E. V. G. Kiernan, 1970(1939), p.85.

58 Karl Larsen, 2008, 2018; 한승훈, 2015, 2018b. 한승훈(2018b, p.331)은 「파크스조약」에서 「조·미조약」이나 「윌리스조약」에 있었던 "특별 조항을 서로 정하여 일체 준수"한다는 단서 조문을 삭제하여 무조건적인 이익 균점을 약속함으로써, 이것이 1896년을 전후로 한 열강의 이권 침탈의 법적 근거로 작용하였다고 지적한다.

고 손해를 막는 방법에 대해서는 실로 이미 주도면밀하였습니다. 모두 이것은 모두 황령(皇靈) 덕분이었으므로 미국 사신은 신속하게 동의하였고, 처리도 비교적 순조로웠습니다. 조선은 지키면서 잃지 않았고, 다른 나라들이 뒤이어 통상을 계속 요구하더라도 이 조약에 의거하여 엿보는 것을 막고 무리한 요구를 물리칠 수 있으며, 이로부터 외국을 다루는 방법을 강구하여 자강(自強)의 바탕을 세운다면, 대대로 동쪽 울타리를 지키면서 우러러 성주(聖主)의 자소지덕(字小之德)을 받을 수 있을 것입니다.[59]

장수성은 중국의 기존 불평등조약과 비교하여 비교적 개선된 측면이 있는 미국과의 조약을 비교적 잘 처리하였다고 평가하였다. 1939년에 이미 영국의 미간행 외교문서에 입각하여 한반도 문제를 서술한 최초의 저서(*British Diplomacy in China, 1800 to 1885 with a New Forward by the Author*, New York: Octagon Books, 1970)를 낸 학자인 빅터 키어넌(Edward Victor Gordon Kiernan)이 「조·미조약」에 대해 당시 국제적인 관행보다 더 많은 것을 조선에 양보한 조약이라고 판단하여 이를 '서투른[실패] 조약(What most considered a bungled treaty)'이라고 평가한 것과 비교해 보면, 비록 서로 정반대의 시각에서 본 것이지만, 양자 모두 「조·미조약」을 조선에 비교적 유리한 것으로 보았다는 점에서는 공통성이 있다고 할 것이다.[60] 또 이것은 중국이 사실상 조공체제와 조약체제의 공존을 추구하는 대외 인식과 정책을 조선에서 최초로 전개한 경우이기도 하였다.[61] "대대로 동쪽 울타리를 지키면서 우러러 성주의 자소지덕을 받

59 「朝鮮與美國議立和約事竣摺」, 『張靖達公奏議』 卷6, 3b-6a; 『外交文書』 제4권, p.443.

60 이에 대해서는 김용구, 2020, pp.21-28 참조.

을 수 있을 것"이라는 장수성의 주장은 조약체결에도 불구하고 여전히 조선에 대한 천조체제가 존속할 것임을 기대하고 있었다.

하지만 청의 이러한 시도와 기대는 이후 조선과 청 사이에 수많은 갈등의 요소를 배태했다. 근대적 국제질서 속에서 독립적인 자주국으로 자리 잡고자 하는 이 시기 조선의 원망은 사실 청의 기대와는 크게 어긋나지 않을 수 없었기 때문이다. 이홍장이 공들여 확보한 '속방조회'의 추가도 청과 조선 사이에서는 의미가 있었을지 모르지만, 국제법적 상식에서는 도저히 이해하기 어려운 이 조항에 대해 미국은 물론, 이후 조선과 조약을 체결한 각국이 거의 의미를 두지 않았던 것도 사실이다. 이를테면 1883년 3월 부임한 미국 공사 푸트(Lucius H. Foote)가 가지고 온 조선 국왕에게 보내는 미국 대통령의 국서는 다음과 같은 의견을 표명하였다.

> 조선과 중국의 왕래가 만약 본국 상민의 일에 방해가 되지 않는다면 이 밖의 문제는 모두 상관하지 않으며, 또한 조선이 중국이 속방이라는 것도 따져 묻지 않습니다. 무릇 귀국의 내외 모든 문제는 모두 귀국 군주가 스스로 주지하고 있음을 이미 알고 있어, 실로 깊이 앙모하는 바이며, 그리고 통상 문제에 대해서도 역시 이처럼 자주국가입니다. 본국 의회는 이미 수호조약을 승인하였으니 당연히 비준할 것입니다.[62]

이 푸트의 부임에 대해 고종은 조선이 명실상부한 주권독립국이 되었으며, 미국이 조선의 진보와 독립을 후원할 것이라는 희망을 가지

61 權赫秀, 2000, pp.89-90; Kirk Larsen, 2018.

62 崔蘭英, 2002, p.99; 「朝鮮國王(咨)文」(光緒9年 5月 23日), 『中日韓』 卷3, pp.1156-1157에 수록된 「照錄美國復函」(癸未 二月 初六日. 1883.3.14) 참조.

고 "기뻐서 춤을 추었다."고 하며, 푸트가 부임한 다음 날 바로 그를 소견하였다.[63] 일본에 뒤이어 두 번째 수교 국가인 미국이 조선에 '특명전권공사(Minister Extraordinary and Plenipotentiary)'를 파견한 것은 조선의 독립을 분명하게 인정한 것이었다.[64] 당시 상해에서 발행되던 영자(英字)신문 *North China Herald*의 1883년 4월 18일 기사("America's Repudiation of Korean Vassalship")는 다음과 같이 지적하고 있다.

> 푸트를 한성의 조선 정부에 미합중국 특사 겸 전권공사로 임명하는 것은 아마 중국 정부로서는 그다지 달갑지 않을 것이다. 「슈펠트조약」을 비준한 것은 여기 있는 많은 사람을 놀라게 하였으며, 기묘한 것이라고 생각되었다. 이것은 조선이 속국이라는 것에 대해 중국 정부가 지속적으로 — 일관되지는 않지만 — 주장해 온 것에 맞서는 한 걸음을 내딛기로 미국이 결정한 셈이 되기 때문이다. 그러나 이제 채택된 좀 더 명확한 조치는 미국 정부의 정책이 실제 어떤 것인가를 보여 준다. 즉, [미국은] 완전한 독립과 정치적 통합성의 기초 위에서 조선을 다루기로 결정하였다. 수많은 동양적 잡담과 마찬가지로 최근 중국이 주장해 온 종주권은 무시하며, 중국의 조선 외교 문제에 대한 어떠한 간섭도 용납하지 않는다는 것이다. 이 모든 것은 미국 의회가 유럽 궁정에 파견된 많은 외교관들보다 더 높은 등급의 대표를 한성에 파견한 것으로 완벽하게 암시되고 있다. 이것은 중국에는 놓칠 수 없는 하나의 암시가 된다. 여하튼 하나의 강대국에 의해, 중국은 대외관계에 대한 관념을 오늘날의 그것에 맞도록

63 Yur-bok Lee, 1988, p.29, p.97. 여기서는 아울러 중국 황제가 외국 공사를 접견하는 데에는 조약체결 후 30년이 걸렸고, 일본 천황은 15년이 걸렸다는 점이 조선의 경우와는 대조적이라고 지적한다.

64 구대열, 2018a, p.51.

고치라는 요청을 받은 것이다.[65]

청 또는 조선 정부가 '속방조회'에 대해 어떻게 생각하였든 간에, 서구적 관점에서 보면 미국은 일단 수호통상조약을 맺은 이상, 조선을 완전한 주권을 가진 독립국으로 대우할 생각이라는 점이 분명하였다. 전통적 천하관념과 국제법 사이의 간격은 이만큼 넘어서기 쉽지 않았다. 따라서 이런 점에서 보아 양자 사이의 간격을 메우기 위해 동원된 '속방조회'라는 조치는 사실상 일종의 '편법'이라고 할 수 있었다. 이후의 조선-청 관계를 특징짓는다고 필자가 생각하는 '편법외교'는 바로 여기서도 분명하게 그 모습을 드러내었다. 여하튼 이러한 '속방조회'는 1892년의 「조선·오스트리아조약」 때까지 조선 측에 의해 계속 발송되었다.[66] 결국 일본 및 서구 각국과 맺은 불평등조약, 그리고 이후 청과 맺게 된 「중국·조선상민수륙무역장정」 등을 통해 조선이 맞이하게 된 '다국적 제국주의' 국면의 출범(청은 여기서 또한 제국주의 정책의 '주도자'로 등장하게 된다.)은[67] 자강과 독립의 미래를 꿈꾸는 조선의 장래에 험난한 장애물을 깔아 놓게 되었다.

그리고 이홍장이 주도한 「조·미조약」의 체결로 이전의 '속국자주'론과는 전혀 다른 길로 접어들게 된 청의 조선 정책이 이후 과연 조선이나 청의 안보·국익을 지키는 효과적인 정책이었는가에 대해서는 특히 청·일전쟁 패배 이후 청 내부에서도 혹독한 비판의 대상이 되었다는 점 역시 주목할 필요가 있다. 이홍장과는 달리 조선에 대한 직접적

65 "America's Repudation of Korean Vassalship," *North China Herald*, April 18, 1883. 朴日根, 1982, 『Anglo-American Diplomatic Materials Relating to Korea(1866-1886): 近代韓國關係英·美外交資料集』, p.1133에서 인용.

66 申基碩, 1967, pp.58-66; 우철구, 2003b, pp.303-317; 具仙姬, 2005, p.160.

67 Kirk Larsen, 2008.

인 개입과 감독을 선호하였던 강경파의 시각에서 보면, 조선에 대한 직접적인 개입·감독(이른바 '속국화' 정책) 대신 조선에 진출한 열강 간의 '세력균형'을 이용하는 간접적인 통제와 지원을 선호한 이홍장의 지향은 오히려 조선 정책 실패의 원인으로 지목당하기 때문이다. 청·일전쟁에서의 패배가 분명해지던 1894년 9월 무렵, 과거 조선에 파견된 오장경의 막료로 일하였고, 이홍장을 비판하는 청류파와 가까운 정치적 성향을 보였던 장건(張謇)은[68] 이홍장을 탄핵하면서 「조·미조약」 체결에서 시작된 그의 조선 정책을 다음과 같이 신랄하게 비판하였다.

> 바야흐로 광서8(1882)년 무렵 이홍장은 정여창·마건충에게 지시하여 영·미 각국과 조약을 체결하도록 하여, 조선이 자주지국이 되는 것을 허락하였는데, 조약에서는 "여전히 조선은 중국의 속국이다."라는 점을 분명히 인정하였다. 조선과 동삼성은 순치상의(脣齒相依)의 관계로 중국의 정삭을 받들고, 국왕과 왕비를 세워 중국에서 책봉하였으니, 이치나 대세로 보건대 반주(半主)할 수는 있지만 자주(自主)할 수는 없다. 조선이 자주할 수 있게 하였으니 이미 잘못을 저질렀는데, 일본인과의 [제물포]조

68 張謇(1853-1926)은 자가 季直, 호가 嗇庵으로 江蘇省 南通 출신이다. 15세에 秀才에 합격하였지만 23세부터 오장경의 막부에 들어가 일하게 되었으며, 1882년 오장경이 조선에 파견되었을 때 그를 도왔고, 상주문이나 서신 등 오장경의 글을 대신 작성하였다. 1884년 중엽 吳長慶이 귀국하고 곧이어 병사하자 고향에 돌아갔고, 32세인 1885년에 擧人에 합격하고 후기 청류파의 영수인 翁同龢의 문하 제자가 되었다. 하지만 이후 계속 낙방을 거듭하다 1894년에 가서야 會試에서 장원급제하여 翰林院修撰의 관직을 제수받았다. 하지만 곧 부친상으로 귀향하였다가 청·일전쟁 이후에는 實業救國의 실천에 힘쓰고 교육 보급에 나서 당시 가장 저명한 실업가·교육가로 변신하였으며, 20세기 초에는 군주입헌을 지향하는 立憲運動의 전국적 지도자로서 큰 영향력을 미쳤다. 신해혁명 후 원세개가 대총통이 되자 농상부총장에 부임하기도 하였으나, 원세개의 황제체제 복귀 시도 이후 다시 귀향하였다.

약에서는 이런 점에 대해서는 전혀 언급이 없으니, 이홍장이 일부러 그렇게 한 것이라면 바로 매국이고 무심코 그렇게 한 것이라면 이것이 얼마나 중요한 일인데 이렇게 소홀히 처리한다는 말인가! 이홍장의 뜻을 추측해 보자면, 나이가 들어 편한 것을 찾다 보니 조선을 마치 썩은 고기처럼 여겨 각국의 주둥이에 던져 놓으면 서로 악착같이 버티면서 다투게 될 터이니, 우리는 아침저녁으로 팔짱을 끼고 수수방관할 수 있기를 기대하느라, 조선이 중국의 이해에 관계되는 바를 계산할 틈이 없었다. 우리는 스스로 썩어 나갈 기회를 얻었지만, 적은 도리어 올라탈 수 있는 틈을 가질 수 있었다. 우리 열조열종(列祖列宗)이 경영하고 보호하던 조선은 일본이 멸망시키기를 기다릴 것도 없이 홍장의 마음속에서 멸망한 지 오래였다.[69]

여기서 장건은 청·일전쟁에서의 패배로 그때까지 추진해 왔던 청의 조선 정책이 완전히 파탄 난 기원을 '속국'에 대한 보다 철저한 개입과 감독이란 적극적인 방향을 선택하지 않고, 대신 서구 각국과의 조약 체결과 통상을 통해 개방시킴으로써 조선을 사실상 자주국(독립국)으로 만들고, '이이제이'론에 기초하여 열강 간의 세력균형을 이용하려던 이홍장의 조선 정책에서 찾으면서 그것을 '매국'으로까지 비난하고 있다. 즉 「조·미조약」의 체결이 바로 그 '파탄'의 출발점이고, 그러한 정책의 추진자로 책임을 질 사람은 바로 이홍장이라는 것이다. 물론 이홍장의 조선 정책이 총리아문이나 청 조정(황제)의 의사와 무관하게 추진된 것

69 張謇, 「呈翰林院掌院代奏劾大學士李鴻章疏」(光緒20年 9月 4日), 李明勛·龍世瑋 主編, 2012, 『張謇全集』 1 「公文」, p.12. 掌院은 明·清代 翰林院掌院學士(종이품)를 가리키는데, 한림원의 主官으로 그 아래에 侍讀學士·侍講學士·修撰·編修·檢討 등의 관직이 있다.

은 아니라는 점은 분명하므로, 이홍장에게 모든 책임을 돌리는 이러한 평가는 어디까지나 일방적이고 결과론적인 평가에 치우친 것이라 그대로 받아들이기는 곤란할 것이다. 그렇지만, 적어도 청 내부에서는 이홍장의 조선 정책과는 다른 방향을 지향하는 정책적 견해나 정치집단이 존재하고 있었다는 점을 기억할 필요는 있을 것이다.

또한 이홍장과는 달리 조선에 대한 직접적인 개입이나 통제의 방향으로 정책이 추진되었다면 과연 그 결과는 달라졌을까 하는 질문을 던져 볼 수도 있지만, 이에 대한 답변 역시 긍정적이기는 쉽지 않다. 다음 절에서 다룰 조선-청 관계는 실제 그러한 방향으로 점차 전환이 이루어졌지만, 정작 조선 측의 지속적인 자주·독립의 지향과 비협조라는 저항에 부딪혀 결국 '실패'라는 결과를 피하지 못하였기 때문이다.

2. 임오군란과 청의 대응

1) 임오군란과 청의 출병

임오군란(壬午軍亂)은 1882년 7월 23일 구식 군대인 무위영(武衛營)·장어영(壯禦營)의 군졸들이 13개월이나 밀린 봉급으로 받은 쌀 때문에 폭동을 일으키면서 시작되었다. 1870년대 후반 이래 추진한 문호개방과 개화 정책이 가져온 모순의 폭발이었다. 물론 당시 이러한 정책을 실행하면서 동반된 재정 적자나 국왕 부부의 낭비, 집권층의 핵심을 차지하고 있던 민씨 척족에 의한 부정부패의 만연도 거기에 큰 몫을 하였다. 특히 일본과의 조약체결 이후 일본으로의 쌀 수출이 급증함에 따라 값이 폭등한 쌀을 빼돌리는 부정부패가 만연한 것은 강력한 반발을 낳았다.[70] 따라서 거의 모든 경군(京軍)과 빈민이 참여한 군민(軍民) 폭동으로 확산된 임오군란은 부패의 원흉인 민씨 척족과 쌀값 폭등의 계기를 제공한 일본 배척 운동으로 확대되었다. 그리고 이것은 호시탐탐 복귀를 노리던 대원군의 집권으로 다시 연결되었다. 이 상황에서 폭동을 가라앉힐 수 있는 사람은 그가 유일하였기 때문이다. 폭동의 결과 별기군 병영의 일본인 교련관 호리모토(掘本禮造) 소위가 피살되고 일본공사관이 포위되면서 10여 명의 일본인이 살해되었다. 하나부사(花房義質) 공사 등 일본 공관원들은 모두 인천으로 피신하였다가, 거기서도 공격당하자 영국 선박의 도움을 받아 가까스로 일본에 돌아갈 수 있었다.

사태가 위급함을 느낀 고종은 대원군에게 전권을 맡겨 반란을 수습하려 하였다. 그것은 고종이 대원군의 보수 정책에 맞서 추진해 온 개방정책의 파탄을 의미하였다. 그러나 일본의 개입을 우려한 청이 신속하게 군대를 파견하고 이 반란의 책임을 물어 그를 납치해 감으로써 대원군의 재집권은 단명에 그쳤다. 한때 사망한 것으로 알려진 왕비도 무사히 생환하였고, 대원군이 추진한 옛 정책으로의 복귀 역시 무산되었다. 일본은 조선 정부에 강력한 위협을 가해, 주모자 처벌과 손해 배상을 내용으로 하는 「제물포조약(濟物浦條約)」(3조)을 맺게 하였다.[71] 일

70 이하 임오군란의 경과에 대한 정리는 朴日根, 1979; 김용구, 2001; 조성윤, 2003 참조. 김종학, 2021, pp.176-225에서는 임오군란을 전후한 대원군의 동향을 잘 정리하였다. 임오군란과 갑신정변에 대한 기초적인 연구사의 분석은 정우섭, 1996 및 김종학, 2018b와 2018c를 따른다. 임오군란에 대한 외교문서는 近代韓國外交文書편찬위원회 편, 2013, 『近代韓國外交文書』 제6-7권 임오군란 I·II에 수집되어 있다. 김성남 편집·해제. 2004, 『해외한국학자료총서 8: 중국인이 본 임오군란 자료』 역시 중국 측 관련 자료를 집대성한 것으로 유용하다.

71 이때 일본 정부는 조선과의 교섭에서 청의 개입을 반대하는 것을 일관된 방침으로 삼았으므로 마건충 같은 경우도 암암리에 조선 정부를 위해 자문해 주는 것 이상의 역할을 할 수 없었다. 陳偉芳 지음, 權赫秀 옮김, 1999, pp.88-90.

본에 사과하고, 사건 주모자를 20일 이내에 체포·처벌하고, 일본 및 일본인 피해자와 일본공사관 호위 비용으로 50만 원의 배상금을 지급하며, 조선이 일본공사관 경비를 위한 군대 파견을 인정하고 사죄 사절을 파견하는 것이 그 주된 내용이었다. 대원군이 세우게 한 척화비를 철거한다는 약속도 들어 있었다.[72]

이 「제물포조약」에서 이후 가장 큰 영향을 남기는 것은 일본인에 대한 배상과 주모자 처벌을 규정한 제1·2조보다, "일본은 공사관에 병력을 약간 두어 경비하게 하며, 그 병영의 설치와 수리는 조선 정부에서 책임진다."라고 규정한 제3조였다.[73] 이때부터 일본은 조선에 일본군을 상주시킬 수 있는 공식적인 권한을 확보하게 되었으며, 이후 갑신정변에서 청군과 일본군이 충돌하는 것도 여기에서 비롯되었고, 나아가 청·일전쟁에서 일본의 출병 명분도 여기에 근거를 두고 있었기 때문이다(물론 후술하듯이 1885년의 「천진조약」도 여기에 일조하게 된다.). 그 결과 임오군란은 대외적으로는 청과 일본의 조선 내정에 대한 개입과 발언권을 더욱 확대하는 결과를 낳았으며, 조선과 청의 관계도 기존의 그것과는 전혀 다른 모습을 드러내었다. 또한 조선 내부에서는 청의 개입에 대한 찬반 여부를 둘러싸고 개화파 내부의 분열이 초래되었으며. 일본에 대한 정책을 둘러싼 개화파와 보수파와의 갈등도 더욱 깊어졌다.

여기서는 우선 임오군란의 진압에 중요한 역할을 하였던 청의 개입 문제를 살펴보도록 하자.[74] 당시 모친상을 당하여 잠시 고향에 돌아

72 최덕수 등, 2010, pp.265-282 참조(김지형 집필).

73 원래 일본 공사 하나부사가 받은 기밀 훈령은 조선 병사가 일본공사관을 호위하게 하는 것이었으나, 임오군란 이후 청의 주둔을 예상한 하나부사가 일본의 군대 주둔권을 확보하고자 현지에서 임의로 추가한 것이었다. 원래 1개 대대의 규모를 요구하였으나, 조선 측의 반대로 '병력[兵員] 약간'으로 합의되었다. 김종학, 2018b, p.251, 2018c, pp,300-302 참조.

가 있던 이홍장을 대신하여, 그의 추천으로 서리 북양대신을 맡은 것은 사실상 이홍장이 이끄는 회군(淮軍)의 제2인자나 마찬가지였던 장수성(張樹聲)이었다.[75] 그는 사건 발생 1주일이 지난 7월 31일에야 주일 공사 여서창(黎庶昌)이 전보로 이 사건의 경과와 일본의 무력 개입 움직임을 알리면서 군함을 파견해 달라고 요청하여 그 소식을 듣게 되었다.[76] 사실 여서창의 통보와 그다음 날인 8월 1·3일의 세 차례 전보는 일본의 조선 출병 사실을 파악하자, 그에 대응하기 위해 신속하게 청군을 파견하여 사태변화를 관찰하고자 요청한 것이었지만, 임오군란의 진상에 대해서는 상세한 파악이 없었다. 여서창은 8월 4일에는 일본 외무성의 통보를 받아 그 구체적인 진상이 내란(왕궁과 일본공사관의 습격)임

74 임오군란에 관한 중국의 연구는 蔣廷黻(쟝팅푸) 지음, 金基周·金元洙 옮김, 1991, pp.99-108; 沈渭濱, 1996, 1998; 宋娜娜, 2006; 何瑜·田穎, 2006; 任麗偉; 李強, 2012; 高娟, 2012; 張曉剛·國宇, 2013 등을 참조할 수 있다. 임오군란 시기에는 사실상 당시 북양대신 직무를 署理하였던 장수성의 역할에 보다 주목할 필요가 있는데, 장수성과 조·청관계에 대해서는 任麗偉, 2007; 李強, 2012; 張英傑, 2015의 연구가 있으며, 張英傑이 가장 정밀한 분석을 제공한다.

75 張樹聲(1824-1884)은 자가 振軒으로 안휘성 合肥 출신이다. 廩生(장학금을 받는 生員) 출신으로 태평천국 반란이 일어나자 부친과 함께 團練을 조직하여 이에 대항하였다. 1862년 이홍장이 증국번의 지시로 회군을 조직할 때 거기 가담하여 태평천국 진압에 공을 세웠고, 이후 증국번을 도와 捻軍을 진압하다가 다시 이홍장에게 귀속되었다. 1870년 署理山西巡撫, 1872년 漕運總督, 강소순무로 승진하였으며, 1877년에는 양광총독이 되었다. 1882년 이홍장이 모친상을 치를 때 직예총독을 署理하였으며, 1884년 청불전쟁 때 프랑스군과 싸우다가 11월 廣州에서 병사하였다. 장수성은 임종하면서 남긴 주접에서 과감하게 "서양의 體를 채택하여 그 用을 이용하자(采西人之體以行其用)", 즉 서구적 제도 개혁을 통해서만 자강을 추진할 수 있다고 주장한 것으로 알려져 있다.

76 마침 「조·독조약」과 「조·영조약」 초본을 가지고 중국에 돌아온 독일 공사 브란트와 청 해관 총세무사 하트도 8월 2·3일경 북경의 총리아문에 임오군란 소식을 전달하였다. Yuanchong Wang, 2018, p.157.

을 파악하여 그날로 장수성에게 전보로 그 요지를 알렸다.[77]

이러한 정보를 얻자 장수성은 신속하게 움직여, 군란의 배경과 일본 파병의 목적, 중국 파병의 이유를 파악하기 위해 여서창에게 보다 구체적인 정보를 요구하였다. 아울러 천진해관도 주복을 시켜 마침 천진에 머무르고 있던 김윤식·어윤중과 8월 1일, 2일 등 두 차례 이상의 필담을 통해 필요한 정보를 확인하게 하였다. 이때 김윤식은 조선 국왕이 난당(亂黨)과 더불어 일본을 공격하는 것이 아니고, 일시적인 난당의 소행이 아니라 대원군 일파의 음모일 것이라는 점을 확신하면서 일본이 출병하여 협박하면 조선의 국세가 악화될 것을 우려하여, 일단 중국이 군함을 파견하여 조사하고 만약 불행하게도 예상과 들어맞는다면 난당을 토벌하고 반란을 진압하되 중국이 주지하여 달라고 요청하였다.[78]

그리하여 장수성도 8월 3일 "중국의 자소지의(字小之義)가 훼손되

77 戴東陽, 2012, pp.136-143; 張英傑, 2015, pp.42-43. 장수성이 일본으로부터의 전보와 김윤식 등과의 대담 등을 통해 전체적인 정보를 모아 이런 결정을 내리기까지의 복잡한 과정에 대해서는 戴東陽, 2012; 張英傑, 2015의 연구 참조. 權錫奉, 1986, pp.189-261, 「大院君의 被囚」에서는 어윤중의 『從政年表』나 김윤식의 『陰晴史』에는 사실상 국내정치적 고려 때문에 이를테면 대원군에 관한 기술을 삭제하거나 조작·은폐 등 忌諱를 한 왜곡 흔적이 분명하다는 점을 지적하고 있어, 이들 자료의 이용에 신중해야 한다는 점을 알려 준다. 다행히 이들과 대담을 나눈 중국 측의 기록이 대부분 남아 있어 좋은 비교자료가 된다. 이것은 「北洋大臣李鴻章文」(光緖8年 8月 11日), 『中日韓』 卷1, pp.918-921에 수록된 김윤식의 「在天津與津海關道周馥書」(6月 21日), 「在天津與津海關道周馥筆談」(6月 27日), 「在天津與津海關道周馥書」(7月 7日)와 어윤중의 「在朝鮮與津海關道周馥書」(6月 28日)이다.

78 「津海關道與朝鮮使臣筆談問答」(光緖8年 6月 18日), 「津海關道與朝鮮使臣金允植魚允中問答筆談」(光緖8年 6月 19日), 『中日韓』 卷2, pp.749-751; 國史編纂委員會 編, 1971a, 『從政年表』, p.136, 國史編纂委員會 編, 1971a, 『陰晴史』, pp.170-180; 戴東陽, 2012, pp.143-147; 張英傑, 2015, pp.42-53.

고 일본은 사람을 현혹하는 그 음모를 더욱 멋대로 할 것"을 우려하여 강경한 대응의 필요성을 상주하겠다는 뜻을 총리아문에 통보하였고, 이에 총리아문은 8월 7일 다음과 같은 장수성의 의견을 인용하여 상주(上奏)하였다.

> 일본이 조선에서 성공을 거두게 하면 중국의 자소지의가 훼손되고, 일본은 사람을 현혹하는 그 음모를 더욱 멋대로 할 것이라는 염려는 실제 상황입니다. 지금 우리 중국이 조선의 구조 요청을 기다리지 않고 군대와 군함을 조달하여 가서 원호(援護)하는 것은 자소의 은혜를 보여 주는 것이며, 일본은 중국과 조약을 맺은 나라이므로 우리 속방에서 위험을 맞았을 때 아울러 함께 보호해 주면, 아마도 일본이 성공을 거두거나 문죄하는 두 가지 계책에 대해서도 은근히 그 음모를 막아 낼 수 있을 것입니다.[79]

"조선의 구조 요청을 기다리지 않고 군대와 군함을 조달하여 가서 원호하는 것은 자소의 은혜를 보여 주는 것"이라는 적극적인 자세는 아마 이홍장이라면 좀 더 다른 반응을 보였을 터인데, 이홍장의 부재 탓인지 총리아문도 이러한 장수성의 의견에 동조하였다. 그에 따라 장수성에게 8월 7일 수·륙 양군을 동원하여 정여창과 마건충이 인천으로 향하도록 지시하라는 상유가 내려졌다.[80] 실제 동원된 군함은 위원(威遠)·초용(超容)·양위(揚威) 등 3척이었고, 다음날 마건충과 정여창이 조선으로 출발하였다.

79 「總理各國事務衙門奏朝鮮亂黨圍攻日本使館並劫王宮清派兵援護摺」(光緒8年 6月 24日), 『光緒中日』 31a; 『外交文書』 제6권, p.88, pp.96-97 참조.

80 『德宗實錄』 卷148, 光緒8年 6月 戊寅.

여서창은 이날(8월 8일) 대원군의 정권 장악과 왕비 및 대신 십 수 명의 피살 소식을 전하였다. 이런 연락으로 임오군란의 진상을 더 자세하게 파악한 장수성은 며칠 후 다시 오장경(吳長慶)이 이끄는 회군 6개 영(營) 3천 명의 병력을 추가로 파견하자고 주청하였다.[81] 이에 따라 동원된 오장경의 부대는 8월 20일 조선에 도착하였다. 이렇게 청의 파병이 신속하게 이루어진 것은 청과 일본 사이의 전보가 이미 연결되어 있었고, 여서창이 그것을 통해 신속하게 정보를 제공해 주었기 때문이었다.[82] 한편 이 무렵 모친상으로 인한 정우(丁憂)로[83] 고향에 돌아가 있었던 이홍장은 임오군란의 진압 문제에 대해 장수성에게 다음과 같은 의견을 제시하였다.

81 「直隸總督張樹聲奏朝鮮亂黨滋事遵旨派兵保護摺」(光緖8年 6月 30日), 『光緖中日』 34a-35a; 『中日韓』 卷3, pp.786-787; 『外交文書』 제6권, p.102, pp.115-116. 장수성과 오장경은 둘 다 安徽省 廬州 출신이었는데, 장수성이 오장경을 천진으로 불러 미리 비밀리에 논의하였다는 것은 이에 참가한 오장경의 막료 張謇의 전기에 언급되어 있다. 劉厚生, 1958(1985), p.12.

82 임오군란을 성공적으로 처리할 수 있었던 것은 전보 덕분이었다고 파악한 여서창은 이 때문에 직후 청 정부에 천진에서 여순·인천·한성에 이르는 전선을 설치하자고 제안하였는데, 청 조정이 받아들인 것 같지는 않다. 한편 다음 해 일본을 방문한 金玉均은 長崎에서 釜山에 이르는 전선의 설치를 제안하여 정부의 긍정적인 반응을 얻은 바 있었다. 戴東陽, 2012, p.157; 임경석·김영수·이항준 공편, 2012, pp.354-355의 「여서창」 항목 참조.

83 丁憂는 직계존속의 상을 당하였을 때 고향으로 돌아가 '삼년상'을 치르게 하는 제도다. 다만 아주 특별한 경우 황제의 명령으로 그것을 멈추고 다시 국정에 참여하도록 할 수 있었다. 이것을 奪情, 또는 奪情起復이라 하는데, 사실상 유교 윤리의 기본인 孝를 위배하도록 강요하는 것이라, 그런 경우는 역사적으로 드물었다. 명 말의 張居正이나 태평천국의 진압에 나서게 된 曾國藩이 거기에 해당하는데, 事後에 이들은 이 때문에 엄청난 도덕적 비난과 공격의 대상이 되기도 하였다. 이홍장도 비슷하여 백일 동안의 기간만 出喪하도록 허용되었다.

이 일은 아마도 응당 나누어서 처리해야 할 것입니다. 우선 마건충·정여창 두 사람이 군함을 이끌고 신속히 가서 조금 성세(聲勢)를 보여 준 다음, 조선의 군신(君臣)을 이끌고 반란을 진압하여 괴수(魁首)를 포획하는 한편, 일본 측과 상의하여 갑작스럽게 군대를 동원하지 말라, 비당(匪黨)의 체포와 엄격한 처벌을 기다리라고 권고해야 할 것입니다. 왕궁이 겁략을 당한 일은 그 군신이 사주한 것이 아님을 알 수 있으니 그 죄를 범한 사람은 따로 있고 조선의 조정과는 무관합니다. 아울러 [조미] 조약체결의 문제와는 아무런 관계가 없으니 이것을 빌려 윽박질러 화국(和局)을 망가뜨리기도 곤란합니다. 육군을 동원하여 파견하는 것도 또한 반드시 적절하게 준비해야 하는데, 육로는 도로가 막히고 긴 데다가 비 때문에 지체되는 바가 많고 군수품 운반도 힘듭니다. 수로로 가면 군함에 그리 많이 실을 수는 없고, 상선을 빌려 고용하는 것도 힘이 듭니다. 혹시 육군이 계속 도착할 것이라고 주장하면서 먼저 위세를 보이고 나중에 실력을 채우는 것도 가능할 것입니다. 마건충이 조선에 도착하면 정세를 살펴서 다시 보고를 올려 처리하면 될 것입니다. 생각건대 허장성세를 하기 위해서는 호위 친병 2영의 작은 부대면 충분할 것입니다. 만약 대규모로 파견하여 전투를 대비한다면 명군[銘軍: 劉銘傳이 이끌던 天津 방면의 淮軍]을 후속부대로 조달할 수 있습니다. …… 제 생각으로는 협상이 제대로 이루어진다면 지난해 대만에서의 경우처럼 전사(戰事)가 없을 것입니다. 본래 멀리서 헤아려 보는 것이 어렵기는 하지만 영웅이 보고 생각하는 것은 역시 대략 서로 같을 것입니다.[84]

종래 조선 문제에 대한 청의 직접적인 개입을 꺼리는 소극적인 자

84 「覆直督張振軒制軍」(光緒8年 6月 30日), 『李鴻章全集』 33 信函 5, pp.155-156.

세를 견지해 왔던 이홍장은 여기서 마건충·정여창이 2영 약 1천 명 정도의 소규모 군대를 이끌고 가서 허장성세를 보여 주면서 일본과의 외교적 타협을 통해 가능한 한 평화적으로 문제를 해결하는 방안을 선호한다는 의견을 제시하였다. 또 후속부대 파견에 대해서도 오장경의 부대가 아닌 회군 유명전의 부대를 권고하는 한편, 대규모 군사의 파견에 대해서도 적극적인 긍정의 자세를 보여 주지 않았다. 산동성(山東省)에 주둔하여 훨씬 조선과 가까이에 있었던 오장경의 부대 전부를 동원하려던 장수성의 신속하고도 적극적인 반응과는 미묘한 차이가 있다. 또 임오군란에 대한 정보가 부족하기도 하였겠지만, 여기서 이홍장은 대원군 문제에 대해서도 아직 아무런 언급이 없었다. 그는 며칠 후인 광서8년 7월 4일 오장경군의 파견이 더욱 적절하다는 점에 동조하면서도, 가볍게 먼저 2개 영을 이끌고 가도록 하고, 만약 사정이 긴급해지면 나머지 4개 영이 잇따라 조선에 파견되어도 늦지 않을 것이라고 제안하였다.[85]

물론 이렇게 임오군란의 소식을 듣고 1주일 만에 파병을 결정한 장수성의 신속한 행동에는 일본 측이 신속한 반응을 보여 기선을 제압하는 것을 꺼린 막료 설복성(薛福成)의 조언을 받아들인 것이 큰 역할을 하였다. 설복성이 대원군 납치와 반란 진압을 위한 신속한 조치를 제안하면서, 그것을 둘러싼 다양한 상황에 대응 방식을 제공하는 동시에, 임오군란 대응 문제를 협상하기 위한 논의가 오가는 데 상당한 시간이 들어가므로 우선 먼저 군함 세 척을 파견하고, 나중에 군대(오장경군의 6개 영)를 다시 파견하는 방안을 제시하였기 때문이다. 이 계책이 맞아떨어져 청은 일본보다 반나절 일찍 인천에 정여창이 이끄는 군함을 도착

85 「覆張振軒制軍」(光緒8年 7月 4日), 『李鴻章全集』 33 信函 5, pp.157-158.

시켜 군사적 기선을 제압할 수 있었다.[86]

한편 8월 12일 청 황제를 도와 중요사무를 처리하는 핵심 기관인 군기처(軍機處)는 장수성보다 훨씬 더 조선 문제를 심각하게 평가하였다. 대원군 집권과 왕비 및 대신의 피살은 단순한 민란이나 배외 폭동의 범위를 넘어서 국가권력의 찬탈로 여겨질 수 있었기 때문이다. 따라서 군기처는 정우 중인 이홍장을 불러내어 특별히 조선에 군대를 이끌고 가서 반란을 평정하도록 파견하자는 주장을 내놓았다. 당시 군기처는 조선 상황을 이렇게 평가하였다.

> 이번에 마침 (일본) 사신을 구축한 일이 발생하였는데, 신 등은 바야흐로 도원[道員. 즉 道臺級 官員. 여기서는 馬建忠을 말한다.]을 보내 상황 변화를 보면서 대략 군사적 위세를 보여 주면, 방법을 마련하여 조정할 수 있고

86 薛福成, 「上張尙書論援護朝鮮機宜書」(光緒8年 6月 29日), 『薛福成選集』, pp.176-180; 王信忠, 1937, p.43; 朴日根, 1985a, p.209. 2004년 정리되어 출간된 『薛福成日記』 上, pp.387-391을 보면 薛福成은 임오군란의 발발에서 진압까지 그 과정과 청과 일본 군대의 군사적 배치와 조치, 청의 대응에 대해 기록하고 있어 그가 이 문제를 상세하게 파악하고 있었음을 알 수 있다. 9월 6일(음력 8월 24일)의 일기에는 元代 高麗의 忠惠王을 揭陽에 유배시킨 고사를 빌려 대원군을 拘禁·安置함으로써 후환을 막아야 한다는 주장도 담겨 있다. 이 원대의 고사는 대원군 납치 당일인 음력 8월 24일 마건충·오장경·정여창 등의 명의로 게시한 조선 백성에게 알리는 포고문에도 인용되었다. 『高宗實錄』 19卷, 高宗19年 7月 13日 丁酉 두 번째 기사 「대원군이 천진으로 행차하다」 참조. 이 고시의 원문은 「吳長慶等安撫朝鮮軍民告示」, 陳裕菁 輯, 「朝鮮壬午甲申事件之文件」, 丁小明, 2014, pp.437-438에도 실려 있는데, '二品頂戴辦理朝鮮事宜'의 직함을 지닌 마건충이 오장경이나 정여창보다 앞에 나온다. 김종학, 2021은 대원군의 납치를 결정하고 주도한 장본인을 마건충으로 보면서 마건충과 하나부사 사이의 암묵적 정치적 야합의 결과라는 견해를 보이지만, 대원군 납치라는 중대 문제를 현장에서 마건충이 결정할 수는 없었고, 후술하듯이 설복성·김윤식의 건의와 마건충의 현장 확인 보고를 거친 다음 장수성이 상주하여 청 조정의 승인을 받은 다음에 이루어졌다.

마침내 큰 환난에 이르지 않을 것이라 기대하였습니다. 그런데, 조선 변란의 초기 상황에 대단히 많은 변수가 속출하여, 수화(首禍)인 이하응(李昰應)은 대의로 따지자면 조선의 난당(亂黨)이고, 명분으로 보자면 그 국왕의 사친(私親)이라는 것을 어찌 예상할 수 있었겠습니까? 조선 국왕으로서는 진퇴양난의 처지에 있으니, 만약 일본이 이 기회를 틈타 혹은 국왕을 도와 난당을 섬멸하거나, 아니면 난당을 도와 국왕을 폐위한다면, 앞으로 대권을 장악하여 마음대로 조종할 수 있게 되니, 프랑스가 베트남에서 저지른 일이 바로 전례가 됩니다. 일본과 조선이 프랑스와 베트남처럼 된다면, 중국의 근심은 번속에게 있는 것이 아니라, 바로 중국의 팔꿈치와 겨드랑이에 있게 되니, 그것이 파괴적인 재앙이 된다는 점을 어찌 이루 다 말로 표현할 수 있겠습니까? 신 등이 재삼 논의해 보건대, 자소의 의리를 따지자면 이미 좌시하기 곤란하고, 울타리를 튼튼하게 만들기 위한 계책으로서도 특히 응당 신속하게 도모해야 합니다. 다만 중외 교섭에 관련된 일이고, 또한 부자지간의 문제에 연결된 것이라, 정상적인 방법과 임시방편을 쓰는 데 있어 모두 반드시 아주 적절하게 절충해야 하니, 실로 한 명의 사신이나 1개 여(旅)·사(師) 정도의 부대로 능히 이 무거운 책임을 담당할 수는 없습니다. …… 오로지 특별히 이홍장을 신속하게 천진으로 돌아오게 하여, 수·륙의 대규모 부대를 동원한 다음, 조선으로 달려가서 먼저 목전의 반란을 진압하고 그다음에 적절한 사후 대책을 마련하게 하도록 상유를 내려 주시기를 청하는 바입니다.[87]

청 조정은 임오군란으로 일본이 개입하여 대세를 장악하게 되면, 마치 프랑스가 베트남을 보호국으로 만든 것과 같은 상황이 되어 중

87 「軍機處奏請特派李鴻章率軍赴朝鮮平亂片」(光緒8年 6月 29日), 『光緒中日』 卷 3, 32b-33b.

국 본토에 대한 직접적인 위협이 될 것이라고 느꼈다. 그래서 이홍장과 같은 거물이 직접 조선에 대규모 군대[重兵]를 이끌고 가서 그것을 제압해야 한다는 강경한 대책을 내세울 정도로 깊은 위기감을 보였다. 앞서 장수성이나 총리아문의 반응에서도 잘 드러나듯이, 청이 임오군란에 대해서 이홍장의 조심스러웠던 접근 방식과는 달리 신속하고도 단호한 개입 방침을 선택한 것은 조선에서 세력을 확대할 가능성이 큰 일본을 견제하는 것을 가장 시급한 과제로 여겼기 때문이었다. 따라서 청은 사실 조선을 지키는 것 자체보다는 오히려 일본의 조선 침략을 저지하는 데 우선순위를 두고 있었다고 보아야 할 것이다. 조선에 대한 개입과 간섭의 강화는 그 전략적 목표가 우선 청의 안보를 확보하는 데서 출발하고 있었기 때문이다.[88] 실제 당시 일본 정부는 청이 '속국론'을 주장하며 조·일 교섭에 개입하면 청·일의 직접적 대결은 피할 수 없다고 생각하여, 한때 대청 개전(開戰)을 결의하고 교섭 결렬에 대비하여 후쿠오카(福岡)에서 혼성여단을 편성하였다가 청이 대결을 원하지 않는다는 것을 알게 된 다음 유연한 교섭 노선으로 전환하였을 정도였다.[89] 물론 앞서 서술한 군기처의 반응을 보면 이 당시 청이 일본의 의도·역량을 과대평가하였고, 그 결과 한반도에 군사적으로 지나치게 간여하게 되었다고 하는 지적도 충분히 일리가 있다.[90]

이홍장을 직접 파견하자는 군기처의 요청이 받아들여지지는 않았다. 대신 정우 중이던 이홍장에게 즉시 천진으로 출발하라는 지시가 내려졌다.[91] 그러나 8월 12일에는 앞의 요청을 받아들여 장수성에게 지

88 陳偉芳 지음, 權赫秀 옮김, 1999, p.100.

89 오타니 다다시(大谷正) 지음, 이재우 옮김, 2018, pp.29-30.

90 Martina Deuchler, 1977, p.220.

시하여 정여창과 마건충을 파견하였지만 일에 도움이 되지 않을지 모르니, 이홍장은 이 상유를 받는 즉시 출발하여 천진에 가서 수·륙 각 군을 동원하고 조선에 가서 조사·처리함으로써 시기적절한 처리의 기회를 그르치지 말라는 지시가 떨어졌다.[92](물론 이홍장이 직접 조선에 가는 일도 발생하지 않았다.) 그리고 다음 날 앞서 서술한 오장경이 통솔하는 경군(慶軍. 오장경의 이름 글자를 딴 淮軍 부대) 6개 영을 파견하라는 상유가 내려졌다.[93] 그만큼 사태의 위급성에 경각심을 느낀 청 조정이 정여창·마건충을 파견할 뿐만 아니라 이홍장에게 대규모의 군대를 동원하여 조선에 가라고 지시할 정도로 적극적인 반응을 보였지만, 앞서 보았듯이 이홍장은 소규모의 부대 파견에 의한 진압과 일본과의 협상을 기대하는 훨씬 온건한 태도를 보였다.

여하튼 결국 장수성이 파견한 마건충 등은 조선에 도착한 즉시 어윤중의 협조로 대원군이 임오군란의 배후 인물임을 확인할 수 있었다. 하지만 그 소식이 전해지기 이전인 8월 10일 김윤식의 진정(陳情)에 기초하여, 8월 12일 장수성의 막료였던 설복성은 지리상의 이점을 이용하여 중국이 신속하게 군대를 파견하여 일본의 기선을 제압하고 대원군을 사로잡아 중국으로 납치하거나, 아니면 국왕의 폐립 등의 방법으로 조선 내정에 직접 개입하는 강경책을 채택해야 한다고 주장하였다.[94] 결국 장수성은 청군이 왕궁을 포위하여 대원군을 체포하거나 직

91 『德宗實錄』 卷148, 光緖8年 6月 戊寅.
92 『德宗實錄』 卷148, 光緖8年 6月 癸未.
93 『德宗實錄』 卷148, 光緖8年 6月 甲申.
94 薛福成, 「上張尙書論援護朝鮮機宜書」(光緖8年 6月 29日), 『薛福成選集』, pp.176-180; 王信忠, 1937, p.43; 朴日根, 1985a, p.209. 김윤식도 이미 8월 5일 주복 등과의 필담에서 왕궁을 포위하여 대원군을 처벌·체포하자는 의견을 제시한 바 있었다. 「津海關道周馥與朝鮮領選使金允植問答筆談」(光緖8年 6月 22日), 『中日韓』 卷2, pp.769-771; 國史編纂委員會 編, 1971a, 『陰晴

접 토벌해야 한다는 김윤식 등의 폭력적 방식 대신 설복성의 제안처럼 그를 유인하여 체포하는 방식을 선택하였다.[95]

이후의 경과를 보면 김윤식의 방안처럼 청군이 직접 대원군을 토벌하는 것보다는 설복성의 방안처럼 유인·체포하는 방식이 훨씬 더 효율적이었지만, 이것은 조선 국왕이나 백성이 크게 통분(痛忿)하는 반발을 자아냈던 것도 사실일 것이다. 이후 갑신정변에서 개화당이 대원군의 즉각 귀국을 가장 먼저 시정방침의 하나로 내세웠던 것은 그 점을 잘 보여 준다. 더구나 고종이 감히 공개적으로 표명할 수는 없었겠지만, 청의 전례 없는 이런 식의 간섭은 자신에게 앞으로 어떤 일이 벌어질지 예측할 수 없는 불안감을 자아낼 수밖에 없었다.[96] 이후 조선이 청에 의지하면서도, 동시에 청으로부터 '독립'을 모색할 수밖에 없었던 모순과 곤경은 바로 이러한 조선의 왕권·왕실에 대한 '잠재적 위협'에

史』, pp.180-182에도 회담 관련 기록은 있으나, 대원군 문제는 언급되어 있지 않다. 하지만 『陰晴史』의 '조작'과 '은폐'를 지적한 權錫奉(1986, pp.223-225)은 설복성의 건의가 청군의 행동에 참고가 되었을 가능성이 있기는 하나, 그보다는 김윤식·어윤중의 제보와 제안이 더 중요한 역할을 하였을 것이라 지적한다. 다만 8월 13일 김윤식을 만난 장수성이 설복성의 제안을 보여 주자, 김윤식은 그의 계획에 놀라고 조선 문제에 대해서 손바닥처럼 잘 알고 있다고 하면서 中州는 養材之地로서 奇士를 많이 배출한다고 감탄하였다고 하므로(『陰晴史』, p.187) 김윤식도 설복성의 방안에 찬동한 것으로 보인다.

95 張英傑, 2015, p.54. 「津海關道周馥與朝鮮領選使金允植問答筆談」(光緒8年 6月 26日), 『中日韓』 卷2, pp.781-783을 보면 김윤식은 청군이 진주한 다음 먼저 유지를 내려 홍선대원군을 軍 앞에 오게 하여 문죄하고, 오지 않으면 군대를 보내 討滅하는 방안을 제시하였다. 이후 대원군 납치와 보정부(保定府) 유폐에 대해서는 權錫奉, 1986, pp.189-337, 「大院君의 被囚」에서 가장 상세하게 다루었다.

96 김종학, 2017, pp.184-185. 이것은 일본 외무경 이노우에 가오루가 일본을 방문한 박영효 등의 수신사 일행에게서 들은 이야기를 이토 히로부미에게 보낸 서신에서 언급한 내용이다.

서 비롯되었다.

한편 마건충 역시 도착 이후 얻은 정보에 기초하여 사태가 초기 예상보다 훨씬 심각한 것을 파악하자, 8월 12일 잠시 천진으로 돌아간 정여창을 통해 육군 6개 영을 파견해 조선의 왕경(王京)으로 진격시키고, '역당(逆黨)'의 포치(布置)가 안정되지 않은 틈을 타 그 우두머리를 제압하는 신속한 조치를 하자고 장수성에게 보고하였다.[97] 앞서 서술한 오장경의 부대가 파견된 것은 바로 이러한 제안의 결과였다. 물론 당시 청과의 교섭을 위해 천진에 파견되어 있었지만, 대원군의 음모에 의한 집권이 일본과의 충돌 확대나 추진 중인 개방정책의 파산을 염려한 김윤식과 어윤중 등의 정보 제공과 협조 요청도 이러한 결정에 일정한 역할을 하였다.[98] 그렇지만 청의 출병은 마건충을 통해 현지의 상황을 파악한 이후의 판단이 더 크게 작용하였던 것이라 보아야 할 것이다. 청도 얼마 전 체결한 「조·미조약」의 폐기나 일본과의 충돌 확대를 원하지 않는 것은 마찬가지였기 때문이다. 장수성이 대원군 '획치(獲致)' 계획을 상주하자, "준비한 바가 그래도 시기적절한 것이다."라고 하여 오장경에게 적절히 처리하도록 지시하라는 황제의 재가가 떨어진 것은 8월 23일이었다.[99]

따라서 청의 출병과 개입, 대원군 납치는 비록 김윤식·어윤중 등의 제안이 있었더라도, 조선 정부와의 사전 협의나 조선 정부의 공식 요청에 의하지 않은 채 사실상 청 정부의 독단으로 이루어진 것이었다.

97 馬建忠, 「東行三錄」 卷6(王夢珂 點校, 2013, 『馬建忠集』), pp.175-176. 이 자료는 아극돈 지음, 은몽하·우호 엮음, 金翰圭 옮김, 2012에도 번역되어 있다. 이 시기 마건충의 활약에 대해서는 岡本隆司, 2004, pp.70-113에서 상세히 다루고 있다.

98 權錫奉, 1986, pp.189-261.

99 『德宗實錄』 卷149, 光緒8年 7月 甲午.

앞서 장수성은 스스로 "조선의 구조 요청을 기다리지 않고 군대와 군함을 조달하여 가서 원호하는 것"이라는 점을 이미 자인한 바 있다. 그뿐만 아니라, 당시로서는 이후 가설되는 전신도 조선과 직접 연결되어 있지 않았고 조선이 윤선(증기선)을 구비하고 있었던 것도 아니었으므로, 신속하게 청의 도움을 요청할 방법은 전혀 없었다. 더구나 대원군이 권력을 장악한 상황에서 조선이 청에 출병을 요청하는 것은 사실상 있을 수 없는 일이었다.

청은 임오군란의 상황 파악도 현장에 있지 않았던 김윤식이나 주일 공사 여서창의 정보 제공에 의존하였던 만큼, 그 진상의 정확한 정보를 확보한 것도 아니었다. 그렇지만 조선에서의 사태 전개에 놀란 출병 결정은 청의 조선 정책이 이전과는 전혀 달라진 모습이 될 것임을 확실하게 예고하는 전환점이 되었다. 그것은 일단 조선의 요청이 없더라도 청이 주동적으로 군함과 군대를 보냄으로써 일본에 압력을 가해 분쟁을 줄이고, 아울러 조선 정부 대신 내란을 진압하는 것을 목표로 삼았다. 일본이 청의 파병과 간섭에 대해 거부 의사를 밝혔지만, 이를 무시한 것도 그 때문이었다.

당시 조선에 파견되는 오장경 역시 그 임무에 대해 "이번 조선행은 마치 『춘추(春秋)』에 나오는 (周王. 즉 周 天子의 미천한 하급 屬官인) 자돌(子突)이 속방(屬邦) 위(衛)나라를 구하고자 파견되어 속방의 반란을 진압한 것과 같은 정의로운 행동"으로, "일본(인)을 보호하는 것은 원래 이것을 빌려 그 음모를 해소하려는 것이고, 그들이 우리의 형위(刑威)를 나눠 갖고자 하는 조짐을 막는 것"이며, 이하응의 죄를 물어 병란을 진압함으로써 "사해가 모두 중국이 (속방을 대하는 것이) 헛되이 시늉만 하는 것이 아니고, 일본인 역시 개입할 여지가 없다는 점을 알게 하는 것"이라는 인식을 보였다.[100]

대원군을 사로잡아 중국으로 납치·구류하거나, 아니면 국왕을 폐립(廢立)하는 등 종래 선례를 찾아볼 수 없는 '난폭'한 방법으로 조선 내정에 직접 개입하는 강경책을 채택해야 한다고 설복성이 제안하였던 점은 앞서 언급하였지만, 청이 외국에 파견한 최초의 외교사절로 1877년부터 주영·프랑스 공사를 지내다 1878년 8월 소환되었던 개혁사상가 곽숭도(郭嵩燾)[101] 역시 심지어 '조선 난민의 죄'를 바로잡아야 한다면서 이렇게 주장하였다.

> 응당 명조(明詔)를 내려 조선 난민의 죄를 바로잡고 군대를 일으켜 토벌해야 합니다. 일본에도 통보하여 조선 난민이 반역을 일으켜 일본 공사를 모독한 것은 일본 조정의 사분(私憤)을 일으켰을 뿐만 아니라 실로 또한 중국 속국에도 거악[巨慝]이므로, 진실로 군사를 일으켜 문죄하고 난민을 토벌·주살하고 고왕(故王)의 후손을 골라 세우는 것은 폭란을 징벌

100 張謇, 「爲吳長慶擬致張樹聲銜」 二(光緒8年 7月 3日), 李明勛·龍世瑋 主編, 2012, 『張謇全集』 2 「函電」(上), pp.13-14. 이 서신은 오장경이 장수성에게 보내는 편지를 張謇이 대필한 것이다. '子突救衛'의 기사는 『左傳』 莊公 6년조의 기사에 나온다.

101 郭嵩燾(1818-1891)는 湖南 湘陰 출신으로 자가 筠仙이고 호는 雲仙·筠軒이다. 湘軍의 創建者 가운데 한 사람이고 청에서 가장 먼저 외국에 주외사절로 파견된 인물이기도 하다. 광서元(1875)年 총리아문에 들어갔다가 곧이어 최초의 주영 공사로 출국하게 되는데 광서4(1878)년 주프랑스 공사를 겸임하였으나, 다음 해 압력을 받고 병을 이유로 사직하여 귀국한 다음 고향에 돌아가 칩거하였다. 양무파 관료로서 활동하면서 이미 '漢奸'의 비난을 받은 적이 있는 그는 완고한 보수파인 副使 劉錫鴻과의 갈등에다가 영국에 부임하면서 쓴 일기 겸 견문기 『使西紀程』에서 서양의 민주적 정치제도 등을 칭찬하면서 중국이 연구하고 배워야 한다는 주장을 폈던 것이 보수파의 강렬한 반발과 공격을 불러일으켰기 때문이다. 총리아문에 보고한 『使西紀程』은 그 원판이 파괴되고, 그가 죽을 때까지 다시 공개적으로 발행되지 못할 정도였고, 그에 대한 부정적인 평가는 이후에도 지속되었다. 1980년대 중국의 개혁·개방 정책 시행 이후 그 선구자로서 재평가를 받게 되는 곽숭도의 양무·외교 사상과 저작 및 그에 대한 평가의 변화는 王興國, 2009에 잘 정리되어 있다.

하는 대의라고 함으로써 [일본이] 조선의 토지를 이용하지 못하게 해야 합니다. 일본 조정이 장차 군사를 일으키는 것도 역시 이와 같은 대의이니 응당 같은 마음으로 힘을 써서 조선의 난을 진압해야 합니다. 천진의 수군·육군 4·5천을 모아 해로로 진격·토벌하게 하면 일본이 꺼리는 바가 있어 교활함을 드러내지 못하게 만들고 중국 역시 자처(自處)할 수 있습니다. …… 오늘날에 있어 조선의 금일 형세는 부득불 용병하지 않을 수 없는 대세로 …… 조선 인민의 죄는 어떤 당파이든 간에 모두 응당 천조의 토벌[天討]을 받아야 합니다. 왕자(王者)는 치란(治亂)에 대해 풍속을 급히 바로잡는 것을 우선으로 합니다. 「주서(周書)」에서 '군중이 술을 마시[고 행패를 부리]면 반드시 주살해야 한다'고 한 것은 풍속과 인심을 위해서는 용서해서는 안 된다는 것입니다. 조선의 대원군이라는 사람은 하루라도 복주(伏誅)하지 않는다면 하루라도 인심을 진정할 수 없습니다. 이것은 특히 우리 국가에서 뒤로 미룰 이유가 없는 일입니다.[102]

임오군란을 틈타 대원군의 체포나 '주살' 같은 조선 내정에 대한 전례 없는 개입 기회나 그 확대를 당연하게 여기는 사고방식은 "조선을 안정시키고 일본을 제압한다."라는 명분 아래 이처럼 널리 받아들여지고 있었다. 특히 마건충이나 설복성이나 곽숭도 등 서구 세계와 '만국공법'의 사정에도 가장 밝았던 이른바 '양무파' 개혁사상가들은 임오

102 郭崇燾, 「請正朝鮮亂民之罪片」, 王先謙 編, 1966. 『郭侍郎(崇燾)奏疏』, 35a-36b; 郭廷以 編定, 1971, pp.889-891; 劉憶江, 2015, p.283; 「請振勵人心奠安朝鮮片」(光緒8年 7月 18日), 楊堅 校補, 1983, pp.401-403; 「前兵部侍郎郭崇燾奏」(光緒8年 7月 18日), 中國第一歷史檔案館 編, 1996a, 『清代中朝關係檔案史料匯編』, pp.53-54. "군중이 술을 마시고 행패를 부리면 반드시 주살한다.(群飮必酒)"는 것은 『尙書』 「周書 酒誥」에서 비롯된 것("厥或誥曰: 羣飮, 汝勿佚, 盡執拘以歸於周, 予其殺.")으로 군중이 이유 없이 모여 술을 마시는 것을 범죄로 간주하던 전통을 가리킨다.

군란을 틈탄 조선에 대한 전례 없는 개입을 '천자의 정벌'이라는 낡은 전통적 명분을 빌려 정당화하고 있었다. 이것은 청의 조선 정책은 서구 열강에 대한 외교 정책·태도의 변화와는 전혀 다른 출발점에 있었다는 점을 알려 준다. 그리고 그것은 청이 여전히 점차 과거의 '속국'에 대한 기성 관념에서 벗어나지 못하면서도, 동시에 점차로 국제사회로의 편입을 통해서 획득하게 된 식민지·속방이나 약소국에 대한 제국주의의 침투·지배 방식을 배워서 차용하는 단계로 나아가고 있음을 보여 주는 것이었다. 이런 가운데 전통적 '속국'이 자연스럽게 근대적·국제법적 '속국'으로 치환되어 나가는 것이다. 청의 이러한 개입이 '조공체제'의 전통을 벗어나는 것이었고, 그런 행동으로 조선에 대한 중국의 전통적인 의례적 권위는 실질적 권위, 즉 정치적 통제라는 새로운 형태로 바뀌었으며, "동아시아의 전통적 세계질서의 마지막 국면이 여기서 끝났다."라는 평가는[103] 바로 이런 데서 나온다.

결국 8월 26일 마건충은 정여창·오장경 등과 함께 대원군을 방문하였고, 그 답례로 이날 저녁 대원군이 그들을 만나러 오자,[104] 그와 필담을 나누면서 수행원을 따돌렸다. 그리고 중국 황제가 책봉한 왕을 무력화하고 대권을 찬탈한 것은 황제를 경시하는 죄라고 질책하면서 대원군을 구금하여 정여창이 그를 천진으로 납치·호송하였다. 이후 고종의 비밀 통보와 요청에 따라 마건충과 오장경이 이끄는 부대가 개입하여 대원군의 '잔당'이 남아 있는 왕십리(往十里)와 이태원(利泰院) 일대에 대한 소탕 작전으로 한성(漢城)의 반란이 평정되고, 민씨 척족 정권

103 김기혁, 1980(2022), pp.399-400, pp.423-427.

104 蔣廷黻(장팅푸) 지음, 金基周·金元洙 옮김, 1991, p.103에서는 오장경·정여창·마건충이 군대와 함께 서울로 들어왔고, 정오가 되자 당당하게 대원군을 방문한 것에 대해 "이 상황은 대원군에게는 치욕이었다."라고 표현하고 있다.

이 부활하였다.

아울러 마건충의 도움을 받으면서 조선과 일본 측의 협상이 진전되어 8월 30일에는 조선과 일본이 「제물포조약」을 체결하였다. 앞서도 간략히 서술하였지만, 여기서는

1) 조선 측이 20일 이내에 흉도를 잡아 그 우두머리를 엄벌할 것
2) 일본 관리로서 피해자가 된 사람을 후하게 장사지낼 것
3) 일본 관서의 조난자 유족과 부상자에게 5만 원을 지급할 것
4) 일본이 입은 손해 및 공사를 호위하고 온 육·해군 군사비의 배상액으로 50만 원을 매년 10만 원씩 5개년으로 나누어 지불할 것[나중에 이 가운데 40만 원을 다시 조선의 강병책을 위한 비용으로 사용하라며 돌려준다.].
5) 일본공사관 경비를 위해 군대 주둔을 승인할 것
6) 고위 관원을 일본에 파견하여 사죄할 것

등이 요구되었다. 특히 "일본공사관 경비를 위해 군대 주둔을 승인"하는 것은 일본이 최초로 국외에서 군대 주둔권을 확보한 것이었을 뿐만 아니라, 일본에 언제든지 조선에 군대를 파견할 수 있는 구실을 제공해 주었다.[105] 갑신정변 후에 청과 일본 사이에 체결되는 「천진조약」에서 일본이 청과 더불어 조선에 대한 군대를 파견할 수 있는 권한을 확보하였지만, 그에 앞서 이미 언제든지 조선에 군대를 파견할 수 있는 명분과 구실을 찾아냄으로써, 조선의 주권을 침범하고 내정에 간섭할 수 있는 기회, 나아가 조선 침략의 발판을 확보할 수 있었다.

105 임경석·김영수·이항준 공편, 2012, pp.491-493(구선희 집필).

3) '속국자주'의 쇠퇴

청은 임오군란을 기회로 신속한 파병과 진압을 통해 고종의 정권 탈환을 도와 조선에 대한 발언권을 크게 강화하는 데 성공하였다.[106] 다만 청과 조선의 오랜 관계에서는 이러한 선례가 전혀 없었으며, 그 직전까지만 해도 청이 '속국자주'론을 내세우면서 조선 내정에 개입하는 것을 크게 꺼렸다는 점을 함께 고려할 필요가 있다. 조선과 청의 사대-자소 관계는 기본적으로 책봉·조공 등의 의례를 제외하고는 내정 '불개입'을 관행으로 삼아 왔고, 이것은 우리가 앞서 다룬 '속국자주'론에서 그대로 표현되었다. 청의 조선 정책을 떠맡은 이홍장의 태도도 조선에 대한 적극적인 개입이나 간섭·통제를 계속 반대해 왔다.

하지만 '천조상국'의 입장에서 시대 상황의 변화를 근거로 삼아 주도적인 변화를 시도할 수 있다는 가능성을 배제한 것은 아니었다. 본질적으로 비대칭적인 역학관계에 기초한 사대질서에서 상국은 속국에 개입·간섭하지 않는 것을 얼마든지 정당화할 수 있었지만, 반대로 적극적으로 개입·간섭하는 것 역시 마찬가지였다. 앞서 오장경이나 곽숭도가 보여 준 천자가 속방 인민의 반란을 진압하는 '정의로운 행동'이라는 인식은 이 점을 잘 보여 준다. 전통적 천하관념에 의하면 천자의 정벌(征伐)은 가장 엄중한 형벌의 행사로서, 무도한 군주로부터 그 백성을 해방하는 정의의 전쟁[義戰]으로 정당화될 수 있었기 때문이다. 보통 천자의 '정벌'의 목적은 대체로 조민벌죄(弔民伐罪), 즉 그 백성을 위문하고 그 죄지은 군주를 벌한다는 명분으로 합리화되는데, 이 논리를 통해 중국은 사실상 언제라도 예를 다하지 못하였다는 이유로 이적

106 조성윤, 2003, pp.304-307; 김용구, 2006, pp.501-511.

(夷狄)을 '징벌'할 수 있었다.[107]

실제 오장경이 "이번에 위세를 펼쳐 반란을 진압하는 것은 자연히 정정당당한 군사 작전으로, 신속하고 신중해야 하며, 반드시 시기와 핵심을 정확하게 파악해야 하며, 그 죄를 분명하게 바로잡지 않으면 종과 북을 울리면서 정벌하는 명분을 바로잡고, 무지하여 협박에 따르는 미혹함을 깨부술 수 없다."라고[108] 주장한 것은 이런 사고방식을 그대로 보여 준다. 이러한 인식은 "솔직하게 구체적으로 말하자면, 조선 반도에 대한 군사적인 보호권을 인정하지 않는 자주는 청에게 허용될 수 없는 것이었다."라는 표현처럼,[109] 국방·국익에 크게 관련되거나, 아니면 안보에 중대한 위협이 될 것이라 여겨진다면 청은 필요에 따라 언제든지 그것을 정당화하면서 유리한 방향을 선택하고 합리화할 수 있었다.

하지만 그러기 위해서는 그러한 개입과 간섭을 정당화할 명분이 필수적이었다. 종전에는 '속국자주'를 내걸면서 내정·외교에 대한 불간섭의 원칙을 강조해 왔으므로, 이것을 뒤집어 적극적인 개입이나 간섭으로 나서기 위해서는 반드시 그런 변신을 정당화할 수 있는 근거가 필요하였다. 청의 출병에 의한 내정 간섭은 전례가 없었고, 이미 근대적 조약체제가 도입된 상황이라, 이를테면 청군의 주둔은 적어도 속방의 사전 요청이나 동의가 있어야만 정당화될 수 있었다. 일본공사관을 보호하는 일본군의 주둔이 조약이란 합법적 근거에 의해 합법화된 것

107 李成珪, 2015, p.1677. 이를테면 1788년 베트남에 내란이 발생하였을 때 건륭제가 청군의 파견을 결정하였던 것은 청의 출병과 개입을 정당한 것으로 만들어 주는 선례가 될 수 있었다.

108 張謇, 「爲吳長慶擬致張樹聲銜」 三(光緖8年 7月 4日), 李明勛·龍世璋 主編, 2012, 『張謇全集』 2 「函電」(上), p.14.

109 岡本隆司, 2004, p.374.

처럼, 이에 대한 사전 합의가 있었던 것도 아니기 때문이다.

마건충이 대원군을 압송할 때 황제가 책봉한 조선 국왕으로부터 권력을 빼앗은 것을 명분으로 삼고, 과거 원대 충렬왕(忠烈王)·충선왕(忠宣王) 사례를 끌어들이기까지 하면서 청의 개입이 정당하다는 점을 강조한 것은 바로 이런 점을 의식해서였다.[110] 하지만 한·중 관계사에서 보더라도 아주 특이하고도 예외적인 원대의 사례, 전통적인 책봉·조공 관계도 형성되어 있지 않았던 이민족 지배 시대의 사례를 들어 이러한 개입을 정당화하는 것은 그다지 자연스러운 일은 아니었다. 조선 측도 아마 이러한 원대 사례에 의한 정당화를 쉽사리 받아들이기 어려웠을 것이다. 더구나 이것은 어디까지나 이전 왕조 시대의 사례로 청 왕조와는 아무런 상관이 없었다. 따라서 청의 기존 조선 정책과 흐름을 같이하는 것도, 청대의 선례에 따른 것도 아니었다. 당시 주일본 공사 여서창(黎庶昌)도 "아들과 동생의 집에 물건을 맡겼는데, 도둑을 맞았다면 가장이 책임지고 조사하지 않을 수 없다."라고 하여 '형제관계'를 구실로 내란에 대한 개입을 합리화하는 명분을 내세웠지만,[111] 이것은 '속국자주'를 견지하던 이전의 태도와는 한참 거리가 먼 궁색한 변명이었다. 따라서 마건충이 대원군을 압송하기 이전에 어윤중을 통해 조선 신민의 청원서나 국왕의 친서를 요구하거나, 이후 갑신정변 때

110 金翰奎, 1992, 『한중관계사』 2, pp.844-845. 충렬왕(忠烈王. 1236-1308, 재위 1274-1308)은 원 황실과 처음으로 통혼한 고려왕으로 원 세조 쿠빌라이의 사위였고, 이후 고려는 원제국의 부마국이 되었다. 충선왕(忠宣王. 1275-1325, 재위 1298, 1308-1313)은 그가 쿠빌라이의 딸인 제국대장공주와 사이에 낳은 아들이다. 이 두 사람의 재위 기간 중 충렬왕과 충선왕은 원의 직접적인 정치적 개입 아래 고려왕 자리를 두고 양위와 폐위, 재등극을 거듭하는 혼란상을 보였다. 고려왕이면서도 고려에 거의 머물지 않았던 충선왕은 마지막에는 환관의 참소로 土蕃으로 귀양 갔다가 거기에서 사망하였다.

111 김종학, 2018b, p.271.

원세개(袁世凱)가[112] 우의정 심순택(沈舜澤)에게 도움 요청을 하도록 한 것은 청의 개입이 조선 측의 요청에 의한 것이라고 정당화할 명분을 확보하기 위한 것이었음을 기억할 필요가 있다.[113]

따라서 이러한 청의 적극적인 개입으로의 전환은 전통적인 '종주권'의 강화가 아니라, 거기로부터의 이탈 또는 근본적 변질이라고 보는 시각이 보다 설득력을 지닌다. 즉 "조선과 중국 사이의 전통적인 종

112 袁世凱(1859-1916)는 자가 慰亭(또는 慰廷), 호는 容庵·洗心亭主人으로 河南省 項城縣 출신이다. 원세개는 하남 항성의 대가족 출신으로 叔祖 袁甲三은 漕運總督의 자리에까지 오르고 태평천국과 염군의 반란 진압에 참여하였으며 生父는 袁保中으로 同知의 직함을 가졌다. 원세개는 袁保中의 四子로, 1864년 아들이 없는 袁保慶의 양자로 들어갔다. 양부의 사후 4년 동안 과거 시험을 준비하였으나 낙방하였고, 1879년에도 다시 鄕試에 낙방한 다음, 양부와 깊은 인연이 있었던 회군장령 吳長慶에게 투신하였다. 이후 오장경 문하의 張謇·周家祿 등의 지도 아래 가르침을 받고 幇辦營務處로 임용되었다. 1882년 향시에도 응모하려 하였으나, 임오군란이 발생하여 오장경의 부대를 따라 조선에 건너왔다. 임오군란의 진압과정에서 공을 세운 원세개는 23세의 나이에 조선의 군무를 幇辦하는 기회를 얻어 新軍을 훈련하게 되었다. 이것이 원세개가 군인으로 출세하는 바탕이 되었다. 1884년 갑신정변 때에는 청군을 이끌고 일본군을 제압하여 갑신정변을 진압하였으며, 이 일로 이홍장의 주목을 받게 되었다. 마침내 1885년 귀국한 원세개는 10월에 귀국하는 대원군을 호송하는 임무를 맡아 다시 조선에 파견되고, 11월에는 駐紮朝鮮總理交涉通商事宜의 직함을 받아 이후 조선 정국을 좌지우지하면서 마치 '監國'처럼 행세하였다. 그동안 조선 국왕의 폐위를 꾀하거나 내정·외교에 간여하여 조선 정부의 누차에 걸친 철회 요구를 받았으나, 이홍장은 그를 계속 기용하였다. 1894년 동학농민운동이 발생하였을 때 원세개는 조선 정부의 청군 출동 요청을 받았는데, 일본군이 대규모로 부대를 파견하자 병을 핑계로 급히 귀국하였다. 이후 그는 청 정부가 새롭게 新軍을 양성하는 계획을 도맡아 天津의 小站에서 나중에 北洋軍이라 불리게 될 신식 육군의 편성과 훈련을 이끌면서 그것을 기반으로 이른바 北洋軍閥의 시조가 되었다. 1911년 辛亥革命이 발생하였을 때 이 실력을 바탕으로 혁명군과 청 정부을 압박하여 새로 탄생하는 중화민국의 임시대총통이 되었고, 이후 그가 황제제도의 복귀를 시도하다가 실패하자 곧 급사하였다는 것은 잘 알려진 사실이다.

113 朴日根, 1979, 1985.

번 관계가 제국주의 국가와 식민지 종속국 사이라는 새로운 형태에 굴복한 것"이라는 평가는[114] 이러한 근본적인 변질을 지적한 것이다. 이것은 2백 년 이상 지속된 양국 간의 관계 속에서 사실상 서로 일정한 거리를 두면서 '속국' 내부의 문제에 대해서는 무관심·불개입으로 일관하던 관행을 청이 자의적으로, 그리고 일방적으로 '파괴'하고 나섰기 때문이다. 중국에서의 연구는 대체로 이것을 종전의 '이이제이(以夷制夷)'와 불간섭정책의 방기에서 적극적인 간섭정책으로의 전환으로 파악하면서, 그것을 '종주국'의 '종주권' 확대나 정당한 권한 행사로 간주하는 경향이 있다.[115]

하지만 어디에도 그것을 정당화할 수 있는 합의나 명문 규정은 없었다. 상황에 따라 그에 맞는 논리·원칙을 내세우는 천조체제를 빙자한 청의 일방적이고 자의적인 해석만 있을 뿐이었다. 나중에 주조선 미국 공사 딘스모어(Hugh Dinsmore)가 중국이 조선의 속국 지위에 진지한 것은 주로 "기존에 결코 존재하지 않았던 관계를 도입하는 것을 도울 뿐이며, 그것은 양국의 역사적 관계에서 결코 정당화될 수 없다."라는 태도를 보인 것은 그 핵심을 찌른 지적이라 할 수 있다. 심지어 평시 청의 입장에 동정적이었던 주 중국 미국공사 덴비(Charles Denby)도 "1882년 이후 청의 조선에 대한 종주권 주장은 그 이전의 지위에 기초한 것이 아니며, 두 나라 사이에 새롭게 형성된 관계에 기초하고 있다."라고 지적하였다.[116] 그런 점에서 청이 임오군란 파병에 대해 '종번 관계'(천

114 김기혁, 1980(2022), p.424(Key-Hiuk Kim, 1980, p.382); 김기혁, 2007, p.154, p.173. 김기혁, 1980(2022), p.424에서는 이것을 "청과 조선의 전통적 종주국-속국 관계는 제국주의 세력과 의존적 식민지라는 새로운 형태의 관계에 밀려났다."라고 번역하고 있다.

115 이를테면 宋娜娜, 2006; 王興化, 2017 등 참조.

116 Yur-bok Lee, 1988, p.33.

조상국의 '자소지의')라는 관행 외에는 그것을 정당화할 근거가 없었으며, 1885년의 「천진조약」을 통해서 비로소 조선에 대한 파병의 '합법적 근거'를 확보하게 되었다는 지적은 특히 주목할 만하다.[117]

물론 여기서 왕실과 왕권의 위기에 처한 조선 측이 청의 도움을 받아들이고 이용하면서 스스로 '자주권'을 훼손한 것도 청의 개입·간섭을 가능하게 하였다는 점을 놓쳐서는 안 된다. 일견 모순적으로 보일지 모르지만, 조선의 사대질서에의 의존과 집착은 이후에도 여전하였고, 임오군란이나 이후 갑신정변, 청·일전쟁처럼 조선에서의 정세 변화가 조선의 발목에 스스로 족쇄를 채우게 되었다는 점도 분명한 사실이기 때문이다.

그렇더라도 조선의 요청이나 사전 동의가 없는 청의 일방적 개입을 단순히 전통적 양국 관계만으로 합리화하기는 곤란하다. 물론 조선에서의 사태 전개에 중국이 심각한 위기의식을 느껴 강경한 조치를 택할 수밖에 없었고, 사후에는 조선 측의 이에 대한 승인과 사의(謝意) 표명이라는 것도 있었다. 그렇지만 만국공법의 국제질서라는 관점에서 보면 실질적으로 조선 정부의 사전 동의나 요청이 없었다는 점을 볼 때, 이것은 이미 일본과 미국과의 조약을 통해 독립적인 주권국가로 인정받은 조선의 주권에 대한 심각한 침해였다. 이후 갑신정변을 주도한 개화당(독립당)이 청의 개입에 극도의 반감을 드러내게 된 것은 바로 이런 점 때문이었다. 따라서 임오군란은 조선·청 관계의 중대한 전환점으로, 청이 자리주의(自利主義)의 지배 아래 속방 보호를 명분으로 조선에 출병하고 반란을 진압한 다음 취한 각종 조치는 실제로는 일본의

117 于晨, 2015. 사실 조선은 당사자임에도 불구하고 이 「천진조약」에는 간여하지 않았으므로 국제법적으로 완전히 '합법적 근거'라고 받아들이기는 어려운 측면이 있다.

조선 침략을 억제할 수 없었을 뿐만 아니라, 조선의 민족감정을 훼손하고, 전통적인 우호 관계에 아주 짙은 그림자를 드리웠다는 평가도 나올 수 있다.[118]

이 점은 특히 대원군 납치라는 사건(당시 그는 국왕의 명령으로 국정을 총괄하는 지위에 있었다.)에서 두드러졌다. 청은 납치하여 직예성(直隸省) 보정(保定)에 구금한 대원군을 다음과 같이 평가하면서 영구 귀국 금지 조치를 실행하였다.

> (임오군란은 청군의 출동으로) 십여 일 사이에 화란이 모두 평정되고 인심이 크게 안정되었다. 조선의 여론을 들어 보니 군란의 발생은 병정의 봉급 요구에서 시작되었지만, 이것을 변란으로 만든 것은 모두 이하응의 주모(主謀)에서 나왔다고 한다. …… 이하응은 국왕이 나이가 어렸을 때 전권을 휘두르며 백성을 학대하여 악행의 흔적이 무척 뚜렷하였다. 국왕의 친정 이후에 날로 원망이 깊어져, 작년에는 그 아들 이재선의 모역 사건까지 있었다. 이번 군란이 처음 일어났을 때 먼저 그의 집에 달려가 호소하였는데, 그는 올바른 말로 금지하지 않았을 뿐만 아니라, 사후에 모든 일을 독단으로 처리하고 위복(威福)을 자유롭게 행사하였지만, 오직 반란 집단만은 불문에 부쳤다. 이홍장 등이 상유에 따라 심문할 때도 여전히 다방면으로 자신을 변명하면서 사실을 털어놓고자 하지 않았다. 그

118 沈渭濱, 1996, 1998. 宋娜娜, 2006은 기본적으로 이에 동의하면서도, 일본의 조선 침략을 억제하여 조선 정국의 안정이나 중국 동북 변강의 안정에 기여하였음을 아울러 평가한다. 王興化, 2017 역시 일본의 침략을 저지하였지만, 이후 조선이 더욱 깊은 민족 위기를 직면하게 되는 복선을 깔았다고 지적한다. 대원군 체포·석방 사건이 표면상으로는 뚜렷한 효과를 거둔 것으로 보이지만, 이후 국면의 발전으로 보면 청의 정책은 스스로 모순되며, 청 정부의 실력 하강에 따라 조선 국세의 통제 실패와 '종번 체제'의 와해로 이어졌다는 것이다.

가 악당의 수괴라는 점은 실로 무슨 말로도 피하기 어려울 것이다. 스스로 위엄을 쌓아 군주를 흔들고 종사를 위태롭게 도모한 죄는 응당 엄격히 징벌해야 한다. 다만 조선 국왕에게 이하응은 존친에 해당하므로, 만약 중죄로 처벌한다면 도리어 국왕이 몸 둘 바를 모르게 된다. 이에 특별히 은혜를 베풀어 잠시 관대하게 감형하여, 그 죄를 다스리는 것을 면해준다. 그를 직예 보정부 지방에 안치하여 영원히 귀국을 허용하지 않게 하되, 직예총독이 넉넉히 식품 등을 제공하고 엄히 감시하면서 조선의 화란의 실마리를 막게 하라.[119]

조선 국왕의 부친을 '악당의 수괴'로 묘사한 이 상유에서 또 다른 흥미로운 점은 이것이 같은 날 이홍장이 올린 주접의 내용을 거의 그대로 따랐다는 것이다. 이전에 장수성과 함께 대원군을 심문하였던 결과를 보고하면서, 이홍장은 "이하응이 돌아가지 않으면 그 집안을 보전할 수 있고 그 나라를 안정시킬 수 있으며 그 부자를 온전히 할 수 있지만, 이하응이 일단 돌아가면 부자가 결국 상처를 입어 반드시 그 집안을 해치고, 나아가 그 나라에 재앙을 가져올 것"이라고 지적하였다. 아울러 그는 대원군의 억류를 합리화하기 위해, 원의 간섭으로 왕권을 빼앗기고 소환되거나 유배된 고려왕 충선왕·충혜왕의 고사를 들었다.[120]

119 『德宗實錄』 卷150, 光緖8年 8月 乙丑.

120 『光緖朝東華錄』 光緖8年 8月 乙丑, pp.1394-1397. 앞서 언급하였지만 元代 고려의 충혜왕을 揭陽에 유배시킨 고사를 빌려 대원군을 구금안치함으로써 후환을 막아야 한다고 주장한 薛福成의 의견이 여기에 반영된 것으로 볼 수 있을 것이다. 충혜왕(1315-1344)은 고려 27대 충숙왕(1294-1339)의 장남으로 31대 공민왕(恭愍王, 1330-1374)의 친형이다. 그의 아버지 충숙왕도 1330년 원에 의해 사실상 왕위를 빼앗기고, 그 양위를 받아 충혜왕이 재위하게 되었지만, 2년간의 짧은 1차 재위 이후 폐위되고, 원으로 압송되어 투옥

이홍장은 광서8년 7월 19일 상해에서 주중국 영국 공사 웨이드와 만나 임오군란을 대원군이 주도[主使]하였다는 소식을 듣고, 또 그날 밤 장수성의 전보를 받아 대원군을 체포하여 천진으로 압송하였다는 소식을 듣자, 조선 문제에 대해 대체로 마무리의 단서가 잡혔으니 뒤이어 부대를 파견하는 일은 잠시 늦추어도 좋다는 의견을 내면서 아울러 원대의 사례를 들어 구금·안치하는 방안을 총리아문에 제안하여 상주하도록 요청한 바 있었다.[121] 위의 상유에서는 이 고사를 인용하지 않고 대원군 처리를 결정하였지만, 적어도 청의 역사에서는 전례를 찾아볼 수 없는 '내정 간섭'에 대해서는 원대의 '선례'를 찾아내어 억지로 합리화할 필요가 있었던 고심(苦心)을 엿볼 수 있다. 자신의 부재 중 서리 직예총독 장수성의 대응으로 이미 처리가 이루어졌고, 이제 기정사실화된 조선에 대한 적극적인 '개입'을 정당화하는 논리가 필요하였으므로, 이홍장은 설복성이나 마건충이 이미 '활용'한 바 있는 원대의 사례를 원용한 것이다.

이렇게 청은 임오군란을 계기로 조선의 내란에 직접 군대를 파견하여 그것을 진압하고, 나아가 원대의 선례를 찾아내어 국왕의 친부를 '납치'하여 유폐하는 것을 정당화하고, 조선 국왕의 권력을 회복시키는 직접적인 개입을 하였다. 이러한 사태는 '사대-자소'의 전통과 '속국자주'의 관념을 견지하던 청의 조선 정책이 이후 점차 '속국'에 대한 통제를 강화하는 방향으로 나가게 되었음을 분명히 알려 준다.[122] 이후 조

되었다가 6개월 만에 다시 복귀하였다. 하지만 荒淫無道한 행실을 고발당해 1343년 11월에 고려에 온 원나라 사신에게 구타당하고 포박당해 원나라로 끌려갔으며, 게양현(현재의 광동성 지역)으로 귀양을 가다 사망하였다.

121 「致總署馳抵津郡商定朝鮮內亂」(光緖8年 7月 24日), 『李鴻章全集』 33 信函 5, pp.159-160.

122 김종학(2017, p.229)은 임오군란 이후 청이 조선을 속국으로 삼으려는 야욕

선 국왕이 광서8년 9월, 광서9년 1월 두 차례에 걸쳐 '부친' 대원군의 석방과 귀환을 '요청'하는 형식적인 자문을 올렸지만, 그 요청이 받아들여지지 않았음은 잘 알려진 사실이다(대원군의 귀국에 대해서는 갑신정변 조항에서 다시 후술).

한편 청은 비록 적극적이고 자발적인 시도라 보기는 어렵지만, 임오군란에 대한 개입을 국제적으로도 인정받으려는 기회를 놓치지 않았다. 독일 공사 브란트가 광서8년 8월 1일 총리아문을 방문하여, 독일이 조선과 맺은 조약에 아무런 변동이 없다는 뜻의 공문을 보내 주면 그것을 본국에 보고하겠다고 요청한 일이 그 시발점이 되었다. 총리아문은 이에 대해 아무런 근거 없이 이런 문서를 보낼 수 없으니, 이홍장에게 청을 방문한 조영하(趙寧夏)가 독일뿐만 아니라 다른 나라와의 조약도 아무런 변동이 없다는 점을 각국에 조회하도록 해 달라는 부탁의 뜻을 전달하였다.[123] 뒤이어 8월 16일 조선과 아무런 외교 관계도 없던 네덜란드 공사(Jan Helenus Ferguson)가 임오군란에 대해 조선과 조약을 체결한 나라들이 관망하지 않을 수 없는데, 중국이 신속하게 번복(藩服)을 수정(綏靖)하여 조선의 반란을 진압한 일에 대해 '감탄[欽佩]'한다고 축하를 해 오자, 총리아문은 그에 대해 감사의 뜻을 전달하였다.[124]

을 노골적으로 드러냈고, 이러한 외부 압력이 개화당의 등장을 가져왔다는 일반적 이해를 비판하면서, 1883년의 시점에서 이홍장이 조선 속국화 정책을 검토한 증거는 찾기 어렵다고 지적하고 있다. 이런 식의 이해는 갑신정변을 정당화하려는 개화당이나 일본인에 의해 사후적으로 구성되었다는 것이다. 다만 조선은 이미 청의 '속국'임을 항상 인정해 왔으므로, '속국으로 삼으려는 야욕'에서 의미하는 '속국'이 기존의 '속국'과는 무엇이 다른가에 유의해야 할 필요가 있을 것이다.

123 「致北洋大臣李鴻章函」(光緒8年 8月 1日), 『中日韓』 卷1, p.886.

124 「和國公使費國蓀照會」(光緒8年 8月 16日), 「給和國公使費國蓀照會」(光緒8年 8月 19日), 『中日韓』 卷1, p.944, p.950.

아마 이 조회가 계기가 되었겠지만, 같은 날 총리아문은 임오군란의 경과와 대원군 구금·안치 등에 대해 영국·미국·독일·프랑스·러시아·일본·네덜란드 공사에게 조회를 보내 청 조정이 '번복을 수정'한 지극한 뜻을 알리게 되었고. 영국·프랑스·일본 공사는 이에 대해 조회 내용을 본국에 알리겠다고 답장하였다.[125] 더 이상 이에 관한 청의 조치를 찾아볼 수는 없지만, 적어도 이 조회를 통해 적어도 속방 조선에 대한 출병과 반란 진압에 대해 청이 각국의 양해를 얻은 것으로 간주할 수 있었을 것이다. 이것은 청이 사실상 국제적으로 조선에 대한 상국의 지위를 묵인받은 것으로 생각할 수 있는 근거의 하나가 되었다.

이렇게 조선과 청 사이의 전통적 관계가 큰 변화를 맞게 된 것은 '만주족'의 청 왕조에서 태평천국의 반란 이후 그 이전과는 달리 점차 한인 독무나 관료·사대부의 발언권이 강해지면서, 그들이 청 정부의 대외정책에 큰 영향력을 발휘하게 된 것이 상당한 작용을 하였다. 또한 이홍장의 온건한 조선 정책을 비판하면서 천조상국의 위엄을 과시할 수 있는 더 강경하고 직접적인 조선 정책을 주장·선동하는 청류파 등의 여론도 마찬가지였다. 여기에는 일본에 의한 류큐 병합 이후 번속이 모두 사라지면서 천조체제 자체가 무너질지도 모른다는 위기감을 청의 조야에서 점차 강하게 의식하게 된 점이 그 배경에 자리를 잡고 있었다. 따라서 임오군란에서의 '성공'은 청의 이러한 정책적 전환을 정당화하는 결과를 낳았다.

임오군란은 뒤에서 다룰 「중국·조선상민수륙무역장정」의 반포와 더불어 청의 조선 정책이나 제도 측면에서 하나의 큰 전환점을 이루었

125 「給英國署公使格繼納照會」(光緖8年 8月 19日), 「給和國公使費國蓀照會」(光緖8年 8月 19日), 『中日韓』 卷1, p.951. 각국 공사의 답장은 『中日韓』 卷1, pp.957-958 참조.

다. 한편으로는 대만사건이나 일본의 류큐 병합 때와는 달리 신속하고 강력한 외교적·군사적 대응을 한 이러한 난폭한 개입 방식에 대해, 청 내부에서 대원군 납치를 두고 '당당한 대국(堂堂大國)'이 이 '황명을 거스르는 소인[逆命小人]' "이하응을 사로잡을 때 소문이 자자하기를 대부분 유인하여 납치(誘劫)한 것이라고 말하니, 이것은 일 처리를 맡은 여러 신하가 경솔하게 공을 세우고자 한 것으로 조정의 덕의(德意)를 칭하는 데 몹시 부족하다."라고 하면서, "속국이 한심스럽게 여기고 열국이 비웃을 것"이라는 소수의 이의 제기가 없었던 것은 아니다.[126] 전통적인 청-조선의 사대-자소 관계를 보다 선호하였던 청 종실 출신의 청류파 성욱(盛昱)이 보인 이러한 의견은 전통적인 청의 '자소' 정책에 근거를 둔 것으로 보인다.

또 이후 갑신정변이 발생하였을 때 내각학사겸예부시랑함(內閣學士兼禮部侍郎銜) 상현(尙賢)은 이것은 이홍장이 강제로 조선이 각국과 통

126 盛昱, 「翰林院侍講盛昱奏朝鮮之案疆臣辦理失宜並陳處置之策摺」(光緒8年 8月 22日), 『清代中朝關係檔案史料匯編』, pp.74-75; 「論疆臣辦理屬國案件失宜奏」(光緒9年), (愛新覺羅)晟旭, 『意園文略』, 清代詩文集彙編編纂委員會 編, 2010, 第772冊, pp.228-229(양자는 같은 문건인데, 날짜는 원본인 앞의 문건이 정확한 것 같다.). 趙爾巽 撰, 1977, 『清史稿』 卷444 「列傳」 231의 「宗室盛昱」, pp.12454-12455에서도 본문에서 다룬 부분을 그대로 인용하고 있다. 다만 갑신정변 이후 盛昱은 이러한 태도를 바꾸어 조선은 실로 奉天의 屛蔽라 그 긴요함은 결코 류큐·베트남에 비할 바가 아니라면서 이홍장의 조선 정책이 잘못되었음을 지적하고(1. 묄렌도르프와 馬建常의 파견, 2. 거문도사건 예방 부실, 3. 「천진조약」을 통한 일본의 출병권 인정, 4. 철병 이후 僅守義州의 전략 채택), 根本之地인 만주를 보호하기 위해 전통적 양국 관계를 이용하여 大臣과 20개 영의 군대를 파견, 각지에 주둔시켜 閔黨을 제거하고 묄렌도르프를 소환하자는 제안을 하였다는 점을 함께 고려해 볼 필요가 있다(「國子監祭酒盛昱奏朝鮮事不堪再誤謹陳措置管見摺」, 光緒11年 11月 1日, 『光緒中日』 卷9, 16b-18b). 아마 이것은 청의 조선 정책 전반에 대한 흐름의 변화를 보여주는 사례가 될 것이다.

상하게 한 결과라고 비난하면서, 대원군을 속여 배에 태우고 중국에 끌고 온 것을 장수성은 기공(奇功)이라고 내세웠지만, "이런 '기만과 거짓의 술법[詭詐之術]'으로 어찌 원이(遠夷)의 마음을 복속시킬 수 있겠는가? 당시 외국 신문은 이것을 크게 비방하였다."라고 지적하였다. 그의 의견도 성욱의 그것과 비슷한 경우로 보인다.[127] 그가 이홍장이 그 사인(私人)을 써서, 사계(私計)를 이루려는 사악한 모의('邪謀')를 한다고 비난한 것을 보면, 이홍장의 정치적 반대파이자 조선을 '원이'로 지칭하는 '보수적' 시각을 유지하고 있었음을 알려 준다.

그렇지만, 임오군란에의 개입을 계기로 청은 조선의 개항 이후 일본에 기선을 제압당한 '실수'를 만회할 수 있는 절호의 기회를 잡았다. 따라서 청의 정책적 전환은 그 주된 담당자인 이홍장도 이미 거스를 수 없는 대세로 자리 잡게 되었다.[128] 그리고 실제 조선 측도 임오군란 수습과정에서는 청의 의견을 청취하면서 도움을 요청하는 방향으로 나가지 않을 수 없었다. 한편 앞서도 서술한 적이 있지만, 임오군란으로 폐지된 통리기무아문을 대신하여 조선은 다시 기무처(機務處)를 세웠다가,[129] 이후 통리아문과 통리내무아문을 거쳐 통리교섭통상사무아

127 『外交文書』 제8권, 2015, p.14; 「內閣學士銜尚賢奏朝鮮日本生變亟宜戡定摺」(光緒10年 11月 5日), 「『光緒中日』 卷6, 4a-4b.

128 朴日根(1985a, p.208)은 사전에 대원군의 재집권 사실을 모르고 출동한 마건충과 정여창의 활동은 조선 왕실의 정통성을 보호하고 또 「조·미조약」의 파기를 막는 데 있기보다는, 오히려 이를 계기로 조선에서 일본의 정치적·경제적 세력 확대를 저지하는 동시에 조선 내정에 간섭하여 「조·미조약」 때 달성하지 못한 '속방정책'을 구현해 국제법상의 종속체제를 확립·공인받으려는 데 목적이 있었다고 평가한다. 다만 이러한 평가는 사후의 사태 전개에 적용한다면 타당하지만, 임오군란 당시의 정책으로 파악하기는 곤란할 것이다.

129 김종학, 2018b, pp.260-264에서는 일본 國會圖書館 憲政資料室에서 발견한 '機務處節目'을 통해 기무처가 대청 외교를 원활하게 수행하기 위해 만든 비상 기구(청의 軍機處를 모방)였지만, 실제로는 국가의 모든 사무나 명령의

문과 통리군국사무아문으로 변경하면서 그 개혁정책을 실행해 나가는 기구로 삼게 되었다(1882-1884). 그리고 조선 측은 이홍장에게 「선후사의육조(善後事宜六條)」(1882年 9月 19日) 등을 제시하면서 내정·외교의 문제에 대한 도움을 요청하였다.[130] 나아가 청군을 이끈 오장경이 잠시 귀국하였을 때 고종은 청군의 철수를 만류하면서 보낸 비밀자문에서 이렇게 요청하였다.

> 대군(大軍)이 조금 오랫동안 주둔하면서 신의(信義)가 더욱 분명히 드러나고, 그 생각과 뜻에 더욱 감동하게 됩니다. 군민 상하가 집안사람처럼 기뻐하며, 바야흐로 훈계의 부지런함에 의지하고 진압의 엄중함을 빌려 영원토록 평안하게 되었습니다. 다만 제독(提督)의 부대가 타향에 주둔한 것이 해를 넘기고 온갖 고생을 겪고 계셔서 우리나라 군신들은 언제나 마음이 편하지 않습니다. 지금 길을 떠나시는 것은 비록 복귀 기한이 미리 정해졌기 때문이지만, 우리나라의 모든 사람은 두려워하는 마음을 품고 있습니다. 지금 제독께서 우리나라에서 한 발짝이라도 떠나시는 것이 불가하고, 하루라도 비워 두시는 것도 불가합니다. 만일 위청(衛靑)·곽거병(霍去病)과 같은 기세가 잠시 사라진다면, 만일의 사태에 대비하기에 혹시 부족함이 생겨, 그 기회를 틈타 혼란의 발단이 생겨나지 않을지 어찌 알겠습니까? 이에 시급한 사정을 자문으로 갖추어 요청하는 것입니다.[131]

출납은 반드시 기무처를 거치게 함으로써 국왕의 권력을 제한하는 의미가 있었음에 유의해야 한다고 지적한다.

130 이에 대해서는 具仙姬, 1999, pp.65-97에서 상세하게 서술되고 있다.

131 『中日韓』 卷3, pp.1140-1141의 「朝鮮國王爲密咨事」; 「朝鮮國王咨文咨送具奏留駐朝鮮官軍暫緩撤回等摺片」(光緒9年 2月 10日), 『국역中日韓』 4, pp.316-317.

여기에서 보듯이 비록 청이 과거에서 이탈하려는 정책적 전환의 의사를 분명히 보였지만, 고종 또한 전통적인 사대-자소 관계나 청의 군사력에 여전히 크게 의존하는 모습을 보여 주었다. 현실적으로 청의 도움에 대한 조선의 기대는 그만큼 클 수밖에 없었다. 후술할 외교 교섭과 세관(稅關) 운영을 위한 마건상과 묄렌도르프의 부임 등 조선의 개방을 위한 외교 고문의 초빙도 이러한 기대 속에서 청의 도움으로 이루어졌다.

이러한 양국 관계의 재편에는 임오군란 이후 위정척사파의 세력이 크게 쇠퇴하기는 하였지만, 여전히 개화파와 보수파의 갈등이 극심하여 혼란을 거듭하였던 조선의 정국이 매우 중요한 역할을 하였다. 이후 갑신정변이나 동학농민운동 시기에도 청의 군대가 개입하거나 그에 대한 파병 요청이 이루어지는 상황은 비록 조선 측의 강렬한 독립·자주의 지향이 지속되었다고 하더라도, 동시에 상당한 정도로 기존의 사대-자소 관계를 기초로 여전히 필요할 때마다 상국에 '의존'하지 않을 수 없는 측면이 공존하고 있었음을 알려 준다. 따라서 1880년대 양국 관계의 변화가 청의 '종주국'으로서의 일방적 개입으로만 모두 설명될 수 있는 것은 아니었다. 만국공법의 국제질서 속에서 '자립'이 곤란할 정도로 '허약'한 것으로 여겨졌던 조선의 청에 대한 '의존'이라는 모순된 태도 역시 거기서 큰 역할을 하고 있었음을 놓쳐서는 안 될 것이다.

무엇보다도 친부 대원군과의 권력 투쟁(여러 차례의 역모 사건을 포함)이나 임오군란·갑신정변 등을 거치면서 신변의 안위를 줄곧 위협받았던 고종은 자신의 안전과 왕권 유지, 왕실 보호를 가장 우선적인 목표로 삼을 수밖에 없었다. 따라서 고종은 청으로부터의 완전한 독립 자체를 우선순위로 삼았다고 보기보다는, 오히려 청의 도움이 필요하기는 하지만 그렇다고 해도 청의 지나친 개입을 받지 않는 쪽을 원하였다고 볼 수 있을 것이다. 고종의 시각에서 보면 기존 군사력이 모두 해체된 상태에서 현실적으로 청의 군대 3,000명이 한성에 주둔하여 그 군사적 위세를 뽐내고 있는 상황을 고려하지 않을 수 없었다. 따라서 당장 조선의 국력으로는 어찌할 수 없는 사대관계의 존속이나 조공 의례도 큰 문제가 될 리 없었다. '독립'의 모색도 기본적으로는 청이 종전과는 달리 사실상의 '종주국'으로 행세하여 조선의 왕실과 왕권에 도리어 큰 위협이 된다고 여겼기 때문일 것이다.

그리고 임오군란의 성공적인 진압에 고무되어 청에서는 조선에 대한 직접적인 개입을 요구하는 청류파 등의 강경론이 크게 강화되었다는 점도 주목할 필요가 있다. 이를테면 주일 공사 여서창은 영국이 인도를 처리한 것처럼 국왕을 폐립하고 조선을 군현화(郡縣化)하는 방안을 제안하였고,[132] 한림원시독(翰林院侍讀) 장패륜(張佩綸)도 일본 정벌을 준비하자고 주장하더니, 조선에 대해서는 고위 관료의 파견에 의한 통상·상정[商政]의 관리 및 병권 장악(교습 파견과 군대 훈련)을 제안하였다.[133] 하지만 이홍장은 여전히 종전의 방침을 유지하면서, 실제

132 「出使大臣黎庶昌函」(光緖9年 9月 4日), 『中日韓』 卷3, pp.1199-1203; 『外交文書』 제6권, p.529; Yuanchong Wang, 2019, pp.168-169. 이홍장이나 청조는 이런 입장에 반대하였다. 戴東陽, 2012, pp.159-160 참조.

133 張佩綸, 「翰林院侍讀張佩綸奏請密定東征之策以靖藩服摺」(光緖8年 8月 16日), 「右庶子張佩綸奏星象主兵請修德講武摺」(光緖8年 9月 18日), 『外交文書』, 제6권, pp.530-534; 「請密定東征之策摺」(光緖8年 8月 16日), 「條陳朝鮮善後六策」(光緖8年 9月 16日), 張佩綸, 2010, 『澗于集』 「奏議」 卷2, 59a-66b. 張佩綸(1848-1903)은 자가 幼樵 또는 繩庵, 호가 簣齋로 직예 豊潤縣 출신이다. 동치 10(1871)년 진사 학위를 얻어 翰林院編修로 京官 생활을 시작하였다. 일찍부터 李鴻藻·張之洞 등의 청류파에 동조하여 "大臣을 糾彈하는 것으로 한때 저명"할 정도였다(趙爾巽 撰, 1977, 『淸史稿』 卷444 「列傳」 231의 「張佩綸」, pp.12455-12456). 대외 강경론을 주창하던 그는 청불전쟁 당시 주전론을 제창하여 福建에 船政大臣으로 파견되는데, 프랑스의 기습으로 福建水師가 궤멸당하면서 新疆으로 유배당하는 좌절을 맛보았으나, 나중에는 이홍

현실성이 없는 공론에 불과하였다고 평가되는[134] 이러한 강경론에 대해 다음과 같은 태도를 보였다.

> 만약 장패륜이 진술한 것처럼, 고위 관원을 선발하여 조선 통상 대신으로 삼아 그 외교를 관리하고 아울러 그 내정에도 간여한다면, 그 직위는 감국(監國)과 비슷합니다. 지금까지 [황상이 직접 파견하는] 칙사에는 일정한 체제가 있었고, 통상대신은 마땅히 조선 국왕과 평행한 위치에서 일해야 하는데, 양자 관계를 적절하게 조절하기 어려울 뿐 아니라 이후 각국과 조선의 교섭 사건에 대해 반드시 오로지 중국에만 책임을 물을 것이니, 아마도 조정과 총리아문이 그 번거로움을 감당하지 못할까 두렵습니다. …… 조선은 동삼성의 울타리로 조선이 위기에 처하게 되면 중국의 상황은 더욱 다급해집니다. 지금처럼 아무런 일이 없는 때를 이용하여 대신을 보내 통상을 주관한다는 명목으로 주재시키고, 이를 빌려 조선 정부와 함께 모든 문제를 처리함으로써 조선을 보호하는 것이 곧 우리 울타리를 튼튼하게 하는 것이며 역시 서양 속국의 사례와도 들어맞습니다. 다만 조선의 국내 정치에 대해 중국은 지금껏 간여하지 않았습니다. 일단 은근히 그 권력을 통제하게 되더라도 풍토가 서로 다르고 인재가 미약하여 여러 조치의 성패가 반드시 우리 뜻처럼 다 되지는 않을 것입니다. 만약 조선이 앞에서는 받들고 뒤에서는 거스르거나, 혹은 남의

장의 사위가 되기도 하였다. 이에 대해서는 沈雲龍, 1986a, 「張佩綸及其'澗于日記'」, 沈雲龍, 『近代史料考釋』 第1集 所收 참조. 한편 청류파로서의 장패륜에 대해서는 王維江, 2009의 제9장 「非情"淸流"張佩綸」 참조. 장패륜의 상주는 『中日韓』 卷4, pp.28-29에도 수록되어 있다. Frederick Foo Chien, 1967, pp.130-134도 나중에 서술할 鄧承修와 張佩綸의 상주를 소개하고 있다.

134 陳偉芳 지음, 權赫秀 옮김, 1999, p.92에서는 이러한 등승수, 장패륜 등의 대일본 인식과 동정론은 실제로 현실성이 없는 공론에 불과하였다고 평가한다.

선동을 받아 사이가 벌어지게 된다면 조정은 또한 장차 어떻게 이것을 처리하겠습니까? 이것이 앞으로 겪게 될 어려움입니다.[135]

이홍장은 고위 관료나 감국을 파견하게 되면 사사건건 중국이 그 책임을 지게 된다고 하여, 통제권 강화에는 기본적으로 동조하면서도 중국이 지금까지 간여하지 않았던 조선 국내 정치에 개입하면 이러한 갑작스러운 정책 변경('속국자주'론에서의 이탈)은 조선의 강력한 반발을 살 것이라는 우려를 내세워 이를 거부하였다. 이것은 사실상 이전에도 그리고 이후에도 여전히 견지될 이홍장의 속국 조선에 대한 일관된 입장이었다. 이러한 입장은 그가 당시 청이 지닌 실제적인 역량이나 조선을 둘러싼 동아시아 국제정치의 대세를 보다 누구보다도 현실적으로 파악할 수 있는 위치에 있었기 때문이기도 하다. 더구나 장패륜의 제안은 앞서 다룬 하여장의 대책과 거의 유사한 내용이었다. 이홍장은 당연히 이러한 방안을 받아들일 수 없었다.

그렇지만, 앞서도 잠깐 언급하였듯이 이후 이홍장의 조선 정책은 종래의 '속국자주'론과는 거리를 두면서 실제로는 하여장·장패륜 등이 제시한 보다 적극적인 개입·간섭, 즉 '속국화'(보호국화)의 방향으로 움직이지 않을 수 없었다(물론 이 '속국'이 무엇을 의미하는지는 누구에게도 분명하지도 않았으며, 일치된 관념이 형성된 것도 아니었다.). 이러한 청의 대외 정책 변동에는 총리아문의 왕대신(王大臣)으로서 그 출범 이래 열강과의 마찰을 피하려는 신중한 외교 방침을 오랫동안 주재해 왔던 공친왕

135 「奏覆張佩綸條陳理商政預兵權救倭約購師船防奉天及爭永興」(光緒8年 10月 13日), 『中日韓』 卷3, pp.1030-1038; 『국역中日韓』 4, pp.274-286; 「議覆張佩綸條陳六事摺」(光緒8年 10月 5日), 『李鴻章全集』 10 奏議 10, pp.110-113. 장패륜과 이홍장의 논의 전체에 대해서는 『外交文書』 제6권, pp.529-537 참조.

혁흔(奕訢)이 청불전쟁 중이던 광서10(1884)년 3월 돌연 실각한 것('甲申易樞' 또는 '甲申朝變'이라고 한다.)도 아마 상당한 영향을 미쳤을 것이다. 이때 공친왕뿐만 아니라 군기대신 전원이 교체의 대상이 되었다.[136] 건강 문제가 있고 전쟁 승리에 대한 믿음이 부족하였던 공친왕이 청군이 프랑스와의 전투에서 큰 패배를 당한 것을 계기로 그 희생양이 되어 실각한 것은 자신의 전권(專權)에 유일한 방해가 되는 인물인 공친왕에 대한 자희태후의 네 번째 엄격한 견책 조치였다.[137]

이렇게 청 조정의 통치집단 가운데 그래도 외부 세계에 대해 조금이나마 이해하고 "외교에 뛰어났던" 공친왕이 숙청당한 것은 그를 보좌하면서 함께 총리아문을 이끌던 문상의 서거와 더불어 이후 총리아문이 외교 부분에서 그 힘을 잃게 되는 것을 의미하였다.[138] 1901년 외

136 田保橋潔, 1940(2016), pp.470-483; 林明德, 1970, pp.84-104; 董守義, 1989, pp.417-441; 崔熙在, 1995, 1997, pp.274-279; 樊百川, 2003(2009), 上, pp.505-528; 김용구, 2004, pp.85-100; 林仁文, 2005, pp.146-187 등 참조. 종실 출신으로 청류파의 우두머리 翁同龢에 가까웠고, '넓은 범위의 청류파'에 속하면서 상당한 명성을 얻었던 盛昱은 '갑신역추'의 발단이 된 상주를 올렸지만, 사실 자희태후의 권력 장악에 '이용'당한 결과였다고 한다(寶成關, 1980, pp.320-332; 董守義, 1989, pp.423-429; 林仁文, 2005, pp.156-187). 다만 王維江, 2009는 자희태후에 의해 청류파가 이용된 다음 폐기되었다는 식의 설명은 민국 시대의 '해석'일 뿐이라고 반론한다. 여기서 '갑신역추'의 역사적 의미에 대한 당대인의 평가에 대해서는 崔熙在, 1995, p.15, 1997, pp.15-16에서 다루었지만, 薛偉強(2017, pp.21-80)은 '갑신역추'의 중요한 원인 가운데 滿漢矛盾이 있으며, 자희태후가 대신 임용한 순친왕 혁현이 군기처를 주지하게 되지만, 그는 한인에 대한 시기가 몹시 심하여 이후 만인이 다시 득세하게 되었다고 해석한다.

137 董守義, 1989.

138 총리아문이 그 설립 이후 자강운동을 추진하는 중추가 되었지만, 전체적으로 보면 대체로 큰 성과를 거두지 못하였으며 그것을 이끈 공친왕 등에 대한 당시 사람들의 평가도 그리 후한 것은 아니었다고 한다. 이를테면 증국번은 공친왕에 대해 "아주 총명하지만, 쉽사리 흔들리며 중심을 잡지 못한다."라고

교부(外交部)에 의해 대치될 때까지의 총리아문 40년 역사를 정리한 한 연구자는 총리아문의 발전 도로를 '말안장형[馬鞍型]'이라고 설명하면서, '갑신역추'로 공친왕보다 여덟 살 어린 칠제(七弟. 즉 도광제의 七子) 순친왕 혁현(奕譞)[139] 일파가 실세를 차지한 것은 청 말 정국의 중대한 전환점이자 총리아문의 역사가 상승에서 하강으로 접어드는 분수령이 되었으며, 이후 총리아문과 전체 청 정부의 내정·외교가 날로 내리막길을 걷게 되었다고 평가하고 있다.[140]

지적하였고, 그의 막료 趙烈文은 "지혜가 천박하고 남의 이목을 덧칠하는 기예뿐"으로 "자신이 어떤 사람이고 어떤 자리에 있으며 어떻게 뜻을 세워야 하는지 아마도 전혀 알지 못하는 것 같다."라고 평가하였다. 이홍장도 군기처와 총리아문에 대해 누차 비평을 하면서 "여전히 목전의 문제를 대충 처리할 뿐", 자강의 문제에 대해 전혀 알지 못하며, "大計를 주지하는 사람이 전혀 없다."라고 할 정도였다. 이 점은 순친왕이 권력을 잡은 다음도 여전히 마찬가지이고 오히려 이전보다 못하다는 평가가 대세였다. 이와 같은 최고 지도층의 '平庸無能'함에 대해서는 李恩涵, 1987, pp.859-864; 中國社會科學院近代史硏究所 編, 2006, 『中國近代通史』 第3卷, pp.8-11 참조. 반면 Jennifer M. Rudolph, 2008의 연구는 총리아문의 '실패'에 초점을 맞춘 기존 연구들과는 달리 그 청조 내부의 제도적 변화를 이끈 활력과 발전에 도리어 주목하고 있어 눈길을 끈다.

139 광서제의 생부이기도 하였던 순친왕 혁현은 공친왕의 실각 이후 그를 대신하여 실제 군기처를 주지하는 최고의 실세가 되었다. 하지만 광서제의 생부였기 때문에 자희태후의 의심을 사지 않기 위해 勤愼해야만 하는 처지이기도 하였다. 청불전쟁 직후 頤和園의 수리를 제안하거나, 광서제의 친정을 몇 년 뒤로 늦추자고 먼저 제안하여 환심을 산 것도 순친왕이었다.

140 吳福環(1995, pp.187-230)은 1861년부터 60년대 중기까지를 제1단계로 '和外制內'의 방침 아래 외국의 도움으로 태평천국을 진압하고 자강운동을 추진한 시기, 제2단계는 1860년대 중반부터 1884년 청불전쟁까지의 시기로 자강운동이나 내정·외교 면에서 일정한 성과를 거둔 시기로 설명한다. 제3단계는 갑신역추 이후 청·일전쟁까지의 시기(1885-1894)로, 자강운동의 심화·성과가 있으나 전체적으로 진보가 아주 적었던 시기이며, 중국 근대사에서 보기 드문 내외의 평화 속에서도 개혁의 기회를 놓친 단계로 파악한다. 또한 제4단계는 청·일전쟁 종결에서 무술개혁 직전(1895-1898)의 시기로, 총리아문

이 점은 '갑신역추'에 대한 이홍장의 반응에서도 분명하게 나타난다. 그는 장패륜에게 다음과 같은 분노와 경악의 심정을 토로하였다.

> 아마도 명나라 말기와 같은 세상이 될 것 같아 통곡하고 눈물을 흘리지 않을 수 없습니다. 이후 온갖 변태(變態)가 출현할 것이니 당신이 오래 머물 뜻이 없음을 알겠지만, 나 역시 옷을 떨치고 떠나 버리고 싶은 심정입니다. 군기처와 총리아문은 도대체 어떻게 대응할지 생각하면 심장이 떨립니다."[141]

이후 자희태후의 1인 전권을 확립한 공친왕의 실각에 대해 이홍장은 아주 크게 실망한 모습을 보였다. 오장경의 막료 출신으로 대체로 청류파와 가까운 정치적 태도를 보였던 장건이 후일 「자편연보(自編年譜)」 1884년 조에서 이렇게 한탄하고 있는 점 역시 마찬가지다.

> 공친왕이 물러난 다음 순친왕이 집정하여 [군기대신] 손육문(孫毓汶) 등이 권력을 남용하자 회뢰(賄賂)가 공공연히 이루어지고 풍기가 날로 무너져서 조정 정치에 대해서는 더 이상 들어 볼 수 있는 게 없어졌다. 이로 말미암아 갑오년의 변고[朝局之變]가 있게 되었고, 갑오년의 변고로 말미암아 무술정변(戊戌政變)이 있게 되었으며, 무술년의 변고로 말미암

이 여전히 내정·외교 면에서 날로 수구화되고 무능한 모습을 보인 시기, 제5단계는 1898년의 戊戌改革期로 개혁에 대해 아주 실망스러운 모습을 보인 시기, 제6단계는 1899년의 義和團運動에서 1910년의 辛丑條約까지로 총리아문이 그 직능을 상실하고 붕괴하는 시기로 설명된다. 1884년의 갑신역추가 총리아문의 역사를 전후로 가르는 분기점이 되었다고 보는 것은 마찬가지인 셈이다.

141 「致張佩綸函」(光緒10年 3月 15日), 『李鴻章全集』 33 信函 5, p.377.

아 경자년의 의화단[拳匪之變]이 있게 되었고, 경자년의 변고로 신해혁명(辛亥革命)이란 변고가 있게 되었다. 원인과 결과가 서로 맞물려 있다는 점은 너무나도 명백하다. …… 따라서 조정의 변화와 나라의 변고를 이야기하려면 갑신년에서부터 시작해야 한다고 하는 것이다.[142]

조금 시간이 지난 다음의 시점에서 보면 장건에게 이 '갑신역추'는 사실상 청의 실질적인 멸망을 이끄는 구체적인 출발점으로 자리를 잡게 된다. 실제 이후 총리아문(을 이끌게 된 순친왕 혁현)과 이홍장의 의견 차이가 더욱 심해지고, 이후 군기대신이 더 이상 총리아문의 대신을 겸직하지 않게 되면서, 총리아문은 중앙의 외교 사무 처리에 간여하거나 의견을 제시하기 힘들어져 사실상 '비서처(秘書處)' 같은 지위로 권한이 줄어들었다. 공친왕과의 협력관계 속에서 청의 외교정책을 주도하던 이홍장이 그 후원자와 주도권을 잃게 된 것은 물론이지만, 이 당시 본격적으로 이용하게 된 전보 상유[電諭]나 전보 주접[電奏] 등의 전달 과정에서 총리아문은 전보의 송·수신과 그 문서의 번역을 담당하는 역할로 그 권한과 위상이 축소되고, 대신 군기처가 황제와의 사이에서 의사결정을 담당하게 되는 국면이 출현하였다.[143] 아울러 공친왕을 견제하는 데 이용되었던 청류파 역시 자희태후의 '지원'을 잃으면서 쇠락하여 지리멸렬하게 되었다는 점 역시 잘 알려진 사실이다.[144]

142 李明勛·龍世瑋 主編, 2012, 『張謇全集』 8, 「嗇翁自訂年譜」, p.1003; 中國社會科學院近代史研究所 編, 2006, 『中國近代通史』 第3卷, p.292.

143 吉正芬, 2006, pp.19-37; 千葉正史, 2006, pp.99-103 참조. 이렇게 군기처에서 담당하게 된 전보 당안은 中國第一歷史檔案館 編, 2005, 『清代軍機處電報檔滙編』 全40冊으로 간행되었다.

144 寶成關, 1980, pp.275-349; 吉正芬, 2006, pp.19-37; 王維江, 2009, pp.99-117; 袁野, 2014, p.88-97 등. '갑신역추'에 대한 최근 중국에서의 연구 동향에 대해서는 邱志紅, 2014, pp.258-261에서 잘 정리하고 있다.

3. 청의 새로운 군사전략

1) 오장경군의 철수와 이홍장

청군의 조선 출병은 정묘·병자호란 이래 초유의 사태였고, 해로를 통해 외국에 군사를 파견한 일 역시 청의 역사상 처음이었다. 일본의 대만 출병(1874) 때 해군과 전보가 없어 속수무책이었던 점이나, 일본의 류큐 병합에도 불구하고 해외에 파견할 해군력과 군사적 준비가 전혀 없어 무기력하게 방관할 수밖에 없게 되자 이홍장 등이 차라리 류큐를 포기하자고 주장하였던 것과는 이제 전혀 달라진 상황이었다. 청은 임오군란의 신속한 진압을 통해 1860년대 이래 자강운동 추진으로 갖추게 된 근대적 통신(전보)과 군사력(해군력)이 지닌 국방 면에서의 잠재력 확장, 즉 '자강'의 성과를 직접 확인하면서 천조상국의 위엄을 되찾는 흥분을 느끼게 되었다. 장수성이나 이홍장은 "실로 전보의 영통(靈通)한 능력에 힘입어" 임오군란과 갑신정변에 신속하게 대처하여 성공을 거둔 점을 높이 평가하였다.[145]

앞서 서술하였듯이 조선에서의 사태 전개에 상당한 위기의식을 가졌던 만큼, 그러한 위기가 일단 성공적으로 해소되자 청의 출병은 결과적으로 대단한 성공으로 받아들여졌다. 서구의 침략과 류큐나 버마 등 번속의 상실로 오랫동안 외교적 좌절을 겪어 왔던 청으로서는 자강운동에 의한 육·해군의 '근대화'가 이러한 성과를 가져왔고, 이제 다시 세계에 '중화제국'의 위엄을 과시할 수 있다는 기대가 커졌다.[146] 광서제는 장수성·오장경 등의 활동에 대단히 고무되어 9월 5일 다음과 같

145 孫藜, 2007, pp.56-57.

146 Frederick Foo Chien, 1967, p.130; E. V. G. Kiernan, 1970(1939), p.85.

은 상유를 내렸다.

> 이번에 조선을 원호(援護)함에 장수성은 오장경 등이 신속하게 일 처리를 하도록 감독하여 반란 수괴를 포획함으로써 조선 국왕이 다시 그 정권을 회복하여 서서히 사후 대책을 꾀할 수 있게 하였다. 이 일 처리는 아주 시기적절하였으니, 특히 대단히 칭찬할 만하다. …… 오장경은 즉각 군대를 파견하여 왕심(枉尋)·이태(利泰) 양 촌을 포위·공격하면서 해당 제독 등에게 은근하고 신중하게 진격하게 하여 반란 무리의 우두머리를 신속하게 제거하고, 한편으로는 방범 대책을 적절하게 마련하여 인심을 가라앉히고 반란군을 진압하였다. 이에 힘을 쓴 모든 문·무 관원에 대해서는 일을 마친 다음 우수한 사람을 골라 추천하는 상주를 올리도록 허락한다.[147]

이렇게 임오군란의 진압은 서리 북양대신 장수성의 과감한 조치 덕분이라고 하여 당시 크게 여론의 호평을 받았던 것으로 보인다. 장수성·오장경의 신속한 행동에 대해 이런 평가가 내려지기도 하였다.

> 이하응을 나획(拿獲)하였다는 소식이 북경에 전해지자 북경의 대소 경관(京官)은 모두 흥분하였다. 특히 평소 이홍장에게 불만을 품었던 청류당은 모두 이홍장이 정우를 맞이하지 않았다면 이 사건 처리가 결코 이처럼 신속하지 않았을 것으로 여겼다. 어떤 사람은 '이홍장은 결코 파병하려 하지 않았을 것이다.'라고 말하기도 하였다. '설사 파병하였더라도 역시 오장경에게 전권을 주려 하지 않았을 것이다.'라는 것이다.[148]

147 『德宗實錄』 卷149, 光緖8年 7月 丁未.
148 劉厚生, 1958(1985), 제2장, p.15.

이와 마찬가지로 당시 조선에 있었던 오장경의 막료 장건 역시 비슷하게 평가하여, "이번 작전은 이상[李相. 즉 이홍장]이 (丁憂로) 부재 중인 덕택에, 장공[張公. 즉 張樹聲]이 힘을 쓸 수 있었다."라고 평가하였다.[149] 그리고 뒤이어 9월에는 이홍장의 주청에 따라 다음과 같은 상유가 내려졌다.

> 이번 조선 난군(亂軍)의 사변이 있었을 때, 장수성은 앞뒤로 제독 오장경 등을 주파(奏派)하여 군사를 이끌고 조선에 건너가게 하였으며, 아울러 특별히 이홍장을 불러들여 천진으로 돌아와 함께 조사·처리하게 하였다. 십여 일만에 조선의 난당은 모두 평정되고 국세는 크게 안정되었으니, 그 처리가 대단히 적절하고 신속하였다. 이홍장이 창설하여 훈련한 수사(水師)는 아주 큰 도움이 될 수 있었으니, 이부에 넘겨 우대하는 쪽으로 의서(議敍)하게 하라. 장수성은 시기를 살펴 군사를 동원하고 통솔하는 데 아주 적절하였으므로, 태자소보(太子少保)의 직함을 더해 주도록 포상하라. 제독 오장경은 소속 부대를 이끌고 제독 정여창, 도원 마건충과 함께 신속하게 일 처리에 임하여 반란을 바로 진압하였다. 오장경에게는 삼등경거도위(三等輕車都尉)의 작위를 상으로 내린다. 정여창은 황마괘(黃馬褂)를 입을 수 있도록 하는 상을 내린다. 마건충은 상으로 화령(花翎)을 관모에 붙일 수 있게 하고, 해관도(海關道)로 임용하라.[150]

149 林文仁, 2005, p.168.

150 「援護朝鮮請獎摺」(光緖8年 8月 29日), 「奏保鄭汝昌馬建忠片」(光緖8年 8月 29日), 『李鴻章全集』 10 奏議 10, pp.99-102; 『德宗實錄』 卷151, 光緖8年 9月 甲申. 밑줄 친 부분은 『光緖朝東華錄』 光緖8年 9月 甲申·乙酉의 상유에도 인용되어 있다. 黃馬掛는 領侍衛內大臣이나 護軍統領 등이 입던 일종의 관복인데, 나중에는 군공을 올린 신하에게 내려졌다. 화령 또한 청의 관원이나 귀족의 모자 장식으로 무관은 5품 이상, 문관은 순무 겸 제독 등에게 공작의 깃털을 모자 장식으로 내려주어 관모 뒤에 꽂게 하였는데 이것을 화령이라 한다. 공

아울러 오장경 휘하의 장교들에게도 포상이 주어졌는데,[151] 이러한 조치들은 청 조정이 장수성·오장경이 주도한 임오군란의 진압 조치에 매우 만족하였음을 알려 준다. 아울러 그 이전에 광서제는 오장경에게 여전히 잠시 조선에 주둔하면서 사태를 진정할 수 있도록 하고, 사후 대책에 대해서는 이홍장과 함께 전심으로 협의하여 조정의 작법(酌法)이 정확하고, 번복을 수정(綏靖)하는 지극한 뜻을 보이라는 지시를 내린 바 있었다.[152] 이리하여 임오군란 진압 이후에도 오장경이 이끄는 회군 3,000명은 조선의 경군(京軍)이 해체되어 버린 한성에 계속 주둔하게 되었다. 1882년 9월 오장경이 일부 군대를 철수할 필요가 있는지(아니면 증원 병력을 보내 줄 것인지) 이홍장에게 지시를 요청하자, 이홍장은 부대의 증원을 거부하면서 오장경군의 계속 주둔을 주장하였다.[153]

작 깃털 위의 둥근 꽃무늬(眼) 숫자에 따라 단안(單眼)·쌍안(雙眼)·삼안(三眼)의 구별이 있다. 만주 귀족의 경우 삼안·이안 화령을 썼지만, 군공을 세운 경우 특별한 상으로 내려 주기도 하는데, 문·무관의 경우 일반적으로 단안 화령을 썼다. 한편 議敍는 성적이 뛰어난 관원에 대해 吏部에 넘겨 검토한 다음 加給·記錄 등의 장려를 하도록 주청하게 하는 것이다. 즉 관원의 성과나 공로에 대한 일정한 표창·포상이다.

151 앞과 같음. 이홍장은 조선을 援護하는 데 공을 세운 문무 관원(員弁)에 대한 포상을 주청하면서, 오장경·정여창·마건충의 공을 최고로 쳤고, 아울러 당시 종칠품의 中書 직함을 가지고 있던 원세개가 군대를 다스리는 데 엄숙하고 시기적절한 剿撫를 했다고 하여 同知(정오품) 직함과 戴花翎의 상을 내려 달라고 주청하여 승인받았다.

152 『德宗實錄』 卷150, 光緖8年 8月 乙丑. 그보다 앞선 光緖8年 7月에도 청 조정은 일본군이 철수하기 이전에는 당연히 군대를 남겨 주둔시켜야 한다면서 이홍장·장수성에게 오장경군이 반란군의 잔당을 찾아 제거하도록 지시하라는 상유를 내린 바 있었다. 『德宗實錄』 卷149, 光緖8年 7月 癸丑.

153 『光緖朝東華錄』 光緖8年 8月 乙丑, pp.1394-1397. 이보다 앞서 오장경은 장수성에게 보낸 편지에서 아직 출발하지 않았다면 추가 부대는 며칠 늦추고, 이하응의 처리에 대한 조정의 지시를 받아 완급을 헤아려 다시 파견을 요청하겠다는 의견을 제시한 바 있다. 張謇, 「爲吳長慶擬致張樹聲銜」 五(光緖8年

이때 이홍장은 오장경에게 다음과 같은 서신을 보냈다.

> 25일 정여창과 마건충이 방문하여 모든 것을 상세하게 물어 삼가 공의 노고가 많고 공로가 크며 신속하게 대응하였음을 알게 되었으니, 공이 함께 그 임무를 훌륭하게 수행하였다는 점에 위안받았습니다. 조선과 일본은 약속한 배상금이 이미 결정되었으니 비록 배상금 50만 원이 너무 많다는 점이 불만이지만, 조선 군신이 당연히 달게 참고 양보해야지 중국이 대신 뒤집거나 안타까워할 수는 없습니다. 도감영(都監營)의 난군(亂軍)은 토벌을 받아 흩어지고 반란 집단의 동조자들도 이미 고립되어 왕경 내외의 인심은 응당 차츰 진정될 것입니다. 지금 현재 공이 이끄는 대규모 부대가 주둔하면서 통제하고 있으며 기율을 엄격히 하면 도망친 무리를 무집(撫輯)하는 데에는 병력이 이미 충분한 것 같아, 몇 개 영을 더 추가하여 헛되이 번잡한 비용을 늘릴 필요는 없을 것 같습니다. 장수성 서리총독은 원래 황진(黃鎭)의 호위연병(護衛練兵) 3개 영을 추가로 파견하여 곧장 조선으로 보내고자 하였는데, 마침 내가 연대(煙臺)를 지나다가 난군이 이미 토벌되어 흩어졌고 조선과 일본이 조약을 맺어 대국을 염려할 필요가 없다는 소식을 듣고 협의하여 잠시 부대 이동을 중지시켰습니다. 생각건대 집사[오장경]께서는 충성스럽고 관대하시니 반드시 제 뜻을 은근히 알아주실 것으로 믿습니다. …… 일본은 이미 화약을 맺어 단연코 다시 분쟁을 일으킬 리 없으니, 우리도 더욱 옆에서 말썽을 일으킬 필요는 없습니다. 하나부사 등이 만약 한성에 돌아오면 호위 병력을 데리고 올 터인데, 우리 부대는 이들과 평화롭게 지내면서 예를 갖추어 교류해야 할 것입니다. 만약 부대 주둔 장소가 서로 가까워 말썽

7月 3日), 李明勛·龍世瑋 主編, 2012, 『張謇全集』 2 「函電」(上), p.17.

이 생기기 쉽다면 적당하게 성외로 부대를 옮기고 요지를 찾아 훈련해도 좋습니다. 또 듣기에 우리 군대가 처음 조선에 도착하였을 때 유용(遊勇)들이 자못 말썽을 피워 특히 집사의 영명에 폐해를 끼친 것 같은데, 응당 몰래 각 영을 조사하여 만약 남아도는 한가한 유용이 있다면 모두 귀국시키고, 정여창과 상의하여 배를 보내 귀환시킴으로써 머물러서 말썽을 피우는 것을 막아야 할 것입니다. 군대의 영루(營壘)가 이미 만들어졌으니, 힘써 진지하게 조련하도록 감독하되 각별하게 정숙(整肅)함을 보여 일본인과 조선인이 은근히 경외감을 느끼게 해야 할 것입니다. 귀 집사는 평소 군대의 기율을 제대로 다그쳤으니 반드시 이 말을 허투루 듣지 않을 것으로 생각합니다. 일본군이 아직 모두 철수하지 않았으니, 귀 부대는 당장 개선할 필요는 없고, …… 우리 부대는 일시적으로 단연코 철수하기 어려우니, 힘써 귀 집사께서는 조선 정부와 논의하여 어떻게 하면 나라를 지키고 반란을 진압할 수 있는지 그 방책을 강구하여 유지함으로써 후환을 피할 수 있어야 할 것입니다.[154]

여기서 이홍장은 장수성이 시도한 증원 병력의 파견을 저지하였을 뿐만 아니라, 오장경군의 기율에 대한 비난이 있었던 것을 문제로 삼아 각별하게 정숙을 유지하도록 경고하고 있다. 그리고 무엇보다도 일본과 앞으로 마찰을 빚는 것을 피하는 데 가장 강조점을 두어, 심지어는 오장경의 부대를 성외로 옮기라는 충고까지 하고 있다.

요컨대 이홍장의 요구는 조선 사무는 조선이 알아서 하게 하며 청이 옆에서 더 이상 일본에 시비를 걸 필요는 없으니 일본과 화목하게

154 「復吳筱軒軍門」(光緒8年 7月 26日), 『李鴻章全集』 33 信函 5, pp.160-161. 조선에서의 오장경군의 주둔과 기율 등의 문제는 姜博, 2023의 제3장 제2절을 참조.

지내면서 문제가 생기는 것을 피하라, 그리고 조선 정부와 나라를 지키고 반란을 진압하는 방책을 논의하라는 것이었다. 임오군란 진압 직전에도 이홍장이 이런 방침을 장수성에게 권한 바 있다는 점은 앞서도 언급하였지만, 그가 오장경에게 내린 지시는 "완전히 소극적으로 속번에 성의 없이 대응하는 지시로서, 결코 적극적인 근본적 방안을 제시하여 오장경에게 집행하라고 요청한 것이 아니었다."라는 평가를 받을 만한 것이었다. 이것은 비교적 적극적으로 조선에 대한 경영(經營)을 모색하던 장수성·오장경과 조선에 대한 개입(과 그에 따른 책임 부담)을 항상 꺼려 왔던 이홍장의 기본 주장이 서로 절충점을 찾지 못하였기 때문이었다.[155] 결국 이홍장의 '소극적'인 조선 정책은 임오군란 진압의 성공에 고무되어 조선에 대한 적극적인 정책을 제기하는 청류파 등 여론의 지속적 비판을 초래할 수밖에 없었다.

여하튼 이홍장은 이후 곧바로 점차 자신의 직계(直系)가 아니고 평소 사이가 좋지 않았으면서도 자신이 없는 틈에 장수성의 파견으로 조선에서 공을 세운 오장경군의 부분 철수를 꾀하는 방향으로 움직이게 된 것 같다.[156] 한성주재 일본군이 200명 이하로 줄어든 것을 확인하

155 이러한 평가는 沈雲龍, 1986b, pp.67-68 참조. 오장경의 아들 吳保初는 후일(1899) 오장경의 막료였던 周家祿의 『奧簃朝鮮三種』 출판을 후원해 주면서 그 서문에서 "부친 武壯公은 누차 조선에 重兵을 두어 倭患을 막자고 疏請하였지만, 그 주장이 獲容되지 않아 그 뜻을 품은 채 돌아가셨다."라고 주장하고 있어, 오장경이 조선에서 청군이 계속 주둔할 것을 주장하였음을 시사하고 있다. 吳保初, 「朝鮮三種序」, 周家祿, 1969, 『奧簃朝鮮三種』, p.4.

156 陸方, 1984; 章開沅·田彤, 2001; 夏冬波, 2007; 張華騰, 2010에 의하면 오장경과 이홍장의 은원관계가 이 문제에 개입되어 있다. 오장경은 태평천국·염군과의 싸움 과정에서 자신의 '慶軍'을 독자적으로 키워 왔고 증국번 휘하의 湘系에 가까웠지만, 이홍장의 회군에 편입되어 그의 통제를 받게 되었다. 그런데 1880년 산동으로 배치된 오장경의 海防 조치를 이홍장이 거부하면서 갈등이 발생하게 된다. 임오군란이 발생하였을 때 오장경군이 공을 세울 수 있

자, 광서8(1882)년 10월 이홍장은 1883년 봄에 오장경군 3개 영을 철수하겠다고 상주하였기 때문이다.[157] 앞서 계속 주둔을 지시한 지 겨우 두 달 뒤였다. 그러나 앞서 인용한 것처럼, 조선 국왕은 1883년 3월 변원규를 통해 오장경군을 계속 주둔케 해 달라고 요청하는 비밀자문을 장수성에게 전달하였다.[158] 마침 이홍장은 모친 장례를 위해 잠시 고향을 다녀오기 전에 장수성과 상의하여 오장경군 3개 영을 옮기는 문제는 잠시 늦추자고 협의한 바 있었다. 장수성은 이때 조선에서 잠시 돌아온 오장경을 만났는데, 그는 조선국의 자문이 "그 정사(情詞)가 극히

었던 것도 이홍장이 정우로 부재중이어서 가능하였다. 장수성의 오장경 파견 제안에 대해 이홍장은 신중한 조치를 요구하고, 다른 부대의 파견을 권고하였지만, 이미 오장경이 출발한 다음이었다. 더구나 임오군란 진압 이후 오장경군의 주둔과 조선군 練兵에 대한 개입에 불만을 느낀 이홍장은 그의 철수를 시도하고, 오장경도 그에 응하겠다는 뜻을 보였다. 하지만 청 조정이 조선의 鎮撫가 중요하다고 하여, 이를 허락하지 않았다. 마침내 1884년 봄 청불전쟁으로 海防事務가 긴급해지자, 이홍장은 오장경군을 절반으로 나누고, 오장경이 그 절반만 이끌고 귀국하여 旅順(金州)에 주둔하게 함으로써 그가 평생 일궈 온 경군 절반을 빼앗아 큰 타격을 입혔다. 오장경은 귀국 이후 곧 병사한다. 한편 李強, 2012는 장수성과 이홍장은 일본에 대한 인식의 차이로 임오군란 당시 군대의 파견 등에 마찰과 충돌이 있었다고 지적하였지만, 張英傑(2015, pp.55-61)은 그 논거가 부족하다면서 양자 사이의 협력관계가 있었다고 주장한다. 양자가 충돌할 정도는 아니었지만, 기본적으로 '적극성'의 측면에서 분명히 차이는 있었던 것으로 보인다.

157 「奏覆張佩綸條陳理商政預兵權救倭約購師船防奉天及爭永興」(光緒8年 10月 13日), 『中日韓』 卷3, pp.1030-1038; 『국역中日韓』 4, pp.274-286. 이홍장의 오장경군 철수 논의가 정식 단독 상주가 아니라 장패륜의 상주에 대한 대책에서 잠깐 이를 언급하면서 기정사실화하는 방법으로 이루어졌다는 점에 주목할 필요가 있다. 이홍장과 오장경의 불화를 여기에서 엿볼 수 있기 때문이다. 한편 임오군란 이후 청군의 조선 주둔 문제에 대한 경과는 Frederick Foo Chien, 1967, pp.142-143에서도 정리하고 있다.

158 「朝鮮國王咨文. 咨送具奏留駐朝鮮官軍暫緩撤回等摺片」(光緒9年 2月 10日), 『국역中日韓』 4, 2018, p.314; 『中日韓』 卷3, pp.1140-1141.

절박하다."라고 하면서 그 요청을 받아들여 오장경군은 "잠시도 떠나서는 안 되므로 현재 철회 논의를 늦추고자 한다."라고 주청하였다.[159] 이것이 받아들여져서, 오장경군은 그대로 남아 머무르되 수시로 상황을 보아 다시 철수를 논의하라는 유지가 내려지고, 조선 국왕에게도 이것이 통보되었다.[160] 오장경군 일부를 철수시키려던 이홍장의 의도는 일단 저지되었다.

하지만 광서9(1883)년 6월 10일 장수성이 원직인 양광총독으로 돌아가고 이홍장이 다시 서리 직예총독 겸 북양대신으로 복귀하라는 유지가 내려진 지[161] 얼마 되지 않아, 서좌부도어사(署左副都禦史) 장패륜은 듣기에 오장경의 3개 영을 연대(煙臺)로 돌아오게 한다고 하는데, 이것은 장기적인 대책이 아니라면서 조선에 오래 머물고 "공리(功利)에 치닫고 시세에 따라 바뀌어" 오래 버티기 힘든 오장경 대신 따로 현능(賢能)을 골라야 한다고 주청하였다.[162] 이에 대해 조정은 이러한 소문의 진실 여부, 그리고 오장경이 과연 조선에 오래 주둔하면서 제대로 힘을 쓸 수 있는지 이홍장에게 살펴서 장기적 대책을 마련하라고 지시하였다.[163] 뒤이어 9월 말에는 다시 오장경군이 지금처럼 조선에 주둔하든지, 아니면 천진으로 돌아오게 하든지 이홍장이 적절히 처리하라는 지시를 내렸다.[164] 이에 대해 이홍장의 답변이 없자, 10월 중순 청

159 「留駐朝鮮官軍暫緩撤回摺」, 『張靖達公奏議』 卷6, 40a-41a; 「直隸總督兼署理北洋通商大臣張樹聲奏朝鮮請留駐軍現已仍令吳長慶暫駐摺」(光緒9年 2月 27日), 『光緒中日』 卷5, 2b-3a.

160 『德宗實錄』 卷160, 光緒9年 2月 戊寅; 卷161, 光緒9年 3月 壬午.

161 『德宗實錄』 卷164, 光緒9年 6月 戊午.

162 「朝鮮戍軍宜籌經久摺」(光緒9年 6月 14日), 張佩綸, 2010, 『澗于集』 「奏議」 卷3, 42a-43b.

163 『德宗實錄』 卷164, 光緒9年 6月 癸亥.

164 『德宗實錄』 卷169, 光緒9年 8月 丁丑.

조정은 오장경군의 문제에 다시 상주하라는 지시를 내렸다. 이때 오장경이 상주하여 조선 주둔 사정에 대해 비밀리에 보고하면서 입근(入覲)을 요청하였지만, 이 '폐견(陛見. 신하가 황제를 알현하는 것)' 요청에 대해서는 잠시 유지가 내리기를 기다리라는 지시가 내렸다. 사실상 알현을 거절당한 것이다.[165]

이런 상황은 이홍장이 오장경의 부대를 마건충에게 넘길 생각까지 품었던 것에서 비롯된 것으로 보인다.[166] 이 점에 대해 장건은 이홍장이 오장경군을 마건충에게 귀속시키려 하여 오장경에게 천진에 돌아오도록 지시하였으므로, 장건이 오장경에게 은퇴를 힘써 권하면서 아울러 본직을 해임해 주도록 주청하자고 하였는데, 오장경이 북경에 가서 머무를 때 처음에는 이 권고를 따르려고 하다가 이홍장의 막료인 원보령[袁子久][167]·주복[周玉山. 玉山은 周馥의 字이다.]의 말을 듣고 이를 포기하였다."라고 회고하고 있기 때문이다.[168]

하지만 이홍장은 상주하라는 지시에 대해 "결코 힘을 쓸 수 없는 것이 아니고 서로 사이가 나쁜 것도 아니다."라고 변명하면서 다음 해의 봄까지 기다려 상황을 보아 나누어 철수시키겠다고 답변하였다. 이에 대해 다시 이홍장이 상황을 판단하여 장기적인 대책을 상주·처리하

165 『德宗實錄』 卷170, 光緖9年 9月 乙未.

166 李明勛·龍世瑋 主編, 2012, 『張謇全集』 8 「柳西草堂日記」, p.180. 이 일기 곳곳에 이홍장과 오장경의 불화가 기록되어 있다.

167 袁保齡(1841-1889)은 자가 子久로 河南省 項城縣 출신이다. 함풍·동치 연간 欽差大臣漕運總督을 지낸 袁甲三의 次子로 원세개의 叔父이기도 하다. 1862년 擧人 학위를 얻고 부친을 따라 염군 진압에 참여하였으며, 1866년 內閣中書侍讀이 되었다. 1877년 이후 『穆宗毅皇帝实錄』 편찬에 참여하여 사품으로 승진하였고, 1881년 이후 북양을 돕는 인재가 필요하다고 하여 천진에 가서 北洋海防營務를 委辦하게 되었다. 1882년에는 旅順港塢工程總辦이 되어 旅順口의 海防에 크게 기여하였는데, 1889년 과로로 병사하였다.

168 李明勛·龍世瑋 主編, 2012, 『張謇全集』 8 「嗇翁自訂年譜」, p.1002.

라는 지시가 내려졌다.[169] 이후 절강순무(浙江巡撫) 유병장(劉秉璋)이 오장경군을 절강(浙江)으로 옮기게 하자고 요청하기도 하였지만, 오장경군의 존재가 아주 중대한 문제와 관계가 있어 멀리 이동시키기 어렵다면서 조정은 이를 거절하였다.[170]

이런 흐름을 보면 이홍장이 분명히 오장경군 전체의 조선 주둔에 대해서 결코 긍정적인 반응을 보이지 않았음을 알 수 있다. 더구나 이홍장은 기본적으로 청군의 조선 주재가 가져올 '책임' 문제를 우려하였다. 청군이 장기적으로 주재하게 되면 조선 문제에 대해 열강이 청을 문책하거나, 아니면 청이 이 때문에 전쟁 등의 분규에 말려들 가능성이 크다고 보고, 가능하면 신속하게 청군을 귀국시키려 하였다. 조선에 대한 영향력 확보·유지를 시도하면서도, 조선 문제에 대해 과도하게 얽혀 드는 것을 항상 피하려는 이홍장의 전후 일관된 태도는 여기서도 잘 드러난다.[171] 다만 이홍장의 표현처럼 "붙은 것도 아니고 떨어진 것도 아니게[不黏不脫]" 조선에 대한 영향력 확보와 책임 회피 사이의 적절한 균형을 잡는 것은 결코 쉬운 일이 아니었다고 할 것이다. 이홍장의 대조선 외교정책이 드러내는 한계는 바로 이 점에 있었다.

청 조정은 오장경군의 조선 주둔이 아주 중요한 것에 관계가 된다고 하면서 계속 그 부분적 철수를 거부하였지만, 청불전쟁의 위기로 본토 방어가 시급해지자 1884년 4월 통정사사(通政使司) 참의(參議) 연무(延茂)가 오장경군을 봉천(奉天)의 금주(金州)로 이동시키자고 상주하였고, 이에 대해 이홍장에게 상황을 살펴 처리하라는 지시가 내려졌

169 『德宗實錄』 卷170, 光緒9年 9月 辛丑.

170 『德宗實錄』 卷176, 光緒9年 12月 乙丑.

171 Kirk W. Larsen, 2008은 특히 이 점을 계속 강조하고 있는데, 적절한 지적으로 보인다.

다.[172] 결국 4월 말 이홍장은 오장경군 가운데 전영(前營)·중영(中營)·정영(正營)을 오장경이 이끌고 본토로 귀환하게 하고, 나머지는 기명제독(記名提督) 오조유(吳兆有)의 통솔 아래 조선에 남기겠다고 주청하여, "수시로 시기를 보아 이동하게 하라."는 재가를 받았다.[173] 이리하여 오장경군은 결국 3개 영만 조선에 계속 남아 주둔하고, 나머지 3개 영은 여순(旅順)으로 이동하게 되었다. 오장경은 평생 일궈 온 휘하 부대 절반을 잃게 된 셈이었다.

앞서도 이홍장의 조선 정책에 대한 비판 부분을 인용한 적이 있지만, 청·일전쟁에서의 패배가 거의 확실해지던 1895년 9월 무렵, 오장경의 막료 장건(張謇)은 오장경군을 철수시킨 이홍장의 결정에 대해 다음과 같은 신랄한 비판을 퍼부었다.

> 맹약의 피가 마르기도 전에 일본은 조선의 반란을 틈탔다. 이미 작고한 광동수사제독 오장경은 6개 영을 이끌고 조선을 원조하기 위해 나섰다. 반란이 진압된 다음 재삼 거듭하여 조선의 정치가 피폐하고 백성이 빈곤하며 군사력은 빈약한데 요충지에 자리 잡고 있으므로 이홍장에게 서신으로 가능한 한 조속히 정치를 바꾸고 군사를 훈련하고 이익을 일으키고 우환을 대비하자고 요청하였다. 그러나 이홍장은 쓸데없이 일을 벌인다고 여겨 그 잘못을 통렬하게 배척하였다. 이에 오장경이 조정에 찾아가 스스로 의견을 진술하겠다고 하였으나 [거절당하여] 결국 아무것도 이루지 못하였다. 광서10(1884)년 봄에 이르러 오장경은 3개 영을 금주(金州)로 옮겨 주방(駐防)하게 되었으나, 마침내 이홍장과 줄곧 의견 충돌을 벌

172 『德宗實錄』 卷180 光緒10年 3月 辛丑.

173 『德宗實錄』 卷181 光緒10年 4月 庚戌; 「議分慶軍駐朝片」(光緒10年 4月 4日), 『李鴻章全集』 10 奏議 10, pp.421-422.

인 울분과 근심 속에 서거하였다. 그러나 조선에서는 다시 일본인이 말썽을 일으키게 되었다. 만약 오장경의 3개 영이 그대로 남아 지키면서 그 사이에서 버텨 주지 않았다면, 오늘날의 일은 아마 10년 이전에 이미 나타났을 것이다. 그런데도 이홍장은 11년 전에 조선 주둔 3개 영을 모두 철수시켜 버리고, 아울러 오장경이 정한 조선 군대의 훈련 사업도 폐지해 버렸다. 일본이 바라는 바를 이홍장은 제공해 주었고, 일본이 꺼리는 바를 이홍장은 없애 주었다. 마치 방탕한 아들을 풀어놓아 패가망신할 때까지 제지하지 않는 것처럼 말이다. 굶주린 늑대를 키우고 그 배를 불릴 때까지 멈추지 않아 반드시 조선을 얻겠다는 일본의 뜻을 굳건히 해 주었고, 중국을 가볍게 치려는 일본의 마음을 키워 주었다. 이홍장이 아니면 누가 그 허물을 뒤집어쓰겠는가?[174]

이것을 보면 이홍장은 조선에 대해 더욱 적극적인 개입·지원 정책을 모색하던 오장경의 태도를 못마땅하게 여겨 그의 부대 절반만을 귀국시켜 사실상 그의 기반을 무너뜨려 버리는 조치를 한 것으로 보인다. 이런 결정이 결국 조선에 관한 직접적인 개입·감독·통제 정책을 실행하기를 바라는 강경파의 여론과는 분명히 그 지향하는 바가 달랐지만, 조선의 개화파는 이 오장경군의 철수로 청의 군사력이 약화된 틈을 노려 정변을 도모하는 기회로 삼았다.

한편 이때 오장경군을 따라 영무처(營務處)의 위원(委員) 자격으로 조선에 온 원세개는[175] 조선 군대 신건친군영(新建親軍營) 4개 영의 훈

174 張謇, 「呈翰林院掌院代奏劾大學士李鴻章疏」(光緖20年 9月 4日), 李明勛·龍世璋 主編, 2012, 『張謇全集』 1 「公文」, pp.12-13.

175 원세개가 조선 측의 接伴官 金昌熙와 주고받은 서신이나 김창희가 지은 『東廟迎接錄』에 의하면 營務處 위원으로서 그가 처리한 일은 槍架[총기 보관대]를 만들거나, 나무문[木門]을 봉(封)하거나, 털모자[氈帽]를 대신 제조하거

련을 책임지는 임무를 맡아(실제 훈련은 군인 교육이나 경력이 전혀 없었던 원세개가 아니라 독일 유학 출신 장교가 대신하였다.), 고종에게 그 성과를 과시한 이후 '군인'으로서의 출세를 위한 기반을 닦았다. 이홍장은 오장경군이 3개 영만 남기고 귀국할 때 남은 3개 영을 오조유(吳兆有)가 통솔하게 하면서도, 고종의 추천을 받은 원세개에게 조선의 방무(防務)를 도와서 처리(會辦)하게 하는 특혜를 부여하였다. 이미 임오군란에서의 행동을 높이 평가하여 포상을 주청한 바 있던 원세개에 대해 이홍장은 이렇게 평가하고 있었다.

> 분발동지(分發同知)[176] 원세개는 청렴하고 결단력이 있어 기의(機宜)에 밝고 오랫동안 오장경군의 영무(營務)를 담당하고 아울러 조선의 군사훈련을 맡아 조선의 군신이 모두 경패(敬佩)하는 바이니, 총리영무처(總理營務處)를 맡기고 조선의 군사 업무를 돕게 하면[會辦防務] 상당히 힘을 쓸 수 있을 것입니다.[177]

나, 馬匹을 안치하거나, 초소(崗哨)를 검사하는 등의 잡무로, 이른바 후방지원업무[後勤]였다. 원세개는 '군지휘관'이 아니라 후방지원업무, 즉 군수 사무를 담당하는 委員에 지나지 않았다. 丁小明, 2014에 실린 「譚屑拾餘: 晩淸駐朝鮮使臣袁世凱等人致朝鮮大臣金昌熙叢劄及文稿小識」, p.6 및 pp.1-27(원세개의 서신), pp.340-359(김창희의 『東廟迎接錄』) 참조. 김창희와 『東廟迎接錄』·『譚屑拾餘』에 관해서는 뒤에서 다시 소개하겠다.

176 分發은 청대 道·府 이하의 非實缺人員으로 直省에 보내 임용을 대기하게 하는 인원[分省發往補用]을 가리킨다. 同知는 명·청대 관직으로 府의 장관인 知府의 副職으로 정오품이며, 府마다 1-2명을 두는데 정원은 없었다. 앞서 보았듯이 이홍장의 주청으로 원세개는 종칠품의 中書에서 정오품의 同知로 승진한 바 있다. 원세개가 정오품함 同知의 獎敍를 받은 반면, 오장경의 막료였던 張謇은 정칠품함 知縣의 獎敍를 받았기 때문에(劉憶江, 2015, p.291) 사제관계나 마찬가지였던 두 사람의 관계는 '역전'되었다. 원세개가 이홍장에 의해 상당히 후대를 받았음을 여기서도 알 수 있다.

177 「議分慶軍駐朝片」(光緖10年 4月 4日), 『李鴻章全集』 10 奏議 10, pp.421-422.

그리고 뒤이어 약 1년 반 이후, 갑신정변을 진압한 뒤 오대징 등을 따라 귀국하여 반년 정도 머무르던 원세개는 이홍장이 진수당의 뒤를 이어 임무를 떠맡도록 조선에 파견하면서 "특별하게 직함의 순서[銜階]를 뛰어넘어 발탁[超擢]함으로써 체제(體制)를 무겁게 해 주십시오."라고 간청하여, "원세개는 지부(知府)로 분발하되 자리가 나면 우선하여 임용하며, 이후 보결(補缺)을 기다려서 도원(道員)으로 승진임용[升用]하라. 아울러 삼품함을 상으로 덧붙인다."라는 특혜를 얻을 수 있었다.[178] 이렇게 다시 오품함 분발동지에서 사품 지부로 승진함과 동시에 도원으로의 승진 보장(升用道)까지 얻은 데다가, 아울러 특별하게 상으로 삼품함까지 얻으면서 조선에 온 지 단 3년 만에 원세개는 20대 중반의 나이에 이례적으로 급속한 출세를 할 수 있었다. 그가 오장경 대신 이홍장의 확실한 후원 아래 조선에서 권력을 휘두를 수 있게 된 것은 바로 여기에서 시작되었다(이 점에 대해서는 다시 후술).

2) 이홍장의 새로운 군사전략

원세개가 조선의 군사 업무를 돕는 것은 또한 조선 군대가 청의 직접적 통제 아래 들어가는 것이나 마찬가지였으므로, 사실상 오장경군의 철수에도 불구하고, 청의 발언권은 이전과 비교하면 훨씬 더 강화되었다. 오장경군의 조선 주둔 문제를 둘러싸고 내부 이견이 존재하였지만, 조선의 정세를 안정시키는 그 역할을 청 조정이 높이 평가하고 있었음은 분명하다. 더구나 종래 임오군란에서의 출병과 그 성과가 오랫동안 '속국자주'론에 의지하여 조선의 내정에 간섭하지 않았던 관행을 일거에 뒤

178 『德宗實錄』 卷216, 光緒11年 9月 戊午; 「稟總署文」(光緒11年 10月 2日), 『袁世凱全集』 1, pp.61-62.

집고, 조선에 대한 '상국'의 권한을 '종주국'의 그것에 비견될 만큼 크게 강화하는 데 성공하였던 점이 아마 여기에 크게 작용하였을 것이다.

이를테면 곽숭도가 임오군란에 대해, "천진의 수군·육군 4·5천을 모아 해로로 진격·토벌"하는 용병을 하지 않을 수 없는 대세라고 주장하였던 점은 앞서 다루었지만,[179] 조선과의 조공 사무를 담당하던 예부시랑 보정(寶廷. 청류파의 일원으로 이름을 떨친 바 있다.)도 임오군란의 처리가 이미 단서가 잡혔지만 단연코 쉽사리 철병해서는 안 되며, 모든 일이 안정되더라도 진무(鎭撫)를 명분으로 군사를 남겨 주둔시킴으로써 후환을 막아야 하며, 그 병력이 너무 적어서는 안 된다고 주장하였다.[180]

그리고 더욱 흥미로운 지적은 주일 공사 하여장이 임오군란에 대해 "이번에 전보나 윤선이 없었다면 군대의 이동이 이토록 신속할 수 없었을 것이니, 이 자그마한 효과를 거두어서 혹은 당국의 비난을 풀고 저 사람들의 입을 막을 수 있을지 모른다."라고 평가하였다는 점이다.[181] 이홍장 역시 임오군란에서 이용된 전보(일본-중국 사이)의 효율성에 대해 "이번 여름 조선에 내변(內變)이 있었을 때 남북의 수륙 각 군을 급히 동원할 수 있었던 것은 실로 전보의 민첩함 덕분이었습니다. 그 신속한 병력 동원에 의한 전쟁 참여는 종래 없었던 바입니다."라고 높이 평가하였다.[182] 앞서 언급한 대로 하여장의 후임 여서창도 비슷한 평가를 하면서

179 郭崇燾, 「請正朝鮮亂民之罪片」, 王先謙 編, 1966. 『郭侍郎(崇燾)奏疏』, 35a-36b; 「請振勵人心奠安朝鮮片」(光緖8年 7月 18日), 楊堅 校補, 1983, pp.401-403; 「前兵部侍郎郭崇燾奏」(光緖8年 7月 18日), 中國第一歷史檔案館 編, 1996a, p.53-54; 郭廷以 編定, 1971, pp.889-891; 劉憶江, 2015, p.283.

180 「侍郞寶廷片」(光緖8年 8月 4日), 中國第一歷史檔案館 編, 1996a, pp.59-60.

181 「(何如璋→)張樹聲私函」, 『外交文書』 제6권, p.674.

182 「商局摺辦電線摺」(光緖8年 12月 8日), 『李鴻章全集』 10 奏議10, p.131. 다만 이홍장은 이때 천진-상해 간 전보가 성과가 있다는 이유를 들어 상해에서 절강·복건을 거쳐 광동에 이르는 전선의 설치를 주청하고 있었다.

천진에서 한성으로 연결되는 전선의 설치를 제안한 적이 있었다.

이러한 여러 평가와 여론은 아마 청이 임오군란의 경험을 바탕으로 조선에 대한 전략을 형성 또는 변경하는 출발점이 되었을 가능성이 크다. 대규모의 근대적 해군이나 만주를 거쳐 조선 국경에 이르는 철도를 건설하는 데 충분한 자원을 확보할 수 없었던 이홍장이 조선 정책에서 종래 '조약체제 정책'이라는 외교적 수단에만 의존하였던 한계가 어느 정도 극복되었기 때문이다(전보 문제에 대해서는 후술). 즉 이제는 종전과는 달리 전보와 윤선·군함의 배치를 통해 조선에 신속한 정보 전달과 인원 이동, 수·륙 양군의 파견이 가능해진 상황이 되었으므로, 이 점을 충분히 이용할 필요성에 대한 인식이 청에서 폭넓은 동의를 받게 된 것이다. 후술하겠지만 이후 청은 조선에 군사를 직접 주둔시키는 방법 대신, 전선의 설치와 북양수사(北洋水師. 이후의 北洋海軍)의 확장을 통해 조선을 방어하는 전략으로 나아가게 된다.

이 때문에 앞서 청 조정이 임오군란의 진압 결과를 긍정적으로 평가하면서 "이홍장이 창설하여 훈련한 수사(水師)는 아주 큰 도움이 될 수 있었다."라고 한 지적은 특히 시사하는 바가 크다. 그리고 임오군란 당시 병과급사중(兵科給事中)으로 청류파의 한 사람인 등승수(鄧承修)가 다음과 같은 상주를 한 것에 대한 청 조정의 반응도 마찬가지다.

> 급사중 등승수가 다음과 같은 주를 올렸다.
>
> 조선의 반란 집단은 이미 평정되었고, 류큐 문제는 아직 해결되지 않았습니다. 응당 지금의 성위(聲威)를 틈타 특별하게 군사를 아는 고위 관원을 파견하여 연대(煙臺)에 주둔하면서 시기를 엿보아 군사를 동원·이동시킬 수 있게 해야 합니다. 남·북양의 전함을 두텁게 모으고 각기 나누어 바다로 나가 순시하게 하면서, 번갈아 출입하게 하여 목을 움켜잡고 등을 어루만지는 방책으로 삼는 것입니다. 조선에

> 주둔하는 수·륙 각 군도 잠시 철수를 늦추어 서로 지원하게 할 수 있게 합니다. 이렇게 하여 일본이 멋대로 류큐를 멸망시키고 협박을 자행하는 죄를 책망하면, 일본은 반드시 꺼리는 바가 있게 되어, 류큐 문제는 쉽사리 원만한 결과를 낳을 수 있을 것입니다.
>
> 상주한 내용이 견해가 상당히 그럴듯한 의견[不爲無見]으로 보인다. 이홍장·장수성은 상황을 참작하여 적절하게 이에 대한 답변을 마련하여 상주하라.
>
> 곧이어 다음과 같은 [이홍장·장수성의] 상주가 올라왔다.
>
> 전함은 각 포구에 분포되어 있어 동원·이동이 쉽지 않고, 연대(煙臺)에는 포대가 없고 전보도 없어 그리로 이주(移駐)하는 것은 비교적 어렵습니다. 청컨대 이 문제에 대해서는 논의를 늦추어 주십시오.
>
> 이에 대해 황상에게 보고를 올렸다.[183]

여기서 등승수는 임오군란으로 청군이 커다란 성공을 거둔 것을 기회로 삼아, 산동성 연대에 고위 관원을 주둔시켜 북양의 수사와 육군, 그리고 조선에 파견된 부대가 서로 협동하는 군사전략을 제안하였다. 이에 대해 조정은 상당한 흥미를 보였지만, 이홍장·장수성은 북양수사 등의 상세한 상황을 논의하면서 등승수의 주장은 시기상조로 해

183 『德宗實錄』 卷150, 光緒8年 八月 丙辰; Frederick Foo Chien, 1967, pp.130-132. 등승수의 상주문은 「請維藩屬疎」(光緒8年 8月 2日), 『語氷閣奏議』(近代中國史料叢刊 正編 第12輯 0114, 文海出版社, 1967) 卷3, 1a-2b에도 실려 있다. '鐵面禦史', '鐵漢'으로 이름을 떨친 독특한 청류파의 일원('別類'淸流)으로서, 그는 『淸史稿』 卷444 「列傳」 231, pp.12457-12459에도 다른 청류파의 성원 盛昱·張佩綸 등과 함께 合傳으로 기록되어 있다. 등승수에 대해서는 王維江, 2009, pp.251-277에서 상세히 다루고 있는데, 그가 光緒5년에서 11년 사이의 7년 동안 올린 76편의 주접 가운데 대부분은 탄핵의 문장이었다(王維江, 2009, p.261).

외 용병은 철갑 군함의 신속한 증강과 수사의 편성이 우선 전제가 되어야만 하며, 천진에 모든 자원이 집중되어 있어 포대도 육군도 군함도 없는 연대로 고위 관원을 배치하기는 곤란하다고 반박하여, 결국 나중에 다시 논의하기로 결말이 났다.[184]

그렇지만 실제로는 이후 이홍장이 창설·훈련한 북양수사의 전력이 확충되고, 산동반도(실제로는 연대가 아닌) 위해위(威海衛)에 포대·전보가 설치되면서, 발해만(渤海灣)을 중심으로 한 청의 국방전략은 사실상 등승수가 제안한 방향으로 움직이게 되었다. 1875년 이홍장이 창설한 북양수사(北洋水師)가 류큐 사건을 거치면서 크게 확충되기 시작하여, 1888년 12월 산동성의 위해위 유공도(劉公島)에서 정식 성립하였기 때문이다.[185] 따라서 등승수의 논의는 바로 이러한 청의 전략적 전환을 예고하는 하나의 조짐이었다. 다음 해 3월 서리 직예총독 장수성은 다음과 같은 주를 올렸다.

> 조선의 내란이 얼마 전에 평정되었고, 오장경군은 여전히 조선 왕성에 주둔하면서 반당 진압과 군사 교련에 힘쓰고 있습니다. 그 후방에서의 식량·무기의 운송이나 공문의 전달 등은 반드시 특별하게 군함을 파견하여 왕래하면서 호응해야만 비로소 빠르고 편리하게 이루어질 수 있습니다. 또 일본 군함도 여전히 조선 해구에 머물고 있습니다. 중국은 이미

184 「議復鄧承修駐軍煙臺摺」(光緒8年 8月 16日), 「附鄧承修奏考慮亂黨粗平琉案未結請特派大臣出駐煙臺摺」, 『李鴻章全集』 10 奏議 10, pp.81-85.

185 戚其章, 1981, 1998, pp.137-372; 姜鳴, 1991, pp.64-115, pp.190-210, pp.239-265; 海軍司令部『近代中國海軍』編輯部 編著, 1994, pp.206-441 등. 모두 여섯 차례에 걸친 청 말의 海防 策略 토론은 王宏斌, 2005, pp.3-325에서 종합적으로 다루고 있다. 근대 山東(威海와 膠州灣)에서의 해방 건설에 대해서는 김형열, 2019를 참조할 수 있는데. 지리적 형세가 나은 膠州灣이 아닌 威海가 군항으로 선택된 이유는 京師 방위를 위해서였다.

육군을 조선에 주둔시키고 있으니, 불가불 윤선 군함으로 서로 의지·보조하게 해야만 합니다. 전에 남양의 등영주(登瀛洲) 윤선을 동원하였는데, 청컨대 잠시 머무르면서 조선 해구를 순시하게 해 주십시오.[186]

장수성은 이미 윤선 군함을 통한 공문과 물자·병력의 신속한 수송이 조선의 방어 전략에 절대로 필요한 것임을 확실하게 인식하고 있었다. 이제 청의 대조선 군사전략에서 '윤선 군함'은 절대적 비중을 차지하게 된 것이다. 또 이보다 약간 앞서 임오군란 당시 장패륜이 일본 정벌[東征]에 대한 대비를 제안하였을 때, 이홍장 역시 "동정(東征)이란 일은 반드시 있을 필요는 없지만, 동정의 뜻은 없어서는 안 됩니다. 중국이 수사를 추가·훈련하는 일은 실로 하루라도 늦추어서는 안 됩니다."라고 답변하여 해군의 시급한 확장 필요성에 동의한 바 있었다.[187] 그리고 뒤이어 장패륜이 다시 「조선선후사후육책(朝鮮善後事宜六策)」을 상주하였을 때도 마찬가지의 반응을 보였다. 이홍장은 그가 제안한 군함 구매에 대해서는 "반드시 우선 두 척의 쾌속선을 건조해야 한다."라고 동조하면서, 장패륜이 제안한 봉천 방어, 조선 영흥만 쟁취 문제에 대해서는 이렇게 설명하였다.

(장패륜의) 원 주접(奏摺)에서는, "조선에서 나날이 많은 사건이 일어나므로 요동 방어 또한 마땅히 미리 준비해야 할 것입니다. 성경장군(盛京

186 『德宗實錄』 卷159, 光緖9年 2月 辛酉.

187 海軍司令部『近代中國海軍』編輯部 編著, 1994, p.245. 이에 관련된 장패륜과 이홍장의 문건은 「奏覆張佩綸條陳理商政預兵權救倭約購師船防奉天及爭永興」(光緖8年 10月 13日), 『中日韓』 卷3, pp.1030-1038; 『外交文書』 제6권, pp.534-537; 『국역中日韓』 4, pp.274-286; 「議覆張佩綸條陳六事摺」(光緖8年 10月 5日), 『李鴻章全集』 10 奏議 10, pp.110-113 참조.

將軍)에게[188] 지시하여 기인(旗人) 병정을 뽑아 훈련하고 이들을 송경(宋慶)에게 귀속시켜 통솔하게 하고 그가 지휘하는 1만 명과 함께 긴급한 사태에 대비하게 해야 합니다."라고 하였습니다. 당에서 명에 이르기까지 조선에 사변이 있으면 모두 요심(遼瀋) 지역에서 군대를 진군시켰고, 바닷길로 건너 보냈던 적은 없습니다. 예로부터 배를 이용하는 것이 번잡하고 국경을 넘은 전쟁을 통해 얻는 이익이 적었기 때문입니다. 오늘날 동·서양에서는 윤선이 성행하여 하루에 천 리를 갑니다. 그리고 조선의 형세상 삼면이 바다라서 해군에 훨씬 적절하며, 윤선을 타면 연대에서 조선의 한강 해구까지 하룻밤이면 도착할 수 있고, 천진에서 출발하면 불과 사흘이면 도착할 수 있습니다. 만일 요심 지역에서 육로로 조선 왕성까지 가려면 필시 20여 일이 걸리므로, 제때 도착하지 못하고 지체되는 일이 자주 있습니다. 따라서 조선을 방어하고자 한다면 반드시 군함을 추가 조련하는 것이 요무(要務)입니다. 이것은 현재 상황에서 마땅히 변통해야 하는 부분입니다.

영홍만을 쟁취하는 일의 경우…… 단지 천천히 계획하고 준비하다가 조선이 군사 제도를 정비하여 그 힘으로 스스로 지킬 수 있고, 북양함대가 철갑선·쾌속선 구매와 훈련을 모두 마친 다음에 다시 수시로 헤아려 배치하고 나누어 순찰함으로써 위세와 지원을 과시할 수 있을 것입니다.[189]

188 盛京將軍은 '鎮守盛京等處將軍'으로 정일품의 武職이었다가 1768년 이후 종일품으로 낮춰졌다. 청의 入關 이후 盛京(오늘날의 瀋陽)이 留都가 되자 奉天將軍이 설치되었다가 후에 盛京將軍으로 바뀌었는데, 奉天지역을 통할하는 최고의 軍政長官이었으며, 1907년 裁撤되었다.

189 「奏覆張佩綸條陳理商政預兵權救倭約購師船防奉天及爭永興」(光緒8年 10月 13日), 『中日韓』 卷3, pp.1030-1038; 『外交文書』 제6권, pp.534-537; 『국역中日韓』 4, pp.274-286; 「議覆張佩綸條陳六事摺」(光緒8年 10月 5日), 『李鴻章全集』 10 奏議 10, pp.110-113; Frederick Foo Chien, 1967, pp.132-134.

여기서 우리는 이홍장이 임오군란 직후에도 조선을 지키려면 전통적인 방식대로 봉천(요녕)에 군대를 배치하는 것도 중요하지만, 그보다는 반드시 해군과 윤선을 이용하여 신속하게 출동하는 방안이 당면한 급무이며, 그것을 위해서는 철갑선·쾌속선 구매와 훈련이 필요하다고 일관하여 주장하고 있음을 알 수 있다. "조선을 방어하고자 한다면 반드시 군함을 추가 조련하는 것이 요무"라는 지적은 조선을 지키기 위한 방어 전략은 사실상 철갑 윤선의 확보를 통해 북양수사를 크게 확장하고, 그것을 통해 중국과 조선을 함께 방어·작전 범위 안에 놓는 쪽에 중점을 두고 있었음을 알려 준다.

그리고 이때 장패륜이 "성경장군에게 지시하여 기인 병정을 뽑아 훈련"하자고 제안한 것을 그대로 받아들이지는 않았지만, 갑신정변을 수습하기 위해 조선에 파견되었던 오대징도 갑신정변의 사후 대책을 논의하면서 봉천의 봉황문(鳳凰門) 일대에 몇 개 영을 파견·주둔시키자고 제안하였다.[190] 청 조정은 이에 대해 오대징의 제안을 다음과 같이 승인하는 유지를 내렸다.

> 조선에 주둔하는 중국의 각 영은 현재 오대징이 여러 군데로 나누어 주둔하고 아울러 각 선박이 여순(旅順)과 (조선의) 마산(馬山) 등의 항구로 왕래하면서 순찰하게 한다는데, 배치가 상당히 적절한 것으로 보인다. 조선 육로의 변계는 봉천·봉황문과 연접하는 구역으로 반드시 몇 개의 영을 파견·주둔시킴으로써 주도면밀함을 꾀해야 한다. 즉시 경유(慶裕)로

190 吳大澂, 「會辦北洋事宜都察院左副都禦史吳大澂奏籌辦朝鮮善後事宜並起程日期摺」(光緒10年 12月 24日), 『光緒中日』 卷7, 4a-6a; 『外交文書』 제9권, pp.136-137. 이때 오대징은 여순에서 봉황성, 봉황성에서 의주 및 조선으로 연결되는 전선의 설치를 제안하기도 하였다.

하여금 상황을 적절하게 살펴 몇 개 영을 골라 파견하여 중강대(中江臺)·구련성(九連城) 일대에 항상 주둔시킴으로써 멀리서 지원할 수 있게 하라.[191]

뒤이어 이홍장은 다음 해 결국 영구(營口)의 감군(甘軍) 9영(회군에 속한다)을 봉황변문(鳳凰邊門)으로 재배치하여 수군과 평양으로 진주할 수 있게 하겠다고 상주하였다.[192] 이렇게 조선 방어를 위하여 요녕 변계에 배치된 육군과 북양수사가 협동함으로써 '수군과 육군이 서로 의지[水陸相依]'하는 전략이 만들어졌다.[193]

이러한 이홍장의 방책은 1885년의 「천진조약」으로(이에 대해서는 후술) 청군이 조선에서 철수하여 자못 경계심을 갖게 된 총리아문이 이홍장에게 대책을 요구하여 이루어진 것이었다.[194] 광서제 역시 1885년 11월 7일 "군대를 파견하여 진무해 달라."는 조선 국왕의 요청에 대해 다음과 같은 지시를 내렸다.

지금 조선 국왕이 불미스러운 잔당이 아직 모두 제거되지 않아 군대를 파견하여 진무해 달라고 요청해 온 것은 내환을 미리 막으려는 생각에서 나온 것이다. 중국과 조선은 기쁨과 슬픔이 서로 연관된 관계에 있으니 응당 대신 그 준비를 해 주어야 할 것이다. 이홍장은 상황을 적절하게 살펴, 수시로 수륙 각 군을 이동·동원하고 신속한 윤선을 이용하여 곧바로

191 『德宗實錄』 卷201, 光緒11年 1月 丙午.

192 「甘軍移駐鳳凰邊門摺」(光緒11年 12月 26日), 『李鴻章全集』 11 奏議 11, pp.252-253.

193 金正起, 1994, pp.135-136.

194 「奕譞奏奉天吉林籌護屏藩片」(光緒11年 10月), 『李鴻章全集』 11 奏議 11, pp.256-257.

건너가 요지를 골라 주둔하여 기회를 보면서 방위할 수 있도록 하라. 아울러 예부는 조선 국왕에게 이 점을 알리도록 하라.[195]

여기서도 이러한 수군과 육군이 서로 의지하는 전략을 이미 확실하게 정립해 나가고 있었음을 알 수 있다. 이러한 방안을 통해 청은 북양수사와 직예·산동·봉천에 주둔하는 육군의 상호협조 아래 발해만을 장악하고, 나아가 조선을 전략적인 방어 범위 안에 포함하는 군사전략을 완성할 수 있었다. 무엇보다도 이러한 군사전략은 직접 관원이나 군대를 파견함으로써 조선 문제에 대해 열강이 직접 청에 책임을 묻는 상황을 줄곧 피하고자 하였던 이홍장의 조선 정책에 가장 잘 들어맞는 것이기도 하였다.

이것은 비교적 일찍부터 일본의 성장을 경계하여 해군 건설의 필요성을 특히 강조하였던 이홍장의 해방(海防) 사상과도 맞물린다. 이홍장이나 청의 해방 전략은 1870년대부터 1879년까지는 육지를 중심으로 방어를 구축하는 수세 전략 중심[陸上設防, 以陸制海]이었지만, 1879년부터 1881년 사이에는 수군 위주와 수군·육군의 상호 협력['以水爲主', '水陸相依']으로 바뀌었고, 이것이 해방 전략사상의 최종 형성단계라고 평가된다.[196] 따라서 발해만과 황해를 내해로 삼아 수·륙 양군의 주

195 『德宗實錄』 卷217, 光緒11年 10月 丙寅.

196 海軍司令部『近代中國海軍』編輯部 編著, 1994, pp.646-654; 조세현, 2017, pp.256-257에서는 대체로 1) 항구를 방어하는 전략의 시기(1874-1879), 2) 근해를 방어하는 전략 시기(1880-1885), 3) 근해 방어를 넘어 원양 방어로 넘어가는 전략의 시기(1886-1894)로 나누는 것이 일반적이라고 한다. 앞의 해석과는 상당한 차이가 있지만 1880년대 들어와 '水陸相依'의 전략으로 바뀌게 되었다는 점에서는 이의가 없을 것이다. 이홍장이 북양수사를 창설한 기본 동기가 일본에 대한 방어였으므로, 이러한 '수륙상의'의 전략에서 조선이 중요한 비중을 차지한다는 것은 물론 당연한 일이었다. 또한 이홍장의 해

둔과 이동을 통해 북중국·만주와 조선을 지키고자 하는 이홍장의 전략이 이러한 변화를 보이는 것은 1870년대까지 그가 추진한 해방체제 및 자강운동의 한계, 즉 양무 기업과 해군 창설로 제국의 현상을 옹호하면서 연해를 지키려던 수세적 해방 전략의 한계를[197] 넘어 한 걸음 더 나아가는 것을 의미하였다. 여기에는 아마도 임오군란과 갑신정변을 거치면서 축적한 청의 군사적 경험이 상당히 영향을 미쳤을 것이다. 특히 앞서도 지적한 바 있지만, 일본 측도 조선에 대한 방어 전략에서는 군사를 파견할 경우, 일본은 히로시마에서 인천까지 직항하더라도 40여 시간이 걸리는 것에 비해 청은 산해관이나 천진 부근의 대고(大沽) 등지에서 속도가 빠른 윤선이면 열두세 시간이면 인천에 도착할 수 있었다고 보고 있었다.[198] 따라서 조선 문제에 관한 한 청이 일본에 비해 누릴 수 있었던 이러한 지리적인 우세도 충분히 고려되고 있었을 것이다.

3) 원세개와 장건, 그리고 「조선선후육책」

여기서 잠깐 청의 조선 정책에서 종래 주목을 받아 온 두 인물, 원세개와 장건에 대해 살펴보기로 하자. 나중에 청 말 입헌 운동의 주도자, 그리고 진사 장원(壯元) 출신 실업가로서 크게 이름을 떨친 장건이 오장경의 막료로 함께 조선에 왔을 때 원세개와 교분을 맺게 되지만, 동시에 그와 절교하고 이십 년 동안 왕래를 끊었다가 나중에 입헌 운동의 진척을 위해 마지못해 당시 북양대신·직예총독으로 막강한 권력을 누

방 전략에 대한 집중적인 논의는 崔熙在, 1985; 海軍軍事學術研究所軍事科學學會辦公室 編著, 1995, pp.130-223; 戚海瑩, 1995; 劉中民, 2006, pp.41-59 등 참조.

197 曺秉漢, 2004.

198 무쓰 무네미쓰(陸奧宗光) 지음, 김승일 옮김, 1993, p.50.

리던 실세 원세개를 찾아가게 되었다는 사실은 잘 알려진 일화 가운데 하나다.[199] 그들의 절교는 1884년 4월 이후 오장경이 귀국하자 오조유(吳兆有)가 오장경군 절반을 이어받아 관할권을 인수하지만, 총리영무처(總理營務處)의 직함 외에 부영(副營)의[200] 지휘관(管帶) 자격을 확보한 원세개가 두 달도 되지 않아 상관 오조유를 건너뛰고 스스로 이홍장과 직접 연락하면서[201] 모든 경혁(更革)을 자기 마음대로 처리하는 재주를 뽐내 오장경을 몹시 난감하게 만들었던 데서 비롯되었다. 때문에 장건은 막료들과 함께 이런 행동을 절실하게 꾸짖는 서신을 보냈다.[202]

199 이를테면 劉厚生, 1958(1985); 衛春回, 2001; 章開沅·田彤, 2001; 章開沅, 2010 등의 張謇 傳記 참조.

200 慶軍은 中·正·副·左·後·前의 6개 영으로 구성되어 있었다. 1884년 中·正·前 3영은 귀국하여 오장경의 통솔 아래 金州에 주둔하게 된다. 조선에 남은 左·後·副 3영은 각기 吳兆有, 張光前, 袁世凱가 1개 영씩 맡았으나, 吳兆有가 統領으로 전체를 통솔하였다.

201 1884년 4월 총리영무처를 맡게 된 원세개는 9월에 처음으로 「曉諭」를 내서 "누차 북양대신의 지시를 받아 防務·轉運·稽查善後 및 防營交涉 등의 각 사무를 처리"한다고 자칭하면서, 漢城의 商賈·居民을 청군의 매매나 물자 운반에서 비롯되는 문제로부터 보호해 주겠다고 공포하였다. 그리고 같은 날 조선의 서리 외무독판 金允植에게 조회를 보내 같은 뜻을 전달하였다. 「總理營務處曉諭」와 「致朝鮮署理督辦交涉通商事務金允植照會」(光緒10年 7月 15日), 『袁世凱全集』 1, pp.31-32. 이것은 어디까지나 북양대신의 奏派나 지시[劄批]를 빙자한 그의 과장된 주장과 사실상의 '僭越'에 지나지 않는다. 그러나 원세개는 11월 13일에는 이홍장에게 비밀 보고를 올려 조선의 군신이 일본에 농락당해 중국을 이탈하여 완강하게 다른 시도(즉 자주)를 생각한다면서, 만약 미리 방법을 마련하여 막지 않는다면 장래 후환이 적지 않을 것이라고 지적하였다. 「密稟北洋大臣李鴻章文」(光緒10年 9月 26日), 『袁世凱全集』 1, pp.32-33. 이에 대해서는 胡春惠, 2016에서 이미 지적한 것처럼 갑신정변의 '발발'을 사전에 예고한 것이나 마찬가지였다. 이 최초의 비밀 보고 이후 원세개는 이홍장이 조선의 상황을 파악할 수 있게 하는 최고의 소식을 제공해 주는 심복으로서 중요한 역할을 맡게 되었다. 이후 이홍장의 조선 정책은 거의 전적으로 원세개의 정보와 제안에 의존하게 된 것으로 보인다.

202 張謇, 「偕朱曼君張察與袁世凱函」(光緒10年 5月 11日), 李明勛·龍世瑋 主編,

그 내용에 따르면 사실 3대에 걸친 '세교(世交)' 때문에 '식객(食客)' 원세개를 발탁하여 3년 만에 영무처의 회판(會辦. 오품함의 同知)에서 부영(副營)의 지휘관[管帶]으로까지 급속 승진시켜 주어 사실상 거의 의발(衣鉢)을 전수하는 은혜를 베풀었는데도, 오장경이 귀국하자 원세개는 오장경이 해방(海防)·교련(教鍊) 비용을 횡령하였다는 식으로 비난하거나 그가 남겨 준 보잘것없는 부대를 맡게 된 것은 도리어 조상에게 누가 된다고 떠들어대는 배은망덕한 행태를 보였다는 것이었다. 또한 상관 오조유를 무시·배제하면서 '흠차북양대신회판조선방무총리영무처(欽差北洋大臣會辦朝鮮防務總理營務處)'라는 직함을 사칭하여(이홍장은 이런 직함을 그에게 준 적이 없는데, 원세개가 '欽差北洋大臣'의 명의를 앞에 붙여 마치 자신이 '欽差'인 것처럼 내세운 것이다.), 마치 국왕을 도와 조선의 모든 정사를 함께 처리[會辦]할 수 있는 직함을 받은 것처럼 온갖 권세를 부렸다는 점도 지적된다. 원세개는 그 이전 광서9(1883)년 9월 9일에도 조선의 통리교섭사무아문에 이문(移文)을 보내면서 "산동 해방을 방판하는 총리영무처(幇辦山東海防總理營務處) 원(袁)"을 자칭하였다.[203] 그 이문의

2012, 『張謇全集』 2 「函電」(上), pp.20-24; 張謇, 「嗇翁自訂年譜」, 『張謇全集』 8, p.1003. 이 서신은 朱銘盤. 「與張季直昆季致袁慰廷函(甲申)」, 朱銘盤, 1966, 『桂之華軒遺集』(沈雲龍 主編, 『近代中國史料叢刊』, 臺北: 文海出版社, 正編 第一輯 0002 所收)의 「補遺」에 실려 있고, 南開大學古籍與文化研究所 編, 2010, 第100冊, pp.48-55에도 전재되어 있다. 또한 劉厚生, 1958(1985)에도 거의 전부가 인용되고 있다. 장건과 원세개의 갈등에 대해서는 유춘근, 1989에서도 상세히 다루었는데, 장건의 원세개에 대한 평가는 또한 1898년 무술개혁의 실패 이후 그가 서리북양대신에 임명되었다는 소식을 듣자, "몇 번이든 몸을 뒤집어 능히 반란도 일으킬 사람이니 장차 천하에 화를 미칠 터인데, 이를 어쩐단 말인가!"라고 한탄하는 것을 보면 잘 알 수 있다. 李明勛·龍世瑋 主編, 2012, 『張謇全集』 8 「柳西草堂日記」, p.452 참조.

203 『華信』(華案) 제1책(癸未 8-12月), pp.22-23(페이지는 필자가 임의로 붙인 것이다.) 참조. 『華信』(寫本의 표지에는 華信이라 쓰여 있으나 규장각 목록에는 『華案』으로 나온다.)은 統理交涉通商事務衙門에서 편찬한 것으로 1882-

내용을 보면 그가 '흠차방판산동해방사의·광동수사제대 오(欽差幇辦山東海防事宜廣東水師提臺 吳)'의 직함을 앞에 가져다 붙여, 마치 자신이 '산동해방을 방판하는' '총리영무처'를 책임지는 것처럼 '사칭'하였던 것임을 알 수 있다. 그는 오장경군의 '총리영무처'를 맡은 하급 무관에 지나지 않았는데, 조선의 통리교섭사무아문에 서로 통솔관계에 있지 않은 각 관서 사이에 주고받는 평행문(平行文)을 보낸 것 역시 그의 '광망(狂妄)'함을 엿보게 한다. 이 이문은 오장경이 보낸 것이라면 아마 문제가 없겠지만, 그 휘하의 하급 관리가 이런 문서를 조선 정부에 평행문으로 보냈다는 점은 그야말로 '체제'를 벗어난 '상국'의 횡포를 보여 준 것이라 할 수 있다.

나아가 건륭제 이후 조선에 간 칙사(勅使)가 말 대신 가마를 타는 것이 금지되었는데도, 영무처 회판 주제에 가마를 타고 덮개 우산(張蓋)을 씌우는 '체제(體制)'를 어그러뜨리는 망동(妄動)을 하고, 심지어는 숙소(三軍府)에서 아편을 판매하고 기생잔치를 벌이고, 조선의 고위 관리 이조연(李祖淵)·윤태준(尹泰駿)의 해임에 간여하고, 내시와 외무아문과 결탁하면서 이홍장의 권세를 빌려 호가호위(狐假虎威)하면서 조선의 용인행정(用人行政)을 좌지우지하는 등 "내 말이면 안 되는 일이 뭐가 있느냐?"라고 호언장담하는 행태를 보이기도 하였다는 점 역시 그의 잘못으로 묘사되고 있다.

이 때문에 장건과 동료 주명반(朱銘盤)은 3년 사이에 원세개가 자

1905년 사이 조선 外部와 朝鮮駐在淸國公館(總辦朝鮮商務委員 또는 淸의 出使大臣) 간의 외교상 왕래문건을 정리하여 수록한 책이다. 목록으로 보면 규장각에 3종 사본(奎17726-v.1-26/奎17727-v.1-25/奎18052-v.1-41)이 소장되어 있으며, 高麗大學校亞細亞問題硏究所 編, 1970, 『舊韓國外交文書』 第8·9卷 「淸案」의 저본이기도 하다. 원세개의 移文은 『淸案』에 실려 있지 않은 것으로 보인다. 『華案』에 대한 기초 연구는 金奉俊, 2017 참조.

신들을 부르는 호칭을 스승[老師]에서 선생[先生], 아저씨[某翁], 형님[某兄]으로 바꾸는 가소로운 태도를 보였다면서, '이전의 잘못을 통렬하게 반성하여' 조상의 영명(令名)과 오장경의 지우(知遇)에 부응하라는 서신을 보냈던 것이다. 앞서 임오군란에서의 활약으로 광서8년 9월 원세개가 정오품함, 장건이 정칠품함의 포상을 받은 것을 언급한 바 있는데, 이때 이미 관계의 역전이 시작되었다고 할 수 있을 것이다. 오장경은 임오군란 당시 장건이 맡은 역할에 대해 아주 높은 평가를 하였는데,[204] 오히려 이홍장의 주목을 받은 원세개가 훨씬 더 큰 장려를 받았기 때문이다.

주명반은 장건과 함께 오장경의 막료로 임오군란 때 조선을 방문한 바 있어 이들은 가까이서 보고 들은 바를 적었을 터이므로, 원세개의 행태는 아마 사실에 가까울 것이다. 이렇게 원세개는 1885년 다시 부임하기 이전에도 이미 은인 오장경을 내버리고 이홍장으로 그 후원자를 바꾸어 갈아타면서, 그의 위세를 빌려 조선에서 '호가호위'하며 권세를 남용할 수 있었던 것으로 보인다. 따라서 1885년 이후 이홍장의 추천으로 황제의 임명을 받아 조선에 파견된 그가 어떤 행동을 하였을지는 쉽게 짐작할 수 있다. 그가 이후 마치 조선에서 '감국(監國)'처럼 행동하지 않았다면 도리어 이상한 것이다. 마찬가지로 오장경의 막료였던 왕백공(王伯恭) 역시 이홍장이 조선 국왕의 추천을 받아 '영무처겸회판조선방무(營務處兼會辦朝鮮防務)'라는 직함을 내려 주자, 원세개는 마치 북양(北洋)의 영무처(營務處)에 임명되고 조선 국왕을 '도와서 함께 처리'하라는 것처럼 받아들여, 부영 관대라는 지위를 넘어선 행동을 하면서 오조유와도 사이가 벌어졌다고 회고하였다.[205] 그의 회고는 장건

204 「附錄: 吳長慶親擬致張樹聲銜」(光緖8年 8月 20日), 李明勛·龍世瑋 主編, 2012, 『張謇全集』 2 「函電」(上), p.19.

과 주명반의 증언에 신빙성을 보태 준다.

원세개는 조선 군대의 훈련을 맡고 고종의 칭찬과 이홍장의 추천을 받아 '회판조선방무'의 직함을 얻었다. 그렇지만 그는 사실 "근대적 군사전략이나 전술, 훈련이나 조선 군대의 근대화에 필요한 전문 지식이나 직업적인 경험을 전혀 가지고 있지 않았다. 그는 중국에서 군사학에 대한 훈련이나 교육을 받은 적도 없고, 젊어서 두 차례(1876, 1880) 과거 시험에 낙방한 경력만 있을 뿐"이었으며, "조선이 강력하고 근대화된 군대를 훈련하고 유지하는 것을 바라지 않았다. 이것은 그가 1885년에서 1894년 사이 조선에서 총리로서 임직하면서 아주 분명해졌다." 라는 지적은 이상의 상황으로 보아 원세개에 대한 정확한 평가라고 하지 않을 수 없다.[206] 고종의 원세개에 대한 '기대'는 오해와 착각이었고, 그에 따른 혹독한 대가를 치르게 되었던 셈이다.

한편, 이때 오장경의 막료 장건이 조선에 있을 때 「조선선후육책(朝鮮善後六策)」으로 조선의 군현화나 감국 설치를 제안하여 강경한 조선 정책을 주장하는 청류파의 지지를 받았지만, 이홍장의 반대가 있어 채택되지 않았다는 점은 널리 학계에서 인정되어 왔고, 장건에 관한 전기에서도 대부분 이 점을 언급하고 있다.[207] 그리고 장건은 이후 몇 차

205 王伯恭, 「吳武壯」, 『蜷廬隨筆』(沈雲龍 主編, 『近代中國史料叢刊』 正編 第24集 0235), pp.22-23.

206 Yur-bok Lee, 1988, p.147.

207 이를테면 田保橋潔, 1940(2013), pp.769-770; 劉厚生, 1958(1985), 제2장, pp.15-19, 28-35; 金翰圭, 1999, p.846; 陳偉芳 지음, 權赫秀 옮김, 1999, pp.95-98: 衛春回, 2001, p.17; 김용구, 2004, p.96; 夏冬波, 2007, pp.142-144; 章開沅, 2010, p.13 등. 장건의 전집을 보면 당시 오장경의 글은 모두 장건이 대필한 것으로 보이므로, 이것이 오장경의 지시 아래 쓰였거나 오장경의 의견을 반영하였을 가능성도 전혀 배제할 수는 없다(夏冬波, 2007은 이런 의견을 제시한다.).

례 자신이 쓴 이 글에 대해 언급하면서 그것이 직예총독 이홍장에게 거부당한 적이 있다고 서술한 바 있다.

이를테면 갑신정변 이후인 광서11(1885)년 장건은 오장경의 부하였던 오조유에게 보낸 서신에서 "조선 문제가 별로 해 볼 수 있는 게 없지만, 화근이 코앞에 닥쳐 있다는 점은 제가 임오년 8월에 아주 분명하게 말한 적이 있습니다. 지금 조선에 여전히 제가 지은 「조선선후육책」이 있다는 것이 그 증거가 됩니다(기억하기로 북경에도 또한 여러 건이 있을 것입니다.). …… 북양에 이야기하였더니 북양은 사납게 이를 배척하였습니다."라고 회고하였다.[208] 또 이홍장의 속하였던 원세개의 숙부 원보령에게 보낸 편지에서도 "조선은 듣기에 다시 내란에 일어났는데, 어지러움이 더욱 심해졌습니다. 오호라. 이 일은 임오년 8월에 오장경 공에게 조선은 반드시 스스로 할 수 없으니 이를 구할 방법을 마련하여 가서 다투어야 할 것이라고 주장한 적이 있습니다. 저는 조선에 대해서는 과거 스스로 도량을 헤아리지 못하고 때때로 제안한 바 있습니다. 이른바 「선후육책」과 조선 국왕과 대신에게 보내는 글 및 조선의 심각한 문제점과 대응 방안을 다룬 것, 그리고 오장경 공이 선후하여 상주하려고 하였던 바 등인데, 가끔 가다 그 가운데는 조선 사람들이 능히 암송할 수 있게 된 것도 있습니다."라고 회고하였다.[209] 그렇지만 이 점에 대해 가장 상세하게 서술한 것은 훨씬 후인 1911년 봄의 일이었다. 여기서 장건은 다음과 같이 회고하였다.

208 張謇, 「致吳兆有函」(光緒11年), 李明勛·龍世瑋 主編, 2012, 『張謇全集』 2 「函電」(上), pp.24-25.

209 張謇, 「致袁子久函」(光緒11年), 李明勛·龍世瑋 主編, 2012, 『張謇全集』 2 「函電」(上), pp.27-28.

마침 임오·계미(1882-1883)년 사이 저는 오장경 공이 조선을 지원하러 갈 때 막료로 일하면서 직예총독에 상서를 올려 조선에 대해서는 한대 원토[元菟. 원문대로]·낙랑(樂浪)군의 사례를 끌어다가 나라를 폐지하고 중국의 군현으로 삼거나, 주대의 사례를 빌려 감국을 두거나, 아니면 대규모의 병력을 그 항구에 배치하고 그 내정을 개혁하거나, 또는 조선 스스로 개혁하여 신군을 훈련하고 중국의 동삼성과 연합하여 하나가 되게 하자는 내용을 조정에 전달해 달라고 요청한 바 있었습니다. 일본에 대해서는 세 갈래로 군사를 파견하여 류큐[流虬. 원문대로]를 되찾자고 하였습니다. 때마침 [서리 직예총독] 장수성이 [원임지인] 광동으로 돌아가고 이홍장이 다시 직예총독에 복귀하여, [제 의견에 대해] 쓸데없이 일을 만든다고 비웃으면서 제쳐 놓고 논의하지 않았으므로, 이에 스스로 경사의 조정 관리들에게 전달되도록 손을 썼습니다. 고위 관원 가운데 특히 오현(吳縣)의 반문근공[潘文勤公. 즉 군기대신 潘祖蔭], 상숙(常熟)의 옹상국[翁相國. 즉 군기대신 翁同龢]이 좋다는 반응을 보였고, 보죽파(寶竹坡. 즉 예부시랑 寶廷) 시랑(侍郎)은 이 의견을 채택하여 위에 올리기도 하였습니다. 효흠(孝欽. 즉 慈禧太后) 황태후가 이것에 대해 정부(군기처나 총리아문)에 물어보자, 정부에서는 이홍장의 의견을 요청하였기에, (이를 반대한 이홍장의 의견에 따라) 결국 내쳐지고 말았습니다. 당시 이홍장이 늙고 어리석은 데다가 교만한 사람이 아니었다면 류큐를 되찾지는 못하더라도 중조(中朝) 창업의 대계(大計)에 대해서는 조금씩이라도 마음을 써서 조선에 대해 제가 내놓은 제3, 제4의 방책을 실행하고, 이에 따라 동삼성을 경영하였다면 어찌 일본이나 러시아가 이곳을 다투는 일이 있겠습니까? 어찌 동삼성의 오늘날 위기가 있겠습니까?[210]

210 張謇, 「致韓國鈞函」(宣統3年 3月), 李明勛·龍世瑋 主編, 2012, 『張謇全集』 2 「函電」(上), pp.270-271. 夏冬波, 2007, pp.142-144에서는 장수성의 아들 張

이상과 같은 장건의 회고를 보면 그가 「조선선후육책」에서 제시한 것은 조선의 내지화·군현화나 감국의 파견과 같은 적극적인 강경책으로, 이홍장의 온건한 조선 정책을 비판하는 청류파 등의 논의와 그 흐름을 같이하는 것으로 보인다. 이홍장의 무기력한 외교에 대한 비판으로 제시된 류큐 회복론 역시 마찬가지다. 그는 또한 이홍장의 조선 정책이 결국 청 말 동삼성의 위기까지 초래하는 원인으로 지목하고 있다.

이렇게 보면 장건의 「조선선후육책」에 대한 기존 학계의 이해는 나름 충분한 근거가 있는 것으로 보인다. 다만 문제는 장건 자신이 인정하듯이 이후 그 원문이 유실되었기 때문에(북경이나 조선 어디에 남아 있을 수도 있지만 장건 자신은 보유하고 있지 않았다.) 사실 그 정확한 내용이 무엇인지를 파악하기는 곤란하였다는 점이다. 이러한 정설에 대해 유후생(劉厚生)과 같은 전기 작가는 그 내용에 대해서는 언급하지 않고 장건이 이홍장에게 올린 것이 아니라 장수성에게 올렸고, 그가 이홍장에게 인계하였으나 이홍장이 받아들이지 않았다고 지적하였다.[211] 이 문제에 대해 한 걸음 더 나아간 분석을 한 것은 심운룡(沈雲龍)으로, 그는 오여륜(吳汝綸. 이홍장의 문집인 『李文忠公全集』의 編者로 유명하다.)이 이홍장에게 보낸 서신에서[212] 「선후육책」의 내용을 요약한 것을 찾아내어, 그 내용의 일부를 엿보게 해 주는 성과를 거두었다. 그 내용은 인심 통합, 인재 등용, 이치 개선, 재정 확보, 군대 훈련, 변방 강화 여섯 가지였다

華圭가 청류파의 명사들에게 넘겼다고 설명한다.

211 劉厚生, 1958(1985), 제2장, pp.15-19. 장건이 오장경을 통해 직예총독에게 올렸다고 하므로, 서리 직예총독이었던 장수성이 이것을 받았다가 원직으로 복귀한 이홍장에게 넘겼다는 지적이 정확한 것으로 보인다.

212 吳蘭生 編, 『桐城吳先生尺牘補遺』에 수록된 「再上李相」(光緖10년 9月 7日)」. 이것은 吳汝倫 撰, 施培毅 等 校點, 2002, 『吳汝綸全集』 第3冊 「尺牘 補遺」, pp.544-545에 「再上李相」(9月 7日)이라는 제목으로 실려 있다.

(이것은 후술할 실제 「조선선후육책」의 내용과 정확히 일치한다.).[213]

하지만 이 간단한 내용 요약만으로는 장건이 제시하였다고 하는 조선에 대한 적극적인 강경책의 그림자를 쉽게 찾아보기 어려우므로, 장건의 회고와 주장은 오히려 더 의문을 키울 수밖에 없다. 결국 장건 스스로 인정하였듯이 그가 쓴 「조선선후육책」의 원문이 발견되지 않았기 때문이다. 그런데 이 문제는 최근 국문학계에 의해 국내에서 발견·공간된 김창희(金昌熙)[214] 편저(編著), 최우길·김규선 공역의 『개항기 한중 지식인의 조선개혁론 삼주합존(三籌合存)』(2016)을 통해 「조선선후육책」의 원문이 공개됨으로써 새로운 진전을 얻을 수 있게 되었다.[215]

213 沈雲龍, 1986b.

214 金昌熙(1844-1890)는 조선 후기의 문관으로 자는 壽敬, 호는 石菱·鈍齋이고, 시호는 文憲이다. 1864년 증광문과에 병과로 급제하고 그 뒤 내·외직을 거쳐 성균관대사성, 이조참의, 병조·이조·형조의 참판과 공조판서 등 육조의 요직과 한성부의 우윤·좌윤·판윤과 사헌부대사헌·홍문관제학·예문관제학 등의 요직을 역임하였다. 1880년 2월 한성부좌윤으로 재임하다 유배당했는데, 유배에서 풀린 뒤인 1882년 7월 임오군란 직후에는 護軍으로 영접관에 임명되어 청군을 이끌고 온 오장경·마건충 등과 협력하여 군란 수습에 활약하였다. 이때 김창희가 오장경 및 그 막료들과 교섭한 내용을 일기체로 적은 책이 『迎接所日記』이며 이후 『東廟迎接錄』으로 출간되었다. 『石菱集』 외에 『會欣穎』·『六八補』·『譚屑』 등의 저작이 있다. 그의 아들 金敎獻(1867-1923)은 독립협회, 만민공동회 등에 참가하고 나중에 대종교에 입교하여 제2대 교주로 취임하였으며, 1917년 만주로 망명하여 항일무장투쟁에 종사하였다.

215 다만 『삼주합존』의 출처가 어딘지 밝혀지지 않은 점은 대단히 아쉽다. 필자의 조사에 의하면 장건의 「조선선후육책」은 서울대학교 중앙도서관 고문헌자료실에 張·李라는 필자가 쓴 『二說』이라는 제목의 抄本으로도 존재하고 있다(古 951.054 Y67i. 서울대학교 의과대학 김홍기 교수 기증). 이 『二說』은 장건의 「조선선후육책」과 李延祜의 「朝鮮富強八議」를 합본한 것인데, 아마 張·李라는 저자명으로 기록되어, 지금까지 주목받지 못한 것 같다. 李延祜의 「朝鮮富強八議」는 「皖右譚草」(古 2410 4. 목록 검색에서는 友譚草라는 제목으로 나온다.)라는 제목으로도 따로 소장되어 있는데, 가필·수정의 흔적으로 보아 원본에 가까운 것 같다. 김창희의 『東廟迎接錄』의 부록에도 이연호의 「戎幕十

이 책은 오장경의 막료로 임오군란 때 조선을 방문한 장건과 이연호(李延祜. 이연우[李延祐]로 기록되기도 하였다.)가[216] 그들을 영접한 조선의 접반관(接伴官) 김창희의 요청으로 조선 내정개혁에 대한 의견을 제시하자, 김창희 자신이 이에 대한 평가를 쓰고 함께 모은 것이다. 따라서 이 『삼주합존』과 「조선선후육책」의 발견은 아주 중요한 사료의 발굴이라 하겠다. 가장 처음 나온 장건의 문집인 『장계자구록(張季子九錄)』에서부터 1994년판 『장건전집(張謇全集)』이나 최근 나온 2012년 개정판 『장건전집』에도 이 글은 실려 있지 않다.[217]

議』가 수록되어 있는데, 아마 이것을 수정한 것으로 보인다. 또 『二說』에 실린 장건의 글은 아마 장건이 김창희에게 보낸 원고에서 나온 것으로 생각된다. 여기에는 장건이 그 글을 쓰게 된 연유를 설명한 부분이 있다. 장건은 귀국하여 등주에 있을 때 쓴 원고가 부본이 없고 원본이 오장경에게 있어(오장경은 잠시 천진에 다녀오는데, 장건은 병이 나서 登州에 머물렀고 다시 조선에 돌아가지 않았다.) 席珍 劉紹棠에게 부탁하여 조선에 돌아가 그것을 베껴 김창희에게 부치도록 하여 김창희와 헤어질 때의 약속을 이행하면서, 이 원고를 쉽사리 外人에 보여 시비를 일으키지 말고 秘藏하라고 요청하였다는 내용이 있기 때문이다. 그런데 김창희가 『삼주합존』 서(序)를 쓰면서 그 일부를 인용하였지만, 현재의 『삼주합존』에는 이런 내용이 실려 있지 않기 때문이다. 또 연세대학교 국학자료실에 소장된 黃俊憲 등, 『雜攷』(古書(용재) 951.591)에도 『朝鮮策略』과 장·이 두 사람의 글이 모두 실려 있는데, 마찬가지로 지금까지 이용된 적이 없었다.

216 李延祜(李延祐)는 아마 본명이 李瀚臣인 것 같은데, 자세한 인적 사항은 확인되지 않는다. 오장경의 유일한 전기로 그의 幕府 인재를 소개한 夏冬波, 2007의 pp.55-72에도 자세한 내용은 없고, 단지 1873년부터 오장경의 막료[文案]를 지낸 것으로 나와 있다. 장건은 1874년 오장경을 처음 만났는데, 그의 재능을 탐낸 오장경의 요청으로 1876년부터 막료로 일하게 되었으며, 장건의 동향 周家祿, 朱銘盤도 여기에 참여하였다.

217 가장 처음 나온 장건의 문집은 『張季子九錄』(中華書局, 1931)이고, 1994년에 江蘇古籍出版社에서 張謇研究中心·南通市圖書館 編, 『張謇全集』 全6冊을 출간하였다. 이를 보완하여 2012년 나온 개정판은 李明勛·龍世瑋 主編, 2012, 『張謇全集』 全8冊(上海辭書出版社)이다.

그렇다면 새로 발견된 「조선선후육책」에 담긴 내용은 어떤 것일까? 여기서 이 점에 관해 상세히 소개할 여유는 없지만,[218] 심운룡이 발견한 여섯 가지의 간단한 제목은 원문의 내용을 정확하게 반영한 것이라고 할 수 있다. 즉 여기서는 조선의 내정개혁 방안으로 인심 통합, 인재 등용, 이치 개선, 재정 확보, 군사훈련, 변방 강화를 제안하고 있을 뿐이다. 따라서 장건이 회고한 것과 같은 조선에 대한 직접적인 개입(내지화나 군현화, 감국 등 고위 관원의 파견에 의한 감독)의 방안은 전혀 확인되지 않는다. 이것은 무엇보다도 이 「조선선후육책」이 김창희의 요청에 따라 장건·이연호 등이 조선에 대한 개혁 방안을 제시한 것이었다는 맥락을 먼저 이해해야 할 필요가 있다. 이런 맥락에서 장건이 임오군란 후의 조선 내정개혁안을 김창희에게 제시한 것이므로, 당연히 거기에서는 조선의 군현화나 감국의 설치 따위를 공개적으로 제안할 리가 없었다.

따라서 「조선선후육책」이 조선의 내지화·군현화나 감국 등 고위 관원의 파견에 의한 감독 등을 주장했다는 기존의 정설은 이 글이 쓰인 원래의 맥락을 전혀 파악하지 못한 상황에서 나온, 또는 장건의 기억 착오에서 추론과 오해라고 하지 않을 수 없다. 또한 김창희의 문집 『석릉집(石菱集)』(1898. 12卷 3冊)에 수록된 「육팔보 상하편(六八補 上下編)」이 장건과 이연호의 방안에 대한 비판·반론이라는 점이 제대로 주목되었다면, 여기서도 충분히 미루어 짐작할 수 있었을 터이므로, 앞서와 같은 정설이 유지되기 어려웠을 것이다.

218 앞서 든 『삼주합존』의 내용 및 김창희의 張·李 두 사람의 글에 대한 논의를 다룬 노관범, 2010의 연구 참조. 이 연구는 김창희의 문집인 『石菱集』에 수록된 「六八補 上下編」을 분석한 것이지만, 『삼주합존』이 공개되기 전이라 張·李 두 사람의 원고를 참고하지는 않았다.

그리고 실제 장건 자신이 쓴 「유서초당일기(柳西草堂日記)」에 의하면, 이 「조선선후육책」은 임오군란 이후 광서8(1882)년 8월 귀국하여 천진에 도착한 다음 8월 18일에 초고를 썼으며, 8월 30일 등주(登州)에서 이곳에 들른 김홍집(金弘集. '道園'으로 표기되었는데, 김홍집의 號다.)과 이조연(李祖淵. '浣西'로 표기되었는데, 이조연의 호는 翫西다.)에게 이것을 보여 주었다고 기록하고 있다. 두 사람에게 이것을 보여 주었더니, "순정(純正)하고 절근(切近)하니, 반드시 실행될 수 있을 것이다."라는 반응을 보였지만, 장건 자신은 "이를 방해할 음험하고 못된 사람[鬼蜮]이 많아 두 사람의 말은 믿을 것이 못 된다."라는 생각을 품었다. 다음 날에도 그들과 국사를 논의하였는데, 김홍집은 침묵을 지키면서도 종합적인 논의만 하였으나, 이조연은 거의 눈초리가 찢어질 정도로 (분노한) 반응을 보였고, 두 사람이 장건의 조선행을 강력하게 권고하였으나 그는 「육책」이 실행될 수 있다면 조선의 빈사(賓師)가 될 수도 있겠지만 그렇지 않다면 가서 무슨 이익이 있느냐면서 이를 거절하였다고 기록하고 있다.[219] 또한 같은 일기의 광서8년 9월 23일자 기록에는 "김창희[石菱]·이조연[浣西]이 내가 조선에 오기를 아주 간절하게 기대하면서 말하길, 「육책」에 대해 국왕이 매우 마음에 들어 하면서[服膺] 혹은 실행할 수도 있을 것이라는 반응을 보였다고 전하였다. 그렇지만 이렇게 초빙받아 가는 것은 특히 쉽게 결정해서는 안 된다."라고 한 서술이 보인다.[220]

따라서 이런 상황을 보면 장건이 「조선선후육책」을 김창희에게 건네주면서 비록 함부로 공개하지 말 것을 요청하였지만, 김창희·김홍집·이조연 등 조선의 관료나 국왕에게 공개한 것인 만큼 나중에 그 자

219 李明勛·龍世瑋 主編, 2012, 『張謇全集』 8 「柳西草堂日記」, pp.181-182.

220 李明勛·龍世瑋 主編, 2012, 『張謇全集』 8 「柳西草堂日記」, p.184.

신이 회고한 것처럼 조선의 군현화·내지화나 감국의 파견 등 강경한 정책 방안을 제시하는 내용은 있을 수 없었다는 점이 분명해진다. 그러므로 앞서 본 것과 같은 장건의 '회고'는 시간이 지나면서 점차 거슬러 올라가 '윤색'된 기억 착오에서 나온 것이라고 볼 수 있다. 물론 이홍장의 '미지근한' 조선 정책에 대해 불만을 품고 더욱 적극적이고 강경한 대책을 제시하였던 것은 임오군란 직후의 기록에도 남아 있는 분명한 사실이지만, 귀국 이후 조선 문제에 대한 관심은 그의 글에는 거의 나타나지 않는다. 따라서 조선의 군현화·내지화나 감국의 파견과 같은 방안은 사후에 '추가'된 것이거나 아니면 '착각'이라고 볼 수밖에 없다. 이러한 식의 의견을 제시한 청류파 등의 인사는 아주 많았기 때문에 그러한 강경론에 동조하던 장건의 후일의 '회고' 속에 자연스럽게 섞여 들어간 것으로 볼 수밖에 없는 것이다.

이 점은 현재 확인할 수 있는 한, 「조선선후육책」 외에 장건이 조선 문제에 대해 공개적으로 남긴 거의 유일한 문장인 「모공(某公)을 대신하여 조선 문제에 대해 의견을 조진하는 상소」를 참고하면 더욱 분명해진다.[221] 이 글은 청·일전쟁이 시작될 무렵 작성된 것이라 장기적인 조선 정책에 대한 견해를 제시할 자리는 아니었다는 점을 감안해야 하겠지만, 장건은 여기서 일본의 침략으로부터 조선을 원호(援護)하기 위한 여덟 가지 방안을 주청하고 있다. 그것을 요약하면,

1) 과거의 조약을 속히 다시 언급하고 각국에 포고하여 번복의 명분을 정한다.
2) 노련한 장수를 기용하고 각기 군사를 통솔하게 하여 사전의 준비를

221 張謇, 「代某公條陳朝鮮事宜疏」(光緒20年 6月 10日. 1894년 7월 12일), 李明勛·龍世璋 主編, 2012, 『張謇全集』 1 「公文」, pp.9-13.

확장한다.

3) 해군의 정장(精壯) 병력을 골라 뽑아 적전(敵前)에 섞어 배치함으로써 담력을 키우는 효과를 거둔다.

4) 기병(奇兵)을 따로 골라 간도(間道)를 통해 신속하게 (平壤에) 출동시킴으로써 공격력을 보조한다.

5) 남양(南洋) 각 항구에 군대를 주둔시켜 기습해 오는 적군을 막는다.

6) 강력한 부대를 양껏 늘려 북양에 주둔케 하여 공격과 수비를 도울 수 있게 한다.

7) 황제의 결단으로 작은 실패를 위무하여 장사(將士)의 의지를 굳게 한다.

8) 대체(大體)를 힘써 견지하고 쉽사리 화의를 허락하지 않음으로써 엿볼 틈을 막는다.

라는 내용이다. 여기서는 청·일전쟁에 즈음한 당시의 주전론에 기초한 강경대책으로 '번봉'인 조선을 지키기 위한 군사적인 대책을 제안하는데 그칠 뿐이고, 조선의 군현화·내지화나 감국의 파견 등 강경한 정책 방안의 그림자는 전혀 깃들어 있지 않다. 따라서 장건이 공식적으로 앞서와 같은 견해를 제시하였다는 증거는 그 자신의 후일의 '회고'를 제외하면 현재로서는 찾아보기 힘들다.

물론 다른 설명의 가능성은 남아 있다. 그가 조선의 관료가 아니라 직예총독이나 청 조정에 제시한 방안은 「조선선후육책」에 제시된 것과는 달리 보다 솔직하게 조선의 군현화·내지화나 감국 파견 같은 방안을 포함하였을 가능성도 없지는 않기 때문이다. 하지만 이 무렵 장건 자신의 일기나 다른 문장에 그러한 기록이 남아 있지 않기 때문에, 이를 뒷받침하는 자료가 나타나지 않는 한 어디까지나 가능성으로만 남아 있을 뿐이다. 다만 광서8년 12월 3일 오여륜(吳汝綸)은 장건에게 보낸 서신에서 "집사(즉 장건)의 「육책」은 모두 다 핵심을 찌르는 치료용 돌 침[膏肓箴石]"이라고 높이 평가하면서, 자신은 "뛰어나고 용맹한 장수를 얻고 나누어 보내 (조선과 베트남의) 두 왕을 정벌하고 입조(入朝)시킨 다음, 양국을 행성(行省)으로 바꾸고 정령(政令)을 변혁해야만 그래도 희망이 있다고 생각하지만, 안타깝게도 우리의 고위 관원 가운데 이런 일을 감당할 사람이 없다."라는 의견을 표현하고 있었다.[222] 이러한 오여륜의 서신을 통해 그의 주장이 이미 여러 사람에게 유포되었고, 청류파처럼 강경한 대외정책을 주장하는 사람들에게 동의를 얻었다는 점을 분명 확인할 수 있다. 그렇지만 장건의 「육책」에서 그러한 제안이 있었다는 점은 이 서신에서도 여전히 확인하기 곤란하다.[223]

222 夏冬波, 2007, pp.142-143 참조. 오여륜의 서신은 吳汝綸 撰, 施培毅 等 校點, 2002, 『吳汝綸全集』 第3冊 「尺牘 補遺」, p.624에 실린 「答張季直」(壬午 十二月 三日) 참조.

223 한편 김창희의 잡문집인 『譚屑』 上·下는 김창희와 교류한 오장경·장건·원세개 등 중국 관원·막료들의 높은 평가를 받아 오장경이 그 출간 비용을 후원할 정도였는데, 그들이 쓴 서문이 함께 실린 『譚屑拾餘: 晚清駐朝鮮使臣叢劄及詩文稿』(丁小明, 國家圖書館出版社 第1版, 2014)가 최근 중국에서 공개되었다. 이것은 비슷한 무렵 국내 국문학계에서 공개된 『石菱受柬』과 같은 것으로 보인다. 하지만 양자 모두 그 '출처', 즉 이 책이 어떻게 발견되고 출간되기에 이르렀는지 그 경과를 전혀 밝히고 있지 않아 상세한 내용의 비교는 곤란하다(『석릉수간』도 그 내용만 소개되었을 뿐 출처나 자료 상태에 대해서는 마찬가지다.). 또 『담설습여』는 색채인쇄가 되어 있는 부분의 내용으로 보아 원본(을 영인한 것)임이 분명하며, 아마 『석릉수간』의 영인본일 것으로 생각된다(이현일, 2013, 2016, 2018 참조). 이런 점을 보면 김창희의 『동묘영접록』과 『담설』 「육팔보 상하편」 및 『석릉수간』과 『담설습여』는 아마 역사학 분야에서의 종합적인 체계적 연구가 필요한 것으로 보인다. 『석릉수간』에 대해서는 2014년의 『洌上古典研究』 39에 실린 다섯 편의 논문(구지현, 2014; 김규선, 2014; 千金梅, 2014; 최우길, 2014; 허경진, 2014)으로 국문학·한문학계의 소개와 분석이 시작되었다.

4. 「중국·조선상민수륙무역장정」의 의정(議定)

1) 「중국·조선상민수륙무역장정」 성립의 배경

조선은 1876년 일본과 「조·일수호조규」를 체결한 후, 일본의 경제적 진출과 관세 징수 등 새로운 통상·무역의 문제에 부딪히게 되었다. 또한 1880년 무렵에는 문호개방으로 전환하여 미국과 조약을 체결하기로 결정하는 등 본격적인 대외 개방을 추진하였다. 그리고 이러한 과정에서 중국과의 무역 관계 역시 새롭게 조절할 필요가 부각되었다. 이미 『조선책략』에서도 황준헌이 "봉황청 무역을 확장하고 중국 상인에게 부산·원산·인천 등 각 항구에 가서 통상하게 할 것을 주청함으로써 일본 상인들의 농간을 막을 수 있다."라는 점을 제시한 적이 있었다. 그러므로 일본과의 무역마찰로 고심하던 조선 측에서는 중국 측에서 이러한 통상무역의 개편을 받아들일 것으로 생각하여, 「조·미조약」을 준비하는 과정에서 이홍장과 접촉하여 이 문제를 함께 처리하려 하였다.

사실 청의 입장에서도 통상무역을 중심으로 한 관계 개편은 「조·일수호조규」 이후 조선에서 일본에 빼앗긴 선제권을 되찾고, 러시아의 진출을 견제할 수 있다는 점에서 결코 놓칠 수 없는 기회였다. 1881년 2월 당시 길림장군의 보좌역으로 '길림방판변무사의(吉林幫辦邊務事宜)'를 맡고 있던 오대징은 러시아의 진출에 대항하기 위해 "목전의 요무는 조선을 보호하고 일본을 견제하는 것이 중국 자강지책"이라고 지적하면서, 윤선의 운행을 이용한 중국 상인 등의 통상을 활성화하기 위해 적절한 항구를 개방하도록 조선을 설득하자는 제안을 내놓았다. 이에 청 조정은 중국 상인의 조선 무역에 대한 이홍장의 검토와 소견이 대략 동일한 것이라고 하면서 그에 대한 검토를 지시한 바도 있었다.[224] 청도 당연히 조선과의 통상 확대에 관심을 보이기 시작했다. 이를테면

1882년 「조·미조약」 체결과정에서 중국 측이 초상국원(超商局員) 5명을 파견하여 조선의 상무에 대한 기초 조사를 수행한 것은 그 점을 잘 보여 준다.[225] 또한 1882년 『신보(申報)』에서는 보기 드물게 열 차례에 걸쳐 「조선과의 통상사무에 대한 방책[策高麗通商事宜]」이란 논설을 실어, 조선의 개방에 따른 무역 등 경제적 이익과 그동안 이미 서구와의 경험을 축적해 온 청의 참여와 지원에 의한 개발 등에 주목하고 기대하였던 점은 그것을 확실하게 입증한다.[226] 「조·미조약」의 체결에 의

224 「幇辦吉林邊務事宜吳大澂奏請開朝鮮通商口岸摺」(光緒7年 2月 1日) 및 「軍機處寄直隸總督李鴻章上諭」(光緒7年 2月 9日), 『外交文書』 제6권, 2013, pp.543-544; 「答覆朝鮮問題事宜摺」(光緒7年 2月 2日), 『李鴻章全集』 9 奏議 9, pp.303-309; 「幇辦吉林邊務事宜吳大澂奏請開朝鮮通商口岸摺」(光緒7年 2月 4日), 『光緒中日』 卷2, 33a-33b; 『德宗實錄』 卷127 光緒7年 2月 辛丑.

225 이때 초상국원으로 조선을 방문했던 여행기(「浙西芳伯吳鍾史節東遊記略」)의 내용이 「東遊記餘」란 제목으로 『申報』 1882년 6월 19일(光緒8年 5月 4日)에 소개되었고, 10월 21일에도 「遊高麗王城記」가 申報社에서 요청한 採訪員의 원고로 기재되었다. 김성남 편집·해제. 2004, 「해외한국학자료총서 8: 중국인이 본 임오군란 자료」, 「五. 『申報』 중의 임오군란시기 조선 관련자료」, p.606, p.652 참조. 이전 『申報』의 관련 기사 대부분이 일본 신문 기사의 전재나 요약이었던 점에서 직접적인 방문 기사로 조선에 관한 관심이 증대하고 있음을 엿볼 수 있다.

226 『申報』 1882년 6월 22·26·30일, 7월 2·11·27일, 8월 23·25·29일, 9월 4일의 논설로 각기 그 주제는 각기 開鑛·設官·招商·置戍·化俗·興學·靖亂·誅逆·去黨·辨惑이다(李玉·于川 主編, 2011, 『民國四大報紙社論篇名索引』 上, p.79 참조. 이 자료는 민국시대 4대 신문의 논설을 정리·분류한 것이지만 『申報』의 경우는 청 말의 것도 모두 수록하고 있어 유용한 자료인데, 어떤 주제이든 열 차례에 걸쳐 사설이 게재된 경우는 거의 전무후무한 사례인 만큼 이 주제에 대한 『申報』의 관심도를 엿볼 수 있다. 또한 앞서 나온 김성남 편집·해제. 2004, 「해외한국학자료총서 8: 중국인이 본 임오군란 자료」, 「五. 『申報』 중의 임오군란시기 조선 관련자료」, pp.750-766에 이 논설들이 모두 영인·수록되었다.). 이 논설들이 게재되는 동안 임오군란이 발생하여 후기 논설의 관심은 임오군란 진압에 쏠리게 되었지만, 그 앞의 논설은 조선의 개방과 근대적 개발에 대한 충고와 그에 따른 중국의 경제적 이익에 주목하고 있었다. 아

한 조선에서의 '조약체제', 또는 '개항장체제'의 출범에 대해 중국 측은 상당한 경제적 이익을 예측하거나 기대하고 있었던 것이다.

이렇게 양측의 이해관계가 맞아떨어져 「조·미조약」 체결 후 반년 만인 1882년 10월 어윤중과 주복·마건충이 협의하여 이른바 전문 8조로 구성된 「중국·조선상민수륙무역장정(中國·朝鮮商民水陸貿易章程)」(이하 「무역장정」으로 약칭)이 마련될 수 있었다.[227]

그런데 「무역장정」의 성립 배경과 그 의미를 구체적으로 분석하기 위해서는 우선 1880년대 이전 단계 조선-청 사이의 '전통적' 무역 관계를 우선 살펴보아야만 한다. 이 조선·청 무역은 보통 조공무역과 변경무역(변경에서의 開市. 즉 互市)으로 이루어졌다고 설명된다. 전자는 조선·청의 사대질서 테두리 안에서 이루어진 교역으로 조공사절의 왕래와 관련되어 이루어지는 조공무역['燕行貿易']이었다. 후자는 이와는 상관없이 조·청 관계 성립 이래 청의 일방적 요구로 평안도·함경북도의 국경에서 이루어진 국경무역(또는 邊境貿易, '開市'라고도 한다.)이었다.

편전쟁 이후 중국이 통상을 통해 부유해졌다는 점을 깨닫게 해야 한다(9.4.)는 마지막 사설은 그 점을 잘 보여 준다. 다만 「조·미조약」의 '속방조회'를 매우 총명한 일로 파악하면서, 지금이라도 속국 명분을 명시하자고 주장한 것(6.23.), 조선의 민정을 우려하여 개방 이후 산적한 문제 처리를 위해 양무에 익숙한 '華官' 또는 문·무관['員弁']을 파견하여 대리·주지하게 함으로써 통상의 이익을 얻자고 주장한 것(6.26./7.1.), 기존의 선례가 없다고 해서 "대신 나서서 해 주는 계책[越俎之謀]"을 포기하지 말고 관원뿐만 아니라 군함을 파견하여 국방을 '대리'하자고 주장한 것(7.2.), 임오군란에 대해 중국 관원의 파견을 통해 首惡을 죽이고 黨與를 제거한 다음 국왕을 복위시켜 통상에 유리하게 하자는 주장을 한 것(8.25./9.1.)을 보면, 민간에서도 조선에 대한 적극적인 개입과 대리·관리 등의 '經略'을 통해 국익을 확보하자는 발상이 큰 흐름으로 나타나, 청의 조선 정책 전환이 여론의 큰 지지를 받고 있었음을 알 수 있다.

227 그 원문은 『外交文書』 제6권, pp.583-586 참조. 한편, 「무역장정」에 대한 국내의 가장 선구적이고 종합적인 연구는 金鍾圓, 1999(2009a)를 들 수 있다.

매년 조선의 조공 의례 수행과 더불어 이루어지는 방물(方物)과 세폐(歲幣)의 공납(貢納) 및 이에 대해 청 황제가 답례로서 내려 주는 회사(回賜)라는 조공무역은 경제적 교역의 의미보다는 정치적 의례의 성격이 강한 것이었지만, 조선에 막대한 재정적 부담과 손실을 가져다주었음은 이미 잘 알려져 있다. 1637년부터 1894년까지 연평균 전(錢) 20만 냥 이상의 손실을, 사행이 있는 경우는 40만 냥 이상의 손실을 감수해야 하였고, 이 부분의 상당액은 평안도민에게 떠넘겨졌다.[228] 이 때문에 조선의 조공무역은 원래 역관(譯官)에게 은이나 인삼 등을 휴대하게 하고, 그들의 교역 활동을 통해 사행(使行) 경비를 마련함과 동시에 정부의 재정 손실을 보완하려는 성격이 강하였다. 조공사절이 북경에 도착한 다음 숙소인 회동관(會同館)에서 치른 회동관 무역, 그 이전 방물 및 세폐의 심양(瀋陽)으로의 운반(및 거기에 필요한 수레와 말의 동원)과 관련하여 이루어진 단련사후시(團練使後市) 및 연복무역(延葍貿易), 조공사절이 청에 입국하는 지점인 압록강 맞은편의 봉황성(鳳凰城) 책문(柵門)에서 활발하게 이루어진 책문후시(柵門後市)로 이루어진 조공무역의 전개는 그 점을 잘 보여 준다. 이러한 조공무역의 주체인 역관과 이후 그 경쟁상대로 등장하게 된 의주상인['灣商']이나 개성상인['松商'] 등 사상(私商) 사이 이해관계의 대립, 그리고 거기에서 비롯된 조선 정부의 관련 정책 변화나 은·비단·인삼·모자·홍삼 등 주요 상품의 변천은 이 조공무역의 변화를 이해하는 데 중심축을 차지한다. 그것은 동시에 평안도와 황해도 지역의 상업·상인의 발전이나 중앙과 지방정부의 재정적·경제적 수지의 문제와도 아주 긴밀한 관계가 있었다.[229]

228 全海宗, 1970, p.99; 丘凡眞, 2021, pp.89-95 역시 이러한 점을 들어 조선이 實利外交의 차원에서 조공을 계속하였다는 논리를 반박하고 있다.

229 조공무역에 대해서는 張存武, 1978, pp.77-215; 김종원, 1999, pp.217-289;

한편, 양국 국경지대에서 이루어진 변경무역은 청의 요구로 시작된 평안도 의주(義州)와 함경북도 회령(會寧)·경원(慶源)의 개시(開市)를 말한다. 의주에서는 1년에 두 차례(2월과 8월), 회령에서는 1년에 1회, 경원에서는 2년에 1회 개시가 이루어졌고, 교역 기간은 원칙적으로는 20일로 한정되었다. 여기에는 청의 봉황성[奉天], 영고탑(寧古塔)·혼춘(琿春) 및 고이객(庫爾喀)[이상 吉林] 지방의 기인(旗人)이 와서 참여하였으며, 청과 조선에서는 무역 감독관을 파견하여 무역 품목과 시기를 통제하였다.[230]

이 변경무역은 기본적으로 청의 요구에 따라 시작되었고, 초기에는 청의 전쟁 수행에 필요한 군사적 물품의 조달이라는 성격이 강하였다. 청의 입관(入關), 즉 만리장성 남쪽으로의 진출 이후에는 여전히 만주에 잔류한 기인들의 생필품을 조달하는 차원의 교역으로 성격이 변화하였지만, 조선 정부의 시각에서 보면 얻을 것이 거의 없이 일방적인 피해를 강요당하였다는 점은 달라지지 않았다. 군마(軍馬) 등의 구매라는 국가적 수요를 제외한다면 공식적으로 민간의 경제적 이익 추구를 위한 교역이라는 의미는 거의 없었다.[231]

유승주·이철성, 2002; 廖敏淑, 2013, pp.169-242; 鄭惠仲, 2020 참조.

230 함경도에서의 개시에 대해서는 고승희, 2003, pp.121-177에서 상세하게 다루고 있다.

231 하지만 점차 형해화된 公市貿易의 경우와는 달리 私市貿易은 상당히 큰 경제적 교류와 통합의 역할을 하였던 것으로 보인다. 함경도 상업의 발전과 北關開市의 영향에 대해서는 고승희, 2000, 2003a에서 상세하게 분석하였는데, 이에 따르면 18세기 중엽 이래 북관개시는 馬市를 중심으로 아주 크게 번성하였고, 청·조선의 私商이 참여하여 海蔘·비단 등을 교역하는 私市가 公市보다 더 활성화되어 19세기 중반 慶源開市나 馬市에서는 양쪽에서 각기 1만 명에 가까운 참가자가 있었을 정도였다. 하지만 19세기 후반 砲兵 중심의 국방으로 전화하면서 馬市의 필요성이 크게 줄어들자 북관개시의 의미는 대폭 축소되었다. 고승희, 2000, 2003a, pp.121-177, 2003b, p.187 등 참조.

더구나 조선 측으로서는 청 측 관원이나 상인의 숙식비 등 체류·접대비용 및 상품의 일정한 거리까지의 운송마저도 모두 책임져야 하는 부담이 아주 컸다. 의주 개시의 경우 거기에 공급하는 물품은 경기·황해·평안도가 분담하여 제공하였고, 회령·경원의 개시도 처음에는 함경북도에서 담당하다가 함경도 전체가 부담하는 것으로 바뀌었다. 그런 만큼 평안도·함경도 지방 당국에는 이 개시 비용을 담당하는 것이 줄곧 엄청난 재정부담을 주었다. 어윤중이 「무역장정」 교섭 과정에서 중국 측에 제시한 평가에 의하면, 사대사행(事大使行)의 경우 조선은 1년에 전(錢) 20만 냥 이상, 청의 칙사(勅使)가 파견된 경우는 40만 냥 정도의 부담을 져야 했는데, 고종 때 중앙관세의 세입이 은 30만 냥(錢으로 환산하면 150만 냥 정도)였음을 고려한다면 그야말로 막중한 액수였다.

변경무역의 경우 함경도 개시만 하더라도 청 측 관·상 350여 명이 670여 필의 우마(牛馬)를 끌고 왔는데, 이들의 숙식·접대비용 및 사료비용을 포함하여 개시 비용은 5만 냥(單市의 경우)에서 9만 냥(회령·경원 모두 개시하는 兩市의 경우) 정도로 함경도 세입의 절반에 해당하는 비중이었으므로, 함경북도 주민의 생활고에 미치는 영향이 만만치 않았다.[232] 1860년대 이후 이 지역 주민의 범월(犯越)이 크게 느는 등 지방사회의 불안이 가중된 데는 이러한 점도 작용하였다.

따라서 전통적 교역 관계를 변통시켜 「무역장정」이 출현하게 되는 배경에는 심각한 재정난을 맞이하여 이러한 변경무역이 초래하는 막대한 재정 부담을 경감시켜 보려는 조선 측 의도가 아주 깊숙이 작용할 수밖에 없었다.[233] 그것은 동시에 이러한 변통이 기본적으로는 1880

232 『국역中日韓』 3, pp.332-333; 김종원, 1999, pp.301-303 및 고승희의 위의 연구 참조.

년대 초반의 상황에서 조선 측이 먼저 제기하여 시도된 것임을 분명하게 확인해 주는 것이기도 하다. 물론 그 결과가 조선 측의 의도대로 이루어지지는 않았으나, 「무역장정」은 그 교섭 과정에 한해서는 조·청 간의 '화이적' 종속 관계를 강화할 목적으로 중국 측이 강요하여 성립한 것이라고 보기는 어렵다. 종래의 조공무역·개시무역에서 근대적 자유무역으로 이행하려고 한 결과 만들어졌다는 주장이 더 설득력이 있는 것으로 보인다.[234]

2) 조선의 무역 개편, 사절 파견 제안

앞서 1881년 2월 하순 조선은 중추부지사 이용숙을 파견하여 무비학습 문제를 협의하면서 아울러 대외관계에 대한 「청시절략」을 제시하여 통상 개방이나 세관 설치, 관세 징수 등에 대해 청의 도움을 받아 의문을 해소하고자 하였다고 서술한 바 있다. 이것은 이미 조선이 통상무역을 통한 관세수입으로 재정난을 타개하려는 의도를 지니고 있었음을 보여 주지만,[235] 이때 이용숙은 「청시절략」과 함께 「수신사 김홍집이

233 문명기, 2017. 더구나 조선은 고종이 민생과 화폐 안정을 내세워 대원군의 세력 기반 해체를 위해 아무런 사후 대책의 준비 없이 국고의 대부분을 차지하는 淸錢 유통을 전격 금지함으로써 심각한 재정난을 겪은 이후, 국정 운영과 국방력 증강에도 큰 타격을 입고 만성적 적자에 시달리고 있었다. 연갑수, 1999; 김성혜, 2012, 2013, pp.522-565; 木村幹, 2017, pp.113-119 참조. 김종학, 2021도 조선 정부의 재정난이 고종 대 각종 政局에서 중요한 영향을 끼치는 핵심 요소로 작용하였다는 점을 여러 차례 강조한다.

234 秋月望, 1985, 1990, 1991; 崔蘭英, 2013; 酒井裕美, 2016, pp.101-141 등 일본에서의 연구는 모두 조선의 주동성을 지적한다. 盛利, 2007, pp.172-174 또한 조선 측이 제안하였으나 실제 장정 議定 과정은 이홍장과 마건충·주복 등이 주도하면서, 국제정세나 조약 등에 무지한 조선 측의 의견을 그다지 들을 생각이 없었다는 점을 지적한다.

하여장에 보낸 서신」 등을 동봉하여 중국 상인이 각 개항장에 와서 무역함으로써 일본 상인의 압박을 막을 수 있기를 바란다는 뜻을 내비쳤다. 그 내용은 다음과 같다.

> 조선은 지금 일본에 개항하여 통상하고 있습니다. 그러나 조선이 평소에 통상규칙에 어두워 기만과 억압을 당할까 두렵습니다. 군민 상하 모두 중국 상인을 여러 개항장으로 불러들여 서로 교역하게 하는 것을 바라는데, 이렇게 되면 의기투합하여 서로 의뢰함이 반드시 커질 것입니다. 또 황[준헌] 참찬의 『책략』에 "봉황청 무역을 확대하여 중국 상인들이 배를 타고 개항한 각 항구로 와서 통상하게 함으로써 일본인들의 독점을 막아야 한다고 주청한다."라는 구절이 있었습니다. 이 논의가 어떻게 될지 알지 못하겠사오니, 삼가 엎드려 밝은 가르침을 기다렸다가 자문을 갖추어 청하겠습니다.[236]

당시 이홍장은 이용숙과의 대담 내용을 상주하면서 이러한 요청을 언급하지는 않았지만, 이때 김홍집이 보낸 자문에 대한 답변에서는 이렇게 답하였다.

> 조선은 지금까지 해상무역을 한 전례가 없습니다. 현재 외국과 통상하려고 하는 이상 중국 상인이 조선에 가서 무역하는 일 또한 금지할 수 없습니다. 황 참찬의 『책략』에서 일본인의 독점을 막아야 한다고 한 내용과

235 김종학, 2018c, p.266.

236 「北洋大臣李鴻章函」 부록 「朝鮮中樞府知事李容肅帶呈節略」·「修信使金宏集致何侍講書」(光緒7年 2月 3日), 『中日韓』 卷2, pp.461-480; 『국역中日韓』 3, pp.133-170; 『外交文書』 제4권, pp.310-320.

관련해서 장래 만일 중국 상인이 조선에 가서 무역하기를 원한다면 응당 국왕께서 실제 상황을 자문으로 보내면, 이를 검토하고 상주하여 처리할 것입니다."[237]

이렇게 이홍장이 "국왕께서 실제 상황을 자문으로 보내면, 이를 검토하고 상주하여 처리할 것입니다."라는 긍정적인 답변을 한 것은 청으로서도 조선과의 무역 관계 개편의 필요성을 인정하고 있었음을 보여 준다. 다만 조선에서 먼저 제안하는 형식을 갖추라는 조건이었다.

뒤이어 1881년 가을 조사시찰단의 일원으로 일본을 시찰한 다음 중국을 방문한 어윤중이 이홍장·주복과 이 문제를 계속 논의하게 되었다. 다음 해 어윤중·이조연이 다시 문의관(問議官)으로 임명되고 천진으로 파견되어 5월 17일 이홍장·주복과 수륙무역의 개통·개편 문제를 논의하였다. 이때 아울러 조선 측은 외교사절 파견과 북경 주재('派使駐京')의 문제를 제기하여, 이것을 시행하면 하사(賀謝)·진주(陳奏) 사무를 위한 별도의 사신이 불필요하며, 사신의 이동비용과 식량에 대한 상국의 지원도 폐지되어야 한다고 지적하였다. 어윤중은 아울러 회령·경원 개시의 혁파(淸 官·商에 대한 供饋의 폐지 포함)와 해금(海禁) 폐지, 해로 무역의 개시 등을 요청하였다.[238]

이러한 '파사주경' 및 그와 관련된 문제는 『조선책략』에서도 언급

237 위와 같음.

238 「朝鮮國王咨北洋大臣文」(光緖8年 4月 22日), 『中日韓』 卷2, p.597; 『外交文書』 제6권, p.555; 『국역中日韓』, 3, pp.315-341. 조선 측이 '파사주경'이 가능할 수도 있다고 여긴 것은 황준헌의 『조선책략』에서 언급한 바 있고, 이홍장도 김홍집과의 대담에서 서구 국가나 일본 공사의 북경 주재를 인정한 바 있기 때문이었다. 이에 대해서는 酒井裕美, 2016, pp.106-113 참조. 이홍장과 김홍집의 대담은 「北洋大臣李鴻章函」 부록 「修信使金宏集致何侍講書」(光緖7年 2月 3日), 『中日韓』 卷2, pp.479-480; 『국역中日韓』 3, p.147, pp.169-170 참조.

된 바 있기는 하지만, 기존의 책봉·조공 관계 자체를 무너뜨리고 나아가 조선-청의 사대질서를 부정할 위험성을 내포하고 있었으므로 — '속국자주'의 전통을 지키고자 하였던 고종이나 어윤중에게는 사실상 곧바로 그런 것을 시도할 의도가 있었다고 보기는 어렵다. — 청이 쉽사리 넘겨 버리거나 받아들이기 어려운 문제이기도 하였다. 우선 이 문제에 대한 조선의 의도를 가장 잘 보여 주는 것은 어윤중을 파견할 때 내린 다음과 같은 고종의 전교다.

> 전교하기를 "이번에 그대들을 보내는 것은 다른 일 때문이 아니다. 통상 문제와 외국과의 관계 문제 때문이다. 벌써 영선사(領選使)에 하교하였고, 또 이번 자문에도 상세한 내용을 적었지만, 그대들이 모름지기 천진에 가거든 통상대신과 이해관계를 서로 의논하여 일을 잘 처리하라." 하였다. …… 또 전교하기를, "사대(事大)의 의절은 마땅히 성의껏 해야 하지만, 형식에 구애되어 백성과 나라에 해를 끼치는 것은 구례(舊例)대로 너그럽게 처리하는 데서 그쳐서는 안 될 것이다. 사신 문제와 북도(北道)의 호시(互市) 문제는 일일이 총리아문과 통상대신에게 나아가 의논하여 편리하게 하도록 힘쓰라." 하였다. 또 전교하기를, "일본과는 이미 개항하고 통상할 것을 허락하였는데 중국에 대하여서는 아직도 해금을 고수하고 있으니 중국을 가까이하는 뜻에 어긋난다. 중국은 우리나라에 이미 여러 항구를 개방하여 서로 무역하면서 지장 없이 왕래하므로 힘써 약속을 준수할 것에 대한 문제도 총리아문 및 통상대신과 의논하라."라고 하였다.[239]

239 『高宗實錄』 卷19, 高宗19年 2月 17日; 國史編纂委員會 編, 1971a, 『從政年表·陰晴史』, p.126 또는 韓國學文獻硏究所 編, 1979, 『魚允中全集』, p.818. 高宗19年 2月 17日 기사.

무역·통상 관계와 조공 의례의 개편을 원하면서도 고종은 분명히 "사대의 의절은 마땅히 성의껏 해야 한다."라고 지침을 내렸다. 책봉·조공 질서를 무너뜨리거나 사대질서를 부정하려는 의도를 직접 내비친 것으로 보기는 어렵다.[240] 아울러 고종은 총리아문 및 통상대신과 의논하라는 지침을 내렸기 때문에, 어윤중은 애써 예부를 피하고 대신 북양대신 이홍장과의 접촉을 통해 목적을 이루고자 하였다.[241] 실제 어윤중 등이 북양대신에게 전달한 자문에서는 이렇게 지적하고 있다.

> 살펴보건대, 오늘날 외국인들은 홀로 상업 이윤을 독점하면서, 그 선박은 바다 위를 질주하고 있습니다. 오직 상국과 조선만이 서로 해금을 지키고 있는데, 이는 실로 내복(內服)과 똑같이 대해 주시는 뜻에 맞지 않습

240 고종은 이후 1884년 5월(고종21년 4월) 초대 천진주재 大員으로 파견된 南廷哲을 통해 이홍장에게 결코 청 정부에 대한 사대적 조공 관계를 이탈할 의도가 전혀 없다는 점을 강조하여 전달하기도 하였다. 權赫秀, 2007d, p.301.

241 「朝鮮國王咨北洋大臣文」(光緖8年 4月 22日), 『中日韓』 卷2, pp.589-597; 『外交文書』 제6권, pp.559-567; 『국역中日韓』, 3, pp.315-341 등에 실린 「津海關道周馥與朝鮮魚允中等筆談節略」 가운데 「光緖8年 4月 18日 津海關道 周馥과 조선 陪臣 魚允中의 『問答節略』」을 보면 어윤중은 이렇게 이야기한다. "예부로 가서 자문을 올리는 것은 정례에 따라 보고하는 것에 불과하며, 문의하여 의논하려 하는 것은 아닙니다. 총리아문에 가서 뵙고 실정을 설명하였으면 하는데, 어떨지 모르겠습니다. 예부로 보낼 자문 초안이 어제 초록되어 올라왔는데, 그 표현에 과연 흠잡을 곳이 없겠습니까? 예부는 매번 기존 정례에 얽매여 사사건건 억제하는 것을 일로 삼습니다. 무언가 적절한 조치를 바란다면 오직 李 中堂大人[李鴻章]만이 결정해 주실 수 있습니다. 지금과 같은 사신의 경사 주재 문제 등도 모두 오직 총독께서 장정을 논의하여 결정해 주시기를 우러러볼 뿐입니다." 고종의 지시도 있었지만, 어윤중도 파사주경이나 통상무역 등 새로운 정책적 전환에 대해서는 전통적 사대질서와 정례에 얽매인 예부보다는 총리아문 및 이홍장과의 접촉으로 문제를 해결하려는 자세를 보이고 있었음을 알 수 있다. 앞서 살펴본 대로 이러한 문제를 총리아문 및 이홍장에게 위임하였으므로 이것은 적절한 교섭의 방법이었다.

니다. 신속히 상국과 조선 백성에게 지시를 내려, 이미 개항한 통상항구에서 서로 무역하는 것을 허용하고, 또한 사신을 파견하여 경사에 주재시켜 서로 마음을 통하게 함으로써 위세를 드높이고 외국의 침범을 막는 데 도움을 받으며, 백성들의 마음도 의지할 곳이 있게 해 주시기 바랍니다.[242]

하지만 마침 이홍장은 모친상으로 정우 중이라 100일 동안 북양대신의 자리를 비우고 있었다. 그를 대신하여 서리 북양대신 장수성의 지시로 어윤중과의 교섭을 담당한 주복은 외교사절 파견과 북경 주재(派使駐京)의 문제는 가볍게 개정을 논의하기는 불편하다고 지적하고, 아울러 중국과의 관계에서 최혜국대우 조항을 적용하는 것에 대해서도 거부 의사를 밝혔다. 그렇지만 변경무역의 혁파나 수륙무역의 변통에 대해서는 긍정적인 반응을 보였다.[243]

하지만 사대사행, 즉 조공사절의 폐지 문제는 북양대신·총리아문만으로 처리할 수 있는 것이 아니었으므로 이 문제를 조선과의 조공사무를 담당하는 예부에도 직접 알리도록 5월 29일 장수성이 요청하였다. 어윤중 등은 1882년 6월 9일 예부에도 다음과 같은 자문을 제출하였다.

조선은 상국에게 있어 실로 내복과 같은데 여전히 해금에 얽매여 있으니 실로 중외를 한결같이 대하는 대의에 맞지 않습니다. 속히 상국민 및 본

242 「朝鮮國王咨北洋大臣文」(光緖8年 4月 22日), 『中日韓』 卷2, p.597; 『外交文書』 제6권, p.555; 『국역中日韓』, 3, p.321, p.334.

243 「朝鮮國王咨北洋大臣文」(光緖8年 4月 22日), 『中日韓』 卷2, pp.589-597; 『外交文書』 제6권, pp.559-567; 『국역中日韓』, 3, pp.315-341 등에 실린 「津海關道周馥與朝鮮魚允中等筆談節略」 참조.

방 인민이 이미 개방된 항구에서 서로 교역하여 외국인이 독점하는 이익을 나누게 해야 할 것입니다. 또 사절을 파견하여 경사에 주둔하게 함으로써 서로 감정을 통하게 하고 성세(聲勢)를 부풀릴 수 있다면 외국의 침략을 막고 백성의 뜻을 굳게 다질 수 있을 것입니다.[244]

그렇지만 주복의 예상대로 이러한 자발적인 통상과 외교사절 주재 요청은 기존 사대질서의 변동을 원하지 않았던 청 정부(특히 예부)로부터 당연히 속방의 주제넘은 요구라는 부정적인 반응을 초래하였다. 같은 날 예부시랑 보정(寶廷)은 즉각 다음과 같은 반응을 보였다.

지금 와서 통상과 주사(駐使)를 청하는 것은 언사가 비록 여전히 공순하지만 이미 우리를 경시하는 기미를 엿볼 수 있으며, 거절하면 그 마음은 더욱 멀어질 것입니다. 또 각 원이(遠夷)는 이익에 관련된 일에 대해서는 모두 일률적으로 균점하게 되는데 속국에만 인색하다면 공평함을 밝히기 어렵습니다. …… 허락하면 각국과 마찬가지로 경사에 주재하면서 마치 다른 나라들과 같은 형세를 보일 터인데, 지금은 갑작스레 우리에게 맞서지는 못할지라도 나중에 점차 부강을 이루면 야랑자대(夜郎自大)를 하지 않는다고 보장하기 어렵습니다.[245]

244 「朝鮮國王咨請在已開口岸交易幷派使駐京文」(光緒8年 4月 29日), 『光緒中日』 卷3, 16b; 『外交文書』 제6권, p.556; 『국역中日韓』, 3, pp.320-321, pp.334-345.

245 「禮部侍郎寶廷奏陳與朝鮮通商管見摺」(光緒8年 4月 29日), 『光緒中日』 卷3, 17b-18a; 『外交文書』 제6권, p.557. 그렇지만 寶廷은 2주 후에 다시 상주하여 조선보다는 차라리 雲南이나 貴州를 잃는 것이 낫다면서 조선이 그 海防을 강화하도록 도와주어야 한다고 주장하였다. Yuanchong Wang, 2018, p.156. 寶廷 역시 종실 출신이자 '直言'으로 조정을 섬겼다고 자부하는 淸流派의 '大將' 가운데 한 사람이었다. 林文仁, 2005, pp.179-181 참조. '夜郎自大'는 서

이미 20년 전에 서양인에게 사용이 금지된 '오랑캐[遠夷]'라는 용어를 사용한 데서 알 수 있듯이 '보수파'의 시각을 보여 주는 그의 대안은, 통상·주사의 문제를 허락하려면 우선 총리아문에 이 문제의 관리를 맡겨서는 안 되고 예부가 맡아야 한다, 또한 조선이 북경에 따로 공서(公署)를 짓게 해서는 안 된다는 것이었다. 이 점은 1881년 2월부터 조공사무 외에는 조선 관련 사무를 총리아문과 북양대신에게 넘겨준 예부의 자기 권한 회복 주장이 반영된 것이었다. 아울러 이러한 보정의 주장은 이에 앞서 1881년 정일창의 제안으로 청이 '연락외교(聯絡外交)'를 위해 접촉하자 베트남이 '파사주경'과 광동에서의 영사(領事) 설치를 제안하고 동시에 주영·프 공사 증기택도 베트남 고위 관원의 북경 주재를 제안하였을 때, 이홍장이 '파사주경'에 원칙적으로 동의했던 것과는 대조적인 입장이었다. 물론 이러한 베트남의 요구가 실현되지는 않았다.[246]

하지만 같은 날 내려진 청 황제의 상유는 예부의 요청을 무시하면서도 동시에 조선의 '견사주경(遣使駐京)' 문제에 대해서는 단호한 거부의 태도를 밝혔다.

> 조선은 오랫동안 번봉의 대열에 속해 있고, 관련된 전례는 모두 정해진 제도가 있다. 다만 상민의 화물은 각처에서 사사로이 교역하지 못하도록 해 왔는데, 현재 각국은 이미 통상하고 있으니 응당 변통하여 모두 서로 자유롭게 무역할 수 있도록 해야 할 것이다. 장정은 장수성과 이홍장이

남 지역의 소국 夜郎國의 국왕이 漢의 사자에게 한나라와 우리나라 중 어디가 더 크냐고 물었다는 고사(『史記』「西南夷列傳」)에서 비롯되어 무지하고 자존망대(自尊妄大)함을 비유하는 말로 쓰인다.

246 李雲泉, 2016, p.110; 2020, p.154.

마련해서 상주하라. 앞으로 조선과의 무역 문제는 총리아문에서 검토·처리하고, 조공·진주 등은 여전히 종래의 정례에 따라 예부에서 처리함으로써 옛 제도에 맞게 하라. 조선에서 요청한 견사주경의 문제는 장애가 되는 바가 많으니 허락하지 않는다.[247]

청 조정은 이홍장 등의 의견과는 달리 보정의 의견에 따라, 이미 다른 나라와의 사이에 허용하고 있는 무역을 조선에 허락하되. 기존의 조공 관계를 그대로 고집하여 외교사절의 북경 주재(이것은 책봉·조공 관계의 해체로 직결되는 것이기도 하다.)로 상징되는 근대적 외교 관계로의 전환은 분명히 거부하였다.

이렇게 기존 천조체제의 유지를 선택하면서도, 청은 동시에 무역 관련 문제에 대해서는 총리아문과 북양대신의 관리를 허용하였다. 조선 사무를 예부와 총리아문·북양대신으로 분산시킨 이전의 변통을 다시 확인하였던 셈이다. 이때 취해진 옛 제도의 변통은 조선-청의 관계를 예부와 북양대신·총리아문 세 방면의 기구가 사안별로 나누어 관리하는 복잡한 변화를 수반하게 되었다. 이러한 변화에는 당연히 조선에 대한 보다 강력한 통제·개입의 의도가 담겨 있었다. 또, 외교사절의 북경 주재를 요구한 것에 대해 조선이 청을 경시하는 마음을 가졌다고 보고, 종전의 상하 관계에 대한 변통을 모색하는 움직임을 아예 처음부터 단호하게 배제하겠다는 것이 이러한 조치가 지닌 의미였을 것이다. 이미 무너진 것이나 마찬가지였던 천조체제의 외형에 여전히 집착하고 있던 청으로서는 조선을 만국공법상의 동등한 주권국가로 간주한다는 것은 여전히 상상조차 불가능한 일이었다.

247 「軍機處寄禮部等上諭」(光緒8年 4月 29日), 『光緒中日』 卷3, 18b; 『中日韓』 卷2, p.680; 『外交文書』 제6권, p.558.

여하튼 이러한 결정에 따라 조선과의 무역을 중심으로 한 구체적인 문제가 논의·타결되어야 할 시점(1882년 7월)에 임오군란이 발생하였기 때문에, 그 혼란이 수습된 1882년 10월이 되어서야 이른바 전문 8조로 구성된 「무역장정」이 의정(議定)되어 광서제의 명의로 반포되었다. 재차 문의관에 임명되어 진주사(陳奏使) 조영하(趙寧夏) 일행과 함께 9월 24일 조선을 떠난 어윤중이 천진을 다시 방문하였고, 10월 2일 실질적으로는 어윤중이 마건충·주복과 더불어 「무역장정」을 논의하였지만, 「무역장정」의 초안이 의정된 것은 10월 4일이었다(이후 10월 23일 광서제의 반포까지는 좀 더 시간이 필요하였다.). 이전부터 중국 측의 준비가 있었다고는 하지만 조선 측에서 실제 장정 내용에 대해 논의할 수 있는 시간은 너무 짧았다.[248]

하지만 초안의 논의과정에서 어윤중은 청 초안에 대해 다음과 같은 네 가지 문제를 제기하였다는 점을 기억해 둘 필요가 있다.

1) 각국과의 조약과 다른 점은 양국 간의 체제 때문이라고 하였지만, 각국이 최혜국대우의 조항을 빌려 이것을 원용(援用)할 우려가 있다.
2) 죄범(罪犯)을 청의 상무위원과 조선의 지방관이 재판하는 문제에 대해 치외법권과 영사재판권의 편파적인 적용은 평등하지 못하므로 바꾸어야 한다.
3) 황해 어로작업의 허용은 포경(捕鯨) 문제로 동해안 조업을 요구하는 일본이 구실로 삼게 될 것이라 아주 곤란하다.

248 秋月望, 1985, 1990에서는 「무역장정」 교섭 가운데 어윤중의 역할에 대해 자세하게 분석하고 있다. 이 장정과 후속 장정의 정확한 명칭과 정립 시기는 權赫秀, 2010, pp.3-20 참조. 『고종실록』 등 조선왕조 측의 문헌 기록은 대부분 오류가 있으며, 가장 정확한 일자는 당사자인 어윤중의 『從政年表』에 따른다.

4) 한성(漢城)에서의 청 상인의 상업 활동, 즉 상점 개설[開棧]의 허용이나 내지에서의 상품 구입[內地採販] 허용은 한성 상인의 곤란과 외국·일본의 원용을 가져올까 두려워 아주 우려스럽다.[249]

하지만 주복은 만국공법상의 '속국'조항을 들어 다른 나라에서는 원용할 수 있는 것이 아니라고 하면서, 조선은 일본만 두려워할 뿐 조선·청의 사대질서에 성의를 보이지 않는다고 반박하였다. 또 상무위원 재판권에 대해서도 만국공법과 『대청회전(大淸會典)』을 근거로 내세우고, 조선의 형벌이 중국보다 무거운 데다가 하물며 상국-속방 관계라는 점을 들어 어윤중의 문제 제기를 묵살하였다. 어선의 왕래(어업 허용)나 청상(淸商)의 한성에서의 상업 활동 및 내지 상품 구매 문제에 대해서도 이러한 태도는 마찬가지로 적용되었다.

결국 "이번에 정한 「무역장정」은 실로 평행하는 각 여국(與國)과의 조약과는 다르며, 만약 반드시 다른 나라가 원용하여 요구할 것이 두렵다면, 조선은 중국의 속방이고, 의정한 수륙무역장정은 중국이 속방을 우대하는 뜻에서 한 것이니 각 여국이 모두 균등하게 혜택을 누릴 수 있는 것이 아니라는 조항을 첨가하면 될 것"이라고 주복은 결론을 내

249 『中日韓』 卷3, pp.979-986; 『外交文書』 제6권, pp.587-589; 「致總署議朝鮮通商章程」(光緒8年 8月 29日)의 附件, 『李鴻章全集』 33 信函 5, pp.168-170의 「照錄朝鮮侍講魚允中節略」 및 「照錄津海關周道候選馬道覆魚允中節略」. 여기서의 漢城은 오늘날의 서울과는 달리 사대문 안의 지역만을 가리킨다. 따라서 麻浦나 龍山, 楊花津 등의 지역은 여기에 포함되지 않았다. 崔蘭英(2013, pp.29-31)은 어윤중과 마건충·주복에 의한 초안 작성과 어윤중의 「의견서」 제시가 기존 연구에서 이야기하는 임오군란 이후가 아닌 그 이전(음력 6월 12일 이전)이라고 주장하지만, 酒井裕美(2016, pp.120-121)는 음력 8월 이후일 것으로 추정한다. 이홍장이 어윤중의 의견서[節略]를 상주한 것인 8월 30일이므로 아마 후자의 추측이 더 정확할 것이다.

렸다. 외국이 원용할 것을 두려워하는 조선 측의 입장을 전면 부정하고, 청의 이익을 일방적으로 추구하는 내용을 양국 관계의 특수성을 들어 밀어붙이는 방향을 분명하게 드러낸 것이다.[250] 이러한 원칙은 사실상 만국공법의 국제질서를 따른 것이라고 보기는 어렵다. 그런데도 주복이 어윤중을 반박하면서 만국공법과 『대청회전』을[251] 함께 근거로 내세운 점은 기묘한 느낌을 주지만, 그만큼 이 「장정」의 성격이 복잡하다는 점을 시사한다. 여하튼 분명한 것은 「무역장정」이 조선 측의 원래 의도와는 전혀 다른 방향으로 만들어졌다는 점이다.

물론 이전에 주복은 "'속방'이란 글자는 (조선이) 각국과 평행하는 예(禮)에 방해되지 않으며, 나라를 지키는 원칙에 도움이 될 뿐 손해가 되지 않으며, 중국이 이런 헛된 체면을 요구하는 것이 아니라는 점은 현명한 사람이라면 당연히 알 것"이라고 주장하였다. 어윤중은 이에 대해 "전에 일본에 갔을 때 일본인들이 조선의 독립 문제를 이야기하자, 어윤중 자신이 이를 꺾고 말하기를, 자주를 한다면 모를까 독립은 아닙니다. 대청(大淸)이 있으니 자연히 정삭을 받들고 제후의 법도를 지켜야지 어찌 독립을 이야기할 수 있습니까?라고 이야기하였더니 그들은 더 이상 말을 하지 않았으며, 이것은 신문에 실리기도 하였습니다."라고 답변하였다.[252]

어윤중의 답변을 보면 이 시기 조선 측이 「무역장정」의 협상 과정

250 『外交文書』 제6권, pp.588-589의 「照錄津海關周道候選馬道覆魚允中節略」.

251 '會典'은 '典章會要'라는 뜻으로 官府에서 편찬한 斷代式(즉 왕조별) 政書이다. 즉 官署의 職掌制度를 기재한 것으로 職司·設置·品級·規章·掌故 등 중앙과 지방 관직 제도의 연력을 기록하고 있으며, 법령과 제도를 기술하는 데 중점을 둔다. 현존하는 회전은 『唐六典』·『元典章』·『明會典』과 『清會典』이 있는데, 『大淸會典』은 강희·옹정·건륭·가경·광서 연간 다섯 차례 편찬되었다.

252 『外交文書』 제6권, pp.559-562, 또는 『中日韓』 卷2, pp.589-597의 「照錄(周馥與魚允中·李朝淵)問答節略」 참조.

에서 사대의 성의를 강조하면서, 아울러 이러한 속방조항을 받아들인 것은 실제적인 현실을 인정한 위에서 최대한 현상의 변화를 시도한 것이라고 보아야 할 것이다. 「조·미조약」 체결에 앞서 나왔던 김윤식의 '사리양편'론과 같은 맥락이라 할 수 있다.[253] 어윤중의 판단으로는 청의 군사적·재정적 지원에 기댈 수밖에 없는 처지이므로 일정부분 그들의 요구를 들어 주고 특권을 허용하는 것은 부득이했으며, 조·청 관계의 명문화는 서양 열강의 균점(均霑) 요구를 차단한다는 의미가 있었다는 지적도 있다.[254] 다만 이것은 후술하겠지만 그와는 전혀 다른 결과로 이어졌다. 한편 조선 측의 시도가 의도적으로 '화이질서'로부터의 이탈을 바란 것은 아니지만, 결과적으로 어윤중의 '자주'는 주권이나 독립에 접근하였다고 하는 평가도 있는데,[255] 다만 '파사주경'의 시도를 곧장 '독립'으로 직결시켜 이해하는 시도는 피해야 할 것이다.

또한 제대로 된 '속방'으로 규정하지 않아 프랑스에 베트남을 빼앗기게 된 선례를 의식한 중국 측의 의도도 주목할 필요는 있다.[256] 실제 마건충 같은 경우는 「무역장정」의 의정에 앞서 각로(各路) 통상장정을 의정할 경우 또한 반드시 각국의 성례(成例)에 대해 적절하게 변통함으로써 속국의 명분[屬國之義]을 존속해야 한다고 주장하고 있었다. 즉 그 핵심은 "각국의 주재 공사는 국가에서 파견하는 것이지만, 중국은 단지 북양대신이 임명한 위원을 보내 조선의 관원과 평행할 수 있게 한다. 또한 중국 인민은 조선에서 소송을 만나게 되면 역시 [중국] 위원에게 넘겨 『[대청]회전』에 실린 회심(會審)의 성례에 따라 처리하게 한다."

253 Yuanchong Wang, 2018, pp.152-153.
254 김종학, 2017, pp.173-174.
255 秋月望, 1985, 1990.
256 이에 대해서는 강판권, 2000; 柳岳武, 2016, pp.228-239 참조.

라는 것이었다.[257] 「무역장정」에서 주재 공사의 파견은 논외의 사정이었지만, 그 의정의 기본원칙은 여하튼 '속국의 명분'을 분명하게 다지려는 것이었고, 실제 「무역장정」의 의정에서도 그 점은 충분히 반영되었다.

3) 「무역장정」의 반포

이렇게 의정(議定)·반포된 「무역장정」에서 주복이 제안한 내용처럼 청의 일방적 의도가 실제 관철될 수 있었던 것은 임오군란으로 청이 조선에 오장경이 이끄는 회군 3,000명의 군대를 파견해 놓은 상황이었기 때문에,[258] 「무역장정」이 준비되던 시기와는 양국 관계의 현상이 크게 달라졌다는 점도 작용하였다. 따라서 이 「무역장정」은 당연히 청이 전보다 훨씬 더 일방적으로 주도권을 장악하게 된 이 무렵의 양국 관계나 청의 이전과는 다른 조선 정책을 그대로 반영하게 되었다. 이를테면, "다른 나라와 맺은 조약은 반드시 그 나라의 비준을 기다려서야 행해지는 것이지만, 지금 정한 장정(章程)은 [청] 조정이 특별히 윤허하는 바다. 하나는 서로 간에 체결한 약장(約章)이고, 하나는 상하 간에 정한 조규(條規)이므로, 그 이름도 다르고 따라서 그 실질도 같지 않다."라는 주복과 마건충의 설명은 — 조약·약장·장정·조규라는 명칭의 혼용은

257 馬建忠, 「上李伯相論朝鮮商約界務稟」(壬午夏), 王夢珂 點校, 2013, 『馬建忠集』, pp.84-85. 마건충은 임오군란으로 조선에 왔을 때 무역 관련 문제를 조사하여 함경북도의 개시는 소나 쟁기 등을 매매할 뿐 교역이 아주 미미한데 비용은 아주 커서 조선인들이 힘들어하지만, 평안북도의 中江互市는 비단·면포 등의 교역으로 상무가 비교적 왕성하다고 평가하였다.

258 吳長慶에 대해서는 陸方, 1984; 陸方·李之渤, 1993, pp.131-145; 張華騰, 2010, 2017 등 참조. 한편 조선에서의 吳長慶의 활동에 대해 구체적으로 다룬 것은 아마 權赫秀, 2000이 유일할 것이다.

그 설득력을 크게 떨어뜨린다. — 그 성격을 잘 보여 준다.[259]

따라서 국제법상의 조약과는 달리 이홍장의 상주, 9월 12일 총리아문의 동의 이후 광서제의 일방적인 승인·반포에 의해 효력이 발생한 이 장정을 조선에서는 "삼가 그에 따라 처리(欽遵辦理)"할 수밖에 없었다. 그래서 원래 「중국·조선상민수륙무역장정(中國·朝鮮商民水陸貿易章程)」이란 한문본(漢文本)만 존재하였고 한글본·영어본은 이후 중국 해관에 의해 임의로 번역된 것이므로,[260] 흔히 이 「무역장정」을 '체결'하였다고 서술하는 경우는 부적절한 표현일 수밖에 없다. 조선·청 양국이 서로 논의하여 결정[議定]하였지만, 그것을 확정하여 반포하는 권한은 청 황제에게 있었을 뿐, 근대적 조약 형식에 따라 양국이 '조인'하는 과정은 없었기 때문이다. 양국이 자원하여 체결하는 조약은 기본적으로 그 국가의 자발성·자주성에 기초하지만, 이렇게 청이 조선 측의 요구를 무시하면서 일방적으로 그 의지를 조선에 강제한 것은 그 불평등성을 잘 보여 준다. 그 때문에 청이 "서양 또는 일본과의 사이에 맺은 조약 방식을 청이 우위를 취한다는 형태로 '속국'인 조선에 적용한 것"이고, "서양에서 전래한 제도와 법체계를 청과 속국인 주변국 사이의 관계에 채용한 것"이라는 평가가 나오게 되는 것이다.[261] 혹자는 이것을 기존의 조공체제라는 틀을 유지하면서 하위의 통상관계만을 조약질서로 유지하는 이원적인 국제질서로 설명하면서, '중체서용의 천조체제'라고 표현하기도 한다.[262]

259 「照錄(津海關周道·候補道馬道)覆魚允中節略」, 『中日韓』 卷3, p.984; 『外交文書』 제6권, p.588; 『李鴻章全集』 33 信函 5, pp.168-170.

260 權赫秀, 2010에서 이 점을 잘 지적하고 있다.

261 青山治世, 2014, p.232. Nianshen Song, 2018, p.50은 기존의 종번 질서(쌍무적 상호관계의 원리)와 조약체제(다국적 상호관계의 원리)의 유기적 균형이라는 시각을 제시하기도 한다.

따라서 이러한 장정의 준비·반포·실행과정에서는 결과적으로 근대적 조약의 형식만을 빌려 전통적 상국-속방 관계를 근대적 불평등관계로 '명문화'하면서 재편하려는 성격이 강하게 드러났다. 다만 이것은 청의 은전(恩典)이란 형태로 주어진 것이었으므로 근대적 조약에 의한 권리 부여와는 실제 거리가 있었다. 이렇게 조약체제·만국공법의 힘을 빌려서 조공체제를 유지하려던 청의 정책을 "하나의 외교, 두 개의 체제(一個外交, 兩種體制. One Diplomacy Two Systems)"라고 명명한 권혁수(權赫秀)의 지적은[263] 이 점을 제대로 드러낸다. 이것은 「무역장정」의 전문(前文)에서 분명하게 확인된다.

> 조선은 오랫동안의 제후국으로서 전례(典禮)에 관한 것은 모두 정해진 제도가 있어 다시 의논할 여지가 없다. 다만 현재 각국이 해로를 통하여 통상하고 있어 해금을 속히 풀고, 양국 상인이 모두 서로 무역하면서 함께 이익을 보게 해야 한다. 변계에서 호시를 하는 규례도 시의에 맞게 변통해야 한다. 이번에 제정한 수륙무역장정은 중국이 속방을 우대하는 뜻이며, 각 여국(與國)이 모두 균등하게 같은 혜택을 누리게 하는 데 있지 않다.[264]

여기서 먼저 주목할 것은 바로 첫 구절이다. 이 구절은 앞서 인용한 바 있는 '파사주경'을 거부할 때의 상유("조선은 오랫동안 번봉의 대열에 속해 있고, 관련된 전례는 모두 정해진 제도가 있다.")와 거의 같은 내용이

262 홍성화, 2018, p.486.
263 權赫秀, 2007, 2009, 2013.
264 「무역장정」의 원문 및 번역(인용하면서 약간 수정하였다.)은 『高宗實錄』 卷19, 高宗19年 10月 17日字 기사; 최덕수 등, 2010, pp.112-116 참조.

다. 이것은 조선-청 사이의 기존 관계를 간략하게 요약한 것처럼 보이지만, 사실 그보다 훨씬 더 많은 뜻을 담고 있다. 즉 “전례에 관한 것은 모두 정해진 제도가 있어 다시 의논할 여지가 없다.”라고 밝힌 점은 기존의 책봉·조공 관계 및 거기에 관한 전례라는 관행은 이후로도 계속 지켜야 한다고 규정하면서, ‘장정’이라는 이름의 ‘조약’을 통해 명문화하여 국내외에 선언한 것이기 때문이다. 이것은 청과 조선의 전통적 사대-자소 관계에 기초한 새로운 ‘종주권’ 선언이나 마찬가지다. 이것은 천조체제와 조약체제 그 어느 것도 충실히 따르지 않고, 그 사이의 ‘틈’을 활용한 일종의 편법이었다. 「무역장정」 자체는 이러한 청의 편법에 의한 조선 외교를 상징하는 존재였다.

그리고 다음 구절에 의해 다른 나라가 최혜국대우를 통해 이익을 균점하는 것을 배제하면서 청이 독자적인 특권·특혜를 확보하려 한 것은 「무역장정」이 비록 조선에 대한 혜택을 제공한다고 주장하지만, 사실 이것은 불평등 조약체제와 만국공법에서 배워 온 경험을 빌려 쓴 것[借用]이었다. 여기서는 ‘사대’만 강조될 뿐이지, ‘자소’의 그림자는 훨씬 옅어진 모습을 드러낸다. ‘속국’의 그림자는 아주 짙어지고, ‘자주’의 겉모습은 더욱 흐릿해졌다. 「조·일수호조규」나 「조·미조약」 등의 조약을 통해 ‘자주지방’, 즉 주권을 지닌 독립국으로 국제사회에 진입한 조선의 지위를 다시 중국의 속방으로 위치시키고 ‘제후국’으로서 설정한 것이다.

지금까지 별로 주목하지 않았지만, 청이 「무역장정」에서 언급한 속방이 과연 어떠한 의미인지에 대해서는 서로 간에 명확하게 규정하거나 합의가 있지 않았다는 점도 중요한 의미가 있다. 이것은 이전까지 양국 사이에서 ‘속국자주’론을 통해 서로 묵인해 오던 상국-속방 사이에서의 ‘속방’인지, 아니면 청이 「무역장정」을 정당화하기 위해 동원한 ‘만국공법’상의 ‘속방’인지에 대해서는 아무런 논의도 없었고, 이 애매모호한 '용어'의 뜻을 자세하게 규정하는 조항도 존재하지 않았기 때문이다. 따라서 「무역장정」은 전통적 법전인 '대청회전'과 근대적 국제법(만국공법)을 총동원하는 가운데 전통적 상국-속국 사이를 근대적 '종주국-속국'의 관계로 치환(置換)하려는 청의 '편법외교'를 분명하게 보여 준다. 그리고 이 편법의 산물인 「무역장정」은 후술하듯이 이후의 양국 관계에서 '무역'뿐만 아니라, '교섭' 즉 '외교' 방면에 관해서도 그대로 적용될 수밖에 없었으므로, 조선과 청 사이의 무역뿐만 아니라 정치·경제·외교·군사 등을 전방위적으로 규정하는 '불평등조약'으로서 작동하게 된다. 1870년대까지 속국의 '자주'를 인정해 왔던 청이 이제는 '자주'보다는 '속국'이라는 측면에 훨씬 더 중점을 두는 정책적 전환을 확정한 셈이었다.[265] 「무역장정」은 비공식적인 조약, '조약이 아닌 조약'으로 그것을 확인하였다. 청이 근대에 들어와 수많은 불평등조약을 맺음으로써 서구 열강에 '통제'당하는 처지에 빠진 것처럼, 조선도 이제 이러한 불평등조약을 통해 청의 '통제'를 당하는 것을 피할 수 없게 되었다.[266]

265 茂木敏夫, 1987. 박은숙, 2015는 「무역장정」 이후의 조·청관계를 '장정체제'로 규정하는 시도를 하였다. 이 시기의 양국 관계만을 지칭한다면 적용할 수 있겠지만, '장정'이 상하 관계를 의미하는 용어라는 설명은 오해다(于晨, 2019b, p.334). 장정은 영어로 번역하면 constitution·charter·statute·rule·regulation 등 다양한 범주의 뜻을 지니고 있다. 「무역장정」의 내용에 상하 관계의 불평등성이 있는 것이지, 용어 자체에 불평등성이 내포된 것은 아닌 셈이다. 청도 국내외를 막론하고 조약이나 부속조항(이를테면 1843-1844년 영·미·프와 맺은 「五口通商章程: 海關稅則」이나 「五口貿易章程: 海關稅則」과 같은 경우)을 비롯하여 국내에 관한 제반 법률에서 정부뿐만 아니라 민간단체에 이르기까지 아주 광범위하게 사용하였다. '장정'은 원래 曆法이나 度量衡의 推算방식에서 나온 것으로 제도나 법규, 규정 등을 뜻한다.

266 실제 「무역장정」이 공개되자, 영국·미국·일본 등은 모두 최혜국대우를 통해 청의 특권을 균점하겠다는 의사를 표시하였다(최덕수 등, 2010, p.111). 애초부터 청만의 특권이 당시 국제사회에서 통용될 리는 없었던 것이므로, 이것

이후 1883년 10월 진수당(陳樹棠)이 '총판조선각구상무위원(總辦朝鮮各口商務委員: The Chinese Commissioner of Commercial Affairs)'으로 조선에 파견되었다.[267] 그는 부임하자마자 남대문에 조선은 중국의 속국이라는 내용이 들어간 포고를 붙였는데, 이것은 조선 군신의 감정을 크게 상하게 하였다. 1882년 말 조선의 요청에 따라 파견된 외교 고문 묄렌도르프(P. G. von Möllendorff. 穆麟德)는 이에 대해 속국이라는 것은 조정 내사(朝廷內事)에 관련된 것으로 명언해서는 안 되며 그 경우 조선의 체면을 봐주지 않는 것이라고 지적하였지만, 진수당은 천조와 속국 간의 사이라는 점을 들어 여기에 반론을 하였다. 또 그는 '이품함(二品銜)' 상무위원이지만 사실상 총영사급에 미치지 못하는 지위였음에도 불구하고, 부임하자마자 조선 정부(외아문 독판)와 각국 외교관에게 자회(咨會), 즉 평행문인 자문을 보내는 전례가 없는 조치를 하기도 하였다. 황제의 임명을 받은 천조상국의 관리로서 그는 속방에 최대한 그 위엄을 갖추고자 하였던 것이라 할 것이다.[268]

은 현실적 국제관계를 자기에게 유리한 측으로만 해석한 청의 외교적 판단 착오라고 하겠다.

267 진수당은 상무위원이라는 직함으로 파견되었지만, 실제로는 '종주국'이 파견한 관리라는 점을 제외하면, 그 직무·직권으로 보아 이 시기 서양 각국이나 일본이 조선에 파견한 영사와 같은 존재였다고 간주된다. 이 점에 대해서는 青山治世, 2014의 제7·8장(특히 pp.231-232) 참조.

268 박은숙, 2015, pp.166-176 참조; 송병기 옮김, 2001, 『국역 윤치호일기 1』, 2001, pp.28-31에도 진수당의 포고에 관련된 기술이 있다. Frederick Foo Chien, 1967, p.144는 미국 공사 Lucius H. Foote의 1883년 11월 8일자 보고를 인용하여 고종이 이 포고에 분노하여 그것을 제거하라는 지시를 내렸다는 점을 알려 준다. 진수당이 부임하면서 조선에 알린 직함은 '欽命總辦朝鮮商務二品銜分省遇缺即補道'였지만, 咨文(咨會)은 이홍장이 조선 국왕에게 보내는 공문 형식이었지, 그가 따라 쓸 수 있는 형식은 아니었다(청에서 자문은 이품 이상의 고위 관료가 사용하였지만, 道臺級 商務委員인 진수당이 사용할 수 있는 것은 아니었다.). 이것은 高麗大學校亞細亞問題研究所 編, 1970, 『舊

이후 그의 조선 정부와의 교섭문서는 곧바로 '조회(照會)' 형식으로 통일되지만, 그가 부임 이후 '조회'라는 근대 외교문서의 형식으로 조선 정부와 직접 연락을 주고받게 된 것은 사실상 새로운 외교적 선례를 여는 것이었다. 그 이전에는 조선과 청의 연락은 주로 육로를 통해 한성과 북경(또는 천진) 사이의 거리를 거치느라 왕래에 몇 개월이 걸렸던 자문(咨文)이나 표(表) 등의 조공 관련 문서가 주류를 이루었다. 따라서 한성이라는 현지에서의 '조회'를 통해 청의 관원이 조선 정부와 직접 문서를 주고받게 된 것은 양국 사이의 관계가 근대적 외교 체제로 전환하는 특징을 보여 주는 것이다.

그리고 청이 「무역장정」 반포 이후 곧 마련한 「파원판리조선상무장정(派員辦理朝鮮商務章程)」에서 상국과 속국 사이의 차이를 강조한 점 역시 마찬가지였다. 이를테면 그 내용은 다음과 같다.

> 총판(總辦)과 분판위원(分辦委員)은 조선 관원과 공문을 주고받을 때 조선 정부의 통리아문 이하로 모두 평행조회를 쓴다. 각국 공사나 영사에

韓國外交文書』 第8卷 「淸案」 1, pp.1-12를 검토하면 알 수 있다. 진수당의 초기의 몇 차례 통보는 11월까지 이렇게 咨會를 사용하지만(조선 측도 咨覆의 형식을 사용한다.), 12월에 들어선 다음부터는 그것이 모두 '照會'라는 형식으로 통일되었다는 점(이후 원세개의 주재 시절에도 마찬가지다.)이 확인된다. 청의 常駐官員이 사상 처음으로 부임한 상황에서 어떤 공문 형식을 취할지 그 의례에 대해 합의가 없었던 것으로 볼 수도 있지만, 조회의 사용은 「무역장정」 반포 이후 만들어진 「派員辦理朝鮮商務章程」에 이미 규정되어 있었으며, 李銀子(2008b, p.365)에 의하면 진수당은 부임 후 업무를 시작하자마자 이를 조선 정부에 통보하였다. 따라서 진수당의 포고나 자문의 사용은 천조상국의 관리로서 속방에서 최대한 위엄을 보이고자 하였던 의도에서 비롯된 것으로 볼 수 있다. 이후 조선에 주재하는 외교관의 의례 문제에 대해서는 김수암, 2000, pp.143-149 참조. 「派員辦理朝鮮商務章程」의 출전에 대해서는 다음 주 참조.

게 보내는 공문은 모두 화문(華文)을 쓰거나 아니면 양문(洋文)을 첨부할 수 있다. 조선에서의 공식 모임에서 각국 공사와 만날 때 종래 두등(頭等)·이등·삼등의 직분이나 임지 도착 선후에 따라 좌석 차례를 정해 왔다. 조선은 중국의 속방이므로, 중국 총판위원은 빈객 가운데 으뜸[賓中之主]이고, 응당 조선관(朝鮮官) 주위(主位)의 위에 앉아야 한다.[269]

이러한 규정은 국제법적 질서 속에서도 여전히 천조체제의 관철을 도모하겠다는 청의 의사를 보여 준다. 더구나 총판·분판위원이라는 명목도 사실 「무역장정」에는 규정되어 있지 않았고, 한성에의 파견 역시 「무역장정」에 규정되어 있지 않았으므로, 사실상 청의 일방적인 '실력 행사'였다.[270] 조선 측의 입장은 아랑곳하지 않고, 협의하지도 않을 뿐만 아니라, 근대적 국제법 질서나 규약도 염두에 두지 않는 청의 일방성과 편법의 활용은 여러 면에서 두드러진 모습을 보인다.

하지만 아무리 상국의 파견 관원이라 할지라도 정식 외교 관원이 아닌 상무위원으로서 진수당의 역할은 조선 정부나 조선 주재 각국 공사와의 교섭에서 상당한 차질을 빚었다. 한성의 각국 공사들이 그가 상무위원의 직인(職印)을 가지고 있다는 이유로(따라서 정식 외교관이 아니고 기껏해야 영사나 총영사에 유사한 직위이므로), 서양의 통례를 근거로 그가 함께 외교에 간여하거나 소송 문제를 심의하는 것을 허용하지 않았기 때문이다.[271] 따라서 그는 모든 '교섭' 안건을 조선의 외부(外部)에서

269 「派員辦理朝鮮商務章程」, 『中日韓』 卷3, pp.1172-1175; 「辦理朝鮮商務章程摺」(光緒9年 6月 21日), 『李鴻章全集』 10 奏議 10, pp.206-208. 이에 대한 설명은 李銀子, 2008b, pp.363-366; 酒井裕美, 2016, pp.125-128 참조.

270 酒井裕美, 2016, pp.125-128.

271 근대중국에서 국제법 질서에 편입되는 과정에서 공사(公使. Minister)·상무감독(商務監督. Superintendent of Commerce)·관사관(管事官. Consular

대신 처리해 달라고 요청할 수밖에 없었다. 이러한 사태가 장차 심각한 문제를 낳을 것이라 우려한 그는 결국 이홍장에게 '교섭(交涉)'이란 문구가 추가된 '총판각구교섭통상사무(總辦各口交涉通商事務)'로 그 직인을 바꿔 달라고 요청하게 되었다. 이홍장은 이에 대해 그의 요청이 실제 사정이라고 하여 새로 직인을 발급하여 즉시 사용하도록 하고, 이를 총리아문에 통보하였다.[272]

이리하여 진수당은 교섭안건의 심의·처리에 대해 1884년 10월 13일 그 직인을 '총판조선각구교섭통상사무(總辦朝鮮各口交涉通商事務: The Chinese Commissioner of Diplomatic and Commercial Affairs)'로 개칭하였다고 조선 정부에 통보하였다.[273] 그리고 이렇게 직인을 바꾸는 '편법'만으

Officer)·영사(領事. Consul) 등 서구의 외교 용어가 번역·정착되는 점에 대해서는 鄭東然, 2020의 제1장에서 상세하게 다루고 있다. 이에 따르면 초기 단계에서는 이런 용어들이 서로 혼동·중첩되어 번역되는 등 重層性이 존재하였으나, 결국 『萬國公法』·『星軺指掌』 등 서구국제법 서적의 번역과 소개에 따라 이러한 용어는 점차 통일되었다. Minister 등 다양한 명칭으로 불리던 常駐 外交官은 公使(오늘날은 大使, Ambassador로 바뀌었는데, 이들은 자기 국가를 대표하는 존재로 상대국의 수도나 국제기구에 파견된다.)로, Consul은 領事라는 용어로 통일되었다. 영사는 외국 항구에 파견되어 항해 및 통상과 관련된 사무를 처리하는 등 자국민 보호와 자국 이익 확보를 위해 종사하는 사람을 의미하였지만(따라서 공사·대사와는 달리 한 나라에 총영사나 영사 등 다양한 직급의 영사가 몇 명이든 파견된다.), 『만국공법』에서는 영사를 외교사절과 비슷한 존재로 보면서도 외교사절로 간주하지는 않았다. 즉 헨리 휘튼 지음, 김현주 옮김, 2021, 『만국공법』 제3권 「제 나라의 평상시 왕래의 권한을 논하다」의 제22절 「영사의 권리」, p.213에 "영사관(consul)은 사신(public minister)의 열(列)에 들지 않는다."라고 규정하고 있다. 오늘날에도 영사의 '외교관'으로의 지위는 여전히 논란이 있는데(상황에 따라 다르나 영사는 일반적으로 외교관과 동등한 면책특권을 가지고 있지는 않다.), 현대 외교 관계에 관한 국제조약은 1961년의 비엔나협정(The Vienna Convention on Diplomatic Relations of 1961)이 기준이 된다.

272 「北洋大臣李鴻章文」(光緒10年 8月 1日, 9月 23日). 『中日韓』 卷3, p.1477, p.1490; 權赫秀, 2006, p.159; 李銀子, 2008b, pp.364-366.

로 그는 실질적인 '외교관'으로서의 신분과 직책을 획득하였다. 주목할 만한 것은 이렇게 상무위원을 사실상의 '총영사급 외교관'으로 바꿔 치는 '편법'이 황제의 결정도 아니고, 단지 북양대신 이홍장의 독단(물론 총리아문의 허가가 있었지만, 황제에게 상주하여 승인받았다는 기록은 확인되지 않는다. 또 사후 조선 정부에의 통보가 있었지만, 조선은 그것을 받아들이는 것 외에는 방법이 없었다.)만으로 결정되었다는 점은 「무역장정」이 지닌 일방성을 다시 한번 보여 준다.

진수당이 사실상 '총영사'로서의 역할을 자처하게 되자, 황제의 지시를 받아 파견된 사람[奉批特派者]이 아니고 북양대신이 위임[所委]한 데 지나지 않으므로 그 권한을 분명히 해야 한다고 문의한 주중 영국 공사에 대해, 총리아문이 진수당은 여하튼 속방에 황제의 승인을 받아 파견된 도원(道員) 직급이라 각국 총영사와 지위가 서로 같다고 공식 인정한 것[274] 역시 청의 일방적인 권한 행사와 '편법'을 드러낸다.

273 權赫秀, 2006, p.159; 李銀子, 2009b, p.153. 「北洋大臣李鴻章文」(光緖10年 9月 25日), 『中日韓』 卷3, p.1490. 그런데 진수당이 조선에 통보할 때 쓴 직함은 '欽命二品衡總辦朝鮮各口交涉通商事務分省遇缺卽補道'로 되어 있다(「總辦關防發換에關한照會」(高宗21年 8월 25日), 『淸案』 1, p.185). 하지만 이홍장의 공문에는 '흠명'이란 명칭이 붙어 있지 않으며, '흠명'은 당시 청의 제도에서 정식으로 사용되던 명칭이 아니므로(청대의 제도를 잘 정리한 朱金甫 等 編, 2011, 『淸代典章制度辭典』을 검색해 보아도 '흠차'란 항목은 있어도 '흠명'이란 항목은 없다.), 이홍장의 추천으로 '황제가 임명'한 것을 내세우기 위한 '편법'으로 이 항목이 추가된 것 같다(앞서 임오군란 때 마건충 등의 고시에서도 이 '흠명'이란 직함이 사용되었다.). 앞서 지적하였듯이 주외사절의 경우 '欽差出使某國大臣'의 명칭이 붙어 품급이나 관위에 상관없이 특별한 존중을 받았지만, 진수당은 거기 해당하지 않았으므로 이러한 편법을 동원하였던 셈이다. 이것은 이후 袁世凱를 '駐箚朝鮮總辦各口交涉通商事務'로 파견할 때 이홍장은 직접 상주하여 승인받았고, 원세개를 비밀리에 추천하는 片文을 추가하였던 것과 대조가 된다. 「派員接辦朝鮮事務摺」(光緖11年 9月 21日), 「密保袁世凱片」(光緖11年 9月 21日), 『李鴻章全集』 11 奏議11, pp.203-204 참조.

이것 역시 「무역장정」의 내용과 같은 연장선 위에 있는 일종의 '편법외교'다. 정식 조약이나 또는 상호 간 합의로 의정된 장정에 의해 외교 체제·제도의 변동이 이루어진 것이 아니라, 단순한 직인 변경만으로 그것이 이루어지고, 일방통행식으로 통보·실행되었기 때문이다. 이렇게 사대질서와 만국공법 질서 사이의 틈을 교묘하게 이용하는 '편법외교'는 사실 이 시기 청의 대조선 정책에서 자주 그 모습을 드러낸다. 그리고 이러한 사실상의 '외교관' 파견과 주재(駐在)는 '칙사'나 사신을 파견하는 전통적인 조공 관계의 의례가 더 이상 필요하지 않게 됨을 의미하였다(하지만 실제로는 1894년까지 매년 조공사절이 파견되었고, 1890년에는 1890년 趙大妃의 국상을 빌미로 청은 칙사를 마지막으로 다시 파견하는 과시적 조치를 보이게 된다.).

한편 조선에서도 「무역장정」에 따라 천진에 「주진독리공서(駐津督理公署)」를 설치하였다. 진수당이 부임한 후 11월에 김선근(金善根)이 주진대원(駐津大員)으로 임명되었지만, 추운 겨울이라는 이유로 다음 해로 파견이 지연되는 가운데 김선근이 병이 들어 대신 남정철(南廷哲)이 1885년 4월 파견되었다. 이후 그의 후임으로는 1886년 박제순이 임용되었고, 그 명칭도 주진독리통상사무(駐津督理通商事務)로 바뀌었다. 이후 1887년에는 김명규(金明圭)가 임용되었다. 이들은 조공 관련 업무뿐만 아니라 근대적 통상관계에 관련된 업무, 이를테면 여권[護照] 발급과 인삼 밀매 등을 관장하였다. 남정철의 경우 부임하여 만난 천진해관도 성선회(盛宣懷)에게 취임 후 천진주재 각국 외교관들을 모두 예방

274 權赫秀, 2006, pp.157-159; 盛利, 2009a, p.113; 李銀子, 2009a; 박은숙, 2015, pp.169-176; Yuanchong Wang, 2018, p.171; 「英國公使巴夏禮函」(光緒10年 10月 1日), 「致英國公使巴夏禮函」(光緒10년 10月 5日), [『中日韓』 卷3, pp.1493-1494.

(禮訪)하였는지를 질문한 데서 알 수 있듯이, 스스로 조선 정부의 외교 대표로 의식하고 있었다.[275] 김명규 같은 경우는 후술하겠지만 나중에 이홍장에게 '영약삼단(另約三端)'의 개정, 원세개의 교체 등을 건의하는 '교섭' 임무도 맡았으므로, 사실상 진수당처럼 외교관으로서의 역할을 일부 담당하였다고 할 것이다.[276]

하지만 남정철이 이홍장과의 대담에서 "조선의 상무는 이름은 있지만 그 실질은 없다는 것은 합하께서 아시는 바"라고 인정하였던 데서 알 수 있듯이[277] '독리통상'의 임무 역시 사실상 유명무실한 것이나 마찬가지였다. 따라서 주진대원은 상주 외교사절이라기보다는 영선사(領選使)의 지위를 계승한 것이나 마찬가지였고, 1886년 주진독리로 바뀌면서 이후 실제 그 기능을 제대로 발휘하기는 어려웠지만, 점차 '영사'의 기능을 띤 사절로 바뀌었다는 설명도 가능해진다.[278]

275 權赫秀, 2007d, p.303. 원문은 南廷哲(朝鮮) 編, 『北洋衙門談草』(한국학중앙연구원 장서각 소장)에 실린 「海關道盛宣懷初次來館談草[주: 五月十六日下午七點鍾]」 12b 참조.

276 주진독리에 대해서는 김수암, 2000, pp.169-171; 한철호, 2007; 權赫秀, 2007a, 2007d: 森萬佑子, 2017, pp.30-79; 森萬佑子, 2020 등 참조. 森萬佑子, 2020은 이 가운데 가장 세밀한 분석이며, 2017년 한국은행이 서울대학교 규장각한국학연구원에 위탁한 고서 가운데 하나인 『舊韓國政府外交文書綴』의 제3책-제5책(여기 수록된 새롭게 발견된 駐津督理의 집무일지 3-17책은 1886년 3월-1894년 8월 기간, 즉 주진독리 주재 기간의 대부분 상황을 살펴볼 수 있는 사료가 된다.)을 분석하여 '사대의 현장'으로서의 천진의 의미를 지적하여 주진독리는 본국에서 벌어진 교린 혹은 외교 문제를 사대관계와 연결하는 結節點 역할을 하였다고 파악한다. 한편 孫成旭(2020, pp.203-213)은 주진독리 남정철이 귀국 후 곧바로 조공사절로 임명되어 다시 청에 보내졌다가 이후 다시 주진독리로 파견되는 등 고종이 이를 파행적으로 운영하면서 제대로 활용하지 못했다는 점을 알려 준다.

277 南廷哲(朝鮮) 編, 『北洋衙門談草』 「海關道盛宣懷初次來館談草[주: 五月十六日下午七點鍾]」, 7a.

278 森萬佑子, 2017, pp.30-79.

이렇게 「무역장정」이 반포되고 그에 따라 양국이 명목상으로는 아니지만 사실상 '외교관' 역할을 맡은 관원을 서로 파견하게 된 것은 그야말로 권혁수의 지적처럼 '양절체제(兩截體制)'하의 '하나의 외교, 두 종류의 체제', 또는 모리 마유코(森萬佑子)의 설명처럼 '더블 스탠더드에 의한 케이스 바이 케이스'를 보여 주는 상징이라고 할 수 있었다. 그리고 이 두 종류의 체제가 교차하면서 만들어진 틈을 활용하면서 천조상국의 '존엄'과 '특권'을 고수하려는 것이 바로 이 시기 청의 '편법외교'가 지닌 특성이었다.

사실 그다지 주목되지 않았지만, 진수당의 파견과 주재, 그리고 주진독리의 파견은 근대 조선-청 관계에서 아주 중대한 의미를 지니는 외교 체제의 변동이었다. 천조체제의 상국과 속국(속방)이라는 전통적 관계가 이제는 속방에 '사실상의 외교관'을 파견하는(속방에서 상국에 외교관을 파견하는 것은 아니었다.) 만국공법에 기초한 '근대'적 외교 관계로 전환하는 것이었기 때문이다.[279] 그런데도 양국 사이에 따로 그에 관한 '조약'이 체결되지는 않았다. 따라서 정식 조약의 '체결'이 없이 '사실상의 외교관' 파견이 북양대신의 일방적인 판단과 통보에 따라 이루어지고, 이것을 조선이 받아들일 수밖에 없었던 점은 「무역장정」의 비대칭성을 그야말로 상징한다. 이홍장은 이에 대해 "외양(外洋) 각국에 사

279 청이 조선을 포함한 각국에 외교관 및 영사를 파견하고 재외공관을 개설하는 등 근대적 외교 체제로 전환하는 과정에 대해서는 李銀子, 2008b, 2009a, 2011, 2013; 盛利, 2009a; 岡本隆司·川島眞 編, 2009; 箱田惠子, 2012; 安井三吉(야스이 산기치), 2013; 青山治世, 2014; 李文傑, 2017; 森萬佑子, 2017; 鄭東然, 2020 등에서 집중적으로 다루고 있다. 이 가운데 森萬佑子, 2017은 조선 내부 외교 제도의 변천에 대해서 가장 집중적인 정밀한 분석을 하였고, 李銀子·鄭東然·盛利 등의 연구는 駐朝鮮(駐韓)公館을 집중적으로 다루고 있다. 吳豊培·董盼霞·杜曉明 編, 1991, 『清同光間外交史料拾遺』 2函 18冊에도 외교 행정 관리에 관한 171건의 문건이 실려 있어 좋은 참고가 된다.

신을 보내는 체제와는 조금 다르지만, 사정은 거의 동일하다."라고 표현하였는데, 서양 각국에 파견하는 영사라는 직명을 사용하는 것을 피하여 다르다는 점을 명분을 보이면서도, 실제로는 그와 같은 기능을 담당케 하려는 의도였다.[280] 그리고 이러한 '편법'에 의존하여 「무역장정」은 청의 외교관 파견까지 '규정'하는 역할을 담당함으로써, 조약 아닌 조약, 불평등조약으로 실질적인 기능을 하게 되었다.[281]

이렇게 변칙적으로 편법을 이용하면서 청이 「무역장정」을 활용한 것은 당연히 사대-자소의 역학관계를 훨씬 더 비대칭적으로 만들었다. 만국공법에 기초한 근대적 외교 관계로의 전환이 훨씬 전에 시작되었지만, 청은 최후의 속국인 조선에 대해서는 독립적 주권국가로 받아들이려 하지 않고 여전히 전통적 천조체제하의 속국을 근대적 속국으로 바꾸고자 하면서 그것을 정당화하려 하였다. 이러한 치환 과정에서 청은 그에 대한 조선의 명시적인 동의나 합의를 얻어 낼 수 없었다. 따라서 청은 상국의 위상을 빌린 다양한 '편법'을 동원하여 그 의도를 관철해야 했다. 물론 상국으로서의 청의 존재가 조선을 보호해 줄 수 있을 것이라는 기대가 조선 측의 이러한 문제점의 인식을 제한하였을 가능성도 적지 않지만,[282] 이후 이 「무역장정」은 양국 관계의 불평등성을

280 李鴻章, 「辦理朝鮮商務章程摺」(光緒 9年 6月 21日), 『李鴻章全集』 10 奏議10, p.206. 한편 「淸日修好條規」에서도 일본에서의 이러한 영사 역할을 담당하는 관원을 領事가 아닌 理事官으로 규정하였다는 점을 기억할 필요가 있다. 사소한 것처럼 보이지만 이 역시 일종의 '편법'인 셈이다.

281 박은숙, 2015는 「무역장정」 반포 이후를 '장정체제'로 묘사하면서, 그에 대해 만국공법에 기초한 조선 측의 반발에 대해 상세하게 분석하였다(pp.176-182). Yuanchong Wang(2018, p.161)도 「무역장정」을 "최초의 중·한조약(the first Sino-Korean Treaty)"이라고 번역하였다. 연갑수, 2008, p.27에서는 전통적인 사대관계를 앞세운 청의 속방화 정책과 서구의 국제법 체제를 이용한 불평등조약이 상승적으로 조선의 자주성을 유린하였다고 하면서, 이것을 '계유(癸酉) 불평등조약'이라고 부르고 있다.

기본적으로, 그리고 사실상 전반적으로 규정하게 되었다.

이러한 조선 정책의 추진을 위해 이홍장은 또한 1882년 말 조선의 요청에 따라 서양 각국과의 교섭을 돕고 일본의 진출을 저지하려는 의도에서 묄렌도르프를 외교 고문으로 추천하였다.[283] 묄렌도르프는 통리아문(統理衙門)의 참의(參議. 이후 統理交涉通商衙門 協辦)로 근무하면서 외교 고문 역할을 담당하였을 뿐 아니라[284] 조선 해관(朝鮮海關)을 창설하고 총세무사(總稅務士)로 취임하여 그 업무를 장악하였다. 그와 함께 파견된 마건상(馬建常. 즉 馬相伯으로 馬建忠의 형이다.) 역시 의정부 찬의(贊議) 겸 회판통상교섭사무(會辦通商交涉事務)로 근무하게 되었다.[285]

282 具仙姬, 1999, pp.83-87.

283 묄렌도르프의 외교 고문으로서의 활동에 대해서는 고병익, 1970b; Martina Deuchler, 1977, pp.149-197; 임계순, 1984; 朴日根, 1985b; Yur-bok Lee, 1988; 김현숙, 2003 등 참조. 흔히 묄렌도르프의 '파견'은 조선 장악을 위한 청의 의도로 설명되기도 하였지만, 사실은 일본의 진출을 저지하거나 청의 조선에 대한 영향력을 확보하는 것 이상으로 구체적인 목표를 지닌 것이 아니며, 통상 및 외교 업무를 담당할 수 있는 서양인 고문의 추천이었다는 점은 고병익의 연구로 이미 분명하게 밝혀진 바 있다. Yur-bok Lee, 1988은 또한 조선의 러시아 접근에서 묄렌도르프가 고종에게 그 생각을 불어넣은 주도적 역할을 하였음을 강조하면서 그가 조선에서 추진한 근대화 정책과 이 시기 조선의 외교 상황을 상세히 분석하고 있다.

284 고종은 외교·통상 업무를 자문하고 세관[海關] 설치를 담당하기 위해 초빙한 묄렌도르프를 만난 다음 불과 30분 만에 외교 전담부서인 통리아문을 창설하라는 전교를 내렸다. 따라는 통리아문은 그의 자유로운 활동을 보장하기 위해 창설한 '爲人設官'의 의미가 있었고, 대신 기무처가 폐지되었다. 김종학, 2018b, p.269.

285 조선 정부에서 馬建忠을 원하였지만, 이홍장이 그를 놓아 주려 하지 않아 대신 파견된 마건충의 형 馬建常이 조선에서 한 역할에 대해서는 權赫秀, 2003; 盛利, 2009a, pp.80-90 참조. 이에 따르면 같은 시기에 파견된 묄렌도르프에 대한 연락과 통제의 임무도 맡았던 마건상에 대해 이홍장은 일본이 援例할지도 모르는 것을 경계하여 그가 '奏派'된 관원이라는 점을 절대로 비밀로 하려고 하였지만(王伯恭, 1985, 「光緒甲申朝鮮政變始末」, 『蜷廬隨筆』, 沈雲龍 主

그리고 이 점은 다시 후술하겠지만, 1885년 11월 조선에 부임한 원세개가 '주찰조선총리교섭통상사의(駐紮朝鮮總理通商交涉事宜)'로 임명되어 파견된 경우에도 그대로 적용된다.[286] 정식으로 황명에 의해 조선에 파견된[287] 원세개는 사실상 조선의 내정·외교에까지 적극적으로 개입함으로써 '감국(監國)'이나 마찬가지의 역할을 자처하였다. 그가 조

編, 『近代中國史料叢刊』 正編 第24四集 0235), pp.12-13), '천조상국'의 관원이 속방에 초빙되는 것은 천조체제가 허용할 수 없는 바였고, 총리아문도 결국 비밀 서한으로 마건상의 철수를 요청하게 되었다. 이홍장도 "체제에 도리어 장애가 되는 바가 많다."라는 점을 인정하여 마건상은 議政府贊議의 직함을 포기하였고, 그 후 1년도 되지 않아 귀국하였다. 이것은 이 시기에 드러난 '천조체제'와 근대적 외교 관계의 '모순'을 보여 주는 사례의 하나가 될 것이다.

286 鄭東然, 2020은 원세개가 '四等公使'의 지위에 견주는 직위를 부여받았다고 하여, 그가 속국에 파견된 공사로서(특히 외교 문제에 개입하여) 활동하였다고 서술하고 있지만(pp.114-132), 정확하게 말하자면 그것은 어디까지나 청의 '構想'이지 실제 원세개가 조선에 公使로 파견된 것은 아니었다. 이홍장의 표현에 따르면 "서양 각국 통례에서는 小邦이나 半主之國에 총영사를 두어 秩을 四等公使에 견주기도 합니다."라는 것이지만(李鴻章, 「覆總署議覆徐孫麒條陳並派袁世凱駐朝鮮」(光緒11年 7月 28日), 『李鴻章全集』 33 信函 5, p.538; 鄭東然, 2020, p.119), 공사를 파견하는 것은 그 나라를 속국이 아닌 대등한 주권국가로 간주하는 것이었기 때문에, 속국 조선에 천조상국 청이 어떤 등급이든 공사를 파견하는 것은 있을 수 없는 일이었다. 청·일전쟁 패배 이후에도 조선과 대등한 국가로서의 국교 수립을 몹시 꺼린 청이 조선에 공사를 파견하는 것은 나중에 다루겠지만 1899년 「한·청통상조약」 체결 이후의 일이었다. 따라서 총영사나 공사로서의 역할을 사실상 수행하였다고 할 수는 있어도 정식 총영사나 공사는 아니었다는 점을 분명히 기억할 필요가 있다. 앞서 말한 청의 '편법외교'라는 것은 바로 이런 행태를 가리킨다.

287 고종은 "이전에 원세개는 북양(이홍장)에서 임무를 주어 파견[差送]한 것이었지만, 이번은 북양에서 군기처의 명령을 받아 파견한 것이니 이것은 바로 황명이다."라고 영의정 沈舜澤에게 설명하였다. 『高宗實錄』 22卷, 高宗22年 10月 15日 庚辰 첫 번째 기사 「대신과 의정부 당상을 인견할 때 태안부를 독립된 방어영으로 하며 안흥에 다시 첨사를 두도록 하는 등의 논의를 하였다」 참조.

선 정부 위에 군림하면서 내정과 외교에 개입하여 개화 정책과 독립자주의 노선을 사실상 저지·파괴하는 역할을 했다는 점은 잘 알려져 있다.[288] 그의 역할은 바로 조선에 대한 '속국화'를 실질적으로 추진하면서, 조선이 만국공법상 청의 '속국'임을 끊임없이 확인하는 동시에, 청의 이익을 조선에서 최대한 노골적으로 확보하는 것이었다. 전례 없는 다양한 통제의 강화를 통해 청이 조선의 자주성을 부정함으로써 사실상 근대적 의미에서의 '속국' 내지는 '보호국'으로 만들려는 지향이 뚜렷해진 것은 — 비록 청·일전쟁에서의 패배로 성공하지는 못하였지만 — 바로 이 「무역장정」에서 노골적으로 드러났다.

따라서 이러한 원세개의 파견까지 포함하여 본다면, 「무역장정」은 단순한 양국 간의 '통상'이라는 경제적 교역 관계의 변화뿐만 아니라, 정치·외교적·군사적 관계의 근본적인 변화까지 포함하는, 더욱 광범위하고도 전반적인 영향력을 가진 '불평등조약'의 성격이 뚜렷하다고 해야 한다.

4) 무역장정의 불평등성

이 「무역장정」은 전통적 조공체제의 유지와 근대적 통상관계의 허용이라는 과도기적인 정경 분리(政經分離)의 특성을 잘 보여 주는 것으로 평가되기도 한다.[289] 전문(前文)의 양국 간의 정치적 관계에 대한 설정을 제외하면, 그 내용은 대부분 경제 문제에 관련된 것이기 때문이다.

이 「무역장정」의 제1조는 중국은 북양대신이 상무위원(商務委員)을

288 林明德, 1970; Lew, Young Ick, 1984; 蔣廷黻(장팅푸) 지음, 金基周·金元洙 옮김, 1991, pp.119-141; 李陽子, 2002, 2019.
289 權赫秀, 2010.

조선의 개항장에 파견하여 조선 관원과 대등하게 왕래하면서 중국 상인을 관리하도록 하고, 조선에서는 국왕이 고위 관원을 천진에 파견하여 주재시킨다고 규정하였다. 양국 사이의 관계가 대등한 관계가 아니라는 점을 밝히는 동시에, 교묘한 구실로 외교사절의 북경 주재도 거부하였다. 원래 국제법 질서에 능동적으로 대처하기 위해 조선에서 꾀한 시도는 특히 임오군란을 거치면서 이홍장과 청이 그것을 주도하는 국면으로 전환되면서 도리어 조선의 자주를 제약하는 멍에가 되어 버렸다.[290]

나아가 제2조에서는 조선 내에서의 청 상무위원의 치외법권과 영사재판권을 승인하였다.[291] 제3조에서는 조난 구호, 황해·발해 연안에서의 어로작업 허용을 규정하였다.[292] 그리고 제4조에서는 북경과 한성에서의 상업 활동[開棧貿易]을 허용하되, 양국 상인의 내지 상업 활동을 금지하였고, 내지 물품구매[內地採販]는 상무위원과 지방관의 허가증을 신청하도록 규정하였다. 즉 내지에서의 물품구매가 제한이 있지만 허용된 것이다.

290 金正起, 1994, pp.52-106에서는 이 장정의 내용에 대해 가장 상세한 분석을 하였다. 이 밖에도 김종원, 1999, pp.335-349; 權赫秀, 2000, pp.92-141, pp.255-279; 김용구, 2001, pp.101-112; 具仙姬, 2003, pp.317-330, 2005, pp.161-166 등 참조.

291 앞서 지적하였듯이 어윤중은 교섭 과정에서 만국공법을 근거로 이에 반대하였지만 주복은 받아들이지 않았다. 청의 조선에서의 영사재판권 행사에 대해서는 李銀子, 2005, 2006, 2010 등 일련의 연구 및 山治世, 2014의 제7·8장(pp.208-249)에서 상세히 다루고 있다.

292 이것은 당시 연해에서 청어가 남획으로 사라지자 조선 연해에서 그 어로권을 확보하겠다는 의지를 관철한 것이다. 1850년대 이후 조선 수군이 청국 어선의 불법 어로 행위를 단속하고 이에 대해 청국 어선이 폭력으로 저항하던 차에, 청은 이러한 행위를 합법화하려 하였다. 청 말의 이러한 분쟁에 대해서는 김문기, 2008, 2009, 2017; 조세현, 2014a, 2014b 참조.

그리고 제5조에서는 과거 양국 변계의 의주·회령·경원 등지에서 열렸던 개시를 폐지하고 압록강 건너편의 책문과 의주, 그리고 두만강 양안의 혼춘과 회령 두 곳을 정하여 변경 백성들이 수시로 왕래하며 교역하도록 한다고 규정하였다. 이것은 원래 조선 측에서 무역 관계의 변통을 통해 중앙·지방의 재정적 부담을 경감시키려던 의도에 들어맞는 결과였으므로, 이 점에서는 기대했던 목표를 이룬 것으로 평가될 수 있을 것이다.[293] 「무역장정」이 만들어지는 과정에서 어윤중의 역할에 대한 '실패'라는 지적이나 「무역장정」의 성과에 대한 부정적인 평가도,[294] 이 점을 고려하면 충분한 재평가의 여지가 있다고 하겠다(다만 실제적인 무역수지의 변화라는 측면에서는 다른 평가가 나올 수 있다.).

그리고 제6조에서는 19세기 중반 이후 조선의 대청 무역에서 핵심적인 비중을 하였던 홍삼(紅蔘) 무역과 그에 관한 세칙(稅則)이 규정되었다. 제7조에서는 초상국(招商局)[295] 윤선의 조선 정기운행과 청 군함의 조선 연해 왕래와 정박이 허용되었는데, 이 점은 지금까지 그다지 주목받지 못하였지만, 이후 양국 관계의 변화라는 측면에서는 충분히

293 酒井裕美, 2016, pp.101-141. 金泰雄, 2018, pp.133-146도 굴욕적인 종속관계를 명문화하였다는 부정적 평가나 어윤중의 외교적 실책이라기보다는 조선의 힘이 부족한 것에 기인하였다는 동정적 평가가 아닌, 종래의 전통적 중화질서 아래서 군사적 물리력이 부족한 조선의 영토를 보전하면서 실리 외교를 추진한 전략적 외교의 귀결·성과라는 견해를 보인다.

294 金鍾圓, 1999(2009a).

295 招商局은 輪船招商局을 말한다. 1872년 창설되어 1873년부터 개업한 중국 최초의 윤선운수기업이다. 이홍장이 조정에 상주하여 설립한 것으로 상해·일본 등의 상업항로를 여는 등 중국 민족항운업의 상징적인 존재가 되었다. 이후 초상국은 開平礦務局, 漢冶萍廠礦公司, 上海機器織布局, 中國通商銀行, 保險招商局 등의 여러 분야의 기업을 창설하고 최초의 전화선, 철로를 놓는 데도 기여하였다. 초상국에 대해서는 招商局史研究會 編, 2005; 招商局史編寫組, 2007 참조.

강조할 만한 여지가 있다. 이렇게 군함·윤선을 통해, 그리고 이후 개설된 전신망의 도움을 얻어 청은 이후 청·일전쟁에 이르기까지 조선에서 일본의 진출을 억제하는 한편, 조선에 대해 강력한 보호와 간섭의 권한을 확보할 수 있었다. 이것은 바로 「무역장정」의 이 조항에서 그 단서를 찾을 수 있기 때문이다.

한편, 「무역장정」은 양국 간의 해상·육상무역을 일정한 범위에서 개방하기는 하였지만, 이 밖에도 개항장이 아닌 수도 한성에서 청국 상인의 상업활동권 및 내지에서의 물품구매 등 청의 일방적이고도 예외적인 이익을 강조하는 불평등성이 현저하였다. 더구나 청의 주장과는 달리 각국과 맺은 조약의 최혜국대우 조항으로 인해 청의 특권은 이윽고 다른 국가도 모두 이익을 균점하는 상황을 낳아 오히려 청이 다국적 제국주의의 형성에 앞장서고 거기에 동참하는 역할을 하게 만들었다. 이것은 1883년 6월 22일 일본이 「조·일통상장정」을 체결하여 최혜국대우를 규정함으로써 청의 특권을 균점하게 되었을 뿐 아니라, 영국과 독일이 10월 27일 조선과의 조약을 조인하면서 양국 상인의 내지통상, 즉 내지에서의 물품구매를 허용받은 것으로 실현되었다.[296]

이에 따라 청은 1884년 2월 이홍장이 청의 상인도 조선 내지에서의 물품구매를 허용받기 위해 「무역장정」 제4조를 개정해야 한다고 상

296 이렇게 청이 조선에 각국과의 조약을 체결하도록 권도함으로써 결국은 각국이 개항장체제의 특권과 이익을 균점하는 다국적 제국주의에 조선을 편입시켰으며, 동시에 거기서 자국 특권을 확보하기 위해 앞장서는 역할을 하였다는 점에 대해서는 Kirk Larsen, 2008, 2013의 연구에서 상세하게 다루고 있다. 한편 이러한 개항장 체제의 도입은 개항장 상업의 노하우를 지닌 清商(華商)이 국경을 넘어 확산하는 데 절대적인 편의를 제공하기도 하였다는 점(石川亮太, 2016a, pp.16-20, 2016b, pp.85-90)도 주목할 필요가 있다. 김홍수(2018b, pp.155-164) 역시 「무역장정」 때문에 「조·일통상장정」에서 관세자주권과 10% 세율을 확보하지 못한 점을 지적한다.

주하였고, 「무역장정」 제8조에서 장정의 수정은 북양대신과 조선 국왕의 자문을 통한 협의 이후 청 황제의 결정을 기다린다고 규정한 것에 따라, 조선 국왕이 2월 9일 거기에 동의하는 자문을 보내면서 개정이 확정되었다.[297] 사실상 비슷한 시기 일본 및 서양 각국과 조약을 맺은 조선에 이러한 일방적인 청의 이익 관철이 결코 만족스러울 수 없었다. 양국 간 협의에 따라 '체결'된 '조약'이 아니었기 때문에 장정의 폐기나 비준에 관한 조항 자체가 존재하지 않았고, 이것을 '상하 간의 조규'로 간주하는 청의 강압을 당시의 조선은 물리치기 어려웠다. 조선은 기존의 상국-속국 관계에서 나오는 제약과 불평등성을 어쩔 수 없이 받아들이면서, 그나마 확보할 수 있는 근대적 조약과 통상의 혜택을 통해 점차적인 개선과 변화를 희망할 수밖에 없었다.[298] 더구나 서양 각국의 반응도 결코 독자적 특권을 누리려는 중국의 입장에 호의적이지는 않았다.[299] 그 때문에 이후 「무역장정」의 시행과정에서 청의 일방통행을 저지하려는 조선 측의 노력도 꾸준히 지속될 수밖에 없었다.[300]

이 「무역장정」은 청 황제의 반포로 그 효력이 확정되고 조선 측에

297 김종원, 1999, pp.344-347. 물론 이홍장은 양국 백성이 증명서를 받으면 상대방 국가의 내지에 가서 물품을 사고파는 것을 허용하여 속국을 체휼하게 해 달라고 주청하여 이에 대한 승인을 받았다. 『光緖朝東華錄』 光緖10年 2月 辛酉, pp.1668-1669. 이것은 「무역장정」에서 북양대신과 조선 국왕의 자문을 통한 협의 이후 청 황제의 결정을 기다린다고 규정한 것에 따른 조치였다.

298 조선 측이 1883년 12월 「朝鮮通商章程」(과 「朝鮮國海關稅則」)을 마련하여 청에 통보한 것도 이러한 시도 가운데 하나였다. 이 장정은 「朝·日通商章程」을 토대로 조선의 권한을 확대하여 「무역장정」의 불리함을 극복하려는 시도였던 것으로 이해된다. 酒井裕美, 2016, pp.129-132, pp.213-214; 김흥수, 2018b, pp.155-164 참조.

299 申基碩, 1967, pp.87-95.

300 金希信, 2010a, 2015b, 2018; 박정현, 2010; 문명기, 2011; 박은숙, 2014, 2015; 김형근, 2016; 酒井裕美, 2016, pp.165-259 등.

서는 다만 받아들일 수 있을 뿐이었다. 앞서 지적한 대로 장정의 폐기나 비준에 관한 조항도 존재하지 않고, 그 개정조차 청의 일방적 의지·통보에 의해 이루어지는 불평등성이 뚜렷하였다. 그만큼 '조선의 근대화를 막은' 것이라는 평가가 주어지기도 한다.[301] 하지만 이 「무역장정」은 1882년 10월에 가서야 의정되었으므로, 사실 수백 년에 걸친 전통적인 조선-청 관계를 대표하는 것은 아니었다는 점도 염두에 둘 필요가 있다. 이것은 청이 주변부의 상실에 대한 우려로 조선에 적극적인 개입을 시도하게 된 1880년대의 시대적 변화를 그대로 반영하는 것이었다. 따라서 청과 조선 양국 관계의 아주 짧은 시기만을 규정하는 동시에 그 이전과는 아주 달라진 양국 관계를 그대로 반영하였다. 이 「무역장정」은 1880년대 초반에서 1894년까지 이루어진 청의 조선 정책 및 그 이전 정책과의 대비, 즉 근대 조선-청 관계의 변용을 그야말로 상징적으로 보여 주는 존재인 셈이다.[302]

5) 후속 장정의 성립

「무역장정」 반포 이후 1883년 4월 「무역장정」에서 논의되지 않은 육로

301 具仙姬, 2002a.

302 「무역장정」의 실행으로 청에 파견되는 조선의 사신과 그 숙소가 會同(四譯)館에서 駐天津 朝鮮公館으로 바뀌고(1883), 1899년 「韓·淸通商條約」 이후 다시 駐淸 公使館(1903)으로 바뀌는 근대적 외교 체제로의 전환과정에 대해서는 孫成旭, 2016, 2020에서 다루고 있으며, 임준철, 2008; 孫成旭, 2014, 2020은 조선이 최후로 청·일전쟁 직전인 1894년 6월 북경에 보낸 조공사절을 다루었다. 이들은 山海關까지 간 다음 최초로 기차를 타고 천진을 거쳐 북경에 도달하였다. 하지만 청·일전쟁의 발발로 귀국하지 못하고, 다음 해에는 조선공관에서 밀려나 '여관'에 머물다가 천진에서 해로를 통해 5월 26일 인천에 도착하였다.

무역의 측면을 보완하기 위해 서북경략사(西北經略使)로 어윤중이 파견되어 각기 「봉천여조선변민교역장정(奉天與朝鮮邊民交易章程)」(1883.4.17. 高宗20(光緒9)年 3月 14日. 「中江貿易章程」이라고도 불린다.)과 「길림·조선상민수시무역지방장정(吉林·朝鮮商民隨時貿易地方章程)」(1884.7.9. 高宗20(光緒9)年 6月 6日. 「會寧通商章程」 또는 「會寧貿易章程」이라고도 불린다.)을 의정하여, 기존의 제한된 변경무역이 폐지되고 육로통상이 활성화되는 계기를 확보하였다.[303]

하지만 이 과정은 결코 순탄한 것이 아니었다. 「무역장정」 논의과정에서 배제된 봉천지역의 지방관, 즉 성경장군(盛京將軍) 숭기(崇綺)와 봉천부윤(奉天府尹) 송림(松林) 등이 「무역장정」이 반포된 이후 연명(聯名) 상주로 불만을 토로하였기 때문이다. 이들은 종래의 사대질서에 따른 상국-속방 관계를 강조하면서 청의 지방관이 비록 무역 문제라고 하더라도 조선의 배신(陪臣)과 평행 상대하는 것은 받아들이기 곤란하다는 이유를 내세웠다. 그들은 이렇게 주장하였다.

> 조선의 배신은 절대로 감히 스스로 평등한 위치에 있을 수 없었습니다. 2백 년 이래의 기존 법도가 모두 존재하는데, 현재 비록 위원을 설치하여 상무를 경리하게 한다고 하지만, 여전히 배신에 관련된 모든 체제이므로, 응당 종전 그대로 준행(遵行)해야 하며, 당연히 변민 교역을 빌미로 적당히 변통해서 체통을 크게 훼손해서는 안 됩니다.[304]

이러한 반발이 있었기 때문에, 이홍장과 총리아문은 그들의 의사

303 秋月望, 1985, 1991; 金奉俊, 2020.

304 「軍機處交出盛京將軍崇綺等片」(光緒8年 11月 14日), 『中日韓』 卷3, pp.1063-1064; 『外交文書』 제6권, pp.600-601; 『국역中日韓』 2, pp.23-30.

를 참작하여 결론을 내겠다고 대답할 수밖에 없었다. 숭후와 송림의 상주가 지방 상황을 살피고 아울러 기존 제도를 그대로 유지하기 위한 입장에서 나온 것이므로, 총리아문과 이홍장이 다시 적절하게 장정에 대해 논의하고 예부와 협의한 다음 상주하라는 유지가 내려졌기 때문이다.[305]

이 문제를 검토한 예부는 '평행'이란 구절을 삭제하라는 요구를 거부하고, 조공과 무역의 차이를 들어 장정에서 정해진 그대로 사용하자는 상주를 올렸다.[306] 이홍장과 총리아문도 "상무위원은 본래 조선 국왕과 서로 만나 논의·처리할 일이 없습니다. 만약 우연히 조선 국왕과 중국이 파견하여 보낸 상무위원이 만나게 되면 여전히 『대청회전』의 전례에 따라 처리할 것이며, 그 왕래공문은 모두 각기 응당 조공의 옛 법도와 상무에 관한 새 장정을 나누어 영원히 준수하고 원용하게 함으로써, 조선의 공순한 성의를 늘릴 수 있고 천조는 자소의 의리를 잃지 않게 할 것입니다."라고 타협하였다.[307] 이렇게 총리아문과 이홍장은 조선 지방관과의 평행문제가 기존의 '천조체제'에도 어긋나는 것이 아니라고 반박하였지만, 이후 후속 장정의 의정에서 동북(만주) 지방의 의견과 참여를 받아들이지 않을 수 없었다.

그 결과 근대적 '무역'과 관련이 없지만, 상국의 위엄과 명분, 그리고 엄격한 상하 관계를 과시하는 천하관념의 색채가 더욱 짙어진 조항

305 「朝鮮會勘邊界摺」(光緒8年 12月 8日), 『李鴻章全集』 10 奏議 10, pp.127-128에는 이홍장에게 보낸 光緒8年 11月 14日의 기유(寄諭. 즉 군기처를 통해 전달되는 상유인 寄信上諭)가 붙어 있어 이렇게 지시하였다.

306 「禮部文」(光緒9年 2月 10日), 『中日韓』 卷3, pp.1085-1088.

307 이에 관련된 문서는 『中日韓』 卷3, pp.1063-1081, pp.1104-1106; 『外交文書』 제6권, pp.599-607에 실려 있다. 인용문은 마지막의 「總理各國事務衙門會奏片」(光緒8年 12月 25日) 참조.

이 후속 장정에 추가되었다. 1883년 4월에 의정(議定)된 「봉천여조선변민교역장정」에서는 제23조에 "조선은 반드시 '천조(天朝)' 혹은 '상국(上國)'이라는 글자로 존대해서 써야 한다. 보통 공문에 속하는 것도 규례에 따라야 하고, '중·동(中·東)' '중·조(中·朝)' 등의 글자를 써서는 안 되며, 응당 『회전(會典)』에 비추어 '중·외(中·外)'라는 글자를 써서 간결함을 꾀한다. 봉천의 변경 관리들은 '조선국(朝鮮國)' 혹은 '귀국(貴國)'이라는 글자를 써서 우대하는 뜻을 보인다."라는 조항이 들어갔다.[308] 이 점은 「길림·조선상민수시무역지방장정」에도 마찬가지로 반영되었다. 즉 제15조에 "교섭하는 일로 오가는 문서는 봉천의 의정에 따라 체제와 격식을 지켜야 한다. 조선에서는 존칭을 써서 '천조' 혹은 '상국'이라는 글자를 쓰며, 보통 공문에서도 '중·동(中·東)'·'중·조(中·朝)' 등의 글자와 『대청회전』에 따라 '중·외(中·外)'라는 글자를 사용하여 쉽고 간편하게 해서도 안 된다."라고 규정하였다.[309]

주지하다시피 청은 스스로 '천조'로 부를 수 있었지만, 이것은 그 이전부터의 오랜 관행이었다. '천조'는 중국이 주변국에 대해 자신을 가리키는 명칭이고, 이것은 당연히 전통적인 천하관념을 반영하는 개념이자, 동시에 청과 조선의 사대-자소 관계를 상기하는 용어이기도 하였다. 하지만 앞서 서술하였듯이 이미 광서 연간에는 '천조상국'이라는 용어의 사용이 거의 사라졌는데도, 예전의 패전국이자 속방이었던 조선이 청과 '대등'한 자격으로 근대적 무역 관계를 맺게 된 것을 반대하는 동북 지방의 관원은 일부러 이런 용어의 사용을 굳이 강조하

308 權赫秀 編, 2008, 約章篇, pp.8-14; 『高宗實錄』 卷10, 高宗20年 12月 3日.

309 權赫秀 編, 2008, 約章篇, pp.14-20; 『高宗實錄』 卷21, 高宗21年 5月 26日. 또한 이러한 상국-속방 관계를 강조하는 성격의 강화에 대해서는 酒井裕美, 2016, pp.157-164에서도 상세히 다루었다.

여 후속 장정에 집어넣음으로써, 이후 접촉하게 되는 양국 관원 사이의 '대등한' 위상 설정에 대한 불만을 제기하고, 양국 사이의 불평등한 관계와 중국의 우위를 재확인하려 하였다. 앞서 제1장에서도 언급한 바 있지만, 1875년 4월 예부에서 영고탑부도통(寧古塔副都統)이 조선에 조회를 보내 조선 국왕의 답장 자문을 받았다고 비밀리에 상주하자, 동치제가 이 조회에서 "비로소 양국의 우호를 위한 길이 될 것이다."라고 쓴 구절을 문제 삼아 조선은 본래 속국이기 때문에 청-조선 사이의 관계에 대해 '양국'이란 용어를 사용하는 것은 특별히 부당하다고 지적하면서, 앞으로 이런 용어를 사용하지 않음으로써 정제(定制)를 지켜야 한다는 유지를 내렸던 것을 상기시킨다.[310]

그 결과 앞에 든 후속 장정은 「무역장정」에서 규정한 것보다 훨씬 더 조선·청의 상국-속방 관계를 강조하는 성격을 드러내었다. 동시에 이것은 육로무역의 개방성도 훨씬 축소되는 결과로 연결될 수밖에 없었다. 종래의 개시에서 폐해로 인식되었던 공권력의 개입이 실제 교섭과정에서 폐지되기는커녕 황제의 임명이 필요한 '관원'이 '감수세원(監收稅員)'으로 파견된 것이나, 육로무역과 해상무역의 육로에 의한 연결을 불가능하게 한 것은 그 사례 가운데 하나다.[311] 또 실제 「봉천여조선변민교역장정」을 읽어 보면, 무역을 위한 장정이라기보다는 무역을 제한하고 무역의 활성화로 파생하는 불법을 단속하기 위한 장정이라는 성격이 강하게 드러난다. 성경장군 숭기가 조선과의 교역·왕래는 엄격하게 제한하고 아울러 금령을 다시 밝혀 변방을 강화해야 한다고 주장하였던 것은 그 의도를 분명하게 보여 준다.[312] 더구나 원래 「무역장

310 『穆宗實錄』 卷308, 同治10年 4月 庚申.

311 酒井裕美, 2016, pp.142-164.

312 「盛京將軍崇綺等奏朝鮮交易往來宜定限制摺」(光緒8年 11月 7日), 『光緒中日』

정」에서 규정되었던 책문·의주에서의 무역을 '중강(中江)무역'으로 한정하는 일방적인 결정이 내려지는 등 「무역장정」에서 드러난 불평등성이 더욱 강화된 것은 사실상 변경무역의 폐지와 새로운 육로무역의 개시라는 조선의 기대나 그 성과를 크게 제한하는 결과로 이어졌다. 여기에는 조선 상무위원과 중국 지방관의 '동등한' 지위에 불만을 품고, 양국 사이의 무역에 그다지 열성을 보이지 않았던 봉천 당국의 보수적인 태도가 크게 작용하였다.[313] 함경도에서도 두만강 이북 지역의 월간민 쇄환과 국경 공동감계 등을 이유로 개시 폐지 이후 공식 무역의 재개를 지연하다가, 1885년 조선과 러시아의 육로통상조약이 체결되자 비로소 관원[督理商務]을 파견하고 화룡욕통상총국(和龍峪通商總局)과 서보강분국(西步江分局)·광제욕분잡(光齊峪分卡)을 설치하였다. 그러나 이것들이 무역상황의 부진으로 세수(稅收)가 너무 적어 운영조차 어렵게 되자, 1893년 조선 월간민 통제를 위한 무간국(撫墾局)으로 개편되었다.[314]

실제 이 후속 장정의 경제적 효과가 어떤지를 파악하기는 쉽지 않지만, 함경도 지역에 관한 한 그 성과(무역액에 따른 관세수입)는 굉장히 제한적이었으며, 그 결과 길림 측에서 설치한 상무국이 폐지되고 조선

卷4, 39a-40b.

313 酒井裕美, 2016, pp.142-164; 金泰雄, 2018, pp.160-163; 金奉俊, 2020. 金泰雄은 아울러 어윤중이 이 두 후속 장정 의정에서 맡은 역할을 다루었다.

314 고승희, 2003b, pp.186-195; 權錫奉, 2007c, pp.13-41 참조. 18세기 이래 開市를 이용한 私商·潛商의 밀무역이 활발하였던 이 지역의 특성으로 인해 「무역장정」의 반포에도 불구하고 쉽사리 남북 왕래가 가능하고 서로 경제적으로 밀접하게 뒤엉킨 관계상 범월이나 밀무역을 통제하기는 쉽지 않았을 것이다. 이전 개시의 시대에도 公市가 형해화되고 私市·밀무역이 크게 성행하였던 연장선 위에 있는 셈이다. 한편 조선 역시 회령에 상무국을 설치하고 경원·종성에 분국을 개설하였다.

측의 감리서(監理署)도 제대로 운용하기 어려울 정도였다. 여전히 밀무역이 성행한 데다가 러시아와의 육로통상조약이 체결된 이후(1888)에는 연해주와의 교역 때문에 조선-청의 무역이 타격을 받았기 때문이다.[315] 적어도 함경도에 관한 한 「무역장정」의 파급효과는 개시의 혁파를 제외하면 그다지 크지 않았다고 할 수 있는 셈이다. 평안도의 경우 홍삼 수출을 중심으로 전통적 육로무역의 연속과 재편을 다룬 연구에서도 의주(義州)를 통한 육로무역의 쇠퇴가 분명하게 지적되고 있다.[316]

6) 「무역장정」과 화교의 진출

「무역장정」의 실행 이후 조선과 청 양국 사이의 경제적 관계는 이전과는 상당히 달라진 모습을 보이게 되었다. 이홍장은 1883년 10월 진수당을 '총판조선각구상무위원'으로 파견하여 윤선 왕래 및 조계(租界) 확보[317] 등 조선에 대한 청의 경제적 진출 기반을 크게 확장하는 역할을 떠맡겼다. 1883년 10월 16일 한성에 도착하고 20일부터 업무를 시작한 진수당은 이후 2년 동안 청국 상인 및 화교 사회의 형성을 크게 촉진하고, 일본과의 경쟁에서 청이 점차 우세를 확보할 수 있는 기반을 만들고자 하였다.[318]

315 고승희, 2003, pp.186-195 참조.

316 石川亮太, 2016a, pp.92-114.

317 酒井裕美, 2016, pp.132-140 참조.

318 진수당 및 이후 원세개의 활동 시기를 포함한 이 주제에 관한 연구는 金正起, 1994; 權赫秀, 2006; 姜抮亞, 2007a, 2007b, 2007c; 리싱콴, 2008; 이용식, 2008; 李銀子, 2008b, 2009a; 盛利, 2009a, pp.98-114; 金希信, 2010a, 2010b, 2010c, 2012, 2014, 2015a, 2017, 2018; 石川亮太, 2016a; 이시가와 료타(石川亮太), 2016b; 劉暢, 2018 등 많은 축적이 있다. 金正起, 1994, pp.86-87, pp.152-157의 연구에서는 특히 「무역장정」에 의한 특권 확보 이후 발해만과

그는 부임 직후 묄렌도르프와 함께 윤선이 상해·조선을 왕래하는 장정을 체결하여 초상국 윤선의 조선 운항의 길을 열었다(1883년 11월 개시된 윤선의 운행은 초상국의 경영난으로 3회 만에 중단되었지만, 이후 원세개가 청 정부에 요청하여 1883년 3월 상해-인천 항로를 재개시켰다.). 다음 해에는 민영목(閔泳穆)과 「인천구화상지계장정(仁川口華商地界章程)」을 체결하여 인천의 청국 조계를 개설하였다.[319] 이것은 인천에 조선 최대의 차이나타운이 형성되는 계기를 만들었으며, 뒤이어 후임 원세개의 교섭으로 완결되었지만 부산(1887)·원산(1889)에서 마찬가지로 청국 조계가 개설되었다.[320] 이러한 조계 설치는 사실상 「무역장정」이 서구의 식민주의·제국주의의 방법을 차용한 것이며, 종래의 상국-속방 관계에는 존재하지 않았던 불평등성을 강화함으로써 양국 관계를 변형시켰다는 점을 잘 보여 준다. 이른바 '속국화' 정책의 한 표지인 셈이다.

여하튼 1884년 초 진수당의 보고에 의하면 한성·마포·인천 등에는 이미 청국 상인 136명(점포 28가, 양행 1가, 선박 1척 및 고용인 26명)이 있었지만, 1885년 5월 무렵이면 조선을 왕래하며 무역하는 청국 상인의 수가 753명으로 늘어나는 등 청국 상인의 진출과 화교 사회의 형성은 급속도로 진척되었다.[321] 이를 통해 청국 상인의 수나 그 경제적 실

조선의 서해안 지역에서 밀수가 극성하게 되었음을 지적하면서, 그 규모는 해관을 통한 정규무역의 총액을 능가하였을 것으로 추정하기까지 한다. 이른바 인천해관의 무용론이 제기될 만큼 청의 밀수행위는 심각하였다는 것이다. 밀무역에 대해서는 李銀子, 2010도 논의하고 있다.

319 이 장정은 權赫秀 編, 2008, 「約章篇」, pp.23-27 참조.

320 權赫秀, 2006; 이옥련, 2008, pp.53-60.

321 權赫秀, 2006; 盛利, 2009a, pp.98-114. 이에 따르면 진수당의 직무(1883.10.-1885.10.)는 우선 "華商을 돌보고 소식[聲氣]을 연락하는 것"이었으므로 상무 교섭에 비하면 외교 교섭에 간여하는 일은 비교적 적었다. 청 정부는 갑신정변 이후에야 조선에 대한 직접적 통제를 강화할 결정을 내렸고, 당시에는 吳長慶의 부대가 여전히 주둔하고 있었기 때문이다. 이 점은 姜博, 2023의 제

력은 앞서 진출한 일본의 그것을 곧장 뒤따라 잡게 되었다. 또 진수당은 부임 이후 화교의 상업 활동을 증진하기 위해 주요 도시에 상무공서(漢城, 1883년 10월)나 분소(仁川, 1883년 12월. 釜山과 元山, 1884년 6월)를 설치하고 인천·부산·원산 등지에도 청국의 상무분판위원(商務分辦委員)을 파견하여 영사와 같은 역할을 맡게 하는 등 청의 경제적 진출을 촉진하였다.[322]

이를테면 부산(1876)·원산(1880)에 뒤이어 1883년 개항된 인천에서는 1884년 5명의 청국 상인이 세관 뒤편에 집을 짓고 식료품 및 잡화류 수입과 해산물 수출입에 종사하면서 외국 함선에 식료품과 식수를 공급하는 활동을 시작한 것이 청국 조계의 입지 선정과 무역 활동의 토대가 되었다. 뒤이어 1884년의 「인천구화상지계(地界)장정」에 의한 청국 조계(地界는 조계를 가리키는데 4천여 평의 규모였다.)의 설치는 청국 상인의 본격적인 진출을 가져오는 계기가 되었다. 이 지역이 포화상태가 되자 청국 상인들은 1887년에는 새로운 거주지[三裏寨居留地]를 만들어 사실상의 제2의 조계로 삼을 정도로 급속한 팽창의 양상을 보였다.

이렇게 인천감리와 청국 상무위원 영사 사이에 맺은 「화상확충조계조약(華商擴充租界條約. 또는 三裏寨清商擴充租界章程)」을 통해 청국 상인들이 매입·점유한 삼리채 거류지는 이후 인천 청국인의 60%가 여기에

3장 제2·3절에서 상세히 다루어졌다. 또 갑신정변 직전인 1884년 11월 3일 저녁, 주한 일본공사관에서 거행된 연회에서 일본 공사관원이 진수당을 '無骨海蔘'이라 조롱하였다는 것은 아주 잘 알려진 사실이다. 이후의 원세개와는 달리 진수당은 '외교관'으로서는 거의 대접받지 못하였다는 점을 알려 준다.

322 秦裕光, 1983, pp.13-16; 權赫秀, 2006; 李銀子, 2008b; 王恩美(왕언메이), 2013. 실제 在韓華商 同順泰號의 문서에서 袁世凱를 總辦, 각지의 상무위원을 領事로 부르고 있었던 점을 보면(姜抮亞, 2014, p.278), 상무위원은 총영사·영사로서의 역할을 실질적으로 수행하였던 것으로 보아도 좋을 것이다.

거주할 정도였다. 이러한 청국 상인의 급속한 확장은 대부분 산동성 출신 상인과 노동자의 진출 덕분이었다. 이들이 먼저 진출하고 있던 일본 상인을 능가하는 경제력을 확보할 수 있었던 것은 구미상품의 중계무역에 머물던 일본 상인과는 달리, 직접 상해에서 구미·중국의 상품을 수입하고, 조선의 해산물·약재를 수출함과 동시에 외국 함대에 식료품을 공급하였던 것, 그리고 서울과 인천 사이의 화물운송업을 장악하거나, 인천·한성 주변 지역의 소채(蔬菜) 재배와 공급을 사실상 독점할 정도였던 데서 그 원인을 찾을 수 있다. 이 점은 1890년부터는 수입무역에서 일본 상인을 능가하였던 데서 잘 드러난다.[323]

한편, 오늘날 한국 화교의 비조(鼻祖)는 보통 1884년 사망 이후 한성에 그 사당이 세워진 오장경으로 여겨지고 있다. 즉 임오군란을 통한 청군의 파견과 그에 따란 청국 상인의 진출이 화교 사회의 출발점을 이루는 것이다.[324] 하지만 오장경 부대를 실은 군함 3척은 상인 40여 명을 실은 상선 두 척과 함께 왔기 때문에 기록상으로는 이들이 한국 화교의 개시를 알리는 것이기는 하지만, 이들은 기본적으로 청군에 각종 생필품 등의 물자를 제공하는 군역상인(軍役商人. 兵商)이었다. 이후 화교의 주류를 산동 출신이 차지하게 되는 것과는 달리 대부분 광동 등 남방 출신이었던 이들은 1885년 4월 이홍장과 이토 히로부미 사이에 「천진조약」이 체결된 다음 청군의 귀환과 더불어 중국으로 돌아

323 인천 화교와 인천 무역에 대해서는 이현주, 2002; 김영신, 2003; 정혜중, 2007; 민윤, 2007; 이용식, 2008; 이옥련, 2008 등 참고.

324 秦裕光, 1983, pp.11-12; 박현규, 2011; 金希信, 2015a. 한국(한반도) 화교의 역사를 전체적으로 조감한 것으로는 이정희, 2018a, 2018b 참조. 또한 인천대학교 HK 중국관행연구사업단(장정아·이용재·송승석) 편, 2021은 대부분 20세기에 집중되어 국내 신문에 실린 조선 화교 관련 기사를 정리한 것으로 유용한 참고자료다.

갔다.[325] 따라서 화교 사회의 형성이라는 점에서 오장경 최초의 '공헌'을 부정하기는 어렵지만, 진수당의 파견 이후 「무역장정」의 실행을 통한 무역의 활성화, 각지 조계의 설치가 실제로는 화교 사회의 본격적인 발전에 더욱 큰 계기가 되었다고 보아야 할 것이다. 국가의 후원을 입은이러한 화교 진출의 사례는 해외 화교사에서는 찾아볼 수 없는 조선(한국) 화교사회만의 유일한 특징이라고 할 수 있다.[326]

화교 진유광(秦裕光)의 추산에 따르면(앞서 진수당의 보고와는 다르다.), 1883년 한국 화교는 한성(마포 포함)·인천·부산·원산 등지에 모두 210명 정도가 있었으며, 한성의 청국 상인은 22호 82명(기타 청의 관리 111명), 인천의 청국 상인은 8호(청의 관리 48명)로 당시 4천여 명이 넘었던 일본 상인과 비교하면 아주 적었다. 하지만 1년 전에 겨우 40여 명의 청국 상인이 진출한 것과 비교하면 그 발전 속도가 아주 빨랐다. 인천 화교는 1883년에는 4명이었던 것이 1884년에는 235명으로, 그리고 1890년에는 약 1천 명으로 크게 늘었다. 1884년에는 서울에 최초로 청국 상인 단체인 중화회관(中華會館)이 건립되고, 각종 친목·지연조직인 북방(北幇)·남방(南幇)·광동(廣東) 회관(會館)도 만들어지는 등 그 조직화도 점차 시작되었다(표 1 참조).[327]

325 이옥련, 2008, pp.44-46, pp.73-86.

326 이옥련, 2008, p.50.

327 秦裕光, 1983, pp.3-19. 金希信, 2010b, 2010c, 2012, 2014, 2017, 2018. 金正起, 1989, p.86의 표에서도 서울의 청국 상인과 거류민의 숫자가 거론되고 있지만, 駐朝鮮使館의 당안을 검토한 金希信, 2010c는 1883년 한성 상인 79명(山東人 41명), 1884년 285명(산동인 6명과 소상인 206명), 1885년 111명, 1886년 120명, 1887년 267명, 1888년 332명, 1889년 513명, 1890년 749명, 1892년 957명, 1893년 1,254명을 들고 있다. 같은 당안 기록을 검토한 劉暢, 2012는 1883년 漢城의 청국 상인(華商·淸商)은 59명, 19가 점포(산동인 69%, 13가), 그리고 麻浦는 24명, 4가 점포(산동인 18명, 3가)라는 다른 통계를 내고 있다. 1884년에는 352명(상인 164명, 48가 점포 외에 점포가 없는 소무역상

표 1. 19세기 후반 한국 화교의 수에 대한 각 연구자의 통계 (단위: 명)

연도	金正起	金希信	劉暢	王恩美	石川亮太
1883	197	79	59	112	82
1884	605	285	352	666	352
1885	174	111	111	264	108
1886	245	120		468	120
1887		267			
1888		332			
1889	약 600	513	513		511
1890	625	749			
1891	1,452		751	1,489	751
1892	2,505	957	957	1,895	957
1893	2,182	1,254	1,254	2,182	1,254

출전: 각주 327에 언급된 각종 연구 성과의 결과를 정리한 것이다.

188명, 산동인 234명으로 66%)이었으며, 1885년에는 조·청 상인의 충돌과 일본의 진출로 111명(산동인 55명)으로 줄었다고 지적하고 있다. 특히 원세개 부임은 청상 발전의 관건이 되어 1889년의 경우 한성의 청상 점포는 100가로 상인 513명(산동인 점포가 60가, 산동인이 60%), 1891년 751명, 1892년 957명, 1893년의 경우 1,254명, 142가의 점포를 기록하였다. 청·일전쟁 이후 일본과의 경쟁이 치열해지면서, 1910년의 경우 1,828명으로 회복되었으나 급속한 팽창을 이룬 일본인은 이미 34,468명에 이르렀다. 王恩美(왕언메이), 2013, p.61의 또 다른 통계는 1883년의 112명, 1884년 666명, 1885년 264명, 1886년 468명, 1891년 1,489명, 1892년 1,895명, 1893년 2,182명이라는 숫자를 보여 주기도 한다. 또 이시가와 료타(石川亮太), 2016a, p.21 또는 2016b, p.91에도 역시 『淸季中日韓關係史料』와 駐韓使館保存檔案 등을 이용한 화교의 숫자를 거론하고 있다. 이에 따르면 1883년 서울의 華人은 82명, 1884년에는 352명, 1885년에는 108명, 1886년 120명, 1889년 511명, 1891년 751명, 1892년 957명, 1893년 1,254명이다(표 1 참조).

실제 청국 상인의 경제적인 진출과 그 성과라는 측면만을 보아도 1883년에서 1894년 사이 중국의 대조선 무역이 수출은 386배, 수입은 38배 증가하였고, 수출입 규모가 96배 팽창하였으며 이것은 중국 측의 무역수지 흑자의 확대뿐만 아니라 화교의 진출을 촉진하였다. 이것이 1882년의 「무역장정」 반포가 미친 영향이라는 점을 쉽사리 추측할 수 있다.[328] 인천항에서의 청·일 무역을 비교해 보아도 1885-1894년의 통계는 중국이 수·출입 무역거래액에서 1890년 이후에는 일본을 능가하게 되었다.[329] 조선 전체에서의 대청·대일 수입 무역액도 1885년의 18.53%(청)와 81.47%(일본)에서 1892년 44.58%와 55.42로 바뀐 것을 보면,[330] 청의 경제적 진출이 급속도로 일본을 따라잡게 되었음은 분명해진다.[331] 물론 상국으로서의 청의 정치·외교적·군사적 특권과 그에 대한 조선의 저항을 개의치 않는 진수당(그리고 이후 원세개)의 철저한 이익 추구와 위압이라는 보호·지원정책이 그 뒤에 자리 잡고 있다는 점 역시 부정하기 어렵다.

흥미로운 것은 청·일전쟁 이후 조선이 청과 맺은 기존 장정이 모두 폐지되고 청의 상무공서 및 분서가 폐쇄되어 외교 관계가 단절되었지만, 청국 상인의 조선에서의 경쟁력이 일시적으로 후퇴하였다가 이후 상당히 부활하였다는 점, 즉 무역업을 중심으로 한 화교 경제는 별다른 타격을 받지 않았다는 점이다.[332] 조선 정부가 1895년 「보호청상

328 송규진, 2008.

329 김영신, 2003, p.10.

330 王恩美(왕언메이), 2013, p.66.

331 다만 조선의 대외무역은 대부분 청·일본 상인의 손을 거쳤지만, 1885-1906년 사이 공식적인 해관 무역통계만으로 보면 조선에서 청에 대한 수입·수출액은 한 번도 일본에 대한 수출·수입액을 능가한 적 없다. 石川亮太, 2016a의 序章 및 p.3의 통계 참조.

332 河明生, 1994; Kirk Larsen, 2008, pp.197-271; 송승석, 2010.

규칙세칙(保護清商規則細則)」을 제정하여 실행하였지만, 청국 대신 청국 상인의 보호 업무를 인계받은 영국 측의 노력으로 청국 상인은 「조·영 조약」의 적용을 받아 이 「세칙」의 통제를 벗어났던 점도 여기에 작용하였다.

이런 것을 근거로 청국 상인의 경쟁력은 이 「무역장정」이 제공한 특권·특혜 덕분이라기보다는 이것을 포함한 다국적 제국주의가 도입한 '조약항 체제'의 각종 권리를 이용하면서 조선에 진출한 청국 상인의 상업적 조직(동향 조직이나 금융 네트워크 등)과 역량이 더 큰 영향을 미쳤다는 지적도 상당한 일리가 있다.[333] 그렇지만 청·일전쟁 이후에도 여전함을 보여 주었던 청국 상인의 경쟁력은 정치적 비호가 사라진 가운데 상업 네트워크의 변화와 더불어 점차 쇠퇴의 경향을 보이지 않을 수 없었다. 물론 화교 사회도 그에 따른 변동과 위축을 벗어나기는 쉽지 않았다.[334] 조선에서 일본의 지위가 현저하게 강화되는 러·일전쟁 이후가 되면 청국 상인은 그 경쟁력이 급속히 약화되는 운명을 피할 수 없었기 때문이다.[335]

앞에서 지적한 것처럼 청은 「무역장정」을 통해 관세자율권의 침해, 연안무역권, 한성에서의 상업활동권, 인천·부산·원산에서의 조계 설치, 국경무역권, 황해·평안도 연안어업권, 윤선초항국 항로 개설, 상

333 Kirk Larsen, 2008, 2013. 앞서 든 Louis T. Sigel과 같은 경우는 청이 조선에서 일본의 강력한 경쟁자로 등장하게 된 원인은 오히려 개항장 엘리트(매판 상인 출신의 기업가)의 요구를 적극적으로 반영한 이홍장·원세개 등의 역할에 있다고 강조하였으므로 양자는 모두 '청 제국주의'를 인정하면서도 그 강조점이 전혀 다르다고 하겠다.

334 金正起, 1989; 이옥련, 2008, pp.90-100; 王恩美(왕언메이), 2013, pp.75-88; 姜抮亞, 2014, 2018a, 2018b.

335 전우용, 2003; 김영신, 2003; 姜抮亞, 2006, 2007a, 2007b, 2011, 2018a, 2018b; 송규진, 2008; Kirk Larsen, 2008, pp.272-281.

무위원의 재판권, 군함의 순찰·정박권, 그리고 이후 확보한 「병선장정(兵船章程: 후술)」 등 아주 다양한 독점적 특권을 확보하였다. 하지만 영국·일본·러시아 등의 조약 수정·체결 등을 통해 열강 모두가 이러한 것들을 균점하게 됨으로써, 조선은 청이나 일본보다 훨씬 가혹한 상황에 내몰리게 되었다.[336] 그리고 이를 통해 조선이 「조·미조약」을 통해 어느 정도 확보하였던 이점도 모두 무산되어 버렸고,[337] 조선은 다국적 제국주의가 도입한 '조약항 체제', 즉 비공식 제국주의(Informal Imperialism)의 최대 희생자가 되었다(이와 대비되는 직접적인 영토합병이나 식민지화 같은 경우는 Formal Imperialism이라 하며, 1890년대 이후 제국주의 전성기에 본격적인 경쟁으로 나타난다.). 결국 「무역장정」의 반포는 조선에 대해 불평등 조약체제를 더욱 강화하는 결과를 가져다주었다.[338]

이러한 결과는 바로 '상국' 청의 '속국' 조선에 대한 '배타적 특권'에서 비롯되었다. 열강은 그것을 청이 독점하도록 그냥 내버려 두지 않았기 때문이다. 따라서 청의 독자적 특권 추구는 조선에 더욱 무거운 멍에를 씌우게 되었으므로, 「무역장정」이 청에 대한 조선의 '종속'을 더욱 강화하는 '불평등조약'으로서의 역할을 했다는 점도 부정하기는 곤란할 것이다. 앞서 다룬 인천 삼리채 거류지의 경우, 청·일전쟁 이후

336 수도의 개항이나 연안무역권·어로권 등은 청이나 일본이 맺은 불평등조약에도 없는 조항이었고, 청의 조계 설치는 조선에서만 있은 유일한 사례였다. 金正起, 1994, 1996의 연구 참조.

337 이를테면 일본과의 통상장정 및 관세교섭에서 「조·미조약」에 따르면 본래 유리한 입장에 설 수 있었으나, 임오군란과 「무역장정」의 반포 이후 이것이 부정적인 영향을 미쳐 관제자주권과 기본세율 10%를 유지하지 못하였다. 「무역장정」에서 청에 허용한 특권을 일본이 마찬가지로 균점하기를 요구하였기 때문이다. 김흥수, 2018b, pp.163-164.

338 이 점에서 청·일전쟁 시기 在韓 華商이 바로 국제법과 개항장 체제가 자신들을 보호해 줄 것이라는 기대를 보였다는 지적(姜抮亞, 2014)은 시사하는 바가 크다.

청과의 국교가 무너지고 기존 장정 등이 모두 폐기되었지만, 청의 상무위원 대신 청국 상인의 보호를 떠맡은 영국 공사의 노력으로 1897년 이후 진출한 조선인 150가구의 가옥을 모두 철거하라는 압력이 가해졌고, 결국 1899년 이 일대가 다시 청의 손으로 넘어가는 굴욕을 감당해야 하였다.[339]

「무역장정」의 실행 이후 청이 조선과의 무역액에서 거의 일본을 따라잡을 수 있을 정도로까지 경쟁력을 확보하게 되었다는 점은 부정할 수 없는 사실이다. 이를테면 1876년 개항 이후 일본으로부터의 수입품에서는 면제품이 압도적이었는데, 일본 상인이 상해에서 수입하여 나가사키를 거쳐 조선에 수출하는 이 면제품 무역은 「무역장정」의 개통 이후 청국 상인에 의한 상해-인천 수입 루트가 개척되면서 경쟁을 이기지 못하고 쇠퇴에 접어들었던 사례가 이 점을 입증한다.[340] 이러한 「무역장정」 이후 확보된 청의 '우세'가 청과 경쟁하던 일본에는 상당한 부담이 되지 않을 수 없었다. 1894년 발생한 동학농민운동을 계기로 조선에 출병한 일본이 전통적인 조선-청 관계를 청산하고 일본의 이권을 확보하기 위해 「무역장정」 등 기존 통상조약을 모두 폐기하도록 요구하였던 것은 아마 이 때문이었을 것이다. 그 후 청·일전쟁에서 일본이 승리한 결과 맺어진 「시모노세키조약」으로 전통적인 조선-청의 책봉·조공 체제는 붕괴하고, 「무역장정」의 폐기도 이를 통해 확정되었다.

여하튼 「무역장정」이 경제적 측면에서뿐만 아니라 정치·외교·군사적 측면에서도 청에 대한 조선의 '종속'을 더욱 강화하는 '불평등조약'으로서의 역할을 충분히 떠맡았다는 점은 유념할 필요가 있다. 진수당이나 원세개가 청국 상인의 경제적 특권(내지에서의 상업 활동을 위

339 이현주, 2001, 2002, pp.8-14.

340 이를테면 王恩美(왕언메이), 2013, pp.61-68 참조.

한 증명서의 남발)이나 금·인삼 등의 밀수 등을 비호하기 위해 상국으로서의 특권을 전반적으로 강행하였던 점도 마찬가지다. 그 때문에 이후 「무역장정」의 시행과정에서 청국 상인의 진출과 더불어 급격하게 늘어난 양국 상인의 마찰과 갈등, 소송의 빈발이나 거기에서 뚜렷하게 드러나는 청의 특권과 일방통행을 저지하려는 조선 측의 노력도 꾸준히 거듭될 수밖에 없었다.[341]

5. 갑신정변과 천진조약

1) 갑신정변의 '삼일천하'

임오군란 이후 조선에서 기존의 개방정책에 반대하는 위정척사파의 세력은 상대적으로 크게 쇠퇴하였다. 대신 청의 입김이 크게 세지고 이른바 '친청 세력'이 정국을 주도하면서 내정개혁을 이끌게 되었다. 그러나 이와 동시에 청과 일본 사이에서 균형을 모색하던 조선 정계에서는 점차 '반청 노선'을 지향하는 개혁 세력이 등장하기 시작하였다.[342] 청의 조선 정책은 조선 진출을 도모하는 일본이나, 청의 조선에 대한 침해(속국화 시도)와 민씨 척족 정권의 개화 정책에 대한 탄압에 반발하

341 淸商과 조선 상인의 마찰과 갈등, 소송에 대해서는 『駐朝鮮(韓)使館(保存)檔案』을 이용하여 19세기에만 한정하더라도 李銀子, 2006, 2007, 2008a, 2008b, 2009a, 2009b; 鄭台燮·韓成敏, 2007; 石川亮太, 2007, 2016a, pp.115-144; 이옥련, 2008, pp.60-67; 金希信, 2010a, 2011, 2012; 박정현, 2010, 2013; 권인용, 2013, 2014; 박은숙, 2014, 2015; 송규진, 2014; 김형근, 2016; 酒井裕美, 2016, pp.165-193 등 최근 많은 연구가 나오고 있다.

342 연갑수, 2008, pp.92-110.

는 개화당(독립당. 개화파) 등의 저항에 부딪히게 되는 것이다. 임오군란 이후 조선의 외교정책이 전통적 사대질서의 틀 안에서 근대적 외교를 추진하려는 김윤식의 양득론적 입장(기무처)과 국제법의 보호를 통해 청의 간섭에서 벗어나려는 독립론(고종과 개화당)으로 분열되었다는 설명은 이 점을 지적하는 것이다.[343]

특히 독립론에 몰두한 개화당은 "모두 청의 조선 내정 간섭에 격분하고 있을 뿐 아니라, 임오군란 당시 청군의 개입은 조선이 요청한 바도 없으며, 이홍장의 독자적인 행동이었다고 비난하였다."[344] 또 이들은 정계에 진출하여 특히 청의 간섭을 배제하고 조선의 자주·독립을 확보하는 것을 지향하면서, 일관되게 외세의 충격을 빌려서라도 양반 중심적 신분사회를 근본적으로 개혁하기 위해 정권을 장악하려는 목표를 지니고 있었다. 하지만 소극 정책으로 돌아선 일본이 그들에 대한 지원을 거부하였을 뿐만 아니라(김옥균의 여러 차례에 걸친 차관 도입 시도의 실패는 이를 잘 보여 준다.), 조선 정부가 「조·미조약」 이후 1883년 7월 보빙사를 파견하는 등 연미론(聯美論)의 방향으로 접근하면서 그들과 거리를 두자, 결국 정치적 쿠데타라는 수단에 호소하여 그 목적을 이루고자 서두르게 되었다.[345] 물론 조선의 정치적 전통으로부터 충분히 영감을 받았을 것이라는 점도 고려해야 하겠지만(가까이는 대원군 세력의 정치적 음모만 보아도 충분할 것이다.), 아마 막부 말기부터 암살로 점철된 근대 일본의 정치사로부터 구체적인 아이디어를 얻었을 것이라는 지

343 김종학, 2018b, p.266.

344 김용구, 2018, pp.124-125. 여기 인용된 내용은 러시아의 주일 공사 로젠(R. R. Rozen)이 1883년 11월 13일 김옥균·박영효·김만식·민영익과 가진 회담에 대한 보고서의 내용이다. 朴日根, 1983, 1985a, 1989; 임계순, 1984에서도 이 회담을 다루면서 개화파의 反淸意識과 聯英策을 언급하였다.

345 김종학, 2017.

적도[346] 상당히 설득력 있게 들린다.

그리하여 개화당은 1883년 12월부터 시작된 청불전쟁이 잠시 평화회담으로 중단되었다가 1884년 6월 말 다시 전쟁이 본격적으로 재개되자, 한성에 주둔하던 오장경군의 절반인 1,500명이 귀국하는 등 청이 군사적으로 대응하기 곤란한 처지에 빠진 틈을 노리게 되었다. 청불전쟁에서 불리한 전황이 전해지면서 청의 권위가 실추된 것도 여기에 영향을 끼쳤다. 잘 알려져 있듯이 1884년 10월 초에 정변을 공모한 김옥균(金玉均)·박영효(朴泳孝) 등 개화파는 12월 4일 홍영식(洪英植)이 총판으로 있던 우정국 낙성식 축하연을 계기로 행동을 개시하였다. 10월 30일 서울로 돌아온 일본 공사 다케조에 신이치로(竹添進一郎)가 종전의 태도를 바꾸어 적극적인 호의를 보이면서 접근하였으므로, 개화파는 일본의 지원을 기대하면서 그 도움을 빌리기도 하였다. 그렇지만 다케조에는 정변에 가담하기는 하였으나 그 직전까지 그 계획의 전모를 제대로 파악하지 못하였다. 일본 외무성[외무경 이노우에 가오루(井上馨)]도 마지막까지 그가 개화파의 음모에 간여하도록 허락하지 않았다. 일반적으로 받아들여지는 갑신정변에 대한 일본의 역할에 대한 설명과는 실제 상당히 거리가 있었다.[347]

여하튼 개화당은 우정국에서 당시 민비의 조카로 신임받던 정권의 핵심 실세 민영익(閔泳翊)을 부상시키고,[348] 관원 여러 명을 살해하

346 김종학, 2017, p.284.

347 갑신정변의 전개 과정에 대해서는 김용구, 2001; 윤병희 2003a, 2003b; 신용하, 2003; 박은숙, 2005; 김종학, 2017, 2018c 등을 참조할 수 있다. 갑신정변에 대한 기초적인 연구사적 정리는 이 외에도 김성배, 1996; 김현철, 1996 참조. 갑신정변에 관한 외교문서는 近代韓國外交文書편찬위원회 편, 2015, 『近代韓國外交文書』 제8-11권 갑신정변 I-IV에 수집되어 있으며, 김성남 편집·해제, 2005, 『해외한국학자료총서 14: 중국인이 본 갑신정변 자료』 역시 중국측의 관련자료를 집대성한 것이다.

는 것으로 정변을 개시하였다. 개화당은 청군이 왕궁에 쳐들어온다고 국왕을 속여 우선 국왕과 왕비를 창덕궁(昌德宮)으로부터 방어하기 좋은 경우궁(景祐宮)으로 옮겼다. 그리고 국왕을 강요하여 얻어 낸 형식상의 출동의뢰서["日使來衛"]를 다케조에 공사에게 보냄으로써,[349] 출동 준비를 완료한 일본공사관 호위 부대가 예정대로 경우궁에 진입하여 궁문을 차단하고 경비를 담당하였다. 그리고 경우궁으로 달려온 군사 지휘권을 가진 한규직(韓圭稷)·윤태준·이조연과 민씨 수구파 거물인 민태호(閔台鎬)·민영목(閔泳穆) 등을 국왕의 이름으로 불러들여 처단하였다. 개화당은 뒤이어 곧 신정부 수립에 착수하여 개화파의 요인과 국왕 종친이 연립하는 내각을 구성하였다. 개화파의 대표(좌의정)에 홍영식이 추대되고, 재정은 김옥균, 군사는 박영효와 서재필(徐載弼), 외교는 서광범(徐光範), 국왕의 비서실장 책임은 박영교(朴泳教)가 담당하게 되었다.

이 갑신정변은 변화된 중국의 조선 정책에 대한 도전이었다. 이것은 새 정부가 발표한 14개 조의 정강 가운데 첫째가 "대원군은 곧바로 귀국시키고 조공의 의례는 이를 의논하여 폐지한다."라고 선언한 데서 잘 나타난다.[350] 그렇지만 이러한 개혁 정강이 발표된 12월 6일 오후, 원세개 등이 이끄는 청군이 1,500명의 병력을 두 부대로 나누어 고종이 옮겨 있던 창덕궁의 돈화문과 선인문으로 진입하였다.[351] 청군이 3

348 개화파의 중심인물 가운데 하나로 외교정책에도 깊이 간여하였지만, 개화파와 멀어지면서 공격의 대상이 된 민영익에 대한 가장 종합적인 전기는 노대환, 2002 참조.

349 이 출동의뢰서의 '위조' 문제를 본격적으로 다룬 이태진, 2000, pp.175-187; 김종학, 2017, pp.319-328, 2018c, pp.288-293 등 참조.

350 신용하, 2003, pp.406-409; 김용구, 2006, p.515.

351 김종학(2017, pp.254-257)은 일본『時事新報』(1884.12.19.·20.)에 실린「遭難記事」라는 새로운 자료를 발굴하였다. 갑신정변 당시 한성 지도와 거기 주

시간 만에 조선군과 1개 중대에 지나지 않았던 일본군을 물리치고 고종을 자기 군영으로 옮기게 함으로써, 개화당의 집권은 삼일천하(三日天下)로 끝나버렸다.

한편, 마건상의 추천과 이홍장의 임명으로 청의 적극적인 진출·통제정책을 현장에서 담당하게 된 원세개는 갑신정변 직전 이홍장에게 올린 '최초의' 비밀 보고에서 조선에 대해 이렇게 평가한 적이 있었다.

> 조선 군신(君臣)은 일본인에게 농락되어 미혹에 빠져 있으면서도 깨우치지 못합니다. 매번 국왕을 설득하여 국왕도 거기에 미혹되어 중국을 떠나고자 하고 나아가 다른 뜻을 품고 있습니다. 그 본원을 따져 보면 프랑스가 일을 벌이자 중국의 병력이 분리될 것임을 예상한 데서 비롯되니, 비단 조선에 병력을 증가시켜야 할 뿐만 아니라, 러시아에 더욱 분쟁의 실마리를 열어 주어서는 안 됩니다. 이 기회를 틈타 강력한 이웃을 끌어들이고 모방하면 가히 자주를 칭할 수 있고, 힘을 함께 합치면 중국의 통제를 받지 않고 아울러 남에게도 머리를 수그리지 않을 수 있을 것이라는 생각인 모양입니다. 거국적으로 권세가 있는 사람은 태반이 여기에 동조합니다. …… 만약 방법을 마련하여 밖으로 내닫는 그 마음을 막지 않는다면, 장래의 근심은 실로 작은 것이 아니게 될 것입니다.[352]

원세개는 이렇게 "거국적으로 권세가 있는 사람은 태반이 여기에

둔한 청군의 규모에 대한 상세한 숫자를 제시하는 이 자료에 따르면 袁世凱는 약 300명, 吳兆有와 張光前은 각기 150명 규모의 청군을 거느리고 있어, 1,500명이라는 숫자와는 거리가 먼 600명 정도의 숫자다. 다만 이 숫자는 '대략 계산'한 것이기에 정확한 것은 아니다. 공식문서에 1,500명으로 기록되는 청군이 거의 1/3밖에 남아 있지 않다는 것은 이해하기 쉽지 않다.

352 「密稟北洋大臣李鴻章文」(光緒10年 9月 26日), 『袁世凱全集』 1, pp.32-33.

동조”하는 조선의 반청(反淸) 여론과 정파의 움직임을 예리하게 주시하면서, “방법을 마련하여 밖으로 내닫는 그 마음을” 막고자 하였다. 여기서 우리는 원세개가 조선이 왜 그렇게 ‘거국적으로’ 그러한 방향으로 나가는가에 대해서는 전혀 질문을 던지지 않고 있음을 알 수 있다. 이 점은 이전이나 이후의 이홍장에게도 마찬가지였다. 그들에게 있어 중요한 것은 조선이 자주를 포기하고 중국의 통제를 받는 상황을 유지하여 천조체제의 명분과 체통을 그대로 지속시키는 것이었지, 조선이 왜 자주·독립을 모색하는가에 관한 ‘질문’은 처음부터 존재하지 않았다. 오장경의 부대를 따라 조선에 종군했던 막료 주가록(周家祿)은 나중에 조선의 ‘자주’ 시도에 대해 이렇게 표현하고 있는데, 아마 이것이 당시 중국 관료나 사대부의 조선에 대한 의식을 대표하는 것이라 할 것이다.

> 성천자께서 동쪽 번봉을 돌아보시어 조선의 종사를 위한 헤아림이 아무리 작은 것까지도 미치지 않음이 없는데, [조선의] 군신·상하는 앉아서 편안함을 누리면서 쌓아 놓은 장작에 불을 붙이고 문을 열어 도적을 맞아들이더니, 점차 동·서양인의 말에 현혹되어 자주를 명분으로 삼아 주(周)를 배신하고 초(楚)를 따르고자 하였다. 오호라! 나라가 망하는 것이 머지않았다.[353]

천조체제나 청의 국익을 앞세운 이러한 사고방식은 이미 아무런 의심을 할 필요가 없는 당연한 전제였으므로, 천조체제·천하관념에 익숙

353 周家祿, 「朝鮮載記備編」, 卷2, 周家祿, 1969, 『奧簃朝鮮三種』, p.56. ‘載記’란 명칭은 일찍이 명호를 내세웠으나 正統이 되지 못한 왕조나 정권을 가리켜 씀으로써 ‘本紀’나 ‘列傳’을 대신하는 것이다. 여기서도 조선을 天朝의 屬邦으로 간주하여 그 자주성을 부인하려는 심태를 엿볼 수 있다.

한 당시의 청 조정이나 관료들은 조선이 자주를 모색하는 것을 당연히 이해할 수 없었다. 이후에도 그들의 조선 정책이 조선, 또는 조선 왕실의 호응을 제대로 얻어 내지 못하고 지속적인 갈등 양상을 드러내는 그 근저에는 바로 이러한 청의 일방통행적인 시각과 정책의 관철이라는 문제가 자리 잡고 있었다. 1880년대 이후 10년간의 시기가 조선-청 관계에서 가장 갈등과 마찰로 점철되는 특징을 보이는 것도 이 때문이었다.

여하튼 조선의 정세에 대한 강력한 통제를 원하던 원세개는 갑신정변이 발생하자, 바로 다음 날인 12월 5일 여순(旅順)에서 근무하던 숙부 원보령(袁保齡)에게 군함 파병을 요청하는 서신을 보냈다.[354] 사실상 그가 상급 지휘계통을 무시하고[355] 독단으로 월권행위를 한 것이다. 여기서 그는 다음과 같이 주장하였다.

> 일본이 이미 개화당을 도와 중국당(中國黨)을 제거하고 있으므로 조선은 곧 일본인에게 병탄을 당하지 않더라도 또한 중국에 반항하는 일이 멀지 않을 것입니다. 듣기에 일본은 이미 병력을 추가한다고 하는데 그 뜻이 어디에 있겠습니까? 천진에 전보를 보내 군사를 요청하고 아울러 신속하게 군함을 조선에 보내도록 지시하게 요청해 주시길 바랍니다. ……

354 원세개의 이 편지에 대해서는 權赫秀, 2007, pp.120-122 참조. 이후 원세개 관련 서술은 林明德, 1970, pp.36-83; 朴日根, 1985a, pp.220-236에 따른다. 원세개의 주도에 의한 일본군과의 전투는 청조 성립 이래 중국과 일본이 겨룬 최초의 비정식적 교전이었다(林明德, 1970, p.70). 또한 원세개에 관한 연구는 아주 많지만, 조선에서의 활동에만 집중하면 林明德, 1970; 유춘근, 1989; Owen N. Denny(신복룡·최수근 역주), 1999; 李陽子, 2002, 2019; 岡本隆司, 2015 등을 참조할 수 있다. 원세개에 대한 최근의 연구 동향은 張華騰, 2017, pp.3-43에 실린 여러 논문에 잘 정리되어 있다.

355 당시 조선에 머무르던 오장경군, 즉 '慶軍'은 '統帶駐防朝鮮親·慶各營提督'의 직함을 가진 吳兆有와 總兵 張光前이 지휘하였고, 원세개는 副營의 管帶로 1개 영을 지휘하면서 아울러 총리영무처 회판으로 그 지원업무를 맡고 있었다.

누차 진수당 위원에게 부탁하여 각국 공사와 만나 일본이 병사를 물리치고 왕궁에서 물러나게 하도록 부탁하였는데 내일 당연히 힘써 이야기하겠다고 합니다. 만약 내일 안에 병사를 물리치면, 일본이 국왕을 끼고 대신 6명을 살해한 죄는 극악하나 그대로 서서히 방법을 마련하여 처리할 수 있지만, 만일 병사를 물리치지 않으면 저희는 병사를 이끌고 들어가 보호를 할 결심이며, 만약 그것을 허락하지 않는다면 곧바로 전투를 시작할 것입니다. 충돌의 실마리를 일으키는 것은 대단히 두렵고, 저쪽은 사람이 많고 우리는 부족하여, 전력으로 암중 알선하여 환난을 소명하는 것이 좋으니, 쉽사리 손을 쓸 수는 없습니다. 일본군은 조선 군신이 불러들인 것이고, 우리 군대가 들어가 보호하겠다는 것을 조선 군신이 힘써 막고 있으니 정말 한스럽습니다. 일이 일단 결렬되면 어떻게 될지 모르겠습니다. 군사가 아주 위태롭고 병력을 기다리는 것이 정말 시급하니, 제발 방법을 마련하여 군사와 군함을 동원하여 대국(大局)을 돌봐주시기를 바랍니다. 이번에는 반드시 오장경과 같은 대장(大將)을 보내야 도움이 될 것이며, 이하응(李昰應) 역시 군사와 함께 오도록 지시하여 병영 속에 몰래 두고서 인심을 수습하면 좋을 것 같습니다. 지금 인심이 크게 어지러우니 방군(防軍)이 여기에 있지 않으면 난병(亂兵)·난민(亂民)이 다 일어날 것입니다.[356]

여기서 주목할 것은 원세개가 갑신정변을 틈타 공을 세우려는 욕심으로 청 정부나 이홍장의 사전 지시를 얻지 못하더라도 자신이 나서서 일본군과 전투를 벌여 상황을 역전시키겠다는 욕심을 드러내었다

356 「稟叔父袁保齡文」(光緒10年 10月 18日 五更), 『袁世凱全集』 1, pp.34-35; 外交文書』 제8권, p.75; 「袁世凱家書」, 『中日韓』 卷3, p.1504; 林明德, 1970, pp.36-83; 朴日根, 1985a, pp.220-236.

는 점이다. 그가 청의 조선 정책을 현장에서 책임지는 주조선 상무위원 진수당이나 오장경이 남겨 놓은 3개 영을 통솔하는 오조유처럼 청군 전체를 통괄하는 상관의 지휘를 받아 움직일 위치에 있었지만, 원세개의 야망은 과감한 돌출행동과 '월권행위'를 통해 갑신정변의 진압과정에서 현실로 바뀌게 되었다. 그 영향력을 확장함으로써 원세개는 이후 이홍장의 확고한 신임을 받아 급속도로 출세 가도를 달리게 된다.[357]

또 하나 주목할 점은 그가 청 조정이 '영구 귀국 금지'의 조치를 내렸던 대원군을 불러들여 인심을 수습하는 방법을 제안하였다는 점이다. 이것은 이후 이홍장이 대원군의 석방과 귀국을 청 조정에 요청하는 출발점이 되었다. 이보다 앞서 1884년 5월 12일 주진독리로 파견된 남정철과 만났을 때 이홍장은 대원군의 석방·귀국 여부는 본인에게 그 권한이 있지만, 10월 귀국한다는 『신보』의 기사는 와전이며, 오로지 국왕과 정부가 정사에 힘쓰면 될 뿐이라고 답한 것을 보면, 그 당시로서는 이런 방안을 고려하지 않았던 점을 짐작할 수 있다.[358] 여하튼 이때 원세개의 대원군 귀국 요청은 실제로는 김윤식의 발상에서 나온 것이었고,[359] 원

357 갑신정변 전후 10일 동안 원세개는 8통의 속보(飛稟)을 통해 이홍장에게 사정을 전달하였는데, 그 가운데 6통은 오조유·장광전과 연명하여 보낸 것이고, 2통은 그 단독으로 보낸 것이지만, 사실은 대부분 원세개의 손을 거쳐 처리되었다. 胡春惠, 2016, pp.273-274.

358 南廷哲(朝鮮) 編, 1884, 『北洋衙門談草』(한국학중앙연구원 장서각 소장), 10a-10b. 이 자료의 성격과 내용에 대해서는 權赫秀, 2007d; 森萬佑子, 2017, pp.39-48 참조. 이 이전부터 대원군 자신도 이미 상당한 재물(뇌물)과 노력을 기울여 석방과 귀국을 위해 힘썼지만 성과가 없었다. 김종학, 2021, pp.210-225.

359 金允植과 袁世凱는 임오군란을 진압하기 위해 조선으로 향하던 청국 군함 日新號에서 처음 만난 다음, 의기투합하여 사실상 의형제 관계를 맺게 된다. 이때 원세개는 김윤식에게 "나는 勁旅 수백 명을 이끌고 경성으로 들어가고자 한다."라는 의욕을 비추는데, 그는 사실 오장경군의 영무처에서 일하는 '위원'에 지나지 않아 실제 병사를 이끄는 지휘계통에도 있지 않았다. 그

세개와 이홍장이 이를 받아들여 실행에 옮긴 것이었다.[360] 즉 원세개가 이 제안을 여순항구[旅順口] 영무처(營務處)에 재임하던 숙부 원보령에게 알렸는데, 이것을 들은 원보령이 대원군의 석방을 정치적으로 이용하도록 강력히 제안하자, 이홍장이 이것을 받아들여 총리아문에도 통보한 것이다.[361] 이홍장이 이전 임오군란 때, "이하응이 돌아가지 않으

의 과도한 '의욕'과 '허언증'을 여기서도 엿볼 수 있다(金允植, 2001, 「天津談草」, pp.388-389; 金允植, 「天津談草節錄」(1882年 8月 15日), 『袁世凱全集』 1, p.15). 이러한 원세개의 태도는 接伴官으로 그를 만났던 金昌熙의 『東廟迎接錄』에도 잘 반영되어 있다. 그는 이때도 마치 청군을 자신이 이끄는 뜻한 태도를 보였다(『外交文書』 제6권, pp.470-495, 또는 『袁世凱全集』 1, pp.16-24). 지금까지 이 『동묘영접록』은 청년기의 원세개의 '야심'을 이해하는 데 좋은 자료임에도 불구하고 전혀 이용되지 않았다. 한편 김윤식은 이후 1886년에도 민영익에게 나라를 되살리는 방법은 대원군의 정치 복귀라는 점을 지적하였다가 며칠 후 유배의 명을 받았고(金允植, 「追補陰晴史」, 國史編纂委員會 編, 1971b, 『續陰晴史』 下, p.582), 이후 10년간 정계에 복귀하지 못하였다. 임오군란 당시 대원군의 '살해'까지도 제안하였던 그가 대원군의 복귀를 주장한 것은 고종(민씨 척족) 정권에 대한 그의 불만과 '절망'을 잘 보여 준다. 한편 주복은 자신이 먼저 사람을 시켜 조선 국왕에게 懇奏하도록 하였고 이홍장 역시 황제의 은혜를 간청하여 대원군의 귀국이 가능하였다고 주장한다(『周愨慎公自著年譜』, 清代詩文集彙編編纂委員會 編, 2010, 『清代詩文集彙編』 第736冊 所收, p.781. 王雲五 主編, 1978, 『民國周玉山先生馥自訂年譜』, pp.43-44).

360 金允植, 「追補陰晴史」, 國史編纂委員會 編, 1971b, 『續陰晴史』 下, p.578.

361 朴日根, 1985a, p.232. 「北洋大臣李鴻章函附錄 照錄旅順口營務處袁道保齡來稟」(光緒8年 10月 26日), 『中日韓』 卷3, pp.1502-1508; 『外交文書』 제8권, p.75, p.101, p.109 등 참조. 원세개의 숙부 원보령 역시 청의 조선에 대한 강경책을 주장하는 인사 가운데 하나였던 것으로 보인다. 그의 문집인 『閣學公集』(清代詩文集彙編編纂委員會 編, 2010, 『清代詩文集彙編』 746 所收)에 실린 「卷首 國史列傳」(袁保齡), 7a-12b이나 「行狀」, 14b-23a을 보면 그는 조선에 파견되는 오장경에게 강력한 군대를 이끌고 조선의 수도에 장기적으로 주재하면서 나약한 국왕을 도와 監察하면서 文治를 돕고 富强을 圖謀할 사람이 있어야 한다고 건의하였고 張樹聲도 이에 찬성한 바 있으나, 當事者(아마 이홍장을 가리키는 듯)가 군함 확장을 크게 힘써 도모하면서 신중함을 주장하여 이런 논의가 중도에 폐기되었다(「行狀」)고 서술하고 있기 때문이다.

면 그 집안을 보전할 수 있고 그 나라를 안정시킬 수 있으며 그 부자를 온전히 할 수 있지만, 이하응이 일단 돌아가면 부자가 결국 상처를 입어 반드시 집안에 해를 끼치고, 나아가 그 나라에 재앙을 가져올 것"이라고 하였던 것을 생각하면,[362] 그의 태도 변화는 상당한 것이었다.

진수당도 같은 날 이홍장에게 정변의 진상을 보고하였다. 다만, 그는 원세개가 거병(擧兵)을 예비(豫備)한다고 하였지만, 먼저 공격하면 일본군이 반드시 나서서 막으면서 청군이 먼저 도발하였다고 주장할 것이며, 한성주재 각국 공사도 말리는 데다가 조선 국왕이 관원을 파견하여 구원요청을 하지 않았으니 출사(出師)의 명분이 없다고 하여, 오조유와 마찬가지로 작전을 늦추자는 의견이었다. 물론 그도 이홍장에게 윤선을 통한 병력 파견을 통해 개화당을 제압하고 일본이 넘볼 틈을 주지 않아야 한다고 요청하였다. 또 12월 6일 제독 오조유 역시, "중당[中堂. 이홍장을 가리킨다.]께서 은근히 기의(機宜)를 내려 주시고 신속하게 군함을 파견하여 주셔서 우리 군의 위세를 늘려 주시고 군사정보를 통하게 해 주십시오."라는 보고를 올렸다. 그 역시 신속한 출동에 의한 일본과의 전투는 염두에 두지 않았다.[363]

이렇게 진수당과 오조유는 이홍장의 지시를 기다려 작전을 펼치려 하였다. 그런데 잘 알려져 있듯이 이러한 지시가 떨어지기 전에, 그리고 바로 이러한 증원 요청을 보낸 그날 청군은 바로 진압 작전에 나섰다(이들이 요청한 청의 증원군이 도착한 것은 이미 정변이 진압된 한참 뒤였다.). 진수당과 오조유가 명확한 행동 지침을 선택하지 못한 가운데, 원

362 『光緒朝東華錄』 光緒8年 8月 乙丑, pp.1394-1397.

363 「李鴻章收總辦朝鮮商務陳道樹棠來稟」, 『中日韓』 卷3, p.1505; 「李鴻章收統帶駐防朝鮮親慶各營吳兆有等聯銜稟」, 『中日韓』 卷3, p.1506; 『外交文書』 제8권, pp.76-77, p.81.

세개가 일본군과 전투를 벌여서는 안 된다는 지시를 무시하고, 조선 정부의 우의정 심순택(沈舜澤)에게 구원요청 서신을 보내게 한 다음 과감한 행동에 나선 것이 성공을 거둔 것이다.[364] 이 과정에서 청군의 적극적인 출동은 사실상 원세개의 독단과 주도에 의한 것이었다. 청군은 거액의 현상금을 내걸어 국왕의 거처를 알아내고, 일본군과의 전투를 거쳐 홍영식과 박영효 등을 살해한 뒤, 국왕을 오조유의 영내 막사로 옮겨 그곳에서 대신 회의를 소집하게 함으로써 갑신정변을 순식간에 진압하였다.

2) 갑신정변과 청 조정의 대응

이렇게 '현장'의 판단으로 청군이 신속하게 갑신정변을 진압함으로써, 청 조정이나 이홍장이 할 수 있는 조치는 일본과의 분쟁이 확대되는 것을 막고, 아울러 사후 처리 협상에 개입하는 것밖에 없었다. 당시 이홍장은 사실 청불전쟁에 전력으로 매달리고 있었기 때문에, 조선에 관심을 쏟거나 손을 쓸 여유가 별로 없었다는 점은 이 시기 그의 『전집』을 들춰 보면 곧바로 느낄 수 있다. 청의 대외정책이나 외교 면에서 조선에서의 사태 전개는 당연히 중국 본토에 직접 위협이 되는 프랑스와의 전쟁에 비교하면 우선순위에서 훨씬 뒤로 밀려나 있었고, 프랑스와의 본격적인 군사적 항쟁을 꺼리는 이홍장은 청류파 등으로부터 자주 공격받고 있었다. 조선 국왕은 갑신정변이 진압된 다음 날인 12월 7일 바로 이홍장에게 자문을 보내 일본군이 장차 도착할 것인데 병력이 너무 작아 오래 버티지 못할 것 같다면서, 신속하게 대군을 보내 장차 무

364 『外交文書』 제8권, p.79에 심순택이 19일 卯時에 袁世凱·吳兆有·張光前 등 청군의 장령에게 보낸 구원요청 조회가 실려 있다.

너지려는 조선의 사직을 구해 달라고 요청하였다. 이 서신이 이홍장에게 도착한 것은 12월 25일이었다.[365] 갑신정변이 진압된 지 20일이 지난 무렵이었다.

12월 8일 오조유가 고종을 구출하여 영내에 머물게 하고 대신을 모아 회의를 열었다는 경과를 보고하면서, 3개 영만으로는 부족하니 대군을 보내 달라고 요청한 보고 역시 이날 이홍장에게 도착하였다.[366] 한편 원세개의 편지를 받은 원보령도 12월 9일 이홍장에게 청불전쟁에 동원될 예정이던 군함 10여 척을 모아 조선에 파견하자고 요청하면서, '효웅(梟雄)' 이하응을 마건충 및 군대와 함께 파견하여 이용함으로써 민심을 장악하자는 계책을 제안하였다.[367]

이러한 보고를 받아 이홍장은 12월 10일 총리아문에 두 차례 전보를 보냈다. 첫 번째는 태안(泰安) 군함이 조선에서 돌아와 조선에서 사변이 발생하고 청군도 역시 일본과 전투를 하였는데, 자세한 사정을 따로 알리겠다며 오조유 등이 보고하였다고 여순의 정여창(丁汝昌)이 전보로 알려왔다면서, 이를 총리아문에 전달한 것이다.[368] 아마 이것이 청 조정에 최초로 전달된 갑신정변의 소식이었을 것이다. 첫 전보에서는 아직 청군이 일본군과 전투를 벌여 조선 국왕을 구출한 사정이 알려지지 않았다. 그리고 바로 다음의 전보에서 이홍장은 오조유·원세개·장광전(張光前) 등이 입궁하자 일본군이 먼저 사격을 가해 전투를

365 『外交文書』 제8권, p.91.

366 『外交文書』 제8권, p.92.

367 『外交文書』 제8권, p.101; 「旅順口營務處袁道保齡來稟」, 『中日韓』 卷3, p.1502.

368 『外交文書』 제8권, pp.102-103; 「直督李鴻章致總署咨送吳兆有等韓稿文」, 『清季外交史料』 卷49, 23b-26b; 「寄譯署」(光緒10年 10月 23日 午刻), 「寄譯署」(光緒10年 10月 23日 未刻), 『李鴻章全集』 21 電報 1, pp.363-364; 「北洋大臣來電」(光緒10年 10月 23日) 2건, 『光緒中日』 卷5, 24a-24b(이 경우는 전보의 순서가 거꾸로 되어 있다).

시작하였다는 소식을 알리면서, 고위 관원을 신속히 파견하여 조사·처리하자는 의견을 제시하였다. 첫 번째 전보에서 이홍장은 다음과 같은 의견을 총리아문에 제시하였다.

> 특히 놀라 이미 전보로 일본의 여서창 공사에게 신속히 소식을 탐문하고 방법을 마련하여 싸움을 멈추라고 알렸습니다. 일본의 음모는 예측하기 어려운데 분명히 베트남을 둘러싸고 청·프랑스 사이에 일이 있는 틈을 타서 조선을 도모하기 위해 구실을 찾는 것이라, 아마도 베트남보다 재앙이 더욱 심할 것으로 예측됩니다. 전에 북양의 쾌선(快船)을 보내 상해에서 수리하게 했는데 곧 마무리될 예정이지만, 이 일은 대만을 지원하는 것보다 훨씬 다급하니 응당 남양에서 5척, 북양에서 2척을 동원하도록 유지를 청하여 함께 조선에 달려가 진압을 응원해야 할 것입니다. 프랑스에 대적하기에는 선박이 부족하지만, 일본의 음모를 막기에는 그대로 위세를 보일 만할 것입니다. 아울러 마건충이 속히 돌아와 파견될 수 있도록 대신 상주하여 신속하게 실행될 수 있기를 바랍니다.[369]

이 의견은 대원군의 이용이라는 방안이 빠진 것을 제외하면, 원보령의 제안을 사실 거의 그대로 따른 것이었다.[370] 한편 갑신정변의 소

369 「寄譯署」(光緖10年 10月 23日午刻), 『李鴻章全集』 21 電報 1, p.363.

370 실제 이홍장은 총리아문에 의견을 제시한 다음 날인 10월 24일 "내일 황상을 引見한 다음 만약 當路[즉 실권을 장악한 사람을 말한다.]를 만나면 대원군 문제를 대략 조진할 수 있을 것인데, 아직 이야기하지 않았다."라고 하여 이미 대원군 귀국 문제를 분명하게 받아들였다는 뜻을 보여 주었고, 다음 날 총리아문에 보낸 서신에서는 원보령과 원세개의 의견이 "그럴듯하다.[不爲無見]"면서 베껴 보낼 정도로 높이 평가하였다. 鄭村聲 整理, 2008, 「朝鮮密電鈔存」(甲申十月) 十三(光緖10年 10月 24日), pp.388-389; 「致總署報朝鮮事變」(光緖10年 10月 25日), 「致總署請釋李昰應回朝鮮」(光緖10年 10月 27日), 『李

식을 들은 청 조정은 12월 11일 군기처가 이홍장·오대징[371]에게 조선의 병란을 처리하게 하자는 상주를 올렸다. 이에 따라 바로 같은 날 이를 승인하는 다음과 같은 상유가 내려졌다.

> 군기대신 등에게 유지를 내린다. 이홍장이 전보로 알린 바에 의하면 "조선에 다시 내란이 발생하였는데 아마도 일본인이 농간을 부려 주지하는 것 같으므로 인원을 파견하여 조사·처리하고자 합니다."라는 것이다. 조선의 난당(亂黨)은 광서8년 가을에 진압된 다음 그 싹이 아직 모두 다 제거되지는 않은 것 같다. 일본인의 뜻 또한 어디에 있는지 추측하기 어려운데 지금 다시 갑작스레 말썽을 일으켰으니, 중국과 프랑스가 충돌 상태에 있는 것을 빌미로 틈을 엿보아 구실을 찾으려 하지 않는다고 보장하기 어렵다. 이 일은 중대한 문제에 연관되는 것이니 속히 엄밀하게 준

鴻章全集』33 信函 5, pp.421-422 참조.

371 앞에서도 여러 차례 나왔지만 吳大澂(1835-1902)은 자가 清卿이고, 호는 恒轩, 愙斋, 白雲云山樵, 二田居士 등인데, 강소성 吳縣(오늘날의 蘇州) 출신으로 청조 후기의 관료이자, 고문자·금석학의 대가이자 서법가로 명성을 떨치기도 하였다. 1868년 進士 출신으로 清流派의 일원으로서 활발한 활동을 하기도 하였던 그는 광서6(1880)년 1월 三品銜卿으로 청대 漢人 고위 관료로서는 처음으로 吉林에 파견되어 吉林將軍 銘安을 도우면서 러시아의 위협에 대비한 邊防 강화에 큰 역할을 하면서 탁월한 능력을 보여 주었다. 광서7(1881)년에는 督辦三姓·寧固塔·琿春防務兼屯墾事宜로 임명되었는데, 그가 추진한 개간(移民實邊) 정책 때문에 두만강 북쪽으로 월간한 대규모 조선 빈민의 존재가 파악되어, 이후 조선-청 사이의 국경·영토 회담이 시작되는 계기를 낳기도 하였다. 1884년에는 갑신정변의 사후 처리를 위해 조선에 欽差大臣으로 파견되기도 하였으며, 광서11(1885)년에는 길림의 혼춘부도통 依克唐阿와 함께 러시아의 사절을 만나 혼춘의 黑頂子에서 변계를 조사하고 확정하여 러시아가 그동안 불법으로 점거한 영토를 되찾는 성과를 올리기도 하였다. 이후 나중에는 廣東巡撫·湖南巡撫를 지내기도 했는데, 청일전쟁에서 자원하여 군대를 이끌고 동삼성에서 응전하였다가 패전한 다음, 革職당하고 불명예 속에 은퇴하였다.

비하게 처리해야 할 것이다. 이홍장과 오대징은 함께 모든 사무를 기획하도록 하라. 오대징은 이 유지를 받으면 곧바로 몇 영의 부대를 이끌고 조선의 변계로 달려가서 상황을 살펴보도록 하라. 아니면 곧바로 조선의 수도에 이르러 조사·처리하거나, 아니면 경유(慶裕) 등과 함께 협의하여 변경 방어를 기획하되, 오대징이 주도하여 신속하여 결정을 내리도록 하라. 이전에 유지를 내려 속창(續昌)은 경유와 함께 해방(海防)을 처리하도록 한 바 있는데, 오늘 이미 신속하게 출발하도록 지시를 내렸으니, 오대징과 함께 조선으로 향하여 모든 것을 함께 논의하도록 하라. 한편으로는 먼저 이홍장이 오조유 등에게 신속하게 지시를 내려 고위 관원이 가서 조사하기를 조용히 기다리도록 조선국에 알리도록 하라. 아울러 오조유에게 응당 일본 공사와 차분히 협상하되 그에 속아 넘어가지 말고, 또한 갑작스레 일본군과 전투를 벌이지 말라고 지시하라. 대만을 원조하려던 7척의 군함 모두를 동원하기는 어려우니 이홍장은 북양의 쾌선 두 척을 돌아오게 하여 군함을 추가로 배치하고 군수품을 제대로 갖춘 다음에 정여창이 통솔하여 조선에 가서, 오조유 등을 독려하여 기회를 보면서 반란을 진압하도록 지시하라. 전체적으로는 오대징이 지휘하되 이홍장과 논의하여 처리하라. …… 이번에 조선에서 반란이 일어난 이유가 이하응의 잔당에 관련된 것인지 아닌지 이홍장은 즉시 조사하여 신속하게 상주하도록 하라. 이 유지를 하루 600리의 속도로 각기 몰래 전달하여 알리도록 하라.[372]

결국 청 조정의 대책은 청불전쟁을 틈탄 일본의 도발을 염려하면

372 「軍機處奏片」(光緒10年 10月 24日), 「軍機處密寄直隸總督李鴻章等上諭片」(光緒10年 10月 24日), 『光緒中日』 卷5, 25a-26a; 『德宗實錄』 卷196, 光緒10年 10月 乙未; 『外交文書』 제8권, p.326.

서 오대징을 주된 책임자로 임명하여 그가 정여창이 이끄는 북양수사의 함대와 함께 직접 조선의 왕경(王京)으로 출동하여 주둔군을 통솔하면서 조사·처리하는 것으로 결정되었다. 여기서 '난당'의 조사 처리와 조선 왕실의 보호를 강조한 것은 결국 조선과의 조공 관계를 유지하고 강화하려는 의도였다고 하겠지만,[373] 이러한 지시는 이홍장에게는 이번 병란의 원인이 대원군의 잔당 때문인지 조사하여 상주하라는 지시도 첨부되었으므로 반란의 진상에 대해 아직 정확한 정보를 확보하고 있지 못했음을 추측할 수 있다.[374] 특히 오조유 등에게 내린 청 조정의 지시를 보면 무엇보다도 일본과의 충돌을 가장 우려하고 있었음을 알 수 있다. 이 점은 사실 임오군란 당시 청의 태도에도 뚜렷하게 드러난 것이었다. 총리아문에서 다수 병력을 파견함으로써 일본이 의심하게 되는 일을 막아야 한다고 하거나, 이홍장이나 주일본 공사가 일본 측에 병력 파견에 대해 단지 반란 진압을 위한 것이지 일본과는 관계가 없다고 설득하려 한 것도[375] 이 점을 잘 보여 준다.

그리고 총리아문에서 진수당의 보고를 받아 올린 다음인 12월 15

373 權赫秀, 2000, pp.144-152.

374 이 지시는 반란이 대원군의 영향 아래 일어난 일이라면 사실상 일본과의 결탁이란 있을 수 없는 일이었다는 점을 간과하고 있다. 같은 날 주일본 공사 黎庶昌에게 내린 電寄(즉 전보를 통해 군기처가 보낸 廷寄 형식의 諭旨)에서 이홍장의 전보에 따르면 조선에서 대신을 盜殺하고 국왕을 딴 곳으로 옮겼는데 일본이 국왕을 옹위하여 回宮하였고, 外署는 모두 日黨으로 바꿔치기하였으며, 인천에서 일본 군함이 움직이기 시작하였는데 아마도 돌아가서 군사를 동원할지도 모른다고 하였으니, 일본이 어떤 거동을 보이는지 실정을 신속히 조사하여 보고하라고 지시하였으므로, 청 조정은 분명히 일본의 직접적인 개입과 영향을 분명히 파악하고 있었다. 그런데도 대원군의 잔당 운운하는 것은 조선의 내정 상황에 대한 지식·정보의 부족을 드러내는 셈이다.

375 鄭村聲 整理, 2008, 「朝鮮密電鈔存」(甲申十月) 九十四(光緒10年 11月 6日), p.410.

일에도, 청 조정은 이번 조선 정변의 이유에 대해 아직 확실한 소식이 없으니 목전의 방법은 전체적으로 보아 반란 진압을 주로 삼아야 하며, 절대로 일본과 충돌을 일으켜서는 안 된다고 다시 강조하였다. 이홍장의 보고나 주중국 일본 공사의 확인으로 조선의 변란이 큰 파란을 일으키지 않을 것임을 확인하였으면서도, 반드시 고위 관원을 파견하여 처리해야 한다는 방침을 재확인하여 오대징에게 쾌선을 타고 신속하게 조선으로 향할 것을 지시하였고, 아울러 청군과 일본군과의 충돌이 있었다는 이야기는 모두 다 소문을 전달하는 것에 지나지 않으며, 설사 전투가 있었더라도 작은 일에 지나지 않는 이야기이니 이것을 빌미로 삼아 오대징은 문제를 쉽사리 마무리할 수 있을지도 모른다는 추측을 내세웠다.[376]

이렇게 청 조정이 무엇보다도 일본과의 군사적 충돌을 피하는 데 초점을 맞춘 것은 이후에도 갑신정변의 사후 처리를 지시하면서 거듭 강조하는 바였다. 임오군란부터 갑신정변 이후에 이르기까지 청이 계속 이런 태도를 지속한 것은 청의 조선 정책에서 핵심이 어디에 있는가를 잘 알려 준다. 청의 국방·외교상 주안점은 결국 조선 문제를 둘러싸고 일본과의 충돌을 피하는 것이었고, 조선 정책도 사실 그 연장선 위에 있었다. 조선 자체에 대한 통제·개입이나 조선 정국의 안정은 그 다음의 문제였다.

여하튼 청은 갑신정변이 신속하게 진압된 이상, 무엇보다도 사후 일본과의 갈등이 비화하여 '전쟁'으로 번지지 않게 하는 데 가장 주의를 쏟았다. 그리고 이홍장은 바로 다음 날 총리아문에 전보를 보내, 난당(亂黨)이 대원군의 여당(餘黨)이 아니고, 일본에 가담한 무리도 대원

376 『德宗實錄』 卷196, 光緒10年 10月 己亥; 『外交文書』 제8권, p.328.

군의 무리가 아니며, 조선인들이 대원군이 돌아오기를 몹시 바라니 석방하여 귀국시키는 유지를 청하여 오대징·정여창 등과 함께 보내거나, 직함을 내려 주어 조선의 인심을 장악하자는 제안을 총리아문에 보냈다.[377] 이 역시 원보령이 제안한 바였다. 이리하여 청의 갑신정변에 대한 수습책은 대체로 그 얼개가 마련된 셈이 되었다.

하지만 이홍장이 제안한 대로 대원군을 보내 민심을 수습한다는 방향은 쉽사리 정해지지 않았다. 12월 13일 군기처는 이홍장에게 지금으로서는 일본이 혐오하는 대원군을 갑작스레 귀국시키면 반드시 따로 문제를 파생시킬 것이고, 이번 사건은 본래 중국이 예상하던 바가 아니라 도리어 일본의 의심을 키울 필요가 없다는 상유를 전달하였다. "요컨대 현재의 방법은 난민을 조사·처리하여 조선 국왕을 보호하고 일본인의 마음을 안심시키며, 아울러 청군과 일본군이 오해로 전투를 벌인 것을 설명하여 분쟁의 실마리를 푸는 것을 첫 번째 요의(要義)로 삼는다."라는 내용이었다. 원래 중국과 관계가 없었던 갑신정변의 처리 문제로 일본과 "쉽사리 군사 충돌의 실마리를 열어서는 안 된다."라는 지시를 다시 확인한 것이다.[378] 이홍장은 바로 다음 날 다시 총리아문에 서신을 보내 다음과 같이 요청하였다.

> 조선은 자주를 내세우니 다른 나라에 번속이 되어서는 안 되므로, 겉으로는 여전히 상국에 복종하며 받드는 예를 취하지만, 안으로는 점차 두

377 「寄譯署」(光緖10年 10月 25日 午刻), 『李鴻章全集』 21 電報 1, p.364; 「北洋大臣來電」(光緖10年 10月 25日), 『光緖中日』 卷5, 26a.

378 「軍機處電寄李鴻章諭旨」(光緖10年 10月 26日), 『光緖中日』 卷5, 27ba-28a; 『外交史料』 제8권, p.121; 『德宗實錄』 卷196, 光緖10年 10月 庚子; 鄭村聲 整理, 2008, 「朝鮮密電鈔存」(甲申十月) 六六(光緖10年 10月 29日), p.402(이것은 총리아문에서 이홍장에게 보낸 10월 29일 자 비밀전보다.).

마음을 가지고 청을 막시(藐視)하는 마음을 가지게 되었습니다. 올해 프랑스와 베트남의 일이 긴급해지자 조선의 군신은 더욱 현혹되는 바가 많아 일본과 결탁하여 스스로 지키고자 합니다. 무릇 조선에서 온 사람은 조선에서 두 마음을 갖지 않은 사민(士民)은 모두 이하응의 귀국을 바라고 있다고 말합니다. 하물며 이번 변란을 맞이하여 특히 인심을 수습할 계책이 될 수 있습니다. 경군(慶軍) 영무처(營務處)의 원세개는 조선에 오래 있었고, 여론을 잘 알고 있는데 지난번 가서(家書)에서 역시 이하응을 군사와 함께 보내 영내에 몰래 배치하자는 제안을 한 바 있습니다. 도원 원보령 역시 극력으로 이를 종용하면서, 아버지가 아들에 임하는 의리는 비교적 순조로운 것이라고 하니 그럴듯한 의견이라 하겠습니다. …… 지금 사변이 갑작스레 일어나 거듭 고려해 보니 이하응을 귀국시키고 방법을 마련하여 보호하지 않으면 힘을 쓸 수 없습니다.[379]

여기서 이홍장은 원세개와 원보령의 의견을 높이 평가하면서, 조선 국왕의 자주·친일 경향을 견제하기 위해 대원군의 귀국을 강력하게 주장하였다. 이홍장의 조선 정책이 원세개의 의견에 강력한 영향을 받게 되는 것은 여기서도 잘 나타난다. 이때 그는 도원(道員) 심능호(沈能虎)를 통해 대원군의 뜻을 알아보고, 그에 관한 보고서 및 대원군과의 「문답절략」도 마련하는 등 상당한 노력을 마다하지 않았다.

하지만 청 조정의 뜻은 바뀌지 않아 이 제안을 받아들이지 않고, 대신 일본의 제안을 받아들여 평화적 담판으로 사태를 해결하려는 방침을 선택하였다.[380] 이홍장의 제안에 대해 어떤 반응도 보이지 않았을 뿐만

379 「致總署請釋李昰應回朝鮮」(光緖10年 10月 27日), 『李鴻章全集』 33 信函 5, pp.421-422; 「北洋大臣李鴻章函」(光緖10年 10月 28日), 『中日韓』 卷3, pp.1509-1513; 「李鴻章來函」, 『光緖中日』 卷5, 32a-34b.

아니라, 조선 문제를 처리하기 위해 출발하는 오대징이 "조선의 난당을 조사·처리하는 것을 명분으로 삼되, 절대로 일본과 싸움의 실마리를 열지 않겠다는 의견을 조진한 것은 매우 시기적절한 것이다."라고 평가하였다.[381] 결국 청 조정이 대원군에 대해 다시 상유를 내리게 된 것은 반년 후인 다음 해 7월 21일이었다. 조선이 날로 러시아와 가까워지는 것을 사전에 방비하기 위해, 이홍장이 대원군을 천진에 불러 상세히 물어보고 그가 과거의 잘못을 뉘우쳤는지 살펴본 다음 상주하라는 내용이었다.[382] 그리고 이에 맞추어 이홍장은 대원군을 천진에서 만나 그의 의견을 들어 본 다음, 이렇게 총리아문에 그 결과를 통보하였다.

> 6월 19일 이하응을 천진으로 맞아들여, 제가 만나 보겠다고 지시를 전한 다음 그와 더불어 밀담을 되풀이하였습니다. …… 이에 그는 정성을 다해 그 뜻을 토로하였습니다. 요컨대 왕비가 정치에 간여하고 민씨 척족[閔黨]이 권력을 제멋대로 하니, 그는 바야흐로 물러나 피하기에 바쁜데 어찌 감히 몸을 던져 일에 나설 수 있겠느냐는 것이었습니다. 또 말하기를 특별히 엄한 유지를 내려 왕비가 정치에 간여하지 못하게 하더라도 여전히 이전과 같이 정치에 간여할 우려가 있으니, 반드시 원조(元朝)의 옛 사례[故事]처럼 황제가 대신을 파견하여 감국(監國)하면서 (중국 직할) 행성(行省)처럼 처리하여 왕과 왕비가 감히 멋대로 자기 길을 가게 해서는 안 된다고 이야기하였습니다. 이 논의는 중대한 문제에 관계되는데, 원대에 누차 감국을 파견하였지만, 권한이 통일되지 않아 혼란이 더욱 가중되었습니다. 만약 조선 국왕을 폐지하고 조선을 행성으로 고친다면 이 거동

380 林明德, 1970, pp.68-69.
381 『德宗實錄』 卷197, 光緒10年 11月 乙巳.
382 『德宗實錄』 卷209, 光緒11年 6月 丁丑.

은 너무 갑작스럽게 돌출되는 것입니다. 하물며 지금 각국은 이미 조선과 조약을 체결하여 통상하고 있고, 러시아와 일본이 그 옆을 호시탐탐 노려보고 있어 반드시 틈을 타서 옆에서 교란할 것이니, 다스리려다가 도리어 혼란이 생겨 대세로 보건대 아마 억지로 실행하기 어려울 것입니다. …… 이하응이 권력을 놓은 다음에 민비가 정치에 간여한 지 오래되었고, 세자는 또 그 친자식이니 그 무리가 조정에 가득 차서 내외로 서로 결탁하여 뿌리가 아주 깊습니다. 설사 엄격한 유지를 내려 정치에 간여하는 것을 허락하지 않더라도 왕이 허약하여 듣고 따르지 않으면 어쩌겠습니까? …… 설사 가볍게 과거의 법도를 바꾸어 속방의 내정에 간여하지 않기를 원하더라도, 또한 반드시 미리 강력한 부대를 마련하여 동삼성의 변계에 주둔시킴으로써 예측하지 못하는 사태를 막고 완급 조절을 대비할 수 있어야 할 것입니다. 이하응의 경우 이전에 본래 큰 죄를 저지른 바 없어 잠시 나라를 떠나게 한 것은 일시의 임시방편이었습니다. 지금 이미 3년 동안 묶어 놓았고 칠순에 늙고 병든 몸이니…… 은혜를 베풀어 돌려보내되, 잠시 (왕비가) 국정에 간여하지 못하도록 강력한 지시를 내려 내란이 발생하는 일은 피해야 할 것 같습니다. 왕비가 이하응의 귀국을 보고 대국에서 벗어난 한인(閑人)으로 만들더라도 이하응의 성세가 여전히 남아 있으니 아마 조금이라도 거리낌이 있어 방자한 행동에 나서지는 않을 것입니다. 국왕이 부자 간의 천성(天性)을 생각하여 혹시라도 은근히 도와주어서 조금이라도 그 추향을 가다듬어 줄지도 모르겠습니다.[383]

383 「致總署籌議赦還李昰應」(光緒11年 6月 27日), 『李鴻章全集』 33 信函 5, p.524. 이 대원군과 중국 측 관원의 만남은 이홍장과 대원군의 「問答節略」(6月 21日), 候補道 許鈐身과 대원군의 「密談節略」(6月 23日), 津海關道 주복과 대원군의 「筆談節略」(6月 24日)으로 같은 책의 pp.520-523에 실려 있다.

이홍장은 이전의 주장처럼 "가볍게 과거의 법도를 바꾸어 속방의 내정에 간여하지 않기를 원"하여, 감국을 파견하는 일은 여전히 국제 정세상 곤란이 많고 실행이 어렵다는 이유를 들어 거부하였다. 하지만 "이전에 본래 큰 죄를 저지른 바 없다."라고 종전과는 전혀 다르게 평가하면서, 대원군을 귀국시켜 국왕·왕비를 견제함으로써 조선을 '통제'하는 방안을 모색하고 있었다. 청의 대원군에 대한 평가나 그 역할에 대한 기대는 어디까지나 정치적 상황에 따라 얼마든지 바뀔 수 있다는 점을 이홍장의 태도가 잘 보여 준다. 그러나 사실 대원군의 귀국이 그가 기대한 것과 같은 효과를 낳지는 못하였다는 점은 이미 잘 알려져 있다. 결국 1885년 9월 20일 "이하응에게 은혜를 베풀어 그 석방을 허용하니, 이홍장이 적절한 위원을 파견하여 귀국하도록 호송하게 하라."는 황제의 재가가 떨어졌고,[384] 대원군은 3년 남짓한 구금에서 벗어나 귀국할 수 있었다. 이때 원세개는 대원군의 귀국을 호송하면서 다시 조선으로 돌아왔다.

3) 오대징과 갑신정변 사후 처리

한편 갑신정변의 사후 처리는 오대징이 그 주된 역할을 맡게 되었으나, 이미 정변은 진압된 다음이었으므로 청 조정의 방침에 따라 사실상 일본과의 원만한 협상에 그 목표를 집중하게 되었다. 그 결과 오대징은 여러 차례의 병력 증원 요청에도 불구하고, 400명의 병력만을 이끌고 조선으로 출발하였다.[385] 이것은 임오군란 때의 3,000명 파견과 대조가

384 『德宗實錄』 卷213, 光緒11年 8月 戊寅.

385 『外交文書』 제8권, p.139; 「北洋通商大臣李鴻章等奏遵旨會商查辦朝鮮事宜摺」(光緒10年 11月 3日), 『光緒中日』 卷6, 6a-6b; 『中日韓』 卷3, pp.1515-1516;

되지만, 이홍장도 "조선의 변란은 난당에게 죄가 있고 중국과 일본의 군대가 창졸간에 충돌한 것은 결코 의도적인 것이 아니었으니, 피차간에 이 점은 분명히 양해할 수 있을 것이라는 점에 대해 전혀 의심하지 않습니다. 양국의 흠차(欽差)가 이러한 뜻을 깨닫는다면 평화로운 협상으로 즉각 마무리될 것입니다."라는 총리아문의 뜻을 오대징에게 전달하였다.[386]

즉 청의 갑신정변에 대한 사후 조치는 일본과의 충돌 가능성을 최대한 회피하는 데 중점이 두어졌고, 그에 따라 조선 문제는 총리아문이나 이홍장의 대응에서 거의 고려 대상이 되지 않았던 것으로 보인다. 오대징은 조선에 와서 한 달 이상 체류하면서 진상 조사, 조선 정부와의 교섭, 일본 정부 대표와의 협상을 목표로 활동하였고, 특히 갑신정변 주도 세력을 철저히 제거하는 데 관심을 기울였다. 그는 조선 정부와 교섭하여 사실상 일본 측의 배상 요구를 수용하는 선에서 사태를 수습하려는 방침을 정하였다. 일본공사관의 책임 문제를 추궁하지 않고 모든 책임을 '난신'에게 돌림으로써 고종 자신과 정부의 책임을 회피하고, 일본과의 분쟁 확대가 또다시 청과 일본의 충돌로 확대될 것을 우려하던 조선 정부도 여기에 동조하지 않을 수 없었다.

1885년 1월 3일 한성에 도착한 일본 정부 대표 이노우에 가오루와 조선 정부 대표 김홍집이 1월 7일부터 9일까지 3일 만에 「한성조약」을 체결한 것은 이러한 배경에서였다.[387] 일본은 갑신정변에의 간여라는 '책임'을 전혀 추궁당하지 않는 유리한 상황을 맞이하였다. 하지만 일

「會奏吳大澂赴朝鮮摺」(光緒10年 11月 3日), 『李鴻章全集』 10 奏議 10, p.640.

386 鄭村聲 整理, 2008, 「朝鮮密電鈔存」(甲申十月) 十五三(光緒10年 11月 25日), p.425.

387 이에 대해서는 權赫秀, 2000a; 김종학, 2018c 참조.

본과의 교섭을 통해 양국의 충돌 가능성을 최대한 배제하려던 청의 외교적 시도는 그다지 순조로운 것이 되지 못하였다. 다음 달 12월에 광서제가 내린 다음과 같은 상유는 그 점을 잘 보여 준다.

> 일본 사신 이노우에 가오루는 조선에 도착한 다음 곧바로 조선과 조약을 체결하면서 결코 오대징과 아무것도 상의하지 않았고, 다만 오대징이 전권(全權) 사신이란 문서를 휴대하지 않았다고 주장하면서 곧바로 귀국하여 버렸다. 그 상황을 헤아려 보건대 만약 스스로 이 일에 대해 이치에서 밀려 교활하게 변명할 수 없음을 알았던 것이라고 한다면 그래도 굳이 경중을 따질 필요가 없는 일에 속한다. 그렇지만 특히 이번에 협상하지 않고 조선은 우리 속국이 아니라고 주장하면서 뒤이어 다시 분란을 일으킨다면, 바로 이 일을 구실로 삼아 우리가 간여하는 것을 막고자 함으로써 베트남 상황과 같은 과거의 곤경에 빠지게 되니 그야말로 잠재적인 우환이 크다고 할 것이다. 오대징은 난당 조사·처리와 사후 조치에 대해 세밀하게 준비·기획하도록 하라. 이번 조선의 소란은 아마 김옥균이 그 흉수인 것 같고, 일본으로 도피했다는 지적에 대해 주북경 일본 공사는 총리아문에서의 담론에서 결코 승인하려 하지 않았으며, 또한 조선과 함께 그를 체포하는 데 협조할 수 없다고 이야기하니, 의도적으로 비호하는 것임을 대략 파악할 수 있다. 현재의 방법은 응당 조선 국왕에게 힐문하는 수밖에 없다. 김옥균 등이 도대체 어디에 있는지 조사하여 확인한 다음 체포하여 엄히 처벌함으로써 뭇사람의 마음을 가라앉히도록 하라. 조선은 이미 너무 쇠약하니, 지금 정여창 등이 주둔하면서 이를 보호해야 할 것이다. 사태가 아직 완전히 진정되지 않았으니 당연히 철수하기 어렵다. 장래 만약 청군이 조선에 오래 주둔하게 되면 응당 어떻게 적절하게 구획해야 보호의 실효를 거둘 수 있는지 오대징과 속창이 전체의 국면을 총괄적으로 판단하고 상세하게 조절하도록 하되, 아울러 이홍장과 적절하게

상의한 다음 상주하도록 하라. 이 유지를 하루 600리의 속도로 비밀리에 이홍장과 오대징에게 알리고 아울러 속창에게도 전달하도록 하라.[388]

이 유지를 보면 임오군란의 경험을 바탕으로 청은 쇠약한 조선을 보호한다는 이유를 들어 다시 군대의 장기적 주둔을 고려하게 되었다는 점을 알 수 있다. 이제 청은 속국을 보호한다는 명분으로 청군을 조선에 주둔시키는 것을 당연한 상황으로 받아들이게 되었다. 이것은 이홍장이 지금까지 원하지 않았던 방향으로 사태가 되풀이하여 전개되는 것을 의미하였다. 원하지 않는 책임과 부담을 피하려는 그의 노력이 갑신정변으로 다시 한번 무산된 셈이다.

그런데 이 유지를 통해 알 수 있는 또 한 가지는 청이 오대징을 파견하여 일본과의 교섭으로 문제를 해결하려 하였으나, 일본 측의 교묘한 대응으로 아무런 성과도 거두지 못하였고, 결국 조선 국왕에게 김옥균 등의 체포·처벌을 요구하는 방법밖에 찾지 못하였다는 점이다. 사실상 청은 원세개의 선공으로 일본군을 물리치고 갑신정변을 진압하는 예기치 않은 군사적 성공을 거두었지만, 이후 청 정부의 후속 외교 조치는 오히려 이러한 성공을 뒷받침하지 못하는 '실패'로 마무리되는 것이다. 이것은 청이 오대징에게 '전권' 권한을 부여하지 않고 파견함으로써 국제법에 기초한 외교적 협상 자체를 일본이 거부할 수 있게 하는 빌미를 제공하는 실책을 저지른 데서 비롯되었다.

사실 일본은 갑신정변 직후 청에 대해 이홍장의 직접 파견을 기대하면서 전권대신 파견을 요구하였다.[389] 하지만 청은 어떤 흠차대신이

388 『德宗實錄』 卷199, 光緒10年 12月 甲戌.

389 E. V. G. Kiernan, 1970(1939), p.162. 주일본 공사의 전보에 의하면 外務卿 井上馨은 黎庶昌에게 이미 光緒10년 11월 4일(1884.12.20.)에 전권대신[便

든 단지 상의할 권한만 있으며 여전히 황제의 유지(諭旨)를 요청하여 그에 따라 실행할 뿐으로 마음대로 처리할 수 없으며, 중국의 정령(政令)이 서양 각국의 법제와는 다르다는 점을 들어 일본의 양해를 요청하였다.[390] 물론 조선이 청의 속국임을 부정하는 일본은 이러한 청의 개입 시도를 전혀 받아들이지 않고, 이후에도 계속 전권대신 파견을 요청하였다.

그러나 청은 여전히 "중국의 정령이 서양 각국의 법제와는 다르다."라는 이유로 국제법적 질서나 규범을 제대로 '수용'할 준비가 되어 있지 않았다. 물론 예전 러시아와 이리 교섭에서 전권대신 숭후(崇厚)가 조약체결을 그르쳤던 과거의 경험 때문에, 그 이후 전권대신이 사실상 폐지된 것이나 마찬가지였던 점도 여기에 작용하였다. 이 때문에 총리아문은 주중국 일본 공사에게 "중국은 종래 각국과의 교섭 사건에서 어떤 등급의 흠차이건 단지 논의할 권한만 있을 뿐입니다. 반드시 황상의 유지를 요청한 다음, 그에 따라 행하며 마음대로 결정을 내릴 수 없습니다. 이것이 바로 중국의 정령입니다."라고 설명하였고,[391] 주일본 공사 여서창이 계속 전권대신 파견을 요청하였음에도 불구하고, 그에게 다음과 같은 취지로 일본 정부를 설득하라는 전보를 보냈다.

중국의 중대사는 모두 황상의 결정에 따르며, 함부로 권한을 행사하는

宜行事大臣]의 상호 파견을 요구하여 조약체결을 하자고 요청하였다. 鄭村聲 整理, 2008, 「朝鮮密電鈔存」(甲申十月) 八十二(光緒10年 11月 4日), pp.406-407; 『外交文書』 제8권, p.279, p.333.

390 「會辦北洋事宜都察院左副都禦史吳大澂奏朝日議約已竣商辦善後事宜摺」(光緒10年 11月 29日), 『光緒中日』 卷6, 43b-45a; 『中日韓』 卷4, p.1621; 『外交文書』 제8권, p.336; 『外交文書』 제9권, p.69, pp.76-78, pp.83-84. 전권문제에 관한 청의 대응에 대해서는 劉憶江, 2015, pp.335-338에도 정리되어 있다.

391 『外交文書』 제8권, p.336.

것은 죄를 범하는 것입니다. 숭후가 허물을 얻은 이후 오랫동안 전권이란 명목이 폐지되었습니다. 생각건대 전권대신이 결정을 내렸는데 혹시 황상이 그것을 비준하지 않는다면 도리어 문제가 더 많아질 것입니다. 만약 황상의 유지를 얻어 승인한다면 결코 다시 바꾸지는 않을 것입니다. 이번에 중국이 먼저 흠차대신을 파견하는 것은 바로 신속하게 마무리하려는 뜻입니다. 오대징은 부헌대원[副憲大員. 당시 북양대신의 업무를 돕는 會辦北洋事宜의 직함을 가지고 있었다]으로 "화목하게 협상하여 신속하게 마무리하라."라는 유지를 받았습니다. 그 권위(權位)가 가볍지 않아 반드시 공정하여 상의할 수 있으니, 서구의 사례를 가지고 우리가 받아들이기 힘든 일을 강요해서는 안 될 것입니다. 이대로 일본 외무성에 답변하면 될 것입니다.[392]

청의 '전권대신' 파견 거부는 양국 군대의 교전 사실을 새삼스럽게 문제로 삼지 않기 위한 의도적인 조치라거나, 속국의 내란을 조사·처리하기 위해 파견된 관원에게 제3국 외교관과의 평등한 교섭 전권을 부여할 수 없다는 해석도 있다.[393] 그렇다고 해도 청의 요청을 일본이 받아들이기를 거부함으로써, 청이 대일 교섭을 통한 문제 마무리에서 사실상 아무런 성과도 거둘 수 없게 되었다는 사실에는 변함이 없다. 국제법적 질서·규범의 수용이나 적용을 거부하고 중국 자체의 정령만을 고집하면서, 여전히 '천조체제'는 그것과는 다르니 "서구의 사례를 가지고 우리가 받아들이기 힘든 일을 강요해서는 안 될 것"이라고 주

392 千葉正史, 2006, p.64 및 「總署致黎庶昌中國先派欽差正欲速了之意電」(光緒11年 11月 15日), 『清季外交史料』 卷51, 5ab; 鄭村聲 整理, 2008, 「朝鮮密電鈔存」(甲申十月) 一二七(光緒10年 11月 15日), p.418 참조.

393 權赫秀, 2000a, p.215.

장한 것은 갑신정변에 개입한 혐의를 피할 수 없었던 일본이 도리어 외교 교섭에서 기선을 제압하는 빌미를 제공했다. 이홍장은 이노우에가 전권대신이란 문서를 내놓으라고 요구하면 (오대징이) 위에 말한 유지를 보여 주면 될 것이라는 총리아문의 지시에 대해, "이노우에는 두등전권편의행사(頭等全權便宜行事)이니 우리 쪽과 권위가 대등하지 않다면 협상하기 곤란할 것입니다."라고 우려를 표명하였다.[394] 실제 사정은 이홍장의 예측대로 진행되었다.

조선에 파견된 오대징은 1885년 1월 8일 조선의 전권대신 김홍집과 일본 전권대신 이노우에 가오루의 제2차 회담 장소를 방문하였다. 그는 외교상의 관례를 무시하고 일본 측의 허락도 받지 않은 채 회담장에 난입하여 조약체결에 개입을 시도하였지만, 전권대신의 문서가 없다는 이유로 다른 날을 잡아 만나서 얘기하자고 이노우에가 완강하게 그를 거절하면서 회담 참여는 실패로 돌아갔다. 그렇지만 약 한 시간 정도의 필담을 통해 오대징은 "양국의 조약체결은 각기 전권대신을 파견하여 서명하고 직인을 찍지만, 중국은 일본과 화호(和好)한 지 오래되어 현재 논의할 사항이 없으므로 전권대신의 문서가 없다. 만약 귀대신이 따로 중국과 협의할 일이 필요하다면, 따로 그 단서를 간단히라도 제시하면 본 대신은 곧 조속한 시일 이내에 따로 전권대신의 문서를 추가하도록 주청하겠다."라는 뜻을 전했다고 하면서, 그래도 이런 조치에는 시간이 걸리니 이노우에와 한 번 만나볼 필요가 있었다고, 회담장 '난입'의 이유를 변명할 수밖에 없었다.[395] 오대징은 조정에 올린

394 鄭村聲 整理, 2008, 「朝鮮密電鈔存」(甲申十月) 一三八(光緒10年 11月 17日), p.421; 「寄旅順袁奏道」(光緒10年 11月 17日), 『李鴻章全集』 21 電報 1, p.398.

395 『外交文書』 제9권, pp.59-61, p.69, pp.76-78, pp.90-101; 「軍機處會密寄李鴻章等上諭」(光緒10年 12月 4日), 『光緒中日』 卷6, 41ab; 「北洋會辦吳大澂奏確査朝鮮亂黨詳情摺」(光緒10年 12月 4日), 『淸季外交史料』 卷51, 17b-23b; 「會

상주에서 다음과 같이 설명하였다.

> 신 역시 이노우에 가오루가 중국 사신이 조선과의 조약을 체결하는 일에 끼어드는 것을 원하지 않음을 분명히 알고 있었습니다. 그렇지만 간여하지 않는 가운데 미세하게나마 간여하는 단서를 드러내야만, 그 일이 혹시라도 신속하게 마무리될 수 있었을 것입니다. 신 등 또한 지나치게 견지하여 다시 분쟁의 발단을 열기는 곤란하였는데, 필담을 나누는 가운데 그는 신 등이 전권대신 문서가 없다는 이유로 함께 논의하지 않겠다는 태도를 굳게 지켰고, 신 역시 곧장 다투기 곤란하였습니다. 다만 중국과 일본은 화호한 지 오래라서 본래 논의할 조약이 없고, 이번 건은 사건을 조사·처리하기 위한 것이라서 전권대신의 문서가 없다는 것을 알렸습니다.[395]

오대징의 돌연한 회담장 '난입'은 결국 전권대신의 문서가 없어 일본 측과 교섭이 불가능하였던 상황에서 나온 '난폭'한 궁여지책이자 역시 일종의 '편법'이었다. 오대징이 한성에 도착하였지만, 이노우에가 배방(拜訪)하지도 않고 자신도 가서 보기에 불편하지만, 조선·일본의 조약

辦大臣吳大澂等函」(光緖10年 12月 3日), 『中日韓』 卷3, pp.1584-1592; 「軍機處交出吳大澂抄摺」(光緖11年 1月 3日), 『中日韓』 卷3, pp.1633-1638; 顧廷龍 編, 1935, pp.116-117. 오대징의 변명은 『外交文書』 제9권에 실린 「전권대사 井上馨 復命書」(pp.94-101)에 따른 것이다. 오대징은 이때 김홍집과 이노우에에게 조약을 체결할 때 반드시 '亂黨'에 대한 추궁 문제를 언급해야 한다는 손글씨 문서(手示)를 보여 주기도 하였다. 조선 난당의 추궁·처벌을 통해 일본을 설득하고 일본과의 충돌 가능성을 없애겠다는 것이 갑신정변에 대한 청조 정책의 핵심이었기 때문이다.

396 「北洋會辦吳大澂奏確查朝鮮亂黨詳情摺」(光緖10年 12月 4日), 『淸季外交史料』 卷51, 17b-23b; 「軍機處交出吳大澂抄摺」(光緖11年 1月 3日), 『中日韓』 卷3, pp.1633-1638.

논의에 중국 사신이 어찌 치지불문(置之不問)할 수 있겠느냐 하면서, 일본 측과 약속해도 허락하지 않을 터이니 회의할 때 틈을 타서 들어가 변론함으로써 중국 사신이 은근히 조선을 돕는다는 뜻을 보여, 일본이 혹시라도 제멋대로 요구하여 다른 분란을 낳는 것을 막아 보겠다는 의도였다.[397] 오대징은 이런 행동을 통해 청은 조선과 일본의 문제에 개입할 권한이 있음을 과시하고자 하였지만, 국제적 관행을 어긴 이 무례한 행동은 실제 조선·일본의 조약체결에 대해 아무런 영향을 미치지 못하였다.

그뿐만 아니라, 갑신정변 이후 일본은 다케조에 공사 등이 거기에 간여한 분명한 책임이 있음에도 불구하고 그 진상을 감추고, "이번 변란의 원인이 일본에 있다는 것만 없애면 된다."라는 자세를 관철하면서,[398] 오히려 조선에 피해보상을 요구할 수 있게 되었다. 무장병력 600명을 동원한 전권대신 이노우에 가오루를 파견하여 도리어 외교적 공세에 나선 일본의 시도는 성공을 거두었다. 따라서 청·일의 전쟁이 예상되는 상황에서 조선은 서둘러 사태를 마무리하는 방향을 선택할 수밖에 없었다. 청은 조선의 협상에 아무런 도움을 주지 못하였고, 그 결과 외무경으로서 전권대신으로 조선에 파견된 이노우에 가오루는 조선이 독립국이라는 명분을 빌리고, 아울러 한성에 파견된 흠차대신 오대징이 전권대신의 직위가 없다는 구실을 들어 청의 개입을 거부하면서 조선을 압박하여 상당한 외교적 '승리'를 거두었다. 그 결과 1885년 1월 체결된 「한성조약(漢城條約)」에서 조선 측은 사죄와 사건관련자의 처벌, 11만 원의 배상금과 2만 원의 공사관 신축기금 지급 등을 승낙하였다. 아울러 일본은 주둔군을 1천 명으로 증원할 수 있는 특권을 부여

397 顧廷龍 編, 1935, pp.116-117.
398 김종학, 2018c, pp.298-300.

받았다.[399]

갑신정변이 삼일천하로 끝나 버린 결과, 잘 알려져 있듯이 정변의 주모자였던 김옥균·박영효·서광범·서재필 등은 다케조에 공사의 뒤를 좇아 일본공사관으로 피신하였다가, 일본으로 도피하였다. 홍영식·박영교와 정변에 가담한 사관생도 등은 고종을 호위하여 청군에 넘겨준 후 피살되었다. 그 뒤 국내에 남은 개화당은 이후 거센 탄압을 받음으로써, 청으로부터의 '독립'을 지향하였던 갑신정변은 급진적 개화당의 철저한 소멸을 가져왔다. 다소 성급한 개혁의 시도와 그 실패가 도리어 개혁파 세력을 극단적으로 축소함으로써 그들이 추구하던 개화정책 역시 이후 조선에서 추진될 수 있는 근본적 동력을 상실하게 만든 것이다. 일본 또한 이후 조선에서 의지할 수 있는 세력을 찾아내는 데 크게 위축되지 않을 수 없었다.

한편, 오대징은 갑신정변 사후 처리를 보고하면서 조선에 있는 동안 두 번째로 고종을 만났을 때 「변당론(辨黨論)」 2편을 올려 그 간행·반시(頒示)를 요청함과 더불어 이치(吏治)와 군정(軍政) 두 가지를 핵심으로 한 "인재 양성과 발탁[求賢과 育才], 민심 수습[恤民], 형벌 완화[緩刑], 절약[節用], 연병[練兵]"의 여섯 가지 방안을 제출하여 내정개혁을 권고하였다. 김옥균 등 난당 체포와 처벌이 중요한 과제이지만, 조선의 우환은 외국의 침략[外侮]이 아니라 내정에 있다는 것이 그 이유였다.[400] 이 내용이 수록된 이른바 「오청경헌책론(吳淸卿獻策論)」은 현재 여러 소장본이 남아 있지만, 조선 정부가 그 내용을 검토한 다음 실행

399 최덕수 등, 2010, pp.283-294(김지형 집필) 참조.

400 「會辦北洋事宜都察院左副都禦史吳大澂奏籌辦朝鮮善後事宜並起程日記摺」(光緒10年 12月 24日), 『光緒中日』 卷7, 4a-6a; 『外交文書』 제9권 갑신정변 II, pp.136-137.

으로 옮기려던 흔적은 발견되지 않는다. 조선의 내정에 대한 청의 더욱 적극적인 간섭의 조짐으로 여겨졌기 때문이라는 것이다. 실제 한·중 합작 국립 교육기관인 서원 설립과 같은 오대징의 제안에서는 청 황제에게 상주하여 한림원(翰林院) 출신의 대교습(大教習)·분교습(分教習) 등의 파견을 요청한다는 내용이 들어 있다.[401]

또 오대징은 위에서 든 사후 처리 관련 상주에서 조선 군대의 재편을 위해 청군 교습을 파견해서 3개 영을 추가로 훈련하여 모두 5개 영의 군대를 편성하겠다는 계획을 보고하기도 하였다. 이러한 오대징의 제안이 청 정부의 조선 정책을 대변하는 것으로 볼 수 있다면, 분명히 그것은 조선의 내정·군사에 대한 보다 적극적인 개입을 암시하는 것이었다. 그렇다고 해서 이후 조선의 정계(政界)가 청에 더욱 의존하는 방향으로 기울어지게 되었는가 하면 반드시 그런 것도 아니었다. 갑신정변 이전부터 청군이 한성에 주둔하거나, 상무위원이 파견되어 한성에 주재하게 되면서 청의 개입과 간섭, 영향력은 전에 없이 신속해졌고, '상국'의 존재는 이전보다 훨씬 더 강력한 압박으로 조선 정부에 다가왔다. 후술하겠지만 「천진조약」 체결 이후 일본이 조선 문제에 한 발짝 뒤로 물러선 것도 여기에 힘을 보탰다.

이런 상황에서 고종은 왕권·왕실의 안전과 권력 유지를 도모하기 위해 청에 의존하는 처지에서 사실상 벗어날 수 없었다. 그렇지만 여기에서 비롯되는 청의 과도한 통제·간섭은 사실상 심각한 잠재적인 위협이었으므로, 종래의 전통·관행에서 이탈한 이러한 방향을 거부하기 위

401 權赫秀, 2000a. 이 논문은 「吳清卿獻策論」에 대해 처음, 그리고 유일하게 주목한 논문이다. 앞서 언급한 장건의 「조선선후육책」에서 인심 통합, 인재 등용, 이치 개선, 재정 확보, 군대 훈련, 변방 강화 여섯 가지를 든 것과 비교하면 당시 중국 관료·사대부의 조선 문제에 대한 일반적 인식을 확인할 수 있을 것이다.

한 노력을 멈추지 않게 되었다. 앞서 이홍장이 이미 "겉으로는 여전히 상국에 복종하며 받드는 예를 취하지만, 안으로는 점차 두 마음을 가지고 청을 막시(藐視)하는 마음을 가지게 되었다."라고 파악한 바 그대로였다.

한편 원세개는 다시 대원군을 수행하여 조선에 돌아오기 이전 이홍장에게 다음과 같이 제안한 바 있었다.

> 지금 조선을 위해 계책을 꾸민다면, 혹은 싸우든 혹은 화해를 하든 간에 중국이 즉시 해결하는 것은 어렵지 않습니다. 그러나 서양이 바야흐로 기세를 키우고 있어 몇 년 되지 않아 분명히 다른 계책을 꾸미게 되면 중국은 더욱 방어하기 어렵게 됩니다. 차라리 지금 민심이 아직은 청에 감복하고 있는 틈을 타서, 고위 관원을 특별히 파견하여 감국을 설치하고 대규모 병력을 통솔하면서 내치와 외교를 모두 대신 처리하고자 한다면, 지금 이 기회를 놓쳐서는 안 됩니다. …… 다만 조선은 류큐나 베트남에 비할 바가 아닙니다. 만약 다른 나라에 도움이 되게 한다면 중원(中原)은 어찌 편안하게 잠을 잘 수 있겠습니까? 엎드려 간청하건대, 먼저 윤선 군함 십수 척과 육군 수천을 파견하여 다른 나라에 앞서 주둔시켜야 합니다.[402]

그는 여기서 청이 갑신정변을 제압한 기세를 틈타 감국을 설치하고 군대를 장악하여, 아니 수천 명의 육군을 주둔시켜 조선의 내정·외교를 대신하자는 주장을 제기하였다. 사실상 조선을 속국 내지는 보호국으로 만들자는 대담한 주장이었다. 앞서 보았듯이 임오군란 이후 보정에 유폐되어 있던 대원군도 '감국'을 파견하는 이러한 방안에 동의

402 「稟北洋大臣李鴻章文」(光緒10年 10月 28日), 『袁世凱全集』 1, p.44.

한 바 있었다.[403] 후술하겠지만, 심지어는 일본 측도 이홍장에게 이러한 제안을 한 적이 있었다. 그리하여 과거 감국 등 고위 관원의 파견에 동의하지 않았던 이홍장도 이제는 이러한 방향으로의 전환을 계속 거부할 수는 없는 상황으로 몰리게 되었다. 물론 '감국'으로써 파견된 것은 아니지만, 실제 원세개가 조선에 부임하는 것으로 이러한 전환이 시도되었다. 다만 「천진조약」 이후 청군이 조선에서 철수함으로써, 수천 명의 육군을 주둔시켜 그것을 지휘해 보고자 하는 꿈을 키웠던 원세개의 야망은 실현될 수 없었다(실제 윤선 군함 십수 척은 당시 청이 보유하고 있지도 않았으므로 그의 발언은 그야말로 과장이었다.). 위의 글에서도 원세개가 조선 입장에 관한 고려는 전혀 없이 '중원'의 안위만을 위해 조선의 '속국화'를 강행하겠다는 의지를 내비친 것을 보면, 장차 그가 추구하게 될 조선 정책의 모습을 쉽사리 짐작해 볼 수 있다.

4) 「천진조약」(1885)의 시비

1885년 1월 「한성조약」의 체결 이후 일본은 뒤이어 청에 대해서도 외교 공세를 시작하여, 2월에는 궁내경(宮內卿) 이토 히로부미(伊藤博文)를 천진에 파견하여 이홍장과 협상을 개시하였다. 이 과정에서 이토 등은 정변 진압을 위해 일본군을 공격한 청군 장교의 처벌과 한성 주둔 청군의 철수를 요구하였다. 일본과의 전쟁을 염려한 이홍장은 이에 대해 타협적인 방안으로 나서 장교의 처벌을 거부하는 대신 한성 주둔 청군의 철병에 동의하지 않을 수 없었다. 그 이전에 총리아문에서 "군대를 조선에 주둔시켜 속방을 보호하는 권리는 일본과 협상할 필요가 없

403 「致總署籌議赦還李昰應」(光緒11年 6月 27日), 『李鴻章全集』 33 信函 5, p.524; 蔣廷黻(장팅푸) 지음, 金基周·金元洙 옮김, 1991, p.124.

다."라고 하였던 것이 "철병은 협상할 수 있으나 나머지(청군 장교의 처벌과 일본인에 대한 배상)는 허락할 수 없다."라거나 "군대는 시기를 정해 천천히 철수시켜도 되지만, 나머지는 국체를 손상하는 것으로서 진실로 허락할 수 없으니 반드시 견지해야 한다."라는 것으로 바뀌는 것을 보면,[404] 청의 입장에서는 커다란 후퇴를 맛본 셈이었다(다시 후술).

이 무렵은 프랑스와의 정전 협상이 한참 진행 중이던 시기였으므로 불가피한 양보였던 점을 고려하더라도, 결국 갑신정변에 대한 대처에서 군사적 승리에도 불구하고 청은 오대징과 이홍장의 잇따른 외교적 '실패'라는 대조적인 결과를 받아들이게 되었다. 사실 이것은 무엇보다도 기본적으로 전권대신 파견을 통한 교섭이라는 국제적 관행을 거절한 청의 태도에서 비롯되었다. 청은 여전히 만국공법의 국제질서를 수용하는 데 주저함을 보이고 있었고, 이것이 도리어 심각한 외교적 실패를 자초하는 빌미를 제공하였다.

갑신정변의 사후 처리를 위해 만난 이홍장과 이토 히로부미 사이에서 1885년 4월 18일 「천진조약(天津條約. 天津會議專條)」이 체결되었다. 이때 청 조정은 오대징의 실패를 거울로 삼아 이홍장에게 일본 사신이 요구한다면 근거로 삼으라면서 전권대신의 직위를 주는 유지를 따로 내려 주고, 이토가 북경에 오지 못하도록 천진에서 협상하라는 지시를 내렸다. 아울러 갑신정변을 진압한 오조유 등의 처리가 결코 부적절한 바가 없으니, 일본이 이들 조선 주재 장교를 징벌하라는 요구는 단연코 따를 수 없으므로 방법을 마련하게 굳게 거절하라는 사전 지침을 주면서, 나머지는 적절하게 기획하고 수시로 유지를 청하여 그에 따라 실행

404 鄭村聲 整理, 2008, 「朝鮮密電鈔存」(甲申十月) 一八八(光緒10年 11月 17日), p.435 및 一八八(光緒11年 2月 23日), 一八九(光緒11年 2月 24日), p.435, p.442.

하라는 지시를 내렸다.[405]

이토가 북경에 오지 못하게 한다거나 이홍장에게 여전히 수시로 유지를 청하라고 지시한 것은 청이 여전히 만국공법의 통례를 따르는 외교 관행을 받아들이고자 하지 않았음을 보여 준다. 또 두등전권대신 이토가 군주를 대신하여 와서 국서를 제출하려면 반드시 북경을 방문해야 하고, 그것을 막을 수 있는 명분이 없음에도 불구하고, 이를 저지하려던 청 조정이 이토가 중국에 도착하기도 전에 미리 주중국 일본공사에게 이홍장에게 전권대신 지위를 내렸다는 유지를 조회하게 한 것 역시 마찬가지였다.

이에 대해 이홍장은 이토가 천진에 도착한 다음 다시 조회를 보내야 하며, 종래 미리 이런 문서를 보낸 사례가 없다고 총리아문에 답장하였다. 결국 청 조정은 직접 국서를 제출하고 북경에서 협상을 진행하려던 이토의 시도에 대해 광서제가 친정(親政)을 하기 전이라 각국이 모두 직접 제출한 적이 없고, 전권대신 직위를 부여한 이홍장이 해방(海防) 때문에 천진을 떠나기 어려우니, 직접 천진에 가서 협상하도록 설득할 수밖에 없었다. 이러한 편법이 통하기는 하였지만 그 결과 청 조정은 이토가 협상하려던 문제가 무엇인지 파악할 수 없었다.[406]

여하튼 이러한 지침에 따라 이홍장이 이토와 협상을 한 결과 체결된 「천진조약」의 내용에서 가장 중요한 것은 4개월 이내에 청·일 양국이 동시에 주둔군을 철수하고, 장차 청·일 양국 또는 일국이 파병할 필요가 있을 때는 먼저 상대방에게 통고해야 하며, 사안이 완료된 뒤에는

405 『德宗實錄』, 卷202, 光緖11年 1月 乙丑.

406 鄭村聲 整理, 2008, 「朝鮮密電鈔存」(甲申十月) 二百四(光緖11年 1月 16日), 二百五(光緖11年 1月 17日), 二百九(光緖11年 1月 28日), 二百十二(光緖11年 2月 1日), 二百十六(光緖11年 2月 13日), pp.435-441.

즉시 철수한다는 것이었다(제3조).[407] 이것은 "철병은 허락할 수 있지만, 영원히 군대를 파견하지 않는다는 것은 허락할 수 없다. …… 양국이 조선의 중대 사변을 만나면 각기 군대를 파견할 수 있지만 서로 통보해야 한다."라는 광서제의 상유에 따라 결정되었다.[408] 분명 이홍장의 독단에 의한 외교적 결정은 아니었다.

이 조약은 사실 당사자인 조선 정부의 승인을 거친 것도, 조선 정부의 대표가 참여한 것도 아니었다. 그렇지만 일본은 갑신정변에 대해 아무런 책임도 지지 않았을 뿐만 아니라 도리어 이미 몇 년 동안 주둔해 왔던 청군의 철수를 관철할 수 있었고,[409] 더구나 차후 일본의 출병 권리도 다시 확인할 수 있었다는 점에서 그야말로 큰 외교적 성공을 거두었다고 할 수 있다(「제물포조약」 제5조에 공사관·영사관의 경비 목적으로 약간의 병력을 주둔할 수 있는 권리가 규정되어 일본은 이미 출병권을 확보하고 있었다.). 프랑스와의 전쟁이 아직 끝나지 않아 일본과의 평화적 문제 해결을 바랄 수밖에 없었던 청의 곤란한 입장이 이러한 타협을 불가피하게 하였다. 일본은 주조선 공사가 갑신정변에 관련되었던 문제에 대해 아무런 책임도 지지 않고 도리어 난국을 쉽게 벗어나는 기대 이상의 성과를 거두었다.

반면 청은 일본의 조선에 대한 대등한 지위를 인정하게 되면서 상국으로서의 독자적인 위상을 위협당할 수 있는 후환을 남겼다. 그뿐만

407 申基碩, 1967, pp.103-166; 최덕수 등, 2010, pp.295-304 참조(김지형 집필).

408 鄭村聲 整理, 2008, 「朝鮮密電鈔存」(甲申十月) 二二七(光緖11年 3月 1日), pp.443-444.

409 "갑신정변의 결과 청의 군대가 이기고 일본의 세력이 쫓겨난 상태에서 진 쪽인 일본이 청일 양군의 동시 철수를 주장하기에는 무리가 있었고, 교섭이 결렬될 가능성이 있었다."라는 평가를 보면(오타니 다다시 지음, 이재우 옮김, 2018, p.40), 이것은 일본에게는 의외의 성과·성공이었다고 할 수 있을 것이다.

아니라, 사실상 중국만이 보유하고 있다고 간주하던 출병권을 공식적으로 일본에도 허용해 준 것이나 마찬가지였다. 당시 이러한 이홍장의 조선 정책이나 군사 전략에 대해 반발하는 강경론이 없었던 것은 아니다. 이를테면 국자감좨주(國子監祭酒) 성욱(盛昱)은 "조선은 실로 봉천을 보호하는 울타리로 그 긴요함은 만에 하나라도 류큐나 베트남이 비교할 수 있는 바가 아니라는 점은 지혜로운 사람이 아니라도 알 수 있다."라고 하면서 이렇게 비판하였다.

> 올해 이홍장이 뜻을 세워 조선 주둔군을 철수하고 또한 일본과 조약을 맺어 장래 조선에 문제가 생기면 중국이 군대를 파견하여 구호할 때 반드시 먼저 일본에 통보하게 되었습니다. 이것은 조종(祖宗)이 혈전(血戰)을 통해 쟁취한 토지를 하루아침에 남에게 나누어 주는 꼴입니다. 일본에 간여할 수 있는 권한을 주고 조선이 중국에 의지하는 마음을 막는 것으로, 이것은 그 잘못의 세 번째입니다. 듣기에 이홍장은 근일 조선이 원조를 요청하는데 다시 군대를 파견하는 논의를 거부하고 의주에 군대를 둔수(屯守)하는 것을 힘써 주장하고 있는데, 이것은 이전의 세 가지 잘못이 부족하여 다시 잘못을 덧붙이는 일입니다. 이홍장이 보건대 조선의 자주를 허락함으로써 스스로 분투를 시도하게 하는 것은 어찌 중국이 이를 빌려 부담을 줄일 수 있는 것이 아니겠습니까? 영국·일본·러시아가 그 토지를 분점하게 하여 서로 대치하는 형세를 만들면 조선은 도리어 편안해질 수 있다는 것입니다. 이것은 중국이 부담을 줄일 수 있는가의 여부는 조선의 안위를 보아야 하는데, 조선의 안위는 능히 스스로 분투할 수 있는가의 여부에 달려 있지 스스로 자주하게 하는 데 있지 않다는 것을 모르는 소리입니다. …… 청컨대 충성스럽고 능력 있고 위망을 갖춘 신하를 특별히 골라 군대를 이끌고 가서 조선을 진무하게 해 주십시오. 아울러 명백하게 유지를 내려 민당(閔黨)을 배척하여 조선 사람들

의 원한을 풀어 주고, 중국의 위엄과 덕망을 베풀어야 합니다. …… 그 군대는 많으면 20개 영, 적어도 14-15개 영 정도로, 주둔군은 왕경을 가장 요충지로 삼아야 합니다. …… 이홍장은 철병을 눈앞에 두고 있어 남이 앞뒤로 어긋난다고 비판할까 두려워 조선의 구원[군대 파견] 요청을 거부할 것을 강력하게 주장하고 있습니다. 그런데 혹시라도 조선이 일본에 구원을 요청하고, 일본이 군대를 파견한 다음 우리에게 통보한다면 어떻게 처리할 수 있겠습니까? …… 조선을 잃게 되면 중국이 베개를 높이 하고 잠을 잘 수 없다는 점을 어찌 모른다는 말입니까?[410]

성욱은 조선은 류큐나 베트남에 비해 그 중요성이 훨씬 더 큰데, 이홍장이 지금까지 지켜 온 정책이나 군사전략으로는 조선을 안전하게 지켜 낼 수는 없다는 점을 예상하고, 대규모의 군대를 보내 조선의 수도(및 평양과 함경도)를 지켜야 한다는 주장을 내세웠다. 또 「천진조약」 체결 직전 일본에 참찬관으로 파견된 적이 있던 요문동(姚文棟)도 일본군에 대해 효과적인 군사적 승리를 거두었는데도, "우리가 일본 조정에 가서 힐문하지 못하고 도리어 이토가 와서 오만하게 요구하면서 멋대로 우리를 업신여기는 것은 중국에서 그러한 빌미를 준 것이 아니라 할 수 없다."라고 지적하면서, "현명하고 노련하며 충실한 대신 한 사람"을 조선의 수도에 주재하게 하고, 대규모 부대를 파견하고 요충지에 나누어 주둔시킴으로써 일본의 출입을 제압해야 한다는 주장을 제기하였다.[411]

410 「國子監祭酒盛昱奏朝鮮事不堪再誤謹陳措置管見摺」(光緖11年 11月 1日), 『光緖中日』 卷9, 17a-19a. 여기서 인용을 생략한 두 가지 잘못은 묄렌도르프·마건상을 파견하여 조선이 중국을 등지고 일본·러시아로 향하게 한 것, 그리고 거문도사건에서 조선이 힘겹게 영국과 맞서 저항하게 한 것이다.

411 姚文棟, 「保護朝鮮議 邊防偶述(乙酉三月)」, 葛士濬, 1972, 卷118, 4ab(pp.

이 역시 이홍장의 온건한 외교 — 실제 최후의 결정권은 이홍장이 아니라 청 조정이 가지고 있었다는 점을 잊어서는 안 된다. — 에 대한 불만을 토로하고 있다는 점에서 성욱의 의견과 같은 맥락이다. 성욱이나 요문동 등 강경파의 주장은 청류파의 강경론을 그대로 이어받으면서, 이홍장의 '연약한' 조선 정책을 비판하는 흐름 위에 자리 잡고 있었지만, 성욱은 무엇보다도 「천진조약」으로 일본에 군대 파견 권리를 부여한 것은 가장 큰 실책이고, 이 때문에 장차 조선을 잃게 될지도 모른다는 우려를 강력하게 표현하였다.

훨씬 이후지만 성욱이 우려한 사태의 전개는 청·일전쟁에서 현실로 나타나게 되었다. 이런 점에서 지금까지 「천진조약」에 대해서는 일본이 외교상으로 커다란 승리를 거두었다는 것이 오랫동안 학계 일반의 평가로 자리 잡고 있었다.[412] 「천진조약」에서 일본이 확보한 특권은 나중에 청·일전쟁 직전 조선에 대한 대규모 파병과 조선 내정개혁의

3155-3156). 姚文棟(1853-1929)은 참찬관으로 일본에 파견되었을 당시 임오군란의 소식을 가장 먼저 파악하여 일본 공사 여서창에게 보고함으로써 청이 신속한 대응을 할 수 있게 한 경력도 가지고 있으며, 조선에 대한 적극적인 개입정책을 주장하기도 하였다.

412 이를테면, T. C. Lin, 1935, p.233; Frederick Foo Chien, 1967, p.168; 孫啓瑞, 1986; 梁嘉彬, 1986; 沈雲龍, 1986b; 蔣廷黻(장팅푸) 지음, 金基周·金元洙 옮김, 1991, p.117; 陳偉芳 지음, 權赫秀 옮김, 1999, pp.112-121; 林文仁, 2005, pp.139-141; 木村幹(기무라 간), 2017, p.208; 김종학, 2018c, p.300 등. 孫啓瑞, 1986은 이것이 일본의 외교상의 한 차례의 승리이자, 중국 외교상에서의 중대한 좌절이라 하지 않을 수 없다는 결론을 내렸다(p.101). 梁嘉彬, 1986 역시 일본 근세사상의 최대 성공으로 일본이 세계를 향해 그 외교상의 승리를 선전할 수 있었다고 하면서, 일본 군국주의의 형성은 모두 다 이홍장의 외교정책에서 도움을 받았다고 해도 지나치지 않다고 평가한다(pp.202-203). 다만 林文仁, 2005는 이후 결과만 보면 이런 평가가 지당한 것으로 보이나, 이홍장이 조약에서 정한 것이 모두 일본이 제출한 것만은 아니고 청 조정도 아주 긍정적으로 평가했다는 것, 그리고 적어도 이후 10년간의 안정과 중국의 종주권 확보는 바로 「천진조약」에서의 타협 덕분이라는 점을 인정하였다.

요구, 청과의 전쟁을 정당화하는 구실을 제공해 주었기 때문이다. 따라서 당시의 대세로 보아서는 어쩌면 불가피한 양보였을지 모르지만, 이후 실제로 「천진조약」은 조선을 둘러싼 양국의 충돌을 억제하려던 의도를 제대로 실현하지 못하였다는 것이다.

청 말의 저명한 개혁사상가 양계초(梁啓超)가 "이홍장의 조선에 대한 외교가 갖가지 실책을 저질렀다는 것은 앞 장에서 이미 언급하였다. 하지만 바로 이 때문에 「천진조약」이 마침내 「마관조약(馬關條約. 즉 下關條約)」으로 변하였다."라고[413] 비난하였던 것이 그러한 역사적 평가의 출발점일 것이다. 「천진조약」에서의 양보가 결국은 「시모노세키조약(下關條約)」을 가져오는 외교적 실패였다는 비난인 셈이다. 이후 양계초는 다시 「천진조약」에 대해 청이 가진 기득권을 모두 잃게 한 것이라 하면서, "「강화도조약」이 조선이 우리의 속국이 아님을 자인(自認)하게 하였다면, 「천진조약」은 우리가 조선이 우리 속국이 아님을 인정한 것"이며, 또한 "중국의 조선에 대한 권리와 의무가 일본과 동등한 것임을 밝혀 중국이 조선을 속국으로 간주하면 일본 역시 조선을 그 속국으로 볼 수 있게 한 것"이라고 비난하였다.[414]

하지만 이러한 기존 관점이 상당한 오해에 기초하고 있다고 최근의 연구는 지적하고 있다. 그 근거는 다음과 같다.

1) 청·일 양국의 공동 출병은 러시아의 위협에 대처하고 조선에 대한 파

413 梁啓超, 「中國四十年來大事記(일명 『李鴻章』)」(1901年 12月 26日), 國家淸史編纂委員會 編, 2018, 『梁啓超全集』 02 論著 2, p.429. 「시모노세키조약(下關條約)」은 당시 그 장소의 지명이 馬關이었으므로 지금도 중국에서는 馬關條約이라 부르기도 한다.

414 梁啓超, 「日本並呑朝鮮記」(1910.9.14.·9.24.), 『梁啓超全集』 07 論著 7, p.487. 이 내용은 劉憶江, 2015, p.337에서 참고한 것이다.

병권을 유지하기 위해 이홍장이 부득이하게 먼저 제안하였다. 청은 임오군란 파병이라는 전례가 있었지만, '종번 관계'[천조상국의 '字小之義']라는 관행 외에는 그것을 정당화할 근거가 없었는데. 「천진조약」을 통해 파병의 '합법적 근거'를 확보하게 되었다[사실 조선은 당사자임에도 불구하고 「천진조약」에는 간여하지 않았으므로, 국제법적으로 완전한 '합법적 근거'라고 받아들이기는 곤란할 것이다.].

2) 반면 일본은 조선에 파병하려면 변란이나 중대한 사건이 일어난 경우에만 가능하고, 또 반드시 먼저 청에 통지해야만 하는 의무가 붙었기 때문에, 공사관 호위를 명분으로 일방적으로 출병을 결정할 수 있었던 「제물포조약」의 규정에 비하여 오히려 파병권을 제한당하는 후퇴를 맛보았다.

3) 갑신정변 이후 청이 조선에서 우월한 지위를 차지하는 상황에서 양국이 공동으로 조선을 보호하는 것은 실제로는 청에 유리하였다. 일본이 「천진조약」을 체결한 후 조선에서의 청의 우위를 인정하고 기존의 소극 정책으로 복귀한 원인은 일본의 실력이 아직 청보다 약한 것 때문이었다. 이것이 「천진조약」이 제대로 구실을 하는 전제조건이었다. 하지만 이후 일본의 군사력 증진으로 그 억제력이 사라지는 데, 적어도 청·일전쟁까지 청이 약 10년 동안 조선에서 우위를 차지하고 평화를 유지하는 데 큰 역할을 하였다.[415]

이러한 설명은 기존의 연구와는 달리 「천진조약」이 결코 청에 불리한 것만이 아니라 오히려 유리하고 긍정적인 역할을 할 수도 있었다고 판단하고 있다. 기존의 「천진조약」에 대한 평가를 수정하는 이 지적

415 于晨, 2015.

은 논리적으로 상당한 설득력이 있어 보인다. 사실 청·일전쟁에서 청이 패한 것은 「천진조약」에서 파병의 빌미를 주었기 때문이 아니라, 일본과 비교해 보면 이후의 10년 동안 군사력 증진에서 전혀 성과를 거두지 못하였던 점이 훨씬 더 크게 작용하였기 때문이다. 이 점이 「천진조약」의 '역할'을 이해하는 데 놓쳐서는 안 되는 요점이라고 할 것이다.

이를테면 청불전쟁에서의 패배 이후 청은 재차 해방(海防)에 관한 대규모 정책 토론을 거친 다음, 일본을 막기 위한 목표로 창설된 북양수사를 집중적으로 확장하기로 방침을 정하였다. 그리고 이러한 해군 확장을 위한 전문기구인 해군아문(海軍衙門)도 1885년 10월 정식 성립시켰다.[416] 하지만 이후 대량의 해군경비가 자희태후(慈禧太后)를 위해 제2차 아편전쟁 때 분훼(焚毁)된 황실의 원림(園林) 이화원(頤和園. 원래 명칭은 清漪園으로 1888년 재건이 마무리되면서 이화원으로 이름이 바뀌었다.)을 수리하는 비용으로 전용되는 바람에, 해군아문 설립 이후 순양함 1척과 어뢰정 1척 외에 북양수사는 거의 실력을 확충할 수 없었다.

원래 1888년 이홍장의 북양수사가 북양함대로 개편되어 기본적으로 완성단계에 들어섰을 때, 그 실력은 일본을 훨씬 능가하였다. 그렇지만 이후 일본이 청·일전쟁 직전까지 매년 평균 2척의 새 군함을 확보하여 그에 맞먹는 실력을 급속도로 확장하였던 것과는 달리, 북양해군은 정체를 피할 수 없었다.[417] 북양해군의 기본적 완성 이후 확충이 더 이루어지지 않은 것은 실은 이미 조정이 감당하기에는 너무 큰 '실력'을 갖추게 된 이홍장에 대한 청 정부의 견제 때문이라는 지적이

416 이 토론과 해군아문 건립, 북양해군의 건설에 대해서는 姜鳴, 1991; 海軍司令部『近代中國海軍』編輯部 編著, 1994; 王家儉, 1995; 戚其章, 1998; 戚俊傑·劉玉明 主編, 1999, 2001; 樊百川, 2003(2009), pp.1081-1235; 劉中民, 2006; 조세현, 2017 등 참조.

417 鄭明·張治菁, 1995, pp.249-265; 戚其章, 1998, pp.332-335.

나,[418] 북양해군 확충의 정지는 경비 문제만으로 볼 것이 아니라 러시아에 대한 변경 방어에 주목하게 된 청의 국방전략 '실수' 때문이라는 지적도[419] 이러한 '정체'에 대한 설명이 될 수 있을 것이다. 그런데 「북양해군장정」을 자신이 만들었다고 자부한 이홍장의 막료 주복은 이렇게 설명하고 있다.

> [광서19년, 즉 1891년] 어느 날 상국[相國. 즉 이홍장]에게 비밀리에 이야기하였다.
>
> 북양에서 사용하는 해군 비용이 이미 천여 만을 넘었지만 단지 이 몇 척의 군함을 구입할 뿐 그 이상 확보하기 어려운데, 외국 해군의 사례에 비추어 보면 하나의 함대도 이루지 못합니다. 만약 일단 유사시가 되면 어찌 능히 대적할 수 있겠습니까? 조정 관리들은 대부분 서생 출신이라 대단치 않은 일에도 크게 놀라워하니, 만약 해군을 확충하자고 하면 반드시 비용은 많이 들었는데 성과가 없다고 할 것이며, 긴박한 상황에 몰리면 반드시 북양에 허물을 돌릴 것입니다. 그때 가서는 입이 있어도 막기 어려우니, 차라리 지금 시기를 틈타 해군을 확충하고 경비를 결코 줄여서는 안 된다고 통렬하게 조진(條陳)하여 조정에 전반적으로 준비하여 신속하게 처리하라는 지시를 내려 달라고 주청(奏請)하는 것이 어떻겠습니까?……
>
> 상국은 이렇게 답하였다.
>
>> 이러한 중대한 정치문제[大政]는 반드시 조정이 결행해야 하는데, 내 힘은 여기에 그칩니다. 지금 상주하면 반드시 관련 부서의 논의로 넘기게 되고, 그렇게 되면 결국 [안 된다는 결론이 나

418 王道成, 1994.

419 潘向明, 1995.

와] 여전히 실행할 수 없을 것이니, 어찌한다는 말입니까?

내가 다시 힘써 얘기하였지만, 상국은 한숨을 쉬며 탄식[嗟歎]할 뿐이었다.[420]

이홍장은 아무리 힘써 해군의 확장을 이야기하더라도 조정에서 받아들여 실행에 옮겨지지 않을 것이고, 나중에 문제가 되면 반드시 자신에게 허물이 돌아올 것을 예상할 수 있었다. 그렇지만 결국 "한숨을 쉬며 탄식할" 수밖에 없었다. 청·일전쟁에서 패배한 다음 이홍장이 패전의 모든 책임을 지고 앞서 든 양계초의 비난에서처럼 천하의 매국노로 지탄받게 된 것은 너무 잘 알려진 사실이다.

한편, 이화원 수리 공사는 이화원의 곤명호(昆明湖)에서 수군(水軍) 훈련을 시킨다는 명목으로 시작되었다. 보통 2-3천만 냥의 거액을 빼돌려서 여기로 옮겨 썼다고 일컬어졌지만, 실제 이화원 재건 비용은 그보다는 훨씬 적다는 것에 의견이 모여진다. 그렇지만 여기에 해군아문의 경비 약 850만 냥이 투입되었다는 것이 문제인데, 북양해군의 7척 군함 구입 비용이 778만 냥이었다는 점을 고려한다면, 이것이 기본적으로 북양해군의 전력을 두 배로 늘릴 수 있는 기회를 없애 청의 해군력의 증강에 큰 방해가 되었고, 청·일전쟁에서의 패배도 사실상 여기에 기인한다는 비난을 피하기 어렵다.[421] 이홍장의 한탄에는 나름 그럴

420 『周愨愼公自著年譜』, 淸代詩文集彙編編纂委員會 編, 2010, 『淸代詩文集彙編』 第736冊 所收, p.783; 王雲五 主編, 1978, pp.53-54.

421 姜鳴, 1991, pp.203-210, pp.239-265, pp.280-289; 海軍司令部『近代中國海軍』編輯部 編著, 1994, pp.308-357; 王家儉, 1995; 孫孝恩 等, 1997, pp.98-105; 戚其章, 1998, pp.323-335; 樊百川, 2003(2009), pp.1128-1147; 陳先松, 2013 등. 樊百川, 2003(2009)은 1,000-1,200만 냥 정도로 평가하면서 '海防專款보다는 해군경비 명목으로 수괄한 각종 자금을 옮겨 쓴 것(挪用)이라고 지적하며, 陳先松도 頤和園 재건 공정에 들어간 경비가 814만 냥 남짓인데,

만한 사연이 있었던 셈이다.

이화원이 1860년 영국·프랑스 연합군의 공격으로 파괴된 지 이미 20년이 지났는데, 광서제를 사실상 괴뢰로 만들어 권력을 독점한 자희태후는 광서제가 성년이 되어 친정을 하게 되면 '귀정(歸政)'한 다음 노후를 보낼 곳을 마련한다는 명목으로 1886년부터 이화원 공사를 시작하는 사치를 마다하지 않았다.[422] 청불전쟁이 끝난 다음 거의 1천만 냥

해군아문 경비에서 나온 것이 737만 냥 정도, 총리아문에서 나온 것이 77만 냥 남짓이므로, 주로 해군아문 경비를 빼다 쓴 것이지, 보통 흔히 대규모로 옮겨 썼다고 지적되는 '海防專款'에서 나온 것은 66만 냥 남짓에 지나지 않는다고 논증하고 있다.

422 '慈禧太后政權'의 성립과 이후 자희태후에 의해 '괴뢰'가 된 광서제와의 관계에 대해서는 表教烈, 1985; 徐徹, 1994; 高中華, 2005; 金衡鍾, 2010; 金誠贊, 2012a, 2012b 참조. 김성찬의 연구는 함풍제가 遺詔를 통해 淸初의 攝政王體制(順治朝)나 四大臣輔政體制(康熙朝)가 보여 준 황제권 침탈의 위험성을 피하려고 皇太后 非常大權의 역사적 전통('太后臨朝稱制')을 이용한 황태후-보정대신 연합체제를 만들어 냈음을 밝혀 내고 있다. 그러나 이른바 1861년의 '辛酉政變'을 통해 肅順 등 顧命八大臣을 숙청하여 성립된 정권은 兩宮太后의 垂簾聽政과 친왕군기대신 공친왕의 보정체제로서, 태후의 수렴청정은 청의 祖制를, 공친왕의 보정체제는 八大臣에게 모든 정무를 贊襄하도록 한 함풍제의 遺命을 어긴 것이기도 하다. 물론 이 지적처럼 함풍제가 염두에 둔 황태후 대권이 자희태후의 주도로 발동된 것이 '신유정변'의 기반이 되었다. 그러나 함풍제가 '親王輔政'을 피해 공친왕을 배제한 것도 '親親尊賢'의 조제를 어겼다는 우려를 낳아 결국 '신유정변' 발발 배경의 일부가 되기도 하였다. 이 집권체제의 성격에 대해서는 袁野, 2014, pp.158-253에서 자세히 다루면서, 자희태후 정권은 '聯合掌權'이라기 보다는 군신관계에 기초한 일종의 '准平等의 합작'이라고 지적한다. 하지만 자희태후 정권은 좀 더 크게 보면 자희태후-공친왕의 중앙정부와 이홍장 등 지방의 실력파 한인 독무에 의한 滿·漢 연합정권으로서의 성격이 더 강하다고 할 수 있다. 이 때문에 乾隆帝가 '滿洲之道'를 내세웠던 18세기의 '만주족' 중심의 정권과는 달리, 19세기 후반 청 정권의 성격은 상당히 다른 모습을 보여 주게 된다. 사실상 漢人의 발언권이 전에 없이 강해졌기 때문이다. 청 제국의 전·후기 성격에 대해서는 마크 C. 엘리엇, 2009, 2011; 구범진, 2012; 이훈, 2018 및 新淸史 소개에 관련된 여러 연구논문이나 樊百川, 2003(2009); 中國社會科學院近代史研究所 編, 제3권,

그림 3. 이화원 곤명호에 여전히 남아 있는 대리석 유람선(2012, 필자 촬영)

에 가까운 경비가 들어갔다고 하는 이화원의 재건을 주동한 책임자 순친왕 혁현(광서제의 親父)은 1885년 성립된 해군아문대신(海軍衙門大臣)으로 9년 동안 재임하는 도중, 그 경비를 여기에 빼돌리느라 단 1척의 새로운 군함도 구매하지 않았다.

따라서 청·일전쟁 패배의 '원인(遠因)'은 「천진조약」보다는 오히려 이러한 점에서 찾아야 한다는 주장은 충분한 설득력이 있다. 청 말 자강운동의 '실패' 원인을 중심 지도층의 소질 불량과 관련하여 논의할 경우, 무엇보다도 거기에 대한 가장 큰 책임을 져야 할 것은 장기적인 정치적 통찰이나 계획이 전혀 없었던 자희태후, 즉 그녀의 '오국(誤國)'·'화국(禍國)'에서 찾아야 한다는 지적도 마찬가지다.[423] 오늘날의

2006 등 참조.

423 李恩涵, 1987. 여기서는 물론 공친왕·순친왕이나 이홍장의 문제에 대해서도 언급하고 있다.

이화원의 곤명호에는 여전히 자희태후가 해군아문 경비를 빼돌려 만든 대리석 유람선이 그 아름다운 모습을 자랑하면서, 청 조정의 무능과 부패를 여실히 상기시켜 주는 상징으로 남아 있다(그림 3 참조).

제4장

1880년대 조선 · 청의 영토 분쟁과 국경회담

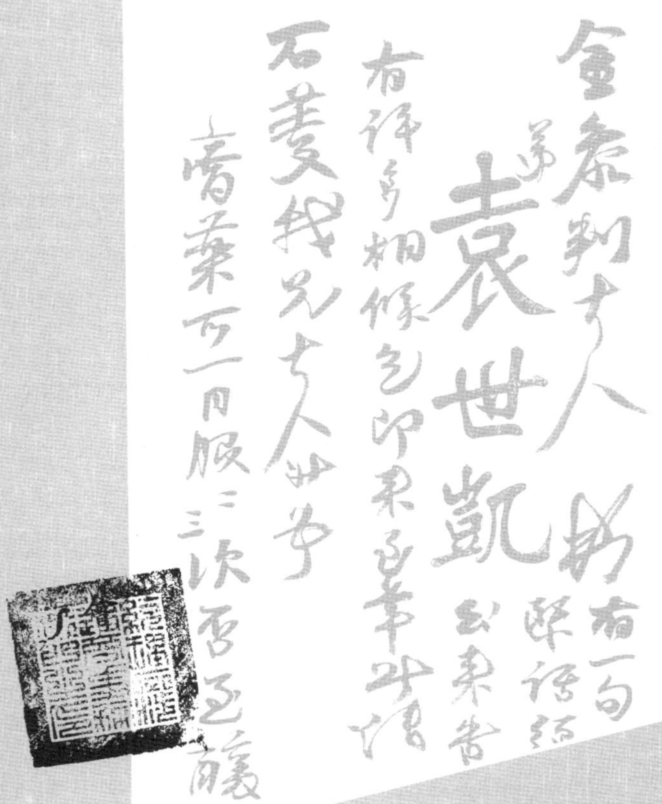

1. 1880년대 영토 분쟁의 출현

1) 백두산정계비의 비밀

1880년대 조선과 청 사이에서는 두만강(豆滿江) 및 그 북쪽 건너편의 이른바 '간도(間島)'라고 불리는 지역의 영유권을 둘러싸고 분쟁이 발생하여, 두 차례에 걸친 공동감계[會勘. 공동조사]와 국경회담이 이루어졌다.[1] 1885(高宗22. 光緖11)년 11월-1886년 1월 사이에 제1차 공동감계(음력으로 따지면 9-12월 사이이고, 乙酉勘界라고 부른다.)가 이루어졌다. 뒤이어 1887년(高宗24. 光緖13)년 4-7월 제2차 공동감계(음력으로 따지면 중간에 윤4월이 낀 4-5월이고, 丁亥勘界라고 부른다.)가 이루어졌다. 이를 전후하여 양측 대표 사이에 국경의 설정 문제를 둘러싸고 여러 차례 담판이 실행되었다.[2]

1 이 부분은 물론 수정을 거치기는 하였지만, 최근 출판된 金衡鍾, 2018, 『1880년대 조선-청 공동감계와 국경회담의 연구』에서 빌려 온 부분이 적지 않다는 점을 미리 알려 둔다. 단 여기서 을유감계는 음력, 정해감계는 양력으로 기입한 실수가 있어 여기서 바로잡고 모두 양력으로 통일하였다.

2 이 공동감계 및 국경회담 그리고 이른바 '간도문제'로 불리는 조선-청 국경문제 전반에 관한 연구 동향과 관련 자료는 아주 방대한 분량이고, 이에 대해

이때 논쟁 초점은 요컨대 두만강 북쪽 너머의 이른바 '간도' 지역이 어느 나라에 속하는가였다. 이를 확인하기 위해 그 역사적 근거인 백두산정계비(이하 정계비로 약칭)와 압록강·두만강의 상류를 찾아서 공동으로 조사[공동감계]한 것이다. 이 1880년대의 분쟁을 이해하기 위해서는 먼저 1712(肅宗38. 康熙51)년 목극등(穆克登)의 백두산 정계(定界)에서부터 시작해야 한다. 사실상 이후 벌어지는 모든 분쟁·논란의 기원은 이해 강희제(康熙帝)의 지시를 받아 이 지역을 답사한 만인(滿人) 관리 오라총관(烏喇總管) 목극등이 조선 관리들과 함께 백두산을 답사하고 천지(天池)에서 남쪽으로 10리쯤(약 5km) 떨어진 분수령(分水嶺) 위에 세운 정계비(定界碑)에서 비롯되기 때문이다.[3] 그 이전에도 이 지역의 지리 조사를 위한 청 관원의 파견은 여러 차례 있었지만, 목극등이 파견된 기본 목적은 청 전역에 대한 정확한 측량 지도(『(康熙)皇輿全覽圖』 1717년 木刻版, 1719년 銅刻版 발행) 등을 작성하기 위한 지리 조사였다.[4]

서는 金衡鍾, 2018, pp.2-18에서 다룬 바 있으므로, 여기서 인용하지 않는 경우 자세히 소개하지는 않겠다. 다만 중국 측의 연구를 보려면 楊昭全·韓俊光, 1992; 李花子, 2008, 2011, 2019a, 2019b; 呂一燃 主編, 2007; 陳慧, 2011 등을 참조할 수 있다.

3 우리는 보통 '白頭山定界碑'라 부르지만, 당시는 주로 '界碑(또는 界牌)'라고 표기되었고, 중국 측에서는 '定界'라는 역사적 사실도 인정하고자 하지 않았으므로 그러한 표현도 거부하였다. 당시의 上國-屬邦 사이의 비대칭적 역학관계를 고려하면 황제의 특사(欽差)에 의한 '查邊'과 '立碑'는 사실상 定界나 마찬가지다. 여하튼 편의상 여기서는 정계비라는 명칭을 그대로 사용하겠다. 정계비에 기록된 '토문강(土門江)'이 무엇을 가리키는가 하는 문제와 더불어 이 정계비의 설립 의도가 '정계 즉 국경 설정[定界]'이냐 아니면 단순한 '사계, 즉 변경조사[查界]'냐 하는 문제를 둘러싼 논란은 지금까지도 지속되고 있다.

4 이 점에 대해 백두산 정계 이전이나 1880년대 공동감계 전후 조선·청의 지도 제작 및 지리적 지식의 문제를 상세하게 다룬 Nianshen Song, 2018, pp.54-101 참조. 이 연구 역시 공동감계·국경회담과 '간도문제'에 대한 연구로, 19세기 말 20세기 초에 걸친 두만강 유역을 동아시아에서의 국경 형성과 관련

그 전해인 1711년에 강희제는 목극등을 파견하여 이전에 조사되지 않아 제대로 파악되지 않은 압록강 상류와 두만강 상류 사이 지역의 조사를 시도하였다가 중도 포기하였던 일이 있었다. 청은 건국(1636)과 입관(入關. 1644) 이후 팔기(八旗) 휘하의 주민 대부분을 이끌고 본토로 이주하였으므로, 만주 지역이 거의 무인 지대가 되고, 그 결과 이 지역에 대한 '기억'이 거의 사라진 상태였다. 때문에 이 지역 상황에 대한 정확한 파악을 위해 강희제는 다음 해 다시 같은 임무를 주어 그를 파견하였다. 목극등은 이번에는 조선 측의 안내와 협력을 받아 백두산 정상을 오를 수 있었다. 그다음 그는 거기에서 동남으로 10여 리 떨어진 압록강과 토문강의 발원지(로 생각된 곳)에 도착하여 "변경을 조사하여 여기에 이르러 살펴보니, 서쪽은 압록(鴨綠)[강]이 되고 동쪽은 토문(土門)[강]이 된다. 그러므로 강이 나눠지는 고개[分水嶺] 위에 돌을 새겨 기록한다."라는 내용의 비석을 세우게 하였다.

하여 종합적인 정리와 다각적인 조명을 하고 있어 이 문제에 대한 좋은 참고가 된다. 쑹넨셴은 특히 '간도문제'를 다룰 때 흔히 제기되는 '無人地帶(空曠地帶)'論은 일본의 법학자 시노다 지사쿠(篠田治策)의 주장(1938, 『白頭山定界碑』→신영길 옮김, 2005, 『간도는 조선땅이다: 백두산정계비와 국경』)에서 비롯된 것으로, 이것은 '無人地帶(uninhabited land: 사람이 살지 않거나 거의 없는 지대)'를 '無主地(noman's land: 간단히 말해 국제법적으로 인정받는 어떤 국가의 주권이 적용되지 않는 지대)'와 바꿔치기하여 국제법적으로 정교화한 것을 지적한 점에서 큰 평가를 받을 수 있을 것이다. 즉 그 기반이 된 근거는 1735년 프랑스 중국학자 장 바티스트 뒤알드(Jean-Baptiste Du Halde)의 『중국지(*Description de la Chine*)』에서 인용한 장 바티스트 레지(Jean-Baptiste Régis)의 정보(이것은 그 자신의 鳳凰城 지역 조사, 穆克登의 1713년 조선 지리 조사, 그리고 조선 측이 제공한 지도 등의 정보를 혼합한 것이다.)를 의도적으로 誤讀한 것임을 밝힘으로써, 시노다의 '무인지대론'은 사실상 성립할 수 없음을 확인해 주었다. 심지어 뒤알드의 『중국지』는 분명하게 압록강이 조선과 요동의 경계임을 밝히고 있는데도, 시노다는 이를 외면하고 '무인지대론'을 제기하는 근거로 삼았다(pp.150-170).

이리하여 그는 압록·두만강 상류 사이 지역을 확인하여 강희제가 부여한 임무를 완성한 것으로 생각하였다(그는 실제로 백두산 동쪽의 물길을 따라 내려가 두만강 하구까지 가서 동해를 본 다음 琿春으로 돌아가 귀환하였다.). 하지만 다음 해 돌무지[石堆]나 나무울타리[木柵] 등으로 경계 표시를 세우기 위해 파견된 조선인들은 목극등이 두만강 상류라고 지적한 물줄기는 지세로 보면 사실상 송화강 쪽으로 이어지지, 두만강(豆滿江=土門江) 상류(발원지)로 연결되지 않는다는 점을 확인하였다. 그래서 그들은 정계비에서 시작된 경계 표시를 중간의 복류 지점(杉浦. 黃花松甸子라고도 한다.)에서 방향을 바꾸어 두만강 쪽으로 연결하는 공사(나무울타리와 흙무덤 설치)를 시행해 버렸다.[5]

하지만 이러한 구체적 사실은 이후 전승 과정에서 모두 잊혀지고, 대신 (정계비에서 시작되는) 토문강은 두만강 상류로 연결되지 않기 때문에 서로 다른 강이라는 오해를 증폭시키게 되었다. 이것이 결국 1880년대의 분쟁으로 이어졌다. 제대로 두만강의 상류를 확인하지 못한 목극등의 실수, 그리고 그것을 확인하고도 청에 알리지 않고 덮어 버린 조선 측의 얼버무림이 낳은 오해였다. 그렇지만 이러한 내막은 이후 오랜 시간이 지나면서 차츰 잊혀지고, 도리어 계속 오해와 의혹이 번지게 되었다(유일하게 그 비밀을 담고 있는 관련 기록인 『조선왕조실록』이나 당시 통역관의 일기는 20세기 중반에야 공개되어 참고할 수 있었으며, 중국 측은 백두산 정계에 관한 기록을 전혀 남기지 않았다. 아마 만주족 내부의 문제라고 생각해서

5 이상 목극등의 정계 및 토문강과 두만강의 관계에 대해서는 張存武, 1987; 李花子, 2008, 2011a, 2019a, 2019b; 姜錫和, 2000 및 李康源, 2007a, 2007b, 2010a, 2010b, 2015, 2016, 2017, 2017b; 李花子, 2008, 2009a, 2012, 2013 등 아주 많은 연구가 있다. 다만 이 문제에 대해서는 李花子와 李康源의 현지답사와 관련 문헌을 결합한 연구로 거의 확정적인 결론이 나온 상태라고 할 것이다.

한문 자료로 기록될 기회가 없었던 것이 아닐까?).

2) 19세기 후반 조선 빈민의 월간과 '경진개척'

그렇지만 이 정계비가 세워진 다음 사실상 19세기 후반에 이를 때까지, 이를 둘러싸고 양국 사이에 영토·국경 문제가 불거진 적은 없었다. 압록·두만강이라는 천연의 경계가 자리 잡고 있다는 인식에 대해 양측이 대체로 합의하였고, 또 토문강과 두만강이 같은 강이라는 점에 대해서도 이견이 없었기 때문이다(조선 측에서도 대부분 土門江이라는 명칭을 사용해 왔다.).[6] 하지만 압록·두만강 경계 지역은 대대로 조선의 변경 백성

6 토문강과 두만강은 사실상 하나의 강이지만, 시대나 장소에 따라 혼동이 되는 경우도 잦았기 때문에 '오해'가 생겼다는 점도 기억해 둘 필요가 있다. 이를테면 『承政院日記』에서 '土門' 항목을 검색해 보면 모두 23건이 나오는데, 肅宗 때의 7건과 英祖 때의 4건은 '土門'이 두만강을 가리키는 것임이 분명하다. 하지만 영조22년에서 24년 사이의 3건은 두만강과는 다른 토문강(이른바 분계강)을 확실히 상정하면서 백두산정계비 때문에 토문강과 두만강 사이의 비어 있는 땅을 모두 잃었다는 인식으로 바뀌고 있다. 시대가 지나면서 이전과는 다른 사실의 이해나 오해가 발생하는 것이다. 하지만 高宗 때의 9건 가운데 8건은 모두 '월간민' 관련 분쟁을 다룬 서술이고, 실제 분쟁이 치열하였던 시기의 기록임에도 불구하고 모두 두만강을 토문강으로 기재하고 있다(유일한 예외인 1건은 副護軍 池見龍의 上疏로 이것은 '土門-豆滿兩江論'을 주장하기 위한 것이므로 당연히 이런 표기를 할 수밖에 없었다.). 두만강과 토문강이 다른 강이라는 주장은 고종 시기 조선에서는 결코 일반적 상식이 아니었음을 알 수 있다. 또 『備邊司謄錄』 肅宗38(1712)年 2月 30日의 「右議政 趙相愚 등이 입시하여 長白山 일대를 살피겠다는 淸의 咨文에 回咨할지 여부와 접대 절차에 대해 논의함」이란 기사를 보면 "저들의 자문에 이른바 토문강(土門江)이라 한 것은 곧 중국 음(音)의 두만강(豆滿江)입니다(彼咨中所謂土門江, 卽華音豆滿江也)."라는 구절이 나온다(국사편찬위원회 한국사데이터베이스 http://db.history.go.kr의 『국역비변사등록』 21책 참조). 하지만 이것은 "저들의 자문에서 이른바 토문강이라 한 것은 중국 발음으로, [우리 발음으로 하면] 바로 두만강(豆滿江)입니다.[彼咨中所謂土門江卽華音, 豆

이 인삼 등을 채취하고 수렵과 벌목에 종사하던 생활무대이기도 하였다. 그 때문에 이 강을 건너 들어가 수렵이나 채취(蔘이나 木材 등)를 하다가 적발되거나 현지인과 충돌하는 일이 적지 않게 발생하였다.[7]

19세기 후반에 들어와, 특히 1860년대 이후 함경북도 백성이 기근과 가렴주구를 피해 또는 생존을 위해 기존의 삼엄한 월강(越江) 금지령을 무시하고 집단으로 두만강 상·중류 북쪽의 길림지역으로 탈출해 거기에서 황무지를 개간·정착하게 되었다(원래 월경·범월이 먼저 이루어진 곳은 압록강 북안이었지만, 여기서는 두만강 상류와 같은 경계 문제는 발생하지 않았다.). 이것이 점차 조선과 청의 변경 지대에서 영토나 주민을 둘러싼 분쟁을 낳는 원인이 되었다. 하지만 특히 두만강 중류 북안으로 조선 백성이 대규모 월간(越墾)하고, 이주하지 않고 남은 현지 백성들 또한 일시적·계절적 이동을 통한 개간을 시도하면서 이 지역 경제 전체가 두만강 북쪽, 즉 '강북(江北)'에 크게 의존하는 구조가 만들어지는 데 결정적 계기가 된 것은 1880년 회령부사(會寧府使) 홍남주(洪南周)라는 조선 지방관의 적극적인 월간 장려였다.[8]

이것은 함경도 빈민의 생계와 '국토확척(國土廓拓)의 대공(大功)'을

滿江也]"라고 보아야 한다. 토문강과 두만강이란 용어의 혼용은 오랜 역사를 지니고 있다.

7 앞서 든 李花子의 저서에서 이런 점들을 상세히 다루었다. Kim, Seonmin, 2017도 이 문제를 포함하여, 특히 인삼을 중심으로 조선·청의 사대-자소 관계 및 영토·국경의 문제를 검토하였다. 한편 李動旭, 2021a는 이 책의 제1장에서 다룬 '越境伐木'案과 이후 조선 유민의 러시아 유입 등의 문제로 총리아문이 조선 문제에 개입하게 된다는 점을 지적하였다.

8 19세기에서 20세기에 걸친 조선인의 월간을 통한 간도 한인사회의 형성에 대해서는 姜龍範, 2000; 孫春日, 2009; 金春善, 2016 등의 대표적인 연구서를 들 수 있다. 이 외에도 이에 따른 두만강 남·북 지역의 경제적 '통합'에 주목한 것은 고승희, 2000, 2003a, 2003b; Kim, Seonmin, 2017, pp.129-151; Nianshen Song, 2018, pp.29-32, pp.104-126 등 참조.

염두에 둔 그가 '죽음을 무릅쓴' 독단으로 북부지방 민생고를 해결하려는 의도에서 시작한 일이었던 것으로 보인다. 그가 중앙정부의 사전 승낙도 없이, 그리고 사후 보고도 없이 추진한 이 '경진개척(庚辰開拓)'은 빈민의 집단적 월강개간(越江開墾)을 인정하여, 회령부 두만강 북안에 100여 정보에 달하는 평야를 순식간에 개간하도록 하였다.[9] 종래 금지되어 온 월간·월경이 지방관의 묵인·권유 아래 대규모로 추진되고, 나아가 주변의 부(府)로까지 급속도로 확산된 것은 함경북도 주민의 월경·월간 역사에서 하나의 큰 전환점이 되었다. 함경도 지방 당국은 이들을 대상으로 호적을 편성하고 각종 세금·잡세, 소작료를 징수한 데다가 경작허가증을 발급하는 등 실질적으로 개척지 또는 '식민지' 경영을 시도하였다. 이런 상황에 대해서 이후 함경북도 안무사나 함경도 관찰사 등 상층 당국 역시 줄곧 묵인하는 자세를 취하면서, 중앙 조정에는 이를 감추었던 것으로 보인다.

이를 잘 드러내 주는 자료는 두만강 중류 북쪽에 자리 잡은 혼춘의 삼품함 후선지부(候選知府)로 부임한 이금용(李金鏞)이[10] 제공하였다. 그는 광서7(高宗18. 1881)년 9월 황무지 파악을 위해 두만강 유역을 조사하다가 두만강 북안 약 2백 리 지역에서 수천 명의 조선 백성이 이곳을 침범하여 2천 상(晌)의 황무지를 개간·경작하고 있으며, 아울러 그에 대해 조선 지방관이 증명서를 발급하였다는 것을 알아내서 길림장

9 이에 대해서는 윤병석, 1991, 2001, 2007에서 소개한 자료인 尹政熙, 1991의 『간도개척사』가 가장 중요한 사료다. 이 사료는 金衡鍾, 2018, pp.70-92에서 상세하게 분석하였다. 이하 경진개척 및 그 결과에 대한 분석은 모두 여기에 따랐다.

10 『清史稿』 卷451 「列傳 238」, pp.12567-12568에 그의 傳記가 있다, 그는 오대징이 길림으로 파견되었을 때 같이 부임하여 혼춘의 招墾事務를 맡았다. 그가 남긴 공문의 일부는 『琿牘偶存』(沈雲龍 主編, 1969, 『近代中國史料叢刊』)에 수록되어 있다.

군에게 다음과 같은 보고서를 올렸다.[11]

저는 전에 [光緖7년] 7월 15일 48곳의 황무지 목록을 보고하여 아뢴 적이 있습니다. 그 안에는 토문강 북안의 하알아하(下嘎牙河)[12]에서 고려진(高麗鎭)까지 대략 2백 리 지역을 조선인[高麗人]들이 침범해서 경작하고 있다는 내용이 있었습니다. …… 정변좌영(靖邊左營)의 초장(哨長)을 대동하여 김성(金城)을 이끌고 길을 따라 조사하게…… 하였더니, 모두 여덟 곳의 황무지를 파악할 수 있었습니다. 앞에는 강이 있고 뒤에는 산으로 둘러쳐 있는 데다가, 황량하고 외지고 깊이 들어가 있어 종래 사람들의 발걸음이 거의 미치지 못하는 지역이었습니다. 남강(南崗. 오늘날의 연길)의 황무지 개발 이후 점차 사람들이 들어가기는 하였지만, 그래도 역시 깊이 들어간 적이 없었습니다. 단지 조선과는 강 한 줄기를 사이에 두고 떨어져 있어, 조선 백성은 중국 사람의 발자취가 여기에까지는 이르지 않는다고 해서, 바로 강을 건너와 개간을 하였습니다. 현재 이미 경작되고 있는 땅을 살펴보니 2천 상(晌)을 밑돌지 않습니다. 매번 봄에 파종을 하거나, 가을에 추수를 할 때가 되면 강을 건너 북쪽으로 옵니다. 자세하게 물어보니, 조선에서는 대흉년을 만나 이후 바로 이곳에 와서 개간과 경작을 시작하였으며, 수천 명이 여기에 의지하여 생계를 꾸리고 있다는 것이었습니다. 또한 조선의 함경도 자사는 그들에게 경작을 허가하는 증명서[執照]를 발급해 주었습니다. 조선 관원을 요청하여 직접 물었더니, 온성부(穩城府) 병관(兵官) 조병직(趙秉稷)이 와서 역시 다음과 같

11 상(晌 또는 垧. 또는 경(坰. 埛))은 동북 지역에서 사용하는 토지면적 단위로 논자에 따라 편차가 많지만, 보통 15畝를 가리킨다고 일컬어진다. 무(畝)는 청대의 경우 1보(步=5尺)×240보의 면적을 가리킨다.

12 下嘎牙河는 嘎牙河(또는 嘎雅河)와 海蘭江이 만나서 두만강으로 합류하는 지점까지의 지역으로 오늘날의 圖們市 부근이다.

이 이야기하였습니다.

[두만]강 북쪽의 땅은 조선의 관할 구역이 되었으며, 강 주변 사람들 대부분은 북안(北岸)에서 나는 것에 의존해서 살고 있어, 이미 구역별로 나누어 등록하였습니다. 함경도 자사가 발급한 증명허가증을 여기 제시하니 검토해 보십시오. 저희는 스스로 경계를 넘어와 경작하고 있음을 알고 있지만, 특별히 중국에서 각별한 은혜를 베풀어 이들을 구휼해 주시기 바랍니다.

이 문제는 변계(邊界)를 드나드는 문제에 관한 것으로, 사실에 따라 보고하지 않을 수 없는 바, 어떻게 조사하고 안치시켜야 할지 검토해 주신 다음 지시를 내려주시기를 엎드려 기다려 그에 따라 처리하고자 합니다.[13]

여기서 우리가 확인할 수 있는 것은

1) 두만강 북안의 하알아하에서 고려진까지 대략 2백 리 지역은 종래 사

13 「吉林將軍咨文(據琿春邊荒知府呈報, 圖們江北岸有高麗人越界墾種等情的)」(光緒7年 9月), 吉林省檔案館·中國邊疆史地研究中心 合編, 2000, 『吉林省檔案館藏清代中朝關係史料選輯』(이하 『清代中朝』로 약칭), pp.18-20(金衡鍾 編譯, 2014, 『1880년대 조선-청 국경회담 자료선역』, pp.112-116. 이하 여기 인용되는 자료는 대부분 金衡鍾 編譯, 2014에 수록·번역되어 있어, 『자료선역』이라 약칭하여 병기하기로 한다.). 중국에서는 이미 1994년에 楊昭全·孫玉梅 編, 『中朝邊界沿革及界務交涉史料彙編』(이하 『中朝邊界』로 약칭) 上·下로 관련 자료가 정리되었다(그 가운데 주요 자료는 대부분 『자료선역』에 표점·번역하여 수록하였다.). 또 조선인의 간도 지역 이주에 대해서는 金春善 主編, 2009-2016, 『중국조선족사료전집 역사편 이주사』 12卷이란 대형 자료집도 출간되었다. 『국역中日韓』 1·2에 수록·번역된 자료 역시 대부분 조선인의 월경과 월간 및 이에 파생된 여러 문제에 관련된 것들이다.

람들의 발걸음이 거의 미치지 못하는 지역이었는데, 이곳을 조선 백성이 침범해서 모두 여덟 곳의 황무지 2천 상 정도를 개간·경작하였다.

2) 조선에서는 수천 명이 여기에 의지하여 생계를 꾸리고 있는데, 매번 봄 파종하거나, 가을에 추수할 때가 되면 강을 건너 북쪽으로 온다.

3) 함경도 당국에서는 이미 구역별로 나누어 그들을 등록하고, 증명서를 발급하여 통제하고 있다.

4) 함경북도의 병관(兵官) 조병직(趙秉稷)이 "스스로 경계를 넘어와 경작하고 있음을 알고 있지만, 특별히 중국에서 각별한 은혜를 베풀어 이들을 구휼해 주시기" 바란다는 태도를 보였다.

는 점 등이다.[14] 문제는 조선 지방관이 이런 사안을 단지 빈민의 생계 도모를 위한 월간이라는 '사소'한 문제로만 간주하고, 그것이 국경·영토에 관련된 중대 사안이라는 점을 전혀 염두에 두지 않았다는 점이다. 이것은 그들이 이 문제에 대해 접근하는 시각 자체가 전통적 사대·자소 관계의 틀에 의존하고 있었음을 보여 준다.

사실 19세기 중반 이래 이러한 월경 난민 단속을 위해 길림 당국의 순찰이 정기화되어 있었다. 봄에는 2월 초부터 4월 말까지, 가을에는 7월 초부터 10월 말까지 두만강 일대를 조사하는 것이 1880년대 초

14 고승희(2003, pp.181-182)에 의하면 19세기 중반에 鍾城府 潼關鎭의 주민이 양국의 '相禁之地'였던 서문 밖 豆滿江 分派處의 空閑地 50여 日耕을 개간하였는데, 동관진에서 세금을 매기고 나아가 종성부에서도 세금을 매겨, "주민의 월경개간을 관에서 인정하였을 뿐만 아니라 그곳을 행정구역으로 간주하여 과세"하였다고 하지만, 空閑地가 越境한 곳에 있다는 증거도 없고, 세금을 매긴 것도 私稅(동관진)였거나 종성부에서 이것으로 私肥를 채워 鎭卒들의 원성이 있었다는 기록뿐이므로(國史編纂委員會, 1990, 『各司謄錄』 45 鹹境道篇 4, 「自吉州慶興至廉記」, p.620), 경진개척과 같은 월경 개간이나 행정구역으로 간주한 과세라고 보기는 어려울 것 같다.

까지 줄곧 시행되는 정기적인 행사였다.[15] 따라서 이러한 순찰과 조사를 피해 수천이 넘는 대규모 월경민의 존재가 길림 당국의 눈을 오랫동안 피할 수 있었다고 보기는 어렵다. 더구나 1860년대 중반 무렵부터 시작된 조선 백성의 러시아로의 탈출과 이주가 조선·청·러시아 사이에 차단·체포·송환 등의 변경 문제를 부각시킴에 따라 혼춘 당국의 이에 대한 경계도 이전보다 훨씬 강화되었고, 청 조정도 조선에 조선 백성이 러시아로 월경하는 것을 스스로 처리하라고 통보한 바 있었다.[16]

1871년에는 영고탑·혼춘 등지로 몰래 넘어간 난민 511명(돌아올 때 도망친 사람을 제외하면 전후하여 모두 454명)을 확보한 영고탑부도통(寧古塔副都統)의 요청에 따라, 조선에서는 '도주한 백성을 다시 받아오는 임무를 띤 관원[逃民領回差使員]' 김광우(金光雨) 등을 보내 그들을 인수하여 돌아온 일도 있었다.[17] 따라서 1881년 이금용이 발견한 대규모 조

15 1880년대에 들어와 두만강 북안지역 황무지 개간이 시행되면서 조선 백성의 월경 개간에 대한 금지령이 완화되어 더 이상 순찰이 쓸모없다고 판단한 琿春副都統은 1881년 그 폐지 여부를 상관인 吉林將軍에게 문의하였다. 길림장군이 이에 대해 道光年間에 奏定한 「派員巡緝土門們江章程」의 정지 여부를 상주하여, "派員巡緝을 할 필요가 없고 연말에 附片으로 밝히기만 하면 된다."라는 재가를 받고, 광서8(1882)년 6월 9일 혼춘부도통에게 통보하였다. 「光緒捌年六月來文檔 六月初九日來文 將軍衙門爲咨覆事」, 中國邊疆史地研究中心 等編, 2006, 『琿春副都統衙門檔』 卷109, pp.142-143. 이를 통해 두만강 유역 정기 순찰은 1882년에 폐지되었음을 알 수 있다. 두만강·압록강 유역에 대한 이러한 統巡會哨에 대해서는 丘凡眞, 2009; 金宣旼, 2013a, 2016 등 참조.

16 『국역中日韓』 1의 내용 대부분을 차지하는 「한민월경」, pp.105-364 부분은 모두 이 문제에 관한 자료다. 길림의 월경 한인 송환, 러시아의 한인 개간 유인, 월경 한인의 체포 및 저지, 월경 한인 송환을 위한 중국·러시아 교섭 등의 주제다.

17 『同文彙考』 4, 「原續編 犯越 二 我國人」, 51a-53b 참조(『자료선역』, pp.23-38). 한편 이 문제에 대해서는 유민 회수 업무를 맡아 1872년 寧古塔에 다녀온 乾原權管 金光宇가 남긴 『寧古塔北征誌』(奎. 想白古 951.054 Y42. 同治11

선 월간민의 존재는 장기적으로 누적된 것이 아니라, 바로 '경진개척'에 의해 단시일 내에 대규모로 이루어진 것이며, 그 때문에 얼마간 혼춘 당국의 눈을 피할 수 있었다고 보는 것이 큰 무리는 아닐 것이다.

그런데 무엇보다 주목할 것은 이러한 조선 월간민의 존재를 함경도 당국에서 모두 '등록'할 정도로 정확하게 파악하였다는 사실이다. 이것은 조선 월간민의 월간에 대해 함경도 당국이 실질적으로 깊숙이 개입 또는 지시·방조의 형태로 간여하였음을 시사한다. 이렇게 조선 백성의 대규모 월간이 단순하게 빈민이 개인적으로 생존을 확보하기 위해 범월(犯越)한 것이 아니고, 지방 당국의 비호 아래 집단적인 개척을 의도적으로 실행한 것이 확실하다면, 이것은 이후의 공동감계·국경회담의 배경과 그 실상을 이해하는 데 중요한 의미를 지닌다.

그리고 대규모로 강북으로 월간·이주를 한 주민에 대해 호적 편성과 징세 등의 실질적 통제를 포기할 경우, 주민과 그에 따른 조세 수입이 반감되는 함경북도는 지방 행정의 기반 자체가 무너질 가능성이 컸다. 그뿐만 아니라 이미 밀접해진 강북지역과의 경제적 연계·의존도 흐트러질 수 있었다. 따라서 강북 월간민에 대한 통제는 함경도 지방 당국의 이해관계와 깊숙이 관련될 수밖에 없었다(이 점은 다시 후술). 그러므로 중앙정부 차원이 아니라 지방 당국에서 먼저 주도적으로 국경·영토 문제를 제기하는 패턴이 제1·2차 공동감계를 전후하여, 심지어는 그 이후 20세기 초까지도 반복되는 것은 이러한 지역적 이해관계에 영

年 辛未)가 참고가 된다. 이해 음력 3월 6일 경원에서 출발하여 영고탑에 도착한 다음, 6월 9일 경원에 돌아올 때까지의 여정을 간략하게 기록한 것이다. 실제 데리고 돌아온 유민은 도중에 도주한 사람이 많아 원래 파악한 것보다 훨씬 적은 150명 정도였던 것으로 보인다. 이 자료는 고구려연구재단 편, 2004, 『조선시대북방사자료집』; 金春善 主編, 2012, 『중국조선족사료전집 역사편 이주사』 제9권에도 수록되어 있다.

향을 받은 바가 크다.

3) 조선 월간민 쇄환 문제의 발생

앞서 서술하였듯이 경진개척이 이루어진 바로 다음 해 이러한 대규모 월간민의 존재를 발견한 이금용의 보고를 받자, 1881년 11월 25일 길림장군 명안(銘安)과 방판(幇辦) 오대징(吳大澂)은 보다 구체적인 대책의 강구에 나서, "변경의 비어 있는 땅이라고 해도 어찌 외번(外藩)이 마음대로 침범하여 차지하도록 놔둘 수 있겠습니까? 조선의 함경도 자사가 증명서를 발급한 것은 특히 잘못된 일"이라고 지적하면서, 다음과 같은 방안의 시행을 주청(奏請)하였다.

> 수천 명이나 되는 많은 수이지만 천하의 궁핍한 백성은 모두 천자의 적자(赤子)가 아님이 없으니, 만약 법에 따라 이들을 엄격히 경계 밖으로 쫓아낸다면, 아마 수천 명의 무고한 빈민들이 동시에 살 곳을 잃어버릴 것이라 정말로 안타까운 일입니다. 신 등은 황상께서 번복을 안심시키면서 모두를 아무런 차별 없이 대하는 일시동인(一視同仁)의 뜻을 받들어, 예부에 명령하여 조선 국왕에게 자문을 보냄으로써 조선에서 인원을 파견하면 길림에서 위임한 관원과 함께 조사하여 경계를 확정할 수 있도록 주청하는 바입니다. 기거하는 모든 조선인 호구나 개간된 황무지에 대해서는 가난한 백성이 의지하거나 돌아갈 곳이 없음을 굽어 살피셔서 은혜를 내려 주신다면, 길림 기존법규에 따라 매 상(晌)마다 황무지 개간 보증금[押荒錢] 2,100문[文. 銅錢의 개수를 나타내는 단위]을 내고, 매년 매 상마다 소작지에 대한 소작료[租錢] 660문을 내면, 신 명안이 담당 관리에게 지시하여 증명서를 발급해 주도록 하겠습니다. 백성들이 매년 겨울철 소작료를 가까운 혼춘에 가서 내면 황무지 개간 담당위원[放荒委員]이

기존법규에 따라 받든지, 아니면 조선에서 인원을 파견하여 대신 징수한 다음 한꺼번에 모아 내는 간편한 방법을 따를 수도 있습니다. 혹은 조선에서 주조한 동전을 국외 반출이 금지되어 있다면, 절반은 실물로 내게 하여 길림의 황무지 개간용으로 비축할 수도 있습니다. 함경도 자사가 발급한 증명서는 마땅히 회수하여 폐기하도록 함으로써 권한이 두 갈래로 나뉘는 것을 피해야 할 것입니다.[18]

여기서 이들은 수천 명이나 되는 조선 백성을 모두 쫓아내는 것이 불가능하므로,

1) 길림·조선의 관원을 파견하여 경계를 확정하겠다.
2) 조선 월간민이 길림 기존법규에 따라 매 상마다 황무지 개간 보증금과 소작료를 내면 [소작이나 경작, 또는 토지소유] 증명서를 발급하여 [중국 백성으로 호적에] 편입하겠다.
3) 소작료 납부는 혼춘에서 관할하든지, 아니면 조선 지방관 측의 대행을 고려할 수도 있다. 다만 조선 지방관이 발급한 증명서는 회수하여 폐기함으로써 조선 월간민과 토지에 대한 통제권을 청에서 장악하겠다.

는 뜻을 보여 주었다. 3)에서 말하는 조선 지방관이 발급한 증명서를 회수하여 폐기하겠다는 이러한 정책이 과연 어떻게 실현되었는가를 알려 주는 기록은 거의 찾아볼 수 없다. 다만 서울대학교 규장각에 소장된 『조사길림동변보고(調査吉林東邊報告)』의 제4편 제5관(款) 「화룡욕

18 「銘安·吳大澂奏爲查明朝鮮貧民占吉林邊地擬懇天恩准其一體領照納租以廣皇仁而綏藩服恭摺仰祈聖鑒事)」(光緒7年 10月 4日), 『淸代中朝』, pp.18-20; 『光緒朝東華錄』 光緒7年 10月 辛巳, p.1216(『자료선역』, p.121).

을 일본인이 간도라고 부르게 된 원인[和龍峪日人名爲間島之起因]」에 따르면 광서7년 길림장군 명안이 정부에 요청하여 월간 한민을 구축하려 하였지만 "성공하지 못하였고, 다만 한민의 호적과 조세 중수(重收)를 조사하고 함경도에서 지급한 지권(地券)을 모두 불태워버렸다.", "한민이 경종하던 지권은 모두 우리에 의해 분훼(焚毁)되었지만, 함경도에서 나누어 지급한 증권(證券)의 장부[簿冊]는 여전히 존재하여 이것으로 증거를 삼으려 한다."라고 서술하고 있다.[19] 이를 통해 길림 당국이 함경도에서 지급한 지권과 그 발급 장부를 확인하였으며, 지권을 모두 불살라 버렸음을 알 수 있다.

그런데 "천하의 궁핍한 백성은 모두 천자의 적자(赤子)가 아님이 없으니", "모두를 아무런 차별 없이 대하는 일시동인의 뜻을 받들어", 그들을 편입하거나 동화시키면 문제가 쉽사리 해결될 수 있으리라는 길림장군 명안과 방판 오대징의 반응은 어찌 보면 상당히 '낙관적'인 자세였다. 길림 당국의 첫 반응은 '천조상국'의 '속방'에 대한 '일시동인'이란 기존의 전통적 관행·시혜로 쉽사리 무마될 것이라는 전망을 가졌던 것이다. 그리고 이 점은 결국 청 조정에까지 보고되었을 때 광서제가 광서8년 정월 이에 대해 다음과 같은 친필 주비를 내린 것에서도 분명하게 확인할 수 있다.

> 조선 빈민이 길림 황무지를 점거·경작한 일은 지방관의 시각에서 보면

19 『調査吉林東邊報告』第4編 第五款「和龍峪日人名爲間島之起因」. 다만 이 자료는 그 내용으로 보아 20세기 초에 중국인에 의해 작성된 것이라(庚子年의 상황, 즉 의화단 사건에 대한 언급이 있고 누차 일본인의 존재를 언급하고 있어, 일본이 이른바 '간도문제'에 개입하게 된 이후에 작성된 것으로 볼 수 있어 아마도 1905년 이후가 될 것으로 보인다.), 약간 시간이 지난 다음의 '傳聞'이지만, 그 신빙성에 큰 문제가 있을 것으로는 보이지 않는다.

본래 피차 서로 나눠지는 바[의 경계]가 있지만, 조정의 시각에서 보면 처음부터 중외(中外)의 구별이 없다. 적절하게 안삽(安插)하되, 불필요하게 규정을 많이 만들지는 말라. 양민이 분수에 맞게 개간·경작하는 일은 원래 관대히 용납할 수 있는 일이지만, 만약 이 일을 빌려 변강(邊疆)을 잠식하려 한다면 응당 구축(驅逐)해야 할 것이다. 적절하고 신중하게 처리하라.[20]

앞서도 서술하였지만, 광서제는 역시 '불법적'인 월경과 개간을 도모한 조선 빈민에 대해 천자로서 자소의 태도로 차별 없이 포용할 뜻을 보여 주었다. 하지만 동시에 혹시라도 변강을 잠식할 가능성이 있는 경우는 응당 그들을 구축해야 한다고 지적하였다. 아무리 소국에 '자소지의'를 베푼다고 할지라도 그것이 '변강 침식'이란 심각한 문제와 직결되는 경우라면 전혀 용납할 수 없다는 확실한 경계를 그었다. 이렇게 양측이 사대·자소 관계라는 틀에서 문제 해결을 기대하는 태도는 국경 분쟁의 본격화 이후 추진되는 공동감계·국경회담에서도 꾸준히 확인되었다.[21]

그리고 위와 같은 길림 당국의 제안에 대해 예부는 "이미 중국의

20 中國第一歷史檔案館 編, 1996, 第112輯 外交「中·朝」, p.243. 1871년생인 광서제는 이 무렵 겨우 열 살을 넘겼기 때문에, 이것은 아마 스승(나중에 나오는 유명한 청류파의 수령 翁同龢이나 기타 고위 관료의 도움을 받아 쓴 내용일 것으로 짐작된다. 다시 말해 이것은 광서제 개인의 의견이 아니라 당시 청 지배층이 조선-청 관계를 보는 시각, 또는 가장 공식화된 '이념'은 어떤 것이었는가를 보여 주는 것이라 받아들여도 무방할 것이다.

21 이 점에 대해서는 Nianshen Song, 2018, pp.32-39도 '종번 관계'의 개념을 통해 다루고 있으며, 영토 문제를 최초로 제기한 종성부민의 탄원서(「朝鮮國鐘城貧民等上書[謹拜上書於上國派員大人閣下]」(光緖9年 4月), 金衡鍾 編譯, 2014, pp.215-220 역시 이러한 논리에 기초하고 있음을 지적하고 있다.

땅을 경작하고 있으니, 바로 중국의 백성입니다. 증명서를 발급해 주고 소작료를 내게 하는 것 외에도, 반드시 중국의 판도에 예속시켜 중국의 정교를 따르게 해야 하며, 또한 기한을 세워 모자나 의복을 중국식으로 바꿔 입게 하되, 잠시 운남성(雲南省)·귀주성(貴州省)의 묘족(苗族)들에게 한 것처럼 각자의 편의에 따르게" 해야 한다는 주장을 내세워[22] 길림 측의 경우보다 그들을 더욱 완벽하게 중국에 동화시켜야 한다는 방침을 드러내었다.

길림장군 명안 등은 1882년 3월 14일 이에 동의하면서도, "신 등이 듣기에 조선의 금령은 매우 엄격하여 국경을 넘은 범인을 본국으로 송환하면 곧바로 처형한다."라고 우려하였다. 따라서 예부의 방안에 따라 그들을 중국 백성으로 받아들이되, "다만 이 변경 백성들에게는 본래 부과할 수 있는 요역(徭役. 조정이 백성에게 내게 하는 力役·雜役·軍役 등의 무상노동)이 없으니, 잠시 너그러이 면제해 주어도 될 것 같으며, 문·무 관원과 병사를 배치하는 것 역시 늦춰도 될 것입니다. 호적 조사가 완결되기를 기다려 혼춘 경내에 있는 사람은 혼춘 지방관 관할로, 돈화현(敦化縣) 경내에 있는 사람은 돈화현 관할로 편입하고, 지방의 소송과 살인·강도 사건은 모두 길림 사례에 따라 일률적으로 처리할 것입니다."라는 대안을 제시하였다.[23] 예부의 동화 정책을 수용하면서도 비교

22 『德宗實錄』 卷139, 光緒7年 11月 14日; 『中朝邊界』, p.1069(『자료선역』, pp.127-128).

23 「吉林將軍銘安等奏朝鮮貧民占種吉林邊地遵旨妥議覆陳摺」(光緒8年 1月 25日), 『光緒中日』 卷3, 6b-7a; 『淸季外交史料』 卷27, pp.497-498; 『淸代中朝』, pp.31-32; 『中朝邊界』, pp.1070-1071(『자료선역』, pp.129-134). 權錫奉, 2007, p.63에서는 『光緒中日』과 『淸季外交史料』에 실린 같은 문건에서 '土門江'과 '圖門江'으로 달리 표현한 것 가운데 '土門江'이라는 표기가 옳다고 지적하고 있는데, 국경·변계 문제가 발생한 무렵부터(또는 그 이전부터) 지금에 이르기까지 중국 측에서는 특별한 경우가 아니면 두만강을 모두 '圖們江'

적 '관대한' 방식을 통해 이들을 점차 수용하려는 자세를 보인 것이다.

길림 당국이든 청 조정이든 처음부터 월간민을 중국에 편입시키거나 아예 동화시키려는 데 중점을 두고 있었다는 점은 여기서 잘 드러난다. 길림 당국으로서는 현지의 기민(旗民)이나 한족(漢族) 유민을 동원하여 개간·개발을 추진하는 것이 기본 목표였다. 그렇지만, 내지로부터 수천 리 멀리 떨어진 길림 동부에 한족을 끌어들여 변경 지역을 개발하는 '이민실변(移民實邊)' 정책을 추진하는 것은 사실상 쉽지 않은 과제였다. 그런 만큼 조선 월간민을 편입하는 것은 수천 가구 단위에 이르는 그들이 2천 상 정도의 개간을 이루어 낸 성과를 그대로 이민실변의 성과로 바꿔 칠 수 있게 되니, 크게 반길 만한 일이었다. 이 시점에서 그들은 이러한 편입·동화가 순조롭게 마무리될 것으로 아마 예상하였던 것 같다.

이리하여 청은 1882년 4월 25일 조선이 수령한 자문을 통해 월간민을 쇄환(刷還)하거나 중국 호적에 편입·동화시키겠다는 의사를 통보하였다. 그러자, 반년 가까이 지난 9월 하순(중국 측 수령은 10월 4일)이 되어서야 — 그사이에 임오군란이 발생하였다. — 조선 정부는 월간민을 거두어들여 원적지로 귀환시킬 수 있게 해 달라고 하면서, 이를 예부에서 대신 상주[代奏]해 달라고 요청하는 자문을 보냈다.

으로만 표기하거나 바꿔치기하면서 '토문강'이라는 표현을 극력 회피하고 있다. 정계비에 나오는 '土門'이라는 표기는 중국 측으로서는 인정하기 곤혹스러운 약점, 일종의 '아킬레스건'이기 때문이다. 한편 1878년 길림지방에 墾務局이 설치되면서 이민이 점차 늘자 내지처럼 주현을 설치하고 지현을 파견하여 이곳의 황무지 개간 사업을 관할하게 하였고, 1882년 敦化縣이 설치되어 吉林府의 관할 아래 들어갔다. 돈화현 현성은 길림부와 연길 사이에 자리 잡았다.

다행히 작은 나라를 길러 주시고 먼 나라를 안정시켜 주시는 은혜를 입어, 백성이 처벌받지 않고 다시 돌아오게 해 주셨으니, 조선의 모든 사람은 부끄러움을 느끼면서도 감격하였습니다. 다만 (양국은) 습속이 다르고 풍토가 같지 않을 뿐더러, 그 백성들은 조선에서 나고 자랐으므로, (황무지를) 차지하여 경작했다고 해서 중국의 행정구역 내로 편입시킨다면 만에 하나 중국의 정교를 따르지 않거나 양쪽 변경에서 말썽을 일으킬 것이 심히 우려되는 바입니다. 또 조선은 북으로는 러시아, 동쪽으로는 일본과 모두 국경을 맞대고 있는데, 만약 그곳에도 변경민이 토문의 사례처럼 경계를 넘어가 토지를 차지하는 사태가 발생하게 되고, 그 나라들이 중국 사례를 원용한다면, 비록 사대·교린은 그 성격에 큰 차이가 있다고 하더라도 따르거나 어기는 가운데 적지 않은 장애에 부딪히게 될 것입니다. …… [아울러 황상께서] 길림장군과 혼춘·돈화 지방에 지시하여 모든 조선 유민을 본국으로 보내 본국의 지방 문·무관에게 넘김으로써 본적지로 돌려보낼 수 있게 해 주시기 바랍니다. 길림 변지에서 조선 백성이 이미 개간하여 경작한 것은 당연히 길림 지방관이 소작료를 거두면 될 것이고, 이후에는 계속해서 엄격하게 금지령을 적용하여 영원히 훗날의 폐해를 막게 되면, 조선 변민 역시 다시는 강계를 넘어가지 않을 것입니다. 그렇게 해서 황상의 마음을 편안히 해 드리고 제후의 법도가 경건히 바로잡히게 된다면 정말 다행이겠습니다.[24]

전통적 중화질서 속의 양국 관계를 인정하면서도 조선은 일본이

24 「길림의 조선 빈민 쇄환을 청하는 일로 중국 예부에 보낸 자문」, 『各司謄錄』 近代編 「啓下咨文冊」 2; 承文院 編, 「啓下咨文冊」 12, 고구려재단 편, 2005, 『朝·淸國境會談資料集』(이하 『朝·淸會談』으로 약칭) pp.46-48; 『中朝邊界』, pp.1072-1074(『자료선역』, pp.159-160).

나 러시아 등과의 국제 관계라는 새로운 근대의 상황을 중국에 대한 일종의 대응 논리를 펴는 데 이용하고 있다. 조선의 금령은 매우 엄격하여 본국으로 송환하면 곧바로 처형한다는 논리로 그들의 편입·동화를 꾀한 길림 당국의 논리에 대해, 조선 측에서 "유민을 본국으로 보내 본국의 지방 문·무관에게 넘김으로써 본적지로 돌려보"내겠다고 한 것도 이러한 논리의 뒷받침이 있어서였다. 그리고 이러한 '처벌'이 아닌 '위무'의 정책은 이미 대규모 월경사태에 대한 조선 정부의 대응책으로 실행된 것이기도 하였다.[25] 그러나 아울러 이후 조선 정부의 월간민 쇄환을 위한 구체적인 정책의 흔적이 거의 확인되지 않으므로, 이 쇄환 요청은 아마도 일종의 임시방편이었을 가능성이 크다.

여하튼 1882년 10월 4일 전달된 이러한 조선 측 요청을 청이 허용하여, 아마도 11월 18일에 조선 측에서 그 의사를 전달받았던 것으로 보인다.[26] 그 때문인지 이해 12월 17일 조선 정부는 예부에 감사의 뜻을 표명하였다.[27] 조선 측은 뒤이어 예부에서 "그 유민의 수가 많기 때문에 즉시 몰아내 보내면 살 곳을 잃고 떠돌아다닐 것 같아서 기한을 넉넉히 줌으로써 돌봐 주는 뜻을 보이라는 황상의 칙유를 받들어 통지

25 金衡鍾, 2018, pp.38-64 참조.

26 「議政府啓」(光緒8年 10月 8日), 『備邊司謄錄』 高宗19年 10月 8日(『자료선역』, pp.177-179).

27 「朝鮮國王咨報擬恭伸許令饑民回國之謝」(光緒8年 10月 17日), 『光緒中日』 卷4, 46b-47a; 承文院 編, 「啓下咨文冊」 13, 『朝·淸會談』, pp.49-50(『啓下咨文冊』은 원래 11·12권 외에는 실물이 현존하지 않는다. 하지만 アジア歷史資料センター에 수장된 B03041217300 「間島ノ版図ニ關シ淸韓兩國紛議一件」 參考書 第三卷 04 「壬午下 啓下咨文冊」 13에서 13권의 내용을 확인할 수 있다.); 『中朝邊界』, pp.1149-1150(『자료선역』, pp.180-181). 이 자문은 光緒8年 10月 17日 작성되고 11月 8日 發送되어 12月 25日 도착하였는데, 작성과 발송은 『朝·淸國會談』, pp.49-50에 있는 원문 날짜, 도착일은 『光緒中日』 卷4, pp.46-47에 따랐다.

합니다."라고 알려 온 것에 대해서 회답 자문을 보내기로 결정하였다.[28] 그리고 앞의 상유에 따라 명안·오대징은 다시 대책을 논의하여, 이들 조선 유민을 한꺼번에 돌려보내면 안치할 방법이 없을 터이므로 1년 기한을 주어 그들을 모두 본적지로 거두어들이도록 하고, 기존에 조선 유민이 개간한 황무지는 따로 중국 백성을 불러 모아 개간하겠다는 방안으로 선택을 바꾸었다. 1882년 12월 11일 이러한 주청을 승인하는 상유도 내려졌다.[29] 조선 월간민의 1년 이내 전원 쇄환(刷還)이라는 방안이 결정된 것이다.

이 광서제의 상유에 대해 조선 측은 거기에 따르겠다면서, 감사의 자문과 표문(表文)으로 그 뜻을 전달하였다.[30] 이렇게 조선 측 요청대로 유민의 귀화·입적을 포기하는 대신 그들을 1년 이내 전원 쇄환하도록 허용한다는 자세로 나왔으므로, 중국 측 대응은 상당히 우호적이고도 유연한 반응이라 평가할 수 있다. 그야말로 전형적인 사대-자소 관계의 틀 속에서 문제를 처리하는 데 양쪽은 거의 이의가 없었다.

4) 어윤중과 국경 문제의 제기

그리고 이런 조치에 따라 월간민 쇄환이 이루어졌다면 문제는 더 커지지 않았을 것이다. 하지만 기한이 지났어도 조선 유민은 쇄환되지 않

28 『高宗實錄』 卷19, 高宗19年 11月 25日(『자료선역』, pp.175-176).

29 「銘安·吳大澂奏遵旨會商復陳仰祈聖鑒摺」(光緒8年 11月 2日), 『中朝邊界』, p.1074; 「上諭(命禮部傳知該國王准其一年內悉數收回以示體恤)」(光緒8年 11月 2日), 『德宗實錄』 卷154; 『中朝邊界』, p.1075(『자료선역』, pp.170-174).

30 『高宗實錄』 卷19, 高宗19年 11月 25日. 『承政院日記』 및 『日省錄』에도 같은 기사가 있다(『자료선역』, pp.175-176; 「准許吉林流民刷還謝恩禮部咨」, 한국학중앙연구원 장서각 디지털 아카이브 http://yoksa.aks.ac.kr). 여기에는 이때 전달된 表文(「准許吉林流民刷還謝恩表」)도 함께 실려 있다.

았다. 길림 측에서도 처음에는 그들을 구축하기 위해 공문 재촉 이외에 강제력을 동원하려는 움직임을 보이지도 않았다. 더구나 1년 기한이 다 차기도 전인 1883년 전반기에 조선 측에서는 이미 월간을 한 두만강(토문강) 북쪽이 중국 땅이 아니고 조선 땅이라는 국경 문제를 제기하였다. 이러한 상황이 뒤이어 본격적인 국경·영토 분쟁으로 전환되는 계기는 양국 사이에 맺어진 「무역장정」 의정과 관련된 문제를 매듭짓기 위해, 1883년 초 서북경략사로 임명되어 함경북도를 방문한 어윤중(魚允中)이 제공하였다.

그는 1883년 4월에서 7월 사이 함경북도에 머무르면서 길림 측 관원과 만나 후속 「무역장정」 관련 업무를 수행하였다. 이때 그는 자신들이 개간한 토지는 사실 토문강(=分界江=海蘭江 또는 布爾哈通河) 남쪽이라 조선 땅에 속하며, 정계비가 그 확실한 증거가 된다는 주장을 내세우는 함경북도 주민의 주장에 동조하게 되었다.[31] 그에 따라 이들의 명의로

31 이에 대해서는 金衡鍾, 2018, pp.123-154에서 상술하였다. 사실 「무역장정」과 후속 장정은 그 의정 과정에서 이홍장과 어윤중 사이에 국경 조사[勘界]에 합의가 이루어졌고(金衡鍾, 2018, pp.126-127), 실제 「吉林·朝鮮商民隨時貿易章程」을 보면 두만강('土門江')을 국경으로 설정한 것이 분명하다. 제1조에 "두 나라의 변경은 土門江을 경계로 한다. 토문강 北岸·東岸은 吉林에 속한 땅"이라고 규정하면서, 會寧과 강을 사이에 둔 화룡욕(和龍峪)의 沿江 일대, 琿春과 慶源府 사이에 西步江 分局을 설치한다고 규정하고 있어 두만강(토문강)이 국경으로 간주되고 있기 때문이다(『高宗實錄』 21卷, 高宗 21年 5月 26日 庚子 다섯 번째 기사 참조). 따라서 이 후속 장정이 압록강과 두만강을 다시 국경으로 설정하는 의미를 지녔다는 지적(Nianshen Song, 2018, p.51)은 정확한 것이라 할 수 있다. 그러나 이후의 영토 분쟁 과정에서 이 장정에 규정된 내용은 기묘하게도 양국 당사자 사이의 논의에서 전혀 언급되지 않았다는 점 역시 확실하다. 어윤중은 「吉林·朝鮮商民隨時貿易章程」에 합의해 놓고도 돌아와서 국왕에게는 "무역장정에서 무역할 지방을 분명하게 지정하지 않은 것"이라 주장하는데(金衡鍾, 2018, p.132), 장정 내용을 보면 회령·경원이 언급되고 있어 토문강은 두만강으로 해석할 수밖에 없다.

중국에 탄원서를 올리고, 조선 지방관이 길림 지방 당국에 조회를 보내게 하였다. 이에 대해 가장 먼저 확실한 정보를 제공해 주는 것은, 고종 20(1883)년 4월 무렵 함경북도 종성부의 '빈민' 등이 중국의 팽광예(彭光豫) 및 돈화현 지현 조돈성(趙敦誠)에게 올린 「탄원서[上書]」다.

이 탄원서는 1) 「조선국 종성부의 빈민 등이 삼가 올리는 글」과 2) 「중국에서 파견되어 온 관원에게 올리는 탄원서」(癸未年 四月)라는 제목이었다. 여기서 그들은 비록 종래 금지(禁地)였지만 토문강의 지류인 '분계강' 동쪽(즉 남쪽)은 원래 중국 땅이 아니라 조선에 속하므로, 거기에 들어가 개간하거나 경작하는 것이 문제가 되지 않는다. 따라서 월간민 쇄환이 필요 없다는 주장을 다음처럼 제기하였다.[32]

1) 토문강(土門江)은 바로 분계강(分界江)이고,[33] 목극등이 세운 정계비

32 「朝鮮國鐘城貧民等上書(謹拜上書於上國派員大人閣下)」(光緖9年 4月), 「鐘城府公文書」, 『朝·淸會談』, pp.75-81(『자료선역』, pp.215-220). 「鐘城府公文書」에는 여기 인용한 것 외에 비슷한 주장을 담은 여러 문서가 수록되어 있다. 아마 어윤중이 백성의 탄원서[民狀]을 만든 다음 그것을 종성부 백성을 시켜 종성부사에게 올리도록 하였을 것이다.

33 土門江(土們江)이 分界江이라는 주장은 분명히 오류다. 여기서 말하는 분계강은 바로 布爾哈通河를 가리킨다(한편 보다 남쪽의 海蘭江은 조선 월간민의 초기 개척중심지가 되는 龍井市를 관통하면서 내려와 그 북쪽의 延吉市 남쪽을 흐르는 布爾哈通河와 합류하고, 布爾哈通河는 다시 戛牙河 등과 합류하여 남쪽으로 豆滿江에 합류한다. 조선 측의 문제 제기에서는 사실상 포이합통하와 해란강이 다른 강이라는 것조차 구별하지 못한 것으로 보인다.). 목극등이 세운 정계비에서 시작되는 이른바 '토문강'은 중간에 산맥(長山嶺)이 있어 결코 포이합통하(또는 해란강) 쪽으로 연결될 수 없다. 따라서 '토문강=분계강'론은 중간의 지세를 제대로 파악되지 않은 부정확한 정보나 傳承에 기초하여 제기된, 혹은 자기에게 유리한 방향으로만 일방적으로 해석한 논리다. 더구나 조선 정부에서 이런 문제 제기를 이전에 내세운 적도 없고, 실질적으로 이 지역을 정식 행정구역으로 편입시킨 적도 없다(물론 조선의 영토가 어디까지인가라는 영토 관념의 측면에서는 다양한 해석이 존재하였던 것이 사실이

비문(碑文)에 따르면 토문강이 청과 조선의 경계를 가르므로, 분계강 남쪽은 조선 땅에 속한다.

2) 예전에 개시(開市)를 열었을 때 (중국 상인이) 종성에 왔다가 돌아갈 때 짐이나 물건 등은 조선 백성이 모아산(冒兒山)까지 백여 리쯤 수송해 주었는데, 모아산은 바로 분계강 강변에 있는 산이니, 이것이 바로 경계라는 증거다.[34]

3) 조선 백성이 월간한 지역은 주로 분계강 남쪽이다. 이 지역은 종래 양국에서 이용을 금지하였기 때문에 월간하지 않았지만, 중국 측에서도 개간을 시작하였으므로 조선 백성이 들어가도 문제가 없다. 분계강 너머 북쪽으로 넘어간 일부 유민의 쇄환은 당연한 일이지만, 분계강 남쪽의 경우는 그럴 필요가 없다. 따라서 중국 측에서 군대를 파견하여 쫓아내거나 처벌하는 것은 부당한 일이므로 중지되어야 한다.

이상의 주장은 동시에 "조선은 중국의 속방이고 저희 또한 성천자(聖天子)께서 교화하고 배양하는 대상이 아님이 없으므로, 설사 중국 영역 내에서 땅을 차지해서 개간하더라도 안 될 것이 없다."거나, "청에서는 조선을 대할 때 마치 내지와 마찬가지로 대해 왔으니, 조선 백성이

다.). 또한 이 당시의 '토문강=분계강론'은 기껏해야 포이합통하나 해란강 남쪽 지역이 조선 땅에 속한다는 훨씬 제한된 주장이었다는 점을 유념할 필요가 있다. 오늘날에도 언급되는 '土們江=松花江'이란 주장과는 전혀 다른 것이다.

34 冒兒山은 오늘날 延吉市에 속하며, 연길시 남쪽에 자리 잡고 있다. 청과 조선과의 邊市는 함경북도의 회령(1년 1회)과 경원(2년 1회)에서 열렸는데, 조선 측은 청 측 관원의 행장과 화물의 하루치 귀환 여정을 호송하는 의무가 있었으므로, 회령 아래쪽의 종성에서 두만강을 건너 하루거리의 지점인 포이합통하(위에서는 分界江으로 묘사되는데, 오늘날의 연길시를 관통한다.)의 나루터(土門子)까지 호송해 주었는데(김택중 등 옮김, 2001, pp.227-238), 아마 이런 사실에서 비롯된 오해로 보인다.

중국의 사이 땅을 개간해서 먹고산다고 해도 무슨 큰 잘못이 되겠습니까?"라는 논리에 의지하고 있었다. 영토·국경 문제를 제기하면서도 조선 측에서는 여전히 전통적인 사대-자소 관계에 기대어 상국의 '자소지의'를 기대하였다.

하지만 이러한 조선 '빈민'의 문제 제기는 월간민 쇄환 요청을 받은 다음 자세히 따져보았더니 토문강과 두만강은 사실은 다른 강인데,[35] 중국 측이 혼동하여 '분계'를 이루는 토문강을 두만강이라고 착각하여 두만강 북쪽 월간민을 남쪽으로 쇄환하라 요구하는 것은 잘못이며, 강압에 의한 구축은 중지되어야 한다는 것이 핵심이었다. 이러한 지방 차원의 문제 제기(배후에 어윤중이 있었지만, 조정의 사전 승낙을 얻은 것은 아니다.)는 양국 간의 월간민 쇄환 교섭이 이제는 변계와 영토를 둘러싼 분쟁으로 비화하는 것을 의미하였다. 그런 점에서 이 문제 제기는 이후 전개되는 두만강·백두산 공동감계와 국경회담의 실질적인 출발점을 이루었다.

뒤이어 고종20(1883)년 6월에는 종성부사(鍾城府使) 이정동(李正東)이 맞은편 길림의 돈화현 지현에게 토문강과 두만강이 하나의 강이 아니라는 '토문-두만 양강론(土門豆滿兩江論)'을 내세워 반박하는 조회(照會)를 보냈다.[36] 이 조회는 함경북도의 종성(鍾城)·온성(穩城)·회령(會

35 토문강·두만강 및 이와 관련된 북방영토에 대한 조선의 인식 문제에 대해서는 각주 6에서도 언급하였지만 앞서 든 李花子·李康源의 일련의 연구 외에도 趙珖, 1974a, 1974b, 1983, 2010; 박인호, 1996, 2003; 裵祐晟, 1998, 2014; 문상명, 2013; 姜錫和, 2000, 2005; 문상명·양보경, 2013; 양보경·이현군·문상명, 2016 등 많은 연구가 있다.

36 「朝鮮鍾城府使照會爲請派人會勘邊界」(光緒9年 6月), 「鐘城府使抵敦化縣知縣照會」, 『白頭山定界碑資料』(光武7(1903)年 奎25219); 承文院 編, 「啓下咨文冊」 13, 『朝·淸會談』, pp.58-59; 『中朝邊界』, pp.1151-1152; 『中日韓』 卷4, pp.1910-1913(『자료선역』, pp.221-227).

寧)·무산(茂山)의 백성이 올린 탄원서를 기초로 하여, 앞의 청원서와 같은 논리로 '토문-두만 양강론'의 근거를 제시하였다.[37] 이정동은 정계비 조사와 새로 그린 지도에 기초해서, 서로 잘 알지 못하는 지역·경계 부분에 대한 공동 조사를 통한 영토 확정을 제안한 것이다. 하지만 그가 "토문강과 분계강이 경계가 되는데 중간에 서로 이어지지 않은 부분이 있어서 종래 의심스럽다고 생각했지만, 이번에 사람을 보내 조사해 보니 또한 이와 마찬가지였습니다. 토문강은 과연 분계강에 흘러드는 것일까요?"라고 질문한 부분에 문제가 있었다. 확실하고 철저한 지리적 조사를 거쳐 토문강과 분계강이 기존 추측대로 직접 연결된 것임을 확인하였다면, 이런 식으로 표현할 리 없기 때문이다. 이것이 '토문-두만 양강론'의 가장 중요한 약점이지만, 당시 함경도 지방 당국은 자체 조사를 통해 토문강과 분계강이 직접 연결되지는 않으나, 정계비에서 시작된 토문강의 물줄기 방향을 따라 국경을 설정한다면 토문강 물줄기가 끊기는 곳(물줄기가 伏流하는 곳)에서 산맥을 넘어 분계강 쪽으로 연결될 수 있다고 보았던 것 같다.[38]

37 「朝鮮鍾城府使照會爲請派人會勘邊界」(光緒9年 6月), 「鐘城府使抵敦化縣知縣照會」, 『白頭山定界碑資料』(光武7(1903)年 奎25219); 承文院 編, 「啓下咨文冊」 13, 『朝·淸會談』, pp.58-59; 『中朝邊界』, pp.1151-1152; 『中日韓』 卷4, pp.1910-1913(『자료선역』, pp.221-227).

38 사실 秋月望(2002, pp.83-84)은 이때 토문강과 분계강을 조사하기 위해 어윤중이 파견한 金禹軾이 분계강의 江源과 "토문강계는 산을 사이에 두고 있어 통하지 않는다.[古傳分界江似是也. 自此江之源, 距土們江界, 隔嶺不通]"는 점을 확인하였으므로 전혀 정보가 없었던 것도 아니지만, 물줄기의 연결이 아니라 흐르는 방향을 중시했기 때문에 그것을 무시했을 것이라 이해하고 있다. 어윤중이 김우식의 보고를 받았다고 가정한다면 이렇게 이해하는 것이 가장 타당할 것이다. 김우식의 기록은 「探界公文攷」, 「北輿要選下」, 『朝·淸會談』, pp.394-395에 수록되어 있는데, 여기에는 "토문강과 분계강 사이에는 서로 연결되지 않는 곳이 있다고 일찍이 의심스러워하였는데, 지금 이 사람을 보내 답사해 보니 또한 이러하였다.[土門江與分界江間有不相屬處, 曾以

그렇지만 중국의 지방 당국을 상대로 "경계를 분명히 해서 강계(疆界)를 구별하는" 문제를 제기한 일은 사실상 지방관의 권한을 훨씬 넘어섰다. 말단 지방관인 그가 단독으로 제기할 수 있는 차원의 문제도 아니었다. 따라서 이러한 문제 제기의 배후에는 중앙에서 파견된 서북경략사 어윤중이 있었을 것이라는 점을 쉽게 추측할 수 있다.[39] 그가 쓴 것으로 보이는 또 다른 자료도 존재하는데, 여기서는 이 문제를 북양대신에게 제기하겠다는 태도를 보이면서 중국 측과의 교섭·대응에 관한 세밀한 부분까지 지침을 제시하고 있다. 그 내용은 다음과 같다.

> 어윤중이 그러한 상황을 듣고 우선 지도를 찾아 보니 종성부의 관문과 요새의 높고 험한 지방에 대한 지도는 분명히 토문을 경계로 삼고 있었고, 두만강 북쪽에 따로 토문이 있으며 두만강과는 서로 연결되지 않았습니다. 그래서 사람을 백두산에 파견하여 계비와 경계를 살피게 하였더니 과연 토문이 있어 믿을 만하였습니다. 그래서 육진 백성은 이런 탄원서를 팽광예 중랑과 돈화현 지현에게 올리게 된 것입니다. 또한 종성부사와 만났을 때에도 다시 이 주장을 제기하였으므로 결국 (종성부에서) 백성들의 탄원서를 덧붙여 돈화현에 조회를 보내게 하였습니다. …… 다만 토문강 이남 지역에 들어가서 거주하는 우리 백성은 본래 세금을 피하려고 도망친 사람들인데 그들이 경계에 대해 자세히 알지 못하는 것을 보고, 그들에게 세금을 거두려고 하는 사람이 돈화현 쪽에 고발을 하

爲疑, 今此遣人踏勘, 又如此]"는 구절도 존재한다(p.396). 즉 토문강과 분계강(坪下通水. 즉 포이합통하-인용자) 중간에 산맥이 있어 서로 연결될 수 없다는 점은 이미 분명히 확인되었던 것이다.

39 어윤중의 지시에 따라 백두산·두만강 지역을 두 차례나 조사한 김우식은 조사를 마친 다음 보고를 올리자 어윤중이 종성부사에게 돈화현에 조회를 보내도록 하였다고 분명히 기록하였다.

여 이 사안이 발생하게 된 것입니다. 나중에 우리 백성이 양보하고 돌아가려 하지 않는 것을 보고 온갖 수단을 써서 돈화현과 길림성에 종용하여, 억지로 이들을 길림에 편입시켜 그들을 그곳에 안주시킴으로써, 다른 곳으로 이사하거나 옮기는 후환을 피하려는 속셈입니다. 그들과 만나 담판할 때는 수작(酬酌)을 꺼리지 말고, 사소한 것도 모두 하나하나 기록하여 보냄으로써 북양대신에게 보내는 바탕으로 삼을 필요가 있습니다. 또한 이 사안은 단지 계비를 공동으로 살펴보고, 지도와 설명서를 작성하여 북양대신에 보냄으로써, 그쪽에서 공정하게 결정을 내리도록 미리 범위를 정해 두는 편이 좋을 것입니다.[40]

여기서 우리는 영토 문제 제기의 배후에 어윤중이 있음을 분명히 확인할 수 있다. 동시에 두만강을 넘어간 월간민 문제가 노동력과 그들이 내는 세금 확보를 위한 경쟁에서 양국 사이의 국경 문제로 확산되고, 그것을 조선 측이 주도적으로 제기하게 된 경과·배경이 무엇인지를 파악할 수 있다. 주목할 것은 이 문제를 북양대신에게 넘겨 처리하겠다는 태도가 처음 출현한다는 점이다. 여기에는 이 문제를 정부 차원의 교섭 문제로 전환하려는 의지가 반영되고 있다. 청 정부와의 교섭 대상으로 예부나 총리아문이 아닌 북양대신을 지목한 것은 아마도 1880년대 초반 조선의 개방정책이나 미국 등과의 수교를 통해 관계가 밀접해진 이홍장의 '선처'를 기대하는 심리가 작용하였을 것이다.

그리고 어윤중이 이렇게 자신이 떠난 다음의 함경도 상황에 대해

40 「北界事」, 承文院 編, 「啓下咨文冊」 13, 『朝·淸會談』, pp.63-64(『자료선역』, pp.236-238). 이 자료는 어윤중이 직접 언급되고 있고, 그가 아니라면 파악할 수 없는 중국 측과의 교섭 과정까지 상세하게 정리하고 있을 뿐만 아니라, 북양대신에게 이 문제를 전달하여 처리하겠다는 의사까지 보여 어윤중의 글이 거의 확실한 것 같다.

자세히 파악할 수 있었던 것은 함경도 지방 당국(회령·종성·온성)과 혼춘 당국(돈화현과 혼춘)의 교섭상황 및 관련 공문이 모두 정부에 보고되었던 덕분이었다.[41] 양쪽 지방 당국이 1883년 10월 중순까지 서로 주고받은 조회가 모두 중앙정부에 보고되는 것은 월간민 문제를 둘러싼 갈등이 이제는 본격적으로 국가 차원의 변계·국경을 둘러싼 문제로 번진다는 것을 의미한다.

한편 이것은 또한 조선-청 사이의 외교적 접촉의 역사에서 새로운 획기를 긋는 일이었다. 조선 백성이 중국 관리에게 직접 탄원서를 제출하는 일은 사실 전례가 없었고, 당연히 있을 수 없는 '불법'이었다.[42] 이런 일이 민간 차원에서 이루어졌다는 점 역시 양국 관계에서의 새로운 변화를 반영하는 것으로 볼 수 있다. 또한 사전에 조정의 지시나 허가

41 高麗大學校亞細亞問題研究所韓國近代史料編纂室, 1972-1974, 『舊韓國外交文書附屬文書』 第三卷 『統署日記』 1, 高宗20(1883)年 9月 18日, pp.11-12.

42 「(乙酉九月)二十六日到付按甘」, 李重夏, 『勘界使謄錄』 上(乙酉冬), p.30; 이왕무 등, 2008, 『역주 감계사등록』 상, pp.104-105에 따르면, 1885년의 일이지만 공동감계를 기다리지 않고 사사로이 상국 관원에게 탄원서를 올린 四邑狀頭에 대한 체포령이 내려지고 있다. 또 정부의 사전 허가 없이 지방 당국에서 중국 지방 당국에 조회를 보내는 것은 역시 불법이었다. 「朝鮮咸鏡北道按撫使照覆」(光緒11年 3月 3日), 承文院 編, 「啓下咨文冊」 13, 『朝·淸會談』, pp.67-69 또는 『中朝邊界』, pp.1191-1192(『자료선역』, pp.318-322)에 의하면 安撫使는 "온성부에서 귀 아문에 조회한 문제에 대해 본 안무사는 처음 들어 알게 되었는데, 깜짝 놀라지 않을 수 없었습니다. 해당 지방관이 귀 아문의 관병들이 농막을 불태워 부수고 백성을 쫓아낸 일을 직접 목격하고도 백성을 안정시키고 군대의 행패를 늦추자는 욕심에 상사에게 알리지도 않고 공문을 보낸 것은 정말로 해괴한 일이 아닐 수 없습니다. 해당 부의 속원들은 현재 모두 체포되어 엄한 심문을 받고 있으며, 지방관 역시 엄한 처벌을 피할 수 없을 것입니다. 회령의 월간민이 연명으로 탄원서를 올린 것도 또한 법도에 어긋나니, 국가 영토에 관한 큰일을 어찌 한두 명의 백성이 알 리 있겠습니까?"라고 하여 지방관이나 백성의 중국과의 접촉 자체는 해괴한 일이자 엄벌을 피할 수 없는 일이라 지적하였다.

없이 지방 당국이 중국에 조회를 보낸 사례 역시 지방 당국 사이의 (근대적 외교문서 형식인) '조회'를 통한 교섭의 출발점이라는 점에서도 주목할 만하다.[43]

5) 지방 차원의 국경회담과 그 내용

그러나 이러한 '빈민'의 청원은 중국 측의 반응을 받아내지는 못하였다. 그러나 조선 정부와는 전혀 다른 함경도 지방의 뒤늦은 반응은 아마 길림 당국을 몹시 당혹스럽게 하였을 것이 틀림없다. 따라서 그들이 아무런 반응을 보이지 않은 것은 어쩌면 당연하였다. 그렇지만 이러한 문제 제기를 무시·회피함으로써 국경 분쟁으로 비화시킬 생각이 없었던 길림 당국도 1884년 후반이 되면 결국 적극적인 태도로 바뀌게 된다. 양측이 최초로 문제를 제기한 지 거의 2년 가까이 되어서야 공동감계에 합의하는 단계에 들어선 것이다. 이 단계에서 '국경회담'은 함경도 당국(조선 정부의 지시가 있었다.)과 혼춘 당국(청 정부의 지시는 확인되지 않는다.)이라는 지방 차원에서 이루어졌다는 데 특징이 있다.

그러면 문제 제기에 대한 길림 당국의 반응은 어떠했을까? 앞서

43 이러한 국경지대에서 백성의 불법적인 越境·移住는 말할 것도 없지만, 양쪽 지방관이 의사소통을 위해 하급 관리 등을 파견하여 공문을 주고받거나 왕래하는 것은 사실 상부에 보고되지는 않았으나, 오랫동안 관행적으로 이루어졌다는 점을 염두에 둘 필요는 있을 것이다. Seonmin Kim, 2017, pp.39-46, pp.77-78, pp.88-97, pp.138-140, 또한 尹秉寬, 『兩界照會』 上·下(『兩界照會』는 1890년 8월에서 1892년 5월까지 鍾城府使를 지낸 尹秉寬이 두만강 북쪽 건너편의 和龍峪 商務總局(및 光霽峪分局)의 監理 및 琿春副都統衙門의 邊務交涉承辦處 總辦 등과 공식적으로 주고받은 조회를 수록한 상책 76쪽 및 주고받은 信函을 수록한 하책 89쪽으로 구성되어 있다.) 및 이를 분석한 金衡鍾, 2020b 참조. 그리고 Joshua Van Lieu, 2018, pp.335-336에서 다룬 경원 지방관과 혼춘 당국의 왕래 사례도 참조할 수 있다(이 책의 제1장 참조).

종성부의 '빈민', 뒤이어 종성부사의 조회를 통한 문제 제기를 언급하였지만, 돈화현에서는 "월간 유민을 올가을 추수가 끝난 다음 즉시 기한대로 귀국시켜 따로 생업을 도모하게 해야지 남아서 체류하는 일이 없게 해야 할 것"이라고 반응하였을 뿐이다.[44] 1883년의 기한 내로 쇄환을 마치라는 요구만 있을 뿐, 경계 문제는 전혀 언급하지 않았다. 길림 측은 조선 측의 문제 제기를 받아들이거나 국경 분쟁으로 비화시킬 생각이 없었으며, 아예 무시하고 피하려는 의사가 분명하였다. 일단 '영토'라는 문제가 관련된 경우, 조정의 지시나 허가 없이 대응에 나선다는 것은 사실상 권한 밖이었기 때문이다.

그리고 실제 현재 찾아볼 수 있는 1883년의 자료에는 그러한 점이 전혀 나타나지 않는다. 그래도 길림 측의 반응을 볼 수 있는 가장 빠른 자료는 1884년 3월 초에 길림장군이 총리아문에 보낸 문서다.[45] 하지만 이 문서도 함경도 측이 제기한 변계 문제는 전혀 언급하지 않았다. 「무역장정」의 실행이 변금(邊禁)의 해제라고 간주한 조선 백성의 월경이 여전히 끊이지 않는다는 우려를 보일 뿐이다. 뒤이어 돈화현에서 "토문강 북쪽 기슭을 차지한 채 개간하는 조선 유민들을 모두 데려가라."라는 조회를 다시 보낸 것은 1884년 7월 무렵이었다.[46] 이것은 양측의 갈등이 아직 소강상태에 머무르면서 본격적인 논쟁으로 나아가고 있지 않았음을 보여 준다.

하지만 이때 조선 의정부는 "변경을 조사하는 문제는 종성부사

44 「署吉林敦化縣知縣趙照會」(光緖9年 8月), 承文院 編, 「啓下咨文冊」 13, 『朝·淸會談』, pp.61-62(『자료선역』, pp.228-229).

45 「吉林將軍希元文(附. 琿春副都統衙門依克唐阿致朝鮮慶源府照會)」(光緖10年 2月 7日), 『中日韓』 卷3, pp.1336-1337; 『국역中日韓』 2, pp.48-50(『자료선역』, pp.241-243).

46 「議政府啓」, 『高宗實錄』 卷21, 高宗21年 5月 14日(『자료선역』, pp.244-245).

가 작년에 이미 돈화현에 공문을 보내어 알린 것이 있으니, 도신(道臣)이 다시 이 내용으로 자세히 공문을 보내라고 분부하는 것이 어떻겠습니까?"라는 의견을 올려 국왕의 윤허를 받았다. 종성부사가 제기한 변경조사 문제를 조정에서 승인하고, 중국의 반응이 없자 이번에는 함경도 관찰사의 명의로 같은 내용의 공문을 보내자는 보다 적극적인 자세로 나섰다. 이에 대해 중국 측이 어떤 반응을 하였는지 보여 주는 것은 1884년 11월 24일 길림장군이 혼춘부도통에게 보낸 자문(咨文)이다. 여기서는 돈화현 서리 지현 조돈성이 그간의 경과를 보고한 내용을 인용하고 있다. 이에 따르면, 조선 측은 중국 측의 요구를 도외시할 뿐만 아니라, "개간한 땅을 모두 자기 땅으로 삼고자" 하며, "남강(南崗) 일대가 조선 땅에 속한다고 하면서, 머지않아 비석을 세우고 성(城)을 쌓을 것이며, 중국 백성이 (변발을 버리고) 머리를 길러 귀순해야 할 것이라고 떠드는 상황"이었다. 조돈성은 결국 "군사적 위세에 의존하여 복종하게 만들지 않는다면 월간은 장차 끝이 없을 것이고, 또한 문제가 커지면 나중에 해결하기 더 어려워질까 두려우므로", '변경 방어를 맡는 고위 관리[邊防大員]'에게 일 처리를 맡겨 달라고 요청하였다.[47]

이에 대해 실제 길림장군은 11월 24일 "혼춘부도통 의극당아(依克唐阿)에게 자문을 보내 적절한 인원을 선발해 현지로 파견하여 처리하기를 기다려야 할 것"이라는 지시를 내렸다. 아울러 "신중하게 행동해서 분규를 일으키지 않음으로써 조선이 그것을 빌미로 핑계를 대지 못하게 만드는 것이 매우 중요"하다고 당부하였다.[48] 하지만 길림장군이

47 「吉林將軍咨文」(光緖10年 10月 7日), 『淸代中朝』, pp.47-48; 『中朝邊界』, pp.1155-1157(『자료선역』, pp.246-253).

48 「吉林將軍咨文」(光緖10年 10月 7日), 『淸代中朝』, pp.47-48; 『中朝交涉史料』, pp.1155-1157(『자료선역』, pp.246-253).

이 문제를 중앙에 보고하지 않고[49] 혼춘부도통에게 처리를 지시한 것을 보면, 비록 보다 강경한 대처로 바뀌었지만 여전히 이 문제를 지방 차원에 한정하려는 자세를 견지했다.

그리고 돈화현 지현이 길림장군에게 조선 측의 '감계(勘界)' 요청을 보고하는 것은 1884년 12월의 자료에서 최초로 확인된다.[50] 아마 이때까지 길림 측의 주요한 대책은 월간민 쇄환에 여전히 중점을 두고 있었기 때문일 것이다. 돈화현 지현은 함경북도 안무사 조병직(趙秉稷)의 조회를 받았는데, "길림장군께 보고하여 옛날 정계비가 세워진 곳을 조사하여 신속하게 완결시킴으로써, 양국의 경계를 확정하고 기존 제도를 따를 수 있게 해 주시기를" 요청하는 내용이라면서, "여전히 억지를 피우면서 교활하게 발뺌을 하는 것뿐"이라고 보고하였다. 이에 대해 길림장군은 다시 혼춘부도통에게 종전에 지시한 것처럼 처리하라는 지시를 내렸다.[51]

이러한 길림장군의 두 차례 지시가 혼춘 당국이 더욱 적극적인 자세를 취하는 계기가 된 것은 얼마 후 혼춘부도통 아문에서 함경도 관찰사에게 조회를 보내 적극적인 논쟁의 자세를 보이면서 공동감계에 동의한 데서 잘 나타난다. 이때 드러난 혼춘 측의 반박 논리는 이후 조

49 이처럼 군사력을 동원한 보다 강제적인 刷還·邊禁으로의 전환은 길림 당국이 사전에 조정의 허가를 받았음을 보여 주는 자료가 확인되지 않는다. 따라서 독자적인 지방 차원의 판단이었다. 이 때문에 나중에 조선 측에서 정부 차원의 협의가 없는 부당한 조치라고 청 정부에 항의하게 하는 상황을 낳았다.

50 「敦化縣知縣趙敦誠申文(爲朝鮮咸鏡北道巡按使要求查勘白頭山定界舊處的)」(光緖10年 11月 14日), 『淸代中朝』, p.49; 『中朝邊界』, pp.1160-1161(『자료선역』, pp.256-260).

51 「敦化縣知縣趙敦誠申文(爲朝鮮咸鏡北道巡按使要求查勘白頭山定界舊處的)」(光緖10年 11月 14日), 「吉林將軍咨文(爲敦化縣報朝鮮流民越墾請派人妥辦的)」(光緖10年 11月 14日), 『淸代中朝』, p.49; 『中朝邊界』, pp.1160-1161(『자료선역』, pp.256-260).

선과의 논쟁에서 핵심적인 근거가 되므로, 간단히 그 논지를 정리해 보도록 하겠다.

1) 경계비를 구실로 삼고 있는데, 비석은 옮길 수 있으나 강은 옮기기 어렵다. 그러므로 강을 가지고 조선과 길림의 변계를 정하고자 하면 믿을 만한 근거가 있지만, 비석을 가지고 증거로 삼고자 하면 그 진위를 판별하기 어렵다.
2) 해랑하(駭浪河. 즉 海蘭江-인용자)를 가리켜 토문강이라고 하는 것도 유민들의 말이 와전된 것이다. 해랑하 발원지는 남강(南崗) 지방 이도구(二道溝) 상류의 출갈타령(秫秸垜嶺. 즉 長山嶺-인용자)으로, 토문강 발원지로부터 천 수백 리나 떨어져 있다.
3) 해랑하를 알아하라고 하는 것도 잘못으로, 알아하는 혼춘성의 정북에서 동쪽으로 치우친 200리 떨어진 분수령에서 발원한다.
4) 중국말로는 토문강, 조선말로는 두만강이라 부르기 때문에 사실 같은 강인데 발음만 약간 다를 뿐이다. 따라서 "두 강 사이에 있는 수백 리가 조선의 황무지"라는 말은 정말로 황당한 주장이다. 두만강(토문강) 북쪽은 산맥을 넘어 북쪽에 해랑하가 있고, 그보다 더 북쪽은 박이합통하(博爾哈通河. 布爾哈通河)가 있을 뿐이다.
5) 조선 변경 지역의 부(府)·현(縣)은 각기 서로 백 리, 수십 리 정도밖에 떨어져 있지 않으니 그야말로 아주 빽빽하다. 강북 수백 리 땅에 황무지가 있다면 어찌 200년 동안 성 하나 쌓지 않았고, 관리 한 명을 두지 않았는가?[52]

52 「邊務承辦處照會」(光緒10年 11月 21日), 『中朝邊界』, pp.1162-1164, pp.1165-1167(『자료선역』, pp.264-270).

다시 간단히 요약하자면,

1) 두만강과 토문강은 발음만 다를 뿐 같은 강이다.
2) 해랑하(해란강)나 알아하가 분계강이라는 주장은 잘못된 지리적 정보에 기초한 것이다.
3) 따라서 그 남쪽은 조선 땅이라는 주장은 빈 땅이 거의 없는 조선이 수백 년 동안 놔둔 것만 보아도 근거가 부족하다.
4) 비석(정계비)은 옮길 수 있으나 강은 옮기기 어렵기 때문에, 강을 가지고 조선과 길림의 변계를 정하면 믿을 수 있지만, 비석을 가지고 증거로 삼을 수는 없다.

는 것이었다. 실제 이러한 주장은 이후에도 공동감계·국경회담 과정에서 거듭하여 언급되는 중국 측의 유력한 논거가 된다. 이 가운데 1)-3)은 사실 지리적인 측면에서 좀 더 정확한 주장이었기 때문에 나중에 가면 조선 측으로서도 잘못을 인정하고 주장을 철회할 수밖에 없었다. 하지만 "비석은 옮길 수 있으나 강은 옮기기 어렵다."라는 4)의 '이설론(移設論)'은 조선 측이 자신에게 유리하도록 정계비를 옮긴 것이라는 논리의 근거가 되면서, 이후 전개된 공동감계와 국경회담에서도 조선 측과 끊임없는 논쟁의 대상이 되었다.[53] 그리고 혼춘 당국은 이러한 논리

53 정계비가 사후에 조선 측에 유리한 장소로 옮겨진 것이라는 '移設論'은 이후 총리아문의 주장이나 吳祿貞의 『延吉邊務報告』(1908)에 의해 확실한 문제 제기로 굳어지면서, 심지어는 오늘날까지도 꾸준히 반복되는 중국 측의 주장 가운데 핵심적인 부분을 이루고 있다. 하지만 조선 측의 '두만-토문 양강론'이 잘못된 지리정보에 기초한 오류였다고 한다면, 정계비 '이설론' 역시 정계 당시 목극등의 '실수'를 확인하지 않은 채 아무런 근거도 없는 추측에 근거하여 자신들에게 유리한 주장만을 고집하는 것이라고 해야 한다. 이 문제에 대해서는 이화자, 2019a, 2019b에서 확실하게 반박하고 있다.

에 기초하여 신속히 적당한 관원을 파견하고 기한을 정하여 공동감계를 하자고 통보하였다.

이 조회는 1885년 1월 6일의 것이므로, 1883년 전반 조선 측에서 제기한 '변계' 문제가 결국은 약 2년 가까운 소강상태를 거치다가 1885년 초가 되어서야 양측이 공동감계에 합의하는 단계에 들어선 것이다. 주목할 것은 이 공동감계에 대한 합의가 여전히 혼춘 당국과 함경도 당국 사이에 이루어졌다는 점이다. 이 조회를 보낸 직후 혼춘부도통은 이 임무를 가원계(賈元桂), 살병아(薩炳阿), 덕옥(德玉) 등에게 맡겨 1월 8일 출발하도록 하였다.[54] 조선 측에서는 1885년 1월 16일 함경북도 안무사 조병직의 명의로 답장 조회를 보냈다.[55] 조선 측은 회령부사 홍남주(洪南周)를 무산(茂山)으로 파견하여, "백두산비가 세워진 곳에 가서 살펴보고 정해진 경계를 판명하여, 기왕의 법도를 준수하는 것이 가장 공정할 것"이지만, "산이 높고 험준하며 얼음과 눈이 몹시 심하여, 이렇게 추운 날씨에는 감히 사람이 감히 들어가지 못하므로, 눈과 얼음이 풀리고 날씨가 화창해지기를 기다려" 함께 답사하면서 양쪽 경계를 정하는 일을 마무리하자고 통보하였다.

이러한 협의 결과 1885년 1월 21일 혼춘 측에서는 덕옥과 가원계 등을 파견하고, 조선 측에서는 봄으로 공동감계를 늦추자는 함경북도의 답장 조회를 지닌 홍남주를 파견하여 '국경회담'이 이루어졌다. 그

54 「琿春招墾局總辦委員爲奉憲諭會勘中朝邊界等的呈文」(光緖10年 11月 23日), 『中朝邊界』, p.1164(『자료선역』, pp.271-272). 이 자료는 아마 두 편의 공문이 실수로 합쳐진 것 같은데, 뒷부분에 실린 護理招墾琿春邊荒事務五品頂戴府經歷銜 賈元桂의 「呈報」가 실제 인용의 대상이다. 이것은 光緖10年 11月 23日 그가 출발하기 직전에 올린 것이다.

55 「朝鮮咸鏡北道節度使照覆(爲會勘兩國邊界的)」(光緖10年 12月 1日), 『中朝邊界』 pp.1167-1169(『자료선역』, pp.273-279).

간의 연구에서는 거의 주목한 일이 없었지만, 이것은 변계 문제를 둘러싸고 양국 사이에 사실상 처음 열린 '국경회담'이었다. 양쪽 다 지방 당국이 주체가 된 회담이기도 하였다. 이 회담에서 혼춘 측은 두만강(토문강)의 하류에서 상류로 거슬러 올라가는 방안을 제안하였다. 반면 홍남주는 반드시 백두산 계비를 조사해야 하고, 눈이 깊어 가기 어려우니 '내년'(음력 12월의 만남이라 실제로는 1885년) 봄으로 공동감계를 늦추자고 고집하여 서로 합의를 얻지 못하였다.[56] 이렇게 두만강의 강 흐름을 조사하자는 주장과 정계비를 조사하자는 주장이 대립하게 되는 것은 이후의 제1·2차 공동감계에서도 여전히 반복되었다. 서로 평행선을 그리는 대립 구도가 이미 이때부터 고정되어 있었다는 점은 주목할 필요가 있다. 사실상 이 평행선이 합쳐지는 지점을 찾기는 쉽지 않을 터였기 때문이다.

또 한 가지 주목할 점은 홍남주와의 회담 바로 직전에 혼춘 측이 기존 논리를 보다 체계화·확장한 내용으로 함경북도 안무사에게 조회를 보냈다는 점이다. 새로 추가된 주장은 대략 다음과 같다.

1) 백두산 정상의 호수에서 발원하는 송화강(松花江. 混同江) 동쪽에 장백령(長白嶺, 秫秸垛嶺)이라는 분수령이 존재한다. 이 서쪽의 강은 모두 송화강으로 흘러 들어가며, 두만강으로 들어갈 수 없다. 장백령 동남쪽에 있는 강으로 종성부에서 '토문강'이라 잘못 지적한 해랑하는 박이합통하(博爾哈通河=布爾哈通河)와 합류하고 다시 알아하와 합류한 다음 두만강에 흘러 들어간다.

2) '토문강' 발원지(조선말로 이깔이개[伊利嘎蓋. 伊戛力蓋]. 중국어로 黃花

56 「德玉等文」(光緖10年 12月 10日), 『中朝邊界』, pp.1182-1183(『자료선역』, pp.298-300).

松溝子)의 물줄기는 동쪽으로 수십 리를 흐르다 점차 북쪽으로 나간다. 물줄기 남쪽 비탈에 석비가 있고 그 동쪽으로는 돌무지[石堆]·나무울타리[木樁]·흙무더기[土堆]가 있다. 여기서부터는 점차 꺾어져 북으로 가다가 장백령(長白嶺) 남쪽의 서면을 따른 후 서북쪽으로 다시 굉굉고(轟轟庫)로 흘러들어 결국 송화강에 합류한다. 따라서 두만강으로 흘러들 수는 없다.

3) 종성부에서 "경계비는 중국의 오라총관(烏喇總管. 즉 穆克登)이 세운 것이니 중국에서 세운 것이며, 돌·흙무더기는 반드시 중국에서 설치하였을 것"이라고 했다. 그렇다면 돌·흙무더기의 설치는 응당 북쪽 언덕에 있어야지 남쪽에 있어서는 안 된다. 돌·흙무더기가 남쪽 언덕에 있는 것은 분명하게 그 무더기 남쪽만이 조선의 경계라는 뜻이다. 따라서 그 북쪽에 있는 '토문강' 발원지는 조선의 변계와 상관이 없다.[57]

4) 종성부에서는 두만강과 '토문강(분계강)' 사이에 서로 연결되지 않는 부분을 조사하였지만 험난한 절벽 때문에 끝까지 가서 파헤치지 못하였다고 한다. 그런데도 두 강이 연결되고, 그 사이의 땅이 조선에 속한다는 주장을 고집하는 것은 경작할 토지가 없는 백성을 위해 다투려 한 것이지, 정말로 근거가 된다고 생각해서는 아닐 것이다.

5) 장백산 동쪽으로 질펀한 산비탈[漫岡]이 있고 이것이 끝나는 곳(즉 물길이 복류하는 곳)의 동쪽 언덕배기에 흙 도랑이 있다. 이곳이 두만강 발원지다. 실제로는 물이 보이지 않고, 여기서부터 아래는 돌무더기뿐

57 여기서 종성부의 주장은 실제 사실을 제대로 파악하지 못한 것임이 분명하다. 주지하듯이 돌·흙무더기는 중국 측의 양해 아래 조선 측이 쌓은 것이기 때문이다. 따라서 중국 측의 이러한 주장은 상대방의 잘못된 논거에 기초하여 만들어진 잘못된 결론이 될 수밖에 없다.

인 마른 하천(石頭乾河)이며, 돌 아래로 물이 흘러 조선의 갑산·무산의 경계가 되어서야 다시 물길이 보이기 시작한다. 이것이 양국의 경계를 나누는 두만강이다.[58]

1)·2)에서 혼춘 측은 정계비 동쪽에서 발원하는 강('토문강')은 송화강으로 연결되지, 두만강이나 분계강으로 연결되지 않는다고 지적하면서, 조선 측의 잘못된 이해를 반박하였다. 즉 '토문강'은 장백령 서쪽에 있어, 이 산맥을 넘어 그 동쪽의 '분계강'(해란강이나 박이합통하)이나 남쪽의 두만강으로 연결될 수 없는 지세라는 것이다. 이 지적은 기본적으로 정확한 것이다. 그러나 조선 측은 이러한 정보를 제대로 확인하거나 정확하게 해석하지 못한 채 '토문강=분계강론'을 제기하였으므로, 혼춘 측은 조선 측의 주장이 "토지가 없는 백성을 위해 다투려 한 것이지 정말로 근거가 된다고 생각해서는 아닐 것"이라고 받아들일 수밖에 없었다.[59]

양측이 만나서 실제 회담에서 주고받은 논쟁을 보면,[60] 조선 측의

58 「邊務承辦處照會」(光緖10年 12月 5日), 『中朝邊界』, pp.1176-1179; 「德玉等文」(光緖10年 12月 10日), 『中朝邊界』, pp.1182-1183에는 양측의 회담 경과에 대한 자세한 설명이 제시되어 있다(『자료선역』, pp.291-300). 그 내용을 보면 혼춘 측에서 파견한 인원이 길림장군의 지시에 따라 자세히 관련 자료를 검토하여 얻어 낸 결과인 것으로 보인다.

59 나중에 제1차 공동감계에서 조선 측은 '토문강=분계강론'을 철회하고 대신 정계비의 '토문'이란 비문을 근거로 한 '分界'論를 주장한다. 하지만 이 역시 정계비가 세워질 때의 '실수'를 제대로 파악하지 못한 상태에서 이루어진 것이었으므로 중국 측을 설득할 수는 없었다.

60 「敦化縣知縣照會」(光緖10年 12月 5日), 『中朝邊界』 pp.1171-1176(『자료선역』, pp.280-290). 이 자료의 내용은 공문 형식에도 전혀 맞지 않고, 敦化縣의 照會라는 제목과도 내용이 일치하지 않는 데다가, 오·탈자도 적지 않다. 하지만 내용을 보면 회령부사 홍남주와 돈화현 지현 및 혼춘 파견 관원 사이의 논쟁으로 구성되어 있다. 실제로 光緖10년 12月 6日 이후 이루어진 양국

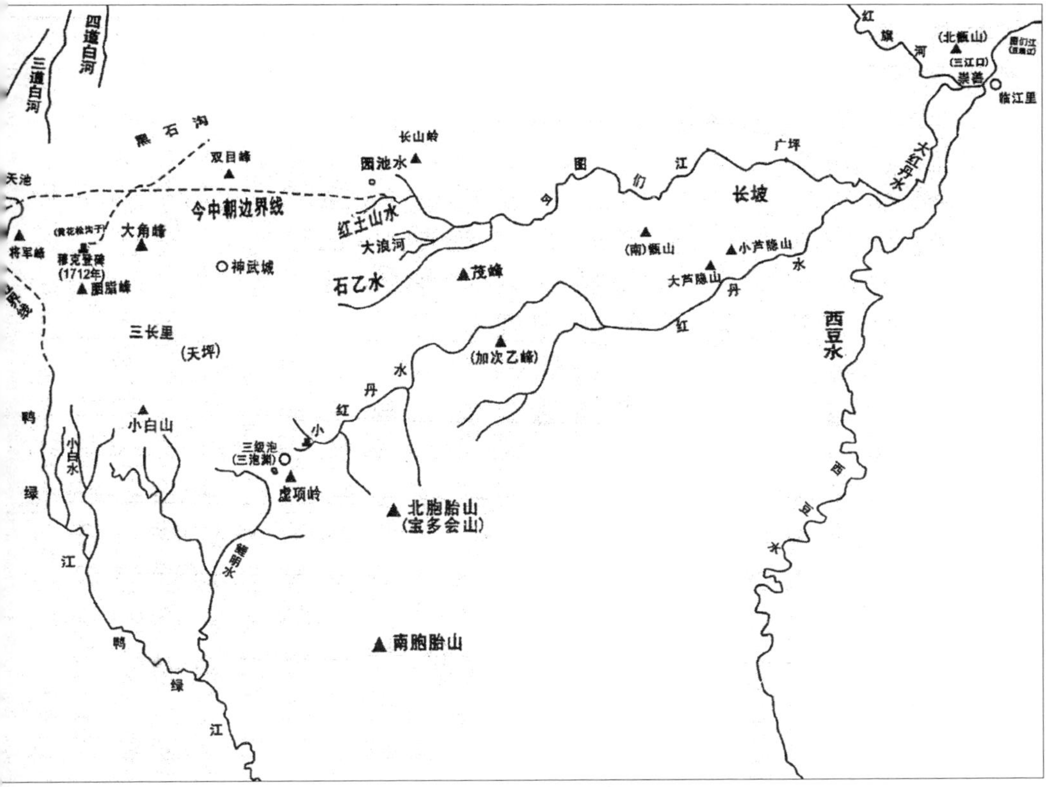

그림 4. 백두산 두만강 유역 수계도

출전: 陳慧, 「清代穆克登碑初立位置及圖們江正源考論」, 『清史研究』 2009-4, p. 113의 「中朝圖們江邊界示意圖」를 바탕으로 수정한 것이다. 이 지도는 앞으로 다룰 백두산정계비 부근 각종 물줄기[水系]에 대해 가장 간결하게 정리하고 있다. 원 지도는 1712년 소백산에 세워진 정계비가 1885년 백두산 분수령으로 옮겨졌다는 잘못된 논리에서 기초하고 있어, 그 부분을 수정하였다.

대표인 홍남주는 "해랑하와 토문강이 서로 통하지 않는 점은 종래 의문이 있었으므로 가서 살펴보자."라고 주장하였다. 그러나 혼춘 측으로

사이 최초의 국경회담 기록이다.

부터 강이 어디로 흐르는지도 모르면서 어떻게 감히 토문강의 원류로 지목할 수 있느냐고 반박당했다. 4)·5) 역시 비교적 정확한 정보에 기초한 것이므로, 회담에 나섰을 당시 혼춘 당국은 비교적 정확한 정보를 확보하고 있었다고 할 것이다. 다만 혼춘 쪽에서는 정계비의 설립 경위에 대해 전혀 정보를 확보하지 못하였다. 그에 관한 기록도 존재하지 않았기 때문에, 이후에도 비문 내용을 부정함으로써 정계비가 논쟁 해결의 핵심적 근거가 되는 것을 피하고자 하였다. 강희제가 세우게 한 정계비의 설립이나 비문을 부인할 수 없게 될 경우, 그것이 다른 장소에 세워졌다가 조선 측에 의해 옮겨졌다는 논리를 고집하는 것도 이 때문이다.

그래서인지 홍남주는 "바야흐로 긴급한 읍의 일이 있어, 오늘 회의 후 귀환하겠다."라는 의사를 보여 혼춘 측의 반발을 샀다. "귀국은 중국의 신번(臣藩)입니다. …… 이것은 분명히 신하(臣子)가 군부(君父)에게 대들고자 하는 것인데, 묻건대 조선에서는 감히 그럴 수 있습니까?", "논의한 끝에 결론을 낼 생각은 하지 않고 끄떡하면 빠져나갈 궁리만 합니다."라는 힐난을 받았다.[61]

양측의 회담이 결론을 얻지 못한 데다가, 이후 함경북도 안무사 조병직이 보낸 조회에서 정부에 보고를 올려 (지시를) 기다린 다음 인원을 파견하여 공동감계를 할 것이라고 통보한 것도 혼춘 당국의 불평을 자아내었다. 그들은 결국 "이 일을 오랫동안 질질 끄는 것을 바라지 않는다면, 번거롭더라도 신속하게 정부에 보고하고 적절한 인원을 파견하여 공동감계를 실행함으로써 변민을 안정시켜야 한다."라고 독촉하였다.[62] 조선 측은 사실상 먼저 도발을 한 셈인데도, 이러한 공동감계

61 「敦化縣知縣照會」(光緒10年 12月 5日), 『中朝邊界』 pp.1171-1176(『자료선역』, pp.280-290).

나 회담에 대해서는 전혀 준비를 하고 있지 않았다.

6) 정부 차원의 국경회담으로의 전환

이렇게 조선 측은 먼저 공동감계의 문제를 제기해 놓고도 실질적인 공동감계·회담의 단계에서는 도리어 시간을 끈다는 지적을 받게 되었다. 아마 1884년 12월 4일 갑신정변 발생으로 정국이 어수선하여 지방 당국과 정부의 조사·결정·답장이 중국 측의 기대에 어긋나게 지연되었던 것 때문으로 보인다. 하지만 보다 이 문제를 지연시킨 것은 사실 1884년 12월 조선 조정이 중국에 동지사(冬至使)를 파견하면서 공동감계 요청 자문을 보냈지만, 1885년 3월 이 동지사가 올린 자문이 예부에서 접수를 거부당하여, 다시 6월에 부사직(副司直) 이응준(李應俊)을 보내 예부의 대주(代奏)를 요청하는 일이 있었기 때문이었다.[63] 이 때문에 공동감계 문제에 대한 대응이 지연되었지만, 여하튼 조선 측에서도 이제는 문제가 정부 차원으로 넘겨지게 되었다.

하지만 이후에도 조선 측 대응이 계속 늦어지자, 길림 측은 일부러 늑장을 부리는 것이 아니냐고 다시 노골적으로 의심하면서 독촉하게 되었다.[64] 결국 길림장군은 "함경도에서 다시 회답을 올 때를 기다리지만, 만약 그때에도 여전히 버티면서 질질 끈다면 응당 예부에 자문

62 「邊務承辦處照會」(光緒10年 12月 15日), 『中朝邊界』, p.1186(『자료선역』, pp.309-311).

63 「朝鮮國王咨文(請代奏圖們江劃界)」(光緒 11年 6月 22日), 承文院 編, 「啓下咨文冊」 12, 『朝·淸會談』, pp.53-54; 『中朝邊界』, pp.1075-1076; 『中日韓』 卷4, pp.1889-1890(『자료선역』 pp.397-399).

64 「朝鮮咸鏡北道按撫使照覆」(光緒11年 3月 3日), 承文院 編, 「啓下咨文冊」 13, 『朝·淸會談』, pp.67-69; 『中朝邊界』, pp.1191-1192(『자료선역』, p.319).

을 보내 처리하는 것이 필요할 것"이라고 하여, 중앙정부에 알려 그 지시를 받겠다는 태도를 보였다.[65] 길림 측에서도 이것을 정부 차원의 문제로 간주하여 처리하겠다는 보다 '강경한' 방침으로 나가기 시작한 것이다.

나아가 1885년 4월 23일 길림장군은 "남강의 두만강 주변 일대에서 조선 백성들이 몰래 황무지를 개간해서 경작하고 있으므로 응당 병력을 파견하여 진압하고, 다시 농사짓는 것을 막아야 할 것"이라고 혼춘부도통에게 지시하였다.[66] 군대를 동원한 강경한 월간민 구축(驅逐)의 방침을 선택한 것이다. 이 지시는 실제 혼춘·남강 등지에서 군병(軍兵)·둔병(屯兵) 약 1백여 명 이상(지역에 따라 120명, 또는 145명, 200여 명으로도 보고되고 있다.)의 기병(騎兵)을 '도전 조사(島田 摘奸)' 명목으로 파견하여 회령·무산·종성 등지에서 5월 22일부터 며칠 동안 '간도(間島)의 농막(農幕)'을 방화하고, 거기에 거주하는 주민·가축들을 몰아내면서 농사를 막는 행동으로 이어졌다.[67]

하지만 이후 함경북도 안무사 조병직이 다시 6월 16일에 조회를

65 위와 같음(『자료선역』, pp.334-335).

66 「吉林將軍衙門咨文(爲派兵沿江巡察以免朝民越界偸墾的)」(光緒11年 3月 9日), 李澍田 主編, 1991, 『琿琣副都統衙門檔案史料選編』(이하 『琿春選編』으로 약칭) 中冊, p.320(『자료선역』, pp.323-324).

67 『勘界使謄錄』, pp.1-2; 『역주 감계사등록』 상책, pp.63-81에 실린 회령·무산 각지에서 서로 주고받거나 鏡城의 按撫營으로 올린 여러 「馳報」 참조. 權錫奉, 2007, pp.83-94도 『中日韓』에 실린 자료를 중심으로 이를 분석하였다. 이 무렵 혼춘에는 보병 5營 총 2,000명, 南岡에는 보병 1營 400명과 기마부대 1營 200명 등 총 2,600명이 주둔하고 있었다(長順 修, 李桂林 纂, 1986, 『吉林通志』 卷53 「武備志四 兵制四 靖邊軍」, 7a-9a(pp.859-860)). 따라서 200명 정도의 騎兵이라면 南岡의 기마부대 대부분이 동원되었을 것이다. 또한 이 점은 길림 남부와 혼춘이라는 광활한 지역(두만강 유역만 해도 수백 리가 넘는다.)에 대해 길림 당국이 군사적으로나 행정적으로 효율적인 통제를 하는 일이 쉽지 않았다는 점을 잘 알려 준다.

보내 "정부에 보고하여 요청하였는데 아직 답변이 없다."라고 통보하자, 혼춘 측은 아주 날선 어조로 강력한 불만을 토로하면서 조선 측 저의를 의심했다.

> 예전에는 중국의 길림 변계를 조선 백성이 금령을 어기고 몰래 침범한 것이라 하였는데, 지금에 와서야 조선 관청에서 백성들에게 몰래 팔아넘긴 것임을 비로소 알게 되었습니다. (만약 이런 사실을) 안무사께서 알지 못했다면 제대로 살펴보지 못한 탓이고, 알고도 조사하지 않았다면 그들을 비호한 것입니다. 비호할 마음이 있으니 아무리 독촉해도 인원을 파견하여 감히 공동감계를 할 수 없었고, 또 정부에도 감히 보고·요청할 수 없었던 것입니다. 설사 보고·요청을 했더라도 강 주변 백성들이 강 사이 황무지를 개간하여 농사를 짓는다고 거짓 보고를 했으니, 중국 지방관이 와서 힘써 다투더라도 백성들이 강을 넘어 개간한 것이 이미 4-5리, 혹은 10여 리, 혹은 수십 리에 이른다고 결코 사실대로 알릴 수 없었던 것입니다.[68]

여기서 우리는 길림 측의 조선 관리에 대한 '월간 비호'의 의심이 '확신'으로 바뀌고 있음을 알 수 있다. 하지만 군대를 이용하여 "수천 가구의 조선 월간민을 사흘 기한 안에 모두 옮겨 돌아가게 한" 길림 측의 대응은 월간민의 저항으로 장기적이거나 영구적인 효력을 발휘하기 어려웠다. 이 때문에 혼춘부도통은 일단 병력을 철수시키고 조선 정부에 외교적 압박을 가해 공동감계를 실행하는 방안이 더 근본적인 대책이라고 다시 보고하였다. 이때 혼춘부도통이 길림장군에게 보낸 자

68 「德玉等照會」(光緖11年 5月 29日), 承文院 編, 「啓下咨文冊」 13, 『朝·淸會談』, pp.64-67; 『中朝邊界』, pp.1194-1196(『자료선역』, p.342).

문은 당시 두만강 지역 월간 상황과 군사적 구축 조치에 나선 길림 측의 의도와 행적에 대해 자세하게 설명하고 있다.

> 조선 백성의 월간은 두만강 주변 지역을 따라 수백 리에 걸쳐 있고, 조선의 경성·무산·회령 3부의 영역과도 이어집니다. 대략 그 사람 수가 2만 여 명에 이르는데, 모두 해당 지역 토착민이고, 아울러 관직에 있는 사람도 포함됩니다. 이 지역은 몰래 개간한 땅과 겨우 강 한 줄기를 사이에 두고 있습니다. 평소에 이 땅의 비옥함을 눈여겨보고 있다가 강을 건너와 개간을 한 다음, 농사일을 마치면 옛집으로 돌아가 쉬고, 가을에 곡식이 익으면 집단으로 몰려와 수확해서 작은 배로 싣고 돌아가 저쪽에 등장합니다. 이렇게 왕래하는 것은 겨우 강을 하나 건너는 수고를 할 뿐이니, 멀리서 찾아온 유민이 온 가족을 이끌고 도착하여 움막을 짓고 사는 것과는 전혀 사정이 다릅니다. 현재 이미 상당한 시간이 흘러, 각지 지방관은 황무지 개간 보증금[荒價]과 매년의 세금[歲課]을 징수하고 있으며, 집을 짓고 가족을 옮겨 온 사람도 확실히 적지 않습니다. 그렇지만 모두 본국인 조선에 여전히 원래의 집이 있어, 이곳을 따로 나와 옮겨 사는 분가(分家)로 보는 식입니다. …… 1년 중 농한기 때에는 백성들이 모두 조선의 원래 거주지에 머물러 있으므로 강 주변에 보이는 사람이 별로 많지 않습니다. 그렇지만 김을 매거나 수확할 때가 되면 성년 남녀가 논밭에 가득합니다. 이른바 2만 여 명이라고 하는 것은 특히 가구마다 개간한 토지, 강 주변 일대의 거리와 넓이를 따져서 대략 셈해 본 것이므로, 아마 이 정도에만 그치지는 않을 것입니다.
>
> …… 본 방판은 전에 봄에 얼음이 녹으면 공동감계를 한다는 약속이 있었으므로, 감계 이전에 그 백성들이 관부의 일에 대해 알지 못하고 이전처럼 개간과 경작을 계속할 것을 염려하여, 병력을 파견하여 주둔시키고 힘으로 위압함으로써 그들이 중국 병력의 위세를 보고 감히 월간하지

못하게 하려 하였습니다. 아울러 조선 관리에게 반드시 이 지역을 쟁탈하겠다는 우리의 의사를 인식시켜 시기가 되었을 때 더 이상 감히 늦추지 못하게 하고자 하였습니다. 원래 파종 시기 이전에 무력 시위를 통해 그들 스스로 움츠러들게 하려는 의도였습니다. …… 만약 이들의 희망을 완전히 없애려면 그 가옥들을 모두 불태우고 논밭에 있는 싹을 모두 훼손시키지 않으면 안 됩니다. 그렇게 되면 의외의 위급한 변고가 생기지 않는다고 말하기 어렵습니다. 지난번처럼 곳곳에서 그들을 쫓아내기만 한다면, 강 주변 도로가 험하고 좁은 데다가 끊어지고 무너진 낭떠러지 투성이라는 점을 따지지 않는다고 해도, 병사들이 너무 힘들 뿐만 아니라 항상 시행할 방안도 되지 못합니다.[69]

이 자료의 내용을 간단히 요약하면,

1) 조선 월간민의 숫자는 대략 2만여 명에 이르는데 그보다 더 많을 가능성이 크다.
2) 조선의 각 지방관은 그들에 대해 소작보증금과 매년의 세금을 징수하였다.
3) 이들 대부분은 원래의 거주지에 머물면서 경작 때에만 넘어가는 사람이 적지 않다.
4) 공동감계를 구실로 혼춘 당국의 구축에 완강하게 저항하는 태도를 보였다.
5) 군대를 동원하여 그들을 구축하는 것은 대체로 순조롭지만 그들의 복

69 「琿春副都統咨文(爲將駐紮南岡沿江一帶驅逐越墾朝民之右路營官撤回歸伍事)」(光緒11年 6月 1日), 『琿春選編』 中冊, pp.322-324; 『淸代中朝』, pp.52-54(『자료선역』, pp.348-356).

> 귀를 막을 수는 없으며, 강경한 조치를 하면 의외의 사태가 발생할 가능성도 크다.

는 것이었다. 여기서 우리는 조선 월간민과 월간 토지의 상황은 마치 조선 지방 당국에 의한 일종의 '식민지 경영'에 가까운 행태를 보였다는 점을 확인할 수 있다. 이미 다수의 월간을 통해 개간·경작과 그들에 대한 조선 지방 당국의 통제가 확실하게 자리잡혀 있었기 때문이다. 그러한 경제적 이해관계의 존재를 고려한다면, 200명 정도의 기마부대를 보내 두만강 상·중류 북안의 수백 리의 넓은 지역에 퍼져 있고, 이동이 비교적 자유로운 그들을 구축한다는 것은 거의 불가능한 상황이었음을 이 보고는 또한 알려 준다.

결국 곤경에 몰린 혼춘부도통은 조선 백성에게 신용을 보이고자 7월 12일 원래의 주둔지로 복귀하는 결정을 할 수밖에 없었다. 길림 당국도 이 문제는 더 이상 지방의 역량만으로는 도저히 해결할 수 없다고 파악하게 되었고, 그에 따라 지금까지 기존 연구에서 아무도 주목한 적이 없었던 이 지방 차원에서 시작된 공동감계는 이후 양국 정부가 직접 개입·처리하는 단계로 진입하였다.

2. 제1·2차 공동감계와 국경회담

1) 제1차 공동감계와 국경회담

이리하여 양국 정부의 개입 아래 공동감계와 국경회담 실행이 확정되자, 조선에서는 1885년 9월 8일 안변부사(安邊府使) 이중하(李重夏)를 토문감계사(土們勘界使)로 임명하였다.[70] 중국 측에서는 길림장군이 선발한 진영(秦煐)과 혼춘부도통이 추천한 덕옥·가원계가 임무를 맡았다. 이들이 11월 4일 함경북도 회령(會寧)에 모이면서 제1차 공동감계·국경회담이 시작되었다.[71] 사실 백두산을 답사하기에는 너무 늦은 한겨울이었지만, 앞서 서술한 대로 공동감계가 계속 지체되었으므로, 이를 무릅쓰고 강행되었다. 이들은 11월 9일 회령에서 강을 따라 거슬러 올라가서, 백두산의 두만강 발원에 이르기까지 산수(山水)를 측량하고 함

70 李重夏(1846-1917)는 조선 후기의 문관으로 본관은 全州이고, 자는 厚卿, 호는 圭堂·坦齋이다. 1882년(고종19) 증광문과에 병과로 급제, 1885년 안변부사로서 토문감계사가 되어 공동감계와 회담의 책임자가 되었으며, 그 후 德源府使를 거쳐 1887년의 제2차 공동감계와 회담에서도 책임자로 일하였다. 1890년 이후 參議交涉通商事務, 協辦交涉通商事務, 工曹參議, 內務協辦, 大邱府觀察使, 平安道觀察使, 宮內府特進官, 奎章閣提學 등을 지냈다. 이중하의 경력에 대해서는 李重夏, 『勘界使謄錄』(국립중앙도서관 소장본. 上. 乙酉冬)의 번역본인 이왕무 등, 2008, 『역주 감계사등록(譯註 勘界使謄錄)』 상책의 「解題」(pp.9-54)를 참조할 수 있다. 또한 Nianshen Song(2018, pp.93-97)은 이중하의 활동과 그의 청과 조선에 대한 관념 등을 분석하여 설득력 있는 해설을 제공한다. 그는 '민족주의적 투사(nationalist fighter)'로 보는 일부의 평가를 비판하며 차라리 '애국적인 양반 학자-관료(patriotic *yangban* official-scholar)'로 보는 것이 더 적절하다고 지적하면서, 그의 업적은 '종번 체제'에 항의하는 것이라기보다는 '종번 체제' 내에서 조선의 이익을 최대화하는 것이었다고 평가한다.

71 1885년 당시 안변부사로 재임하던 이중하는 토문감계사로 임명되면서 正三品通政大夫의 官品이 주어졌다. 琿春·吉林 측은 德玉이 協領으로 正三品의 官品을 지녀 가장 높은 지위였으나, 실제 공동감계와 회담에서 秦煐과 賈元桂가 주역을 맡았고 德玉은 유명무실한 존재였다. 오품함을 지닌 秦煐이나 賈元桂가 실질적으로는 기껏해야 正七品·從九品급의 하급 지방관에 지나지 않았기 때문에, 陪臣과의 교섭이지만 이들의 품급이 그리 높지 않았다. 하지만 그보다 주목할 점은 그들은 중앙에서 파견한 것이 아니라 길림·혼춘에서 파견한 지방관에 지나지 않았다는 점이다. 이것은 上國-屬邦 관계를 감안하더라도 처음부터 청이 공동감계·국경회담을 중국-조선의 문제가 아니라 길림-조선 사이의 문제로 그 차원을 제한하려 하였음을 보여 준다. 이 두 차례의 공동감계는 일종의 비대칭적 구도 속에서 치러졌다.

께 상세하게 조사하기로 합의하였다. 이 공동감계·회담의 구체적 경과는 조선 측의 이중하가 남긴 『감계사등록(勘界使謄錄)』 상권에 자세히 서술되어 있어, 이하의 서술은 이에 따른다.[72]

길림 측에서는 총리아문 원주(原奏)에 따라 감계를 진행한다는 원칙을 내세우면서, 정계비 관련 기록이 전혀 없다는 이유로 "이번 감계는 도문강변계(圖們江邊界)를 조사해서 결정하려는 것이지, 오로지 비석만을 조사하러 온 것은 아니다."라는 기존 청·길림 측의 입장을 강조하였다. 이러한 일방적인 태도에 대해 이중하는 "비석과 돌무지·흙더미[石·土堆]를 한차례 확인·증명해서" 조선이 처음부터 중국 측이 주장하는 것처럼 "말을 꾸며 내거나", "교묘하게 발뺌하려는" 것이 아님을 입증하고, "애초에 땅을 넓히는 것을 힘써 추구한 것이 아니라는 점"을 항변하려 하였다. 그는 강희제가 세운 비석이 가장 중요한 증거가 된다는 논리로 맞선 것이다.[73] 회담이 시작되자마자 길림 측이 정계비의 증거

72 이하 제1차 공동감계와 국경회담에 관한 서술은 별다른 주기가 없는 한 『감계사등록』에 따라 상세한 서술을 한 金衡鍾, 2018, pp.211-279에 의거하였다.

73 양측의 논쟁이 기본적으로 사대-자소 관계의 틀 속에서 이루어졌다는 점은 앞서도 계속 지적하였지만, 제1·2차 공동감계·국경회담에서 이루어진 논쟁 역시 이와 같은 논리와 틀 안에서 이루어졌다는 점에 대해서는 Nianshen Song, 2018, pp.71-79에서 누차 강조하는 바다. 사실 제1·2차 공동감계·국경회담 전후 양측의 논쟁이나 협상은 대부분이 이러한 틀 안에서 이루어졌으며, 거기에 만국공법의 국제법적 질서나 거기에 기반한 관념·주장(이를테면 근대 국민국가의 핵심개념인 주권이나 영토, 국민 등의 관념)은 거의 반영되지 않았다는 것도 사실이다. 물론 그렇다고 해서 전통적 강토·영역의 관념이 없었던 것은 아니며, 이 점에서 양측은 타협의 여지를 찾을 수 없었던 것도 마찬가지다. 제1장에서 인용하였던, 광서제가 "만약 이 일을 빌려 邊疆을 잠식하려 한다면 응당 驅逐해야 할 것이다."라고 밝힌 것(第一歷史檔案館 編, 1996, 『光緒朝硃批奏摺』 第112輯 外交 「中·朝」, p.243)은 이 점을 분명하게 확인해 준다. 다만 Nianshen Song, 2018, pp.79-84의 경우, 청의 러시아 및 베트남과의 국경 설정 사례를 검토하여 청의 국경(경계) 관념이 우리가 생각

가치를 부인하면서 두만강 감계를 우선시하는 자세로 나오고, 조선 측이 반대로 강희제가 세운 정계비의 검증을 내세워 맞서는 대립 구도는 이전 지방 차원의 회담에서와 마찬가지로 제1·2차 공동감계를 특징짓는다.

길림 측은 또한 이때 따로 제시한 공문에서 임오군란·갑신정변 등을 통해 최근 청이 조선에 베풀었던 은혜를 언급하면서, 조선 측이 지금과 같은 요구를 해 온 사정을 양해해 주고 조선 백성을 안치(安置)시킬 수 있도록 할 것이니 스스로 내세우는 논리가 궁색함을 알고 "장백산(長白山)에서 발원하는 도문강을 경계로 삼는 것을 받아들이라."라고 요구하였다.[74] 이중하는 이에 대해, "비석은 분수령 위에 있어 좌우로 멀리 보면 도랑[溝瀆]이 완연하고, 동쪽 도랑[東溝]으로부터 아래에 돌무지[石堆]·흙무더기[土堆]가 있는데 두만강 발원지와는 서로 아주 멀리 떨어져 있고, 중간에 가로막힌 산등성이와 산줄기가 백여 리 땅이 되므로, 조선 백성이 두만강을 계한(界限)으로 인정하지 않는 것이 어찌 근거가 없다고 할 수 있느냐?"면서 여러 논거를 들어 '토문-두만 양강론'을 내세웠다. 아울러 그는 길림 측이 '일시요행'을 통해 영토의 확장을 꾀한다고 한 것은 지나친 주장이며, 조선 측은 "황무지를 개간한 백성이 편안히 살 방법을 얻기를 바라는 것"뿐이라고 답변하였다.[75]

이렇게 양측 주장이 계속 평행선을 달렸지만, 조선 측이 토문강

하는 것보다 훨씬 다양·유연하고 불안정한 것임을 지적하고 있다는 점은 주목할 만하다. 즉 국경 설정에서 작동하는 원리는 기본적으로 당시 양국 관계의 상황에 따라 결정되며, 이것이 바뀌면 그 원칙·기준 역시 변동한다는 점이다.

74 「華員所示別幅」, 『勘界使謄錄』 上, pp.43-50; 『역주 감계사등록』 상, pp.132-141.

75 「別紙答辯」, 『勘界使謄錄』 上, pp.50-56; 『역주 감계사등록』 상, pp.142-151.

(=분계강)으로 지목한 "해란강이 정계비 옆에서 발원한 물줄기와 이어지지 않는다."라는 점은 답사가 시작되기도 전에 이미 합의가 이루어졌다는 점을 주목할 필요가 있다.[76] 이중하가 함경도 측이 내세운 '토문강=분계강=해란강'론은 잘못된 것이라고 인정하였으므로, 공동감계 시작부터 주요한 논거 하나가 무너진 조선 측은 이후 크게 불리한 위치로 밀리게 되었다. 조선 측이 '실수'를 인정하면, 결국 "말을 꾸며 내고", "교묘하게 발뺌한다."라는 비난을 피할 수 없었기 때문이다.

그리고 11월 1일 무산(茂山)으로 옮겨 이루어진 회담에서도 이중하는 먼저 비계(碑界)를 조사하자고 요청하지만, 길림 측은 두만강 조사와 지도 작성을 먼저 한다는 주장을 바꾸지 않았다. 11월 6일의 담판에서 길림 측은 11월 1일 이후 백두산 쪽으로 가던 여정에 갑자기 이의를 제기하면서, 두만강의 가장 남쪽 지류인 서두수(西頭水. 西豆水)로 가자고 고집하였다. 정계비 옆에서 발원하는 황화송구자(黃花松溝子. 조선 측에서 '토문강'이라 부르던 정계비 동쪽에서 발원하는 물줄기. 나중에 중국 측은 黑石溝라고 부르게 된다.)의 하류가 송화강으로 들어가므로 토문강원(土門江源)이 아님이 분명하다는 것이 그 주된 이유였다.

이때 굳이 서두수 답사를 우긴 것은 제1차 공동감계 직후 이들이 서두수가 두만강의 본류라고 단정하였다는 사실과 같이 놓고 본다면, 이미 감계에 나설 때부터 이런 결론을 가졌던 것으로 보아도 좋다. 이렇게 하여 두만강 북쪽으로 "영토를 늘리겠다는 조선 측의 행동을 정면으로 맞받아칠 수 있고, 나아가 도리어 두만강 '옛' 경계보다 훨씬 남쪽으로 내려가 경계를 설정하는 일종의 '보복'이 될 수 있었기 때문이다. 결과가 어떻든 조선 측의 논리는 처음부터 받아들여질 여지가 거의

76 「十月初六日在茂山筆談」, 『勘界使謄錄』 上, p.63; 『역주 감계사등록』 상, pp.160-161.

없었다.

이러한 대립의 결과, 결국 양측은 정계비와 두만강의 두 지류를 세 갈래로 나눠서 조사할 것을 결정하였다. 11월 8일 서두수와 보다 북쪽의 홍단수(紅端水. 紅丹水)를 조사할 인원과 비석(정계비)을 조사할 인원이 각기 공동조사를 한 다음 경계 문제를 논의하게 되었다. 여기서 주의할 점은 이중하와 진영·가원계 등 공동감계의 주역들이 정계비를 조사하는 데 가담하였다는 사실이다. 앞서 길림 측이 정계비보다 서두수의 조사를 우선시하였다는 점을 보면 이것은 사실 의외의 결과다. 애초부터 길림 측이 스스로의 논리에 무리가 있음을 알고 있었을 가능성이 크다. 정말로 서두수나 홍단수가 두만강의 본류인 대도문강(大圖們江)이라고 확신하였다면, 이곳을 이중하와 진영·가원계가 공동조사를 하였을 터이기 때문이다. 11월 10일에 시작된 감계 일정은 오로지 이중하의 「백두산일기(白頭山日記)」에서만 찾아볼 수 있다.[77] 이 공동감계 결과를 통해 다음과 같은 사항이 확인되었다.

1) 정계비 옆에서 시작된 물줄기 남쪽으로 돌무더기·흙무더기가 설치되어 있는 것이 분명하다. 이 물줄기는 (중간에 복류가 있지만) 송화강 쪽으로 연결되는 것으로 파악된다.
2) 백두산 동쪽으로 120리 떨어진 홍토산(紅土山)과 원지(圓池. 元池라고도 하는데, 홍토산 서북쪽으로 5리를 가면 평평한 언덕 위에 둥근 못을 가리킨다.) 부근에서 두만강이 발원한다.
3) 분수령보다 훨씬 남쪽에 있는 소백산(小白山. 백두산 남동쪽의 해발 2171미터의 산. 작은 백두산이라고도 불린다.) 동북쪽의 물줄기는 모두

77 「白頭山日記」, 『勘界使謄錄』 上, pp.103-116; 『역주 감계사등록』 상, pp.223-245.

송화강에 흘러들고, 소백산 동남쪽의 물줄기는 두만강으로 흘러든다. 홍단수(洪端水. 紅丹水. 정계비에서 약 130리 떨어진 三浦 동쪽 30리에서 발원한다.)와 서두수(西豆水. 정계비에서 약 180리 떨어진 浦潭山[조선에서는 寶髢山이라고 부른다]에서 발원한다.)는 양국의 경계를 이루는 두만강의 본류(正流 또는 經流)가 되기 어렵다.

이 답사를 통해 조선 측은 '토문-두만 양강론'이 전혀 근거가 없는 주장이 아니라는 점을 확인시킬 수 있었다. 길림 측이 집요하게 추구한 홍단수·서두수 조사가 공동감계의 핵심 목표가 될 수 없다는 점 역시 마찬가지였다. 또 정계비 옆에서 시작된 물줄기가 (중간에 복류가 있지만) 송화강 쪽으로 연결되는 점도 확인되었으므로, 조선의 '토문강=분계강=해란강론'도 근거가 없다는 점이 분명해졌다.

그렇다면 남은 과제는 왜 '두만강' 발원지가 아닌 '송화강' 발원지에 정계비가 세워졌는가 하는 수수께끼를 푸는 일이었다. 이러한 의문이 해소되지 않는다면, 정계비의 비문을 인정하고 따라서 토문강이 송화강이라는 것을 인정할 수밖에 없었다. 이것은 송화강 남쪽이 모두 조선 땅이라는 결론으로 연결될 수밖에 없었으므로, 길림 측은 가능하면 이 문제에 대한 언급·논의를 피하고자 하였다. 대신 가장 남쪽의 지류인 서두수를 두만강 본류(대도문강)로 설정하고 그 북쪽의 홍단수를 소두만강이라고 주장함으로써, 그보다 북쪽에 있는 두만강 발원(나중에 나오지만 紅土山水라고 부른다.)을 아예 부정하고자 하는 복선을 깔았다. 이 점은 제1차 공동감계 이후 길림 측에서 내세우는 가장 중요한 논리의 하나가 되었다. 그 때문에 길림 측은 원래 소백산에 설치되었던 정계비가 조선인에 의해 분수령 쪽으로 몰래 옮겨졌다는 '정계비이설론(定界碑移設論)'을 계속 고집하면서 정계비의 '증거능력'을 깎아내리는 방침을 선택하였다.

반면 조선 측도 토문강이 바로 송화강이라고 주장한다면, '두만강' 경계를 확인하는 것보다 훨씬 거대한 영토분쟁을 제기하는 꼴이 되므로 이것을 계속 고집할 수는 없었다. '토문강=분계강'론도 무너졌으므로 분계강 남쪽 월간민이 거주하는 곳이 조선 땅이라는 주장 역시 마찬가지였다. 이 공동감계는 '양패구상(兩敗俱傷)'의 결과를 낳았지만, 월간민 안치라는 과제를 안은 조선 측에 좀 더 큰 상처가 생겼다. 그러므로 공동감계를 마치고 이루어진 회담에서 양측이 합의를 이루기도 사실상 어려운 일이었다.

결국 이중하는 "비석과 흙·돌무더기만 본다면 월간민을 받아들이는 것도 문제가 없겠지만, 어느 물줄기 하나도 동쪽으로 두만강에 접하지 않으므로 어찌 곤혹스러운 점[難處]이 아닌가?"라고 하였던 길림 측의 지적에 동의하였다. 하지만 결국 어느 강으로 경계를 삼는지 정할 수 없다면, 각기 지도와 비문 탁본을 가지고 돌아가 서로 조회를 보내고 복명(復命)하여, 국왕의 전주(轉奏)를 통해 황상의 처분을 기다릴 뿐이라고 통보하였다. 그렇지만 이중하는 소도문강은 두만강 본류의 북쪽이라 했으니 반드시 무산 아래쪽의 큰 강(두만강 북쪽의 중국 땅에서 내려와 두만강에 합류하는 紅旗河가 실제 존재하고 있다.)에 해당할 것이지, 산속의 물줄기는 아닐 것이라고 못을 박았다. 길림 측 역시 이러한 '곤혹'에 동의하여 월간민에 대한 시혜 문제를 논의하자고 답변함으로써 제1차 국경회담은 마무리되었다. 진영과 덕옥·가원계 등 길림 측 감계원은 1886년 1월 7일 각기 화룡욕(진영이 근무하는 화룡욕상무총국이 있다.)과 혼춘(덕옥 등이 근무하는 혼춘부도통아문이 있다.)으로 출발하였다.

2) 이중하의 비밀보고

제1차 공동감계에서 조선 측은 사전에 지리정보를 충분히 확인하지 않은 채 성급한 주장을 내세웠기 때문에 이런 주장과 다른 사실이 밝혀질 때마다 주장을 바꿔야 하는 곤욕을 치렀다. 하지만 이중하는 회담이 끝날 때까지는 조선 측의 입장을 포기하지 않았고, 제1차 공동감계가 마무리된 다음에도 정계비의 신빙성을 재차 강조하는 조회를 보냈다. 또 조선이 공동감계에 나선 것은 2만에 가까운 유민 문제에서 비롯되었으므로 그는 이에 대한 보완 조치를 서둘렀다. 국경회담이 진행 중이던 12월 11일 함경북도 각지에 공문을 보내 간도에서 기간(起墾)하는 모든 사람의 이름, 남녀 구성, 개간 경지 및 두만강과의 거리를 신속하게 조사·보고하라는 지시를 내린 것은 그 점을 잘 보여 준다. 이에 따라 두만강 맞은편 북쪽 지역으로 아예 이주한 개간민[越墾民]이나 남쪽에 거주하면서 때때로 왕래하는 빈민[寓接貧民] 및 개간 경지에 대한 장부가 만들어져 보고되었다.[78]

그 개요에 따르면, 회령부(會寧府)는 전체 주민 3,962명 가운데 28%가 넘는 1,124명이 기간민(起墾民. 아예 강북으로 가족이 이주한 개간민)이었고, 나머지 2,738명이 우접빈민(寓接貧民. 여전히 강남에 거주하지만 강북을 왕래하면서 거기 임시로 머무는 빈민)이며, 무산부(茂山府)는 백성 전체 990명 가운데 기간민이 15%가 넘는 153명이고, 우접빈민이 845명이었다. 종성부(鐘城府)는 기간빈민(起墾貧民)이 전체 주민 3,587명 가운데 43%가 넘는 1,562명(남자 778명, 여자 584명)이고, 우접빈민은 2,025명이며, 온성부(穩城府)는 백성이 모두 450호인데, 그 가운데 기간민은 10% 남짓인 47호이고, 우접빈민은 403호였다.

78 『勘界使謄錄』上, pp.100-101, pp.125-126, pp.131-132; 『역주 감계사등록』 상, pp.216-219, pp.250-253, pp.268-270. 한편 高永一 編, 1989, 『中國朝鮮族歷史研究參考資料彙編 第一輯 明代至辛亥革命』, pp.195-196에는 「李重夏關於六鎮沿江對岸情形的調査報告等(1886年)」이란 또 다른 자료가 있지만, 월간민이 위치한 지명과 대략적인 農戶數를 들고 있을 뿐이다.

가장 먼저 대규모 월간을 시작한 회령부에서 28%의 '기간민'이 나왔고, 가장 먼저 '변계' 문제를 제기한 종성부에서 43%의 '기간민'이 나왔다는 것은 '경진개척'이 역사적인 실재임을 확인해 주는 증거가 되기도 한다. 이것은 동시에 이 지역 농업과 경제가 분명하게 두만강 북안의 '간도'에 심각하게 의존하고 있는 상황을 알려 주기도 한다.[79] 길림 측이 이들 월간민을 동화시키거나 구축하려는 태도로 나왔을 때, 함경도 당국이 국경 문제를 제기하면서 결국은 월간민이 계속 북안에 머물도록 하려 한 것은 이러한 지방의 현실이 낳은 필연적인 결과였다.

이중하는 이러한 조사 결과를 또한 길림 측에도 통보하면서, 월간민 안치를 요청하였다.[80] 길림 측은 이중하가 "스스로의 논리가 맞지 않음을 알게 되어" 두만강이 바로 도문강(圖們江. 土門江)이라는 사실을 '비공식적으로' 인정하는 것으로 받아들였던 것으로 보인다.[81] "그 책자에 기록된 백성과 토지의 액수를 보면, 경작하고 있는 토지는 간신히 입에 풀칠할 정도에 지나지 않는다."라는 그들의 반응은 '백성들을 안착시키려는' 이중하의 충정에 공감하면서 변계 문제는 비교적 쉽사리 마무리될 수 있지 않을까 하는 기대를 품게 하였을 가능성도 크다.

하지만 국경회담이 합의를 얻지 못하고 마무리된 이상, 문제가 해결되기에는 여전히 남아 있는 난관이 적지 않았다. 제1차 공동감계와

79 임학성, 2009, p.40의 표 1 「조선시대 압록강과 두만강 沿邊 지역의 주민수 변화」 중 1789년의 「戶籍總數」와 1907의 「韓國戶口表」 사이에 나타나는 주민 수 변화를 보면 후자의 시기는 전자에 비해 무산 65.2%, 회령, 64.9%, 穩城 99.9%, 鍾城 88.8%, 전체 75.6%의 비율밖에 차지하지 않고 있다. 즉, 19세기 이 지역 주민의 강북으로의 '유출' 상황은 여기서도 분명히 나타난다.

80 「朝鮮安邊府使李重夏來函(照錄)」(光緒11年 12月 2日), 『中朝邊界』, p.1187; 『琿春選編』 中冊, p.337(『자료선역』, pp.480-481).

81 「吉林將軍來文」(光緒12年 3月 6日 도착), 『中朝邊界』, pp.1088-1089; 『琿春選編』 中冊, pp.336-337; 『국역中日韓』 2, p.265(『자료선역』, pp.485-487).

국경회담을 통해 길림 측이 서두수는 대도문강(두만강), 홍단수는 소도문강이라는 논리로 두만강 경계를 본류가 아닌 훨씬 남쪽의 지류에 낮추어 잡음으로써 조선 측에 대한 '보복'의 논리를 만들어 냈기 때문이다. 길림 측 감계 위원의 결과 보고 내용은 대략 다음과 같았다.

1) 길림 측 감계 위원은 처음에는 서두수를 두만강 본류로 잡고, 홍단수를 소두만강으로 잡았다. 그러나 이 두 강이 흐르는 지역이 조선의 땅이라는 사실이 너무 분명하였다. 그래서 정계비 비문의 '곤혹'스러움을 해소하기 위한 '소백산 분수령론'을 고집하면서도, 대신 서두수를 제외하고 그 북쪽의 홍단수를 두만강 본류로 지적하고, 공동감계에서 확인된 홍토산수를 소도문강으로 바꾸었다.
2) 이것을 통해 경계 문제는 '거의 이루어진 셈'이라고 길림 측은 생각했다. 그러나 "조선 부사는 감히 자기 맘대로 논의하여 결정할 수 없다면서 반드시 먼저 국왕에게 보고해야 한다는 구실을 내세워" 길림 측과 합의하는 것을 거부하였다. 이에 대해 길림 측은 "홍기하에서 알아하 입구까지 수백 리에 이르는 토문강 [중·하류] 북안의 월간 백성을 안치"한다는 것으로 승인과 합의를 얻어 내려 하였다.
3) 조선 부사는 "시비가 분명하여 마음이 약간 움직였지만 주저하면서도 결정하지 못하는 것을 보니 뭔가 깊이 두려워하는 것이 있어 감히 동의하지 못하는 것 같았다." "계속 비석과 돌무지를 근거로 삼아 도문강이 경계라는 말을 아예 논외로 치면서, 동쪽이 토문이라는 비문의 네 글자를 고집하고, 황화송구자(黃花松溝子) 양쪽에 문처럼 생긴 흙벽(즉 '土門')이 있으니 결코 토문강이 두만강이라는 것은 아니다."라는 기존의 주장을 견지하였다.

이렇게 보면 혼춘·길림의 주장은 상대방(이 경우는 조선, 또는 청 정부)에게 일단 양보를 받을 수 없을 정도로 강경한 요구·자세를 내보였다가, 협상을 거쳐 조금씩 양보하는 척하면서 원래 목표로 잡았던 선에서 상대 양보를 얻어 내 마무리하는 전략에 기초하였던 것이 분명하다. 이것은 물론 조선 측의 문제 제기에 대한 일종의 '감정적 보복' 내지는 '맞받아치기'라는 대항 논리에서 나온 셈이었다. 이를테면 '서두수=대도문강, 홍단수=소도문강'론은 회담 마지막 날에 제기하였을 뿐, 공동감계 이전이나 도중에 전혀 언급된 적이 없다. 따라서 이것은 길림 측이 미리 준비해 온 사전 결론으로 보아도 좋지만, 서두수·홍단수 유역이 조선 땅에 속한다는 사실은 그들도 인정하였다.

그런데도 이후 길림장군은 총리아문에 통보하면서 당시 경계를 정하여 비석을 세운 곳은 응당 소백산 삼급포(三汲泡) 일단의 분수령 위여야 하므로 지금 위치는 조선 백성이 몰래 옮겨 놓은 곳이라는 '소백산=분수령론'(定界碑移設論)을 유지하면서도, 그 결론을 살짝 바꾸었다. 즉 서두수 대신 홍단수(소백산 기슭에서 발원한다.)를 두만강 본류로 지적하고, 공동감계에서 확인된 그 북쪽의 홍토산수(紅土山水. 이때 만들어진 명칭으로, 조선 측에서는 두만강의 본류, 즉 대도문강으로 간주하였다.)를 소도문강으로 설정하였던 것이다.[82] 조선 측의 가장 중요한 논거 가운데 하나였던 '토문강=분계강=해란강'론이나 '토문-두만 양강론'은 이미 무너졌으므로, 조선 땅이 분명한 서두수 대신 여전히 조선 측의 주된 논거인 정계비의 증거능력을 깎아내릴 수 있는 홍단수를 대안으로 선택하였던 것으로 보인다.

82 「琿春招墾局總辦委員呈文(爲奉憲諭會勘中朝邊界等的)」(光緖11年 12月 16日), 『中朝邊界』, p.1164(이 자료는 광서10년 11월 23일의 것으로 실려 있으나 실제로는 광서11년 12월 16일의 것이다.); 「吉林將軍希元致總署咨(爲分勘吉·朝劃界情形咨請具奏事)」(光緖12年 1月 7日), 『淸季外交史料』 卷65, pp.1185-1187; 『中朝邊界』, pp.1080-1081(『자료선역』, pp.504-505, pp.529-539).

한편, 이중하는 감계 결과를 중국에 조회할 때 토문강(즉 해란강)까지의 지역이 조선 땅임을 고집하는 주장을 굽히지 않았다. 따라서 조선 국왕은 감계 결과와 기존의 조선 측 주장이 일치함을 지적하는 자문을 중국에 보냈다. 1886년 1월 10일 조선 국왕에게 올린 보고서(「乙酉狀啓」)에서 이중하는 토문강 상류가 송화강 쪽으로 흘러 들어가므로 조선 측은 더 이상 토문강 경계론을 고집할 수는 없지만, 그래도 경계를 표시한 비석과 흙·돌더미를 두고 단지 '토문'으로 정계를 한 것만 인정하였다는 점을 확인하였다.[83]

그리고 아마도 이 장계를 올리고 임지로 귀환한 다음이겠지만, 이중하는 공동감계의 결과에 대해 따로 보고서를 올렸다(「별단초(別單草)」). 이 보고에서 이중하는 이렇게 지적하였다.

1) 두만강의 이름은 예로부터 하나가 아니어서, 토문강으로 혹은 도문강으로도 불렸다.
2) (정계비 동쪽) 물줄기를 따라 아래로 내려가다 보면 마침내 송화강에 이르게 되니, 두만강 하류와는 서로 천여 리나 떨어지고, 영고탑(寧古塔)·길림 등의 지역도 모두 그 사이에 있어 이곳을 교계(交界)로 고집하여 지정하기는 어렵다. 따라서 "산과 물줄기 사이에 따로 경계를 세워야 합니다."라고 제안하였다. 그 경우 두만강을 경계로 내세울 수밖에 없고, 새로 확인한 홍토산수 발원지가 두만강 발원지로 인정되어야 한다. 그렇지만 이곳은 정계비로부터 100여 리 정도 떨어져 있고,

83 李重夏, 「啓草」, 『勘界使謄錄』 上, pp.133-140; 李重夏, 「勘界使李重夏乙酉狀啓」, 『역주 감계사등록』 상, pp.275-278, pp.333-336; 李重夏, 「勘界使李重夏乙酉狀啓(啓草)」(光緖11年 12月 6日), 『朝·淸會談』, pp.190-192; 李重夏, 「牒呈」(奎26677. 光緖11年 12月 6日); 「土門勘界(事實)」, 『白山學報』 2, 1967, pp.169-170(『자료선역』, pp.488-495).

또한 정계비 동쪽의 물줄기가 내려오다가 '복류'하는 곳(杉浦, 黃花松甸子라는 중간에 넓게 퍼진 비탈)과도 40-50리 떨어져 있어 "논의를 마무리할 수 없는" 상황이었다.

3) 변계 문제를 다투게 되자, "어리석은 백성들이 그 결말을 기다리지도 않고 더 이상 거리낌도 없이 잇따라 처자식을 거느리고 넘어가는 모습이 길에서 끊이지 않게 되었습니다. (자칫하면) 비록 땅을 얻더라도 실제로 백성을 잃는 결과가 되니, 우리 땅은 텅 비고 저들의 땅은 채워지면, 결코 나라의 이익이 되지 않습니다."[84]

공동감계를 마친 다음 이중하가 가장 중점을 둔 결론은 아마 3)이었을 것이다. 앞서 그가 길림 측에 이 문제의 '선처'를 요청하였다고 하였지만, 사실상 변계 문제가 어떻게 마무리되더라도 함경도 주민의 이탈 추세를 막는다는 것은 쉽지 않은 과제였다. 그렇지만 공동감계를 통한 변계 확정이 당장 이루어질 수 없는 이상, "변계가 정해지기 전이지만 백성들이 멋대로 이동하면서 변방의 고을이 텅 비도록 그냥 놔두어서는 안 됩니다."라는 것이 그의 결론이었다.

그런데 이중하가 이후 다시 추가로 비밀보고(「追後別單」)를 올렸다. 이것은 아마도 함경북도 북병영(北兵營)에 보관되었던 자료(『康熙壬辰定界謄錄』)를 찾아내 읽고 난 다음 새롭게 확인한 사항을 보고한 것으로 보인다. 여기서 그는 다음과 같은 점을 새롭게 확인하였다.

84 李重夏, 「別單草」, 『勘界使謄錄』 上, pp.140-145; 「別單草」, 『역주 감계사등록』 상, pp.278-286, pp.336-339; 「(李重夏)別單草」(光緒11年 12月 6日 以後), 『朝·淸會談』, pp.190-192; 「土門勘界(事實)」, 1967, pp.170-172(『자료선역』, pp.496-503).

그림 5. 삼포에서 홍토산수로 이어지는 나무울타리[木柵]에 대해 가장 구체적인 정보를 제공해 주는 지도 가운데 하나인 『북관지도』 「무산」

출전: 이서행 · 정치영 편, 『고지도와 사진으로 본 백두산』(한국학중앙연구원 출판부, 2011), p. 192.

1) 토문강과 두만강은 같은 강이기 때문에 사실상 두만강이 양국의 경계가 된다.

2) 목극등이 정계비를 세운 다음 "수년 동안의 공사를 거쳐 비석 동쪽에서부터 흙·돌무더기를 쌓아 동쪽으로 두만강 원류에 연결하려 하였으나, 두만강 원류는 이 물길에 연결되지 않았다."[85]

이중하는 왜 정계비 동쪽의 물길('토문강')이 두만강의 원류로 연결되지 않았는가 하는 수수께끼는 바로 목극등의 착각에 의한 '실수'때문이라는 점, 즉 그가 정계비에서 시작된 골짜기 옆의 돌·흙무더기 표시가 끝나고 물길이 땅속으로 숨는 평평한 언덕[杉浦. 또는 黃花松甸子로 불린다.]을 거쳐 그다음 다시 솟아난다고 찾아낸 물줄기가 사실은 두만강이 아니라 송화강으로 연결되는 물줄기였다는 점을 이 시점에서야 비로소 알게 되었다.

따라서 그는 3) '토문강=분계강'론이 파생·와전된 것이라며, '토문강=분계강=해란강론'을 더 이상 내세워서는 안 된다는 점을 다시 확인하였다. 결국 정계비에서 시작된 물줄기가 땅속으로 숨는 평평한 언덕에서부터 조선 측에 의해 두만강 발원지로 연결되는 표지가 되는 나무울타리·흙무더기가 설치되었지만, 이후 이 표지가 잊혀지면서 사실을 알지 못하는 후세 사람들에 의해 토문강·두만강 국경 분쟁이 시작된 것임을 발견하게 된 것이다.[86] 이중하는 이를 통해 조선의 기존 주장은

85 「(李重夏)追後別單」(光緒11年 12月 以後), 『朝·淸會談』, pp.192-193; 『역주 감계사등록』 상, pp.339-340(『勘界使謄錄』 上에는 수록되어 있지 않다.); 「土門勘界(事實)」, p.172(『자료선역』, pp.540-545).

86 이에 관한 핵심적인 사료는 『肅宗實錄』 52卷, 肅宗38年 12月 7日 丙辰 세 번째 기사. 「백두산 정계가 잘못된 것에 대한 겸문학 홍치중의 상소. 이에 대한 논의와 거산 찰방 허양의 공술 내용」; 『承政院日記』 肅宗38年 12月 7日 丙

이제 더 견지될 수 없음을 확신하였다.

그리고 그가 이 비밀 보고에서 중국 측의 "눈에는 드러나지 않았지만" 그 표시가 "여전히 우거진 수풀 사이에서 은근히 모습을 드러내고 있는" 것으로 지목한 흙무더기(나무울타리. 흙무덤)의 존재는 정계비의 수수께끼를 푸는 핵심적인 실마리다. 기존의 수많은 연구에서는 거의 언급이 없었지만, 현재 남아 있는 백두산 관련 지도에서는 나무울타리를 그려 넣고 있는 지도의 수가 상당하다. 반면 이에 관련된 기록 자체는 아주 드물었는데, 이 문제들은 최근 이화자(李花子)·이강원(李康源)의 연구와 답사를 통해 거의 해결된 것처럼 보인다(그림 6, 그림 7 참조) 이화자가 삼포(황화송전자)에서 두만강 상류로 이르는 지역에서 나무울타리를 확인할 수 없지만[87] 그것과 같은 때에 만들어진 것으로 보

辰 11/14 기사. 「三覆에 朴權 등이 입시하여 白頭山 設標에 대해 穆克登이 말한 것과 지금 立標한 것이 다름에 따라 대처할 방안, 확실하지 않은데 임의로 立標한 差使員 등의 拿問 등에 대해 논의함」에서 찾아볼 수 있다. 앞서 지적한 대로 이에 대해서는 張存武, 李花子와 李康源의 연구가 사실상 역사적 사실을 이해한 기초 위에서 확인한 가장 정확한 정보를 제공하고 있다. 하지만 『조선왕조실록』 전체가 1920년대에 공개되기까지, 이런 내용은 당시 길림 측은 물론 조선 측에서도 활용할 수는 없었다. 또한 당시 목극등과 함께 백두산을 오른 역관 김지남 등의 기록도 있지만(김지남 외 지음, 이상태 외 옮김, 1998; 김양수 등, 2008), 이것 역시 1930년대에 가서야 공개되었다. 金衡鍾, 2018, pp.261-274에서도 이를 다시 간략하게 정리하였다.

87 바로 앞서 든 『조선왕조실록』의 기사에서는 "'許樑 등이 彌縫하는 데만 급급하여 조정의 명령을 기다리지 않고 바로 목책을 [두만강 또는 홍토산수] 두 번째 갈래의 수원에다 대 놓았다고 하였습니다. 대저 목책이 끝나는 곳은 바로 국경의 한계가 나누어지는 곳입니다. 두 나라의 경계를 정하는 일이 얼마나 중대한 일입니까? 그런데 한두 差員의 뜻만으로 조정에서 알지도 못하는 물에다 疆域을 제멋대로 정했으니, 이는 마땅히 懲治하여 강토에 관한 일을 중히 여김을 보여야 합니다.'…… 영의정 李濡가 筵席에서 아뢰기를, '穆差[즉 穆克登差使]가 정한 水源은 이미 잘못된 것인데, 차원들이 監司에게 말하지도 않고 評事의 지휘도 듣지 아니한 채 멋대로 푯말을 세웠으니, 일이 지극

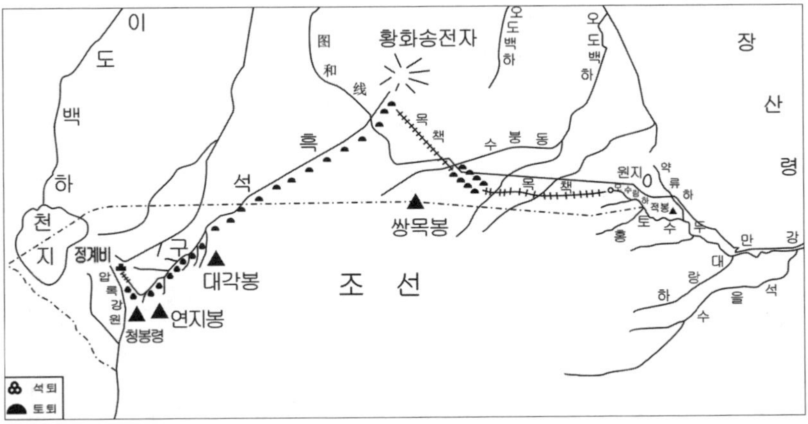

그림 6. 목극등 정계 시 설치한 목책·석퇴·토퇴 표시도

출전: 李花子, 2012, 「중국·북한 국경답사기: 백두산 토퇴군(土堆群)의 새로운 발견」, 『문화역사지리』 24-3, p.153.

이는 흙무덤[土墩]이 존재한다는 점을 실지 답사를 통해 확인하였기 때문이다. 이강원은 이러한 표지 문제에 대한 이화자의 발견을 더욱 심화한 연구 결과를 발표하였다.[88] 이화자는 이 지역에 대한 직접 답사를 통해 다음과 같은 점을 확인하였다.

히 놀랍습니다. 청컨대 잡아다 推問하고, 감사도 또한 推考하소서' 하니, 임금이 그대로 따랐다. 형조 판서 朴權이 아뢰기를, '홍치중의 상소에 보건대, 水源 중에 최초의 한 갈래는 곧 穆差가 정한 것인데, 이번에 세우는 푯말은 안쪽으로 거의 20리가량 옮겨 세웠다고 했습니다. 만일 뒷날 그들이 와서 보고 멋대로 옮긴 까닭을 묻는다면 무슨 말로 답하겠습니까?'"라고 기록하고 있다. 나무울타리 등의 설치는 일단 중국 측의 승인은커녕 조선 정부의 허가도 없이 실행된 것이다. 그리고 이러한 穆克登의 잘못을 청에 통보하는 일도 논의 끝에 좀 더 알아보고 하자는 쪽으로 결론이 나면서 결국 실행이 되지 않았다.

88 李花子, 2008, 2011a, 2019a, 2091b(연구서); 李花子, 2008, 2009a, 2012, 2013; 李康源, 2007a, 2007b, 2010a, 2010b, 2015, 2016, 2017, 2017b(논문) 참조.

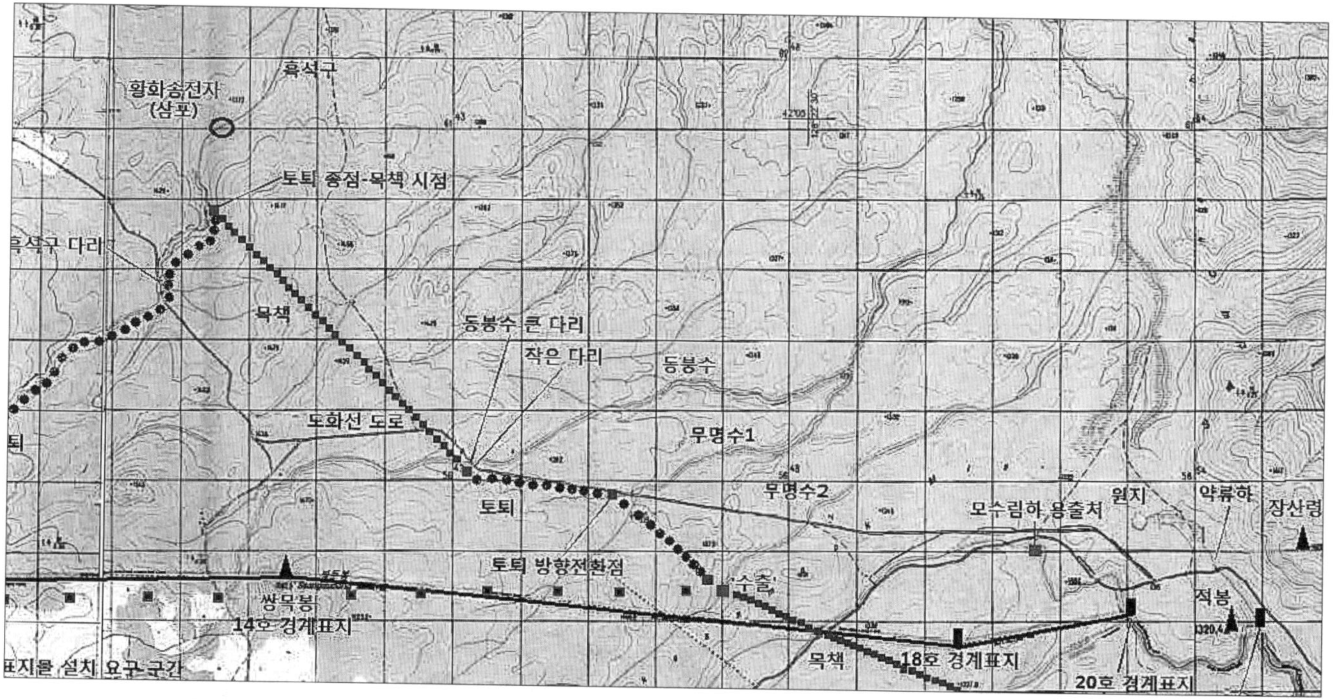

그림 7. 정계비에서 두만강원에 이르는 경계표지물(1712-1713 설치)의 최종 상황

출전: 李康源, 2016, 「역대 실지조사기록 검토를 통한 임진정계 경계표지물 분포 복원」, 『대한지리학회지』 51- 5, p.608.

1) 삼포에서 두만강 상류로 이르는 지역에서 나무울타리를 확인할 수 없지만, 그것과 같은 때에 만들어진 것으로 보이는 흙무덤[土墩]이 존재한다.
2) 삼포에서 물줄기가 끊기기 때문에 토문강(황화송구자)은 마른 골짜기, 즉 건천(乾川)으로 존재하였으며, 이 골짜기의 끝으로부터 송화강(상류의 지류)까지는 20리 정도 떨어져 있어 직접 송화강의 상류의 물줄기로 연결되지 않는다(동남쪽으로 두만강 발원지까지는 40리 남짓이다.).[89]

이화자가 발견한 이 흙무덤의 존재는 기존 연구에서 다루어진 적이 없는 중대한 발견의 하나이지만, 이 나무울타리와 그 울타리 중간에 만들어진 흙무덤에 대해서는 이미 『조선왕조실록』에서도 분명하게 기재하고 있었다.

> 그래서 여러 차원(差員) 등과 상의한 다음, 비석을 세운 곳에서 아래로 25리는 나무울타리를 세우거나 돌을 쌓았으며, 그 아래 물이 솟아나는 곳 5리 및 물이 없는 건천 20여 리는 산이 높고 골짜기가 깊어 물줄기의 흔적이 아주 분명한 고로 아무런 표식도 설치하지 않았습니다. 또한 그 아래 물이 솟아나는 곳[두만강 발원지]까지 사십여 리에 대해서는 모두 나무

89 이강원의 연구는 복류, 즉 '入地暗流'의 위치나 구체적인 거리 문제에 대해서는 이화자와 의견을 달리하고, 또한 杉浦(黃花松甸子)의 존재로 물줄기가 끊겨 송화강으로 연결되지 않는다는 의견에 대해서도 실제 물길이 연결된다(토문강은 분명히 송화강 수계에 속한다.)고 주장하는 점에 차이가 있는데(이것은 시기에 따라 물줄기의 존재나 그 길이가 달라지기 때문에 오히려 큰 문제는 아닐 수도 있다.), 이화자의 연구를 이어받아 좀 더 면밀한 기존 역사자료의 분석과 지리학적 고찰을 통해 훨씬 진전된 이해를 보여 주고 있다.

울타리를 설치하였고, 또한 그사이 5·6리 지역에는 나무나 돌이 없고 토질 또한 강하였기 때문에 단지 흙무덤만을 설치하였습니다.[90]

다만 이 외에는 관련된 기록·정보가 부족하였기 때문에 후대 사람들이 이 문제를 더욱 정확하게 이해하는 데 큰 장애가 되어 왔던 것인데, 이화자·이강원의 발견을 통해 정계비의 수수께끼는 거의 풀린 셈이 된다. 또한 이중하가 이후 제2차 공동감계에서 내세우는 '정계비-홍토산수 경계론'도 상당한 뒷받침을 얻게 된다.

그렇지만 조선 국왕은 이중하의 최초 보고를 근거로 삼아 1886년 2월 중국에 자문을 보냈다. 그 내용은 토문강의 복류가 끝나는 점에 있는 토문자(土門子)가 분계강(分界江)에 합류하므로 토문강과 이 토문자를 잇는 선이 경계가 된다는 내용이었다.

다만 해당 지역은 예전부터 백성들에게 허락된 땅이 아니었는데, 근래 유민들이 몰래 들어와 농사를 지어도 조선 관리들이 수시로 순찰하여 쫓아내서 금지하지 못한 것은 조선의 책임입니다. …… 지금 들어와 사는 사람이 많고 생업에 안주하고 있는데, 정계 이내의 지역에 있어 차마 하루아침에 쫓아내 돌려보내기는 곤란하므로, 이들을 안무하여 말썽을 일으키는 것을 엄금하고 의지할 곳 없는 백성이 생업을 되찾게 하는 것이 실로 필요합니다. 조선은 대대로 중국이 보살펴 주는 은혜를 입어 한 치

90 『朝鮮王朝實錄』 52卷 肅宗38年 12月 7日 丙辰 세 번째 기사, 「백두산 정계가 잘못된 것에 대한 겸문학 홍치중의 상소. 이에 대한 논의와 거산 찰방 허양의 공술 내용」 원문은 다음과 같다. "故與諸差員等相議後, 自立碑下二十五裏, 則或木柵或累石, 其下水出處五裏及乾川二十餘裏, 則山高穀深, 川痕分明之故, 不爲設標. 又於其下至湧出處四十餘裏, 皆爲設柵, 而其間五六裏, 則旣無木石, 土品且強, 故只設土墩. 前後實狀, 不過如斯."

의 땅이나 한 명의 백성이라도 모두 중국에서 내려 주신 것이 아님이 없으며, 책봉받은 것 외에는 감히 털끝이라도 침범할 수 없지만, 아울러 책봉을 받은 경계 안의 작은 땅 역시 조심스럽게 지킴으로써 작은 나라를 돌봐 주시고 백성을 긍휼히 여기신 성조 강희황제의 지극한 인덕(仁德)을 저버릴 수는 없습니다.[91]

조선은 여전히 정계비를 내세워 월간 지역이 책봉을 받은 경계 안의 작은 땅, 즉 조선 땅임을 고집하면서, 정계비를 세운 강희제의 '인덕'을 근거로 토문강 경계론을 여전히 포기하지 않는 주장을 선택한 것이다. 사실 제1차 공동감계·국경회담 과정에서 '토문자'는 거의 거론되지 않았으므로, 이 주장은 상당히 엉뚱한 것이었다. 이중하의 의견과 전혀 다르게 조선 정부에서 이런 주장을 계속 고집한 것은 아마 월간민 안치 문제가 해결될 기미가 없었던 점이 크게 작용하였을 것이다.

이러한 통보에 대해 길림장군·예부 모두 동의하기 어렵다는 뜻을 표명하였다. 그리고 이 시점에서 당시 조선에 주재하던 원세개가 이후 얼마간 이 문제에서 실질적으로 중요한 중재자 역할을 맡게 되었다. 아마도 길림 측 감계 위원 진영(秦煐)의 의견을 그대로 받아들인 것처럼 보이는데, 그는 1886년 3월 월간한 조선 백성을 쫓아내는 것이 본디 정상적인 처리 방법이지만, 그들의 반항으로 문제가 커질 가능성이 있으므로 과거 그들을 비호(庇護)한 조선 관리들의 잘못은 덮어 두고, 공동감계를 통해 일을 마무리하고, 유민 안치가 필요하다면 그들을 (중국의) 행정구역에 예속시켜 달라고 황제의 은혜를 요청하면 될 것이라는 이른바 '차지안치(借地安置)' 방안을 제안하였다. 그 근거는 다음과 같았다.

91 「朝鮮國王咨文」(光緒12年 1月 11日 受領), 『中朝邊界』, pp.1083-1084, pp.1187-1188(『자료선역』 pp.510-515).

길림과 조선이 도문강을 경계로 삼는다는 것은 너무도 분명합니다. 길림성 동남쪽 강 주변은 땅이 넓고 비옥한 토양이지만, 강 건너편 회녕·종성·온성 지역들은 사람은 많은데 땅이 부족합니다. 그래서 그 백성들이 경계를 넘어와 몰래 개간하는 것입니다. 특히 종성부 강 건너편 지역이 가장 많아 수백 가구 아래로 내려가지 않으며, 대부분 이미 집을 짓고 분묘를 만들었고 그곳 관리에게 이미 세금까지 내고 있습니다. …… 금년 봄 혼춘부도통 의극당아가 병사를 파견하여 이들을 내쫓았지만, 해당 개간민은 실은 고국에 되돌아가도 경작할 땅이 없으니 어찌 기꺼이 땅을 버림으로써 스스로 살아갈 방도를 끊어 버리려 하겠습니까? 세금[錢糧]을 내게 하고 변발[辮髮. 또는 薙髮]을 강요해도 무슨 명령이든 따를 것입니다.

그러나 조선 관리들은 백성들이 이미 월간하였으니 도리어 영토를 넓힐 수 있고, 세금도 거둘 수 있다고 생각했던 모양입니다. 그런데 지금 이런 상황을 정리해야 하자 백성들이 침범하여 땅을 차지하게 만든 허물을 자신이 뒤집어쓸까 염려하여, 마침내 아예 두만강과 계비(界碑)의 비문이란 논쟁거리를 만들어 중국의 변강을 혼란스럽게 하고 있습니다. 하지만 강물은 도도하게 흐르고 있으니, 어찌 억지로 끌어다 혼란스럽게 만들 수 있겠습니까? 따라서 월간한 조선 백성을 쫓아내는 것이 본디 정상적인 처리 방법입니다. 그렇지만 너무 서두른다면 또한 오히려 궁지에 몰린 그들이 위험을 무릅쓰고 반항하게 될 염려도 있습니다. 요컨대 백성들은 가련하지만, 조선 관리는 큰 이치를 잘 알지 못하고 기꺼이 잘못을 인정하려 하지 않는 것입니다. 조선 국왕 또한 관리들에게 속아 넘어가 사실을 깨닫지 못하고 있습니다.

생각건대 함경도 안무절도사[원문 그대로] 조병직은 전에 각 부사에게 속아 백성들이 월간하도록 방치하였는데, 비록 [지금은 이미] 잘못된 것임을 알게 되었으나 이전의 잘못을 덮어버리고자 하니 부하들을 비호하지 않을 수 없습니다. …… 이에 대해 대인께서 조선 국왕에게 서신을 보내 주시는 은혜를 베풀어 주시기를 간청해도 될지 모르겠습니다. …… 조선이 정말로 유민들을 거두어들일 수 있다면 가장 좋은 결과가 되겠지만, 만약 실제로 그들을 안치할 곳이 없다면 조선 국왕이 응당 사정을 호소하는 자문을 보내 대신 상주할 것을 요청함으로써 황상께서 인덕을 베풀어 그들을 [중국의] 행정구역에 예속시키면 될 것입니다. 이전에 조선 관리들이 월간의 잘못을 비호한 것에 대해서는 그들 역시 백성의 생계를 도모하기 위한 뜻이었으므로 정상을 참작할 수 있으니, 더 이상 따지지 않거나 아니면 혹 하늘이 내려 준 타고난 본성이 그들로 하여금 진실로 뉘우치게 할 수 있을지도 모릅니다. 또한 (한성의) 진수당(陳樹棠) 도대(道臺)에게 서신을 보내 가까이서 조선 정부 관리들에게 사실을 깨우쳐 주고 중간에서 방해하지 못하게 한다면 조만간 혹은 결말이 날 수도 있을 것입니다. 그렇게 되면 대인의 은덕에 감격하여 우러러 받드는 사람이 어찌 비단 저 혼자뿐이겠습니까?[92]

이홍장 역시 이러한 원세개의 요청에 동의하였다. 조선 월간민은 "응당 합당한 방법을 마련하여 안치하고, 적절하게 중국의 판도에 예속

92 「吉林將軍衙門咨文(爲朝鮮墾民越界及復勘界碑情形靜候總署指示的)」(光緒12年 1月 28日), 『琿春選編』 中冊, pp.332-335; 『中朝邊界』, pp.1210-1213(『자료선역』, pp.548-561). 『袁世凱全集』이나 『李鴻章全集』에도 이 咨文은 실려 있지 않다. 다만 「(欽命駐紮朝鮮總理交涉通商事宜三品銜升用道)袁世凱照會(附件. 金允植照覆)」(光緒12年 2月 15日), 「照會談草」, 『조·청회담』, pp.283-284, pp.284-285(附件); 「土門江分界에 對한 吉林將軍查明의 件」, 고려대학교 아세아문제연구소 편, 1970, 『舊韓國外交文書』 第8卷 「淸案」(이하 『淸案』으로 약칭) 1, p.299에서는 사실 감계위원이었던 秦煐의 보고에 나오는 것으로 되어 있다. 원세개의 주장은 아마 진영의 보고 일부를 그대로 인용한 것으로 보이므로(『자료선역』, pp.576-580), 차지안치론은 원래 진영의 제안에서 비롯되었을 가능성도 배제할 수 없을 것이다.

시켜 일률적으로 모두 되돌아 옮겨 가는 것을 피하게 함으로써 조정에서 작은 나라를 사랑하고 백성을 구휼하는 큰 뜻을 받들 수도 있을 것"이란 이유였다. "책봉을 받은 경계 안의 작은 땅 역시 조심스럽게 지키겠다."라는 조선의 태도나, 차지안치의 방안을 구상하는 원세개·이홍장의 태도에서 "작은 나라를 사랑하고 백성을 구휼하는 큰 뜻"을 체현하는 사대-자소 관계의 그림자가 여전히 짙게 드리워 있었음을 확인할 수 있다.

3) 김윤식·원세개와 차지안치론

그렇지만, 조선 정부는 1886년 1월 19일 답장 조회를 보내 앞서와 같은 주장을 되풀이하면서, 그것을 뒷받침하는 것으로 목극등의 백두산 정계와 관련된 기록인 『승문원고실(承文院故實)』을 베껴 보냈다.[93] 중앙 정부건 지방 당국이건 간에 오라총관 목극등이 정계비를 세웠을 당시의 상황에 대한 기록을 전혀 가지고 있지 않았고, 또 관련된 기록도 전혀 찾아내지 못하였던 중국 측은 당혹스럽지 않을 수 없었다.

결국 청에서는 기존의 관련 기록을 조사해 『흠정황조통전(欽定皇朝通典)』·『황조문헌통고(皇朝文獻通考)』뿐만 아니라, 가경(嘉慶) 연간 발행된 『(대청)회전도(大淸)會典圖)』, 그리고 『일통여도(一統輿圖)』를 찾아내어 두만강(도문강)이 길림과 조선의 경계를 이룬다는 주장을 강화하였

93 이 자문에 첨부된 자료의 목록은 다음과 같다. 「禮部知會白山(査)境令本國照管咨」(康熙51年 2月 7日), 「接伴使請偕行白山帖」(康熙51年 5月 7日), 「勅使回粘」(康熙51年 5月 8日), 「勅使問議立柵便否咨」(康熙51年 5月 28日), 「設柵便宜呈文」(康熙51年 6月 2日), 「謝定界表」(康熙51年 11月 3日)(『자료선역』, pp.516-528). 이 자료는 裵祐晟·丘凡眞 옮김, 2008, 『국역《同文彙考》강계사료』, pp.47-52(원문), pp.105-113(번역문)에도 수록되어 있다.

다. 또한 조선 측이 『승문원고실』을 통해 목극등 정계의 '기록'을 제시하자, 이를 검증하기 위해 『대청실록(大淸實錄)』에서 관련 기록을 찾아냈다.

이를 통해 강희제가 '변계 조사[査邊]'를 위해 1711년 목극등을 백두산 지역으로 파견하였으나 목표로 한 '압록강과 토문강 사이의 땅'을 조사하고 지도를 그리는 업무를 완수하지 못하였음을 알아낼 수 있었다. 하지만 다음 해 1712년에 다시 파견되어 '정계(定界)'를 한 과정에 대해서는 기록이 없어, 아무런 증거도 확보하지 못하였다. 그 결과 1886년 4월 28일 총리아문은, "양쪽에서 다투니 반드시 절충되는 점이 있어야 비로소 감계 결과를 확정할 수 있는데, 현재 이 사안에서는 응당 구분해서 가려야 할 것이 세 가지, 응당 고증해야 할 것이 다섯 가지가 있다."라는 방안을 상주하면서, 길림장군에게 지시하여 제2차 공동감계를 하게 해 달라고 주청하여 재가를 받고 이홍장과 길림장군에게 통보하였다.[94]

이때 총리아문은 서두수가 대도문강이라는 길림 측의 최초 주장을 부정하고 대신 홍단수를 대도문강으로 설정하는 방안을 도출해 냈다. 아울러 정계비가 '정계(定界)' 또는 '분계(分界)'의 근거가 된다는 것을 부정하면서 '정계비이설론'을 옹호하였다. 총리아문은 "반드시 도문강을 분명하게 확정해야만 경계가 분명해질 수 있다."라면서 '두 강 사이의 부분으로 잘 알지 못하는 땅'에 대한 자세한 측량과 지도 작성이 해결 방안이라는 결론을 내렸다. 총리아문의 이 상주는 이후 길림 측

94 「總理衙門奏(請飭吉林將軍派員履勘如所請行)」(光緒12年 3月 25日), 『德宗實錄』 卷225, 光緒12年 3月 戊午; 「(總理衙門)給北洋大臣文」(光緒12年 3月 27日), 『中日韓』 卷4, p.2096; 『국역中日韓』 2, pp.163-164(『자료선역』, pp.605-607).

공동감계의 기본적인 원칙이 되었다는 점에서 중요한 의미를 지닌다. 이에 따른다면 조선 측이 내세운 '토문강 경계론'이나 그것을 뒷받침하는 목극등에 의한 '정계'와 정계비 설치라는 논거가 모두 부정될 수밖에 없기 때문이다.

제2차 공동감계에서는 결국 1886년 4월 28일 총리아문의 의주(議奏)에서 표명된 이런 원칙들이 줄곧 관철되었다. 그 때문에 '토문강 경계론'을 철회하고 대신 목극등에 의한 '정계'와 정계비 설치라는 사실에 의존하여 홍토산수를 두만강 본류로 잡고자 하였던 조선 측의 입장은 길림 측의 동의를 얻어 낼 수 없었다. 총리아문이 홍단수를 두만강 본류라고 사전에 선을 그은 이상, 거기서 벗어나 길림 측 감계위원이 재량권을 발휘하여 '양보'한다는 것은 쉬운 일이 아니었기 때문이다. 물론 양측의 합의가 이루어지지는 않았으나, 실제 감계 과정에서 길림 측은 홍토수에 합류하는 보다 남쪽의 석을수(石乙水. 島浪水)를 새로 찾아내어, 그것으로 경계를 삼자는 타협안을 제시하였다는 점은 기억해 둘 필요가 있다.

그렇지만 청 조정의 방침 결정에도 불구하고 실제 제2차 공동감계가 시행되는 데는 상당한 시간이 필요하였다. 1886년 8월 27일 길림장군이 총리아문에 보낸 공문에 의하면 이것은 조선 측의 뒤늦은 반응 때문이었다. 길림장군 쪽에서 조선의 전 안변부사이고, 현임 덕원부사(德源府使)이자 원산상무감독[監理元山商務]을 맡고 있는 이중하(李重夏)에게 조회하여, 즉시 와서 공동감계를 하자고 하였는데 오래 지나도 답변이 없어 다시 조회를 보내 재촉하자, 이중하는 "현재 해관(海關)의 막중한 사무를 맡고 있어 이곳을 떠나 그곳으로 갈 수가 없습니다. 반드시 저희 조정에서 결정하여 파견을 지시한 다음에야 갈 수 있는지 여부를 정할 수 있습니다. 회동 시기 역시 확실하게 지정하지 못하니, 잠시 저희 조정에서 지시공문이 오기를 기다려 다시 통보하겠습니다."라

는 답장을 보냈다.[95]

길림 측에서 함경도 당국이 아니라 타지로 옮겨 새로운 직무를 맡은 이중하에게 조회를 보내 공동감계를 재촉하였다는 것은 그야말로 엉뚱한 조치였다. 따라서 답장 조회를 보낼 지위에 있지도 않고 그럴 의무도 없는 이중하가 답장을 보냈다는 것도 정상적인 일 처리 방식은 아니었다. 청 측의 거듭된 조회를 그렇다고 마냥 무시할 수는 없어 "조정에서 결정하여 파견을 지시한 다음에야 갈 수 있는지 여부를 정할 수 있다."라고 한 것은 그가 아직 다시 '감계사' 임무를 부여받지도 않았음을 의미한다. 여하튼 이러한 답장을 받은 길림 측은 결국 총리아문에 조선 국왕을 독촉해 달라고 요청하였다.

총리아문의 요청을 받은 이홍장은 당연히 3월 27일 이후에 조선에 새로 확정된 청 조정의 방침을 통보한 적이 있는 것으로 보인다.[96] 총리아문에서는 9월 5일 조선 국왕에게 종래 직접 자문을 보낸 적이 없

95 「吉林將軍衙門咨文(爲咨催朝鮮國王速飭勘界官訂期覆勘的)」(光緒12年 9月 22日), 「圖們江勘界의 迅速再審要請」, 『淸案』 1, pp.325-326; 「欽命駐紮朝鮮總理交涉通商事宜三品銜升用道袁爲照會事」, 「照會談草」, 『朝·淸會談』, pp.285-286; 『琿春選編』 中冊, pp.343-344; 『中朝交涉史料』, pp.1213-1214(『자료선역』, pp.612-618).

96 위와 같음. 다만 이홍장이 조선 국왕에게 자문을 보내 요청하였다는 구절이 있지만, 현재 이 자문은 확인되지 않는다. 이중하는 그 내용을 제2차 공동감계 중에 확인할 수 있었다고 하고 있어(「勘界使李重夏丁亥狀啟」(光緒13年 5月 27日), 『勘界使謄錄』 下, pp.117-123; 『역주 감계사등록』 하, pp.219-227 참조) 약간 혼란스러운데, 제2차 공동감계 중 처음 이루어진 4월 7일의 회담에서 이중하 자신이 총리아문 奏議 내용 일부를 인용하고 있다(「(李重夏) 覆勘圖們界址談錄公文節略」(光緒13年 5月 28日), 「勘界使登錄 下」, 『朝·淸會談』, pp.198-261). 아마도 총리아문 주의 내용 전체가 아니라 조선에 통보된 일부 내용만을 알고 있었다고 볼 수도 있을 것이다. 제2차 공동감계에 즈음하여 제1차 때와는 달리 중국 측이 총리아문 주의의 숙지 여부를 따지지 않았던 것이나 『勘界使謄錄』 下에 총리아문 주의 전체가 수록된 것도 아마 이 때문이 아닐까 추측할 수 있다.

어, 북양대신에게 대신 자문을 보내 즉각적인 공동감계의 실시를 요청해 달라고 하였다. 북양대신은 종전에 공동감계 요청 자문을 보낸 적이 있기는 하지만, 반년이 지나도 조선에서는 파견되어야 할 위원이 구실을 대어 기한을 연기시키고 있으므로, 이 요청에 따르겠다고 9월 19일 총리아문에 답장하였다.[97]

결국 1886년 10월 19일, 원세개는 "지금 반년이나 지났고, 길림은 일찌감치 관원을 파견하여 감계를 기다리고 있는데, 조선에서 원래 파견했던 관원이 구실을 빌려 늦추고 있는 것은 특히 일을 그르치고 지연시키는 일이다. 응당 조선 국왕에게 자문으로 재촉하여 감계관인 해당 부사가 신속하게 날짜를 정해 만나서 공동재감계[覆勘]를 하도록 조속히 지시함으로써 신속하게 계한(界限)을 정리하여 변경 백성들을 안정시켜야 할 것이다. 절대로 다시 늦추도록 놔두어서는 안 된다."라는 이홍장의 지시를 조선 외부독판(外部督辦) 김윤식에게 통보하였다.[98]

하지만 보다 중요한 지체 원인은 1886년 4월 25일 원세개가 '차지안치'론을 다시 정식으로 조선에 제안하였기 때문이었다.[99] 이에 대해 김윤식이 '토문-두만 양강론'을 포기하고 두만강 일대가 경계로 정해져야 한다는 데 동의하면서, 정착한 지 오래되었고 수천 가구가 넘으니 월간민을 그대로 안치시켜야 한다고 호응하였다. 그 방안은 "관대한 은혜를 베풀어 주셔서 임시로 예전처럼 살게 해 주시고, 조선 관원이 통행하면서 관할하고 해마다 소작료를 거두어 길림 지방관에게 넘기되,

97 『자료선역』, pp.612-618).

98 「致朝鮮督辦交涉通商事務金允植照會」(光緖12年 9月 22日), 『袁世凱全集』 1, pp.245-246.

99 「(袁世凱)來函」(光緖12年 3月 22日), 『朝·淸會談』, p.282; 『舊韓國外交關係附屬文書』 제3권 『統署日記』 1, p.362의 高宗23年 3月 23日 記事. 이 자료는 『袁世凱全集』 1에 실려 있지 않다(『자료선역』, pp.587-588).

봉천(奉天) 변문(邊門)의 선례에 따라서 울타리를 설치한 곳을 경계로 한정하여 다시는 한 걸음도 더 나아가지 못하게 하는 것"이었다.[100]

그는 원세개와 논의하여 '두만강 경계론'에 대해 합의를 이룬 다음, 이렇게 주장하였다.

> 이전에 토문강 경계에 대해 조선에서는 목극등비를 근거로 삼았지만, 우리에게는 실은 약간 난처한 점이 있습니다. 만약 비석을 증거로 삼으면 중국 길림의 오래된 땅이 모두 조선 경계 속에 들어가야 하는데 결코 이런 일은 있을 수 없습니다. 그래서 조선에서는 (이런 주장을 더 이상) 함부로 말할 수 없게 되었습니다. 오로지 중국과 조선의 공동감계를 기다려야 하는데, 지금 이미 공동감계를 통해 계비의 문제를 살펴보았으므로, 중국과 조선은 이제 계비를 가지고 근거로 삼을 수 없게 되었고, 단지 강 상류의 발원지만으로 경계를 정할 수밖에 없습니다. 토문·도문·두만은 확실히 같은 강의 다른 이름이므로, 단지 두만강 일대를 가지고 남북을 구별해야 할 것입니다.…… 홍토수 물줄기는 계비 아래 돌무지·흙무덤이 끝나는 곳, 즉 삼포(杉浦)라는 곳과 약 40리 정도 떨어져 있습니다. 장백산 물이 복류하다가 여기에 이르러 다시 위로 나타나 두만강으로 유입하는데, 이것이 바로 즉 무산 변계의 홍토수입니다.[101]

100 「(金允植)照覆」(高宗23年 9月 25日?), 金允植, 「公函 袁總理世凱」, 『雲養集』 卷6, 30b-31b(pp.372-373); 『金允植全集 壹』, pp.60-62(『자료선역』, pp.619-623). 김윤식과 차지안치 문제에 대해서는 金衡鍾, 2018, pp.310-334; 王奕斐, 2018, pp.51-57 참조.

101 『駐朝鮮使館檔』 「袁世凱-邊界-吉、朝會勘土門江界址案」(檔案番號 全宗 01-系列 41-宗號 018-冊號 01)(『자료선역』, pp.626-638). 이 당안은 1999년 臺灣外交部에서 中央研究院近代史研究所로 移管되었고, 近代史研究所檔案館에 의해 정리되고 디지털자료로 만들어져 2004년 이후 공개되었으며, 인터넷상 접근이 가능하다. 여기에는 1886년 金允植이 직접 써서 袁世凱에게 넘긴 것

김윤식은 이렇게 '토문강 경계론'을 부정하는 대시 '두만강(홍토산수) 경계론'을 제시하면서, 월간민 대책에 대해서는 다음과 같이 제안하였다.

> 그래서 백두산에 황제의 성지를 받아 세워진 비석이 있으니, 이를 구실로 삼아 한 치의 땅이라도 빌려 백성들을 안치시키고자 합니다. 중국에서 둘러보면 어찌 이 텅 비고 버려진 자그마한 땅을 아쉬워하여 조선 유민을 받아들이지 않을 이유가 있겠습니까? 조선 또한 많이 얻고자 하는 것이 아니고, 단지 강 주변을 따라 십 리나 오 리, 멀어야 이십 리에 지나지 않는 곳까지 빈민이 거주하는 곳을 따라 그 땅을 빌리고자 합니다. 그리고 봉천의 사례에 따라 나무울타리를 설치하여 구분하고, 그 안에 그들이 안착할 수 있게 하려는 것이니, 실로 이것은 중국의 성천자(聖天子)께서 내외의 백성을 하나같이 여기시고, 갓난아기처럼 돌보아 주시는 은혜를 내려 주시는 것입니다.[102]

김윤식의 이 제안에는 '성천자(聖天子)'의 '은혜'를 간청하는 '사대-자소'의 전통에 기대는 논리가 짙게 반영되어 있다. 공동감계와 국경회담에 즈음한 조선 측의 '고민'과 중국의 '시혜'에 대한 기대가 간절하게 나타난 것이다. 이를 보면 조선의 공식 입장은 두만강(홍토산수)을 양국의 경계로 삼되, 이미 월간한 조선 백성은 '쇄환'이나 '편입'이 아닌 '차지안치'를 허용해 달라는 방향으로 전환하였음이 분명해진다(그림 8 참조).

이중하 역시 이 무렵 다음과 같은 주장을 하였다.

으로 보이는 문서(金允植筆述土門江邊界事)와 간단한 지도가 포함되어 있다.

102 위와 같음.

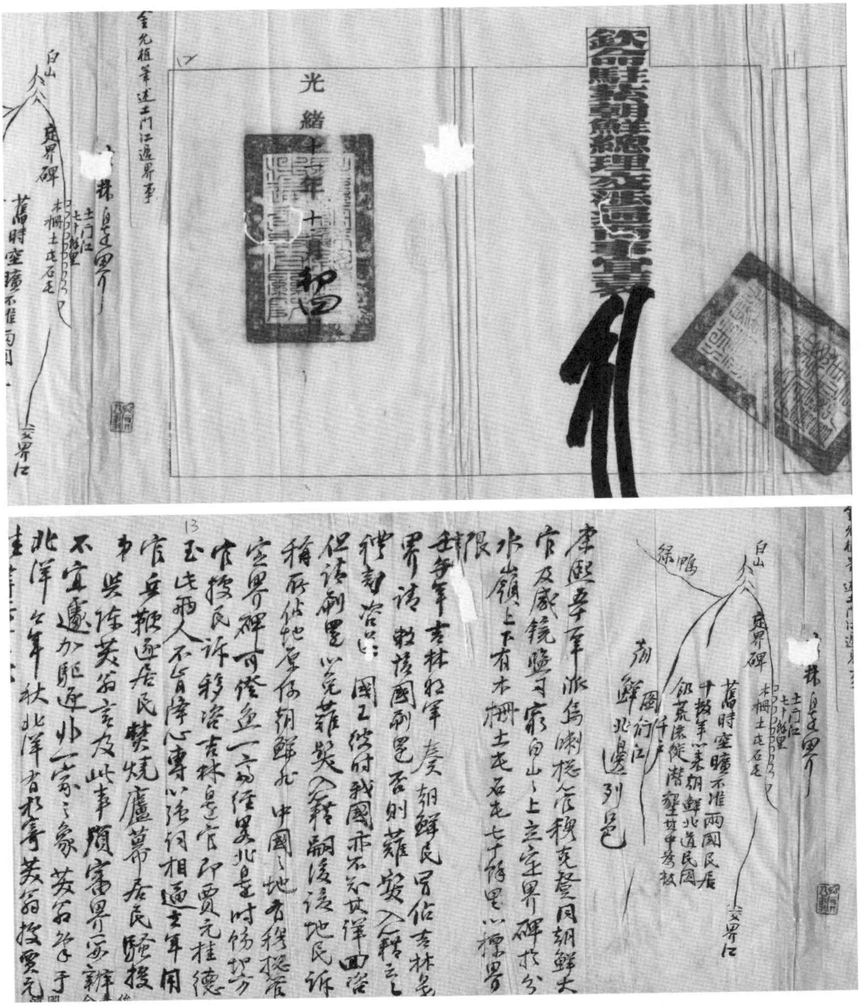

그림 8. 「김윤식필술로문강변계사(金允植筆述土門江邊界事)」와 앞부분의 지도

출전: 『駐朝鮮使館檔』 「袁世凱-邊界-吉、朝會勘土門江界址案」(檔案番號 全宗 01-系列 41-宗號 018-冊號 01), pp.12-22(『자료선역』 3 – 014 – pp.626-638).

1) 어윤중이 억지를 부려 '토문강은 따로 강이 있고 도문강과 같은 강이 아니다.'는 주장을 만들어 냈습니다. 새로운 사람으로 조정에 들어가 아뢰었기에, 조정도 상하가 함께 시끄러워지면서, (조선 백성의 진출

은) 결코 월간이 아니라고 덩달아 주장하게 되었습니다. 결국 잇달아 논란을 제기하면서 제대로 마무리되지 않는 지경이 되었습니다. 그리하여 헛되이 땅을 늘리는 것을 생각하게 되었는데, 사실은 토문강의 발원지가 원래 송화강과 연결되는 것을 알지 못하였던 것입니다.[103]

2) 토문강 경계 문제는 전체적인 면에서 보자면 중국과 조선이 경계를 다투는 것으로 처음부터 좋은 일은 아니었습니다. 청과 조선이 함께하게 된 이래 원래 변강에는 넘을 수 없는 한계가 있었고 양쪽 경계의 백성은 서로 아무 일 없이 안정을 누릴 수 있었습니다. 이제 응당 모든 것을 종전 그대로 준수하게 하면, 평안하여 다시 헤아려 볼 여지도 없을 것입니다. 다만 조선 유민은 안치하지 않을 수 없는데, 오로지 강변에 표지를 세우고 그들에게 땅을 빌려주어 그들이 더 이상 고통을 받는 근심이 없게 해야 할 것입니다. 이렇게 적절하게 헤아리는 것이 아마 사리에 맞을 터입니다(그림 9 참조).[104]

결국 조선 측은 '두만강 경계론'을 인정하면서 월간민의 안치를 제안하고, 만약 이것이 중국의 뜻에 맞지 않는다면 다시 공동감계를 실행하겠다고 통보하였다. 이렇게 조선의 주장이 종래의 '토문강 경계론'에서 '두만강 경계론'으로 방향을 선회한 것은 이중하와 그에 동조한 김윤식의 의견이 결정적인 역할을 하였다.[105] 이 점에 관해 종래 연구에

103 「元山坐探委員姚文藻稟」(光緒12年 10月?), 『駐朝鮮使館檔』「袁世凱-邊界-吉、朝會勘土門江界址案」(檔案番號 全宗 01-系列 41-宗號 018-冊號 01), pp.87-88(『자료선역』, pp.671-672). 이 자료는 姚文藻가 이중하와 만나 나눈 필담을 원세개에게 보고한 것이다.

104 『駐朝鮮使館檔』「袁世凱-邊界-吉、朝會勘土門江界址案」(檔案番號 全宗 01-系列 41-宗號 018-冊號 01), p.90(『자료선역』, pp.673-676).

105 이 문제는 『駐朝鮮使館檔』「袁世凱-邊界-吉、朝會勘土門江界址案」)에 기초하여, 金衡鍾, 2018, pp.301-334에서 상세하게 다루었다. 여기서는 김윤식·

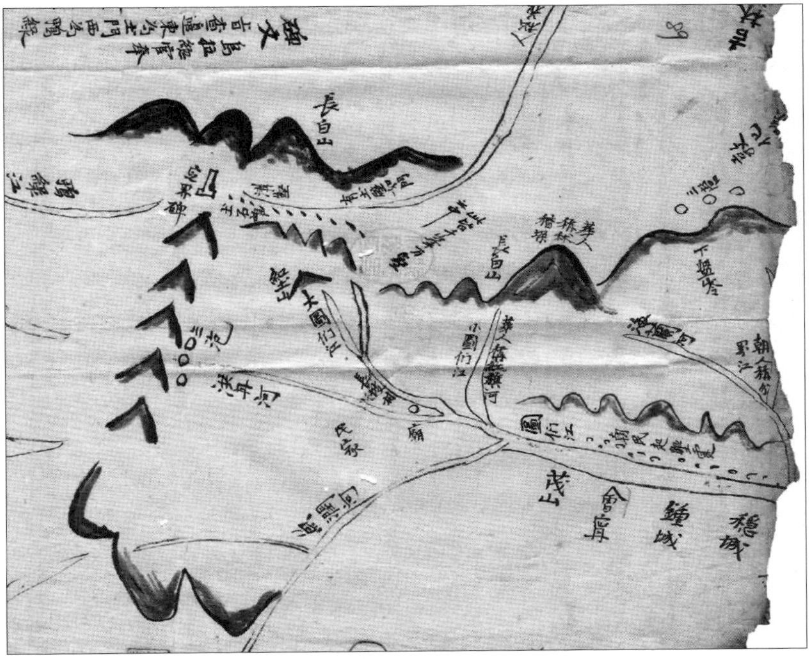

그림 9. 이중하가 직접 그린 것으로 보이는 백두산 · 두만강 경계도

출전: 『駐朝鮮使館檔』「袁世凱-邊界-吉、朝會勘土門江界址案」(檔案番號 全宗 01-列41-宗號018-冊號 01), pp.89-90(『자료선역』 3 – 029(2), pp.673-676).

서는 그다지 주의를 기울이지 않았지만, 제2차 공동재감계 문제는 여하튼 '두만강(홍토산수) 경계론'과 '차지안치론'을 길림 측에서 어떻게 받아들이느냐에 따라서 좌우되게 되었다.

그러나 길림장군은 "반드시 경계를 조사하여 확인해야만 피차 서로 관할하는 지역을 분명히 할 수 있으며, 그다음에야 유민을 구별하여

이중하의 기술·지도(이중하가 직접 그린 것으로 보이는 백두산·두만강 경계도) 등의 분석을 통해 김윤식과 이중하가 확실하게 '토문강 경계론'을 포기하고 '두만강 경계론'을 인정하였음을 논증하였다.

[조선으로] 거두어들이게 하거나 아니면 [중국에] 안치시켜 호적에 편입시킬 수 있다."라고 주장하였다. 즉 홍단수를 두만강의 본류로 설정하고, 국경 구간마다 석비를 건립하겠다고 하면서 공동재감계의 시행을 완강하게 고집한 것이다. 그는 "두만강으로 경계를 삼는다거나, 차지안치의 주장 역시 아직 모호한 부분이 많으므로 이것으로 이 사안을 완결시키는 것은 곤란하다."라는 부정적 태도를 보이면서, 다만 지금 날씨가 추워지기 시작하였으므로 답사가 곤란하다면 내년 봄이 되기를 기다려 시기를 정해 공동감계를 하겠다는 의사를 표명하였다.[106]

이렇게 길림장군이 조선 측 제안을 거부하면서 제2차 공동감계의 실시는 불가피한 것이 되었다. 북양대신 이홍장과 원세개, 총리아문이나 또는 재감계 필요성을 부정하는 조선 정부의 소극적인 반응과는 달리, 길림장군이 반드시 홍단수를 경계로 삼아야만 하겠다는 강경론을 관철한 것은 이후 제2차 공동감계의 성과에도 실제 결정적 영향을 미쳤다.

조선 측은 11월 17일, 다음 해인 1887년 4월에 덕원부사 이중하를 파견하여 공동감계를 하겠다고 통보하였다. 그렇지만 길림 측의 강경대응으로 재감계가 결정된 다음에도 1887년 3월 7일 김윤식은 원세개에게 다시 '차지안치'를 제안하였다. 그는 "백두산 감계가 곧 시작될 것이니, (중국) 토지를 빌려 (조선) 백성을 안치하는 방법을 미리 마련해야 합니다. 조선 정부는 월간민의 소작료를 조선 관리가 대신 징수하여 중국 관리에게 넘겨주되, 소송사건과 모든 행정사무(政令)에 대해서는 조

106 「吉林將軍衙門咨文(爲朝鮮外署金允植, 於明春派員會勘邊界的)」(光緖12年 10月 19日), 『琿春選編』 中冊, pp.344-345; 『中朝邊界』, pp.1215-1216; 「直隷總督李鴻章致總署, 據袁世凱電, 圖們江界韓廷自知有誤電)」, 『淸季外交史料』 卷69, p.1256; 「寄譯署」(光緖12年 9月 27日)」, 『李鴻章全集』 22 「電報」2, p.123(『자료선역』, pp.641-646).

선 관리가 통제할 수 있으며, 단지 그 지역은 중국에서 나누어 주어 관할하기를 바랍니다."라는 보다 구체적인 제안을 내놓았다.[107] 하지만 원세개를 통해 이를 보고 받은 바로 그날 돌아온 이홍장의 전보 답장은 아주 간단하면서 단호하였다.

> 만약 조선 국왕이 자문을 보내 상주함으로써 토지를 빌려 백성을 안치하기를 간절히 요청한다면, 그들을 거두어들이지 않고 중국 호적에 편입하지 않는 방안은 혹시 받아들여질 수도 있다. 만약에 조선에서 소작료를 대신 징수하고 소송사건과 행정사무를 관할하고자 한다면, 이런 방법은 있을 수 없다.[108]

중국 땅을 빌려 조선 백성을 안치하되, 조선 관리가 세금이나 소작료 등을 거두고 소송사건과 행정사무도 아울러 관할하겠다는 제안은 사실상 분쟁 이전 상황으로 되돌아가는 것이나 마찬가지였다. 청의 판도 내에서 조선이 월간민에 대한 세무·사법·행정 사무를 관할하겠다는 것이었다. 사실 이것은 종래 은밀하게 해 오던 두만강 북안에 대한 실질적인 점유와 지배라는 일종의 '식민지 경영'을 계속하겠다는 의사나 마찬가지였다. 여기서 전통적인 '사대-자소' 관계에 기대어 청의 '시혜'를 요청하고 있던 점은 아주 분명하지만, 근대 국민국가의 주권·영토·국민이란 세 요소를 언급할 필요도 없이, 천조상국이 이러한 속방의 제안을 받아들일 리는 없었다. 따라서 조선 백성의 월경·월간과

107 「朝鮮袁道來電」(光緒13年 2月 13日), 『李鴻章全集』 22 電報 2, p.183; 「致北洋大臣李鴻章電」(光緒13年 2月 13日), 『袁世凱全集』 1, p.283(『자료선역』, pp.691-692).

108 「(北洋大臣李鴻章)復袁道電」(光緒13年 2月 13日), 『李鴻章全集』 22, 電報 2, p.183(『자료선역』, p.693).

거기에서 비롯된 양국 및 지방 당국·주민 사이의 갈등은 이후에도 여전히 분쟁의 불씨로 남았다.

4) 제2차 공동감계와 국경회담

조선 정부는 1887년 2월 6일, "감계사 이중하에게 명하여 도문계지(圖們界址)에서 4월 3일경 길을 떠나 다시 기일을 정하여 공동감계를 하도록" 지시하였다.[109] 뒤이어 2월 14일에는 김윤식이 원세개와 만나 이러한 공동감계 일정을 확인하고, 뒤이어 2월 17일에는 "덕원부사 이중하를 3월 상순 덕원부에서 출발하게 하여 4월 말(음력 4월 초)에는 무산에 도착하게 하고자 한다."라는 뜻을 원세개에게 다시 조회하였다.[110] 북양대신을 통해 이를 통보받은 길림장군 역시 분감위원(分勘委員) 협령 덕옥(德玉), 독판상무위원(督辦商務委員) 진영(秦煐)에게 그에 따라 처리하도록 지시하였고, 이것을 다시 총리아문에도 알렸다.[111] 한편 길림 당국은 방랑(方郎)을 추가로 파견하였다.[112]

109 「內務部啓」(高宗24年 1月 16日), 『高宗實錄』 卷24, 高宗24年 1月 16日.

110 「金允植照會(附. 袁世凱照覆)」(光緖13年 1月 25日), 「照會談草」, 『朝·淸會談』, pp.288-289; 「圖們勘界官李重夏의 三月起程에 관한 照會」, 『淸案』 1, p.338; 「致北洋大臣李鴻章電(光緖13年 1月 23日) 및 「致朝鮮督辦交涉通商事務金允植照覆」(光緖13年 1月 27日), 『袁世凱全集』 1, p.277, p.279(『자료선역』, pp.686-688). 여기 실린 내용은 2월 14일 원세개가 김윤식과 만나 결정을 하였다는 내용인데, 그것을 김윤식이 2월 17일 공식 조회로 통보하였던 것이다.

111 「吉林將軍衙門來文」(光緖13年 1月 17日), 『中朝交涉』, pp.1220-1221; 「吉林將軍希元文」(光緖13年 2月 6日), 『中日韓』 卷4, p.2186(『자료선역』, pp.678-685).

112 「吉林將軍希元文」(光緖13年 3月 20日), 『中日韓』 卷4, pp.2245-2246; 『국역 中日韓』 2, pp.173-174(『자료선역』, pp.706-708). 方郎은 제2차 공동감계에 대해 가장 상세하게 경과를 기록한 자료인 「吉朝分界案」(『中朝邊界』에 수록)의 편자이기도 하다. 이 자료는 광서16(1890)년 길림장군 아문의 화재로 변

제2차 공동감계 임무를 다시 받은 이중하는 공동감계에 소극적인 자세를 보였다. 그는 "오늘날 경계를 확인하는 일은 지난 시절과 비교할 것이 못 됩니다. 옛날의 경계를 다시 밝히고 유민들을 찾아다 안착시키는 데 지나지 않기 때문입니다. 그러나 옛날의 경계로 말한다면 발원지가 일치하지 않고 나무울타리도 다 썩어 문드러져서 실제의 장소가 옛 문헌과 맞지 않기 때문에 옳게 확인하기가 정말 곤란합니다."라는 시각이었다.[113] 그러나 일단 임무를 맡은 이상, 길림 측 공세로부터 '두만강(=홍토산수) 경계론'을 지켜 내는 것을 최선의 과제로 삼을 수밖에 없었다.

이후 실행되는 1887년 4월 29일부터 시작된 국경회담과 제2차 공동감계의 구체적인 경과를 알려 주는 자료는 제1차처럼 이중하의 『감계사등록』 하권에 실려 있다. 흥미로운 것은 길림 측의 진영(秦煐)이 사전에 이미 홍단수를 경계로 정하고자 아예 경계를 표시할 석비까지 설치할 준비를 하였다는 점이다(이 석비는 조선 측의 반대로 결국 설치되지 않았다.).[114]

계 문제 관련 안건이 모두 소실되자, 총리아문에 기존 왕래문건의 복사를 요청해서 복원된 것으로 보이는데, 그 때문인지 문서의 순서배열이 뒤죽박죽으로 섞여 있다.

113 「德源府使李重夏疏」(高宗24年 3月 4日), 『高宗實錄』 24卷, 高宗24年 3月 4日 첫 번째 기사(원본 28책 24권 10장 A면. 영인본 2책 263면)(『자료선역』, pp.696-698).

114 「勘界使李重夏丁亥狀啓」(光緖13年 5月), 『勘界使謄錄』 下, pp.117-123; 『역주 감계사등록』 하, pp.219-227; 「勘界使李重夏丁亥狀啓」, 『역주 감계사등록』 상, pp.344-346; 李重夏, 「啓草」, 『朝·淸會談』, pp.251-253; 「土門勘界(事實)」, pp.174-176(『자료선역』, pp.802-809). 길림 측은 사실 사전에 조선 측에 석비를 준비하도록 요청하였으나, 조선 측에서 제공하지 못했다. 이 석비 설치에 관해서는 李花子, 2019a, 제2편 「두만강변 '십자비' 설립 여부에 대한 고증」(pp.209-233)에서 확실하게 논증하였다. 이 책에 대한 서평은 金衡鍾, 2020a 참조.

이중하는 4월 27일 회령부에 도착하여 4월 29일부터 길림 측 감계 위원과 담판을 나누게 되었다. 그런데 길림 측이 먼저 다시 서두수 답사를 주장하였고, 이중하는 '조선의 내지'인 이곳의 답사를 거부하였다. 그 때문에 5월 14일이 되어서야 양측을 합해 모두 100여 명이 넘는 인원이 백두산 산행을 시작할 수 있었다. 사실 제1차 공동감계와 비교하면 회담·답사 경로를 놓고 서로 대치한 점에서 거의 비슷하였다. 감계·회담에 나선 길림 측이 초기 협상부터 (홍단수를 경계로 설정한) 총리아문이나 길림장군의 방침을 어기고 이렇게 그보다 더한 강경론을 내세웠으므로 '공정'한 협상은 어려운 일이었다. 이중하가 4월 29일의 첫 회담에서 "홍단수를 경계로 삼고자 하는 결론이 난 것에 대해서는 정말로 꿈에도 생각하지 못하던 일"이라고 반박한 것도 이 점을 입증한다.[115]

여하튼 양측은 이후 백두산에 들어가 홍토수의 발원지를 조사하고 정계비와 천지(天池)를 답사한 다음 무산의 장파(長坡)로 돌아왔고, 이후 장파를 출발하여 6월 23일 무산에 도착하고, 6월 25일 회령부로 복귀하였다. 백두산 답사로만 따지면, 5월 14일에 출발하여, "1개월 동안의 산행 가운데 궂은비가 장마로 변해 계곡에 물이 넘치고 구덩이들은 물로 가득 찼던바, 추위와 굶주림에 시달리며 발걸음을 옮기고, 온갖 어렵고 험한 길을 두루 맛보았던" 여정이었다. 이상의 경과는 사실 제1차 공동감계와 비교하면 회담이나 답사 경로를 놓고 대치한 점에서 거의 비슷하였다. 길림 측이 처음부터 홍단수와 서두수를 두만으로 비정(比定)하려 한 점도 마찬가지였다. 이중하의 거센 반발 때문에 서두수 답사가 이루어지지 않고, 대신 홍단수의 답사에 주안점이 두어진 것이 제2차 공동감계의 특색이었다.

115 「(李重夏)覆勘圖們界址談錄公文節略」(光緖13年 5月 28日), 『자료선역』, pp.722-799.

한편 제2차 공동감계 과정에서 진행된 회담 내용은 대단히 복잡하고, 논쟁점도 한두 가지에만 걸치는 것이 아니다. 이 내용은 『감계사등록』 하권에 실린 「도문강 경계지역 공동감계 때의 회담 기록과 공문 요약[覆勘圖們界址談錄公文節略]」(1887년 7월 18일)에[116] 거의 모두 포함되어 있다. 공동감계에 임하는 길림 측의 불만과 강압적인 태도는 진영이 처음부터 국경 문제의 발생 이래 여러 차례 조선의 주장이 바뀐 것에 대한 불신을 노골적으로 털어놓은 데서 잘 드러난다. 그는 "작은 나라가 큰 나라를 섬기는 도리"를 지키지 않고 은근하게 땅을 넓히려고 꾀한다는 의심을 제기하고, 나아가 이중하에게 "입에서 나오는 대로 멋대로 헛소리를 하면서 일부러 속이려 한다.", "신하로서 군주를 섬기는 도리"를 다하지 못한다고 비난하였다.[117]

이중하는 이에 대해 비통하고 억울한 심정을 호소하였다. "어리석

116 이 자료는 李重夏, 『勘界使謄錄』 下(또는 「勘界使謄錄 下」, 『朝·淸會談』); 李重夏, 「勘界使交涉報告書」(奎11514); 「照會談草」, 『白山學報』 2, 1967; 「覆勘圖們談錄」, 『白山學報』 2. 1967; 「覆勘圖們界址談錄公文節略」, 『白頭山定界碑資料』(奎25219); 『역주 감계사등록』 하, pp.90-215; 「(總理衙門)行北洋大臣李鴻章文」(光緖13年 10月 21日), 『中日韓』 卷5, pp.2392-2409, 「附件. 29件」; 『국역中日韓』 2, pp.179-230; 國家圖書館分館 編, 2003, 『淸代邊疆史料抄稿本彙編』 第8冊 「覆勘圖們界址談彔公文節略」; 吳祿貞, 1911, 『延吉邊務報告』 제5장(또는 『延吉邊務報告』가 轉載된 徐世昌 編, 1911, 『東三省政略』, 1911年原刊. 臺北: 文海出版社, 1965影印, 卷1의 「邊務 延吉附件)」) 등 여러 곳에 수록되어 있다. 이 가운데 삭제·생략·축약되어 수록된 경우가 많아 자료 이용에 주의가 필요하다. 『勘界使謄錄』 下卷 또는 『勘界使交涉報告書』에 실린 자료가 원래의 모습을 가장 충실히 반영하고 있으며, 『勘界使交涉報告書』의 마지막 쪽에 "光緖13年 5月 28日 行府使 兼 勘界使 李"로 표기되어 있어 보고서가 최종적으로 작성된 시점을 알 수 있다(『자료선역』, pp.722-799). 다만 여기서의 인용은 구분의 편의상, 『中日韓』의 附件으로 수록된 29건의 순서를 따라 '(문서번호 01)'이라는 식으로 표기하였다.

117 「覆勘圖們界址談錄公文節略」 「四月十一日華員所答」(문서번호 02)(『자료선역』, pp.728-733, pp.774-776).

은 기존의 편견을 고집하지 않고 총리아문 상주문의 뜻을 지켜 오로지 도문의 옛 경계만을 준수하려고 할 뿐"인데, "조선을 그야말로 예측할 수 없는 죄목으로 몰아, '땅을 넓히려고 은근히 꾀한다.'거나, 또는 '일부러 속이려 한다.'라고 비난하여, 신하로서 차마 들을 수 없는 이야기를 듣게 하였으니, 다만 큰 소리로 길게 한탄하면서 칼로 목을 베어 자결함으로써 이 절실한 심정을 드러내고 싶을 뿐"이라고 대응한 것이다.[118] 제2차 회담에서도 역시 종전과 같은 사대-자소의 논리는 충실하게 재현되고 있었다.

이중하의 반론은 정계비와 홍토산수가 경계가 된다는 점을 역설하는 데 있어 제1차 공동감계 때와 분명히 달라졌지만, 길림 측의 경우 거의 바뀐 것이 없었다. 정계비의 신뢰성을 어떻게 해서든 깎아내리고, 두만강 지류의 조사에만 주안점을 두는 태도는 여전하였다. 처음부터 계속해서 길림 측은 '서두수=두만강본류'론을 내세웠지만, 이중하는 이것이 "조선의 내지로 그 경계를 축소하여" 정하는 것이라고 하여 서두수 답사를 완강하게 거부하였으므로, 방랑은 "자못 불쾌한 모습을 보이면서 더 이상의 논의를 중단"하였다. 이 최후의 설득이 실패하자, 이후 다시 '서두수=두만강본류'론은 제기하지 않게 되었다.

그리고 6월 7일의 회담에서 길림 측은 홍토산수를 본류라고 고집하는 이중하에 대해, 총리아문의 공문을 기초로 홍단수를 경계로 삼겠다는 태도를 분명히 드러내었다. 길림 측이 서두수를 내세운 것은 결국 기세를 제압하기 위한 술수였음을 여기서 알 수 있다. 그리고 이중하가 "중국과 조선이 삼백 년 이래 자연스럽게 지켜온 옛 경계가 있는데, 왜 지금 따로 새로운 경계를 나누려 하느냐?"고 던진 질문에 대해서도, 그

118 「覆勘圖們界址談錄公文節略」「四月十三日再答華員」(문서번호 03)(『자료선역』, pp.733-738, pp.776-779).

들은 홍토산수가 경계가 된다는 점을 부인하면서, "중국 관원 세 명이 함께 머리를 모으고 기세를 올려 계속해서 말하면서 강박하였다." 이에 대해 이중하는 "큰 소리로 '제 머리는 자를 수 있어도, 나라의 영토를 축소할 수는 없습니다. 이것은 나라의 옛 기록에도 있는 바인데, 어찌 이렇게 서로 강요하십니까?[吾頭可斷, 國疆不可縮. 此有國家舊誌, 何如是相迫耶?]'"라는 완강한 거부 태도를 견지하였다. 결국 홍토수가 옛 경계라는 것이 조선 정부의 원칙임을 확인한 그들은 "모두 분노와 한탄을 멈추지 않으면서", "그렇다면 이상과 같은 내용으로 서로 조회를 보내면 되겠다."라는 결론을 내렸다. 이중하도 단호하게 이에 동의하였다.[119]

이중하는 이때의 상황에 대해 이후 올린 「(정해)장계(丁亥)狀啓)」에서 이렇게 보고하였다.

> 중국 관원은 조금도 들으려 하지 않고, 단지 홍단수만을 계속 고집하면서 산속에 머무를 때는 마치 협박하여 억지로 경계를 정하려는 것 같았습니다. 그렇지만 신 역시 줄곧 홍토수를 고집하여 서로 대치한 지 한 달이 넘어도 결론이 나지 않았습니다. 중국 관원 역시 홍단수가 지도나 기록에 들어맞지 않는다는 사실을 스스로 알고 있었으므로 끝내 억지로 결론을 정할 수 없었습니다. 그러다가 이번에는 다시 석을수(石乙水)라고 하는 물줄기를 찾아 이것으로 경계를 정하려고 하였습니다.[120]

위에서 다룬 회담 내용을 보면 이것이 사실에 가까운 것이라 할

119 「覆勘圖們界址談錄公文節略」「潤四月十六日」(문서번호 19)(『자료선역』, pp.757-760, pp.790-792).

120 「勘界使 李重夏丁亥狀啓」(光緒13年 5月 28日), 『勘界使謄錄』 下, pp.121; 『역주 감계사등록』 상, p.345; 『역주 감계사등록』 하, p.223; 李重夏, 「啓草」, 『朝·淸會談』, p.252; 「土門勘界(事實)」, p.175(『자료선역』, p.805).

것이다. 이중하는 또 다른 보고서에서도, "깊은 산속 비 오는 가운데 앉혀 놓고 상국(上國)을 기만한다거나 영토를 넓히려는 음모를 꾸민다고 위협하고 꾸짖으면서 억지로 홍단수로 경계를 삼으려는 태세였다. 그 다음에야 하산하였는데, 한 달 가까이 산속에서 버티면서 정말 곤란하고 급박한 상황이었다."라고 어려움을 토로하였다.[121]

이후에도 홍토(산)수와 홍단수를 둘러싼 논쟁은 여전하였지만, 6월 하순에 이르러 길림 측 태도에서 다시 변화가 나타났다. 이번에는 홍단수 대신 홍토산수 답사 과정에서 새로 발견한 석을수(石乙水. 홍단수의 북쪽에서 발원하고, 나중에 홍토산수와 합류한다.)를 두만강의 원류(본류)로 지목한 것이다. 6월 21일 무산의 장파(長坡)로 다시 돌아온 다음 길림 측에서 보내 온 조회는 다음과 같은 내용이었다.

> 홍토수에는 두 갈래의 상류가 있음을 조사하였습니다. 하나는 원지(圓池)에서 발원하는 것으로, 이것은 합류처에서 구부러지면서 서북으로 올라가는데 원지까지의 거리는 27리 230보였습니다. 다른 하나는 홍토수의 상류 수원의 합류처에서 서남으로 올라가는데 평평한 비탈에서 물길이 다하는 곳까지 11리 340보였습니다. …… 홍토수의 이 두 수원은 모두 경계비나 흙무덤과 상당히 거리가 떨어져 있고 서로 이어지지도 않습니다.
>
> 또한 석을수를 보면 조선에서는 도랑물[島浪水]이라고 부릅니다. 이

121 「別單草」(번역문), 『間島領有權關係拔萃文書』, pp.68-71의 「李重夏의 保管文書」 부분(이에 따르면 이 자료는 원래 「狀啓」의 부속의견서로 『勘界使謄錄』 원본에 실려 있지 않고 이중하가 수중에 보관하던 문서였다. 원문 역시 「影印」 부분에 실려 있다.); 「(李重夏) 別單草」(光緖13年 5月 28日 이후), 『朝·淸會談』, pp.193-197; 『역주 감계사등록』 상 「부록」, pp.340-343; 『역주 감계사등록』 하 「부록」, pp.253-261; 「土門勘界(事實)」, pp.172-174 등(『자료선역』, pp.827-837).

강은 소백산에서 발원하는데, 본 국처와 귀 부사가 측량위원 등과 함께 물길을 거슬러 올라가, 삼급(三汲) 제일포(第一泡)에서 18리쯤 떨어져 있는 석을수 상류의 물줄기 입구와, 양쪽에서 석을수로 흘러드는 작은 물길을 조사하였습니다. 짧은 물줄기를 제외하면, 홍토수·석을수의 합류처에서 서남으로 올라가다 다시 서쪽으로 향해 석을수의 물흐름이 마르는 곳에 이르는데, 계산하면 41리 215보였습니다. 또한 물이 마르는 곳에서 다른 물줄기 하나가 이어지는데, 서남쪽으로 올라가며 길이가 12리, 넓이가 2-3장, 깊이가 5-6척 등이었습니다.[122]

여기서 길림 측은 "홍토수의 두 수원은 모두 경계비나 흙무덤과 상당히 거리가 떨어져 있고 서로 이어지지도 않는다."라는 점을 다시 확인하면서, 소백산에서 발원한 석을수의 물줄기에 대해서도 조선 측의 확인을 요구하였다. 물론 이 역시 이중하가 거부하였지만, 이후 길림 측은 이 주장을 거듭하였다. 길림 측이 결국 석을수를 두만강의 본류·정류로 지정하는 방향으로 태도를 바꾼 것은 총리아문의 지침과도 그다지 큰 차이가 없고, 조선 측이 주장하는 정계비 및 돌·흙무덤과 홍토수에 대한 유력한 반론이 된다고 보았기 때문일 것이다. 이 점에 대해 이중하는 나중에 이렇게 보고하였다.

중국 관원 역시 홍단수가 지도나 기록에 들어맞지 않는다는 사실을 스스로 알고 있었으므로 끝내 억지로 결론을 정할 수 없었습니다. 그래서 이번에는 다시 석을수라고 하는 물줄기를 찾아 이것으로 경계를 정하려고 하였습니다. 무릇 석을수[또는 乭央水. 즉 우리말로 도랑물]는 장파에서

122 「覆勘圖們界址談錄公文節略」「五月初一日 華員照會. 在長坡」(문서번호 20)(『자료선역』, pp.763-764, p.793).

홍토수를 따라 위로 80리를 가면 다다르는데, 홍토산에는 10여 리 정도 미치지 못한 곳에 있으며, 서남쪽으로부터 내려오다가 홍토수와 합류합니다. 그 발원지는 소백산 동남쪽 기슭에서 30리 정도 되는 곳에 있고, 작은 물줄기이지만 그 흐름은 홍토수보다 조금 깁니다. 이 역시 『일통여도』에 실려 있습니다. 중국 관원의 의도는 오로지 비석과 돌무지로 이루어진 경계를 반박하는 데 있고, 결국은 아울러 홍토수 원류설을 반박할 수도 있으므로 아예 따로 홍토수 옆의 물줄기를 찾아 그것으로 경계를 정하고자 하는 계산에서, 그리고 석을수가 옛 경계와 들어맞으니 이곳으로 정하자고 강력하게 주장하였습니다. 이 이후부터 중국 관원은 석을수를 주장하면서 비석과 돌무지를 버리고 경계를 정하려 하였습니다. 신은 홍토수를 주장하면서 비석과 돌무지를 버리지 않은 채 경계를 정하려고 하였던 결과, 경계를 정하는 일은 헛되이 시간만 낭비할 뿐 결국 합의를 보지 못하였습니다. …… 그리하여 홍단수·장파에 관한 길림 측 논리는 스스로 자취를 감추게 되었고, 중국에서 운반해 와서 세우려 하였던 비석은 여전히 세우지 않게 되었습니다.[123]

이러한 결과 이후의 회담은 종전에 양측의 내놓은 입장의 차이를 재확인하는 데 지나지 않았다. 7월 6일 회령에서의 마지막 회담에서 방랑은 "만약 석을수로 경계를 정한다면 장파도 잃지 않을 터인데, 한결같이 굳게 고집하는 까닭이 무엇이냐?"라는 질문을 던졌다. 이에 이중하는 다음과 같이 답변하였다.

석을수와 홍토수 사이의 거리는 몇 리에 지나지 않습니다. 그 사이는 사

123 「勘界使李重夏丁亥狀啓」(光緖13年 5月 28日)(『자료선역』, pp.802-809).

람들이 살 수 있는 곳도 아니고, 경작할 수 있는 들판도 아닙니다. 단지 삼나무와 골짜기뿐이라, 천년 가도 쓸모없는 땅입니다. 어찌 이 땅을 얻고 잃는 것으로 따질 만한 것이 되겠습니까? 하지만 국가의 강토는 한 치, 한 자의 땅이라도 몹시 중요한 것이고, 홍토수는 명명백백하게 옛 경계입니다. 어찌 멋대로 다른 물줄기에 경계를 정할 수 있겠습니까?[124]

누차 지적하였지만, 지금까지 공동감계·국경회담 과정에서는 양측이 전통적인 사대·자소 관계라는 틀에 의존하는 태도가 강하게 드러났다. 하지만 이 시점에는 이제 '경계와 국가의 강토'를 반드시 지켜야 한다는 자세가 오히려 확실해졌다. 국경·영토 문제에 관한 한, 종전과 같은 사대-자소에 기초한 '상호인정'과 '배려'·'양보'·'시혜'가 이제는 문제의 해결을 규정하는 틀로 기능하기 어려워졌다는 점을 이러한 대립은 잘 보여 준다.

사실 총리아문의 방침이 어느 정도 융통성을 부여해 주었으므로 길림 측은 약간의 양보도 가능하였지만, 그런 의사를 거의 보이지 않았다. 가장 큰 이유는 아마 홍토산수로 경계를 설정하는 것은 길림 측이 그렇게 인정하기를 꺼리는 정계비와 양국 국경과의 관련성에 대한 승인으로 비칠 위험성이 컸기 때문일 것이다. 더구나 이미 '두만강 경계론'이라는 큰 논쟁점에 대해서는 길림 측 논거가 관철되고 양측이 합의한 단계였다. 다만 무산 위쪽 두만강 상류의 흐름 가운데 어느 것을 본류·정원으로 하느냐 하는 지엽적인 문제로 회담이 결렬되었다. 따라서 길림 측으로서는 조선 월간민이 집중된 두만강 무산 아래쪽 두만강 중·하류 북쪽의 영토에 대해서는 더 이상 부담을 느낄 필요도 없었고,

124 覆勘圖們界址談錄公文節略」「五月十六日 往見方員. 在會寧」(문서번호 27)(『자료선역』, p.771, p.798).

회담이 반드시 성사되어야 할 절실함도 없었다.

1887년의 제2차 공동감계는 이렇게 결렬되고, 양측은 이후 원래의 임지로 귀환하였다. 이중하는 「정해장계(丁亥狀啓)」를 통해 결과를 보고하면서, 따로 「(도문계)변석고증팔조((圖們界)卞晰攷證八條)」를 올려 길림 측이 제2차 공동감계의 기본원칙으로 삼았던 총리아문의 주의와 거기서 제시한 지침에 대해 상세한 반박·변론을 시도하였다.[125] 여기서 그는 종전의 '토문강 경계론'이 잘못임을 인정하고, 두만강(대도문강)의 정류는 홍단수가 아니라 홍토산수라는 입장을 견지하였다. 나아가 "홍토산수와 원지수(圓池水)가 비석이나 돌무지·흙무덤과 연결되지 못하게 하려는 계책" 때문에 정계비가 사후에 옮겨졌다거나, 목극등의 조사가 '정계(定界)'가 아닌 단순한 '사변(查邊)'에 지나지 않는다고 강변하는 길림 측 논리를 반박하였다. 따라서 조선 측 입장을 다시 한번 간결하게 정리하면서 재확인한 것이라 하겠다.

이러한 보고를 통해 이중하가 한마디로 말해 홍토수를 양국 간의 국경으로 삼고, 그것을 확인하기 위한 비석을 세우는 것을 최종 목표로 삼았다는 점을 확인할 수 있다. 그러나 길림 측은 여전히 '비석과 돌무지라는 증거'의 신뢰성을 부인하기 위해 모든 방법을 동원하면서, 그것과는 상관이 없는 두만강 물줄기를 경계로 삼는 방안을 모색하였다. 마침내 길림 측은 서두수에서 홍단수로, 홍단수에서 다시 홍토수를 조사하는 과정에서 새로 찾아낸 석을수로 그 대상을 바꾸었다. 그리고 이 석을수를 양국 간의 경계로 삼는 최종 타협안으로 이중하를 설득하려

125 「(李重夏)(圖們界)卞晰攷證八條」(光緖13年 5月 28日), 『卞晰攷證八條』(奎11514-1. 여기에 실제 날짜도 기록되어 있다.). 이 내용은 『朝·淸會談』, pp.265-271; 『감계사등록』 상, pp.351-356(마지막 세 단락 부분이 누락되어 있다.); 「토문감계(土門勘界)」, pp.179-182에도 실려 있다(『자료선역』, pp.810-826).

하였다. 하지만 이중하의 완강한 거부로 제2차 국경회담은 아무런 합의를 보지 못하였다. 지난번처럼 지도를 그려 보고함으로써 황제의 결정을 기다리자는 똑같은 결말로 이어진 것이다.

그렇지만 감계사의 임무를 마친 다음, 이중하는 함경도 각 지방 당국에 대해 "지금 이후로부터 관리는 백성을 타이르고 백성은 각자 법규를 지켜서, 강을 건너가 농사를 짓더라도 농사일을 마치면 바로 돌아와야 한다. 만일 혹시라도 가족을 거느리고 새로 들어가서 집을 짓고 그대로 주저앉아 사는 사람이 있으면, 강금(江禁)이 비록 해이해졌다고 하지만 국가는 본래 법전이 있으니 응당 일률적으로 따끔하게 시행될 날이 있을 것이다."라고 경고하였다.[126] 아울러 그는 이러한 변계 유민의 사정에 대해 따로 「별단초(別單草)」라는 비밀보고서를 올려 자신의 주장을 더 명확히 밝혔다. 양국 간의 문제가 이제는 영토가 아닌 '백성'의 쟁탈전이라는 양상으로 바뀌게 되었기 때문이다.

> 신이 이번 답사에서 보았을 때, 유입하는 호구가 갈수록 더 늘어나고 있는 바, 이처럼 유입이 그치지 않는다면 북쪽 변경의 여러 마을은 결국 모두 텅 비어 버리게 될 것입니다. …… 일단 월강(越江)에 대한 금지령이 완화되자, 피차간에 서로 법도와 기율이 없어지고 폐단이 날로 심해져서 관리는 관리라 할 수 없고, 백성은 백성이라 할 수 없는 상황이 나타나게 됩니다. …… 피차간에 서로 논의하기를 모두 중국 땅을 빌려 조선 백성을 안치시키는 방안(借地安插)을 생각하게 되었습니다. 신이 이번 답사에서도 누차 중국 관원과 논의하였는데, 그들 역시 이런 방안을 위주로 생각하였습니다. 이 방안은 사실 길림 쪽에서 보면 아무런 폐해가 없이 백

126 「(勘界使李重夏)二十六日甘結」(高宗24年 5月 26日), 『勘界使謄錄』 下, pp.115-116; 『역주 감계상등록』 하, pp.218-219(『자료선역』, pp.800-802).

성들을 끌어들여 황무지를 개간할 수 있는 것이지만, 조선 쪽에서 보면 정말로 백성을 잃게 되는 구멍이 될 가능성이 커서, 부득이하게 임시방편으로 취할 수는 있어도 결코 다행으로 여겨서는 안 될 것입니다. 지금으로서는 일단 이들을 안치시키는 장정을 중국 쪽에서 어떻게 마련할지 모르겠습니다만, 조선에서는 백성을 단속하는 방안을 마련하는 데 조금도 늦춤이 있어서는 안 될 것입니다.[127]

"길림 쪽에서 보면 아무런 폐해가 없이 백성들을 끌어들여 황무지를 개간할 수 있는 것이지만, 조선 쪽에서 보면 정말로 백성을 잃게 되는 구멍이 될 가능성이 큰" 변계의 위기에 직면하여 이중하는 '서북 변진(邊鎭)을 보존'하기 위한 변금(邊禁) 강화를 대책으로 제시하였다. 이것을 보면 조선 측은 월간민 대책에 고심하면서도 길림 측에 의한 '해결'만을 기대할 수 있을 뿐, '(월강)허가증'이라는 변금의 강화 외에는 더 이상 내놓을 대책이 없었던 셈이다.

그렇지만, 이중하는 다시 "감히 「별단」에 올릴 수 없었던 내용", 즉 이러한 모든 사태를 초래한 잘못이 사실 어윤중에게 있다는 점을 노골적으로 지적하였다. 이러한 지적에 대해 당시 조정이 어떠한 대처를 하였는가를 구체적으로 살펴볼 수 있는 자료는 현재로서는 확인되지 않는다. 다만 조선 정부는 1887년 10월 15일 이중하의 「정해장계」에 기초하여 중국에 공동감계의 결과를 통보하였다. "석을수는 소백산 동남쪽에서 나오는 두 번째 물줄기로 장백산과 매우 먼데, 이곳을 고집하여

127 李重夏, 「別單草」(번역문), 『間島領有權關係拔萃文書』, pp.68-71의 「李重夏의 保管文書」; 「(李重夏) 別單草(2)」(光緒13年 5月 28日 또는 그 이후), 『朝·淸會談』, pp.193-197; 『역주 감계사등록』 상, pp.340-343. 『역주 감계사등록』 하, pp.253-261(이 「別單草」는 원본 『勘界使謄錄』에는 수록되어 있지 않다.); 「土門勘界(事實)」, pp.172-174(『자료선역』, pp.827-837).

경계를 정하는 것이 과연 타당할까요?"라는 의문을 제시하면서도, 유민 안치 문제에 대한 각별한 은전(恩典)을 요청하는 내용이었다.[128]

3. 국경회담의 무산과 청의 대응

1) 제3차 공동감계의 무산

한편 제2차 공동감계를 마치고 귀환한 길림 측은 홍토수가 결코 두만강의 발원지가 아님을 강조하면서, 분수령 훨씬 남쪽에 위치한 소백산(小白山)이 바로 분수령이고, 이 분수령 아래의 석을수 발원지를 대도문강 발원지로 본다면 조금도 억지가 없어 정계비 비문과도 들어맞는다는 결론을 내렸다. 나아가 그들은 '목극등이 세운 비석에 대해서도 "비문에 특별하게 '둘러본다[審視]'는 두 글자를 앞에 덧붙였지, '경계를 나눈다[分界]'는 글자를 써넣지 않았던 것은 원래 깊은 뜻이 있었던 것"이므로, "경계와 관련이 없다. 그리고 돌무지·흙무덤 또한 송화강 상류로 연결되므로 지금 이 비석을 파괴하지 않는다면 장래에도 의혹으로 남아 또 다른 말썽이 발생할 수도 있으며, 또한 송화강에도 방해가 된다." 라는 주장까지 내세웠다.[129] 정계비가 중국 측에 '아킬레스건과 같은

128 「勘界節略核閱轉奏事北京禮部咨」(高宗24年 8月 19日), 高永一 編, 1989, pp.266-269의 5.「圖們江上流界址的紅土水劃定主張記事等」 참조(이 자문 원건은 『啓下咨文冊』 15 「勘界節略核閱轉奏事北京禮部咨」에 실려 있는 것으로 보이는데, 원건은 현존하지 않는다.). 여기에는 『通文館志』 下 原本第六冊 卷十二 「紀年續編 今上二十四年」條의 기사(12a-13a, pp.433-435)도 같이 실려 있는데, 이 咨文 내용을 약간 축약한 것이다(『자료선역』, pp.861-865).

129 「(總理衙門)行北洋大臣李鴻章文」(光緒13年 10月 21日), 『中日韓』 卷5, pp.2387-2392. 吉林 勘界委員이 길림장군에게 올린 보고서 자체는 현재 발

약점이었으므로, 제1·2차 공동감계·국경회담에서 길림 측 대응의 초점은 줄곧 이 정계비의 신뢰성을 무너뜨리는 데 있었다는 점을 여기서도 확인할 수 있다.

한편 이러한 길림 측의 보고에 동의하면서도 총리아문은 어떻게 경계비를 세울지, 어떻게 조선 측을 설득하고 유민을 안치할지 조선과 논의하여 처리하라고 지시함으로써 이러한 부담을 다시 길림장군에게 떠넘겼다.[130] 하지만 길림장군도 독자적인 판단을 유보하면서 단지 재감계를 통해 문제를 처리하자는 무책임한 제안을 내놓았다. 아무도 최종 선택의 결정을 내리지 않았다. 이러한 분쟁은 최종적으로는 황제나 길림장군의 '결단'이나 '양보'가 아니면 풀릴 수 없었다. 그렇지만 이 무렵의 청 정부는 이러한 문제에 대한 효과적인 결단이나 정책을 세울 수 없을 정도로 무력하였다.[131]

이러한 자문을 받은 길림장군은 원래의 감계 위원 등에게 "해당 지역 유민 인구를 조사하여 도대체 현재 호구가 얼마인지, 혹은 전부 거두어들이게 할 것인지 아니면 현지에 안치시켜야 하는지 힘써 상황

견되지 않는데, 이 자료에서 인용되고 있어 그 내용을 모두 파악할 수 있다(『자료선역』, pp.870-887).

130 위와 같음.

131 이를테면 1720년대 淸과 베트남 레 왕조[黎朝] 간의 雲南 변경 영유권 논쟁은 銅鑛을 탐낸 청의 雲貴總督이 제기하여 시작되었지만, '天下共主'의 태도를 선택한 雍正帝의 과감한 결단에 의한 양보로 마무리되었다. 노영순, 2005; 孫宏年, 2006, pp.197-217; 劉仁善, 2012, pp.239-241; 劉仁善, 2013; Nianshen Song, 2018, pp.81-84 등 참조. 다만 노영순, 2005; Nianshen Song, 2018은 1885년 이후 10년여에 걸친 베트남과 청의 국경 획정에서는 이제는 더 이상 '속국'이 아닌 베트남(사실상 프랑스)에 대해 조약을 통해 옹정제 때 양보한 영토의 회복을 시도한 태도를 지적하면서, 청의 국경 설정은 양국 관계에 따라 다양한 모습을 보여 준다고 설명한다. 같은 무렵 조선과의 국경 설정에서 여전히 전통적 사대-자소의 틀이 유지된 것과는 달랐다는 것이다.

을 참작하고 아울러 조선 관원 이중하에게 조회하여 적절하게 처리하라."라는 지시를 내렸다.[132] 변계 문제의 해결이 이루어지지 않은 상황에서 길림 측도 조선 월간민을 어떻게 처리할 것인지 여전히 고민거리로 삼고 있었다.

한편 앞서 서술한 대로 조선 측의 의견을 표명한 조선 국왕의 자문은 예부와 북양대신 이홍장·총리아문에 전달되었지만, 총리아문은 길림장군이 상주한 다음 유지를 받들 때를 기다렸다가 다시 그에 따라서 시행하면 될 것이라는 태도를 보였다.[133] 총리아문이 이렇게 판단을 유보하자, 결국 길림장군이 어떠한 판단을 하느냐에 따라 처리 방향이 좌우될 수밖에 없었다.

그리고 이것은 길림장군이 1888년 2월 20일 올린 상주문과 그에 대한 황제의 주비(硃批)를 통해 드러났다.[134] 그 내용은 길림 측에서 두만강으로 흘러드는 홍기하를 소도문강, 석을수와 홍토산수가 합류하는 곳을 대도문강으로 설정하고, 아울러 석을수를 따라 무산 서쪽까지 경계비를 세우는 것이 공정한 방안이라는 종전의 결론을 고수한 것이었다. 그렇지만 변경 지역의 출입과 관련된 문제인 데다가, 조선의 안변부사가 "비록 마음으로는 그렇게 생각하지만, 말로는 여전히 책임을 떠넘기려고" 하였기 때문에, "응당 어떻게 조선 부사와 함께 계비를 고쳐

132 「吉林將軍衙門咨文(爲中朝邊界勘查明確, 查明流民人口及酌度安插辦法的)」(光緖13年 8月 7日), 『琿春選編』, pp.349-351; 『中朝邊界』, pp.1224-1225(『자료선역』, pp.854-860).

133 앞서 나온 「(總理衙門)行北洋大臣李鴻章文」(光緖13年 10月 21日) 참조(『자료선역』, pp.870-878).

134 「(照錄)吉林將軍來文軍機處交吉林將軍抄摺」(光緖13年 12月 10日. 光緖13年 11月 26日), 方郎 編, 「吉朝分界案」, 陳湛綺 編, 『淸末邊境界務檔案』 第1冊, pp.188-192. 또는 經莉 編, 『國家圖書館藏 淸代孤本外交檔案續編』 第5冊, pp.1846-1850; 『中朝交涉史料』 pp.1093-1095(『자료선역』, pp.888-893).

세울지, 그리고 앞서 언급된 월간 유민을 각기 쇄환시키거나 아니면 편입시켜 안치시킬지"에 대해서는 관원을 다시 파견하여 함께 신속하고 적절하게 처리하도록 조선 국왕에게 지시를 내려 달라고 간청한 것이 핵심이었다. 여기서 마지막 부분은 앞서 총리아문에서 이 문제에 대해 길림장군에게 통보한 자문 내용을 그대로 베낀 것이었다. 길림장군 역시 결단을 유보하면서 단지 재감계를 통해 문제를 처리하자는 상당히 '무책임한' 역제안을 내놓은 셈이 된다. 이에 대해서는 이미 3월 7일에 "해당 아문에 알리라."는 황제의 결정이 내려졌다.[135]

결국은 광서제는 물론이고 총리아문·북양대신·길림장군 누구든 책임지고 결정을 내리려 하지 않는 상황이 출현하였다. 청 조정은 지금까지 이 문제를 사실상 중국·조선 사이의 문제가 아니라, 길림·조선 사이의 문제로 한정하여 다루어 왔던 것도 사실이기 때문에, 어쩌면 길림 측에 해결을 떠넘기는 게 당연하였을지도 모른다. 하지만 석을수를 대도문강으로 설정하면서 다시 공동감계로 문제를 해결한다는 방법이 조선 측을 설득할 수 없다는 점은 이미 누차 분명히 확인한 바였다.

그런데도 길림장군은 제3차 공동감계를 최종안으로 제기하였다. 제1·2차 공동감계·국경회담에서 청이 여전히 천조상국으로서 속방에 대해 '자소지의(字小之義)'를 지키고자 하는 외교적 방침을 고수하는 한,[136] 그리고 조선 측이 이에 기대어 양보와 시혜를 계속 기대하는 한,

135 「袁世凱照會」(光緒14年 2月 16日), 『朝·淸會談』 pp.290-291; 「圖們勘界委員의 派遣要請」, 『「淸案』 1, p.437; 「致朝鮮督辦交涉通商事務趙秉式照會」(光緒14年 2月 16日). 『袁世凱全集』 1, p.475.

136 조선과의 관계는 예외적인 것으로 칠 수 있더라도, 1880년대 중국의 조공국에 대한 '외교'는 비록 형식적인 것으로 바뀌기는 하지만, 여전히 전통적인 '책봉'과 '조공'의 의례의 존속이라는 점에 집착하고 있었다. 이에 대해서는 茂木敏夫, 1987, 1993; 權赫秀, 2013 등의 연구 참조.

결국 문제는 청 황제나 길림장군의 '결단'·'양보'가 아니면 풀릴 수 없었다. 그렇지만 일단 '두만강'(도문강)으로 국경을 설정하는 것은 기정사실이었으므로, 길림 측은 굳이 그러한 양보가 필요하다고 여기지 않았던 것도 아마 영향을 미쳤을 것이다.

이렇게 1888년 2월 20일 길림장군이 올린 상주로 제3차 재감계가 결정되자, 1888년 5월 6일 원세개가 이를 조선에 통보하였다. 이에 대한 대응이 늦어져 그가 다시 독촉하자, 조선 정부는 마지못해 제3차 공동감계에 동의하였다(5월 31일 다시 이중하를 감계사로 파견하겠다는 결정이 이루어졌다.). 하지만 결국은 5월 30일, 석을수의 경우 그 발원지는 장백산이 아니라 바로 소백산이며, 제1 발원지가 아닌 제2 발원지에 지나지 않아 기존의 지도와 서적에도 전혀 증거가 없으니, 장백산 홍토수 위에 정계비를 세우는 것이 실제 사리에 맞을 것이라면서, "길림장군이 상주한 바대로 시행"하라는 통보에 대해 동의하기 어렵다는 뜻을 이례적으로 드러내었다.[137]

뒤이어 조선 측에서는 다시 6월 6일 원세개를 방문하여 재감계를 지시해 달라고 자문으로 상주를 요청하겠다고 하면서, "감계사 이중하가 먼저 가서 오래 기다리기는 불편하고 비용도 많이 들어가므로, 중국(예부와 총리아문)의 답장 자문을 기다린 다음 다시 시기를 정해 파견할 것"이라고 통보하였다.[138] 하지만 이홍장은 이에 대한 적극적인 개입과

137 「將圖們江勘界情形詳細轉奏以昭公允事北洋大臣衙門咨」(光緒14年 4月 20日), 高永一, 1989, pp.270-272의 6.「關於土門江上流界址石乙水的再考要請記事等)」; 『通文館志』 下 原本第六冊 卷十二 「紀年續編 今上二十五年」條의 記事; 『中朝邊界』, pp.1228-1230이나 『琿春選編』 中冊, pp.351-353(『자료선역』, pp.916-923).

138 「袁世凱照會」(光緒14年 4月 28日), 『朝·淸會談』, pp.292-293; 「勘界使 遲延에 대한 電報傳達」, 『淸案』 1, p.451; 「致朝鮮督辦交涉通商事務趙秉式函」(光緒14年 4月 28日), 『袁世凱全集』 1, p.491(『자료선역』, pp.926-928).

중재를 거부했고, 이홍장을 통해 조선 측의 입장과 저간의 사정을 대략 전해 들은 길림 측(실제 주체는 琿春副都統衙門 邊務承辦處의 方郞이다)은 다음처럼 조선 입장에 강력하게 반발하는 공문을 6월 이홍장에게 보냈다.

> 석을수야말로 무산 서쪽 천연의 경계입니다. 이곳에 경계를 나눈다면 곧 장백산이라는 청조 발상(發祥)의 근본지역을 훼손하지 않을 것이며, 조선에도 전혀 장애가 되지 않을 것입니다. 그런데도 조선은 곧 석을수라는 천연의 경계를 버리고, 강물이 이어지지 않는 홍토산을 가지고 반드시 경계로 구분하고자 합니다. 이래도 조선은 본디 얻을 수 있는 이익이 없고 헛되이 중국의 장백산 발상지에만 좋지 못한 영향을 미치니, 정말 그 의도가 어디에 있는지 이해하기 어렵습니다. …… 조선이 홍토산을 경계로 정하고자 하는 것은 본디 중국 조정에서 법외(法外)의 인자함을 베푸는 것을 기대해야 하므로, 감히 (저희가) 섣불리 의논할 바가 못 됩니다. …… 석을수의 발원지와 물줄기는 분명하므로 반드시 이것으로 경계를 구분해야 하는데, 공동으로 직인을 찍은 지도가 그 근거가 될 것입니다.[139]

여기서 방랑이 언급한 장백산 발상의 근본은 홍토산수의 지류 가운데 하나인 원지수(元池水. 圓池水)가 발원하는 원지(元池. 圓池)를 가리킨다. 이 시점에서 혼춘 당국은 갑자기 만주족 시조 포고리옹순(布庫裏雍順. 부쿠리용손)이 태어났다는 '전설'의 장소인 이곳이 발상중지(發祥重

139 「(琿春副都統衙門)邊務承辦處來文」(光緖14年 5月), 『中朝邊界』, pp.1226-1227. 또한 「袁世凱照會」(光緖14年 7月 4日), 『朝·淸會談』, pp.295-297; 「國界勘定에 있어 韓使 李重夏의 紅土山標準說 否認에 關한 照會」, 『淸案』 1, pp.476-477; 「致朝鮮督辦交涉通商事務趙秉式照會」(光緖14年 7月 4日), 『袁世凱全集』 2, pp.2-3의 내용도 이와 거의 같다(『자료선역』, pp.931-936).

地)라는 점을 강조하게 되었다. 사실 제1·2차 공동감계·국경회담에 관한 기록 어디에서도 이런 논리가 언급된 적이 없었다. 그리고 길림 측은 바로 이 시점에서 이 원지가 전설에 따르면 포고리옹순이 태어난 장소인 발상중지라는 점을 강조하면서,[140] 그 때문에 이 부근에서 발원하는 홍토산수를 경계로 설정해서는 안 된다는 근거의 하나를 추가하였다.

이후 길림 측에서는 이 원지에 관한 전설을 근거로 내세우면서 홍토산수 발원지에 있는 홍토산(紅土山)은 포고리산(布庫裏山), 그리고 홍토산수의 발원지 위쪽 부근에 있는 원지는 포고리호(布庫裏湖)로 표기하게 된다.[141] 방랑이 찾아낸 이 새로운 논거는 적어도 길림 측에는 그야말로 무엇보다도 강력한 무기가 되었다. 청을 세운 만주족의 발상 중지라면 아예 양보의 가능성을 설정할 수 없게 되기 때문이다. 그리고 이러한 논리가 제기된 이상, "중국 조정에서 법외(法外)의 인자함을 베푸는 것을 기대"하여 홍토산수를 경계로 설정한다는 조선의 희망도 완전히 물거품이 되었다. 이렇게 혼춘 당국이 '원지·홍토산수=발상중지'

140 부쿠리 용손 신화의 형성과정 및 그 장소가 흑룡강 연안 부쿠리 산에서 장백산 남쪽으로 옮겨지는 과정에 대해서는 이훈, 2014를 참조할 수 있다. 이 논문에서는 또한 목극등 이전 청조의 백두산 탐사도 아울러 다루고 있는데, 이 전설의 내용은 후대에 가공된 것임을 지적하고 있다. 전설의 내용은 『大淸歷朝實錄』(中華書局, 1987)의 第1冊에 수록된 『滿洲實錄』(8卷)의 卷1, pp.1-8 참조.

141 서길수, 2009, p.173; 李廷玉 撰, 1969, 『長白山崗志略』의 첨부 지도 참조. 『長白山崗志略』의 撰者 李廷玉은 당시 長白縣의 지현이고 실제 편찬의 주체는 劉建封인 것으로 보이는데(李澍田 主編, 1987 참조), 이 책에서는 이렇게 공동감계·회담을 통해서 개발된 길림 측의 새로운 논리가 그대로 재현·확장되면서 재생산되고 있다. 조선 측의 『茂山府誌』에서도 종래의 두만강 경계론이 아닌 토문강 경계론으로 수정되면서 새로운 논리를 받아들이는 변화를 보인 점에 대해서는 Nianshen Song, 2018, pp.66-71에서 다루고 있다.

라는 강경론을 만들어 낸 것은 마침내 양측의 국경회담을 궁극적인 파국으로 몰아넣었다. 아무리 '천조상국'이 인자함과 은혜를 베푼다고 하더라도 '발상중지'를 양보할 수는 없었기 때문이다. 따라서 이렇게 길림 측이 이런 논리를 만들어 낸 것은 결국은 양측의 국경회담이 궁극적인 파국으로 치닫는 형세를 자아냈다. 이홍장으로부터 이런 내용을 8월 6일 통보받은 원세개는 8월 11일 그것을 조선 조정에 전달하였다.[142]

이후에도 길림 당국의 강경론은 바뀌지 않았지만, 광서9(1883)년 2월부터 광서14(1888)년 4월까지 길림장군으로 재임하였던 희원(希元)이 복주장군(福州將軍)으로 조임(調任)되고, 대신 정백기한군도통(正白旗漢軍都統) 장순(長順)이 부임하면서(7월) 약간 공백기가 나타나게 되었다. 그렇지만 이후 그 역시 1889년 3월 1일, "응당 석을수를 수원으로 삼는 것이 정확한 것이며, 조선에서 지목하는 홍토산수 같은 것은 견강부회로 실제 근거로 삼기에 부족하다."라는 입장을 재확인하였다. 그는 기존 방침을 재확인하고 그것을 그대로 시행할지 아니면 따로 결정해 줄 것인지 총리아문에 지시를 요청하였다. 길림 당국은 다시 원래 방침으로 돌아간 것이다.[143]

하지만 총리아문·길림장군 측에서 이 문제에 더 이상 주의를 기울

142 「袁世凱照會」(光緖14年 7月 4日), 『朝·淸會談』, pp. 295-297; 「國界勘定에 있어 韓使 李重夏의 紅土山標準說 否認에 關한 照會」, 『淸案』 1, pp.476-477; 「致朝鮮督辦交涉通商事務 趙秉式照會」(光緖14年 7月 4日), 『袁世凱全集』 2, pp.2-3. 또한 「袁世凱照會」(光緖14年 7月 4日), 『朝·淸會談』, pp. 295-297; 「國界勘定에 있어 韓使 李重夏의 紅土山標準說 否認에 關한 照會」, 『淸案』 1, pp.476-477; 「致朝鮮督辦交涉通商事務 趙秉式照會」(光緖14年 7月 4日), 『袁世凱全集』 2, pp.2-3도 비슷한 내용의 조회다(『자료선역』, pp.947-952).

143 「吉林將軍長順函」(光緖14年 12月 28日), 『中日韓』 卷5, pp.2554-2555; 『국역 中日韓』 2, pp.233-234(『자료선역』, pp.974-976).

였다고는 보이지 않는다. 다만 1890년 1월 14일 길림장군이 올린 상주에서는 이 문제가 다시 한번 마지막으로 언급되었다. 이때 그는 더 이상 재감계가 필요 없는 무산 동쪽 지역의 조선 월간민에 대해, 종전처럼 "증명서를 발급하고 소작료를 내게 하는" 편입·동화 정책으로의 복귀를 제안하면서, 무산부 서쪽의 석을수 경계에 대한 감계는 조선 국왕에게 독촉하여 "관원을 파견하여 길림 위원과 함께 경계비를 새겨 세워 영원토록 준수케" 하도록 총리아문에 지시를 내려 줄 것을 주청하였다.[144]

하지만 이 제안에 대해 총리아문에서는 1890년 3월 8일의 의주(議奏)에서 편입·동화 정책의 추진에는 찬성하면서도, 무산 서쪽의 석을수를 경계로 하는 문제에 대해서는 길림장군의 요청을 거부하였다. "조선은 대대로 번봉의 직분을 삼가 지켜 왔고, 오랫동안 중국의 두터운 은혜를 입어 왔으므로, 지나치게 이 문제를 가지고 압박을 가할 필요는 없을 것 같다."라는 의견이었던 것이다.[145] 전통적인 사대-자소의 논리가 여전히 이 시점에서 힘을 발휘하고 있었던 것은 흥미롭다. 조선이 지연이나 미응답 등의 다양한 방법으로 청의 압박을 계속 거부하는 한,

144 「照錄軍機處交長順等抄摺·附片, 禮部來文」(光緒15年 12月 24日), 「吉朝分界案」, 陳湛綺 編, 2008, 『淸末邊境界務檔案』 第1冊, pp.243-247. 또는 經莉 編, 2005, 『國家圖書館藏 淸代孤本外交檔案續編』 第5冊, pp.1901-1905(앞으로 「吉朝分界案」을 인용할 때는 이 두 책의 페이지만 표기하기로 하겠다.); 『中朝邊界』, pp.1112-1113. 또한 「吉朝分界案」, pp.237-241(또는 pp.1895-1899)이나 『中朝邊界』의 pp.1110-1112에도 「照錄吉林將軍來文」(光緖15年 12月 22日)이 실려 있는데, 길림장군이 앞의 주접을 올리고 아직 硃批를 받기 전에 이것을 총리아문에 통보하는 것으로, 거의 같은 내용이다(『자료선역』, pp.1028-1036).

145 「總署奏遵議琿春境內朝鮮越墾流民 斷難刷還摺」(光緖16年 2月 18日), 『淸季外交史料』 卷82, pp.1467-1468; 『中朝邊界』, pp.1106-1108; 「吉朝分界案」, pp.223-228(또는 pp.1881-1886)(『자료선역』, pp.1041-1046).

청도 억지로 강행하려는 자세를 보이지 않았던 것인데, 이 점은 아마 청 정부가 여전히 천조체제의 '위엄'에 미련을 지니고 있었기 때문일 것이다. 두만강 중하류 지역의 경계가 이미 분명하게 확정된 만큼, 굳이 두만강 상류 지역의 경계 확정을 밀어붙일 이유가 없었던 만큼 이러한 여유가 가능하였던 것이다.

이 이후에도 길림 측은 조선 측이 길림 당국의 편입·동화 정책에 항의하자 1890년 8월 26일, "월간(조선 백성의 호적 편입과 머리모양·옷차림 변경) 문제를 응당 강행해야 할 뿐만 아니라, 경계를 나누어 정하는 일 역시 조금도 늦추어 도모해서는 안 될 것으로 보인다."라고 다시 강경론을 펴기도 하였다.[146] 그렇지만 더 이상 양국의 관련 사료에서는 공동감계의 실행에 대한 논의가 보이지 않는다. 따라서 앞서 나온 총리아문의 이러한 의견 표명은 아마도 제3차 공동감계의 무산을 최종적으로 확인하는 기록이 될 것이다.

이렇게 보면 '제3차' 공동감계가 은근히 무산되어 버리는 것은 아마도 총리아문, 즉 청 조정에서 더 이상 이 문제로 조선을 '압박'할 필요성을 느끼지 않았던 때문인 것 같다. 조선 측도 마찬가지로 공동감계로 이득을 얻어 낼 가능성이 전혀 없었다. 만약 공동감계를 통해 경계가 '확정'된다면 적어도 두만강 중하류 북안의 월간민을 반드시 쇄환해야만 하는 난제에 직면해야 하였다. 그 때문에 조선 측은 제3차 공동감계에 대해 그야말로 소극적인 반응을 보일 수밖에 없었다. 이런 사정으로 이후 양국 간 변계 조사와 국경 설정의 문제는 당분간은 흐지부지된 상태가 지속되었다.

146 「吉林將軍來電」(光緖16年 7月 12日收), 『淸光緖朝中日交涉史料』 卷11, 38b(『자료선역』, pp.1073-1074).

2) 길림 당국의 월간민 편입·동화 정책

'제3차' 공동감계는 무산되었지만, 조선 월간민의 존재는 여전히 갈등의 기폭제 역할을 하고 있었다. 따라서 이들 월간민 장악을 위한 양국 지방 당국의 경쟁 역시 더욱 치열해졌다. 이를테면 1888년 말에는 화룡욕 세무직원 진영(秦煐. 제1·2차 공동감계에 참여한 바 있다.)이 월간민이 추수하고 곡식을 운반해서 돌아오는 것을 압수하여 수천 거민이 생계를 잃고 소란스럽게 먹을 것을 구하고 있어 혹시 이들이 러시아로 넘어 들어가 버리거나 다른 말썽을 일으킬지도 모른다면서, 함경도 지방관들이 이 문제의 해결을 조정에 호소하는 일이 발생하였다.[147]

원세개의 보고, 이홍장의 통보를 통해 이를 알게 된 길림장군은 일단 "진영이 먼저 보고도 하지 않은 채 갑자기 조선 백성의 미곡을 압수하였다."라면서, "조선 백성의 빈곤과 어려움은 응당 구휼해 주어야 할 것"이라는 의사를 표명하였다.[148] 이렇게 자소(字小)의 태도를 다시 보여 주면서 이 문제는 마무리될 것처럼 보였지만, 사건의 당사자인 진영은 길림장군에게 답변하면서 다음과 같이 조선 관리의 수탈과 허위 보고를 문제로 삼았다.

> 길림 경내로 월간한 조선인은 모두 조선에서 온 가족이 남녀노소를 막론하고 이사를 와서, 농사를 짓는 곳에 살 집을 짓고 있습니다. 아울러 모두

147 「(北洋大臣李鴻章)寄吉林將軍電」(光緖14年 11月 29日), 『李鴻章全集』 22, 電報 2, p.422; 「致北洋大臣李鴻章電」(光緖14年 11月 29日). 『袁世凱全集』 2, p.42(『자료선역』, pp.965-966).

148 「(北洋大臣李鴻章)寄朝鮮袁道電」(光緖14年 11月 30日), 『李鴻章全集』 22, 電報 2, p.422; 「北洋大臣李鴻章來電」(光緖14年 11月 29日), 『袁世凱全集』 2, p.42(『자료선역』, pp.967-968).

쌀을 저장하는 창고도 가지고 있습니다. 심지어는 분묘까지도 길림 경내에 있는 사람이 있을 정도이니, 조선에는 따로 집이 있을 턱이 없습니다. 따라서 추수한 미곡은 평상시 쓰는 것이라 모두 집에 저장해 놓지 종래 조선으로 운반해 간 적이 없습니다. 그러니 움직이지 않는 쌀을 제가 어떻게 가로막을 수 있겠습니까?

그렇지만 조선 관리가 무엇 때문에 천진에 가서 그렇게 아뢰었는지에 관해서는 역시 이유를 말씀드릴 수 있을 것 같습니다. 조선의 두만강 주변 지역 각 부사들은 종래 조선 월간민에 대해서 토지면적에 따라 미곡을 내도록 부과해 왔고, 이 일은 이미 수년이 지났습니다. 또 조선 각 아문의 좌수(座首)나 서차(書差) 등이 거짓으로 지주를 자처합니다. 이들 지주가 농민의 자본을 위해 단 한 푼도 쓴 적이 없고, 단 한 치의 땅에라도 힘을 쓴 적이 없는데, 분명히 어리석고 약한 농민이라 충분히 속여 먹을 수 있다고 생각해서, 감히 강을 건너와 사사로이 조선 월간민에게서 소작료로 미곡을 거두는 것입니다. 조선 관리가 미곡 운반을 가로막았다고 보고한 것은 반드시 바로 두 가지 미곡을 가리킬 것입니다. 그렇지만 결코 지금까지 강을 건너 반출하는 미곡을 가로막은 적은 없습니다.[149]

여기서 진영은 월간민이 미곡을 남쪽으로 반출하는 것을 가로막은 적이 없다고 하면서, 조선 관리가 좌수나 서차 등을 지주로 삼아 월간민에게 거두는 소작료로 미곡을 거두는 것을 '수탈'이라 비난하였다. 그는 "정말로 인정을 베풀지 못해 백성들로 하여금 떠돌다가 길림으로

149 「會寧·鍾城地方韓民의 越江稼穡한 米穀扣留事件 捏造에 關한 照會」(高宗21年 2月 1日), 『淸案』 1, pp.522-524; 「袁世凱照會(附. 粘抄)」, 『朝·淸會談』, pp.303-307(여기에는 2月 2日자로 되어 있다.); 「致朝鮮署督辦交涉通商事務趙秉式照會」(光緖15年 2月 1日), 『袁世凱全集』 2, pp.59-60(『자료선역』, pp.977-986).

월간하게 해 놓고, 백성들이 가까스로 스스로 삶을 꾀할 방도를 찾고 있는데, 하물며 법을 어기고 국경을 건넜다는 것까지 무시하고, 어찌 또다시 차마 이들에게 세금을 매길 수 있느냐"는 비판을 제기한 것이다.

이후 이러한 조선 지방관의 월간민에 대한 수탈과 조정에 대한 거짓 보고를 둘러싸고 상당히 번거로운 논란이 지속되었다. 이 문제는 마침내 종성부사와 회령부사를 파면하는 것으로 조선 측이 형식적인 처벌을 함으로써 일단 문제가 마무리되었다.[150] 하지만 조선 월간민을 누가 어떻게 장악하고 다스리는가는 이후에도 양국이 치열하게 경쟁하는 현안으로 떠올랐다. 더구나 길림 당국이 추진해 왔던 한족(漢族) 농민이나 기인(旗人)을 동원한 이민실변 정책이나 병사를 이용한 둔간(屯墾)은 실제 성과를 올리기가 쉽지 않았다. 그 때문에 이미 이 지역에 와서 정착한 조선 월간민에게 토지 증명서를 지급하고 그들이 개간한 토지에 세금을 내게 하는 급조승과(給照升科)라는 편입정책을 추진하는 것은 길림 당국이 이민실변의 실질적 효과를 올리는 데 최상의 선택이 되었다('以漢實邊'이 아닌 이른바 '以韓實邊'이라고 할 수 있다.). 조선 지방 당국의 입김을 배제하고 자국의 영토 안에 거주하는 '주민' — 월간한 조선 농민 — 을 확보하기 위한 경쟁에 길림 당국이 다시 적극적으로 나선 것은 이러한 사정도 작용하였다. 1890년 1월 14일 상주에서 길림장군은 이렇게 주장하였다.

150 이에 대해서는 金衡鍾, 2018, pp.414-432 참조. Nianshen Song(2018, pp.118-120)은 '간도' 지역 곡물의 조선으로의 수출에 주목하여 함경도의 식량이 거의 전적으로 이에 의존하게 되었고, 1888년 자연재해로 길림지역의 곡물 생산이 급감하자 이것이 1889년 함경도의 방곡령 선포를 낳았으며, 나아가서는 동학농민운동과 청·일전쟁으로 이어진다는 흥미 있는 분석을 보여준다. 조선 월간민의 진출에 따른 두만강 남북지역의 '경제적 통합'은 단지 이 지역의 문제가 간도와 함경도뿐만 아니라 청과 조선, 나아가 일본까지 연관되는 동아시아 전반에 걸친 문제로 해석될 수 있다는 것이다.

현재 월간을 한 곳은 조선 무산부 맞은편의 동쪽 광제욕, 육도구, 십팔처 외자 등 지방입니다. 조선 백성이 집을 지은 것이 대략 수천 정도가 있고, 전답이 서로 이어져 대략 모두 합해 1만 상에 이릅니다. 이미 도문강이라는 천연의 경계가 있어 본래 다시 재감계를 할 필요가 없으며, 조선에서 지금까지 미루고 있으니 단연코 그들을 거두어들이기는 어려울 것입니다. 응당 신속하게 예전에 받든 유지에 따라 증명서를 발급하고 소작료를 내게 하여 우리의 판도에 귀속시키고, 머리모양과 옷차림을 바꾸고 우리의 정교(政教)에 따르게 해야 할 것입니다. 저희가 먼저 관원을 파견하여 토지를 측량해서 보갑으로 편입하고 세금을 매김으로써 변경 백성들이 서로 안정되고 각기 다투는 바가 없게 하고자 합니다.[151]

여기서 길림장군은 무산부 동쪽 두만강 중하류 지역의 경우는 이미 감계가 끝난 것이나 마찬가지이고, 월간 조선민의 집이 조선으로 쇄환될 가능성이 없으니 차라리 종전에 추진하였던 정책으로 돌아가 "관원을 파견하여 토지를 측량해서 보갑으로 편입시키고 세금을 매기는" 적극적인 편입·동화 정책을 추진하겠다고 제안하였다.

이 상주는 총리아문과 예부, 이홍장의 검토를 거쳐 황제의 재가가 떨어졌다. 이에 대한 조선의 항의도 기존의 경우와는 달리 묵살되었다.[152] 조선 정부의 중재 요청을 받은 원세개도 "이 사안은 일찌감치 상주하여 재가받은 일이라 아마 정지시키기는 곤란할 것이고, 또 이미 힘

151 「照錄軍機處交長順等抄摺·附片, 禮部來文」(光緒15年 12月 24日), 「吉朝分界案」, pp.243-247 또는 pp.1901-1905; 『中朝邊界』, pp.1112-1113. 그리고 「吉朝分界案」의 pp.237-241(또는 pp.1895-1899), 『中朝邊界』의 pp.1110-1112에도 「照錄吉林將軍來文」(光緒15年 12月 22日)이 실려 있는데, 사실 같은 내용이다(『자료선역』, pp.1031-1032).

152 『자료선역』, pp.1032-1048; 金衡鍾, 2018, pp.436-440.

이 미치지 않는 일입니다. 조선 조정에서는 아마 미리 알려 주지 않은 것에 불만이 있는 것 같습니다."라면서 이홍장에게 지시를 요청하였다. 그러나 이홍장은 "길림 변계의 월간 조선 백성에 대해서는 일찍이 호적에 편입시킬 것을 상주하여 재가받은 바 있으니, 즉시 직접 기존 안건을 찾아 서신으로 답장해 주면 될 것이다."라는 간단한 답장을 보냈다.[153] 이홍장은 조선의 항의를 무시하면서 변계 문제가 아닌 조선 월간민의 편갑승과(編甲升科)·치발역복(薙髮易服)은 이미 오래전부터 재가받은 사안이라 계속 추진해도 좋다는 의견을 분명하게 내보인 것이다. 이미 9년이나 지났는데도 유민을 거두어들이지 않는 조선의 무성의를 지적하면서, 황상의 유지를 받들어 시행하는 일이라 당연히 정지시킬 수 있는 형편이 아니라는 중국 측의 입장은 더 이상 종전과 같은 사태의 반복을 허용하지 않겠다는 강경한 의지의 표명이었다.

이에 대해 조선에서는 다시 "황상의 은혜를 간청하는 상주를 통해 조선 백성을 조선호적(韓籍)에 귀속시키되, 잠시 길림 변계 지역을 빌려 안치하려는 것입니다. 토지세와 인두세의 징수 및 법률·정령은 모두 길림 변계의 중국 지방관이 관할하되, 머리모양과 옷차림은 옛 방식 그대로 놔 달라는 것뿐입니다."라는 요청을 전달하였다.[154] 종래 '차지안치'의 방안을 요청하였을 때와는 달리, 이제 머리모양과 옷차림만 옛 방식대로 그대로 유지해 달라는 것, 즉 편입은 인정하되 동화는 막아

153 「北洋大臣來電」(光緖16年 7月 13日), 『淸光緖朝中日交涉史料』 卷11, 38b; 「寄譯署並吉林將軍」, 『李鴻章全集』 23 電報 3, p.87; 「致北洋大臣李鴻章電」(光緖16年 7月 10日), 『袁世凱全集』 2, pp.331-332(『자료선역』, pp.1075-1077).

154 「北洋大臣李鴻章文」(光緖16年 7月 26日), 『中日韓』 卷5, p.2816; 『국역中日韓』 2, pp.290-297; 「稟北洋大臣李鴻章文」(光緖16年 7月 16日), 「稟北洋大臣李鴻章文」(光緖16年 7月 26日), 「稟北洋大臣李鴻章文」(光緖16年 8月 8日), 『袁世凱全集』 2, p.336, p.343, p.347(『자료선역』, pp.1086-1089).

달라는 방침으로 조선 정부가 후퇴한 것은 사실상 월간민에 대한 행정 지배라는 기득권을 포기하겠다는 뜻이었다. 이것은 제3차 공동감계에 대한 길림 측의 요구를 거부함으로써 국경 문제에 대해서도 더 이상 얻을 게 없었던 조선이 월간민 안치에서 더욱 궁지로 몰렸음을 의미한다. 월간민 귀환의 희망이 이루어질 가능성은 전혀 없었으므로, 사실상 조선의 대응은 그저 청의 '자소(字小)'를 바라는 애걸에 지나지 않았다. 하지만 총리아문·길림장군에게도 통보된 다음과 같은 이홍장의 답장은 조금도 태도가 바뀌지 않았다.

> 길림 변계의 월간 조선 백성에 대하여 조선에서는 조선 호적[韓籍]으로 예속시키고자 하는 것 같은데, 여전히 조선 관리가 두만강을 넘어와 조세를 징수하기 위한 목적에서 그런 것 같으니 허용하기는 곤란하다. 호적 편입에 대한 안건은 일찍이 상주하여 정해진 것이고, 머리모양과 옷차림을 바꾸라는 명령은 이미 행해진 지 수개월이라 갑자기 논의하여 다시 고치기 곤란하다. 조선에서 조선 백성이 호적을 바꾸는 것을 원하지 않는다면, 그들이 경계를 벗어나지 못하게 되면 될 것이 아닌가? 원세개가 민종묵(閔種默)에게 답하기를 "오로지 지방관을 제대로 선발하여 이들을 잘 안무하고 안정시켜, 이후 조선 백성이 스스로 다시 월경할 생각을 하지 않게 해야 한다."라고 했는데, 이것이 최선의 대안이다.[155]

조선의 마지막 제안에 대한 이홍장의 반응은 '자소지의(字小之義)'를 빙자하여 '차지안치'의 방식으로 월간민을 직접 통제하려던 종전의 관행을 더 이상 허용하지 않겠다는 단호한 의사 표시였다. 이것은 '속

155 위와 같음.

방'의 백성이 '상국'의 영토를 침범하고, '속방'의 지방관들이 그 배후에서 일종의 '식민지 경영'을 시도하는 두만강 북쪽 연안의 비정상적인 상태를 보다 원래대로 되돌리는 것에 가까웠다. 이 결과, 길림 당국의 정책 중점은 조선 관원의 '수탈'을 차단하기 위해 월간민에 대한 통제를 더욱 적극적으로 추진하는 방향으로 옮겨졌다. 이것은 앞서 서술한 중국의 '판도'에 편입시키는 데 주안점을 둔 초기 정책으로의 복귀를 뜻하였다. 그리하여 월간민이 개간한 토지를 측량한 다음, 그들을 보갑으로 편성하여 토지를 지급하고, 일정한 기한 이후 세금을 부과하는 편갑승과의 편입정책, 나아가 중국식 머리모양과 복장으로 바꾸게 하여 호적에 편성하는 치발·역복·입적(薙髮·易服·入籍)의 동화정책을 추진하면서, 이를 거부하는 월간민은 조선에 돌아가도록 강제하는 방안이 동시에 추진되었다(그림 10 및 표 2 참조).[156]

이렇게 길림장군 장순이 추진한 적극적인 월간민 편입·동화 정책의 성과는 1894년 4월 24일 그가 올린 최종보고를 통해 확인할 수 있다. 이에 의하면 광서17(1891)년 3월부터 시작하여 광서18(1892)년 7

156 Nianshen Song(2018, pp.131-134)은 이 편호입적·치발역복 정책은 토지와 인민을 장악하기 위한 정치·경제적 수단으로서, 그 궁극적 목적은 지역 경제와 치안유지였지 '동화' 자체만을 목표로 한 것은 아니었다고 설명하는데, 상당히 타당한 지적 같다. 즉 조선 월간민의 거주권과 토지소유권을 분리하여, 이미 월간한 조선인의 거주는 허용하되 만약 개간한 토지의 법적 소유권을 원한다면 치발역복에 동의하라는 것이었고(1909년에야 만들어지는 國籍法이 당시에는 존재하지 않았으므로 淸의 臣民이 되려면 치발역복과 호적 등록이 사실상 국적 획득의 요건이었다.), 이를 통해 월간민의 대규모 귀국이 가져올 노동력 부족을 막을 수도 있었다는 것이다. 물론 이후에도 조선인 대부분은 '치발역복'에 응하지 않아 이 정책은 장기적으로 보면 실패로 돌아갔으며, 조선인은 중국인의 이름을 빌려 토지를 보유하는 '명목지주'라는 대책을 통해(Nianshen Song, 2018, pp.115) 이 문제를 '해결'하였다. 이 때문에 20세기 초에 이 지역을 조사한 吳祿貞은 이 지역이 조선인의 '식민지'가 되었다는 인식을 보이게 되는 것이다(金衡鍾, 2018, pp.465-474 참조).

그림 10. 안원(安遠) · 수원 (綏遠) · 영원(寧遠) · 진원(鎮遠) 4보 총도(四堡總圖)

출전: 「呈報吉林琿春收回墾地圖冊」(光緒17年 7月 以後), 經莉 編, 2005, 『國家圖書館藏 清代孤本外交檔案 續編』, 國家圖書館, 第18冊, pp.7841-7942(또는 陳湛綺 編, 2008, 『清末邊境界務檔案』 第3冊, pp.994-995).

표 2. 도문강 북안지역에서의 편갑승과(編甲升科) 시행의 성과(光緖20년)

보	사	토지수령 개간민호	개간토지	납부할 소작료 총액
안원보(安遠堡)	숭화사(崇化社) 덕화사(德化社) 상화사(上化社) 산계사(山溪社) 백금사(白金社) 백옥사(白玉社) 등 7사	742호	4,097상 4무 4분	은 737.5392냥
수원보(綏遠堡)	백운사(白雲社) 백일사(白日社) 백학사(白鶴社) 대천사(對川社) 대산사(對山社) 대월사(對越社) 대양사(對揚社) 무공사(茂功社) 무상사(茂賞社) 무덕사(茂德社) 무관사(茂官社) 등 11사	836호	4,030상 1무 5분	은 725.427냥
영원보(寧遠堡)	개화사(開華社) 개문사(開文社) 개발사(開發社) 개운사(開運社) 개태사(開泰社) 광화사(光化社) 광덕사(光德社) 광소사(光昭社) 광봉사(光鳳社) 광종사(光宗社) 제청사(霽晴社) 제하사(霽霞社) 월랑사(月朗社) 등 13사	1,855호	5,100상 8무	은 918.144냥
진원보(鎭遠堡)	수성사(輸誠社) 귀화사(歸化社) 숭양사(崇讓社) 흥렴사(興廉社) 상의사(尙義社) 돈인사(敦仁社) 회은사(懷恩社) 경신사(敬信社) 등 8사	875호	2,214상 3무 7분	은 398.5866냥
총계	4보 39사 124갑	4,308호 (2만 899명)	1만 5,442상 7무 6분	은 2,779.6968냥

출전: 「吉林將軍長順等奏」(光緖20年 3月 19日), 『中日韓』 卷6, pp.3295-3299(『자료선역』, pp.1131-1132).

월까지, 두만강 일대 전체 및 흑정자(黑頂子. 두만강 하류 건너편 지역) 등지에서 개간된 토지에 대한 편호입적(編戶入籍) 정책이 추진되었다. 그 결과는 모두 4보(堡) 39사(社)로 개간민 4,308호를 거두어들여 전체를 124갑(甲) 415패(牌)로 편성한 것이었다. 남녀 인구는 모두 합해 2만

899명이었다.[157] 조선 월간민이 개간한 토지를 모두 측량하여 파악한 다음, 패-갑-보라는 행정단위로 편성된 월간민에게 토지를 지급하고(물론 무상은 아니다.)[158] 그에 대한 합법적인 소유권을 부여함으로써, 2만 명이 넘는 월간민을 중국 백성으로 동화시키는 작업이 완료되었던 것이다(그림 10 및 표 2 참조).

다만 이와 같은 정책 추진의 구체적 내용을 알려 주는 사료는 거의 남아 있지 않은데, 1890년 8월에서 1892년 5월까지 종성부사(鍾城府使)를 지낸 윤병관(尹秉寬)이 남긴 『양계조회(兩界照會)』는[159] 그 편린이나마 엿볼 수 있게 해 준다. 이에 따르면 길림 당국, 보다 구체적으로는 화룡욕상무총국(和龍峪商務總局)의 총리(總理) 엽연갑(葉聯甲)이 강북에 남는 것을 원치 않아 1890년 5월에 사적으로 조선으로 돌아간 월간민

157 「吉林將軍長順等奏」(光緖20年 3月 19日), 『中日韓』 卷6, pp.3295-3299(『자료선역』, pp.1125-1135). 이에 대한 자세한 분석은 金衡鍾, 2018, pp.432-474 참조. 『德宗實錄』 卷337, 光緖20年 3月 丙申에도 관련 기록이 있지만 조선 유민의 월간 토지가 15,442晌 7畝 남짓이라는 것 외에는 자세한 내용이 실려 있지 않다.

158 이 편입·동화 정책을 시행하면서 조선 월간민에게 토지를 '지급'하였다는 자료는 쉽사리 찾아보기 어렵다. 관련 기록이 거의 남아 있지 않기 때문이다. 다만 이 시기에 署理吉林朝鮮商務和龍峪總局督理 葉聯甲이 鍾城都護府使 윤병관에게 보낸 서신(「和龍峪來函」)을 보면 "무릇 잔류를 원하는 사람은 치발역복을 하고, 가구마다 토지를 지급하여 일찌감치 이미 우리 版籍에 예속되어 우리 政敎에 복종하였다.(凡願留者 薙髮易服 按戶給地 早已隸我圖版 服我政敎矣)"라는 구절이 있다(『兩界照會』 下, pp.84-87). 이 편입·동화 정책에서 토지의 지급[按戶給地]이 이루어졌다는 것을 직접 언급한 유일한 사례라 할 것이다. 『兩界照會』에 대해서는 다음 주 참조.

159 『兩界照會』는 두만강 북쪽 종성부 건너편의 和龍峪 商務總局(및 光霽峪分局)의 監理 및 琿春副都統衙門의 邊務交涉承辦處 總辦 등과 공식적으로 주고받은 조회를 수록한 상책 76쪽 및 양쪽에서 서로 주고받은 信函을 수록한 하책 89쪽으로 구성되어 있다(尹暢烈 大田大學校 韓醫科大學 敎授 제공). 이에 대해서는 金衡鍾, 2020b에서 소개하면서 그 내용을 분석하였다.

의 땅은 비록 길림 경내 빈민(貧民)의 식량을 나누는 일이라 할지라도 각 사(社)와 향약(鄕約)·보갑(保甲)에게 실존(實存) 면적을 파악하여 목록과 보증서를 제출하게 한 다음, (조선으로 돌아가 버린) '도호(逃戶)'에게 그(해 가을 수확물의) 절반을, 그를 대신하여 경작을 맡게 된 '정호(頂戶)'에게는 나머지 절반을 지급하여 국과(國課)를 완납하게 하는 법외(法外)의 인(仁)을 베풀겠다고 종성부사에게 통보하였다. 그는 아예 폐단 방지를 위해 관리를 파견하여 집마다 조사하여 통보할 예정이라면서, 종성부사 윤병관에게 공동작업을 통해 액수대로 지급하여 빈민을 구하자고 요청하기까지 하였다. 이후 그는 각 사의 향약·보갑에게 지시하여 각량(各糧) 3만 6천여 속(束) 890여 두(豆)를 분급(分給)할 것이고, 이 밖에도 다시 각량 3천 속을 준비하여 함경북도 안무사 남정순(南廷順)을 통해 종성부에 연락하면 인원을 파견하여 그 액수만큼 수령해 가라고 통보하였다.[160]

윤병관은 이에 대해 양쪽 위원(委員)이 함께 액수대로 지급하여 빈궁한 백성을 구제하는 일은 "대군자(大君子)의 어질게 백성과 만물을 사랑하고 피차의 영역을 구분하지 않는 은택[仁民愛物無分畛域之澤]"이라 정말 칭송하지 않을 수 없다는 감사의 뜻을 전달하였다.[161] 또 윤병관의 또 다른 저작인 『청운(靑雲)』에 수록된 「행장(行狀)」(p.39)에 따르면, "우리 백성이 저쪽 땅을 경작하였는데 가을 수확은 중국인에게 빼앗겨, 중국 관원[華官]에게 조회하여 모두 반환하게 하였다."라고 기록하고 있어,[162] 길림 당국의 제안이 실행되었을 가능성이 크다는 점을 알 수 있다(다만 윤병관의 말이 사실이라면 길림 측 조치는 조선 측의 항의에 따른 것이

160 尹秉寬, 『兩界照會』 下, pp.88-89.

161 尹秉寬, 『兩界照會』 下, pp.107-110.

162 尹秉寬, 『靑雲』 「行狀」(尹暢烈 大田大學校 韓醫科大學 敎授 제공), p.39.

겠지만, 『양계조회』에는 이러한 윤병관의 조회가 실려 있지는 않다.).

『양계조회』에는 이 문제에 대한 더 이상의 언급이 보이지 않으나, 이를 보완하는 사료는 종성부와 인접한 회령부사의 보고가 있다. 회령부사가 1890년 8월 1일 건너편 화룡욕의 각 위원이 '간도월거민처(間島越居民處)'에 공고한 고시(告示) 및 회령부사의 답장 서신을 복사하여 알리면서, '돌아온 백성[還來民人]'에게 '쌀과 돈[米錢]'을 '도와 나누어[助給]' 준 일을 조선 정부에 보고한 일이 있는 것이다.[163] 이를 통해 길림 당국의 귀환 월간민에 대한 '보상'이 종성부에만 제한된 것은 아님을 알 수 있다. 아마 두만강 중하류 유역 다른 부에도 그것이 시행되었을 가능성이 크다. 여하튼 이러한 사례는 길림 당국이 월간민이 정착한 지역을 제대로 장악하는 동시에, 이를 거부하고 조선으로 돌아가거나, 또는 '구축(驅逐)'된 월간민의 문제가 가져올 부정적 영향을 줄이고 조선 측의 반발을 무마하기 위해 상당히 고심하였음을 보여 준다.

그런데 앞서 인용한 길림장군의 보고는 이러한 편입·동화 정책의 대상이 된 조선 월간민의 반응에 대해 다음과 같은 흥미로운 정보를 제공한다.

> 개간민에는 원래 두 부류가 있습니다. 그 하나는 월간한 경우로 가족이 모두 북쪽 연안에 있으며, 옮겨와 산 지 오래되어 초가집과 무덤이 서로 마주 볼 정도라 평소 귀부(歸附)의 의사가 충분하였습니다. 그래서 일단 치발령(薙髮令)이 내려지자 즐겁게 따르지 않음이 없었고, 아울러 스스로 탄원서를 올려 매 상마다 은 2전씩을 내서 토지측량 경비에 보태 달라고 하기도 하였습니다. <u>다른 한 부류는 월간하였지만 실제로는 월우(越寓)여서, 그 가족이 모두 남쪽 연안에 있고 자신만 단신으로 강을 건너와 몰</u>

163 『各司謄錄』 42 咸境道篇1 「咸鏡道關草」 第2冊, p.433.

래 경작하는 사람들입니다. 아침에 왔다가 저녁에 돌아가든지, 아니면 봄에 왔다가 가을에 돌아가든지 합니다. 그 절반은 조선 관리나 병역이 토지를 개간하는 데 부리는 품팔이 노동자여서 뒤에 믿는 것이 있기에 두려워하지 않고, 따라서 악착같이 저항하는 경우가 많습니다. 대략 월간한 사람이 절반이고, 월우한 사람이 절반 정도입니다. 월우한 백성도 중국을 낙토(樂土)라고 생각하지 않는 것은 아니지만, 단지 가족이 조선에 있기 때문에 결국 이러저리 눈치를 보는 형편을 벗어나지 못합니다. 신 등은 여전히 일을 맡은 각 관원에게 지시하여 치발했는가의 여부를 떠나게 하느냐 아니면 머물게 하느냐를 결정하는 기준으로 삼고자 합니다. 현재 각 보에 있는 조선 백성의 수를 대략 계산해 보면 머무르는 사람은 열 가운데 일곱이고, 떠나는 사람은 셋 정도입니다. 이미 떠난 조선 백성이 남겨 놓은 개간지는 무릇 초간(招墾)한 토지와 맞붙어 있는 경우에는 중국 백성이 떠맡아 경작하게 함으로써 황무지가 되는 것을 막고, 그 호구는 초간 사업에 포함하여 통계를 작성할 것입니다. 다만 두만강 주변 지역이 천 리에 걸쳐 있으므로, 새로 귀부한 백성들은 원래의 주접에서 돈화현과 혼춘에 나누어 귀속시켜 해당 지방관이 관할을 맡게 하였지만, 서로 떨어진 거리가 너무 멀어 실제 힘이 미치지 못할까 두렵습니다.[164]

여기서 길림 당국은 개간민을 '월간'과 '월우'로 구분하고 있다(앞서 제1차 공동감계 이후 이중하의 지시로 파악된 두만강 맞은편 지역으로 이주한 '기간민(起墾民)'과 남쪽에 거주하면서 때때로 왕래하는 '우접빈민(寓接貧民)'이란 구분이 각기 '월간'과 '월우'에 해당할 것이다.). 그리고 대략 각기 개간민의 절반씩을 차지하지만, '월간'의 경우 대부분 동화 정책에 적극적으로 호응하였고, 그 결과 "머무르는 사람이 열 가운데 일곱"이라고 평가하였

164 위와 같음.

다. 그렇다면 '월우'의 경우도 그 절반쯤은 떠나지 않고 머무르는 쪽을 선택한 셈이 된다. 양쪽을 합하면 열 가운데 셋 정도로 떠나는 쪽을 선택한 '월우'의 경우는 아마도 "조선 관리나 병역이 토지를 개간하는 데 부리는 품팔이 노동자여서 뒤에 믿는 것이 있기에 두려워하지 않고, 따라서 악착같이 저항하는 경우"에 해당된다고 보는 것이 타당할 것이다.

앞서 조선 관리나 서차·병역 등이 '지주'로서 월간민을 소작인으로 삼아 미곡을 거두어들이는 일이 많았다는 것을 잠깐 서술한 바 있다. 만약 길림 측의 위와 같은 분석이 정확하다고 본다면,[165] 이러한 동화 정책의 실행으로 가장 큰 타격을 받은 것은 아마 이들이었을 것이다. 두만강 북쪽에 잔류한 월간민은 강을 건너와 징세를 자행하는 조선 지방 정부의 '수탈'에서 벗어날 수 있었겠지만, 이들 월간민에 대한 실질적인 통제를 통해 미곡·세금·잡세와 잡역의 징수를 시행해 왔던 함경북도 지방 당국이나 그와 관련된 '지주'들로서는 더 이상 이러한 수입을 효과적으로 확보할 수 없게 되었기 때문이다. 그만큼 그들은 일정한 수의 주민·소작인과 더불어 그들로부터 얻는 수입을 잃는 상당한 손실을 감당해야만 하였다. 이로 인해 함경북도 당국도 기왕의 '식민지 경영'을 통해 얻을 수 있었던 세입에 커다란 차질이 생겼고, 그뿐만 아니라 종래부터 강북지역에 크게 의존해 왔던 이 지역의 농업과 경제 역시 심각한 타격을 받았다.

이러한 상황에 대해 앞서 든 『양계조회』의 저자 윤병관은 길림 당국의 두만강 월강 금지 정책 추진으로 연강 지역 백성이 입은 손해가

165 孫春日, 2009, p.164에서는 일찍 이주한 사람들이나 보다 북쪽 지역의 이주민들은 비교적 薙髮易服에 순응하였지만, 두만강 북쪽 연안과 龍井 부근의 개간민은 순응하는 경우가 상대적으로 적었다고 하여, 이주한 지역이나 시기에 따른 대응 양상의 차이가 있었다는 점을 지적한다.

'수천(數千)'으로 계산된다면서, 청국 관병의 '임의강탈(任意強奪)'과 '대낮에 벌어지는 총격[白晝放銃]' 등으로 월간민은 공억(供億)에 피곤하고 조선인은 기한(飢寒)에 시달려서, 백성이 모두 도주할 우려가 있어 변경 사태가 일촉즉발의 위기라고 호소하였다. 종성부에는 백성들이 모두 흩어지고 사라지는 "탕석지환(蕩析之患)이 조석(朝夕)에 다가와 있다."는 위기의식을 이렇게 표현한 것이다.[166]

반면 이 단계에서 길림 당국은 편입·동화 정책을 통해 2만 명이 넘는 조선 월간민을 확실하게 통제할 수 있었고, 그에 따른 '조세 수입'을 거두어 실질적인 지방질서의 확립에 한 걸음 더 다가설 수 있었다.[167] 그뿐만 아니라 나아가 이것은 조선 지방 당국의 이들에 대한 통제와 '수탈'을 차단하는 성과를 거두었다. 제1·2차 공동감계와 국경회담을 거치면서 비록 무산되기는 하였지만, 길림 당국은 처음부터 모색해 오던 조선 월간민 장악을 위한 정책을 이렇게 적극적으로 수행할 기회를 확보함으로써 — 비록 조선 월간민을 통해서지만 — '이민실변' 정책의 실질적인 결과를 일부나마 확보할 수 있었다.

3) 국경 분쟁과 사대-자소 관계

여기서 자세히 다룰 여지는 없지만, 청·일전쟁을 거친 1895년 이후 지금까지 서술한 것과 같은 국경 분쟁이나 양국 당국·주민 사이의 갈등이 다시 재발하는 것은 앞서 설명한 요인들이 크게 작용하였을 것이다. 주지하듯이 조선 백성의 간도 지역 진출은 20세기의 거대한 이주 규모

166 尹秉寬, 『兩界照會』 下, pp.94-112.

167 이러한 편갑승과 정책에 대한 청조의 승인과 王昌熾 등 관련 인원에 대한 표창 등에 관련된 자료는 『국역中日韓』 2, pp.318-373에 상세하게 실려 있다.

를 생각해 보면 단지 시작 단계에 지나지 않았기 때문이다. 실제 청·일전쟁의 패배에 따른 청의 국제적 위상 추락과 청-조선 관계의 재편, 의화단 사건에 따른 러시아의 등장과 만주 점령에 따른 청 통치체제의 붕괴, 한국 지배를 노린 일본의 개입과 진출 등으로 이후 '간도문제'는 더욱 본격적으로 불거지게 되었다. 국경 분쟁이 다시 재연되고, 그에 따라 조선 백성의 월경·이주 추세의 강화나 그들의 장악을 둘러싼 경쟁, 이주민의 토지소유권·국적 문제에 따른 분쟁 등 이후에도 수많은 난제와 적어도 세 나라가 엉켜 드는 국제적 갈등이 나타나게 되기 때문이다.

하지만 청·일전쟁 이후 조선-청 관계의 재편이 이루어지면서 제1·2차 공동감계와 국경회담의 시기와는 확연하게 달라진 상황이 출현한다. 그 이전 양국 관계를 강력하게 규정하였던 '사대-자소' 질서와는 전혀 다르게, 이제는 종전보다 훨씬 널리 수용된 만국공법에 따른 근대적 영토·국가 관념의 기초 위에서 새로운 분쟁이 재연되기 때문이다.[168] 제1·2차 공동감계와 국경회담을 통해 양측이 기본적으로 사대-자소 관계에 기초하면서도 자신에게 유리한 논리와 근거를 끊임없이 찾고 개발하여 제시하였던 것처럼, 새로운 국제적 상황과 배경 속에서 이제는 만국공법의 질서에 기초한 새로운 논리가 모색되고 만들어지며, 이런 과정에서 '간도'를 둘러싼 국경 분쟁은 이전과는 전혀 다른 새로운 양상을 맞이하게 되었다.

이런 문제들은 실제로는 20세기 이후의 문제로 연결되기 때문에 여기서 다루는 대상이 되지 않지만, 위와 같은 관점에서 보면 1880년대 후반 양국 사이에서 문제가 되었던 월간민의 '차지안치(借地安置)'

168 이에 대한 가장 최근의 대표적인 연구는 동북아역사재단 편, 2009a; Nianshen Song, 2018을 들 수 있다. 또한 姜龍範·金春善·孫春日·李花子·은정태·고승희·秋月望·이명종 등에 의한 많은 연구가 있다(참고문헌 목록 참조).

문제는 이러한 시대적 특성을 가장 잘 반영하는 것으로 보인다. 제1차 공동감계·국경회담이 끝날 무렵 원세개가 제안한 이 방식은 '중국 땅을 빌려 조선 유민을 안치하겠다고 황상의 은혜를 간청하는' 것이었다. 이를 통해 수만에 이르는 '빈민'의 생존권을 보장하겠다는 이 논의는 그야말로 '천조상국'인 청의 '자소'라는 전통에 의존할 수밖에 없었다. 불법적 월경을 문제로 삼지 않고 이들을 가능한 한 끌어안아 중국으로 편입시키려는 정책을 모색하였던 길림 당국의 초기 태도 역시, 그들을 '천조의 적자'로 '일시동인(一視同仁)'하여 관용의 은전(恩典)을 베풀 수 있다는 태도를 반영한 것이었다.

하지만 조선 측이 꾸준하게 모색한 '차지안치' 방식은 청의 판도 안에 자리를 잡은 월간민에 대해서 이후에도 계속 조선 측이 통제를 유지하겠다는 차원의 것(물론 최후에는 그것도 포기하고 머리모양과 옷차림만이라도 유지해 달라는 것, 즉 편입은 받아들이되 동화는 거부하겠다는 것으로 축소되었다.)으로 중국 측에 받아들여졌다. 이를 통해 월간민 문제가 단순한 빈민의 생존권 차원이 아니라 그 배후는 이들에 대한 실질적인 통제, 즉 일종의 '식민지 경영'을 시도하는 조선 지방 당국이 자리 잡고 있다는 점을 중국 측이 점차 확신하게 되면서, 전통적인 사대-자소 관계에 기댄 '차지안치'론은 중국이 결코 받아들일 수 없는 것이 되어 버렸다.

이러한 요구는 전통 시대보다도 훨씬 더 강력하게 영토와 주민, 그리고 주권에 대한 배타적 독점을 요구하는 근대적 만국공법의 질서와도 어울리지 않는 것이었다. 또한 이 시기는 청이 전통적인 정책을 변경하여 조선에 대한 적극적인 통제와 '속국화' 시도로 전환한 다음이었으므로, 조선 측의 요구는 더욱 받아들여지기 어려웠다. 더구나 19세기 이래 여러 차례 국경·영토의 침식·분쟁을 겪고 있던 청의 입장을 함께 고려한다면, 이렇게 여전히 전통적 사대-자소의 논리에 기대어 황제의 은전을 요청하는 조선 측의 무리한 요구는 더 이상 용납될 여지가 없었다고 할 것이다.

청의 길림 당국이 1890년대 초에 적극적인 편입·동화 정책의 추진으로 복귀하는 것도 처음 월간민의 존재에 대해 보고받은 광서제가 "양민이 분수에 맞게 개간·경작하는 일은 원래 관대히 용납할 수 있는 일이지만, 만약 이 일을 빌려 변강을 잠식하려 한다면 응당 구축해야 할 것이다."라는 예시(豫示)를 그대로 따른 것이었다.[169] 따라서 조선의 자세를 월간민 배후에서 '은근하게 영토 확장을 노리면서' 아울러 그들에 대한 실질적인 장악과 '수탈'을 유지하겠다는 의도로 확신하게 된 청은 '자소'의 은전을 베풀기보다는 — 그것을 아예 포기하지는 않았지만 — 훨씬 일방적이지만 철저하게 자국 영토에 대한 배타적인 지배를 관철하겠다는 뜻을 굳히게 되었다. 앞서 서술한 '차지안치'론에 대한 이홍장의 단호한 반응은 그 점을 잘 보여 준다.

더구나 판도 내의 주민에 대한 장악·지배를 우선시하였던 전통 왕조의 시대와는 달리, 청·일전쟁 이후의 시대는 서구나 일본 등의 열강에 의한 제국주의적 경쟁체제가 본격적으로 작동하게 되었던 만큼, 이제 동아시아에서 확고한 우세를 확보해 나가던 만국공법의 국제질서는 관련 각국이 영토와 주민, 그리고 주권에 대한 배타적인 독점을 모색하도록 강요하고 있었다. 조선-청 사이의 전통적 사대-자소의 논리가 더 이상 작동할 수 없다는 점도 너무나 분명해졌다.

169 中國第一歷史檔案館 編, 1996, 第112輯 外交「中·朝」, p.243.

제5장

청·일전쟁 전후 조선–청 관계의 재편

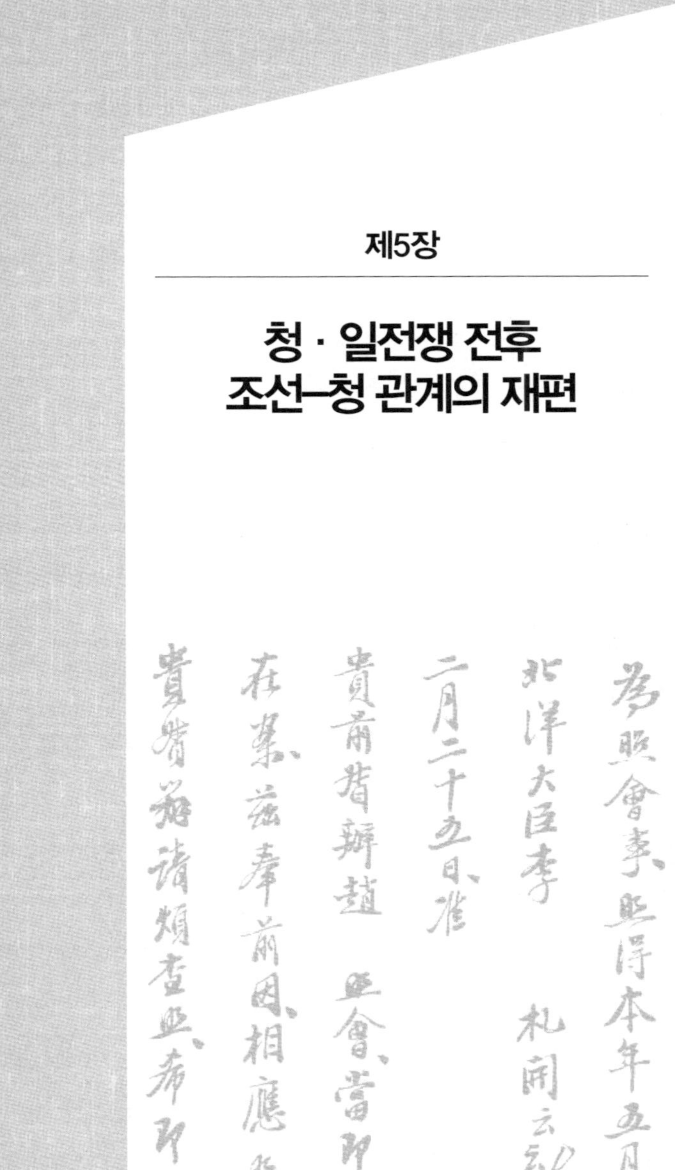
為照會事照得本年五月十四日奉
北洋大臣李　札開云云等因奉此
二月二十五日准
貴前督辦趙　照會當即鈔稟請咨飭
在案茲奉前因相應照會
貴督辦請煩查照希即鈔

1. 원세개의 파견과 '속국체제'론

1) 원세개의 조선 파견

청불전쟁에서의 패배로 1885년 프랑스와 조약을 맺어 조공국 베트남을 상실한 청은 천조체제에 마지막으로 남은 조공국 조선을 유지하는 데 더욱 큰 주의를 기울일 수밖에 없었다. 청불전쟁의 결과 "전통적 책봉·조공 관계, 중국의 이른바 '종번 관계'를 실질적 기득권으로 확보하여 근대의 제국주의적 조약체제하에서 조공국을 속국으로 전환하려던 중국의 속국화 정책 시도가 베트남에서는 폐기"되는 위기를 맞이하였기 때문이다.[1] 실제 청불전쟁 발발 이전 해관 총세무사 로버트 하트(Robert Hart)가 "중국이 원하는 모든 것은 체면이다. 만일 프랑스가 '부디 윤허해 주시길 청합니다'라고 간청하거나, 프랑스가 베트남 왕이 계속해서 조공을 보내는 것을 허락한다면 이 문제는 풀리는 것이다."라는 의견을 제시하였으며, 정전(停戰) 이후 청이 가장 치열하게 다투었던 것은 상업이익이 아니라 중국의 위신과 관련된 조항이었다는 지적은[2]

1 曺秉漢, 2010, p.326.

2 윤욱, 2010b, p.29.

이제 청에 남은 것은 무엇보다도 '천조체제'라는 '체통'에 집요하게 매달리는 것이었음을 잘 알려 준다.

그리고 청이 적극적인 개입정책으로 전환하자 조선이 이에 반발하여 '인아거청(引俄拒淸)' 또는 반청자주(反淸自主)의 방침을 취함으로써, 청이 종래 강조해 왔던 '방아(防俄)' 정책을 벗어나고자 시도하는 것을 그대로 방치하기 어려웠던 점도 일정한 작용을 하였다. 1885년 7월 주중 일본 공사 에노모토 다케아키(榎本武陽)가 이홍장을 방문하면서, 외상(外相) 이노우에 가오루의 「조선외무판법(朝鮮外務辦法)에 대한 건의서」를 전달한 것은 잘 알려진 사실이다. 여기서 일본이 그 동의 아래 조선의 용인행정(用人行政)에 대한 청의 적극적인 간섭을 제안하였던 것은 사실 그러한 전환의 구체적 계기로 작용하였다. 이전부터 청에서 논의 중이었던 대원군의 석방 제의도 여기 포함되었다.[3] 그러나 이홍장이 지금까지 속국의 내정에 간섭하지 않는다는 원칙을 위배하는 것이라고 이를 거절하자, 일본 측도 이 제안을 철회하였다.[4]

이 무렵 이홍장은 주조선 상무위원 진수당의 역할을 평가하면서, 그 자신의 정책적 입장을 이렇게 설명하였다.

> 조선에 주재하는 도원 진수당은 근후(謹厚)함은 충분하지만. 재지(才智)가 부족하다는 것은 이미 확실한 평가입니다. 전에 진수당을 파견한 것은 전적으로 통상을 감독하기 위해서였고, 결코 그가 국정에 간여하도록 하지는 않았습니다. <u>조선은 번속으로서 만약 고위 관원을 파견하면 조선 국왕은 핍박한다고 의심할 것이고, [천조의] 체제에도 역시 타흡(妥洽)하</u>

3 이노우에의 건의서에 대해서는 陳偉芳 지음, 權赫秀 옮김, 1999, pp.124-127; 김용구, 2006, pp.526-528에서 상세하게 다루었다.

4 야마베 겐타로우(山邊建太郎), 유달영·유영식 옮김, 2005, pp.111-113.

기 어려운 데다가, 또한 각국 공사가 모두 한성에 주재하고 있어, 오래되면 반드시 구설수가 늘어날 것입니다. 응당 현재의 논의가 적절하게 정해진 다음 서서히 교체를 준비해야 할 것입니다. 총리아문에서는 혹시 외무에 통달하고 그 시정방침을 믿을 수 있는 사람이 있는지 아울러 알려주시길 바랍니다. 지난 아침 조선 국왕의 내친 민영익이 천진을 방문하여 만났는데, 조선 왕경의 사세(事勢)는 도저히 다잡을 수 없으니 청컨대 청에서 조선의 신하 가운데 백성의 지지를 받는 사람을 골라 정부의 일을 맡기자고 하였습니다. 이것은 이노우에 가오루의 주장과 거의 같습니다. 혹시 황상의 유지를 청하여 대략 변통한 다음 조선 국왕에게 비밀리에 지시해도 될지 모르겠습니다. 앞으로 각 외국과 조약을 체결할 때는 반드시 먼저 청의 지시를 요청하고, 외무나 병부·호부 각 부서의 대신을 뽑을 때에도 반드시 먼저 보고하여 비준을 받게 한 다음에 시행하도록 하라는 것입니다. 황상의 위엄을 빌려 진섭(震慴)함으로써 수시로 조정할 수 있고, 조선이 우리의 통제를 따르게 할 수 있기를 기대할 수 있으니, 총리아문에서 결정해 주시기 바랍니다.[5]

이홍장은 여전히 '감국'과 같은 고위 관원을 파견하는 것은 천조체제에도, 그리고 조약체제에도 어긋난다고 판단하고 있었다. 그렇지만 그는 절박한 나머지 고육지책으로 조선의 조약체결이나 외무·병부·호부 대신을 임용할 때 청의 사전 비준을 받게 하자는 종전보다는 훨씬 과감한 편법을 제안하였다. 사실 조선의 내정과 외교에 대한 간섭을 훨씬 더 강화하자는 이 제안은 물론 조선의 '주권'을 부정하고, ('옛 법도'를) '대략 변통'하여, 사실상 근대적 의미의 '속국'으로 만들어 나간다는

5 「覆總署論朝鮮國政」(光緒11年 5月 26日), 『李鴻章全集』 44 信函 5, p.504.

제안이나 마찬가지였다. 이 편법적 제안은 물론 총리아문의 동의를 얻거나 실행에 옮겨진 흔적이 없다.

그렇지만 결국 이홍장은 조선 통제의 필요성이 절박해진 만큼, 사실상 앞서 나온 일본 측 요구를 이용하면서 더욱 적극적인 개입을 모색하기 시작하였다.[6] 그 구체적인 조치의 하나는 앞서도 언급하였지만, 김윤식·원세개·원보령의 제안에 동의하여 보정부에 유폐되었던 대원군을 귀국시켜 조선 정부(구체적으로는 민씨 척족)의 저항을 견제하려고 시도한 일이었다. 이에 따라 전해에는 거부하였던 이 방안을 채택한 청은 끌려간 다음 3년 동안 보정부에 연금되어 있던 대원군을 1885년 9월 석방·귀국시키고, 동시에 상무위원 진수당을 소환하였다. 아울러 대원군의 귀국을 호송하였던 원세개를 '주찰조선총리교섭통상사의(駐紮朝鮮總理通商交涉事宜)'로 임명·파견하였다. "조선에 주재하면서 교섭(외교)과 통상 사무를 총괄해서 관리한다."라는 직함이었다.[7]

조선에 부임한 원세개는 이 직책을 영어로 'His Imperial Chinese Majesty's Resident, Seoul', 즉 H.I.C.M. Resident로 번역하여 사용하였다. 이 명칭은 제국의 식민지나 보호국이 될 예정인 지역에 대한 간접 통치를 맡는 직책(駐箚官 또는 駐在官으로 번역된다.)으로, 사실상 제국주의적 지배를 연상시키는 것이었다. 이에 대해 원세개의 이 직함을 '감국'

6 이에 대해서는 林明德, 1970, pp.84-113; 蔣廷黻(장팅푸) 지음, 金基周·金元洙 옮김, 1991, pp.119-141; Louis T. Sigel, 1992a; 崔熙在, 1997, pp.281-283; 陳偉芳 지음, 權赫秀 옮김, 1999, pp.143-157; 權赫秀, 2000, pp.197-269 등등을 참조.

7 「派員接辦朝鮮事務摺」(光緖11年 9月 21日), 「密保袁世凱片」(光緖11年 9月 21日), 『李鴻章全集』 11 奏議11, pp.203-204. 다만 앞에 '흠차'라는 명칭이 없으므로, 그것은 이홍장이 황제의 비준을 받아 파견하는 주파(奏派)의 형식이었던 것으로 보인다. 실제 『주조선(한)사관 당안』에 보이는 원문서를 보면 원세개의 직함 앞에서는 '흠명(欽命)'이라는 단어가 맨 앞에 붙어 있다.

으로 이해하기 어렵다면서, 'Resident General(統監)'이 아닌 'Resident(駐箚官)' 직함이 식민지 총독(Governor General)을 연상케 한다는 주장은 근거가 없다는 의견도 있지만,[8] 실제 알렌은 "또한 서울 주재 청국 외교 대표인 원세개가 인도에 파견된 '영국 주재관' 지위에 해당하는 것으로, 그리고 그 직권에서 조선 국왕이 그의 권력 아래에 있는 것으로 자처하고 있다. 불행하게도 조선인들은 이런 식으로 보고 있지 않으나, 중국의 영향력이 많은 고위 관료들을 통제하게 됨에 따라 정부 기구들이 대체로 중국의 지시를 따르고 있다."고 설명하고 있다.[9]

다만 그 명칭 여하가 어떻든. 원세개가 스스로 다른 서구·일본 외교관(공사)들과는 다르고 그보다 높은 지위에 있었다고 간주하였고, 그만한 특권을 누렸거나 조선 정부에 대해서도 대단히 강압적인 위세를 행사하였다는 점은 분명하다. 하지만 조선 주재 각국 외교관들은 실질적으로는 그의 직책을 공사도 아닌 '총영사'급으로 간주하고자 하였다.[10]

8 유바다, 2017b.

9 「알렌이 한청관계 및 조선의 정세를 소개하는 건」(자료번호 R2-L1-01-053), 『근대전환기 알렌문서』(한국학진흥사업성과 포털의 「근대 전환기 알렌 문서 정리·해제 및 DB화」). http://waks.aks.ac.kr/rsh/dir/rview.aspx?rshID=AKS-2016-KFR-1230009&callType=srch&dataID=AKS-2016-KFR-1230009_DES@0730. 원문의 내용은 다음과 같다. "The Chinese representative at Seoul styles himself "Resident" in the sense that the British representative in India is the Resident and in that capacity the King comes under his power. Unfortunately the Koreans do not see it in this light, but as Chinese influence controls many high officials, the government measures may be largely dictated by China."

10 Yuanchong Wang, 2018, pp.177-181. 또 이에 대해서는 원세개와 10여 년간 친밀한 접촉을 유지하였던 알렌의 원세개론(金源模, 2003d)을 참조할 수 있다. 한편 원세개는 다른 외교관들이 궁전의 정문에서 내려 수백 야드를 걸어가야 하였던 것에 비해, 상국의 위엄을 내세워 고종의 편전 앞까지 가마를 타

이때 이홍장은 진수당에게 '교섭'의 권한을 부여할 때는 북양대신의 결정으로 처리하고 총리아문에 통보만 하였던 것과는 달리, 다음과 같이 광서제에게 상주하여 원세개의 파견을 추천하면서 그 의도를 밝혔다.

> 다만 진수당이 조선에 파견되었을 때는 아직 통상업무가 처음 열렸을 때이지만, 지금은 개항장이 점차 늘어나고 무역이 날로 왕성해졌으며, 각국 공사가 한성에 무리로 모여 모든 문제를 서로 상의하여 대응합니다. 특히 원세개가 옆에서 찬획(贊畫)하는 데 의존할 필요가 있으니 응당 그 권한을 높여 주어 주찰조선총리교섭통상사의로 삼음으로써, 대략 외교에 간여할 수 있다[與聞外交]는 뜻을 보여 주어야 할 것입니다. 조사해 보건대 서양 각국에서는 관원을 파견하여 속국에 주재시킬 때는 보통 외부(外部)에서 증명문서를 주니, 만약 허락해 주신다면 다시 신이 원세개에게 곧바로 출발하도록 지시하겠습니다.[11]

이것을 보면 이홍장은 진수당에게 '교섭'의 권한이 들어간 직함

고 가는 특권을 누렸다. 하지만, 사실 이것은 황제가 파견한 칙사에게도 허용되지 않는 지나친 특권이었다(앞서 언급한 주명반과 장건이 원세개를 꾸짖고자 보낸 서신에서도 이 점은 지적되고 있어 이미 조선에 총리로서 부임하기 이전인 1884년부터 원세개는 이런 '체제'에 어긋나는 횡포를 감행하였음을 알 수 있다.). 심지어 원세개가 잠시 귀국한 동안 대리를 맡은 唐紹儀까지 그 특권을 이용하려 하자, 한성 주재 외교관들이 단체 보이콧으로 조선 정부에 항의하는 일이 벌어지기도 하였다. 결국 나중에는 각국 외교관들도 이 특권을 균점하게 된다. Kirk W. Larsen, 2013, p.248. 원세개의 특권을 부정하는 것이 아니라 각국도 그것을 '균점'하게 되는 것이다.

11 「派員接辦朝鮮事務摺」(光緒11年 9月 21日), 『李鴻章全集』 11 奏議 11, p.203; 「李鴻章奏派同知袁世凱接辦朝鮮交涉通商事宜摺」(光緒11年 9月 21日), 『光緒中日』 卷9, 13a-13b.

(및 관방)을 발급하는 어찌 보면 아주 '중대한' 사무를 총리아문에 통보하였을 뿐, 직접 상주하여 보고하지 않았던 것이 확실하다. 그러나 이홍장은 원세개를 파견할 때는 진수당 때에는 명시하지 않았던 '외교에의 간여'라는 권한을 부여함으로써, 조선의 내정·외교에 직접 간여하게 하겠다는 점에 대해 황제의 재가를 요청하였다(물론 승인받았다). 물론 잘 알려진 것처럼 민씨 척족 정권의 거센 반대와 방해, 대원군에 대한 유폐 때문에 그를 통해 조선 정부를 견제하려던 이홍장의 시도는 사실상 실패로 돌아갔다. 대원군의 귀국에 즈음하여 고종과 민비는 대원군의 세력을 철저하게 제거하고, 그를 사실상 구금하여 청의 의도를 관철할 기회를 아예 주지 않았기 때문이다. 대원군의 귀국을 통한 조선 정세의 장악이라는 청의 시도는 사실상 모험성이 크고 효율이 낮은 실패한 외교의 기록, 외교 공세라고 지적된다. 고종과 민씨 척족의 대원군에 대한 거부·배제를 낮게 평가하고, 대원군의 위상을 과대평가하는 실책을 피하지 못한 것이다.[12]

하지만 이홍장의 대조선 정책은 바로 이 시점에서 확실한 방향을 설정하게 되었다. 그 방향은 즉 바로 '러시아를 끌어들여 청에 항거하려는[引俄拒淸]' 조선의 추세를 저지하고, 대원군을 석방하면서 화해를 지시하는 청 황제의 지시도 거스르는 민씨 척족 정권의 전횡을 견제하는 것이었다.[13] 대신 기존의 조선 자강·개화에 대한 지원이나 군사력 강화의 원조와 같은 정책은 이홍장의 관심에서 사라져 버렸다. 이것은 청의 방향 전환에 대한 조선의 대응과도 밀접한 관계가 있었다. 이 무

12 張禮垣, 2018. 한편 何瑜·田穎, 2006의 연구에서는 대원군 납치에 대한 국제적 반응을 주목하여, 일본은 극히 불만이었으나, 서구 국가는 대체로 환영의 자세를 보였다고 지적한다.

13 田保橋潔, 1940(2016), pp.43-71; 具仙姬, 1996, 2002b.

렵 이홍장의 중요한 막료 가운데 한 사람이었던 주복(周馥)은 원세개 파견의 유래에 대해 이렇게 설명하고 있다.

> 이 문충공은 조선 관리가 외교적 사무에 대한 대처가 좋지 않음을 염려한 데다가, 조선에 머무는 중국 상인들 역시 관원을 파견하여 돌봐 주기를 요청하였기 때문에 정부에 요청하여 북양에서 통상위원을 파견하여 그들을 보호하고 아울러 은밀하게 다른 나라가 조선을 침범하는 조짐을 막게 하였다. 또 조선의 불초한 관리들이 다른 나라와 사통(私通)하여 중국을 배신하고 내치려는 음모를 아울러 그 싹부터 막아야 한다고 하는 사람이 있어, 이것이 원위정궁보(袁慰庭宮保)가 오랫동안 조선에서 일하게 된 연유다.[14]

이홍장이 진수당이나 원세개를 파견한 것은 통상 문제뿐만 아니라 조선이 일본이나 러시아 등 외국과 연결하여 "중국을 배신하고 내치려는" 음모가 싹트는 것을 미리 방지하려는 의도가 그 밑에 분명히 자리를 잡고 있었다. 이홍장은 이를 위해서는 종전에는 꺼리던 관원 파견에 의한 적극적인 개입·간섭도 이제는 마다하지 않게 되었다. 이홍장은 대원군의 석방을 논의할 즈음에, "만약 옛 법도를 가볍게 고쳐 속방의 내정에 참견하려 하지 않는다면, 반드시 미리 강력한 부대를 동삼성의 변계에 주둔시켜 예측할 수 없는 사태를 막고, 완급에 대비할 수 있게 해야 한다."라고 지적한 적이 있었다.[15] 이것은 뒤집어 보면 속방

14 「署朝鮮約章後」, 『玉山文集』, 清代詩文集彙編編纂委員會 編, 2010, 『清代詩文集彙編』 第736冊 所收, p.659. 慰亭/慰庭은 원세개의 字이며, 宮保는 太子太保·少保의 通稱인데, 그는 1901년에 태자소보의 직함을 얻었다.

15 「致總署籌議赦還李是應」(光緒11年6月 27日), 『李鴻章全集』 33 信函 5, p.524.

의 내정에 참견하는 것은 옛 법도를 고치는 것임을 인정한다는 뜻이기도 하다.

그렇지만 "겉으로는 전통적 종번 관계를 유지하는 한편, 조선의 내정·외교에 대한 간섭을 강화하고 '상국'으로서의 존엄과 영향력을 유지해 나가려는"[16] 이홍장과 청의 정책적 변화는 그로 인해 왕권과 왕실의 존망 위기를 느끼게 된 조선 국왕의 입장은 전혀 배려하지 않은 일방적인 성격의 것이었다. 이 때문에 사실 그에 대한 호응을 얻거나 제대로 실효는 거두기가 결코 쉽지 않았다. 이후 조선 정부의 대응 양상을 보면 도리어 강력한 반발만 불러일으켰다고 해야 할 것이다. 이 시기의 조선·청 관계는 수백 년의 역사에서 보기 드문 갈등과 대립으로 점철되는 특이한 양상을 드러내는 것이다. 주복은 자신이 직접 지은 연보(年譜)에서도 청의 조선 정책이 가져온 결과에 대해 이렇게 평가하고 있다.

> 조선은 본래 우리 속방으로 우리가 보호하며, 무릇 외국과 조약을 체결하고 통상하거나 군사력을 투입하여 반란을 진압하는 등의 큰일은 응당 상국이 주지하는 바였다. 그런데 조정의 뭇 신하는 어느 한 사람 감히 일에 나서려 하지 않고 모두 북양대신에게 미루었으며, 북양대신 역시 감히 사양하지 않아 조선을 거의 직예성의 부용(附庸)으로 간주할 정도였다. 따라서 내가 천진해관도에서 일하고 있을 때 다른 관원에 비해 더욱 번잡하고 힘든 일이 많았으나, 조선의 군신 역시 중국처럼 복잡하게 말이 많고 순순히 따르려 하지 않아, 일이 점차 퇴패(頹敗)하면서 할 수 있는 게 없어졌다.[17]

16 陳偉芳 지음, 權赫秀 옮김, 1999, p.147.

17 『周愨愼公自著年譜』, 淸代詩文集彙編編纂委員會 編, 2010, 『淸代詩文集彙編』

직접 당사자로서 주복은 '상국'이 아닌 근대적 '종주국'으로서의 권리를 행사하려는 청의 시도에 대한 조선의 반응이 결코 순조롭지 않아, "일이 점차 퇴패하면서 할 수 있는 게 없어졌다."라고 그 대세의 흐름을 솔직히 회고하고 있다.

실제 고종이 청과 원세개의 간섭에 대응하여 임오군란·갑신정변 이후 민씨 척족을 중심으로 운영한 통리군국사무아문과 내무부의 역할·구성·기능에 대한 기존 국내의 연구는 그것이 소기의 목적을 달성하지 못했다거나, 군주권을 보존하는 데 치중한 나머지 국가의 재정·군사력을 확충하는 데에는 실패하였으며, 그 원인은 청국의 간섭정책에도 기인하기도 하였지만, 민씨 척족의 무능·부패에도 커다란 책임이 있다고 보고 있다.[18] 또 다른 연구 역시 1880년대까지 고종(민씨 척족)의 개방정책과 근대화 정책의 '실패'에 관해 분석하면서 청의 내정간섭도 중요한 원인 가운데 하나이지만, 조선 정부의 부패·무능력이 더 근본적인 실패의 원인이었다는 점에 동의하고 있다.[19] 요컨대 청의 내정간섭과 조선 정부의 부패·무능력이 함께 어울리면서 결국은 1880년대 후반 이후 조선의 '자강' 시도가 실패할 수밖에 없었던 결과를 만들어냈던 것이다.[20] 청이 조선에 대한 정책에서 온갖 편법을 동원할 수밖에

第736冊 所收, p.780. 王雲五 主編, 1978, 『民國周玉山先生馥自訂年譜』, p.40. 여기서 조정이라 번역한 것은 '邸樞部'인데 총리아문과 軍機處·六部 등을 가리키는 것으로 보인다.

18 장영숙, 2008, 2010, 2020; 한철호, 2009(p.292) 참조.

19 Martina Deuchler, 1977.

20 청의 海關에서 오래 근무하기도 하였던 H. B. Morse는 『中華帝國對外關係史』라는 저명한 자신의 저서에서(馬士, 1960·2003, 下, p.29) "조선 정부는 아마도 세계에서 가장 부패한 정부일 것이다. 정부의 부양에 의존하는 사람이 인구에서 차지하는 비례는 다른 어떤 나라보다도 훨씬 크다. 하지만 어떠한 개혁의 책동도 종주국(淸)을 기쁘게 하지는 못하는데, 이것은 조선 자체의 정부는 부정부패가 성행하여 수많은 허점을 가지고 있으므로 그 부원(富源)은

없었던 것도 바로 이러한 상황 때문이었다.

여하튼 이렇게 이홍장이 더욱 적극적인 개입 자세로 돌아선 것 때문에 진수당과는 달리 원세개에게는 이제 조선의 통상과 외교 문제를 총괄해서 관리할 뿐만 아니라, 나아가 내정에까지 적극적으로 개입함으로써 사실상 '감국(監國)'(또는 太上皇)이나 마찬가지 역할을 행하는 임무가 주어졌다. 1859년생으로 27세에 불과하였던 원세개는 1885년 11월 17일 한성에 부임하면서 이홍장의 특별한 추천으로 "특별하게 직함의 순서를 뛰어넘어 발탁"되면서 삼품함을 상으로 받은 승용도라는 직함을 부여받았다.[21] 그의 상관 이홍장의 경우 이 나이에는 겨우 진사시험에 합격하여 한림원 산관(散官)의 지위에 있었다.[22] 원세개가 해외로 파견되는 주외사절(駐外使節)이라서 보다 높은 품급을 받았다고 치더라도, 생원 학위조차 없는 그가 이런 대우를 받았다는 것은 얼마나 빠른 승진의 길에 올랐는지는 여실히 보여 준다(1879년 원세개는 숙부 袁保恒의 기부[捐納]로 칠품함의 中書科中書라는 官銜을 얻은 바 있었다.). 더구나 그보다 앞서 이홍장의 추천을 받았다고 하였을 때 오품함 분발동지였

단지 관리들의 생활을 유지하는 데 쓰일 뿐이다."라고 지적하였다. 당시 외국인의 조선 정부에 대한 인식은 대체로 이와 같았을 것이다.

21 앞서도 나왔지만, 升用은 발탁하여 임용한다는 뜻이고, 道는 道臺·道員를 말한다. 道臺는 청대의 官名으로, 省의 總督(정이품)·巡撫(종이품)와 知府(종사품) 사이의 지방 장관이다. 원칙적으로는 정사품의 관직으로, 나중에 일부 駐外 道員에게 이품·삼품 官銜이 주어지기도 하였다. 각기 전문 책임이 있거나 아니면 총독·순무의 보좌관인 布政使·按察使의 副使(보좌관) 역할을 맡았다.

22 이홍장은 進士 합격 때 二甲 第十三名의 성적을 얻어 翰林院 散官이 되었다. 진사 합격 때 장원으로 최고성적을 받아 修撰에 임명되어도 종육품(이른바 2·3등인 榜眼과 探花는 編修로 임용되었는데 정칠품이었다.)이었고, 翰林院 庶吉士로 승진하더라도 그 품급은 종오품에 지나지 않았다. 翰林院庶吉士가 된다는 것은 황제의 近臣이 되어 詔書의 기초를 담당하거나 황제를 위해 經籍을 講解하는 직책으로 나가는 출세의 출발점이었다.

는데, 2년 만에 두 단계를 뛰어오른 것이다.[23]

이렇게 신속하게 출세의 길에 오른 그는 이후 10년간 조선의 내정과 외교에 직접 개입하여 군림하면서 그는 조선 정부의 개화·개방정책을 사실상 저지·파괴하는 역할을 떠맡았다. 청이 원세개를 통해 사실상 조선의 기존 관계(사대질서)를 연장·강화하는 것이 아니라, 그것을 근본적으로 바꾸어 놓으려 시도, 즉 사실상 근대적 속국으로 만들고자 시도하였다는 평가는 이런 점에서 비롯된다. 사실 이홍장의 이러한 방향 전환은 겉으로는 조선 국왕의 의뢰라는 형태를 빌려 '속국자주'의 원칙을 존중하면서도, 안으로는 그가 보낸 고문·관원에 의해 뜻대로 조선 정부를 조정하려는 형식을 선택하였다. 이것은 정권 내부에 파고들어가 간섭할 수 있다는 점에서 「조·미조약」 체결 무렵의 형식=자주, 실질=간섭이나, '은밀한 조종을 깃들이는 방법[陰寓操縱之法]'보다 한 걸음 더 비약한 정책이었다고도 할 수 있다.[24]

하지만 이렇게 '감국'인듯 '감국' 아닌 '감국'을 보내 은근하게 실질적인 간섭과 통제를 맡기는 것은 공개적으로, 또는 국제적으로 그에 대한 책임은 전혀 지지 않는다는 점에서 이홍장이 줄곧 선호하던 방식이기도 하고, 이 시기 청의 조선 외교의 특징인 다양한 '편법'의 활용이기도 하였다. '주찰조선총리통상교섭사의'라는 원세개의 직함도 「무역장정」 등에 의해 법적으로 근거가 주어진 것도 아니었고, 정식 주외사

23 『德宗實錄』 卷216, 光緒11年 9月 戊午; 朱銘盤, 「與張季直昆季致袁慰廷函(甲申)」, 朱銘盤, 1966, 『桂之華軒遺集』(沈雲龍 主編, 『近代中國史料叢刊』(臺北: 文海出版社) 正編 第一輯 0002 所收)의 「補遺」, pp.390-397에 실려 있고, 南開大學古籍與文化硏究所 編, 2010, 『清文海』 第100冊, pp.48-55에도 전재.

24 茂木敏夫, 1987, p.112. Louis T. Sigel, 1992a, p.160 역시 표면적으로 이홍장은 조약 열강에 관해서는 조선의 자주를 유지하기에 힘쓰는 것처럼 보였지만, 암암리에 조선의 청과의 전통적 관계를 보다 종속적이고 복종하는 것으로 바꾸고자 노력하였다고 해석한다.

절처럼 '흠차'로서 황제가 직접 파견한 것이 아니라 단지 황제의 승인을 거쳐 이홍장이 파견한 존재에 지나지 않았다. 그럼에도 불구하고 이홍장은 원세개에 대해서는 조선 국왕에게 내정과 외교에 대해 직접 조선 국왕에게 "수시로 성심껏 그와 상의하기를" 요청하였고, 원세개에게는 조선의 '용인행정'에 대한 적극적인 개입을 기대하였다. 과거의 '은밀한 조종을 깃들이는 방법'보다 훨씬 더 직접적인 조종을 깃들이는 이런 방법은 바로 편법외교를 활용해서 이루어졌다.

앞서 이홍장은 속방의 내정에 참견하는 것은 옛 법도를 고치는 것임을 스스로 인정하였다고 지적하였지만, 그것은 이후 이홍장·원세개가 추진하는 조선 정책이 대부분 이전에는 실행되거나 당연한 것으로 받아들여진 적이 없는 새로운 시도가 될 것임을 예고하였다. 그리고 이러한 정책들은 하여장이나 등승수·장패륜·원보령 등이 내세웠던 조선에 대한 직접적인 개입이라는 강경책에 점점 더 가까워지는 모습으로 나가고 있었다. 하여장이나 등승수·장패륜·원보령, 그리고 원세개 등이 내세운 이러한 직접적인 개입론을 이홍장이 그대로 모두 받아들이지는 않았다는 점은 확실하다. 마찬가지로 조선도 그러한 내지화나 군현화를 받아들이거나 환영할 여지는 전혀 없었다.

그렇지만 기존 정책의 한계를 인정할 수밖에 없었던 이홍장이 이러한 압력을 받으면서 점차 더욱 직접적인 '속국' 통제의 방향으로 나아가야 하게 되었다는 점도 점차 분명해졌다. 원세개를 조선에 파견할 것을 요청하는 상주와 동시에 그를 비밀리에 추천하는 부편(附片)을 올리면서 이홍장은 그 이유를 이렇게 설명하였다.

> 조선의 변란이 빈번한데, 청은 그것을 유지하고 구호하기 위해 있는 힘을 다하지 않음이 없었습니다. 그런데 조선은 밖으로는 비록 조정의 은덕에 감사하면서도, 안으로는 그 추향(趨向)을 오로지하지 않아 은밀하

게 강국을 골라 스스로 비호하게 하려는 뜻을 가지고 있습니다. 일본 군대가 철수하자마자 러시아의 밀사를 곧바로 불러들이고 있습니다. 저로서는 옆에서 대신 대책을 마련해 도와주고자[借箸代籌. 이것은 앞서 청의 보다 적극적인 개입정책으로의 전환을 표현할 때 이홍장 스스로 쓴 표현이기도 하다－인용자], 거의 있는 지혜와 능력을 다 끌어 쓸 정도였습니다. 하지만 번복에 관한 일이다 보니 잘 처리해 나가기 불충분한 것을 알면서도 부득불 힘써 보구(補救)를 꾀하지 않을 수 없습니다. 만약 조금이라도 보구할 수 있다면, 조금만큼의 이익을 얻을 수 있을 것입니다. 원세개는 지혜와 모략이 풍부하고 조선 외서(外署)의 정신(廷臣)과 평소 연락할 수 있으며, 일을 만나면 만회하고 바로잡기를 기대할 수 있습니다. 지금 조선 국왕이 서한으로 요청하였으니, 이것을 틈타 기회를 보면서 이끌고 방법을 마련하여 은밀하게 그 추향을 바꾸어 옮기게 할 수 있을 것입니다. 그는 군사를 이끌고 두 차례나 조선의 반란을 진압하여 그 공적이 탁월합니다.[25]

이홍장은 청의 보호 능력을 의심하면서 다른 보호자를 찾는 조선 측의 '비협조'에 대해 충분히 의식하면서, 바로 그런 점 때문에 조선 국왕과 정부 위에 '군림'하면서 전횡을 부릴 수 있는 난폭한 이미지의 원세개가 도리어 청의 적극적인 개입정책을 추진할 수 있는 적임자라고 보았던 것 같다. 왜 조선이 청의 정책에 비협조적인 태도를 보이는가에 대해서는 역시 그다지 의문을 품지 않았던 것은 이홍장도 마찬가지였다. '속국'의 의미나 '속국자주'의 해석에서 양자의 뚜렷한 견해 차이가 있었지만, 자신이 이해하는 바로 상대방을 납득시켜 의견의 차이를 해

25 「密保袁世凱片」(光緒11年 9月 21日), 『李鴻章全集』 11 奏議 11, pp.203-204.

소하려는 노력이나 서로 간의 믿음은 존재하지 않았다. 이홍장은 원세개가 부임할 무렵 조선 국왕에게 다음과 같은 서신을 보냈다.

> 이후 귀국의 내치·외교의 긴요한 업무에 대해서는 수시로 성심껏 그와 상의하기를 바라며, 그렇게 되면 반드시 대국에 큰 도움이 될 것입니다. 그는 평소 성격이 강직하며, 일찍부터 총애받아 와 일을 만나면 특히 어떤 말이든 할 수 있는 사람이니, 전하께서 귀에 거슬리는 이야기라고 여기지 않으신다면 정말 다행이겠습니다.[26]

앞서 이홍장이 원세개를 파견하면서 파격 발탁한 점은 서술한 바 있지만, 이렇게 사실상 전례가 없는 특별 추천 서신까지 보내어 원세개의 역할을 강조한 것은 이홍장 자신의 정책적 방향 전환을 분명히 확인하면서, 아울러 원세개를 통한 청의 조선 내·외정에 대한 간섭을 정당화하려는 목적이었을 것이다. 이것은 물론 조선의 독립과 자주역량에 대한 근본적인 불신을 전제로 한 것이었고, 사실 상국으로서의 정상적인 명분에 의한 것도 아닌 일종의 편법이었다. '속국자주'론을 거론할 필요도 없이 속방의 내정에 대한 간섭은 전통과 명분에 어긋나는 일임을 누구보다 이홍장 자신이 잘 알고 있었을 것이다.

따라서 이후 원세개는 조선 문제에 대한 전권을 이홍장으로부터 위임받은 것으로 자부하면서, 그 이전부터 감행해 왔던 이홍장의 위세를 빌려 '호가호위'하는 것도 이제는 더욱 그 정당성을 입증할 수 있었다. 앞서 만약 그가 '감국'으로서 자처하지 않았다면 그것이 더 이상하였을 것이라는 점을 서술한 바 있지만, 원세개가 '상국'의 입장을 앞세

26 「覆朝鮮國王」(光緖11年 10月 2日), 『李鴻章全集』 33 信函 5, p.569.

워 오만하고 거친 행동을 일삼은 것에 대해서는 모든 사람이 공통으로 인정하는 바라서, 여러 차례 조선 측의 강력한 반발과 귀국·교체 요청이 있었고, 심지어는 총리아문조차도 원세개의 교체를 제안할 정도였다.[27] 그런데도, 이홍장은 원세개의 과도한 행동을 억제하는 척하면서도, 그의 교체를 거부하고 임기를 두 차례나 연장하여 10년 동안 조선에 군림할 수 있게 해 주었다. 이홍장의 공공연한 후원을 등에 업고 조선에 부임한 원세개는 이후 이홍장에게 다음과 같은 포부를 밝혔다.

> 조선 조정에서 외국인에게 아부하는 소인들은 이홍장 대인께서 저를 파견하여 주재하게 하면서, 아울러 국왕에게 편지를 보내 내정·외교에 간여하는 것을 돕겠다는 뜻을 밝히신 것이 그 자주(自主)의 체면에 장애가 된다고 생각하고 있습니다. 그래서 자못 외국인들을 농락하여 저를 견제하려고 하고, 스스로 중국의 속국이라는 점을 절대로 인정하고자 하지 않습니다. 아울러 각국에 알리기를, 만약 조선이 중국의 속국이라면 각국 황제와 주고받는 조회는 우리 군주에게 불편한 것이 많다고 이야기하고 있습니다. …… 이런 사람들은 모두 감히 속국이라는 말을 명언(明言)하지 못하고, 또한 이런 몇 사람들이 온갖 못된 계책으로 협박하기 때문에 크게 우려됩니다. 저는 일단 조선 문제의 처리를 위임받았으므로, 최선을 다해 조선의 속국 명분을 바로잡고, 기회를 보아 지탱하면서 조금이라도 어려움을 두려워하고 꺼림으로써 대국을 그르치지 않고자 합니다.[28]

또한 좀 더 후인 1889년의 일이지만, 진수당의 경우와 마찬가지로 원세개의 직임(職任)이 과연 무엇이냐는 의문을 던진 주청 미국 공사

27 Yur-bok Lee, 1988, pp.165-171.

28 「稟北洋大臣李鴻章文」(光緒11年 12月 26日), 『袁世凱全集』 1, p.88.

덴비(Charles Denby)의 조회에 대해 이홍장은 다음과 같은 답장을 준비하였다.

> 조선은 오랫동안 중국의 속국이었고, 이전에 조약을 체결하여 통상하는 것을 허용한 바 있으며, 아울러 그에 따라 논의한 모든 약장은 조선이 제출하여 우리가 보관하고 있습니다. 중국이 관원을 파견하여 주재하게 하는 것은 원래 각 여국(與國)에 출사하는 명목과 다르며, 비록 이등·삼등 공사의 직으로 분명하게 나누기 곤란하지만, 그가 응당 가져야 할 권리는 실로 각국 공사대신의 권위와 동등하며, 일이 있으면 모두 평행하게 왕래할 수 있습니다. 조선에 주재하는 각국 공사·총영사 등이 만약 공무로 인한 회의가 있으면, 응당 조선에 주재하는 중국 관원이 수시로 상황을 헤아려 처리할 것이며, 회의 참가 여부도 스스로 알아서 적절히 처리할 것이니, 미국 역시 여기에 참견할 필요가 없습니다.[29]

총리아문은 그 내용을 다음과 같이 수정하여 미국 공사에게 조회를 보냈다.

> 조선은 오랫동안 중국의 속국이었고, 매번 국왕이 왕위를 넘길 때마다 전례에 따라 중국이 관원을 파견하여 책봉하였으며, 진공(進貢)에 관련된 모든 사무도 아울러 정기적으로 이루어졌다는 점은 누구나 다 알고 인정하는 바이며, 오랫동안 변함이 없었습니다. 그러나 지금과 옛날은 상황이 달라 각국과 이미 조약을 체결하여 통상하는 것을 허용한 바 있고, 아울러 그에 따라 논의한 모든 약장은 조선이 제출하여 우리가 보관하고 있

29 「覆總署 論袁道見忌外國」(光緖15年 6月 5日), 『李鴻章全集』 34 信函 6, pp.564-565.

습니다. 그 국정 가운데 대국(大局)과 관련된 것에 대해서는 부득불 중국이 관원을 파견·주재하게 하여 가까이서 협의[諮商]하게 함으로써 적절함을 기하고 유폐를 방지하지 않을 수 없으니, 황상의 유지를 받들어 조선에 주재 관원을 파견하여 일을 처리하게 하는 것은 원래 각국에 출사하는 명목과 모두 다른 바가 있습니다. 현재 조선에 파견된 승용도 원세개는 유지를 받들어 파견을 지시한 경우로, 그 직임은 비록 이등·삼등공사의 직으로 분명하게 나누기 곤란하지만, 그가 응당 가져야 할 권리는 실로 조선에 주재하는 각국 공사대신의 권위와 동등하며, 일이 있으면 모두 평행하게 왕래할 수 있습니다. 조선 역시 업신여겨서는 안 되며, 현재 조선에 주재하는 각국 대신 역시 경시하지 않고 함께 화목함을 유지하기를 기대합니다. 조선에 주재하는 각국 공사·총영사 등이 만약 공무로 인한 회의가 있으면, 응당 조선에 주재하는 중국 관원이 수시로 상황을 헤아려 처리할 것이며, 회의 참석 여부도 스스로 알아서 적절히 처리할 것입니다. 이것은 본래 일정한 체례가 없으니, 본 아문이 멀리서 헤아리기는 불편하지만, 귀국(미국) 역시 여기에 참견할 필요가 없을 것입니다.[30]

이홍장과 총리아문의 '답장'을 함께 읽어 보면, 청은 조선이 중국의 속국이었다는 것을 이유로 내세워 "그 국정 가운데 대국과 관련된 것에 대해서는 부득불 중국이 관원을 파견·주재하게 하여 가까이서 협의하게" 할 수밖에 없으며, 상유를 받아 파견된 원세개의 "직임은 비록 이등·삼등공사의 직으로 분명하게 나누기 곤란하지만, 그가 응당 가져야 할 권리는 실로 조선에 주재하는 각국 공사 대신의 권위와 동등하며, 일이 있으면 모두 평행하게 왕래할 수 있다."라는 것이었다.

30 「擬覆美使文」(日字不明), 『李鴻章全集』 34 信函 6, p.565.

원세개의 역할을 각국 공사와 대등하고, 마치 '감국'이나 '총독'처럼 묘사하는 이 총리아문의 입장은 사실상 황제가 속국에 파견한 관원이 원세개라는 명분을 내세워 그를 통한 조선의 내정·외교에 대한 간섭을 정당화하려는 논리를 펴면서, 사실상 조선에 대해 국제법적인 의미에서의 '종주국'임을 다시 확인하고자 하는 것이었다. 하지만 실제로는 외교관이 아닌 '상무위원' 원세개를 각국 공사와 대등한 권위를 가진 것으로 간주하려는 청의 의도는 당연히 국제법적인 근거가 없었으며, 조선이 오랜 속국이라는 것을 명분으로 한 일종의 '편법'이었다. 청이 이렇게 조선-청 관계의 특수성을 내세우는 한 당연히 청이 조선에 파견한 '상무위원'과 각국 공사 사이의 관계는 총리아문이 스스로 인정한 것처럼 "일정한 체례(體例)가 없는" 편법이 될 수밖에 없었다. 즉 청은 조선 문제에 대해서는 전통적인 양국 관계를 따를 뿐 사실상 국제법적 관행을 따르지 않고 무시하겠다, 그리고 그 틈을 이용한 편법의 사용을 마다하지 않겠다고 선언한 셈이었다. 앞서 보았듯이 조약 아닌 조약 「무역장정」은 이러한 편법외교의 기반이 되었다.

이러한 청의 '편법외교' 시도를 각국이 묵인하였든 하지 않았든 간에, 조선에 부임한 원세개의 포부는 청의 '종주국'으로서의 지위를 굳히면서, 이에 벗어나 자주국가로서 '독립'을 지향하는 조선 — 보다 구체적으로는 고종과 민씨 척족 — 의 움직임을 적극적으로 저지·통제하는 데 가장 중요한 우선순위를 두고 있었다. 그리고 이홍장은 그러한 원세개의 강력하고도 충실한 후원자가 되었다.[31] 모스(H. B. Morse)는

31 林明德(1970, p.100)은 "하지만 원세개와 이홍장의 조선 사무에 대한 태도는 그 정도나 방식 면에서 역시 차이가 있다. 원세개는 이홍장의 지지 아래 심력을 다하여 중·한 종번 관계의 유지와 강화에 힘을 쏟았다. 이홍장은 중국의 '종주권'을 강화하기를 바랐지만, 매번 원세개의 過急함이 외력의 간섭을 불러올 것을 염려하여, 태도가 비교적 신중하였다. 하지만 어떻든 간에 원세개

이 점에 대해 다음과 같이 평가하고 있다.

> 원세개의 임무는 가장 간단하게 말하자면 조선의 중국에 대한 종속성을 확보하는 것이고, 아울러 조선 국왕이 독립자주를 실현하려는 노력에 타격을 가하는 것이다. 그러한 노력이 조선 영토가 러시아나 일본의 무력 보호를 받은 길이든, 아니면 조선이 심지어는 미국 책동하의 주권국가가 되든 그것은 상관이 없었다. 그는 적극적으로 조선의 부패한 정부가 유익한 개혁을 채택할 것을 권고하였지만, 시종일관하여 조선의 중국에 대한 종속 지위를 견지하였다.[32]

와 이홍장은 정도 면에서 약간 다른 점이 있기는 하지만, 엄격하게 말하자면 그들 두 사람은 모두 적극 정책의 입안자이자 실행자였다."라고 두 사람의 관계를 설명한다. 이런 점을 보면 일찍이 1934년에 주한 공사관에서 미국 국무성에 보낸 공식 보고를 검토한 Payson T. Treat가 1885-1894년 동안 청의 조선 내정과 외교에 대한 적극적인 개입정책을 이홍장과 원세개에 의한 새로운 정책, 즉 '李-袁政策(Li-Yuan policy)'이라 명명하면서, 이러한 정책이 조선의 개혁을 좌절시키고 조선 정부를 失政과 無能力의 심연으로 빠뜨리는 데 크게 기여하였다고 비판하였던 것은(Payson T. Treat, 1934) Yur-bok Lee, 1988, pp.171-173 역시 이에 동의하는 견해를 보이고 있으므로, 여전히 충분한 설득력을 갖춘 것으로 보인다. 蔣廷黻(장팅푸) 지음, 金基周·金元洙 옮김, 1991, p.125 역시 청의 조선 정책을 이홍장과 원세개의 정책이라 불러도 좋다는 데 동의하고 있다.

32 H. B. Morse(馬士, 1960), 下, p.17. Yur-bok Lee, 1988, pp.148-150도 이에 동의하여 "원세개가 해야 할 일은 조선인의 복지를 너무 희생시키지 않으면서, 그리고 조선 군주와 백성의 자존심과 자율성을 너무 심각하게 훼손하지 않으면서 조선에서 중국의 이익을 증진하는 것이었다. 그러나 그는 그와는 정반대로 하였고, 결과적으로 고종이 다른 곳에서 후원자를 찾게 하였다.", "원세개는 조선 관료나 백성의 눈에 비치는 조선 왕실의 권위를 약화시킬 수 있는 모든 일을 하였다.", "원세개의 횡포와 장기적으로 확립된 조선 왕실의 신성한 관행에 대한 침범은 고종을 분노하게 하였다."고 그의 역할을 평가한다. 조선에 대한 원세개의 군림은 극도로 환영받지 못하고 조선 정부의 분노를 낳았던 것이다.

앞서 지적하였듯이 이렇게 이홍장의 조선 정책은 처음의 소극적인 권도에서 점차 시간이 지남에 따라 결국은 하여장이 제안하였던 감국 설치와 같은 직접적인 개입·통제의 방향으로 옮겨졌다. 하지만 청 조정 내부나 강경파 관료의 의견에도 불구하고 그는(그리고 총리아문 역시) 결코 감국의 직접적인 파견이나 군현 설치 등 본격적인 속국화·내지화의 정책에 동의하지는 않았다는 점 역시 기억할 필요가 있다. 그것은 원세개의 파견이라는 '편법'의 활용을 통해서 얼마간 그러한 요구를 대체할 수 있었을 뿐만 아니라, 사실상 그러한 방법에 의존하지 않더라도 조선을 통제·방어할 수 있다고 생각하는 물리적 기반과 통제의 전략이 이미 형성되고 있었기 때문이었다.

2) 청의 조선 방어전략 완성

실제 1885년 「천진조약」의 체결 이후 오장경군이 철수한 다음에도 청이 조선에 강력한 영향력을 행사할 수 있었던 것은 갑신정변 직후 조선에 차관을 제공하여 가설하기 시작한 서로전선(西路電線. 의주-인천선) 덕분이었다. 이 전선이 1885년 8월 개통되어 청은 봉황성(鳳凰城)-여순(旅順)으로 이어진 전신망에 조선을 통합하면서 유사시에 북양수사와 만주의 육군을 신속하게 투입될 수 있는 수단을 장악하게 되었기 때문이다. 뒤이어 한성-인천 간의 전선과 경부·원산선도 청에 의해 설립·완공·운영되었다. 다만 서로전선(의주선)에 대한 조선의 회수 요구도 거부당하였으며, 데니가 제안한 한성-원산선(북로전선)의 개설도 청의 방해로 좌절되다가 한참 후인 1891년 6월에 가서야 이루어질 수 있었다. 일본의 요청에 의한 한성-부산선(남로전선)은 1888년 5월 완공되었는데, 조선 정부가 가설을 주도하고자 시도하였지만, 결국 그것도 청이 장악하였다.[33]

이러한 전신망 가설과 장악을 통해 드러난 청의 조선 정책은 철저하게 자국의 이익을 앞세워 조선의 주권과 이익을 무시하는 특색이 두드러졌다. 최근 이 문제를 전문적으로 다룬 연구에 의하면,[34] 청은 전선 개설 자금을 차관(借款)으로 제공하였지만, 그것을 청이 장악하여 조선 정부는 아예 손을 대지 못하게 하고, 공사 경비의 용도와 사용 규모 및 공사 잔금의 운용과 관련해 관리는커녕 보고받을 권한조차 갖지 못하였다. 건설에 필요한 기술과 자재 역시 모두 청이 조달하였으며, 이 가설 공사를 청에서 파견한 학생들의 훈련실습장으로 삼기까지 하였다(그 자금 3만 냥은 제대로 쓰이지도 않은 채 여전히 청이 장악하였다.). 조선은 아무런 대가도 받지 못하고 전선주 준비 및 운반, 설치에 필요한 노동력을 제공하였을 뿐이며, 개설 이후의 운영권도 역시 청이 장악하여 그 편의에 따라 움직였다. 차관에 대한 연 6%의 이자와 중국 관보를 무료로 이용하는 특권뿐만 아니라 이런 특권을 누리기 위해 설치한 화전국(華電局)의 운영과 관리비용도 조선 정부가 부담하였다.

따라서 사실상 이 서로전선은 조선을 위해서라기보다는 사실상 조선에 대한 군사적 보호, 즉 청의 국방이라는 군사목적을 위해 개설되고 운영된 것이나 마찬가지였다. "이 전선의 각 전보국의 관리인과 기술자는 모두 중국에서 파견하였으며, 조선 측에서 중국의 차관을 상환하기 전까지 모든 업무를 중국인들이 주관하게 하여 사실상 완전히 중국이 장악하고 있었다. 이러한 노골적인 간섭 행위는 조선 정부의 불

33 신태갑, 1990; Kirk Larsen, 2008, pp.135-140; 李穗枝, 2016, pp.189-237을 참조. 남로전선은 서로전선에 대한 일본의 항의 결과 청의 개입과 지원으로 설치되는 경과가 있었다. 조선 정부는 조약체결 직전까지 조선의 자주 가설 조항을 넣으려 하였으나, 원세개의 반대와 일본의 동조로 이것이 무산되었다(李穗枝, 2016, pp.195-227).

34 김연희, 2018, pp.79-118.

만을 자아냈으며, 1891년에는 의주전신국의 관리권을 조선 측에 돌려 달라고 요구하기도 하였으나 역시 원세개의 반대로 실현하지 못하였다."라는 지적은 이 점을 잘 보여 준다.[35] 이홍장이 서구에 대해서는 전보에 대한 '자주지권(自主之權)'을 강조하였으면서도, '공손한 소국'이자 속방인 조선에서 전보를 가설할 때 보인 '천조심태(天朝心態)'는 그것과 선명한 대조를 이룬다.[36]

이러한 청의 태도에는 물론 조선을 통제하고 울타리를 공고하게 만들기 위한 전략적 의도가 확실히 반영되어 있었다. 이홍장은 다음과 같이 솔직하게 토로하고 있다.

> 조선은 요심(遼瀋)을 지키는 울타리(屛藩)로 러시아·일본의 변경과 잇닿아 있고 내우외환이 곳곳에서 우려되는 바이니, 반드시 늦지 않게 전선을 접속시켜 소식을 통하게 하고 군대의 파견과 이동에 편하게 해야 합니다. …… 만약 서둘러 대신 처리하지 않으면, 아마도 일본이 우리보다 앞서 처리할 것이고 장차 부산에서 직접 한성으로 직접 연결하면 수륙의 전선이 모두 다른 사람의 손에 떨어지게 되어, 중국과 조선의 기맥(氣脈)이 원활하게 통할 수 없게 됩니다. 이번에 조선 국왕의 요청을 하니 응당

35 陳偉芳 지음, 權赫秀 옮김, 1999, p.152. 반면 郭海燕, 2007, 2008, 2014, 2015는 조선 전선의 설치자와 설치, 권한의 귀속과 경비 마련 등에서 모두 이홍장이 명확한 방침과 조치를 하였다고 하면서, 일본의 도전을 물리치고 중국·조선 사이의 '宗屬 關係'를 지켜 낸 이홍장 외교의 '성공' 가운데 하나로 평가하고 있어, 앞의 평가와 좋은 대조를 이룬다.

36 孫藜, 2007, pp.65-66. 이에 따르면 조선은 원래 해저전선 즉, '水線'의 설치를 요청하였으나, 이홍장은 이를 반박하고 육로전선을 설치하게 하면서, 아울러 25년 이내 조선 정부가 전선의 추가설치를 원할 경우 반드시 중국의 전신국에서 와 처리해야 한다고 결정하였다. 원세개의 경우도 조선이 전보에서 '本邦'아닌 '本國'이라는 용어를 쓴 것에 대해 엄격하게 추궁하였다.

이 기회를 맞아 잘 이끌어서 조선을 위해 육로전선의 권리를 보호해야 합니다.[37]

즉, 신속한 정보 획득을 통한 군대의 파견과 일본에 대한 견제가 사실 청이 "조선을 위해 육로전선의 권리"를 보호하는 목적이었다. 그리고 실제 이후 서로전선의 개설을 통해 청은 조선 측의 감시·통제를 벗어나 전보를 통한 정보 이동을 모두 장악하고 자유롭게 활용하게 되면서, 청의 최고 지시를 신속하게 조선 정부에 전달하고 조선의 정치·경제와 사회에 대해 신속하고도 전면적 간섭을 시행할 수 있게 되었다. 그뿐만 아니라 한성과 평양에 설치한 전보국이 정보 수집과 연락·협조 등의 다중적 기능을 수행하면서 그 영향력을 더욱 강화했다.

이 때문에 청은 전보국의 국원을 필수 인원을 제외하고 모두 조선인으로 바꿔 달라는 조선 측의 정당한 요구도 거절하였다. "서로전선은 속방을 보호하는 중요한 권한이므로 어찌 조선인이 관리할 수 있게 할 수 있느냐?"는 것이 청의 답변이었다. 심지어 1886년과 1887년 청과 조선이 맺은 계약은 남로전선, 즉 경부선(京釜線)까지 청이 가설하고 주지·관리하는 것을 규정하기까지 하였다.[38] 조선의 경내에 설치되고, 수도로 연결된 전보국이 청의 거의 완전한 통제를 받는다는 것은 사실

37 「議展朝鮮電線摺」(光緒11年 5月 10日), 『李鴻章全集』 11 奏議 11, pp.107-108.

38 이상의 상황은 史斌, 2012, pp.73-74; 王東, 2016. 한성-부산의 경부선(南路電線)의 개설은 일본이나 미국 등이 개입하는 복잡한 외교적 접촉과 절충을 거치게 되지만, 王東은 청(특히 중국전보국의 담당자인 盛宣懷)이 그 역량 부족에도 불구하고 계속 '自設'을 시도하는 조선에 대해 줄곧 '代設'을 고집하였던 것은 일본이나 러시아 등 다른 나라가 電線의 영역에 끼어들어 청의 권한을 침범하려는 것을 막으려는 의도였음을 분명하게 확인하고 있다. 이것은 청의 대조선 정책과도 밀접한 연관을 가졌다는 것이다.

상 조선의 주권에 대한 심각한 침해였지만, 청의 정책과 전략은 '속방'인 조선의 주권과 이익을 고려하지 않고 일방적으로 청의 입장에서 그 이익만을 고려하고 관철하는 특성을 확실하게 보여 주었다. 서로전선에 대한 청의 태도는 이 시기 청의 조선 정책이 지도와 후원이 아닌 일방적인 통제와 장악·이용으로 바뀌게 되었음을 보여 주는 상징적인 사례다.

무엇보다 청의 이익을 앞세워 조선의 이익과 근대화의 시도를 저지하는 청의 정책은 이후 가설되는 남로전선과 북로전선의 경우에서도 그대로 관철되었다. 남로전선은 가설을 제안한 청의 지연으로 조선 정부가 자설(自設)에 나서 1888년 6월에 전신 업무를 시작할 수 있었으나,[39] 한성-함흥의 북로전선(北路電線)도 러시아로 연결되는 것을 우려한 청의 반대로 1891년에야 완공될 수 있었다.[40]

여하튼 아울러 이 전신망을 통해 천진과 한성 사이에 전보가 교환되기 시작하면서 종래 몇 달씩 걸리던 육로를 통한 전통적인 자문(咨文)의 왕래에 비하면 양국 간의 의사소통은 그야말로 훨씬 신속해졌다. 임오군란 이후에는 청의 군함이 그 왕래의 수단으로 이용되기도 하였지만, 전선은 그 신속성에서 비교할 수 없을 정도로 효율적인 정보 교환을 가능하게 만들었다. 나아가 진수당이나 이후의 원세개와 같은 관료가 한성에 주재하면서 청은 조선 정부에 훨씬 더 직접적으로, 신속하게 그 의견을 전달하고, 아울러 즉각적인 답장을 요구하여 그 정책 의지를 강력하게 관철할 수 있었다. 조선에 있어 '상국' 청의 존재감이 가져오는 압력은 종전과는 비교할 수 없을 정도로 무거워졌다.

이러한 조선 전신망의 개통을 가장 먼저 제안한 사람은 사실 임오

39 李穗枝, 2016, pp.189-228.

40 김연희, 2018, pp.119-147.

군란 진압을 성공적으로 처리할 수 있었던 것은 전보 덕분이었다고 파악한 주일 공사 여서창이었다. 때문에 그는 임오군란 직후 천진에서 여순·인천·한성에 이르는 전선을 설치하자고 제안하기도 하였다.[41] 이것은 일본이 적극적으로 조선-일본 간 해저전선의 개설에 나서는 것을 견제하려는 의도도 있었는데, 실제 1883년 3월 3일 조선과 일본 사이에 「부산구설해저전선조관(釜山口設海底電線條款)」이 체결되고, 1883년 말 나가사키에서 부산에 이르는 해저전선이 부설되었다.[42] 그래서 여서창이 다시 이 문제를 제기하였고, 총리아문도 이 제안에 주목하였지만, 청불전쟁의 영향으로 그 이상 진척은 이루어지지 않았다.[43] 중국 본토에서 가장 먼저 전보를 설치한 이홍장[44] 역시 "전보의 설치는 군국(軍國)에 도움이 되는 바가 아주 심대하며, 신이 국원들을 독려하여 전력으로 경영한 결과 다행히 성취가 있게 되었습니다. 즉 이를테면 작년 조선에서의 변란에서도 신속하게 시기를 맞추어 대응할 수 있었던

41 戴東陽, 2012, p.157.

42 李穗枝, 2016, pp.197-201.

43 王東, 2016, pp.51-52.

44 전보는 서구 열강에 의해 홍콩·상해·나가사키를 잇는 전선이 1871년 이후 개설되었고, 중국 측에 의한 것은 臺灣에서 1877년 丁日昌이 개설한 짧은 선로가 가장 처음이었다. 본토에서는 1877·1878년 이홍장이 상해·천진 등지에서 짧은 전선을 개설한 것이 시초였다. 천진과 大沽·北塘 사이에 개설한 군사용 전보 선로 같은 경우는 그 대표적인 사례다. 그는 1880년 천진에 津滬電報總局을 설치하고 1881년 12월에 천진과 상해 사이의 전보 업무가 개통되자 1884년에는 그 기구를 상해로 옮겨 中國電報總局으로 개편하였다. 이를 통해 사실상 중국의 '電信'은 청 조정이 아니라 이홍장이 사실상 장악·주관하게 되었다. 종래 兵部가 장악하던 驛站(驛傳)을 통한 문서·정보 전달 제도가 북양대신이 '總理'하는 제도로 바뀌게 된 것이다. 孫藜, 2007, pp.26-32, pp.46-53, pp.67-76을 참조. 또한 근대중국에서의 전보(전선)의 개설·교섭 과정과 그 역할·의미 등의 문제에 대해서는 지금까지 든 연구 외에도 신태갑, 1990, 1994, 1995; 千葉正史, 2006, 2009; 윤욱, 2010a, 2010b; 磨伯庸·閻乃川, 2012; 薛軼群, 2016 등을 참조할 수 있다.

것 역시 실로 전보의 힘에 의지한 것입니다."라고 평가하기도 하였다.[45] 하지만 청 국내에서도 전신망이 제대로 설치되어 있지 않았던 당시에는 그의 제안이 받아들여질 여지가 없었다.

이후 이 문제가 다시 제기된 것은 앞서도 언급한 바 있지만 갑신정변 때 조선을 방문하여 그 사후 처리 문제를 떠맡은 오대징이 전신선의 설치를 제안하면서부터였다.[46] 여기에 고종이 적극적으로 호응

45 「津滬電報等費暫由淮餉開支摺」(光緒9年 8月 17日), 『李鴻章全集』 10 奏議 10, p.245. 이홍장이 임오군란 발발 무렵 또는 직후 천진-상해선을 조선의 인천까지 연장하려는 계획을 세웠지만 실현되지 않았다는 기록도 있다. 李穗枝, 2016, p.194, p.202.

46 吳大澂, 「會辦北洋事宜都察院左副都禦史吳大澂奏籌辦朝鮮善後事宜並起程日期摺」(光緒10年 12月 24日), 『光緒中日』 卷7, 4a-6a; 『德宗實錄』 卷201, 光緒11年 1月 丙午. 오대징은 갑신정변의 처리차 조선에 와서 그 사후 대책에 대한 의견을 올리면서, 이 문제를 상주하였다. 이 점은 아마 조선 측과 먼저 상의를 한 것으로 보인다. 『承政院日記』(高宗21年 12月 22日)에는 金弘集이 오대징을 맞이하러 가는데 전에 의논한 書院·電線에 대해 어떻게 대답해야 하느냐고 아뢰자, 고종이 "전선, 이것은 좋은 일이다. 또 吳欽差가 이미 거듭 권고함이 있었으니, 만들어 설치하지 않을 수 없다."라고 확인하였고, "심순택이 아뢰기를, '전선이 좋지 않은 것은 아닙니다만 돈을 모을 방도가 없으니, 이것이 걱정되는 점입니다.' 하니, '대신이 함께 가서 상의하여 잘 대답하도록 하라.'하였다."라는 기록이 있다. 다음 날에도 고종은 김홍집이 '전선에 관한 일은 중국에 자문을 보내셨습니까?'라고 아뢰자, '이미 자문을 보냈다.'고 답하였다(『承政院日記』, 高宗21年 12月 23日)는 기록이 있기 때문이다. 오대징의 제안에 고종이 적극적으로 호응하여 신속하게 청에 전선 설치를 요청하였음을 알 수 있다.(『外交文書』 제8권, pp.351-353에도 이 기록이 실려 있다). 오대징의 제안에 가장 주목한 것은 金正起, 1983, 1994의 연구다. 오대징의 요청은 상유에 의해 승인되었다(『外交文書』 제9권, p.141). 한편 고종은 이미 1882년 「조·미조약」 체결을 위해 건너온 馬建忠에게 趙寧夏를 통해 內政과 해관 설치, 개항, 전보, 광산 채굴에 대해 자문을 받은 바 있으므로(金翰圭, 2011, p.510), 電報에 대해서는 이전부터 관심을 가졌음을 알 수 있는데, 실제 서로전선의 설치 이전 조선에서의 전보 도입을 위한 노력에 대해서는 김연희, 2018, pp.29-77에서 상세하게 분석하였다.

하고, 이홍장 역시 그것을 받아들여 청 조정의 재가를 받아 내면서 서로전선의 가설이 신속하게 이루어졌다. 일본이 부설한 해저전선처럼 25년간 다른 정부나 상민이 다른 노선을 개설하지 않겠다는 조건이었다.[47]

사실 당시 전국적 개설이 시작되었던 초기 단계의 중국 전보망은 오대징이 조선으로 파견되기 전에 근무하였던 길림이나 그 동부의 혼춘지역까지 아직 가설되기도 전이었다는 점을 주목할 필요가 있다. 청의 강역 내 연해·변강 지역과 내지의 도시 간 전보 연결은 1890년에 가서야 대체로 완성되었기 때문이다. 심지어 천진에서 북경(총리아문)으로 전선이 연결된 것은 갑신정변 몇 달 전인 1884년 8월의 일이었는데,[48] 의주에서 인천을 잇는 조선의 서로전선은 그 1년 후인 1885년 11-12월 사이 가설되었다. 산해관(山海關)에서 여순(旅順)·영구(營口)·봉천(奉天)에 이르는 전선이 가설된 것은 그 직전인 1885년 4-5월이었다. 그러나 봉천에서 혼춘을 잇는 전선의 가설은 한성에 전선이 연결된 지 1년이 지나서야 이루어졌다.[49] 오대징·이홍장, 그리고 청 조정이 이렇게 동북 지역보다 앞서 서둘러 조선과 연결하는 전신망 개설에 동의하였다는 것은 조선의 전략적 위치와 전선의 정치·군사적 효용에 대한 절실한 이해 때문이었을 것이다.

또한 「무역장정」을 통해 청 군함의 조선 연해 왕래와 정박이 허용된 것은 청의 북양함대나 윤선 운항에 대한 각종 특권과 기회를 제공하였다. 이 군함 왕래의 특권은 이후 열강도 균점의 혜택을 누리게 되

47 「議展朝鮮電摺」(光緒11年 5月 10日), 『李鴻章全集』 11 奏議 11, pp.107-109; 『外交文書』 제8권, pp.351-353; 『外交文書』 제9권, pp.136-137.

48 孫藜, 2007, pp.58-60.

49 千葉正士, 2006, pp.68-99를 참조.

지만, 이홍장의 북양함대나 윤선 운항에 대한 각종 특권의 확보는 발해만과 여순·대련 그리고 위해위에 기반을 둔 북양함대가 황해를 사실상 중국의 내해(內海)로 바꾸어 놓을 수 있게 만들었다(北洋水師에서 출발한 北洋海軍의 정식 편성은 1888년에 이루어졌다.). 이리하여 「천진조약」 체결 이후 청의 군사정책은 회군(淮軍)의 서울 주둔에서 북양해군의 조선 해방 강화정책으로 중심축이 이동하게 되었으며, 이것을 압록강 대안의 봉황청 육군 증강과 서로전선의 가설로 보완하였다. 이를 통해 인천을 요동반도와 산동반도를 잇는 삼각점의 최전진 기지로 만들어 청의 해방(海防)에 충실히 복무하게 만든 것이다.[50]

그 때문에 청은 「천진조약」 이후 주둔군을 철수시킨 다음 조선 군대의 강화 및 근대화에 대한 지원을 사실상 방치하게 되었다. 「천진조약」으로 중·일 양국의 군대와 교관이 모두 철수하게 되었다는 내용을 통보하면서 이홍장은 조선 국왕에게 다음과 같은 서신을 보냈다.

> 우리 정부의 왕대신은 동번(東藩)을 돌아보시는 대황제의 지극한 뜻을 우러러 체현하여 전하를 위해 사후 처리 대책 두 가지를 마련하였습니다. 하나는 수천 명의 소총부대를 훈련하여 숙위(宿衛)로 삼으면 서양 교습을 초빙하는 것을 대신할 수 있다는 것입니다. 다른 하나는 이게 아니면 조선에서 장교와 사병을 천진의 군영에 골라 보내 학습하게 하는 것

50 金正起, 1994, pp.129-136; 2001은 이 점에 대해 가장 먼저 착안하였다. 曹秉漢, 2004는 1870년대 이홍장의 양무운동과 해방을 함께 논의하여, 이후 북양해군 건설의 기초를 이해하는 데 도움을 준다. 조세현, 2013, 2016도 1880년대 청의 해군을 통한 조선에 개입정책에 착안하여, 북양수사와 조·청 관계에 대한 전반적인 분석으로 청의 조선과 관련된 군사적 개입이나 전략 전반을 상세히 서술하였다. 이러한 연구들은 북양함대로 조선을 방어하는 새로운 청의 전략에 주목한 점에서 상당한 시사점을 제공한다.

입니다. 두 가지 다 모두 정말 시급한 당무(當務)입니다.[51]

여기에 이홍장은 미군(美軍) 교습을 초빙하지 않았다면 천진의 독일 교습을 보내 줄 수 있다는 내용을 덧붙였지만, 사실상 조선의 자립이나 '국방'을 위해서는 청이 더 이상 큰 노력을 기울이거나 실질적인 도움을 주지 않겠다는 의사를 간접적으로 내비친 것이나 마찬가지였다. 임오군란을 전후하여 다수의 무기를 제공하고 조선의 군대를 훈련하는 데 도움을 주었던[52] 종전의 행태보다는 훨씬 소극적인 자세로 돌아선 것이다. 또한 몇 달 후인 광서11(1885)년 6월 총리아문의 조선에 대한 대책에 대해서도 마찬가지로

1) 신속하게 서양(미군) 장교를 추천해야 한다.
2) 일본 공사와 철병을 늦추는 협의를 한다.
3) 조선 국왕에게 서신을 보낸다(러시아 교관의 초빙, 조선의 러시아 접근과 묄렌도르프에 대한 경고 등의 내용).
4) 이하응을 석방하여 귀국시킨다.

는 네 가지의 내용을 제시할 뿐이었다.[53] 이렇게 이홍장의 조선 지원

51 「致朝鮮國王」(光緒11年 3月 20日), 『李鴻章全集』 33 信函 5, pp.485-486.

52 이를테면 조선 정부는 북양대신에게 "군사변란[壬午軍亂-인용자]이 있은 다음 무기가 흩어져 사라지고, 병사의 선발과 훈련이 급하다는 것을 염려하여 천진군계소(天津軍械所)에서 12파운드 개화포 10문, 라이플총 1천 정, 포탄과 도화선, 총탄과 화약 등을 지급하고", "신식 부대 병사들은 모두 오장경(吳長慶) 제독의 지휘에 따라서 훈련을 받게" 해 줌으로써 "병사가 없는 나라가 병사가 있는 나라가 되었고, 무기가 없는 나라가 무기가 있는 나라로 되게" 해 준 것에 대해 감사의 자문을 보냈다. 『光緒中日』 卷4 166의 附件 2 「李鴻章進呈朝鮮國王謝恩咨文片」, 42a-43a(文件番號166)을 참조.

정책이 소극적으로 변한 것은 앞서도 지적하였듯이 청이 조선의 방어를 위해 더 이상 조선의 군사력이나 청군 주둔에 의존하지 않게 되었던 것에서 비롯되었다. 따라서 이후 청은 대원군을 조종하여 조선 정국을 전환하려 하거나, 아니면 전보를 이용하여 정보를 입수하고 북양수사와 육군의 합동 작전을 통해 신속하게 조선에 군사를 파견하는 전략을 통해 자립 능력이 없다고 생각하는 조선을 '보호'하거나, 아니면 중국의 뜻을 따르도록 군사적 위협을 가하고,[54] 아울러 이러한 군사적 통제를 통해 조선에 대한 '제국주의적' 행태를 모방·차용한 정책을 추진하는 방향으로 움직이게 되었다.

이러한 방향 전환을 위해 이홍장은 이미 1883년에 청의 군함이 「무역장정」에 구애받지 않을 권리를 삽입해 달라고 요구하였으며, 원세개는 1886년 조선 정부에 「병선왕래상하장정(兵船往來上下章程)」 6조를 요구하여 관철하였다. 이 「장정」의 제1조는 군함의 왕래와 해군의 승·하선은 해관(海關)과 무관하다는 것이었다. 제2조는 원세개의 부하가 왕래할 때 원세개가 발급한 선표(船票)가 있으면 휴대품 검사를 허용하지 않는다는 것이었고, 제5조는 군함에서 상륙하는 경우 군함 거룻배를 이용하면 해관에서 검문할 수 없으며, 민간 거룻배를 이용해도 선원이나 원세개의 임무 지시를 받았다면 역시 해관에서 구류할 수 없다는 것이었다. 이러한 특권의 강행을 통해 원세개는 사실상 군함을 통

53 「覆朝鮮國王」(光緒11年 6月 5日), 『李鴻章全集』 33 信函 5, pp.508-509; 「覆總署條議朝鮮事」(光緒11年 6月 6日), 『李鴻章全集』 33 信函 5, pp.509-510.

54 이를테면 원세개가 조·러밀약의 문제가 불거졌을 당시 군함 파견을 요청하여 문죄하겠다고 조선 국왕을 협박하거나, 이에 맞추어 청 조정에서 이홍장에게 군사적 준비태세를 갖추고 아울러 군함을 조선의 해안에 파견하여 순찰하도록 지시한 것은 그 대표적인 사례 가운데 하나다. 劉憶江, 2015, pp.367-368.

한 청국 상인·장병의 '밀수'가 사실상 합법화될 수 있는 길을 열어 놓았다.[55] 부피가 작지만 가격이 높은 홍삼이나 사금은 이러한 밀수의 주요대상이 된 조선의 상품이었다.

언제든지 하루 이틀 만에 중국에서 조선에 파견될 수 있는 강력한 군함·함대의 존재는 청이 조선을 확실하게 제압·'보호'하면서, 상국으로서의 특권을 일방적으로 누릴 수 있는 효과적인 무기로 등장하였다. 이를테면 1886년 7월 이홍장이 정여창으로 하여금 북양수사의 정원(定遠)·진원(鎮遠)·제원(濟遠) 등 7척의 철갑 쾌선·군함을 이끌고 조선 해역에 가게 하여, 부산과 원산·영흥만(이후 블라디보스토크와 나가사키를 거쳤다) 등 동해 일대를 순시하면서 그 해군력을 과시함과 동시에 러시아를 끌어들여 청에 저항하려는 조선에 경고하였던 것은 그러한 사례의 하나다.[56]

당시 이홍장의 심복으로 그의 지시를 받아 서로전선의 설치를 담당했던 양무 관료로 중국전보총국(中國電報總局)의 총판(總辦)을 맡았던 성선회(盛宣懷)가 1885년 6월 3일 순친왕에게 올린 보고에서 다음과 같이 이야기한 것은 아마도 당시 청의 조선에 대한 정책을 가장 잘 보여주는 사례가 될 것이다.

55 이「兵船章程」의 문제에 대해서는 金正起, 1979, 1985, 1994에서 가장 먼저, 그리고 거의 유일하게 주목하였다.「兵船章程」은 權赫秀 編, 2008,「約章篇」, pp.40-41을 참조. 이 장정은 청 정부 방면의 문헌에는 보이지 않는다. 앞서도 서술하였지만 金正起, 1994, pp.86-87, pp.152-157에서는 이후 발해만과 조선의 서해안 지역에서 밀수가 극성하여 그 규모는 해관을 통한 정규무역의 총액을 능가하였을 정도여서, 이른바 인천해관의 무용론이 제기될 만큼 청의 밀수행위가 심각하였다는 점을 지적하였다. 이「병선장정」은 그러한 밀수를 확실하게 보장하는 제도적 장치가 될 수 있었다.

56 순시 후 귀국 도중 1886년 8월 長崎에 들렀을 때 北洋水師의 사병과 長崎 시민 사이에 충돌이 벌어져(長崎事件), 양국 간 군비경쟁 촉발의 배경이 된 점에 대해서는 戚其章, 1998, pp.289-317; 宗澤亞, 2012, pp.316-325을 참조.

요컨대 조선은 자립할 수 없으며, 다른 나라에 절거(竊據)당하지 않으려면 반드시 중국에 의존해야 합니다. 조선에 급한 어려움이 있으면 우리가 반드시 담당해야 합니다. 조선은 적지 않은 사람이 은근히 일본이나 러시아의 편을 들고 있어 일단 내부의 변란이 다시 발생하면 기회를 틈타 손을 쓰는 사람이 있을까 염려됩니다. 저는 현재 지시를 받아 전선을 연장하고자 이미 인원을 파견하여 보냈으나, 현재 상무위원(商務委員)을 맡은 사람이 너무 착실(老實)하여, 사태의 핵심을 잘 파악하지 못하니 어찌 기선을 제압하여 전선 설치의 전반적인 효과를 거둘 수 있겠습니까? 따라서 응당 신속하게 조선 상황을 잘 알고 오랫동안 양무 사업을 거친 고위 관원을 파견하여 진수당을 대신하고, 미리 조선 법률이나 세가(世家), 충사현부(忠邪賢否)의 판별, 조선의 전반적인 이폐(利弊)의 소재(所在)를 곳곳마다 묵묵히 조사해 놓은 다음, 장래 만약 감국대신(監國大臣)을 파견할 수 있다면, 서양의 속국 사례에 비추어 용인행정(用人行政)에 대해 모두 반드시 간여해야 합니다. 군대와 그 비용(兵餉) 두 가지에 대해서는 모두 감국이 주지하게 해야 합니다. 밖으로는 평이(平易)함을 보이되 안으로는 굳건함(堅貞)을 포함하여 모든 긴요한 항구마다 포대·어뢰선(魚艇)·수뢰(水雷)를 설치하여 북양수사[가 수시로 왕래하고, 또한 고위 장령에게 지시하여 1만 명의 강력한 부대를 이끌고 봉황성에 주둔하면서 지원하게 하여]와 서로 하나가 될 수 있다면, 아마도 대의가 올바르고 이치가 순조롭고, 또한 충분히 남이 엿보는 것을 막아 우리 울타리를 굳힐 수 있을 것입니다.[57]

여기서 성선회는 "서양의 속국 사례에 비추어" 조선에 대한 감국

57 「盛宣懷致醇親王稟」(光緒11年 6月 3日), 夏東元 編著, 2004, pp.229-230. 원문에 약간 오류가 있어 해석이 정확하지는 않지만, 큰 뜻은 다르지 않다.

파견을 통한 용인행정 개입과 군사 분야의 직접적인 통제 방안을 주장하고 있어 제국주의적 방법의 차용을 주장하는 적극적인 조선 정책의 지지자로서 모습을 보여 준다. 또 그 역시 북양수사와 육군의 결합에 의한 조선 방어를 제시하고 있어 이러한 전략은 이미 청의 조야에서 기본적인 조선 정책의 밑받침에 자리를 잡고 있음을 알 수 있다. 그리고 이 때문에 성선회의 보고와 같은 시기인 1885년 6월 조선 국왕이 오장경군의 철수를 늦춰 달라고 요청해 왔을 때, 이홍장은 다음과 같이 반응할 수 있었다.

> 비록 잠시 육군을 철수시키더라도 여전히 군함을 파견하여 번갈아 인천에 가서 주순(駐巡)하게 함으로써, 진압(鎮壓)에 보탬이 되고 성원(聲援)을 키울 수 있습니다. 장래 만일 다른 사변이 있더라도, 다시 육군을 파견하여 윤선을 통해 조선으로 향하게 하면, 아침에 떠나 저녁에 도달할 수 있으니 늦거나 그르치지 않을 수 있습니다.[58]

이홍장이 이런 자신감을 보였던 것은 실제 북양수사와 육군을 이용한 방어전략의 완성이 점차 가까워지고 있었기 때문이었다. 여기에는 물론 북양수사의 확충이 큰 역할을 하였다. 청불전쟁에서 프랑스 해군에 의해 복건수사(福建水師)가 전멸하는 등 큰 패배를 맛보자, 이후 청은 이에 대한 대책의 논의를 거쳐 해군아문을 설치하고, 북양수사의 확충을 위주로 해군력을 크게 확장하는 계획을 추진하였다. 이에 따라 북양수사도 북양해군(北洋海軍)으로 확장·건설되었다. 청불전쟁 이전 북양수사에는 14척의 군함이 있었지만, 1887년까지 순양함 4척(致

58 「覆朝鮮國王」(光緖11年 6月 5日), 『李鴻章全集』 33 信函 5, p.509; 金正起, 1979; 金正起, 1985; 金衡鍾, 2017, pp.243-244.

遠·靖遠·經遠·來遠)이 추가되어 당시 일본의 해군력을 능가하는 북양해군의 기본적인 건설이 완료되었다.[59] 그리고 1888년 12월 「북양해군장정(北洋海軍章程)」이 조정의 비준을 받음으로써, 철갑선 2척과 쾌선 7척 등 25척을 갖춘 북양해군은 이 장정의 규칙에 따르면 장차 18척의 각종 함선을 첨가하여 모두 43척을 가지고 "요동과 발해만을 지키고 다른 곳을 구원(救援)하면, 충분히 그 위세를 뽐내면서 동원과 파견에 이용될 수 있었다."(물론 이 첨가의 계획은 실현되지 못하였다.)[60] 이러한 북양해군의 확장·발전은 청의 조선 방어전략이 직접적인 청군의 조선 주둔이 아니더라도 신속한 육·해군의 동원을 통해 충분한 군사력의 뒷받침을 받을 수 있게 된다는 점을 의미하였다.

이홍장은 다른 한편, 그보다 앞서 조·러밀약설(후술)의 장본인인 묄렌도르프를 조선에서 축출하도록 고종을 압박하여, 대신 미국인 외교 고문 데니(Owen N. Denny. 德尼)와 미국인 세무사 메릴(H. F. Merill. 墨賢理. 1885년 10월-1889년 11월 재직)을 추천하여 조선의 외교·재정에 대한 실질적 통제를 강화하고자 하였다. 조선 해관 역시 청 해관에 대한 '통합'을 강화함으로써, 청은 조선의 재정을 적극적으로 통제할 수 있는 수단을 확보하려 하였다. 실제 이후 청은 청이 제공하는 차관을 제외하면 조선이 다른 국가에서 대규모의 차관을 얻어 내는 것을 차단하는 데 사실상 큰 성공을 거두었다.[61]

59 李鴻章의 북양해군 건설에 대해서는 姜鳴, 1991; 海軍司令部『近代中國海軍』編輯部 編著, 1994; 王家儉, 1995, 「李鴻章與北洋海軍」, 劉廣京 等 編, 1995 所收; 海軍軍事學術研究所軍事科學學會辦公室 編著, 1995; 戚其章, 1998; Richard N. J. Wright, 2000; 樊百川, 2003(2009), pp.1081-1235; 馬幼垣, 2013; 조세현, 2016, 2017 등에서 상세하게 논의되고 있다.

60 戚其章, 2007, p.35.

61 이에 대해서는 林明德, 1970; Lew, Young Ick, 1984; 金正起, 1985; 蔣廷黻(장팅푸) 지음, 金基周·金元洙 옮김, 1991, pp.119-141; Louis T. Sigel, 1992a;

그리고 묄렌도르프를 대신하여 1885년 10월 부임한 메릴은 청 해관의 총세무사 로버트 하트의 추천으로 조선 해관을 중국 해관에 '예속'시키는 임무를 부여받았다. 앞서 묄렌도르프를 추천하였을 때 조선 측 재량권을 크게 배려했던 것과는 달리, 이홍장은 메릴에게 내린 훈령에서는 힘써 조선의 해관 사무를 중국과 동일하게 처리할 것을 요청하고, "중국이 조선 속번을 보호하는 뜻을 위배해서는 안 된다."라고 지시하여 조선 해관을 청 해관에 '예속'시키려는 의도를 분명히 하였다.[62] 이것은 종전과는 확연하게 달라진 그의 태도를 보여 준다. 심지어 메릴 등의 해관원은 청 해관 소속의 신분으로 조선에 파견되었을 뿐만 아니라 청으로부터 봉급을 받았으며, 조선 해관의 무역보고와 통계[『貿易總冊』]까지 청의 그것에 통합시켜 은연중에 조선이 청의 속방이란 지위를 대외적으로 과시·확인하는 효과를 누리고자 하였다(다만 이것은 실제 조선에 인쇄기가 없어 해관 총세무사 메릴의 제안을 따른 조선 측의 요청으로 이루어진 것이다.). 물론 영국의 이익을 동시에 중시하기도 한 청의 총세무사 로버트 하트는 이러한 청의 통합과 속국화 정책에 아주 협조적이었다.[63]

Yur-bok Lee, 1992; 濱下武志, 1994; 具仙姬, 1999, 2006; 李陽子, 2002, 2019; 葉瑋, 2005, pp.331-340; Kirk Larsen, 2008, pp.141-163; 金慶, 2020 등에서 상세하게 다루고 있다.

62 「北洋大臣李鴻章文」(光緒11年 8月 16日), 『中日韓』 卷4, pp.1943-1944. 이 문장은 『李鴻章全集』에는 실려 있지 않은 것 같다. 한편 이전에 묄렌도르프를 파견하였을 때 이홍장이 조선 해관을 중국 해관으로부터 비교적 독립적인 것으로 하고자 하였던 것은 로버트 하트를 견제하려는 의도였다고 한다. Louis T. Sigel, 1992a, pp.166-169를 참조. 묄렌도르프 역시 이홍장이나 로버트 하트와는 달리 조선이 외교적으로나 정치적으로 독립해야 한다는 생각에서 조선 해관을 중국 해관의 영향력에서 독립시키려 노력하였다. 이에 불만을 품은 로버트 하트는 "묄렌도르프는 아주 영리하게 너무 앞서 나갔다. 아마 그는 결국에서는 (독일의 도움으로) 조선의 국왕이 될 것이라는 예상을 토로하지 않으면 안 된다."고 비난할 정도였다. Yur-bok Lee, 1988, p.53.

63 고병익, 1970b, 1970c; Yur-bok Lee, 1988, pp.151-154; 陳時啓, 1993,

하지만 1883년 10월 로버트 하트가 조선으로 무기를 운반하는 영국 선박에 대한 과세 문제 때문에 '조공국' 조선을 '독립 국가'로 간주해야 하느냐 아니면 중국 내지의 각 성(省)과 마찬가지로, 즉 '식민지'의 경우로 대우해야 하느냐고 문의하였을 때, 이홍장은 영국 선박의 조선행 화물은 응당 별도의 다른 국가로 운반하는 화물로 간주해야 하며, 조선 해관 규정에 따라 수입세를 내면 된다고 답장하였다. 또한 1889년에 다시 하트가 번속국을 식민지로 간주해야 하는지 아닌지 분명한 입장을 갖추어야 한다는 의견을 내놓았을 때도, 이홍장은 역시 조선은 별도의 다른 나라이며, 그 내정과 외교는 자주적이라는 답장을 보냈다. 총리아문에서는 조선은 속국이므로 전례상 번속으로 책봉을 받고 있으나 그 내정·외교는 자주해 왔다고 답변하였다.[64] 이홍장이나 총리아문의 태도는 공식적으로 과거 '속국자주'론의 입장을 전혀 부정하지 않았음을 여기서 확인할 수 있다. 실제적인 정책의 변통에도 불구하고, 관념상으로 기존의 '원칙'은 폐기되지 않았다.

실제 조선 해관의 실제 운용이나 전체적 인사권이 청이나 중국 해관의 통제나 방해를 받거나, 조선 해관 세입이 중국에 통제·예속되거나 유출되는 일은 없었다. 청의 조선 해관 통제에 대한 시도는 기본적으로는 경제적 목적이라기보다는 정치적 고려에서 나왔기 때문이다.

pp.350-353; 葉瑋, 2005, pp.328-331에 의하면 하트는 메릴의 조선 해관 개혁을 통해 조선 해관을 중국 해관에 종속시키고자 하였고(본문에서 든 사례는 이런 의도를 반영한 것이다), 또한 이른바 '朝中海關聯合計劃'을 통해 조선·중국 해관을 '연합'하고 자신이 조선 해관 총세무사를 겸임하려고 시도하면서 차관을 통해 조선 해관에 대한 장악을 확고히 하려는 청의 계획에도 동조하였으나, 조선 국왕과 이홍장의 반대로 실패했다. 심지어 그의 조선 해관에 대한 인사권을 견제하기 위한 이홍장의 조치를 추가하였다.

64 張存武, 1987, p.168; 濱下武志, 1994, pp.292-294, 2006, pp.50-53; 崔熙在, 2004, p.258.

물론 해관 수입을 담보로 한 조선의 다른 나라에 대한 차관 시도가 줄곧 청(이홍장과 원세개)의 통제와 방해를 받았고, 청이 조선에 대한 차관을 통해 조선에 대한 '종주권'을 강화하려고 하였던 것은 분명한 사실이다. 하지만 명목상·서류상의 예속 외에, 그 이상의 범위를 넘어선 중국 해관과 조선 해관의 실질적인 정치적·경제적 '통합' 같은 경우는 전혀 이루어지지 않았다는 점도 기억할 필요가 있다.[65] 비록 성공하지 못하였지만, 조선 정부는 청의 통제를 벗어나 해관 수입을 자유롭게 이용하고자 해관 권리를 회수하려는 뜻을 포기하지는 않았다.

3) 조·러밀약과 거문도사건

한편 적극적인 간섭에 대한 반발로 러시아로의 접근을 시도하는 조선을 저지하려던 한 청의 움직임은 「조·미조약」 체결에 즈음해서는 청의 도움을 적극적으로 요청하였던 조선이 이후 오히려 점차 청에 등을 돌리게 하는 결과를 낳았다.[66] 임오군란과 갑신정변을 통해 청의 도움으

65 1880년대 조선 해관과 메릴의 개혁을 다룬 金慶, 2020의 연구를 보면 이 점은 분명해진다. 메릴의 개혁은 조선 해관 설립을 주도하면서 總稅務士·稅務士 全權體制를 만들어 낸 전임자 묄렌도르프와는 달리 청의 해관 체제를 따라 海關監督-稅務士 二元體制(監理-署理稅務士 二元體制)로 조선 해관을 조직하는 데 성공하였다. 한편 메릴은 로버트 하트와 이홍장에 의해 조선에 파견되었지만, 그는 청의 조선 해관 장악이나 통제에 기여하기보다는 청국 상인들의 密輸를 적극적으로 저지하고 平壤의 개항을 추진하는 등 해관 체제의 정착에 도리어 힘을 기울였다는 평가를 받는다. 즉 그는 해관이 상징하는 '개항장 체제'를 통한 조선에서의 다국적 제국주의, 즉 비공식적 제국주의의 이익을 관철하는 데 충실하였다는 것이다(결국 조선의 '친미' 노선을 돕게 된 메릴은 하트와 충돌하게 되어 1889년 조선 해관을 떠났다). 이에 대해서는 Kirk Larsen, 2008, pp.209-214를 참조.

66 1880년대 전반 청의 무리한 조선 정책이 가져온 반발과 反淸意識의 형성에 대해서는 金正起, 1976, 1979, 1983, 1985, 1988, 1989; Yur-bok Lee, 1988;

로 일시적 안정을 되찾을 수 있었지만, 조선은 청의 내정·외교에 대한 직접적 개입과 영향력 강화에 도리어 불안감을 느꼈다. 이에 대한 조선 정부의 저항으로 그때까지 병존하고 있던 사대·교린 체제와 만국공법 체제가 대립의 관계로 전환하였다고 하는 평가는[67] 그런 점에서 상당한 설득력을 지닌다. 이후의 조선과 청이 이 '체제'를 둘러싸고 벌이게 된 상당한 시간 동안의 갈등이 그 점을 잘 드러낸다. 필자가 1880년대 중반 이후 청·일전쟁 무렵까지 조선-청의 관계는 이전 시대와 전혀 다르게 마찰과 충돌로 특징지어진다고 보는 것은 바로 이 때문이다.

여하튼 갑신정변 이후 더욱 강화된 청의 압력을 피하고자 조선 정부는 러시아에 도움을 요청하는 방향을 선택하게 되었다.[68] 특히 왕권의 위기와 신변의 불안감을 느낀 고종과 민씨 척족 정권은 묄렌도르프의 노력을 통해 원세개의 부임을 전후하여 서울에 도착한 러시아의 베베르(K. I. Veber) 대리 공사를 통해 러시아에 보호와 지지를 요청하는

具仙姬, 1999 등의 연구가 상세하게 분석하고 있다. 한편 俞吉濬이 1889년의 『西遊見聞』에서 강대국이 公道를 돌아보지 않고 그 힘을 자의적으로 행사하는 경우가 발생하더라도 약소국은 강대국의 속국이 되는 것이 아니며, 약소국과 강대국의 관계는 주권과 독립권이 그대로 유지되는 贈貢國과 受貢國의 관계라고 강조한 것은 이러한 조선의 청에 '저항'의식을 그대로 상징한다고 할 것이다. 하영선, 2019, pp.53-71을 참조. 유바다, 2013은 俞吉濬의 해석이 국제법적으로 인정받기 어렵다고 보지만, 그 전제로 삼은 청이 국제법을 바탕으로 중화질서를 재해석하려 했다는 주장은 좀 더 검토가 필요한 것 같다.

67 曹谷憲一, 1992.

68 Yur-bok Lee(1988, pp.89-112)는 심지어 갑신정변 이전부터 조선을 보호해 줄 강력한 이웃으로 러시아를 주목한 묄렌도르프에 갑신정변을 거친 고종이 전적으로 동조하게 되었다는 점을 강조하지만, 아울러 이러한 선택에서 조선의 유교적 전통보다는 지정학적 고려가 보다 중요한 역할을 하였다는 점을 지적한다. 다만 러시아가 조선의 이러한 요청을 들어 줄 형편이 되지 못하였기 때문에 묄렌도르프의 러시아에 대한 기대는 사실상 환상이었다는 점도 마찬가지다. 러시아의 조선 정책에 뒤에서 다시 언급하겠다.

방향으로 나아가게 되었다. 이른바 '인아거청'의 정책이었다. 청과 일본의 러시아에 대한 적대감 선전에도 불구하고, 조선이 이른바 '공로의식(恐露意識)'을 벗어나 러시아에 손을 내민 것은 미국이나 프랑스와는 달리 신중과 인내로 일관한 러시아의 조선 정책, 1860년대 이래 조선과 러시아가 맺어 온 비공식적 접촉·교섭을 통한 우호 관계의 발전이 뒷받침되었다고 하지만,[69] 조선에 파견된 독일인 묄렌도르프의 활약과 주선으로 1884년 러시아와의 통상조약이 체결된 것은 인아거청 정책 시도의 출발점이었다. 청과 일본이 전쟁을 벌이게 될 경우, 러시아에 보호를 요청하여 조선의 독립을 보전하려는 계산이었다. 이 무렵 '조선중립화'론이 활발하게 논의된 것도 이러한 방안과 연관이 있었다. 물론 이것은 조선 측의 일방적 희망이기도 하였다.[70]

또한 러시아와의 교섭은 갑신정변을 계기로 그 방향이 조선의 자주성을 보장하기 위한 국제적 보장에서 왕실의 안위를 위한 밀약으로 바뀌었다는 점도 주목할 필요가 있다.[71] 그리고 두 차례의 '조·러밀약'의 좌절에 김윤식이 개입한 것(1차는 김윤식의 밀약 승인 거절, 2차는 김윤식의 교섭 무효 통보)도 마찬가지인데, 독판교섭통상사무로서 조선의 외교를 전담하였던 그가 밀약의 사전 교섭 과정에서 아예 소외되었던 사정

69 원재연, 2000, p.302; 연갑수, 2008, pp.15-17. 연갑수(2012, pp.161-187)는 조·러밀약 이전 양국 관계의 내용을 상세히 정리하였으며, 노대환, 2002는 미국 여행 이후 러시아에 관심을 가지게 된 민영익의 건의가 친러 정책의 추진에 상당한 탄력을 제공하였다고 본다. 최덕규, 2018, pp.511-520 역시 러시아 위협을 강조하는 '恐露意識'에 대해 조선은 청이나 일본 자신을 위한 것이었다고 파악하였음을 지적한다.

70 유바다, 2017c, 2017d, 2017e는 1880년대 조선의 중립론(조선보호론)을 집중적으로 분석하였다. 청의 조선중립화론에 대한 반응은 陳偉芳 지음, 權赫秀 옮김, 1999, pp.143-146을 참조.

71 김종학, 2021, p.228.

은 왕실 안위의 보장을 우선시하는 고종의 '비밀외교'가 지닌 성격과 그 한계를 잘 보여 주기도 한다. '조·러밀약'을 위한 비밀외교의 시도는 오히려 조선의 국제적 고립을 자처하였다고 평가되기도 하기 때문이다.

여하튼 '인아거청'의 정책은 고종이 러시아의 블라디보스토크에 권동수(權東壽)·김용원(金鏞元) 등의 밀사를 파견하거나, 외교 고문 묄렌도르프를 통해 주일 러시아 공사관의 스페이에르(스페에르. A. de Speyer)와 접촉하여 조선의 중립·영토보장과 군사교관 파견을 요청한 1885년 3월의 제1차 조·러밀약으로 나타났다.[72] 이렇게 비밀외교를 통한 밀약을 추진하는 데에는 묄렌도르프가 주도적인 역할을 담당하였다. 그러나 청이나 일본과의 갈등을 우려한 러시아는 조선에 대한 보호 요청에 사실상 확답을 피하였고, 러시아 군사 교관단의 파견으로 내용이 바뀐 이후의 협상도 실패로 돌아갔다. 하지만 후술할 제2차 조·러밀약(1886)이 보여 주듯이 이후에도 고종의 '인아책(引俄策)'은 여전히 계속되었다.

이러한 조·러밀약에 자극되어 영국이 거문도 점령에 나섰다는 이해는 이미 기존 연구에 의해 부정된 바 있다. 그렇지만 당시 세계 각지에서 러시아와 충돌하고 있던 영국이, 러시아가 아프가니스탄 국경의 판제(Pandjeh)를 침공하여 인도로 가는 통로를 위협한 이른바 '판제 사건(Pandjeh Incident)'이라는 극도로 긴장된 조건에 맞서기 위해 동아시아에서 러시아를 견제하려 거문도를 점령하게 되었던 것(1885년 4월)은

72 제1·2차 조·러밀약에 대해서는 林明德, 1972; Yur-bok Lee, 1988, pp.66-144; 金源模, 2003, pp.375-428; 김종헌, 2008; 李陽子, 2009a 및 박 보리스 드리트리예비치 지음, 민경현 옮김, 2010, pp.273-330; 김용구, 2018, pp.130-148; 김종학, 2021, pp.226-241을 참조.

분명하다.[73] 이미 1884년 4월 「조·영조약」(일명 「파크스 조약」)의 비준서를 교환하여 정부 간의 공식적 외교채널이 조성되었던 조선과 아무런 사전 조율도 없었던 영국의 점령에 대해 조선 정부의 국제법의 원칙에 기초한 강력한 항의가 있었다.

하지만 영국 정부는 조선 정부를 아예 외교적으로 배제하고 청·러시아와의 외교적 교섭만을 고집하였다. 이후 아프가니스탄을 둘러싼 러시아와의 대립이 외교적으로 해결되어(1885년 9월) 영국으로서는 거문도 점령의 전략적 의미가 상실되었다. 그러자 영국 정부는 영국이 철수한 다음 어떤 국가도 이곳을 점거하지 않는다고 청이 보증하면 거문도에서 군대를 철수시키겠다고 약속하고, 이홍장에게 중재를 요청하였다. 영국은 조선의 안보를 책임질 국가로 청을 상정하면서, 거문도에서 철수하는 과정에서 청에 의존하는 모습을 보여 주었다.[74] 마침내 이홍장이 나서 북경 주재 러시아 임시공사 라디젠스키와의 협상에서 러시아는 조선 영토를 침범하지 않을 것이라는 구두 약속을 얻어 내자, 이를 근거로 청은 거문도에서 영국군을 철수하라고 영국에 요청하여, 1887년 2월 27일 마침내 2년 만에 영국 해군이 거문도에서 철수하였다.[75]

이홍장이 러시아로부터 조선의 어느 부분도 차지할 생각이 없다는 합의를 얻어 낸 이 협상을 보통 '이홍장·라디젠스키 협정'(1886년 10

73 김현수, 2011, pp.265-323.

74 한승훈, 2018b, p.337.

75 거문도사건에 대해서는 김용구, 2008의 전론이나 영어권에서 최초로 거문도사건을 전론으로 다룬 Stephen A. Royle, 2017이 가장 중요한 참고가 된다. 한승훈, 한승훈, 2015, 2016, 2018b 역시 영국의 외교정책과 관련하여 이 문제를 다루고 있다. 거문도사건과 한·러밀약에 대한 기초적 연구사의 분석은 김훈태, 1996을 참조. 또 김원수, 2014는 그레이트 게임이란 세계사적 시각에서 거문도사건과 이홍장-라디젠스키 협정을 다루고 있다.

월)이라고 한다. 실제로 이러한 '구두 협정'이 존재하지는 않았다고 지적하는 연구도 있지만,[76] 이 협상은 청이 조선에 대한 종주권을 인정하는 내용을 문서화하라고 요구한 것을 러시아 측에서 받아들이지 않아 마지막 단계에서 결렬된 것일 뿐, 조선의 현상 유지와 영토보전이라는 그 협상의 내용에 대해 러시아 측은 그 실천을 약속한 것이나 마찬가지였다. 즉 '이홍장-라디젠스키 협정'이 결렬된 것은 이홍장의 의사와는 달리 청 조정이 장래 속국 조선에 대한 조치(이를테면 감국이나 군대의 파견이나 국왕 폐지, 군현화 등의 강경 대책)를 취할 때 러시아의 견제를 받을까 우려하여 청의 종주권을 명문화하고(당연히 러시아는 이를 받아들이지 않았다.), 러시아 측의 제안인 "조선의 현상을 변경하지 않는다."라는 구절도 삭제하도록 요구한 데서 비롯되었다는 것이다. 이홍장은 강경파들이 내세우는 실현 불가능한 이러한 상국의 권리를 포기하는 대신, 러시아와의 협력을 통한 현상 유지로써 조선 정세의 안정을 도모하는 의도를 가졌지만, 순친왕(醇親王)의 의견을 채택한 청 조정[慈禧太后]을 설득하지는 못하였다.[77]

여하튼 간에 거문도사건을 통해 이홍장은 조선 정책에 대한 영국의 지지를 얻어 내면서 상국으로서 청의 위상을 재확인하는 외교적 승리를 거두었고(러시아로부터 '종주권' 인정의 요구를 받아내는 것은 실패하였지만), 이후 동북아시아에서 '러시아와 연합하여 일본을 제압하는' 외교 책략을 초보적으로 확립하게 되었다.[78] 하지만 이 회담 이후 이홍장은 옛 제도를 변통하여 조선 정책을 더욱 직접적인 통제 강화의 방향으로

76 박 보리스 드리트리예비치, 2010, pp.320-324.

77 李動旭, 2021b. 이 논문은 이 협정을 통해서 이홍장이 청 정부 내부의 조선에 대한 강경론을 억제하려는 의도를 가졌음을 검토하여 이홍장과 청 조정의 의견 차이를 지적하고 있다.

78 陳偉芳 지음, 權赫秀 옮김, 1999, pp.132-137; 陳開科, 2012.

추진하는 방안에 대해 여전히 고심하고 있었다. 이홍장은 이 무렵 총리아문에 다음과 같은 의견을 제시하였다.

> 조선에 감국을 설치하는 일은 국외자들이 매번 옳은 이야기라고 주장하는데, 총리아문에서는 거기에 부화뇌동하지 않으니 그 심모원려(深謀遠慮)에 탄복하여 마지않습니다. 원조(元朝)에서는 일찍이 누차 관원을 보내 국정을 감독하게 하였지만, 결국 화변(禍變)을 양성하는 데 그쳤을 뿐입니다. 그때에는 아직 각국이 통상하는 일이 없었지만, 지금은 견제하는 나라가 훨씬 많을 것입니다. 러시아는 원래 원치 않을 것이니, 구설(口舌)로 다툴 수 있겠지만, 일본은 처음 조약을 맺을 때 조선이 자주독립국임을 인정하였으니, 분명히 다른 나라가 간여하지 못하게 하겠다는 뜻이었습니다. …… 지금 분명히 우리 속국임을 알면서도 자주를 인정하였으니, 한편으로는 우리가 땅을 침범하여 핍박하는 것을 막으려는 것이고, 다른 한편으로는 조선이 빈약함을 장래 병탄의 기초로 삼는 이점으로 만들려는 것이니 그 뜻은 아주 험악합니다. 만약 갑작스레 관원을 파견하여 국정을 감독하게 한다면, 조선의 군신이 관망하면서 뒤집어 생각하는 것을 따르지 않더라도, 경중을 조절하는 동안 적절함을 얻기 어려울 것이고, 일본이 반드시 먼저 결렬하여 은근이 각국과 연합하여 방해하도록 사주할 것이니, 아마 진퇴양난에 빠질 때가 있을 것입니다. 또한 헛된 명성을 따르지 않고 진정으로 진압하여 실효를 거둘 사람은 경외(京外)를 둘러보아도 실로 맞는 사람을 찾기 어렵습니다. 이른바 말은 쉽지만 행동은 어렵다는 것이 바로 이런 일입니다.
>
> 작년 가을 이하응이 귀국할 때 감국으로 고위 관원을 파견해 달라고 힘써 요청하였습니다. 지금은 민영익이 몰래 러시아에 보내는 도장이 찍힌 문서를 보낸 다음, 연대(煙臺)에 도착한 다음에도 편지를 보내 군대를 파견하여 보호하고 러시아를 막고 조선을 다스릴 좋은 방법을 정해 달라

고 하고 있습니다. 그런 말은 대국을 위한 것처럼 보이지만, 각기 사심을 품고 있습니다. 이하응은 우리 힘을 빌려 왕비를 제거하려고 하고, 민영익은 우리 힘을 빌려 소인을 제거하려고 하지만, 또한 이하응과 원수지간이라 정권을 빼앗길까 두려워. 우리가 일본이나 러시아를 도발하는 것도 마다하지 않을 것입니다. 목하 시국은 너무 어려움이 많아 반드시 먼저 스스로 다스린 다음 남을 다스려야 하는데, 조선은 비록 염려스럽기는 하지만, 러시아가 옆에 있으니 일본은 단연코 갑작스레 욕심을 부리지는 못할 것입니다. 내가 응당 한마음으로 러시아인과 연락하여 조선 땅을 침범하지 않도록 하면, 일본 역시 반드시 손을 움츠릴 것입니다.[79]

여기서 이홍장은 러시아와 연합하여 일본을 견제하겠다는 책략을 보여 주지만, 조선에 감국을 파견하는 것은 결코 성과를 거두기 어렵다는 이유로 여전히 반대하는 기존의 주장을 견지하였다. 그 이유로는 역사적 선례와 경험뿐만 아니라 일본이나 각국의 방해를 먼저 들고, 그다음으로는 감국으로 파견하기에 적당한 인물을 찾기 어렵다는 것을 들었다. 이미 1년 전에 조선에 파견되었던 원세개는 사실상 스스로 '감국'으로 자처하였던 것으로 보이지만, 이홍장의 눈에 그는 전혀 '감국'으로 여겨지고 있지는 않았던 셈이다. 아니 사실상의 '감국'으로 파견해 놓고도, 이홍장은 그것을 인정하고 싶지 않았던 것일지도 모른다. 다만 러시아의 힘을 빌려 일본을 견제하겠다는 이홍장의 결심은 청·일전쟁 이후 패배 이후 그가 러시아를 방문하여 선택하게 되는 '러시아로 일본을 견제하는 이아제일(以俄制日)' 방책의 출발점이 되었다.[80]

반면 이 무렵 러시아는 청이 전통적인 사대질서의 테두리 안에서

79 「致總署論俄日窺韓」(光緒12年 8月 18日), 『李鴻章全集』 34 信函 6, p.80.
80 王芸生 編著, 1979, 第1卷, pp.324-325.

조선을 지도하는 것에는 찬성하지만, 현재 청의 조선 지배는 이런 전통적인 관계에 머물지 않고, 중국의 한 지방으로 예속시키려 하고 있다는 인식을 보여 주고 있었다. 그렇지만 러시아는 여전히 조선 문제에 개입하여 청과 분쟁을 일으켜서는 안 된다는 방침을 채택하였다. 러시아의 극동에서의 군사적 역량이나 경제적 자원을 고려할 때 열강과 적극적으로 경쟁할 준비가 되어 있지 않았기 때문이다. 기존의 연구에 의하면 1886년 당시 동아시아에 주둔한 러시아의 지상부대는 코자크족 정착민을 제외하면 총 1만 5천 명에 불과했다고 하며, 그 가운데 1만 1천 명은 블라디보스토크 바로 옆에 주둔하였지만, 시베리아에는 예비 병력이 없어 증원군이 올 수 있는 가장 가까운 기지는 4천 마일이나 떨어진 유럽령 러시아에 있었다. 여기서 도보 행군으로 러시아에 병력이 도착하려면 18개월이 걸린다는 평가를 받을 정도였다.[81] 또 다른 연구 역시 1885년 당시 연해주의 병력은 1만 8천에 지나지 않았고, 두만강 바로 위쪽의 포시에트(Posyet. 波謝特) 만(灣) 지역 병력은 4개 중대, 1개 포병 중대, 그리고 2개 코자크 기병 중대에 지나지 않았다고 지적한다.[82]

이러한 약점 때문에 러시아가 선택한 최선의 외교적 방안은 단지 조선의 현상을 유지하는 것이고(이 때문에 조선의 개방보다는 고립을 선호하기도 하였다.), 최종 결정을 내리기 전까지 정치적 상황을 두고 보면서 그것을 변경하려는 어떤 움직임도 반대한다는 것으로, 이른바 불개입 정책(Policy of Noninterference), 또는 '기다리는 정책(Wait and See Approach)'을 계속 유지하는 것이었다. 러시아의 동아시아 정책은 정책 의지·이상과 현실·능력 간의 괴리현상이 두드러졌던 것이다.[83] 앞서 지적하였

81 A. 말로제모프 지음, 석화정 옮김, 2002, pp.50-51.

82 김용구, 2009, p.85. 이 책의 pp.85-86에서는 이 지역 러시아군의 해군력에 관한 서술도 이루어지고 있다.

듯이 '이홍장-라디젠스키 협정'에 따라 러시아의 조선 정책이 조선의 현상 유지와 영토보전을 근간으로 삼은 것도 이 때문이었다. 조선의 접근에 대해서도 마찬가지로 모호한 외교적인 언어로 호의적인 반응을 보여 조선이 계속 러시아의 후원에 대한 기대를 유지하도록 하지만, 그렇다고 실질적인 '도움'을 주는 것은 거부하는 자세였다. 적어도 1880년대 러시아는 한반도에서 어떠한 적극적인 역할을 할 준비나 의도가 없었던 셈이다.

또한 갑신정변 이후 일본 정부의 조선 정책은 중국과의 직접적인 정치적 대립을 피하는 임오군란 직후의 기존 노선으로 회귀하였다.[84] 따라서 이후 청·일전쟁이 발발할 때까지의 약 10년간은 일본은 조선에 대해 불간섭정책을 취하는 상대적으로 소극적인 방향으로 후퇴하였다. 갑신정변의 진상을 숨겨 일본 내에서 강경여론이 비등하였으나 일본에 기울어진 조선 개화파 세력이 몰락하였기 때문이다. 이후 거문도사건에서 드러난 것처럼 영국과 대립하는 러시아의 조선 진출에 대응하기 위해 일본은 청과의 협조에 나섰다(일본학계에서는 이것을 '天津條約體制'라고 부르기도 한다.). 거문도사건 이후 일본 정부의 조선 정책의 제1목표가 청 대신 러시아의 조선 침략 저지로 전환하였으므로, 일본은 어느 정도 범위에서는 조선에 대한 청의 영향력 강화를 묵인하게 되었기 때문이다.[85]

83 吉田金一, 1974, 제4장; Yur-bok Lee, 1988, pp.101-112, pp.129-144; Andrew Malozemoff(말로제모프) 지음, 석화정 옮김, 2002, pp.19-49; 송금영, 2004, 제1-3장, pp.25-141; 홍웅호, 2006, 2008, pp.15-46; 박 보리스 드미리트리예비치 지음, 민경현 옮김, 2010, 제2장, pp.121-197; 김용구, 2018, pp.159-161; 구대열, 2018a, pp.46-48 등을 참조. 구대열, 2018a, pp.38-48은 이 시기 서양 열강의 동아시아·한반도 정책을 간명하게 정리해 주고 있다.

84 김용구, 2006, p.523.

85 大谷正(오타니 다다시) 지음, 이재우 옮김, 2018, pp.40-46을 참조.

나아가 일본은 도리어 청의 조선에 대한 간섭 강화를 종용하기 시작하면서 이권 획득과 유지에만 주력하게 되었다. 물론 1890년 총리대신 야마가타 아리토모(山縣有朋)가 주권선(主權線) 수호와 이익선(利益線) 보호를 과제로 제시하면서 조선 확보를 위한 군비 확장을 최대의 급무로 선정하여 육군과 해군 확장에 주력하였던 것은 일본의 조선·청에 대한 정책적 변화가 일종의 전략적 후퇴였다는 점을 잘 보여 준다. 막대한 비용이 들어가는 해군 확장에는 긴축재정에 따른 의회의 상당한 견제가 있었던 것도 사실이지만, 일본은 장차 예상되는 청이나 러시아와의 전쟁을 위한 대비를 조금도 게을리하지 않았다.[86]

4) 원세개의 '속국화' 강행

러시아에 대한 접근은 필연적으로 조선 내 친청파(親清派)라는 '사대당(事大黨)'의 몰락과 청의 세력 약화로 이어질 수밖에 없었다. 이러한 시세의 흐름에 반발한 '사대당'의 협력을 얻어 '인아거청(또는 引俄反清)'의 움직임을 탐지한 원세개는 청의 군사를 조선에 파견하여 "이 혼군(昏君)을 폐위하고 이씨(李氏)의 현자(賢者)를 따로 옹립"하자고 제안하거나, "오백 명의 군대가 있다면 반드시 왕을 폐위하고 소인배 무리를 잡아다 천진에 보내 심문에 대비하게 하겠다."라는 국왕 폐위론까지 거론하면서 청의 강경한 '속국화' 대책을 밀어붙였다.[87] '인아거청'을 시도

86 최덕수, 2004, pp.231-241.

87 「覆北洋大臣李鴻章密電」(光緒12年 7月 6日), 「致北洋大臣李鴻章電」(光緒12年 7月 21日), 『袁世凱全集』 1, p.204, p.214. 이홍장도 이러한 원세개의 국왕 폐위론에 동조하여 "조선의 혼란 왕을 바꾸지 않으면 가라앉힐 수 없지만, 중국은 그만큼 손이 맵지 못하며 견제도 많이 받고 있다."라는 의견을 비치기도 하였으나, 실제로는 조선에 대한 군대 파견이나 국왕 폐위, 내정간섭 등에 대

한 고종 정권은 그런 일이 발각될 때마다 이것이 사실이 아니고 자신이 승낙한 일도 아니라고 발뺌해야 하는 곤경에 처하게 되었다.[88] 이보다 앞서 조선 정부가 '친청파'로 알려져 원세개와 친밀한 관계를 유지하면서 그의 후원을 받고 있던 김윤식을 외부독판(外部督辦)의 직위에서 밀어내려고 하였을 때(김윤식은 제1차 조·러밀약 사건 때 그 협정의 조인을 거부한 바 있다.), 1886년 6월 16일 청 황제가 내린 상유를 보면 조선 국왕의 곤경은 어디에서 비롯되는지를 쉽게 짐작할 수 있다.

이홍장이 원세개의 다음과 같은 전보를 받아 올렸다.

> 조선 국왕이 김윤식(金允植)을 제거하여 중국을 배척하고 자주를 하려는 뜻(斥華自主之議)을 굳히고자 합니다. 이러한 망령된 잘못은 아마 장차 제어하기 어려울 것 같습니다.

조선은 우리 속방이니 만약 중국을 배척하고 자주하려고 한다면 단연코 그냥 놔두어서 고식책으로 간교함을 배양해서는 안 된다. 하지만 지금은 아직 형적이 뚜렷하지 않으니 또한 단지 신하 한 사람을 내쳤다고 해서 성급하게 나서서 갑작스럽게 문죄(問罪)의 군사를 일으킬 수도 없다. 이에 대한 적절한 조치와 시기는 이홍장이 미리 충분히 계산해 놓도록 하라. 혹은 일 처리가 치밀한 관원을 골라 다른 일을 빌미로 삼아 조선에 파견하여 깊이 탐방하게 함으로써 원세개가 보고한 바와 서로 비

해서는 우려와 반대의 주장을 견지하였으며, 라디젠스키와의 회담에서도 그와 협력하여 청 정부의 이런 조치를 저지하려는 움직임을 보였다. 이에 대해서는 Yur-bok Lee, 1988, 151-165; 李動旭, 2021b를 참조.

88 田保橋潔, 1940(2016), pp.30-71; Robert R. Swartout, 1988, pp.129-159; Yur-bok Lee, 1988, pp.156-165; 具仙姬, 1999, pp.99-156. 이러한 원세개의 속국화 정책은 조선 정부의 외국인 고문 오웬 데니와 원세개의 '감정'을 악화시키는 상황을 낳았고, 결국은 데니와 이홍장 사이의 신뢰 관계도 무너지는 결과로 이어졌다.

교하여 어긋난 행동[悖謬]의 실제 증거가 있는가를 확인할 수도 있다. 아니면 혹은 또 다른 사정이 있는지 신속하게 비밀전보로 보고하도록 하라. 전에 앞서 조선 국왕에게 아첨배 근신을 제거하고 멀리하며 좋은 이웃을 친하고 가깝게 여기라고 분명하게 지시한 바 있다. 이홍장 역시 일찍이 조선 국왕에 서신을 보내서 올바른 사람을 가까이하라고 권한 바 있다. 이번에도 다시 이홍장이 서신을 보내 상세하게 권고함으로써 그 음모가 이루어지는 것을 막고 미리 싹을 잘라내야 할 것이다. 아울러 이홍장은 적절하게 판단하여 처리하도록 하라. 이 비밀 유지는 하루 500리의 속도로 신속하게 전달하여 알리도록 하라.[89]

여기서 우리는 무엇보다도 원세개의 조선 상황에 대한 보고는 청의 조선에 대한 이해와 정책 결정에 결정적인 역할을 하고 있음을 알 수 있다. 그리고 마침내 1886년 8월 11일 원세개는 조선 내각 총리대신 심순택(沈舜澤)이 러시아 공사에게 보낸 다음과 같은 밀서의 내용을 이홍장에게 보고하였다. 이것은 러시아에 대한 비밀 접근에 반발한 '민영익(閔泳翊)의 폭로'(또는 원세개의 추궁에 따른 민영익의 실토)로 알게 된 것이라 일컬어진다.

조선은 한 모퉁이에 치우쳐 있어 비록 독립자주를 하더라도 종래 다른 나라의 관할받는 것은 피할 수 없어 우리 대군주는 깊이 부끄럽게 여기고 있습니다. 지금 힘써 진흥하여 이전의 제도를 모두 바꾸고 영원히 다른 나라의 관할을 받지 않고자 하지만, 다만 우려하고 꺼리는 바를 피할 수 없습니다. 조선은 귀국과의 우의가 특히 도탑고 순치지세(脣齒之勢)에

89 『德宗實錄』 卷228, 光緖12年 5月 丁未.

있어 다른 나라와 저절로 구별됩니다. 귀 대신이 귀 정부에 협력을 요청하여 진력으로 보호해 줄 것을 묵인해 주시기를 깊이 바라는 바입니다.[90]

진위가 '의심스러운' 이 이례적 형식의 밀서에 대해 원세개는 "대규모의 군사를 파견하여 문죄하겠다."라고 협박하면서 강경한 대응으로 나왔다. 곤경에 처한 고종과 심순택은 결국 이에 대해 전혀 알지 못하는 바로, "소인(小人)이 거짓으로 알린 것"이라고 부인·변명하지 않을 수 없었다.[91] 이홍장은 주청 러시아 공사에게 이 사건에 대해 조회하여, 러시아 정부로부터 조·러밀약은 사실무근이며, 그러한 고종의 밀서를 접수한 일도 없다는 회신을 받았다. 그리고 이러한 해명을 통해 그는 사건을 덮어 두고 넘어가는 방향으로 일단락 지었다. 조선 정부 역시 이를 무마하기 위해 국보(國寶)가 찍혀 있더라도 통리아문의 인장이 없으면 무효로 간주한다는 내용의 조회를 각국 공사들에게 통보하는 난처함을 피할 수 없었다(영국·러시아·미국·일본 등은 회신하지 않고 이

90 「致北洋大臣李鴻章密電」(光緒12年 7月 12日), 『袁世凱全集』 1, p.207.

91 Young Ick Lew, 1984, p.81; Yur-bok Lee(1988, p.159)는 러시아 측의 자료(Kransy Archiv, Vol. LII, pp. 54-12, 1934, "First Steps of Russian Imperialism in Far East(1888-1903)," *Chinese Social & Political Science Review* 18-2, p.240)가 고종이 러시아에 보호를 요청한 것이 사실임을 확인해 준다고 지적한다. 林明德(1972, p.533) 역시 비슷한 지적을 하였다. 한편 김용구, 2006, p.533; 2018, pp.144-148은 조선 정부가 1886년 8월 11일에 러시아의 보호를 요청하는 문서를 베베르 공사에게 전달하면서, 이 문서에는 영의정 沈舜澤의 도장이 찍혀 있으며, 閔泳翊이 이 문서를 자신에게 폭로하였다고 원세개가 주장하였지만, 당시 청의 문서를 제외하면 다른 열강의 외교문서는 모두 처음부터 이 문서가 위조라고 판단하였고, 하버드 대학에 소장된 총세무사 메릴의 문서를 근거로 실제로는 원세개와 조선 주재 영국 총영사 대리인 베이버(E. C. Baber) 대리의 합작품이며, 민영익의 고발도 있을 수 없는 일이라고 지적한다. 기존 연구에서는 원세개나 또는 베이버의 조작이라는 지적을 하고 있다. Yur-bok Lee, 1988, pp.158-159을 참조.

를 무시하였다.). 그리고 '조·러밀약'에 관련된 김가진(金嘉鎭)·조존두(趙存斗)·김학우(金鶴羽)·김양묵(金養默) 등을 희생양으로 삼아 유배형에 처하였다.

이렇게 조선 측의 러시아 접근 움직임을 강경하게 저지한 원세개는 「유언사조(諭言四條)」·「시사급무십관(時事急務十款)」으로 고종을 압박하고[92] 뒤이어 1886년 10월 7일 다시 다음과 같은 「조선대국론(朝鮮大局論)」을 제시하였다.

> 조선은 동쪽 모서리에 치우쳐 있어 그 폭은 삼천리에 미치지 못하고 인구는 1천만에 미치지 못하며 조세 징수는 2백만을 넘지 못하며, 군대는 수천 명을 넘지 못하여 만국 가운데 가장 빈약한 나라입니다. 지금처럼 강대국이 핍박해 오고 사람들은 편안함에 구차하고 안주하고 있을 때 그 역량과 힘을 비교해 보면 잔약(孱弱)한 모습이라 자주(自主)할 수 없을 뿐만 아니라 강국의 그늘 아래가 아니면 도저히 자존(自存)할 수 없다는 것은 자연의 이치이고 천하가 모두 아는 바입니다. …… 혹은 이렇게 말합니다. 이렇다면 조선이 만약 중국을 버린다면 나라를 유지할 방법이 없는가? 대답하기를 조선은 본래 중국에 속하는데 지금 중국을 떠나 다른 곳으로 가고자 하니 어린아이가 스스로 그 부모를 떠나 다른 사람이 돌보아주기를 찾는 것과 같습니다. …… 조선은 스스로 그 임금을 세

92 金源模, 1986; 金源模, 2003b. 후자에는 다음에 나오는 「조선대국론」을 포함한 원세개의 글 세 가지의 한글본과 번역판이 모두 실려 있다. 權赫秀, 2013b에 의하면 원세개가 「諭言四條」·「時事急務十款」을 제출한 것은 光緖12年 9月 3日(1886년 9월 30일)로, 『高宗實錄』에 高宗23년 7월 19일 조로 수록된 것은 편찬 시의 착오다. 다음의 「조선대국론」 역시 光緖12年 9月 10日(1886년 10월 7일) 제출되었으며, 『高宗實錄』에 高宗23년 7월 29일자로 수록된 것 역시 마찬가지의 착오다.

우고 스스로 백성을 다스리며 각국과 더불어 조약을 체결하는 등 내치·외교를 자주·자행하고 있으며 다만 중국으로부터 관할만 받고 있을 뿐입니다. 만약 남에게 신하 노릇을 하지 않는 것으로서 자주의 근본을 삼는다면, 이는 한갓 문자의 체면만을 취하는 것일 뿐이고, 종묘사직의 존망을 돌보지 않는 일이며, 헛된 이름을 팔아서 땅을 잃는 화를 받는 것과 같습니다.[93]

원세개는 조선을 "밖으로 부용(附庸)의 명분에 의탁하여" 절대적으로 중국에 의존해야만 생존이 가능한 나라로 규정하였다. 따라서 그는 "남에게 신하 노릇을 하지 않는 것으로서 자주의 근본을 삼는다면, 이는 한갓 문자의 체면만을 취하는 것일 뿐이고, 종묘사직의 존망을 돌보지 않는 일이며, 헛된 이름을 팔아서 땅을 잃는 화를 받는 것과 같습니다."라는 이유로 조선에 주재하는 동안 철저하게 고압적인 태도로 조선의 내정과 외교에 개입하였다. 그것을 통해 조선이 속국임을 끊임없이 확인하는 동시에, 조선에서의 중국의 이익을 최대한 노골적으로 확보하고자 노력한 것이다.[94] 고종은 이에 대해 다음과 같이 답장 서신을

93 「朝鮮大局論」(光緒12年 9月 10日), 『袁世凱全集』 1, pp.238-241; 『高宗實錄』 23卷, 高宗23年 7月 29日 庚申 세 번째 기사. 「원세개가 조선 정세를 논함이란 글을 써서 의정부에 보내다」; 金源模, 2003b, pp.399-404. 이때 청은 조선에 압력을 가하기 위해 북양 수사제독과 남양수사에 출병을 명하여, 원세개가 「조선대국론」을 보내기 이전 인천에는 청의 남양해군이 도착해 있었다. 북양 수사제독 鄭汝昌은 마침 함대를 이끌고 長崎에 있어 지시를 받고도 조선에 갈 수 없었다. 하지만 이것은 엄연히 일본에 사전 통보가 없었기 때문에 「천진조약」을 위반한 것이었으나, 일본이 인지하지 못해 그냥 넘어갔다. 王伯恭, 1985, 「光緒甲申朝鮮政變始末」, 『蜷廬隨筆』(沈雲龍 主編, 『近代中國史料叢刊』 正編 第24四集 0235), pp.16-18을 참조.

94 이 점에 대해서는 林明德, 1970; 金正起, 1976; Louis T. Sigel, 1976a, 1976b, 1980, 1992a, 1992b; Young Ick Lew, 1984; Robert R. Swartout, 1988; 具仙姬,

보냈다.

> 근래에 이 나라의 정령이 하나도 집행되지 못하고 있는 것은 사실 암둔한 내가 똑똑하지 못해서 일 처리를 잘하지 못하고 안팎의 여러 신하는 우물쭈물하면서 말하지 않고 있기 때문입니다. 그런데 족하(足下)만은 간곡하게 일깨워 주며 시폐(時弊)를 명확하게 논하여 황제까지 보도록 했으니, 이것은 암둔한 나를 도와서 스스로 날로 새롭게 하는 성과를 거두게 해 주자는 것입니다. 그러니 감히 마음과 뜻을 깨끗하게 씻고 신정(新政)을 도모함으로써 고심 어린 족하의 기대에 부합되게 하지 않을 수 있겠습니까? 족하는 두터운 우의를 아끼지 말고 때때로 교훈적인 말을 해 줌으로써 나의 마음을 확 트이게 하여 언제나 막히지 않도록 해 주기 바랍니다.[95]

원세개가 조선을 '부용'이라 지칭한 것은 아마 조선이 만국공법 상 중국의 속국, 즉 봉신국(封臣國. Vassal State)처럼 간주하려는 의도였을 것이다. 전례 없는 다양한 통제의 강화를 통해 조선의 자주성을 부정함으로써 사실상 '보호국'으로 만들려는 강력한 지향이 이렇게 뚜렷하게 표현된 것이다.[96] 묄렌도르프의 뒤를 이어 이홍장의 추천으로 조선의 외교 고문으로 활약하였던 오웬 데니(Owen Denny)는 이러한 청의 정책에 대해 이러한 평가를 하였다.

1999; 李陽子, 2002, 2019; 김원모, 2003; Kirk Larsen, 2008 등에서 상세히 다루고 있다.

95 『高宗實錄』 23卷, 高宗23年 7月 29日 庚申 세 번째 기사. 「원세개가 조선 정세를 논함이란 글을 써서 의정부에 보내다」; 金源模, 1986, pp.244-245.

96 岡本隆司, 2008, p.115에서도 원세개는 조선을 "조공국(Tribute State)이 아닌 보호국(Vassal State)으로 삼고자 하였다"고 평가한다.

조선 국왕이 자신의 조공 관계(Tributary Relations)를 표현하기 위해 사용한 용어를 청조와 그 지지자들은 어디까지나 봉신 관계(Vassal Relations)를 의미하는 것으로 잘못 해석한다. 조선 국왕이 황제에게 보낸 상주문 가운데 조공국의 전권 사절(Tributary Envoys and Plenipotentiaries)이라고 할 때, 그것은 제3국과의 교제에서 적용되는 대로의 국제법학과 전혀 모순되지 않는다. 그런데 청조가 칭하는 속국의 전권 사절(Vassal Envoys and Plenipotentiaries)이란 문명국의 법률과는 전혀 들어맞지 않는다. 문명국의 법률은 이른바 속국의 전권 사절, 공사를 인정하지 않는다. 속국은 영사(Consul)나 상무대표(Commercial Agent)를 창설할 권한밖에 없기 때문이다.[97]

여기서 데니는 '조공국'을 19세기에 들어와서는 이미 과거의 유물로 치부되고 있는 '봉신국'으로 치환하려는 청의 노력은 문명국의 국제법과는 들어맞지 않는다고 지적하고 있다. 1886년 12월 주조선 미국공사관에서 임오군란·갑신정변 이후의 조선 정국과 청의 정책에 대해 올

97 Owen N. Denny(신복룡·최수근 역주), 1999, pp.39-40; 金源模, 2003c, p.468. 번역문은 정확성을 위해 金源模, 2003에 수록된 『청한론』 역문과 해제; Owen N. Denny(岡本隆司 校訂·譯註), 2010에 포함된 영문과 일본어 번역본을 참조하여 수정하였다. 한편 데니의 반청·조선 독립사상과 『청한론』에 대해서도 金源模, 2003c를 참조할 수 있다. 여기에는 데니와 논쟁을 벌인 묄렌도르프의 「데니의 청한론에 대한 반박문」도 번역·수록되어 있다. 양자의 차이는 아마 데니는 국제법에 의해 조공국인 조선이 독립국이라는 점을 강조하려는 것에 반해, 조선에 대한 통제를 강화하려던 청의 요청을 받은 묄렌도르프는 도리어 국제법에 의해 조선을 봉신국, 즉 서구적 의미의 속국에 가까운 것임을 강조하고자 하였다는 점에 있었던 것으로 보인다. 조선의 독립에 대한 기대를 품었던 묄렌도르프가 과거의 자신과는 다른 이런 주장을 하게 된 것은 다시 조선에서의 활동을 기대하여 이홍장에게 자신의 '변신'을 보여주려던 동기에서였다. Yur-bok Lee, 1988, pp.183-188을 참조.

린 보고 역시 그러한 점을 잘 보여 준다.

> 조선에서 발생한 많은 말썽은 기본적으로 조선 문제와 관련된 중국의 단도직입적인 정책에 따른 요구에 기인한 것이 분명하며, 아마도 이것이 올해 한성에서 일어난 사태의 밑바닥에 자리 잡고 있을 것입니다. 심지어 이홍장의 손으로 중국이 조선 문제에 대해 추구한 과정은 성공적이었다고 할 수 없으며, 어떤 강대국에게도 좋은 일이 아니었습니다. 그리고 이러한 것이 최근 부임한 총리[Regident] 원세개 — 그는 관련된 모든 사람에게 불안을 줍니다. — 와 같은 하급자에게 넘겨져 수행된다면, 상황은 더욱 나빠질 것이라 예상될 수 있습니다.[98]

하지만 비슷한 무렵 이홍장이 조선 국왕에게 보낸 서신 역시 원세개의 입장과 크게 다르지 않았다.

> 근년 이래 저는 빈번하게 서신을 보내 사대는 성실해야 하고 교린은 신중해야 하며 군자는 친하게 지내고 소인을 멀리해야 한다는 것을 재삼 알렸지만, 충언이 귀에 거슬리는 바를 모르는 것은 아닙니다. …… 무릇 조선을 대함에 있어 예로써 유지하고 관대함에 힘써 왔으며, 절대 조금이라도 그 권리를 침범한 적이 없습니다. 일단 일이 발생하면 바로 근심을 구제하고 구휼하는 것이 내지[內服]과 같았습니다. 귀국이 천조에 사대하면서 옛 규정을 삼가 지켜온 것이 이미 2백여 년입니다. 임오·갑신의 변란 때에는 전력으로 달려가 노고를 베풀지 않음이 없으니, 명분이

98 "Affairs in Corea From 1882 to 1884"(Dec. 1, 1886), p.1189. 朴日根 編, 1982, 『*Anglo-American Diplomatic Materials Relating to Korea(1866-1886)*: 近代韓國關係英·美外交資料集』 所收.

소재하는 바라 부득불 의리를 지킬 수밖에 없었습니다. 서양 국가는 이와는 달라 …… 서양 국가의 보호 사례는 이와 같으니 멀리 인도나 이집트 등의 나라를 살펴보지 않더라도, 베트남이 그 귀감이 될 것입니다. …… 만약 일단 스스로 중국을 이탈한다면 그것은 스스로 위험한 곳으로 뛰어드는 사슴과 같아 누구나 이를 얻고자 쫓을 것이니, 어찌 다시 스스로 온전히 할 여지가 있겠습니까?[99]

이홍장 역시 원세개처럼 조선이 청의 통제에서 벗어나 독립을 추구하는 것은 스스로 멸망을 자초할 뿐이니, 2백여 년간 천조에 대한 사대를 지켜 온 조선은 중국의 개입·간섭을 당연하고 정당한 것으로 받아들여야 한다고 강조하였다. 자립 능력이 없는 조선은 중국으로부터 관할을 받아야 한다고 보는 시각은 원세개의 입장과 크게 다르지 않았다. 청·일전쟁의 패배 이후 무술 개혁운동을 통해 저명한 개혁가로 거듭나는 강유위(康有爲) 같은 경우도 1890년에 쓴 「보조선책(保朝鮮策)」에서 이렇게 주장하였다.

조선을 보호하는 방법은 세 가지가 있다. 우리가 힘이 있으면 내지(內地)로 거두어들이고 그 정치를 장악하는 것이 중책(中策)이다. 우리가 힘이 없으면 벨기에의 사례를 끌어다 각국이 공동으로 보호하게 하여 만국의 공지(公地)로 포기해 버리는 것인데, 이것이 상책(上策)이다. 안으로 번속의 허명을 내세우면서 밖으로는 통상의 자주를 허용하는 경우는 바로 하책인데, 실은 무책(無策)이다.[100]

99 「致朝鮮國王」(光緒12年 9月 3日), 『李鴻章全集』 34 信函 6, pp.93-94.
100 姜義華 等 編校, 2007, 『康有爲全集』 1, 2007. pp.246-247.

강유위 역시 조선이 자주를 내세우지만 실제로는 그러한 능력이 없다고 보아 조선에 대한 간섭을 포기하는 것은 '무책'이나 마찬가지라고 간주한 점에서 원세개와 같은 시각을 보인다. 2백여 년간 '사대'를 해 온 조선의 자립 능력과 '자주' 자체를 부정하는 이러한 청 조야의 조선관은 아마 당시 상당히 일반적이었던 것으로 보인다.

이렇게 이홍장·원세개를 통해 실행된 정책은 청의 조선에 대한 상국으로서의 지위를 재확립하여 조선의 자주·독립 의지를 꺾으면서, 이른바 '사대당(事大黨)'을 원조하여 그 정치적 영향력을 더욱 확대하려 하였다. 이를 위해서는 앞서 "서양의 속국 사례에 비추어 용인행정(用人行政)에 대해 모두 반드시 간여해야 합니다."라고 하였던 성선회의 지적처럼, 원세개는 조선 국왕의 정치와 용인(用人)에 대해 직접 개입하고 충고하는 일을 마다하지 않았다. 심지어 척족 정권의 견제를 위한 국왕 폐위(와 대원군의 손자 李俊鎔의 옹립)라는 대담한 제안을 시도하기도 하였다. 여기서 우리는 이러한 원세개의 행동에 대한 다음과 같은 평가를 주목할 필요가 있다.

> 근대적 국제법의 시각에서 보면 원세개는 그가 파견된 국가의 수장을 전복하려 시도하는 범죄의 책임을 져야만 하였다. …… 전통적인 조선-청 관계의 규범과 법률에 따라 판단하더라도 원세개의 폐위 음모는 고종이 그의 선조와 마찬가지로 원세개가 충성을 맹세한 중국 황제에 의해 '책봉'된 존재였기 때문에, 한도를 넘어선 일이었다. …… 게다가 전통적인 조선-청 종번 관계의 원칙에 따르면, 비록 그렇게 할 만한 충분한 증거가 있더라도 고종을 견책하거나 그의 왕위 박탈을 제안하려면 이것은 원세개가 아니라 중국 황제, 적어도 총독 이홍장 자신이 해야 할 일이었다. 대신 원세개는 비록 허탕을 쳤지만, 폐위 음모를 꾸밈으로써 근대적 국제법뿐만 아니라 중국과 조선의 전통적인 법률조차 위반하였다.[101]

실제 이러한 원세개의 망동은 조선·청의 관계를 감안하여 국제법은 아예 차치해 놓더라도, 실질적으로 청 황제의 책봉에 기초해 온 기존의 사대-자소 관계를 송두리째 무너뜨릴 수 있는 위험한 '도박'이었다. 결국 한때 거기에 '동조'하는 듯하였던 이홍장도 결국은 국제관계의 영향을 고려하여 이를 받아들이지 않았다.[102]

그러나 청의 이러한 조선에 대한 적극적 개입 자체가 결국은 실패로 끝나게 된다는 점을 염두에 둘 필요가 있다. 조선 측의 호응을 전혀 확보하지 못한 일방통행적 발상의 결과이기 때문이다. 조선 정부는 1880년대 중반 이후 재정·화폐 개혁 및 은행 설치 등 근대적 경제 개발 등을 위해 여러 국가로부터 차관을 도입하여 그 자금을 확보하려 시도하였다. 하지만 원세개는 조선 해관에 대한 간섭을 통해 해관 세입 등을 담보로 외국 차관을 얻으려 한 조선 정부의 누차에 걸친 시도를 철저히 차단하였다. 대신 오로지 청으로부터의 차관만을 받아들이도록 개입함으로써,[103] 경제와 재정 개선을 통한 조선의 자주적 근대화 노력을 저지하고, 청의 경제적 지배력 강화를 우선시하였다. 무역과 교통(해운과 輪船), 화폐의 주조에 대한 개입, 어업과 광산 이권의 획득 등은 물론이었다.[104]

101 Yur-bok Lee, 1988, p.164.

102 李動旭, 2021b, pp.7-9. 이에 대해서는 뒤에서 다시 논의하겠다.

103 袁偉時(1992, p.284)는 조선이 타국에 차관을 요청하는 것은 그 종주권을 훼손하는 것으로 받아들여, 대신 조선에 대한 차관을 마련하였지만, 이것도 出使經費 항목에서 간신히 빼돌린 것으로 사실상 '자기 살을 베어 종기를 치료하는 곤궁한 모습[挖肉補瘡]'이었다고 지적하고 있다.

104 Louis T. Sigel, 1976a, 1976b, 1980, 1992a, 1992b[이 논문은 참조하지 못함]과 같은 경우는 매판 출신 상인·기업가로 이름을 떨친 唐廷樞와 그의 조카 唐紹儀의 활동을 분석하여 개항장 商界(개항장 엘리트)의 조선 진출에 대한 관심 및 청 정부 정책에 대한 영향력, 즉 官·商의 합작·협력을 특히 강조하고 있다. 묄렌도르프가 처음 조선에 올 때 동행한 唐廷樞(唐紹儀도 이때 묄렌

이런 점에 대해서는 앞서 든 원세개의 조선 활동을 다룬 여러 연구에서 이미 상세하게 다룬 바 있는데,[105] 이러한 조선 정책의 집행을 통해 청이 조선과의 무역액에서 거의 일본을 따라잡을 수 있을 정도로

도르프와 동행하였다)는 조선의 광산 개발과 그 이익 독점을 시도한 바 있고, 청이 조선에 제공한 최초의 차관 역시 招商局이나 開平炭鑛을 창립한 그의 제안으로 이루어졌으며, 唐紹儀 또한 원세개의 심복으로서 이러한 개항장 엘리트의 이익을 관철하면서 조선에서 청의 '제국주의적' 존재를 드러내는 역할을 하였다는 설명이다. 上海를 중심으로 한 개항장 商界의 조선에 대한 무역·상업적 이익 추구를 청 정부의 정책 추진이나 李鴻章·袁世凱의 역할과 연관 짓는 부분은 당위성이 충분하고 흥미로운 부분도 많다. 앞서 「무역장정」의 성립 배경을 다루면서 언급한 '신보'의 논설은 이 점을 잘 보여 준다. 또한 이를테면 1883년 1월 청을 방문한 묄렌도르프의 노력으로 이홍장과 당정추를 통해 천진에서 50만 냥, 그리고 상해에서 윤선초상국의 도움으로 20만 냥의 차관을 확보한 것은(Yur-bok Lee, 1988, p.50) 그 대표적인 사례가 된다. 나중에 '商戰論'을 제기하여 경제적 내셔널리즘의 주창한 鄭觀應의 경우가 대표적이지만, 唐廷樞 역시 양무 기업의 창설·경영을 통해 이홍장과도 밀접한 관계로 조선 정책에 충분한 영향력을 미칠 수 있었던 점이나, 1882년 「조·미조약」과 「무역장정」 반포로 조선이 청과의 무역을 시작한 이후 상해가 가장 주요 수입처로 부상한 점도 함께 고려할 수 있을 것이다. 다만 진출한 중국 상인·화교의 경우 일부 광동 출신 상인을 제외하고 대부분 산동 출신의 중소상인이나 노동자가 주류였다는 점은 과연 청 정부(이홍장)의 조선 정책이 개항장 엘리트의 이익을 적극적으로 반영하였다거나 또는 실제 그에 따른 성과를 얻었다고 보기에는 무리가 있다는 점을 시사한다. 유감스럽게도 중국에서의 대표적인 唐廷樞 연구서인 汪敬虞, 1982은 買辦商人으로서의 역할에만 주목하여 조선과 관련된 그의 역할에 대해서는 전혀 주목하고 있지 않다.

105 이러한 청의 간섭과 조선의 자주적 근대화 시도에 대해 연갑수, 2008, pp.110-134에서는 1885-1890년의 시기를 친청 세력의 독주와 청의 정치 간섭 강화로 설명하고, 1891-1894년의 경우 앞의 시기에 추진한 자주적 근대화와 반청 정책이 실패하여 정치적 종속이 깊어지는 시기로 파악하고 있다. 물론 자주적 근대화 실패의 원인은 외세의 개입이나 그에 대한 의존에서 먼저 찾을 수 있지만, 조선 정부의 재정난과 정치적 파벌 투쟁(친청파와 반청파), 개혁 세력과 정책 목표의 결점 등도 내부적 요소도 함께 고려해야 할 것이다. 한편 이 시기 조선에서의 독립과 자주를 지향한 담론의 계보는 姜東局, 2004, pp.104-131에서 잘 정리하고 있다.

까지 경쟁력을 확보하게 되었다는 점 역시 앞서 서술한 바 있다.「무역장정」에서 허용한 청국 상인의 한성에서의 상업 활동이 조선 상인에게 커다란 피해를 주자, 조선 상인과 정부가 그들을 용산으로 이전할 것을 요구하였지만, 결국 이홍장·원세개의 거부로 실현되지 않았던 사례(漢城撤棧 문제)나,[106] 서해 연안 청국 상인의 밀무역을 막기 위해 로버트 하트의 승인 아래 메릴이 시도하였던 평양의 개항을 이홍장이 중국의 개항장[營口] 무역에 피해를 준다는 이유로 거부하였던 사례는 그러한 점을 잘 드러낸다.

앞서 서로전선의 개설에서 보여 주었던 것처럼 이홍장·원세개의 조선 정책은 열강과의 경쟁에서 청이 조선에 대한 정치·경제적 지배와 우위를 확보하는 데 주안점을 두었으며, 일단 청의 이익을 우선시하여 조선의 주권과 이익을 희생하는 것도 마다하지 않았다. 이렇게 조선의 자강과 근대화 정책을 원조하여 자립·부강을 도와주는 방향보다는 청의 국익을 확대·관철하는 데 도리어 초점을 맞춘 청의 조선 정책은 원래 조선과 인접한 만주 지역의 방어라는 국방의 관점에서 조선을 울타리로 삼고자 한 데서 출발하였다. 따라서 '자립'이 불가능하다고 여겨졌던 조선의 내정과 외교에 대한 간섭도 당연히 정당한 것으로 간주되고 정당화될 수 있었다.

하지만 이홍장·원세개의 정책 실현 과정은 오히려 그 기본 목표에

106 이 문제에 대한 기존연구는 앞서 다루었지만, 金允植의『雲陽集』卷7「議 漢城開棧私議」(乙酉) 및「十六私議」'第六 貢市' 및 '論約條三失'에도 이와 관련된 상세한 분석이 있어 좋은 참고가 된다.「議 漢城開棧私議」(乙酉)는 김윤식이 자문자답의 형식으로 그 利害를 분석하고 있는데, 漢城開棧의 문제점을 일목요연하게 정리하고 있다. 가장 큰 문제점은 외국과는 달리 租界가 아닌 漢城城內에 그것을 허용한 점과, 이것을「조·영조약」(「파크스조약」)에서도 허용함으로써 결과적으로 각국이 최혜국대우로 그 혜택을 균점하게 된 것이라 지적하고 있다.

서 상당히 벗어난 방향으로 어긋나고 있었다. 장기적으로 양국 모두에 바람직한 방향을 선정하는 데 실패하면서, 도리어 천조상국의 체통이나 단기적 이익·특권을 앞세우고 조선의 왕권·왕실을 위협함으로써 거부감만을 자극한 결과, 그 정책의 성과를 제대로 거둘 수 없는 방향으로 발걸음을 내딛었던 것이다. 단기적으로 보면 원세개의 활동은 조선 차관의 독점, 전신 통제, 청의 조선 무역 증가 등에서 뚜렷한 성과를 보였지만, 장기적으로 보면 "외교·경제·군사 분야에서 조선의 근대화 노력 대부분을 방해하거나 심지어는 위협하였으며, 개혁적 지향을 지닌 조선 지배층의 척추를 부러뜨리고 그것을 타락하고 무능한 사람들로 교체함으로써, 결국은 나중에 일본인에게 조선에 대한 간섭을 훌륭하게 정당화할 수 있는 논리를 제공하였다."는 지적이 나오게 한 것이다.[107]

오웬 데니의 전기를 쓴 스워타우트(Robert Swartout)는 조·러밀약을 둘러싼 위기의 결과에 대해 다음처럼 요약하였다.

> 첫째, 청은 원세개의 [조선 국왕 폐위] 음모가 분명 실패로 돌아갔음에도 불구하고, 사실상 한반도에 대한 그들의 세력을 증대시킬 수 있었다. …… 둘째, 한반도에 대한 청국의 지배적인 영향력은 이처럼 강화되었지만, 조선에서의 중국(Middle Kingdom)의 위신은 보다 떨어지고 말았다. 청국 출신의 관리들이 그토록 불신을 받는 것은 17세기의 만주 침략 때문만은 아니었다. 조선 문제에 대한 청국의 압제적인 방식은 많은 조선 사람들에게 청국 대표가 조선의 복지에 거의 관심조차 갖고 있지 않다는 사실을 깨닫게 해 주었다. 단지 청국의 국가적·개인적 관심만이 중요한 것처럼 보였다. 이러한 접근 방식과 원세개 자신의 행동 결과로서 국왕

107 Yur-bok Lee, 1988, pp.171-173.

은 원세개의 소환을 되풀이하여 요청하였다.[108]

5) '속국체제'의 강요

고종이 열강의 세력균형을 이용하여 청을 견제하고자 추진한 '인아거청'과 개화 정책은 사실상 성과를 거두지 못하고 실패하였다. 더구나 청의 압력이 강해져 '폐위설'까지 나오는 가운데 고종이 독립국 조선의 위상을 확립하기 위해 다시 시도한 것은 각국과 맺은 수호조약을 근거로 삼아 외교사절을 파견한다는 돌파구였다. 여기에는 기존 조공체제를 인정하고 계속하기는 하지만, 그렇다고 해서 조약체제에서 주어진 독립국의 권리를 포기하지 않고 분명히 확보하겠다는 의지가 반영되어 있었다. 하지만 청의 '속방'이라는 위치에서 벗어나 만국공법 상의 주권독립국가로 인정받기 위한 이러한 방안은 의정부 대신이나 국내 재야 유생들의 반발은 물론, 원세개와 이홍장의 단호한 저지에 부딪히는 어려움을 피할 수 없었다. '조선 정부'가 아닌 '국왕 개인'의 은밀한 행동으로 추진된 고종의 비밀외교는 이전에도, 그리고 이후에도 항상 이러한 어려움을 겪었다.

고종은 1887년 5월 16일 민영준(閔泳駿)을 일본 주재 판리대신(辦理大臣. 즉 公使)으로, 김가진(金嘉鎭)을 참찬관(參贊官)으로 임명하여 파견하였다. 청의 반응을 떠보기 위해 시도한 이 조치에 대해 청의 반대가 없자, 원세개와 밀접한 관계를 맺고 있던 외부독판 김윤식을 7월 20일 서상우(徐相雨)로 교체한 다음, 8월 18일에는 박정양(朴定陽)을 주미 전권공사에, 심상학(沈相學. 그가 身病으로 사직하자 뒤이어 趙臣熙로 대체)을 영

108 Robert R. Swartout, 1988, pp.139-142.

국·독일·러시아·이탈리아·프랑스 주재 전권공사로 임명하였다. 「조·미조약」 체결 이후 미국은 1883년 5월 초대 주한 특명전권공사 푸트(Lucius H. Foote)를 한성에 파견하여 비준 문서를 교환하고 정동(貞洞)에 공사관을 개설하였으며, 이후 4년간 5명이 교대하였다. 하지만 조선은 1883년 7월 민영익 등을 일시적인 보빙사로 파견한 적이 있지만, 상주공사(常駐公使)는 파견하지 못하였다. 따라서 상주공사의 파견은 이미 한참 뒤늦은 일이었고, 충분히 명분이 있는 일이었다.

기존 연구에 의하면[109] 이 상주공사 파견의 시도에는 민영익과 데니의 영향력이 크게 작용하였다. 하지만 이에 대해서는 영의정 심순택(沈舜澤)을 비롯하여 김홍집(金弘集), 김병시(金炳始), 민응식(閔應植) 등이 밤낮으로 [찾아가] 울면서 그만둘 것을 간청하였다고 하므로, 조선 내부의 반발도 결코 만만한 것이 아니었다.[110] 그러나 서구 각국에 대한 외교사절 파견이 조선의 국제관계와 국제적 위상에 미칠 여파를 우려한 원세개는 이에 대한 대책을 이홍장에게 요청하였다.

결국 청의 대응은 처음에는 조선이 사전에 먼저 청의 지시를 요청한 다음 허락을 받아서 외교사절을 파견해야 한다는 것이었다. 역시 일종의 편법을 이용한 견제였다. 『만국공법』 제3권 「제 나라의 평상시 왕

109 박정양의 파견을 둘러싼 문제 전반에 대해서는 申基碩, 1967, pp.231-264; 林明德, 1970, pp.159-172; 王明星, 1998, pp.143-151; 具仙姬, 1999, pp.157-173; 김수암, 2000, 180-254; 金源模, 2003, pp.614-651; 岡本隆司, 2004, pp.170-225, pp.263-340; 陳紅民, 2008; 張禮垣, 2012, pp.227-274; 정경민, 2015; 森萬佑子, 2017, pp.223-249; 한철호, 2018; 李動旭, 2021c 등 이미 많은 연구에서 다루었다. 이 가운데 특히 김원모, 김수암과 한철호, 岡本隆司와 張禮垣의 연구가 비교적 상세한 분석을 하였으며, 여기에서의 서술은 이에 따른 것이다.

110 「北洋大臣李鴻章文」(光緒13年 8月 20日), 『中日韓』 卷4, 2361b-2362; 『국역中日韓』 5, pp.218-219.

래의 권한을 논하다」의 제2절 「파견할 수도 있고 받을 수도 있다」에서는 "자주국이 만약 서로 사이가 좋아지고자 한다면, 즉 사신을 파견하고, 사신을 받을 자격이 있으며, 타국이 막을 수 없다."라고 규정하고 있다. 반면 제3절 「어떠한 나라가 사신을 왕래할 수 있는가」에 따르면, "속국·반식민지 국가가 사신 왕래하는 것은 반드시 그가 속한, 의존하는 대국이 어떠한 권한을 가지고 있는지를 보아야 한다."라고 규정하고 있다.[111] 제2절에 따르면 조선은 이미 일본·미국 등의 상주 사절인 공사가 파견되어 있으므로 자주국임이 분명한데, 청은 '속방조회'라는 '편법'을 이용하여 조선을 '속국'으로 설정하여 제3절의 규정을 적용하려는 모순된 행태를 보였다. 이것은 결국 만국공법을 부정하고 대신 천조체제의 위계질서를 활용하여 조선의 외교에 간섭하는 일종의 '편법외교'인 셈이다.

그리하여 광서13년 8월 7일의 이홍장에 보낸 전기(電寄) 상유는 "중국은 이미 조선이 각국과 통상하도록 허용하였으므로, 외교사절 파견도 마찬가지로 해야 한다. 그러나 반드시 먼저 지시를 요청하고, 허락받은 다음에 다시 각국에 부임하도록 해야 비로소 체제에 들어맞을 것이다. 현재는 응당 여전히 파견을 정지하는 것이 올바른 처리로서, 지시를 요청하는 단계를 남겨 두는 것이 원만한 마무리의 여지를 남겨 두는 것이다."라고 지시하는 내용이었다.[112] "반드시 먼저 지시를 요청하고, 허락받은 다음에 다시 각국에 부임"하게 한다는 것은 자주국의 외교에 대해 "타국이 막을 수 없다."라고 규정한 만국공법의 원칙을 부인하는 것이었다. '천조체제'의 어디에도 전례가 없는 자의적 조치였다.

그리고 그다음 청이 내세운 요구는 청의 외교사절이 모두 이등공

111 헨리 휘튼 지음, 김현주 옮김, 2021, 『만국공법』, pp.195-196.
112 『德宗實錄』 卷246 八月 辛卯.

사(二等公使)이기 때문에 조선에서는 전권공사(全權公使)가 아닌 삼등공사(三等公使. 辨理公使)를 파견해야 한다는 것이었다.[113] 역시 마찬가지로 조선을 희생양으로 삼아 청의 '천조상국'으로서의 체면만을 살리려는 시도였다.

이렇게 조선의 외교사절 파견을 막을 수는 없지만, 사전에 먼저 지시를 요청하여 허락받은 다음 파견해야 한다거나, 청의 외교사절보다 격이 낮은 외교사절의 파견을 요구하는 등의 견제는 만국공법의 원칙을 부정하면서 천조체제의 권위를 활용하려는 일종의 '편법'이었고, 당연히 조선의 반발을 사지 않을 수 없었으므로 이후 몇 년 동안 지속될 조선과 청의 박정양 파견을 둘러싼 지루한 갈등의 출발점이 되었다.

하지만 이미 9월 16일 미국 등에 전권공사를 파기하기로 통보한 조선은 청의 이러한 요구를 거부하여, 전권공사의 파견이라는 기존 방침을 관철하는 양보를 받아 낼 수 있었다. 영국과 독일이 청의 파견 저지 정책에 동의하였지만, 이미 전권대사 파견을 통보한 조선이 완강하

113 이등공사와 삼등공사의 차이에 대해서는 『만국공법』 제3권 「제 나라의 평상시 왕래의 권한을 논하다」의 제6절 「국사의 등급」에서 규정하고 있다. 이에 따르면 "제1등의 외교사절[欽差]을 파견하는 것은 오직 군주국 혹은 민주대국이야말로 가능하다. 그 나머지 3등은 군주를 대신하는 신분이 아니지만, 명을 받들어 일을 행하므로 군주의 위복(威福)을 빌릴 수 없다. 만약 직무[職守]로써 외교사절의 품급을 나눈다면, 제1과 제2는 동등할 수 있고, 대개 국군(國君)의 신임장[信憑]을 가지고, 가는 곳의 국군에게 전달한다. 이전에 그것이 구별된 이유는 오직 제1등 외교사절이 타국의 군주와 대면하여 논의할 수 있었기 때문이고, 제2등 외교사절은 비록 또한 타국의 군주에게 서신을 보낼 수 있고, 그 군주가 파견한 대신과 일을 논의할 수 있을 뿐이었다. …… 제3등 사신은 모두 신임장을 타국의 군주에게 보내는 자이다. 제4등 사신은 부서의 신하에게 위임장을 전하며, 일로 인해 특사되는 자, 흠차의 일을 대행하는 자도 있다." 헨리 휘튼 지음, 김현주 옮김, 2021, 『만국공법』, pp.199-200을 참조.

게 버티고, 미국도 청의 방해에 대해 항의하는 등 그 파견을 막는 것이 불가능해지자, 원세개는 이홍장에게 다음과 같이 제안하였다.

> 조선은 각국에 사신을 파견함으로써 각국에 주재하는 중국 대신들과 대등한 입장(敵體)에 서게 되었다고 자칭합니다. 만약 이를 제한하지 않으면 체면에 방해가 될 것 같습니다. 조선의 어떤 사신이든 중국 사신과 접촉할 때는 (하급자가 상급자에게 올리는 문서형식인-인용자) 정문(呈文)을 쓰고, 왕래할 때 (직함이 들어간 名帖, 즉-인용자) 함첩(銜帖)을 쓰며, 중국 사신은 (상급자가 하급자에게 지시를 내릴 때 쓰는-인용자) 주필(硃筆)을 쓰게 하여 체제에 부합하게 하도록, 조선 국왕에게 자문으로 알리고, 아울러 총리아문에서 각국 주재 사신에게 알리게 하는 게 어떻겠습니까? 조선이 사신 파견으로 자주를 천하에 과시하고자 한다면, 중국 역시 속방을 각국에 평행하는 것으로 보일 수는 없습니다. 그리고 조선이 조약을 맺을 때 각국에 보낸 [속방]조회에 비추어 보아도 이런 취지와는 서로 배치되지 않으니, 각국은 아마 구실을 만들어 낼 수 없을 것입니다.[114]

이러한 세 가지 조항을 '삼조(三條)'라고 한다. 여기에는 조선의 사절 파견을 이용하여, 도리어 해외의 조선·중국의 외교사절 사이에서 상하 관계를 보여 주는 상징을 규정함으로써 조선이 중국의 속방임을 각국에 과시함과 동시에 조선의 '독립' 의지를 꺾으려는 원세개의 의도가 잘 드러난다. 물론 이것 역시 '편법'이었지만, 이 '삼조'가 조선·중국

114 「北洋大臣李鴻章文」(光緖13년 7月 27日), 『中日韓』 卷4, p.2343; 「北洋大臣來電」(光緖13년 7月 24日), 『光緖中日』 卷10, 30b-31a; 「致北洋大臣李鴻章電」(光緖13年 7月 24日), 『袁世凱全集』 1, p.375. 원세개의 전보 뒤 부록에 붙은 「北洋大臣李鴻章來電」(光緖13年 7月 26日)은 총리아문과 이홍장이 이에 동의하였음을 알려 준다. 이때 쓰인 용어는 모두 '分內應行各節'이었다.

의 외교사절 사이에서 상하 관계를 확인시켜 준다고 해도, 그것은 조선·청 양국 사신 사이 내부 사정이기 때문에 외국에 나가서 그것을 지킨다고 해도 각국에서 파악할 리도 없고, 관심을 둘 이유도 없었다. 조선의 독립 의지나 지향을 꺾으려는 편법이었으나, 국제적으로는 사실상 아무런 쓸모도 없었다.

사실 이런 조항들은 "각 등급의 사신을 보낼 수 있는 나라는 그 사신 파견의 승급[加假銜]을 스스로 정할 수 있지만, 사신을 파견하여 수도에 주둔시킨다면 마땅히 등급을 평등하게 행해야 하며, 존비를 나누는 사정이 있을 수 없다."라는 『만국공법』 제3권 「제 나라의 평상시 왕래의 권한을 논한다」의 제6절 「국사의 등급」에 나오는 규정에 어울리는 것은 아니었다.[115] 따라서 "속방을 각국에 평행하는 것으로 보일 수 없다."라는 원세개의 의도는 애초에 만국공법의 국제질서 속에서 실현될 가능성이 없는 핑계에 불과한 것이었다. 효과가 있다면 이것은 오히려 조선의 외교사절에 상국과 속방 사이의 관계를 다시 확인하게 하는 가벼운 '굴욕감' 이상의 의미를 지닐 수 없었다. 조선은 이런 조건을 수용하였다. 후술할 '영약삼단'을 거부한 뒤에도, 조선은 이 '삼조'를 여전히 준수하였다.[116]

이홍장은 앞서 임오군란 직후 "대신을 보내 통상을 주관한다는 명목으로 주재시키고, 이를 빌려 조선 정부와 함께 모든 문제를 처리함으로써 조선을 보호"하자는 장패륜의 제안을 반대하면서, 이렇게 확인한 바 있다.

> 다만 서양의 통례로 보면 무릇 속국의 정치는 자주할 수 없습니다. 그러

115 헨리 휘튼 지음, 김현주 옮김, 2021, 『만국공법』, p.200을 참조.
116 김수암, 2000, pp.207-210.

므로 다른 나라와 조약을 체결할 때 대부분 종주국[統轄之國]이 주로 처리합니다. 그렇지만 반자주국(半自主國)은 스스로 조약을 체결할 수 있으나, 또한 단지 통상만을 논의·처리할 수 있을 뿐, 수호조약을 체결할 수는 없습니다. 현재 조선이 일본과 조약을 체결한 지 이미 7년이 넘었습니다. 당시 조약에서 결국 조선이 자주지국임을 인정하였으나, 조선은 공례(公例)에 어두웠으므로 깊이 질책할 만한 것이 아니었습니다. [조선이] 예부에 자문을 보내 [예부에서] 대신 상주하였을 때도 반박하지 않았습니다. 올해 미국·영국·독일과 조약을 체결하면서 비로소 중국의 속방이라는 것을 분명히 밝히게 하였으나, 일본 측에서는 이에 대해 불평을 털어놓았고 각국에서도 여전히 이의를 제기하는 것을 여전히 피할 수 없으니, 장래 [조선이 앞의 나라들과] 조약을 교환할 때에도 궤변이 나올까 우려됩니다.[117]

이홍장의 '속국'에 대한 이해와 그에 대한 우려가 여기에는 잘 드러난다. 결국 문제는 '속국' 조선의 위상이 아주 모호하다는 것이었다. 이것은 다음과 같이 정리할 수 있다.

1) "서양의 통례로 보면 무릇 속국의 정치는 자주할 수 없다."라는 지적에 따르면 조선은 서양의 통례에 따른 속국이 아니었다.

117 「奏覆張佩綸條陳理商政預兵權救倭約購師船防奉天及爭永興」(光緒8年 10月 13日), 『中日韓』 卷3, pp.1030-1038; 『外交文書』 제6권, pp.534-537; 『국역中日韓』 4, pp.285-286. 앞서 인용한 바 있는 『만국공법』 제3권 「제 나라의 평상시 왕래의 권한을 논하다」의 제2절 「파견할 수도 있고 받을 수도 있다」에 따르면 조선은 이미 일본·미국 등의 상주사절인 공사가 파견되어 있으므로 자주국임이 분명한데, 청은 '속방조회'라는 편법을 이용하여 조선을 '속국'으로 간주하고 제3절의 규정을 이용하려는 모순된 행태를 보이고 있다.

2) 반자주국(半自主國)은 스스로 조약을 체결할 수 있으나, 또한 단지 통상만을 논의·처리할 수 있을 뿐 수호조약을 체결할 수는 없다. 조선은 일본과 수호조약을 체결한 지 이미 7년이 넘었으므로, 이른바 서양의 통례에 따른 '반자주국'도 아니다. 조선의 조약을 청에서 반대하지도 않았다.[118]

3) 하지만 「조·미조약」 이후 조선이 청의 속방이라는 조회를 보냈으나, 일본과 서양 각국은 이를 인정하지 않으려 하므로, 그것이 국제적으로 공인을 받은 것이라 할 수 없다.

4) 따라서 조선은 서양 통례에 따르면 청의 속국도 아니고, 그 통할을 받는 반자주국도 아니고, 청도 이것을 인정한 바 있었다. 다시 「조·미조약」 이후 다시 청의 속국임을 주장하였으나 국제적으로 공인받지 못한 상태다. 따라서 청의 주장과 조선의 시인에도 불구하고 국제법적으로 조선은 독립국에 가깝지, 청의 '종속국'으로 인정받기는 어려웠다.

이렇게 양국 관계는 국제법적으로는 '공인'을 받지 못한 기묘하고도 애매모호한 것이었다. 이를테면 "속국인 듯하지만 속국이 아닌 속국"이었다. 그렇지만 「조·미조약」 등에 의해 '자주지국'으로 인정받은 바 있으므로 앞서 청 황제의 상유에서도 인정한 바 있듯이 조선의 외

118 앞서 지적한 바 있지만, 이홍장은 '속방조회'를 굳이 「조·미조약」에 삽입하려 시도할 때 조선을 다른 큰 나라와 조약을 체결할 수 없는 만국공법상의 '附庸小國'으로 간주하려 시도하였다. 또 이후에도 조선을 通商稅則은 스스로 체결할 수 있는 半主之國·半主屬邦의 범주에 맞추려고 노력한 바 있다. 하지만 여기서는 조선이 각국과 수호조약을 체결하였다는 이유를 들어 그것을 부정하고 있다는 점에 주의할 필요가 있다. 이홍장의 '속방론'은 여기서 분명히 이전과 다른 모습을 보여 준다.

교사절 파견을 청이 근본적으로 거부할 수는 없었다. 따라서 유일한 방법은 마지못해 외교사절 파견을 승인하더라도, 여전히 조선은 전통적인 사대-자소 관계 속에서 '속방'이었다는 명분을 내세우고 '천조상국'의 위엄을 빌려 '독립'을 과시하려는 조선의 희망을 꺾는 수밖에 없었다. 이러기 위해서는 만국공법의 규범을 '무시'하고 그 대신 천조체제의 권위를 이용해야만 하였으므로, 자연스럽게 '편법외교'의 방법을 이용해야 했다.

이리하여 청이 최종적으로 선택한 대안은 이른바 '속국체제(屬國體制. 또는 屬國分內體制)'라는 방안이었다.[119] 멀리 거슬러 올라가자면 이 용어는 「조·미조약」 체결 이후 미국에 보낸 이른바 '속방조회'에 나오는 "(속방의) 직분 안에서 응당 행해야 할 모든 사항[屬邦分內一切應行各節]"이라는 구절과도 연결되는 것으로 보인다.[120] 사실 '속국'·'속방'이라는 용어는 전통적으로 오랫동안 사용되어 왔다(대체로 '속국'이라는 표현이 빈번하였다.). 서울대학교 도서관에서 열람이 가능한 『중국기본고적고(中國基本古籍庫)』 데이터베이스를 검색하면 '속국'은 『좌전(左傳)』·『사기(史記)』·『한서(漢書)』에서 『청사고(淸史稿)』까지 무려 10,350조(條)의 출현이 확인된다. 그만큼 전통적으로 자주 쓰였다는 증거가 분명하다.

반면 같은 검색에서 '속국체제(屬國體制)'는 도광(道光) 연간의 섬감

119 또는 '屬邦分內體制'나 '屬邦體制'로도 쓰이는데, 이에 대해 가장 먼저 주목한 것은 김수암, 2000, pp.49-55이다. 여기서는 속방조회와 속방체제를 연결하여 다룬 데 특색이 있다. 또한 岡本隆司, 2004, p.221-225; 川島眞, 2004, pp.356-364도 이 문제를 다루고 있다. 川島眞은 "만국공법의 세계와 기존 체제의 접점을 찾아 그것을 조합하여 새로운 체제를 구축하려 한 것"으로 간주한다.

120 이 '속방조회'의 원문은 『外交文書』 제4권, p.420 또는 『국역中日韓』 4, p.27; 『中日韓』 卷2, pp.617-618을 참조.

총독(陝甘總督) 나언성(那彦成)의 주의(奏議)에서 딱 한 차례 검색된다.[121] 이것을 보면 '속국체제'라는 말이 종래 전혀 관행적으로 쓰였던 것이 아님을 알 수 있다. '속방(분내)체제'라는 용어도 이홍장의 『이문충공전집(李文忠公全集)』 권61에서 1회, 『광서조동화록(光緖朝東華錄)』 권84에서 광서 13(1887)년에 두 차례 검색되므로, 사실 이때 가서야 새롭게 조합된 용어임을 알 수 있다.(이홍장이 1회 쓴 '屬邦事例'도 마찬가지다) 청대 후기의 『청실록(淸實錄)』에서도 '속방체제'는 권247의 광서 13년 9월 정사(丁巳)의 상유에 딱 한 차례 나오고, '속국체제' 역시 권282의 광서 16년 윤2월 신해 조의 총리아문주(總理衙門奏)에서 한 차례 나올 뿐이다. 또 이홍장은 '상국체제(上國體制)'라는 용어도 사용하였는데 이 역시 한 차례뿐이다.[122]

따라서 '속국체제'·'속방체제'['속방분내지체제'·'상국체제'·'속방사례'] 라는 용어는 사실상 광서 13(1887)년에 와서야 새롭게 조선의 서구 외교에 대한 '통제'의 명분을 쌓기 위해 임시방편으로 만들어진 신조어라고 보아도 좋을 것이다. 즉 '속국(속방)체제'는 확실하게 고정적으로 사

121 那彦成(1763-1833)은 滿洲正白旗人(章佳氏)으로 字는 繹堂, 호는 韶九·東甫이다. 건륭 연간의 진사로 翰林院을 거쳐 工部尚書·鑲白旗漢軍都統·禮部尚書·陝甘總督·直隸總督·理藩院尚書·吏部尚書 등을 지냈다. 시호는 文毅이다. 그의 문집 『那文毅公奏議』 卷18에 실린 「奏爲辦理善後事宜完竣準詳細交代擇要奏明並報起程日期事」(道光9年 3月 5日)라는 문서에서 "해당 오랑캐는 종래 貢表를 올릴 때 해당 伯克(베크. 수령이나 관리자라는 뜻이었는데, 청대 新疆 지역에 대한 간접 통치제도를 도입하면서 이를 도입하였다.)의 이름을 泥金을 써서 전체를 썼는데, 그 칭위가 특히 狂悖不經합니다. 앞으로는 응당 屬國體制에 따라 (청 황제는) 天朝大皇帝라 칭하고, 해당 伯克은 奴才라고 칭하되 이름은 泥金으로 쓰는 것을 허용하지 않는 것으로 表文의 款式을 酌定하고자 합니다."라는 내용이 보인다.

122 「覆總署論朝鮮請改出使原議」(光緖16年 2月 10日), 『李鴻章全集』 36 信函 7, p.22.

용되어 오던 전통적 용어나 개념이 아니라 이 시기에 와서 일시적 필요에 따라 편의적으로 만들어져 활용된 임시적 개념·표현이었음을 알 수 있다. 이것은 중국과 조선의 관계가 아니라 중국과 조선을 포함한 다른 국가와의 외교 관계에서 조선이 취해야 할 자세를 언급한 것인데, 종전의 천조체제에서는 기본적으로 이러한 자세 자체가 전혀 고려될 수 없었으므로, 이 새로운 국제적·다국적 외교 관계의 상황 속에서 기존의 천조체제·천하관념을 연장·확대하여 새롭게 조합해 낸 개념이라고 보아야 할 것이다. 이 점에서 '속국체제'론은 '속국자주'론의 경우와 완전히 일치한다. 양자 모두 청의 조선에 대한 '편법외교'의 산물이자, 그 상징이 되기 때문이다.

물론 비슷한 용어의 사용 전례가 전혀 없는 것은 아니다. 이를테면 속국(속방)체제 또는 비슷한 용어로 '속방체례(屬邦體例)'라고 구체적으로 적시한 명칭은 이미 1880년 2월 이용숙이 '무비자강책' 문제로 천진에 파견되었을 때, 이홍장이 일본 국서에 답하는 칭호 문제가 조금이라도 애매한 점이 섞이면 '속방체례'에 방해가 된다고 하면서 사용한 것이 처음으로 보인다. 여기서 이홍장은 서양 각국이 황제나 왕을 칭하는 것이 일률적이지 않으나 요컨대 모두 평등하게 서로 교제하는 것인데, 조선은 청의 책봉을 받으니 일본이나 다른 나라에 국서를 보낼 때는 응당 이전처럼 봉호(封號)를 써야 한다면서, 국정(國政)은 비록 그 스스로 자주를 하지만 중국의 속방이라는 명분을 잃어서는 안 된다고 지적하였다. 아마 조선의 (청을 제외한 다른 나라와의) 대외관계를 염두에 두고 이 용어를 사용한 것으로 보이므로, 사실상 '속방체제'와 거의 같은 개념으로 보아도 좋을 것이다.[123] 하지만 그 뒤 1882년 베트남과 관련

123 『清朝續文獻通考』卷341「四裔考」;『清史稿』卷526「列傳 313 屬國(一)」;「北洋大臣李鴻章奏」(光緒7年 2月 3日),『中日韓』卷2, p.482;「直隸總督李鴻

하여 "베트남 관원의 회의 참여는 우리 속방체제와 맞지 않는다."라고 다시 언급한 것을 제외하면,[124] 이후 이 용어가 쓰인 적이 거의 없는 것으로 보인다. 따라서 이러한 용어의 사용 역시 일시적인 표현일 뿐, 뚜렷한 의도나 확정된 개념을 가지고 쓴 것으로는 보이지 않는다. 또 '속국분제(屬國分際)'라는 용어도 한 차례 쓰인 적 있고,[125] '상속체제(上屬體制)'라는 용어 역시 마찬가지다.[126]

그렇지만 이 외의 경우 '속방'이나 '분내', '체제', '체례' 등의 용어가 각기 쓰이기는 하지만,[127] '속방체제'·'속방사례'·'속국분제'라는 식의 용어 자체는 거의 쓰이지 않았다. 앞서 언급하였지만, 그러다가 갑작스레 광서13(1887)년 9월 이 '속방(속국)체제'라는 용어가 중요한 의미를 지니면서 등장한다. 이것은 마지못해 조선의 서양 국가에 대한 사

章奏報開導朝鮮外交並代擬通商章程摺」(光緒7年 2月 2日), 『光緒中日』 卷2, 32a-33a.

124 「致總署論越議將變」(光緒8年 11越 17日), 『李鴻章全集』 33 信函 5, p.190.

125 1876년 총리아문에서 일본의 森有禮에 보낸 조회에서 "屬國에는 屬國의 分際가 있다."면서 '屬國分際'라는 용어를 쓰기도 하였다. 「總理各國事務衙門奏與日本使臣往來照會等件擬咨送禮部轉行조朝鮮摺」(光緒2年 1月 30日), 『光緒中日』 卷1, 2b; 『外交文書』 제3권, 2012, p.126. 「覆日本國照會」(光緒2年 1月 18日), 『光緒中日』 卷1, 6ab; 『中日韓』 卷2, p.295; 『外交文書』 제3권, p.316 등.

126 「北洋大臣李鴻章文」(光緒16年 1月 11日), 『中日韓』 卷5, pp.2714b-2721a. (p.2719) 뒤에 나오지만 원세개가 조선 국왕과의 대화에서 쓴 경우다.

127 이를테면 『中日韓』 卷3, p.1177b에는 총리아문에 보내는 「朝鮮國王咨文」(光緒9年 7月 14日)이 실려 있는데, 여기서도 조선 국왕은 미국과의 조약을 맺을 때 光緒年月日을 썼는데, 이번에 專條를 補訂하면서 中國年月을 쓰지 않았음을 인정하고, 앞으로 다른 나라와 조약을 논의할 때 마땅히 중국의 年月을 사용함으로써 '체제'에 부합하도록 하겠다고 약속하였다. 여기서 '체제'는 사실 '속방체제'와 같은 뜻이지만, '속방체제'란 용어는 사용하지 않았다. 이러한 사례는 좀 더 발견될 가능성이 충분하지만, 그렇다고 해서 중국과 조선뿐만 아니라 다른 국가까지 포함된 외교 관계의 문제를 언급하는 이 용어가 빈번하게 사용된 것은 아니었다.

신 파견을 승인하면서, 청 황제가 다음과 같은 상유를 내렸을 때였다.

> 조선이 각국과 조약을 체결할 때 이미 사신을 파견하여 서로 주재시킨다는 조항이 있었으니, 현재 인원을 골라 파견하는 것은 당연히 불가한 것은 아니다. 다만 중국은 성의를 가지고 조선을 상대해 왔고, 기쁨과 슬픔을 함께해 왔다. 조선은 물산이 많지 않고 상업도 왕성하지 않은 데다가 최근 많은 사고가 있어 국용(國用)이 날로 늘어났다. 설사 다시 사신을 각국에 나누어 보낸다고 해도 결코 응당 해야 할 일이 없다. 또 앞으로도 매년 갑작스러운 거액을 추가 부담해야 하는데, 이후 만약 경비가 부족해 계속 이어지지 못하면 결국은 중단되어 버릴 수도 있다. 혹은 애써 자금을 마련하더라도 부채는 날로 증가할 것이니, 국계(國計)에 도움이 되지 않고 도리어 먼 나라들의 비웃음을 사게 될지도 모른다. 그렇다고 해서 우리 조정이 대신 구획해 주는 것은 특히 제대로 된 방책이 아니다. 조선 국왕은 힘써 중국이 비호·보전해 주는 뜻을 떠받들어, 이 일에 대해 상세하게 앞뒤를 준비하여 매우 신중하게 처리해야 할 것이다. 파견하여 주재한 다음에는 체제(體制)와 교섭(交涉)에 대해 힘써 양쪽 다 온전하도록 노력해야 한다. 외교사절의 파견·주재 이후에도 체제와 교섭이 힘써 모두 지켜질 수 있도록 해야 할 것이다. 각국에 파견하는 모든 인원에 대해서는 중국 사신과 왕래할 때 모두 속방체제를 따라야 한다. 이전에 이홍장이 전보로 상주하여 조선에서 이미 법도에 따라 처리하겠다고 알려 왔으니, 기타 미진한 부분에 대해서는 여전히 이홍장이 수시로 소식을 통해 협상함으로써 적절한 결과를 낳게 해야 할 것이다. 이 상유를 예부와 이홍장에게 알리고, 아울러 예부에서 조선 국왕에게 전유(傳諭)하여 알리도록 하라.[128]

128 『德宗實錄』 光緖13年 9月 丁巳; 『光緖中日』 卷10, 36a-37b.

이 상유는 재정난과 해외 상업 활동의 부재를 들어 조선이 각국에 사신을 파견하는 일은 사실상 전혀 쓸모가 없는 일이고 앞으로도 큰 부담이 될 것임을 분명히 지적하고 있다. 그렇더라도 기왕에 체결된 조약에 따라 처리하겠다는 조선의 요청을 거부할 명분은 없으니 어쩔 수 없이 마지못해 승낙한다는 뜻을 보여 준다. 그렇지만 일단 외국에 파견하여 주재한 다음에는 "체제와 교섭에 대해 힘써 양쪽 다 온전하도록 노력해야 한다."라면서, "각국에 파견하는 모든 인원에 대해서는 중국 사신과 왕래할 때 속방체제를 따라야 한다."라는 제약을 가하여 조선이 '독립'을 과시하는 것을 차단함과 동시에, 여전히 중국의 속방임을 강조하여 그 '종주권'을 국제적으로 인정받겠다는 의사가 분명히 나타난다. 청은 조약체제의 원칙이나 관행을 무시하면서까지 여전히 천조체제·천하관념에서 근대적 국제관계와 외교 사무를 해석하고, 나아가 이것을 서양 세계에서 인정받기 위한 '편법'을 활용하는 데 집착하고 있었다.

그리고 이후에도 청이 사용하는 '속방분내응행지체제(屬邦分內應行之體制)'라는 용어 역시 이와 같은 의도에서 사용된 것으로 보인다. '속방이 그 직분 내에서 응당 행해야 할 체제'라는 이 용어는 '속방조회'에서는 이미 '직분 내에서 응당 행해야 할 각 사항[分內應行之各節]'로 표현된 바 있었지만, '영약삼단(另約三端)'[후술]을 상주한 이홍장 주접에는 원래 '속방분내지체제(屬邦分內之體制)'나 '속방사례(屬邦事例)'라는 용어만 쓰였을 뿐이다.[129] 그런데 이에 답하는 조선 국왕의 자문에서는 '속방분내응행지체제'라는 용어가 처음 출현한다.[130] 이것은 아마 이홍장

129 「籌議朝鮮通使各國摺」, 光緒13年 11月 11日, 『李鴻章全集』 12 奏議 12, pp.255-257.

130 「朝鮮國王咨文」(光緒13年 10月 20日), 『李鴻章全集』 12 奏議 12, pp.256-257.

이 원세개에 그 내용을 축약하여 보낸 전보에서 이 용어를 사용하였기 때문에, 조선 국왕이 그대로 따라 사용한 것으로 보인다.[131]

따라서 '속방분내응행지체제'라는 개념 역시 '속국체제'라는 용어처럼 이홍장이 '영약삼단'을 조선에 요구하면서 만들어 낸 신조어로 보인다. 이 용어는 속방이 천조와의 관계 속에서 취해야 할 체제·규범이라는 뜻이므로 전통적 양국 관계에서는 굳이 이런 사용할 필요가 없었으나, 근대의 새로운 국제질서 속에서도 천조체제의 명분과 관념을 관철하려는 필요성에서 새롭게 조합된 것이라는 점에서는 앞서 나온 '속국체제'론의 경우와 마찬가지다. 나아가 이 점은 앞서 설명한 것처럼 19세기 전반 이후 조선-청 관계를 설명하기 위해 '속국자주'론이나 '속방조회'가 출현하게 된 배경과도 아주 유사하다. 이 역시 마찬가지로 천조체제와 조약체제 사이의 '틈'을 찾아내서 활용하고자 하는 일종의 편법이었기 때문이다.

이 점에서 '속국체제'나 '속국자주'론이나 '속방조회'의 경우와 완전하게 일치한다. 이것들은 모두 청의 조선에 대한 '편법외교'의 산물이자, 그 상징이 될 수밖에 없기 때문이다. 청은 국제사회에서 조선의 '속국' 지위를 인정받는 데 만국공법의 원리나 규범을 직접 동원할 수 없자, 천조체제의 명분을 빌리고 만국공법과의 틈을 살펴서 조선에게 속국의 지위를 압박하는 우격다짐으로 다양한 편법을 사용하지 않을 수 없었던 셈이다.

이 시기 청의 조선 정책 자체를 특징짓는 '편법외교'의 산물인 '속국체제'론[그리고 후술할 '영약삼단']은 전통적 '종번 체제'와 근대 국제법 질서 사이의 '뒤엉킴'을 체현하는 것이지만, '종번 체제' 밖의 나라에게

131 「北洋大臣李鴻章來電」(光緖13年 9月 24日), 『袁世凱全集』 2, p.407을 참조.

는 이런 식으로 "중국 것도 아니고 서양 것도 아니며, 새것도 아니고 낡은 것도 아닌[不中不西, 不新不舊]" 외교 방식은 특별히 '기괴[光怪陸離]'한 것으로 여겨질 수밖에 없었다. 이른바 "옛것도 아니고 오늘날의 것도 아닌 속국 주외사신 제도[不古不今的屬國駐外使臣制度]"였던 셈이다.[132] 일본의 이노우에 가오루는 이에 대해 "조선이 반주지국이 아님은 분명하다. 조선은 반주지국이 아니므로 자주지국으로 번속이란 명분은 없으며, 번속과 자주는 그 세가 서로 반대되어 어울릴 수 없다. 이것은 옛날의 의[古義]와 오늘날의 법규[今法]를 뒤섞은 것으로 만국에 통용될 수 없다."라고 비판하였다고 한다.[133]

그렇지만, 미국 주재 공사 파견의 자세가 확고한 조선 정부는 청의 다양한 편법 활용에 흔들리지 않았다. 그러자, 청은 다시 별도의 약조 세 가지라는 뜻의 '영약삼단'을 제시하였다. 양국 사절 사이의 관계에만 머물렀던 '삼조'와는 달리, 이것은 조선이 파견한 사절과 청 사절 사이의 상하 관계를 국제적으로 공개·명시함으로써, 조선이 자주를 표명하고 청과 동등한 지위에 서는 것을 막으려는 것이었다. 이 역시 또 다른 '편법'이었지만, 당연히 국제사회에서 지니는 의미를 본다면 '삼조'와는 무게가 크게 달랐으므로, 조선은 이를 받아들이고자 하지 않았다. 이것을 받아들이게 되면 주미 공사 파견 자체의 의미가 퇴색되어 버리기 때문이다.

이 '영약삼단'은 원래 고종의 외교사절 파견이라는 대책을 청이 오히려 역이용하는 것이었다. 청도 조약에 명시된 조선의 사절 파견 명분 자체를 부정하기는 어려웠으므로, 사실 억지로 만들어 내서 강요했다는 점에서는 마찬가지로 궁색한 방안이자, 편법이었다. 만국공법에

132 張衛明, 2016, pp.99-103.
133 張衛明, 2016, p.103.

따르면 '속국'에는 외교권(사절 파견이나 수호조약체결)이 인정되지 않기 때문에, '통할국(상국)'의 사전 승인 없는 사절의 파견은 당연히 엄두도 낼 수 없다(물론 어떠한 종류의 '속국'이냐에 따라, 상황에 따라 그것이 달라지기는 한다.). 그러나 청은 이미 조선이 일본 및 서구 각국과 수호조약을 체결하도록 권고·협조·허용함으로써, 조약에서 규정하는 외교권을 조선에 인정한 바 있었다. 따라서 국제사회에서 이미 독립적인 주권국가로서의 외교권을 가진 조선에게 적용하는 '영약삼단'이라는 명분이나 '편법'이 쉽사리 통용될 리는 없었다. 청도 당연히 그 점을 의식하지 않을 수 없었다.[134]

이홍장이 조선의 외교사절 파견을 묵인하는 조건으로 내건 '영약삼단'은 다음과 같은 내용이었다.

> 1) 조선 공사가 각국에 도착하면 먼저 청의 공사관에 가서 알리고, 그와 함께 해당 국가의 외무부서를 방문한다.
> 2) 공식 석상에서 조선 공사는 반드시 청국 공사의 뒤를 따른다.
> 3) 외교적으로 중요한 사건은 조선 공사가 먼저 청의 공사와 몰래 상의한 다음 지시를 따른다.[135]

이러한 내용이 바로 "속방이 그 직분 내에서 응당 행해야 할 체제

134 정경민, 2015. 또한 이 점에 대해서는 유길준, 「방국의 권리」, 장인성·김현철·김종학 엮음, 2012, 『근대한국 국제정치관 자료집』 제1권 개항·대한제국기, pp.136-144 또는 유길준 원저, 장인성 저, 2017, pp.205-252에서 상세하게 논의하고 있다.

135 「軍機處交出李鴻章奏摺」(光緒13年 11月 14日), 『中日韓』 卷5, pp.2415-2418; 「籌議朝鮮通使各國摺」(光緒13年 11月 11日), 『李鴻章全集』 12 奏議 12, pp.255-257.

이며, 각국이 간여할 바가 아니다."라는 것이 청의 해석이었다. 하지만 「조·미조약」을 체결할 때 조선 측이 미국에 '속방조회'를 넘겨주면서 "조선의 속방으로서의 의무는 미국과 아무런 관련이 없다."라고 확인한 바 있었다. 그런데도, 조선과 미국과의 관계에 대해 이렇게 청이 방해하는 조치를 하자, 조선·청에 주재하던 미국 공사는 「조·미조약」과 만국공법을 근거로 조선을 자주국으로 인정하면서 청이 조선과 미국의 교섭에 간섭하는 데 항의하였다.

그리고 원세개의 끊임없는 감시와 협박을 통한 방해에도 불구하고 박정양은 미국으로 출발하였고, 현지에 도착한 다음에도 위의 '삼단'을 지키지 않았다.[136] 더구나 박정양은 1888년 1월 17일 백악관에서 클리블랜드(Grover Cleveland) 대통령을 접견한 다음 미국 주재 각국 공사와 미국 각부 장관을 방문하였다. 이때도 외교 관례에 따라 그 부임 순서대로 28개국 공사관을 방문하였는데, 청의 공사관은 18번째 방문 대상이 되었다.[137]

앞에 나온 '삼조'의 경우에 대해 지적한 것과 마찬가지로 '영약삼단' 역시 만국공법의 규정에 맞아떨어지는 것이 아니었음은 명백하였다. 유길준(兪吉濬)이 지적한 것처럼 "어느 나라 사절이든 제3국의 사절

136 박정양 지음, 한철호 옮김, 2015, 『미행일기(美行日記)』, pp.58-63을 참조. 金源模 완역, 1991, 『알렌의 일기』, pp.150-151; 金源模, 2003, p.636에 따르면 박정양의 사절단을 안내한 참찬관 알렌(H. N. Allen)은 '영약삼단'을 따르고자 하는 박정양의 시도를 강력하게 저지하였다.

137 한철호, 2018, pp.355-359. 한철호는 박정양이 1월 19일 청의 공사 張蔭桓을 방문하여 청의 사신을 경유하여 국무부를 가게 되면 미국 정부가 국서를 거부할 명분이 될까 염려하여 삼단을 위반하였고, 잠시 사신의 사명을 완수하고 귀환해서 처벌을 요청하겠다는 뜻을 전하였으며, 장음환도 외교관으로서 이를 양해하여 삼단의 개정을 제안하였으나, 이홍장은 그 개정을 용납하지 않았다고 지적한다.

과 함께 외부(外部)에 가서 국서의 부본을 전하는 공례는 없다."(「答清使照會」)는 지적 역시 조선이 내세우기 좋은 명분이었다.[138] 이때 미국 대통령에 보낸 국서(1887년 9월 23일)에서 고종은 스스로 '짐(朕)'이란 용어를 사용하여 조선이 자주독립의 국가임을 애써 강조하고자 하였다.

결국 이 '영약삼단'의 준수 문제 때문에 박정양에 대한 문책과 귀국 요구를 둘러싸고 조선과 청(원세개·이홍장) 사이에 이후 몇 년 동안 지루하고도 끈질긴 신경전이 벌어졌다. 결국 부임한 지 1년도 되지 않은 1888년 11월 소환 통보를 받은 박정양이 1889년 8월 중순 귀국하였다. 하지만 이후 그가 청의 끈질긴 요구에도 불구하고 문책당하지 않고 도리어 복직·승진함으로써 조선의 '속국체제'·'영약삼단'에 대한 저항의 태도는 분명하게 드러났다.[139] 대신 조선 국왕은 오랫동안 원세개의 강력한 압박에 시달려야 했다. 이 점을 잘 보여 주는 것은 이에 분노한 원세개가 여러 차례 우격다짐으로 다그쳐 국왕과의 면담을 강행한 다음 이홍장에게 올린 보고서의 내용이다. 이 「원세개가 조선 국왕을 만나 나눈 대화 기록(袁世凱與韓王晤談紀錄)」은 사실상 당시의 조선·

138 한철호, 2018, p.366; 하영선, 2019, p.66-68을 참조. 유길준, 「답청사조회(答清使照會)」의 원문과 번역문은 장인성·김현철·김종학 엮음, 2012, 『근대한국 국제정치관 자료집』 제1권, pp.134-136 또는 한철호, 2018, p.369(번역문)을 참조. '屬國'과 '贈貢國'을 구별하여 '贈貢國'인 조선의 '受貢國'인 청의 관계를 국제법으로 해석함으로써 조선의 '독립'을 강조하려던 유길준의 노력과 兩截體制論에 대해서는 정용화, 1998, 2004; 쓰키아시 다쓰히코(月脚達彦) 지음, 최덕수 옮김, 2009, pp.41-87, 그리고 유길준, 「방국의 권리」(장인성·김현철·김종학 엮음, 2012, 『근대한국 국제정치관 자료집』 제1권, pp.136-144; 유길준 원저, 장인성 저, 2017, p.240)를 참조. 유바다, 2013은 屬國'과 '贈貢國'이 국제법적으로 보면 별다른 점이 없어 유길준의 국제법 '해석'에 무리가 있다고 주장하지만, 이 점은 좀 더 검토가 필요해 보인다.

139 소환 이후 박정양의 처분을 둘러싼 갈등에 대해서는 한철호, 2018, pp.365-369를 참조.

청 관계를 함축적으로 보여 주는 자료다.

원세개: "11월 13일 이 중당대인(李中堂大人. 이홍장)의 전보 지시를 받았는데, 박정양 사안에 대해 제게 직접(국왕을) 만나 전말을 진술하라는 것이었습니다. 전하께서는 들으신 바가 있는지요?"

국왕: "이미 들은 바가 있습니다. 박정양이 정장(定章)을 준수하지 않았으니 진실로 마땅하지 않습니다. 나 역시 매우 유감입니다. 다만 바로 죄를 다스리기에는 불편하고 문제가 있습니다."

원세개: "(영약)삼단 정장은 본래 상주하여 정해진 것이고, 전하 또한 지난번에 이 중당대인께 자문을 보내 준수하겠다는 것을 대신 상주하여 달라고 요청하셨습니다. 그런데 박정양이 미국 수도에 도착한 후 끝내 장정을 따라 실행하지 않았기에, 여러 번 제가 조선 정부에 조회를 보내 힐문하면서 협의하였습니다. 그런데 사안이 2년이나 지났는데 여전히 마무리되지 않고 있습니다. 또 조선 정부에서는 박정양이 귀국하면 징계[議處]할 것을 승낙하고도 갑자기 지난달에 도승지 겸 부제학을 제수하였으니, 전하께서는 그 일을 상세히 알고 계시는지 모르겠습니다."

국왕: "박정양을 도승지에 제수한 것은 전례에 따른 것이지, 승진이 아닙니다."

……

원세개의 요청: "통역(譯員)이 말을 전하는 것은 혹시 잘못 전달될 수 있으니, 청컨대 글로서 말을 대신하는 것은 어떤지요?"

국왕이 환관에게 명령하여 붓과 종이를 가져오도록 하였는데, 가져오기 전에 병풍 안쪽에서 어떤 사람이 어린 환관을 보내 조선어로 요청하였다. "박정양 사안은 문서로 남기기 곤란합니다." 옆에서 모시던 몇몇 환관 역시 같은 소리로 호응하며 곤란함을 이야기하였다.

국왕은 오랫동안 침묵하다가 통역을 통해 말하였다. "지금은 이목이 너무 많으니 필담하기에 불편합니다. 논의할 점이 있다면, 관서(官署)로 돌아가신 후에 글로 정리해서 보내 주십시오."

원세개: "이 중당대인의 전보에 의한 지시를 받고 직접 뵈고 중요한 공무를 아뢰었지만, 전하로부터 명확한 가르침을 얻지 못하였으니 관서로 돌아가기가 편치 않습니다. 필담으로 답을 주셔도 무방할 듯합니다. 지나치게 염려하지 마시기 바랍니다."

국왕은 부끄러운 기색을 띠더니, 잠시 필담을 허락하고는 환관에게 붓과 종이를 독촉하고, 아울러 척신(戚臣) 민영소(閔泳韶)를 불러 대신 쓰게 하였다.

원세개의 글: "지난해의 사신 파견 사안에 대해 [중국] 내정(內庭) 및 중당대인의 뜻은 본래 '응당 삼등공사로 바꾸어 파견하는 것'이었고, 전권 파견은 애초의 의도가 아니었습니다. 그런데 전하께서 자문을 보내 간절히 청하였기 때문에, 부득이 특별히 양해하여 국왕의 뜻에 힘써 부응하였고, 곧이어 (영약)삼단을 논의하여 정함으로써 상속체제(上屬體制)를 존속시켰습니다. 그런데 박정양이 미국에 도착하자 갑작스레 (삼단의) 첫 조항을 위반하였으니, 특히 내정과 중당의 처음 의도와 어긋납니다. 또 중·한의 체제에 아주 큰 장애가 됩니다. 그런데 조선 정부에서는 어째서 오래도록 방치하며 처리하지 않고, 이전의 말을 실천하지 않는지요? 특별히 전하의 밝은 가르침을 청합니다."

국왕이 답을 쓰도록 지시하였다: "이 중당이 시종일관 곡진히 돌봐 주시니 감격스러운 마음을 가눌 수 없습니다. 박정양 사안은 조정과 주고받은 문서에 이미 자세히 나와 있으니 다시 언급할 필요는 없습니다. 다만 합하(閤下)께서 잘 주선해 주는 것에 달려 있을 따름입니다."

원세개의 글: "여러 차례 국왕의 하교를 받았으니, 감히 힘쓰지 않을 수 없습니다. 다만 박정양의 장정 위반을 징계하지 않는다면 중국에서는 사체(事體)에 손상을 입었다고 보지 않을 수 없습니다. 그리고 전하께서 또

박정양의 처벌을 불편하게 여겨 이처럼 버틴다면, 어찌 주선하여 적절히 처리할 방도가 있겠습니까? 저는 미미한 존재라 감히 제 마음대로 처리할 수 없으니, 바라건대 전하께서 적절한 방법을 상세히 알려 주십시오."

국왕이 답을 쓰도록 지시할 때 내정에서 환관이 빈번히 와서 방해하였다. 국왕이 억지로 대신 답하게 하였다: "중국과 조선이 한집이나 마찬가지인데, 이처럼 서로 버티는 것은 결코 밖에서 감싸 주는 뜻[外禦其侮]을 어기게 됩니다. 오직 합하께서 결정하는 것에 달려 있을 따름입니다. 삼가 별도로 심복을 보내 은밀히 상의하겠습니다."

원세개는 환관들이 계속 나와 끼어드는 것을 보고는 힘써 말하기가 불편하였고, 다시 이야기를 청하는 것 역시 무익하다고 보았습니다. 또 화기(和氣)를 잃을까 걱정되어 통역이 다음과 같이 답하게 하였습니다.

(원세개의 답): "결국 박정양 사안에 대해 전하는 징계를 하실 것인지 아닌지, 분명히 가르침을 내려 주시기를 바랍니다."

국왕: "별도로 사람을 파견하여 알려드리는 것을 기다려 주십시오."

재삼 요청하였으나 국왕은 끝내 처벌 여부를 말하지 않았으므로, 저는 인사를 하고 밖으로 물러 나왔습니다. 한편 필담을 쓴 종이는 국왕이 특별히 궁내에 두도록 하였는데, 제가 베껴서 내보내 주도록 부탁하였지만, 끝내 보내오지 않았습니다. 아마도 국왕은 문자로 증거로 만들기를 원하지 않는 것 같습니다. 아울러 밝히는 바입니다.[140]

140 『中日韓』 卷5, pp.2714b-2721a. 여기서 흥미로운 부분은 국왕이 환관에게 명령하여 붓과 종이를 가져오기 전에 병풍 안쪽에서 어떤 사람이 어린 환관을 보내 조선어로 "박정양 사안은 문서로 남기기 곤란합니다."라고 요청하였다는 것과, 필담을 시작한 다음에도 국왕이 답을 쓰도록 지시할 때 내정에서 환관이 빈번히 와서 방해하였다는 부분이다. 이것은 원세개와 고종의 대담에 왕비가 계속 개입하여 고종이 원세개에게 빌미를 주지 않도록 간섭하였음을 의미한다. 외국 사신과의 면담에 왕비가 뒤에 앉아 거기에 개입한다는 것은 사실상 왕비에 의한 국정의 수렴청정을 의미한다. 하지만 본래 수렴청정

이 대화 속에서 원세개는 박정양을 처벌하여 상국의 체면과 체제를 지키려고 집요하게 덤벼들었고, 조선 국왕은 곤혹스러움을 감추지 못하면서도 끝내 박정양의 처벌 의사를 분명하게 밝히지도, 문서로 남기고자 하지도 않았다. 그때마다 환관을 보내 이를 저지한 사람이 있었기 때문이다. 결국 더 이상 어찌할 수 없게 된 원세개는 결국 아무런 성과도 거두지 못한 채 물러 나올 수밖에 없었다.

조선의 이러한 대처에 이홍장과 원세개는 강력한 분노를 드러내었다. 하지만 결국 이 문제로 조선을 굴복시키는 데에는 사실상 실패하였다. 심지어 조선은 이후 '영약삼단'의 개정까지 요구할 정도로 끈질기게 독립·자주의 문제와 원칙을 고수하여 청을 괴롭혔다. 다만 조선은 결국 그 뜻을 제대로 이루지 못했고, 마찬가지로 청도 조선에 '속국체제'의 강요를 뜻대로 전면 관철할 수는 없었다. 이 문제는 서로 상처만 주고받는 '양패구상(兩敗俱傷)'의 국면을 벗어나지 못하였다. 이홍장은 이 무렵 조선에 대해 다음과 같은 생각을 품고 있었다.

은 국왕이 성인이 되기 이전에 하는 것이지, 친정을 하는 성인 국왕의 사례에서는 있을 수 없고, 있어서도 안 되는 일이다. 여하튼 이 사례는 고종의 국정 운영이 사실상 민비에 의해 좌지우지되었음을 확실하게 보여 주는 사례가 된다. 이런 점은 송병기 옮김, 2001, 『국역 윤치호일기 1』을 보아도 마찬가지다. 윤치호는 밤에 入侍하여 국왕 및 坤殿과 대화를 나누며 내정과 외교에 간여하였고, 그때마다 새벽에 물러 나오는 경우가 대부분이었다. 조선의 내정과 외교는 조정이 아니라 밤의 궁궐에서 모두 비밀리에 논의되고 결정·처리되었으며, 이것은 국왕과 왕비(나아가 민씨 척족)의 국정 운영, 특히 고종 대 秘密外交·私人外交의 특징이 되었다. 원세개나 이홍장이 국왕의 어리석음과 왕비의 조종을 누차 지적하면서, 이렇게 私人을 이용하는 방식을 비난하고, 줄곧 用人行政에 대한 개입을 마다하지 않았던 것은 아마 이 때문일 것이다. 하지만 청도 1860년대 이후 거의 50년 가까이 마찬가지로 자희태후의 수렴청정과 훈정 아래 있었고, 광서제는 사실상 자희태후의 '괴뢰'나 마찬가지였다(金衡鍾, 2010; 金誠贊, 2012a, 2012b를 참조). 정말로 공교로운 역사의 우연이라 할까?

조선 문제는 마치 서리가 내린 땅을 밟으면 겨울이 올 것을 알 수 있는 것처럼 위태로운 예감을 주는데, 그것이 점차 놀라울 정도가 되고 있습니다. 중국은 번속에 대해 체제(體制)가 있고 계한(界限)이 있으니, 원래 서양의 사례와는 전혀 다릅니다. 최근에는 그것이 동방의 대세에 관련됨을 알기에 부득불 조금씩 대신 모의하여 스스로 우리 울타리를 지키는 것이라 생각하게 되었습니다. 일은 이미 급박하니 의심과 혐오가 쉽사리 생기고 …… 한스러운 것은 조선 국왕이 어리석고 겁이 많은데, 남의 말을 듣는 게 날로 잡스러운 일입니다. 수년래 중외의 논의는 그 나라의 자치를 거두어들이자고 하는 주장도 있고, 두등공사(頭等公使)를 파견하여 원대의 감국 사례를 모방하자는 주장도 있습니다. 그렇지만 조선은 스스로 왕국을 이룬 지 유래가 이미 오래되었습니다. 본래 우리 땅을 찢어서 분봉한 것도 아니므로, 거두어들인다는 것은 근거가 없습니다. 조종(祖宗) 시대부터 이미 그 국내의 정치를 묻지 않았습니다. 또 주(周)나 한(漢)의 제도처럼 명경(命卿)으로 군림하거나 부상(傅相)을 둘 수도 없습니다. 오늘날의 병력으로 조선 하나를 처리하는 것은 수(隋)의 대업(大業) 연간이나 당(唐)의 정관(貞觀) 연간의 일(즉 수·당의 고구려 공격 실패 - 인용자)처럼 되지는 않겠지만, 멸망시키기는 쉬워도 누르고 진압하기는 쉽지 않습니다. 버마나 베트남의 반항은 지금도 그치지 않고 있는데, 영국이나 프랑스는 힘으로 정복하여 경영할 수 있겠지만, 중국은 아마 끝까지 경영할 수는 없을 것입니다. 조약을 맺은 나라들이 또한 장차 모두 일어나 다툰다면, 우리 스스로 화란의 실마리를 여는 것입니다. 이유 없이 남의 나라를 멸망시키기 위해 천하의 군대를 움직이는 것은 대의에 따른 것도 아니고 좋은 일도 아닙니다. 만약 특별히 중신(重臣)을 골라 뽑더라도, 여전히 그 나라가 모두 그 말을 듣게 할 수 없으니, 역시 오늘날의 총리(總理. 아마 원세개를 가리키는 것 같다-인용자)나 마찬가지입니다. …… 무릇 조선이 중국의 속방임은 세계가 모두 아는 바로, 따로 포고를 기다릴 필요도 없습니다. 그렇지만 지난 십 년 사이의 일을 돌아보면, 일본이 류큐를 현으로 만들었고, 프랑스가 베트남을 점령하고, 영국이 버마를 멸망시켰는데, 어찌 속국이라는 것을 가지고 주저하였습니까? 만약 조선에 큰 변란이 없다면, 결국은 능히 자존할 수 있을 것입니다. 그것은 (청의) 번속이라는 명분이 있을 뿐만 아니라 다른 나라와 조약을 맺고 있기 때문입니다. 그래서 중국은 조선을 멸망시킬 수 없고, 다른 나라 역시 멸망시킬 수 없습니다. 이치나 대세를 따져도 중국은 아직 조선을 멸망시킬 힘이 없습니다.[141]

여기서 이홍장은 "중국은 번속에 대해 체제가 있고 계한(界限)이 있으니, 원래 서양의 사례와는 전혀 다르다."라면서 '서양식' 속국화 정책의 추진을 주장하는 강경론을 분명하게 반대하고, 아울러 중국에는 그럴 능력도 없다는 점을 분명하게 지적하고 있다. 이것은 조선에 대한 강경론을 주장하였던 청 말의 대부분 중국 관료·사대부들이 사실상 조선을 서양식 속국으로 간주하여 조선 대책으로 감국과 같은 고위 관료의 파견이나 내지화·군현화 등의 직접지배 방안을 내놓았던 것과는 분명히 차별되는 시각이다. 청 자체의 국가역량이나 국제정세를 전혀 고려하지 않은 이러한 탁상공론식의 의논들과 비교하면 그의 시각은 훨씬 현실에 기반을 두고 있었다. 이홍장은 조선이 서양의 속국과는 다른 존재라는 점을 분명히 인식하고 있었으며, 더구나 속국이라는 명분에 집착하더라도 무너져 가는 천조체제에는 그것이 별로 도움이 되지 않는다는 점을 확신하고 있었다. 두 달 후에 이홍장은 속국 조선에 대해 다시 이렇게 표현하였다.

141 「復出使俄德和奧大臣洪」(光緒14年 2月 23日), 『李鴻章全集』 34 信函 6, pp.340-341.

중국이 속국을 대하는 것은 종래 그 정사에 간여하지 않아, 서양의 속방과는 상황이 크게 다르니, 서구 사례를 끌어다 서로의 기준으로 삼게 하기는 어려울 것 같습니다. 조선은 가장 먼저 일본과 조약을 체결하고, 조선은 자주특립(自主特立)의 나라임을 밝혔는데, 그 뜻은 분명히 중국과 등지려는 것이었습니다. 1882년 미국이 사신을 파견하여 조선과 조약체결을 논의할 때 먼저 천진에 왔기에, 나는 제1조에 반드시 조선은 중국의 속방임을 밝혀야 한다고 알렸으나, 미국 사신은 완강하게 거부하면서 일본과의 기존 사례를 끌어다 쓰기를 요청하였습니다. 한 달 남짓 서로 버티다가 마침내 조선 국왕이 따로 조회를 보내 속방임을 밝히면서 내치와 외교는 종래 모두 조선이 자주해 왔다고 알린다는 점에 합의하였습니다. 이것은 조정(調整)하려는 뜻에서 나온 것이기도 하지만, 역시 사실을 기록한 말이기도 하였던 것 같습니다. 그 후 각국이 모두 이 조약을 저본으로 하였기에 일본의 음모 역시 점차 견제하여 격퇴할 수 있었습니다. 나는 서양의 속국체제를 모르는 것은 아니지만, 중국의 방법은 종래 이와 달랐으니, 만약 우리가 느닷없이 이를 변경하면 시작할 수는 있으나 거둘 수는 없으니 그 허물은 장차 누구에게 돌아가겠습니까? 지금 조선 사신이 만약 뚜렷하게 삼단이란 방법을 위배한다면, 우리는 여전히 수시로 책문할 수 있습니다. 그렇지만 앞으로 이렇게 뚜렷하게 조선이 자주의 대열에 집착하게 된다면 그야말로 러시아의 계책에 빠지는 것이라고 하는 사람도 있지만, 완전히 그렇게 될 것이라고는 보지 않습니다. 생각건대, 서양 각국이 조선의 자주를 인정한다고 하더라도, 결코 조선이 우리의 속방이 아님을 인정하게 할 수는 없습니다. 중국이 조선이 속방임을 억지로 부정하게 하는 것은 더 말할 나위도 없습니다. 만약 조선 국왕이 스스로 역량을 과대평가(夜郎自大)하여 조공을 보내지 않는다면, 우리는 항의하여 따지고 군사를 일으켜 문죄할 수 있겠지만, 아마도 이러한 작은 일을 가지고 갑작스럽게 조선과 결렬하기는 곤란할 것입니다.[142]

여기서 이홍장은 다시 "중국이 속국을 대하는 것은 종래 그 정사에 간여하지 않아 서양의 속방과는 상황이 크게 다르니, 서구의 사례를 끌어다 서로 기준으로 삼게 하기는 어려울 것"이므로 조선의 '속국' 문제를 서양의 사례에 따라 처리하기는 아주 곤란하다는 점을 스스로 인정하였다. 나아가 "만약 조선 국왕이 스스로 역량을 과대평가하여 조공을 보내지 않는다면, 우리는 항의하여 따지고 군사를 일으켜 문죄할 수 있겠지만, 아마도 이러한 작은 일을 가지고 갑작스럽게 조선과 결렬하기는 곤란할 것입니다."라는 그의 표현은 마찬가지로 전통적인 천조상국의 체제와 관념으로 조선을 '정복'하거나 통제하는 일 역시 쉽지 않은 상황이라고 인정하는 것이었다. 그래서 결국 이홍장은 "만약 조선에 큰 변란이 없다면, 결국은 능히 자존할 수 있을 것입니다. 그것은 (청의) 번속이라는 명분이 있을 뿐만 아니라 다른 나라와 조약을 맺고 있기 때문입니다. 그래서 중국은 조선을 멸망시킬 수 없고, 다른 나라 역시 멸망시킬 수 없습니다."라는 결론을 내릴 수밖에 없었다. 이것이 아마 이홍장의 속국 조선에 대한 솔직한 생각이었을 것이다.[143] 청이 조선에 대해 결국 '미온적 대처'로 일관하면서 관계 결렬로 나아가지 않았던 것은 바로 이러한 '빗나간' 예측 때문이었다.[144] 이것은 청이 사실상 '편법외교'의 한계를 자인한 셈이나 마찬가지였다.

이홍장은 이처럼 서양에서 속국을 대하는 방식으로 조선을 처리

142 「復總署議朝鮮遣使聘毆」(光緒14年 4月 30日), 『李鴻章全集』 34 信函 6, pp.367-368.

143 陳紅民, 2008도 이 때문에 이것을 만청 외교 가운데 하나의 '困境'으로 표현하였다. 조선의 시도는 이홍장의 통제 강화 노력에 대한 도전이었지만, 이홍장은 단지 상국의 존엄을 지키려고 하였을 뿐이며, 그 입장은 이미 동요하고 있었다는 것이다.

144 岡本隆司, 2004, p.225.

하자는 강경파의 '속국화' 정책은 실현 불가능하다고 보고, 아울러 상국 명분을 유지한다고 해서 조선에 대한 종주권을 유지할 수 있는 것도 아니라면서, 거기에 집착하는 여론을 은연중에 비판하고 있었다. 천조체제와 조약체제를 교묘하게 이용하여 조선을 근대적 '속국'으로 바꿔치기하는 방법으로 청을 지켜야 하는 시도나 편법외교의 활용은 그가 보기에는 별로 바람직한 대안으로 보이지 않았다. 그는 여전히 일관하여 '이이제이'와 조약체제에 의한 세력균형을 이용하여 안정을 유지하는 것을 조선 정책의 중심 과제로 간주하고 있었기 때문이다. 이를 위해서는 조정 내외의 일부 강경파가 내세우는 실제로는 실현 불가능한 상국의 '권리'를 스스로 포기하게 할 필요가 있었지만, 그는 조선 정책의 충실한 기획자이자 집행자였지, 최종적인 정책결정권자는 아니었다.[145]

이홍장의 이러한 '속국론' 해석은 또한 이보다 앞서 조선 측에서 '영약삼단'의 개정 문제를 제기한 것과 관련이 있었다. 1890년 2월 15일 유럽 5개국 공사로 부임할 예정이던 박제순(朴齊純)은 원세개를 방문하여 전권공사를 삼등공사로 바꾸되, '영약삼단'을 개정해 달라고 요청하였다. 원세개가 이에 대해 이홍장의 지시를 요청하자, 이홍장 역시 당일로 총리아문에 전보를 보내 답장을 요청하였다. 하지만 총리아문도 이에 대해 명확한 답장을 주지 않아, 이홍장은 원세개에게 명확한 지시를 내릴 수 없었다. 이것은 이미 1889년 12월 주러시아·독일·네덜란드·오스트리아 중국 공사로 주재하던 홍균(洪鈞)이 국제법의 규정에 따르면 속국은 외교권이 없으며, "서양 국가에서는 속방의 사신 파견을 인정하지 않으며, 따라서 ('영약삼단'에서 규정한 것처럼 청국 공사가 조

145 이 문단의 내용은 李動旭, 2021b, pp.32-35를 요약한 것인데, 이홍장의 조선 정책에 대한 가장 구체적인 설득력을 갖춘 참신한 설명이라고 하겠다.

선 공사를 데리고 가서 방문하는) 대견(帶見)의 사례도 없다."라고 알려 왔기 때문이었다.[146]

마침내 청 정부는 이해 10월 조선에 전권공사를 삼등공사로 바꾸라고 요청하였지만, 조선 정부가 반대하자, 이홍장은 이를 조정하여 조선 공사가 먼저 주외 청 공사를 만나 관련된 외교 사무를 상의하되, 청 공사가 "대견할 필요가 없다."라고 동의한다면, 조선 사신은 단독으로 행동할 수 있다는 타협책을 제시하였다. 하지만 이번에는 청 정부의 거절로 이것이 무산되었다.[147] 이홍장의 실용주의적이고 현실주의적인 외교적 접근 방식은 여전히 천조체제의 명분에 대한 완강한 집착을 넘어설 수 없었다. 결국 이렇게 조선의 '속국체제'를 억지로 국제법에 맞게 조종해 보려던 노력이 좌절되자, 조선을 '속국화'하려는 시도는 청 자체의 국가적 역량 및 국제적 상황의 문제와도 어울려, 이홍장의 표현처럼 "시작할 수는 있으나 거둘 수는 없는" 진퇴양난의 처지에 빠져들었고, 그 실질적인 성과를 거두기도 어려운 것도 당연하였다. 이홍장은 그 점을 분명히 의식하고 있었지만, 청 조정은 여전히 천조체제·속국의 명분에 사로잡혀 있었기 때문에 '속국체제'나 '삼조'·'영약삼단' 등 국제사회에서는 통용되지 않으나 그대로 천조체제의 '체통'을 살릴 수 있는 편법에 의존하여 조선을 '속국'화하려는 시도를 멈추지 않았다.

한편, 고종은 1885년 1월에 이미 김홍집에게 부여된 전권대사 부임장에서 '짐(朕)'이라는 황제의 자칭(自稱)을 사용하기 시작하여, 이후 일본·미국에 보는 국서에서도 이를 사용하였다(박정양에게 부여된 미국에

146 「覆朝鮮袁升道」(光緒16年 2月 3日), 『李鴻章全集』 23 電報 3, p.17; 김수암, 2000, pp.238-241.

147 「覆總署論朝鮮請改出使原議」(光緒16年 2月 10日), 『李鴻章全集』 36 信函 7, p.22; 김수암, 2000, pp.238-241; 張禮恒, 2012a, pp.260-262, 2012b.

보낸 국서도 마찬가지였다.). 1888년부터는 서울 주재 각국 외교관에게 보내는 군주 탄생일 초대장에도 역시 '황제의 생일'을 뜻하는 만수절(萬壽節)이라는 용어나 '폐하(陛下. 이전에 사용하던 殿下를 대신하였다)'를 사용하기 시작하였다.[148] 즉 1888년부터 고종은 군주의 격식을 대외적으로 변경하였던 셈이다. 물론 예외적으로 청의 외교관에게는 이러한 용례를 사용하지 않았다. 이것은 비록 청과의 기존 관계를 바꾸는 것이 현실적으로 불가능하지만, 다른 나라에 대해서는 청과 대등한 입장임을 주장하는 자존의식을 표명한 것이라고 해석해도 좋을 것이다.

여하튼 이렇게 '감국' 원세개를 파견하여 조선에 대한 철저한 통제와 '속국화'를 시도한 청의 정책은 일시적으로는 표면상으로 조선을 굴복시킨 것처럼 보일 수 있었다. 그렇지만, 박정양 사건의 사례가 보여주듯이 결국 무력에 의하지 않는 한, 아니 이홍장이 지적하였듯이 무력에 의하더라도 조선의 독립 의지를 무너뜨릴 수는 없었다. 물론 독립·자주를 표명하기 위해 일본과 미국에 파견된 조선의 외교사절이 이후 순조롭게 제 기능을 할 수 있었던 것은 아니었다는 점도 분명하다. 따라서 조약국과의 외교 관계를 확장하려던 조선의 노력이 성공적인 결과만을 거둔 것도 아니었다는 지적도 유념할 필요는 있다.[149]

그렇다면 청이 '속국체제'나 '영약삼단' 등을 활용한 박정양 사건을 통해 얻을 수 있었던 것은 무엇일까? 이것이 상국 또는 '대국(大國)'

148 이 점에 대해서는 쓰키아시 다쓰히코(月脚達彦) 지음, 최덕수 옮김, 2009, pp.189-199의 지적을 참조하였다.

149 Kirk W. Larsen, 2008, 2013, 2018은 조선의 이러한 외교적 시도가 국제사회의 일원으로 받아들여지기에는 여전히 부족함이 많았고, 그 국제적 지위도 모호하였다고 '냉정한' 평가를 내렸다. 조공체제든 또는 조약체제든 모두 '고무적인 허구(comforting fiction)'에 지나지 않아, 청과 서구열강은 자신들의 이해관계가 걸린 이상 조선의 독립과 주권을 철저히 무시하였다는 것이다.

으로서의 자존심과 체면을 살리고자 하였던 청의 국제적 지위를 향상하는 데 얼마나 공헌하였을까? 이를 통해 무너져 가는 천조체제가 과거의 영광이나 기억을 조금이라도 되찾을 수 있었을까? 1880년대 후반에서 1890년대에 이르는 양국 관계는 그 실상을 잘 보여 주지만, 결국 청에 남은 것은 '속국'을 보유하고 있는 '대국'이라는 허영심을 앞세워 국내적으로 천조체제가 여전히 존재한다는 체면과 자존심·허영심을 세우는 것뿐이었다. 아마 이것이 청의 황제나 관료·사대부에게는 끝까지 지켜야만 하는 최후의 보루로 남아 있었을 것이다. 사이(四夷)와 속국을 모두 상실하여 '천하'의 지배자로서 천자의 지위를 포기하는 것은 천조 자체의 정당성 위기로 직결될 수 있었기 때문이다. 이 점은 1637년의 병자호란이 무엇보다도 청 태종 홍타이지의 칭제(稱帝)의 정당성을 보장받으려는 의도에서 비롯된 총력전이었다는 해석과 궤를 같이한다.[150] 천자 권력의 정당성과 정통성이라는 명분을 확보하는 것은 이 시점에서도 청의 황제에게는 여전히 그 무엇보다 중요한 것이었기 때문이다. 그렇지만, 근대적 조약체제에 적응하려고 노력하기보다는 이미 사라져 가는 천조체제의 잔상과 외형에 집착한 청의 완고함은 그 국가의 존속이나 대외적 위상의 제고에 결코 성공적인 결과를 가져다주지는 못하였다. 청의 조선에 대한 속국화 정책은 '박정양 사건'의 경과가 잘 보여 주듯이 양국 사이의 갈등만 고조시켰을 뿐, 결국 서로에게 아무런 도움도 되지 않는 '양패구상'의 상처만을 남겼다. 기존 사대-자소 관계의 바탕이 되었던 상호 간의 신뢰 역시 크게 훼손되었다는 점은 다시 말할 필요도 없다.

150 병자호란은 '홍타이지의, 홍타이지에 의한, 홍타이지를 위한 전쟁'이란 간단한 정의를 통해 丘凡眞, 2019는 이 점을 아주 설득력 있게 분석하였다.

2. 청·일전쟁 직전의 조선-청 관계

1) 1890년 전후 청의 조선 정책

앞서도 지적하였지만, '속국화' 정책을 밀어붙인 원세개의 활동이 모두 이홍장의 입장을 그대로 대변하는 것이 아니었다. 그렇지만 그의 이러한 활동은 조선의 강경한 반발을 불러왔고, 당시 조선에서 활동하던 외국인의 눈에도 지나친 것으로 비칠 수밖에 없었다. 이 무렵 조선 해관의 운영을 맡았던 메릴이 보여 준 반응은 그 사례 가운데 하나다. 메릴은 조선 해관에 부임한 이후 청의 조선 정책에 적극적으로 협조하던 로버트 하트의 지시에 충실히 따르고자 하였지만, 그 역시 전임자처럼 청의 조선 정책에 대해 점차 의심을 품게 되지 않을 수 없었다. 그리고 마침내 그는 조선에서의 원세개의 행위를 정당화할 방법은 없으며, 원세개는 가능한 한 빨리 소환되어야만 한다는 결론을 내렸다. 그는 이홍장의 고문인 데트링(Gustav Detring)에게 다음과 같은 편지를 띄웠다.

> <u>나는 원세개가 이홍장의 조선 정책의 진정한 대표자가 아니라는 것을 알고 있다. 왜냐하면 조선 사람을 탄압하고 그들의 호의를 희생하면서까지 어설픈 복종을 얻는 것은 이홍장의 정책이 아니기 때문이다.</u> 그(원세개)의 정책은 억압과 보호의 방식을 번갈아 취하는 것이며, 청국의 이해가 관련되어 있지 않은 순수한 (조선) 국내 문제에 있어서도 사소하거나 사악한 불평의 근원을 (막아) 없애는 것이다. 또 자유로운 마음의 충동과 애국적인 감정을 억누르고, 조선의 기관과 관리들에 대해 경멸감을 보여주며, 조선의 공공부문에 대해 지시를 내리거나 그것을 지배하며, 국제협약에 있어서 조선의 주장과 권리를 무시하는 것이다. 예를 들어 천박

한 청국 거류민이 조선인들에 대한 압제적인 태도와 행동을 취하도록 고무함으로써 그들을 높은 지위로 올려놓는 것이다.[151]

메릴의 평가는 원세개의 행동이 외국인의 눈에도 이홍장의 정책이나 의도를 넘어선 것으로 비칠 정도로 지나친 측면이 있음을 분명히 보여 준다.[152] 또 원세개의 해임을 위해 두 차례나 천진을 방문하여 이홍장을 만났던 데니는 자신의 저서 『청한론』에서 "밀수나 하고, 폐위 음모나 꾸미고, 외교적 범법행위를 하는 자가 이웃 나라의 조정에서 자기 나라를 대표한다고 주장하는 정부의 도덕적 수준은 도대체 어떤 것이어야만 하는가?"라고 원세개와 청 정부를 비난하기까지 하였다.[153] 원세개의 행동이 지나치고 성급한 측면이 있다는 점은 누구든 부정할 수 없었다.

그렇다고 해서 원세개의 이러한 활동이 단순히 그 자신의 독단·탐욕 때문만이었다고만은 볼 수는 없다. 물론 앞서도 언급하였지만, 유난히 출세욕을 강하게 내비쳤던 그의 개성이 여기에 분명히 작용하고 있었던 점은 부인할 수 없다. 그렇지만 그를 성공적인 출세의 궤도 위에 올려놓았던 그의 행동은 분명히 청의 공식적인 조선 정책에 의해 뒷받침되고 있었다. 그의 행동 또한 이홍장에 의해 적당한 지지와 통제를 받았다. 이러한 청의 조선 정책이 실제 어떠한 내용의 것이었는가를 분

151 Robert R. Swartout, 1988, pp.96-97, pp.141-142. 앞서 나온 미국 공사 하드도 이와 거의 비슷한 견해를 보였다. Joshua Van Lieu, 2009, p.100.

152 식민주의·제국주의 국가가 공식적으로 팽창주의를 부정하였음에도 불구하고 본국의 공식 입장을 거스르면서 권력이나 영토의 획득에 광분하는 현지 파견 관원의 공격적인 행동을 상기시키는 Kirk W. Larsen, 2008, p.167의 지적은 이 점에서 어느 정도 원세개의 행동에 대한 객관적인 설명을 가능하게 해 주는 것으로 보인다.

153 O. N. 데니, 신복룡·최수근 역주, 1999, p.46.

명하게 보여 주는 자료는 광서16년 윤2월 10일(1890년 3월 30일) 총리아문과 이홍장 등이 논의하여 작성한 「조선사의육조판법(朝鮮事宜六條辦法)」이라고 할 수 있다. 이 당시 청의 조선 정책을 최고 권력자들이 공식화한 것이나 마찬가지인 이 자료는 지금까지 주목받은 적이 거의 없다.[154]

이러한 청의 정책 표명은 그 전인 광서16년 2월 16일(1890년 3월 6일) 총리아문에서 올린 상주에서 비롯되었다. 그에 앞서 광서15년 12월 이홍장은 총리아문에 보낸 서함의 부건(副件)으로 조선의 주진독리위원(駐津督理委員) 김명규(金明圭)와 필담으로 문답을 나눈 「절략(節略)」을 보낸 바 있었다. 여기서 이홍장은 김명규가 헛된 소리로 오락가락한다면서 엄한 말로 꾸짖었지만 결국 일 처리를 마무리하지 못했다고 통보하였다. 이에 대해 총리아문에서는 이 일이 중대하므로 반드시 전반적으로 논의하여 적절한 결과를 얻어야 하나, 이홍장이 곧 입근(入覲)하러 북경에 오는 참에 그와 상의하여 다시 상주하겠다고 주청하였다.[155] 그 결과로 위의 「육조판법」이 마련된 것이다.

그러면 김명규가 어떤 제안을 하였기에 이홍장은 이렇게 분노하였던 것일까? 김명규는 광서15년 7월 28일(1889년 8월 24)일 천진으로 돌아오기 전에 고종의 소견을 받았다. 고종은 이렇게 일렀다.

154 權赫秀 編, 2008, 文牘篇, pp.331-335에 이 자료가 실려 있는 것으로 보아 權赫秀 교수도 이 자료의 내용에 주목한 것으로 보인다. 다만 여기서는 『光緒中日』 卷82, pp.9-16에도 실려 있다고 하지만 이것은 오류인 것 같다. 광서 16년의 자료가 실려 있는 卷11에도 潤二月의 자료는 2건이 있지만, 이 자료는 실려 있지 않다.

155 「總理衙門摺(擬與疆臣商議要件奏)」(光緒16年 2月 16日), 中國第一歷史檔案館 編, 1996, 『清代中朝』, p.330. 이홍장과 김명규의 「筆談問答節略」도 『中日韓』 卷5, pp.2694-2701에 실려 있다.

"이 중당이 우리나라를 생각해 주시는 것은 철저하다고 할 뿐만이 아닐 정도였다. 그런데 근래에 듣자니 예전과 차이가 있다고 하는데, 무슨 까닭에 그런지 모르겠다. 다만 속이 어떠한지 탐색해야 한다. 또 박정양의 일은 잘 설명해야 할 것이다." 하니, 김명규가 아뢰기를, "삼가 있는 힘을 다하여 받들어 행하겠습니다만, 왕래하는 사이 말이 와전된 듯합니다."[156]

이것을 보면 김명규가 다시 천진으로 돌아가 이홍장을 만나려는 것은 박정양 처벌 문제에 대해 청의 양해를 얻으려 하였던 것으로 보인다. 나아가 광서 16년 3월 10일(1890년 2월 20일) 총리아문에서 이홍장에게 조선이 사신을 파견하여 '영약삼단'의 개정이 가능한지 문의하였다는 서함을 보내는 것을 보면,[157] 박정양 (처벌) 사안이나 '영약삼단'을 둘러싼 조선의 저항이 만만치 않았음을 알 수 있다.[158]

하지만 사실 김명규의 진정한 임무는 사실 이런 것보다는 원세개의 교체를 요구하는 데 있었다.[159] 그것은 김명규가 1889년 12월 7일 박정양 처벌 문제로 힐난하는 이홍장과의 필담을 마치고 따로 제시한 「별편(別片) 삼단(三端)」을 보면 확인할 수 있다. 그 내용은 1) 「무역장정」의 한성에서의 상업활동[漢城開棧]' 조항에 대한 개정을 제안하는 것, 2) 공정하고 밝은 식견을 가진[公正明識] 사람으로 속히 원세개의 임

156 『承政院日記』/『日省錄』 高宗26年 8월 24일. 다음 해 윤2월 9일 김명규는 돌아와 復命하였는데, 그 내용은 기록되어 있지 않다(『高宗實錄』 卷27, 高宗27年 潤2月 9日).

157 「北洋大臣李鴻章函」(光緒16年 2月 2日), 『中日韓』 卷5, p.2729. 다만 '密檔'으로 되어 있어 내용은 실려 있지 않다.

158 이에 대해서는 김수암, 2000; 張禮恒, 2012a, 2012b에서 가장 상세하게 그 전말을 다루고 있어 좋은 참고가 된다.

159 한철호, 2007, p.65.

무를 대신하게 해 달라고 요청하는 것, 3) 유럽에 파견하는 조선의 사신에 대한 '영약삼단'의 면제를 요청하는 것이었다.[160]

이에 대해 이홍장은 1)을 거절하였을 뿐만 아니라, 2)에 대해서도 조선 국왕이 자문을 통해 속방에 출사한 고위 관원의 죄를 묻는 것을 특히 당돌(唐突)하다고 물리쳤다. 그리고 3)에 대해서도 이홍장은 각국과 교제하면서 '자주'를 모칭(冒稱)하게 해 주는 것은 청의 커다란 관용인데, 청과의 교섭에서도 '자주'라는 용어를 크게 늘어놓은 것은 청과 조선의 수백 년 명분과 강기(綱紀)를 무시하는 것이라면서, 조선 군신이 홀로 사의(私意)를 품고 면종복배(面從腹背)한다고 비난하였다. '자주'를 넘어 주권과 독립을 추구하면서, 나아가 원세개의 소환까지 요청하는 조선의 태도에 이홍장은 큰 분노를 드러내었다.[161] 그리고 이것이 바로 청 정부의 조선 정책에 대한 재검토와 공식적인 재조정을 가져오게 되었다.

그 결과 자희태후에게 이 여섯 가지 대책을 제시하기에 앞서, 총리아문의 상주는 청의 통제에서 벗어나려는 지향이 뚜렷한 조선을 다음과 같이 평가하였다.

160 「北洋大臣李鴻章函」(光緒15年 12月 1日), 『中日韓』 卷5, pp.2694-2701.

161 총리아문이 원세개의 귀국 문제에 대해 논의하자 이홍장은 강력하게 반대하고, 다음 해인 광서16년 1월 상주하여 그 임기가 다 찼지만, 성실하게 업무에 임하고 적절하게 조종하였다고 하면서 道員盡先補用으로 삼고, 따로 二品銜을 상으로 추가할 것을 요청하여 그에 대한 절대적인 신임을 재확인하였다. 광서19년에도 6년 임기를 다 채웠지만, 상황에 대해 잘 알고 평소 물망이 높은 고위 관원의 주지가 필요하다면서 그는 다시 繼任을 주청하여 승인받았으며, 원세개는 浙江溫處道라는 實職을 부여받았다. 劉憶江, 2015, p.405, p.447, p.450. 원세개에 대한 이홍장의 신임은 그 이전에도 여러 차례 확인된다(p.387, p.390, p.401 등).

삼가 생각건대, 조선은 종래 약소한 나라여서 총알만 한 아주 작은 크기로 본래 자존하기 부족하여 청의 덕위(德威)에 의지하지 않았다면 이미 나라가 나라답지 않은 지 오래였을 것입니다. 임오·갑신년 조선의 두 차례 내란은 황상의 자소지인(字小之仁)을 받들어 곧바로 대군을 파견하여 대신 진압해 주었으니, 아침에 경고의 북소리가 울리자 저녁에 군함이 건너갈 수 있을 정도로 신속하였습니다. 조선이 비록 강력한 이웃 나라가 엿보는 바이지만, 종사(宗社)가 위태롭지 않고 무고하게 편안할 수 있었던 것은 실로 중국이 동쪽 번방에 큰 도움을 주고 있는 덕분입니다. 그런데 조선 국왕은 어둡고 허약한 품성으로 한 무리의 소인들에게 농락당해 청의 은덕에 보답할 줄 모르고, 도리어 외국의 원조에 의지하려 합니다. 처음에는 일본과 가까이하려 하였으니 일본이 욕심을 품자, 뒤이어서는 일본을 믿을 수 없음을 알고 마침내 러시아와 동맹을 맺고자 하였습니다. 최근에는 서양인 고문 데니 등의 선동에 빠져들어 멋대로 자주의 논의를 내놓고 있습니다.

광서12(1886)년의 가을 무렵으로 거슬러 올라가면, 신 이홍장은 그때 일찍이 조선 국왕에게 글을 보내 거듭하여 권고하면서 깨우치기를 기대하였습니다. 조선 국왕은 처음에는 그런대로 듣고 따르는 척하였고, 때때로 문의하는 글을 보내기도 하였습니다만, 최근에는 한 통의 글을 보낸 바 없고, 안으로 주저하는 마음을 품고 있어, 뼛속 깊은 질병의 증상이 날로 심해짐으로써 강경한 수단이나 온건한 방법 모두 베풀기 어려운 것이 조선의 최근 상황입니다.[162]

앞서 원세개가 지적하였던 것과 마찬가지로, 상국이 베풀어 준 은

162 「奕劻等摺遵議朝鮮事宜六條」(光緒16年 潤2月 10日), 中國第一歷史檔案館 編, 1996, pp.337-341; 權赫秀 編, 2008, 文牘篇, pp.331-335.

혜를 망각한 채 섣부른 자주·독립의 시도를 하고 있어 조선 문제가 날로 심각해지는 것에 대한 이홍장의 '분노'를 그대로 반영한 청 조정의 조선 평가가 여기서 드러난다. 고종이 이홍장의 조선에 대한 관심이 "근래에 듣자니 예전과 차이가 있다."라고 느낀 것은 아마 이런 점 때문이 아니었을까? 그리고 이러한 평가를 기초로 총리아문이 내놓은 조선 대책 여섯 가지는 다음과 같았다.

1) 동삼성의 수륙 각 군을 정련(精練)하여 형세를 부풀리도록 청한다.(北洋大臣과 東三省將軍, 練兵大臣에게 군대를 제대로 정비하고 좋은 무기와 강력한 부대를 훈련하여 연해 요지의 방어를 충실하게 한다.).
2) 동삼성에 철로를 건설하여 군대의 징발·이동을 신속하게 한다. 그리고 철로의 필수품인 석탄과 철에 대해 미리 채굴 준비를 갖춘다(장차 건설될 러시아의 시베리아 철로에 대비하기 위해 營口-길림-혼춘에 이르는 철로를 건설하는데, 지금은 북경-한구철로(蘆漢鐵路)를 건설 중이라 그 비용은 사세의 완급과 경비의 충분, 공사의 난이도 등을 따져 선후를 결정한다.).
3) 조선 해관 세무사는 여전히 중국에서 위임·파견하여 기존 제도에 부합하게 한다(조선 세무사는 청 총세무사가 서양 세무사를 委派하여 관리하되, 조선 外部督辦의 감독을 받게 하여 매년 40만 元에 지나지 않는 稅課를 남용하지 못하도록 은근히 막아 왔다. 조선이 각 해관의 수입을 담보로 차관을 얻고 따로 서양 세무사를 파견하고자 하는 조짐을 보이니, 이것을 미리 원세개에게 지시하여, 세무사 교체와 조선의 재원을 외국인에게 빼앗기는 것을 막는다.).
4) 조선의 해외 사절 파견은 응당 '속국체제'를 지키게 하여 참월(僭越)을 막는다(이전 박정양의 선례를 감안하여, 이홍장이 수시로 살펴 협의하여 처리함으로써 우리의 뜻에 따르게 한다. 총리아문에서 각국에 파견된 출

사대신에게 통보하여, 가까이에서 감시하여 속국체제를 벗어나지 못하게 한다.).

5) 조선의 외채를 막아 권리를 보호한다(재정난 때문에 서양인의 부추김을 받아 외채를 빌리고자 하는데, 이러한 싹은 즉각 방법을 마련하여 저지한다. 만약 실제로 軍國의 수요가 있다면 중국이 대신 빌려주어 그 이권을 보호하고 유폐를 막는다.).

6) 조선의 비정(秕政)이 날로 늘어나니 응당 수시로 개도(開導)하여 위태로운 국면에 지탱할 수 있게 한다.(조선 국왕의 외척과 친신의 擅政으로 부패가 심하여, 오로지 구제할 방법은 그 용인행정을 유심히 관찰하여 이홍장이 서신 왕래로 권고하고, 원세개가 수시로 성의 있게 연락함으로써 바로잡는 것밖에 없다.).

여기에서 1)·2)는 동북 지방 군대 확장과 신속한 파견을 위한 대책에 관련된 것으로 신속하고 강력한 동북 지역 군사력(북양육군·북양함대)의 파견을 통해 조선 정세를 효과적으로 제압·통제할 수 있게 한다는 청의 기존 군사전략을 잘 보여 준다. 하지만 이것은 이미 이전부터 준비되어 완성된 것이라 전혀 새로운 것이 없었다. 이보다 앞서 5년 전인 1885년 동삼성(東三省) 변방(邊防)에 대한 대책을 요구받았을 때 군기처와 총리아문이 내놓은 대책은, 1) 새로 편성된 연군(練軍)을 정돈한다, 2) 화기(火器)를 준비한다, 3) 군사비용(軍餉)을 확정한다는 것이었다.[163] 이것과 비교하면 1890년에 제시된 대책은 북양함대 건설이나 철로 건설의 확충에 따라 자연스럽게 전개된 해군 확충과 철로 건설, 석탄 채굴 방안이 추가되었을 뿐, 1885년 이래 마련된 국방전략에서 새

163 「奕譞奏覆陳東三省邊防事宜摺」(光緒11年 7月 20日), 『李鴻章全集』 11 奏議 11, pp.254-256.

로운 모색은 거의 없었다.

3)·4)·5)·6) 역시 지금까지 서술한 것처럼 원세개의 부임 이래 조선에서 시행되어 왔던 바다. 그렇지만 이 「판법」은 조선의 경제와 외교 및 내정[用人行政]에 대한 철저한 간섭과 통제가 청의 공식적인 입장으로서 설정되고 있음을 분명하게 확인해 준다.

그렇지만, 기존 전략 외에 더 이상의 특별한 계획이나 목표가 보이지 않는다는 점에서 청의 조선 정책은 그야말로 '평범'한 것이라 할 수 있다. 여기에는 1870년대 후반에 보였던 적극적인 조선 정책과는 전혀 다른 모습이 보인다. 조선의 자강이나 군대 강화, 근대화를 위한 적극적인 지원의 정책은 아예 자취를 감추고 있다. 오직 남은 것은 조선의 내정, 특히 용인 행정에 대한 간섭뿐인데, 그것이 아무리 '선의'에 의한 것이고 객관적으로 타당한 것이었다고 할지라도, 조선 국왕에게는 그것이 왕권과 왕실의 권력·지위에 대한 위협과 심각한 주권 침해로 받아들여질 수 있었다.

하지만 청은 그러한 점에 대해서는 전혀 유념하고 있지 않았다. 오히려 여전히 조선에 대한 적극적 보호나 후원 대신 이미 관행화된 개입·통제·억제를 계속 추진하겠다는 의도만 두드러진다. 조선 해관에 대한 통제를 통해 외채를 막고, 재정적 압박을 가하겠다는 것이 두 항목이나 차지한다는 점은 특히 그렇다. 적극적인 면에서의 '지원'은 아예 찾아볼 수 없고, 청의 조선에 대한 경제적 '통제'를 통해 정치적 의지를 관철하겠다는 욕심만이 정책의 핵심으로 두드러진다.

이러한 평가가 억지가 아닌 것은, 이와 같은 정책 제시에 대한 당시의 실권자였던 자희태후(慈禧太后)의 반응을 보면 알 수 있다. 그녀는 앞의 두 가지는 기의(機宜)에 들어맞지만, 조선의 현재 상황에 비추어 반드시 절실한 방법을 찾아야만 잘못을 피할 수 있으며, 후자의 네 가지 방법은 "여전히 빈말(空言)에 가깝다."면서 다시 적절히 논의하여 상

주하라고 지시하였다.[164]

자희태후조차 "빈말에 가깝다."라고 지적한 것은 군기처·총리아문·북양대신이 머리를 감싸고 회의를 한 결과 내놓은 것이 기존 방침을 그대로 정리하였을 뿐 아무런 참신함도 찾아볼 수 없었던 조선 정책에 대한 어찌 보면 그야말로 통렬한 비판이었다. 이 때문에 바로 며칠 뒤인 1890년 4월 3일, 총리아문은 이홍장과 함께 다시 논의한 결과를 보고하지 않을 수 없었다.

> 조선 국왕은 암약(闇弱)하고 남의 우롱을 받아 근일의 거동은 점차 이전과 같지 않으니, 부득불 사전에 그 조짐이 커지는 것을 막기 위한 계책으로 신 등이 전에 의논한 여섯 가지 대책을 가지고 우선 무비를 정돈하고 철로를 개설하는 것을 우선으로 삼되, 현재 상황은 또한 반드시 통제(鈐制)하는 가운데 방법을 마련하여 기미(羈縻)를 해야만 우리의 뜻에 따르게 할 수 있습니다. 뒤의 네 가지에서 해관 문제는 힘써 정장(定章)을 지켜 중국에서 인원을 파견·관리하되 조선이 스스로 파견하지 못하게 하여, 이렇게 힘써 정장을 지키면서 조금도 흔들리지 않아 상국이 주지하는 권한이 있음을 보여 주어야 할 것입니다. 또한 차관 문제는 먼저 방법을 마련하여 저지하되, 만약 조선이 권고를 듣지 않으면, 현재 총리아문에서 각국 출사대신에게 전보를 보내, 조선은 차관을 상환할 능력이 없음을 각국 외교부에 통보케 하여 그 차관을 저지할 것입니다. 조선이 종래 중국에 차관을 요청하면 그 일의 경중과 경비의 다과를 따져 그때그때 나누어 적절하게 처리할 것이고, 조선이 사신을 파견하고 그에 대해 권고하고 연락하는 문제 또한 오로지 이홍장이 시기를 적절하게 헤아리

164 『德宗實錄』, 光緒16年 閏2月 辛亥. 여기에도 앞서 제시한 여섯 가지 방안을 간략하게 요약한 내용이 실려 있다.

고 아울러 조선 주재 도원(道員. 즉 원세개)에게 지시하여 수시로 조종할 것입니다만, 구체적으로 어떤 방법을 쓸 것인지는 오히려 장애를 만들 수 있어 실로 미리 고정해 두기 불편합니다. 아마 이 점은 미리 통찰하고 계실 것으로 압니다. 요컨대 나중 네 가지는 특히 기미가 끊기지 않도록 하는 방법으로, 본래 충분히 파악할 수 없으며, 앞의 두 가지는 만약 능히 적절한 시기에 진지하게 처리한다면, 뒤의 네 가지와 더불어 강경함과 부드러움이 서로 어우러져, 현재에는 화란의 싹을 미리 제거하고 장래에는 또한 완급을 믿을 수 있을 것입니다.[165]

이홍장과 총리아문의 답변은 신속하였지만, 그것은 사실 그만큼 실속이 없었다. 이것은 자희태후의 따끔한 지적에도 불구하고, 거의 아무런 변화나 대안을 고려하지도 않고 다만 원세개를 활용하여 앞서 제시한 통제와 '기미'의 방법을 그대로 사용하겠다는 현상 유지론을 다시 내놓았기 때문이다. 즉 사실상 원세개의 현장에서의 강압적인 감시·통제와 용인 행정에 대한 간섭을 통해 조선이 청의 뜻에 순종하도록 옥죄는 것[羈縻] 이외에 여기에는 아무런 정책적 목표도 설정되어 있지 않았으므로, 이 역시 정말로 유명무실하다는 점에서는 앞서의 그것과 전혀 다르지 않았다.[166]

165 「奕劻等摺(前議要件遵旨再行妥籌由奏)」(光緒16年 潤2月 14日), 「醇親王摺(遵旨覆陳由奏)」(光緒16年 潤2月 14日), 中國第一歷史檔案館 編, 1996, pp.342-344; 『德宗實錄』, 光緒16年 閏2月 乙丑. 조선이 외국 차관을 얻는 것을 막기 위해 주외 각 사절에게 각국 외무부에 조선의 차관에 대해 중국은 담보하지 않는다는 뜻을 통보하자고 제안한 것(光緒16年 3月)은 薛福成이었다. 劉憶江, 2015, p.410.

166 최근 李動旭, 2021c의 연구도 이 "기미가 끊기지 않도록 하는 방법(羈靡勿絶)"이라는 구절에 주목하여, "동양에도 선례가 없고 서양의 관례에도 맞지 않는 '삼단'의 제1단과 같은 기형적인 규정을 창조하였으며, 조선의 저항과

청이 19세기 중반 이후 대외정책의 원칙으로서 '기미'를 항상 이용하고자 하였다는 점은 이미 누차 지적한 바 있지만, 이 케케묵은 전통적인 '기미' 방안 외에는 청이 조선에 대한 효과적인 새로운 방안을 마련해 낼 수 없음을 자인할 정도가 되었다면, 사실상 자희태후 치하의 청은 그만큼 스스로 무기력하고, 조선을 제대로 이끌거나 보호할 역량이나 전망을 갖추고 있지 못하였다는 점을 드러낸 것이나 마찬가지였다. 주미 공사 박정양 파견과 같은 조선의 자주 시도에 대해 청 조정이나 이홍장이 택할 수 있는 유일한 방법은 전통적 조선-청 관계에도 선례가 없고 서양의 국제법적 관례에도 맞지 않는 '편법'을 만들어 내어 조선을 윽박지르는 것뿐이었다. 그때그때의 상황에 대응하기 위해 '속국자주', '속방조회, '속국체제' 등의 새로운 용어·명분을 '조립'하고, 상국의 위세를 빌려 조선에 그 준수를 강요하는 '편법외교' 방식으로 일관하는 것은 수십 년 동안 달라지지 않았다. 청과 이홍장의 조선 정책은 이러한 편법외교만으로는 빠져나올 수 없는 조선이라는 '진흙구덩이[泥潭]'에 빠진 것이나 마찬가지였다고 할 것이다.[167]

앞서도 살펴보았지만, 이홍장의 '북양해군'이 1880년대 후반으로 가면서 그 확충이 거의 멈추었다는 사례를 보아도 이런 점은 분명해진

자주권 행사 요구에 대해 보다 명확한 해법을 제시하지 못한 채 '기미'라는 전통적인 어휘를 소환해 가며 자신들의 한계를 인정하고 있었다. 그들이 출구전략으로 제시한 '기미'의 실제 내용은 정작 전통적인 내용의 것이 아닌 근대 제국주의적인 성질의 것이었지만, 그것은 실상 청 정부가 이미 조선에 시행하고 있던 기존 정책의 재확인일 뿐이었다. 조선과의 관계가 파국으로 치닫지 않게 하면서 '속국' 조선을 유지하기 위해서는 현상 유지 외에 다른 대안이 없음을 인정한 것이었다."라고 평가하고 있다.

167 袁偉時, 1992, pp.278-288. 그는 이홍장이나 청의 정책이 조선이라는 '진흙구덩이[泥潭]'에 빠진 것으로 비유하고 있는데, 상당히 적절한 표현으로 보인다.

다. 이홍장의 실력 확장에 대한 조정이나 다른 세력에 의한 견제가 이를 초래한 것도 사실이겠지만, 이것은 후일 청·일전쟁에서 보이듯 치명적인 결과로 이어질 수밖에 없었다. 따라서 이홍장이 주도하는 청의 조선 정책은 그만큼 청 내부의 무능·부패 및 권력·파벌 투쟁의 문제 등과 어울려 일정한 한계를 내포하고 있었다는 점을 고려할 필요가 있다. 이 점은 조금 앞의 일이지만, 1884년 조선에서 귀국한 마건상이 이홍장을 만났을 때 조선에 대해 응당 조속하게 결정하여, 혹은 그 자주를 허용하여 중국에서 벗어나게 하거나, 아니면 간섭을 실행하여 능력 있고 숙달된 흠차대신을 파견하여 군대를 이끌고 진주하게 함으로써 강력한 지도를 베풀어야만 조선에 희망이 있다고 제안하였을 때 보인 이홍장의 태도에서도 그 일단을 엿볼 수 있다. 그는 보수적이고 낙후된 청 정부는 이러한 건의를 받아들일 가능성이 없다고 하면서, "대청국에 대해서는 나도 앞으로 20년의 수명이 있을지 보장하기 어려운데 하물며 조선은 어떻겠습니까?"라는 반응을 보였다.[168]

아무리 이홍장이 최대의 실력과 외교권을 장악한 직예총독 겸 북양대신이었다고 하더라도, 그는 만주족의 청 조정 자체를 위협할 정도로 영향력이 너무 커지지 않도록 일정한 견제를 받을 수밖에 없는 존재였다. 그런 만큼, 이홍장 자신도 청의 조선 정책에서 실질적인 책임자임에도 불구하고, 자신이 추진하는 정책의 성과와 한계를 적극적·긍정적으로 바라보기는 현실적으로 어려웠다. 천조체제의 명분에 집착하

168 馬建常, 「一日一談. 十三. 我與高麗」(1935年 10月 19日), 朱維錚 主編, 1996, 『馬相伯集』, pp.1090-1091. 앞서도 서술한 바 있지만, 1884년의 갑신역추 이래 청이 내정·외교 면에서 내리막길을 걷게 된 점을 이홍장은 누구보다도 잘 인식하고 있었기 때문일 것이다. 또한 袁偉時, 1992, pp.257-355에서도 이홍장에 대한 역사적 시시비비와 부패하고 무능·무지한 청조 아래 '庸衆 가운데의 傑士'였던 그가 처한 '곤경'을 상세하고도 설득력 있게 설명하고 있다.

는 조정의 존재 때문에 현실주의적·실용주의적 접근 방식을 선호한 그의 외교 방식도 온전한 성과를 거두거나, 그 자신의 뜻대로 전개되기 어려웠다. 지금까지 누차 보아 왔던 것처럼 이홍장의 정책이나 결정은 반드시 총리아문이나 군기처 및 광서제(자희태후)의 '심의'를 거쳐야 했다. 그는 최종 결정권자도 아니었고, 따라서 모든 것에 대해 최종적인 책임을 질 수 있는 존재도 아니었다. 반면 모든 것을 이홍장에게 떠넘겨 처리하도록 요구하면서도, 현실적으로는 거기 필요한 정치적·재정적 지원이나 협조가 제대로 이루어지지 않았던 것도 사실이다. 청·일전쟁 직전 청 조정이 모든 전쟁 준비를 이홍장에게 떠넘기는 것 외에 아무것도 할 수 없었던 까닭은 당시의 『실록』을 읽어 보면 쉽사리 알아차릴 수 있다. 이를테면 개전하기 직전의 상유를 보자.

> 다시 이홍장에게 지시하면서 전보상유[電寄]를 이홍장에게 보내라. 현재 일본과 조선의 사정이 이미 결렬 위기에 있어, 만일 대세를 만회할 수 없다면 조정은 오로지 전쟁을 주장할 뿐이다. 이홍장은 몸소 무거운 임무를 맡고 있고, 전쟁 문제에 숙달되어 있으니 단연코 조금이라도 위축된 마음을 품어서는 안 된다. 삼가 앞의 유지를 공경히 받들어 군대를 배치하고 공격하는 모든 문제에 대해 신속하게 답장 상주를 올리라. 만약 여러 가지를 고려하면서 나서지 않아 헛되이 일을 지연시킴으로써 기회를 그르치게 된다면 반드시 해당 대신(이홍장)에게만 책임을 물을 것이다.[169]

뒤이어 청·일전쟁에서 선전포고를 반포하는 상유의 끝부분에서도

169 『光緒實錄』 卷342 六月 乙未.

광서제는 이홍장에게 이러한 지시를 내리고 있다.

> 이홍장이 파견된 각 군에 엄격하게 지시하여 신속하게 진격하고, 대규모 병력을 모아 계속 파견함으로써 조선 백성을 도탄(塗炭)에서 구하도록 하라. 아울러 연강(沿江)·연도(沿途)의 각 장군·독무 및 통병대신(統兵大臣)에게 군사를 정비하여 일본군이 각 항구로 침범하면 즉각 맞서 통렬하게 공격하여 모두를 섬멸하고, 조금이라도 물러서거나 위축됨으로써 죄를 범하는 일이 없게 하라.[170]

실제 청·일전쟁에서 군대를 통솔하여 조선에서 싸우는 일과 관련된 책임을 광서제는 오로지 북양대신 이홍장 한 사람에게만 모두 떠넘기고 있었다. 잘 알려져 있듯이 청·일전쟁의 경우 사실상 청과 일본의 대결이 아니라, 이홍장이 이끄는 북양군과 일본군의 대결이었던 것으로도 일컬어진다. 전쟁의 승패를 결정지은 해군만 하더라도 청·일전쟁에 참가한 것은 북양함대뿐이었지만, 일본은 모든 함대를 '연합함대'로 통합하여 운용하였다.

사실 이홍장은 그 권한이나 역량은 실질적으로 제한되어 있지만, 전쟁과 외교의 모든 책임과 결과를 떠맡는 곤혹스러운 위치를 시종일관 벗어날 수 없었다. 이홍장이 1882년 '회판북양방무대신(會辦北洋防務大臣)'으로 임명되어 자신의 보조자가 된 오대징에게 보낸 편지에서 "다만 방어 배치(設防)의 문제는 수백 년에 걸친 장기계획의 관점에 서 보아야 할 것입니다. 집사[執事. 吳大澂을 가리킨다]께서 근신(近臣)으로 임시적인 지휘권을 휘두르는 것은 오래 갈 일은 아니지만, 정부에 제

170 『光緒實錄』 卷342 七月 乙亥.

대로 된 사람이 없으니, 어찌 홀로 장기계획을 마련하지 않을 수 있겠습니까?"라고 우려하였던 것 역시 이홍장의 이러한 처지를 잘 드러낸다.[171] 장기적인 계획이나 전망이 존재하지 않는 청 조정의 무능을 그는 잘 알고 있었고, 자신의 희망이나 계획대로 그것을 바꿀 수 없는 현실의 한계 역시 마찬가지였다.

2) 최후의 칙사 파견

이렇게 1880년대 이후 진행된 청의 '속국화'의 시도는 조선의 독립 의지와 계속 충돌하였다. 그에 따라 양자 사이의 상호 배려에 기초한 과거와 같은 사대-자소의 관계는 더 이상 원만하게 작동하기 어려워졌다. 이런 상황에서 1890년 6월 4일 고종이 국왕의 지위를 승계하는 데 결정적 역할을 하였던 조대비(趙大妃. 神貞王后)가 승하하였다.[172] 조선에서는 결국 이에 대해 전통 관례에 따라 고부사(告訃使)를 북경에 파견하여, "만약 온유(溫諭)를 반발(頒發)해 주신다면 비직(卑職) 등이 삼가 공손히 가지고 돌아가서, 칙사를 파견하는 번거로움을 피했으면 좋겠다." 라고 공식적으로 요청하였다.[173] 즉 사실상 청에서 전통적인 관례에 따

171 「致吳大澂」(光緖8年 12月 8日), 『李鴻章全集』 33 信函5, p.200.

172 조대비의 서거 및 이와 관련된 조칙사의 파견에 대해서는 具仙姬, 2006, pp.108-110; Kirk W. Larsen, 2008, pp.189-191; 岡本隆司, 2008, 2017a, pp.268-291; Joshua Van Lieu, 2009; Yuanchong Wang(王元崇), 2017, 2018, pp.188-196; 森萬佑子, 2017, pp.116-138 등을 참조. 그중 Joshua Van Lieu, 2009의 연구가 가장 상세한 서술을 제공하고 청의 입장에 치우친 Kirk W. Larsen, 2008의 해석을 비판하고 있으며, 森萬佑子, 2017은 조선 정부의 대응을 집중 분석하였다.

173 「禮部奏朝鮮告訃使臣呈請免遣使賜奠摺」(光緖16年 8月 24日), 『光緖中日』 卷11, 43a; 「軍機處交出禮部尙書宗室崑岡等謹奏」(光緖16年 8月 30日), 『中日韓』 卷5, p.2826. 이에 대해서는 김창수, 2015, pp.179-181에서도 다루고 있다.

른 조칙사(弔勅使)를 파견하지 말고, 대신 조부(弔賻)를 이들 편에 함께 전달[順付]해 달라고 한 것이다.[174] 이것은 조공 의례와 사대질서를 상징하는 청의 칙사 파견을 가능한 한 피해 보려는 의도에서 나온 것이었다. 또한 진수당, 또는 원세개의 파견 이래 청이 조선에 칙사를 파견하는 일이 없었고 또한 사실상 불필요해진 상황이었으므로 가능한 일이기도 하였다.

고종은 또 조대비의 승하 이후 원세개가 아닌 미국 공사 어거스틴 허드(Augustine Heard)에게 폭력 사태의 방지를 위해 인천의 미국 해병을 왕궁에 파견해 달라고 요청하였다. 허드는 조대비의 승하 이후 한성 주재 각국 외교관을 모아 조문 의식에 관한 논의를 하고자 하였지만, 원세개는 조선과 청의 특수 관계 및 전통적 조문 방식을 이유로 이 대열에 참가하는 것을 거부하였다.[175] 그는 따로 성복(成服)[176] 이후 왕궁을 방문하여 조문함으로써, 다른 나라와의 차별성을 부각하려 하였지만, 외부독판 민영묵은 왕실의 종친만이 조문할 수 있는 전례에 어긋난다는 이유를 이 요청을 거절하였다.[177] 거절을 받고 원세개는 그날 바로

174 민종묵은 조대비 서거 다음 날 이미 이러한 의향을 원세개에게 알린 바 있으며, 조선 정부는 조칙사의 파견이 조선의 '독립'을 훼손할 것이라는 의견을 제시한 데니를 복직시키려는 움직임을 보였다. Joshua Van Lieu, 2009, p.91. 弔(吊)는 죽은 사람을 제사 지내거나 喪家에 가서 위문하는 것이고, 賻는 돈으로 남이 喪事를 치르도록 돕는 것, 즉 賻儀나 賻贈을 가리키므로 弔賻는 상가에 가서 위문하고 賻儀를 보내는 것을 말한다. 順付는 따로 사절을 파견하여 보내지 않고 다른 목적으로 온 사절에게 돌아가는 김에 같이 휴대하고 가게 하는 것을 말한다.

175 「稟北洋大臣李鴻章文」(光緖16年 5月 2日), 『袁世凱全集』 2, p.308.

176 成服은 殯을 한 다음 날, 즉 사망한 지 6일째 되는 날에 服人들이 규정된 冠·衰服·신발 등 상복을 착용하는 절차를 말한다. 조선시대의 국상은 임종[顧命]에서부터 成服, 발인[發引班次]과 매장[遷奠]까지 약 5개월의 國葬을 거친 이후에도, 신주를 종묘에 모시기까지 삼년(대략 27개월 정도)에 걸쳐 이루어졌다.

다시 자신이 입궁하여 예물을 바치고 영전에서 조의를 표시하겠다["詣宮叩奠"]고 요청하였다. 그렇지만 민종묵은 다시 같은 이유를 들어 이를 거절하였다.[178] 조선 정부는 독자적인 조문 의례를 통해 다른 나라와는 차별되는 '상국' 청의 위엄을 과시하려던 원세개의 의도를 분명히 알고 거부한 것이다.

원세개는 또한 미국 해병이 조대비의 출상에 참여할 가능성이 있다고 신경을 곤두세워, 이것은 조선-청의 특수 관계와 조칙사 파견 의도를 훼손시킬 가능성이 있다고 보았다. 그는 이홍장에게 인천의 수사(水師)를 파견하여 속방을 보호하는 지극한 뜻을 보여 주자고 요청하였지만, 이홍장은 바로 이를 거부하였다.[179] 하지만 원세개는 조선이 왜 이런 식으로 행동하는지 그 '속셈'을 파악하여 대응하고자 하였다. 그 결과 그가 조대비 서거 소식을 이홍장에게 알리면서, "조선 국왕은 자주체(自主體)를 보존하려고 혹은 청에서 칙사를 파견하는 것을 원하지 않을지도 모릅니다. 그렇지만 이 기회를 맞이하여 응당 체제(體制)를 명백히 밝혀 각국에 과시해야 할 것입니다."라고 올린 제언은 이홍장과 청 조정에 채택되어 이후 그대로 청의 조칙사 파견으로 구현되었다.[180]

청이 조칙사를 파견하면 경우 조선은 국왕이 직접 서대문 밖의 모화관(慕華館)까지 행차하여 청의 칙사를 맞이하는 교영(郊迎)이란 전통 의례를 연출해야만 하였다. 이것을 국왕 자신의 굴욕이고, 조선의 자주

177 「趙大妃昇遐에對한吊意」(高宗27年 4月 18日), 「趙大妃喪慰問에對한回辭」(高宗27年 4月 22日), 『淸案』 1, pp.690-691, pp.694-695; 『袁世凱全集』 2, p.297.

178 「趙大妃喪昇에詣宮禮物進呈通告」(高宗27年 4月 22日), 「同上件에의辭絶」(高宗27年 4月 22日), 『淸案』 1, p.695; 『袁世凱全集』 2, pp.300-301.

179 Joshua Van Lieu, 2009, p.8; 「致北洋大臣李鴻章電」(光緒16年 4月 25日) 및 附錄 「北洋大臣李鴻章來電」(光緒16年 4月 25日), 『袁世凱全集』 2, p.302; 『光緖中日』 卷11, 32b.

180 「致北洋大臣李鴻章電」(光緒16年 5月 15日), 『袁世凱全集』 2, p.280.

국(自主國)으로서의 이미지를 크게 훼손하는 것이라 조선이 꺼릴 수밖에 없다는 점을 파악한 원세개와 이홍장은 칙사 파견에 관한 기존 전례를 모두 조사하여 자기 제언의 근거로 제출하였다. "종래 책봉과 조부(弔賻)는 전사(專使)를 파견하였고, 조칙 반포, 상유 전달은 대부분 조공사절 편에 같이 들려 보내는 순부를 하였으며, 제부(祭賻)를 순부한 성례를 찾아볼 수 없다."라는 것이었다.[181] 이를 근거로 조선 측의 순부 요청을 거부하고, 기존 사례대로 하자고 고집한 것이다.[182] 결국 조칙사 파견을 마다하겠다는 조선과 조칙사 파견을 강행하려는 청 사이의 몇 달에 걸친 실갱이 끝에 이 문제에 대해서는 다음과 같은 광서제의 상유가 내려졌다.

> 조제전사(弔祭專使)는 표준이 되는 경전[典常]에 실려 있는 것으로, 그대로 따르되 바꾸어서는 안 된다. 이것은 천조가 속번을 무휼(撫恤)하는 특별한 예우[異數]로, 체제와 관련된 것이니, 어찌 가볍게 바꾸는 것을 용납할 수 있겠는가? 특히 조선이 최근 국용(國用)이 대단히 궁핍한 것 또한 실정임을 염두에 두어 부득불 옛 법도를 그대로 따르는 가운데, 약간 굽혀서 긍휼을 덧붙여 줄 것이다. 종래 조선에 사절을 보낼 때는 모두 동변의 육로로 가게 하였고, 입경한 다음에도 10여 군데의 역참이 있어 연도

181 「覆北洋大臣李鴻章電」(光緒16年 6月 28日), 『袁世凱全集』 2, p.311. Joshua Van Lieu, 2009, pp.91-92. 중국 사신·칙사를 맞이하는 조선의 의례에 대해서는 劉爲, 2002; 김경록, 2004; 丘凡眞, 2004; 쓰키아시 다쓰히코(月脚達彦) 지음, 최덕수 옮김, 2009, pp.187-224; 김창수, 2015; 김문식, 2017 등을 참조. 또한 金翰圭, 2011; 아극돈 지음, 은몽하·우호 엮음, 金翰圭 옮김, 2012 역시 淸使의 使朝鮮錄으로 이 방면의 풍부한 사례를 제공한다. 조선 사신이 청에 가서 치르는 의례·연회나 교섭·교류에 대해서는 劉爲, 2002; 何新華, 2013, pp.120-210; 孫成旭, 2020; 丘凡眞, 2021에서 자세하게 다루고 있다.

182 「致北洋大臣李鴻章電」(光緒16年 6月 28日), 『袁世凱全集』 2, p.312.

> 에서 접대하는 것이 실로 번거로웠다. 이번에 고위 관원을 파견할 때 바꾸어 천진에서 북양 윤선을 타고 가게 하여 곧바로 조선의 인천에 도착·상륙하게 하고, 의례를 모두 마친 다음에도 여전히 이 길로 경사에 돌아오게 하라. 이렇게 잠시 변통하는 것은 길이 아주 가깝고 접대에도 비용이 많지 않으니, 조선이 종래 육로에서 번거롭게 수고하던 비용은 모두 절약할 수 있다. 칙사가 조선에 도착한 다음 모든 의례[禮儀]는 비용 낭비에 관련이 되지 않으면 모두 응당 옛 법도를 삼가 지켜 조금이라도 간략하게 해서는 안 된다. 이렇게 짐이 덕과 예로써 더욱더 번복을 편안하게 하려는 뜻을 조선 국왕은 이번 윤음(綸音)을 받으면 응당 배로 깊이 느껴야 할 것이다.[183]

청은 조칙사의 파견이 경전에 실려 있는 것으로 '체제'와 관련된 것이라는 이유를 들었다. 사실 전통적 책봉-조공체제에서 가장 중요한 것은 이러한 의례라고 할 수 있었다. 따라서 청은 "표준이 되는 경전[典常]에 실려 있는 것으로, 그대로 따르되 바꾸어서는 안 된다."라거나 "칙사가 조선에 도착한 다음 모든 의례는", "옛 법도를 삼가 지켜 조금이라도 간략하게 해서는 안 된다."라는 것을 강조하면서 조선이 거부할 수 있는 구실을 모두 제거하였다. 아울러 전례대로 조칙사를 파견하되 해로로 파견하는 새로운 사례를 만들어 연도의 접대 비용으로 인한 폐해를 줄이는 은혜를 베풀어 준다는 명분까지 내세웠다. 역사적으로 조칙사를 파견하지 않고 조부만을 조선 사신에게 보낸 전례가 사실 없었던 것도 여기에 작용하였다.

이렇게 청의 파견 결정으로 몇 달 동안의 노력이 실패로 돌아간

183 『德宗實錄』 卷288, 光緒16年 8月 壬戌; 「軍機處抄交上諭一道」(光緒16年 8月 25日), 『中日韓』 卷5, pp.2827-2728; 權赫秀 編, 2008, 文牘篇, pp.336-337.

고종은 이후 칙사로 파견된 청의 호부좌시랑(戶部左侍郎) 속창(續昌)과 호부우시랑(戶部右侍郎) 숭례(崇禮)를 맞이하기 위해 종전의 의례를 그대로 따라 행할 수밖에 없게 되었다(두 사람 모두 旗人이다.). 즉 몸소 궁궐 밖으로 나가 서대문 밖 모화관에서 조칙사를 마중하고, 그 앞에서 고두(叩頭)의 의례를 치러야만 하였다. 청은 한성에서 각국 외교사절이 보는 앞에서 전통적 사대질서의 의례를 다시 재현함으로써 조선이 청의 속방이라는 국제적 위상을 다시 분명하게 과시할 수 있었다. 이러한 사태는 고종에게는 몹시 당혹스럽고, 국제적으로 널리 알려지는 굴욕을 강요받은 것에 지나지 않았다.

1882년 「조·미조약」의 체결 이후 청은 칙사를 파견한 적이 없었다.[184] 진수당·원세개의 부임 이래 사실상 근대적 외교사절의 수도 주재라는 형식으로 외교 체제가 이미 바뀐 다음이었다. 따라서 전통적 조공체제에 따른 칙사나 사절의 파견은 사실 불필요해진 상황이었다. 그런데도 청이 굳이 조선의 요청을 거부하고 해로로 조칙사 파견을 강행하는 '편법'을 강행한 것은 이 기회를 통해 분명히 서양 각국의 외교관이 보는 앞에서 전통적인 조공 의례를 재현하는 데 목적이 있었다. 이것을 통해 다른 어떤 나라와도 비교할 수 없는 조선에 대한 청의 '특별한' 관계, 상국으로서의 특수한 '권위'를 국제적으로 과시하려는 것이었다. 청이 추진해 온 속국화 정책, 각국으로부터 조선이 청의 속국임을 인정받으려는 노력이 훌륭한 열매를 맺게 될 이러한 기회를 청은 놓치려 하지 않았다.

1890년 10월 11일 실제 조대비의 발인(發引. 전체 3년에 걸친 국상 가

184 칙사는 1637년부터 1881년까지 245년 중 106년, 162회에 걸쳐 파견되었으며, 1882년 이후 1894년까지는 1890년의 조칙사 파견이 유일한 경우였다. 曹谷憲一, 1992, p.225.

운데 발인은 약 5개월 무렵에 이루어진다.)에서도 원세개는 청의 우월적 지위를 과시하려 시도하였지만, 조선 정부는 그의 의도를 철저히 무시하였다. 이에 앞서 9월 30일 미국 공사 허드는 각국 외교사절이 함께 조대비의 발인 행렬이 지나가는 것을 동대문 밖에 기다리면서 조선 국왕에게 예를 치르자고 제안하였다. 그러나 원세개는 조선과 청의 옛 규장(規章)을 들어 각국과 같이할 수 없다는 뜻을 보였다. 그는 이날 궁문(宮門)에서 따로 성외(城外)까지 수십 리를 송빈(送殯)하겠다는 뜻을 이홍장에게 보고하고, 아울러 조선 정부에는 자신이 영구행렬 앞에 설 것인지 아니면 뒤에 따를 것인지 조속히 알려 달라고 요청하였다.[185] 조선 정부는 원세개에게 각국 사절과 함께 행동해 달라고 제안하였지만, 원세개는 이를 거절하고, 따로 큰길의 넓은 곳에 향안(香案)을 설치하여 노제(路祭)를 치르겠다고 통보하였다. 동시에 미국 해병이 동문 앞에 배열하여 조대비의 영구(靈柩)가 발인하는 것을 반송(班送)하는 것에 대해 매우 곤혹스럽다고 조선 정부에 항의하였다.[186]

조선 정부가 이에 대해 3일이 지나도 답장하지 않자, 원세개는 다시 답변을 독촉하였다. 이에 민종묵은 미국 해병의 참가는 우방국가 신료의 깊은 애도의 표현이라는 미국 공사의 표현에 동감한다고 답장하여 사실상 원세개의 항의를 무시하였다.[187] 원세개는 운구 행렬을 자신

185 「致北洋大臣李鴻章電」(光緒16年 8月 17日), 「致朝鮮督辦交涉通商事務閔種默函」(光緒16年 8月 21日), 『袁世凱全集』 2, pp.350-351; 『光緒中日』 卷11, 32b; 「趙大妃喪에관한件」(高宗27年 8月 21日), 『淸案』 1, p.730.

186 「致朝鮮督辦交涉通商事務閔種默函」(光緒16年 8月 27日), 「致朝鮮督辦交涉通商事務閔種默函」(光緒16年 8月 29日), 『袁世凱全集』 2, p.356, p.358; 「趙大妃喪에관한件」(高宗27年 8月 27日), 「趙大妃靈轝發靷時의 美國海兵參列問議」(高宗27年 8月 29日), 『淸案』 1, pp.732-733.

187 「致朝鮮督辦交涉通商事務閔種默函」(光緒16年 9月 1日), 『袁世凱全集』 2, p.360; 「趙大妃靈轝發靷時의美國海兵參列件解明催促」(高宗27年 9月 1日), 「同

의 앞에 멈추게 하고, 자신이 다른 외교사절과는 달리 독보적인 의례를 치름으로써 청의 우위를 과시할 속셈이었다. 하지만 발인 행렬에 국왕과 왕비·세자 등이 참여하지도 않았고, 원세개의 향안 앞에 멈추어 그가 자신의 존재를 과시할 기회를 주지도 않았다.[188] 조대비의 국장을 이용하여 조선과 청의 특수한 관계를 다시 드러내려 하였던 원세개의 의도는 철저히 무시되었다.

한편, 앞서 인용한 상유대로 조선이 구실로 내건 여러 구실 가운데 경비부담 문제를 무력화하기 위해 청은 해로를 통해 조칙사를 파견하였다.[189] 청의 칙사가 해로를 통해 조선을 방문한 것은 1637년 이후 최초의 일이면서 최후의 일이기도 하였다. 또 청은 원세개의 조언에 따라 조선이 선택한 상륙지인 마산포(馬山浦)를 거부하고 인천(仁川)으로 입국하게 함으로써, 그 선전 효과를 부풀리는 방법도 강행하였다. 1890년 10월 30일 북경을 떠난 조칙사 일행은 천진에서 북양함대의 군함으로 출발하여 11월 6일 인천에 도착하고, 11월 8일 한성에 도착하였다. 고종은 이날 앞서 서술한 의례를 치러야만 하였다.[190]

청 황제는 또한 경비부담 문제를 내세운 조선의 명분에 대처하기 위해 해로를 통한 조칙사 파견 외에 조선에 사신을 파견할 때 사신들에게 조선에서 제공하는 국왕의 선물 등을 접수하는 것을 금지하고, 아울러 조선에서 이를 빌미로 백성에게 가혹하게 뜯어내지 못하도록 지

上件에관한解明」(高宗27年 9月 1日), 『淸案』 1, pp.734-735.

188 Joshua Van Lieu, 2009, pp.89-90.

189 森萬佑子, 2017, pp.116-138은 조선이 내세운 경비 부담 문제가 단순한 구실이 아님을 지적하고 있다. 조대비의 國喪을 치를 비용의 염출이나 그에 따른 백성들의 불만과 반항이 실제로 큰 우려가 되는 상황이었고, 이에 따른 혼란을 대비하기 위해 고종이 사실상 한성 주재 외교관들도 제대로 통보받지 못한 상태에서 미국 해병 50명의 한성 진출을 요청하였다는 것이다.

190 조칙사 일행의 방문 경과에 대해서는 Joshua Van Lieu, 2009, pp.93-98을 참조.

시하여 은혜를 베푼다는 명분을 확보하였다. 또한 사신들의 여행·포상 등에 필요한 비용을 출사경비(出使經費) 항목에서 적절하게 지급하여 체제를 유지해야 한다는 지시도 내렸다.[191] 원세개는 조칙사가 도착하면 "황상의 은혜를 받아 이런 궤송(饋送)을 면제해 주었다."라는 것을 국왕에 자문으로 전달하여 조선인이 모두 우러러 감복하도록 하겠다고 전달하면서, 조칙사의 파견은 "천조가 자소의 은혜에 더욱 진휼(軫恤)함을 덧붙여 세세한 부분까지 미치지 않음이 없는 것이다."라고 표현하였다.[192] 모처럼 맞이한 천조상국의 권위를 과시할 기회를 충분히 활용하기 위해 청은 종전보다 훨씬 주도면밀한 준비의 자세를 보여 주었다. 이 궤송 면제와 관련된 수많은 문건의 존재는 적어도 이러한 황제의 지시가 엄격하게 시행되었음을 공식적으로 확인해 준다.[193]

조칙사로 조선을 다녀온 호부시랑 속창 등은 그 결과를 다음과 같이 보고하였다.

> 이번에 거행한 전례는 위엄을 엄숙하게 갖춘 것으로 각국에서 온 서양인들도 이미 모두 함께 보고 함께 들었으니. 모두 확실하게 조선이 천조(天朝)에 복사(服事)함을 깨닫게 되었으며, 조선 역시 그것을 꺼리거나 감출 수 없었습니다. 앞으로는 단지 이러한 기세를 틈타 유리하게 이끌고 적절하게 통제할 수 있다면, 조선은 오랫동안 우리의 보호[帡幪]를 받고 머리를 들고 발로 땅을 밟으면서 존속하여, 더욱 영원히 굳게 바뀌지 않을 것입니다.[194]

191 「軍機大臣面奉諭旨」(光緒16年 10月 16日), 『中日韓』 卷5, pp.2841-2842.

192 「致北洋大臣李鴻章電」(光緒16年 9月 13日), 「致朝鮮遠接使沈履澤等函」(光緒16年 11月 3日), 『袁世凱全集』 2, pp.370-317.

193 이를테면 「續昌等奏請飭朝鮮國王革禁饋送奉使大臣銀兩片」(光緒16年 10月 16日), 『光緒中日』 卷10, 51b-52a를 참조.

이렇게 청은 조대비 장례라는 사건을 이용하여 다시금 조선이 복사(服事)하는 천조의 위엄을 과시하면서, 쇠퇴해 가던 청의 위세를 국내외에 과시하는 만족감을 느낄 수 있었다. 심지어 청 정부는 이러한 조칙사 파견의 의미를 분명히 알아차릴 수 있도록 그것을 한문뿐만 아니라 영문판으로까지 출판하여 외교관들에게 배포하였다. 물론 그 의도는 어떤 의미에서는 성공적으로 구현되었다.[195]

조칙사 파견에 대한 서구의 반응과 서구 작가에게는 유일한 정보원이 되었던 『사한기략』의 영문판 *Notes on the Imperial Chinese Mission to Corea, 1890*(32pages)의 출판으로 인해 영국과 미국 등지에서는 청과 조선의 관계에 대한 청의 이러한 일방적 선전, 즉 고종의 청에 대한 자발적 복종의 표현이라는 점을 그대로 받아들여 양국 관계를 이해하는 경우가 많았으며, 이후 서구의 학계에서 거의 최근까지 상당한 영향력

194 「戶部侍郎續昌等奏賜奠朝鮮禮成覆命摺」(光緖16年 10月 16日), 『光緖中日』 卷 10, 51b-52a.

195 岡本隆司, 2008, 2017a, pp.268-291; Joshua Van Lieu, 2009; 森萬佑子, 2017, pp.129-136; Yuanchong Wang, 2018, pp.188-196. 弔勅使를 따라온 막료('隨節幕僚')는 조대비의 국상에 관련된 모든 문서와 장례 절차 일체를 정리한 『使韓紀略』을 작성하였다. 이것은 현재 영국 외무성문서 F0.228-1072. *Chinese Enclosures Corea(1891-1896)*, pp.44-66에도 수록되어 있는데(한양대학교 사학과 姜抮亞 교수의 제공. 이 자료는 『駐朝鮮使館檔案』 袁世凱, 01-41-016-08 「欽使奉命前來賜祭朝鮮國王母妃卷」에도 실려 있다.), 1892년에 인쇄·배포한 것 같다. 이 역시 아마도 조대비 국상에 관련하여 청의 조선에 대한 특별한 권위를 과시하는 선전 효과를 노린 것으로 보인다. 이 책은 후마 스스무(夫馬進) 지음, 정태섭 등 옮김, 2008에서 소개된 崇禮(正使인 續昌과 함께 온 副使)가 지은 『奉使朝鮮日記』(아극돈 지음, 은몽하·우호 엮음, 金翰圭 옮김, 2012에 수록)에 자극받은 岡本隆司 교수가 발굴하여 자세하게 소개한 적이 있다(岡本隆司, 2008, 2017a의 第9章 「屬國と儀禮 『使韓紀略』の研究」, pp.268-291). 岡本隆司는 이것을 국제법에 의거하여 '清韓關係'를 정의하려 한 데니의 『清韓論』과 정반대 입장에 선 것으로 평가한다(岡本隆司, 2017a, p.290).

을 발휘하였다는 지적은 이 점을 잘 알려 준다.[196] 하지만 그것은 국제 사회에서 독립국으로서의 면모를 만들어 가려던 조선의 의지를 짓밟고, 철저한 굴욕감을 주는 것을 대가로 삼았다.

조선이 청의 속국임을 확인한 이 행사가 과연 청의 국제적 지위를 제고하거나, 천조체제의 꺼져 가는 생명력을 연장할 수 있었을까? 아니면 조선이 청의 보호 아래 있다는 점을 과시하여 조선·청의 국제적 지위가 더욱 안정되었을까? 청의 이러한 과시는 5년도 지나지 않아 청·일전쟁에서의 패배로 인해 물거품이 되었다. 천조체제의 체통을 과시하는 허영과 자존심 외에 청이 실질적으로 얻을 수 있었던 것이 무엇일까? 그 시도가 과연 양국 관계나 양국의 미래에 무슨 도움이 되었을까?

아마 가장 정통적인 해석에 따르면, 이것은 아마 천조체제라는 명분, 즉 중국적 세계질서를 지탱하는 그 '이념' 또는 '이론'이 현실적인 국제관계 속에서의 현실로 여전히 체현될 수 있어야 한다는 전통적 '강박관념'이 큰 역할을 하였던 것으로 보인다. 존 킹 페어뱅크(J. K. Fairbank)는 이렇게 서술한 적이 있다.

> 중국 이외의 이 모든 국가나 민족은 이론적으로는 모두 응당 [중심에 있는 나라]인 '중국'의 천자에 조공해야 한다. 그렇지만 사실상 이러한 이론은 준수되지 않는 경우도 많다. 이 때문에 중국 외교 관계의 주요 문제는 바로 이론상의 요구를 어떻게 실행으로 옮길 것인가이다. 러시아와 영국의 사절들이 머리를 조아리는 고두[叩頭. 磕頭라고도 한다]의 예절을 따르려 하지 않자, 중국인은 이것을 대역무도(大逆無道)한 것이라고 받

196 Joshua Van Lieu, 2009, pp.98-109.

아들였다. 왜냐하면 그들이 의식적이든 무의식적이든 종래의 정해진 제도를 파괴하고자 시도하였기 때문이다. 중국의 국외 질서와 국내 질서는 이처럼 서로 아주 밀접하게 연관되어 있어, 이미 입술이 없으면 이가 시린 것처럼 기쁨과 슬픔을 함께하는 상태가 되어 있었다. 만약 대외적으로 오랑캐(蠻夷)로 하여금 신하로서 복종하도록 대응할 수 없다면, 국내의 반란이 쉽사리 발생할 가능성이 컸다. 중국의 역대 왕조는 대부분 '내란외환(內亂外患)'의 이중적 타격 아래 붕괴되었다. 따라서 모든 정권은 대외관계가 사실상 이론과 서로 일치할 수 있게 함으로써 전국에 대한 통치권을 강화시키고자 꾸준히 노력하지 않을 수 없었다.[197]

이러한 설명을 따른다면, "중국의 국외 질서와 국내 질서는 이처럼 서로 아주 밀접하게 연관되어 있어," 청이 대외적으로 천조체제의 위엄을 과시하고자 그렇게 노력한 것은 실질적으로는 국내적으로 왕조 통치의 정당성을 유지·강화하는 데 오히려 더 큰 의미가 있었기 때문이라고 볼 수 있다. "오랑캐로 하여금 신하로서 복종하도록 대응할 수 없다면" 천자의 존엄성은 국내적으로 큰 도전에 직면할 가능성이 커지기 때문이다.[198] 대외적으로도 이 점은 크게 다르지 않았다. 앞서 지적

197 조공체제(천조체제. 중화세계질서)가 과연 중국 왕조에 어떠한 실익을 가져다주었는가 하는 질문을 던지면서, 조공체제가 사실상 국제적 이익은 미미하였으나 도리어 국내적으로는 통치의 정당성을 확인할 수 있는 機制가 되었으며, 국제질서의 표현인 조공 의례는 사실상 중국 내의 聽衆을 위한 것이라는 Saeyoung Park, 2017a의 지적은 시사하는 바가 크다. Saeyoung Park은 J. K. Fairbank, 1968a, pp.2-3에 나오는 Fairbank의 지적을 인용하고 있다. 여기서는 이해를 돕기 위해 좀 더 많은 부분을 인용하였다. 원래 인용한 부분은 밑줄 친 부분이다.

198 이를테면 청 말 개혁사상가로 유명한 鄭觀應은 다른 누구보다도 세계정세나 국제법에 대해 잘 알고 있었지만, 1884년 싱가포르를 방문하여 거기서 샴 영사로 있던 화교 3세 陳金鐘을 만났을 때 샴의 세 가지 죄를 언급하였다. 그

하였듯이 청 정부에 의해 영문판으로 번역·배포된 『사한기략』은 이후 오랫동안 서구 세계에 청과 조선의 관계를 설명해 주는 주요한 근거가 되었다. 19세기 말, 아니 그 이후에도 중국이 천조체제에 대한 집착을 버리지 못한 것은 바로 이런 점 때문일 것이다.

하지만 동시에 청이 조칙사를 파견하여 장엄한 조공 의례를 재현한 것에 대해 '동양적'·'시대착오적'이라거나 '고대적'이라고 하여, 그에 대해 거부감을 느끼는 의견이 없었던 것도 아니었다. 고종이 청의 칙사를 맞이하던 교영 의례를 행한 지 1주일이 지난 1890년 11월 15일 천진에서 발행된 영자지 *China Times*는 사설을 통해 "19세기 말에 조공 관계 모델은 이미 쓸모가 없어졌을 뿐만 아니라, 다국 간 국제관계로 구성된 새로운 세계질서 속에서 급속도로 청의 생존 자체에 대한 위협이 되어 가고 있다."라는 비판적 시각을 보였다.[199] 이미 무너져 가는 천조체제의 외면적 형식에 집착하는 청의 이러한 보수적 태도는 서구인의 시각에서 보면 근대적 국제관계에 대한 적응을 완강하게 거부하는 시대착오적인 것으로 받아들여졌다. 따라서 그것은 국내적으로는 청 왕조의 정당성과 정통성을 과시하는 역할을 하였을지는 몰라도, 사실상 장기적으로 보면 청의 존립 자체를 위태롭게 만드는 몹시 부적절한 태도로 받아들여지기도 하였다. 후술하겠지만, 청·일전쟁 당시 청

가운데 본래 중국의 번속인데 오랫동안 조공하지 않은 것이 첫 번째 죄였고, 샴 국왕이 중국이 책봉한 국왕(중국인)을 시해하고 자립을 도모한 것을 또 하나의 죄로 들면서, 이렇게 중국을 멸시하는 것은 응당 군사를 일으켜 문죄해야 할 것이며, 국제법(公法)에 비추어 보아도 누가 감히 보호할 수 있겠느냐고 지적하였다.(鄭觀應, 「南遊日記」, p.952; 夏東元 編, 1982, 『鄭觀應集』 上; Hamashita Takesh(Edited by Linda Grove and Mark Selden), 2008, p.22를 참조) 청 말 중국인의 천조체제와 천조관념에 대한 집착이 어떠한가를 여실히 보여 주는 사례라고 하겠다.

199 Joshua Van Lieu, 2009, p.98에서 인용.

이 열강의 중립으로 사실상 고립무원의 처지에 몰렸던 원인 중 하나는 아마 이런 점 때문일 것이다.

3) 속국화 정책의 시비

한편 이상에서 서술한 청의 대조선 정책과 그것을 집행할 역량을 고려해 볼 때, 사실 청이 조선의 식민지화를 시도했다고 보기는 어렵다는 점은 분명해 보인다.[200] 청은 조선에 '속국체제'를 계속 강요하면서 어디까지나 천조체제의 외형을 지키고자 노력하였음에도 불구하고, 앞서 청류파 등이 제기한 군현화·내지화 등 조선에 대한 직접적인 지배에 동조하거나 그것을 실행에 옮기려는 공식적인 시도는 적어도 중앙정부 차원(총리아문이나 이홍장도 포함하여)에서는 보인 적이 없었다. 총리아문도 마찬가지였지만, 지금까지 살펴본 대로 조선 정책의 실질적 책임자인 이홍장은 이러한 방향에 대해 줄곧 반대의 태도를 견지하였다. 그가 잘 알고 있었듯이, 열강이 각축하는 동아시아의 국제적 환경 속에서 청이 실제 그것을 실천에 옮길 만한 상황도 아니었고, 거기에 수반되는 곤란을 극복할 역량도 갖추고 있지도 않았다.

그렇지만 동시에 청이 사실상 조선의 청의 통제 아래 놓인 보호국으로서 설정하여 천조체제의 체통·영광에 집착하였던 것이나, 조선의 국익보다는 사실상 청의 국익을 먼저 앞세웠다는 점은 분명하다. 이홍장이나 원세개에게 조선은 '자소'의 대상인 천조체제하의 속국이라기

200 Yuanchong Wang, 2018, 2019는 한국학계에서 깊이 있는 분석 없이 널리 사용하고 있는 청의 조선 '식민지화론'이나, 이를테면 Kirk W. Larsen, 2008이 제시한 것처럼 청을 '제국주의'로 보는 주장에 대해 상세한 반론을 시도하고 있다.

보다는, 근대 세계의 종주국을 자처하는 청의 품 안에서 벗어나고자 몸부림치는 어리석은 속국의 이미지가 훨씬 더 강하였다. 청의 '속국화' 정책을 강경하게 밀어붙인 원세개의 거친 시도를 부정할 수는 없지만, 이것은 이홍장이나 청 정부의 분명한 전면적인 지지를 받아 내지는 못하였다는 점도 확실하다.[201] 앞서 확인된 청 정부의 공식적인 입장도 그러한 지향에는 전혀 근접하고 있지 않았다. 이홍장과 원세개, 또는 청이 근대적 속국 지배나 식민지로서의 지배라는 방식을 포기하고 대신 전통적인 틀을 유지하면서 그 실질을 변화시켜 가는 길을 선택하였다는 평가는[202] 그런 점에서 충분히 수긍할 만한 지적이다. 청의 국제적 관념에서 천조체제는 여전히 조약체제보다 여전히 우선성을 지니고 있었다.

더구나 국제적으로 각국이 비록 명시하지는 않았으나 실제로는 암묵적으로 인정하고 있다고 밀어붙이는 청의 '속국화' 시도는 기본적으로 기존의 천조체제를 국제법의 수사로 포장하면서 서양 각국이 이러한 동아시아적 전통질서를 승인해 주기를 바라는 희망을 버리지 않은 데서 비롯되었다. 하지만 이것은 조선의 왕권과 왕실에 대한 직접적인 위협을 수반하였으므로, 청의 시도는 이를 거부하는 조선의 끈질긴 저항에 부딪혔다. 또한 국방과 군사전략의 관점에서 조선에 대한 직접 통제를 꾀하면서, 일방적 특권과 이익을 도모하는 방향으로 치달은 청의 조선 정책은[203] 실질적으로는 상호 간의 일정한 배려와 양보에 기초한 기존의 사대-자소의 전통을 철저하게 파괴하였다. 직접적인 청의

201 李細珠, 2013.

202 茂木敏夫, 1987, p.112.

203 朴日根(Park il-keun), 1981, 1985a는 '淸國式 帝國主義', 김기혁, 1996은 '亞流(二流) 제국주의(Secondary Imperialism)', Kirk Larsen, 2008은 '청 제국주의(Qing Imperialism)'로 표현하고 있다.

개입과 간섭에 위기를 느낀 조선도 청이 인정한 것처럼 '면종복배'의 경향이 더욱 강해졌다. "청의 조선에 대한 간섭정책은 결국 조선인뿐만 아니라 중국인 자체에게도 오로지 재앙만을 가져왔을 뿐이라는 점에서 볼 때, 1882년 이후 한반도에서의 중국의 새로운 제국주의는 거의 칭송할 수 없는 것이다."[204]라는 지적은 조선과 중국 양자 모두에게 불행한 결과를 가져왔다는 점을 잘 알려 준다.

또한 청의 '속국화' 시도는 청의 의도와는 달리 만국공법의 새로운 국제질서가 조선에 더욱 불리한 방향으로 작동하는 원인이 되기도 하였다. 이를테면 청의 조선 정책을 지지하는 영국의 입장을 그대로 대변한 로버트 하트가 조선 해관을 맡은 메릴에게 조선이 중국의 예속국이고, 중국이 조선의 종주국이라는 사실을 세계에 보여 주기를 기대하면서, 조선이 청 제국으로 병합될 것으로 전망하였던 점은 이러한 상황을 잘 보여 준다.[205] 그렇지만 1886년 조선 정부의 고문으로 초빙되어 4년 동안 머물렀던 미국인 외교 고문 데니는 결국 청의 조선 정책에 대해 반기를 들면서 1888년 2월에 쓴 『청한론(清韓論. *China and Korea*)』에서 다음과 같이 지적하였다.

> 조선은 인구·언어·종교·법률·교육·예술·예절·풍습에서 중국에 깊이 빠져 있는데 이러한 모든 점이 연대의 끈을 더욱 튼튼하게 만들 뿐만 아니라 조선이 지난날과 마찬가지로 청국에 지시가 아닌 우정 어린 충고를 기대하게 만들었다. 내가 판단하기에는, 이러한 우호 관계를 방해할 만한 것은 아무것도 없다. 그러나 오늘날 조선은 청국으로부터 불법적이고 강압적인 처사를 받고 있으며, 청국은 조선을 집어삼킴으로써 탐욕적이고

204 Yur-bok Lee, 1988, p.7.
205 고병익, 1970c.

도 끈질기게 조선의 주권을 파괴하려고 시도하고 있다.[206]

데니는 중국에서 천진·상해 영사를 지내면서 이홍장과 아주 친밀한 우의 관계와 상호신뢰를 얻은 바 있었고, 심지어 이홍장이 직접 조선 정부의 외교 고문으로의 취임을 요청하기도 하였다.[207] 데니 자신의 표현에 의하면, "수 세기 동안 청국과 조선 간에 계속되어왔고, 양국의 이익을 위해 계속되어야 하는 과거의 충정이 깃들고 밀접한 우의 관계를 청국 대표가 파괴하지 못하도록 최선을 다"하려 하였다. 그러나 그는 결국 『청한론』을 통해 앞서 살핀 바 있는 메릴의 경우와 마찬가지로 조선의 입장을 동정하여, 원세개의 횡포를 고발하여 그를 소환하도록 요구하면서 이홍장·원세개와 대립하는 방향을 선택하였다.

'천조상국'과 '속방' 사이의 비대칭적 구도 속에서 만국공법적 국제질서로의 진입을 꾀하는 조선의 시도나 자강을 위한 개화 정책 역시, 이러한 과정에서 청의 강력한 저지나 방관에 부딪히면서 좌절되었다. 청이 앞장서서 조선에 도입한 다국적 제국주의의 존재는 이러한 곤란을 특히 가중하였다.[208] 영국·러시아·일본은 조선 문제에서 현상 유지를 원하고 그 이상의 각축이 벌어지는 것을 피함으로써 청의 조선 정책을 묵인하였다.[209] 이홍장이 조선에 파견하였던 묄렌도르프, 데니, 메릴 등의 외국인 고문들 역시 모두 이러한 서구 중심의 다국적 제국

206 Robert R. Swartout, 1988, p.177; Yur-bok Lee, 1988, pp.151-154; 데니, 1999, p.99. 데니의 『淸韓論』에 대한 가장 상세한 분석은 岡本隆司, 2004, pp.226-259, 2017a, 第8章 「自主と國際法儀禮 『淸韓論』の研究」, pp.241-267을 참조.

207 Robert R. Swartout, 1988, pp.30-44, pp.97-98.

208 Kirk W. Larsen, 2008, pp.128-230.

209 岡本隆司, 2004, pp.341-363.

주의의 원리를 도입하는 데 적극적이었다. 그런데도 이들 모두가 청의 조선에 대한 개입에 반기를 들면서 원세개·이홍장과 대립하게 된 점은 청의 조선 정책이 지닌 문제점을 잘 보여 주는 실례라고 할 것이다.[210]

1890년 4월 알렌은 뉴욕에 보낸 서신에서 조선의 '사정'을 전하면서 이렇게 이야기하고 있다.

> 러시아와 일본 때문에 전쟁을 일으킬 염려가 있음에도 불구하고 중국은 이 나라의 정복을 포기하지 않고 — 중국의 로버트 하트 경의 인도로 — 확실한 길을 가고 있습니다. …… 그들은 해관을 통제하고 있으며, 중국에 충실한 고위직의 조선인을 확보하고 있습니다. 조선인들은 점차 용[龍. 즉 중국]에게 굴복하고 있습니다. 사람들은 공식적으로 너무 억압받고 있어 자신의 상태가 더욱 나빠질 수 없다고 생각하기 때문에 누가 그들을 통치하는지 상관하지 않습니다. 중국의 원세개는 여전히 매우 강력한 왕의 아버지인 대원군의 지지를 확보하였습니다. 그는 돈과 권력을 사용하여 수천 명의 친구와 추종자를 만들었습니다. 그는 서울에서 거의 국왕만큼 강력합니다. 국왕에 관해서는, 국왕의 불행한 사랑이 왕실 부처 사이에서 계속되는 문제를 일으키는 동안, 그와 그의 아버지 사이에 존재하는 분리를 지적하는 중국인의 선동에 의해 국왕에게 가해지는 비난에 사람들이 귀를 기울이기 시작하였습니다. 그것은 이 왕조는 500년이 지나면 멸망하리라는 옛적의 예언입니다. 올해가 그 마지막 해이며 중국인들은 아시아인들이 예언의 실현을 지지하는 경향이 있다는 점을 잘 알고 있습니다. …… 바로 요전 날, 국왕은 중국의 위협 때문에 종묘에 참배하는 행차를 무기한 연기했습니다. 그는 먼저 (미국군함) '스와타라

210 Yur-bok Lee, 1988, pp.150-156은 데니, 메릴 외에 베베르, 포크 등 여러 서구 외교관의 사례를 들고 있다.

(Swatara)'호에서 한성에 해병대를 보낼 수 있는지 알아보기 위해 급하게 공문을 보냈습니다. 1년 전 비슷한 경우에 '브루클린(Brooklyn)'호를 이곳으로 보냈습니다.[211]

여기에서는 분량상 생략하였지만, 알렌은 청과 영국(로버트 하트가 대표하는)이 동맹하여 해관과 재정을 통제·장악하여 조선을 굴복시키려는 노력을 비판하면서, 원세개가 사실상 국왕만큼 강력하고, 국왕조차 그의 위협을 겁내 행차에 미군 병사의 호위를 요청할 정도였다고 지적하고 있다. 조대비의 승하 이후 고종이 청이 아니라 미국의 해병대를 요청하여 자신을 보호해 달라고 한 것은 청의 위협 때문이었음을 여기서 암시하고 있다. 그의 눈에 비친 조선의 암울한 모습은 "조선인들은 점차 용(龍)에게 굴복하고 있다."라는 것이었다.

물론 조선과 조선 정부의 이와 같은 '좌절'은 그 자체 내부의 문제에도 기인한 바가 컸다는 점도 유념할 필요가 있다. 청의 적극적인 개입에서 벗어나기 위해 고종은 1885년 그 정치적 권한과 입지를 강화하려는 목적으로 김윤식·어윤중 등 유능하고 개혁적인 '친청파' 관료들을 몰아내고, 내무부(內務府)를 설치하여 다시 민씨 척족을 대거 등용하였다. 이후 10년 동안 내무부는 국정 전반에 걸친 업무를 총괄하는 권한을 확보하면서, 자주적인 개화·자강 사업을 주도할 수 있는 체제를 갖추었다. 하지만 내무부의 역할은 무엇보다도 왕권을 보존하는 데 치중하고 있었으므로, 실제 그 정책은 왕실 재원의 확보와 군사력 확충

211 「알렌이 조선 정세를 소개하는 건」(자료번호: R3-L3-16-003. 생산일자: 1890년 4월 29일), 『근대전환기 알렌문서』(한국학진흥사업성과포털: 근대전환기 알렌문서정리·해제 및 DB화), http://waks.aks.ac.kr. AKS-2016-KFR-1230009_DES@1185.

등에만 집중되는 성격이 강하였다. 이 때문에 이 시기의 국정에서 청의 간섭에서 벗어나기 위한 내부 개혁이나 사회 개혁은 거의 사라졌고, 내무부의 시기의 국정개혁은 재정 부족 및 민씨 척족의 부정부패로 제대로 된 성과를 거둘 수 없었다.

국내 여론의 지지 역시 마찬가지였다. 원세개를 통한 청의 간섭도 물론 여기에 영향을 주었지만, 민씨 척족의 장기 집권과 부패·무능은 자주적인 부국강병·개화 정책이 거의 성과를 거두지 못하게 하였으며, 1885년 이후 추진하던 반청 정책이 좌절하면서, 도리어 청에 대한 정치적 종속이 더욱 깊어지는 결과를 낳았다.[212] 민씨 척족의 '세도'는 19세기 전반의 세도정치와는 다르게 왕실의 일원인 왕비가 중핵이 되는 기이한 형태로 진화한 것이었던 만큼, 나라의 권력과 재부를 독점하여 증오의 대상이 되었던 민씨 척독의 세도는 기왕의 경우처럼 상소(上疏)나 공론(公論)으로 탄핵하는 것이 불가능하였으므로, 당시로서는 사실상 대원군만이 유일한 정치적 대안이 될 수밖에 없었다는 지적은[213] 이 시기 조선 정치의 난맥상과 곤경을 그야말로 여실히 보여 준다.

그리고 청·일전쟁 직전 동학농민군의 진압을 위해 임오군란과 갑신정변의 선례를 들어 청의 출병을 요청하였던 조선의 사례는 '자주'를 내세우며 시도해 왔던 그간의 노력이 사실상 모두 '실패'하였음을 인정할 수밖에 없는 옹색한 처지에 빠졌음을 보여 준다. 조선은 이 점을 스스로 전통적 사대-자소의 관계로부터, 그리고 임오·갑신의 전례에 의

212 연갑수, 2008, pp.115-134; 한철호, 2009, pp.216-293; 장영숙, 2010, pp.189-264 등을 참조.

213 김종학, 2021, pp.242-255. 이에 따라 대원군도 개화당 김옥균이나 박영효 등과의 제휴를 모색하기도 하였다. 김옥균이 청에 가서 이홍장을 만나려다 상해에서 암살당한 것도 아마 이홍장의 대원군에 대한 지지 때문이었을 것이다.

해 '합리화'하였다. 속방에 대한 상국의 보호를 요청하는 일이 종래의 책봉-조공체제의 관행이나 전례에서 벗어나는 것이 아니라는 점은 양쪽 모두 당연하게 받아들였겠지만, 조선의 '굴복'이란 알렌의 느낌이 결코 그만의 감상은 아니었을 것이다.

물론 원세개의 부임과 적극적인 간섭정책이 청·일전쟁 이전 10년 동안 청국의 우위를 확고하게 다지고, 그 경제적 이익의 추구를 강행함으로써 일본과 서구 열강의 진출을 강력하게 저지하였던 것도 부인할 수 없는 사실이다.[214]

이른바 '청 제국주의'에 의한 조선의 '속국화' 시도는 사실상 조선이 청의 속국임을 대외적으로 과시하려고 함으로써 오래전에 무너진 천조체제·천하관념에 대한 시대착오적 집착을 드러내었다. 청이 조선에서 「무역장정」에 규정된 수도에서의 상업활동권이나 내지에서의 상품 구입권 등 다양한 특권, 또는 조계 설치나 전선·차관의 독점 등 여러 면에서 제국주의적 방법을 빌려 상국으로서의 독자적인 특권을 누리고자 한 것도 확실하다. 그렇다고 해서 실질적으로나 청 당국이 공식적으로 조선의 내지화·식민지화를 정책 목표로 추구한 적은 없었다. 1880년대 이후 수많은 중국의 관료·사대부가 중국 자체의 방어를 강화하려는 기본적인 목표 아래 조선에 대한 감국·대신의 파견이나 조

214 이를테면 원세개의 조선에서의 활동에 대해 林明德, 1970, pp.381-397; 蔣廷黻(장팅푸) 지음, 金基周·金元洙 옮김, 1991, p.138은 조선에 대한 종주권을 강화하고 일본의 침략을 막아 낸 것이라 높이 평가하였는데, 이러한 평가는 지금도 여전하다. 楊濤(2007, p.34)는 원세개의 외교활동에서 부정할 수 없는 적극적인 면은 러시아에 대한 억제와 일본의 침략을 10여 년 늦춘 것이라고 본다. 물론 이들은 어디까지나 중국 입장에서 평가한 것이지만, 조선(한국)에서의 평가는 물론 이와 다를 수 있다. 조선에 대한 '종주권'을 극도로 강화한 것이 조선의 안정이나 독립에 도움이 되었다면 모를까, 실제 그러한 결과를 가져오지 못한 것에 대해서는 이와 다른 평가가 가능하기 때문이다.

선의 내지화·군현화를 주장해 왔던 것도 사실이지만, 이것은 어디까지나 중국 자체의 방어를 위해 조선을 방패로 이용하자는 발상에서 나온 것이었고, 실제로는 적용할 수 없는 탁상공론의 수준을 벗어날 수 없었다.[215]

여기에는 조선-청 관계에서 여전히 전통적인 '사대-자소'라는 상호관계의 그림자가 아주 짙게 드리워지고 있었고, 그것이 청의 조선 정책에 일정한 한계·범위를 설정하고 있었던 것이 상당한 작용을 하였을 것이다. 이를테면 서구 제국주의의 선례나 국제법상의 속국·보호국에 대한 무력의 사용은 사실상 청이 지키고자 했던 천조상국의 존엄을 스스로 훼손하는 것이었다. 그뿐만 아니라, 당시의 국제환경상이나 청 자체의 역량으로 보건대 그럴 가능성도 전혀 없었다. 이런 점은 '박정양 사건'을 둘러싼 양국의 다툼과 그에 대한 이홍장의 평가에서 잘 엿볼 수 있다. 청이 아무리 '편법외교'를 통해 전통적 천조체제와 만국공법을 동원하면서 조선을 굴복시키려 하였지만, 결국 이에 승복하지 않는 조선을 자기 뜻에 따르도록 하는 방법을 찾아내지는 못하였다. 청이 '속국체제'로 압박하여 조선의 독립 추구를 곤경으로 몰아넣었지만, 그렇다고 해서 청의 국제적 지위가 상승하는 것도, 실질적 국익의 향상으

215 이런 점에서 1881-1893년의 『申報』의 조선 보도에 나타난 保朝鮮策略을 분석한 丁彩霞, 2007의 연구는 상당히 유익하다. 즉 그 특징은 '牽制'政策과 自強改革 사이를 떠돌고 있었다는 것인데, 조선의 통상개방을 창도한 점에서는 역사발전의 조류에 순응하는 것이고, 조선 보호를 내세운 것은 중국의 이익을 유지하려는 희망도 있지만, 조선이 외국의 침략을 막는 것을 도우려는 의도도 있어 긍정적인 의의가 있다고 평가한다. 반면 '견제' 정책의 제출은 서방의 침략에 대한 인식이 부족하였고, 大國心理가 농후하여 조선 인민의 독립자주의 희망을 무시하였으며, 러시아 위협론은 일본의 위협에 대한 준비의 부족을 초래한 단점이 있다고 지적한다. 특히 뿌리 깊은 대국심리의 존속이 '보조선책략'을 지배하고 있었다는 지적은 시사하는 바가 크다.

로 이어지는 것도 아니었다. 『명사(明史)』(1739년 간행) 「조선전(朝鮮傳)」의 내용을 분석한 김선민(金宣旼)은 이렇게 지적하고 있다.

> 중화제국의 일부로서 조선은 청 제국의 보편주의를 드러내는 데 매우 적절한 주체이자 대상이었던 것이다. 따라서 조선의 충성과 정기적인 조공 관계를 유지하는 것이야말로 청이 조선에게 기대하고 요구하는 가장 중요한 것이었다. 이를 위해서는 다른 문제는 모두 사소하거나 부차적인 것이었다. 보편군주의 위상을 유지하는 데 도움이 되느냐 아니냐가 청의 대조선 정책을 결정짓는 요소였다. 『명사』 「조선전」은 "조선이 청에 충성하는 외국"이 되기를 바라는 청 황제의 기대가 투영된, 만들어진 조선의 역사적 의미였던 것이다.[216]

이 지적은 천조체제에 대한 청의 집착을 이해하는 데 큰 도움이 된다. 하지만 중화왕조의 정통 황제를 자임하면서 아울러 동아시아 세계의 보편군주 즉, '천하공주'로서의 영광을 뽐내고 있었던 18세기 중반과는 달리, '천조체제'가 이미 무너지고 있던 19세기 후반에서 보면 이러한 보편군주 천자의 위상은 이미 한참 과거의 일이 된 지 오래였다. 그렇지만 "보편군주의 위상을 유지하는 데 도움이 되느냐 아니냐가 청의 대조선 정책을 결정짓는 요소"였던 것은 이 시기에도 마찬가지였다는 점은 지금까지의 관찰에 의해서도 분명해진다. 다만 이때 남은 것은 다른 나라에서는 아무도 존중하지 않는 과거의 영광에 여전히 집착하는, 대국심리(大國心理)에 기초한 허영심·자존심과 이른바 '명분'뿐이었다. 당사자는 아마 이것은 천조체제와 천하관념의 존속, 따라서 청

216 金宣旼, 2012, pp.93-94.

통치체제의 정통성 유지와 확보에 필수적이라는 신념에서 나왔을 것이다. 그렇지만 사실 당시의 국제적 환경 속에서 이것은 도리어 청 왕조 자체의 새로운 모색을 늦추게 하였을 뿐, 그 생존과 활력의 회복에 큰 도움이 되지는 못하였다.[217]

더구나 청·일전쟁의 패배로 확인되는 궁극적인 조선 정책의 '실패'는 천조체제의 허상뿐만 아니라 청 자체의 운명조차 위태로운 것으로 만들었다. 청·일전쟁 발발 전후 청의 관료·사대부 대부분은 조선의 위기는 바로 청의 운명과 직결되며, 조선을 구하는 것은 바로 청 자체를 구하는 것과 마찬가지라는 의견에 동의하였다.[218] 그 때문에 번병(藩屛)으로서의 조선의 위치는 동북, 나아가 수도인 북경 자체를 방어하는 데 핵심이라는 것이 모두가 일치하여 강조하는 바였다. 따라서 청의 조선 정책 실패는 바로 천조상국과 그것을 밑받침해 주는 천하관념 자체의 붕괴, 그리고 나아가 청 왕조의 붕괴로 직결된다는 점을 그들은 무엇보다도 잘 의식하고 있었다. 청·일전쟁 직전 청은 일본의 대립

217 于晨, 2019b와 같은 경우는 근대 조선·청 관계에 대한 새로운 이론적 모색을 시도하면서 그것을 '相利的'인 '禮·法共生體制'로 규정하려고 한다. 그러나 이른바 '조공체제'와 '조약체제'를 相利的이거나 共生이라고 보는 것은 양자 사이에 내재된 기본적인 관념·사상·제도적인 '모순'을 간과한 것이라는 느낌을 피할 수 없다. 또한 이 시기 조선과 청의 관계는 '상리적'인 '공생관계'로 발전하지도 못하였고, 청·일전쟁의 패배가 그것을 확인해 주듯이 오히려 '양패구상'의 관계로 치달았다. 새로운 모색을 하자면, 과거와는 달리 청의 조선 정책을 무조건 합리적이고 긍정적이며 당연한 권리로 전제하면서 논의를 시작하는 최근 중국 학계의 일반적인 시각과는 일단 거리를 두고 바라볼 필요가 있다.

218 Yuanchong Wang(2018, pp.196-200, 2019)은 1860년대 만국공법의 도입에도 불구하고 천조체제(종번 관계)와 천하관념에 대한 집착은 이후에도 아주 강력한 그림자를 드리우고 있었으며, 한국이 두 개의 주권국가로 나타나는 1950년대 한국전쟁 이후에 가서야 중국은 진정한 의미에서의 국민국가가 되었다는 흥미로운 지적을 하고 있다.

구도 속에서 속방을 보호하기 위한 출병을 자신의 의무이자 권리로 간주하면서 그것을 정당화하였다. 동시에 조선의 내정개혁 필요성을 인정하면서도, 이전부터 사실상 무시해 왔던 과거의 '속국자주'론에 기초하여, 공동 개입을 제안하는 일본의 요구를 끝까지 거부·비판하였다. 1894년 8월 1일 일본에 선전을 포고하는 청 황제의 상유에서도 여전히 "우리 청은 번복(藩服)을 무수(撫綏)함에 있어 그 국내 정사(政事)에 대해서는 종래 스스로 다스리게 하였다."라고 강조하였다.[219]

그렇지만 청의 조선 정책은 조선이 근대적 국제사회에서 살아남을 수 있도록 자강·자립을 이룰 수 있게 하는 데 실패하였다. 오히려 단기적인 안목과 이익을 앞세워 그것을 무시하거나 방해하는 데 더욱 힘을 기울였다는 평가를 벗어나기도 어렵다. 그 때문에 현지에서 이러한 청 제국주의를 도발적으로 집행하는 위치에 선 "원세개의 모든 행위는 조선 민족의 자존심을 손상하였으며, 이심(離心) 경향을 불러일으켜 중국-조선 관계를 엄중하게 훼손하였다."라는 평가나,[220] "청 정부와 이홍장의 진부한 종속 관념 고수, 우호적인 이웃 나라의 내정과 외교에 대한 무리한 간섭, 원세개의 경거망동, 미국·일본·러시아 등의 선동과 이간은 중국과 조선의 관계를 심각하게 손상하였다."라는 평가는[221] 결코 무리한 것으로 보이지 않는다.

여하튼 이러한 '시대착오적'인 방식을 통해서라도 원세개는 새로

219 『德宗實錄』 卷342 七月 乙亥; 「上諭」(光緒20年 7月 1日), 『光緒中日』 卷15, 2b.

220 蔡建, 2008, p.40. 陳偉芳 지음, 權赫秀 옮김, 1999, p.156도 비슷한 평가를 내린다. "원세개가 실행한 간섭정책은 결국 중한 양국 관계에 엄중한 결과를 조성하였다. 무엇보다도 그의 적극적인 간섭 행동은 조선인들의 반발을 크게 사고 그들의 민족주의 정서를 크게 자극하여 중한 양국관계를 한사코 이간하려는 일본과 미국 침략자들에게 좋은 구실을 주었다."

221 徐萬民, 1996, pp.119-120.

운 근대적 '종주국'으로서 청의 지위를 바꿔 나가면서 꾸준히 '속국화'의 목표를 추진하였다. 하지만 그것은 청의 국익을 앞세우고, 서구 각국과의 외교 관계 속에서 독립과 부국강병을 지향하는 조선의 움직임을 철저하게 저지하고, 조선을 청의 위신과 국익을 위한 희생물로 삼아야만 가능한 것이었다. 이러한 근시안적이고 자국 중심적인 청의 조선 정책은 장기적으로 보아 결코 양국 사이의 '우호' 관계에 도움이 될 수 없었다. 1890년대 이후 조선의 자주적 근대화와 반청 정책이 실패하여 청에 대한 정치적 종속이 깊어지는 경향을 보였다고 하더라도,[222] 그것이 청에 도움이 될 일은 별로 없었다.

물론 나아가 조선 정부의 호응이나 양국 관계의 개선을 얻어 내기도 불가능하였던 것은 말할 필요도 없다. 원세개의 활약은 전통적인 사대-자소 질서의 상호규정적 호혜 관계에서 파생될 수 있는 '동병상린(同病相憐)'에 대한 공감(共感)을 전혀 만들어 내지 못하였기 때문이다. 이후 고종황제와 대한제국의 집권 세력도 마지막까지 러시아나 열강에 의존하는 국제주의적 방식으로 일본의 국권 침탈을 저지하려 하면서도, 청을 극복의 대상으로 보아 연대의 대상으로 고려하지 않은 것은[223] 아마 이런 경험이 크게 작용하였을 것이다. 결국 청·일전쟁에서의 패배로 확인되는 청의 일방적인 조선 정책의 성과는 양국이 거의 비슷한 무렵에 앞서거니 뒤서거니 '몰락'을 맞이하는 것으로 확인되었다. 조선을 구하는 데 실패한 청은 그 자신을 구하는 데 실패한 것이나 마찬가지였으므로 여기서 우리는 '순망치한'의 우려가 '양패구상'의 결과로 이어진 양국 관계의 상호의존성을 다시 한번 확인할 수 있다.

222 연갑수, 2008, pp.110-134.
223 서영희, 2019, p.236.

3. 청·일전쟁과 조선 '독립'

1) 청·일전쟁의 배경

갑신정변 이후 체결된 「천진조약」으로 이후 약 10년 동안 별다른 충돌을 벌이지 않았던 청과 일본은 결국 1894년 조선에서 발생한 동학농민운동을 계기로 하여 다시 군사적인 대립상태를 맞이하게 되었다.[224] 원세개는 임오군란·갑신정변의 경험을 통해 일본이나 그 조선에 대한 전쟁의 가능성을 크게 보지 않았다. 더구나 동학농민운동의 진압을 통해 '종주국'으로서의 상국의 위세를 다시 한 차례 과시하려는 자세를 보였다. 스스로 쉽사리 농민군을 제압할 수 있다고 장담하면서, 조선의 청에 대한 출병 요청을 원세개가 사실상 종용하였다는 지적은 여기에서 나온다.

이미 1893년 3월에도 동학의 보은 집회에 대한 대책을 논의하는 과정에서 청군의 출동을 요청하려는 국왕 측의 시도가 있었다. 이때 영의정 심순택이 동학 봉기의 해산 대책을 아뢰자, 고종은 "서울의 군사

224 청·일전쟁에 이르는 과정에 대해서는 田保橋潔, 1940(2016), pp.202-547; 申基碩, 1967, pp.295-376; 최덕수, 1994; 陳偉芳 지음, 權赫秀 옮김, 1999, pp.162-220; 朴英宰, 2003, pp.15-46; 戚其章, 2014, pp.1-81 등을 참조. 청·일전쟁에 관한 지금까지 가장 포괄적인 자료집은 中國史學會 編, 1956, 『中日戰爭』(中國近代史資料叢刊) 7冊 및 戚其章 主編, 1996, 『中日戰爭』(中國近代史資料叢刊續編) 12冊이 있다. 또한 近代外交文書편찬위원회 편, 제14-16권 『청일전쟁』이 있지만, 아직 출간 준비 중이다. 청·일전쟁에 대한 기존 연구사의 분석은 박영준, 「청일전쟁」, 김영구·하영선 공편, 1996 및 문희수, 2001, 2006에 잘 정리되어 있다. 崔碩莞, 1999, 2002, 2003, 2004, 2007, 2009, 2010, 2014a, 2014b, 2018 등의 연구는 일본의 청·일전쟁 정책 결정 과정 및 청·일전쟁 연구사 동향을 이해하는 데 큰 도움이 된다. 청·일전쟁 직전 조선을 둘러싼 국제관계에 대해서는 具仙姬, 2018을 참조.

[京軍]는 지금 아직 파견해서는 안 될 것이다. 다른 나라의 군사를 빌려 쓰는 것은 역시 각 나라마다 전례가 있는데, 어찌 군사를 빌려다 쓰지 않는가?"라고 이 방법을 먼저 제안하였던 것이다. 대신들이 반대하자, 고종은 다시 "중국에서는 일찍이 영국 군사를 빌려 쓴 일이 있다."라고 하면서, "여러 나라에서 빌려 쓰려는 것이 아니라 청나라 군사는 쓸 수 있기 때문에 말한 것이다."라고 하여, 청의 군대를 이용한 농민군 진압을 정당화하려 하였다.[225] 이 문제는 조선 정부 내에서 거부되었지만, 청의 군사력을 빌려 백성의 반항을 진압하겠다는 고종의 발상은 그가 10여 년래 줄곧 추구해 온 반청·'자주독립'의 시도가 청의 '속국화' 강행으로 아예 좌절되었기 때문에 나온 것이라고 보든지, 아니면 원래부터 반청·'자주독립'의 시도가 어디까지나 기존의 사대·자소 관계 자체를 부정하려던 것은 아니고 단지 왕조·국가보다 왕실·왕권 유지를 최우선 목표로 하였던 데서 나왔다고 보아야 할 것이다.

이후에도 외국군의 힘으로 백성을 진압하는 것에 대한 거부감 때문에 조선 정부는 이런 시도를 거부하였지만, 동학농민운동의 진압을 위해 민씨 척족의 대표인 민영준(閔泳駿)이 주도적으로 원세개와 협의를 계속해 온 것은 분명한 사실이다.[226] 그리고 이후 민영준이 많은 반대에도 불구하고 청병 요청을 고집한 것은 민씨 세력에 불리한 내정개혁 방안에 대한 대안으로 이것을 모색하였기 때문이었다. 즉 청군 출병은 왕권을 유지하려는 고종과 기득권을 놓치지 않으려는 민씨 세력, 그리고 원세개가 담합한 결과였다고 보는 것이 적절한 해석인 것이다.[227]

225 『高宗實錄』 30卷, 高宗30年 3月 25日 丁未 첫 번째 기사 「대신들이 전라도와 충청도에 일고 있는 동학난에 대한 대책, 공정한 수령 임명, 군사 양성 문제 등을 아뢰다」.

226 林明德, 1976, pp.345-352; 이태진, 2000; 강문호, 2005.

227 具仙姬, 2018, pp.471-473.

원세개도 사실 출병에 의한 간섭을 이홍장에게 제안하였지만, 이홍장은 조선 국왕이 구원을 간청하는 명백한 요구를 제출하게 해서 그 책임을 스스로 지게 한다는 태도를 견지하여 그 제안을 거절하였다. 이홍장은 여전히 조선에 대한 주도적 개입으로 청이 책임을 지게 되는 것을 피하려는 자신의 외교적 원칙을 지키고 있었던 셈이다.

한편, 일본은 사실 1870년대 후반부터 관·민 양측(참모본부와 大陸浪人)에 의한 중국 침략 준비를 시작하고 있었다.[228] 특히 1880년대 중반 이후부터 조선에 대한 '불간섭정책'을 표방하면서, 1888년까지 7개 사단(15만 명)의 육군 병력을 설치하는 등의 노력으로 1893년 무렵에는 군비 확충을 거의 완성해 놓았다. 대외 침략 전쟁의 의도가 없었다면, 아무도, 어느 나라도 일본을 노리지 않는 이 상황에서의 군비 강화는 쓸데없는 낭비였을 것이다. 그리고 이후 청·일전쟁에서의 해전에서 드러나듯이 해군의 확충도 청의 북양함대를 거의 따라잡을 정도로 성과를 거두었다.[229] 1890년 12월 6일 야마가타 아리토모(山縣有朋) 일본 수상이 최초의 제국의회에서 '주권선'과 '이익선'이라는 용어를 사용하면서 일본 '이익선'의 범위에 조선을 포함한 것은 외국과의 전쟁을 염두에 둔 군비 확장 노선을 명확히 승인한 것이나 마찬가지였다. 자기 이익을 위해서는 남의 주권을 무시하겠다는 이 선언은 외면적으로 보기

228 박영재, 2003, pp.33-35; 戚其章, 2001b, pp.154-184; 오타니 다다시(大谷正) 지음, 이재우 옮김, 2018, pp.52-66.

229 청·일전쟁 당시 양측의 군사력에 대한 분석과 비교는 樊百川, 2003(2009), pp.1171-1190; 宗澤亞, 2012, pp.19-30을 참조. 樊百川은 1875-1894년 사이 중국해군의 경비는 1억 658萬元으로 일본의 9,700萬元보다 1,000萬元이 많았다고 지적하면서, 상세한 도표를 첨가한 분석을 통해 해군의 기계적 실력 면에서는 백중 상태에 있었다고 평가한다. 참고로 해군 전력 평가에 기준이 되는 함정의 배수량(排水量) 전체로 보면 북양함대는 약 총계 3.5만 톤이었고, 일본 연합함대는 약 4.1만 톤이었다.

에 그동안 동아시아 외교에서 소극적으로 보였던 일본이 내면적으로는 치열하게 대외 팽창주의를 강화하는 노선에 매달려 왔음을 알려 준다.[230]

그리고 1891년 착수된 러시아의 시베리아 철도 부설과 그에 따른 동아시아 진출, 그리고 러시아·프랑스동맹(1891년)에 대항하기 위하여 영국은 일본에 접근하는 방안을 선택하였다. 청·일전쟁 직전 일본과의 통상조약 개정을 승인한 것(1894년 7월 16일)은 사실상 영국이 동아시아 정책에서 청이 아닌 일본을 파트너로 선택한 것이나 마찬가지였다(이후 영국이 동아시아에서 러시아에 대항하기 위해 1902년 청 대신 일본을 선택하여 영일동맹을 맺은 것은 잘 알려진 사실이다.). 이것은 전쟁을 결심하면서도 각국의 간섭을 가장 우려하던 일본의 부담을 — 이것은 이후의 삼국간섭(三國干涉)으로 실현되었다. — 크게 덜어 주었다. 실제 이후 서구 열강 대부분은 단독이든 연합이든 결국은 청·일 간의 전쟁에 연루되기를 원하지 않았다. 일본은 이 기회를 이용하여 청의 군대를 능가하는 대군을 파견하여 조선, 나아가 동아시아에서의 일본의 지위를 확고한 것으로 만들고자 하였다.[231]

230 崔碩莞, 1997, 1999, 2002, 2007, 2009, 2014b, 2018; 최덕수, 2004; 김경록, 2014.

231 森山茂德, 1996; Ian Nish, 1996. 청·일전쟁 전반에 대한 개설적인 연구서나 논문집은 아주 많아 일일이 열거할 수 없을 정도다. 여기서 서술에 참조한 것은 한국의 경우, 韓國精神文化研究院歷史研究室 編, 1984; 朴宗根(박영재 옮김), 1989; 金基赫 等, 1996; 陳偉芳 지음, 權赫秀 옮김, 1999; 국사편찬위원회, 2003(2013)c; 왕현종 등 지음, 2009 등이다. 중국에서는 청·일전쟁에 이르는 국내정세와 외교관계에 대해서 이미 아주 많은 연구가 출간되어 있다. 王信忠, 1937; 孫克復, 1987; 戚其章, 1994, 2001a, 2001b, 2006, 2014; 戴逸 等 著, 1994; 楊念群 主編, 1995; 石泉, 1997; 關捷, 1997; 王如繪, 1999; 陳偉芳 지음, 權赫秀 옮김, 1999(1959); 宗澤亞, 2012; 張海鵬 等 編, 2014 등이다. 許華, 2001; 王禹浪·許盈, 2014에서는 중국에서의 청·일전쟁 연구를 정리하고 있

동학농민운동은 주지하듯이 1894년 2월 전라도 고부에서 탐관오리의 수탈에 분노한 농민들이 동학 접주 전봉준의 지휘 아래 고부군수를 축출하고 관아를 파괴한 데서 시작되었다. 이를 진압하는 임무를 맡고 파견된 양호초토사(兩湖招討使) 홍계훈(洪啓薰)은 그 임무를 이루지 못하자, 5월 중순부터 임오·갑신년의 선례를 들어 청의 출병을 정부에 요청하였다. 이것은 외국군의 힘을 빌려 백성을 토벌하는 것, 그리고 1882년의 「제물포조약」(제5조에 공사관·영사관의 경비 목적으로 약간의 병력을 주둔할 수 있는 권리가 규정되어 있다.)과 1885년의 「천진조약」을 구실로 한 일본의 개입을 우려한 강력한 반대를 만났다. 그렇지만 뒤이어 농민군이 전주를 점령하자, 조선 정부는 6월 3일 밤 원세개에게 공식으로 다음과 같이 파병을 요청하였다.

> 임오년과 갑신년 두 차례 내란이 있었을 때 조선은 모두 중국 병사가 대신 진압해 준 데 의존하였습니다. 지금도 이 사안을 원용하여 귀 총리[원세개]께 번거롭지만 신속하게 북양대신에게 전보로 간청하여, 몇 개 부대를 적절하게 파견하여 신속하게 와서 대신 토벌해 주시기를 요청합니다. 아울러 조선의 병사들이 같이 따르면서 군무를 익히게 하여, 장래 강력한 방위를 마련할 계책으로 삼게 해 주십시오. 일단 사나운 비적이 모두 섬멸되면, 즉시 철회를 요청하고 당연히 계속해서 머물러 방어해 달라고 감히 요청하지 않음으로써, 중국 병사가 오랫동안 외국에서 힘들게 지내지 않게 하고자 합니다. 아울러 원 총리에게 청하니 적절하고 신속

다. 청·일전쟁사에 대한 일본의 연구는 田保橋潔, 1940(2016) 외에 藤村道生, 1973; 朴宗根(박영재 옮김), 1989; 高橋秀直, 1995; 東アジア近代史學會 編, 1997; 崔碩莞, 1997; 中塚明(나카츠카 아키라) 지음, 박맹수 옮김, 2002; 하라다 게이이치(原田敬日) 지음, 최석완 옮김, 2013; 하라 아키라(原郎) 지음, 김연옥 옮김, 2015; 오타니 다다시(大谷正) 지음, 이재우 옮김, 2018 등을 참조.

하게 도울 방법을 마련하여 급박함을 도와주십시오. 간절히 기다리겠습니다.[232]

앞서 인용한 고종의 청군 요청 시도와 이 요청을 함께 읽어 보면 그동안 보아 왔던 조선의 반청과 자주·독립 지향이 얼마나 허약한 기반 위에 있었는지를 잘 알 수 있지만, 원세개는 마침 일본 대리 공사의 지시로 그를 방문한 일본 통역원[鄭永邦]이나 조선 주재 임시대리공사 스기무라 후카시(杉村濬)와의 직접 접촉을 통해 일본의 의도가 단순한 자국 상민의 보호에만 있다고 판단하였다. 따라서 그는 일본의 출병계획에 대해 크게 우려하지 않고, 6월 4일 조선 정부가 공문을 통해 출병 및 진압을 공식 요청하였음을 이홍장에게 보고하였다.[233] 이것은 사실상 원세개가 "일본이 간교하게 설치해 놓은 덫에 걸려든 것"이라고도 할 수 있었다.[234] 이 작은 '실수'가 일본에 큰 기회를 가져다주었음은 더 이상 말할 것도 없다. 청·일전쟁에서 청의 외교적·군사적 실패는 바로 이 원세개의 방심이 낳은 전략적 판단 착오에서 시작되었기 때문이다.

조만간 일본이 파병하리라 예상하였던 이홍장은 6월 4일 총리아문에 출병계획을 보고하였고, 다음 날 광서제의 허락을 받았다. 이에 이홍장은 곧바로 직예제독(直隸提督) 엽지초(葉志超)와 산서태원진총병(山西太原鎮總兵) 섭사성(聶士成)이 이끄는 보병 2천 명 등의 선발대(이후 500명 후속 파견)와 북양함대 군함 두 척을 아산·인천에 파견하였다. 그

232 「北洋大臣來電」(光緒20年 5月 1日), 『光緒中日』 卷13, 7b-8a; 「寄譯署」(光緒20年 5月 1日), 『李鴻章全集』 24 電報 4, p.44; 「致北洋大臣李鴻章電」(光緒20年 5月 1日), 『袁世凱全集』 3, p.347.

233 陳偉芳 지음, 權赫秀 옮김, 1999, pp.162-176; 藤村道生, 1973, pp.53-57.

234 藤村道生, 1973, pp.53-57; 金源模, 2003d, p.513.

리고 이것은 '속방을 보호하는 옛 관례[舊例]'를 따른 것으로 「천진조약」에 따라 출병 사실을 알린다고 일본에 통보하도록 총리아문에 요청하였다.[235] 총리아문은 이에 따라 6월 6일 주일본 공사가 "원병(援兵)을 파견하여 내란을 진압하는 것은 종래 속방을 보호하던 옛 관례에 따른 것이다(派兵援助乃我朝保護屬邦舊例)."라고 일본 정부에 통보하게 하였다.[236] 하지만 6월 7일의 답장에서 일본은 "귀국의 조회에는 속방을 보호한다는 구절이 있지만, 제국 정부는 종래 조선이 중국의 속방임을 인정한 적이 없다."라고 반박하였다.[237]

일본은 동학농민군의 봉기를 조선에 군사적 진출을 할 수 있게 된 아주 좋은 기회로 간주하였다. 청·일전쟁을 주도한 일본의 외상 무쓰 무네미쓰(陸奥宗光)가 회고록 『건건록(蹇蹇錄)』 첫머리에서 "누군가 중·일 양국의 당시 외교사를 쓴다면 반드시 동학당의 난을 개종명의(開宗明義)의 첫 부분으로 삼아야 할 것이다."라고 기술하였던 유명한 이야기는 이 점을 잘 보여 준다.[238] 특히 지난 10년 동안 '불간섭정책'을 표방하면서 내면적으로는 더욱 치열하게 대외 팽창주의를 강화하는 노선에 매달렸던 일본은 농민군의 봉기를 구실로 청군의 규모를 훨씬 뛰어넘는 병력을 조선에 파견하여 기선을 제압하려 하였다. 임오군란과

235 「北洋大臣來電」(光緒20年 5月 1日), 『光緒中日』 卷13, 7b-8a; 「寄譯署」(光緒20年 5月 1日), 『李鴻章全集』 24, 電報 4, p.44.

236 「北洋大臣來電」(光緒20年 5月 3日), 『光緒中日』 卷13, 9a; 「寄譯署竝葉軍門袁道」(光緒20年 5月 3日), 『李鴻章全集』 24, 電報 4, p.46.

237 「帝國政府ハ朝鮮國ヲ清國ノ屬國ト認メザル旨回答ノ件」, 外務省 等 纂, 1953, 『日本外交文書』 明治時期 第27卷 第2冊, p.169.

238 무쓰 무네미쓰(陸奥宗光) 지음, 김승일 옮김, 1993, p.32. '開宗明義'는 원래 『孝經』 제1장의 명칭이다. 開宗은 그 종지를 풀이하는 것이고 明義는 그 의의를 설명한다는 것으로, 나중에는 문장 첫머리에서 그 주요한 뜻을 설명한다는 것을 가리키게 되었다.

갑신정변에서 다수의 청군과 대비되는 병력의 열세로 실패를 맛보았던 경험이 여기에 작용하였음은 물론이다. 일본 정부는 6월 1일 조선 정부의 청국 원병 요청을 알리는 스기무라의 전보를 접하고 바로 다음 날인 6월 2일 중의원 해산과 파병결의안을 채택하였다. 이것은 조선 정부가 정식으로 청에 출병을 요청하기 하루 전의 일이었다.[239] 이미 일본은 전력을 기울여 목표를 달성할 준비가 되어 있었음을 여기서도 알 수 있다.

뒤이어 6월 5일 파견된 일본은 육·해군을 지휘할 통수부로 참모본부에 천황 직속의 전시 육·해군 통수 기관인 대본영(大本營)을 조직하여 청과의 개전(開戰)에 대비하였다. 그리고 6월 7일에는 조선·청에 출병 사실을 통보하였다. 이것만으로도 일본의 전쟁 결의는 이미 분명하게 드러나고 있었다. 군부의 정보 수집 활동이나 파병 준비는 청의 출병 요청이 이루어지기 전부터 이미 시작되고 있었다. 이미 6월 5일

239 戚其章, 2001b; 劉玉明·馬洪喜, 2001; 朴英宰, 2003, p.44; 오타니 다다시(大谷正) 지음, 이재우 옮김, 2018, pp.75-83. 이들 연구에 따르면 信夫淸三郎, 高橋秀直, 大澤博明 등 일본의 여러 학자는 이 6월 2일의 출병 결의가 '어쩔 수 없는 데서 나온 것'이라거나, '평화적 목적'이라든가 '세력균형을 유지하기 위한 것'이라는 식으로 해석하여 일본의 출병이 전쟁 목적으로 이루어진 것이 아니고, 따라서 청·일전쟁은 일본이 미리 준비하여 계획한 전쟁이 아니라 우연히 발생하거나 아니면 결코 바라지 않았지만 벌어진 전쟁이라는 해석을 고집하고자 한다. 大谷正의 간단한 정리에 따르면, 청·일전쟁 연구사는 信夫淸三郎·藤村道生의 정부·외무성과 군부의 대립이라는 '二重外交'론에서 中村明에 의한 정부와 군부의 합의에 의한 '開戰意圖'설, 高橋秀直·大澤博明의 비계획적·우연적 결과라는 '非開戰意圖'설로 바뀌어 왔으며, 가장 마지막의 의견이 현재 주류라는 것이다(森萬佑子, 2017, p.141을 참조). 이런 해석은 사실상 청·일전쟁이 사실상 조선과 중국을 목표로 한 일본의 장기적인 大陸政策의 필연적 결과임을 부정하는 것이다. 앞서 든 崔碩莞의 일련의 연구 역시 이러한 일본 학계의 동향과 그 문제점에 대해 상세하게 분석·비판하고 있다.

대본영의 출병 지시를 받은 제5사단의 혼성여단은 6월 9일 선발대가 인천에 도착하고, 6월 16일에는 2,700명이 인천에 상륙하는 등 6월 28일까지 모두 병력 8,000명을 인천과 서울에 상륙·진출시켰다. 해군의 군함도 거의 절반이 조선 연안으로 파견되었다.[240] 일본은 이를 기회로 청과의 전쟁을 치르더라도 청의 세력과 민씨 척족을 제거하고 일본 세력의 진출을 도모하려는 강경한 태도를 굳히고 있었다.

그런데 청·일 양국의 부대가 조선에 도착하였을 때는 외국 간섭의 구실을 줄 것을 우려하여 6월 11일 전주 화약이 성립되고 농민군이 스스로 전주에서 물러난 뒤였다. 따라서 양국 군대의 출병·주둔은 이미 무의미한 것이 되었다. 이에 따라 조선 정부는 6월 14일 청군에게도 철군을 요청하고, 다른 한편으로는 이미 4,000명이나 되는 대군을 파견한 일본 측에게도 철군을 요청하고 항의하면서, 일본군의 한성 진입을 막고자 하였다. 누차에 걸친 조선의 철군 요구는 일본의 거부로 모두 실패로 돌아갔다.[241] 한편 종래 상당한 시기 동안 조선에 대한 소극 정책으로 일관하였던 일본 정부가 강경한 대응으로 나오자, 이홍장은 당황하였다. 이에 그도 일본군의 조선 철수를 실현하기 위해 원세개로 하여금 그 무렵 귀환한 주조선 일본 공사 오토리 게이스케(大鳥圭介)와 교섭하게 하였다. 그리하여 6월 15일 일부 병력만 남기고 양국 군대를 철수하는 현상 유지 방안에 대한 동의를 얻어 냈다.

그렇지만 이미 대규모 병력을 파견해 놓아 일본 국내 정치의 사정상 도저히 다시 철병하는 것이 불가능해진 상황이었으므로, 일본 정부

240 朴宗根, 1989, pp.13-17. 서민교, 2010; 김경록, 2014, 2015a 역시 청·일전쟁 직전 조선에 파견된 일본군의 규모와 배치 상황을 상세하게 분석하고 있다.

241 청·일전쟁 개전 이전 조선 정부의 대응에 대해서는 엄찬호, 2006; 森萬佑子, 2017, pp.140-173의 정리를 참조. 후자는 특히 재진 독리나 재외 사절의 교섭, 조선 정부의 각국과의 교섭까지 다루고 있다.

는 이러한 현지 외교관의 타협책을 거절하였다. '속방을 보호하는 오랜 관례'는 "조선은 자주국[自主之邦]으로서 일본과 평등한 권리를 보유한다."라고 규정한 「조·일수호조규」의 제1조와 충돌한다는 이유로 조선 정부와 청에 문제를 제기한 것이다. "일본 정부는 여태까지 조선을 청국의 속방으로 인정한 적이 없다."라는 것이 그 이유였다. 이 점에 대해 무쓰 무네미쓰는 이렇게 표현하였다.

> 청국은 고래로부터의 관계를 근거로 하여 조선이 자기의 속국인 것을 세계에 표방하고 있었는데, 실제로 청·한의 관계는 보통 공법상에서 기준으로 하는 종주국과 속국과의 관계에 필요한 기본적인 요소가 결핍되어 있음에도 불구하고, 억지로 명의상 조선을 자신의 속국으로 인정받으려고 힘써 왔다.[242]

하지만 이 진부한 '속국' 여부의 논란거리가[243] 전쟁 도발의 계기로 부족하다고 판단한 일본 정부는 오토리 게이스케의 제안을 받아들이고, 한 걸음 더 나아가 조선 정부가 도저히 받아들일 수 없는 문제를 꺼냈다.[244] 즉 공동으로 조선 내정을 개혁하자며 사실상 조선의 주권을 침입하는 강경한 방침을 내놓아 새로운 도발의 구실로 삼으면서, 6월 14일 각의에서 이러한 방침을 통과시켰다. 원래 외상 무쓰 무네미쓰가 실토하였던 것처럼 일본은 "조선 내정의 개혁 사업에 대해서는 특별히 무게를 두지 않았고, 또 조선 같은 나라가 과연 만족스러운 개혁을 완

242 무쓰 무네미쓰(陸奧宗光) 지음, 김승일 옮김, 1993, p.37.

243 청·조선과 일본 사이의 속방·속국 문제를 둘러싸고 벌어진 논란의 자세한 내용에 대해서는 田保橋潔, 1940(2016), pp.306-314; 具仙姬, 1999, pp.229-246를 참조.

244 나카츠카 아키라(中塚明) 지음, 박맹수 옮김, 2002, pp.62-63.

수할 수 있을지 의심"하였다.[245] 그렇지만 일본 정부가 6월 15일 단독으로라도 조선의 내정개혁을 추진하겠다는 방침을 정하면서, 이미 파견한 부대의 철병 대신 계속 주둔을 선택한 것은 청과의 전쟁을 피할 수 없게 만들었다.

앞서 서술한 대로 일본이 6월 16일 영국과의 조약(「英·日通商航海條約」) 개정에 성공함으로써 사실상 영국의 간섭 우려가 해소된 것도 여기에 큰 역할을 하였다. 물론 핵심적인 것은 그때까지 강경론을 주장하는 무쓰 무네미쓰 외상과 군부(참모본부 차장 육군 준장 가와카미 소로쿠(川上操六) 등)의 지향을 억누르면서 정책 결정의 주도권을 장악하였던 이토 히로부미(伊藤博文)가 태도를 바꾼 데 있었다. 5월 31일 중의원(衆議院)에서 내각 탄핵상주안이 가결되어 정치적으로 궁지에 몰려 있었던 그는 이러한 국내 정치 형세 및 여론·선거 등을 고려하여 청과의 대결보다는 타협을 선호하던 기존 방침을 철회한 것이다.[246]

따라서 청이 동학농민운동의 공동 토벌 및 조선 내정의 공동 개혁이라는 제안을 정식 거부하였지만, 일본은 사실상 "조선 내란의 화근을 근본적으로 제거하기 위한 것"이라는 내정개혁을 개전 구실로 삼고자 파병을 계속하여 한성과 인천에 병력을 집결시켰다. 결국 6월 21일 청이 조선에 대한 '상국'의 권한을 약화할 수 있는 공동 내정개혁 제의를 거부하자, 일본 정부는 23일 조선에 파병한 군대의 철수를 거부하

245 무쓰 무네미쓰(陸奧宗光) 지음, 김승일 옮김, 1993, p.68.

246 朴日根, 1990; 高橋秀直, 1995; 서민교, 2010, pp.27-34; 原田敬日 지음, 최석완 옮김, 2013; 오타니 다다시(大谷正) 지음, 이재우 옮김, 2018, pp.84-91, pp.362-367. 다만 이때 이토는 국내정치적 이유에서 조선 출병을 재가한 것이었을 뿐 본격적인 전쟁을 염두에 두지 않았는데, 가와카미 소로쿠는 1개 여단(2천 명)을 파병하겠다고 보고해서 승인을 받은 다음 실제로는 혼성여단 1개 여단(8천 명)을 파견하는 책략을 써서 개전을 불가피한 것으로 만들었다고 한다. 김종학, 2021, pp.264-267.

는 최후통첩을 주일 청 공사 왕봉조(王鳳藻)에게 보내(이른바 「제1차 절교서」) 청과의 외교교섭을 중단하였다. 그리고 6월 26일에는 조선 정부에 일본과의 협의에 따른 내정개혁을 강요하였다. 당연히 이러한 요구는 내정 간섭과 주권 침해의 성격이 뚜렷하였다.

일본이 조선이 청의 속방인가 하는 문제를 제기하여 조선과 청을 압박하였을 때, 이홍장은 이 "만일 일본을 두려워해서 중국의 속방이 아니라고 인정하고 제멋대로 문서증거를 낸다면 중국은 반드시 군대를 일으켜 문죄할 것이다."라는 강경한 태도를 유지하였다. 그렇지만 결국 일본은 조선 정부로부터 "우리나라의 내치와 외교가 예전부터 자주에서 연유한 것은 중국 또한 본디 알고 있는 바"라는 답장을 얻어 냈다.[247]

이홍장의 지시로 조선 정부를 협박하였던 원세개도 일본군의 수가 1만에 가까워지고 조선이 '화속(華屬)'임을 부인하게 되자, 결국 이를 핑계로 삼아 자신의 직명(職名)과 어긋나니 전례에 따라 철회(撤回)하여 모욕을 피해야 한다면서, 만일 다급해진다면 먼저 인천으로 가서 지시를 기다리겠다고 귀국 요청을 하였다. 이홍장은 이후 다시 원세개가 귀국을 요청하자 그가 평소 일본과의 숙원(宿怨)이 심하다면서, 당소의(唐紹儀)가[248] 그를 대리하게 하겠다는 뜻을 전달하였다. 이후에도 이홍장

247 「寄譯署」(光緒20年 5月 26日), 『李鴻章全集』 24, 電報 4, pp.91-92; 「北洋大臣來電四」(光緒20年 5月 27日), 『光緒中日』 卷13, 24ab.

248 唐紹儀(1862-1938)는 자가 少川으로 광동성 광주부 香山縣 출신이다. 어려서 상해로 가서 교육을 받다가 留美幼童에 선발되어 미국의 컬럼비아 대학에서 공부하였다. 1881년 귀국 후 묄렌도르프와 함께 조선에 파견되어 원세개의 심복으로도 활동하였으며, 청·일전쟁 이후 駐朝鮮總領事로 일하였다. 귀국 후에는 全國鐵路總公司 督辦, 稅務處 會辦大臣, 郵傳部 左侍郎을 지내기도 하였다. 신해혁명 시기 南北議和에서 원세개를 대표한 北方代表로 활약하여 민국 최초 내각의 총리가 되기도 하였으나 원세개와 어긋나 곧 사임하고 은

은 조선이 거짓으로 일본의 요구에 응하였더라도 사후에는 반드시 중국을 향해 보호를 요청하여 체제를 온전하게 하도록 원세개에게 지시를 하는 등 '속국체제'의 유지에 계속 관심을 기울였다.[249]

그리고 일본의 이러한 압박에 대해, 이홍장은 원래 "상국이 속방을 보호하는 오랜 관례"에 따라 조선 정부의 파병 요청에 응한 다음, 「천진조약」에 의해 일본과의 문제를 처리할 예정이었다. 그 때문에 조선이 청의 '속방'임을 거부하는 일본에 침략의 구실을 주는 동학농민군의 진압과 그에 따른 일본의 철병을 끌어내고자 가능한 한 조정과 양보의 자세를 선택하였다. 그렇지만, 청의 대일본 정책을 책임진 이홍장은 일본의 적극적인 정책으로의 전환과 전쟁 결심을 전혀 예상하지 못하고 있었다.[250] 그런 만큼 영국과 러시아 등 서구열강의 중재를 통해 전쟁의 위기를 피하고자 하였고, 군사적으로 수동적인 태도로 일관하지 않을 수 없었다. 열강 사이의 균세, 즉 '세력균형'을 확신하는 데다가 "전쟁을 피하고 화해를 추구하는 것[避戰求和]"이 사실 이홍장의 일관된 '군사·외교정책'이었기 때문이다. 기타 여러 측면에서 청은 전쟁

퇴하였다. 1931년에는 고향 中山縣의 縣長으로 출임하였고, 항일전쟁 시기 上海가 일본군에게 함락된 다음 일본에 이용될 것을 두려워한 장개석이 보낸 자객에게 암살당했다.

249 「致北洋大臣李鴻章電」(光緒20年 5月 26日), 『袁世凱全集』 3, p.383; 劉憶江, 2015, pp.459-463. 원세개의 복귀가 총리아문을 통해 황제의 비준을 받은 것은 6월 16일(1894.7.17.)이었다.

250 이에 대해 많은 연구가 있지만, 이를테면 金志煥, 2005; 강문호, 2009a, 2009b나 중국의 청·일전쟁 연구를 대표하는 戚其章, 2007, pp.283-295; 戚其章, 2014, pp.27-35를 참조. 당시 청(이홍장이나 주일 공사)은 일본의 강경한 태도가 허장성세로, 외부에서 문제를 일으켜 국내 정치에 필요한 시간을 벌고 있는 것이 아닐까라고 판단하고 있었던 것 같다. 가토 요코(加藤陽子) 지음, 윤현명·이승혁 옮김, 2018, pp.135-136를 참조. 당소의와 조선 관계에 대해서는 임경석·김영수·이항준 공편, 2012, pp.100-102, 「당소의」 항목에도 간단한 소개가 있다.

준비 태세 역시 제대로 갖추어 있지 않았으므로, 사전에 치밀한 준비를 해 온 일본의 선제공세에 말려들었다.[251] 당시의 일본 측은 이 점을 이미 잘 파악하고 있었다.

> 청국은 일본 및 조선을 위협하면서 먼저 말로 엄포를 놓은 다음, 그 후에 위용을 보인다면 충분하리라고 생각만 했지, 일·청 양국 사이에 만일 분규가 일어났을 때 최후의 수단으로써 무력에 호소해야 한다는 결단이 뚜렷하게 서 있지 않았던 듯했다. 청국이 그러했듯이 한국의 조정도 사대적 관념에만 얽매어져 있어서, 어떠한 경우가 닥치더라도 일본이 청국에 이길 수 있다고는 꿈에도 생각지 못했던 듯하다.[252]

사실 이 무렵 청의 대 일본 정책은 일반적으로 광서제와 그의 스승 옹동화(翁同龢)를 중심으로 하는 일파('帝黨')나 다수의 어사(言官)들은 주전론(主戰論)을 주장하였고, 10월(음력)에 있을 자신의 생일잔치('大壽慶典')를 망치기 꺼리는 자희태후와 중국 군사 역량의 취약성을 잘 알고 있어 개전을 원하지 않았던 이홍장 등('后黨')은 주화론(主和論)의 자세를 보였다고 분석된다. 하지만 어느 쪽도 대부분 확고한 결심을 내리지 못하였고, 주전론과 주화론 사이에서 명확한 결정을 내리지 못해 최종적으로 여전히 "협상을 우선으로 한다."라는 방침을 벗어나지 못한 것이 현실이었다.[253] "어떠한 경우가 닥치더라도 일본이 청국에 이길 수 있다고는 꿈에도 생각지 못했던" 것은 청도 마찬가지였겠지만, 그 때문인지 전쟁 준비도 오로지 이홍장에게만 모든 책임이 떠넘겨졌다. 앞

251 朴日根, 1990; 張一文, 1994; 王楚良·施渡橋, 1995; 다이동양, 2009.
252 무쓰 무네미쓰(陸奧宗光) 지음, 김승일 옮김, 1993, p.39.
253 이를테면 陳偉芳 지음, 權赫秀 옮김, 1999, pp.197-202를 참조.

장에서도 인용한 바 있듯이 "이홍장으로 하여금 파견된 각 군에 엄격하게 지시하여 신속하게 진격하여 공격하고, 대규모의 병력을 모아 계속 파견함으로써 조선 백성을 도탄(塗炭)에서 구하도록 하라."는 것이 상유의 핵심이었다.[254]

일본의 강경 노선에 위기의식을 느낀 이홍장은 청 조정 내부에서 주전론의 입김이 강해졌음에도 불구하고,[255] 적극적인 전쟁 준비에 주의를 쏟기보다는 영국과 러시아 등 서구 각국의 간섭을 동원해서 일본의 철병을 강제하는 외교적 중재 방안을 모색하는 데 집착하였다. 이것은 1870년대 이래 줄곧 그가 보여 온 강경론보다는 온건론, 그리고 항상 무력보다는 외교에 우선성을 두었던 정책·사상의 연장선 위에 있었다고 해도 좋다. 기존의 여러 연구에 의하면 이홍장의 외교 사상은 요컨대 오랑캐로 오랑캐를 제압하는 것, 즉 '이이제이'와 "밖으로는 반드시 평화를 유지하고, 안으로는 반드시 개혁을 추구한다[外須和戎, 內須變法 또는 外修和好]"의 두 가지 방침으로 압축된다.[256] 즉 열강의 개입과 간섭을 통해 중국이 더 이상의 피해를 보는 것을 막기 위해, 조약체제를 준수하면서 외교적인 대응으로 각국 사이의 세력균형을 이용하고, 전쟁보다는 평화, 강경 노선보다는 온건 노선을 취하는 것이 그의 외교

254 『德宗實錄』 卷342 七月 乙亥.

255 이를테면 岑春萱과 같은 유력한 督撫도 亂事가 평정된 다음 조선을 行省으로 받아들여 열강이 엿보는 마음을 막아야 한다고 주장하기도 하였다. 林亨芬, 2014, p.53.

256 雷祿慶, 1983; 李守孔, 1985; 苑書義, 1994(2004); 成曉軍, 1995; 王承仁·劉鐵君, 1998; 陳偉芳 지음, 權赫秀 옮김, 1999, pp.176-195; 鄭潔·劉文鵬, 2002; 盛海生·歐陽躍峰, 2017. 李國祁, 1987은 이홍장의 외교정책의 중심은 '以夷制夷'로 청불전쟁 시기까지는 '聯德制英法', 그 이후는 '聯俄制英日'에 있었으며, 이것은 자강의 노력이 성과를 거두기 이전이라 열강과 감히 一戰을 감당할 수 없다는 인식 위에 있었다고 파악하기도 한다.

원칙이었다. 직예총독이자 북양대신으로서 수도 북경과 직예 등지를 방어하는 책임을 진 이홍장은 이곳의 방어에 핵심적인 지정학적 위치를 차지한 조선에 대해서도 당연히 이러한 노선에 기초할 수밖에 없었다.

하지만 지금까지 보아 온 대로 이홍장이 가장 염려하였던 것은 바로 조선에 대한 개입의 강도가 강해지면 그로 말미암아 조선 문제에 대한 책임을 청이 도맡아야 한다는 것이었다. 이것이 그의 조선 정책에 대한 우려의 핵심이었는데, 실제 이러한 우려가 현실로 나타난 셈이었으니, 그의 예측과 우려는 어쩌면 상당히 정확했다고 할 수도 있을 것이다. 오히려 문제는 그 책임으로 말미암아 벌어진 전쟁에서의 승패였다. 청·일전쟁에서 만약 청이 '패배'하지 않았다면 그의 조선 정책에 대한 평가는 전혀 달라졌을 것이다.

그리고 이미 청과의 전쟁을 결정한 일본도 사실 열강의 외교적 개입과 간섭을 가장 우려하였다. 그렇지만 청이 러시아나 영국 측에 중재와 조정을 요청하였음에도 불구하고, 이러한 제3국의 개입에 의한 철병 권고의 노력은 사실상 모두 실패로 돌아갔다. 신흥 독일제국에 대응하는 유럽 외교에 주력하던 러시아는 청·일본·러시아의 삼국 연합 위원회를 조직하여 철병과 내정개혁 문제를 심의하자는 이홍장의 방안을 거부하고, 강압에 의해 일본의 철병을 관철한다는 간섭 방안을 포기하였다. 영국도 가능한 한 많은 국가가 연합간섭을 한다는 소극적 방침으로 나서 각국으로부터 거의 호응을 얻지 못하였다. 주청 영국 공사 니콜라스 오코너(Nicholas R. O'Conor)가 청과 일본 사이를 중재할 때도 기본적으로 일본의 입장에 선 조정(이를테면 조선의 내정개혁에 대한 일본의 개입을 긍정하고, 일본 상인이 청의 상인과 동등한 통상의 특권을 균점하게 한다는 것 등)을 시도하였으므로,[257] '속방체제'를 지키려 한 총리아문은 이를 거부할 수밖에 없었다.

마지막으로 영국이 청·일 양국의 조선 공동 점령과 중간지대 설치를 제안하여 청과 각국의 동의를 얻어 내는 최후 조정을 시도하였지만, 영국의 무력 개입이 없다는 것을 확신한 일본은 청과의 전쟁을 밀어붙였다. 조선 정부는 미국 공사 존 실(John M. B. Sill)을 통해, 그리고 이홍장은 주청 대리 공사 찰스 덴비(Charles Denby, Jr)를 통해 미국의 조정을 요청하였지만, 미국 정부 역시 일본에 조선의 독립과 자주가 존중받기를 희망한다는 엄중한 경고를 하는 데 그쳤다. 즉 미국은 공평한 중립 태도를 유지하여, 조선이나 청이 요청한 적극적인 조정이나 유럽 국가와의 공동 간섭에 참여하는 것을 거부하였다.[258]

결국 서구 열강의 개입 우려를 불식한 일본은 앞으로 예상치 못한 사변이 발생하더라도 책임을 질 수 없다고 성명하는 이른바 「제2차 절교서」를 7월 14일 청에 통보하면서 결전을 준비하였다. 청은 이홍장이 사실상 열강의 외교적 개입과 조정을 얻기 위해 그토록 노력하였음에도 불구하고, 사실상 외교적으로 완전히 '고립무원'이 된 상태에서 전쟁을 맞이하였다. 청 정부도 이 무렵에는 이미 전쟁의 불가피함을 깨닫고 주전(主戰)의 뜻을 굳혀, 이홍장에게 조선 파견 병력을 늘려 일본과의 전쟁에 대비하도록 지시하였다. 철병에 의한 문제 해결이 무산되고, 청 정부가 일본의 제의를 전면적으로 거절한 것을 알게 된 원세개는 7월 19일 전쟁 위기를 피하고자 남몰래 서울을 떠났다. 그의 임무는 잔

257 朴日根, 1990.

258 田保橋潔, 1940(2016), pp.402-468; 朴日根, 1990; 朴永宰, 2003, pp.64-68; 崔志海, 2014. 崔志海는 미국이 표면상 중립 정책을 취하였지만, 실제로는 사실상 일본 편에 서서 전쟁을 묵인하거나 도왔다고 지적한다. 그 이유로는 조선의 독립에 대한 지지(청의 조선에 대한 간섭에의 불만), 일본을 통해 중국(특히 동북)의 시장을 개방하려는 목적, 러시아와 영국의 동아시아에서의 영향력 감소, 메이지유신 이래의 친일정책과 청·일전쟁을 '진보'와 '정체'의 대립으로 보는 미국 내 여론과 편견 등의 영향을 들고 있다.

류한 당소의에게 넘겨졌다. 이날 대본영과 외무성은 선전포고 없이 군사행동을 할 수 있는 권한을 현지 파견군에게 허용하였다.[259]

뒤이어 7월 중순 전쟁 구실로 삼기 위해 내걸었던 내정개혁 방안을 조선 정부가 거절하자, 일본은 단독 개혁의 방침을 강압적으로 시행할 준비를 하였다. 한성-부산 간 전신의 가설과 군용전신 가설을 일방적으로 착수한 것은 바로 그 첫걸음이었다. 뒤이어 7월 20일에는 조선 정부에 '자주독립'을 이유로 청군의 철수를 7월 22일까지 회답하도록 요구하였고, 아울러 전통적인 조선-청 관계를 청산하고 일본의 이권을 확보하기 위해 「무역장정」 등 청과의 '통상조약'을 모두 폐기할 것을 요구하였다.

이렇게 청-조선의 기존 관계 폐기 선언을 요구하는 최후통첩의 기한을 넘긴 바로 그다음 날(7월 23일), 일본은 조선 정부의 회답을 기다리지도 않은 채 2개 대대 병력을 동원하여 조선군의 저항을 진압하고 경복궁을 점령하였다.[260] 7월 25일에는 오토리 게이스케의 거듭된 요

259 朴英宰, 2003, p.46.

260 中塚明(박맹수 옮김, 2002)는 청·일전쟁 후 일본 참모본부가 발행한 『明治二十七·八年 日淸戰史』의 초안을 발견하여, '왕궁 포위'로 위조·왜곡되어 온 '경복궁 점령의 진상을 밝혀내었다. 즉 이것은 '조선 병사의 발포에 따른' '조선·일본 양국 군대의 우발적 충돌'로 빚어진 것이 아니라, 조선 '국왕을 사실상의 포로로 삼고 대원군을 떠받들어 정권을 잡게 함으로써 조선 정부를 일본에 종속시켜 청군을 조선 밖으로 쫓아내기 위해 일본공사관과 일본 육군에 의해 사전에 치밀하게 계획되었다는 것이다. 그 목적은 개전 명분을 손에 넣고 나아가 한성의 조선 군대를 무장 해제시킴으로써 일본군이 남쪽에서 청군과 싸우는 동안 한성의 안전을 확보하고, 군수품 수송과 징발 등을 조선 정부의 명령으로 시행하는 편의를 얻는 것이었다. 1개월 후 일본 정부는 조선 정부와 「한일잠정합동조관」을 맺으면서 "올해 7월 23일, 왕궁 근방에서 일어난 양국 군대의 우발적인 충돌사건은 피차 모두 이것을 추궁하지 않기로 함."이라는 항목을 받아들이도록 강요하여 왕궁점령 사실을 덮어 버렸다. 이것이 이후 위조와 왜곡의 출발점이었다. 김경록, 2014, 2015a; 趙宰坤, 2015, 2016

구에 따라 조선은 청에 「무역장정」 등의 폐지를 통고하였고, 7월 30일에는 개국기년(開國紀年)의 사용을 결정하여 '정삭을 받드는' 번속국의 의무를 부정하는 등 사대질서의 청산에 나섰다.

청·일전쟁은 이렇게 일본의 조선에 대한 전쟁(조·일전쟁)으로부터 시작되었다. 이 때문에 한반도를 무대로, 또한 조선의 장악을 목표로 전개된 청·일전쟁과 러·일전쟁을 각기 '제1차 조선전쟁'·'제2차 조선전쟁'으로 부를 수도 있다거나 '청·일전쟁'이 아닌 '조·청·일전쟁'이라 부를 수 있다는 주장이 제기되기도 한다. 일본 정부 역시 이 사태를 조선과 일본의 전쟁으로 파악하고 있었다.[261]

이것은 일본이 청과의 전쟁 수행을 위한 병참 수송 및 통신의 장악을 위해서는 '내정개혁'이란 명분으로 조선 정권을 장악하는 것이 필수적이었기 때문이었다. 여기에 성공한 일본은 나아가 대원군을 끌어들여 내정개혁(갑오개혁)을 강요하면서 7월 25일 김홍집을 수반으로 하는 친일 정권을 성립시켰다. 7월 27일에는 합의체 임시정부로 군국기무처(軍國機務處)를 설치하면서 민씨 척족을 몰아내었다. 7월 23일 경복궁 점령과 동시에 일본군이 주조선 총리 청 공서를 습격하자 당소의는 포로가 되는 것을 피하고자 영국 총영사공관으로 피신하였다가, 8월 1일 영국인의 도움으로 인천에서 귀국하였다.[262]

도 이 문제를 軍事史의 시각에서 접근하여 밝히고 있다.

261 강효숙, 2009; 서민교, 2010; 하라다 게이이치 지음, 최석완 옮김, 2013; 하라 아키라 지음, 김연옥 옮김, 2015; 오타니 다다시(大谷正) 지음, 이재우 옮김, 2018, pp.114-119, pp.357-362; 具仙姬, 2018 등을 참조. 서민교(2010, pp.46-47)는 2005년 발견된 선전 조칙의 초안 제3·4·5안에 선전포고 대상 국가로서 청국 및 조선이 들어가 있었던 점을 들면서, 논의과정에서 국제법적으로 조선을 대등한 국가로 인정하지 않아도 된다는 의견이 커서 삭제되었을 가능성이 크다고 추측한다.

262 張煥宗, 1998, p.13.

이후 일본은 후술하는 초기 전투에서의 승리를 배경으로 「잠정합동조관」(1894년 8월 20일) 및 「양국맹약」(8월 26일)을 통해 조선에서의 군사행동과 조선 정부의 '협력'을 합법화하고, 조선의 철도와 전신을 장악하는 등 청과의 전쟁 수행 체제를 정비하였다. 이 「조·일동맹조약」 제1조는 "청군을 조선 국경 밖으로 철퇴하고 조선국의 독립과 자주를 공고히 하며 조선과 일본 두 나라가 누릴 이익을 확대하는 것을 기본으로 삼는다."라고 하면서, 제2조에서 "일본국이 청에 대한 공격과 방어 전쟁을 담당할 것을 승인했으므로, 군량을 미리 마련하는 등 여러 가지 일에 돕고 편의를 제공하기에 힘을 아끼지 말아야 한다."라고 규정하였다. 마지막의 제3조는 "이 동맹 조약은 청과 평화 조약이 체결되는 날에 가서 폐기한다."라는 것이 이 간단한 조약의 내용이었다.[263] 나아가 일본은 주한 공사를 오토리에서 현직 내무대신이었던 이노우에 가오루로 교체하여, 조선의 내정개혁에 더욱 적극적으로 간섭하면서 '실질적인 보호국화' 정책을 추진하고자 시도하였다.[264]

한편 이러한 전쟁 준비와 동시에 일본은 7월 25일 아산만 부근의 풍도(豊島)에서 청의 북양함대를 습격하고, 군대를 운송하기 위해 청이 빌린 영국 선박 고승호(高陞號)를 침몰시켜 1천 명에 가까운 청군을 익사시킴으로써 본격적으로 청과의 전쟁을 도발하였다.[265] 청과 일본은 1894년 8월 1일 각기 정식으로 선전을 포고하였다.

263 「朝日同盟條約」, 『高宗實錄』 卷32, 高宗31年 7月 22日. 이 조관에 대한 전반적인 분석은 최덕수 등, 2010, pp.305-322를 참조(김지형 집필).

264 최덕수, 1994; 森山茂德, 1996; 왕현종, 2009; 具仙姬, 2018.

265 고승호의 격침에 대해 영국 외교부는 전쟁은 7월 23일 일본군이 한성의 경복궁을 점령하였을 때 이미 시작되었다고 간주하여, 투항을 거부하는 청의 운수함에 대한 공격은 일본의 권리에 속하는 것이라고 간주하였다. H. B. Morse(馬士), 1960, 下, p.27.

2) 청 · 일전쟁의 결과

일본은 전쟁을 시작한 후 1주일이 지나서야 천황의 선전 조칙에서 이렇게 선포하였다.

> 조선은 [일본]제국이 처음으로 가르치고 이끌어 열국의 대열에 들게 만든 독립된 나라다. 그런데도 청국은 조선을 속방이라고 칭하여 음으로 양으로 그 내정에 간섭하고, 그 내란에 있어서는 속방을 구원하는 것을 구실로 조선에 출병하였다. 짐은 메이지15년(1882)의 (제물포) 조약에 따라 출병하여 만일에 대비하고, 나아가 조선이 영구히 화란을 면하여 장래의 치안을 얻을 수 있게 하고 동양 전체의 평화를 유지하기를 바라 먼저 청국에 알려 협동하여 처리하자고 하였는데, 청국은 도리어 구실을 만들어 거절하였다. …… 제국이 솔선해서 제 독립국의 대열에 들게 한 '조선의 지위'와 '그것을 표시하는 조약'을 업신여기는 청조 중국의 잘못된 욕망 때문에 일본은 부득이 전쟁을 하지 않을 수 없다.[266]

이러한 포고를 통하여 일본은 청·일전쟁은 조선의 독립을 위한 전쟁이며, 동양 전체의 평화를 위한 '문명국'인 일본과 '야만국'인 청의 전쟁이라 선전하였다. 반면, 같은 날 일본에 선전을 포고하는 청 황제의 상유는 다음과 같았다.

> 조선은 우리 대청의 번속으로 2백여 년 동안 해마다 공납(貢納)을 바쳐

266 나카츠카 아키라(中塚明) 지음, 박맹수 옮김, 2002, p.59. 조칙의 원문(「610. 淸國ニ對スル宣戰詔勅」)은 外務省 編 纂, 1953, 『日本外交文書』 明治時期 第27巻 第2冊, pp.264-265를 참조.

왔음은 중외가 모두 아는 바다. 최근 수십 년 이래 조선은 때로 내란이 많았으나 조정은 자소(字小)의 뜻으로 누차 군사를 파견하여 진압해 해왔다. 아울러 관원을 파견하여 조선의 도성에 주재하게 하여, 수시로 보호하였다. …… 우리 청조가 번복을 어루만지고 편안하게 하여, 그 국내의 정사는 종래 스스로 처리하게 하였다. 일본은 조선과 조약을 맺었으니 여국(與國)에 속한다. 더욱 대규모의 군대로 억눌러 내정개혁을 강요할 수 있는 이치도 없다. 각국의 공론은 일본의 출병이 명분이 없고 정리에 맞지 않는다고 하면서 철병을 권하고 평화롭게 처리하라는 것이다. …… 일본은 조약을 준수하지 않고, 공법을 지키지도 않고, 임의로 무력을 행사하고 궤계를 부리는 것을 일삼는다. 전쟁의 발단은 저쪽에서 열었음은 공론에서 아주 분명하다. 이에 특별히 천하에 포고한다.[267]

청은 지금까지 번복인 조선에 대한 자소의 은혜를 베풀어 왔으므로, 이번 전쟁도 그러한 연장선 위에 있다는 것을 강조하였다. 여전히 천조체제의 정당성 논리가 그것을 밑받침하고 있다. 하지만 동시에 청은 국제적인 공론을 들어 만국공법을 지키지 않는 일본을 비난하면서 개전 책임을 지목하는 '이중성'을 보였다. 양국 모두 국제법과 조약을 지키지 않는다고 상대방을 비난하였다. 다만 일본은 조선의 독립과 청의 속방에 대한 내정간섭을 구실로 삼고 있는 것에 비해, 청은 그것을 사대-자소 질서로 정당화하고 있다는 점에 차이가 있다. 그러나 양국 모두 조선을 독립국가로 상대하거나, 그 진정한 '독립'을 바라는 생각은 갖지 않았다는 점에서는 똑같았다. 양국 모두 조선을 국제법적으로 독립적인 주권국가로 간주하지도 않았고, 조선의 독립이 양국 각자

267 「上諭」(光緖20年 7月 1日), 『光緖中日』 卷15, 2b; 『德宗實錄』 卷344, 光緖20年 7月 乙亥.

의 국익에 도움이 된다고 보지도 않았다. 문제는 조선에만 국한된 것이 아니라, 더욱 넓게는 이후 동아시아 국제질서의 주도권을 놓고 싸우면서 각자의 국익과 관련하여 어떻게 조선의 위치를 설정하는가 라는 경쟁에 있었다. 일본은 열강의 중립을 통한 사실상의 '지원'을 받았던 반면, 청은 열강의 중립을 통해 사실상 '고립무원'의 처지에 있었다는 점이 달랐을 뿐이다.

그리하여 사전의 치밀한 전략과 동기·준비가 있었던 일본과는 달리,[268] 일본과의 전쟁을 전혀 예상·대비하지 못한 채 소극적인 수비와 대결 회피를 기조로 삼았던 청의 대응은 실제로 무력한 것이 될 수밖에 없었다. 잘 알려져 있듯이 전세는 예상외로 일본의 일방적인 우세로 전개되었다. 엽지초·섭사성이 이끄는 청군 약 3,500명은 7월 29일의 성환(成歡) 전투에서 패하여, 그전에 이홍장의 철수 지시를 받은 대로 평양 쪽으로 퇴각하였다(엽지초는 이 패배를 승전으로 보고하여 평양전투의 총지휘로 임명되기까지 하였는데, 전쟁 초기에 이미 전선이 절단되어 청 조정은 개전 이후 반달이 지나서야 전쟁의 실제 상황을 파악할 수 있었다).[269] 그뿐만 아니라, 9월 15일 시작된 평양전투에서도 수동적으로 일본군의 공격만

268 1894년 6월 21일 완성된 일본군의 '작전 대방침'은 황해와 발해의 제해권을 장악하고, 가을까지 육군 주력을 발해만 북안으로 수송해서 수도인 북경 주변 일대(直隸)에서 청군과 결전을 벌인다는 것으로, 이 작전은 육군이 1880년대부터 구상하던 것이었다. 오타니 다다시(大谷正) 지음, 이재우 옮김, 2018, pp.126-127.

269 동학농민혁명기념재단에서는 2017년 이 전투에 직접 참가한 聶士成의 참전 기록인 『東征日記』를 번역하여 『李鴻章全集』과 『淸季中日韓關係史料』의 청·일전쟁 관련 사료와 함께 수록한 『동정일기 이홍장전집 청계중일한관계사료』(동학농민혁명 신국역총서 9)를 출간하였다. 섭사성의 기록에 따르면 그의 임무는 일본과의 싸움이 아니라 동학농민군의 진압이 우선이었으며, 이후 일본과 전투를 지휘한 엽지초에 대해서는 상당히 불만을 품고 의견을 달리하였음을 드러내고 있다.

을 기다리던 청군은 1만 5,000의 병력으로 비슷한 규모였던 일본의 공격을 며칠도 막아 내지 못해, 결국 참패당하고 압록강 건너 청의 경내로 궤주(潰走)하였다. 일본의 군대는 이미 징병제를 통해 모집되어 '국민'의 군대로 변신하였던 반면, 회군이 주력이었던 청군은 사실상 이홍장이 이끄는 직업 군인들이 모인 사병(私兵) 수준을 크게 벗어나지 않았고, 부패하고 파벌로 갈라진 지휘체계의 효율성, 각 부대 간의 협력관계도 전혀 없었던 점이 크게 작용하였다. 애당초 양국의 지휘부나 장교·병사가 전쟁에 임하는 자세나 준비 태세가 이렇게 달랐던 것은 전쟁의 승패에 큰 역할을 하였다. 이 점은 청·일전쟁에서 벌어진 각각의 전투 양상을 들여다보면 쉽게 드러난다.

뒤이어 평양전투가 끝난 이틀 후인 9월 17일 의주 방면으로 육군을 호송하던 북양함대를 일본해군이 압록강 어귀에서 습격한 황해해전이 벌어졌다. 일본해군과 싸우기 위해서가 아니라, 육군 병력을 한반도로 옮겨 주고 돌아가던 차에 습격을 당한 북양함대는 육군과 마찬가지로 사실상의 패배를 피할 수 없었다(북양해군은 철갑선과 重砲가 많았지만 전함 12척 가운데 5척이 침몰하였는데, 군함의 속력과 함포의 사격속도가 빨랐던 일본의 연합함대는 전함 11척 가운데 1척도 침몰하지 않았다.). 이후 제해권은 완전히 일본에 넘어갔다. 앞서 살펴보았듯이 이홍장이 고심하여 만들었던 발해만을 중심으로 한 육·해군 협동 방어전략과 그것을 뒷받침하던 북양육군과 해군이 대부분 붕괴한 것이다.[270]

270 樊百川, 2003(2009), pp.1190-1235; 宗澤亞, 2012 등 외에 아주 많은 연구가 있다. 황해해전의 소식이 알려지기 하루 전인 9월 17일 이홍장은 군사적 대응의 실패, 평양전투의 패배를 이유로 三眼花翎를 제거하고, 黃馬褂를 벗어 놓으며, 吏部에 넘겨 엄격하게 처벌을 논의하라는 처분을 받았다. 나아가 9월 19일 이홍장은 스스로 엄격한 처분을 요청하는 치욕을 맞이하였다. 劉憶江, 2015, pp.475-476.

나아가 10월 하순 압록강을 건넌 일본 제1군은 만주 남부지역으로 진출하고, 제2군은 요동반도에 상륙하여 여순(旅順)·대련(大連)까지 점령하였다. 이해 음력 10월 10일(1894년 11월 7일)은 자희태후의 육순 생일이었는데, 공교롭게도 일본군에게 여순과 대련이 공략당하기 직전이었다. 이날 자희태후는 자금성에서 축하를 받고, 여러 신하들과 함께 사흘 동안의 잔치를 열었다. 이 육순 축하 경전(慶典)의 전후 비용은 당시 청 정부 세입의 1/6에 상당하는 정도였다.[271] 1895년 2월 17일 일본군은 북양함대의 거점이었던 산동반도의 위해위까지 공격·점령하여 이홍장의 북양함대를 전멸시켰다. 청은 육·해군 모두 일본군에게 압도적인 패배를 맛보았다. 일본군이 원래의 공격 목표였던 직예성으로 진격한다면 그 중심인 수도 북경의 방위조차 위태로웠다.[272]

청은 30여 년 전의 제2차 아편전쟁(애로호 전쟁)에서 함풍 황제가 수도를 버리고 열하(승덕)로 도피하였던 악몽을 되새기지 않을 수 없었다. 10월에 들어 주중국 영국·미국 공사에게 청이 '종주권'을 포기하고 조선의 자주독립을 허용한다는 조건으로 일본과 평화협상을 할 수 있도록 하는 '거중조정'을 부탁한 것이나, 11월에 호광총독 장지동(張之洞)이 대만을 일본에 할양하는 것보다는 차라리 조선을 포기하는 것이 낫다고 강조했을 때 이홍장이 이미 조선은 포기했다고 인정한 것은[273] 이 때문이었다.

일본군은 동시에 군용전선과 병참선 보호를 위해 이를 파괴하는

271 李恩涵, 1987, p.858.

272 宗澤亞, 2012.

273 일본도 종전 협상을 시작하기 전에 이미 강화 조건으로 조선-청 사이의 '종번관계' 폐지를 제시하였고, 1895년 1월 27일에는 조선의 독립 허용을 제1조로 하는 협상 조건을 최종결정하였다. 강문호, 2009a, pp.100-101; 무쓰 무네미쓰(陸奧宗光) 지음, 김승일 옮김, 1993, pp.214-231을 참조.

저항에 나선 동학농민군을 진압하였다. 아울러 동학의 제2차 봉기(1894년 9월)를 조선 정부군과 함께 철저히 진압하여, 적어도 5만 이상에 이르는 사망자를 낳았다. 1894년 11월 일본군이 여순 반도 점령 당시 행하였던 민간인 학살(희생자의 수는 2천에서 2만까지 평가가 다르다.)에 앞선 일본군의 해외 침략사 최초의 대량 민중 학살이 이루어진 것이다. 여기에서는 일본 천황이 선전 조칙에서 "동양 전체의 평화를 위해 싸운다."면서 문명국임을 자랑하였던 것이 완전한 허구임이 밝혀졌고, 일본의 '비합법성'과 '비문명성'이 두드러졌다.[274]

이렇게 본국 영토 내로 전장이 확장되면서 요동반도 전체가 일본군에게 장악되고, 북경·천진 지역까지 위태로워진 청은 일본과의 화의에 나설 수밖에 없었다. 이미 그전인 1894년 11월부터 청은 일본에 화의를 요청하기 시작하였다. 12월 하순에도 다시 호부시랑 장음환(張蔭桓), 호남순무(湖南巡撫) 소우렴(邵友濂)을 전권대신으로 일본에 파견하였다. 그렇지만 전과의 확대를 노린 일본은 이홍장이나 공친왕 같은 고위급 실세의 참석을 요구하여 시간을 끌면서 전승의 효과를 극대화하고자 하였다.

결국 청은 1895년 3월 이홍장을 강화를 위한 전권대표로 시모노세키[下關]에 파견하였다. 이와 동시에 호의적으로 돌아선 국제적 여론의 후원을 입으면서, 일본은 중재에 나선 서구 각국의 제안을 받아들여 1895년 4월 17일 「시모노세키조약(下關條約)」을 체결하면서 청·일전쟁을 마무리하였다.[275] 일본은 승전 대가로 은 2억 냥이 넘는 거액의 배

274 나카츠카 아키라(中塚明) 지음, 박맹수 옮김, 2002; 趙宰坤, 2003b; 강효숙, 2009; 오타니 다다시(大谷正) 지음, 이재우 옮김, 2018, pp.168-172.

275 「시모노세키조약」 본문과 그에 대한 분석은 최덕수 등, 2010, pp.323-349를 참조(김지형 집필). 이 조약체결의 소식이 알려지자 청의 독무들은 이에 강력히 반대하면서 군사적 저항을 통해 조인 시기를 늦추어 조약을 개정하자는

상금과 청의 영토인 요동반도, 대만·팽호열도(澎湖列島) 등을 할양받는 등 개전 초기의 목표를 훨씬 초과 달성하는 대성공을 거두었다. 또한 양국이 과거 체결하였던 모든 조약을 폐지하고 새로운 항해조약 및 육로통상조약을 체결하며, 사시(沙市)·중경(重慶)·소주(蘇州)·항주(杭州)를 개방한다는 것과, 일본은 중국의 각 개항장에서 각종 제조업에 종사할 수 있으며, 그에 따른 과세는 일률적으로 일본에서 수입하는 상품과 같은 특혜를 누린다는 것이 규정되었다. 이러한 조항은 서구 열강이 최혜국대우를 통해 그 혜택을 균점하게 됨으로써, 중국은 이제 제국주의 열강의 본격적인 자본투자 및 공장 설립이 가능한 시장으로 전락하게 되었다. 중국에 있어 「시모노세키조약」은 천조의 면사(面紗)를 거두어 버린 「남경조약」이나, 성하지맹(城下之盟)의 굴욕을 주었던 1860년의 「북경조약」보다 그 위해성(危害性) 면에서 도무지 비교할 수 없을 정도의 좌절이었다.[276] 「시모노세키조약」 협상 과정에서 대만 할양이 논의되었을 때 광서제가 대만 사수(死守)를 지시하면서 "대만이 할양되면 천하의 인심이 모두 떠나니, 짐이 어찌 천하의 주인이라 할 수 있겠는가!"라고 울분을 표현하였던 점은[277] 그러한 위기감을 잘 표현한다.

그러나 만주와 한반도로 진출을 꾀하고 있던 러시아가 위기감을 느끼고 대응에 나섰다. 결국 러시아·프랑스·독일 3국은 일본에 요동반도를 중국에 반환토록 압박을 가하였다. 일본은 이에 굴복하여 3천

강경론[展期換約]을 연이어 내놓았지만, 조정의 결정을 바꾸지는 못하였다. 賈小葉, 2008, pp.141-173.

276 吉辰, 2014, p.2. 「시모노세키조약」에 대해서는 旣刊·未刊 사료와 각국의 연구를 기초로 史實을 重建한 이 吉辰의 연구가 가장 새롭고 완비된 성과로 보인다.

277 陳義傑 整理, 1997, 『翁同龢日記』 第5冊, pp.2796-2797. 賈小葉, 2008, p.150에서 인용.

만 냥의 배상을 추가로 받고 요동반도를 청에 되돌려 주지 않을 수 없었다(삼국간섭).[278] 이후 러시아와 일본은 동아시아의 지배권을 놓고 10년 후 새로운 전쟁을 벌이게 된다(러·일전쟁).

이 패배를 받아들이고 「시모노세키조약」 제1조에서 이홍장은 청 조정을 대표하여 "중국은 조선국이 확실하게 완전무결한 자주독립국임을 인정하며, 따라서 무릇 조선의 독립자주 체제를 훼손하는 모든 것, 예를 들면 조선이 중국에 바치는 공헌(貢獻)·전례(典禮) 등은 앞으로 모두 폐지한다."라고 승인하였다. 이로써 청과 조선의 관계는 새로운 단계로 접어들게 되었다. 청은 이제 천조상국과 속방의 관계라는 기존 사대질서의 명분에 대한 집착을 포기하고, 만국공법의 질서 속에 포섭된 세계에서 병립하는 국가 가운데 하나로 자신을 돌아보지 않으면 안 되었다.

이미 이보다 훨씬 이전인 광서 원년(1875) 상인 출신으로 자강운동의 대표적 이론가였던 정관응(鄭觀應)은 『이언(易言)』(三十六篇本)의 맨 앞에서 '공법(公法)'을 다루고 "반드시 스스로 자기 나라를 만국 가운데 하나[萬國之一]로 본 이후에야 공법이 행해질 수 있다."라고 하였고 "무릇 지구는 둥근 원형이라 이미 동서(東西)가 없으니 어찌 중심과 변두리[中邊]가 있을 수 있겠는가? 같이 천지 가운데 있으니 어찌 오랑캐와 중화를 억지로 나눌 수 있겠는가? 만약 중국이 능히 스스로 만국 가운데 하나로 볼 수 있다면, 저 공법 가운데 반드시 중국만이 빠질 수는 없을 터이고, 우리 중국의 법 역시 만국에서 행해질 수 있을 것이다."라고

278 「시모노세키조약」 협상에서 체결, 그리고 이후 1896년의 「청·일통상항해조약」(이것을 통해 일본은 서구 열강이 청으로부터 확보한 것과 동일한 특권을 얻어, 청·일의 불평등 관계를 창출하는 데 성공하였다) 체결에 대해서는 최석완, 2018을 참조.

지적한 적이 있었다.[279] 하지만 정관응의 선구적인 예언과 권고에도 불구하고 20년이 지났어도 여전히 스스로 만국 가운데 하나로 보는 시각을 전혀 받아들이지 않았던 청은 이제 그러한 '참담한' 현실을 더 이상 외면할 수 없게 되었다.

청·일전쟁 이후 청의 개혁운동을 이끌게 되었던 강유위(康有爲)는 「시모노세키조약」을 체결한 소식을 듣고 청 황제에게 올린(올렸다고 자칭하였던) 상서에서 다음과 같이 주장하였다(이것이 유명한 公車上書이다).[280]

> 생각건대 오늘날의 다스림은 당연히 개창(開創)의 기세로 천하를 다스려야 하며, 수성(守成)의 기세로 천하를 다스려서는 안 됩니다. 응당 열국이 병립하는 대세(列國竝立之勢)로 천하를 다스려야 하지, '일통천하(一

279 鄭觀應, 「公法」, 『易言』(三十六篇本), 夏東元 編, 1982, 『鄭觀應集』 上, p.67.

280 公車上書에서 公車는 漢代에 官家車馬로 시험 응시생을 날랐던 것 때문에 붙은 이름이다(또는 漢代에 臣民의 上書와 征召를 담당하던 官署를 가리키기도 한다). 나중에는 과거시험의 두 번째 학위를 얻은 擧人이 최종 학위인 進士 학위를 얻기 위해 북경에 와서 會試를 치르는 것을 가리키게 되었다. 따라서 공거상서란 이 거인들의 상서를 말한다. 「시모노세키조약」의 소식이 전해지자, 1895년 봄 북경에서 회시를 치른 18省의 거인 1,200여 명이 연명하여 議和 거부, 수도 이전, 군대 훈련, 개혁을 요구하는 상서를 올리면서 都察院에 代奏를 요청하였다(그들은 직접 상주를 올릴 자격이 없었다)는 것이 공거상서에 대한 종래 학계의 정설이었다. 하지만 최근 茅海建은 북경의 中國第一曆史檔案館에 소장된 당안과 이미 공개된 당안 문헌을 모두 검토하여, 京官이 조직한 상서가 모두 31건에 이르고 서명한 거인의 숫자도 1,555명에 이르렀으며, 이 상서들은 모두 禦前에 전달되었음을 확인하였다. 하지만 그는 康有爲가 조직했다고 주장하는 18성 거인의 연명 상서는 사실상 도찰원에 전달되지도 않았고, 도찰원이 받고서 전달을 거부한 것도 아니라는 점을 확인하였다. 공거상서는 사실상 강유위 등의 자기주장에 불과하며, 18성 거인의 연명상서는 실제로는 '流產'된 사건에 지나지 않는다는 것이다. 茅海建, 2011(2018), pp.1-127을 참조.

統天下)에서 천자가 무위지치(無爲之治)로 다스리는 대세(一統垂裳之勢)'로[281] 천하를 다스려서는 안 됩니다. 개창을 하려면 온갖 법도를 갱신해야 하며, 수성을 하려면 모든 것을 옛 규장(規章)에 따라야 합니다. 열국이 병립하는 상황이면, 우세를 차지하기 위해 지혜를 다투어야만 하며, 통일 천하에서 천자가 무위로 다스리는 대세라면 손을 맞잡아 껴안고 무위를 그대로 지키면 됩니다(拱手無爲). 모든 것을 옛 규장에 따른다면, 외부의 변화가 잇달아 강박하여, 반드시 지키지 않으면 이룰 수 없게 됩니다. 무위를 지키면 각국이 서로 다투어, 반드시 사분오열의 지경에 이릅니다.[282]

여기서 더 이상 청은 통일 천하의 천자가 무위지치로 다스릴 수 없는 대세에 말려들었고, 이제 만국 가운데 하나로 살아남기 위해서는 "우세를 차지하기 위해 지혜를 다투어야만" 하는 시대로 접어들었다고 강유위는 지적하였다. 강유위는 이제 천조체제나 천하관념을 포기하는 것이 시대적 요구라는 점을 분명히 확인한 것이었다. 하지만 청이 직면한 현실은 사실 강유위가 "반드시 사분오열의 지경에 이릅니다."라고 우려한 것보다 훨씬 더 심각한 상황이었다. 청·일전쟁에서의 패배로 청의 국제적 지위는 심각하게 추락하였고, 이후 제국주의 열강의 이권

281 一統은 一統(統一)天下를 가리키며 垂裳은 垂衣裳으로 垂(수)는 드리운다는 뜻이고, 衣裳은 윗옷과 아래옷을 말하는데, 『周易』「系辭 下」에 나온다. 수상·수의상은 천자가 의복의 제도를 정함으로써 천하에 禮를 보인다는 것으로, 나아가 제왕의 무위지치를 칭송하는 표현이 되었다.

282 康有爲, 「上清帝第二書」(1895年 5月 2日), 『康有爲全集』 2, p.37. 그러나 孫隆基, 1998는 '일통천하'에서 '열국이 병립하는 대세'로의 전환을 이야기한 강유위조차 여전히 '天下主義'의 그늘에서 벗어나지 못하고 있었다는 점을 지적하고 있다. 賈小葉, 2007 역시 변법파의 민족주의에서 여전히 '夷夏之辨'의 그림자가 남아 있었다고 지적한다.

침탈과 세력권 확보를 위한 분할 경쟁의 대상으로 전락하게 되었기 때문이다. 이후 청에서는 이른바 '반식민지화(半植民地化)'의 위기가 깊어지면서, 열강에 의한 영토 분할, 참외나 콩처럼 나눠지고 쪼개질 것이라는 '과분두부(瓜分豆剖)'와 나라가 망하고 종족이 멸종될지도 모른다는 '망국멸종(亡國滅種)'의 위기의식이 거의 모든 중국인을 사로잡게 되었다. 1898년의 무술개혁 직전 강유위는 이 점을 이렇게 표현하였다.

> 우리 중국 사억 명은 귀한 몸이거나 천한 몸이든 상관없이 지금 모두 무너져 내리는 집 아래, 구멍이 뚫린 배 안에 있습니다. 마치 새장에 갇힌 새와 같고, 감옥에 갇힌 죄수와 같습니다. 노예가 되고 소와 말이 되고, 개나 양이 되어, 남이 부리는 대로 조종당하고, 남에게 침략과 압박을 당하고 있습니다. 이것은 4천 년 이래 20여 개 왕조에서 있어 본 적이 없는 기변(奇變)입니다. 더구나 성교(聖敎)가 쇠퇴하고, 종족(種族)이 윤망(淪亡)하는 기괴한 참화와 커다란 고통은 진실로 이루 다 말로 할 수 없을 정도입니다.[283]

"4천 년 이래 20여 개 왕조에서 있어 본 적이 없는 기변"이라는 강유위의 표현은 청·일전쟁 패배 이후 국가체제를 개혁하여 근대적 국민국가로 개조하려는 개혁운동이나, 청 왕조의 존재 자체를 문제로 삼아 그것을 부정하고 대신 한족이 주도하는 공화제 국가를 세우려는 혁명운동이 거의 동시에 출현하게 만든 위기의식의 심각성을 그대로 보여준다.[284] 이것은 사실상 청의 멸망을 예고하는 조짐이 되기도 하였다.

283 康有爲, 「京師保國會第一次集會演說」(1898年 4月 17日), 『康有爲全集』 4, p.57.

284 이후 청조의 멸망까지 왕조·국가·사회(엘리트와 민간사회)의 동향에 대한

청의 조선 정책 실패가 가져온 청·일전쟁의 패배는 사실상 천조체제와 천하관념뿐만 아니라, 거기에 여전히 집착하던 청 왕조의 운명까지 위태로운 것으로 만들었다.

하지만 기본적으로 청·일전쟁 이후 청의 대외방침과 전략적 배치는 전쟁 이전과 결코 큰 차이가 없었다는 평가를 피하지 못한다. 즉 청은 여전히 '이이제이'의 책략과 천조상국의 관념을 일관하여 유지하고 있었으며, '이이제이'의 관념은 청 조정이 이후 러시아와 연합하여 일본을 견제하고, 「청·러밀약」을 체결한 데서 구체적으로 표현되었다. 천조상국의 관념은 이후 조선과의 조약체결 과정에서 여전히 관철되어, 청이 전통적인 사고방식과 방법을 바꾸지 않고 조선에 대한 상국-속국 체제를 그대로 유지하고자 하였던 데서 잘 드러난다(이에 대해서는 후술).[285]

물론 독립을 맞이한 조선에서는 이제는 청을 대신하여 실질적으로는 일본이 그 자리에 들어섰다. 또 전쟁 직전 원세개 등 중국 관원들이 모두 도피하고 조선과 일본에 의해 기존의 장정이 모두 파기되면서, 조선과 중국은 몇 년 동안 공식적인 외교 관계가 단절되는 시기를 맞이하게 되었다. 이를 통해 조선-청 사이의 사대질서, 나아가 천조체제는 완전한 붕괴의 운명을 피할 수 없었다. 동시에 조선인의 청에 대한 인식도 심각하게 부정적인 방면으로 기울어지게 되었다. 1880년대 중

간결한 정리는 村田雄二郎, 1994를 참조.

285 Kirk W. Larsen, 2008, pp.248-249; 林亨芬, 2014, p.89. 앞서 제1장에서도 언급한 바 있지만, 광서 년간(1899년)에 마지막으로 편찬된 『大淸會典』 卷39에서는 이미 조공체제가 무너졌음에도 불구하고 예부가 관할하는 조공국에 여전히 조선, 류큐, 베트남, 라오스, 샴, 술루, 버마를 싣고 있었다. 종전에 포함되었던 西洋이나 和蘭은 여기서 삭제되었다. 앞서 든 나라 외에 "나머지는 모두 互市를 通한다."라는 것으로 바뀌었다. 이 점은 중화질서 내지는 천조체제의 이상과 현실 사이의 괴리를 잘 보여 주는 사례라고 하겠다.

반까지 비록 서양 열강에 비해 낙후되어 있지만 전망이 밝은 대국으로 묘사하고 있었던 청에 대한 친화적 인식은[286] 더 이상 조선에서 찾아볼 수 없게 되었다. 적어도 청·일전쟁 이전 서구의 시각에서 보면 그래도 미래가 기대되는 나라, 저물어 가는 것이 아니라 일어나고 있는 나라로 보는 것이 대체적인 시각이었던 점과 비교하면,[287] 천양지차의 변화가 일어난 것이다.

또한 청을 대신하여 일본이 동아시아의 맹주로 등장하고 문명개화의 상징으로 자리 잡게 되면서, 진화론적 문명관의 기준에서 청은 '문명'화에 실패하였을 뿐만 아니라 조선의 문명개화에도 방해가 되는 멸시의 대상, 부정적 대상으로 전락하였다. 문명과 야만의 기준은 이제 중국이 아닌 서구와 일본으로 옮겨졌다. 거기에서 중국은 '문명'이 결핍된 '야만'의 범위로 추락하였다. 물론 여전히 청의 개혁운동에 대한 우호적 관심에서, 또는 서구에 대항하는 동아시아연대의 대상으로서 청에 대한 이해가 완전히 부정적으로만 흐른 것은 아니었지만, 천조상국은 이제 더 이상 그 과거의 영광을 뽐낼 자리를 완전히 잃게 되었다.[288]

286 장보운, 2016.

287 E. V. G. Kiernan, 1939(1970), pp.300-302.

288 19세기 말 20세기 전반 조선(한국인)의 중국 인식에 대해서는 백영서, 1997; Andre Schmid 지음, 정여울 옮김, 2007, pp.67-70, pp.159-167; 정문상, 2012; 유용태, 2016; 서영희, 2019 등을 참조.

4. 대한제국 성립과 「한·청통상조약」 체결

1) 조선(한국)의 조약체결 제안

청·일전쟁 이후 자주독립국으로서의 명의를 확보한 조선은 갑오개혁기에 국가의 존호와 연호를 바꾸어 국왕을 '대군주폐하(大君主陛下)'로 높여 부르고, 1895년 11월 서력기원으로 바꾸겠다고 결정하여, 1896년을 건양(建陽)원년으로 정하였다.[289] 하지만 다음 해에는 일본의 영향 아래 제정된 이 연호를 다시 광무(光武)로 바꾸고, 고종이 황제로 즉위하여 국호를 조선에서 대한제국으로 변경하였다(1897년 10월). 물론 이러한 형식적인 변화에도 불구하고 조선이 진정한 독립 주권국가로서의 실질을 굳히는 일은 결코 쉽지 않았다. 아직은 그것을 위한 국내 개혁의 성과가 제대로 궤도에 오르지 못하였고, 청이 떠난 자리를 차지한 러시아가 들어와 이제는 본격적으로 일본과 경쟁하기 시작하였기 때문이다.

갑오개혁을 통하여 조선 내정에 간섭하게 된 일본은 박영효(朴泳孝)·김홍집(金弘集) 등의 친일 내각을 통해 영향력 확장에 나섰다. 그것은 앞서 다룬 이른바 '삼국간섭'으로 크게 방해받았다. 더구나 1894년 10월 27일 조선에 부임한 이노우에 가오루가 추진하여 일정한 성과를 거두었던 조선의 보호국화 정책은 이 때문에 더 이상 일본 정부의 재정적 지원을 얻지 못하는 폐기 대상으로 전락하였다. 1895년 7월 민비

289 앞서 언급한 대로 미국 대통령에 보낸 국서(1887년 9월 23일자)에서 고종은 스스로 '짐(朕)'이란 용어를 사용하여 조선이 자주독립의 국가임을 애써 강조하고자 하였지만, 일본의 주도 아래 이루어진 갑오개혁 시기인 1894년 12월부터 '勅令'이란 용어나 朕·勅·奏 등 '황제'와 동급의 용어를 사용하기 시작하였고, 뒤이어 '陛下' 등의 존칭도 채택되었다. 曹谷憲一, 1992, p.245.

는 이러한 상황을 이용하여 김홍집·박영효의 친일 연립내각을 무너뜨리고 이범진(李範晉)·이완용(李完用) 등의 친러파를 기용하였다. 러시아가 다시 조선에서 일본과 경쟁하면서 청을 대신하여 세력을 펼치는 것이 가능한 기회를 제공한 것이다. 이에 일본은 군인 출신 미우라 고로(三浦梧樓)를 주한 공사로 파견하여, 민비(명성황후)를 살해하는 세계사상 유례가 없는 범죄인 을미사변(乙未事變. 1895년 10월 8일)의 만행을 감행하였다.[290] 이 사건을 통해 각지에서 의병이 일어나는 등 반일 감정이 한층 높아짐으로써, 일본은 러시아에 비해 상대적으로 조선에서 영향력을 잃게 되었다. 일본은 종전의 보호국화 정책에서 후퇴하여 다시 조선에서의 이권 확보를 목표로 하는 소극적인 방향으로 일단 후퇴해야 했다.

한편 이렇게 일본의 압박과 민중의 강한 반발에 신변의 위기를 느낀 고종은 1896년 2월부터 약 1년간 조선의 왕궁을 떠나 러시아 공사관에 옮겨 거처하게 되었다(俄館播遷). 일본의 영향력과 김홍집 내각이 무너지고, 대신 친러파 정권이 등장하였다.[291] 1897년 4월 경운궁(慶運宮. 덕수궁)으로 다시 돌아온 고종은 앞서 서술한 것처럼 국호를 '대한제국(大韓帝國)', 연호를 '광무(光武)'로 고치고 황제 즉위식을 치러 조선(이

290 갑오개혁에서 을미사변·아관파천에 이르는 조선 정국의 복잡한 내용에 관해서는 여기서 상세히 다룰 여력이 없다. 국사편찬위원회, 2003(2013)d; 최덕수, 2005; 崔文衡, 2007; 김문자 지음, 김승일 옮김, 2011; 김영수, 2012; 신명호, 2014; 연갑수·주진오·도면회, 2016; 기무라 간(木村幹) 지음, 김세덕 옮김, 2017; 동북아역사재단 한국외교사편찬위원회 편, 2018c, 『한국의 대외관계와 외교사 근대편』의 14-16장; 김종학, 2021, pp.323-380 등을 참조.

291 이 시기 조선의 러시아 접근이나 러시아의 대한 정책에 대해서는 우선 말로제모프(Andrew Malozemoff) 지음, 석화정 옮김, 2002(1958)이란 명저를 들 수 있다. 또 朴日根, 1995; 崔文衡, 2001, 2007; 김용구, 2008; 홍용호, 2009; 김영수, 2012, 2016b; 최덕규, 2018 등을 참조.

후 한국으로 서술한다.)은 청 황제나 일본의 천황과 동격인 황제가 다스리는 독립국임을 내외에 과시하였다. 황제권을 제한하고 '갑오개혁'에 역행하는 움직임을 저지하여 위로부터의 근대적 개혁을 추진하려던 독립협회 주도의 운동을 진압한 다음, 1899년 반포된 「대한국 국제」는 만세불변의 전제정치(專制政治)를 선언하면서도, 그 제1조에서 "대한국은 세계 만국이 공인한 자주독립제국이다."라고 규정하였다.

이렇게 대한제국이 성립되고 구본신참(舊本新參)의 광무개혁(光武改革)을 통해 대한제국의 「국제」가 제정되고 황제와 측근 세력이 주도하는 광무개혁을 통해 재정·군사·교육·농업 제도 등 다양한 분야의 개혁'이 추진되면서 근대국가로서의 탈바꿈이 모색되었다. 이 개혁의 성과에 관한 종전의 연구에서는 대부분의 재원과 자원이 황실에 집중되고 황제의 전제권을 강화하는 방향으로 나아가 모든 개혁이 황실 중심으로 추진되면서 비록 일정한 성과를 거두었지만 그것은 또한 상당한 한계를 가지고 있었다는 점에 대해 대체로 동의하는 것으로 보인다.[292] 그뿐만 아니라 한국 내에서의 '독립' 사조는 청·일전쟁 이후 훨씬 더 강렬하게 대두하였다. 이를테면 1896년 7월 독립협회의 창립이나 『독

292 李玟源, 2003, 국사편찬위원회, 2003(2013)d, 『한국사 42 대한제국』 소수. 대한제국에서 추진한 각종 개혁의 내용과 그 성과 및 한계에 대해서는 여기 실린 趙宰坤, 「대한제국의 〈국제〉 및 군사제도」; 王賢鍾, 「광무양전·지계사업」; 吳鬥煥, 「산업진흥정책」; 邊勝雄, 「대한제국기의 자강·구국교육정책」; 李潤相, 「대한제국기의 재정정책」 등에 분야별로 정리되어 있다. 2003년의 『역사와현실』 50호에는 한국 근대 국민국가 형성과 왕권에 대한 특집으로 여러 논문을 싣고 있다. 대한제국기의 國制에 대해서는 또한 王賢鍾, 2010; 金泰雄, 2013, 2022, pp.243-310, pp.343-375; 조계원, 2015; 李玟源, 2017; 趙宰坤, 2018 등을 참조. 여타 대한제국의 성격·성과에 대해서는 한영우 등, 2006에서 종합적으로 논의되고 있다. 한편 이삼성, 2014, pp.261-295은 대한제국의 칭제건원을 둘러싸고 중화주의적 명분론과 만국공법의 논리가 교차하는 '제국' 개념·담론을 자세히 분석하였다.

립신문』의 발행(1896년 3월)은 청에 대한 부정적 인식의 확산을 기반으로, 독립자주 의식을 더욱 확산시켰다. 정치개혁의 주제로서 민권과 군권(왕권)에 대한 논의도 전에 없이 활발해졌다.[293]

그런데도, 대한제국이 청과의 외교 관계를 새롭게 맺는 과제는 여전히 쉽사리 해결되지 않았다. 대한제국은 청·일전쟁의 결과 그 독립을 일본과 청이 확인하였으므로, 당연히 중국과의 대등한 관계를 맺어 새로운 출발을 하고자 했다. 그렇지만 종전의 '속방'과 대등한 외교 관계를 맺는 것을 꺼린 청의 반응으로 관계 정상화는 결코 쉽지 않았다.[294] 그렇지만 이후 한국에서 치열한 각축전을 벌이면서 세력을 확장하려는 러시아와 일본의 경쟁을 견제하려면, 청과의 관계 개선은 분명히 필요한 도움이 될 수 있었다.

청은 청·일전쟁에서 패배하면서 지금까지 얕봐 왔던 '동양(東洋)의 소국(小國)'에게 수도 북경까지 위협을 받을 정도로 전혀 예상하지 못하였던 치욕적인 굴욕을 맛보았다. 그만큼 이 패배는 중국의 조야 상하에 그야말로 더할 나위 없는 큰 충격을 주었다. 어떤 면에서는 중국 근대사의 '시작점[開端]'으로 알려진 아편전쟁(鴉片戰爭)보다도 중국 사회의 변화와 각성에 훨씬 더 큰 자극을 준 것이 바로 청·일전쟁이었다는 설명도 결코 지나친 것은 아니다. 앞서 서술하였듯이 청·일전쟁은 청이 만국 가운데 하나로 살아남기 위해 "우세를 차지하기 위해 지혜를 다투어야만" 하는 근대 국민국가끼리의 치열한 경쟁체제 속에서 버티고자 한다면, 정말로 천조체제·천하관념에 대한 미련을 버리고 지금

293 박준형, 2008; 문유미, 2012.

294 이에 대해서는 이미 많은 연구가 있다. 李求鎔, 1984; 權錫奉, 1987(2007b), 2007a; 張煥宗, 1998; 蔡建, 2008, pp.52-104; 은정태, 2005, 2009a, 2009b; Lee Eun Ja(李銀子), 2009, 2013; 岡本隆司, 2009a; 고재석, 2009; 林亨芬, 2014; 楊凡逸, 2016; 서영희, 2018, 2019; 鄭東然, 2021 등.

까지와는 다른 방향으로 나아가야 한다는 점을 경고해 주었기 때문이다. 그런데도 청의 조선에 대한 태도, 즉 천조심태(天朝心態) 면에서는 사실상 거의 변화가 없었다. 패전의 원인에 대한 분석이 여전히 미흡했던 것이다.

청·일전쟁 직전 원세개가 1894년 6월 17일 조선을 떠난 뒤 그 대리가 된 당소의 역시 7월 25일 천진으로 귀환하였다. 그는 사실상 1882년 12월부터 1898년 10월까지 앞뒤로 16년 동안이나 조선에서 근무한 경력을 가지고 있었다. 그는 묄렌도르프의 비서로 조선 생활을 시작하여, 갑신정변 이후 원세개와 알게 되면서 그의 충실한 조수로 활동하였으므로 어느 중국인보다도 조선 사정에 밝았다.[295] 하지만 그는 이후 한국과 청의 수교 문제에 있어 한국에 대한 경멸을 아낌없이 표현하면서 가장 보수적 자세를 취하였다는 평가를 받는다.[296] 당소의가 천진으로 귀환하면서 주한영국 대리 총영사 가드너에게 청 상인과 그들의 화물·재산 등의 보호를 위탁하였으므로, 이후 청국 상인에 대한 교섭안건은 모두 영국 총영사의 소관 사항이 되었다(이 때문에 이 시기의 조선-청 관계는 외교 사료의 경우 『清案』이 아닌 『英案』을 들추어보아야 한다.).

하지만 청·일전쟁이 끝나고 다시 조선으로 귀국하는 상인이 늘어나자, 청은 이들의 보호와 통상 문제를 책임지는 총상동(總商董. '朝鮮通商各口岸華民總商董에서 얼마 후 '委辦中國商務總商董'으로 바뀌었다)으로 1895년 12월 당소의를 임명하였다. 여전히 조선의 독립을 부정한다는 관념보다는 정식으로 다시 조약을 체결하기 이전에는 외교사절을 파견하기 곤란한 현실적 요소가 더 크게 여기에 작용하였을 것이다.[297] 여하

295 李恩涵, 1973; 小原晃, 1995; 權錫奉, 2007a; Lee Eun Ja(李銀子), 2009, 2013; 權赫秀, 2013a 등을 참조.

296 林亨芬, 2014, p.135.

튼 예전의 속국 조선에 외교사절을 파견하고 싶지 않다, 파견하지 않겠다는 청의 의지는 여전히 상당히 확고하였다. 그 때문에 여기서 다시 종전의 '편법외교'의 관행이 재현된 것이다.

조선은 이미 청·일전쟁 직전 일본의 요구를 따른 것이지만, 7월 25일「무역장정」을 포함한 모든 조선-청 사이의 장정을 폐기한다는 공문을 당소의에게 발송하였다. 같은 날 '개국(開國) 502년 6월 23일자' 유지를 통해 청에 대한 조공 폐지도 선언하였다.[298] 당소의가 조선에 돌아오자, 1896년 5월 조선 국왕은 변원규(卞元奎)를 보내 조약체결 의사를 밝혔다. 그러나 당소의는 이를 거절하고, 다음과 같이 북양대신에게 보고하였다.

> 조선은 영국·러시아·독일·프랑스·오스트리아·이탈리아·미국과 일찍이 통상조약을 맺은 적이 있어 당연히 외교사절을 파견하여 저들 각국의 수도에 주재시킬 수 있습니다. 그런데 조선은 지금까지 수백 년 동안 중국 소속이었습니다. 오늘날 자주라는 글자는 오로지 중·일간의 조약에만 보일 뿐이고, 중국과 조약을 체결하지는 않아, 조선 사절이 경사에 주둔하지 않으면 조선 국왕의 큰 욕심을 흔쾌히 하지 못할 것입니다. ……[변원규가 사절 파견과 조약체결을 요청하자,] 저는 이렇게 답하였습니다. 우리나라의 큰일을 내가 어찌 알 수 있겠습니까? 단 지금 조선 국왕은 러시아 공사관에 머물고 있어, 결국은 러시아의 손님이고, 이미 다른 나라의 공사관을 빌려 궁전으로 삼고 있으니, 어찌 독립된 국주(國主)라 할 수 있겠습니까? 그러니 독립된 주권이 없는데 어찌 능히 사절을 파견할 수 있겠습니다. 이 역시 공법에 실려 있는 바입니다. …… [변원규가 閔泳

297 權赫秀, 2013a.

298 金翰圭, 1999, pp.877-878.

渙이 러시아에 가서 3천 병력을 보내 보호해 달라고 요청하였으니,[299] 그 때 환궁하게 되면 중국에 사신을 파견할 수 있느냐고 묻자] 저는 답하였습니다. 다른 나라 병사가 그 나라의 수도에 주둔하게 된다면, 다른 나라의 보호를 받는 나라이고, 이 병사가 없으면 독립할 수 없으니, 국왕은 여전히 자주권이 없습니다. 이미 다른 나라의 보호를 받아서야 비로소 나라를 세울 수 있다면, 번속하고 뭐가 다릅니까? 사절을 파견할 수 없다는 것, 이 역시 공법에서 허용하지 않는 바입니다. 제가 보기에는 이와 같으니, 그래도 국왕이 굳이 사신을 중국에 파견하겠다면, 아마도 예로써 상대하지 않을 터이니 아마 보내는 것을 늦추는 것이 좋을 듯합니다.[300]

이렇게 당소의는 '아관파천' 중의 조선이 만국공법에 비추어보아도 독립국으로서의 주권을 행사할 자주권이 없다는 구실로 조선의 외교사절 파견 요청을 잠시나마 거부할 수 있었다. 그래도 그는 러시아 공사나 각국 사절이 국왕에게 북경으로의 사절 파견과 조약체결을 권할 수 있고, 그 경우 만국공법으로도 따져도 거절하기 곤란하므로, 미리 총리아문에서 대책을 마련해 달라고 요청하였다.[301] 당소의의 보고를 접한 총리아문의 공친왕 혁흔(奕訢. 그는 은퇴 후 10년 만인 1894년 다시 총리아문 대신으로 기용되어 청·일전쟁의 사후 처리를 떠맡았다.)은 이홍장에게 다음과 같은 전보를 보냈다.

299 실제로 1896년 6월 13일 러시아의 로바노프 외상과 만난 민영환은 전달한 5개 항목의 메모에서 가장 중요한 것은 국왕 경비를 위한 러시아 분견대의 서울 파견이라고 강조하였다. 윤경남 역술, 2014, pp.142-144; 김용구, 2018, p.192.

300 「北洋大臣王文韶函 照錄唐紹儀來稟」(光緒22年 6月 2日), 『中日韓』 卷8, pp.4856-4857; 「恭親王奕訢等奏摺」, 中國第一歷史檔案館 等 編, 2008, 『清宮恭王府檔案總彙 奕訢秘檔』 第10冊, pp.138-147.

301 위와 같음.

조선이 변원규를 파견하여 조약체결을 요구하였으나, 당소의는 조선은 현재 자주권이 없으므로 외교사절을 파견하는 것은 아마 받아들이지 않을 것이라고 답하였다고 합니다. 하지만 각국이 종용할까 염려되니, 응당 미리 방법을 마련해야 한다고 하였습니다. 지금 통상장정은 허락하고 영사를 배치하는 것은 허락하되, 조약을 체결하지 않고, 사절을 보내지 않고, 국서를 전달하지 않으며, 중국에서는 총영사를 보내 조선에 주재하면서 사절의 업무를 대신 처리하게 함으로써 속국지체(屬國之體)를 존속하고자 합니다. 구미의 기존 사례를 널리 모아서 전보로 답장해 주시기 바랍니다.[302]

이미 조선의 독립을 인정한 다음인데도 공친왕은 여전히 조선의 '속국지체'에 집착하고 있었다. 천조체제의 그림자와 '편법외교'의 기억은 아직 사라지지 않았다. 청·일전쟁의 패배도 그의 근대적 국제사회나 그 속에서의 중국의 위상에 대한 인식에는 아무런 영향을 주지 못했다. '열국병립'의 대세를 지적하던 강유위의 위기의식은 그와는 전혀 상관이 없었다. 이에 대한 이홍장의 답장은 대략 다음과 같았다.

영국·프랑스·독일이 주재시키는 외교관은 모두 총영사입니다. 이를테면 페루나 볼리비아 같은 소국에 대해서 러시아나 오스트리아·독일은 역시 총영사를 파견하고 있습니다. 따라서 이 일은 공법에 비추어 응당 총리아문에서 조선의 외서(外署)에 신임장을 보내고, 국서를 전달하지 않아도 될 것입니다. 통상장정의 체결과 총영사 배치를 허락하시겠다는 것 같은데, 마침 당소의가 제대로 업무를 처리하고 있다고 할 수 있으니, 사절은

302 「恭親王奕訢等奏摺」, 中國第一歷史檔案館 等 編, 2008, 『清宮恭王府檔案總彙 奕訢秘檔』 第10冊, p.147.

보낼 필요가 없을 것입니다. 변원규는 전에 누차 와서 만난 적이 있으나, 평범하고 겁이 많아 쉽게 상대할 수 있습니다. 각국은 아마 반드시 (조약 체결을) 종용하지는 않을 것입니다.[303]

이홍장 역시 외교 관계의 수립을 거부하고, 총영사 설치만을 허락하자는 주장에 동의하자, 1896년 7월 27일 총리아문은 결국 다음과 같은 조선과의 통상방법을 미리 마련하여 체제를 지키겠다는 결정을 내렸다.

생각건대, 조선은 오래도록 우리 청의 번속이었으니 또한 서양 각국과 똑같이 대등하게 보기 곤란합니다. 따라서 응당 미리 방법을 마련해서 때가 되면 대응할 수 있게 해야 합니다. 신 등이 공동으로 상의한 결과 만일 조선 국왕이 반드시 자주국의 위치를 차지하기를 바란다면, 통상장정의 체결을 허용하고, 영사의 배치를 허용하되, 조약체결을 하지 않고, 사절을 파견하지 않으며, 국서를 전달하지 않고자 합니다. 중국은 총영사 한 사람을 파견하여 한성에 주재하면서 대신 업무를 처리하게 하여 속국 체제를 존속하고자 합니다.[304]

여기서 나타나는 총리아문의 태도 역시 "조선은 오래도록 우리 청

303 「恭親王奕訢等奏摺」, 中國第一歷史檔案館 等 編, 2008, 『清宮恭王府檔案總彙 奕訢秘檔』 第10冊, p.147-148; 「覆譯署」(光緒22年 6月 9日), 『李鴻章全集』 26 電報 6, p.263.

304 「總理各國事務衙門主豫籌朝鮮通商辦法以存體制摺」(光緒22年 6月 17日), 『清光緒潮中日交涉史料』 卷49, 30a-31a; 『中日韓』 卷8, pp.4871-4874; 中國第一歷史檔案館 等 編, 2008, 『清宮恭王府檔案總彙 奕訢秘檔』, 第10冊, pp.138-142.

의 번속이었으니 또한 서양 각국과 똑같이 대등하게 보기 곤란합니다." 라는 것이었다. 이미 천조상국이 그토록 마지막까지 유지하고자 애써 왔던 조선의 사대질서는 이미 무너졌지만, 이러한 시대의 변화를 받아들이기를 거부하고 과거에 집착하면서 "속국체제를 존속"시키기를 바라는 청 지배층의 보수적 자세는 여전하였다. 따라서 이런 시각에서 보면 조선 국왕(또는 새로 성립한 대한제국의 황제)이 청에 파견한 외교사절이 신임장을 제출하기 위해 황제를 알현하면서, 이전의 조공사절이 수백 년간 해 왔던 것과는 달리 삼궤구고(三跪九叩)의 예절을 이제 실행하지 않게 되는 것은 정말 하늘이 무너지는 '재앙'이나 마찬가지였을 것이다. 이것은 그야말로 청 정부의 존엄과 권위를 크게 손상하는 것으로서, 절대 받아들일 수 없는 일이었다. 「시모노세키조약」에도 불구하고 앞서 살핀 공친왕이나 장지동(張之洞)과 같은 청 고위 관료가 여전히 「시모노세키조약」에 규정된 조선의 독립을 '부인'하는 자세를 고수하였던 사례에서 이러한 타성을 잘 드러난다.[305]

이것은 조선과 '평행지국(平行之國)'으로서 조약을 맺는 것, 즉 '평행체제(平行體制)'의 성립을 여전히 가로막는 장벽이었다. 만국공법의 국제질서 속에서, 병립하는 국가들의 하나로 스스로 위치 짓고 그러한 시각에서 이웃 나라 조선을 바라보는 시각을 확보하는 것은 좀처럼 용이한 일이 아니었다. 그러한 질서나 국제사회는 여전히 청의 지배층이 도무지 이해하거나 받아들일 수 없는 대상이었다. 청 조정은 그야말로 천조상국의 심태에서 한 치도 벗어나고 있지 못했다. 과거의 '속국'이었던 조선과의 대등한 정식 외교를 수립한다는 것은 그야말로 반드시 피해야만 하는 일로, 아마 일본과의 전쟁에서 패배한 것보다 이것이 더

305 Karl W. Larsen, pp.248-249.

수치스러웠을지도 모른다.

만국공법에 따르면 조선과의 대등한 조약체결을 거부할 명분이 없었다. 그렇지만 과거의 속방이 천조상국의 수도에 사절을 파견하여 주재하게 하는 것은 천조와 천자의 체면을 극도로 손상하는 것이었다. 1860년의 「북경조약」으로 외교사절의 북경 주재가 허용된 지 수십 년이 지났음에도 불구하고, 그리고 청·일전쟁의 패배로 천조체제가 완전한 붕괴를 맞이하였음에도 불구하고, 청은 여전히 천조관념의 그림자에서 벗어나지 못하였다. 따라서 청은 기존의 '속국체제'를 '존속'시키는 의례적인 문제에 집착하면서, 조선(한국)을 약소국이지만 그래도 대등한 국가로서 인정하기를 거부하였다. 나라의 크기를 막론하고 주권을 가진 독립국가로 간주하는 만국공법의 기본 원리 수용 자체를 거부한 것이다. 따라서 이 시기 청의 대조선 정책은 사실상 기존의 불평등성과 일방성으로 점철된 「무역장정」 체제를 계속 연장하려는 시도에서 벗어나지 못하였다고 해도 과언이 아니다.

여하튼 이후 이러한 방침에 기초하여 1896년 10월 일시 귀국한 그 자신의 건의를 통해 당소의는 조선에 파견되는 총영사로 임명되었다(1896.11.). 그는 통상장정과 세칙(稅則)의 문제로 조선 정부와 협의하라는 임무를 부여받았다. 한국에 있는 청국 상인 보호라는 임무를 수행하면서도, 한국의 공사 파견과 조약체결의 요구를 거절하기 위해 영국의 경우를 모방한 일종의 '편법'을 이용하라는 지시였다. 이때 당소의의 중요한 과제 가운데 하나는 한국이 북경에 외교사절을 파견하는 일을 완강하게 저지하는 것이었다.

하지만 아직 국교가 회복되지 않은 단계에서 조선 정부와 사전 협의도 없이 임명되었기 때문에, 당소의는 수교 압력을 피하면서 아울러 조선(한국)의 외교사절 파견을 막기 위해 한국 정부에 부임(1897.1.1.) 사실을 통보하지도 못하고, 그러면서도 1898년 10월까지 약 21개월 동안 비정식 주한 총영사로 근무하는 난처한 입장에 빠졌다. 청은 당소의가 총영사로 개임(改任)되었다는 사실을 조선 외서에 통고하였지만, 당소의 자신은 조선 정부에 부임 사실을 통지하지 않았다. 그가 자신의 부임 사실을 통지하지 않은 것은 총영사가 아닌 공사 교환을 원하는 조선 정부에 공연한 마찰을 불러일으킬지 모른다는 판단 때문이었다. 아니 조선의 조약체결 의사를 저지할 방법이 없었기 때문이었다.[306] 그 때문에 여기서도 당소의는 종래에 익숙하게 사용하였던 '편법외교'의 관행을 다시 꺼내 들었다.

청은 한국에 대한 종전의 견해에 기초한 이러한 일방적인 '편법외교'를 통해 조선과의 조약체결에 대한 거부감을 표시하였다. 그렇지만, 러시아나 일본 등 각국의 간섭 같은 국제적인 정세의 압력 때문에 청은 마침내 한국과의 조약체결에 나서지 않을 수 없었다. 더구나 그동안 조선에서는 1897년 10월 고종이 황제로 즉위하고 국호를 대한제국으로 바꾸었다. 이러한 움직임에 청은 불쾌감을 느끼지 않을 수 없었다.[307] 당소의는 사전에 "다만 조선은 조그마한 소국으로 현재 아무런 이유 없이 [황제의] 존호(尊號)를 덧붙이고자 하는데, 만약 각국이 그 행위를 저지하지 않는다면 망령되이 스스로 존대(尊大)하면서 이것을 당연한 것으로 여길 터입니다. 한성에 주재하는 영국·독일·프랑스 각국

306 「收駐紮朝鮮領事唐紹儀稟」(光緒23年 2月 11日收), 『中日韓』 卷8, p.4976; 張煥宗, 1998, pp.14-17; 金鍾星, 2006a, p.37; 林亨芬, 2014, pp.83-102. 金鍾星은 조선 정부 역시 수교 자체가 난관에 부딪힐 염려가 있고, 영사급 관계로 고찰될 우려도 있어, 이를 문제로 삼지 않고 묵인하였음을 지적하고 있다. 이영옥, 2005, p.221도 『外衙門日記』에서도 당소의가 부임을 알린 사실을 발견할 수 없다고 지적한다. 權赫秀, 2013a, p.303은 영국 주한총영사 J. N. Jordan을 통해 조선 정부에 통보하였다고 지적하고 있지만, 본인이 직접 조선 정부에 통보한 것 같지는 않다.

307 李玟源, 2003, pp.36-37.

외교관들은 모두 일소에 부치고 있습니다."라고 불편한 심정을 토로하였다.[308] 뒤이은 보고서에서도 당소의는 다시 이렇게 각국의 반응을 전하였다.

> 제가 일찍이 이 일을 듣고 몰래 한성 주재 프랑스·독일·미국·영국 외교사절에게 물어보았습니다. 모두 조선 국왕이 황제 칭호를 더하는 일은 그 경내에서 스스로 가지고 있는 권한이라며, 각국 정부가 이것을 인정하고 받아들일지 아닐지는 모두 깊이 알지 못한다고 하였습니다. 독일과 러시아의 사절은 제게 몰래 알리길, 얼마 전 그 정부로부터 전보를 받았는데, 조선 국왕이 황제를 칭하는 것은 마치 조선 동전이 단지 조선 경내에서만 팔리는 것처럼 보기 때문에, 만약 우리나라로 온다면 백만 문이라 할지라도 아침 한 끼도 사서 먹을 수 없을 것이라고 하였습니다. 만약 한국과 조약을 맺은 나라들이 그 행위를 막지 못한다면, 우리 역시 홀로 거스르기 불편합니다. 그러므로 받아들일 수도 없고 또한 억지로 막을 수도 없습니다. …… 러시아가 이 거동을 억지로 저지하려 하지 않는다면, 혹은 아마도 조선이 일본을 가까이하고 러시아를 멀리하여 그 이권을 잃을지도 모른다는 생각 때문입니다. 엎드려 생각건대, 조선 국왕의 이번 망동(妄爲)은 아첨하는 몇 명의 신하 이외에 무릇 하급 신료나 백성들은 그에 대해서 모두 심하게 비난합니다. 작년에는 청의 칙사가 머물던 남별궁(南別宮)을 현재 이미 천단(天壇)으로 개축하였는데, 다시 자주독립의 뜻을 밝히고자 하는 것으로 보입니다. 시무(時務)를 잘 아는 조선인들은 모두 위망(危亡)의 조짐이라고 합니다. 또 전에는 그 국호를 대화(大華)로 바꾸려다가, 지금은 다시 대한(大韓)이라는 두 글자를 씁니다.

308 「委駐朝鮮總領事唐紹儀稟」(光緒23年 5月 5日), 『中日韓』 卷8, p.5009.

…… 이러한 극도의 참절(僭竊)은 옛적부터 들어본 적이 없습니다. 이 망자존대(妄自尊大)는 경계하여 신중히 하지 않는다면, 아마 동방의 화근이 될 것입니다.[309]

당소의가 "받아들일 수도 없고 또한 억지로 막을 수도 없습니다."라고 한국과의 조약 문제를 표현한 것은 이홍장이 1881년 「조·미조약」 체결 즈음에 조선-청 관계의 원칙에 대해 "붙은 것도 아니고 떨어진 것도 아닌[不黏不脫]"처럼 해야 한다고 했던 것과도 아주 비슷하다. 어쩌면 1880년대 청의 조선 정책은 이처럼 애매모호하고 엉거주춤한 '진퇴양난'의 처지에서 벗어나지 못했다고 볼 수도 있다. 고종의 황제 즉위와 대한제국 건립이 국내외의 조롱과 비방의 대상이 되기도 하지만, 그렇다고 해서 받아들일 수도 없고 또한 억지로 막을 수도 없는 청의 불편한 심정을 아마 당소의가 대변하고 있지 않았을까? 천조상국과 속국 사이의 '속국자주'를 둘러싼 딜레마는 여전히 이 시기 조선(한국)-청 관계에서도 사라지지 않았다.

물론 여기에 그대로 드러나고 있지만, 당소의가 우려한 대로 이후 러시아는 1898년 3월 총리아문에 한국이 북경에 대표부를 설치하고 한성에도 마찬가지로 대표부를 설치하기를 원한다는 의향을 전달하였다. 일본도 총리아문에 청과 한국의 접촉을 중재하겠다는 의사를 전달하였다. 영국도 이미 그 이전에 중국이 조속히 조선의 독립을 인정하고 조약을 체결하는 것이 타당하다는 의견을 제시한 바 있었다.[310] 이렇게 러시아와 일본이 대한제국의 건립을 받아들이고, 한국과 청의 관계 재건에 대해 압박을 가해 온 데다가, 1898년 들어 러시아가 3월 여순·대

309 「駐紮朝鮮總領事唐紹儀稟」(光緒23年 10月 7日), 『中日韓』 卷8, p.5050.
310 李銀子, 2013, pp.4-5; 林亨芬, 2014, pp.119-120.

련을 점령하였다가 국제적으로 고립되자, 1898년 4월 25일 일본과 로젠-니시협정[도쿄에서 주일 러시아 공사 로젠 Roman Romanovich Rosen과 일본 외상 니시 도쿠지로(西德二郎) 사이에 체결된 협정]을 체결하여, 만주 진출에 대한 양해를 얻는 동시에 한반도에서 일본의 우위를 인정하여 한국에서 발을 빼는 등 주변 정세가 급변한 것도 조선과 청의 조약체결을 앞당기는 데 일정한 역할을 하였다.[311]

청은 마침내 한국이 북경으로 외교사절을 파견하는 것을 막기 위해 청에서 먼저 조선에 외교사절을 파견하겠다는 대응으로 나섰다. 예전의 속국이 대등한 국가로서 공사를 파견하겠다는 소식은 청 정부로서는 기존 양국 관계의 완전한 '붕괴'를 확인하는 효과를 내외에 보이는 것이었으므로, 여하튼 예전의 속국과 천조상국이 국제사회에서, 그리고 나아가 중국 내에서 동등한 지위에 서는 것을 가능한 한 최대한 피해 보려 하였던 것이다.[312] 1898년 6월 2일, 총리아문은 한국 사신 파견의 상세한 내용과 각국의 한국에 대한 승인 문제에 대해 질문한 결과 당소의로부터 다음과 같은 답장을 받았다.

> 조선은 이등사절을 북경으로 파견하여 조약체결을 요청하려고 합니다. 만약 중국에 조약체결의 의사가 있다면, 응당 중국에서 먼저 사신을 한국에 파견하여 옛적의 주인과 하인 사이의 차이를 보여 주어야 할 것입니다. 만약 한국이 먼저 파견하게 한다면, 아마도 그것은 저쪽에서 갈망하는 바라 아마 체제에 장애가 될 것입니다.[313]

311 金鍾星, 2010, p.88.
312 이하 「한·청통상조약」 체결 과정에 대한 서술은 앞서 든 연구 외에도 權錫奉, 1987(2007b); 茅海建, 2005; 金鍾星, 2006a; 金東建, 2008; 林亨芬, 2014, pp.120-135 등에 주로 의존하였다.
313 「駐朝鮮總領事唐紹儀來電」(光緖24年 4月 14日到), 『光緖中日』 卷51, 35b.

이렇게 "한국은 속방이라 사절을 파견하면 접대하기 불편하다."라는 이유로 거절하고자 하였지만, 청은 더 이상 한국의 요구를 저지할 명분이 없었고, 조약을 맺지 않으면 열강의 적극적인 간섭 때문에 수많은 마찰이 발생할 것임을 예상할 수밖에 없었다. 총리아문은 마침내 7월 8일, "한국이 계속 사신을 파견하기를 원한다면 사등공사를 보내는 것을 상의할 수 있고, 국서는 총리아문에서 대신 전달하여 굳이 황제의 근견(覲見)을 할 필요 없으며, 통상조약은 응당 총리아문에서 함께 회의할 것"이라는 점을 당소의가 한국에 통보하도록 하였다.[314]

하지만 당소의는 이것을 한국 정부에 알리지 않았던 것으로 보인다.[315] 그는 여전히 앞서 주장한 대로 한국이 먼저 사절을 파견하는 것에 대해 이의를 제기하였다. 7월 29일 그는 "한국이 먼저 사절을 파견하면 아마 체제(體制)와 관련되는 문제가 될 것입니다. 차라리 우리가 사등공사를 조선에 보내 통상조약을 논의하게 함으로써 조정이 옛 번속을 은혜로 대우하는 지극한 뜻을 보여 주어야 할 것"이라고 요청하였다. 나아가 "사등공사 신임장은 부신(部臣)에게 전달하는 것이 서양의 통례입니다. 다만 조약체결을 하면서 국서를 전달하지 않는 것은 만국공법에서 아마도 보기 드물 것입니다. …… 아마 한국 사절이 북경에 오되, 국서를 전달하지 않고, 근견도 하지 않게 하겠다면, 그 역시 따르지 않을까 두렵습니다."라는 의견을 제시하였다.[316] 『만국공법』 제3권

314 「發駐朝鮮總領事唐紹儀來電」(光緖24年 5月 20日), 『光緖中日』 卷51, 40ab. 한편 1898년 5월 공친왕의 서거는 이런 점에서 청의 조선 정책이 급변하는 하나의 계기가 되었던 것으로 보인다. Louis T. Sigel, 1992a, p.178.

315 茅海建, 2005, p.452; 林亨芬, 2014, p.126.

316 「駐朝鮮總領事唐紹儀來電」(光緖24年 6月 11日到), 「駐朝鮮總領事唐紹儀來電」(光緖24年 6月 17日到). 『光緖中日』 卷52, 1b, 2b; 中國第一歷史檔案館 編, 2005, 『淸代軍機處電報檔滙編』 第20冊 綜合類·電報檔, pp.90-91.

第6절에서 "제4등 사신은 부서의 신하에게 위임장을 전한다."라고 규정하고 있는 것을 이용하여, 당소의는 한국 사절의 국서 전달과 황제 근견이라는 '(천조)체제' 붕괴를 실감케 하는 치욕을 미리 막아 보려 하였던 것이다.[317]

2) 「한·청통상조약」 체결

마침내 몇 달 동안이나 논란이 계속되었던 이 문제는 광서제의 과감한 결단에 의해 해결의 실마리가 풀렸다. 1898년 8월 5일 광서제가 다음과 같은 상유를 내렸기 때문이다.

> 당소의의 전보는 잘 받아 보았다. 사절 파견, 국서 전달, 조약 협상 등의 문제에 대해 한국 사절이 북경에서 국서를 전달하고 근견하는 문제를 모두 허락한다.[318]

317 『만국공법』 제3권 「제 나라의 평상시 왕래의 권한을 논한다」의 제6절 「국사의 등급」에서는 "제3등 사신은 모두 신임장을 타국의 군주에게 보내는 자이다. 제4등 사신은 부서의 신하에게 위임장을 전하며, 일로 인해 특사되는 자, 흠차의 일을 대행하는 자도 있다."라고 규정하고 있다. 헨리 휘튼 지음, 김현주 옮김, 2021, 『만국공법』, pp.199-200을 참조.

318 茅海建, 2005는 中國第一歷史檔案館의 '洋務檔'에서, 權赫秀, 2013a나 林亨芬, 2014는 「軍機處電寄唐紹儀諭旨」(光緖24年 6月 18日), 『光緖中日』 卷52, 3a에서 이를 확인하였지만, 『德宗實錄』 卷344, 光緖20年 7月 乙亥에도 이것이 실려 있다. 단 中國第一歷史檔案館 編, 1996; 中國第一歷史檔案館 編, 2005, 『淸代軍機處電報檔滙編』 第2冊 諭旨類·電寄諭旨檔이나 第20冊 綜合類·電報檔; 中國第一歷史檔案館 編, 『光緖朝硃批奏摺』 第112輯 外交; 中國第一歷史檔案館 編, 2008, 『光緖朝上諭檔』 第24冊 光緖24年(1898)에서는 이 상유가 발견되지 않는다.

이렇게 당소의의 전보를 받아 본 다음 광서제가 내린 결단을 통해 국서의 전달 및 한국보다 앞선 중국 측의 외교사절 파견이 결정됨으로써, 양국 간 국교 회복의 길이 열리게 되었다는 점은 주목할 만하다.[319] 한국과 대등한 국가로 서게 되는 것을 도저히 상상도 할 수 없는 전통적 천하관념의 완전한 와해를 기다렸다면, 아마 대한제국과 청의 관계 개선은 훨씬 더 많은 시간이 걸렸을 것이다. 청·일전쟁에서의 패배 이후 열강의 이권 침탈과 세력권 확보 경쟁으로 '과분두부'와 '망국멸종'의 위기의식, 그리고 그것이 불러온 개혁의 필요성에 대한 공감이 이 이 시기의 중국을 사로잡았음에도 불구하고, 이러한 변화는 결코 쉽지 않았기 때문이다. 결국 이것을 해결할 수 있는 유일한 방법은 황제의 결단에 의존하는 것밖에 없었다.

그런 점에서 광서제가 이러한 결단을 내린 시점이 바로 그가 '국시를 명백히 밝히는[明定國是]' 조서를 반포함으로써 이른바 무술개혁을 본격적으로 개시한 지 1주일이 지난 시점이었다는 것은 아주 의미심장하다. 그보다 앞서 광서제는 외교사절을 대하는 근견(覲見)의 의례에 대해서, 6월 15일에 앞으로의 외교 의례는 "중·서 체제를 참작하여 힘써 우대하라."는 지시를 내렸을 정도로 비교적 개명적 태도를 보인 바 있었다.[320] 아울러 친정(親政)을 시작한 지 이미 몇 년이 지난 광서제

319 林亨芬(2014, pp.103-135)은 당소의나 총리아문, 심지어는 황제조차 心態 면에서 한국과 완전한 平行對等을 원치 않았지만, 당소의는 한·청 수교의 문제에 대해서 가장 보수적이었으며, 총리아문은 중외 관계를 조화시키려는 위치에서 중국의 체면을 고려했을 뿐만 아니라 여하튼 말썽을 일으키지 않으려는 편이었다고 설명한다. 나아가 황제가 결정권을 가지고 있었지만, 대권을 장악하고 있었던 것은 자희태후여서 광서제가 수교를 촉성한 관건이라고 보기보다는 자희태후의 지지 아래 진행한 것이라는 결론을 내린다. 하지만 자희태후가 수교를 적극적으로 추진한 것은 아니었다는 점도 분명할 것이다.

320 茅海建, 2005, p.425.

가 "망국의 군주가 되지 않겠다."라는 비장한 심정으로 마침 무술개혁을 적극적으로 추진하는 적당한 시점이 아니었다면 아마 이 문제의 해결은 훨씬 더 미루어졌을 가능성도 크다.[321]

광서제의 결단 이후 어느 쪽에서 사신을 먼저 파견하는가를 명확히 규정하지는 않았지만, 총리아문에서 당소의의 의견을 받아들여 청이 먼저 사신을 파견하도록 주청하면서 17명의 후보자 명단을 제출하였다.[322] 광서제도 이에 따라 먼저 사절을 보내는 것으로 결정하였다. 출사 인원의 파견이나 국서의 내용을 둘러싼 논쟁과 우여곡절이 있었지만, 1898년 8월 13일 '주찰조선국흠차대신(駐紮朝鮮國欽差大臣)'으로 안휘안찰사(安徽按察使) 서수붕(徐壽朋)이 임명되었다.[323]

하지만 서수붕의 직함은 전통적 사대질서나 식민주의의 느낌을 강렬하게 풍겼으므로, 한성의 각국 외교관들도 청의 의도를 다시 의심하게 되었다. 우선 굳이 '한국'이라는 말을 쓰지 않고 대한제국을 승인하지 않는 것처럼 보이는 '조선'이라는 용어를 쓴 것이 문제였다. 게다가 '사등공사'가 '흠차대신'으로 바뀌면서, 조약체결을 논의하기 위해 일시적으로 파견되는 사절이 아니라, 티베트에 파견된 주장대신(駐藏大臣)처럼 황제가 상주(常駐)하도록 파견하는 흠차대신의 의미를 띤 것도

321 徐徹, 1994; 孫孝恩 等, 1997; 金衡鍾, 2010 등을 참조. 광서제는 이후 '백일개혁'이 실패하여 곧바로 자금성 안 南海의 섬에 있는 瀛臺에 유폐되어, 사실상 1908년 독살당할 때까지 권력을 상실한 상태에 머무르게 되었다. 사후 100년이 되어서야 확인된 광서제의 독살에 대해서는 戴逸, 2008; 鍾裏滿, 2008; 包振遠, 2008 등을 참조. 또한 이 사망원인 분석을 종합한 "清光緒帝死因研究"課題組, 2017도 출간되었다.

322 「總理衙門奏摺」(光緒24年 6月 23日), 『中日韓』 卷8, pp.5133-5134.

323 徐壽朋의 사행 준비와 조약체결, 그리고 사신의 직함과 국서 문제에 대해서는 權錫奉, 1987(2007b); 이영옥, 2005; 李銀子, 2013; 陳尚勝, 2013 등에서 상세하게 다루고 있다.

외교 의례상 다양한 문제를 안고 있었기 때문이다. 이것은 당시 광서제나 청조 관원이 기본적으로 여전히 근대적 외교 관계의 형식과 규범을 아직 완전하게 이해하지 못하고 있었던 탓이었다.[324] 정식 외교 관원이 아닌 당소의가 당시 이 문제를 서울의 외국 공사들과 상의하였으면서도 한국 정부에 통보하지 않았던 점이나, 이후 서수붕의 파견에 대해서도 청 정부나 당소의가 이를 한국 정부에 공식 통보하지 않았던 점에서도 그대로 드러난다.[325] 이런 점만 보아도 확실히 청은 여전히 만국공법의 규정을 제대로 따르는 외교활동에 익숙하지 않았거나 아니면 그것을 제대로 받아들이려 하지 않았다. 당시 청이 조선에 보내려던 국서의 원문은 다음과 같다.

> 대청국(大淸國)의 대황제(大皇帝)가 대한국(大韓國) 대군주(大君主)에게 문안을 드립니다.
>
> 우리 두 나라는 같이 아시아에 있고, 수륙으로 서로 연결되어 있습니다. 수백 년 이래 기쁨과 슬픔을 함께하여, 서로를 나누어 구분하지 않았습니다. 무릇 서로 부축하고 서로 도울 수 있는 일이 있으면 그때마다 심력을 다하여 튼튼하게 안정되도록 꾀하였습니다. [이에 관한] 귀국의 전적은 모두 잘 보존되어 있으니, 번거롭게 거듭 서술할 필요는 없을 것입니다. 광서 초년 귀국과 미국, 유럽 각국과 조약을 체결할 때 여전히 문서를 갖추어 밝혔으니, 귀국이 오랫동안 불망(不妄)의 아름다움을 지키려

324 茅海建, 2005, p.425-461; Yuanchong Wang, 2018, pp.205-206. 陳尙勝, 2013, p.70에서는 청이 샴(暹羅. 태국)과의 조약체결을 논의하면서도, 중화민국 초기에 이르기까지 국왕을 황제로 번역해 달라는 요청을 줄곧 거부하여 담판을 결렬시킨 것과 비교하면, 광서제의 결단이 돋보이기도 하지만, 조선과 중국의 '안보'상의 관련성 역시 여기에 작용하였다고 지적한다.

325 이영옥, 2005, pp.224-225.

하였음을 충분히 증명할 수 있습니다. 최근 세계 각국이 모두 자주(自主), 자보(自保)를 공의(公義)로 삼고 있어, 이런 까닭에 광서21년 「중·일 마관조약(馬關條約)」 제1조에서 중국은 조선국이 독립자주임을 분명히 인정하였습니다. 멀리는 옛적의 우호 관계를 마음에 두고, 가까이는 현재의 어려움을 살펴 서로 의존할 수밖에 없는 보거순치(輔車脣齒. 수레의 덧방나무와 바퀴, 입술과 이빨이 서로 어느 하나가 없어서는 안 된다는 것을 비유한다.-인용자)의 의리를 특히 함께 모색해야 할 것입니다. 이에 이품함(二品銜) 후보삼품경당(候補三品京堂) 서수붕(徐壽朋)을 출사대신(出使大臣)으로 삼아 몸소 국서를 휴대하고 한성에 속히 가서 짐의 뜻을 대신 펴게 하고자 합니다. 서수붕 대신은 박실충성(朴實忠誠)하고 일 처리가 명달(明達)하니, 귀 대군주께서 대신 접대하고, 귀국 정부와 통상조약을 논의하여 영구적인 결과를 남길 수 있기를 기대합니다. 앞으로 양국은 영구히 우호 관계를 돈독히 하여 함께 승평(升平)을 누릴 것입니다. 짐은 이것을 두텁게 기대합니다.[326]

광서제는 이 '대군주'라는 명칭에 의문을 제기하고 '대황제'라고 표기해야 하는 것이 아니냐고 당소의에게 묻게 하였다. 결국 서수붕이 국서를 제출할 때 '대한국 대군주'가 '대황제'로 바뀐 에피소드는 그가 전통적인 속번에 대한 과거의 심태에서 벗어나, 가까스로 만국공법의 기준을 따르려는 자세를 가지게 되었음을 보여 준다. 청과 한국의 관계는 이 국서의 제출로 인하여 외교 형식상 완전한 평등을 이루게 되었다.[327] 다만 한국 측의 희망대로 국교 개설은 상호 대등한 방향으로 추진되었지만, 당초 한국이 의도한 수호조약이 아닌 통상조약의 형식을

326 茅海建, 2005, pp.457-458에서 인용.

327 茅海建, 2005, pp.458-459.

취하였으므로 한·중 사이에 타협적인 절충이 이루어진 셈이었다.[328] 청은 독립국만이 체결이 가능한 '수호조약'을 피해 반자주국(半自主國)도 체결 가능한 '통상조약'을 맺었기 때문에, 여전히 조선을 대등한 주권을 가진 독립국가로 인정해야 하는 '곤경'을 피할 수 있었다고 스스로를 위안할 수 있었을 것이다.

여하튼 이후 이른바 '무술정변'으로 광서제가 실각하고 곧장 연금을 당했음에도 불구하고, 이것은 조약체결 업무에 전혀 영향을 미치지 않았다.[329] '전권대신'으로 직함이 바뀐 서수붕이 이끄는 사절단은 1899년 2월 1일 한국 황제를 근견하여 국서를 제출하였다. 그를 맞는 조선의 접대 의례 역시 종전 청의 칙사를 맞이하던 것과 달라졌다. 이 점 역시 양국 관계의 변화를 확실히 보여 주었다.[330]

서수붕은 총리아문에서 마련한 조약 초고 17조를 제시하여, 한국의 외무대신 박제순(朴齊純)과 1899년 2월 15일부터 7월 18일까지 총 7차례의 협의를 거쳐 조약 문안을 완성하였다. 7월 25일부터 8월 1일까지는 자구 수정을 하였다. 그리고 8월 25일 총리아문에서 심의한 다음 황제의 재가를 받아,[331] 1899년 9월 11일(光武3年 9月 11日, 光緖25年 8月 7日) 대한제국 외부에서 모두 15조로 이루어진 「한·청통상조약(韓·淸通商條約)」(중국 측에서는 「中·韓通商條約」이라고도 한다.)에 조인함으로써, 청·일전쟁 이후 약 5년간 단절되었던 국교를 정상화하였다. 이후 1899년

328 金鍾星, 2006a, p.40, p.70
329 權錫奉, 1987(2007b), p.132.
330 朝鮮 外部 交涉局 編, 1902, 『照錄』(奎章閣 古5710-3)은 1898-1902의 시기에 걸쳐 위의 국서 및 서수붕이 조약체결 과정과 부임 후 조선 정부에 보낸 각종 照會 및 書信과 교섭국의 答信의 자료를 정리한 것으로 徐壽朋과 후임 許台身의 활동을 이해하는 데 좋은 참고가 된다(金奉俊 제공).
331 「總理衙門奏摺」(光緖25年 7月 20日), 『中日韓』 卷8, pp.5226-5234.

12월 14일 한성에서 비준서가 교환되었다.[332]

이제 한국은 오랫동안 '상국'으로 모셔 왔던 청으로부터 국제적으로는 그나마 '대등한 국가'로서 인정받을 수 있는 아마 역사상 최초의 시기를 맞이하였다. 양국 간의 조약 협상에서는 영사재판권 부정(개항장의 범인 인도)이나 청국 상인의 한성 상업 활동 취소 문제[漢城撤棧], 국경 분쟁 등이 논란의 대상이 되었다. 그렇지만, 이 조약은 기본적으로 「조·미조약」을 바탕으로 마련된 것이었다. 따라서 양국 사이의 호혜평등(互惠平等)을 기초로 삼고 있었던 데다가 여러 조항은 순서와 약간의 문구가 바뀐 것을 제외하면, 거의 같은 내용을 담고 있을 정도였다.[333] 이것은 서수붕이 조약체결을 준비하면서 이미 다음과 같은 의견을 표명하였던 것에서도 알 수 있다.

> 한국은 본래 우리 옛 번속으로 그 자주·평행은 부득이한 데서 나온 것입니다. 이번의 조약 논의도 저쪽은 본래 많은 이익을 추구할 수 없을 것이니, 우리 또한 어찌 차마 이것을 통해 값싼 이익을 도모할 수 있겠습니까? 하물며 다른 나라들이 은근히 모의를 주도하고 있는 점이 곳곳에 존재합니다. 만약 새로운 조약이 조금이라도 새롭거나 특이한 점이 있으면,

332 權錫奉, 1987(2007b); 王明星, 1998; 이영옥, 2004, 2005; 金鍾星, 2006a; 은정태, 2005, 2009a, 2009b; 蔡建, 2008; 李銀子, 2013; 鄭東然, 2021.

333 「出使大臣太僕寺卿徐壽朋奏報議定中韓商約摺」(光緒25年 6月 19日). 『光緒中日』 卷52, 34a-38a 및 38a-44b의 관련 문건을 참조. 조약 원문 및 번역(또는 영문)은 王鐵崖 編, 1957, 『中外舊約章彙編』 第1冊; 國會圖書館立法調査局編, 1964, 『舊韓末條約彙纂』, 立法參考資料 第18卷; 權錫奉, 1987(2007b), pp.134-140; 田濤 主編, 1999, 『清朝條約全集』; 海關總署『中外舊約章大全』編纂委員會 編, 2007, 『中外舊約章大全』 第2冊(pp.1332-1340); 權赫秀 編, 2008, 「約章篇」, pp.55-62; 최덕수 등, 2010, pp.350-371 등에서 확인할 수 있다.

아마도 한국은 반드시 그 주장을 베껴다가 우리가 고심하게 만들 터이고, 헛되이 자소지인(字小之仁)만 상하게 하고 이웃 나라의 우의를 돈독히 하는 데 도움이 되지 않을 것입니다. 따라서 이번 조약의 조항은 다만 오로지 과거의 각 조약에 대해 증감하여 피차가 서로 균평(均平)하게 되도록 힘써야, 통상조약이 신속히 이루어지는 것을 기대하고, 한국인이 이의를 제기하는 것을 피할 수 있습니다.[334]

여기에는 옛 번속과 대등한 조약을 체결하는 데 있어 큰 이익을 도모할 수도 없는 데다가, 열강이 뒤에서 조종하거나 간섭하여 자칫하면 문제가 커질 가능성이 크므로, 일단 과거의 조약(「조·미조약」)에 대해 약간의 증감만 함으로써 한국과의 조약을 신속하게 체결하겠다는 의도가 분명히 드러나고 있다. 따라서 이러한 점이 바로 조약의 성격에 큰 영향을 미쳤다는 지적은 타당해 보인다.[335] 다만 서수붕이 여전히 '번속'과 '자소지인'을 언급하는 것을 보면 천조상국으로서의 자존심은 그대로이지만, 어쩔 수 없는 상황에서 불가피하게 조약을 신속하게 체결함으로써 외교적 곤란함을 피하겠다는 심태 역시 마찬가지였다. 그리고 과연 이러한 것은 조약의 각 조항에서 그대로 반영되면서, 조약의 성격을 규정하게 되었다. 이를테면 「한·청통상조약」의 전문(前文)은 다음과 같다.

대청국(大淸國)과 대한국(大韓國)은 화호(和好)를 두텁게 하기 위해, 피차의 인민을 은혜로써 보살피기를 간절히 바란다. 이에 대청국 대황제는

334 「徐壽朋陳明所擬約款但就各舊約增減庶韓人免生異議片」(光緒24年 9月 28日), 『光緒中日』 卷52, 16a; 權錫奉, 1987(2007b), p.96.

335 權錫奉, 1987(2007b), p.131.

전권대신 이품함 태복시경 서수붕, 대한국 대황제는 전권대신 이품 의정부찬정(議政府贊政) 외부대신(外部大臣) 박제순을 특별히 파견하고, 각기 받은 전권위임장을 서로 확인해 보니 모두 적절하여, 통상조약을 맺고 다음과 같이 열거한다.[336]

이제 대청국 대황제와 대한국 대황제가 동등한 위상을 가지고 선언하고 있음을 여기서 확인할 수 있다. 이것은 사실 「조·미조약」의 전문을 그대로 베끼고 다만 나라 이름만 바꾸었기 때문이다.[337]

그리고 조약의 제1조는 "앞으로 대청국과 대한국은 각기 영원토록 평화롭고 우애 있게 지낸다. 양국 상민 등은 피차 상대방의 나라에 머물더라도 모두 보호와 우대이익을 받는다. 만약 다른 나라가 불공정하거나 모욕하는 일이 있어 이를 일단 알리면, 반드시 서로 돕고 중간에서 잘 조정하여 우의가 두터움을 보여야 한다."라는 '거중조정'에 관한 사항이었다. 이 조항을 「조·미조약」과 비교하면, "양국 상민 등은 피차 상대방의 나라에 머물더라도 모두 보호와 우대이익을 받는다."라는 구절이 들어간 것을 제외하면 역시 같은 내용이다. 이 구절이 들어간 것은 이미 상당수의 중국인(화교)이 한국에 이주해 있었기 때문에, 아마

336 이것을 「조·미조약」의 전문과 비교해 보면 명칭만 바뀌었을 뿐 내용은 거의 같다는 것을 알 수 있다. "大朝鮮國과 大美國은 和好를 두텁게 하고, 피차의 商民을 은혜로써 보살피기를 간절히 바란다. 이에 大朝鮮國 군주는 全權大官 經理統理機務衙門事 신헌, 全權副官 經理統理機務衙門事 김홍집을 특별히 파견하고, 大美國 대통령은 전권대신 해군준장 슈펠트를 특별히 파견하여, 각기 (본국에서) 받은 전권위임장을 서로 확인해 보니 모두 적절하여, 조약을 맺고 다음과 같이 열거한다." 「조·미조약」의 원문은 『外交文書』 제4권, pp.480-483; 『국역中日韓』 4, pp.23-26, pp.69-73(번역문)을 참조.

337 이하 조약 내용의 분석은 특별한 주기가 없는 한, 앞서 든 연구에 따른 것이다. 金鍾星, 2006a는 특히 이 조약의 각 조항을 분석하고 아울러 「무역장정」과 비교하여 그 의미를 세심하게 분석하고 있다.

그들의 권리와 이익을 보호하기 위해서 청이 요청하였을 것이다.

그리고 제2조는 "이번에 통상화호조약(通商和好條約)을 맺은 뒤 양국은 서로 병권대신(秉權大臣)을 파견하여 피차의 수도에 주재시킬 수 있고, 또한 피차의 통상항구에는 영사 등의 관원을 둘 수 있으며, 모두 그 편의를 들어준다. 이들 관원은 현지 관원과 교섭하기 위해 왕래할 때는 모두 같은 품급에 상당하는 예절로서 대우한다. 양국 병권대신과 영사 등의 관원은 갖가지 특혜를 누릴 수 있으며, 양국에서 서로 최혜국의 관원을 대하는 것과 다름없게 한다. 다만 영사관은 반드시 주재국의 비준 문서를 받아야만 업무를 시작할 수 있다."라는 앞부분도 마찬가지다. 또 이 구절 뒤에 "인원 왕래, 인원 파견, 문서송달 등의 직무를 수행할 때는 트집을 걸거나 지연시켜서는 안 된다."라는 구절이 들어간 것을 제외하면, 역시 「조·미조약」과 거의 같은 내용이다.

다만 '통상화호조약'이 아님에도 불구하고 '화호'라는 문자가 들어간 '실수'(아마 양측 모두 '통상조약'과 '수호조약'의 차이를 분명하게 이해하지 못하였기 때문이 아닐까?) 때문에 이 조약은 '통상조약'이 아닌 '수호조약'에 가까운 성격을 지니게 되었다는 평가를 받기도 한다.[338] 아마도 「조·미조약」의 문구를 그대로 가져온 탓도 있겠지만, 여하튼 양국의 우호와 외교사절의 교환·주재 및 이에 대한 비준 등을 규정한 점에서 「조·미조약」과 그다지 차이가 없다. 또 「무역장정」에서 조선의 경우 상무위원의 천진 주재만 인정하였지만, 이제는 공사의 북경 주재를 허용하여 근대적 조약의 기준을 제대로 갖춘 것이 되므로, 이러한 지적은 충분히 수긍할 만하다. 이 밖에도 「조·미조약」의 제3조는 제10조로, 제4조는 제5조로, 제5조는 제3조로 바뀌었지만, 내용에 큰 차이는

338 金鍾星, 2006a, p.43; 陳尙勝, 2013, p.61.

없다. 이것 역시 「한·청통상조약」이 「조·미조약」과 같은 '평등'의 기초 위에서 마련되었다는 점을 다시 확인해 준다.

또 제3조는 쌍무적 최혜국대우 조항을 규정하고, 제4조는 개항장에서의 상업의 자유를 규정하였다. 「조·미조약」과 다른 점은 조계(租界)에 관련된 조항이 삽입된 것이었다. 과거에 청이 조선에서 확보하였던 조계에 관련된 권리를 여하튼 유지하려 하였음을 알 수 있다. 제5조는 양국 간의 형사(刑事) 문제에 관한 내용을 규정하고 있으며, 양국 간 쌍무적 영사재판권을 조건부 시한부로 적용하였다. 양국 국민이 상대국에서 상대국 국민에 의해 생명·재산을 침해당하면, 상대국 즉 피고 측 국가의 재판관이 피고 측 국가의 법률에 따라 재판한다는 것이었다. 이것은 이전의 「무역장정」의 제2조에서 조선에서의 경우 중국 상무위원이 체포하여 심의·판결하거나(중국인 피고), 조선 관원이 피고가 된 범인을 출두시키고 중국 상무위원과 함께 법률에 따라 심의하여 판결한다(조선인 피고)고 규정하였지만, 중국에서의 경우 원고·피고가 누구든 모두 중국 지방관에게 맡겨 그가 법률에 따라 심의하여 판결한다고 규정하였던 불평등성을 '개선'한 데 의미가 있었다.[339]

제6조는 「조·미조약」의 제8조에서 변통한 것으로 양국의 미곡 수출 금지에 대해 사전에 지방관이 상대편에 통보할 것을 요구하는 것이었고, 제7조는 양국 상민 사이에 사기 등 불법행위가 발생하였을 때 피

339 이 영사재판권에 대해서는 李銀子, 2005, 2006; 青山治世, 2014, pp.223-231을 참조. 李銀子, 2006은 이것이 사실상 중국이 자국민을 보호하는 일방적인 수단이었다고 평가하는데, 青山治世(2014, pp.328-331)는 相互主義에 의해 서로의 주권을 제한하는 것이라고 보면서도, 또한 이것을 청이 포기하지 않은 것은 속국과의 상하 관계를 보여 주는 지표였기 때문이라고 지적한다. 陳尚勝, 2013은 서로 치외법권을 가진다는 점에서 상당한 대등성을 가지고 있다고 반박한다.

해자가 구제받을 수 있도록 양국 정부가 노력할 것을 규정하였다. 제7조는 여권[護照] 소지에 관한 규정, 「무역장정」 이후 쟁점이 되었던 청국 상인의 내지에서의 상품 구매와 관련된 규정으로서, 이를 인정하는 한편 점포 개설을 금지하였다. 원래 한국 측의 수약개고(修改約稿) 초안 제8조에는 「무역장정」에서 허용한 '한성에서의 상업 활동'을 폐지하기 위한 '한성철잔(漢城撤棧)' 조항이 있었는데 체결과정에서 이것은 차후 논의사항으로 삼기로 하고 삭제되었다.[340]

제9조에서는 수출입 금지·제한되는 품목에 관한 규정인데, 「조·미조약」 제7조에서는 아편만 언급되었는데, 여기서는 병기가 추가되었다. 제10조는 「조·미조약」의 제3조처럼 해난 구조의 규정을 다룬 것이고, 제11조는 「조·미조약」의 제10조처럼 통상항구에서 각종 인원을 고용하는 것에 관한 내용이다. 제12조는 육로교계처소(陸路交界處所)에 대해 다시 「통상장정세칙」을 정하여 월간민을 보호하되, 앞으로의 변계의 불법 월경[邊界潛越]을 금지하는 것이었다. 이것은 봉천·길림 「무역장정」을 다시 논의한다는 것을 의미하였다.[341] 제13조는 양국 군함이 개항장 여부를 막론하고 운항할 수 있는 것을 규정하였는데, 이것 역시 「무역장정」 이후 청이 조선에 확보한 권리를 양국이 균점하도록 '개선'한 것이다.

340 金鍾星, 2006a, p.48; 丘凡眞, 2006; 은정태, 2009a; 李銀子, 2013, pp.13-14; 陳尙勝, 2013, pp.60-61.

341 이 문제는 1885년과 1887년의 공동감계와 국경회담에도 불구하고 해결되지 못했던 과거의 문제를 다시 조선 측에서 제기한 것이다. 이것은 청·일전쟁 이후 청에 대한 인식의 변화와, 만국공법에 관련된 지식의 보급, 그리고 간도를 일종의 '식민지'로서 개척하려는 일부 조선인의 의도가 출현하는 것과도 연관이 된다. 이에 대해서는 백동현, 2005; 은정태, 2007b, 2009a, 2009b; 李花子, 2009b, 2009c, 2019a, 2019b 등에서 상세히 검토하고 있다. 하지만 이후속 「무약장정」의 개정은 이루어지지 않았다.

나머지 제14조는 이 조약은 양국 황제의 비준을 기다려 늦어도 1년 이내에 한국의 도성에서 비준서를 교환한 다음, 이 조약 각 조항을 자국의 관리와 상인에게 공고하여 준수하게 한다는 것이다. 제15조는 조약체결과 향후 공문서 왕래에서 '화문(華文)', 즉 한문을 사용하여 간이하게 한다는 규정이었다. 마지막 부분에는 광무와 광서 연호가 함께 사용되어 그 평등성을 다시 보여 주었다.

이상의 간단한 검토를 통해서 보면 「한·청통상조약」은 그 전문(前文)뿐만 아니라 여러 조항이 「조·미조약」의 내용을 상당히 이어받았다는 점이 우선 분명하게 눈에 띈다. 이것은 기존의 모든 연구에서 지적하는 바다. 신속한 조약체결을 통해 외교적 곤경에서 벗어나고자 한 중국 측의 의도가 그대로 반영되었기 때문이다. 청의 『덕종실록(德宗實錄)』에 「한·청통상조약」 관련 기사가 거의 실려 있지 않은 데서 이러한 청 측의 마지못한 태도를 잘 알 수 있다. 이 조약에 관해 딱 두 건 실려 있는 기사 가운데 하나는 1898년 조약체결 이전 "조선의 한성이 안정되어 있지 않아 사신 서수붕이 가는 것을 잠시 늦추게 해야 합니다."라는 군기대신의 상주를 황제가 승인했다는 내용이고,[342] 다른 하나의 기사는 조약체결 후인 1900년 "출사한국대신 서수붕이 어보를 찍은 조약문을 받들어 이미 조선과 서로 교환하였다고 상주하였으므로, 관련된 부서에 내려 알렸다."라는[343] 간략한 언급뿐이다. 조약의 체결과정이나 내용 자체에 대해서는 전혀 언급이 없을 정도로 이 조약의 '의미'를 축소하고 있다.

또한 중국의 전장제도(典章制度)를 다룬 전통적 사료집으로 유명한 '십통(十通)' 가운데 하나로, 1921년에 편찬되어 청대 후기의 근대적

342 『德宗實錄』 卷432, 光緒24年 10月 丁酉.

343 『德宗實錄』 卷458, 光緒26年 1月 癸亥.

변화까지 모든 포괄한 유금조(劉錦藻)의 『청조속문헌통고(淸朝續文獻通考)』 역시 이 점에서는 마찬가지였다(이 책에는 이전의 '九通'에서는 찾아볼 수 없는 「外交」·「實業」·「郵傳·「憲政」 등 근대 사회의 변화를 반영한 새로운 항목들이 추가되었다.). 이 책의 권353-359에 속하는 「외교고」 17-23에는 조선과의 '외교'나 조약은 전혀 실려 있지 않을 뿐만 아니라, 조선과 관련된 사항은 권331의 「사예고(四裔考) 일(一) 조선(朝鮮)」 부분에만 기술되어 있다. 더구나 「무역장정」이나 후속 장정 등은 아예 언급도 되어 있지 않고, 「한·청통상조약」의 경우 (광서)25년 "중국이 처음으로 출사대신 서수붕을 한국에 주재하게 하면서 통상조약 15관(款)을 정하였다."라는 간단한 기술뿐이다. 역시 마찬가지로 조약 내용은 기록되어 있지 않다.[344]

물론 청의 대외관계 전체에서 보면 조선과의 조약체결은 그 비중이 아주 작았음이 분명하겠지만, 그보다는 조약 협상 과정이나 조약 내용에 대해서는 전혀 언급하고 싶지 않을 정도로 이 조약체결이 어쩔 수 없이 받아들인 곤혹스러운 굴욕으로 여겨졌기 때문일 것이다. 청이 멸망한 지 10년 후에 편찬된 『청조속문헌통고』도 그러한 의식은 마찬가지여서 '사예'이자 '속국'에 지나지 않았던 조선과의 근대적 대등 '외교'라는 것을 여전히 순순히 받아들이기 어려운 천하관념(천조심태)의 짙은 그림자가 남아 있었다.[345] 이 점은 청의 멸망 이후 1928년 출간된

344 劉錦藻, 1936(1965), 『淸朝續文獻通考』 卷331 「四裔考 一 朝鮮」, p.10708. 杜佑(唐)의 『通典』, 鄭樵(宋)의 『通志』, 馬端臨(宋·元)의 『文獻通考』가 출간된 다음 그 이후의 시기를 그 체제에 따라 계속 편찬한 『續通典』·『續通志』·『續文獻通考』 및 청대 건륭 연간에 편찬된 『淸朝通典』·『淸朝通志』·『淸朝文獻通考』, 그리고 여기에 20세기 초 편찬된 『淸朝續文獻通考』을 포함하면 모두 '十通'이 된다. 따라서 『淸朝續文獻通考』는 유일하게 19세기 이래 청조 사회의 변화를 반영하는 자료다.

345 鄭東然, 2021은 韓淸修交 이후 '속국'이 '외국'으로 바뀔 수 있는 길이 열렸지

『청사고(淸史稿)』에서도 마찬가지로 적용된다. 이전의 모든 정사(正史)에서 '외국'으로 다루었던 것과는 달리 『청사고』에서 조선을 「속국열전(屬國列傳)」에 포함하고 있으며, 조선·류큐·베트남 등 '속국'에 대한 서술에서는 속국의 지위에 걸맞지 않은 내용, 이를테면 1889년의 「한·청 통상조약」과 그 이후의 한·청 관계 등에 관한 내용을 철저히 배제하여 기술하지 않았다는 점은 앞서 머리말 부분에서 지적한 바 있다.[346]

그렇지만 「한·청통상조약」은 한국과 청의 관계에 나타나는 특수한 상황을 반영하여, 이를테면 조계에 관련된 사항이나 육로 변경 무역의 규정을 추가하는 등의 약간 수정을 가하였을 뿐만 아니라, 기존 「무역장정」에서 뚜렷하게 드러났던 불평등성을 여러 면에서 개선하였

만, 그 외교 관계가 단명하였고 일본이 조선의 외교권을 박탈하였기 때문에 조선을 '외국'으로 인식하는 길이 더욱 요원해지고, '속국'인식이 여전히 지속되었다고 지적하는데, 상당히 타당한 지적으로 보인다.

346 나아가 2003년 시작된 10년을 예정한 중국의 새로운 청사 편찬 공정(2024년 8월 현재 아직 이 청사는 정식 출간되지 않았다.)을 위한 토론회가 열렸을 때에도 일부 중국학자는 "外交志에서 서방 열강 및 일본과의 외교 교섭만을 기술해야 한다. 朝鮮·越南 등 附屬國 명의의 국가와의 交往은 여기에 들어가지 않는다. …… 주변의 전통적 부속국 명의의 정권에 대한 傳記(越南이나 朝鮮)는 以往 史書의 관례이므로 우리가 새로운 안배나 새로운 해석을 할 필요가 없다."라는 식으로 『淸史稿』 體例를 그대로 따르자는 의견을 내놓거나, 여전히 「속국전」이나 「속국지」 등으로 처리하자는 의견을 제시하는 의견도 있었다. 이들의 주변의 국가·민족에 대한 시각은 여전히 19세기적인 천조 관념의 그림자를 벗어나지 못해, 마르크스·레닌주의를 앞세우는 21세기 현대중국 학자의 역사 인식이라고 보기에는 민망한 모습을 보여 주기도 한다. 이에 대해서는 金衡鍾, 2008을 참조. 반면 청이 바다에서 조난되어 중국에 표류한 조선 난민을 '무휼'한 경우는 사실 사소한 문제 같지만, 그 모든 경우 『실록』에 꼼꼼하게 기록되어 있다는 점은 특히 눈에 띈다(실제 그 무휼의 내용은 전혀 기록되어 있지 않다.). 천조상국의 '자소'를 과시할 수 있는 이 '무휼' 행위는 『실록』의 편찬자에게는 무엇보다도 중요한 의미를 지녔기 때문일 것이다(물론 조선 조공사절에 대한 접대의 경우도 마찬가지다.).

다. 조계나 쌍무적 영사재판권, 한성에서의 상업활동권 등의 면에서 과거의 잔재가 모두 해소된 것은 아니지만, 이를 통해 양국이 서로 대등한 입장에서 통상·우호 관계를 맺을 수 있도록 한 근대적 조약의 기준을 갖추게 된 것이다. 국제법상 조약은 당사국 사이에서만 유효하므로('조약에 관한 빈협약' 제34조), 비록 「시모노세키조약」에서 조선의 독립이 중·일 사이에 합의되었지만, 이 「한·청통상조약」에 와서야 조선은 청으로부터 대등한 국가로 인정받게 되었다.[347] 이를 통해 조선과 청의 책봉·조공 관계는 정식으로 한국과 청의 조약 관계로 전환될 수 있었다. 또 앞서 누차 언급하였지만, 「무역장정」과 비교해 본다면, 분명히 양국 관계의 비대칭성·불평등성, 청의 특권과 조선의 '종속성'이 크게 개선되어 대등한 국가로서 서로를 인정하게 되었다는 점도 뚜렷하게 드러난다. 「무역장정」에서 청이 누렸던 군함의 순시권이나 연안 어업권이 삭제된 것은 그 대표적인 사례다.[348]

「한·청통상조약」의 체결 이후 서수붕은 다시 주한흠차대신(駐韓欽差大臣)으로 임명되어 1899년 12월 11일 부임하였다. 대한제국이 초대 청국 공사 박제순을 임명한 것은 1902년 1월이었고, 그가 북경에 도착한 것은 10월이었으므로 3년 동안이나 지체가 있었다.[349] 청은 또한

347 은정태, 2005, 2009; 金鍾星, 2006a, p.59; 이재석, 2011.

348 金鍾星, 2006b는 드물게 「한·청통상조약」 이후 양국의 무역상황을 분석한 것으로, 이 조약이 조선에 훨씬 유리하게 개선되었지만, 실제 경제적인 측면에서 보면 이후 대부분(1910년까지) 조선이 중국에 대해 무역적자를 보게 되었음을 지적하고 있다.

349 은정태, 2005, 2009; 서영희, 2008, 2019; 金希信, 2011; 李銀子, 2012, 2013; 陳尙勝, 2013. 청 말 조선에 파견된 영사·공사에 대해서는 小原晃, 1995; 李銀子. 2009a, 2011; 金鍾星, 2010; 鄭東然, 2020 등을 참조할 수 있으며, 「한·청통상조약」 이후 대한제국의 다른 국가에 대한 외교에 대해서는 서영희, 2018a, 2018b를 참조.

1910년까지 한국의 6개 도시에 25명의 영사를 파견하여 12개 도시를 관장하게 하였다. 반면 한국은 실제 정식으로 청에 영사를 파견하지는 못하였고, 청에 거주하는 한국인에 대해서는 외국 정부의 영사를 통해 보호하는 수준에 머물렀다.[350] 이 때문에 '평행지국'으로서의 양국의 외교 관계가 20세기에 접어들 무렵에야 정식으로 출범하였지만, 양국이 그러한 관계를 누릴 수 있는 시간은 그리 길지 않았다. 20세기에 들어오면서 중국의 의화단 사건이나 러·일전쟁 등 국제적 격변이 거듭되고, 일본의 한국 침략이 본격화되면서 양국의 외교 관계는 곧바로 중단될 수밖에 없었기 때문이다.

한국의 외교권이 박탈된 「을사조약」 후인 1906년 2월 총리아문은 다른 나라처럼 주한 공사를 철수시키고 대신 총영사 마정량(馬廷亮)을 파견하였다. 1910년 대한제국이 일본에 합병되고, 1911-1912년의 신해혁명으로 청이 무너지면서 그는 청에서 파견한 마지막 총영사가 되었다. 이후 거듭된 정치적 격변으로 말미암아 주지하듯이 양국이 다시 정식으로 국교를 수립하기까지 상당한 긴 시간이 필요하게 되었다. 청·일전쟁의 패배로 확인되는 중국의 조선 정책의 실패가 양국이 거의 비슷한 무렵에 앞서거니 뒤서거니 '몰락'을 맞이하는 결과로 이어졌던 것은 광서제가 '보거순치(輔車脣齒)'로 표현하였던 양국 관계가 지닌 무게나 의미를 다시 한번 되새기게 한다.

350 金鍾星, 2010.

제6장

결론

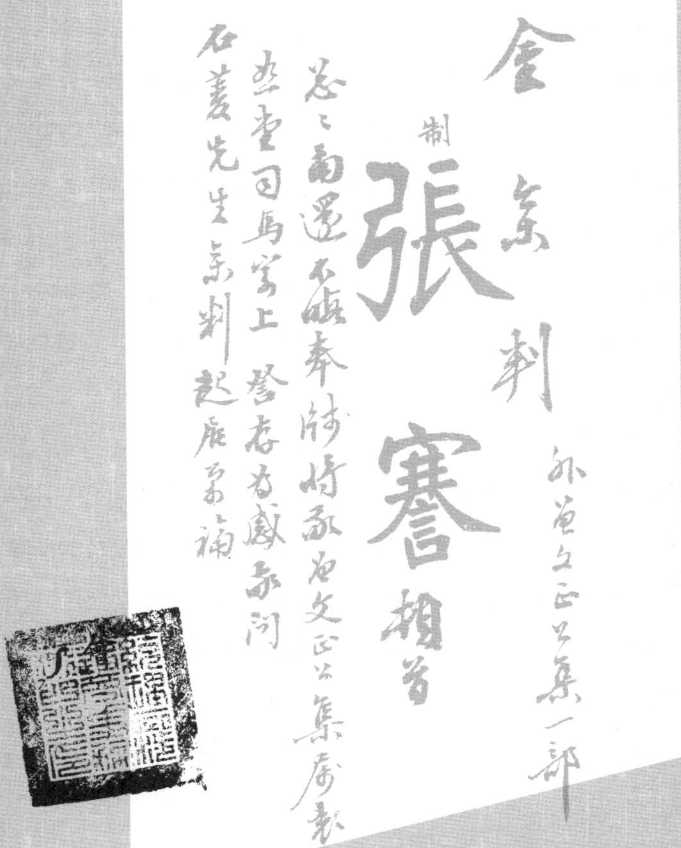

19세기에 들어와 조선과 청의 관계는 그 중반을 넘어설 때까지는 이전 시대의 관성대로 움직이고 있었다. 점차 강화되는 서구 열강의 동아시아 진출에도 불구하고 그다지 심각한 변화 양상은 나타나지 않았다. 따라서 당시 양국은 전통적인 사대·자소의 중화질서(조선 측에서 보면 책봉·조공체제 또는 사대질서라고 할 수 있다. 필자는 이것을 기술할 때 천조체제라는 용어를 선호하였다.)에 안주하고 있었다. 특히 18세기 후반 이후 조선은 천조체제 아래서도 모범적이라기보다는 아주 예외적인 존재로서, 청의 특별한 대접을 받을 정도였다. 청의 조선에 대한 '자소'의 호의나, 조선의 청에 대한 '사대'의 정성은 결코 시들지 않았다. 그것 자체로 조선의 안정과 이후의 '쇄국'이 더욱 유지될 수 있었기 때문이다.

하지만 아편전쟁 이후 청이 「남경조약」(1842)을 시작으로 서구 각국과 잇따른 조약을 맺으면서 이른바 '(불평등)조약체제'에 포섭됨에 따라, 점차 만국공법을 기준으로 한 서구 중심적 국제질서로의 전환·편입은 필연적인 대세가 되는 시기로 접어들었다. 이것을 위해서는 각기 대외적으로 배타적인 독립성을 지닌 주권국가 사이의 평등한 교섭이라는, 유럽에서 기원한 새로운 국제질서라는 현실을 받아들여야만 하였다. 아울러 그에 관련된 각종 관념과 인식의 전환, 기존 관계·제도와 의례를 변용하는 것 역시 불가피하였다.

그러나 이 과제는 결코 쉬운 일이 아니었고, 단기간에 이루어질 수도 없었다. 그것은 아주 단순하게 말하면 양자택일의 문제가 될 수밖에 없었지만, 당시 청은 이러한 점에 대해서는 전혀 준비를 갖추고 있지도 않았다. 아편전쟁에서의 패배나 그 이후 서구 각국과 맺은 불평등조약에서 청이 낭패당한 것은 기본적으로 천조체제·천하관념에 바탕을 둔 대응으로 일관하였기 때문이었다. 불평등조약이 제공한 '특권'이란 것들은 대부분 서구 국가의 강요에 의한 것이라기보다는 사실상 조약 협상 과정에서 무지함 때문에 '속아서' 넘겨준 것이나 마찬가지였다.

1864년 『만국공법』의 번역은 그런 점에서 동아시아 국가에 국제법적 지식의 도입과 그에 따른 기존 제도·관념·정책의 변경을 검토하게 되는 계기를 만들어 주었다. 하지만 만국공법의 소개·도입에도 불구하고 천조체제와 이를 뒷받침하는 천하관념은 이후에도 여전히 아주 뿌리 깊은 생명력을 보여 주었다. 19세기 끝 무렵까지의 조선-청 관계에서 이 점은 특히 드러난다. 또 만국공법에 기초한 조약체제가 처음부터 곧바로 조선과 청의 관계, 또는 천조체제 자체에 직접 도전한 것은 아니었다는 점도 일정한 역할을 하였다. 오히려 그것이 천조체제 일부(내지는 그 부분)의 확장·연장으로 포섭되거나 그렇게 받아들여졌으므로, 이후 근대적 조약체제와 천조체제는 상당한 시기 동안 공존·경쟁하는 시간을 갖게 되었다. 특히 제1차 아편전쟁에서 제2차 아편전쟁까지의 약 20년 가까운 시기는 바로 이에 해당하였다.

이것은 물론 새로운 상황 전개에 따른 기존 국제질서·관계의 변용에 상당히 영향을 미쳤다. 양자 간에 기본적인 국제질서나 국가, 주권 개념과 전통적 동아시아 질서에 대한 관념상의 현격한 차이가 존재하였고, 그것이 충돌·융합하는 가운데 기본적인 용어에 대한 오해나 해석의 차이 등 많은 새로운 문제가 발생하였다. 여기서 서로가 받아들 수 있는 접점을 찾아내기는 결코 쉬운 일이 아니었다. 조약체제를 내세운 서구 국가의 시각에서 보면 천조체제의 특성, 특히 청과 조공국 사이의 관계는 정말 이해하기 어려운 문제였다. 19세기 중반 내우외환에 시달렸던 청은 이러한 상황에서 '속국자주'론을 내세워 그 곤경을 피하고자 하였다. 사실상 조공국은 청의 '속국'이지만, 전통적으로 내정과 외교 등은 자주(自主)를 해 왔으므로, 청이 그 '외교'에 대해서 책임을 질 수 없다고 설명하는 '속국자주'론은 그러한 곤경을 합리화하기 위해 만들어 낸 '명분', 또는 임기응변에 따른 편법이나 마찬가지였다. 청은 서구 열강과 일본에 이 명분을 내세워 대체로 1870년대에 이르기까지 번속 조선에 대한 서양의 진출에 대해 거리를 두고 책임 회피로 일관하였다. 사실 상국으로서 속방에 대해 전통적 보호, 즉 '자소'의 의무 실행을 염두에 두지 못할 정도로 청은 왕조 자체의 생존에 전력을 기울여야 할 형편이었기 때문이었다.

그렇지만 청이 19세기 중반 내부의 도전을 견뎌 내고 통치권을 재확립한 다음에는 변강과 주변부 지역, 즉 번부로 불리던 외번과 주변의 조공국, 즉 번속에 대해 열강의 진출이 두드러지게 되면서, 청은 '속국자주'론을 구실로 개입·간여를 회피하면서 최소한의 '중재'만을 고집하던 정책을 점차 바꿔 나가지 않을 수 없었다. 기존의 번속이 모두 떨어져 나가는[外藩盡削] 위기가 이제 분명해졌으므로, 청은 결국 대신 '번속을 보호하여 변강을 안정시킨다.[保藩安邊]'는 방향으로 옮겨 갈 수밖에 없었던 것이다. 조선에 대해서는 조선을 울타리로 삼고 이를 보호하여, 청의 '근본'인 만주(滿洲), 나아가 북경(北京)을 지키는 것이 최우선 과제가 되었다. 이것은 청 왕조 자체의 존속과 안전을 위한 피할 수 없는 선택이었다. 청의 대조선 정책에서 가장 기본적인 목표는 바로 이 점에 있었다.

한편 번속을 보호하여 변강을 안정시킨다는 정책은 이른바 '이이제이(以夷制夷)'라는 전통적 정책과 '균세론(均勢論)', 즉 세력 균형(Balance of Power)이라는 근대적 외교 관념의 접합이라 할 수 있었다. 그렇지만, 천조체제가 와해되는 과정에서 선택한 청의 이러한 정책은 곧장 강력한 도전자를 만나게 되었다. 일본이 1870년대 이후 근대적 국제법 질서에 대한 적극적 참여와 거기에서 얻은 성과를 바탕으로 이것을 천조체제를 무너뜨리는 무기로 삼아 모험주의적인 팽창에 나서면서 청과 조선에 도전하게 되었기 때문이다. 청과 일본이 대등한 국가로서 맺은 「청·일수호조규」나 조선·일본이 역시 배타적 주권을 가진 '독립국가[自主之邦]'로서 평등하게 맺은 「조·일수호조규」는 이후 청의 천조체제와 대조선 정책에 심각한 균열을 가져오는 첫 번째 계기가 되었다. 특히 1879년 일본의 류큐(琉球) 병합, 그리고 러시아와 청의 이리(伊犁) 문제를 둘러싼 대립은 청 왕조 자체에 대한 직접적 위협으로 받아들여지면서, 청의 대외정책의 방침을 크게 바꿔 놓았다. 따라서 일본의 류큐 병합과 러시아와의 충돌(이리 사건)은 마찬가지로 청의 조선 정책에 중요한 전환을 가져오는 계기가 되었다.

이에 따라 청의 조선 문제에 대한 개입과 그 강도는 1880년대에 들어오면서 본격적인 변화의 양상을 드러내었다. 1879년 정일창의 적극 보호론이 제기되면서, 청 조정은 종래 조선과의 관련 사무에 개입하는 일이 없었던 총리아문이 직접 나서서 외국과의 관계를 중재하겠다는 의사['從中排解']를 보였다. 총리아문을 통해 그 임무를 떠맡은 북양대신 이홍장은 일본(과 러시아)의 야심을 견제하기 위해, 조선이 "독(毒)으로 독을 공격하고 적(敵)으로 적을 제압하는 방책을 써서, 기회를 틈타 서양 각국과도 조약을 맺고 이를 통해 일본을 견제하는 편이 좋을 것" 같다고 조선에 은근히 권장하였다. 이제는 회피와 불개입이란 소극적 자세에서 벗어나, "자연히 부득불 [중국에서] 대신 대책을 마련해 도와주지 않으면 안 될 것['借箸代籌']"이라는 적극적인 태도로 바뀌는 것이다.

이것은 종래의 '인신무외교'라는 명분이나 '속국자주'론을 벗어나는 자세를 보여 주는 것이었지만, 그것을 위해서는 이렇게 비공식적인 또는 은밀한 권고라는 '편법'을 사용해야 했었다. 이렇게 보면 이후 뚜렷한 모습을 보여 주게 되는 청의 조선에서의 '편법외교'의 활용은 이때부터 이미 그 모습을 드러냈다. 조선·일본·청 삼국의 근대 국제관계로의 편입이 일관된 논리에 기초한 외교의 귀결이라기보다는 기존의 질서·체제를 가능한 한 보존하면서 그때그때의 문제에 대처하는 대응의 축적에 의해서 이루어졌다고 보는 해석은[1] 바로 이러한 '편법외교'가 탄생할 수 있었던 배경을 잘 설명해 준다. 천조체제와 조약체제 가운데 어느 하나의 일관된 원칙·이념에 따른 외교가 사실상 불가능하였기 때문이다.

그리고 나아가 1880년 초대 주일 공사 하여장은 일본을 견제하기 위해 조선이 서양 각국과 통상조약을 맺도록 지시해야 한다고 하면서, 청이 조선의 외교를 대신 주지해야 한다고 제안하였다. 그는 동시에 조약체결 이후 조선이 독립국으로 여겨져 더 이상 청의 속국으로 보이지 않게 되는 점을 크게 우려하여, 조약체결을 할 때 조선이 청의 속방임을 밝히도록 요구하는 방안을 제시하였다. 후일 「조·미조약」 이후 조약체결마다 조선이 각국에 보낸 '속방조회'는 사실상 여기에서 비롯되었다. 이 '속방조회' 역시 천조체제와 조약체제 사이의 틈을 활용한 '편법외교'의 산물이었다고 할 수 있다.

이러한 하여장의 주장은 전통적인 사대질서를 근대적 국제관계로 재편하면서, 동시에 조선을 만국공법에 따른 청의 '속국'으로 위치시키려는 의도를 분명하게 드러냈다. 당시 총리아문이나 이홍장은 이후에도 청의 관원이나 사대부들이 거듭하여 제기하는 이러한 강경론과 적극 개입론에 줄곧 난색을 보였지만, 이후 청의 조선 정책이 대체로 하

1 森萬佑子, 2017, p.173.

여장이 제시한 범위와 방향 쪽으로 점차 기울어지게 된 것도 사실이다. 또 이후 총리아문은 1880년 2월 23일의 상주를 통해, "앞으로는 양무와 관련된 긴요한 사안에 대해서는 북양대신, 출사일본대신[주일본 공사]과 조선이 직접 문서를 주고받도록 하여 기회를 보면서 개도(開導)하되, 다만 수시로 그 협상 상황을 총리아문에 통보함으로써 일 처리가 분산되는 것을 줄이겠다."라고 주청하여 승인받았다. 이것은 조선이 요청한 '무비자강책'을 지원하는 임무가 주어진 이홍장의 요청에 의한 것으로, 종래 조선 사무를 담당하던 예부의 역할을 축소하고, 아울러 북양대신 이홍장과 총리아문이 사실상 청의 조선 정책을 전담하게 만드는 제도적 변경의 출발점이 되었다. 물론 조공 관계 업무는 여전히 예부의 담당으로 남겨졌으므로, 이것은 일종의 이중적 외교 정책·체제로의 전환을 공식화한 것이나 마찬가지였다.

이러한 청의 조선 문제에 대한 적극책으로의 방향 전환은 이후 개화 정책의 추진을 둘러싼 조선 내부의 정치적 갈등과 서로 뒤엉키면서, 종전의 간접적인 개입과 권유·보호('從中排解'나 '密爲維持')에서 점차 군대 파견, 조선의 내·외 정책에 대한 직접적인 개입과 간섭이라는 방향, 즉 하여장이 제안하였던 것과 같은 '속국화(屬國化)'의 방향으로 치닫게 되었다.

하지만 청도 어렵기는 조선과 마찬가지였다. 1880년대 이후 청의 조선 정책을 전담한 이홍장 역시 더 이상 전통적 '속국자주'의 원칙을 그대로 견지할 수 없었고, 그렇다고 청이 직접 지배하는 군현(郡縣)으로 병합을 시도하거나 아니면 근대적 보호국·식민지로 삼겠다고 하는 강경론을 받아들이지도 않았다. 그는 이 두 가지 대안 가운데서 동요하는 가운데, 점차 전자에서 후자 쪽으로 기울어지게 되었다. '속국자주'에서 '자주'보다는 '속국' 쪽에 무게를 두는 방향으로 나아간 것이다. 그리하여 이홍장의 조선 정책은 조선의 군현화나 병합을 지향하지는 않지만, 내정·외교에 대한 직접 개입·통제를 꾀하는 이른바 근대적 '종주권'의 확보·강화나 '속국화'를 모색하는 '애매모호함'을 벗어나지 못하였다. 청 정부의 최종 결정에 의존해야 하는 그의 정책이 천조체제의 명분에서 아주 벗어난 것도, 그렇다고 만국공법의 국제질서에 순응한 것도 아닌 애매함을 보인 것은 이 때문이었다. 하지만 청의 입장에서 천조체제의 '체통'이나 그 밑받침인 천하관념은 결코 포기할 수 없는 것이었다. 더구나 천하관념, 즉 전통적 중화사상은 언제나 '상황(狀況)의 정당화체계(正當化體系)'로[2] 작동하면서 거기에 필요한 논리와 명분을 제공해 줄 수 있었다. 천조체제와 조약체제 사이에서 그 '애매모호함'을 활용한 청의 '편법외교'가 가능한 것은 바로 이것 때문이었다.

이홍장은 기본적으로는 천조체제의 관념·관행·제도를 만국공법을 이용하여 합리화하려 하였다. 다만 그것은 사실상 불가능한 일이었다. 양자는 전혀 서로 다른 관념과 인식·규범·원칙에 기초하고 있었기 때문이다. 국제법 질서는 배타적 주권을 보유한 독립국이 각기 평등한 입장에서 '국제대가정(國際大家庭)'을 이루는 것이 그 '이상적' 원리였다. 반면 천조체제는 애초에 평등한 국가관계라는 것이 존재하지 않았다. 문명 세계의 중심인 중국의 우월한 지위를 전제로 삼고, 중국이 나머지 주변 국가들과 상하·존비의 위계질서에 군신·상하 관계를 맺는 것이 그 이념의 기초이자 '이상'이었다.

양자는 서로 공존하기 어려울 정도로 충돌하는 세계관의 원리·관념에 기초하였다. 따라서 자신의 필요에 따라 그 가운데 일부만을 받아들여 이용하려는 청의 태도는 어정쩡함·애매모호함 자체였고, 모순투성이였다. 이홍장이 1881년 「조·미조약」 체결 즈음에 "붙은 것도 아

2 李成珪, 1992(1995), p.66.

니고 떨어진 것도 아닌[不黏不脫]" 원칙(原則)을 제시한 것은 바로 그 '진퇴양난'의 곤혹스러움을 잘 보여 준다. "중국의 속국이…… 비록 서양의 소위 속국이라는 것과 다른 면이 있지만, 속국이 아니라 말할 수는 없다."(『申報』 1883년 8월 30일)는 신문 사설에 보이는 '속국론'도 마찬가지였다. 이 역시 애매모호하고도 엉거주춤하면서도, 자기 편의에 따른 이해라는 주관성(자기중심주의), 또는 그러한 희망적 관측이라는 성격이 두드러졌다. '속국자주'의 명분이나 그 구체적인 해석·적용에 관해서도 조선과 이에 대한 공식적 논의나 합의를 이룬 바 없었다. 이 때문에 청의 조선 정책도 천조체제와 국제법 질서 사이의 애매함과 틈을 이용한 '편법외교'가 뚜렷한 특색을 가지고 등장하게 된다. 이 편법외교는 종래 청이 내세웠던 '속국자주'론의 명에를 벗어나기 위해서도 반드시 활용할 필요가 있는 것이었기 때문이다.

한편, 1880년대에 들어와 청이 적극적인 간섭정책으로 돌아설 무렵 조선도 청의 도움을 받아 1882년 미국과의 조약을 시작으로 잇따라 서양 각국과 통상조약을 체결하면서 대외 개방정책으로 전환하였다. 조선은 청의 도움을 받아 동아시아 국가에서 가장 유리한 조건으로 새로운 조약을 미국과 체결하는 데 성공하였다. 하지만 이때 청의 개입으로 "조선은 중국의 속방이지만, 내정과 외교는 자주를 한다."라는 '속방조회'를 이후 미국뿐만 아니라 서구 각국에도 계속 보내야만 하였다. 당시 조선이 이에 대해 거의 이의 없이 당연한 전제로서 받아들일 수 있었던 것은 '속국자주'의 관행 아래 조선에 보장되었던 내정·외교의 자주권이 계속 지켜질 것이라는 기대 때문이었다. 다만 조선도 천조체제와 조약체제 사이에서 애매하고도 엉거주춤한 태도를 취한 것은 청과 마찬가지였다.

그렇지만 이 조약체결 직후 일어난 임오군란을 계기로, 청이 조선에 군대를 파견하고 이후 계속 주둔하게 한 것은 분명한 전환점이 되었다. 청은 조선의 공식적 요청을 받기 전에 상국의 속국에 대한 보호란 명분을 내세워 전례 없는 신속한 출병을 결정하였다. 그리고 내란 진압의 명목으로 대원군을 납치하여 고종에게 정권을 돌려주었으며, 아울러 조선에 진출한 일본의 세력을 견제하여 「조·일수호조규」 이후 일본에 넘겨준 주도권을 되찾는 데 성공하였다. 이러한 신속한 출병에는 조선 자체의 보호보다는 무엇보다도 안보를 위해 조선에서 불안 요소가 될 일본을 제압한다는 전략적 목표가 자리잡고 있었지만, 그 성공이 가져다준 자신감은 청이 이후 조선에 대한 직접적 간섭과 개입을 계속 밀어붙이는 계기가 되었다. 이후의 일본과의 조선을 둘러싼 경쟁은 그러한 지향을 더욱 확고한 것으로 만들었다. 나아가 갑신정변에서 청군이 개입하여 그 성패의 방향을 결정지은 것은 결국 청의 조선에 대한 개입·간섭 정책을 더 이상 뒤로 되돌려 놓을 수 없게 하였다.

하지만 청이 이렇게 직접적인 개입·통제의 정책으로 전환하면서, '속국의 자주'를 넘어서 국제사회에 독립국가로 진출하려던 조선의 희망은 그 간절한 추구에도 불구하고 더욱 큰 곤란에 부딪히게 되었다. 여기에는 조약체결의 권리를 인정하여 근대적 '독립국'으로 조선을 인정하면서도, 자신의 국방과 국익을 우선시하여 여전히 조선을 천조체제 아래의 속국으로 묶어 두려는, 또는 이 전통적 '속국'을 근대적 '속국'으로 치환하려는 청의 존재가 큰 장애물로 등장하였다. 1884년 개화당이 모의한 갑신정변에서 조공 폐지를 내걸면서 '반청'의 성향을 선명하게 드러낸 것은 이 때문이다.

청의 '속국화' 시도에는 천조체제를 떠받치는 전통적 천하관념이 여전히 강력한 힘을 발휘하고 있었다. '천하'는 천자의 지배 아래 있는 것이 당연하였고, 여기서는 '국경'이라는 것이 문제가 되지 않으므로, 속국에 대한 '간여'는 천조상국의 고유한 권한이라는 발상이었다. 전통적 속국·조공국은 여전히 분명 청의 직접적 통치의 범위인 판도·강역

밖에 있었던 존재였음에도 불구하고, 하여장이나 정일창, 등승수, 장패륜, 원보령, 원세개, 정관응, 성선회, 성욱, 요문동, 설복성, 장건, 오여륜, 강유위 등 수많은 관료·사대부가 조선의 내지화·병합 방안을 아무런 거리낌 없이 제안할 수 있었던 것은 이러한 천하관념의 영향 때문이 아니라면 설명이 불가능하다. 이들 대부분은 양무파 한인 관료로서, 대외정세의 변화나 만국공법의 국제질서와 외교를 비교적 잘 이해하고 있었지만, 청이 조선에 대해 직접지배의 상징인 군현을 설치하거나 감국을 파견해야 한다는 주장을 내세우면서도 아무런 거부감을 느끼지 않았다. 청의 판도 내에 있는가와 상관없이 천하는 여전히 중국 천자의 관할과 통치의 대상이라는 천하관념 때문이었다. 이를 포기하는 것은 아마 황제에게 주어진 천명(天命)을 포기하는 것이나 마찬가지였다.

물론 19세기 서구 열강이 보여 준 식민주의의 행태도 그것을 차용(借用)하려는 이들에게 분명히 영향을 주었을 것으로 보인다. 동아시아에서 가장 먼저 서구의 국제법 질서를 받아들인 일본이 서구식 팽창주의의 행태를 가장 모험적으로 모방한 것은 이 시대의 분위기를 잘 보여준다. 조선의 수도 한성에서의 상업권의 확보, 서로전선의 설치나 운영, 각지 조계의 설치, 조선의 해외 차관에 대한 통제, 군함을 이용한 밀수 등 청의 조선에서의 행태 역시 그러한 제국주의적 방법의 차용을 잘 드러낸다.

그러나 이홍장이나 총리아문, 청 조정이 조선의 내지화·병합이나 감국 등 고위 관원의 파견이라는 다수의 강경론을 끝까지 공식적으로 채택한 적이 없는 것 또한 분명하다. 이것은 전통적 사대-자소 관계의 이념과 명분이 여전히 조선-청 관계에 영향을 미치고 있었기 때문이다. 이홍장이나, 총리아문, 청 조정은 천조체제나 천하관념의 '전통'에서 파생된 '사대-자소'의 명분을 결코 포기하려 하지 않았다. 이것이 제국주의적 방법을 모방한 새로운 방안을 채택하자는 다수의 강경론을 끝내 거부한 근본적 이유였다.

이러한 청의 조선에 대한 새로운 '속국화' 시도를 조약의 형태로 명문화한 것은, 조선 측의 제안으로 논의가 시작되어 결국 1882년 청 황제의 명의로 반포된 「중국·조선상민수륙무역장정」이었다. 사실상 이 「무역장정」은 '조약'이 아닌 '조약'이자 '불평등조약'으로서, 기존의 상국-속방의 상하 관계를 국제법적인 '종주국-속국'의 관계로 치환하려는 시도의 결정판이었다. 또한 사실상 청의 조선에 대한 '편법외교'를 상징하는 존재이기도 하다.

고종의 명을 받아 이 장정의 논의를 시작한 어윤중은 외교사절의 파견과 북경 주재, 그에 따른 사대사행의 변경 및 조선 북방경제에 큰 부담을 가져다주는 변경무역의 혁파와 수륙무역 변통이란 문제를 교섭하여, 조선-청 관계의 근대적 재편을 도모하였다. 그러나 청은 이미 다른 나라와의 사이에 허용하던 무역을 조선에도 허락하였지만, 전통적 조공 관계의 해체로 연결되는 외교사절의 북경 주재를 거부하면서 양국 관계가 근대적 외교 관계로 전환하는 것은 완강하게 가로막았다. 이 때문에 동원된 것이 이 시기 조선-청 외교 관계를 특징짓는 다양한 '편법'의 동원이었다. 전통적 사대-자소 관계의 논리에 충실한 것도 아니고, 그렇다고 해서 만국공법의 국제질서를 충실히 따른 것도 아니며, 오히려 그사이의 '틈'을 교묘하여 활용한 '편법외교'는 19세기 후반 청의 조선 정책을 특징짓게 된다.

그 결과 양국 사이에 의정된 「무역장정」은 기존의 상·하 위계질서를 반영하여, 이를 확정·공포하는 권한은 청의 황제에게 있었을 뿐, 근대적 조약 형식에 따라 양국이 '조인'하는 과정이 생략되는 일방성이 작동하였다. 물론 양측의 협의 아래 개정이 가능하지만, 조선의 개정 요구는 거부당하였고, 또한 조선은 이를 폐기하거나 '비준'할 권한도 없었다. 청은 "중국이 속방을 우대하는 뜻에서 한 것이니 각 여국이 모두 균등하게 혜택을 누릴 수 있는 것이 아니다."라는 조문으로 청의 특권을 일방적으로 보장하였을 뿐만 아니라, "조선은 오랫동안의 제후국으로서 전례에 관한 것은 모두 정해진 제도가 있어 다시 의논할 여지가 없다."라는 선언을 통해 종래의 사대질서를 명문화하는 효과까지 거두었다. 다시 말해 「무역장정」은 전통적 상국-속국 사이를 근대적 '종주국-속국'의 관계로 치환(置換)하려는 청의 의도를 분명하게 내보였다.

따라서 이 「무역장정」은 조선의 제안으로 논의가 시작되었지만, 결과적으로는 조선의 의도와는 상관없이 청이 조선에서 특권적 지위를 확보하는 비공식적인 '불평등조약'으로 마무리되었다. 그 결과는 청 상인의 경제적 진출을 확대하는 일방적인 성과로 이어졌다. 동아시아 국가의 다른 조약에는 존재하지 않았던 중국 상인의 수도 한성 진출, 인천·부산·원산에서의 조계 설치, 이를 근거로 한 화교의 진출과 화교 사회의 형성도 모두 이 덕분이었다. 이렇게 국가적 지원 아래 화교의 진출과 화교 사회의 형성이 이루어진 것은 세계 화교의 역사에서 유일한 사례였다.[3]

아울러 이 조약 아닌 조약을 통해 청은 한성 등지에 상무위원을 파견하면서 통상뿐만 아니라 교섭, 즉 외교 분야에도 간여하게 하는 권한을 편법을 통해 행사하기 시작하였다. 상무위원으로 파견된 진수당의 직인을 '총판조선각구상무위원'에서 '총판조선각구교섭통상사무'로 바꾼 것은 그러한 편법의 대표적인 사례였다. 사실상 근대적 외교 관계로 전환하면서도 조공 의례는 전혀 변경을 허용하지 않았으며, '수호조약'의 체결도 없이 사실상 실질적인 '외교관'을 파견할 수 있는 비대칭

3 다만 오늘날 한국에서의 화교의 존재 양상은 전혀 다른 모습을 보여 준다. 오늘날에는 한국이 "화교가 없는 나라"로 묘사되고 있기 때문이다. 이정희, 2018b, 『화교가 없는 나라: 경계 밖에 선 한반도화교 137년의 기록』을 참조.

적 체제를 만들어 낸 것이다. 「무역장정」은 조약 아닌 조약이자, 불평등조약이란 비대칭성이 아주 분명하였고, 다양한 편법을 동원한 청의 대조선 외교에서 상국의 자소지인(字小之仁)은 아주 옅은 그림자만 남았다. '자주' 대신 '속국'의 외면은 더욱 또렷해진 것처럼 보였다.

청에 부여된 특권은 「조·미조약」의 최혜국대우 조항 덕분에 도리어 서구나 일본이 그 혜택을 균점하게 함으로써 「조·미조약」을 통해 어느 정도 확보하였던 조선의 '이점'도 모두 무산되어 버렸고, 이후 조선은 다국적 제국주의가 도입한 개항장 체제(Treaty Port System)의 최대 희생자가 되었다. 이러한 결과는 바로 '상국' 청의 '속국' 조선에 대한 '배타적 특권'에서 비롯되었다. 열강은 그것을 청이 독점하도록 방관하지 않았기에, 결과적으로 청은 조선에 개항장 체제를 도입하는 데 앞장선 셈이 되었다. 아울러 「무역장정」은 또한 청의 편법적인 '외교관' 파견을 가능하게 하였기 때문에, 이후 양국 관계에서 '무역'뿐만 아니라 '교섭', 즉 '외교'에 대해서도 실질적으로 청의 개입과 간섭이 일방적으로 적용되는 기회를 제공하였다. 따라서 그것은 조선과 청 사이의 정치·경제·외교 방면 전반을 규제하는 '불평등조약'으로서 사실상 작동하게 되었다.

이 「무역장정」의 의정을 통해 조선이 얻은 것은 무엇이었을까? 어윤중이 제안하였던 개시의 폐지로 인한 재정부담의 경감은 분명히 그 성과 가운데 하나였을 것이다. 하지만 육로·수로 무역의 개방이 가져온 성과가 조선에 크게 유리하지도 않았다. 육로무역의 유지와 발전이라는 애초의 기대는 거의 기대한 성과를 얻지 못하였고, 청에 수출할 수 있는 물품이 제한적이었던 조선이 해로 무역에서 거둘 수 있는 결과 역시 마찬가지였다. 오히려 청 상인의 일방적 조선 진출이라는 결과만 두드러졌다. 조공 의례는 여전히 폐지되지 않았고, 기형적인 변형과 편법을 통해 도리어 청의 조선의 내정·외교에 대한 개입과 통제의 압력만 강해졌다. 이러한 '편법외교'의 출현은 양국 관계의 개선이나 발전보다는 오히려 갈등과 마찰의 증폭을 불러왔다.

이렇게 1870년대까지 속국의 '자주'를 인정해 왔던 청은 1880년대에 들어와 '자주'보다는 '속국'이라는 측면에 훨씬 더 중점을 두는 쪽으로 정책적인 전환을 감행하였다. 「무역장정」은 비공식적인 조약으로 그것을 확인하였다. 이러한 제도적 변경을 통해 이후 조선에 파견되어 주재하게 된 진수당이나 원세개는 사실상의 '외교관' 또는 '감국'으로 활동하면서, 천조체제하의 상국과 속방 사이에서 드러났던 역학관계를 훨씬 더 일방적이고 비대칭적인 것으로 만들었다. 한성에 주재하는 그들의 존재는 조선에서 청의 '존재감'을 이전과 비교할 수 없을 정도로 팽창시켰다.

하지만 그 결과는 조선에서의 '반청'자주 경향의 확산이었다. 특히 왕실과 왕권의 안위에 위협을 느낀 고종과 민씨 척족 정권은 청의 강력한 압력에 시달리면서도, 이후 거기에서 벗어나 다른 외국의 도움을 받아 보호를 받으면서 독립과 자강을 모색하려는 노력을 멈추지 않았다. 물론 고종의 '비밀외교'를 통한 이 시도는 그 성과가 기대만큼 이루어지지 않았다. 세력균형을 이용하여 다른 외국의 도움을 받으려는 노력 역시 대부분 무산되었던 것은 무엇보다 조선의 국력이나 국가체제 자체가 그것을 뒷받침해 줄 여건을 전혀 갖추지 못했기 때문이다.

조선 내 '반청'자주의 경향을 집약한 갑신정변을 원세개의 선제공격으로 진압한 이후, 청은 1885년 일본과 「천진조약」을 맺고 청군을 조선에서 철수시켰다. 이러한 철군에 청이 선뜻 동의할 수 있었던 것은 다른 방법으로 청의 조선 정책을 실현할 수 있는 현실적인 여건이 만들어졌기 때문이었다. 1883년 청은 상무위원 진수당을 파견하여 사실상의 '외교관'으로 활용함으로써 양국 간 의사소통에 필요한 시간을 급속도로 단축하였다. 왕복에 몇 달씩 걸리던 한성과 북경·천진 사이의

'자문(咨文)' 왕래를 통해 의견 조정이 이루어지던 방식은 한성에 주재하는 '외교관'이 직접 조선 정부에 '조회'를 보내는 근대적 외교 제도로 대체되었다. 이에 따라 청의 개입·간섭은 이례적으로 신속하고 직접적이며 효율적인 압력이 되었다.

또 갑신정변을 거친 다음, 그 경험을 계기로 삼아 청이 1885년 10월 조선에 서로전선을 설치하여 전보를 통한 신속한 정보와 지시 전달이 가능하게 만든 것은 그러한 압력 행사에 가속도를 붙였다. 북경과의 의사 교환이나 정보소통도 전보를 통해 하루 이틀이면 가능해졌다. 이 전선의 설치는 동삼성, 즉 만주 일부 지역보다 오히려 앞선 시기에 개설되었을 정도로 그 군사적 중요성을 높이 평가받았다. 하지만 청은 서로전선의 설치와 이후의 운영에서도 철저하게 조선을 배제하고 자국의 이익을 앞세우는 '제국주의적' 자세를 확실하게 보여 주었다. 제국주의의 방식을 '차용'하여 설치된 서로전선이 사실상 조선의 주권을 배제하면서 청의 정치적·군사적 목적으로 전용된 것은 너무도 분명한 사실이었다.

이와 더불어 「천진조약」으로 청군이 철수하면서도, 조선의 안보를 자신할 수 있었던 또 하나의 원인은 이홍장이 창설·확장한 북양수사(이후의 북양해군)의 존재가 있었기 때문이었다. 이 북양수사의 규모가 점차 확장되어 주요한 경계 대상이던 일본을 능가하게 되고 더구나 「무역장정」으로 조선에 대한 자유항행권을 획득하면서, 청은 발해만과 황해를 내해로 만들고 여기에 동삼성에 배치된 육군을 결합하여 유사시에 신속하게 조선에 군사역량을 투입할 수 있는 전략을 만들어 냈다. 종전에는 압록강 건너편에서 바로 진군하더라도 한성까지 최소한 20일 이상 걸리던 병력 이동이, 이제는 신형 군함에 의해 2-3일 이내로 조선 서해안에 도착할 수 있었고, 일본보다 훨씬 빠른 군대의 투입이 가능해졌다.

따라서 청은 굳이 조선에 군사력을 주둔시키지 않아도 언제든지 신속한 군사적 개입과 무력 시위가 가능함을 확신할 수 있었다. 1882년 7월의 임오군란과 1884년 12월의 갑신정변에서 청이 전보와 군함을 이용한 신속한 군사력의 동원·이동과 개입으로 일본의 기선을 제압하고 성공적 결과를 거둔 것은 그 점을 분명하게 확인하여 주었다. 항상 인천항을 드나들며 머무는 북양해군의 군함은 그러한 힘을 상징하였다. 다른 한편으로 이것은 청이 조선의 군사적 자강에 대한 지원에 더 이상 관심을 보이지 않게 되는 결과를 낳았다. 이미 형성된 군사전략으로 조선을 '보호'할 수 있다고 본 만큼, 조선 자체의 군사력 강화는 더 이상 관심의 대상이 되지 않았던 것이다.

조선 역시 대외 개방정책으로 전환한 이후, 중국과 같은 '(불평등) 조약체제'에 포섭되면서도 열강의 세력균형을 이용하여 독립과 자주를 확보하려는 시도를 포기하지 않았다. 물론 그렇다고 해서 전통적 사대-자소 관계 자체를 적극적으로 해소하고자 한 것도 아니었지만, 이후의 진로 및 청·일본과의 관계 설정을 둘러싼 갈등으로 점철된 조선 정국은 결국 청과 일본의 적극적인 경쟁과 군사적 간섭을 불러들였다. 청 못지않게 조선 역시 '조공체제'와 '조약체제' 사이에서 어정쩡한 움직임을 보이기는 마찬가지였다. 조선의 대외 개방정책 시행 이후 나타난 임오군란과 갑신정변은 그러한 갈등과 경쟁의 치열함과 강도를 잘 보여 주었다. 그리고 1885년 맺어진 「천진조약」으로 조선에서 일본에 비해 우월한 지위를 확보하게 된 청은 적극적인 활약으로 두각을 드러낸 원세개를 사실상의 '감국'으로 파견하여(이홍장은 그를 결코 '감국'으로 여기지 않았다.), 조선에 대한 직접적인 통제와 근대적인 속국화 정책을 본격 추진하게 되었다. 조선의 '반청'자주 즉 독립지향을 억제하는 것이 그 중요한 목표였다.

'천조상국'과 '속방' 사이의 비대칭적 구도 속에서 만국공법의 국제질서로 진입을 꾀하는 조선의 시도나 자강을 위한 개화 정책 역시 청의 강력한 개입과 견제, 그리고 무관심에 부딪히면서 좌절을 맛보았다. 대외 개방 초기에 청의 협조를 거의 전적으로 기대하였던 조선이 이후 청에 대한 의존을 회피하면서, 일본이나 러시아 등을 이용한 독립과 자주를 시도하는 방향으로 치닫게 된 것은 분명한 역사적 현실이었다. 그렇지만 열강 사이의 세력균형을 이용하려던 조선의 외교 정책은 사실상 정부의 외교 관련 기구에 의한 근대적 외교가 아니라 고종이 '사인(私人)'을 동원해서 추진하는 낡은 비밀외교로 실현되었다. 이 때문에 조선 외교 정책의 형성과정은 관련 공문이나 사료가 부족하여 그 내용을 파악하기 어렵다는 특징이었다. "개항기 고종의 외교는 정상적인 정부 부처를 통한 대외교섭보다는 측근 중심의 밀실외교 위주였다는 점에서 많은 기록이 남아 있지 않다."라는 간단한 지적은 그야말로 정곡을 찌르고 있다.[4] 결국 고종의 비밀외교·사인외교·밀실외교는 근대적 국가 외교로의 변신을 이루지 못해 실질적인 독립의 성과로 이어질 수 없었다.

물론 조선 자체의 내부적 문제나 역량 부족에 따른 개화 정책의 성과 부진이 '독립'을 좌절시킨 보다 중요한 실패의 원인이었음을 놓쳐서는 안 된다. 그렇지만 청이 앞장서서 도입한 다국적 제국주의의 존재가 이러한 곤란을 특히 가중하였다는 점도 분명하다. 영국·러시아·일본은 조선 문제에서 현상 유지를 원하고 그 이상의 각축이 벌어지는 것을 피함으로써, 대체로 일관되게 청의 조선 정책을 묵인해 왔기 때문이다.

이것은 원세개가 이른바 '청 제국주의'(Larsen의 표현)의 충실한 실행자로서 등장한 데서 충분히 입증되었다. 그는 부임 이후 조선의 내정·외교에 개입하여 청의 우월한 지위와 통제권, 그리고 특권을 확보

4 구대열, 2018b, p.783.

하는 데 진력하였다. 조선의 자주적 근대화에 대해서는 철저히 무관심하거나, 오히려 이를 저지하는 데 앞장섰다. 마치 '청 제국주의'의 현지 활동가처럼 움직인 그의 활약은 철저하게 조선의 이익을 억누르고, 청의 이익과 존엄만을 앞세웠다. 청의 군함에 승선한 부하나 선원들의 출입과 화물 반입에 조선 해관이 간여하지 못하게 만든 「병선장정」의 관철을 통해, 원세개가 청과 조선의 무역에서 주요 상품으로 부상한 황금과 인삼의 밀수를 큰 폭으로 늘린 것은 그런 사례 가운데 하나다.

따라서 '감국' 원세개의 활약과 '군림'은 사실상 오랫동안 지속된 상호 간 신뢰와 배려에 기초한 전통적 사대-자소의 '우호' 관계를 파괴하는 데 큰 역할을 하였다. 그는 조선의 독립 외교에 대해 '속국체제'를 강요함으로써, 만국공법상의 '종주국'(아무도 이를 인정한 적은 없고, 상호합의를 통해 조약으로 명문화된 적도 없는 일방통행적인 관철에 지나지 않다)으로 행세하려 하였다. 그러나 조선을 사실상 근대적인 의미의 '보호국'으로 삼고 통제하는 정책을 추진하는 원세개의 군림 때문에 왕실·왕권의 존재 자체에 위협을 느낀 고종은 이에 완강하게 저항하였고, 이러한 갈등은 양국 사이의 전통적 우호 관계에 심각한 균열을 낳았다. "조·중 관계의 특징이었던 조화·화목·가족애 등은 상호 불신과 의심, 나아가 적대감으로 빠르게 대체됐다. 전통적인 조·중 관계를 지배한 유교적 예절 대신 힘과 탐욕, 국익이 두 나라의 관계를 점차 지배했다."라는 지적대로다.[5] 이리하여 2백여 년 이상 지속되어 왔던 양국 사이의 '우호', 사대-자소 관계가 퇴색하고, 1880년대 중반 이후 양국 관계는 서로 자기 이익과 주장만을 앞세운 갈등과 마찰로 점철되는 특징을 지니게 되었다.

1885년 원세개의 부임과 제국주의의 방식을 차용·모방한 적극적

5 김기혁, 1980(2022), pp.425-426.

인 간섭정책이 청·일전쟁 전 10년 동안 청국의 우위를 확고하게 다지고, 일본과 서구 열강의 진출을 강력하게 저지하였던 것은 사실이다. 청이 파견하였던 묄렌도르프, 데니, 메릴 등의 외국인 고문도 모두 조선에서 '다국적 제국주의'의 원리를 도입하는 데 적극적이었다. 그런데도 이들은 모두 결국에 가서는 청의 조선 정책에 반기를 들면서 이홍장·원세개와 대립하는 자세를 보여 주었다. 이것은 사실상 천조체제와 국제법 질서가 조선에서 충돌한 결과이기도 하였다.

그렇지만 국제법 질서는 더 이상 천조체제가 조선에서 작동하는 것을 쉽사리 용납할 수 없었다. 1890년 조대비가 서거하자 조선의 거부에도 불구하고 청이 각국에 천조의 위엄과 조선의 속국 지위를 과시하기 위해 이례적으로 칙사 파견을 강행하였다. 이것은 천조체제라는 체통에 대한 청의 여전한 '집착'을 보여 준다. 청은 국제법 질서를 분명 '부분적으로'나마 받아들일 수밖에 없었지만, 그렇다고 해서 천조체제를 밑받침하는 천하관념을 포기한 적은 없었다. 이러한 자세는 청 왕조와 그 운명을 같이할 예정이었고, 청의 조선 정책 역시 마찬가지였다.

즉 천조체제와 천하관념은 이미 근대적 국제법 질서와 양립할 수 없음이 분명해졌으나, 이러한 전통적 유산은 쉽사리 그 영향력이 사라지지 않았다. 그렇지만, 청의 조선 속국화 정책이 식민지화를 예정하지는 않았다는 점은 분명히 다시 확인해 둘 필요가 있다. 청 자체에 그러한 역량도 없었거니와, 바야흐로 제국주의의 전성시대로 접어드는 당시 상황이 그러한 시도를 용납할 리도 없었다. 누차 지적한 대로, 조선 정책의 실질적 담당자인 이홍장의 노선 자체도 본질적으로 자기방어, 즉 청의 국방과 국익을 위해서 조선을 울타리로 삼으려는 관념에서 크게 벗어난 것은 아니었다. 조선이 청에 중요한 것은 본래부터 청의 국방과 안보에서 결정적 중요성을 지니는 그 지정학적 위치 때문이었다. 조선을 '잃게' 되면 만주가 위태로워지고, 만주가 위태로워지는 것은 바로 수도 북경이 위태로워지는 것을 의미하였기 때문이다. 이 점은 중국 왕조가 북경에 수도를 두게 된 이후 맞이한, 그리고 명말 청초의 역사나, 청 말 민국 초기의 역사, 중화인민공화국 성립 전후의 역사에서도 되풀이되었고, 심지어는 오늘날까지도 지속되는 역사적인 대세이기도 하다.

반면 조선의 식민지화 자체가 가져올 경제적 이득은 조선에 진출한 일부 상인의 이익을 제외하면 거의 미미한 수준이었고(조선의 개방에 대한 경제적 이익의 확보라는 일부의 기대가 없었던 것은 아니다.), 1882년 이후 활성화된 조선과의 무역은 청의 무역액에서 1%에도 미치지 못하는 수준이었다. 1844년 도광제(道光帝)는 이미 "조선은 영토가 크지 않고 백성은 가난하고 땅은 척박하여 또한 꾀할 이익도 없다."라고 간파한 적이 있다. 이것은 이후 조선을 언급하는 19세기 후반 청 정부나 관료·사대부가 항상 되풀이하는 관용적 표현이었다.

조선은 동쪽 울타리로서 중국의 '국방'에 중요한 의미를 지녔고, 천조체제의 외형을 지키는 데 중요한 상징적 존재였지만, 굳이 경제적 '식민지'로서 탐낼 만한 대상은 아니었다(그런 점에서는 확실히 일본과 다르다). 굳이 조선의 저항을 받게 될 군사적 모험을 치를 만한 가치도 없었다. 그런 정책을 시도하게 되면 분명하게 개입할 열강의 존재 역시 청이 가장 꺼리는 바였다. 이홍장의 대조선 정책은 분명히 그 점을 확고하게 의식하고 있었다. 조선 정국에 대한 개입·통제를 시도하면서도 조선을 대신하여 책임지는 형태의 직접적인 장악(내지화·군현화나 감국 등 고위 관료의 파견)은 줄곧 회피하고자 하였다는 점은 거듭 분명하게 확인되기 때문이다.

또 조선이 '속국'임은 분명하지만, 그렇다고 해서 그것이 서구적 또는 만국공법의 기준에 따르는 '속국'은 아니라는 점을 이홍장은 잘 알고 있었다. 청의 관료·사대부나 여론은 대부분 이 점을 간과하였기 때문에 쉽사리 내지화·군현화나 감국 파견 등의 강경책을 제기하였지만, 그것들은 대부분 국내외적 현실에 대한 성찰이 부족한 '탁상공론'에 불과한 경우가 대부분이었고, 실제 청의 공식적인 조선 정책으로 채택된 적은 없었다.

하지만 이러한 강경론에서 잘 나타나는 것처럼 종래의 사대-자소 관계를 제쳐 두고 자국의 이익을 우선 앞세우는 청의 '속국화' 시도는 여전히 청에 깊숙하게 의존하고 있으면서도, 다른 한편으로는 속국'자주'를 내세워 거기에 저항하는 조선의 완강한 반발에 부딪혔다. 따라서 원세개의 활동은 단기적으로 자신이나 조선에 진출한 청국 상인의 이익을 도모하는 데에는 큰 효과를 거두었을지 모른다. 그러나 장기적으로 보면 사대-자소 관계에 기초하여 오랫동안 쌓여 왔던 양국 간의 신뢰와 우호 관계를 근본적으로 파괴하는 결과를 낳았다. 끄떡하면 국왕폐위론까지 들먹이는 원세개의 횡포는 고종에게 청의 존재가 조선 왕실과 왕권에 대한 위협임을 확신하게 만들었다. 이후 고종은 청의 도움에 의한 국제사회로의 진입과 독립을 유지한다는 희망을 포기하고, 대신 많은 신하의 반대에도 불구하고 오히려 그것을 도와줄 다른 국가를 찾아 도움을 요청하는 '방황'을 계속하게 되었다. 갑신정변 이후의 조선 정국에서 오히려 '반청'자주의 조짐이 뚜렷해진 것은 청의 존재감이 압도적인 것이 되면서, 그것이 조선(또는 왕실)에 심각한 위험과 도전이 되었다는 점을 알려 준다.

고종이 신하들의 강력한 반대나 청의 저지에도 불구하고, 조약을 체결한 미국과 유럽 5개국에 공사를 파견함으로써 세계에 '자주독립국'임을 과시하려 하였던 것도 그 연장선 위에 있었다. 청은 조약을 맺게 한 당사자로서 조선이 독립국임을 인정하였던 과거의 전례가 있었음에도. '속방체제'와 '영약삼단'이라는 편법을 강요함으로써 조선의 독립 의지를 꺾고자 하였다. 이러한 조선의 시도를 좌절시킨 다음, 청이 얻을 수 있었던 이익은 무엇이었을까? 국제적으로는 천조체제의

'외형'을 지키는 자존심·허영심 외에는 사실상 아무런 쓸모도 없었다. 조선에 굴욕감을 주기는 하겠지만, 그렇다고 이것으로 청의 국제적 지위가 크게 향상된 것도, 청의 국익이 확장된 것도 아니었다.

청은 19세기 내내 여전히 주권을 가진 독립국이 참여하는 국제질서의 전면적인 '수용'을 거부하고 있었다. 오히려 주권보다 상위에 자리 잡은 '종주권'을 조선에 대해 누리는 존재로서의 '천조상국'이라는 외면적 체통·형상에 집착하였다. 아마 이 외면적 형상이 가져다주는 천조의 체통 자체를 단순한 시대착오적 허영심만으로 이해할 수는 없을 것이다. 국제사회에서 천조체제의 형상이 무너지는 것은 오히려 국내적으로 청 왕조의 권위와 통치의 합법성 자체에 크나큰 위기를 가져올 것이라는 근본적 우려 때문이라고 보아야 할 것이다. 천하관념에 의하면 '사방의 오랑캐(四夷)'에 대한 관할의 권리를 상실하는 것은 사실 천자에게 주어진 천명을 포기하는 것이나 마찬가지였기 때문이다. 따라서 이미 사실상 형해화된 천조체제의 '외형'을 어떻게든 유지하는 것은 천자와 청 제국의 정통성·정당성을 유지하기 위한 최후의 '마지노선'이기도 하였다.

그렇지만 현실과 미래를 직시하기보다 과거의 영광에 집착하는 이러한 청의 지향은 결과적으로 보면 성공이 아닌 실패로 끝났다. 청·일전쟁 이전 10년 동안 청은 일본을 저지하면서 조선에서 우위를 누릴 수 있었다. 그렇지만 애초의 정책 목표인 울타리인 조선을 제대로 보호하는 성과를 얻어 내지 못하였고, 조선의 협력을 얻어 내거나 조선의 자강이나 근대화를 효과적으로 지원하는 역할도 하지 못했다. 청·일전쟁의 결과는 청이 자신의 안전조차 제대로 지킬 수 있는 역량을 갖고 있지 않았다는 점을 입증하였다.

서구 열강이나 일본의 반발을 꺼려 직접적 개입보다는 간접적인 통제·조종을 선호하였던 이홍장도 조선의 반발이 거세지면서 그것을 효과적으로 조정하는 것이 힘들어지자, 종전에 거절한 바 있던 보다 직접적인 통제의 방향으로 점차 기울어졌다. 원세개의 파견은 바로 그 분명한 전환점이었다. 이것은 나아가 조선의 부강과 근대화를 지원하여, 간접적으로 이 '울타리'라는 존재의 도움을 받겠다는 이전 정책의 목표가 뒤로 밀려나는 결과를 낳았다.

한편, 천조체제와 천하관념의 영향은 조선 월간민과 그들이 점거한 두만강 북쪽 영토를 둘러싼 1880년대 두 차례의 국경회담에서도 마찬가지로 드러났다. 근대국가의 필수요소인 주권과 국경, 국민을 둘러싼 치열한 다툼이 전개되어야 할 이 과정에서도 전통적인 사대-자소의 관계는 여전히 강력한 영향력을 발휘하였다. 두만강 연안 북쪽 지역에서 대규모 조선 월간민의 존재가 드러나 청이 이것을 심각한 문제로 받아들이게 되었을 때, 광서제가 보인 태도는 그것을 잘 보여 준다. "조선 빈민이 길림 황무지를 점거·경작한 일은, 지방관의 시각에서 보면 본래 피차 서로 나뉘는 바[의 경계]가 있지만, 조정의 시각에서 보면 처음부터 중외의 구별이 없다. 적절하게 안삽하되, 불필요하게 규정을 많이 만들지는 말라. 양민이 분수에 맞게 개간·경작하는 일은 원래 관대히 용납할 수 있는 일이지만, 만약 이 일을 빌려 변강을 잠식하려 한다면 응당 구축해야 할 것이다."라는 상유는 중외(中國와 四夷)를 막론하고 그것을 덕(德)과 인(仁)으로 통치하면서 포용하는 것을 전제로 삼는 천조상국의 천자로서의 이상적인 모습을 보여 주었다.

하지만 이러한 지시가 내려지기 이전 이미 조선의 지방관은 "스스로 경계를 넘어와 경작하고 있음을 알고 있지만, 특별히 중국에서 각별한 은혜를 베풀어 이들을 구휼해 주기를 바라"는 태도를 보이고 있었다. 이것은 전통적인 '사대'-'자소' 관계의 틀에 기대어 청의 양해와 시혜를 통해 문제가 해결되기를 바라는 자세였다. 현지 당사자인 길림 당국 역시 "조선 백성은 본래 매우 공손하고, 황상의 덕과 위엄을 따르고 두려워하니, 앞으로 감격하여 눈물을 흘릴 것이며, 반드시 법 규정을 따라 받들면서 영원토록 다른 뜻을 보이지 않을 것입니다."라는 반응을 보였다. 월간민과 변계를 둘러싼 문제는 초기에는 청 황제가 '자소'의 은혜를 베풀면 간단히 처리될 수 있다고 양국 모두 낙관하고 있었다.

실제 1885년과 1887년에 진행된 두 차례의 공동 국경조사와 국경회담에 참여한 양국의 관원도 기본적으로 그러한 자세를 보여 주었다. 영토와 국경, 주민을 둘러싼 첨예한 대립임에도 불구하고, 만국공법에 기초한 국경과 국민·국적에 대한 논리가 아니라 사대·자소의 관계에 기초한 위압적 태도와 자소의 혜택을 확장해 달라는 반론이 그들의 논쟁을 특징짓고 있었다. 물론 국경회담의 무산 이후 청은 조선 월간민에 대한 조선 지방관의 통제와 수탈을 막고 '이민실변'의 실질적 효과를 획득하기 위해 '치발역복'을 통한 편입·동화 정책을 추진하였다. 비록 제3차 국경회담은 무산되었지만, 두만강 중하류 지역의 경계 문제는 이미 확정되었다는 시각에서 청이 더 이상의 월간이나 조선 측의 '식민지 경영'을 막겠다는 정책으로 전환한 것을 보면, 이미 이 문제에 대해서는 더 이상 사대-자소의 논리가 통용되지 않는 상황이 출현하였음을 알 수 있다. 청은 제3차 국경회담을 거부하는 조선을 압박하지 않고, 여전히 '사대-자소'의 명분을 지키려는 모습을 보여 주었지만, 조선과 청 사이에 수백 년 동안 존속되어 온 사대질서는 이제 점차 주권과 영토의 배타적 지배를 바탕으로 한 근대적 국제질서에 자리를 내주게 되었다.

하지만 이 무렵 청의 조선 정책은 사실상 그 내부를 들여다보면, 청 왕조 자체의 쇠퇴와 무기력함을 반영하듯 매우 제한적인 효과밖에 기대할 수 없었다. 1890년 무렵, 조선의 원세개 소환 요구와 '자주' 지향에 분노한 이홍장과 총리아문, 군기처가 함께 조선 정책을 재검토하여 내놓은 것은 동삼성 군대의 확장과 철로 건설, 석탄 채굴, 조선 해관의 통제와 해외 사절의 '속국체제'와 '영약삼단' 준수 요구, 청 이외 국가의 외채 차단과 용인 행정에의 개입이었다. 이에 대해 당시의 실권자였던 자희태후가 후자 네 가지는 "여전히 빈말에 가깝다."라고 퇴짜를 놓았던 것은 그것이 사실상 특별한 쓸모가 없는 수준이었음을 알려 준다. 이러한 질책을 받고 이홍장과 총리아문이 다시 마련한 방법 역시 "오로지 이홍장이 시기를 적절하게 헤아리고 아울러 조선 주재 도원(道員. 즉 원세개)에게 지시하여 수시로 조종할 것입니다만, 구체적으로 어떤 방법을 쓸 것인지는 오히려 장애를 만들 수 있어 실로 미리 고정해 두기 불편합니다."라는 수준을 벗어나지 못하였다. 원세개를 통한 강압과 통제, 즉 기미라는 그야말로 유서 깊은 방안 외에 청이 베풀 수 있는 정책 수단은 사실상 없었던 셈이다.

청의 조선정책과 그 역량의 한계가 여기에서 분명하게 드러난다. 누차 지적한 청의 '편법외교'는 이 점을 상징해 주는 것이라 할 수 있을 것이다. 물론 조선 자체도 이 시기의 개혁이나 자강 노력에서 그다지 큰 성과를 거두지 못하였으므로, 독립자주의 지향에도 불구하고 청으로부터 이탈은 여전히 요원한 과제였다. 동학농민운동을 진압하기 위해 임오·갑신의 전례를 들어 다시 청군의 출병을 요청한 것은 그 점을 잘 보여 준다. 그리고 1870년대부터 시작된 조선을 둘러싼 청과 일본의 대립은 바로 이 동학농민운동이 계기가 된 1894년의 청·일전쟁으로 승패가 갈렸다.

조선은 그 결과 청으로부터 그토록 바라던 '독립'을 성취할 수 있었다. 나아가 일본의 강력한 압박에도 불구하고 대한제국으로 국체를 바꾼 조선은 이후 청과 대등한 주권국가로서 양국 관계를 다시 설정하기 위해 노력하였다. 그러나 조선 독립을 인정할 수밖에 없는 현실을 마주하게 되었지만 실제적으로는 여전히 낡은 유산의 그림자에서 벗어나지 못한 청은 '속방'이었던 조선과 대등한 외교 관계를 맺는 극도로 꺼렸다. 그 때문에 이후 양국은 몇 년 동안 지루한 공방을 벌였다. 그만큼 청은 일본과의 전쟁에서 패배한 다음에도 강유위가 지적하였던 것 같은 열국(列國)이 병립(竝立)하는 천하의 대세, 즉 근대 세계와 국제질서에 아직도 진지하게 참여할 수 있는 준비를 보여 주지 못하였다. “현실 속의 천조체제는 이미 붕괴되었으나, 마음속의 천조관념은 여전히 부서지지 않았다.”라는 표현처럼 천하관념은 이때에도 여전히 아주 짙은 그림자를 남겨 두고 있었다.[6]

19세기 중반 이래 서구와 일본의 강력한 도전에 위협을 느끼면서도 청이 변화하는 국제질서에 대응할 수 있는 정치·외교 제도나 사회·경제체제의 개혁을 거의 이루지 못한 것은 이 점을 반증한다. 태평천국 이후 ‘동치중흥’을 통해 얼마간 기력을 회복하였고, 자강운동을 통해 근대적 군수산업이나 민간 상공업 발전이 시작되기는 하였지만, 이후 줄곧 자희태후의 통치 아래 있던 청은 더 이상의 변화를 추구하는 데 분명한 한계를 보여 주었다. 만주족 집권층의 쇠락과 중앙집권체제의 쇠퇴, 전통적 체제와 관념·제도에의 집착은 청이 자강운동을 통해 근대의 국제적 경쟁 속에서 살아남기 위한 충분한 활력을 제공하는 데

6 王泉偉, 2017은 세계관식의 신념으로서 천조의식(관념)의 강인성을 변화된 환경에의 지체된 반응, 즉 ‘觀念의 遲滯效應’ 내지는 ‘長久的 遲滯’라는 용어를 빌려 설명하면서, 제2차 아편전쟁 이후 천조체제의 실질적인 붕괴에도 불구하고 중국은 여전히 내심으로는 이를 받아들이고자 하지 않았으며, 駐京公使의 覲見儀禮 역시 의화단 사건 이후 「辛丑條約」에 가서야 정식으로 근견예절을 당시의 국제적 관례에 따라 ‘改正’하게 되었다고 지적한다. 현실 속의 천조체제는 이미 붕괴되었으나, 마음속의 천조관념은 여전히 부서지지 않고 도리어 “부서지면 또다시 접합하는 역사”를 되풀이하였으며, 「신축조약」에 가서야 비로소 스스로 ‘낙후’를 인정·승인하고 천조의식을 포기하게 되었지만 이러한 천조의식의 ‘強韌性’은 민국 시대의 정부 이념이나 외교 정책에도 여전히 영향을 미쳤다는 것이다. 이에 앞서 유용태, 2009, 2012 역시 이러한 점을 밝히면서 민국 시대 중화민국의 태국과 외몽골에 대한 조공 외교에의 집착을 분석하여 이것을 ‘지연된 근대 외교’로 표현한 바 있다.

실패하였다. 비록 총리아문의 설치를 통한 외교 분야의 변혁이 있었고, 근대적 상공업과 무역 발전의 계기가 부여되었지만, 비슷한 시기에 서구화에서 눈에 띄는 결과를 보여 준 일본에 비하면 그 성과는 상대적으로 제한적이었다.

무엇보다도 정치 분야에서 19세기 말에 이르기까지 전통적 관료체제 자체에 아무런 개혁이나 변화가 없었던 점은 몰락해 가는 청의 무기력과 쇠락을 잘 보여 준다. 1860년대 후반에 정치적 변혁을 거친 일본이나, 1880년대 이후 임오군란·갑신정변·갑오개혁 등 여러 차례 정치적 변혁을 둘러싼 극도의 정쟁을 경험하였던 조선과는 달리, 청이 근대적 국가체제로의 정치개혁을 시도할 수 있었던 것은 19세기가 거의 끝나기 직전이었다. 1898년에 가서야 겨우 시도된 무술개혁도 아주 짧은 시간 내에 실패로 돌아갔다.

더구나 수도 북경에는 이때까지 근대적 여론 형성의 상징이라 할 수 있는 일간신문조차 거의 발행된 적이 없을 정도로 폐쇄적이고 보수적인 분위기가 여전히 자리 잡고 있었다.[7] 청·일전쟁에서 청이 국제

7 曾虛白(1966, pp.264-265)에 의하면 북경에서 가장 먼저 발행된 신문은 1895년 8월 梁啓超가 주편이 된 『中外公報』(『中外紀聞』)인데 1년이 되지 않아 폐간되었다. 두 번째 민간신문은 1904년 朱淇가 창간한 『北京報』였는데 정부 간섭을 우려하여 독일인의 명의를 앞세웠으며, 당시 북경의 신문으로는 일본인이 창간한 『順天時報』와 러시아인의 창간한 『遠東報』뿐이었으므로, 실제 민간인의 명의로 창간된 북경 두 번째 일간신문은 같은 해 彭翼仲이 창간한 『京話日報』(1904-1922)였다고 한다. 邸抄나 京報 등 전통적 '신문'이나 官報를 제외하면 19세기 북경에서는 민간인에 의한 근대적 일간신문의 거의 창설이 나타나지 않았으며, 이를테면 上海의 『申報』나 天津의 『大公報』처럼 도시 북경을 대표하는 일간신문도 뚜렷하게 드러나지 않는다. 19세기 민간 여론의 고취에 도움이 되는 신문이나 잡지는 대부분 上海나 홍콩, 廣州, 天津 등에서 발행되었으며, 무술개혁 시기 활발해진 잡지나 신문의 창설도 대부분 지방에서 이루어졌다. 이에 대해서는 方漢奇 主編, 1997을 참조.

적으로 고립무원의 처지에 빠졌던 것은 바로 이러한 청의 폐쇄적이고 보수적인 자세에서 열강이 자신들의 '이익'이나 호감을 발견하지 못하였기 때문이었다. 오히려 청의 패배는 열강에 최혜국대우를 균점함으로써 자신들의 이권을 최대한 확장할 수 있는 기회를 제공해 주었다.

청·일전쟁의 패배로 확인되는 청의 궁극적인 조선 정책 실패는 조선뿐만 아니라 청 자체의 운명조차 위태로운 것으로 만들었다. 청·일전쟁 이후 10여 년을 간신히 넘기고 두 왕조가 1910년과 1911년 그 운명의 종점에 도달하는 것은 바로 청·일전쟁의 패배에서 그 연원을 찾을 수 있다고 해도 지나친 말은 아니다. 청 말 수많은 인사들이 조선에 대한 간섭을 주장하면서 그 근거로 들었던 것은 바로 동삼성의 울타리인 조선의 안위가 직접 곧바로 중국의 안위와 밀접하게 연결되어 있다는 인식이었다. 이홍장도 이 점에 대해서는 "조선은 동삼성의 울타리가 되며, 조선이 위급하면 중국의 형세는 더욱 다급해집니다."라고 동의하였다. 청·일전쟁 발발 전후에도 청의 관료·사대부 대부분 "조선의 위기는 바로 중국의 운명과 직결되며, 조선을 구하는 것은 바로 중국 자체를 구하는 것과 마찬가지"라는 의견에 모두 동의하였다. 하지만 이러한 우려는 마침내 피할 수 없는 현실로 나타났다.

청·일전쟁의 패배로 그토록 집착하던 천조체제가 마침내 붕괴되면서 청도 사실상 멸망의 구렁텅이에 빠져들게 되었다. 즉 청의 조선 정책 실패는 천조체제의 와해, 그리고 나아가 청 '제국' 자체의 몰락으로 이어지는 것이다. 광서제가 조선에 보낸 국서에서 다시 '보거순치(輔車脣齒)의 의리(義理)'를 강조하였지만, 만주족의 청은 그러한 의리를 필요로 하는 역사적 과제를 풀어 나갈 역량과 활기를 이미 잃어버린 지 오래였다. 이것은 내부적 자기혁신에 의해 외부의 도전에 대응할 수 있는 정치적 활력이 부족하였던 탓도 있지만, 그보다는 마지막 조공국 조선이 떨어져 나가면서 천조상국의 위엄을 과시하던 천조체제가 현실적으로 붕괴한 다음이 되어서야 비로소 청 왕조의 통치나 그 정치체제의 정당성에 대한 결정적 의문이 던져졌던 것으로 해석할 수도 있다. 청이 천조체제의 명분과 천하관념에 집착하였던 것은 그럴 만한 이유가 있었던 셈이다.

청·일전쟁의 패배 이후 천조상국의 '자아형상(自我刑象)'이 파괴되면서, 정치체제 개혁이나, 한 걸음 더 나아가 청 왕조의 타도 자체를 노리는 개혁운동과 혁명운동이 동시에 출범한 것 — 이것은 동시에 중국 내셔널리즘의 출발점이기도 하다 — 은 이 점을 잘 설명해 주는 사례다. 하지만 '망국멸종'과 '과분두부'의 위기의식 아래 한참 뒤늦게 시작된 광서제의 대담한 개혁도 보수파의 반격으로 순식간에 좌절되었다. 청은 그만큼 서구적 '근대'를 받아들이기 위해 그 체제 내부를 개혁하는 데에는 더 많은 시간이 필요하였던 것으로 보인다. 청이 중국 사회 전반의 근대화·서구화를 위한 개혁을 추진할 수 있게 된 것은 20세기에 들어 의화단 전쟁에서의 참패로 중국의 '반식민지화'를 결정지은 「신축조약」(1901)이 체결된 다음에야 가능하였다. 20세기 초에 착수된 광서신정(光緒新政. 辛丑新政이라고도 한다.)은 그런 점에서 청에 주어진 마지막 기회였다. 그러나 너무 뒤늦게 착수된 이 '지연된 근대적 개혁'은 도리어 청 왕조의 수명을 단축하는 결과로 이어졌을 뿐이었다.[8]

여하튼 실제로 조선(한국)과 청의 외교 관계가 다시 수립되는 것은 1899년의 「한·청통상조약」의 체결을 기다려야만 하였다. 청·일전쟁 이후 조선에 진출한 상인들의 보호를 위해 파견된 '총영사' 당소의가 조선정부와의 공식적 접촉을 꺼리는 '편법외교'를 여전히 보여 주었고, 나아가 조선과의 대등한 국교 수립에 아주 부정적인 자세를 견지하였던 것

8 이에 대해서는 金衡鍾, 2002의 결론 부분을 참조.

은 청이 조선과의 조약체결에 아주 부정적이었던 것을 잘 알려 준다. 청은 조선의 독립을 이미 인정하였으면서도, 사실상 과거 「무역장정」이 만들어 놓은 체제를 그대로 연장하려는 태도를 보였다. 결국 19세기의 마지막 해에 가서야 맺어진 「한·청통상조약」은 역사상 처음으로 양국이 서로 대등한 위치에 서서 맺은 조약으로서, 전통적 사대질서를 완전히 청산하고 근대적 외교 관계로 진입하는 새로운 출발점이 되었다.

여기에는 옛 '번속'과의 대등한 조약을 체결하는 데 있어 이익을 도모할 수도 없는 데다가, 열강이 뒤에서 조종하거나 간섭하여 자칫하면 문제가 커질 가능성이 크므로 일단 「조·미조약」에 대해 약간의 증감만 함으로써 조약을 조속히 체결하겠다는 청의 의도가 반영되었다. 이때도 여전히 청은 '번속'과 '자소지인'의 관념에 사로잡혀 있었으므로, 무술개혁에 나선 광서제의 과감한 결단이 아니었으면, 실제 양국 관계가 근대국가 사이의 평등한 교섭이라는 정상 궤도로 진입하는 데는 보다 많은 시간이 필요하였을 것이다. 근대적 국제질서 속에서는 나라가 크건 작건 상관없이 적어도 외면상으로는 대등한 주권을 지닌 국가로 평등하게 대우하는 것이 기본임에도 불구하고, 이에 참여하려는 조선의 노력을 꺼린 이러한 청의 외교를 '지연된 근대 외교'라고 부르는 것은 그 점에서 아주 정곡을 찌르는 표현으로 보인다.[9]

19세기 말 20세기 초 중국의 근대 외교가 '지연'된 이유는 청 말 외교 제도상의 변화와 외교 태도의 진전에도 불구하고 그 이면에 담겨 있는 의식과 심리 면에서 중국이 조약체제와 만국공법의 논리를 수용

9 유용태, 2009, 2012, 2015; 王偉泉, 2017을 참조. 또한 전인갑, 2016은 21세기 중국이 과거 중화제국의 유산을 계승한 새로운 제국으로 전환하고 있으며, 과거의 유산이 근대적 변용과 재구성을 거쳐 제국화의 자산으로 기능하고 있다고 지적하고 있어, 천조체제의 유산과 천하관념이 오늘날에도 여전히 유산으로 작용하고 있다는 점에서 시사하는 바가 크다.

하기 어렵게 만드는 '과거의 힘', 즉 천하관념이 여전히 강고하였다는 것, 그리고 그것은 조약체제와 만국공법의 논리가 곧 '중국' 자체를 부정하였기 때문이라는 해석이다. 이는 필자가 지적한 청의 '편법외교'와 마찬가지로 19세기 후반과 20세기 초에 걸친 중국의 대외 태도를 설명하는 데는 아주 적절한 표현으로 보인다. 더구나 「한·청통상조약」 이후 실제 양국이 근대적 외교 관계와 질서를 새로 꾸며 가는 데 노력할 수 있는 시간이나 여유는 아주 부족하였다. 양국 모두 국내외의 문제를 돌보느라 상호 간의 관계를 다시 정비할 여유는 거의 없었기 때문이다. 그것은 사실상 한참 뒤의 과제로 밀릴 수밖에 없었다.

지금까지 살펴온 것처럼 19세기 후반, 특히 1880년대 중반 이후 조선-청은 전통적 관계에서 근대적 관계로 전환하는 과정에서 수많은 곡절과 갈등·마찰을 겪었다. 이것은 특별히 이 시기 한·중 관계에서 두드러지게 나타나는 특징이기도 하다. 일찌감치 19세기 말에 유길준이 제시하였던 '양절체제'에 대한 비판이나 최근 권혁수가 제시한 '하나의 외교, 두 개의 체제'라는 개념은 — 이와 비슷한 표현은 다수 발견되지만 — 특히 이 시기 조선과 청 사이의 복잡다단한 관계를 이해하는 데 핵심적인 용어다.

이러한 청과 조선 사이의 '이중적' 외교 체제가 낳은 '편법외교'는 1880년대 중반 이후 사실상 갈등과 마찰로 점철되는 특징을 자아내면서 청의 근대 외교 자체의 성과를 제한하였다. "보거순치의 의리"로 양국 관계를 보호하는 것보다 상대국의 지향을 억누르면서 천조체제의 그림자에 기대어 일방적인 '속국화'를 밀어붙였던 청의 외교는 결국 '동병상련'의 부재에서 나오는 불협화음 때문에 '순망치한'의 우려를 '양패구상'이란 파탄으로 이어지게 만드는 원인이 되었다고 할 수 있을 것이다.

참고문헌

1. 사료

『各司謄錄』 近代編 「啓下咨文冊」.

『高宗實錄』.

『大淸歷朝實錄』(中華書局, 1987).

『(官版)萬國公法』(同治三年序. 京都崇實館存板. 慶應元年開成所緖刻).

『白頭山定界碑資料』(光武7[1903]年. 奎25219).

『備邊司謄錄』(서울대학교 奎章閣韓國學研究院 등).

『使韓紀略』(袁世凱와 朝鮮督辦交涉通商事務 閔(種默) 監訂, 1982(영국 외무성문서 F0. 228-1072. Chinese Enclosures Corea 1891-1896, pp.44-66).

『承政院日記』(서울대학교 奎章閣韓國學研究院 등).

『二說』(張謇·李延祜 著. 서울대학교 도서관 古 951.054 Y67i).

『日省錄』(서울대학교 奎章閣韓國學研究院).

『調査吉林東邊報告』上·下(編著者·出版地·年度 未詳. 奎章閣 想白古915.28-J77-v.1-2).

『駐朝鮮使館檔』「袁世凱-邊界-吉朝會勘土門江界址案」(檔案番號 全宗 01-系列 41-宗號 018-冊號 01).

『駐朝鮮使館檔』「袁世凱-僑務-韓民越界開墾滋事案」(檔案番號 全宗 01-系列 41-宗號 023-冊號 07).

『籌辦夷務始末』(齊思和 等 整理, 1964, 『籌辦夷務始末(道光朝)』 全六冊, 北京: 中華書局; 編者未詳, 1997, 『籌辦夷務始末(鹹豐朝)』 全八冊, 北京: 中華書局; 中華書局編輯部·李書源 整理, 2008, 『籌辦夷務始末(同治朝)』 全十冊, 北京: 中華書局. 또는 文慶 等 修, 1930, 『籌辦夷務始末(道光朝)』, 故宮博物院, 沈雲龍 主編. 『近代中國史料叢刊』 正編 第56輯 551. 文海出版社, 1970影印版; 賈楨 等 修, 1930, 『籌辦夷務始末(鹹豐朝)』, 故宮博物院. 沈雲龍 主編. 1970, 『近代中國史料叢刊』 正編 第59輯 581. 文海出版社. 1970影印版; 寶鋆 等 修, 1930, 『籌辦夷務始末(同治朝)』, 故宮博物院(沈雲龍 主編, 『近代中國史料叢刊』 第62輯 0611. 文海出版社. 1971影印版 등도 있다).

統理交涉通商事務衙門 編, 『華信』(『華案』. 奎章閣 18052-v.1-41) 全41冊.

金慶門 等 編, 2006, 『通文館志』(奎章閣資料叢書. 서울대학교 규장각한국학연구원).

葛士浚, 1972, 『皇朝經世文續編』(沈雲龍 主編, 『近代中國史料叢刊』 第75集 0741, 文海出版社).

姜義華 等 編校, 2007, 『康有爲全集』 全12冊, 中國人民大學出版社.

經莉 編, 2005,『國家圖書館藏 清代孤本外交檔案續編』全20冊, 國家圖書館.
고구려연구재단 편, 2004,『조선시대북방사자료집』, 고구려연구재단.
고구려연구재단 편, 2005,『朝·淸國境會談資料集』, 고구려연구재단.
高麗大學校亞細亞問題硏究所 編, 1970,『舊韓國外交文書』第8·9卷「淸案」1·2, 高麗大學校出版部.
高麗大學校亞細亞問題硏究所韓國近代史料編纂室, 1972-1974,『統署日記』1·2(舊韓國外交關係附屬文書), 高麗大學校出版部.
故宮博物院 編, 1932,『淸光緖朝中日交涉史料』88卷, 北京(文海出版社 1963·1970影印再版).
故宮博物院文獻館 編, 1932-1933,『淸光緖朝中法交涉史料』22卷, 北京(沈雲龍 主編, 1967,『近代中國史料叢刊』正編 第十五輯 0149, 文海出版社影印).
高永一 編, 1989,『中國朝鮮族歷史硏究參考資料彙編 第一輯 明代至辛亥革命』, 延邊大學出版社.
顧廷龍 編, 1935,『吳愙齋先生年譜』, 燕京大學.
郭廷以 編定, 1971,『郭崇燾先生年譜』上·下, 中央硏究院近代史硏究所(中央硏究院近代史硏究所專刊 29).
國家圖書館分館 編, 2003,『淸代邊疆史料抄稿本彙編』50冊, 北京: 線裝書局.
國家淸史編纂委員會 編, 2007,『李鴻章全集』全39冊. 安徽教育出版社.
國家淸史編纂委員會 編, 2018,『梁啓超全集』全20集. 中國人民大學出版社.
國史編纂委員會 編, 1971a,『從政年表·陰晴史』, 國史編纂委員會. 韓韓國史料叢書 6.
國史編纂委員會 編, 1971b,『續陰晴史』上·下, 國史編纂委員會. 韓國史料叢書 11.
國史編纂委員會 編, 1978,『同文彙考』1-4, 韓國史料叢書 24. 國史編纂委員會.
國史編纂委員會 編, 1981,『데니文書』韓國史料叢書 28. 時事文化社.
國史編纂委員會 編, 1985,『修信使記錄』, 國史編纂委員會. 韓國史料叢書 9.
國史編纂委員會 編, 1990,『各司謄錄』42-46 鹹境道篇 1-5, 國史編纂委員會.
國史編纂委員會 編, 2015-2019,『(사료) 고종시대사』, 1-20(1863.12-1894.6: 1-5, 2015; 6-9, 2016; 10-13, 2017; 14-17, 2018; 18-20, 2019), 國史編纂委員會.
國會圖書館立法調査局 編, 1964,『舊韓末條約彙纂』, 立法參考資料 第18卷, 國會圖書館.
國會圖書館 編, 1975,『間島領有權關係拔萃文書』,『日本外務省陸海軍省文書』第1輯. 國會圖書館.
權赫秀 編, 2008,『近代中韓關係史料選編』, 世界知識出版社.
近代中國硏究委員會,『經世文編總目錄』第1·2分冊, 東京: 東洋文庫.

近代韓國外交文書편찬위원회 편, 2009,『近代韓國外交文書』제1-5권 제너럴셔먼호 사건·병인양요(1), 오페르트사건·신미양요(2), 조일수호조규(3), 조미수호통상조약(4), 조영수호통상조약(5), 동북아역사재단.
近代韓國外交文書편찬위원회 편, 2013,『近代韓國外交文書』제6-7권 임오군란 I·II, 서울대학교출판문화원.

近代韓國外交文書편찬위원회 편, 2015, 『近代韓國外交文書』 제8-11권 갑신정변 I-IV, 서울대학교출판문화원.
近代韓國外交文書편찬위원회 편, 2018, 『근대한국외교문서』 제12-13권: 거문도 사건, 서울대학교출판문화원.
김성남 편집·해제, 2004, 『해외한국학자료총서 8: 중국인이 본 임오군란 자료』, 성균관대학교 동아시아학술원.
김성남 편집·해제, 2005, 「해외한국학자료총서 14: 중국인이 본 갑신정변 자료』, 성균관대학교 동아시아학술원.
김양수 등, 2008, 『조선 후기 외교의 주인공들』, 백산자료원.
김용구·하영선 공편, 1996, 『한국외교사연구 기본사료·문헌해제』, 나남출판.
金源模 완역, 1991, 『舊韓末 激動期 祕史: 알렌의 일기』, 檀國大學校出版部.
金允植, 2001, 「天津談草」, 林基中 編, 2001, 『燕行錄全集』, 東國大學校出版部. 卷93 所收.
金允植, 2004, 『雲養集』, 民族文化推進會. 韓國文集叢刊 328.
金允植 지음, 구지현 등 옮김, 2013-2014, 『雲養集』 1-8, 도서출판 혜안. 한국고전번역원 한국문집번역총서.
金允植 지음, 김영봉 등 교점, 2015, 『雲養集 校勘標點』 1·2·3·4, 피알앤북스(延世大學校 國學硏究院).
김종학 옮김, 2014, 『국역 을병일기(乙丙日記)』, 국립중앙도서관 한국고전국역총서 12.
김지남 등 지음, 이상태 등 옮김, 1998, 『조선시대 선비들의 백두산답사기』, 혜안.
金昌熙 編著(최우길·김규선 공역), 2016, 『개항기 한중 지식인의 조선개혁론 삼주합존(三籌合存)』, 보고사.
金昌熙, 1929, 『東廟迎接錄(迎接所日記)』, 李王職實錄編纂會(『近代韓國外交文書』 제6권 임오군란, pp.470-495, 또는 『袁世凱全集』 1, pp.16-24에도 수록).
金春善 主編, 2009-2016, 『중국조선족사료전집 역사편 이주사』 全12卷, 延邊人民出版社.
金衡鍾 등 옮김, 2012·2013·2016·2018·2020, 『국역『淸季中日韓關係史料』』 1·2·3·4·5, 동북아역사재단.
金衡鍾 編譯, 2014, 『1880년대 조선-청 국경회담 관련자료 선역』, 서울대학교출판문화원.
南廷哲(朝鮮) 編, 1884, 『北洋衙門談草』(한국학중앙연구원 장서각 소장).
데니, O. N. 지음, 申福龍·崔水根 공역, 1987, 『O.N. 데니 文書/묄렌도르프 文書』, 평민사.
데니(Denny, Owen N.) 지음, 신복룡·최수근 역주, 1999, 『청한론(淸韓論)(外)』, 집문당.
동학농민혁명기념재단, 2017, 『동정일기 이홍장전집 청계중일한관계사료』(동학농민혁명 신국역총서 9), 동학농민혁명기념재단.
묄렌도르프 지음, 신복룡·김운경 역주, 1999, 『묄렌도르프自傳(外)』, 집문당.
무쓰 무네미쓰(陸奧宗光) 지음, 김승일 옮김, 1993, 『건건록(蹇蹇錄)』, 범우사.
朴日根 編, 1982, 『*Anglo-American Diplomatic Materials Relating to Korea(1866-1886)*: 近代韓國關係英·美外交資料集』, 新文堂.
朴日根 編, 1984, 『*Anglo-American and Chinese Diplomatic Materials Relating to*

Korea(1887-1897): 近代韓國關係英·美·中外交資料集(1887-1897)』, 부산대학교 사회과학대학 중국문제연구소.
朴定陽(한철호 옮김), 2015, 『미행일기(美行日記)』, 푸른역사.
朴定陽(한철호 옮김), 2018, 『미속습유(美俗拾遺)』, 푸른역사.
裵祐晟·丘凡眞 등 옮김, 2008, 『국역『同文彙考』疆界史料』, 동북아역사재단.
裵祐晟·丘凡眞 옮김, 2008-2012, 『국역『同文彙考』犯越史料』 1-4, 동북아역사재단.
비숍, I. B. 지음, 신복룡 역주, 2000, 『조선과 그 이웃나라들』, 집문당.
서울대학교 역사연구소 편, 2015, 『역사용어사전』, 서울대학교출판문화원.
송병기 옮김, 2001, 『국역 윤치호일기 1』, 연세대학교출판부, 2001.
申櫶 지음, 김종학 옮김, 2010, 『심행일기: 조선이 기록한 강화도조약』, 푸른역사.
아극돈 지음, 은몽하·우호 엮음, 金翰圭 옮김, 2012, 『사조선록 역주 5: 청사의 조선 사행록』, 한중관계사 사료총서 동양편 211. 소명출판.
양보경·이현군·문상명 편, 2016, 『백두산 고지도집: 한국 고지도 속의 백두산』, 동북아역사재단.
俞吉濬, 1971, 『俞吉濬全書 I - 西遊見聞』, 일조각.
유길준 원저, 장인성 저, 2017, 『서유견문: 한국 보수주의의 기원에 관한 성찰』, 아카넷.
윤경남 역술, 2014, 『민영환과 윤치호, 러시아에 가다』, 신앙과지성사.
尹秉寬, 『兩界照會』 上·下(尹暢烈 大田大學校 韓醫科大學 教授 제공).
尹秉寬, 『青雲』(尹暢烈 大田大學校 韓醫科大學 教授 제공).
尹政熙, 1991, 「『間島開拓史』, 庚辰開拓과 間島의 命名」, 『韓國學硏究』(인하대) 제3집 별집.
이서행·정치영 편, 2011, 『고지도와 사진으로 본 백두산』, 한국학중앙연구원 출판부.
李延祜, 『晥右譚草』(奎章閣 古 2410 4).
李用熙, 1966, 『近世韓國外交文書總目(外國篇)』, 한국국회도서관.
李裕元, 2003, 『嘉梧槁略』, 韓國民族文化推進委員會 編, 『韓國文集叢刊』 所收.
李玉·于川 主編, 2011, 『民國四大報紙社論篇名索引』 上·中·下, 國家圖書出版社.
이왕무 등, 2008·2010, 『역주 감계사등록(譯註 勘界使謄錄)』 상·하, 동북아역사재단.
이은연 등, 2017, 『근대동아시아외교문서해제』 27책, 선인. 1-3책. 러시아편(1860-1894년), 4-6책. 중국편(1876-1893년), 7-9책. 일본편(1876-1894년), 10-12책. 러시아편(1895-1903년), 13-15책. 중국편(1894-1903년), 16-18책. 일본편(1894-1904년), 19-21책. 러시아편(1903-1905년), 22-24책. 중국편(1904-1910년), 25-27책. 일본편(1904-1910년).
李重夏, 『勘界使謄錄』 상·하(국립중앙도서관 소장본).
李重夏, 『二雅堂集』(李興鍾 編. 서울, 1975).
李重夏, 『白頭山定界碑勘界使交涉報告書』(土門勘界使 編. 奎26302).
李重夏, 「牒呈」(奎26677. 光緒11年 12月 6日).
李重夏, 『勘界使問答』(奎21038).
李重夏, 『土門勘界』(奎21306).

李重夏,「土門勘界(事實)」(『白山學報』 2. 1967).
李重夏,「勘界使交涉報告書」(奎11514).
李重夏,「照會談草」(『白山學報』 2. 1967).
李重夏,「覆勘圖們談錄」(『白山學報』 2. 1967).
李重夏,「啓草」, 고구려재단 편, 2005,『朝·淸國境會談資料集』所收.
인천대학교 HK중국관행연구사업단(장정아·이용재·송승석) 편, 2021,『조선 화교 관련 신문보도 자료목록: 국내 신문을 통해 본 조선 화교의 삶(1882-1945)』, 중국관행자료총서11. 도서출판 모두의지혜.
임경석·김영수·이항준 공편, 2012,『한국근대외교사전』, 성균관대학교출판부.
林基中 編, 2001,『燕行錄全集』, 東國大學校出版部.
장인성·김현철·김종학 엮음, 2012,『근대한국 국제정치관 자료집』 제1권 개항·대한제국기. 서울대학교출판문화원.
全海宗, 1966,『韓國近世對外關係文獻備要』, 奎章閣圖書硏究叢書 1. 서울대학교문리대학 東亞文化硏究所.
정관잉(鄭觀應) 지음, 이화승 옮김, 2013,『성세위언: 난세를 향한 고언』, 책세상문고 고전의 세계 31. 책세상.
朝鮮 外部 交涉局 編, 1902,『照錄』(奎章閣 古5710-3).
최덕수 등, 2010,『조약으로 본 한국 근대사』, 열린책들.
최익현 등 지음, 이주명 편역, 2014,『원문 사료로 읽는 한국 근대사』, 필맥.
황준헌 등, 황수헌 옮김, 2001,『조선책략』, 건국대학교출판부.
황준헌 지음, 김승일 옮김, 2008·2016,『조선책략』, 범우사(범우문고 229).
黃遵憲 지음, 趙一文 譯註, 1977,『朝鮮策略』, 건국대학교출판부.
황준헌·김홍집 지음, 윤현숙 옮김, 2019,『조선책략 대청흠사필담』(수신사기록 번역총서 6), 보고사.
휘튼, 헨리(Wheaton, Henry) 지음, 윌리엄 마틴(William Martin) 한역(漢譯), 김현주 옮김, 2021,『만국공법(*Elements of International Law*)』, 인간사랑.

問漁, 1931,「光緒十十一兩年淸臣處理朝鮮亂事關係文獻」,『人文月刊』第2卷 第8期.
吉林師範大學古籍硏究所 編, 1995,『二十六史中朝關係史料選編』, 吉林文史出版社.
吉林省檔案館·中國邊疆史地硏究中心 合編, 2000,『吉林省檔案館藏淸代中朝關係史料選輯』, 吉林人民出版社.
吉林師範大學古籍硏究所 編, 1995,『二十六史中朝關係史料選編』, 吉林文史出版社.
駱寶善 等 編, 2013,『袁世凱全集』全39卷, 河南大學出版社.
南開大學古籍與文化硏究所 編, 2010,『淸文海』全106冊, 國家圖書館出版社.
鄧承修, 1967,『語氷閣奏議』(近代中國史料叢刊 正編 第12輯 0114, 文海出版社).
裴燕生 等 編著, 2009,『歷史文書(第二版)』, 中國人民大學出版社.
朴興鎭 等, 2007,『東亞三國關系史料全輯: 中國廿六史及明淸實錄』全五冊, 延邊大學.

蝠池書院出版有限公司, 2007,『近現代中國邊疆界務資料』, 香港: 蝠池書院出版有限公司.

蝠池書院出版有限公司, 2007,『近現代中國邊疆界務資料續編』, 香港: 蝠池書院出版有限公司.

徐世昌 編, 1911,『東三省政略』, 1911年原刊. 臺北: 文海出版社, 1965影印.

席裕福·沈師徐 輯, 1982,『皇朝政典類纂』500卷(光緒29年序. 沈雲龍 主編,『近代中國史料叢刊』續編 第88輯 0871-0920. 文海出版社影印).

薛福成(蔡小卿 整理), 2004,『薛福成日記』上·下, 吉林文史出版社. 國家清史編纂委員會 文獻叢刊.

(愛新覺羅)盛旭, 2010,『意園文略』, 清代詩文集彙編編纂委員會 編, 2010,『淸代詩文集彙編』3776. 第772冊 所收.

丁鳳麟·王欣之 編, 1987,『薛福成選集』上海人民出版社, 1987.

上海圖書館歷史文獻研究所 編, 2008,『歷史文獻』第12輯, 上海古籍出版社.

孫建軍 整理·校注, 2017,『丁汝昌集』上·下, 山東畫報出版社.

孫學雷·劉家平 主編, 2003,『國家圖書館藏 淸代孤本外交檔案』52冊, 國家圖書館.

沈雲龍 主編, 1966-1987,『近代中國史料叢刊』臺北: 文海出版社. 正編·續編·三編(正·續編 各100輯. 三編 85輯. 每輯 10冊).

楊堅 校補, 1983,『郭崇燾奏稿』, 嶽麓書社.

楊昭全·孫玉梅 編, 1994,『中朝邊界沿革及界務交涉史料彙編』上·下, 吉林文史出版社.

吳大澂, 1985,「愙齋自編年譜」, 榮盟源 等 主編,『近代稗海』第13輯. 四川人民出版社.

吳大澂, 1986,「皇華紀程」및「吉林勘界記」, 李澍田 主編,『松漠紀聞 扈從東巡日錄 啓東錄 皇華紀程 邊疆叛跡』, 長白叢書 初集. 吉林文史出版社 所收.

吳祿貞, 1908,『延吉邊務報告』(吉林官書刷印局, 1908. 奉天學務公所 印刷處, 1908.『近代中國史料叢刊』, 臺北: 文海出版社, 1969 正編 第32輯 317. 또는 吉林師範大學古典研究所 李澍田 主編·吳祿貞 等 撰·朴慶輝 等 標注, 1986,『延吉邊務報告, 延吉廳領土問題之解決』, 長白叢書 初集. 吉林文史出版社라는 판본도 있다).

吳汝倫 撰, 施培毅 等 校點, 2002,『吳汝倫全集』(全四冊), 黃山書社.

吳振清 等 整理, 2003,『黃遵憲集』上·下, 天津人民出版社.

吳振清 等 整理, 2010,『何如璋集』, 天津人民出版社.

吳豊培·董盼霞·杜曉明 編, 1991,『清同光間外交史料拾遺』2函 18冊, 中國文獻珍本叢書, 全國圖書館文獻縮微複制中心.

吳晗, 1980,『朝鮮李朝實錄中的中國史料』12冊, 中華書局.

王其榘 編, 1987,『淸實錄 隣國朝鮮篇』, 中國社會科學院 邊疆史地研究中心(內部發行).

王夢珂 點校, 2013,『馬建忠集』, 中華書局.

王伯恭, 1985,『蜷廬隨筆』, 沈雲龍 主編,『近代中國史料叢刊』正編 第二十四集 0235, 文海出版社.

王先謙 編, 1966,『郭侍郎(崇燾)奏疏』, 沈雲龍 主編, 1966,『近代中國史料叢刊』正編 第十六輯 0151.

王雲五 主編, 1978,『民國周玉山先生馥自訂年譜』, 臺灣商務印書館. 新編中國名人年譜集成 第2

輯.
王彦成 纂輯, 王亮 編, 1987, 『淸季外交史料』, 北京: 書目文獻出版社, 1987 影印.(沈雲龍 主編 『近代中國史料叢刊』 三編 第二輯 011-019, 臺北: 文海出版社, 1985 影印. 天津: 學苑出版社, 1999 影印. 湖南師範大學出版社, 2015 등. 원래는 대부분 1931-34년 출간된 판본의 영인본이었는데, 湖師範大學出版社, 2015는 새로 橫書로 排印한 것이라 이용이 훨씬 편리하다).
王鐵崖 編, 1957, 『中外舊約章彙編』 三冊, 北京: 三聯書店.
外務省 編纂, 1933-1963, 『日本外交文書』 明治時期. 日本國際(連)協會.
袁保齡, 『閣學公集』, 淸代詩文集彙編編纂委員會 編, 2010, 『淸代詩文集彙編』 746 所收.
劉錦藻, 1936(1965), 『淸朝續文獻通考』 400卷, 商務印書館. 萬有文庫(臺灣 新興書局影印).
喩嶽衡 點校, 2008, 『曾紀澤集』, 嶽麓書社.
劉憶江, 2015, 『李鴻章年譜長編』, 河北大學出版社, 2015.
劉雨珍 編校, 2010, 『淸代首屆駐日公使館員筆談資料滙編』 上·下, 天津人民出版社.
劉子敏 主編, 1996, 『中國正史中的朝鮮史料』 1·2, 延邊大學出版社.
劉子揚, 1988(2014), 『淸代地方官制考』, 紫禁城出版社(故宮出版社).
李鵬年 等 編著, 1983(1989), 『淸代中央國家機關槪述』, 黑龍江人民出版社(紫禁城出版社).
李金鏞, 1969, 『琿牘偶存』(沈雲龍 主編, 『近代中國史料叢刊』 正編 78輯 775. 臺北: 文海出版社).
李明勛·龍世璋 主編, 2012, 『張謇全集』 全八冊, 上海辭書出版社.
李毓澍 編, 1977, 『淸季中日韓關係資料三十種綜合分類目錄』 I·II, Sanfrancisco: Chinese Material Center. Inc.
李廷玉 撰, 1969, 『長白山崗志略』, 中國邊疆史志叢書初編 7·8. 臺聯國風出版社.
李澍田 主編, 1987, 『長白匯徵錄·長白山崗志畧』, 吉林文史出版社.
李澍田 編, 1991, 『淸實錄朝鮮史料摘編』, 吉林文史出版社.
李澍田 主編, 1991, 『琿琫副都統衙門檔案史料選編』 上·中·下, 吉林文史出版社.
李學勤 主編(十三經注疏整理委員會 整理), 1999, 『十三經注疏』, 北京大學出版社.
任青·馬忠文 整理, 2004, 『張蔭桓日記』, 世紀出版集團·上海書店出版社.
張(謇)·李(延祜), 『二說』(奎章閣. 古 951.054 Y67i).
張謇研究中心·南通市圖書館 編, 1994, 『張謇全集』 全6冊, 江蘇古籍出版社.
張我德 等, 1996, 『淸代文書』, 人民大學出版社.
長順 修, 李桂林 纂, 1986, 『吉林通志』(吉林師範學院古籍研究所 整理. 吉林文史出版社).
張樹聲, 2010, 『張靖達公雜著』, 淸代詩文集彙編編纂委員會 編, 2010, 『淸代詩文集彙編』 第695冊.
張志烈 等 主編, 2010, 『蘇軾全集校注』 第11冊 文集 1, 河北人民出版社.
張振鵾 編, 2006, 『中國近代史資料叢刊 續編 中法戰爭』 5冊, 2006, 中華書局.
張佩綸, 2010, 『澗于集』 20卷(淸代詩文集彙編編纂委員會 編, 2010, 『淸代詩文集彙編』 第768冊).

張佩綸, 1967, 『澗于集』, 文海出版社(『近代中國史料叢刊』 正編 第10輯 092).
張佩綸 著, 謝海林 整理, 2015, 『張佩綸日記』 上·下, 鳳凰出版社.
張俠 等 合編, 1982, 『清末海軍史料』, 海洋出版社.
田濤 主編, 1999, 『清朝條約全集』, 黑龍江人民出版社.
鄭村聲 整理, 2008, 「朝鮮密電鈔存」(甲申十月), 上海圖書館歷史文獻研究所 編, 2008, 『歷史文獻』 第12輯, 上海古籍出版社.
齊思和 等 整理, 1964, 『籌辦夷務始末(道光朝)』 全 6冊, 北京: 中華書局.
丁鳳麟 編, 1987, 『薛福成選集』, 上海人民出版社.
丁小明, 2014, 『譚屑拾餘: 晚淸駐朝鮮使臣叢劄及詩文稿』. 國家圖書館出版社 第1版.
趙爾巽 撰, 1977, 『清史稿』, 中華書局.
趙中孚·張存武·胡春惠 編, 1987, 『近代中韓關係史資料彙編』 12冊, 國史館.
趙春晨 編, 2010, 『丁日昌集』 上·下, 上海古籍出版社.
趙興元 等 選編, 2005, 『同文彙考中朝史料』(1-4), 吉林文史出版社.
周家祿, 1967, 『壽愷堂集』, 沈雲龍 主編, 『近代中國史料叢刊』, 臺北: 文海出版社, 正編 第09輯 0083.
周家祿, 1969, 『奧簃朝鮮三種』, 沈雲龍 主編, 『近代中國史料叢刊』, 臺北: 文海出版社, 正編 第42輯 0418.
朱金甫 等 編, 2011, 『清代典章制度辭典』, 中國人民大學出版社.
朱銘盤, 1966, 『桂之華軒遺集』, 沈雲龍 主編, 『近代中國史料叢刊』, 臺北: 文海出版社. 正編 第01輯 02.
周馥, 2010, 『玉山文集』, 清代詩文集彙編編纂委員會 編, 『清代詩文集彙編』 第736冊 所收.
周馥, 2010, 『周慤愼公自著年譜』, 清代詩文集彙編編纂委員會 編, 2010, 『清代詩文集彙編』 第736冊 所收.
駐朝鮮使館檔, 「袁世凱-中韓交涉-欽使奉命前來賜祭朝鮮國王母妃卷」(檔案番號全宗 01-系列 41-宗號 016-冊號 08).
朱壽朋 編, 1958, 『光緒朝東華錄』, 中華書局. 1984再版.
朱維錚 主編, 1996, 『馬相伯集』, 復旦大學出版社.
朱寰·王恒偉 主編, 1994, 『中國對外條約辭典(1689-1949)』, 吉林教育出版社.
中國邊疆史地研究中心 等 編, 2006, 『琿琫副都統衙門檔』 全 238冊, 廣西師範大學出版社.
中國史學會 編, 1954-1961, 『中國近代史資料叢刊』(『鴉片戰爭』 6冊, 1954. 『第二次鴉片戰爭』 6冊, 1978. 『洋務運動』 8冊, 1961. 『中法戰爭』 7冊, 1955. 『中日戰爭』 7冊, 1957. 『戊戌變法』 4冊, 1957), 神州國光社·新知識出版社·上海人民出版社, 2000年再版.
中國第一歷史檔案館 編, 1996a, 『清代中朝關係檔案史料匯編』, 北京: 國際文化出版公司.
中國第一歷史檔案館 編, 1996b, 『光緒朝硃批奏摺』, 全 120輯. 中華書局.
中國第一歷史檔案館 編, 1998, 『清代中朝關係檔案史料匯編 續編』, 北京: 國際文化出版公司.
中國第一歷史檔案館 編著, 2004, 『清代文書檔案圖鑑』, 嶽麓書社.
中國第一歷史檔案館 編, 2005, 『清代軍機處電報檔滙編』 全 40冊. 中國人民大學出版社.

中國第一歷史檔案館 編, 2008,『光緒朝上諭檔』全 34冊. 廣西師範大學出版社.

中央研究院近代史研究所 編, 1972,『淸季中日韓關係史料』全 11卷, 臺北: 中央硏究院近代史研究所.

陳湛綺 編, 2008,『淸末邊境界務檔案』全3冊, 全國圖書館文獻縮微複製中心.

陳玉樹, 2010,『後樂棠集』19卷(「文抄」9卷「文抄續編」9卷), 淸代詩文集彙編編纂委員會 編, 2010,『淸代詩文集彙編』777 所收.

陳義傑 整理, 1997,『翁同龢日記』全六冊, 中華書局.

陳錚 編, 2005,『黃遵憲全集』上·下, 中華書局.

戚其章 編, 2002,『中國近代史資料叢刊 續編 中日戰爭』12冊, 中華書局.

淸代詩文集彙編編纂委員會 編, 2010,『淸代詩文集彙編』全800冊, 國家淸史編纂委員會 文獻叢刊, 上海古籍出版社.

夏東元 編, 1982,『鄭官應集』上·下, 上海人民出版社.

夏東元 編著, 2004,『盛宣懷年譜長編』上·下, 上海交通大學出版社.

何嗣焜 編, 1968,『張靖達公(樹聲)奏議』, 沈雲龍 主編,『近代中國史料叢刊』, 臺北: 文海出版社. 正編 第23輯 0222.

何如璋 撰, 溫廷敬 輯,『何少詹文鈔』三卷, 淸代詩文集彙編編纂委員會 編, 2010,『淸代詩文集彙編』3576. 第737冊.

韓國學文獻硏究所 編, 1979,『魚允中全集』, 亞細亞文化社.

韓國學文獻硏究所 編, 1979,『金允植全集』1·2, 亞細亞文化社.

海關總署『中外舊約章大全』編纂委員會 編, 2004·2007,『中外舊約章大全』2冊, 中國海關出版社.

海軍司令部『近代中國海軍』編輯部 編著, 1994,『近代中國海軍』, 海潮出版社.

デニ(Denny, Owen N.) 著, 岡本隆司 校訂·譯註, 2010,『淸韓論』, 橫濱: 東北アジア文獻研究會·成文社.

Kransy Archiv, Vol. LII, pp. 54-12, 1934, "First Steps of Russian Imperialism in Far East (1888-1903)," *Chinese Social & Political Science Review,* 18-2. p. 240.

『근대전환기 알렌문서』(한국학진흥사업성과포털: 『근대전환기 알렌문서』 정리·해제및 DB (http://waks.aks.ac.kr) AKS-2016-KFR-1230009

『申報』(上海. 1872-1949)

韓國古典飜譯院 한국고전종합DB(http://db.itkc.or.kr)

한국학중앙연구원 장서각 디지털 아카이브(http://yoksa.aks.ac.kr)

アジア歷史資料センター(https://www.jacar.go.jp)

國史編纂委員會 韓國史 데이터베이스(http://db.history.go.kr)

韓國歷史情報統合시스템(http://www.koreanhistory.or.kr)

서울大學校 奎章閣韓國學硏究院(http://kyujanggak.snu.ac.kr)
中央硏究院漢籍電子文獻「近代史數位資料庫」(http://mhdb.mh.sinica.edu.tw)
中央硏究院近代史硏究所檔案館(http://archives.sinica.edu.tw)
中國基本古籍庫 데이터베이스(서울대학교)

2. 연구서

가와시마 신(川島眞)·모리 가즈코(毛利和子) 지음, 이용빈 옮김, 2012, 『중국외교 150년사: 글로벌 중국으로의 도정』, 한울아카데미.
가토 요코(加藤陽子) 지음, 윤현명·이승혁 옮김, 2018, 『그럼에도 일본은 전쟁을 선택했다』, 서해문집.
강상규, 2007, 『19세기 동아시아의 패러다임 변환과 제국 일본』, 논형.
강상규, 2008, 『19세기 동아시아의 패러다임 변환과 한반도』, 논형.
강상규, 2012, 『19세기 동아시아의 패러다임 변환과 다중거울』, 논형.
강상규, 2013, 『조선정치사의 발견: 조선의 정치지형과 문명전환의 위기』, 창비.
姜錫和, 2000, 『朝鮮後期 咸鏡道와 北方領土意識』, 경세원.
姜抮亞, 2011, 『동순태호: 동아시아 화교자본과 근대 조선』, 경북대학교출판부.
姜抮亞, 2018a, 『이주와 유통으로 본 근대 동아시아 경제사: 동순태호 담걸생 이야기』, 아연출판부.
康燦雄 著, 陳昌煦 譯, 2016, 『西方之前的東亞: 朝貢貿易五百年』, 社會科學文獻出版社(← David C. Kang, 2010, *East Asia Before the West: Five Centuries of Trade and Tribute*, New York : Columbia University Press).
거자오광(葛兆光) 지음, 이원석 옮김, 2012, 『이 중국에 거하라』, ㈜글항아리(←葛兆光, 2011, 『宅茲中國:重建有關"中國"的曆史論述』, 中華書局).
고병익, 1970, 『東亞交涉史의 硏究』, 서울대학교출판부.
고승희, 2003a, 『조선후기 함경도 상업 연구』, 국학자료원.
고재석, 2009, 『탕지이아의 붉은 기둥: 중화민국 초대국무총리의 조선인부인』, 글누림출판사.
丘凡眞, 2012b, 『청나라, 키메라의 제국』, 민음사.
丘凡眞, 2013, 『조선시대 외교문서: 명·청과 주고받은 문서의 구조분석』, 한국고전번역원.
丘凡眞, 2019, 『병자호란, 홍타이지의 전쟁』, 까치.
丘凡眞, 2021, 『1780년, 열하로 간 정조의 사신들: 대청 외교와 『열하일기』에 얽힌 숨겨진 이야기』, 21세기북스(서가명강 16).
具仙姬, 1999, 『韓國近代對淸政策史硏究』, 혜안.
국사편찬위원회, 1975, 『韓國史 16 開化·斥邪運動』, 국사편찬위원회.
국사편찬위원회, 2003(2013)a, 『한국사 37 서세동점과 문호개방』, 탐구당.
국사편찬위원회, 2003(2013)b, 『한국사 38 개화와 수구의 갈등』, 탐구당.

국사편찬위원회, 2003(2013)c, 『한국사 40 청 · 일전쟁과 갑오개혁』, 탐구당.
국사편찬위원회, 2003(2013)d, 『한국사 42 대한제국』, 탐구당.
權錫奉, 1986, 『淸末對朝鮮政策史硏究』, 一潮閣.
權錫奉, 2007, 『淸末對朝鮮政策史硏究 續』 上·下, 도서출판 한모임.
權赫秀 옮김, 1999, 『淸·日 甲午戰爭과 朝鮮』, 백산자료원(←陳偉芳, 『朝鮮問題與甲午戰爭』, 三聯書店, 1959).
權赫秀, 2000, 『19世紀末 韓中關係史 硏究: 李鴻章의 朝鮮認識과 政策을 中心으로』, 백산자료원.
權赫秀, 2007, 『근대한중관계사의 재조명』, 혜안.
기무라 간(木村幹) 지음, 김세덕 옮김, 2017, 『대한제국의 패망과 그림자(原題: 高宗·閔妃)』, 제이앤씨.
金基赫 等, 1996, 『淸日戰爭의 再照明』, 한림대학교 아시아문화연구소.
김기혁, 2007, 『근대 한·중·일관계사』, 연세대학교출판부.
김기혁 지음, 김범 옮김, 2022, 『동아시아 세계질서의 종막: 조선·일본·청, 1860~1882』, 글항아리(Key-Hiuk Kim, 1980, *The Last Phase of the East Asian World Order: Korea, Japan, and the Chinese Empire, 1860-1882*, University of California Press).
金明昊, 2005, 『初期 韓美關係의 再照明: 샤먼호 사건에서 辛未洋擾까지』, 역사비평사.
김문식, 2017, 『조선왕실의 외교의례』, 세창출판사.
김문자 지음, 김승일 옮김, 2011, 『명성황후 시해와 일본인』, 태학사.
金炳佑, 2006, 『大院君의 統治政策』, 혜안.
김석원, 2022, 『일본의 한국경제 침략사』, 한길사.
金宣旼·윤욱·조성산·홍윤희, 2013, 『동아시아의 근대, 그 중심과 주변』, 소명출판.
김성규, 2020, 『송대 동아시아의 국제관계와 외교의례』, 신아사.
김성근, 2010, 『朝·淸 외교관계 변화연구: 朝貢·冊封을 중심으로』, 한국학술정보.
김성배, 2009, 『유교적 사유와 근대 국제정치의 상상력: 구한말 김윤식의 유교적 근대 수용』, 창작과비평사.
김성혜, 2013, 『재위전기 고종의 통치활동』, 선인.
김연희, 2016, 『한국근대과학형성사』, 들녘.
김연희. 2018, 『전신으로 이어진 대한제국: 성공과 좌절의 역사』, 혜안.
김영수, 2012, 『미쩰의 시기: 을미사변과 아관파천』, 경인문화사.
김영식, 2018, 『중국과 조선, 그리고 중화: 조선 후기 중국 인식의 전개와 중화사상의 굴절』, 아카넷.
김용구, 1997, 『세계관 충돌의 국제정치학: 동양 禮와 서양 公法』, 나남.
김용구, 2001, 『세계관 충돌과 한말 외교사: 1866-1882』, 문학과지성사.
김용구, 2002, 『외교사란 무엇인가』, 인천: 도서출판 원.
김용구, 2004, 『임오군란과 갑신정변: 사대질서의 변형과 한국외교사』, 도서출판 원.
김용구, 2006, 『세계외교사』, 서울대학교출판문화원.

김용구, 2008a, 『만국공법』(한국개념사총서 1), 소화.
김용구, 2008b, 『거문도와 블라디보스토크: 19세기 한반도의 파행적 세계화 과정』, 서강대학교출판부.
김용구, 2013, 『약탈제국주의와 한반도: 세계외교사 흐름속의 병인·신미양요』, 도서출판 원.
김용구, 2018, 『러시아의 만주·한반도정책사, 17-19세기』, 푸른역사.
김용구, 2020, 『잊혀진 동아시아 외교사 전문가들』, 푸른역사.
김용구·하영선 공편, 1996, 『한국외교사연구: 기본사료·문헌해제』, 나남출판.
金源模, 2003, 『開化期 韓美交涉關係史』, 단국대학교출판부.
김자현(윌리엄 하부시·김지수 편집, 주재영 옮김), 2019, 『임진전쟁과 민족의 탄생』, 너머북스(←JaHyun Kim Haboush, 2016, *The Great East Asian War and the Birth of the Korean Nation*, Columbia University Press).
金鍾圓, 1999, 『근세 동아시아관계사연구: 조청교섭과 동아삼국교역을 중심으로』, 혜안.
金鍾圓·李陽子. 2009, 『조선후기 대외관계연구』, 한울.
김종학, 2017, 『개화당의 기원과 비밀외교』, 일조각.
김종학, 2021, 『흥선대원군 평전: 근대이행기 조선 정치사의 이면』, 도서출판 선인.
김종학, 2022, 『근대 이행기 한반도 중립화론의 전개(1882-1905)』, 국립외교원 외교안보연구소.
김준엽 선생 기념서 편찬위원회 지음, 2010, 『동아시아 국제관계사』, 아연출판부.
金泰雄, 2016, 『이주노동자, 그들은 우리에게 어떻게 다가왔나: 일제강점기 중국인노동자와 한국인』, 아카넷.
金泰雄, 2018, 『근대재정개혁의 설계자 어윤중과 그의 시대』, 아카넷.
金泰雄·김대호, 2019, 『한국 근대사를 꿰뚫는 질문 29: 고종 즉위부터 임시정부 수립까지』, 아르테.
金泰雄, 2022, 『대한제국과 3·1운동: 주권국가 건설운동을 중심으로』, ㈜휴머니스트출판그룹.
김택중 등 옮김, 2001, 『근대한중무역사』, 교문사(←張存武, 1978, 『清韓宗藩貿易』, 臺北: 中央研究院近代史研究所).
金春善, 2016, 『북간도 한인사회의 형성과 민족운동』, 고려대학교민족문화연구원,
金翰圭, 1982, 『古代中國的世界秩序研究』, 一潮閣.
金翰圭, 1999, 『한중관계사 1·2』, 아르케.
金翰圭, 2005, 『천하국가(天下國家): 전통시대 동아시아 세계질서』, 소나무.
金翰圭, 2011, 『사조선록 연구: 송·명·청 시대 조선 사행록의 사료적 가치사』(서강학술총서 30), 서강대학교출판부.
金翰圭, 2019, 『동아시아의 창화 외교』, 소나무.
김현수, 2011, 『해리 S. 파크스: 대영제국의 동아시아 외교주역』, 단국대학교출판부.
金衡鍾, 2002, 『清末新政期의 研究: 江蘇省의 新政과 紳士層』, 서울대학교출판부.
金衡鍾, 2018a, 『1880년대 조선-청 공동감계와 국경회담의 연구』, 서울대학교출판문화원.

김형종 외 지음, 2010, 『중국의 청사편찬과 청사연구』, 동북아역사재단.
김호동, 1999, 『근대중앙아시아의 혁명과 좌절』, 사계절.
金興秀, 2009, 『한일관계의 근대적 개편과정』, 서울대학교출판문화원.
김흥수, 2022, 『운요호 사건과 강화도조약』, 동북아역사재단.
나미하라 쓰네오(波平恒男) 지음, 윤경원·박해순 옮김, 2019, 『근대 동아시아 역사 속의 류큐병합: 중화세계질서에서 식민지 제국 일본으로』, 진인진.
나카쓰카 아키라 지음, 이용수 옮김, 2023, 『건건록의 세계』, 논형.
나카츠카 아키라(中塚明) 지음, 박맹수 옮김, 2002, 『1894년, 경복궁을 점령하라』, 푸른역사.
다보하시 기요시(田保橋潔) 지음, 김종학 옮김, 2013·2016, 『근대 일선관계의 연구』 상·하, 일조각(←田保橋潔, 『近代日鮮關係の硏究』, 朝鮮總督府 朝鮮史編修會, 1940).
단조 히로시(檀上寬) 지음, 권용철 옮김, 2023, 『천하와 천조의 중국사』, ㈜에이케이커뮤니케이션스(←檀上寬, 2016, 『天下と天朝の中國史』, 岩波書店).
동북아역사재단 편, 2009a, 『근대 변경의 형성과 변경민의 삶』, 동북아역사재단.
동북아역사재단 편, 2009b, 『한중일 학계의 한중관계사 연구와 쟁점』, 동북아역사재단.
동북아역사재단 북방사연구소 편, 2018, 『조선시대 한중관계사』, 동북아역사재단.
동북아역사재단 북방사연구소 편, 2020, 『주제로 보는 조선시대 한중관계사』, 동북아역사재단.
동북아역사재단 한국외교사편찬위원회 편, 2018a, 『한국의 대외관계와 외교사 고려편』, 동북아역사재단.
동북아역사재단 한국외교사편찬위원회 편, 2018b, 『한국의 대외관계와 외교사 조선편』, 동북아역사재단.
동북아역사재단 한국외교사편찬위원회 편, 2018c, 『한국의 대외관계와 외교사 근대편』, 동북아역사재단.
동북아역사재단 한일역사문제연구소 편, 2020, 『청·일전쟁과 근대 동아시아의 세력전이』, 동북아역사재단.
라슨, 커크 W. 지음, 양휘웅 옮김, 2021, 『전통, 조약, 장사: 청 제국주의와 조선, 1850-1910』, 모노그래프(←Larsen, Kirk W., 2008, *Tradition, Treaties, and Trade: Qing Imperialism and Chosŏn Korea, 1850-1910*, Harvard University Press).
류, 리디아(Liu, Lydia H.) 지음, 차태근 옮김, 2016, 『충돌하는 제국: 서구 문명은 어떻게 중국이란 코끼리를 넘어뜨렸나』, 글항아리.
마오하이젠(茅海建) 지음, 김승일·이택산 옮김, 2018, 『중국인의 선혈만 앗아간 아편전쟁』, 경지출판사(←茅海建, 1995, 『天朝的崩壞: 鴉片戰爭再硏究』, 三聯書店 2014修訂版).
말로제모프(Malozemoff, Andrew) 지음, 석화정 옮김, 2002, 『러시아의 동아시아 정책』, 지식출판사(←Malozemoff, Andrew, 1958, *Russian Far Eastern Policy, 1881-1904*, University of California Press).
모테기 도시오(茂木敏夫) 지음, 박준형 옮김, 2018, 『중화세계 붕괴사: 19세기 동아시아 국제질서의 재편』, 와이즈플랜(←茂木敏夫, 1997, 『變容する近代東アジアの國際秩序』, 山川

出版社).
閔斗基, 1985, 『中國近代改革運動의 硏究』, 일조각.
閔斗基, 2001, 『시간과의 경쟁: 동아시아근현대사논집』, 연세대학교출판부.
바필드, 토마스(Barfield, Thomas J.) 지음, 윤영인 옮김, 2009, 『위태로운 변경: 기원전 221년에서 기원후 1757년까지의 유목제국과 중원』, 동북아역사재단(←Barfield, Thomas J., 1989, *The Perilous Frontier: Nomadic Empires and China, 221 BC to AD 1757*, B. Blackwell).
슈미드, 앙드레(Schmid, Andre) 지음, 정여울 옮김, 2007, 『제국 그 사이의 한국 1895-1919』, 휴머니스트.
박 보리스 드미리트리예비치 지음, 민경현 옮김, 2010, 『러시아와 한국』, 동북아역사재단.
박상섭, 2008, 『국가 주권』(한국개념사총서 2), 소화.
박은숙, 2005, 『갑신정변연구』, 역사비평사.
박인호, 1996, 『조선후기 역사지리학연구』, 이회.
박인호, 2003, 『조선시기 역사가와 역사지리인식』, 이회.
朴日根, 1981, 『美國의 開國政策과 韓美外交關係』, 一潮閣.
박정현 등, 2013, 『중국 근대 공문서에 나타난 한중관계』, 한국학술정보.
朴宗根 지음, 박영재 옮김, 1989, 『清日戰爭과 朝鮮: 外侵과 抵抗』, 一潮閣.
방향숙 등, 2005, 『한중 외교관계와 조공책봉』, 고구려연구재단.
裵祐晟, 1998, 『조선 후기 국토관과 천하관의 변화』, 일지사.
裵祐晟, 2014, 『조선과 중화: 조선이 꿈꾸고 상상한 세계와 문명』, 돌베개.
백영서, 2005, 『동아시아의 지역질서』, 창비.
백영서·정상기 엮음, 2019, 『내일을 읽는 한·중 관계사』, ㈜알에치코리아.
베스타 오드 지음, 옥창준 옮김, 2022, 『제국과 의로운 민족』, 너머북스(←Westad, Odd Arne, 2021, *Empire and Righteous Nation: 600 Years of China-Korea Relations*, Belknap Press: An Imprint of Harvard University Press).
서길수, 2009, 「백두산국경연구」, 여유당.
션즈화(沈志華) 지음, 김동길 등 옮김, 2017, 『최후의 천조(天朝): 모택동·김일성 시대의 중국과 북한』, 도서출판선인(←沈志華, 2015, 『最後的「天朝」: 毛澤東、金日成與中朝關係(1945-1976)』 上·下, 華東師範大學).
쉬완민(徐萬民) 저자, 전홍석 등 옮김, 1996, 『중한관계사 근대편』, 일조각.
성균관대학교 동양사연구실 편, 2019, 『동아시아사의 순간들』, 도서출판선인.
孫成旭, 2020, 『사신을 따라 청나라에 가다: 조선인들의 북경 체험』, 도서출판 푸른역사.
송금영, 2004, 『러시아의 동북아 진출과 한반도 정책(1860-1905)』, 국학자료원.
宋炳基, 1985, 『근대한중관계사연구: 19세기말의 聯美論과 朝淸交涉』, 단국대학교출판부.
宋炳基, 2005, 『한국, 미국과의 첫 만남: 대미개국사론』, 고즈윈.
申基碩, 1967, 『韓末外交史硏究: 淸韓宗屬關係를 中心으로』, 一潮閣.
시노다 지사쿠(條田治策) 지음, 신영길 옮김, 2005, 『간도는 조선땅이다: 백두산정계비와 국경』, 지선당(←一條田治策, 1938, 『白頭山定界碑』, 樂浪書院).
신명호, 2014, 『고종과 메이지의 시대: 무엇이 조선과 일본의 운명을 결정했나』, 역사의아침.
쑹녠선(Nianshen Song) 지음, 김승욱 옮김, 2020, 『동아시아를 발견하다: 임진왜란으로 시작된 한중일의 연대』, 역사비평사.
쓰키아시 다쓰히코(月脚達彥) 지음, 최덕수 옮김, 2009, 『조선의 개화사상과 내셔널리즘』, 열린책들.
야마베 겐타로우(山邊建太郎) 지음, 유달영·유영식 옮김, 2005, 『일제의 조선침략사 1876년-1910년』, 普文書苑.
야스이 산기치(安井三吉) 지음, 송승석 옮김, 2013, 『제국일본과 화교: 일본·타이완·조선』, 학고방.
엘리옷, 마크 C. 지음, 이훈 옮김, 2009, 『만주족의 청제국』, 푸른역사.
엘리엇, 마크 C. 지음, 양휘웅 옮김, 2011, 『건륭제: 하늘의 아들 현세의 인간』, 천지인.
연갑수, 2001, 『대원군집권기 부국강병정책연구』, 서울대학교출판부.
연갑수, 2008, 『고종대정치변동연구』, 일지사.
연갑수, 2012, 『조선정치의 마지막 얼굴 19세기 조선의 정치권력과 대외관계』, ㈜사회평론.
연갑수·주진오·도면회, 2016, 『한국근대사 1 국민국가 수립 운동과 좌절』, 푸른역사.
오카모토 다카시(岡本隆司) 지음, 강진아 옮김, 2009, 『미완의 기획, 조선의 독립: 글로벌 시대 치열했던 한중일 관계사 400년』, 소와당(←岡本隆司, 2008, 『世界のなかの日清韓関係史: 交隣と屬國, 自主と獨立』, 講談社).
와타나베 노부유키(이규수 옮김), 2023, 『청·일전쟁과 러·일전쟁의 진실: 『언덕위의 구름』과 일본인의 역사관』, 삼인.
오타니 다다시(大谷正) 지음, 이재우 옮김, 2018, 『청·일전쟁, 국민의 탄생: 근대 일본의 첫 대외 전쟁의 실상』, 오월의봄.
왕언메이(王恩美) 지음, 송승석 옮김, 2013, 『(동아시아 현대사 속의) 한국화교: 냉전체제와 조국 의식』, 學古房.
왕현종, 2003, 『한국 근대국가의 형성과 갑오개혁』, 역사비평사.
왕현종 등 지음, 2009, 『청·일전쟁기 한·중·일 삼국의 상호전략』, 동북아역사재단.
우철구, 1999, 『19세기 열강과 한반도』, 법문사.
劉暢, 2018, 『開港以後 煙臺 貿易의 發展과 韓中 交流 研究(1861-1910)』, 경인문화사.
원세연, 2003, 『서세동점과 조선왕조의 대응: 동서양의 상호이해와 문호개방』, 한들출판사.
유승주·이철성, 2002, 『조선후기 중국과의 무역사』, 경인문화사.
유용태 엮음, 2013, 『한중관계의 역사와 현실: 근대외교, 상호인식』, 한울.
劉仁善, 2012, 『베트남과 그 이웃 중국』, 창비.
劉仁善, 2018, 『베트남의 역사: 고대에서 현대까지』, 이산.
유장근, 2004, 『근대중국의 지역사회와 국가권력』, 신서원.
유장근, 2014, 『현대 중국의 중화제국 만들기』, 푸른역사.
유장근 외 지음, 2009, 『중국역사학계의 청사연구동향』, 동북아역사재단.

이광린, 1974, 『한국개화사연구』, 일조각.
이광린, 1975, 『개화당연구』, 일조각.
이광린, 1977, 『개화운동과 갑신정변』, 삼성문화문고.
이민원, 2021, 『고종평전: 문명전환의 길목에서』, 도서출판선인.
이삼성, 2014, 『제국』, 도서출판 소화(한국개념사총서 8).
이석현 등, 2010, 『중국 번속이론과 허상』, 동북아역사재단.
이성무, 1999, 『조선왕조실록 어떤 책인가』, 동방미디어.
이시카와 료타(石川亮太) 지음, 최민경·권기수·전성엽·조영호 옮김, 2020, 『근대 아시아 시장과 조선: 개항, 화상, 제국』(부경대학교 인문사회과학연구소 해역인문학 4), 소명출판(←石川亮太, 2016a, 『近代アジア市場と朝鮮: 開港·華商·帝國』, 名古屋大學出版會).
李陽子, 2002, 『朝鮮에서의 袁世凱』, 신지서원.
李陽子, 2019, 『감국대신 위안스카이: 좌절한 조선의 근대와 중국의 간섭』, 한울아카데미.
이옥련, 2008, 『인천 화교 사회의 형성과 전개』, 인천: 인천문화재단.
이익주 등, 2010, 『동아시아 국제질서 속의 한중관계사: 제언과 모색』, 동북아역사재단.
이정희, 2018a, 『한반도화교사: 근대의 초석부터 일제강점기까지의 경제사』, 동아시아.
이정희, 2018b, 『화교가 없는 나라: 경계 밖에 선 한반도화교 137년의 기록』, 동아시아.
이태진, 2000, 『고종시대의 재조명』, 태학사.
李春植, 1997, 『事大主義』, 고려대학교출판부.
李春植, 1998, 『中華思想』, 교보문고.
李春植, 2016, 『조공과 사대』, 산지니.
李春植, 2020, 『고대중국의 패권전략과 주변국조공화』, 고려대학교출판문화원.
李花子, 2008, 『朝淸國境問題硏究』, 집문당.
李花子, 2011, 『韓中國境史硏究』, 혜안.
李花子, 2019a, 『백두산 답사와 한중 국경사』, 혜안.
이훈, 2018, 『만주족 이야기: 만주의 눈으로 청 제국사를 새로 읽다』, 너머북스.
이희주 편, 2017, 『고종시대 정치리더십연구』, 한국학중앙연구원출판부.
자오팅양 저, 노승현 역, 2010, 『천하체계: 21세기 중국의 세계인식』, 도서출판 길.
장영숙, 2010, 『고종의 정치사상과 정치개혁론』, 선인.
장영숙, 2020, 『망국의 군주, 개혁군주의 이중성: 고종의 인사정책과 리더십』, 역사공간.
蔣廷黻(장팅푸) 지음, 金基周·金元洙 옮김, 1991, 『淸日韓外交關係史』, 민족문화사.
전인갑, 2016, 『현대중국의 제국몽: 중화의 재보편화와 100년의 실험』, 학고방.
全海宗, 1966, 『韓國近世對外關係文獻備要』, 서울대학교 동아문화연구소.
全海宗, 1970, 『韓中關係史硏究』, 一潮閣(全善姬 譯, 1997, 『中韓關係史論集』. 中國社會科學出版社).
全海宗 外, 1988, 『中國의 天下思想』, 民音社.
정용화, 2004, 『문명의 정치사상: 유길준과 근대한국』, 문학과지성사.
정혜중·김형종·유장근 외 지음, 2008, 『중국의 청사공정 연구』, 동북아역사재단.

趙景達 지음, 최덕수 옮김, 2015, 『근대조선과 일본』, 열린책들.
조광, 2010, 『조선후기 사회의 이해』, 경인문화사.
조세현, 2016, 『천하의 바다에서 국가의 바다로: 해양의 시각으로 본 근대 중국의 형성』, 일조각.
조세현, 2017, 『해양대만과 대륙중국: 대만을 둘러싼 역사논쟁』, 부경대학교출판부.
주성화, 2007, 『중국조선인이주사』, 한국학술정보.
陳偉芳 지음, 權赫秀 옮김, 1999, 『清·日 甲午戰爭과 朝鮮』, 백산자료원.
최덕규, 2008, 『제정러시아의 한반도정책, 1891-1907』, 경인문화사.
최덕규, 2016, 『근대한국과 동아시아변경연구: 글로벌히스토리 시선으로 본 변경문제』, 경인문화사.
최덕수, 2004, 『개항과 조일관계: 상호인식과 정책』, 고려대학교출판부.
최덕수, 2005, 『상호인식의 충돌과 접합: 대한제국과 국제환경』, 선인.
최덕수 등, 2010, 『조약으로 본 한국근대사』, 주식회사 열린책들.
崔文衡, 2001, 『한국을 둘러싼 제국주의 열강의 각축』, 지식산업사.
崔文衡, 2007, 『러시아의 남하와 일본의 한국 침략』, 지식산업사.
최소자, 1997, 『明淸時代 中·韓關係史 硏究』, 이화여자대학교 출판부.
최소자, 2005, 『淸과 朝鮮: 근세 동아시아의 상호인식』, 혜안.
Palais, James B. 지음, 이훈상 옮김, 1993, 『전통한국의 정치와 정책』, 신원문화사.
페어뱅크, 존 K. 편, 2007a, 『캠브리지 중국사 10(1800-1911) 청 제국말 1부 상』, 새물결[←Fairbank, John K. (ed.), 1978, *The Cambridge History of China Volume 10 Late Ch'ing 1800-1911, Part1*, Cambridge University Press].
페어뱅크, 존 K. 편, 2007b, 『캠브리지 중국사 10(1800-1911) 청 제국말 1부 하』, 새물결[←Fairbank, John K. (ed.), 1978, *The Cambridge History of China Volume 10 Late Ch'ing 1800-1911, Part1*, Cambridge University Press].
페어뱅크, 존 K. 편, 2007c, 『캠브리지 중국사 11(1800-1911) 청 제국말 2부 상』, 새물결[←Fairbank, John K. and Kwang-Ching Liu (eds.), 1980, *The Cambridge History of China Volume 11 Late Ch'ing 1800-1911, Part 2*. Cambridge University Press].
페어뱅크, 존 K.·류광징 편, 2007d, 『캠브리지 중국사 11(1800-1911) 청 제국말 2부 하』, 새물결[←Fairbank, John K. and Kwang-Ching Liu (eds.), 1980, *The Cambridge History of China Volume 11 Late Ch'ing 1800-1911, Part 2*, Cambridge University Press].
하라다 게이이치(原田敬日) 지음, 최석완 옮김, 2013, 『청일·러일전쟁』. 어문학사.
하라 아키라(原郎) 지음. 김연옥 옮김, 2015, 『청일·러·일전쟁 어떻게 볼 것인가: 동아시아 50년전쟁 1894-1945 다시보기』. 살림.
하마시타 다케시(濱下武志) 지음, 서광덕·권기수 옮김, 2018, 『조공시스템과 근대 아시아』. 소명출판.
하영선·손열 엮음, 2012, 『근대한국의 사회과학개념형성사 2』, 창비.
하영선·이헌미 등, 2016, 『사행의 국제정치: 16~19세기 조천 연행록』. 아연동북아총서 25.

아연출판부.
하영선·손열 엮음, 2018,『한국 사회과학 개념사: 조공에서 정보화까지』. 한울아카데미.
하영선, 2019,『한국 외교사 바로보기: 전통과 근대』, 한울.
하원호 등, 2009,『개항기의 재한 외국공관 연구』, 동북아역사재단.
하정식·유장근 엮음, 2002,『근대 동아시아 국제관계의 변모』, 혜안.
하정식, 2008,『태평천국과 조선』, 지식산업사.
韓國精神文化硏究院 歷史硏究室 編, 1984,『청·일전쟁을 전후한 한국과 열강』, 한국정신문화연구원.
한영우 등, 2006,『대한제국은 근대국가인가』, 푸른역사.
한일관계연구소 편, 2017,『조일수호조규: 근대의 의미를 묻다』, 청아출판사.
한철호, 2009,『한국 근대 개화파와 통치기구 연구』, 선인.
헤세-바르텍, 에른스트 폰(Hesse-Wartegg, Ernst von) 지음, 정현규 옮김, 2012,『조선, 1894년 여름: 오스트리아인 헤세-바르텍의 여행기』, 책과함께.
玄光浩, 2011,『고종은 외세에 어떻게 대응했는가』, 신서원.
홍순민 등, 2016,『조선시대사 1 국가와 사회』, 푸른역사.
홍웅희 등, 2008,『근대한러관계: 수교와 교섭의 시기 한러관계』, 선인.
후마 스스무(夫馬進) 지음, 정태섭 등 옮김, 2008,『연행사(燕行使)와 통신사(通信使)』, 신서원.

賈小葉, 2008,『晚淸大變局中督撫的歷史角色: 以中東部若幹督撫爲中心的硏究』, 上海書店出版社.
葛兆光, 2011,『宅兹中國:重建有關"中國"的曆史論述』, 中華書局(→거자오광 지음, 이원석 옮김, 2012,『이 중국에 거하라』, ㈜글항아리).
姜鳴, 1991,『龍旗飄揚的艦隊: 中國近代海軍興衰史』, 上海交通大學出版社.
姜龍範, 2000,『近代中朝日三國對間島朝鮮人的政策硏究』, 黑龍江朝鮮民族出版社.
姜抮亞, 2018b,『東亞華僑資本和近代朝鮮: 廣幇巨商同順泰號硏究』, 廣東人民出版社.
高鴻志, 2008,『李鴻章與甲午戰爭前中國的近代化建設』, 安徽大學出版社.
高中華, 2005,『肅順與鹹豐政局』, 齊魯書社.
喬萬尼·阿裏吉, 濱下武志, 馬克·塞爾登, 2006,『東亞的復興: 以500年, 150年和50年爲視角』, 社會科學文獻出版社(←Arrighi, Giovanni, Takeshi Hamashita and Mark Selden, 2003, *The Resurgence of East Asia: 500. 150 and 50 years Perspectives,* Routledge).
關捷, 1997,『覺醒: 甲午風雲與近代中國』, 中央民族大學出版社.
權赫秀, 2013,『東亞世界的裂變與近代化』, 中國社會科學出版社.
吉辰, 2014,『昂貴的和平: 中日馬關議和硏究』, 三聯書店.
段昌國, 2010,『恭親王奕訢與鹹同之際的外交與政治糾紛(1858-1865)』, 王明蓀 主編,『古代歷史文化硏究輯刊』3編 第22冊, 臺北: 花木蘭文化出版社.
戴東陽, 2012,『晚淸駐日使團與甲午戰前的中日關係(1876-1894)』, 社會科學文獻出版社.

董守義, 1989,『恭親王奕訢大傳』, 遼寧人民出版社.
雷祿慶, 1983,『李鴻章新傳』, 臺北: 文海出版社.
廖敏淑, 2013,『清代中國: 對外關係新論』, 臺北: 政大出版社.
馬幼垣, 2013,『靖海澄疆－中國近代海軍史事新銓』上·下, 中華書局.
劉偉, 2003,『晚淸督撫政治: 中央與地方關係硏究』, 武漢: 湖北教育出版社.
李守孔, 1985,『李鴻章傳』, 臺北: 學生書局.
李玉 等 主編, 2000,『中國的中日關係史硏究』, 北京: 世界知識出版社.
林明德, 1970,『袁世凱與朝鮮』, 臺北: 中央硏究院近代史硏究所.
林文仁, 2005,『南北之爭與晚淸政局, 1861-1884: 以軍機處滿漢大臣爲核心的探討』, 中國社會科學出版社.
林文仁, 2005,『派系分合與晚淸政治: 以'帝後黨爭'爲核心的探討』, 中國社會科學出版社.
林學忠, 2009,『從萬國公法到公法外交: 晚淸國際法的傳入, 詮釋與應用』, 上海古籍出版社.
林亨芬, 2014,『從封貢到平行: 甲午戰爭前後的中韓關係(1894-1898)』, 臺北: 致知學術出版社.
馬士, 1960,『中華帝國對外關係史』上·中·下, 商務印書館(←Morse, H. B. 1910-1918, *The International Relations of the Chinese Empire,* London: Longmans, Green, and Co.).
磨伯庸·閻乃川, 2012,『觸感的帝國: 電報與中國近代史』, 浙江大學出版社.
莫翔, 2017,「『天下-朝貢』體系及其世界秩序觀』, 中國社會科學出版社.
茅海建, 1995a(2014),『天朝的崩壞: 鴉片戰爭再硏究』, 三聯書店. 2014修訂版(→Mao Haijian, 2016, *The Qing Empire and the Opium War: The Collapse of the Heavenly Dynasty*. Cambridge University Press).
茅海建, 1995b(1999),『苦命天子: 咸豐帝奕詝』, 上海人民出版社.
茅海建, 1998(2011),『近代的尺度: 兩次鴉片戰爭軍事與外交』, 三聯書店.
茅海建, 2011(2018),『戊戌變法史事考二集』, 三聯書店.
苗長青, 1993,『官僚派別派系硏究』, 遼寧大學出版社.
潘光哲 主編, 2013,『近代中國的政治與外交』, 臺北: 中央硏究院.
樊百川, 2003(2009),『淸季的洋務新政』上·下, 上海書店出版社.
方漢奇 主編, 1997,『中國新聞事業通史』第1卷, 中國人民大學出版社.
寶成關, 1980,『奕訢慈禧政爭記』, 吉林文史出版社.
付百臣, 2008,『中朝歷代朝貢制度硏究』, 吉林人民出版社.
史斌, 2012,『電報通信與淸末民初的政治變局』, 中國社會科學出版社.
商務印書館飜譯組 譯, 1977,『俄國的遠東政策, 1881-1904年』, 商務印書館(←Malozemoff, Andrew, 1958, *Russian Far Eastern Policy, 1881-1904*, University of California Press).
徐萬民, 2014,『中韓關係史 第2版 近代卷』, 社會科學文獻出版社.
徐徹, 1994,『慈禧大傳』, 遼沈書社.
石元蒙, 2015,『明淸朝貢體制的兩種實踐(1840年前)』, 知識產權出版社.
石泉, 1997,『甲午戰爭前後之晚淸政局』, 三聯書店.
薛玉琴, 2006,『近代思想前驅者的悲劇角色: 馬建忠硏究』, 中國社會科學出版社.

薛偉強, 2017,『晚淸滿漢矛盾與國政朝局, 1884-1912: 以統治階級上層爲中心的考察』, 中國社會科學出版社.
孫宏年, 2006,『淸代中越宗藩關係硏究』, 哈爾濱: 黑龍江敎育出版社.
孫克復, 1987,『甲午中日戰爭外交史』, 遼寧大學出版社.
孫藜, 2007,『晚淸電報及其傳播觀念(1860-1911)』, 上海書店出版社.
孫衛國, 2018,『從「尊明」到「奉淸」: 朝鮮王朝對淸意識之嬗變, 1627-1910』, 臺北: 國立臺灣大學出版中心.
孫春日, 2009,『中國朝鮮族移民史』, 中華書局.
孫孝恩 等, 1997,『光緖傳』, 人民出版社.
宋慧娟, 2007,『淸代中朝宗藩關係嬗變硏究』, 吉林大學出版社.
沈雲龍, 1986,『近代史料考釋』, 臺北: 傳記文學出版社.
楊國強, 2008,『晚淸的士人與世相』, 北京: 三聯書店.
楊軍·王秋彬, 2006,『中國與朝鮮半島關係史論』, 社會科學文獻出版社.
楊昭全·孫玉梅, 1991,『朝鮮華僑史』, 中國華僑出版公司.
楊昭全·韓俊光, 1992,『中朝關係簡史』, 遼寧民族出版社.
楊昭全·孫玉梅, 1993,『中朝邊界史』, 吉林文史出版社.
楊昭全·河彤梅, 2001,『中國-朝鮮·韓國關係史』上·下, 天津人民出版社.
楊凡逸, 2016,『折衝內外: 唐紹儀與近代中國的政治外交(1882-1938)』, 北京: 東方出版社.
楊念群 主編, 1995,『甲午百年祭: 多元視野下的中日戰爭』, 知識出版社.
呂一燃 主編, 2007,『中國近代邊界史』上·下, 四川人民出版社.
芮瑪麗 著, 房德鄰 等 譯, 2002,『同治中興: 中國保守主義的最後抵抗』, 中國社會科學出版社(←Wright, Mary C., 1957, *The Last Stand of Chinese Conservatism: The T'ung-Chih Restoration, 1862-1874*. Stanford: Stanford University Press).
吳福環, 1995,『淸季總理衙門硏究: 1861-1901』, 烏魯木齊: 新疆大學出版社.
王開璽, 1999,『隔膜·沖突與趨同: 淸代外交禮儀之爭透析』, 北京師範大學出版社.
汪敬虞, 1983,『唐廷樞硏究』, 中國社會科學出版社.
王宏斌, 2005,『晚淸海防: 思想與制度硏究』, 北京: 商務印書館.
王明星, 1998,『韓國近代外交與中國(1861-1910)』, 中國社會科學出版社.
王承仁·劉鐵君, 1998,『李鴻章思想體系硏究』, 武漢大學出版社.
王信忠, 1937,『中日甲午戰爭之外交背景』, 北京: 國立淸華大學硏究院(『民國叢書』第5篇 67. 上海書店. 1989).
王如繪, 1999,『近代中日關係與朝鮮問題』, 人民出版社.
王芸生, 1979-1982,『六十年來的中國與日本』全8卷. 三聯書店(第1卷은 원래 1932년 출간).
王維江, 2009,『"淸流"硏究』, 上海書店出版社.
王元周, 2013,『小中華意識的嬗變: 近代中韓關係的思想史硏究』, 民族出版社.
王元周 等 編, 2017,『近代中國: 地域秩序與社會變遷』, 江蘇人民出版社.
王元周 主編, 2017,『中華秩序的理想, 事實與像想』, 江蘇人民出版社.

王璽, 1981,『李鴻章與中日訂約(1871)』, 中央研究院近代史研究所.
王爾敏, 1969,『晚淸政治思想史論』, 華世出版社.
王爾敏, 1977,『中國近代思想史論』, 華世出版社.
王爾敏, 1987,『淮軍誌』, 中華書局.
王爾敏, 2008,『弱國的外交: 面對列強環伺的晚淸世局』, 廣西師範大學出版社.
王中江, 2008,『近代中國思惟方式演變的趨勢』, 四川人民出版社.
王興國, 2009,『郭崇燾研究著作述要』, 湖南大學出版社(湖湘文庫編輯出版委員會,『湖湘文庫』乙編).
劉廣京 等 編, 1995,『李鴻章評傳: 中國近代化的起始』, 上海古籍出版社(←*Li Hung-chang and China's Early Modernization,* edited by Samuel C. Chu and Kwang-Ching Liu, 1994, M.E.Share, Inc.).
劉順利, 2006,『王朝間的對話: 朝鮮領選使天津來往日記導讀』, 寧夏人民出版社.
柳岳武, 2016,『淸代藩屬體系研究』, 人民出版社.
劉爲, 2002,『淸代中朝使者往來研究』, 黑龍江敎育出版社.
劉存寬 等 譯, 1991,『英國對華政策(1895-1902)』, 中國社會科學出版社(←Young, L. K., 1970, *British Policy in China 1895-1912*, Oxford University Press).
劉中民, 2006,『中國近代海防思想史論』, 中國海洋大學出版社.
劉厚生, 1958(1985),『張謇傳記』, 上海書店 1985影印本(一劉垣, 1975,『張謇傳記』, 沈雲龍 主編,『近代中國史料叢刊』續編 第13輯 0128. 文海出版社).
陸方·李之渤, 1993,『晚淸淮系集團研究: 淮軍、淮將與李鴻章』, 東北師範大學出版社.
苑書義, 1994(2004),『李鴻章傳』, 人民出版社.
袁野, 2014,『晚淸變革視域下的鹹同軍機大臣研究』, 人民出版社.
袁偉時, 1992,『晚淸大變局中的思潮與人物』, 深圳: 海天出版社.
衛春回, 2001,『張謇評傳』, 南京大學出版社.
伊原澤周, 2008,『近代朝鮮的開港: 以中美日三國關係爲中心』, 社會科學文獻出版社.
李國祁, 1984,『張之洞的外交政策』, 中央研究院近代史研究所專刊27. 中央研究院近代史研究所.
李文傑, 2017,『中國近代外交官群體的形成(1861-1911)』, 三聯書店.
李帆·邱濤, 2015,『近代中國的民族國家建設』, 北京: 商務印書館.
李細珠, 2017,『變局的抉擇: 晚淸人物研究』, 北京師範大學出版社.
李雲泉, 2004,『朝貢制度史論: 中國古代對外關係體制研究』, 新華出版社.
李雲泉, 2014,『萬邦來朝: 朝貢制度史論』, 新華出版社.
李育民, 2006,『近代中外關係與政治』, 中華書局.
李育民 等, 2011,『近代中外條約研究綜述』, 湖南人民出版社.
李恩涵, 1966,『曾紀澤的外交』, 中央研究院近代史研究所專刊15. 中央研究院近代史研究所.
李兆祥, 2008,『近代中國的外交轉型研究』, 中國社會科學出版社.
李花子, 2019b,『淸代中朝邊界史探研: 結合實地踏查的研究』, 中山大學出版社.
章開沅·田彤, 2001,『張謇與近代社會』, 華中師範大學出版社.

章開沅, 2010,『開拓者的足跡: 張謇傳稿』, 中華書局.

張我德 等, 1996,『淸代文書』, 人民大學出版社.

張禮恒, 2012a,『在傳統與現代性之間: 1626-1894年間的中朝關係』, 社會科學文獻出版社.

張衛明, 2016,『晚淸對外交涉中的國際法運用』, 人民出版社.

蔣廷黻, 1987(1938),『中國近代史 外三種』, 嶽麓書社.

張存武, 1978,『淸韓宗藩貿易』, 臺北: 中央硏究院近代史硏究所(→김택중 등 옮김, 2001,『근대 한중무역사』, 교문사).

張存武, 1987,『淸代中韓關係論文集』, 臺北: 商務印書館.

張海鵬 等 編, 2014,『甲午戰爭的百年回顧』, 中國社會科學出版社.

張華騰, 2017,『袁世凱與淸末民初社會變革硏究』, 中國社會科學出版社.

張煥宗, 1998,『唐紹儀與淸末民國政府』, 河北人民出版社.

張孝若 編, 1981,『南通張季直(謇)先生傳記』(沈雲龍 主編,『近代中國史料叢刊』續編 第80輯 0791. 文海出版社).

錢實甫, 1959,『淸代的外交機關』, 北京: 生活讀書新知三聯書店.

鄭潔·劉文鵬, 2002,『李鴻章外交之道』, 陝西師範大學出版社.

鄭海麟, 2006,『黃遵憲傳』, 中華書局.

曹雯, 2010,『淸朝對外體制硏究』, 社會科學文獻出版社.

宗澤亞, 2012,『淸日戰爭』, 世界圖書出版公司北京公司.

朱海光, 2008(2012),『近代中國外交史學硏究』, 華東師範大學(歷史文獻學)博士學位論文(→朱海光, 2012,『近代中國外交史學硏究』, 黃山書社).

中國史學會·中國社會科學院近代史硏究所 編, 2007,『黃遵憲硏究新論: 紀念黃遵憲逝世一百周年國際學術討論會論文集』, 社會科學文獻出版社.

中國社會科學院近代史硏究所 編, 2006,『中國近代通史』第1-10卷, 鳳凰出版傳媒集團·江蘇人民出版社.

中國社會科學院近代史硏究所政治史硏究室 編, 2014,『晚淸政治史硏究的檢討: 問題與前瞻』, 社會科學文獻出版社.

中央硏究院近代史硏究所 編, 1987,『淸季自強運動硏討會論文集』上·下, 中央硏究院近代史硏究所.

曾虛白, 1966,『中國新聞史』, 臺北: 國立政治大學新聞硏究所.

陳尙勝, 1999,『朝鮮王朝中國傳統(1392-1910)對華觀的演變: 「朝天錄」和「燕行錄係的思」初探』, 山東大學出版社.

陳尙勝, 2007,『中國傳統對外關係的思想·制度與政策』, 山東大學出版社.

陳尙勝, 2013,『閉關與開放: 中國封建晚期對外關係硏究』, 山東人民出版社.

陳時啓, 1993,『中國近代海關史(晚淸部分)』, 人民出版社.

秦裕光, 1983,『旅韓六十年見聞錄: 韓國華僑史話』, 台北: 中華民國韓國硏究學會, 民國72年.

陳偉芳, 1959,『朝鮮問題與甲午戰爭』, 三聯書店(→권혁수 옮김, 1999,『청·일갑오전쟁과 조선』, 백산자료원).

陳慧, 2011,『穆克登碑問題研究: 淸代中朝圖們江界務考證』, 中央編譯出版社.
蔡建, 2008,『晚淸與大韓帝國的外交關係(1897-1910)』, 上海辭書出版社.
戚其章, 1981,『北洋艦隊』, 山東人民出版社.
戚其章, 1998,『晚淸海軍興衰史』, 人民出版社.
戚其章, 1994,『甲午戰爭國際關係史』, 人民出版社.
戚其章, 2001,『國際法視角下的甲午戰爭』, 人民出版社.
戚其章, 2006,『走進甲午』, 天津古籍出版社.
戚其章, 2007,『晚淸史治要』, 中華書局.
戚其章, 2014,『甲午戰爭史』上·下, 上海人民出版社.
戚俊傑·劉玉明 主編, 1999,『北洋海軍研究』, 天津古籍出版社.
戚俊傑·劉玉明 主編, 2001,『北洋海軍研究』第2輯, 天津古籍出版社.
淸光緒帝死因研究課題組, 2017,『淸光緒帝死因鑒證』, 北京出版社.
招商局史研究會 編, 2005,『招商局與近代中國研究』, 中國社會科學出版社.
招商局史編寫組, 2007,『招商局史(近代部分)』, 中國社會科學出版社.
廈門大學中國海關史研究中心 編, 2005,『中國海關與中國近代社會』, 廈門大學出版社.
夏冬波, 2007,『淮軍名將 吳長慶』, 中國文史出版社.
何文賢, 2006,『文明的衝突與整合: '同治中興'時期中外關係重建』, 廈門大學出版社.
何新華, 2013,『最後的 天朝: 淸代朝貢制度研究』, 人民出版社.
黃枝連, 1992-1994(1995),『天朝禮治體系研究』上·中·下, 中國人民大學出版社.
黃小用, 2013,『曾紀澤的外交活動與思想研究』, 湖南大學出版社.(湖湘文庫編輯出版委員會,『湖湘文庫』乙編)
海軍司令部『近代中國海軍』編輯部 編著, 1994,『近代中國海軍』, 海潮出版社.
海軍軍事學術研究所軍事科學學會辦公室 編著, 1995,『甲午海戰與中國海防』, 解放軍出版社. 紀念甲午海戰一百周年學術討論會論文集.
衡志義 主編, 1999a,『淸代直隷總督研究』, 中國文聯出版社.

岡本隆司, 1985,『中國近代化と馬建忠』, 東京大學出版會.
岡本隆司, 2004,『屬國と自主のあいだ: 近代淸韓関係と東アジアの命運』, 名古屋大學出版會.
岡本隆司, 2008,『世界のなかの日淸韓関係史: 交隣と屬國、自主と獨立』, 講談社.
岡本隆司·川島眞 編, 2009,『中國近代外交の胎動』, 東京大學出版會.
岡本隆司, 2011a,『李鴻章: 東アジアの近代』, 岩波書店.
岡本隆司, 2014,『宗主權の世界史: 東西アジアの近代と飜譯概念』, 名古屋大學出版會.
岡本隆司, 2015,『袁世凱』, 岩波書店.
岡本隆司, 2017a,『中國の誕生: 東アジアの近代外交と國家形成』, 名古屋大學出版會.
岡本隆司, 2017b,『淸朝の興亡と中華のゆくえ: 朝鮮出兵から日露戰争まで』, 講談社叢書 東アジア近現代史 第1卷.
岡本隆司·箱田惠子, 2019,『ハンドブック近代中國外交史: 明淸交替から滿洲事變まで』, ミネルブァ書房.
高橋秀直, 1995,『日清戰爭への道』, 東京創元社.
溝口雄三·濱下武志 等 編, 1993,『アジアから考える 2 地域システム』, 東京大學出版會.
溝口雄三·濱下武志 等 編, 1994a,『アジアから考える 3 周邊からの歷史』, 東京大學出版會.
溝口雄三·濱下武志 等 編, 1994b,『アジアから考える 4 社會と國家』, 東京大學出版會.
吉田金一, 1974,『近代露清關係史研究』, 近藤出版社, 1974.
檀上寬, 2013,『明代海禁=朝貢システムと華夷秩序』, 京都大學學術出版會.
檀上寬, 2016,『天下と天朝の中國史』, 岩波書店(→권용철 옮김, 2023,『천하와 천조의 중국사』. ㈜에이케이커뮤니케이션즈).
東アジア近代史學會 編, 1997,『日清戰爭と東アジア世界の變容』上·下, ゆまこ書房.
東アジア地域研究會 等 編, 2002,『講座東アジア近現代史 第4巻 20世紀東アジア史像の新構築』, 青木書店.
藤村道生, 1973,『日清戰爭: 東アジア近代史の轉換點』, 岩波書店.
飯島涉·久保亨·村田雄二郎 編, 2009,『シリーズ20世紀中國史 1 中華世界と近代』, 東京大學出版會.
阪野正高, 1973,『近代中國政治外交史』, 東京大學出版會.
夫馬進 編, 2007,『中國東アジア外交交流史の研究』, 京都大學學術出版會.
濱下武志, 1990,『近代中國の國際的契機: 朝貢貿易システムと近代アジア』, 東京大學出版會.
濱下武志, 1997,『朝貢システムと近代アジア』, 岩波書店(→하마시타 다케시 지음, 서광덕·권기수 옮김, 2018,『조공시스템과 근대 아시아』. 소명출판).
濱下武志 編, 1999,『東アジア世界の地域ネットワーク』, 山川出版社.
濱下武志·川勝平太 編, 1991,『アジア交易圈と日本工業化: 1500-1900』, リブロポート.
森萬佑子, 2017,『朝鮮外交の近代: 宗屬關係から大韓帝國へ』, 名古屋大學出版會.
箱田惠子, 2012,『外交官の誕生: 近代中國の對外態勢の變容と在外公館』, 名古屋: 名古屋大學出版會.
薛軼群, 2016,『近代中國の電信建設と対外交涉: 國際通信をめぐる多國間協調·対立関係の変容』, 東京: 勁草書房.
西里喜行, 2005,『清末中琉日關係史の研究』, 京都大學學術出版會.
石川亮太, 2016a,『近代アジア市場と朝鮮: 開港·華商·帝國』, 名古屋大學出版會(→이시카와 료타 지음, 최민경·권기수·전성엽·조영호 옮김, 2020,『근대 아시아 시장과 조선: 개항, 화상, 제국』, 소명출판(부경대학교 인문사회과학연구소 해역인문학 4).
室井康成, 2019,『事大主義: 日本·朝鮮·沖繩の「自虐と侮蔑」』, 中央公論社(中公新書 2535).
茂木敏夫, 1997,『變容する近代東アジアの國際秩序』, 山川出版社(→박준형 옮김, 2018,『중화세계 붕괴史: 19세기 동아시아 국제질서의 재편』, 와이즈플랜).
鈴木智夫, 1992,『洋務運動の研究: 一九世紀後半の中國における工業化と外交の革新についての考察』, 汲古書院.
岩井茂樹 等, 2010,『岩波講座 東アジア近現代通史 1 東アジア世界の近代』, 岩波書店.

原田環, 1997,『朝鮮の開國と近代化』, 溪水社.

原田敬一, 2008,『戰爭の日本史19 日清戰爭』, 吉川弘文館.

李穗枝, 2016,『朝鮮の對日外交戰略: 日清戰爭前夜 1876-1893』, 法政大學出版局.

田保橋潔, 1940,『近代日鮮關係の研究』, 朝鮮總督府 朝鮮史編修會.

佐藤愼一, 1996,『近代中國の知識人と文明』, 東京大學出版會.

酒井裕美, 2016,『開港期朝鮮の戰略的外交 1882-1884』, 大阪大學出版會.

川島眞, 2004,『中國近代外交の形成』, 名古屋大學出版社.

千葉正史, 2006,『近代交通體系と清帝國の變貌: 電信·鐵道ネットワーク形成と中國國家綜合の變容』, 日本經濟評論社.

青山治世, 2014,『近代中國の在外領事とアジア』, 名古屋大學出版會.

崔碩莞, 1997,『日清戰爭への道程』, 吉川弘文館.

波平恒男, 2014,『近代東アジア史のなかの琉球併合: 中華世界秩序から植民地帝國日本へ』, 岩波書店(→나미하라 쓰네오 지음, 윤경원·박해순 옮김, 2019,『근대 동아시아 역사 속의 류큐병합: 중화세계질서에서 식민지 제국 일본으로』, 진인진).

坂野正高, 1973,『近代中國政治外交史 - ヴァスコ・ダ・ガマから五四運動まで』, 東京大學出版會.

和田春樹 等 編, 2010,『岩波講座 東アジア近現代通史 1 東アジア世界の近代』, 岩波書店.

Arrighi, Giovanni, Takeshi Hamashita, and Mark Selden, 2003, *The Resurgence of East Asia–500, 150 and 50 Year Perspectives*, Routledge(→ 喬萬尼·阿裏吉, 濱下武志, 馬克·塞以登, 2006,『東亞的復興: 以500年, 150年和50年爲視角』, 社會科學文獻出版社).

Barfield, Thomas J., 1989, *The Perilous Frontier: Nomadic Empires and China, 221 BC to AD 1757*, B. Blackwell.(→윤영인 옮김, 2009,『위태로운 변경: 기원전 221년에서 기원후 1757년까지의 유목제국과 중원』, 동북아역사재단).

Bickers, Robert and Christian Henriot (eds.), 2000, *New Frontiers: Imperialism's new communities in East Asia, 1842-1953,* Manchester University Press.

Choe, Ching Young, 1972, *The Rule of the Taewŏn'gun, 1864–1873: Restoration in Yi Korea.* Harvard East Asian Monographs, 45. Harvard University.

Chien, Frederick Foo, 1967, *The Opening of Korea: A Study of Chinese Diplomacy, 1876-1885,* The Shoe String Press, Inc.

Deuchler, Martina, 1977, *Confucian Gentlemen and Barbarian Envoys: The Opening of Korea, 1875-1885,* University of Washington Press.

Drake, Frederik C., 1984, *The Empire of the Seas: A Biography of Rear Admiral Robert Wilkson ShuFeldt, USN*, Honolulu: University of Hawaii Press.

Edwards, E. W., 1987, *British Diplomacy and Finance in China 1895-1914*, Oxford University Press.

Fairbank, John K. and S. Y. Teng, 1960, *Ch'ing Administration: Three Studies*, Harvard University

Press.

Fairbank, J. K. (ed.), 1968, *The Chinese World Order: Traditional China' s Foreign Relations*, Cambridge, Mass: Harvard University Press(→費正清 編, 杜繼東 譯. 2010, 『中國的世界秩序: 傳統中國的對外關係』, 中國社會科學出版社).

Fairbank, John K. (ed.), 1978, *The Cambridge History of China Volume 10 Late Ch'ing 1800-1911, Part1*, Cambridge University Press(→페어뱅크, 존 K. 편, 2007a·b, 『캠브리지 중국사 10(1800-1911) 청 제국말 1부 상·하』, 새물결, 2007).

Fairbank, John K. and Kwang-Ching Liu (eds.), 1980, *The Cambridge History of China Volume 11 Late Ch'ing 1800-1911, Part 2*. Cambridge University Pres(→페어뱅크, 존 K.·류광징 공편, 2007c·d, 『캠브리지 중국사 11(1800-1911) 청 제국말 2부 상·하』, 새물결).

Hamashita, Takesh (Edited by Linda Grove and Mark Selden), 2008, *China, East Asia and the Global Economy: Regional and Historical Perspectives*, Routledge.

Hevia, James L., 1995, *Cherishing Men From Afar*, Duke University Press(→何偉亞(鄧常春 譯), 2002, 『懷柔遠人: 馬嘎爾尼使華的中英禮儀沖突』, 中國社會科學文獻出版社).

Jin, Sangpil, 2021, *Surviving Imperial Intrigues: Korea's Struggle for Neutrality Amid Empires, 1882-1907*, Honolulu: University of Hawaii Press.

Jones, F. C, 1935, *Foreign Diplomacy in Korea 1866-1894*, Ph.D. Dissertation, University of Harvard.

Johnston, Alastair Iain, 1995, *Cultural Realism, Strategic Culture and Grand Strategy in Chinese History*, Princeton University Press.

Kang, David C., 2010, *East Asia Before the West: Five Centuries of Trade and Tribute*, New York: Columbia University Press(→康燦雄 著, 陳昌煦 譯, 2016, 『西方之前的東亞: 朝貢貿易五百年』, 社會科學文獻出版社).

Kiernan, E. V. G., 1939(1970), *British Diplomacy in China, 1800 to 1885 with a new forward by the author*, New York: Octagon Books.

Kim, Key-Hiuk, 1980, *The Last Phase of the East Asian World Order: Korea, Japan, and the Chinese Empire, 1860-1882*, University of California Press(→김기혁 지음, 김범 옮김, 2022, 『동아시아 세계질서의 종막: 조선·일본·청, 1860~1882』, 글항아리).

Kim, Hodong, 2004, *Holy War in China: The Muslim Rebellion and State in Chinese Central Asia, 1864-1877*, Stanford University Press.

Kim, Seonmin, 2017, *Ginseng and Borderland: Territorial Boundaries and Political Relations between Qing China anf Chosŏn Korea, 1636-1912*, University of California Press.

Larsen, Kirk W. 2008, *Tradition, Treaties, and Trade: Qing Imperialism and Chosŏn Korea, 1850-1910*, Harvard University Press(→라슨, 커크 W. 지음, 양휘웅 옮김, 2021, 『전통, 조약, 장사: 청 제국주의와 조선, 1850-1910』, 모노그래프).

Lee, Yur-bok, 1988, *West Goes East: Paul Georg von Mölendorff and Great Power Imperialism in Late Yi Korea*, University of Hawaii Press.

Lee, Yur-bok and Wayne Patterson (eds.), 1988, *Korean-American Relations 1866-1997*, State University of New York Press.

Malozemoff, Andrew, 1958, *Russian Far Eastern Policy, 1881-1904*, University of California Press(→석화정 옮김, 2002, 『러시아의 동아시아 정책』, 지식출판사. 商務印書館飜譯組 譯, 1977, 『俄國的遠東政策, 1881-1904年』, 商務印書館).

Mancall, Mark, 1984, *China at the Center: 300 Years of Foreign Policy,* New York: The Free Press.

Mao, Haijian, 2016, *The Qing Empire and the Opium War: The Collapse of the Heavenly Dynasty*. Cambridge University Press.

McNamara,, Dennis L. 1996, *Trade and Transformation in Korea, 1876-1945*, Westview Press.

Morse, H. B., 1910-1918, *The International Relations of the Chinese Empire*, London: Longmans, Green, and Co.(→馬士, 1960·2006, 『中華帝國對外關係史』 上·中·下, 商務印書館·上海書店出版社).

Peterson, Wllard J. (ed.), 2016, *The Cambridge History of China Volume 9 Part Two: The Ch'ing Dynasty to 1800*, Cambridge University Press.

Rossabi, Morris (ed.), 1983, *China Among Equals: The Middle Kingdom and Its Neighbors, 10th-14th Centuries,* Berkeley and Los Angeles: University of California Press,

Royle, Stephen A. 2017, *Anglo-Korean Relations and the Port Hamilton Affair, 1885-1887*, Routledge.

Rudolph, Jennifer M., 2008, *Negotiated Power in Late Imperial China: The Zongli Yamen and the Politics of Reform,* Ithaca, N.Y. Cornell University.

Song, Nianshen, 2018, *Making Borders in Modern East Asia: The Tumen River Demarcation 1881-1919*, Cambridge University Press.

Svarverud, Rune, 2007, *International Law as World Order in Late Imperial China: Translation, Reception and Discourse, 1847-1911*, Leiden·Boston: Brill.

Swartout, Robert R., 1980, *Mandarins, Gunboats, and Power Politics: Owen Nickerson Denny and the International Rivalries in Korea*, Honolulu: University Press of Hawaii(→申福龍·姜錫燦 옮김, 1988, 『데니의 생애와 활동: 韓末 外交 顧問制度의 한 硏究』, 평민사).

Wang, Ban (ed.), 2017, *Chinese Visions of World Order: Tianxia, Culture, and World Politics*, Durham and London, Duke University Press.

Wang Ban, 2022, *China in the World: Culture, Politics, and World Vision (Sinotheory)*, Duke University Press Books.

Wang, Yuanchong, 2018, *Remaking the Chinese Empire: Manchu-Korean Relations 1616-1911*, Cornell University Press.

Wang Yuan-Kang, 2011, *Harmony and War: Confucian Culture and Chinese Power Politics*, Columbia University Press.

Westad, Odd Arne, 2021, *Empire and Righteous Nation: 600 Years of China-Korea Relations*, Belknap Press: An Imprint of Harvard University Press(→베스타, 오드 지음, 옥창준 옮김,

2022, 『제국과 의로운 민족』, 너머북스).
Willard J. Peterson (ed.), 2016, *The Cambridge History of China Volume 9 Part Two: The Ch'ing Dynasty to 1800*, Cambridge University Press.
Wright, Mary C., 1957, *The Last Stand of Chinese Conservatism: The T'ung-Chih Restoration, 1862-1874*. Stanford: Stanford University Press(→芮瑪麗 著, 房德鄰 等 譯, 2002, 『同治中興: 中國保守主義的最後抵抗』, 中國社會科學出版社).
Wright, Richard N. J., 2000, *The Chinese Steam Army, 1862-1945*, London: Chatham Publishing.

3. 논문

강문호, 2005, 「東學農民革命과 袁世凱」, 『동학연구』 18.
강문호, 2009a. 「李鴻章, 伊藤博聞과 19세기말 동아시아 국제질서의 변화」, 『동학연구』 26.
강문호, 2009b, 「동학농민전쟁, 청·일전쟁과 淸 중앙의 강경론: 文廷式의 『文廷式集』을 중심으로」, 『동학연구』 27.
姜博, 2023, 『1880년대 淸의 對조선 外交 硏究: 外交行政制度의 成立과 運營』, 서울대학교 동양사학과 博士學位論文.
강상규, 2007a, 「일본의 유규병합과 동아시아질서의 변동: 한반도와의 정치적 관계를 중심으로」, 『지방사와 지방문화』 10-1.
강상규, 2007b, 「대원군의 천주교 탄압에 대한 정치학적 고찰: 전환기의 한반도 리더십 분석」, 『정신문화연구』 30-1.
강석화, 2005, 「조선후기의 북방영토의식」, 『韓國史硏究』 120.
강정인·이상익, 2015, 「유교적 국제질서의 이념과 그 현대적 함의」, 『한국철학논집』 47.
姜抮亞, 2006, 「근대 동아시아의 초국적 자본의 성장과 한계: 재한화교기업 同順泰(1874?~1937)의 사례」, 『근대전환기 동아시아 삼국과 한국: 근대인식과 정책』, 성균관대학교 출판부.
姜抮亞, 2007a, 「동아시아경제사 연구의 미답지: 서울대학교 중앙도서관 고문헌자료실 소장 朝鮮華商 同順泰號關係文書」, 『東洋史學硏究』 100.
姜抮亞, 2007b, 「광동네트워크와 朝鮮華商 同順泰」, 『사학연구』 88.
姜抮亞, 2007c, 「이주와 유통으로 본 근현대 동아시아 경제사」, 『역사비평』 여름호.
姜抮亞, 2014, 「在漢華商 同順太號의 눈에 비친 淸日戰爭」, 『歷史學報』 224.
姜抮亞, 2016, 「동아시아의 개항: 난징조약에서 강화도조약까지」, 『현대사광장』 7.
강판권, 2000, 「청불전쟁기(1883-1885) 중국의 월남 인식」, 『근대중국연구』 1.
강효숙, 2009, 「청·일전쟁기 일본군의 조선 민중 탄압: 일본군의 '비합법성'을 중심으로」, 왕현종 등 지음, 2009, 『청·일전쟁기 한·중·일 삼국의 상호전략』, 동북아역사재단.
계승범, 2009, 「조선시대 동아시아 질서와 한중관계: 쟁점별 분석과 이해」, 동북아역사재단 편, 2009b, 『한중일 학계의 한중관계사 연구와 쟁점』, 동북아역사재단 所收.

계승범, 2013,「16-17세기 明·朝鮮 관계의 성격과 조선의 역할」,『정치와 평론』10.
계승범, 2020,「명·청 시대 조선의 중국 사상 수용 양상」, 동북아역사재단 북방사연구소 편, 2020,『조선시대 한중관계사』, 동북아역사재단 所收.
고병익, 1970a,「中國正史의 外國列傳: 朝鮮傳을 중심으로」,『東亞交涉史의 硏究』, 서울대학교출판부.
고병익, 1970b,「穆麟德의 雇聘과 그 背景」,『東亞交涉史의 硏究』, 서울대학교출판부.
고병익, 1970c,「朝鮮海關과 淸國海關과의 關係의 變動: 메릴과 하트를 중심으로」,『東亞交涉史의 硏究』, 서울대학교출판부.
고승희, 2000,「18-19세기 北關開市의 운영과 성격」,『韓國史硏究』109.
고승희, 2003b,「19세기 후반 함경도 六鎭과 만주지역 교역의 성격」,『朝鮮時代史學報』25.
고승희, 2004,「19세기 후반 함경도 변경지역과 연해주의 교역 활동」,『朝鮮時代史學報』28.
구대열, 2018a,「총설: '근대(Modern)' 한국외교사의 국제정치적 배경」, 동북아역사재단 한국외교사편찬위원회 편,『한국의 대외관계와 외교사 근대편』, 동북아역사재단.
구대열, 2018b,「한국 외교사의 연구대상과 과제」, 동북아역사재단 한국외교사편찬위원회,『한국의 대외관계와 외교사 근대편』, 동북아역사재단.
丘凡眞, 2004,「19세기 전반 淸人의 朝鮮使行: 柏葰(1844년)과 花沙納(1845년)의 경우」,『史林』22.
丘凡眞, 2005,「역법 문제와 한국사 서술: 날짜 표기의 혼란과 오류」,『歷史敎育』94.
丘凡眞, 2006,「「한청통상조약(韓淸通商條約)」 일부 조문(條文)의 해석을 둘러싼 한(韓)·청(淸)의 외교 분쟁」,『대구사학』83.
丘凡眞, 2008,「청의 조선사행 인선과 '대청제국체제'」,『人文論叢』(서울대 인문학연구원) 59
丘凡眞, 2009,「19세기 성경 동변외 산장의 관리와 조·청 공동회초」, 동북아역사재단 편,『근대 변경의 형성과 변경민의 삶』, 동북아역사재단.
丘凡眞, 2010,「동아시아 국제질서의 변동과 조선-청 관계」.『동아시아 국제질서 속의 한중관계사: 제언과 모색』, 동북아역사재단.
丘凡眞, 2013,「조선의 건륭 칠순 진하특사와『열하일기』.『인문논총』70집.
丘凡眞, 2014,「조선의 청 황제 성절 축하와 건륭 칠순 '진하 외교'」,『한국문화』68.
丘凡眞, 2015,「조약체제」, 서울대학교역사연구소 편,『역사용어사전』, 서울대학교출판문화연구원.
丘凡眞, 2017,「1780년대 淸朝의 朝鮮 使臣에 대한 接對의 變化」,『明淸史硏究』48.
丘凡眞, 2018,「淸 乾隆 연간 外藩 宴禮의 변화와 乾隆의 '盛世'」,『역사문화연구』68.
丘凡眞, 2019,「조선의 대(對)후금·청 외교와 병자혼란의 발발 원인」, 백영서·정상기 엮음,『내일을 읽는 한·중 관계사』, ㈜알에치코리아 소수.
具仙姬, 1996,「갑신정변 직후 反淸政策과 청의 袁世凱 파견」,『사학연구』51.
具仙姬, 2002a,「조선의 근대화를 막은「조청상민수륙무역장정」,『내일을 여는 역사』9.
具仙姬, 2002b,「개항기 관제개혁을 통해본 권력구조의 변화」,『韓國史學報』12.
具仙姬, 2003,「조선·중국상민수륙무역장정과 조·청관계의 변질」, 국사편찬위원회,『한국사

38 개화와 수구의 갈등』, 탐구당.
具仙姬, 2005, 「19세기 후반 조선사회와 전통적 조공 관계의 성격」, 『史學研究』 80.
具仙姬, 2006, 「청·일전쟁의 의미: 조·청 '속방'관계를 중심으로」, 『한국근현대사연구』 37.
具仙姬, 2009, 「근대 한중관계사의 연구경향과 쟁점 분석」, 동북아역사재단 편, 『한중일 학계의 한중관계사 연구와 쟁점』, 동북아역사재단 所收.
具仙姬, 2011, 「고종의 서구 근대 국제법적 대외관계 수용 과정 분석」, 『東北亞歷史論叢』 32.
具仙姬, 2018, 「청·일전쟁과 조선」, 동북아역사재단 한국외교사편찬위원회 편, 『한국의 대외관계와 외교사 근대편』, 동북아역사재단.
구지현, 2014, 「『石菱受柬』을 통해 본 朝·淸 문사 교류 속의 『譚屑』」, 『洌上古典研究』 39.
權錫奉, 1987, 「韓·淸通商條約의 締結」, 『東方學志』 54-56.
權錫奉, 1988, 「同治·光緒初年洋務官僚的朝鮮觀之改變」, 『淸季自強運動研討會論文集』 上冊, 臺北(→2007, 『淸末 對朝鮮政策史研究 續』 下, 도서출판 한모임).
權錫奉, 2007a, 「淸日戰爭 이후의 韓淸關係研究(1894-1898)」, 『淸末對朝鮮政策史研究 續』 上, 도서출판 한모임.
權錫奉, 2007b, 「韓·淸通商條約의 締結」, 『淸末對朝鮮政策史研究 續』 上, 도서출판 한모임.
權錫奉, 2007c[1998], 「청 말 吉林通商局의 성립에 대하여」, 『중앙사론』 8(→「청 말 吉林通商局에 대하여」, 『淸末 對朝鮮政策史研究 續』 下, 도서출판 한모임).
권선홍, 2010, 「유교문명권의 국제관계: 책봉제도를 중심으로」, 『한국정치외교사논총』 31-2.
권선홍, 2017, 「전통시대 유교문명권의 책봉·조공제도부정론에 대한 재검토」, 『국제정치논총』 57-1.
권인용, 2013, 「1884년 '崔藥局命案'의 解體와 再編: 田保橋潔의 연구에 대한 비판적 검토를 중심으로」, 『史叢』 80.
권인용, 2014, 「1884년 '李範晉사건'의 재조명」, 『明淸史研究』 42.
權赫秀, 2000a, 「『吳淸卿獻策論』을 통해 본 淸政府의 對朝鮮 幹涉政策」, 『장서각』 4(→權赫秀, 2013).
權赫秀, 2003, 「丙寅洋擾와 中國 淸政府의 對應 研究」, 『白山學報』 65(→權赫秀, 2007所收).
權赫秀, 2007a, 「'兩截體制'와 19세기 말 조선왕조의 對中國外交」, 『한국민족운동사연구』 51.
權赫秀, 2007b, 「중국 학계의 근대 중한관계사 연구현황에 대하여」(權赫秀, 2007 所收).
權赫秀, 2007c, 「1871년의 辛未洋擾와 중국 淸政府의 對應 연구」(權赫秀, 2007 所收).
權赫秀, 2007d, 「奎章閣 소장문서를 통해 본 19세기 말 조선왕조의 대중국외교」(權赫秀, 2007 所收).
權赫秀, 2010, 「조공 관계체제 속의 근대적 통상관계: 『中國朝鮮商民水陸貿易章程』 연구」, 『東北亞歷史論叢』 28.
金慶, 2020, 「1880년대의 조선해관과 메릴(H. F. Merill)의 개혁」, 서울대학교 박사학위논문.
김경국 등, 2003, 「한국의 화교연구 배경 및 동향분석」, 『중국인문과학』 26.
김경록, 2004, 「조선시대 사신접대(使臣接待)와 영접도감」, 『韓國學報』 30-4.
김경록, 2005, 「朝鮮後期『同文彙考』의 編纂過程과 性格」, 『朝鮮時代史學報』 32.

김경록, 2006, 「조선시대 事大文書의 생산과 전달체계」, 『韓國史硏究』 134.
김경록, 2007, 「조선시대 대중국 외교문서의 접수·보존체계」, 『韓國史硏究』 136.
김경록, 2008, 「朝鮮時代 朝貢體制와 對中國 使行」, 『明淸史硏究』 30.
김경록, 2009a, 「『同文彙考』를 통한 조선후기 외교사안 연구: 原編 '封典' 事案을 중심으로」, 『明淸史硏究』 32.
김경록, 2009b, 「조선시대 대중국 외교문서와 외교정보의 수집·보존체계」, 『東北亞歷史論叢』 25.
김경록, 2014, 「청·일전쟁기 일본군의 경복궁 점령에 대한 군사사적 검토」, 『군사』 93.
김경록, 2015a, 「淸日戰爭 初期 朝日盟約의 강제 체결과 일본의 군사침략」, 『한일관계사연구』 51.
김경록, 2015b, 「朝鮮時代 外交文書 咨文의 行移體系와 변화과정」, 『古文書硏究』 46.
김경록, 2016, 「조선과 중국(명·청)의 사행외교」, 『한일관계사연구』 55.
김경록, 2019, 「조선시대 사행기록에 대한 검토」, 『진단학보』 132.
김규선, 2014, 「김창희의 석릉수간과 임오군란 직후 한중 교류의 국면」, 『洌上古典硏究』 39.
金基赫, 1995, 「李鴻章對日本和朝鮮政策的目的, 1870-1882年」, 劉廣京 等 編, 陳絳 譯校, 『李鴻章: 中國近代化的起始』, 上海古籍出版社.
김기혁, 1996, 「이홍장과 청·일전쟁: 그 외교적 배경」, 金基赫 等, 『淸日戰爭의 再照明』, 한림대학교 아시아문화연구소.
김기혁, 2007a, 「19세기 중엽의 동아시아 국제정세」, 『근대 한·중·일관계사』, 연세대학교출판부(←국사편찬위원회, 2003(2013), 『한국사 37 서세동점과 문호개방』, 탐구당).
김기혁, 2007b, 「강화도조약의 역사적 배경과 국제적 환경」, 『근대 한·중·일관계사』, 연세대학교출판부.
김기혁, 2007c, 「근대초기에 있어서 한·청·일 관계의 전개: 갑신정변에 미친 영향을 중심으로」, 『근대 한·중·일관계사』, 연세대학교출판부.
金旼奎, 2002, 「근대 東아시아 國際秩序의 變容과 淸日修好條規(1871년): '條規體制'의 生成」, 『大東文化硏究』 4.
김문기, 2008, 「19세기 조선과 청의 어업분쟁: 1882년 '조청무역장정' 체결 이전까지」, 이근우 등, 2008, 『19세기 동북아 4개국의 도서분쟁과 해양경계』, 동북아역사재단.
김문기, 2009, 「기후(氣候), 바다, 어업분쟁(漁業紛爭): 1882-1910년간(年間) 조·청 어업분쟁(淸漁業紛爭)의 전개(展開)」, 『中國史硏究』 63.
김문기, 2017, 「海權과 漁權: 韓·淸通漁協定 논의와 어업분쟁」, 『大丘史學』 126.
김병준, 2013, 「秦漢帝國의 異民族 支配: 部都尉 및 屬國都尉에 대한 재검토」, 『歷史學報』 217.
김봉진, 2019, 「'조선=속국(屬國), 속방(屬邦)'의 개념사」, 『한국동양정치사상사연구』 18-19.
金奉俊, 2017, 「近代 朝淸關係 外交文書의 基礎硏究 : 『華案』(1883-1905)을 中心으로」, 서울대학교 대학원 석사학위논문.
金奉俊, 2020, 「朝淸 「奉天邊民交易章程」의 역사적 의의(1882-1883)」, 『中國學報』 91.

金奉俊, 2021,「『광서주판이무시말(光緖籌辦夷務始末)』·『청계외교사료(淸季外交史料)』의 해제(解題)와 조선 관련 문건」,『東北亞歷史論叢』71.

金奉俊, 2022,「戊戌變法期 청의 조선정책과 근대 외교의 수립(1895-1899)」,『中國近現代史研究』93.

金宣旼, 2010,「청제국의 변경통치에 관한 연구동향 분석」, 윤영인 외 지음, 2010,『외국학계의 정복왕조 연구 시각과 최근 동향』, 동북아 역사재단.

金宣旼, 2011a,「옹정(雍正)-건륭년간(乾隆年間) 망우초(莽牛哨) 사건(事件)과 청(淸)-조선(朝鮮) 국경지대(國境地帶)」,『중국사연구』71.

金宣旼, 2011b,「신청사의 등장과 분기(分岐): 미국의 청대사 연구동향」,『내일을 여는 역사』45.

金宣旼, 2012,「'外國'과 '屬國'의 사이: 正史를 통해 본 청의 조선 인식」,『사림』41.

金宣旼, 2013a,「國境地帶에서 國境線으로: 19세기말 淸과 朝鮮의 關係,」『中國史研究』82, 2013(→金宣旼·윤욱·조성산·홍윤희, 2013).

金宣旼, 2013b,「중심과 주변의 경계: 18세기 청과 조선의 국경지대」, 金宣旼·윤욱·조성산·홍윤희, 2013 소수.

金宣旼, 2013c,「신청사와 만주학: 피터 C 퍼듀 지음, 공원국 옮김,『중국의 서진: 청(淸)의 중앙유라시아 정복사,『만주연구』16.

金宣旼, 2014,「만주제국인가 청 제국인가: 최근 미국의 청대사 연구 동향을 중심으로」,『史叢』74.

金宣旼, 2016a,「18세기 후반 청-조선의 범월 문제와 경계관리: 金順丁·朴厚贊 사건을 중심으로」,『민족문화연구』72, 2016.

金宣旼, 2016b,「청 제국의 지배이념과 지배체제」,『史叢』88.

김성규, 2009,「미국 및 일본에서 '傳統中國의 世界秩序'에 관한 연구사와 그 특징」,『역사문화연구』32(→김성규, 2020 소수).

김성배, 1996,「실학, 초기 개화사상의 대외관」, 김용구·하영선 공편, 1996,『한국외교사연구: 기본사료·문헌해제』所收.

김성배, 2012,「한국의 근대국가 개념 형성사 연구: 개화기를 중심으로」, 하영선·손열 엮음, 2012 所收.

김성배, 2015,「갑오개혁기 조선의 국가자주 개념의 변화: 김윤식을 중심으로」,『아시아리뷰』4(2).

金成甫, 2011,「오장경군영(吳長慶軍營)과 그 막료들: 조선 견문록 3종을 중심으로」,『大東文化研究』74.

김성은, 2012,「귤산 이유원의 개항기 대외 인식과 대응모색」,『동아인문학』22.

金誠贊, 2012a,「辛酉政變(1861)과 太後大權論」,『역사와 경계』82.

金誠贊, 2012b,「咸豊帝 遺詔의 歷史的 意味: 皇太後大權 傳統의 視覺에서 본」,『中國近現代史研究』53.

김성혜, 2012,「고종 친정 직후 淸錢 관련 정책과 그 특징」,『역사연구』22.

김수암, 1996, 「강화도조약을 전후한 韓·淸·日관계」, 김영구·하영선 공편, 『한국외교사연구: 기본사료·문헌해제』 所收.
김수암, 2000, 『韓國의 近代外交制度研究: 外交官署와 常駐使節을 중심으로』, 서울대학교 외교학과 박사학위논문.
김수암, 2012, 「19세기 조선의 외교개념」, 하영선·손열 편, 2012 所收.
김수암, 2018, 「근대외교제도 및 관서의 발전」, 동북아역사재단 한국외교사편찬위원회 편, 『한국의 대외관계와 외교사 근대편』, 동북아역사재단.
김연희, 2007, 「영선사행 군계학조단의 재평가」, 『韓國史研究』 137.
김영수, 2003, 「근대 한국의 실패와 정치적 리얼리즘(I): 조선 말기 흥선대원군의 정치와 정치리더십을 중심으로」, 『한국동양정치사상사연구』 2-1.
김영수, 2005, 「근대 한국의 실패와 정치적 리얼리즘(II): 조선 말기 흥선대원군의 정치와 정치리더십을 중심으로」, 『한국동양정치사상사연구』 4-1.
김영수, 2016a, 「척사파와 개화파의 개항에 대한 인식」, 『현대사광장』 7.
김영수, 2016b, 「개항기 러시아의 대조선 정책: 러시아 외교관 포지오가 바라본 한러 관계」, 『현대사광장』 8.
김영신, 2003, 「開港期(1883-1910) 仁川港의 對外交易과 華僑의 役割」, 『인천학연구』 2-1.
김영진, 2016, 「전통 동아시아 국제질서 개념으로서 조공체제에 대한 비판적 고찰」, 『한국정치외교사논총』 38-1.
김원수, 2014, 「그레이트 게임(the Great Game)과 한러관계의 지정학: 거문도 사건과 이홍장-라디젠스키 협약(1886)을 중심으로」, 「세계 역사와 문화 연구』 30.
김형진, 2018, 「중화질서의 이론과 실제: 임진왜란 초기 조명관계를 예로」, 『아세아연구』 61-4.
김용구, 2011, 「외교개념 연구」, 『학술원논문집』 50-1.
김용구, 1999, 「朝鮮에 있어서 萬國公法의 受容과 適用」, 『세계정치』 23.
金源模, 1986, 「袁世凱의 韓半島 安保策(1886)」, 『東洋學』(檀國大) 16.
金源模, 1994, 「李鴻章의 列國立約通商勸告와 朝鮮의 對應」, 『東洋學』(檀國大) 24.
金源模, 2003a, 「대원군의 대외정책」. 국사편찬위원회, 2003(2013), 『한국사 37 서세동점과 문호개방』, 탐구당.
金源模, 2003b, 「袁世凱의 대한 내정간섭과 한러밀약(1886)」, 金源模, 『開化期 韓美 交涉關係史』, 단국대학교출판부 所收.
金源模, 2003c, 「데니의 반청·조선독립사상과 『청한론』」, 金源模, 『開化期 韓美 交涉關係史』, 단국대학교출판부 所收.
金源模, 2003d, 「알렌의 「원세개론」」, 金源模, 『開化期 韓美 交涉關係史』, 단국대학교출판부 所收.
金正起, 1976, 「朝鮮政府의 淸借款 導入(1882-1894)」, 『韓國史論』 3.
金正起, 1979, 「兵船章程의 強行(1888. 2)에 대하여: 北洋艦隊의 朝鮮密輸 합법화」, 『韓國史研究』 24.

金正起, 1983, 「"西路電線(인천-서울-의주)의 가설과 反淸意識의 형성」, 『金哲俊博士華甲紀念論文』, 지식산업사.
金正起, 1985, 「淸의 朝鮮에 대한 軍事政策과 宗主權(1878-1894)」, 『邊太燮博士華甲紀念史學論叢』, 삼영사.
金正起, 1988, 「大院君의 납치와 反淸意識의 형성」, 『한국사론』 19.
金正起, 1989, 「1890년 서울 商人의 撤市同盟罷業과 示威 투쟁」, 『韓國史研究』 67.
金正起, 1994, 「1876-1894 청의 조선 정책 연구」, 서울대학교국사학과 박사학위논문.
金正起, 1996, 「『朝鮮·淸·日本의 關係 研究(1876-1894): 淸·日이 강요한 조선의 상품유통구조 재편」, 『호서문화논총』 9·10.
金正起, 2001, 「청의 원세개 파견과 조선 군사정책」, 『역사비평』 2001.
김재호, 2016, 「조선왕조 개항의 경제사적 의의」, 『현대사광장』 7.
金鍾星, 2006a, 「1899년 한청통상조약의 연구」, 성균관대학교사학과 석사학위논문.
金鍾星, 2006b, 「한청통상조약(韓淸通商條約)이 양국간 무역에 미친 영향에 관한 연구」, 『史林』 25.
金鍾星, 2010, 「淸의 對朝鮮 영사파견에 관한 연구」, 『中國近現代史研究』 46.
金鍾圓, 1966, 「朝·中商民水陸貿易章程에 대하여」, 『歷史學報, 32, 1966
金鍾圓, 1973, 「「中國委員議稿」·「與中國派員會商詳細章程」」, 『史學論志』(漢陽大) 1-1.
金鍾圓, 1975, 「朝淸 商民 水陸貿易章程의 締結과 그 影響」, 『韓國史 16 開化·斥邪運動』(국사편찬위원회, 1975)
金鍾圓, 2009a, 「조청상민수륙무역장정의 체결과 그 영향」, 金鍾圓·李陽子, 2009 所收.
김종학, 2016a, 「조일수호조규는 포함외교의 산물이었는가」, 『역사비평』 114.
김종학, 2016b, 「근대일본의 조선 정책의 단명: '자주지방(自主之邦)'의 의미와 그 해석」, 『현대사광장』 8.
김종학, 2017a, 「곤경에서의 탈출: 조일수호조규의 체결과정」, 한일관계연구소 편, 『조일수호조규: 근대의 의미를 묻다』, 청아출판사.
김종학, 2017b, 「흥선대원군의 탈성리학적 정치리더십」, 이희주 편, 『고종시대 정치리더십연구』 소수.
김종학, 2018a, 「國=家와 國/家: 왕권을 둘러싼 정치투쟁과 대한제국」, 일송기념사업회 편, 『다시 국가를 묻는다』, 푸른역사 所收.
김종학, 2018b, 「임오군란」, 동북아역사재단 한국외교사편찬위원회 편, 『한국의 대외관계와 외교사 근대편』, 동북아역사재단.
김종학, 2018c, 「갑신정변」, 동북아역사재단 한국외교사편찬위원회 편, 『한국의 대외관계와 외교사 근대편』, 동북아역사재단.
김종헌, 2008, 「슈페이에르와 러시아공사 베베르의 조선 내 외교활동: 1884-1894」, 홍웅호 외, 『근대한러관계연구: 수교와 교섭의 시기 한러관계』, 선인.
金志煥, 2005, 「淸日戰爭期 中國 外交 路線의 變化」, 「동학연구」 19.
김진웅, 2013, 「조공제도에 관한 서구학계의 해석 검토」, 『역사교육논집』 50.

김창석, 2009, 「한일한계의 고대 한중관계사 연구동향과 과제」, 동북아역사재단 편, 2009b, 『한중일 학계의 한중관계사 연구와 쟁점』, 동북아역사재단 所收.
김창수, 2013, 「청의 조서(詔書) 반포 사신을 통해 본 조선의 지위」, 『역사와현실』 89.
김창수, 2015, 「19세기 朝鮮·淸 관계와 使臣外交」, 서울시립대학교 박사학위논문.
김창수, 2016, 「19세기 후반 대외위기와 조선 사신의 교섭 양상」, 『한국사학보』 65(서울, 고려사학회).
김창수, 2017, 「19세기 전반 조선 사신의 청 정세 인식: 청 황제 평가를 중심으로」, 『사학연구』 126.
김창수, 2018, 「조선·청 외교문서의 교섭 경로와 성경의 역할」, 『역사와 현실』 107(서울, 한국역사연구회).
김창수, 2019, 「17-18세기 조선 사신의 외교활동과 조선·청 관계 구조」, 『朝鮮時代史學報』 88.
金泰雄, 2013, 「대한제국 국제(國制)의 역사적 맥락과 근대주권국가 건설문제」, 『역사연구』 24.
金泰雄, 2017, 「李裕元의 經世論과 國際情勢認識」, 『진단학보』 128.
金翰圭, 2000, 「전통시대 중국 중심의 동아시아 세계질서」, 『역사비평』 2000-2.
김현숙, 1997, 「구한말 고문과 데니(O. N. Denny: 德尼)의 『청한론(淸韓論)』 분석」, 『梨花史學硏究』 23·24합집.
김현숙, 2003, 「묄렌도르프(Mollendorff)의 외교정책과 경제개발정책의 성격」, 『역사와 담론』(호서사학회) 34.
김현철, 1996, 「갑신정변」, 김용구·하영선 공편, 1996, 『한국외교사연구: 기본사료·문헌해제』 所收.
김현철, 2012, 「근대 한국의 '자주'와 '독립'개념의 전개: '속방자주'에서 '자주독립'으로」, 하영선·손열 엮음, 2012 所收.
김현철, 2016, 「개항기 청의 대조선 정책」, 『현대사광장』 8.
김형근, 2016, 「조청상민수륙무역장정 제4조의 개정 배경과 의미(1883-1884)」, 『아세아연구』 59-4.
김형열, 2019, 「근대 山東 지역 海防 정책과 해양기지의 건설: 威海와 膠州灣 기지건설을 중심으로」, 『中國史硏究』 123
김형수, 2001, 「고종의 친정과 개국 정책연구: 1873년~1876년」, 『이대사원』 33·34합집.
金衡鍾, 2008b, 「중화인민공화국에서의 청사 편수: '신청사' 편찬토론에 나타난 중국 학계의 반응 분석」, 정혜중 등 지음, 『중국의 청사공정 연구』, 동북아역사재단.
金衡鍾, 2009, 「최근 중국에서의 청대사 연구 동향의 분석: 특히 조청관계사와 국경 문제를 중심으로」, 유장근 등 지음, 『중국 역사학계의 청사 연구 동향: 한국 관련 분야를 중심으로』, 동북아역사재단.
金衡鍾, 2010, 「近代中國의 皇帝權力: 光緖帝와 西太後」, 『歷史學報』 208.
金衡鍾. 2013, 「吳大澂과 1880년대 淸·러 동부국경 감계」, 『中國近現代史硏究』 60.

金衡鍾, 2016a, 「사상사적 관점에서 본 한중관계사의 성과: 王元周, 『小中華意識的嬗變: 近代中韓關係的思想史硏究』」, 『中國近現代史硏究』 72.
金衡鍾, 2016b, 「최근의 명청대 한·중 관계사 연구와 '신청사': 연구동향의 분석과 전망」, 『東北亞歷史論叢』 53.
金衡鍾, 2017, 「19세기 근대 한·중 관계의 변용: 자주와 독립의 사이」, 『東洋史學硏究』 140(→「근대 한·중 관계의 변용: 자주와 독립의 사이」, 동북아역사재단 북방사연구소 편, 2018, 『조선시대 한중관계사』, 동북아역사재단 소수).
金衡鍾, 2018, 「청 · 일전쟁 전후 청의 조선정책」, 동북아역사재단 한국외교사편찬위원회 편, 『한국의 대외관계와 외교사 근대편』, 동북아역사재단.
金衡鍾, 2020a, 「문헌 연구와 실지 답사를 결합한 한·중 국경 문제의 재검토: 이화자, 『백두산 답사와 한중 국경사』, 혜안, 2019」, 『東洋史學硏究』 151.
金衡鍾, 2020b, 「『兩界照會』의 소개: 1890년대 조선·청 '국경지대'와 '국적'의 문제」, 『東洋史學硏究』 152.
김혜승, 2006, 「대원군의 국가경영과 이념적 재검토: 19세기 중반 국교확대 논쟁과 쇄국정책」, 『정치사상연구』 12-2.
김훈태, 1996, 「거문도사건과 한·러 밀약사건」, 김용구·하영선 공편, 『한국외교사연구: 기본사료·문헌해제』 所收.
김흥수, 2009a, 「운요호사건과 이토 히로부미」, 『한일관계사연구』 33.
김흥수, 2017a, 「운요호사건과 이토 히로부미」, 한일관계연구소 편, 『조일수호조규: 근대의 의미를 묻다』, 청아출판사.
김흥수, 2017b, 「조일수호조규 부속 조약의 겉과 속」, 한일관계연구소 편, 『조일수호조규: 근대의 의미를 묻다』, 청아출판사.
김흥수, 2017c, 「하나부사(花房義質) 공사의 조선정책과 인천개항」, 『東國史學』 63.
김흥수, 2018a, 「조일수호조규」, 동북아역사재단 한국외교사편찬위원회 편, 『한국의 대외관계와 외교사 근대편』, 동북아역사재단.
김흥수, 2018b, 「조일수호조규 부속조약과 원산·인천의 개항」, 동북아역사재단 한국외교사편찬위원회 편, 『한국의 대외관계와 외교사 근대편』, 동북아역사재단.
金希信, 2010a, 「'漢城 開設行棧 조항 개정' 교섭과 중국의 대응」, 『東洋史學硏究』 113.
金希信. 2010b. 「駐朝鮮使館의 화교 실태조사와 관리: 청·일전쟁 이전 漢城·仁川을 중심으로」, 『明淸史硏究』 34.
金希信, 2010c, 「淸末(1882-1894년) 漢城 華商組織과 그 位相」, 『中國近現代史硏究』 46.
金希信, 2011, 「근대 한중관계의 변화와 외교당안의 형성: 「淸季駐韓使館保存檔」을 중심으로」, 『中國近現代史硏究』 50.
金希信, 2012, 「淸末 駐漢城 商務公署와 華商組織」, 『東北亞歷史論叢』 35.
金希信, 2014, 「華僑, 華僑 네트워크와 駐韓使館: 청·일전쟁 이후 한성 지역을 중심으로」, 『中國史硏究』 89.
金希信, 2015a, 「吳武壯公祀의 유래와 韓國社會에서의 位相」, 『中國學報』 74.

金希信, 2015b,「韓國內 中國租界交涉과 中國近代外交: 駐朝鮮總領事의 租界撤廢交涉을 중심으로」,『中國史硏究』 95.
金希信, 2017,「在朝鮮 中華商會의 설립과정과 존재양태」,『中國近現代史硏究』 73.
金希信, 2018,「清日戰爭 以前 中國汽船의 漢江運航과 通惠輪船公司의 經營實態」,『中國史硏究』 116.
나가타 아키후미(長田彰文), 2016,「개항기 미국의 대조선 정책과 조선의 대미 개국」,『현대사광장』 8.
남궁곤, 2003,「동아시아 전통적 국제질서의 구성주의적 이해」,『국제정치논총』 43-4.
노관범, 2010,「1880년대 金昌熙의 經世思想: 임오군란 직후 부강정책의 재설정」,『韓國思想史學』 35.
노대환, 1994,「19세기 전반 지식인의 대청(對淸) 위기인식과 북학론(北學論)」,『한국학보』 20-3.
노대환, 1996.「19세기 전반 西洋認識의 변화와 西器受用論」,『韓國史硏究』 95.
노대환, 1997,「1860-70년대 전반 조선 지식인의 대외 인식과 양무 이해」,『한국문화』 20.
노대환, 2002,「민영익의 삶과 정치활동」,『한국사상사학』 18.
노대환, 2003,「조선 후기 서양 세력의 접근과 海洋觀의 변화」,『韓國史硏究』 123.
노대환, 2010,「19세기 조선 외교정책의 변화: 베트남 응우옌 왕조와의 비교」,『조선시대사학보』 53.
노대환, 2014,「18세기 후반 燕巖 一派의 燕行과 清朝 정세 인식」,『대동문화연구』 85.
노대환, 2016,「개방의 세계사적 흐름과 조선의 선택: 쇄국과 개항」, 홍순민 등,『조선시대사 1 국가와 사회』, 푸른역사.
노대환, 2018a,「18-19세기 조선의 대청 외교」, 동북아역사재단 한국외교사편찬위원회 편,『한국의 대외관계와 외교사 조선편』, 동북아역사재단.
노대환, 2018b,「1870년대 전반의 중국 使行과 대외 정세 인식」,『대동문화연구』 104.
노영순, 2005,「청불전쟁전후 중국-베트남 국경문제와 획정과정」,『北方史論叢』 4.
Nish, Ian, 1996,「清日戰爭과 英國」, 金基赫 等,『清日戰爭의 再照明』, 한림대학교 아시아문화연구소.
다이동양(戴東陽), 2009,「갑오 중일전쟁 기간 청 정부의 대일정책」, 왕현종 등 지음,『청·일전쟁기 한·중·일 삼국의 상호전략』, 동북아역사재단.
譚永盛, 1976,「조선 말기 청국 상인에 관한 연구」, 단국대학교 대학원 사학과 석사학위논문.
리시주(李細珠), 2011,「이홍장의 대일 인식과 외교책략: 1870년대를 중심으로」,『東北亞歷史論叢』 32(→李細珠, 2013,「李鴻章對日本的認識及其外交策略: 以1870年代爲中心」,『社會科學輯刊』 2013-1: 李細珠, 2017,『變局的抉擇: 晚清人物硏究』, 北京師範大學出版社 所收.)
리싱콴, 2008,「19세기 말 조선에서의 清商 활동 연구: 1882-1894년을 중심으로」,『전북사학』 32.
문명기, 2011,「1880년대 漢城開棧을 둘러싼 한중갈등과 그 의미」,『중앙사론』 33.

문명기, 2017, 「財政史의 각도에서 다시 보는 한중관계: 「조청상민수륙무역장정」의 재검토」, 『19세기 동아시아를 읽는 눈』, 너머북스.
문상명, 2013, 「한국 고지도에 표현된 백두산 동류 수계」, 『한국지역지리학회지』 19-2.
문상명·양보경, 2013, 「한국 고지도 속 백두산 북동류 하천에 나타나는 북방영역에 관한 인식과 사회적 담론」, 『문화역사지리』 25-2.
문유미, 2012, 「민권과 제국: 국권상실기 민권개념의 용법과 변화」, 하영선·손열 엮음, 2012 所收.
문유미, 2016, 「사건사와 일국사를 넘어서: 개항기 조선에 대한 영미학계의 연구 동향과 새로운 연구 의제의 설정을 위해」, 『현대사광장』 7.
문희수, 2001, 「國際關係에 있어서 淸日戰爭(1894-1895)에 關한 研究」, 『사회과학연구』(서원대) 14.
문희수, 2006, 「國際關係에 있어서 淸日戰爭(1894-1895)에 關한 史料와 研究」, 『한국정치외교사논총』 28.
閔斗基, 1971, 「戊戌變法運動의 背景에 대하여: 特히 淸流派와 洋務派를 中心으로」, 『東洋史學研究』 5.
閔斗基, 1985, 「戊戌改革運動과 淸流派·洋務派의 關係」, 閔斗基, 1985, 『中國近代改革運動의 研究』, 일조각.
閔斗基, 1986, 「十九世紀 後半 朝鮮王朝의 對外危機認識: 第一次·第二次 中英戰爭과 異樣船 出沒에의 對應」, 『東方學志』 52.
閔斗基, 2001, 「동아시아의 실체와 그 전망: 역사적 접근」, 『시간과의 경쟁: 동아시아근현대사논집』, 연세대학교출판부 소수.
민윤, 2007, 「개항기 인천조계지 사회의 연구」, 『인천학연구』 7.
민병희, 2014, 「전근대시기 동아시아 국제질서와 평화」, 『역사문화연구』 49.
閔會修, 2015, 「규장각 소장본으로 본 개항기 서양 국제법 서적의 수입과 간행」, 『규장각』 47.
閔會修, 2018, 「19세기 말 한국에서의 '外交' 용어의 활용 양상」, 『진단학보』 131.
朴基水, 1998, 「청대 광동의 대외무역과 광동상인」, 『明淸史研究』 9-1.
朴基水, 2011, 「葛藤·協力·隸屬: 淸代 廣東對外貿易中의 行商과 東印度會社의 關係를 중심으로」, 『明淸史研究』 36.
朴基水, 2012, 「淸代 行商의 紳商的 성격: 潘氏家族의 사례를 중심으로」, 『大東文化研究 80.
朴基水, 2015a, 「淸代 廣東行商 怡和行 伍秉鑒(1769-1843)의 활동과 그 위상: 英國東印度會社와의 관계를 중심으로」, 『中國史研究』 97.
朴基水, 2015b, 「紳商으로서의 廣東行商 怡和行 伍秉鑒(1769-1843)」, 『明淸史研究』 44.
朴基水, 2017, 「18世紀 廣州에서의 公行의 設立과 解散」, 『東洋史學研究』 141.
박말희, 1996, 「서양제국의 개국조약」, 김용구·하영선 공편, 『한국외교사연구: 기본사료·문헌해제』 所收.
박민수, 2021, 「구미 학계의 '청조(淸朝)' 인식과 서술: 『케임브리지 중국사 9권, 제2부 1800

년까지의 청조』를 중심으로」, 『東北亞歷史論叢』 71.
박상수, 2009, 「중국학계의 근현대 한중관계사 인식: 한중수교 이후의 연구시각」, 동북아역사재단 편, 『한중일 학계의 한중관계사 연구와 쟁점』, 동북아역사재단 所收.
朴英宰, 2003, 「청·일전쟁」, 국사편찬위원회, 『한국사 40 청·일전쟁과 갑오개혁』, 탐구당.
朴日根, 1971, 「閔使節團의 派美에 關한 小考」, 『법학연구』(부산대학교 법학연구소) 13-1.
朴日根, 1975, 「훌크(Foulk)의 韓國主權固守와 近代化에 대한 小考: 初期 美國의 對韓外交 政策을 中心으로」, 『법학연구』(부산대학교 법학연구소) 18-1.
朴日根, 1976, 「大院君과 로즈 (Roze)의 砲艦政策에 對한 小考: 대원군과 로즈 (Roze)의 포함정책에 대한 소고」, 『釜山大學校 論文集』 21-1.
朴日根, 1977a, 「韓美修好條約에서 본 美·中의 對韓政策: 高宗의 秘密外交를 中心으로」, 『釜山大學校 論文集』 24-1.
朴日根, 1977b, 「韓美修好條約에서 본 美·中의 對韓外交政策: 高宗의 秘密外交를 中心으로」, 『한국정치학회보』 11.
朴日根, 1979, 「中·美兩國의 對朝鮮外交政策에 對한 小考: 壬午軍亂을 中心으로」, 『法學硏究』 21-1(28號).
朴日根, 1983, 「初期英國의 對朝外交政策研究: 李鴻章의 屬邦政策을 중심으로」, 『論文選集』 10(부산대학교 중국문제연구소).
朴日根, 1985a, 「갑신정변의 재평가 2: 갑신정변은 자율적 사건이었다」, 『한국정치외교사논총』 1.
朴日根, 1985b, 「李鴻章과 穆麟德의 在韓外交活動에 對한 小考: 이홍장과 목린덕의 재한외교활동에 대한 소고」, 『中國問題硏究: 論文選』 11.
朴日根, 1987, 「Ⅱ. 韓佛條約 締結過程에 對한 研究」, 『한국정치외교사논총』 3.
朴日根, 1989, 「英國의 朝鮮開國政策과 淸·日·朝 三國의 反應」, 『부산정치학회보』 1989-2.
朴日根, 1990, 「東學農民革命과 淸日 兩國의 外交: 英國의 極東外交政策을 中心으로」, 『한국정치외교사논총』 6.
朴日根, 1995, 「淸·日戰爭 前 韓國의 北方政策」, 『한국정치외교사논총』 12.
박은숙, 2014, 「청선(淸船)의 한강 출입 문제와 무역장정의 법리 논쟁: 1884년 2월 이명진(李名振) 선박 구류사건을 중심으로」, 『아세아연구』 57-1.
박은숙, 2015, 「'장정체제'에 대한 조선 정부의 저항과 만국공법」, 『歷史學報』 226.
박정현, 2010, 「1882-1894년 한국인과 중국인의 갈등 해결방식을 통해 본 한중관계」, 『中國近現代史研究』 46.
박정현, 2013, 「청·일전쟁 이후 한중 간 분쟁의 유형과 한국인의 중국인에 대한 인식」, 『中國近現代史研究』 59.
박준형, 2008, 「1890년대 후반 한국 언론의 '자주독립'과 한청관계의 재정립」, 『한국사론』 54.
박준형, 2016, 「개항을 바라보는 시선의 (불)연속」, 『역사비평』 114. 2016년 봄호.
박준형, 2018, 「흥선대원군의 배외정책」, 동북아역사재단 한국외교사편찬위원회 편, 『한국의 대외관계와 외교사 근대편』. 동북아역사재단.
朴泰根, 1983, 「1860年 北京條約과 韓·露國境의 成立: 金景遂手本과 李錫永牒呈을 中心으로」, 『領土問題硏究』 창간호(고려대학교 민족문화연구소).
朴漢珵, 2011, 「1878년 두모진 수세를 둘러싼 조일 양국의 인식과 대응」, 『韓日關係史硏究』 39.
朴漢珵, 2013, 「조일수호조규 관철을 위한 일본의 정찰활동과 조선의 대응」, 『歷史學報』 217.
朴漢珵, 2017a, 「조일수호조규 체제의 성립과 운영 연구(1876-1894)」, 고려대학교 한국사학과 박사학위논문.
朴漢珵, 2017b, 「'조일수호조규' 체결과 성격의 재조명: 한일관계연구소 편(2017), 조일수호조규, 근대의 의미를 묻다, 청아출판사」, 『東北亞歷史論叢』 60.
朴漢珵, 2019a, 「1883년 조일통상장정 체결과 각국의 대응」, 『역사와경계』 111.
朴漢珵, 2019b, 「『병자요록』을 통해 본 조일수호조규 체결」, 『韓日關係史硏究』 63.
박현규, 2011, 「서울 吳武壯公祀의 歷史와 現況 고찰」, 『中國史硏究』 74.
박현모, 2004. 「세도정치기(1800-1863) 조선의 대외정책 연구」, 『국제정치논총』 44-4.
백동현, 2005, 「한말 민족의식과 영토관: 『皇城新聞』과 『大韓每日申報』의 論說에 나타난 領土觀을 중심으로」, 『韓國史硏究』 129.
백승철, 2014, 「운양 김윤식의 국제정세 인식과 외교론」, 『洌上古典硏究』 42.
백영서, 1997, 「大韓帝國期 韓國言論의 中國認識」, 『歷史學報』 153.
森萬佑子, 2020, 「駐津督理通商事務의 활동을 통해서 본 事大와 交隣의 교착: 『舊韓國政府外交文書綴』 第三冊~第五冊의 分析」, 『韓國史學報』 79.
森山茂德, 1996, 「淸日戰爭 중 日本軍部의 對韓政略」, 金基赫 等, 『淸日戰爭의 再照明』, 한림대학교 아시아문화연구소.
서민교, 2010, 「청·일전쟁기 이토 히로부미(伊藤博文) 내각의 조선(朝鮮)에 대한 군사외교정책」, 『일본역사연구』 32.
서영희, 2006, 「한청통상조약 이후 韓中외교의 실제와 상호인식」, 『東北亞歷史論叢』 13.
서영희, 2018a, 「대한제국의 외교」, 동북아역사재단 한국외교사편찬위원회 편, 『한국의 대외관계와 외교사 근대편』, 동북아역사재단.
서영희, 2018b, 「러·일전쟁과 일본의 국권 침탈」, 동북아역사재단 한국외교사편찬위원회 편, 『한국의 대외관계와 외교사 근대편』, 동북아역사재단.
서영희, 2019, 「근대 전환기 한·중 관계와 상호인식의 변화」, 백영서·정상기 엮음, 『내일을 읽는 한·중 관계사』, ㈜알에치코리아 소수.
孫成旭, 2016, 「淸代 朝鮮使館으로 본 淸·朝관계: 會同館에서 駐淸公使館으로」, 『동국사학』 60.
孫成旭, 2017, 「최근 중국학계의 근대 한중관계사 연구(2007-2016)」, 『東洋學』 69.
孫成旭, 2018a, 「淸 朝貢國 使臣 儀禮의 形成과 變化」, 『東洋史學硏究』 143.
孫成旭, 2018b, 「'外交'의 균열과 모색: 1860-70년대 淸·朝관계」, 『歷史學報』 240.

孫成旭, 2019a, 「황세자 책봉으로 본 清·朝 관계(康熙35年-乾隆2年)」, 『東洋史學研究』 146.
孫成旭, 2019b, 「종번(宗藩)과 중화(中華)로 청제국을 볼 수 있는가: 왕위안총 '조선모델'의 가능성과 한계」, 『東北亞歷史論叢』 66.
손성욱, 2022, 「19세기 지속된 전통적 朝·淸관계의 의미」, 『中國近現代史研究』 93.
송규진, 2008, 「근대조선과 중국의 무역」, 홍성구 등, 『근대중국대외무역을 통해 본 동아시아』, 동북아역사재단.
송규진, 2014, 「청계주한사관당안 소송안건 계량화를 통한 근대 한중 간 소송사건에 대한 재해석」, 『아세아연구』 57-1.
宋炳基, 1981, 「주일청국공사(駐日淸國公使) 하여장(何如璋)의 「주지조선외교의(主持朝鮮外交議)」에 대하여, 『東洋學』(단국대) 11.
宋炳基, 1984, 「金允植·李鴻章의 保定·天津會談 (上·下): 朝美條約 締結(1882)을 위한 朝淸交涉」, 『東方學志』 44, 45.
宋炳基, 1990, 「衛正斥邪運動」, 『한국사 시민강좌』 7.
宋炳基, 2003a, 「개항 초기의 조청관계」, 국사편찬위원회, 『한국사 37 서세동점과 문호개방』, 탐구당.
宋炳基, 2003b, 「조미조약의 체결」, 국사편찬위원회, 『한국사 37 서세동점과 문호개방』, 탐구당.
송승석, 2010, 「'한국화교' 연구의 현황과 미래: 동아시아 구역 내 '한국화교' 연구를 중심으로」, 『중국현대문학』 55.
쉬, 임마누엘, 2007, 「청 말의 대외관계(1866-1905년)」, 존 K. 페어뱅크·류광징 편, 2007c, 上, 새물결.
신명호, 2016, 「명청대 조공책봉제도와 책봉의례」, 『조선왕실의 책봉의례』(세창출판사, 2016) 소수.
辛勝夏, 1973, 「청계 중국조야의 조선문제 인식: 문호개방을 중심으로」, 『사학지』 7.
신용하, 2003a, 「갑신정변의 전개」, 국사편찬위원회, 『한국사 38 개화와 수구의 갈등』, 탐구당.
신용하, 2003b, 「갑신정변의 영향과 의의」, 국사편찬위원회, 『한국사 38 개화와 수구의 갈등』, 탐구당.
신태갑, 1994, 「중국 전신 사업의 창건과 그 자주적 발전」, 『역사와경계』 25·26.
신태갑, 1995, 「청의 전신관련 대외교섭(1861-1894)」, 『역사와경계』 28.
신태갑, 1990, 「電信線의 架設問題를 통해서 본 韓中關係」, 『고고역사학지』 5·6.
쑹넨셴 지음, 김승욱 옮김, 2020, 『동아시아를 발견하다: 임진왜란으로 시작된 한중일의 현대』, 역사비평사.
아키츠키 노조미(秋月望), 2009, 「화이질서에서의 경계지대와 국제법적 '국경'」, 동북아역사재단 편, 『근대 변경의 형성과 변경민의 삶』, 동북아역사재단, 2009.
안외순, 1994, 「大院君執政期 高宗의 對外認識: 遣淸 回還使 召見을 중심으로」, 『東洋古典研究』 3-1.

안외순, 1996, 「고종의 초기(1864-1873) 대외인식 변화와 친정(親政): 견청회환사(遣淸回還使) 소견을 중심으로」, 『한국정치학회보』 30-2.
안외순, 2017, 「동주 이용희의 민족주의와 사대주의」, 『동방학』 37.
안종철, 1998, 「친정전후 고종의 대외관과 대일정책」, 『한국사론』 40.
안종철, 2016, 「19세기 '국제법'의 성격과 조일수호조규(1876)」, 『역사비평』 114, 2016년 봄호.
양보경·이현군·문상명, 2016, 「논고: 백두산과 한국의 고지도」, 『백두산 고지도집: 한국 고지도 속의 백두산』, 동북아역사재단.
엄찬호, 2006, 「淸日戰爭에 대한 조선의 대응」, 『한일관계사연구』 25.
연갑수, 1999, 「19세기 중엽 조청간 교역품의 변화」, 『한국사론』 42.
연갑수, 2000, 「대원군과 서양: 대원군은 쇄국론자였는가」, 『역사비평』 2000-2.
연갑수, 2006, 「홍선대원군에 대한 오해와 진실」, 『내일을 여는 역사』 23.
오카모토 다카시(岡本隆司), 2011b, 「일본의 류큐 병합과 동아시아 질서의 전환: 청일수호조규를 중심으로」, 『東北亞歷史論叢』 32.
Wang, Sixiang, 2016, 「영미 학계에서의 동아시아 외교사 연구 동향: 비교사적 역사와 초국가적 역사 패러다임을 중심으로」, 『역사와현실』 100.
王賢鍾, 2010, 「대한제국기 고종의 황제권 강화와 개혁논리」, 『歷史學報』 208.
于晨, 2015, 「1885년 淸·日 천진조약의 재검토」, 『明淸史硏究』 43.
于晨, 2019a, 「近代 轉換期 淸 對外關係의 硏究: 華夷秩序의 재조정을 중심으로」, 성균관대학교사학과 박사학위논문.
于晨, 2019b, 「근대 조·청관계사 연구의 회고와 제언」, 성균관대학교 동양사연구실 편, 2019, 『동아시아사의 순간들』, 도서출판 선인.
우철구, 2003a, 「구미 열강의 통상요구」, 국사편찬위원회, 『한국사 37 서세동점과 문호개방』, 탐구당.
우철구, 2003b, 「유럽 각국의 조약체결」, 국사편찬위원회, 『한국사 37 서세동점과 문호개방』, 탐구당.
우철구, 2016, 「개항기 프랑스의 대조선 정책」, 『현대사광장』 8.
유바다, 2013, 「兪吉濬의 贈貢國 獨立論에 대한 비판적 검토」, 『한국사학보』 53.
유바다, 2016a, 「19세기 후반 조선의 국제법적 지위에 관한 연구」, 고려대학교 박사학위논문.
유바다, 2016b, 「1882년 조약장정의 체결과 속국(屬國)·반주지국(半主之國) 조선의 국제법적 지위」, 『역사와 현실』 99.
유바다, 2017a, 「19세기 주권국가 질서 하 半主·屬國 조선의 지위」, 『국제법학회논총』 62-2.
유바다, 2017b, 「1885년 駐紮朝鮮總理交涉通商事宜 袁世凱의 조선 파견과 지위 문제」, 『史叢』 92.
유바다, 2017c, 「兪吉濬의 '中立論'에 대한 국제법적 검토」, 『한국사학보』 68.
유바다, 2017d, 「임오군란 이후 조선의 국제법적 지위에 대한 일본의 인식」, 『일본역사연구』 46.

유바다, 2017e, 「甲申政變 前後 淸·日의 朝鮮保護論 제기와 天津條約의 체결」, 『歷史學硏究』 66.
유바다, 2019, 「交隣에서 外交로: 統理交涉通商事務衙門 外交의 국제법적 권능과 한계」, 『한국사학보』 77.
柳永益, 1984, 「청·일전쟁 중 일본의 대한침략정책」, 『청·일전쟁을 전후한 한국과 열강』, 한국정신문화연구원.
柳永益, 2003, 「갑오경장」, 국사편찬위원회, 『한국사 40 청·일전쟁과 갑오개혁』, 탐구당.
유용태, 2009, 「근대 중국의 민족제국주의와 단일민족론」, 『東北亞歷史論叢』 23.
유용태, 2012, 「중국의 지연된 근대외교와 한중관계: 동아시아 지역사의 시각」, 『한중인문학연구』 37.
유용태, 2015, 「四夷藩屬을 中華領土로: 民國時期 中國의 領土想像과 동아시아 인식」, 『東洋史學硏究』 130.
유용태, 2016, 「백암 박은식이 본 '현실중국'과 '역사중국', 1882-1925」, *The SNU Journal of Education Research* 25-1.
劉仁善, 1987, 「中越關係와 朝貢制度: 假像과 實像」, 『歷史學報』 114.
劉仁善, 2009, 「전근대 베트남의 對中國認識: 조공과 대등의식의 양면성」, 『東北亞歷史論叢』 23.
劉仁善, 2013, 「1720년대 淸과 베트남 레 왕조(黎朝)간의 雲南 邊境 영유권 논쟁」, 『東洋史學硏究』 124.
유장근, 「동아시아의 근대에 있어서 중국의 위상」, 유장근, 2004, 『근대중국의 지역사회와 국가권력』, 신서원의 제4부 1장.
유장근, 2009, 「만청 식민주의를 둘러싼 중·외학계의 논의」, 유장근 외 지음, 2009, 『중국역사학계의 청사연구 동향: 한국 관련 분야를 중심으로』, 동북아역사재단 所收(→유장근, 2014, 『현대 중국의 중화제국 만들기』 所收).
유춘근, 1989, 「幕友 張謇과 袁世凱」, 『중앙사론』 6.
윤영실, 2019, 「헨리 휘튼과 J. C. 블룬칠리의 네이션 개념과 마틴의 번역서 『만국공법』·『공법회통』: 국제법과 식민주의적 폭력, 네이션 개념의 관계를 중심으로」, 『민족문학사연구』 69.
윤영인(피터 윤), 2002, 「서구학계 조공제도 이론의 중국중심적 문화론 비판」, 『아세아연구』 45-3.
윤피터, 2005, 「만주족의 정체성과 '한화(漢化)' 이론에 대한 서구 학계 신간 소개」, 『만주연구』 2.
윤영인, 2006, 「만주족의 정체성과 청대사 연구」, 『만주연구』 5.
윤영인, 2015a, 「10-12세기 동아시아 국제관계사 조공체제론의 극복을 위한 대안적 이론 모색」, 『동양문화연구』 21.
윤영인, 2015b, 「동아시아 다원적 국제질서의 범위와 성격에 대한 새로운 접근」, 『만주연구』 20.
윤영인, 2018, 「전근대 동아시아 천하체계와 조공체제」, 『동양문화연구』(영산대학교) 29.

윤욱, 2010a, 「淸末 官用電報의 문제점」『東洋史學研究』 112.
윤욱, 2010b, 「電報의 淸末 政治에 대한 影響: 淸佛戰爭을 사례로」『中國近現代史研究』 46.
윤욱, 2015, 「新淸史와 앞으로의 과제」『역사와 세계』 47.
윤병석, 1991, 「尹政熙著『間島開拓史』 附〈永新學校沿革〉解題」, 『韓國學研究』(인하대) 제3집 별집.
윤병석, 2001, 「조선인의 간도 개척과 조선인 사회」, 『한국사 시민강좌』 28.
윤병석, 2007, 「한인(조선인)의 간도 이주 개척과 『간도개척사』, 『백산학보』 79.
윤병희, 2003a, 「갑신정변의 배경」, 국사편찬위원회, 『한국사 38 개화와 수구의 갈등』, 탐구당.
윤병희, 2003b, 「갑신정변의 주도세력」, 국사편찬위원회, 『한국사 38 개화와 수구의 갈등』, 탐구당.
은정태, 2005, 「1899년 한청통상조약체결과 대한제국」, 『歷史學報』 186.
은정태, 2007a, 「을사조약 이후 청국정부의 한국인식」, 『역사와현실』 66.
은정태, 2007b, 「대한제국기 '간도문제'의 추이와 '식민화'」, 『역사문제연구』 17.
은정태, 2009a, 「청·일전쟁 전후 조선의 대청정책과 조청관계의 변화」, 왕현종 등, 『청·일전쟁기 한·중·일 삼국의 상호전략』, 동북아역사재단.
은정태, 2009b, 「대한제국기 간도 정책 추진의 조건과 내·외부의 갈등」, 동북아역사재단 편, 『근대 변경의 형성과 변경민의 삶』, 동북아역사재단.
李強, 2012, 「19세기후반 張樹聲의 대외관과 대조선 군대파견」, 成均館大學碩士學位論文.
李康源, 2007a, 「조선 초 기록 중 '豆滿' 및 '土門'의 개념과 국경인식」, 『문화역사지리』(韓國文化歷史地理學會) 19-2.
李康源, 2007b, 「조선후기 국경인식에 있어서 豆滿江·土們江·分界江 개념과 그에 대한 검토」, 『정신문화연구』 30-3.
李康源, 2010a, 「『대동여지도(大東輿地圖)』백두산(白頭山), 두만강(豆滿江) 일대에 표시된 몇 가지 지명(地名)의 검토: 국경인식(國境認識) 위치(位置), 어원(語源) 및 오기(誤記) 문제를 중심으로」, 『한국지역지리학회지』 16권 5호.
李康源, 2010b, 「백두산(白頭山), 천지(天池) 지명(地名)에 대한 일고찰: 한(韓), 중(中) 지명 표기를 중심으로」, 『국토지리학회지』 44권 2호.
李康源, 2015, 「임진정계시 '입지암류(入地暗流)'의 위치와 '토문강원(土門江源)'의 송화강 유입 여부」, 『대한지리학회지』 50-6.
李康源, 2016, 「역대 실지조사기록 검토를 통한 임진정계 경계표지물 분포 복원」, 『대한지리학회지』 51-5.
李康源, 2017a, 「임진정계 경계표지 토퇴의 분포와 목극등 지도에 표시된 수출(水出)의 위치」, 『대한지리학회지』 52-1.
李康源, 2017b, 「임진정계시 두만강 상류 수계 인식과 경계표지물의 종점」, 『대한지리학회지』 52-6.
이광린, 1987, 「통리기무아문의 조직과 기능」, 『대한민국학술원논문집』 26.
이광린, 1982, 「韓國에서 있어서의 萬國公法의 受容과 그 影向」, 『동아연구』 1.

李求鎔, 1984,「朝鮮에서의 唐紹儀의 活動과 그 役劉: 淸日戰爭前·後期를 中心으로」,『藍史鄭在覺博士古稀紀念東洋學論叢』, 高麗苑.
이근관, 2002,「동아시아에서의 유럽 국제법의 수용에 관한 고찰」,『서울국제법연구』 9-2.
이근관, 2004,「조일수호조규(1876)의 재평가」,『서울국제법연구』 11-1.
李動旭, 2018a,「觀念與體制: 中西語境互動的晚淸對朝鮮政策演變(1843-1893)」, 北京大學 博士學位論文.
李動旭, 2018b,「청 말 국제법 번역과 '藩屬' 관련 개념의 의미 확장」,『中國近現代史硏究』 80.
李動旭, 2019,「청 말 종주권 관념의 변화와 조선 정책의 전환」,『사총』 96.
李動旭, 2020,「1840-1860년대 청조의 '속국' 문제에 대한 대응」,『中國近現代史硏究』 86.
李動旭, 2021a,「1860년대 조선인의 러시아 유입과 總理各國事務衙門의 조선 사무 개입」,『中國現代史硏究』 89.
李動旭, 2021b,「李鴻章-라디젠스키 天津 회담(1886)의 재고찰: 李鴻章의 의도와 역할을 중심으로」,『史叢』 101.
李動旭, 2021c,「조선의 歐美全權公使 派遣에 대한 청 정부의 대응(1887-1890)」,『學林』 47.
李動旭, 2021d,「신미양요와 청의 조선 정책」,『中國近現代史硏究』 91.
이명종, 2013,「대한제국기 간도영토론의 등장과 종식」,『동아시아문화연구』 54.
李玟源, 2003,「대한제국의 성립」, 국사편찬위원회,『한국사 42 대한제국』, 탐구당.
李玟源, 2017,「19세기 말 조선의 위기와 고종의 대응: 대한제국 선포와 국가체제 정비를 중심으로」, 이희주 편,『고종시대 정치리더십연구』 소수.
李相一, 1990,「雲養 金允植의 政治思想硏究」,『泰東古典硏究』 6.
李相一, 2000,「雲養 金允植(1835-1922)의 政治活動」,『역사와실학』 17·18.
이선애, 2014,「淸 初期 外藩(tulergi golo) 형성과정과 理藩院」, 고려대학교 박사학위논문.
이선애, 2015,「외국(外國)(tulergi gurun)에서 외번(外藩)(tulergi golo)으로: 17세기 청-할하 관계」,『明淸史硏究 43.
이선애, 2017,「청 초기 이번원(理藩院)의 위상과 인적구성」,『明淸史硏究』 45.
이선애, 2018,「滿文史料를 통해 본 後金시기 滿·蒙 관계」,『明淸史硏究』 49.
이선애, 2019,「맹서(盟誓)와 서신(書信), 인장(印章)으로 본 청대(淸代) 만몽(滿蒙) 관계의 변화」,『역사학연구』(구 전남사학) 75.
李成珪, 1992(1995),「中華思想과 民族主義」,『哲學』(한국철학회) 37(→李成珪, 1995,「중화사상과 민족주의」,『동아시아, 문제와 시각』 문학과지성사).
李成珪, 1996,「中國分裂體制의 模式과 東亞諸國」, 한국고대사회연구소 편,『韓國古代史論』 8, 가락국사적개발연구원.
李成珪, 2005,「中華帝國의 팽창과 축소」,『歷史學報』 186.
李成珪, 2015,「중화질서」, 서울대학교 역사연구소 편,『역사용어사전』, 서울대학교출판문화원.
李成珪, 2011,「전근대 동아시아 상호교류의 열림(開)과 막힘(塞): 10세기 이후를 중심으로」,『국제학술교류보고서』(대한민국 학술원) 2.

이시가와 료타(石川亮太), 2016b, 「화교·화인의 시점에서 본 아시아 속 조선 개항」, 『역사비평』 114(봄호).

李陽子, 2009a, 「한·러의 접근과 통상장정 체결 경위」, 김종원·李陽子. 2009 所收.

이영옥, 2004, 「清朝와 조선(대한제국)의 외교관계(1895-1910)」, 『중국학보』 50.

이영옥, 2005, 「조공질서의 붕괴와 清·朝(大韓帝國) 관계의 변화, 1895-1910」, 방향숙 등, 『한중 외교관계와 조공책봉』, 고구려연구재단.

이영옥, 2011, 「청의 조공 관계와 외교질서: 『중국역대조공질서연구』의 비판적 분석」, 『인문과학연구』 29.

이영옥, 2012, 「조청관계에 대한 편의적 이해 사례」, 『東北亞歷史論叢』 35.

이용식, 2008, 「청·일전쟁 전 개항장 인천을 통한 朝清무역의 발달: 『朝鮮通商三關貿易冊』을 중심으로」, 『인천학연구』 9.

李銀子, 2005, 「한국 개항기(1876-1910) 중국의 治外法權 적용 논리와 한국의 대응: 韓中間 조약체결 과정을 중심으로」, 『東洋史學研究』 92.

李銀子, 2006, 「韓清通商條約 시기(1900-1905) 중국의 在韓 치외법권 연구」, 『明清史研究』 26.

李銀子, 2007, 「大韓帝國時期 韓中間 民事訴訟의 實例: '彭姜案'(1898-1900)을 中心으로」, 『東洋史學研究』 100.

李銀子, 2008a, 「'訴訟' 안건을 통해 본 청·일전쟁 이후(1895-1899) 韓中關係 연구」, 『中國近現代史研究』 38.

李銀子, 2008b, 「清末 駐韓 中國商務署 조직과 그 위상」, 『明清史研究』 30.

李銀子, 2009a, 「개항기 주한 중국공관연구: 청·일전쟁 이전 시기(1883-1894)를 중심으로」, 하원호 등, 2009, 『개항기의 재한 외국공관 연구』, 동북아역사재단 소수.

李銀子, 2009b, 「清日戰爭 이전과 이후 在韓 韓中間 '訴訟' 안건 비교 분석」, 『아시아문화연구』(경원대학교) 17.

李銀子, 2010, 「19世紀末 在朝鮮 未開口岸의 清商 密貿易 關聯 領事裁判案件 研究」, 『東洋史學研究』 111.

李銀子, 2011, 「清末 駐韓 中國 公館의 조직과 그 위상: 駐韓公使 許台身과 曾廣銓 재직 시기를 중심으로」, 『中國近現代史研究』 51.

李銀子, 2012, 「仁川 三裏寨 中國租界 韓民가옥 철거안건 연구」, 『東洋史學研究』 118.

李銀子, 2013. 「韓·中近代外交의 실험, 1895-1905年」, 『中國近現代史研究』 58(→유용태 엮음, 2013, 『한중관계의 역사와 현실: 근대외교, 상호인식』, 한울).

이재경, 2019, 「大清帝國體制 내 조선국왕의 법적 위상: 국왕에 대한 議處·罰銀을 중심으로」, 『민족문화연구』 83.

이재석, 2011, 「한청통상조약연구」, 『大韓政治學會報』 19-2.

이재홍, 1996, 「위정척사사상과 운동」, 김용구·하영선 공편, 1996, 『한국외교사연구: 기본사료·문헌해제』 所收.

이지양, 2014, 「김윤식의 동도서기론과 개화론」, 『洌上古典研究』 42.

이태진, 2000, 「1894년 6월 清軍出兵 과정의 진상: 자진 請兵說 비판」, 『고종시대의 재조명』,

태학사.
이태진, 2002, 「운양호 사건의 진상: 사건 경위와 일본국기 게양설의 진위」, 『조선의 정치와 사회』, 집문당.
이태진, 2005, 「1876년 강화도조약의 명암」, 『한국사시민강좌』 36.
이현일, 2013, 「石菱集 해제」, 『(影印標點)韓國文集叢刊 解題』 11, 한국고전번역원.
이현일, 2016, 「石菱 金昌熙의 集外文 편찬을 위한 시론: 고려대학교 중앙도서관 육당문고 소장 문집 殘卷 4종을 중심으로」, 『민족문화연구』 73.
이현일, 2018, 「石菱 金昌熙의 「論文十答」에 대하여」, 『韓國漢文學硏究』 69.
이현주, 2001, 「개항기 인천의 화교사회와 하와이 이민: 근대성에 가려진 식민성, 인천의 두 얼굴」, 『인천 再발견(상)』, 인천발전연구원.
이현주, 2002, 「韓末 仁川의 華僑流入과 화와이 移民」, 『한국독립운동사연구』 18.
李花子, 2008, 「명·청시기 중한 지리지에 기술된 백두산 수계」, 『한국문화역사지리학회지』 20-3.
李花子, 2009a, 「18·19세기 조선의 토문강·분계강 인식」, 『근대 변경의 형성과 변경민의 삶』, 동북아역사재단.
李花子, 2009b, 「광서연간 조청 양국의 을유·정해 감계에 대한 재평가」, 『문화역사지리』 21-1,
李花子, 2009c, 「대한제국기 영토관과 간도정책의 실시」, 『전주사학』 35.
李花子, 2012, 「중국·북한 국경 답사기: 백두산 토퇴군(土堆群)의 새로운 발견」, 『문화역사지리』 24-3.
李花子, 2013, 「백두산 정계의 표식물: 흑석구(黑石溝)의 토석퇴에 대한 새로운 고찰」, 『동방학지』 162.
이훈, 2014, 「청 초기 장백산 탐사와 황제권」, 『東洋史學硏究』 126.
임계순, 1984, 「韓露密約과 그 후의 韓露關係(1884-1894)」, 韓國史硏究協議會 編, 『韓露關係 100年史』, 韓國史硏究協議會.
임준철, 2008, 「對淸使行의 종결과 마지막 연행록」. 『민족문화연구』 49.
임학성, 2009, 「20세기 초 西間島 거주 조선인의 거주 양태: '邊界戶籍' 자료의 분석 사례」. 『한국학연구』 21.
장보운, 2016, 「1880년대 『漢城旬報』의 중국 인식」, 『奎章閣』 제48집.
장보운, 2017, 「아편전쟁을 바라보는 조선의 다중 시선: 19세기 중후반 조선 조정, 지식층, 서민층의 대청인식 연구」, 『韓國思想史學』 56.
장인성, 2014, 「중화체제와 '사대'」, 『한국동양정치사상사연구』 13-2.
장영숙, 2008, 「고종의 정권운영과 민씨척족의 정치적 역할」, 『정신문화연구』 31-3.
전미란, 1989, 「통리교섭통상아문에 관한 연구」, 『이대사원』 24·25.
전인갑, 2012a, 「제국에서 제국성 국민국가로(I): 제국의 구조와 이념」, 『중국학보』 65.
전인갑, 2012b, 「제국에서 제국성 국민국가로(II): 제국의 지배전략과 근대적 재구성」, 『중국학보』 66.
정우섭, 1996, 「임오군란」, 김용구·하영선 공편, 『한국외교사연구: 기본사료·문헌해제』 所收.

전우용, 2003, 「한국 근대의 華僑 문제」, 『한국사학보』 15.
전재성, 2012, 「'사대'의 개념사적 연구」, 하영선·손열 엮음, 2012 所收.
全海宗, 1962, 「統理機務衙門 設置의 經緯에 대하여」, 『歷史學報』 17·18.
全海宗, 1966, 「淸代 韓中朝貢關係 綜考」, 『진단학보』 29·30(서울, 진단학회).
全海宗, 1973, 「漢代의 朝貢制度에 대한 一考察」, 『東洋史學硏究』 6.
정경민, 2015, 「조선의 초대주미조선공사 파견과 친청노선 강화」, 『역사와현실』 96.
鄭東然, 2018a, 「淸末 『萬國公法』의 도입과 世界觀의 錯綜」, 『東洋史學硏究』 144.
鄭東然, 2018b, 「『淸史稿』에 나타난 동아시아 주변국 인식: 「屬國傳」과 「邦交志」를 중심으로」, 『中國近現代史硏究』 80.
鄭東然, 2020, 『淸의 駐韓公館과 韓淸近代外交硏究』, 서울대학교 사범대학 사회교육과 박사학위논문.
鄭東然, 2021, 「19세기 말 韓淸修交와 상호인식」, 『中國近現代史硏究』 91.
정문상, 2012, 「근현대 한국인의 중국 인식의 궤적」, 『한국근대문학연구』 25.
鄭成一, 2019, 「國書와 書契로 본 朝鮮後期(1600-1870) 對日外交」, 『明淸史硏究』 52.
정용화, 1998, 「유길준의 '양절'체제론: 이중적 국제질서에서의 『邦國의 權利』」, 『국제정치논총』 37-3.
정용화, 2003, 「전환기 자주외교의 개념과 조건: 19세기말 조선의 대청외교의 이론적 고찰」, 『국제정치논총』 43-2.
정용화, 2004, 「사대·중화질서 관념의 해체과정: 박규수를 중심으로」, 『國際政治論叢』 44-1.
정용화, 2006, 「조선의 조공체제 인식과 활용」, 『한국정치외교사논총』 27-2.
鄭台燮·韓成敏, 2007, 「開港 후(1882-1894) 淸國의 治外法權 行使와 朝鮮의 對應」, 『한국근현대사연구』, 43.
鄭惠仲, 2006a, 「광서년간(1875-1908)의 동북관리와 1907년 동삼성 설치: 동북 봉금지대의 내지화」, 『중국학보』 54.
鄭惠仲, 2006b, 「청대 조선인과 청국인 범월의 특징: 양국 범월사례의 분석을 중심으로」, 『明淸史硏究』 26.
鄭惠仲, 2007a, 「『淸史稿』 「屬國傳」 朝鮮 關係 記事 分析」, 『中國史硏究』 51.
鄭惠仲, 2007b, 「개항기 仁川華商 네트워크와 華僑 정착의 특징」, 『中國近現代史硏究』 36.
鄭惠仲, 2009, 「최근 중국의 청대 대외관계사 연구동향: 조청관계사 연구를 중심으로」, 유장근 외 지음, 『중국역사학계의 청사연구 동향: 한국 관련 분야를 중심으로』, 동북아역사재단 所收.
鄭惠仲, 2020, 「은 유통과 인삼」, 동북아역사재단 북방사연구소 편, 『주제로 보는 조선시대 한중관계사』, 동북아역사재단 所收.
조계원, 2015, 「대한국국제 반포(1899년)의 정치사상적 맥락과 함의: 전제(專制) 개념을 중심으로」, 『한국정치학회보』 49-2.
趙珖, 1974a, 「朝鮮後期의 邊境意識」, 『白山學報』 16.
趙珖, 1974b, 「白頭山定界碑 關係資料解題」, 『白山學報』 17.

趙珖, 1983, 「實學 및 開化期의 領土問題硏究」, 『領土問題硏究』 創刊號.
曺秉漢, 2004, 「海防 體制와 1870년대 李鴻章의 洋務運動」, 『東洋史學硏究』 88.
曺秉漢, 2009, 「근대 중국 민족주의의 형성과 中華帝國의 전통: 중국 민족주의의 제국적 기원」, 『東北亞歷史論叢』 23.
曺秉漢. 2010, 「淸末 海防체제와 中越朝貢 관계의 변화」, 『歷史學報』 205.
조성윤, 2003, 「임오군란」, 국사편찬위원회, 『한국사 38 개화와 수구의 갈등』, 탐구당.
조세현, 2013, 「1880년대 北洋水師와 朝淸關係」, 『東洋史學硏究』 124.
조세현, 2014a, 「19세기 후반 해운과 어업을 통해 본 한중관계: 통상조약 해양 관련 조항과 해양 분쟁 사례를 중심으로」, 『역사와 경계』 80.
조세현, 2014b, 「청 말 신정시기 어업·海界·도서 분쟁과 해양 인식의 변화」, 『동북아문화연구』 40.
조영헌, 2020, 「명의 환관 외교와 청의 기인 외교」, 동북아역사재단 북방사연구소 편, 2020, 『주제로 보는 조선시대 한중관계사』, 동북아역사재단 所收.
趙宰坤, 2003a, 「전통적 국가체제의 위기와 재편(1863-1880)」, 『역사와현실』 50.
趙宰坤, 2003b, 「청·일전쟁과 1894년 농민전쟁」, 국사편찬위원회, 『한국사 40 청·일전쟁과 갑오개혁』, 탐구당.
趙宰坤, 2015, 「청·일전쟁의 새로운 이해」, 『한국근현대사연구』 74.
趙宰坤, 2016, 「1894년 일본군의 조선왕궁(경복궁) 점령에 대한 재검토」, 『서울과 역사』(서울역사편찬원) 94.
趙宰坤, 2018, 「대한국국제의 분석과 각국헌법」, 『한국근현대사연구』 84.
주형준, 2021, 「청대 월해관과 관세 대리 징수 구조: 海關兩의 기원과 관련하여」, 2021년 서울대학교 동양사학과 박사학위논문.
陳尙勝, 2008a, 「최근 15년간 중국학계의 淸朝와 朝鮮關係史에 대한 연구논평」, 『이화사학연구』 37.
千金梅, 2014, 「石菱 金昌熙와 南通 文人 張謇의 交流」, 『洌上古典硏究』 39.
川島 真(가와시마 신), 2016, 「중국에서 만국공법의 수용과 그 이용: 주권개념에 주목하여」, 『개념과 소통』(한림대학교) 18.
차혜원, 2007, 「유동적 역사공간: 근세 동아시아사로의 접근」, 『역사비평』 79.
차혜원, 2010, 「열하사절단이 체험한 18세기 말의 국제질서」, 『역사비평』 93.
차혜원, 2020, 「명 질서와 청 질서」, 동북아역사재단 북방사연구소 편, 『주제로 보는 조선시대 한중관계사』, 동북아역사재단 所收.
최덕규, 2018, 「러시아의 대한정책(1879-1904)」, 동북아역사재단 한국외교사편찬위원회 편, 『한국의 대외관계와 외교사 근대편』, 동북아역사재단.
최덕수, 1994, 「청·일전쟁과 한일관계」, 趙恒來 等 編, 『講座韓日關係史』, 玄音社.
최덕수, 2003, 「강화도 조약과 개항」, 국사편찬위원회, 『한국사 37 서세동점과 문호개방』, 탐구당.
최동희, 2003, 「조선과 청의 조공 관계 연구」, 『한국정치외교사논총』 24-1.

최병욱, 2006, 「중국 역대 왕조의 베트남 인식: 25사를 통해서 살펴봄」, 『東北亞歷史論叢』 11, 2006.
崔碩莞, 1999, 「일본 정부의 동아시아질서 재편정책과 청·일전쟁」, 『東洋史學硏究』 65.
崔碩莞, 2002, 「청·일전쟁기의 일본 정부의 동아시아질서 재편정책: 조약개정 외교와 6.2조선 파병 결정」, 『일본역사연구』 15.
崔碩莞, 2003, 「비팽창주의론의 확산과 문제점: 정한론과 청 · 일전쟁을 바라보는 시각」, 『일본역사연구』 18.
崔碩莞, 2004, 「일본 정부와 조선 내정의 개혁안(1894.6)」, 『일본역사연구』 21.
崔碩莞, 2007, 「일본 정부의 청·일전쟁 개전 정책: 제1차 개전 기도와 좌절」, 『中國近現代史硏究』 33.
崔碩莞, 2009, 「일본 정부의 청·일전쟁 개전 과정: 열강의 간섭과 일본의 교섭 무산 전략」, 『일본역사연구』 29.
崔碩莞, 2010, 「한일 간 역사갈등의 구조와 해소방안에 관한 연구: 근대국가 성립기에 대한 인식을 중심으로」, 『근현대 한일 관계의 제문제』, 동북아역사재단.
崔碩莞, 2014a, 「우발적 청·일전쟁론의 구조와 비판 논리의 모색」, 김영근·조명철 엮음, 『근현대 한일관계의 제문제』, 인터북스.
崔碩莞, 2014b, 「일본 정부의 청·일전쟁 개전 논의와 그 성격: 청·일전쟁의 역사적 의의와 관련하여」, 『역사와 세계』(효원사학회) 46.
崔碩莞, 2018, 「청·일전쟁과 일본외교」, 동북아역사재단 한국외교사편찬위원회 편, 『한국의 대외관계와 외교사 근대편』, 동북아역사재단.
최소자, 2012, 「明淸과 朝鮮, 朝鮮과 明淸 關係史 연구현황과 과제: 수교 20주년에 즈음하여」, 『明淸史硏究』 38.
최연식, 2007, 「조공체제의 변동과 조선시대 중화-사대 관념의 굴절」, 『한국정치학회보』 41-1.
최우길, 2014, 「임오군란 직후 淸 종군인사들의 조선 내정 개혁안: 새 자료 『三籌合存』독해를 중심으로」, 『洌上古典硏究』 39.
崔熙在, 1985, 「1874-5年 海防·塞防論義의 性格」, 『東洋史學硏究』 22.
崔熙在, 1986, 「洋務派의 臺灣事件對策論과 淸議」, 『역사교육』 39.
崔熙在, 1995, 「光緖初 體制整備에 관한 一試論」, 『東洋學』(檀國大) 제25집.
崔熙在, 1996, 「光緖初 淸議經世論의 발전과 그 지향」, 『史學志』(檀國大) 29.
崔熙在, 1997, 「光緖初(1875-1885) 體制整備의 硏究」, 서울대학교 동양사학과 박사학위논문.
崔熙在, 2004, 「光緖初 淸朝의 滿洲開發과 中韓關係의 再調整」, 『東洋學』(檀國大) 제35집.
崔熙在, 2010. 「越南, 朝鮮과 1860-80년대 淸朝 朝貢國政策의 再調整」, 『歷史學報』 206.
崔熙在, 2018. 「'중화제국질서'를 둘러싼 논의의 확산과 수렴: 조공체제론과 다중체제설을 중심으로」, 『역사문화연구』 65.
秋月望(아키츠기 노조미), 2009, 「화이질서에서의 경계지대와 국제법적 '국경'」, 동북아역사재단 편, 『근대 변경의 형성과 변경민의 삶』, 동북아역사재단.

表敎烈, 1985, 「西太後政權의 成立科程에 대하여: 辛酉政變의 再檢討」, 『東洋史學硏究』 21.

하세봉, 2019, 「"조공시스템"론과 그 이후: 해양인문학에의 시사점 탐색」, 『인문사회과학연구』 20-2.

하원호, 2009, 「개항기 재조선 일본공관 연구」, 하원호 등, 『개항기의 재한 외국공관 연구』, 동북아역사재단.

하정식, 2001, 「아편전쟁과 조선·일본」, 『近代中國硏究』 2.

한규무, 2000, 「19세기 청-조선 간 종속관계의 변화와 그 성격」, 『近代中國硏究』 1(→하정식·유장근 엮음, 2002, 『근대 동아시아 국제관계의 변모』, 혜안).

한명기, 2018a, 「조선시대 대외관계와 외교사 총론」, 동북아역사재단 한국외교사편찬위원회 편, 『한국의 대외관계와 외교사 조선편』, 동북아역사재단.

한명기, 2018b, 「병자호란 시기 조선의 외교」, 동북아역사재단 한국외교사편찬위원회 편, 『한국의 대외관계와 외교사 조선편』, 동북아역사재단.

한승훈, 2015, 「19세기 후반 조선의 대영정책 연구 1874-1895」, 고려대학교 한국사학과 박사학위논문.

한승훈, 2016, 「고립정책과 간섭정책의 이중주」, 『역사비평』 114(2016년 봄호).

한승훈, 2017, 「변경의 접촉지대 삼도(三島), 그리고 거문도(巨文島)의 탄생」, 『朝鮮時代史學報』 83.

한승훈, 2017, 「조일수호조규 체결 전후 영국의 대조선정책」, 한일관계연구소 편, 『조일수호조규: 근대의 의미를 묻다』, 청아출판사.

한승훈, 2018a, 「조미수호통상조약」, 동북아역사재단 한국외교사편찬위원회 편, 『한국의 대외관계와 외교사 근대편』, 동북아역사재단.

한승훈, 2018b, 「조영수호통상조약과 거문도사건」, 동북아역사재단 한국외교사편찬위원회 편, 『한국의 대외관계와 외교사 근대편』, 동북아역사재단.

한승훈, 2020, 「청·일전쟁 직전 영국의 외교적 간섭 실패와 패권적 지위 균열: 영국의 대조선정책과 관련해서」, 『한국동양정치사상사연구』 19-2.

한승훈, 2022, 「청·일전쟁기 조선 정부의 대영(對英) 외교 교섭 연구: 고종과 흥선대원군 세력을 중심으로」, 『한국사학보』 86.

한철호, 2007, 「한국 근대 주진대원의 파견과 운영(1883-1894)」, 『동학연구』 23.

한철호, 2018, 「주미 전권공사 박정양의 파견」, 동북아역사재단 한국외교사편찬위원회 편, 『한국의 대외관계와 외교사 근대편』, 동북아역사재단.

허경진, 2014, 「한중 문화교류의 유형과 석릉수간의 위상」, 『洌上古典硏究』 39.

홍면기, 2018, 「페어뱅크 조공체제론의 비판적 검토: 중국중심주의라는 엇나간 시선의 문제」, 『동북아연구』 33(2).

홍성구, 2020a, 「청 질서의 성립과 조청관계의 안정화」, 동북아역사재단 북방사연구소 편, 『주제로 보는 조선시대 한중관계사』 소수.

홍성구, 2020b, 「문서 외교와 언어 외교」, 동북아역사재단 북방사연구소 편, 『주제로 보는 조선시대 한중관계사』, 동북아역사재단 所收.

홍성화, 2018, 「『淸史稿』 편찬사업과 대외인식」, 『역사와 세계』 54.
홍성화, 2019a, 「16-19세기 동아시아 국제질서의 성립과 변용」, 성균관대학교 동양사연구실 편, 2019, 『동아시아사의 순간들』, 도서출판 선인.
홍성화, 2019b, 「淸末 베트남 사태에 관한 인식과 대응』」, 『明淸史硏究』 52.
홍용호, 2009, 「개항기 주한 러시아 공사관의 설립과 활동」, 하원호 등, 『개항기의 재한 외국 공관 연구』, 동북아역사재단.
홍웅호, 2006, 「1858-1898년 러시아의 동아시아 팽창과 만주」, 『東北亞歷史論叢』 14.
홍웅호, 2008, 「19세기 후반 러시아 동아시아정책의 변화」, 홍웅희 외, 『근대한러관계: 수교와 교섭의 시기 한러관계』, 선인 所收.
황재문, 2013, 「雲養 金允植의 中國 認識: 領選使 활동 시기를 중심으로」, 『고전과 해석』 15.

賈小葉, 2007, 「1840-1900年間國人"夷夏之辨"觀念的演變」, 『史學月刊』 2007-10.
姜博, 2016, 「'洋擾'中的天朝: 西方侵擾朝鮮與淸政府的應對」, 山東大學碩士學位論文.
姜博, 2017, 「'辛未洋擾'與淸政府對朝鮮涉外事務的處理」, 王元周 等 編, 2017 所收.
岡本隆司, 2008, 「『奉使朝鮮日記』之研究: 兼論『使韓紀略』及其政治背景」, 欒景河·王建朗 編, 2008, 『近代中國·東亞與世界』 上, 社會科學文獻出版社.
高娟, 2012, 「甲午前二十餘年間李鴻章對朝鮮的措置」, 華中師範大學碩士學位論文.
郭嘉輝, 2021, 「近代'朝貢制度'概念的形成: 兼論費正淸'朝貢制度論'的局限」, 『中山大學學報』 2021-1.
郭衛東, 2000, 「'照會'與中國外交文書近代範式的初構」, 『歷史研究』 2000-3.
郭海燕, 2007, 「中日朝鮮通訊權之爭與淸朝外交政策的轉變」, 『文史哲』 2007-1.
郭海燕, 2008, 「從朝鮮電信線問題看甲午戰爭前的中日關係」, 『近代史研究』 2008-1.
郭海燕, 2014, 「甲午戰爭前後日本構築朝鮮電信罔的軍事行動與對外交涉」, 『抗日戰爭研究』 2014-4.
郭海燕, 2015, 「李鴻章與近代中朝軍事通訊罔的建立: 以架設朝鮮半島電報線爲中心的研究」, 『聊城大學學報』 2015-6.
邱志紅, 2014, 「同光新政與派系紛爭研究述評」, 中國社會科學院近代史研究所政治史研究室 編, 2014, 『晚淸政治史研究的檢討: 問題與前瞻』, 社會科學文獻出版社 所收.
權赫秀, 2003, 「馬相伯在朝鮮的顧問活動(1882年 11月-1884年 4月)」, 『近代史研究』 2003-3.
權赫秀, 2005, 「中國古代朝貢關系研究評述」, 『中國邊疆史地研究』 3.
權赫秀, 2006, 「陳樹棠在朝鮮的商務領事活動與近代中朝關係」, 『社會科學研究』 2006-1.
權赫秀, 2007c, 「『江華條約』與淸政府關係問題新論: 兼與王如繪先生商榷」, 『史學集刊』 2007-4.
權赫秀, 2009, 「晚淸對外關係中的"一個外交兩種體制"現像芻議」, 『中國邊疆史地研究』 19-4.
權赫秀, 2010, 「最近三十年來國內學界的中韓關係史研究綜述」, 『過去的經驗與未來的可能走向: 中國近代史研究三十年(1979-2009)』, 社會科學文獻出版社.
權赫秀, 2013a, 「唐紹儀再近代朝鮮十六年活動考述」, 權赫秀, 2013 所收.
權赫秀, 2013b, 「有關袁世凱『上朝鮮國王書』等史料考訂三則」, 權赫秀, 2013 所收.

權赫秀, 2015, 「"兩截體制"下的朝鮮駐天津督理通商事務衙門: 兼談19世紀後期朝鮮王朝的對華外交及其文化背景」, 『社會科學輯刊』, 2015-1.
祁美琴, 2006, 「對清代朝貢體制地位的再認識」, 『中國邊疆史地研究』 2006-1.
吉正芬, 2006, 「晚清外交體制研究, 1861-1900 總理衙門與北洋大臣」, 四川大學碩士學位論文.
金基赫, 1995, 「李鴻章對日本和朝鮮政策的目的, 1870-1882」, 劉廣京 等 編, 1995 所收.
譚淑雅, 2017, 「近十年來有關總理衙門研究綜述」, 『忻州師範學院學報』 33-4.
戴東陽, 2004, 『晚清駐外使臣與政治派系」, 『史林』 2004-6.
戴逸, 2008, 「光緒之死」, 『清史研究』 2008-4.
梁嘉彬, 1986, 「李鴻章外交與中日間朝鮮交涉」, 『中國近現代史論集』 11 中日甲午戰爭, 臺灣商務印書館.
驪蘭, 2014, 「清末廉吏遊智開」, 『京東第一府』(北京, 中國文史出版社).
劉志揚·李大龍, 2006, 「"藩屬"與"宗藩"辨析: 中國古代疆域形成理論研究之四」, 『中國邊疆史地研究』 2006-3.
劉清濤, 2017, 「"宗主權"與傳統藩屬體系的解體: 從"宗藩關係"一詞的來源談起」, 『中國邊疆史地研究』, 2017-3.
陸方, 1984, 「吳長慶」, 『安徽史學』 1984-4.
陸方·李之渤, 1993, 「淮軍慶字營統領, 廣東水師提督吳長慶」, 『晚清淮系集團研究: 淮軍、淮將與李鴻章』, 東北師範大學出版社.
李細珠, 2013, 「李鴻章對日本的認識及其外交策略: 以1870年代爲中心」, 『社會科學輯刊』 2013-1.
李永春, 2007, 「朝鮮君臣對兩次鴉片戰爭的反應評述」, 『韓國學論文集』 16.
李雲泉, 2004, 「賓禮的演變與明清朝貢禮儀」, 『河北師範大學學報』 2004-1.
李雲泉, 2006, 「朝貢制度的理論淵源與時代特徵」, 『中國邊疆史地研究』 2006-3.
李雲泉, 2007, 「朝貢制度的理論淵源與時代特徵」, 陳尚勝 主編, 『中國傳統對外關係的思想' 制度與政策』, 山東大學出版社 所收.
李雲泉, 2010, 「中法戰爭前的中法越南問題交涉與中越關係的變化」, 『社會科學輯刊』 2010-5.
李雲泉, 2011, 「再論清代朝貢體制」, 『山東師範大學學報』 56-5.
李雲泉, 2014a, 「話語·視角與方法: 近年來明清朝貢體制研究的幾個問題」, 『中國邊疆史地研究』 24-2.
李雲泉, 2015, 「晚清東亞變局與近代"外交"一詞的起源: 以中朝關係爲中心的考察」, 『中國邊疆史地研究』 25-2.
李雲泉, 2016, 「朝貢與條約之間: 近代東西方國際秩序的並存與兼容」, 『社會科學輯刊』 2016-6.
李雲泉, 2017, 「中華秩序的虛實與近代轉型」, 王元周 主編, 2017 所收.
李育民, 2004(2006), 「論清政府的信守條約方針及其變化」, 『近代史研究』 2004-2(→李育民, 2006, 『近代中外關係與政治』, 中華書局 所收).
李育民, 2019, 「晚清"人臣無外交"的異變及其趨向」, 『史學月刊』 2019-7.
李恩涵, 1973, 「唐紹儀與晚清外交」, 『中央研究院近代史研究所集刊』 4-上.
林明德, 1972, 「論第二次韓俄密約」, 『中央研究院近代史研究所集刊』 3-下.

林明德, 1995, 「李鴻章對朝鮮的宗藩政策, 1882-1894」, 劉廣京 等 編, 『李鴻章評傳: 中國近代化的起始』, 上海古籍出版社.

林亨芬, 2011, 「近四十年來有關'甲午前後淸韓關係史'的硏究回顧」, 『歷史教育』(臺灣師範大學) 18.

茅海建, 1998(2011), 「公使駐京始末」, 『近代的尺度: 兩次鴉片戰爭軍事與外交』, 三聯書店.

茅海建, 2005, 「戊戌變法期間光緒帝對外觀念的調適」, 『戊戌變法史事考』, 三聯書店.

茂木敏夫, 2003, 「淸末近代中國籍形成與日本」, 復旦大學歷史係 等 編, 『近代中國的國家形像與國家認同』 近代中國硏究集刊 1 所收, 上海古籍出版社.

徐波, 2017, 「對古代東亞朝貢體制的再思考」, 『國際政治硏究』(雙月刊) 2017-3.

潘向明, 1995, 「論甲午戰爭前十年間淸朝的國防戰略失誤: 兼論北洋海軍停止發展的原因」, 楊念群 主編, 1995, 『甲午百年祭: 多元視野下的中日戰爭』 所收.

普拉賓 馬若馬威博, 「論中國-暹羅的朝貢關係: 以1780年代的中暹政府的往來信件爲例」, 王元周 編, 2017 所收.

濱下武志, 2006, 「朝貢和條約: 談判時代的海洋性亞洲和條約口岸網絡, 1800-1900」, 阿裏吉, 喬萬尼·濱下武志·馬克 塞以登, 『東亞的復興: 以500年, 150年和50年爲視角』, 社會科學文獻出版社(←Arrighi, Giovanni, Takeshi Hamashita and Mark Selden, 2003, *The Resurgence of East Asia–500, 150 and 50 Year Perspectives*, Routledge) 所收.

盛利, 2007, 「晩淸與朝鮮關係體制的初步轉型: 以「中朝商民水陸貿易通商章程」的簽訂爲中心」, 陳尙勝, 『中國傳統對外關係的思想·制度與政策』, 山東大學出版社 所收.

盛利, 2009a, 「淸朝對朝鮮外交體制變通硏究: 以19世紀60年代至19世紀80年代中期爲中心」, 山東大學博士學位論文.

盛利, 2009b, 「駐日公使與近代淸鮮關係(1877-1894)」, 『浙江學刊』 2009-1.

盛海生·歐陽躍峰, 2017, 「百年來李鴻章外交思想硏究綜述」, 『廣西社會科學』 2017-8.

成曉軍, 1995, 『洋務之夢: 李鴻章傳』, 四川人民出版社.

孫啓瑞, 1986, 「朝鮮甲申政變時的中日交涉」, 『中國近現代史論集』 11 中日甲午戰爭, 臺灣商務印書館.

孫成旭, 2014, 「淸代朝鮮最後赴京使團考」, 『歷史檔案』 2014-4.

孫隆基, 1998, 「從天下到國家: 戊戌維新一代的世界觀」, 『二十一世紀』 46.

孫衛國, 2013, 「從'同心圓'論到'兩極模式'論: 美國中國學界有關中國古代朝貢制度的學說」, 『學術月刊』 45-8.

宋娜娜, 2006, 「朝鮮"壬午兵變"與淸對朝政策硏究」, 延邊大學碩士學位論文.

沈雲龍, 1986a, 「張佩綸及其'澗於日記'」, 沈雲龍, 『近代史料考釋』 第1集 所收.

沈雲龍, 1986b, 「張季直及其'柳西草堂日記'」, 沈雲龍, 『近代史料考釋』 第2集 所收.

岳陽, 2010, 「淸代朝鮮齎咨行初探」, 山東大學碩士學位論文.

楊濤, 2007, 「袁世凱在朝鮮的外交活動述評」, 『新鄕師範高等專科學校學報』 21-4.

楊凡逸, 2010, 「唐紹儀與近代中國的政治外交」, 國立臺灣師範大學歷史學系 博士論文.

楊天石, 1994, 「黃遵憲的『朝鮮策略』及其風波」, 『近代史硏究』 1994-3.

葉瑋, 2005,「清季朝鮮海關述論」, 廈門大學中國海關史研究中心 編, 2005 所收.
王家儉, 1995,「李鴻章與北洋海軍」, 劉廣京 等 編, 1995,『李鴻章評傳: 中國近代化的起始』, 上海古籍出版社.
王開璽, 2009,「略論'人臣無外交'思想在近代中國的歷史命運」,『北京師範大學學報』2009-5.
王道成, 1994,「中日甲午戰爭與慈禧太後」,『淸史硏究』1994-4.
王東, 2016,「甲午戰前中朝關係與朝鮮電報線的建設」,『史學月刊』2016-6.
王如繪, 1997,「『江華條約』與淸政府」,『歷史硏究』1997-1.
王如繪, 2011,「再論『江華條約』與淸政府: 兼答權赫秀先生」,『東嶽論叢』2011-6(山東社會科學院).
王禹浪·許盈, 2014,「中日甲午戰爭近三十年國內硏究綜述」,『大連大學學報』35-2.
王元崇, 2017,「禮儀、體制與主權: 1890年淸朝赴朝鮮賜祭使行硏究」,『中國邊疆學』2017-2.
王元周, 2011,「朝鮮開港前中朝宗藩體制的變化: 以燕行錄爲中心的考察」,『中山大學學報』2011-1.
王元周, 2017,「宗藩關係原理的近代認識: 人臣無外交與內政外交自主」, 王元周 主編, 2017 所收.
王元周, 2018,「朝貢制度轉變的契機: 基於1873-1876年間『燕行錄』的考察」,『復旦學報』2018-5.
王爾敏, 1960(2008b),「南北洋大臣之建置及其權力之擴張」,『大陸雜誌』20-5(→王爾敏, 2008,『弱國的淮外交: 面對列強環伺的晚淸世局』所收).
王爾敏, 2008a,「近代在華英人對於蠻夷稱謂之爭辯」, 王爾敏, 2008,『弱國的外交: 面對列強環伺的晚淸世局』所收.
王爾敏, 2008c,「總理衙門譯印『萬國公法』以吸取西方外交經驗」, 王爾敏, 2008,『弱國的外交: 面對列強環伺的晚淸世局』所收.
王曾才, 1987,「自強運動時期中國外交制度的發展」, 中央硏究院近代史硏究所 編,『淸季自強運動硏討會論文集』上, 中央硏究院近代史硏究所 所收.
王泉偉, 2017,「天朝意識與明淸中國的朝貢外交」,『國際政治硏究』(雙月刊) 2017-1.
王楚良·施渡橋, 1995,「淸政府的戰備與甲午戰爭」,『軍事歷史硏究』1995-1.
王奕斐, 2018,「金允植"屬國自主"觀的形成與實踐」, 山東大學碩士學位論文」.
王曉影·權赫秀, 2011,「近代轉型視野下的中朝關係: 李鴻章與李裕元書信聯系硏究」,『史林』(上海社會科學院歷史硏究所) 2011-3.
王興化, 2017,「逮捕釋放大院君李昰應硏究」, 聊城大學碩士學位論文.
魏志江, 2017,「論東亞傳統的國際安全體系與所謂'華夷秩序'」, 王元周 主編, 2007 所收.
劉玉明·馬洪喜, 2001,「偶然乎? 必然乎? 綜論日本發生侵華甲午之戰的必然性」, 戚俊傑·劉玉明 主編, 2001 所收.
劉暢, 2012,「19世紀80-90年代漢城的山東商人: 臺灣中央硏究院近代史硏究所檔案的考察『駐韓使館保存檔案』을 통해 본 漢城에서의 山東商人」,『한국학논집』49.
李國祁, 1987,「自強運動時期李鴻章的外交謀略與政策」, 中央硏究院近代史硏究所 編, 1987 所收.
李恩涵, 1987,「論淸季自強運動的失敗與時淸廷中心領導層的官聯」, 中央硏究院近代史硏究所 編, 1987 所收.

伊原澤周, 2007,「論黃遵憲暈金弘集」, 中國史學會·中國社會科學院近代史研究所 編, 2007 所收.

任麗偉, 2007,「晚淸內政外交中的張樹聲, 1860-1884」, 東北師範大學碩士學位論文.

張啓雄, 2012,「東西國際秩序原理的差異:「宗藩體系」與「殖民體系」」,『中央研究院近代史研究所集』79.

張啓雄, 2016,「中華宗藩體制的挫敗與轉型」, 王建朗·黃克武 主編, 2016, 上 所收.

張啓雄, 2017,「超越-熔合與擴大下的"中華世界秩序原理"」, 王元周 主編, 2007 所收.

張啓雄, 2009,「淸末中韓宗藩關係的政策轉變: 從宗藩關係到宗屬關係」, 韓國中國學會 編.『國際中國學硏究』12, 韓國中國學會.

莊國土, 2005,「略論朝貢制度的虛幻: 以古代中國與東南亞的朝貢關係爲例」,『南洋問題研究』第3期.

張登及·陳瑩羲, 2012,「朝貢體系再現與「天下體系」的興起？ 中國外交的案例硏究與理論反思」,『中國大陸研究』55-4.

張禮恒, 1993b,「評甲午戰爭前淸政府的對朝政策」,『安徽史學』1993-2.

張禮恒, 1995a,「論巨文島事件與甲午戰前的遠東國際局勢」,『東嶽論叢』1995-1.

張禮恒, 1995b,「臺灣學者的李鴻章研究」,『安徽史學』1995-4.

張禮恒, 2008,「論淸朝對朝鮮政策的轉變及評價」,『韓國硏究論叢』2008-1.

張禮恒, 2010,「"朴定陽事件"與中朝之間的外交紛爭」,『當代韓國』2010-3.

張禮恒, 2012b,「袁世凱與"朴定陽事件"」,『江蘇社會科學』2012-6.

張禮恒, 2015,「李鴻章主持朝鮮外交事務的原因探析」,『江蘇社會科學』2015-5.

張禮恒, 2016a,「李鴻章同意從朝鮮撤軍原因探析」,『廣東社會科學』2016-4.

張禮恒, 2016b,「金允植、魚允中與"壬午兵變"的善後處理」,『近代史研究』2016-5.

張禮恒, 2017a,「近代中朝關係的現代性轉換: 論李鴻章的"不沾不脫"原則」,『淸華大學學報』2017-2.

張禮恒, 2017b,「曆史的選擇: 袁世凱就任"駐紮朝鮮總理交涉通商事宜"的原因探析」,『東嶽論叢』2017-5.

張禮恒, 2017c,「1892年後中朝關係由冷變暖的原因探析),『江蘇社會科學』2017-6.

張禮恒, 2017d,「淸朝駐日使領與朝鮮"朝士視察團"」,『近代史研究』2017-6.

張禮恒, 2018a,「從平行到交叉: "國際公法"與"宗藩體制"的比較研究」,『東嶽論叢』2018-9.

張禮恒, 2018b,「淸政府一次失敗的外交攻勢: 論釋放大院君李昰應回國的原因與影響」,『史學月刊』2018-5.

張禮恒, 2018c,「淸政府與『江華條約』關係新論」,『社會科學研究』2018-4.

張禮恒, 2019a,「在臆想與真實之間: 黃遵憲『朝鮮策略』新論」,『文史哲』2019-4.

張禮恒, 2019b,「袁世凱對在朝華商的保護與管理」,『廣東社會科學』2019-03.

張禮恒, 2019c,「變與不變之間: 19世紀六七十年代宗藩體制與國際公法的博弈」,『東疆學刊』2019-2.

張禮恒, 2019d,「『朝鮮策略』"結日本"問題辨析」,『煙台大學學報』2019-3.

張禮恒·王希蓮, 1993a, 「評甲午戰爭前清政府的對朝政策」, 『石油大學學報』 1993-2.
張鋒, 2010, 「解構朝貢體系」, 『國際政治科學』 2010-2(第22期).
張世明, 2004, 「清代宗藩關係的歷史法學多維透視分析」, 『清史研究』 2004-2.
張雙智, 2010, 「清朝外藩體制內的朝覲年班與朝貢制度」, 『清史研究』 2010-3.
張英傑, 2015, 「張樹聲與中朝關係」, 山東大學碩士學位論文.
張用心, 2004, 「晚清中國人的主權觀念」, 『北大史學』 10.
張衛明, 2011, 「在宗藩體制與國際公法之間: 晚清中朝秩序的重新建構」, 『學術研究』 2011-1.
張一文, 1994, 「試論清軍甲午戰敗的軍事原因, 『清史研究』 1994-4.
張振鵾, 1999, 「試論直隸總督與晚清外交」, 衡志義 主編, 1999a 所收.
張皓, 2014, 「"宗主權'的提出如加劇: 1898至1921年英國侵藏政策的演變」, 『青海民族研究』 25-4.
張華騰, 2010, 「吳長慶與袁世凱關係述論」, 『安徽史學』 2010-4.
張曉剛·國宇, 2013, 「"壬午軍變"前後的中日兩國對朝策略」, 『武漢大學學報』 2013-2.
鄭明·張治菁, 1995, 「甲午海戰前中日近代海軍艦船建設的對比和啓示」, 海軍軍事學術研究所軍事科學學會辦公室 編著, 1995.
鄭彩霞, 2007, 「甲午戰前『申報』保朝策略述論, 1881-1893年」, 華東師範大學碩士學位論文.
鍾里滿, 2008, 「清光緒帝砒霜中毒類型及日期考」, 『清史研究』 2008-4.
陳開科, 2012, 「1886年李鴻章·拉德仁天津會談與中·俄朝鮮政策」, 『近代史研究』 2012-6.
陳尙勝, 2007a, 「中國傳統對外關係研究芻議」, 陳尙勝, 『中國傳統對外關係的研思想·制度與政策』, 山東大學出版社 所收.
陳尙勝, 2008b, 「中國傳統對外關係研究芻議」, 『安徽史學』 2008-1.
陳尙勝, 2009, 「近16年來中國學術界關於清朝與朝鮮關係史研究述評」, 『當代韓國』 秋季號.
陳尙勝, 2010, 「試論清朝前期封貢體系的基本特徵」, 『清史研究』 2010-2.
陳尙勝, 2013, 「徐壽朋與近代中韓關係轉型」, 『歷史研究』 2013-3.
陳尙勝, 2014, 「『清實錄』中的"天朝體制"考論」, 『暨南史學』 9.
陳尙勝, 2015, 「朝貢制度與東亞地區傳統國際秩序: 以16-19世紀的明清王朝爲中心」, 『中國邊疆史地研究』 2015-2.
陳先松, 2013, 「修建頤和園"挪用海防"經費史料解讀」, 『歷史研究』 2013-2.
陳紅民, 2008, 「晚清外交的別一種困境: 以1887年朝鮮遣使事件爲中心的研究」, 『近代史研究』 2008-2.
戚其章, 1994, 「再論甲午戰爭中的李鴻章」, 『清史研究』 1994-4.
戚其章, 2001a, 「中日甲午戰爭史中研究的世紀回顧」, 『歷史研究』 2000-1.
戚其章, 2001b, 「甲午開戰與"陸奧外交": 以日本"六·二六出兵"爲中心」, 戚俊傑·劉玉明 主編, 2001 所收(『近代中國與世界: 第二屆近代中國與世界學術討論會論文集』, 社會科學文獻出版社, 2005에도 수록됨).
戚海瑩, 1999, 「論李鴻章的海防思想」, 戚俊傑·劉玉明 主編, 『北洋海軍研究』, 天津古籍出版社 所收.
川島眞, 2003, 「從"天朝"到"國家"」, 復旦大學歷史係 等 編, 『近代中國的國家形像與國家認同』(近代中國硏究集刊 1) 所收, 上海古籍出版社.
崔志海, 2014, 「美國政府與中日甲午戰爭」, 張海鵬 等 編, 『甲午戰爭的百年回顧』, 中國社會科學出版社.
鄒小站, 2006, 「華夷天下的崩壞與中國近代思想的變遷」, 『中國社會科學院近代史硏究所靑年學術論壇』, 社會科學文獻出版社.
沈渭濱, 1996·1998, 「朝鮮壬午兵變與中韓關係述論」 上·下, 『韓國硏究論叢』 2·4.
包振遠, 2008, 「光緒死亡原因探析」, 『近代史硏究』 2008-3.
馮明珠, 1987, 「故宮博物院所藏『光緒朝籌辦夷務始末記』述介」, 『故宮學術季刊』 5-2.
馮明珠, 1988, 「『淸季外交史料』作者質疑」, 『故宮文物月刊』 6-6.
何新華·王小紅, 2003, 「1840-1860年間淸政府三種外交體系分析」, 『安徽史學』 2003-5.
何瑜·田穎, 2006, 「朝鮮大院君被囚事件考析」, 『淸史硏究』 2006-5.
許文堂, 2013, 「乾隆時期的淸暹關係」, 潘光哲 主編, 『近代中國的政治與外交』, 臺北: 中央硏究院 所收.
許華, 2001, 「甲午戰爭史硏究綜述」, 戚俊傑·劉玉明 主編, 2001 所收.
衡志義, 1999b, 「直隸總督的定制與職掌概述」, 衡志義 主編, 1999 所收.
胡春惠, 2016, 「從『袁世凱全集』看朝鮮的"甲申政變"」, 『朝鮮·韓國歷史硏究』 17.
黃一農, 2007, 「印象與眞相: 淸朝中英兩國的禮儀之爭」, 『中央硏究院歷史語言硏究所集刊』 78.

姜東局, 2004, 『「屬邦」の政治思想史: 19世紀後半における「朝鮮地位問題」をめぐる言說の系譜』, 東京大學大學院 法學政治學硏究科 博士學位論文.
岡本隆司, 2007, 「「朝貢」と「互市」と「海關」」, 『史林』 90-5.
岡本隆司, 2009a, 「韓國の獨立と淸朝の外交: 獨立と自主のあいだ」, 岡本隆司·川島真 編, 『中國近代外交の胎動』, 東京大學出版會.
岡本隆司, 2009b, 「淸末の對外體制と對外關係」, 飯島涉·久保亨·村田雄二郞 編, 2009 所收.
岡本隆司, 2010, 「屬國/保護と自主: 琉球·ベトナム·朝鮮」, 『岩波講座 東アジア近現代通史 1 東アジア世界の近代』, 岩波書店.
古結諒子, 2014, 「日淸開戰前後の日本外交と淸韓宗屬關係」, 岡本隆司, 『宗主權の世界史: 東西アジアの近代と飜譯概念』, 名古屋大學出版會 所收.
丘凡眞, 2012a, 「大淸帝國の朝鮮認識と朝鮮の位相」, 『中國史學』 22.
金鳳珍, 1994, 「朝貢體系と朝鮮の近代國家形成」, 溝口雄三·濱下武志 等 編, 1994b 所收.
金子修一, 2016, 「東アジア世界論の現在」, 『駒沢史學』 85.
金東建, 2008, 「戊戌変法期における淸國の對韓修交決定過程: 朝鮮政策をめぐる光緒帝總理衙門」, 『年報地域文化硏究』 11.
鈴木淳, 「'雲揚'艦長井上良馨の明治8年9月29日付の江華島事件報告書」, 『史學雜誌』 111-12, 2002.
鈴木智夫, 1974, 「中國における國權主義的外交論の成立」, 『歷史學硏究』 404(→鈴木智夫, 1992, 『洋務運動の硏究: 一九世紀後半の中國における工業化と外交の革新についての考

察』, 汲古書院. 第5編「洋務派の外交政策」).
廖敏淑, 2009,「清代通商秩序と互市: 清初から兩次アヘン戰爭へ」, 岡本隆司·川島眞 編,『中國近代外交の胎動』, 東京大學出版會.
柳澤明, 2010,「ロシアの東漸と東アジア 十九世紀後半における露清關係の轉換」,『岩波講座東アジア近現代通史 1 東アジア世界の近代』, 岩波書店.
茂木敏夫, 1987,「李鴻章の屬國支配觀」,『中國 社會と文化』2.
茂木敏夫, 1992,「中華帝國の「近代」的再編と日本」,『岩波講座 近代日本と植民地』第1巻,「植民地帝國日本」, 岩波書店.
茂木敏夫, 1993a,「中華世界の「近代」的変容: 清末の邊境支配」, 溝口雄三·濱下武志 等 編, 1993 所收.
茂木敏夫, 1993b,「馬建忠の世界像: 世界市場·「地大物博」·中國: 朝鮮宗屬関係」,『中國哲學研究』7.
茂木敏夫, 1995,「清末における「中國」の創出と日本」,『中國: 社會と文化』10.
茂木敏夫, 2000a,「中國における近代國際法の受容:「朝貢と條約の並存」の諸相」,『東アジア近代史』3.
茂木敏夫, 2000b,「東アジアにおける地域秩序形成の論理: 朝貢·冊封體制の成立と変容」,『地域の世界史』3「地域の成り立ち」, 山川出版社.
茂木敏夫, 2001,「中華世界の構造変動と改革論: 近代からの視點」,『現代中國の構造変動』7「中華世界」, 東京大學出版會.
茂木敏夫, 2002,「中華帝國の解體と近代的再編成への道」, 東アジア地域研究會 等 編,『講座東アジア近現代史』第4巻「20世紀東アジア史像の新構築」, 青木書店.
茂木敏夫, 2009.「中華的世界像の變容と再編」, 飯島涉·久保亨·村田雄二郎 編, 2009 所收.
茂木敏夫, 2014,「中華世界秩序論の新段階」,『東京女子大學紀要論集』65-1.
茂木敏夫, 2015a,「中華世界の構造と中國近代思想史の語り方」,『新しい歴史學のために』286.
茂木敏夫, 2015b,「中華の秩序とその近代: 中華世界秩序論の新段階再論」,『中國哲學研究』28.
茂木敏夫, 2016,「「冊封·朝貢」の語られる場: 中華世界秩序の新段階三論」,『東アジア近代史』20.
茂木敏夫, 2017,「中國的秩序の理念: その特徵と近現代における問題化」,『北東アジア研究別冊』3.
夫馬進, 2007,「明清中國の對朝鮮外交における'禮'と'問罪'」, 夫馬進 編,『中國東アジア外交交流史の研究』, 京都大學學術出版會 所收.
濱下武志, 1994,「朝貢と條約: 東アジア開港場をめぐる交涉の時代 1834-1894」, 溝口雄三·濱下武志 等 編, 1994a 所收.
森田吉彦, 2009,「日清關係の轉換と日清修好條規」, 岡本隆司·川島眞 編,『中國近代外交の胎動』, 東京大學出版會.
三好千春, 1990,「両次アヘン戦爭と事大関係の動揺: 特に第2次アヘン戦爭時期を中心に」,『朝鮮史研究會論文集』27(近代移行期朝鮮の國家と社會〈特集〉).
石川寬, 1999,「近代日朝開係と外交儀禮: 天皇と朝鮮國王の交際のか檢討から」,『史學雜誌』

108-1.
石川亮太, 2007,「開港期漢城に於ける朝鮮人·中國人間の商去來と紛爭」,『年報朝鮮學』(九州大學) 10.
小林亮個, 2014,「チベットの政治的地位トシムラ會議: 飜譯概念の檢討を中心に」, 岡本隆司, 2014,『宗主權の世界史: 東西アジアの近代と飜譯概念』, 名古屋大學出版會 所收.
小原晃, 1995,「日清戰爭後の中朝關係: 總領事派遣をめぐって」『史潮』新37.
岩井茂樹, 2004,「十六世紀中國における交易秩序の摸索: 互市の現實とその認識」, 岩井茂樹 編,『中國近世事會の秩序形性』, 京都大學人文科學研究所 所收.
岩井茂樹, 2007,「清代の互市と"沈默外交"」, 夫馬進 編,『中國東アジア外交交流史の研究』, 京都大學學術出版會 所收.
岩井茂樹, 2010,「朝貢と互市」,『岩波講座 東アジア近現代通史 1 東アジア世界の近代』, 岩波書店.
荻恵裏子, 2016,「北洋大臣の成立: 1860年代の総理衙門と地方大官」,『近現代中國における社會経済制度の再編』, 京都: 京都大學人文科學研究所.
豬口 孝, 1974,「傳統的東アジア世界秩序試論」,『國際法外交雜誌』73-5.
曹谷憲一, 1992,「近代的外交體制の創出」, 荒野泰典 等 編,『アジアのなかの日本史 2: 外交と戰爭』, 東京大學出版會.
曹谷憲一, 1999,「朝鮮ナショナリズムの展開」,『岩波講座世界歷史 20 アジアの〈近代〉19世紀』, 岩波書店.
千葉正史, 2009.「交通通信と帝國システムの再編」, 飯島涉·久保亨·村田雄二郎 編, 2009 所收.
青山治世, 2014,『近代中國の在外領事とアジア』, 名古屋大學出版會.
村田雄二郎, 1994,「王朝·國家·社會: 近代中國の場合」, 溝口雄三·濱下武志 等 編, 1994b 所收.
崔蘭英, 2002,「近代朝鮮外交政策の一側面: '朝貢關係'と'條約關係'」,『朝鮮學報』184.
崔蘭英, 2013,「1880年代初における朝鮮對淸交涉:「中國朝鮮商民水陸貿易章程」の締結を中心に」,『朝鮮學報』226.
秋月望, 1983,「鴨緑江北岸の統巡會哨について」,『九州大學東洋史論集』11.
秋月望, 1984,「朝中貿易交涉の経緯: 一八八二年'派使駐京問題を中心に」,『九州大學東洋史論集』13.
秋月望, 1985,「朝中間の三貿易章程の締結經緯」,『朝鮮學報』115.
秋月望, 1989,「朝中勘界交涉の發端と展開: 朝鮮側の理念と論理」,『朝鮮學報』132.
秋月望, 1990,「魚允中における'自主'と'獨立'」,『年報朝鮮學』創刊號.
秋月望, 1991,「朝露國境の成立と朝鮮の対応」,『國際學研究』8.
秋月望, 1991,「朝中貿易交涉の經緯」,『東洋史論集』15.
秋月望, 2002,「朝清境界問題にみられる朝鮮の'領域觀': '勘界會談'後から日露戰爭期まで」,『朝鮮史研究會論文集』40.
秋月望, 2010,「世界秩序の変容と國家:「萬國公法」の受容と中華システム: 華夷秩序の境界から國際法的な"國境"へ: 朝鮮と清の境界地帯をめぐる研究史」,『研究所年報』(明治學院大學國際學部) 13.
片岡一忠, 2008, 「朝賀規定からみた清朝と外藩·朝貢國の關係」, 『中國官印制度研究』, 東方書店.
河明生, 1994, 「韓國華僑商業: 1882年-1897年のソウルを中心として」, 『神奈川大學大學院經濟研究科研究論集』 第23號.

Anderson, James A., 2013, "Distinguishing Between China and Vietnam: Three Relational Equilibriums in Sino-Vietnamese Relations," *Journal of East Asian Studies* 13-2.
Callahan, William A., 2012, "Sino-speak: Chinese Exceptionalism and the Politics of History," *The Journal of Asian Studies* 71-1 (2012).
Cha, Hyewon, 2011, "Was Joseon a Model or an Exception? Reconsidering the Tributary Relations during Ming China," *Korea Journal* 51(4).
Chun, Hae-jong, 1968, "Sino-Korean Tributary Relations in the Ch'ing Period," K. Fairbank (ed.), 1968 所收.
Fairbank, John. K., 1941, "On the Ch'ing Tributary System," *Harvard Journal of Asiatic Studies* 6(→Fairbank, John. K. and S. Y. Teng, 1960, *Ch'ing Administration: Three Studies*, Harvard University Press).
Fairbank, John. K., 1968a, "Preliminary Framework," J. K. Fairbank (ed.), 1968 所收.
Fairbank, John. K., 1968b, "The Early Treaty System in the Chinese World Order," J. K. Fairbank (ed.), 1968 所收.
Jones, F. G., 1935, "Foreign Diplomacy in Korea, 185-1894," Department of History, Harvard University, PhD Dissertation.
Jang, In-sung, 2014, "Reconsidering the Concept of Sadae in China-Korea Tributary Relations," *Concepts and Contexts in East Asia* 3.
Kang, David C., 2010, "Hierarchy and Legitimacy in International Systems: The Tribute System in Early Modern East Asia," *Security Studies* 19.
Kang, David C.(강찬웅), 2013, "International Relations Theory and East Asian History: An Overview," *Journal of East Asian Studies* 13-2. Special Issue: International Relations and East Asian History: Impact, Meaning, and Conceptualization, Cambridge University Press.
Kang, David C., 2017, "Response: Theory and Empirics in the Study of Historical East Asian International Relations," *Harvard Journal of Asiatic Studies* 77-1.
Larsen, Kirk W., 2013, "Comforting Fictions: The Tribute System, the Westphalian Order, and Sino-Korean Relations," *Journal of East Asian Studies* 13-2.
Larsen, Kirk W., 2018, "Korea's Transition and Hypocrisy of Modern Law," in *Sacred Mandates: Asian International Relations Since Chinggis Khan*, edited by Timothy Brook, Michael Van Walt Van Praag, and Miek Boltjes, The University of Chicago Press.
Lee, Eun Ja(李銀子), 2009, "Chinese Diplomatic Mission in Korea in the Post Sino-Japanese War Period: The Terms of Consul General Tang Shaoyi and Legate Xu Shoupeng,"

Journal of Northeast Asian History 6-1 (June 2009).

Lee, Ji-Young, 2013, "Diplomatic Ritual as a Power Resource: The Politics of Asymmetry in Early Modern Chinese-Korean Relations," *Journal of East Asian Studies* 13-2.

Lee, Yur-bok, 1992, "Politics over Economics: China's Domination of Korea through Extension of Financial Loan, 1882-1894," 『한국사학논총: 수촌 박영석 교수 회갑기념』(전2권), 探求堂 所收.

Lee, Yur-bok, 1999, "A Korean View of Korean-American Relations," in Yur-Bok Lee and Wayne Patterson (eds.), Korean-American Relations, 1866-1997, Albany: State University of New York Press.

Lew, Young Ick, 1984, "Yuan Shih-k'ai's Residensy and the Korean Enlightenment Movement(1885-1894)," *Journal of Korean Studies*, Volume 5.

Lieu, Joshua Van, 2009, "The Politics of Condolence: Contested Representations of Tribute in Nineteenth-Century Chosŏn-Qing Relations," *Journal of Korean Studies* 14-1.

Lieu, Joshua Van, 2017, "The Tributary System and the Persistence of Late Victorian Knowledge," *Harvard Journal of Asiatic Studies* 77-1.

Lieu, Joshua Van, 2018, "Chosŏn-Qing Tributary Discourse: Transgression, Restoration, and Textual Performative," *Cross-Currents: East Asian History and Culture Review*(Berkeley) 7-2.

Lim, Jongtae, 2016, "Tributary Relations between the Chosŏn and Ch'ing Courts to 1800," Willard J. Peterson (ed.), *The Cambridge History of China Volume 9 Part Two: The Ch'ing Dynasty to 1800*, Cambridge University Press.

Lin, T. C., 1935, "Li Hung-chang: His Korea Policies, 1870-1885," *Chinese Social and Political Sciente Review* 19-2.

Louis T. Sigel, 1976a, "Ch'ing Foreign Policy and the Modern Commercial Community: T'ang Shao-yi in Korea," *Papers on Far Eastern History* No. 13 (March 1976).

Louis T. Sigel, 1976b, "Foreign Policy Interests and Activities of the Treaty-port Chinese Community," Paul A. Cohen and John E. Schrecker (eds.), *Reform in Nineteenth-century China*, Harvard University Press.

Mancall, Mark, 1968, "The Ch'ing Tribute System: An Interpretive Essay," John K. Fairbank (ed.), 1968 所收.

Park, Il-Keun, 1981, "China's Policy toward Korea: 1880-1884," *Journal of Social Science and Humanities* 53 (한국연구원).

Park, Seo-Hyun, 2013, "Changing Definitions of Sovereignty in Nineteenth-Century East Asia: Japan and Korea between China and the West," *Journal of East Asian Studies* 13-2.

Paullin, Charles Oscar, 1910, "The Opening of Korea by Commodore Shufeldt," *Political Science Quarterly* 25-3.

Payson T. Treat, 1934, "China and Korea, 1885-1894," *Political Science Quarterly* 49-4.

Perdue, Peter C., 2003, "A Frontier View of Chineseness," in Giovanni Arrighi et al. (eds.), *The*

Resurgence of East Asia: 500, 150 and 50 Year Perspectives, Routledge: London and New York.

Perdue, Peter C., 2015, "The Tenacious Tributary System," *Journal of Contemporary China* Vol. 24 No. 96.

Robinson, Kenneth R., 2013, "Organizing Japanese and Jurchens in Tribute Systems in Early Chosŏn Korea," *Journal of East Asian Studies* 13-2.

Saeyoung Park, 2017a, "Me, Myself, and My Hegemony: The Work of Making the Chinese World Order a Reality," *Harvard Journal of Asiatic Studies* 77-1.

Saeyoung Park, 2017b, "*Long* Live the Tributary System! The Future of Studying East Asian Foreign Relations," *Harvard Journal of Asiatic Studies* 77-1.

Sigel, Louis T., 1980, "The Role of Korea in Late Qing Foreign Policy," *Papers on Far Eastern History* No.21, March 1980.

Sigel, Louis T., 1992a, "Business-Government Cooperation in Late Qing Korean Policy," Jane Kate Leonard and John R. Watt (eds.), *To Achieve Security and Wealth: The Qing Imperial State and the Economy, 1644-1911*, Ithaca, New York: Cornell University.

Sigel, Louis T., 1992b, "The Sino-Japanese Quest for Korean Markets, 1885-1891," *Essays in Economic and Business History* Vol 10.

Spruyt, Hendrik, 2017, "Collective Imaginations and International Order: The Contemporary Context of the Chinese Tributary System", *Harvard Journal of Asiatic Studies* 77-1.

Wang Gungwu, 1968, "Early Ming Relations with Southeast Asia: A Background Essay," J. K. Fairbank (ed.), 1968 所收.

Wang, Yuan-kang, 2013, "Explaining the Tribute System: Power, Confucianism, and War in Medieval East Asia," *Journal of East Asian Studies* 13-2.

Wang, Yuanchong, 2019, "Provincializing Korea: The Construction of the Chinese Empire in the Borderland and the Rise of the Modern Chinese State," *TUNGPAO* 105.

Wright, Mary C., 1958, "The Adaptability of Ch'ing Diplomacy," *Journal of Asian Studies* 17-3.

Yang, Lien-sheng, 1968, "Historical Notes On The Chinese World Order," J. K. Fairbank (ed.), 1968 所收.

Yun, Peter, 2002, "Confucian Ideology and the Tribute System in Choson-Ming Relations," 『사총』 55.

Zhang, Baoyun, 2016, "Joseon Dynasty's Perception of the Qing Dynasty in the 1860s and 1870s: A Focus on the Opium War," 『한국민족문화』(부산대학교) 61.

Zhang, Feng, 2009, "Rethinking the 'Tribute System': Broadening the Conceptual Horizon of Historical East Asian Politics," *The Chinese Journal of International Politics* No. 2.

Zhao, Suisheng, 2015, "Rethinking the Chinese World Order: The Imperial Cycle and the Rise of China," *Journal of Contemporary China* Vol. 24 No. 96.

Zhao, Tingyang, 2006, "Rethinking Empire from a Chinese Concept 'All-under-Heaven' (Tian-xia)," *Social Identities* Vol. 12 No. 1.

찾아보기

ㅅ

ㅈ

ㅊ

발간사

다가오는 미래가 아시아의 시대가 될 것이라는 인식은 이제 우리에게 그리 새롭지는 않습니다. 그렇다면 우리에게 주어진 과제는 한국인과 한국사회는 어떤 존재로서 아시아의 시대를 살아가고자 하는가 하는 질문을 통해 우리와 남의 모습을 상상하고, 우리와 남의 관계에 대한 그림을 그리고, 그것들을 실천하는 일일 것입니다.

그러나 아시아의 시대가 온다고 해서 아시아 사람들이 저절로 잘 살게 되는 것도, 아시아가 저절로 평화롭고 정이 넘치는 공동체가 되는 것도 아닐 것입니다. 그러므로 우리는 아시아 지역을 살아가는 사람들이 어떤 공동체를 만들어가고 싶은가, 아시아 공동체가 잘 되면 인류에게 무슨 도움이 되는 것인가 하는 질문을 해야 하지 않을까 싶습니다. 오히려 아시아의 시대가 왔다고 생각하기 시작한 지난 20여 년 간 아시아 내부의 갈등과 적대, 민족주의와 인종차별 등은 더 심해지고 있다는 착각이 듭니다. 그것을 착각이라고 생각하는 까닭은 외양으로 보면 그렇게 보이지만, 실제 내부에서 일어나는 현상을 찬찬히 살펴보면, 아시아 내부의 상호이해와 교류가 느리지만 거대한 규모로 일어나고 있다고 믿기 때문입니다. 지표면에서 보면 날씨 변화도 심하고 지진도 자주 일어나지만, 땅속 깊은 곳에서 아시아의 시대를 만들어가는 지하수의 물줄기가 형성되고 있는 것 아닌가 싶습니다.

20세기 유럽과 미국이 축적한 자연과학과 인문·사회과학 등 근대의 학문적 지식은 인류 문명의 새로운 길을 열었고, 인류의 행복과 안정에 커다란 기여를 했습니다. 물론 제국주의 지배와 전쟁, 차별과 빈곤을 동시에 가져다주기도 했습니다. 아시아의 세기는 서양의 근대를 넘어서서 새로운 '근대 이후'를 만들어나가는 일이어야 합니다.

지식의 생산과 공유, 인재 양성을 책임지고 있는 대학이라는 공간에서 아시아에 대한 어떤 지식을 생산하고, 아시아에 대해 무엇을 어떻게 가르칠 것인가 하는 문제의식이야말로 서울대학교 아시아연구소에 주어진 책무일 것입니다. 서울대학교 아시아연구소는 2009년 9월 출범한 이래 지역과 주제의 결합에 기초한 아시아 연구의 세계적 허브 구축을 목표로 아시아 연구 기반 구축과 우수 연구활동 지원 등의 다양한 학술 활동을 진행해왔습니다. 특별히 아시아에 대한 지식 생산의 기반을 다지는 작업으로서, 우수한 기초 연구 활성화를 위해 노력해왔습니다.

서울대학교 아시아연구소총서는 바로 이러한 학문적 노력의 결실입니다. 앞으로도 서울대학교 아시아연구소는 국내외 연구자들의 우수한 연구를 지원하여 그 결과물을 지속적으로 발간해나갈 것입니다. 이러한 아시아연구소총서가 아시아의 시대를 열어가는 데 필요한 기반을 만드는 중요한 지적 자산이 되기를 기대합니다. 이를 바탕으로 아시아 시대를 만들어가는 지하수를 실증적으로 드러내고, 아시아 내부의 상호 이해와 교류를 넓혀갈 수 있길 바랍니다.

서울대학교 아시아연구소

김형종(金衡鍾, Kim, Hyoung-chong)

서울대학교 인문대학 동양사학과 교수(전공: 중국근대사)

1982.3. 서울대학교 인문대학 동양사학과 졸업
1984.8. 동 대학원 졸업(석사)「상해에서의 신해혁명의 전개과정: 혁명세력과 각 계층의 대응」
1997.8. 동 대학원 졸업(박사)「청말 강소성의 신정과 신사층」
1988-1990 서울대학교 인문대학 동양사학과 조교
1990-1994 서울대학교 인문대학 동양사학과 강사
1989-1994 한국외국어대학교 사학과 강사
1993-1994 성심여자대학교 국사학과 강사
1997 한림대학교 사학과 강사
1998.9. 서울대학교 인문대학 동양사학과 조교수
2002.10. 서울대학교 인문대학 동양사학과 부교수
2008.10. 서울대학교 인문대학 동양사학과 교수

저서

저서『淸末新政期의 硏究: 江蘇省의 新政과 紳士層』(서울대학교출판부, 2002)
저서『1880년대 조선-청 공동감계와 국경회담의 연구』(서울대학교출판문화원, 2018)
공저 朴漢濟 등,『아틀라스 中國史』(사계절, 2007)
공저 兪長根 등,『중국의 청사공정 연구』(동북아역사재단, 2008)
공저 정혜중 등,『중국 역사학계의 청사 연구 동향』(동북아역사재단, 2009)
공저 김형종 등,『중국의 청사 편찬과 청사 연구』(동북아역사재단, 2010)
공저 배경한 엮음,『동아시아 역사 속의 신해혁명』(한울, 2013)
공저 유인선 엮음,『사료로 보는 아시아사』(위더스북, 2014)
공편 근대한국외교문서편찬위원회,『근대한국외교문서』 제3-11권(동북아역사재단, 2012. 서울대학교출판문화원, 2013-2015)

역서

편역『1880년대 조선-청 국경회담 관련 자료 선역』(서울대학교출판문화원, 2014)
편역『서문으로 보는 중국의 역사 사상』(위더스북, 2017)
역서 金衡鍾,『中國現代思想史論』(한길사, 2005. ← 李澤厚,『中國現代思想史論』)
공역 金衡鍾 等,『新中國史』(까치, 2005. ← J.K. Fairbank, China: A New History)
공역 朴漢濟·金衡鍾,『진인각의 최후 20년』(사계절, 2008 ← 陸建東,『陳寅恪的最後二十年』)

공역 김형종·배우성 등, 『국역≪清季中日韓關係史料≫』 1·2·3·4·5(동북아역사재단, 2012, 2013, 2016, 2018, 2020)

논문

「上海에서의 辛亥革命의 展開過程: 革命政權과 各政治勢力의 對應」, 『東洋史學研究』 20, 1984

「辛亥革命의 展開」, 서울대학교 東洋史學研究室 編, 『講座中國史』 6(知識産業社, 1989)

「辛亥革命에서의 反帝問題의 認識과 實踐: 革命瓜分論과 革命派의 對應」, 『東洋史學研究』 20, 1990

「江蘇教育總會小論」, 서강대학교 동양사연구실 편, 『東아시아歷史의 還流』(지식산업사, 2000)

「清末 革命派의 '反滿'革命論과 '五族共和'論」, 『中國現代史研究』 12, 2001

「近代中國에서의 傳統과 近代: 清末民初 西學受容 試論」, 『인문논총』(서울대학교) 50, 2003

「1990年代以來の韓國における清代政治史研究の動向」, 『中國史學』 14, 2004

「韓國의 學術研究 東洋史 第4章 明清-近現代」, 『韓國의 學術研究』(大韓民國學術院, 2006)

「清代國家權力의 性格: 財政史的 觀點에서의 理解」, 『東亞文化』 45, 2007

「清代後期 江北社會의 이해: 張謇과 江淮行省의 設置問題를 중심으로」, 『東亞文化』 47, 2009

「吳祿貞과 『延吉邊務報告』: 100년 전의 '東北工程'?」, 『역사문화연구』 35, 2010

「清末 革命派의 내셔널리즘: 吳祿貞과 『延吉邊務報告』」, 『中國近現代史研究』 第54輯, 2012

「吳大澂과 清·러 東部國境勘界」, 『中國近現代史研究』 第60輯, 2013

「명·청 시대 중국의 관잠서: 황육홍(黃六鴻)과 복혜전서(福惠全書)』를 중심으로」, 『다산과 현대』 7, 2014

「최근의 명청대 한·중관계사 연구와 '신청사': 연구동향의 분석과 전망」, 『동북아역사논총』 53, 2016